Japon

Parc national Fuji-Hakone-Izu, Mont Fuji.
J. Arnold Images/hemis.fr

Les régions du guide :
(voir la carte à l'intérieur de la couverture ci-contre)

SOMMAIRE

sara_winter/iStock

NOS INCONTOURNABLES

NOS COUPS DE CŒUR

NOS ITINÉRAIRES

DÉCOUVRIR LE JAPON

1 TOKYO ET SA RÉGION

2 CENTRE DE HONSHU (CHUBU)

3 KYOTO ET LE KANSAI

4 OUEST DE HONSHU (CHUGOKU)

5 NORD DE HONSHU (TOHOKU)

6 HOKKAIDO

7 SHIKOKU

8 KYUSHU

9 ARCHIPEL D'OKINAWA

POUR CHAQUE SITE, RETROUVEZ NOS ADRESSES

COMPRENDRE LE JAPON

ORGANISER SON VOYAGE

NOS INCONTOURNABLES

★★★ Vaut le voyage ★★ Mérite un détour ★ Intéressant

★★★

Nara

Une ville à la campagne, bucolique et divine où les daims et les hommes cohabitent ensemble. **Voir p. 286.**

Aflo / hemis.fr

coward_lion/iStock

★★★

Kyoto

2000 temples et sanctuaires, 200 jardins : une cité mille fois bénie pour avoir échappé à tous les cataclysmes. **Voir p. 229.**

Aflo / hemis.fr

★★★

Le mont Fuji

On ne voit que lui dans l'archipel. Partout et depuis tous temps. Le plus haut sommet est toujours drapé dans sa blancheur immaculée.
Voir p. 137.

★★★

Tokyo

Démesurée, trépidante, tentaculaire, inventive, industrieuse, en deux mots : inlassablement fascinante.
Voir p. 27.

J. Fuste Raga /age fotostock

cowardlion / Shutterstock.com

★★★

Kumano Kodo

Là où habitent les divinités. L'essence de tous les pélerinages à la croisée des chemins entre shintoïsme et bouddhisme. **Voir p. 310.**

★★★

Takayama

La « petite Kyoto » au pieds des Alpes japonaises. Avec des traditions séculaires ; denses comme ce bois qui fit sa fortune et fait toujours sa beauté. **Voir p. 179.**

F. Guiziou / hemis.fr

★★★

Baie de Kabira

Des eaux bleues translucides vertébrées par un chapelet d'îlots aux épidermes de sable blanc. Un site de plongée réputé. **Voir p. 605.**

Aflo / hemis.fr

J. Arnold Images / hemis.fr

TB Photo / UIG / Universal Images Group / age fotostock

★★★

Parc national de Shiretoko

Le « bout de la terre » en aïnou. Volcans, forêts boréales, jurant en hiver sur une mer de métal. Classé par l'Unesco. **Voir p. 479.**

★★★

Baie de Matsushima

L'un des plus beaux paysages du Japon qui fit perdre ses mots au poète Basho, jusqu'à renouveler sa science du haïku. **Voir p. 414.**

prasit_chansareekorn / iStock

★★

Hiroshima

Cité martyre du premier feu nucléaire. Un souvenir traumatisant et une réflection vivante qui ne cesse de nous interpeller. **Voir p. 372.**

Le Fushimi-Inari Taisha à Kyoto.
tupungato / iStock

TOP 5 Les stations thermales

1. Dogo Onsen, Matsuyama (p. 520)
2. Nosawa Onsen, Alpes japonaises (p. 193)
3. Ibusuki Sunamushi Onsen (p. 576)
4. Kinosaki Onsen (p. 325)
5. Zao Onsen (p. 435)

Dogo Onsen.
JTB Photo / UIG / Universal Images Group / age fotostock

❤ **Passer** sous la « Porte du tonnerre », déambuler aux côtés des écoliers tout en grignotant des « senbei », avant de plonger dans les fumées d'encens du temple Senso-ji. Puis tirer au sort... Votre premier temps fort dans le populaire quartier d'Asakusa, au nord est de Tokyo. **Voir p. 41**.

❤ **Participer** à l'un des plus fascinants festivals du Japon. Pour lequel des cavaliers au galop devront décocher trois flèches. Sport ? Art martial ? Ni l'un ni l'autre. Mais un rituel religieux destiné à réjouir Dieux et visiteurs. C'est le Yabusame de Nikko. **Voir p. 126**.

❤ **Prendre son élan !** Pendant 4 km vous allez passer sous 30 000 *torii*. Hommages des céréaliers à la divinité protectrice du riz. Attention aux renards, ils sont tout autour de vous. Car ils se nourrissent de ces rongeurs qui se nourrissent des céréales dont se nourrissent les hommes. **Voir p. 261**.

❤ **Dormir** à la campagne. Autour d'un feu de bois sous une chaumière traditionnelle, en savourant un poisson local grillé au sel ? C'est possible. Mais c'est si rare que l'Unesco a classé ses maisons des Alpes japonaises au Patrimoine mondial de l'humanité. **Voir p. 190**.

Village historique de Shirakawa-go.
encrier / iStock

Shinjuku : Kabuki-cho.
Cristian Baitg/iStock

❤ **S'échapper** à Shinjuku, se perdre dans le quartier de Kabuki-cho, chercher son chemin sous une pluie de lumières ; puis trouver le quartier Golden Gai. Aussi grand qu'une poche ; entrer dans un bar ; siroter un saké ; écouter, observer. Plaisirs infinis. **Voir p. 75**.

❤ **S'émerveiller** devant les créations originales produites par les céramistes d'Arita. Dans cette petite ville de Kyushu entièrement dédiée à cet art depuis quatre siècles, les porcelaines sont de véritables chefs-d'œuvre connus dans le monde entier. **Voir p. 548**.

Le Pavillon d'or (Kinkaku-ji) de Kyoto.
chairedevil/iStock

TOP 5 Lieux historiques

1. **Palais impérial, Tokyo** (p. 56)
2. **Nijo-jo de Kyoto** (p. 244)
3. **Peace Memorial Museum d'Hiroshima** (p. 374)
4. **École élémentaire d'Arahama de Sendai** (p. 412)
5. **Atomic Bomb Museum de Nagasaki** (p. 552)

Nagasaki, Atomic Bomb Museum.
JohnSLander/LightRocket/GettyImages/Parl'architecteKenzōTange

❤ **S'immerger** en famille dans l'univers de Miyasaki Hayao. Rappelez-vous : « Mon voisin Totoro », « Le Voyage de Chihiro », « Princesse Mononoke »… Autant d'histoires qui vous ont porté, transporté des années durant. Et bien vous y voilà ! Le studio Ghibli est là face à vous. Inimaginable ? Non, à condition toutefois d'avoir réservé longtemps à l'avance. **Voir p. 96**.

❤ **Relire** « Le Pavillon d'or » de Mishima. Tout ce que vous admirez est parti en fumée dans les années 1950. Reconstruit depuis. Et le mirage est de nouveau là, dans ses moindres reflets. Mais si vous préférez l'argent à l'or, il y a aussi le Ginkaku-ji. Raffinement dans la simplicité. Wabi-sabi murmurent les Japonais. **Voir p. 249**.

❤ **Savourer** avec les yeux puis les papilles le marché aux poissons de Shiogama. Réputé pour ses thons achetés par les meilleurs sushi-ya de Tokyo. Une aubaine car vous pourrez goûter tout ce qui vous plaît et le nez dans les embruns. **Voir p. 413**.

❤ **Raffermir** ses mollets en traversant la mer Intérieure à vélo, entre Onomichi (Honshu) et Imabari (Shikoku) en suivant la Shimanami Kaido : sportif et dépaysant. **Voir p. 522**.

Pont Ohashi sur la mer Intérieure.
JTB Photo / JTB Photo Communications, Inc. / age fotostock

Pèlerinage à Shikoku.
JTB Photo / UIG / Universal Images Group / age fotostock

❤ **Vibrer** avec les Japonais à un combat de sumo, lors d'un des grands tournois annuels dans le stade de Kokugikan à Tokyo. Les plus grands champions de cet art pratiqué depuis des siècles dans l'archipel sont adulés et leurs prestations déchaînent les passions, dans une ambiance survoltée. **Voir p. 56**.

❤ **Partir en pèlerinage** à Shikoku et ses 88 temples. Chapeau de paille, besace, bâton, une autre façon de croiser ses pas avec ceux des Japonais. 100 000 pèlerins chaque année. Mais vous avez deux mois pour égrener 1 200 km. **Voir p. 510**.

❤ **Enchanter** ses oreilles à Matsumoto. La pleine floraison des cerisiers ouvre une semaine de concerts nocturnes dans l'enceinte du magnifique château du 16e s. Musique médiévale et fleurs : un moment éphémère à ne pas manquer. **Voir p. 201**.

Chemin de la philosophie, Kyoto.
SeanPavonePhoto / iStock

TOP 5 Les jardins

Jardin du Ryoan-ji, Kyoto.
SeanPavonePhoto / iStock

❤ **Marcher** en méditant là où des moines ont déambulé des siècles durant. Un petit plaisir pédestre le long d'un canal ombragé de saules et de cerisiers. Une pause sur le chemin de la Philosophie. Une parenthèse paisible dans un Kyoto souvent remuant. **Voir p. 249**.

❤ **Admirer** l'art contemporain dans l'écrin exceptionnel des îles de la mer Intérieure, à Nao-shima et dans les îles voisines. Paysage et architecture se conjuguent pour composer ce lieu unique où rayonnent les œuvres des plus grands artistes. **Voir p. 513**.

❤ **Regarder** les hommes danser le Yokagura durant une nuit entière : pour célébrer la récolte de riz, ces danses masquées d'origine shinto vous plongent dans un autre espace-temps. **Voir p. 568**.

Île de Nao-shima, sculpture « Stern With Hole » par Ohtake Shinro.
J.-B. Rabouan / hemis.fr

Koya-San : la nécropole.
Zoonar/Andreas Alten/Zoonar GmbH RM / age fotostock

❤ **Méditer.** La nécropole est vaste. 200 000 tombeaux sous les fûts immenses des cryptomères. Et tandis que vous avancez dans ce clair-obscur bleuté, mille pensées vous assiègent. Marchez encore, laissez-vous guider. Vous êtes sur les terres de Kobo Daishi qui, à sa manière, tient les clefs du Paradis. **Voir p. 305**.

❤ **Respirer !** Une odeur âcre sature l'air : le soufre. Vapeurs et fumerolles se vrillent dans l'air. Marcher dans Beppu nous donne des allures de laborantin inquiet titubant entre ses alambics. Car la station thermale bouillonne.
Chacune de ses rues cahote parmi plus de 3 000 sources d'eau brûlante. **Voir p. 588**.

❤ **Se délasser** dans un onsen à Hakone, le plus court chemin jusqu'au divin ! Le matin, le soir, la nuit, se glisser dans un bain fumant : une expérience inoubliable, un art de vivre. Et quand le bain extérieur donne sur un jardin, ne cherchez plus, vous êtes bien au paradis. **Voir p. 139**.

❤ **Replonger** dans l'histoire du Japon médiéval en contemplant les ruines du château de Takeda. À l'automne, les vestiges de cette forteresse perchée à plus de 350 m semblent flotter au milieu des nuages. Puis y monter pour découvrir un panorama à couper le souffle sur les vertes vallées environnantes. **Voir p. 351**.

TOP 5 Les architectures remarquables

1. Château de Himeji (p. 348)
2. Tosho-gu de Nikko (p. 120)
3. Katsura Imperial Villa de Kyoto (p. 259)
4. Fermes Gassho-zukuri de Gokayama (p. 186)
5. Miho Museum de Kyoto (p. 267)

Le château de Himeji.
Starcevic / iStock

Bains de sables chaud à Beppu.
J. Frumm / hemis.fr

Préparez votre voyage en retrouvant tous nos coups de cœur sur notre site internet ***voyages.michelin.fr***

Retrouvez-nous également sur Facebook® ***fr-fr.facebook.com/MichelinVoyage***

La route du Tokaido…
en 14 jours

Sean Pavone / iStock

En bref : environ 950 km de Tokyo à Osaka.

• J-1 & 2 Tokyo
À composer selon vos envies et centres d'intérêt (**p. 27**).

• J-3 Kamakura
Temples, mer et montagne (**p. 107**).

• J-4 & 5 Mont Fuji
Hakone (**p. 139**) et les cinq lacs (**p. 166**).

• J-6 & 7 Péninsule d'Izu
Shimoda (**p. 152**) et Shuzenji (**p. 155**).

Parc de Nara.
SeanPavonePhoto / iStock

• J-8 Nagoya
Halte à Nagoya (**p. 163**) avec, éventuellement, une excursion au château d'Inuyama (**p. 167**).

• J-9 à 11 Kyoto
Temples, musées et quartiers variés, traditionnels ou modernes (**p. 229**).

• J-12 Nara
La première capitale, abritant un vaste parc verdoyant (**p. 286**).

• J-13 Koya-san
La montagne sacrée, avec une nuit dans un monastère (**p. 303**).

• J-14 Osaka
Bain de foule dans la trépidante cité (**p. 316**).

Conseils : Itinéraire toutes saisons, idéal pour un premier voyage. Si vous ne disposez que de 10 jours, évitez Shimoda et Nagoya.

La variété du Chubu (centre)
en 12 jours

Aflo / hemis.fr

En bref : 915 km au départ et à l'arrivée de Nagoya.

• J-1 Nagoya

La quatrième ville du Japon (**p. 163**), son château, ses rues animées.

• J-2 Takayama

La « petite Kyoto des Alpes » (**p. 179**) et son quartier de l'époque d'Edo.

• J-3 Shirakawa-go

Les beaux villages traditionnels classées au Patrimoine mondial de l'Unesco (**p. 184**).

• J-4 & 5 Kanazawa

La grande cité du Hokuriku : son superbe jardin, ses musées et ses quartiers de geishas et samouraïs (**p. 206**).

• J-5 à 7 Péninsule de Noto

Villages de pêcheurs et paysages côtiers (**p. 214**).

• J-8 Vers les Alpes japonaises

Transfert (bus/Shinkansen) vers Nagano.

• J-9 & 10 Nagano

Son temple magnifique, le Zenko-ji, les stations de ski à proximité et les onsen (**p. 190**).

• J-11 Matsumoto

La cité du château noir, avec le plus vieux donjon en bois du Japon (**p. 197**).

• J-12 Vallée de Kiso

Les beaux villages de l'ancienne route Nakasendo (**p. 202**).

Conseils : Japon rural et secret, villes passionnantes, mer (du Pacifique à la mer du Japon), montagnes grandioses… un itinéraire varié qui convient aux contemplateurs et aux sportifs. À effectuer plutôt de mai à octobre, sauf si vous désirez skier.

Le nord : Tohoku et Hokkaido
en 15 jours

JTBPHOTOCOMMUNICATIONS,INC/JTBPhotoCommunications,Inc/agefotostock

En bref : environ 1950 km de Tokyo à Abashiri ou Kushiro.

• J-1 Nikko
Ses temples et mausolées dans la forêt (**p. 120**).

• J-2 à 4 Sendai
La ville (**p. 408**) et ses environs : marché aux poissons de Shiogama, baie de Matsushima (**p. 417**), temple de Yamadera (**p. 435**).

• J-5 à 7 Côte de Sanriku, Tono, Hiraizumi
Minamisanriku, le port de pêche de Rikuzentakata (**p. 426**), la charmante Tono (**p. 431**) et Hiraizumi (**p. 428**).

• J-8 & 9 Akita, Hirosaki
La château de Hirosaki (**p. 454**), le parc national de Towada-Hachimantai, la forêt de Shirakami-sanchi (**p. 457**), le quartier des samouraïs de Kakunodate (**p. 448**).

• J-10 Hakodate
Bateau ou Shinkansen pour Hakodate, sur l'île de Hokkaido et visite de la ville (**p. 485**).

• J-11 Parc national de Shikotsu Toya
Le parc et Noboribetsu Onsen (**p. 470**).

• J-12 Sapporo
La capitale du nord, où déguster un délicieux « Gengis Khan » (**p. 463**).

• J-13 Parc national de Daisetsu-zan
Volcans, lacs, chutes d'eaux et onsen (**p. 476**).

• J-14 L'extrême est
Au choix, Shiretoko (**p. 479**), le lac Mashu (**p. 496**) ou le lac Akan (**p. 498**).

Conseils : Un itinéraire nature dans des paysages aussi superbes que variés, à effectuer d'avril à octobre. Une voiture offre plus de liberté à l'est de Hokkaido. Si vous avez moins de 14 jours, vous pouvez aller directement de Sendai à Hiraizumi.

Autour de la mer Intérieure
en 10 jours

En bref : 615 km au départ et à l'arrivée de Kobe/Osaka.

• J-1 Kobe
Quartier de Kitano et front de mer (**p. 338**) avant de rejoindre le château féodal de Himeji (**p. 348**).

• J-2 Okayama
Le splendide jardin Koraku-en (**p. 358**) puis balade à vélo dans la plaine verdoyante de Kibi (**p. 361**).

• J-3 Nao-shima
Bateau pour l'île-musée (**p. 513**).

• J-4 Kurashiki
Matinée à Kurashiki et son quartier historique de Bikan (**p. 362**), puis halte dans les jolis ports de Tomonoura (**p. 365**) ou Onomichi (**p. 367**).

• J-5 & 6 Hiroshima
La ville ressuscitée de Hiroshima (**p. 372**) et Miyajima, lieu sacré du shintoïsme (**p. 378**).

• J-7 Matsuyama
Ferry pour l'île de Shikoku : Matsuyama et son château (**p. 519**) et le célèbre Dogo Onsen (**p. 520**).

• J-8 Takamatsu
Le vaste jardin de promenade de Ritsurin-koen (**p. 505**) et le sanctuaire de Konpira-san (**p. 508**).

• J-9 & 10 Shodo-shima
Revenez en ferry vers Kobe avec une longue escale sur l'île de Shodo-shima, aux airs méditerranéens (**p. 516**).

Conseils : Un circuit moins habituel pour ceux qui connaissent déjà Tokyo et le Kansai et veulent partir de l'aéroport du Kansai (Osaka). Idéal d'octobre à juin. Quelques jours de plus permettent de profiter d'autres îles. Pour les sportifs, une variante est possible : traverser la mer Intérieure à vélo en empruntant la Shimanami Kaido, parcours aménagé de 70 km entre Onomichi (J-4) et Imabari (à 40 km au nord-est de Matsuyama, J-7) (voir p. 368).

S'isoler à Shikoku
en 10 jours

MrNovel / iStock

En bref : Tour de l'île (environ 750 km).

• J-1 & 2 Takamatsu

La ville (jardin Ritsuri-koen) et ses environs : Nao-shima, le sanctuaire de Konpira-san (**p. 505**).

• J-3 Matsuyama

Son château et l'extraordinaire complexe de bains, Dogo Onsen (**p. 519**).

• J-4 & 5 Côte ouest

Route vers Uwajima, en s'arrêtant dans les petites villes de Uchiko et Ozu (**p. 523**).

• J-6 & 7 Le sud

Kochi et son château (**p. 530**) puis la côte Pacifique, dont le panorama depuis le cap Ashizuri (**p. 533**).

• J-8 & 9 Vallée de l'Iya

Superbe vallée : gorges spectaculaires, hameaux perdus, belles randonnées (**p. 526**).

• J-10 Tokushima

Tokushima (**p. 509**) et le littoral oriental de l'île. C'est aussi le point de départ du très ancien pèlerinage des 88 temples.

Conseils : Itinéraire qui permet de s'éloigner des foules et invite aux prolongations. À effectuer de mars à novembre.

Tourbillons de Naruto.
10max / iStock

Cap au sud : Kyushu et les archipels
en 18 jours

J. Fuste Raga / Prisma / age fotostock

En bref : environ 990 km au départ et à l'arrivée de Fukuoka .

J-1 & 2 Fukuoka

Fukuoka, avec son architecture innovante (**p. 539**) et Dazaifu (**p. 542**).

J-3 & 4 Nagasaki

La dynamique cité de Nagasaki et sa baie remarquable (**p. 551**) puis la péninsule de Shimabara dont les eaux volcaniques du parc Unzen (**p. 558**).

J-5 & 6 Mont Aso

Via Kumamoto (**p. 562**), excursion autour du formidable et gigantesque volcan (**p. 566**).

J-7 & 8 Beppu

La capitale des villes thermales (**p. 588**). Pour éviter la foule, cap vers l'archipel d'Amakusa (**p. 569**).

J-8 à 10 Kagoshima

Trajet vers et visite de la ville (**p. 573**) dominée par le volcan Sakurajima. Excursions à Chiran, cité fortifiée et Ibusuki, station thermale aux plages de sable blanc (**p. 575**).

J-11 à 18 Yakushima

La suite du voyage dépend du temps dont vous disposez. Retour à Fukuoka pour les plus pressés ; avec 2 jours de plus, excursion inoubliable sur l'île de Yakushima, véritable éden végétal (**p. 580**). Chaque jour supplémentaire vous permet de découvrir à la carte, en avion ou en bateau, les archipels du sud : Okinawa (**p. 595**), Zamami-jima et ses fonds coralliens fabuleux (**p. 600**), Yaeyama avec sa mer émeraude et sa culture de perles noires (**p. 604**).

Conseils : Un itinéraire complet et ensoleillé en toutes saisons : nature, vie littorale et insulaire, histoire et culture.

DÉCOUVRIR LE JAPON

Le sanctuaire Heian-jingu à Kyoto.
J. Frumm/ hemis.fr

TOKYO ET SA RÉGION

Tokyo et sa région 1

Tokyo et sa région

DE LA FRÉNÉSIE URBAINE AU CALME MILLÉNAIRE

Tout a été écrit sur cette gigantesque métropole et son agglomération gloutonne qui annexent terre et ciel en réduisant l'activité humaine à une déambulation d'insectes. La capitale japonaise n'est pourtant pas réductible à ces seules images même si Tokyo n'en finit pas de s'étendre sur la périphérie d'autres centres comme autrefois celui de Yokohama, deuxième ville du pays, située à seulement 25 km de la capitale. Tokyo est en fait la plus vaste conurbation du monde. Cette agglomération, formée d'une ville et de ses banlieues ou de villes voisines réunies, s'étire sur la plus grande plaine du Japon (7 000 km^2) sise au cœur du Kanto. Cette région, qui regroupe sept préfectures, totalise 41,5 millions de personnes. Mais le Kanto, pour héberger près d'un tiers des Japonais, n'occupe que 8,6 % de la superficie de l'archipel. À l'aune de cette équation, on devine aisément que la région la plus peuplée du Japon, limitrophe du pouvoir central, peut engendrer une activité économique des plus prospères. Bénéficiant d'une main-d'œuvre abondante épaulée par les meilleures universités du pays, doté d'infrastructures, capitalisé par des puissances financières toujours soucieuses d'établir leur siège social non loin du pouvoir, le Kanto, ce qui ne nous surprend guère, possède le PIB régional le plus élevé du Japon. On sera peut-être plus étonné de découvrir qu'à moins d'une heure de train de cette zone hyperindustrialisée surgissent des régions à l'identité incroyablement marquée : que ce soit Kamakura (préfecture de Kanagawa), la grande cité des temples et des jardins, ou Nikko (préfecture de Tochigi), faisant miroiter sous le dais altier des cryptomères millénaires sa beauté sépulcrale.

VISITER LA RÉGION

SE REPÉRER

Situé au cœur de Honshu, la plus grande île de l'archipel, le **Kanto** regroupe aujourd'hui la préfecture métropolitaine : Tokyo *(to)* (13,5 millions d'habitants) plus six autres préfectures *(ken)* : Chiba (6 millions d'habitants), Ibaraki (3 millions), Tochigi (2 millions), Gunma (2 millions), Saitama (7 millions) et Kanagawa (8,5 millions). En périphérie se trouvent les préfectures de Shizuoka *(voir Péninsule d'Izu p. 152)* et de Yamanashi *(voir Mont Fuji p. 146)*.

À NE PAS MANQUER

Nikko, Kamakura, Shuzenji.

ORGANISER SON TEMPS

On peut passer une journée à Yokohama ; 2 jours à Kamakura ; une journée dans la péninsule de Miura ; une journée pour la région de Hakone ; 2 jours pour le mont Fuji ; 3 jours pour la péninsule d'Izu si vous voulez profiter des onsen et 3 jours également pour profiter de l'exceptionnel patrimoine naturel et culturel que représente Nikko.

AVEC LES ENFANTS

Un après-midi dans la partie futuriste de Yokohama ; les onsen de la péninsule d'Izu ou du nord (Kusatsu Onsen et Minakami) ; promenades sous les cryptomères de Nikko ; une baignade sur la plage de Miura, dans la péninsule de Miura.

Tokyo 東京

★★★

Ville : 8 877 306 habitants - Préfecture : 13 515 271 habitants

Ville tentaculaire, démesurée, surpeuplée, les adjectifs ne manquent pas pour la plus vaste métropole du monde. Mais là n'est pas l'essentiel. Tokyo n'est pas cette entité abstraite mais une identité qu'il faut redéfinir chaque fois que l'on « piétonne » dans l'un de ses multiples centres. Si l'on tient malgré tout à lui trouver une unité, on la cherchera surtout dans l'énergie de ses habitants à faire et à défaire leur ville, comme s'ils avaient à cœur de tenir sans cesse en éveil la capitale de « l'Archipel de tous les risques naturels ».

NOS ADRESSES PAGE 50 ET PAR QUARTIER
Hébergement, restauration, achats, activités, etc.

S'INFORMER

Offices de tourisme – Tokyo Tourist Information Center, *Tokyo Metropolitan Government Bldg n° 1, 1 F - M° E28, JR Shinjuku Station, sortie ouest* Plan V, A2 - *(03) 5321 3077 - www.tourism.metro.tokyo.jp/fr/index.html - 9h30-18h30.*

Foreign Tourist General Information Center (TIC NTO), *Shin Tokyo Building, 1 F, 3-3-1 Marunouchi, Chiyoda-ku - 5mn à pied de la gare Yurakucho (M° Y18 ou ligne JR Yamanote)* Plan III, B1 - *(03) 3201 3331 - www.jnto.go.jp/eng/ - 9h-17h - fermé 1er janv. (accueil tél. seult).*

Si vous prévoyez d'arpenter les musées, il sera avantageux d'acheter le **Grutt Pass** *(2 000 ¥)* qui donne accès à 79 musées, galeries d'art, zoos et aquariums de Tokyo gratuitement ou avec réduction. Demandez-le au guichet des musées de ce réseau, auquel appartiennent tous les plus grands.

SE REPÉRER

Carte de région p. 24

La ville de Tokyo regroupe 23 arrondissements sur une superficie de 557 km² (Paris 105 km²) soit, pour 8,8 millions d'habitants, une densité de près de 6 000 personnes par km². Il faut y ajouter, lorsque l'on parle de la préfecture de Tokyo, l'ouest de Tokyo ou *Tama-chihô* qui compte 26 villes plus quelques cités et villages, soit 4,2 millions d'habitants en sus. À cela s'ajoutent les îles de l'archipel d'Izu et aussi celles d'Ogasawara *(voir p. 97)* qui, bien que situées à 1 000 km vers le sud dans l'océan Pacifique, font également partie de la préfecture de Tokyo. Avec 13,5 millions d'habitants, la préfecture de Tokyo est la plus peuplée des 47 préfectures japonaises.

Les quartiers de Tokyo : plan général (Plan I p. 38-39), plan du métro p. 34-35 ;

À NE PAS MANQUER

Pour l'ambiance : le temple de Senso-ji et la Kappabashi-dori (Asakusa). Le marché d'Ameyoko et les quartiers de Yanaka et la « ville électrique » d'Akihabara (Ueno). La Chuo-dori (Ginza), le marché aux poissons de Tsukiji, une soirée au théâtre kabuki. Les bouquinistes de Jinbocho (au nord du Palais impérial). Le pont de Harajuku et le parc Yoyogi (Harajuku). Le carrefour de Shibuya et ses environs. **Sanctuaire** : le Meiji-jingu (Harajuku). **Architecture contemporaine** : la tour Tokyo Sky Tree (Asakusa). Les gratte-ciel de Shinjuku. Le Tokyo International Forum (quartier impérial). Le National Art Center (Roppongi). Les maisons de haute couture ou de prêt-à-porter (Omotesando et Ginza). **Musée** : le Musée national de Tokyo (Ueno), le musée Edo-Tokyo (Ryogoku), le musée national d'Art moderne (Palais impérial), le 21_21 Design Sight (Roppongi), le musée Mori (Shinjuku), le Tokyo Photographic Art Museum (Ebisu).

ORGANISER SON TEMPS

Loger à Asakusa en arrivant de l'aéroport est pratique et procure une dose d'exotisme *(voir itinéraires conseillés ci-dessous)*.

AVEC LES ENFANTS

Le musée Ghibli (Mitaka) et le parc Inokashira ; Harajuku et le parc Yoyogi le week-end, l'aquarium de la Tokyo Sky Tree, la ville futuriste d'Odaiba.

TOKYO EN 3 À 7 JOURS		
En 3 jours	**Jour 1**	Temple de Senso-ji, en passant par la Kaminari-mon et la Nakamise-dori (Asakusa), pique-nique dans le parc de Ueno, Edo-Tokyo Museum et spectacle de kabuki le soir.
	Jour 2	Ginza (marché aux poissons le matin avec un déjeuner de sushis) puis Chuo Dori, Palais impérial (jardin est), Shinjuku avec le Shinjuku-gyoen d'abord, Kabuki-cho et Golden Gai en fin d'après-midi et Tokyo Metropolitan Government pour une vue de la ville de nuit.
	Jour 3	Omotesando, Harajuku et le sanctuaire Meiji, le carrefour et les petites rues de Shibuya et Roppongi Hills en début de soirée, avec vue sur la tour de Tokyo de nuit.
En 7 jours	**Jour 1**	Asakusa le matin, déjeuner dans le parc de Ueno et visite du zoo avec les enfants, Tokyo Dome City en fin d'après-midi.
	Jour 2	Ryogoku Kokugikan et jardin Kiyosumi-teien le matin, Edo-Tokyo Museum et Sumida Hokusai Museum puis Tokyo National Museum dans l'après-midi ; spectacle de kabuki le soir.
	Jour 3	Ginza (marché aux poissons le matin avec un déjeuner de sushis) puis journée à Yokohama (port, quartier chinois).
	Jour 4	Jardin est du Palais impérial et aperçu du château le matin, Shinjuku ensuite.
	Jour 5	Excursion d'une journée à Kamakura.
	Jour 6	Omotesando, Harajuku et le sanctuaire Meiji, le carrefour et les petites rues de Shibuya dans la journée, Roppongi Hills en début de soirée, avec vue sur la tour de Tokyo de nuit.
	Jour 7	À négocier avec les enfants : le musée Ghibli et Inokashira-koen ou Odaiba (qui peut aussi remplacer Yokohama le 3e jour) ou plages de la péninsule de Miura.

TOKYO PRATIQUE

INFORMATIONS UTILES

Go Tokyo – http://www.gotokyo.org/en/index.html. Le site officiel de l'office du tourisme de la Ville de Tokyo, bien documenté et actualisé régulièrement.

Banque/Change – Citibank, *Ote Center Bldg, 1 F, 1-1-3 Otemachi, Chiyoda-ku - M° M18, sortie C9* Plan II, B2 - *(03) 3215 0051 - tlj sf w.-end et j. fériés 9h-15h.* Distributeurs de billets 24h/24. Les distributeurs de billets de la Citibank acceptent les cartes bancaires occidentales. Il y a des agences à Ginza, Shibuya, Aoyama, Shinjuku, etc. Vous trouverez également des billetteries acceptant les cartes bancaires étrangères dans la plupart des bureaux de poste et des supérettes 7 Eleven, ouvertes 24h/24 (sélectionner « english » puis « withdrawal »).

Poste – Tokyo Central Post Office, *JP Tower Bldg, 2-7-2 Marunouchi, Chiyoda-ku - M°M17 ou C10* Plan II, B3 - *(03) 3217 5231 - 24h/24.*

Pompiers, Samu – *119 ou (03) 3212 2111.*

Police – *110* (24h/24).

En français : *(03) 3503 8484.*

Renseignements en anglais – Le service des renseignements des établissements hospitaliers du gouvernement de Tokyo Himawari *(www.himawari.metro.tokyo.jp/qq/qq13enmnlt.asp)* donne des informations en langues étrangères au sujet des institutions médicales de la capitale *(03) 5285 8181 (9h-20h)*, ainsi qu'un service de traduction en urgence - *(03) 5285 8185 (17h-20h ; w.-end et j. fériés 9h-20h)* en cas de difficulté de compréhension après admission dans un hôpital.

Le centre international d'informations médicales Amda Service - *(03) 5285 8088 - http://eng.amda-imic.com/* - fournit les adresses de médecins parlant une langue étrangère sur l'ensemble du Japon. *Lun.-vend. 9h-17h.*

Pharmacie – American Pharmacy, *Marunouchi Bldg, B1F, 2-4-1 Marunouchi, Chiyoda-ku - M° M17, M° C10* Plan II, B2 - *(03) 5220 7716 - 9h-21h (sam. 10h-21h ; dim. et j. fériés 10h-20h).*

Avocat francophone – *Bunkyo KS Bldg, F5, 3-19-10 Otsuka, Bunkyo-ku - (03) 5981 5533 - suda-law.net/francais.html.* Consultations juridiques en français de Maître Yohei Suda.

Représentations diplomatiques – **Ambassade de France**, *4-11-44 Minami-Azabu, Minato-ku - M° H03* Plan I, B4 - *(03) 5798 6000 (standard) - tlj sf w.-end et j. fériés 9h-12h, 14h-17h (sur RV) - www.ambafrance-jp.org.* Répondeur fournissant informations et consignes aux ressortissants français en cas de catastrophe, *(03) 5798 6099.* Urgences : *(03) 5798 6000* et *urgence.tokyo-amba@diplomatie.gouv.fr* (réservés exclusivement aux Français se trouvant dans une situation grave au Japon).

Ambassade de Belgique, *5-4 Niban-cho, Chiyoda-ku - M° Y15, sortie n° 5* Plan I, B2 - *(03) 3262 0191, urgences : 090 773 798 43 - http://japan.diplomatie.belgium.be/fr.*

Ambassade du Luxembourg, *Luxembourg House 1F - 8-9 Yonbancho, Chiyoda-Ku* Plan I, B2 *M° Y14, N09, sortie n° 2 ou S04 - (03) 3265 9621 - tokyo.mae.lu/en/.*

Ambassade de Suisse, *5-9-12 Minami-Azabu, Minato-ku - M° H03, sortie n° 3* Plan I, B4 - *(03) 5449 8400 - www.eda.*

1

admin.ch/countries/japan/fr/home.html.
Ambassade du Canada, *7-3-38 Akasaka, Minato-ku - M° G04, M° Z03 ou E24* Plan I, B3 - *✆ (03) 5412 6200 - www.canadainternational.gc.ca/japan-japon/index.aspx?lang=fra.*
Institut franco-japonais – *15 Ichigaya-Funagawara-cho, Shinjuku-ku, JR Iidabashi Station, sortie ouest ou M° Y13, N10, T06 - ✆ (03) 5206 2500 - www.institutfrancais.jp/tokyo/fr/.*

TRANSPORTS

En avion

Narita International Airport – *✆ (0476) 34 8000 (informations sur les vols) - www.narita-airport.jp/en.* Il est situé à près de 70 km à l'est de Tokyo et comprend deux terminaux entre lesquels une navette gratuite assure les transferts. Terminal 1, Tourist Information Center : *Central Bldg, 1F - ✆ (0476) 30 3383 - 8h-20h.* Terminal 2, Tourist Information Center : *Main Bldg, 1F - ✆ (0476) 34 5877 - 8h-20h.*
Haneda Airport – *✆ (03) 6428 0888 - 24h/24 (informations sur les vols internationaux)* et *✆ (03) 5757 8111 - 5h-0h (informations sur les vols domestiques) - www.tokyo-airport-bldg.co.jp/en/.* L'aéroport est localisé à 20 km au sud de Tokyo sur une île en face de la baie à l'embouchure du fleuve Tama Plan I, B4 en dir. Plus pratique que Narita, il reçoit la plupart des vols nationaux aux terminaux 1 et 2, ainsi que des vols en provenance de Paris, Séoul, Hong-Kong, Pékin et Shanghai au terminal international. Tourist Information Corners au terminal international : *entrance Plaza 1F, hall d'arrivée 2F, hall de départ 3F - 24h/24* et Tokyo Tourist Information - *hall d'arrivée 2F - ✆ (03) 6428 0652 - 5h30-1h.*
Des trains relient en 1h30 Narita à Haneda pour 1 800 ¥ ou en 2h pour 1 640 ¥. Le même trajet coûte 3 100 ¥ en Limousine Bus et dure env. 1h15.
De Narita au centre-ville – Chaque terminal dispose d'une gare au premier sous-sol : Airport Terminal 2 Station et Narita Airport Station. De Narita le **Narita Express** (N'EX) de la JR East part à peu près ttes les 30mn *(7h30-19h)*, ttes les h *(20h et 21h)*. Il relie Tokyo Station *(1h de trajet, 3 020 ¥)*, Shibuya *(1h20, 3 190 ¥)*, Shinjuku *(1h25, 3 190 ¥)* et Ikebukuro *(1h30, 3 190 ¥)*.
☺ Réduction avec le **pass N'EX**, billet AR Narita *(4 000 ¥)* vers les principales gares tokyoïtes (Shinagawa, Shibuya, Shinjuku, Ikebukuro).
Les billets s'achètent aux guichets JR East Travel Service Center dans les 2 terminaux : *www.jreast.co.jp/e/.*
Si vous disposez de temps et de moins d'argent, optez pour **le train rapide** qui rejoint Tokyo Station *(1h30, 1 320 ¥)*. Le **Skyliner Airport Express** de Keisei, *www.keisei.co.jp*, vous transporte jusqu'à Nippori Station *(36mn, 2 470 ¥)*, Keisei-Ueno Station *(41mn, 2 470 ¥)*, Shinjuku *(56mn, 2 670 ¥)*, Shibuya *(63mn, 2 670 ¥)*. Départ à peu près ttes les 40mn. C'est la solution la plus rapide et la plus pratique si vous résidez dans les environs du parc de Ueno. Les deux stations sont connectées à la Yamanote Line, qui dessert ensuite les gares principales. Plus lent mais moins cher *(1 030 ¥)*, toujours avec Keisei, le **Limited Express** met Nippori à 1h13 et Ueno à 1h16. Départ ttes les 20mn. Pensez qu'avec le train vous devrez certainement ajouter le prix d'une course en taxi ou

au minimum celui d'un billet de métro pour parvenir à l'exacte destination.

La compagnie Limousine Bus, *www.limousinebus.co.jp*, conduit ses passagers du hall d'arrivée (terminaux 1 et 2) jusqu'à la réception des meilleurs établissements du centre de Tokyo. Les tickets *(autour de 3 000 ¥)* sont à prendre aux comptoirs, juste à la sortie du contrôle des passeports. Une fois vos bagages étiquetés et rangés dans les soutes par un personnel efficace, le bus file le long des autoroutes. Ce mode de transport est conseillé aux voyageurs qui descendent avec de pesantes valises dans un hôtel figurant au menu des Limousine Bus ou situé à une courte distance à pied de l'un d'eux. Départs ttes les 5 à 30mn. Le Limousine Bus permet également de rejoindre la gare de Shinjuku *(au minimum 1h30 de trajet, 3 100 ¥)* et le Tokyo City Air Terminal (T-CAT), *www. tcat-hakozaki.co.jp/en/*, installé au nord-est du centre-ville *(env. 1h, 2 800 ¥)* et relié à la station Suitengumae sur la ligne de métro Hanzomon (M° Z10). Avantage : entre l'aéroport et le T-CAT, un trafic stable assure en général le respect des horaires. Cela peut ensuite se compliquer à partir du T-CAT. Départ ttes les 10mn.

En taxi, une course jusqu'aux arrondissements de Bunkyo, Chiyoda et Chuo coûte autour de 20 000 ¥, et 21 500 ¥ jusqu'à Shinjuku, Shibuya ou Minato. Six fois plus cher qu'un Limousine Bus et pas plus rapide !

De Haneda au centre-ville – Le **Tokyo Monorail** *(www.tokyo-monorail.co.jp/english/ - départ ttes les 5 à 10mn)*, conduit à la station Hamamatsucho de la JR Yamanote Line *(14mn, 490 ¥)*.

La JR East propose un **package Suica & Monorail** *(2 700 ¥)* comprenant un AR Haneda-Tokyo et une IC Card Suica créditée de 1 500 ¥ permettant d'utiliser les lignes JR, métro et bus de Tokyo *(voir p. 33)*. Autre moyen possible, les lignes **Keikyu** (www.haneda-tokyo-access.com) vers la station Shinagawa de la JR Yamanote Line à Tokyo *(14mn, 410 ¥)* et vers Yokohama *(28mn, 450 ¥)*. **Keikyu Tourist Information Center**, *hall d'arrivée 2F - 7h-22h* (peut également faire de la réservation d'hôtels).

Un Limousine Bus coûte entre 900 et 1 250 ¥ et un taxi env. 8 000 ¥ pour rejoindre le centre de Tokyo.

En train

Tokyo possède quatre gares principales reliées à la ligne JR Yamanote. Si vous arrivez en Shinkansen de l'ouest (Osaka, Kyoto) et du nord (Nagano, Akita, etc.), vous terminez généralement à la gare de Tokyo (Tokyo Station) Plan II BC3, ou à Shinagawa, à 6 km au sud-ouest Plan I, B4 en dir. Quelques trains poussent jusqu'à Ueno, à 4 km au nord-est Plan I, C1.

Le forfait JR Pass du Kanto permet des trajets illimités à Tokyo et ses environs jusqu'au mont Fuji, Izu, Nikko et Karuizawa. Pour 3 jours : *10 000 ¥ (enf. 5 000 ¥)*. Passeport exigé au moment de l'achat. Liste des points de vente : www.jreast.co.jp/e/tokyowidepass/.

Pour plus d'information, se reporter au site *www.hyperdia.com*.

En bus

Les bus longue distance (Highway Bus, en japonais *Kosoku Bus*) arrivent dans les grandes gares situées sur la Yamanote Line (Tokyo Station, Shinagawa, Shibuya, Shinjuku et Ikebukuro).

Ils sont de 20 à 50 % moins chers que le train. Les prix peuvent varier sensiblement entre les compagnies. Pour Nagoya, plusieurs bus par jour avec les compagnies Keio - www.highway-buses.jp, Meitetsu - www.meitetsu-bus.co.jp/english/index.html, JR Bus Tokai et Orion Tour *(6h30-7h de trajet, de 4 000 ¥ à 7 200 ¥)*. Pour Kyoto, départ des JR Bus Kanto et Nishinihon JR Bus plusieurs fois par jour (dans la journée et dans la nuit) *(env. 8h, de 5 000 ¥ à 8 500 ¥)*. Pour Osaka, départ avec différentes compagnies comme JR Bus Kanto, Nishinihon JR Bus, Keikyu, Hankyu, Seibu ou Kintetsu plusieurs fois par jour *(env. 8h, de 5 600 ¥ à 8 900 ¥)*. Pour Hiroshima, départ des Odakyu, Chugoku JR Bus, Chugoku Bus *(env. 12h, de 7 500 ¥ à 12 000 ¥)*.

En bateau

En larguant les amarres à Tokushima (Shikoku) avec la compagnie **Ocean Tokyu Ferry** ✆ *(03) 5148 0109 (9h-17h) - (1 bateau/j, 18h de traversée, 10 640 ¥ sans couchette, 20 300 ¥ première classe)* ou à Kita-Kyushu *(même compagnie, 1 bateau/j 34h, 16 120 ¥ sans couchette, 30 250 ¥ première classe)*, vous abordez au port d'Ariake à Odaiba. De là, des bus rejoignent la station de métro Shin-kiba (M° Y24). Sinon, la Yurikamome Line (station la plus proche, Kokusai-Tenjijo-Seimon) passe sur le Rainbow Bridge pour s'arrêter à Shinbashi (M° A10, M° G08). Alternative : la Rinkai Line qui rejoint Shinjuku.

SE REPÉRER

Tokyo ne possède pas de noms de rues. Contrairement au système occidental en vigueur dans le monde entier qui veut qu'une rue ait un nom ou un numéro, ici, à l'exception de quelques grandes avenues *(dori)*, les rues sont anonymes. Comment font alors les Tokyoïtes pour se déplacer et se repérer dans une ville aussi vaste, dense et inextricable ? Cela paraît tout simplement impossible et pourtant ça marche… pas trop mal grâce à une nomenclature basée sur le cadastre. Outre la désignation de l'arrondissement auquel on ajoute le suffixe *ku* et la mention d'un quartier, **l'adresse comporte en général une série de trois numéros** (2-11-3 Ginza, Chuo-ku) : le premier correspond à celui d'un *chome*, c'est-à-dire à la subdivision d'un quartier en plusieurs blocs ; le deuxième renvoie au bloc ; le troisième est attribué au bâtiment, en fonction de sa date de construction et non pas selon son emplacement par rapport aux édifices qui le précèdent ou lui succèdent sur le terrain. Ce dernier élément ne simplifie pas les choses, le 3 pouvant, par exemple, côtoyer le 17 ou le 8. Sur la majorité des immeubles, des poteaux téléphoniques ou des réverbères, est apposée une plaque de métal portant l'inscription des numéros. La même adresse peut aussi s'écrire 11-3 Ginza, 2-chome, Chuo-ku.

Si les employés de la poste et les policiers s'orientent aisément, les habitants de Tokyo ont une appréciation assez floue de la situation quand ils s'aventurent en territoire inconnu. Quant aux taxis, ils n'arrivent pas toujours à destination en dépit de plans et de GPS. Les visiteurs, eux, sont voués à chercher leur chemin plus d'une fois. Dans ce cas, il est recommandé de s'adresser aux aimables policiers postés dans l'une des nombreuses cabines de police *(koban)*, elles-mêmes souvent installées aux croisements stratégiques.

COMMENT CIRCULER

En métro – S'il est facile de se perdre dans les rues de Tokyo, tout devient aisé sous terre grâce à une impeccable signalétique en caractères latins qui combine codes de couleur avec des lettres et des chiffres. Ces coordonnées permettent d'évaluer le chemin qui reste à parcourir en se référant à l'évolution croissante ou décroissante des chiffres.
Une voix annonce en anglais la prochaine station ainsi que les correspondances.
L'admiration que l'on peut éprouver pour ce métro s'accroît lorsqu'on découvre que la quasi-totalité des stations est équipée de toilettes gratuites et immaculées, ainsi que de consignes automatiques. **Le réseau** se compose de 13 lignes, neuf gérées par le **Tokyo Metro**, *www.tokyometro.jp*, et quatre par le **TOEI Subway**, *www.kotsu.metro.tokyo.jp* *(voir plan p. 34-35)*.
Les entrées des huit premières sont signalées par des panneaux ronds, où se détache sur fond bleu un M blanc ; les quatre autres sont reconnaissables à leur panneau rectangulaire avec au centre un ginkgo stylisé. En cas de station commune, le panneau, rectangulaire, affiche une locomotive de face. Dans chaque station, on peut se procurer un **plan de métro**.
☺ Le site *www.tokyometro.jp* permet d'élaborer un itinéraire, d'en calculer la durée et le prix.
Un ticket à la journée sur les neuf lignes de Tokyo Metro coûte *600 ¥ (enf. 300 ¥)* ; *900 ¥ (enf. 450 ¥)* si l'on y ajoute les quatre lignes TOEI ; *1 590 ¥ (enf. 800 ¥)* avec en plus les bus TOEI et le réseau de la Japan Railways Company (JR).
Tickets à l'unité : si vous achetez vos tickets au fur et à mesure, vous trouverez, contre pièces ou billets, des machines qui les éditent. Le tarif minimum d'un ticket est 170 ¥. Il augmente en proportion de la distance jusqu'à 310 ¥. Des tableaux récapitulatifs indiquent les prix pour chaque station. Quand ces derniers sont uniquement en japonais, payez le minimum 170 ¥ et acquittez un complément si votre ticket est refusé à la sortie. Des machines *(fare adjustment machines)* sont prévues à cet effet. Vous y insérez votre ticket, elles calculent la somme due et impriment un nouveau ticket une fois le complément payé. Vous pouvez aussi vous adresser à l'employé de service.
Pour éviter ce casse-tête, si vous prévoyez d'emprunter souvent le métro pendant plusieurs jours, le plus simple est d'acheter les cartes rechargeables **PASMO** ou **Suica**, qui présentent l'avantage d'être valables sur la plupart des lignes de métro, de train JR de Tokyo et même pour le shopping dans certains magasins (www.pasmo.co.jp/en/). Pas d'économie en perspective, car la carte est débitée à chaque passage d'au moins 170 ¥ ; en revanche, plus besoin d'acheter de tickets jusqu'à l'épuisement du crédit. Demi-tarif pour les enfants de 6 à 12 ans, quel que soit le billet.
☺ Assez étrangement pour une ville si grande et si animée, le métro ferme autour de 0h30.
En JR – La **Yamanote Line**, qui fait une boucle autour du centre de Tokyo *(env. 1h)*, n'est pas seulement un bon moyen de transport, c'est aussi l'occasion d'avoir un aperçu de la ville, car la ligne est aérienne. Le tarif minimum d'un ticket est 140 ¥. À la sortie, le même système d'ajustement des prix que pour

Nishi-takashimadaira
Shin-takashimadaira
Takashimadaira
Nishidai
Hasune
Shimura-sanchome
Shimura-sakaue
Motohasunuma
Mita Line
Itabashihoncho
Itabashi kuyakushomae
Shin-itabashi
Itabashi
Nishi-sugamo
Shin-koshinzuka
Sugamo
Sengoku
Hakusan
Thru to Urawa-misono
Saitama Stadium Line
Akabane-iwabuchi
Akabane
Shimo
Oji-kamiya
Oji
Oji-ekimae
Namboku Line
Nishi
Kon
Hon-
Toda
Kasu
Thru to Shinrin-koen
Wakoshi
Chikatetsu-narimasu
Chikatetsu-akatsuka
Heiwadai
Hikawadai
Seibu Yurakucho Line
Kotake-mukaihara
Senkawa
Kanamecho
Tobu Tojo Line
Yamanote Line
Otsuka-ekimae
Otsuka
Ikebukuro
Shin-otsuka
Myogadani
Marunouchi Line
Higashi-ikebukuro-yonchome
Higashi-ikebukuro
Gokokuji
Edogawabashi
Yurakucho Line
Korakuen
Kagurazaka
Hikarigaoka
Nerima-kasugacho
Toshimaen
Nerima
Thru to Hanno
Seibu Ikebukuro Line
Shin-egota
Ochiai-minami-nagasaki
Oedo Line
Nakai
Seibu Shinjuku Line
Mejiro
Zoshigaya
Kishibojimmae
Waseda
Ogikubo
Chuo Line
Thru to Mitaka
Ochiai
Tozai Line
Nakano
Takadanobaba
Nishi-waseda
Wakamatsu-kawada
Ushigome-yanagicho
Ushigome-kagurazaka
Iidabashi
Minami-asagaya
Shin-koenji
Higashi-koenji
Shin-nakano
Higashi-nakano
Shin-okubo
Higashi-shinjuku
Akebonobashi
Shinjuku Line
Ichigaya
Nakano-sakaue
Nishi-shinjuku
Shinjuku-nishiguchi
Seibu-shinjuku
Kudanshita
Honancho
Nakano-fujimicho
Nakano-shimbashi
Shinjuku
[Shinjuku Gyoen National Garden]
Shinjuku-gyoemmae
Yotsuya
Kojimachi
Hanzomon
Nishi-shinjuku-gochome
Tochomae
Shinjuku-sanchome
Yotsuya-sanchome
Meidaimae
Keio Line
[Tokyo Metropolitan Government]
Thru to Hashimoto, Takaosanguchi
Sasazuka
Sendagaya
Shinanomachi
Aoyama-itchome
Nag
Keio Inokashira Line
Yoyogi
Kita-sando
Kokuritsu-kyogijo
Akasaka-mitsuke
Yoyogi-uehara
[Yoyogi Park]
Yoyogi-koen
Harajuku
Fukutoshin Line
Hanzomon Line
Thru to Karakida, Hon-atsugi
Meiji-jingumae (Harajuku)
[Meiji Jingu Shrine]
Gaiemmae
Odakyu Line
Shimo-kitazawa
Thru to Chuo-rinkan
Tokyu Den-en-toshi Line
Shibuya
Tameike-sanno
Nogizaka
Akasaka
Futako-tamagawa
Ginza Line
Omote-sando
Chiyoda Line
Tokyu Oimachi Line
Roppongi
Roppongi-itchome
Tokyu Toyoko Line
Naka-meguro
Ebisu
Jiyugaoka
Hibiya Line
Hiro-o
Kamiyacho
Thru to Motomachi-Chukagai
Tokyu Meguro Line
Azabu-juban
Thru to Hiyoshi
Den-en-chofu
Ookayama
Meguro
Shirokanedai
Shirokane-takanawa
Hatanodai
Mita
Tokyu Ikegami Line
Gotanda
Takanawadai
Sengakuji
Nishi-magome
Magome
Nakanobu
Togoshi
Osaki
Shinagawa
Tamachi
Keihin-tohoku Line
Oimachi
Keikyu-kamata
Thru to Misakiguchi
Tenkubashi
Haneda Airport International Terminal
Keikyu Line
英語

TOKYO

Thru to Minami-kurihashi
Thru to Kuki, Minami-kurihashi
Thru to Toride
Kumanomae
Toneri-koen
Minumadai-shinsuikoen
Machiya-ekimae
Machiya
Chiyoda Line
Kita-senju
Kita-ayase
Narita Airport Terminal 1
Kanamachi
Ayase
Joban Line
Keisei Line
Narita Airport Terminal 2·3
Minowabashi
Tabata
Minowa
Minami-senju
Hikifune
Keisei Kanamachi Line
Hokuso Line/ Narita Sky Access Line
Nishi-nippori
Nippori
Hibiya Line
TOBU SKYTREE Line
Aoto
Keisei-takasago
Keisei-yawata
Uguisudani
Iriya
Tsukuba Express
Honjo-azumabashi
Keisei Oshiage Line
Tobu Kameido Line
Motoyawata
Higashi-narita
Shibayama Railway Line
Shibayama-chiyoda
Sendagi
Ueno
Inaricho
Oshiage (SKYTREE)
Kameido
Shinozaki
Keisei-ueno
Tawaramachi
Mizue
Nezu
Asakusa
Kinshicho
Ichinoe
Hongo-sanchome
Ueno-okachimachi
Shin-okachimachi
Kuramae
Funabori
Shinjuku Line
Sobu Line
Ueno-hirokoji
Yushima
Hanzomon Line
Higashi-ojima
Okachimachi
Naka-okachimachi
Ojima
Toyo Rapid Line
Ochanomizu
Chuo Line
Suehirocho
Asakusa bashi
Ryogoku
Nishi-ojima
Nishi-funabashi
Akihabara
Suidobashi
Sumiyoshi
Baraki-nakayama
Jimbocho
Bakurocho
Bakuro yokoyama
Morishita
Iwamotocho
Myoden
Kikukawa
Gyotoku
Higashi-nihombashi
Hamacho
Shin-ochanomizu
Ogawamachi
Awajicho
Kanda
Kodemmacho
Ningyocho
Minami-gyotoku
Thru to Toyo-katsutadai
Narita Line
Narita
T-CAT
Urayasu
Kiyosumi-shirakawa
Shin-nihombashi
Mitsukoshimae
Kasai
Haneda
Nishi-kasai
Suitengumae [Suitengu Shrine]
Minami-sunamachi
Tsudanuma
Tozai Line
Toyocho
Kiba
Chiba
Otemachi
Nihombashi
Kayabacho
Monzen-nakacho
Nijubashimae
Mita Line
Kyobashi
Keiyo Line
Tokyo
Takaracho
Hatchobori
Toyosu
Shin-kiba
Sakuradamon
Yurakucho
Ginza-itchome
Shintomicho
Tatsumi
Maihama
Yurakucho Line
Kokkai-gijidomae [National Diet Bldg.]
Hibiya
Tsukishima
Kasumigaseki
Tsukiji
Disney Resort Line
Kokusai-tenjijo
Ariake
Ginza
Higashi-ginza
Uchisaiwaicho
Oedo Line
Kachidoki
Toranomon
Ginza Line
Asakusa Line
Tsukijishijo
Onarimon
Shimbashi
Daimon
Shiodome
Hamamatsucho
Yurikamome
Rinkai Line
Tokyo Monorail
Tennozu Isle
Haneda Airport International Terminal 1
Haneda Airport Domestic Terminal
Haneda Airport Terminal 2
Line Color
Line Symbol
Station Number
Toei Line
Tokyo Metro Line
ROSE A Asakusa Line
BLUE I Mita Line
LEAF S Shinjuku Line
MAGENTA E Oedo Line
Junctions
JR Yamanote Line
JR Line
Private Railways
Toei Streetcar Arakawa Line
Nippori-toneri Liner
ORANGE G Ginza Line
RED M Mb Marunouchi Line
SILVER H Hibiya Line
SKY T Tozai Line
GREEN C Chiyoda Line
GOLD Y Yurakucho Line
PURPLE Z Hanzomon Line
EMERALD N Namboku Line
BROWN F Fukutoshin Line
Tokyo Subway Route Map
BUREAU OF TRANSPORTATION, TOKYO METROPOLITAN GOVERNMENT
Tokyo Metro

le métro est appliqué. Un ticket JR ne permet pas de prendre le métro. Si vous n'avez pas la carte Suica ou Pasmo, attention aux voyages qui combinent les deux. La JR exploite aussi la ligne Chuo (Chuo-sen), qui relie la gare de Tokyo (Tokyo Station) à Shinjuku puis à la banlieue jusqu'aux montagnes de Takao, à l'ouest. La ligne Sobu (Sobu-sen), qui d'est en ouest relie Chiba à Mitaka, dessert en parallèle les mêmes stations que la Chuo-sen en traversant le centre-ville.

Le **Tokyo Free Kippu** *(1 590 ¥/1 j, enf. 800 ¥)* valable dans métro, bus et JR dans Tokyo.

En bus – Contrairement au métro, les bus, à de rares exceptions près, affichent leur destination en *kanji*. Polyglottes et aventuriers paieront 210 ¥/ticket, quelle que soit la distance, dans les 23 arrondissements.

En taxi – Les deux premiers kilomètres coûtent 730 ¥ et chaque kilomètre supplémentaire, env. 360 ¥. Les prix sont majorés de 20 % entre 22h et 5h. Pratiques sur de courtes distances, les taxis sont indispensables après 0h30, lorsque le métro ferme. Le parc de taxis tokyoïtes est de 50 000 voitures. Ne soyez pas surpris : les portes arrière s'ouvrent et se ferment automatiquement.

Face aux difficultés rencontrées, y compris par les taxis, pour se repérer dans Tokyo, il est préférable de se faire écrire l'adresse en *kanji* ou de pointer sur une carte la destination. À défaut, indiquer un site facilement repérable (métro, grand magasin, etc.) à proximité de l'adresse souhaitée et de terminer à pied.

À vélo – Les Tokyoïtes sont de fervents adeptes du vélo. Ils roulent de préférence sur les trottoirs, slalomant au milieu des piétons. D'un coup de sonnette, ils vous commandent de garder votre trajectoire au moment de vous dépasser. Certains quartiers comme Ueno, Yanaka ou Asakusa se prêtent bien à des balades. De nombreux hôtels louent des vélos à la journée pour une somme modique *(environ 200 ¥/j)*.

Location de vélos : Sumida Park, *près du guichet du bateau-bus de Sumida Park, Asakusa, M° G19* Plan IV, C2 *- 6h-20h - 200 ¥/j.*

En bateau – Les bateaux de la **Tokyo Cruise Ship Company**, *www.suijobus.co.jp*, naviguent sur la rivière Sumida entre Asakusa (pont Azuma) et Odaiba. Divers circuits sont proposés. L'un d'eux fait halte au jardin Hamarikyu au départ d'Asakusa *(40mn de trajet, 780 ¥)*. Malgré le bétonnage des rives, cette balade a le mérite de donner une autre image de la ville. Du quai Hinode, situé à 5mn de Hamarikyu, on peut réembarquer et pousser jusqu'à Odaiba (4 escales).

HÉBERGEMENT, RESTAURATION

Voir la rubrique « Nos adresses » par quartier : *Asakusa-Ueno p. 50, Palais impérial p. 61, Ginza p. 69, Roppongi p. 73, Shinjuku p. 79, Shibuya p. 83, Harajuku p. 89, Odaiba p. 93 et Kagurazaka p. 95.*

Tokyo est la ville de toutes les tentations culinaires, dont certaines se payent au prix fort, surtout le soir. Cependant nombre de très bons restaurants, chers le soir, proposent au déjeuner des menus pour un prix inférieur à 3 500 ¥. De plus, il est possible de manger pour trois fois rien dans les chaînes de restaurant bon marché (Matsuya, Yoshinoya, Sukiya, Tenya), qui proposent des menus (de 200 à 600 ¥) constitués d'un bol de riz servi avec viande, soupe au miso, poisson, salades. Autre possibilité : les très nombreux *conbini (convenience stores)* ouverts 24h/24, 7j/7. Parmi les plus connus : 7 Eleven et Lawson. On y trouve des sandwichs pour 120 ¥, des *onigiri* (boulettes de riz fourrées entourées d'algues séchées) pour 130 ¥, des soupes et des *bento*. Chaque *conbini* dispose d'un four à micro-ondes. La plupart des grands magasins ont un vaste rayon alimentaire en sous-sol avec des *bento* à bas prix. Pour économiser le petit-déjeuner, les chambres d'hôtels étant toutes pourvues de bouilloire électrique, vous pouvez acheter thé ou café *(duripu-kohi)* au *conbini* du coin.

EN SOIRÉE

Procurez-vous le **Metropolis**, *www.metropolis.co.jp*, un hebdomadaire en anglais riche en info distribué gratuitement dans les cafés, restaurants et hôtels. Le site *www.realtokyo.co.jp* référence les événements culturels de la capitale.

Cinémas – Il y a pléthore de salles. Pour les programmes, consultez le *Metropolis (voir ci-dessus). Prix moyen d'une place : 1 800 ¥.*

Théâtres – **National Theater of Japan**, *4-1 Hayabusa-cho, Chiyoda-ku (à côté de la Cour suprême) - M° Z05, M° Y16* Plan II, A2 *- réservez au (03) 3230 3000 ou 0570 07 9900 - www.ntj.jac.go.jp/english.html.* Spectacles de kabuki, *bunraku*, nô, *kyogen*. Audioguides *(1 500 ¥ à 12 300 ¥).*

Sécurité – Tokyo est certainement l'une des capitales les plus sûres au monde et on s'y promène en sécurité à toute heure. Une exception cependant dans les lieux nocturnes de Roppongi, Kabuki-cho, Ikebukuro où sont rapportés les cas de bars à hôtesses et rabatteurs dont les clients ont été drogués afin de les dépouiller et de leur faire utiliser malgré eux leur carte bancaire.

ACTIVITÉS

Survol en hélicoptère – Helicopter Cruising – *14 Chidori, Urayasu, Chiba City* Hors plan - *(047) 380 5555 - www.excel-air.com/english - réserv. lun.-merc. et vend. 11h-19h ; jeu., w.-end. et j. fériés 11h-17h.* Vols dans la journée : de 16h (15h30 en hiver) à 30mn après le coucher du soleil - *15mn, 20 400 ¥/pers., 14 200 ¥ (enf.) ; 23 700 ¥, 16 600 ¥ (w.-end et j. fériés).* Vols de nuit : de 30mn après le coucher du soleil à 20h45 (20h15 en hiver) - *15mn, 23 700 ¥/pers., 16 600 ¥ (enf.) ; 26 800 ¥, 18 800 ¥ (vend., w.-end et j. fériés)*

Cérémonie du thé – Imperial Hotel – *1-1, Uchisaiwai-cho 1-chome, Chiyoda-ku* Plan III, A1 - *(03) 3504 1111 - tlj sf dim., j. fériés 10h-16h.* Le cours dure 20mn *(2 000 ¥).*

Cours de cérémonie du thé - Sado kaikan – *3-39-17 Takadanobaba, Shinjuku-ku* Plan I, A1 - *(03) 3361 2446 - lun., mar., merc., jeu. 10h-15h, 18h-21h.* Le cours dure 1h *(à partir de 3 personnes, 5 000 ¥/pers.),sur réserv. (03) 3361 2446, kitami@sadoukaikan.com.com.*

Ikebana - Ohara School – *Ohara Kaikan Bldg, 5-7-17 Minami-Aoyama, Minato-ku* Plan VII, B2 - *(03) 5774 5097 - www.oharaityu.or.jp/english/lesson.html.* Réserv. au moins 2 j. à l'avance. Cours en anglais *(durée 2h) : jeu. 11h-14h. à partir* de *4 000 ¥ ; cours de découverte 10h30-12h30, 4 000 ¥.* On peut observer en payant *(1 000 ¥).*

1

TOKYO
Plan I
0
500 m
Plan II..........Palais impérial et alentour
Plan III..........Ginza
Plan IV.....Asakusa et Ueno
Plan V..........Shinjuku
Plan VI..........Shibuya
Plan VII..........Harajuku
A
B
1
2
3
4
Koishikawa Botanical Garde
Kasuga Dori
INOKASHIRA-KOEN GHIBLI MUSEUM
Green Dori
Okubo Dori
Shokuan Dori
Higashi Dori
KAGURAZAKA
Plan V
SHINJUKU
Kabuki-cho
Yasukuni Dori
Koen Dori
Tokyo Metropolitan Government
Shinjuku-gyoen
Yasukuni-jinja
Yasukuni
Shinjuku Dori
MONT TAKAO
National Stadium
Meiji Memorial Picture Gallery
Meiji Dori
Plan VII
Meiji-jingu
HARAJUKU
Aoyama Dori
ROPPONGI
Diet
Ukiyo-e Ota-Memorial Museum
OMOTESANDO HILLS
21_21 Design Sight
Tokyo Midtown
Plan VI
Aoyama Cemetery
Suntory Museum of Art
National Art Center
Roppongi Crossing
SHIBUYA
Nezu Museum
Roppongi Dori
Mori Tower
Roppongi Hills
Tokyo Tower
Nishi Dori
N
Ebisu Garden Place
TOKYO METROPOLITAN MUSEUM OF PHOTOGRAPHY, TOKYO METROPOLITAN TEIEN ART MUSEUM
SHINAGAWA, SENGAKUJI
HANEDA AIRPORT

RIKUGI-EN
C
D
1
2
3
4
UENO
Ueno-koen
Ameyoko Market
Kototoi Dori
Senso-ji
Kaminarimon Dori
Asakusa Dori
Kokusai Dori
ASAKUSA
SUMIDA AQUARIUM
TOKYO SKY TREE
Koishikawa Koraku-en
Tokyo University
Bunkyo Civic Center
Tokyo Dome City
11
Plan IV
Kuramebashi Dori
Chuo Dori
Showa Dori
Edo Dori
Ryogoku Kokugikan
THE SUMIDA HOKUSAI MUSEUM
Plan II
Yasukuni Dori
Edo-Tokyo Museum
Nippon Budokan
Higashi-Gyoen
Imperial Palace
TOKYO STATION
Tokyo Station
Yaesu Dori
TOKYO CITY AIR TERMINAL
Fukagawa-Edo Museum
Kitosubasi Dori
Kiyosumi-teien
MUSEUM OF CONTEMPORARY ART
NARITA AIRPORT
Hibiya-koen
GINZA
Tsukiji Hongan-ji
Plan III
Hibiya Dori
Tsukiji Market
Harumi Dori
Kiyosumi Dori
Hamarikyu-teien
Zojo-ji
SHIBA-KOEN
Tokyo Water Cruise Station
RAINBOW BRIDGE, FUJI TV ODAIBA
SE LOGER
ANA Intercontinental 1
Hotel Asia Center of Japan 3
International House of Japan 7
Tokyo Central Youth Hostel 10
Tokyo Dome Hotel 11
SE RESTAURER
L'Atelier de Joël Robuchon 1
Gut's Soul Yoyogi-ten 2
Hishinuma 3
Ichimonji 4
Kagurazaka Shun Honke 5
Pintokona 6
Sankyu 7
Tofuya Ukai Shiba 11
Yamasaki 15

★★ Asakusa 浅草 Plan IV - Ryogoku 両国 Plan I D2

★★ ASAKUSA

Dès l'époque des Tokugawa (1603-1867), les foules affluent sur Asakusa. Le quartier, situé au nord-est d'Edo, se développe autour du Senso-ji. Le plus vieux temple bouddhiste de la ville héberge Kannon, l'avatar féminin du dieu hindouiste Avalokitesvara, le « Seigneur qui regarde d'en haut », c'est-à-dire vers le bas, avec commisération. Prier Kannon en ces temps difficiles est une action particulièrement prisée. Mais si Asakusa est aussi visitée, c'est parce que les autorités shogunales ont, au milieu du 19e s., refoulé dans ce quartier le kabuki, théâtre jugé trop délétère pour le centre de leur cité. Mais le pli est pris. Les plaisirs se multiplient et se diversifient selon le temps. Cinémas, fêtes foraines, cafés. Asakusa devient sous l'ère Meiji un lieux animé très populaire *(sakariba)*. Après la Seconde Guerre mondiale qui réduit le quartier en cendres, Asakusa se reconstruit sans perdre pour autant son échelle humaine : ruelles étroites et maisons basses s'organisent autour du temple. Aujourd'hui croyants et touristes croisent les élèves en uniforme aux lèvres irisées par le sel des *senbei* (biscuits de riz croustillants) ou le sucre des *kaminariokoshi* (bonbons japonais).

★ Centre culturel et touristique d'Asakusa

2-18-9 Kaminarimon, Taito-ku, M° A18, M° G19, à 3mn de la station Asakusa - ✆ (03) 3842 5566 - 9h-20h. Dessiné par Kuma Kengo, il évoque une **pagode moderne** de béton, de verre et de bois. Les huit volumes empilés qui la composent sont tous différents – ce qui dynamise la silhouette de l'édifice – et sont rythmés par des lattes de bois. Vous y trouverez des informations touristiques, des expositions, une billetterie et un café. Du dernier étage (*9h-22h*), profitez d'un superbe **panorama★★** sur le quartier.

★ Kaminari-mon

L'imposante, la « Porte du tonnerre » (ses deux caractères sont frappés sur la grosse lanterne en papier rouge), marque l'entrée conduisant au Senso-ji. Sur ses deux piliers vermillon, les divinités de la foudre *(Raijin à gauche)* et du vent *(Fujin à droite)* doivent effrayer les démons *(kimon)*.

★ Nakamise-dori

Passé la porte, cette allée piétonne couverte de lanternes en papier est jalonnée d'échoppes débordant d'*omiyage* (petits souvenirs) : peignes, *yukata*, masques... Cette idée aurait été soufflée par les prêtres soucieux de trouver des fonds pour restaurer leur temple *(voir Nos adresses p. 50)*.

Sur votre gauche, juste avant d'atteindre la seconde porte *(Hozo-mon)* toisée par une **pagode★** à cinq étages (reconstruite en 1973, *en travaux*) se tapit le petit jardin de **Denbo-in★**, attribué à Kobori Enshu, grand maître jardinier du 17e s. *(visite sur RV - ✆ (03) 3842 0181)*.

★★ Senso-ji 浅草寺 Plan IV C2

Ce temple, le plus ancien de la ville, aurait été fondé au 7e s. par deux pêcheurs qui auraient miraculeusement pris dans leur filet une petite statue en or de Kannon jetée dans la rivière Sumida. Du bâtiment central édifié au 17e s., peu d'éléments échappent aux destructions de la Seconde Guerre mondiale. Reconstruit à l'identique en 1958 et récemment restauré, le temple orné d'un gigantesque lampion rouge n'offre qu'un intérêt limité, à l'exception des gestuelles des croyants face au brûleur d'encens *(voir encadré ci-contre)*.

Temple Senjo-ji : porte Hozo-mon et Nakamise-dori.
L. Maisant/hemis.fr

1

À droite du **temple principal★** s'élève le sanctuaire shintoïste **Asakusa-jinja**, érigé en 1649 et aussi connu sous le nom de « *sanja-sama* » (sanctuaire des Trois Gardiens) en hommage aux deux pêcheurs et au chef du village qui leur a prêté main-forte. C'est ici que se tient chaque année, lors du troisième week-end du mois de mai, le **Sanga Matsuri**, l'une des fêtes les plus populaires de la ville. Deux millions de personnes assistent au défilé. Une centaine de *mikoshi* (temples portatifs) sont portés dans les rues.

Taikokan Museum (Musée du Tambour) 太鼓館 Plan IV C2

2-1-1, Nishiasakusa. On peut accéder au musée en passant par la boutique de Miyamoto Unosuke Shoten, célèbre fabricant de tambours japonais depuis 1861 (voir Nos adresses) - ✆ 03 3842 5622 - www.miyamoto-unosuke.co.jp/english/index.html - merc.-dim. 10h-17h - 500 ¥.

Ouvert en 1988, ce petit musée pédagogique (on peut jouer avec certains tambours) présente plus de 600 instruments à percussion du monde entier. Toutes les familles de tambours japonais sont représentées : du *tsuzumi* (petit

FAIRE UN SORT AU SORT

Penchés au-dessus de l'immense encensoir en bronze, les passants tentent d'attirer à eux les vertus curatives des fumées d'encens. Les étudiants inscrivent leurs vœux de réussite sur des plaquettes en bois, petits ex-voto *(ema)* signifiant « image de cheval » (la monture des divinités). Les commerçants collent sur les piliers du sanctuaire de petits autocollants *(senjafuda)* avec leur nom ou celui de leur établissement. Les écoliers retirent d'une boîte en bois un petit papier *(omikuji)*. Les plus chanceux découvrent les caractères de *daikichi* (très grande chance) ou de *kichi* (grande chance). Ceux qui le sont moins ont une *shokichi* (petite chance) ou pis, une *kyo* (malchance). Le papier est alors pendu à un fil, rincé par les pluies, rossé par les vents. Ainsi fait-on un sort au sort !

tambour à main en forme de sablier) jusqu'au *oke-daiko,* aux fûts en lattes assemblées couverts de peaux tendues par des cordages.

★ **Kappabashi-dori** かっぱ橋通り Plan IV B2
La rue des grossistes spécialisés en articles de cuisine : du fourneau jusqu'à ces fameux plats en résine *(mihon)* qui font saliver les chalands devant les restaurants japonais. Grand choix d'articles à tout petits prix.

Sumida-koen 隅田公園 Plan IV C2
De part et d'autre de la rivière Sumida, entre les ponts Azuma et Sakura, ce parc s'anime lorsque les cerisiers sont en fleurs et le dernier samedi de juillet, pour le grand feu d'artifice *(Hanabi Taikai).* Ce dernier, l'un des plus spectaculaires de Tokyo, existe depuis l'époque d'Edo.
Gagner la rive est de la rivière Sumida.

★ **Super Dry Hall** スーパードライホール Plan IV C2
Situé sur la rive est de la rivière Sumida, le bâtiment est facilement identifiable : la flamme d'or qui flotte en haut de ses flancs opaques et noirs évoquerait cette mousse légère et dorée qui caractérise la bière du brasseur Asahi. Une œuvre de Philippe Starck.

★★ **Tokyo Sky Tree** 東京スカイツリー Plan I D1
1-1-2 Oshiage Sumida-ku - M° A20-Z14 - http://lang.tokyo-skytree.jp/en/ - ♿. De la station Asakusa, marchez 15mn vers l'est après avoir franchi la rivière Sumida, ou prenez la ligne Tobu Skytree jusqu'à Oshiage. Tlj 8h-22h (dernière entrée 21h) - 2 060 ¥ (réserv. conseillée mais suppl. 510 ¥), la galerie supérieure - 1 030 ¥. Entrée au 4e ét. Comptez 1h.
Avec 634 m de hauteur la Tokyo Sky Tree est la plus haute tour d'émission TV du monde. Sa réalisation s'inspire d'une technique parasismique utilisée au Japon dès le 8e s. (les 31 étages sont répartis sur le maillage d'une structure tubulaire en acier formant un « fourreau » flottant autour du pilier central). *Via* deux ascenseurs vous découvrirez du plus haut point accessible (451 m) une vue panoramique vertigineuse sur Tokyo et le mont Fuji par temps clair.

★ **Sumida Aquarium** すみだ水族館 Plan I D1
1-1-2 Oshiage Sumida-ku, aux 5e et 6e ét. du complexe commercial Sora Machi attenant à la Tokyo Sky Tree - M° A20-Z14 - www.sumida-aquarium.com/en/ - tlj 9h-21h - 2 050 ¥ (enf. de 600 à 1 500 ¥). Comptez 1h. Sur deux étages, une collection de poissons tropicaux. Le décor reconstitue les fonds des îles Ogasawara *(voir p. 97).*

RYOGOKU 両国 Plan I D2-3 p. 186-187

Situé plus au sud sur la rive est de la **rivière Sumida** qu'enjambe le pont Ryogoku s'étend le quartier éponyme. Célèbre à l'époque d'Edo pour ses divertissements (Hokusai en croquait régulièrement les mœurs), le quartier est aujourd'hui fréquenté pour ses tournois de sumo. Ils durent une quinzaine de jours et se déroulent trois fois par an : en janvier, mai et septembre *(voir Nos adresses p. 56).*

Ryogoku Kokugikan 両国国技館 Plan I D2
1-3-28 Yokoami, Sumida-ku - M° E12 ; JR Sobu Line, Ryogoku Station - www.sumo.or.jp/en/index/ - tlj sf w.-end et tournois 10h-16h30 (sam. 19h30) - gratuit.
Le sumo *(voir p. 684),* issu probablement de Chine, se vit attribuer en 1909 la plus grande salle de sport de toute l'Asie : le Kokugikan ou Palais des arts

nationaux. À défaut d'obtenir des places *(rares et chères 500 et 50 000 ¥)*, vous pouvez visiter le petit musée attenant au stade.

★★ **Edo-Tokyo Museum** 江戸東京博物館 Plan I D2

1-4-1 Yokoami, Sumida-ku - M° E12, sortie A 4 ; JR Sobu Line, Ryogoku Station - www.edo-tokyo-museum.or.jp/en/ - ♿ - tlj sf lun. 9h30-17h30 (sam. 19h30) - 600 ¥.

Cet imposant bâtiment planté sur pilotis – il évoque le traditionnel grenier à riz – abrite le plus passionnant musée sur l'histoire de la ville : de l'époque d'Edo au Tokyo d'aujourd'hui *(comptez 2h pour sillonner ces 30 000 m² que l'on commence à visiter par le 6e étage)*. Le pont **Nihonbashi** *(voir p. 61)*, reproduit en grandeur nature, nous introduit dans le monde chamarré de l'époque d'Edo. Maquettes (voir l'imposante résidence du *daimyo* Matsudaira Tadamasa), reconstitution de quartiers, d'échoppes (atelier d'estampes), théâtre kabuki, aident à comprendre l'évolution de cette ville planifiée par Tokugawa Ieyasu.

★★ **Museum of Contemporary Art Tokyo** 東京都現代美術館 Plan I D3 en dir.

4-1-1 Miyoshi, Koto-ku, à 10mn à pied de Kiyosumi-Shirakawa Station, sortie A3 (ligne Toei Oedo) ou à 15mn de la station Kiba (ligne Tozai) - ☏ 03 5245 4111 - www.mot-art-museum.jp - fermé pour rénovation à partir de mai 2016.

En marge des expositions temporaires, on peut découvrir par roulement une partie d'une collection permanente (près de 4 000 pièces) portant sur les 50 dernières années de l'art du 20e s. : Richter, Lichtenstein, Stella, Schnabel ainsi que des artistes japonais : Yoshihara Jiro, Kusama Yayoi...

★ **The Sumida Hokusai Museum** すみだ北斎美術館 Plan I D2 en dir.

À 10mn à pied du musée précédent - 2-7-2 Kamezawa, Sumida-ku - http://hokusai-museum.jp/?lang=en - tlj sf lun. 9h30-17h30 - 400 ¥.

Ouvert en novembre 2016, ce nouveau musée se loge dans un superbe bâtiment contemporain conçu par Kazuyo Sejima. Au travers d'expositions temporaires et d'une exposition permanente (très pédagogique), ce musée s'attache à présenter tous les aspects de l'œuvre du génial et très prolifique **Hokusai Katsushika** (1760-1849), le plus célèbre peintre d'estampes de l'époque d'Edo, natif du quartier de la Sumida.

★ **Fukagawa-Edo Museum** 深川江戸資料館 Plan I D3

10mn à pied du musée précédent - 1-3-28 Shirakawa, Koto-ku - M° Z11 ou M° E14 - www.kcf.or.jp/fukagawa/ - 9h30-17h - fermé les 2e et 4e lundis du mois - 300 ¥.

Belle reconstitution du quartier Fukagawa qui flanquait la rive gauche de la rivière Sumida au 19e s. Échoppes, entrepôts et demeures quadrillent cet espace en bois dont une rue mène jusqu'au port…

★ **Kiyosumi-teien** 清澄庭園 Plan I D3

3-3-9 Kiyosumi, Koto-ku, à moins de 200 m du musée précédent ou à 2 arrêts au sud de Ryogoku sur la ligne Oedo, station Kiyosumi-Shirakawa (sortie A3) - 9h-17h (dernière entrée 16h30) - 150 ¥.

Ce jardin de l'époque d'Edo mérite le détour ; surtout au printemps pour ses azalées qui embrasent la petite colline dominant l'étang.

★★★ Ueno et alentours 上野 Plan IV p. 193

Ueno se confond tout entier avec son parc; une plaine autrefois, qui, pour être légèrement surélevée, fait la convoitise de bien des *daimyo*. Quand la famille des Tokugawa s'en empare, les édifices se parent de leurs plus beaux atours, à l'image du temple Kanei-ji, construit par le conseiller Tenkai. Ne reste aujourd'hui que la belle pagode de cinq étages, l'ensemble ayant été détruit lors de la Restauration Meiji qui opposa l'Empereur aux Tokugawa. Si Ueno est aujourd'hui visité pour ses musées, il est incontournable en avril pour le traditionnel *hanami* sous ses centaines de cerisiers en fleurs.

★ UENO-KOEN 上野公園 Plan IV A1/2

M° G16 ou M° H17, sortie n° 6/7 ; JR/Keisei Line ou JR Ueno Station, sortie Koen. Du JR Ueno Station, sortir à « Park Exit ». Comptez une bonne journée.
Le plus grand parc de Tokyo (85 ha) est le plus ancien des jardins publics du Japon. La promenade commence par les musées *(entrée JR Ueno Station)*, pour s'achever autour de la statue de Saigo Takamori, à quelques pas de la Keisei Ueno Station. Si vous avez peu de temps, privilégiez le **Honkan** au sein du Tokyo National Museum et la **galerie des trésors du Horyu-ji**.

★ National Museum of Western Art 国立西洋美術館 Plan IV A2
www.nmwa.go.jp/en/ - ♿ - tlj sf lun. 9h30-17h30 (vend. 20h) - 430 ¥.
Ce musée, réalisé par l'architecte suisse Le Corbusier, ce qui lui vaut d'être inscrit à la liste du patrimoine mondial de l'Unesco depuis juillet 2016. Il a été ouvert en 1959 pour héberger la collection de Matsukata Kojiro (1865-1950), entrepreneur de constructions navales devenu richissime pendant la Première Guerre mondiale. Grâce à ses bénéfices et aux conseils d'un des plus grands marchands d'art français des années 1920, P. Durand-Ruel, il constitua une exceptionnelle collection d'art impressionniste. Elle fut en grande partie dispersée après un retour de fortune. Restent quelques œuvres majeures : sculptures de Rodin, peintures de Monet, Gauguin, Denis *(Jeune fille avec un coq)* ou Gustave Moreau avec une **pietà** magnifique. Ses collections vont de la Renaissance à la Seconde Guerre mondiale.

★★★ Tokyo National Museum 東京国立博物館 Plan IV A1
www.tnm.jp/?lang=en - ♿ - tlj sf lun. 9h30-17h (20h le vend. d'avr. à déc. ; 18h les sam. et dim. d'avr. à sept.), dernière entrée 30mn avant fermeture - 620 ¥ pour les cinq sections ; supplément pour les expositions temporaires.
Le plus vieux (1872) et le plus grand des musées japonais (environ 110 000 pièces, 87 Trésors nationaux) s'organise autour de cinq bâtiments principaux distribués de droite à gauche à partir de l'entrée principale.
★★★ Hon-kan – Le bâtiment central, appelé la galerie japonaise, compte 23 galeries sur deux niveaux qui vont de la période Jomon jusqu'à la Seconde Guerre mondiale. Commencez par le second étage pour découvrir la culture Jomon. Suit l'introduction du bouddhisme au Japon (6e s.), la peinture et la calligraphie du Trésor national, l'art de cour (période de Heian), l'art zen (époques de Kamakura et Muromachi), l'art de la cérémonie du thé, les armures de samouraï, les objets quotidiens, etc. On soulignera particulièrement les départements de peintures et quelques œuvres majeures : **Akasagarbha★★★**, le roi paon, **les Seize Arhats** (période de Heian), **Bodhidharma sous un pin** d'époque Kamakura, le **Jigoku Zoshi★★**, le *Rouleau des Enfers*. Ne manquez pas le **Gaki Zoshi★★★**, le *Rouleau des Spectres affamés* (période de Heian), fabuleux pendant oriental aux œuvres de Bosch ou de Bruegel. Le **paysage**

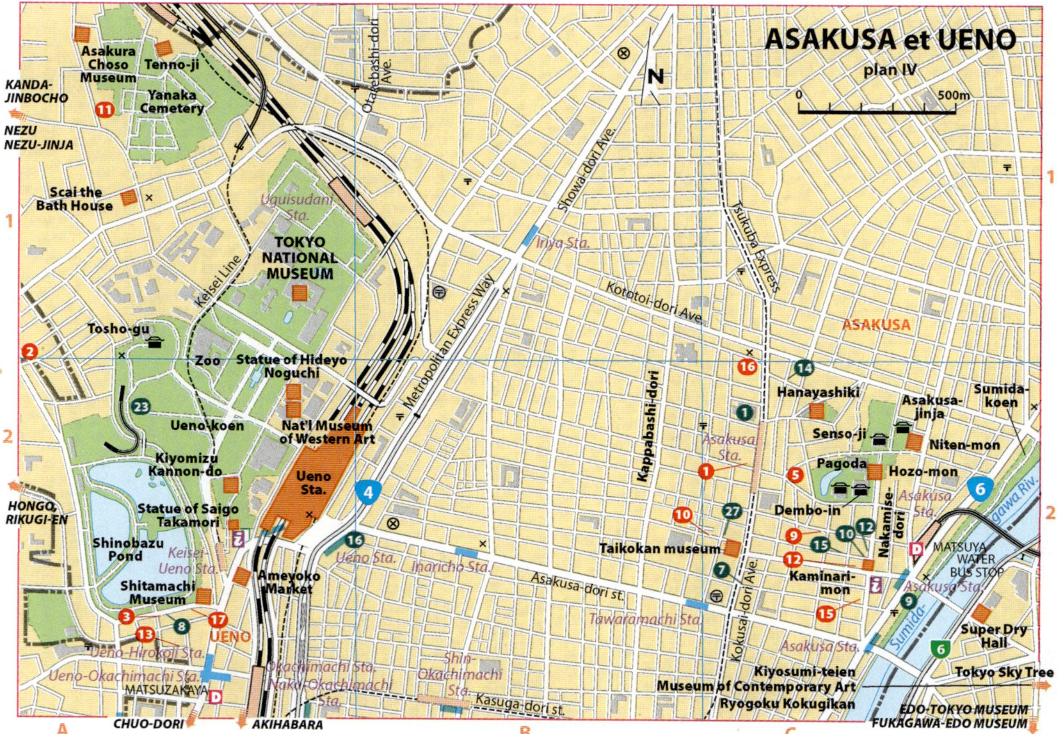

SE LOGER

Hotel Sunroute Asakusa 7
Hotel Coco Grand 8
Hotel Kaminari-mon 10
Khaosan Tokyo Original 9
Khaosan Tokyo Kabuki 12
K's House Tokyo Oasis 14
Ryokan Asakusa Shigetsu 15
Suigetsu Hotel Ogaisou 23
Taito Ryokan 27

SE RESTAURER

Asakusa Imahan 1
Asakusa Oiwake 16
Hantei 2
Korean Café Chung Hak Tong 3
Asakusa Mizuguchi 5
Namiki Yabu Soba 15
Rue Tanuki-dori 9
Sometaro 10
Tonkatsu Musashino 13
Unagi Kappo Izuei Honten 17

chinois★★★ d'Ike No Taiga (18e s.) invite le regard à une magnifique déambulation. La salle 8 aborde les deux courants majeurs de la calligraphie : l'**Oieryu** (style des nobles de la cour), mouvement calligraphique traditionnel japonais qui s'est développé de manière autonome depuis la période de Heian, et le **Karayo**. Indexé sur les idéogrammes chinois au départ, celui-ci s'en éloigne par une approche formelle plus créatrice qui devint vite populaire parmi les adeptes du confucianisme, les prêtres zen et les artistes. Les salles 9 et 10, consacrées aux masques de nô et kabuki, aux *ukiyo-e* (estampes) et à la mode (kimonos, etc.) de l'époque d'Edo, ouvrent de belles parenthèses dans le monde des arts japonais.

★ **Heisei-kan** – *Situé derrière le Hon-kan auquel il est relié par un corridor.* Il présente au rez-de-chaussée un large panorama d'objets archéologiques, notamment proto-japonais, qui s'étend de 30 000 av. J.-C. jusqu'au 19e s. On peut découvrir de superbes cloches en bronze ornées de scènes quotidiennes en relief **Dotaku★★★** (période Yayoi), de magnifiques figurines funéraires en terre cuite **Haniwa★★★** (période Kofun, 6e s.) ou ces fameux **dogu★★★**, « poupées d'argile » en terre cuite, probablement reliées au culte de la fécondité (Jomon final, 1000-300 av. J.-C.). Expositions temporaires à l'étage supérieur.
En revenant sur ses pas, en direction de la porte centrale, on croise le Hyokei-kan (ouvert seulement pour des expositions temporaires).

★★★ **Galerie des trésors du Horyu-ji** – *Juste derrière le Hyokei-kan.* En 1878, le temple Horyu-ji de Nara, chef-d'œuvre de l'époque d'Asuka, donnait plus de 300 objets à la Maison impériale. Ces pièces, en majorité du 7e s., bénéficient depuis 1999 d'un écrin à la mesure de leur éclat, réalisé par l'architecte Taniguchi Yoshio (1937-), devenu célèbre pour avoir réalisé l'agrandissement du MoMA (Museum of Modern Art) de New York. Dès l'entrée, on peut admirer l'un des objets les plus remarquables de la collection : le **kanjoban★★★** (7e s.). Cette bannière en bronze doré et ciselé était autrefois utilisée pour les cérémonies bouddhistes. La deuxième galerie présente un ensemble de 48 bouddhas en bronze (7e s.) magnifiquement mis en scène. Le **Nyorai assis★★★** et le **Bodhisattva en position de demi-lotus★★★** (période d'Asuka) sont d'une finesse inouie. Nombre de ces pièces, telle cette magnifique **Triade bouddhique★★★** (6e s.), ont été produites en Corée pendant la période des Trois Royaumes, puis importées au Japon. L'influence de ces œuvres fut déterminante pour l'imaginaire japonais alors en quête de représentation bouddhique (Bouddha faisant son apparition au Japon). En arrière-plan, une belle série de **Kohai** (halos nimbant de lumière la tête des bouddhas). La troisième galerie comprend des masques de **gigaku★★★** (parmi les plus anciens du Japon) en bois de camphre, de paulownia ou en ramie laquée. Utilisés, dit-on, lors de spectacles qui se déroulaient avant les cérémonies bouddhistes empruntées au royaume coréen de Paekche dans la première moitié du 7e s. Objets en bois, en laque ou en métal (stupas, boîtes à *sûtra*, arcs, *inro,* petites boîtes à médecine) se succèdent dans les galeries 4 et 5. La dernière salle (6) présente une très précieuse **biographie illustrée★★★** du prince régent Shotoku (574-622) qui fit du Japon un État bouddhiste. Peints par Hatano Chitei en 1069 (période de Heian), ces dix paravents décoraient le *Eden*, qui se trouve dans le *To-in,* l'enceinte est du temple Horyu-ji de Nara (ils ne sont pas exposés en permanence).

★ **Toyo-kan** – La **galerie asiatique** (à l'exception de l'art japonais), étagée sur trois niveaux, est consacrée à l'art et l'archéologie de l'Égypte à la Chine. Au premier niveau : sculptures indiennes (tête de bouddha, 2e s. Mathura), pakistanaises (Gandhâra) et chinoises ; archéologie égyptienne et du Sud-Est asiatique ; chinoise au deuxième ; coréenne et centrale asiatique au troisième.

Le parc de Ueno.
JTB PHOTO COMMUNICATI/JTB Photo Communications, Inc./age fotostock

1

★★ Tosho-gu 上野東照宮 Plan IV A1

Au cœur du parc de Ueno, au bout de la grande artère centrale que vous prendrez à hauteur du National Museum of Western Art - 9h-17h (été) ; 9h-16h30 (hiver) - 200 ¥.

Édifié par Iemitsu en mémoire de son grand-père **Tokugawa Ieyasu** (1543-1616), fondateur du shogunat Tokugawa (1603-1868), ce sanctuaire shinto, construit en 1627, agrandi en 1651, pour l'enchâssement des reliques du shogun, a miraculeusement échappé aux différentes catastrophes qui frappèrent Tokyo. Noter la magnifique porte *(kara-mon)* de style chinois. Les deux dragons qui la flanquent seraient l'œuvre du grand sculpteur gaucher **Hidari Jingoro** (1594-1634) *(voir Nikko, p. 120)*. Les portes et piliers sont recouverts de feuilles d'or. L'intérieur offre de beaux plafonds sculptés sur des murs peints, œuvre de **Kano Tanyu** (1602-1674), illustre artiste de l'école Kano *(voir encadré p. 245)*.

Depuis le temple précédent, prendre la passerelle Aesop.

Cette pagode de cinq étages, transférée en 1957, est le dernier vestige du temple Kanei-ji incendié lors de la Restauration Meiji.

Ueno Zoo 上野動物園 Plan IV A1

www.tokyo-zoo.net/english/index.html - tlj sf lun. 9h30-17h (dernière entrée 16h) - 600 ¥.

Le plus vieux zoo du Japon (1882) connut bien des vissicitudes. Pendant la Seconde Guerre mondiale, l'armée avait exigé de tuer tous les animaux sauvages de peur qu'ils ne s'échappent lors des bombardements. Le personnel refusa. On décida de les empoisonner. Étonnamment, les éléphants refusèrent de se nourrir et moururent de faim. Le zoo compte actuellement 2 600 animaux divisés en 464 espèces dont un tigre de Sumatra.

Shinobazu Pond 不忍池 Plan IV A2

Divisé en trois bassins, l'étang est réputé pour ses lotus. Sur une minuscule île artificielle se dresse le **Benten-do**, temple du 17e s. (reconstruit en 1958) dédié à Benten, déesse des arts, des sciences et de la sagesse.

Kiyomizu Kannon-do 清水観音堂 Plan IV A2

Au sud de l'étang Shinobazu (l'étang Hasu est sur votre droite), en direction de Kiyomisu.

Pâle copie modelée sur le Kiyomizu de Kyoto *(voir p. 251)*, ce temple, appelé également Kenei-ji, en référence à la période Kanei (1624-1644) sous laquelle il a été construit, s'est d'abord élevé sur le plus haut sommet du parc de Ueno (Suribachi-yama). En 1631, il s'agissait pour son fondateur, le grand prêtre Tenkai, superintendant de l'école bouddhique Tendai, de protéger la porte nord du château d'Edo (l'actuel Palais impérial), propice aux influences maléfiques. À la fin du 17e s. il est transféré à l'emplacement actuel et dédié à **Senju Kannon**, divinité aux mille bras. Sa statue est seulement visible en février, le 1er jour du cheval. Les fidèles rendent aussi hommage à **Kosodate Kannon**, divinité de second rang mais d'un grand secours pour favoriser les naissances. Les femmes dont les vœux ont été exaucés offriront une poupée à la divinité pour compenser l'enfant réel qu'elles lui auront pris. Ces poupées sont brûlées tous les 25 septembre au cours d'une émouvante cérémonie.

Statue of Saigo Takamori 西郷隆盛像 Plan IV A2

À une centaine de mètres au sud-ouest du temple Kiyomizu. N'oubliez pas de passer devant le musée royal d'Ueno pour consulter le programme des expositions temporaires.

Fervent promoteur de la restauration Meiji, Saigo Takamori (1828-1877) s'en écarta quand il comprit que la modernisation prônée par l'Empereur supprimait le statut des samouraïs. Défait en 1877 lors de la fameuse « rébellion de Satsuma » *(voir p. 563)*, le dernier des samouraïs se fit *seppuku*. Il fut cependant réhabilité par l'Empereur en 1891 (en *yukata*, comme le montre la sculpture !).

★ **Shitamachi Museum** 下町風俗資料館 Plan IV A2

2-1 Ueno-koen, Taito-ku (au coin sud-est de l'étang) - M° Ueno ou Ueno-Okachimachi - www.taitocity.net/zaidan/shitamachi/ - tlj sf lun. 9h30-16h30 - 300 ¥. Ce passionnant musée fait revivre le district de Shitamachi (ville basse) de la fin d'Edo jusqu'à l'ère Taisho avant qu'il ne soit détruit par le séisme de 1923 *(voir p. 65)* puis par les bombardements de la Seconde Guerre mondiale. Au rez-de-chaussée, se tient l'ancienne échoppe d'un fabricant de *hanao*, attaches permettant de tenir aux pieds *zori* (sandales) ou *geta* (socques en paulownia). Ces échoppes pullulaient dans les années 1920, le long de la rivière Sumida car il était d'usage d'en changer les couleurs et les motifs à chaque saison. Noter le commerce d'un marchand de bonbons *dagashiya*, littéralement « sucrerie de 2e classe pour enfants peu fortunés ». Au 1er étage, des documents historiques et une pléiade de jouets traditionnels d'une éternelle ingéniosité.

★ **AMEYOKO MARKET** アメ横丁 Plan IV A2

JR Ueno Station, sortie Hiroko-ji, à 100 m de l'autre côté de la Chuo-dori - www.ameyoko.net - horaires variables selon les boutiques.

Inaugurée en 1883 puis reconstruite après le séisme de 1923, **Ueno Station**, la gare d'Ueno, est aujourd'hui un nœud ferroviaire majeur de Tokyo. Au lendemain de la Seconde Guerre mondiale, cette zone de passage très peuplée devient un centre important de marché noir. De l'addition des échoppes s'installant dans les rues, sous les ponts et sous les voies, est né le fascinant dédale qu'est aujourd'hui le marché d'Ameya Yokocho. Son nom contracté en « *Ameyoko* », l'allée des confiseurs, tient au fait que les paysans migrants fabriquaient des sucreries *(ame)* avec des patates douces, seule denrée peu chère à l'époque.

★★ QUARTIER DE YANAKA 谷中 Plan IV A1

M° C15 - JR/Keisei Line, Nippori Station.
Dans ce coin paisible où la nature domine encore le béton (le quartier échappa aux flammes de 1657, au séisme de 1923 et aux bombardements de 1945), il fait bon flâner parmi les temples et les maisons en bois. En sortant de la Nippori Station (Yamanote Line), on peut prendre *(sortie ouest)* la rue **Yanaka-Ginza**, emplie d'échoppes de *senbei* et autres gâteries ; ou bien *(sortie sud)* la direction du temple Tenno-ji pour traverser le petit cimetière de Yanaka.

★★ Yanaka Cemetery 谷中霊園 Plan IV A1

Bordé de pierres tombales aussi lustrées que des galets, ce cimetière compte parmi ses occupants le dernier shogun **Tokugawa Yoshinobu** (1837-1913).

★★ Asakura Choso-kan Museum 朝倉彫塑館 Plan IV A1

7-18-10 Yanaka - ✆ (03) 3821 4549 - www.taitocity.net/taito/asakura/english/index.html - tlj sf lun. et jeu. 9h30-16h30 - 500 ¥. Cette belle résidence-atelier appartenait au sculpteur **Asakura Fumio** (1883-1964), père de la sculpture moderne nippone pour ses bronzes d'une souplesse toute féline, postés devant un beau jardin japonais.

Scai the Bath House スカイ・ザ・バスハウス Plan IV A1

Kashiwayu-ato, 6-1-23 Yanaka - www.scaithebathhouse.com/en/ - 12h-18h sf lun., dim. et j. fériés - gratuit. Ces anciens bains publics (200 ans) se sont métamorphosés en galerie d'art contemporain. À deux pas le **musée annexe de Shitamachi** *(tlj sf lun. 9h30-16h30 - gratuit)* permet de visiter un débit d'alcool au début du 20e s.

★★ Rikugi-en 六義園 Plan I C1 en dir.

6-16-3 Honkoma-gome, Bunkyo-ku - M° N14 - 9h-17h - 300 ¥. Dans ce jardin Yanagisawa Yoshiyasu, vassal du 5e shogu, imagina en 1702 de reconstituer les 88 vues inspirées par la poésie japonaise.

Le quartier de Yanaka.
D. Zylberyng/hemis.fr

1

LES NAGAYA

Littéralement, « les maisons en longueur », ont structuré la ville basse notament les ruelles et venelles *(roji)* qui irriguaient ses artères principales. Elles étaient de deux sortes selon que leur façade donnait sur la ruelle (*omote nagaya* : *nagaya* du devant) ou sur une courette (*ura nagaya* : *nagaya* de derrière). Ces dernières, ne pouvant servir de commerce, étaient louées par les plus pauvres dont l'activité principale était, comme le rappelle Philippe Pons dans son ouvrage *D'Edo à Tokyo (voir p. 758)*, « la vente des excréments des locataires aux paysans alentour qui s'en servaient comme engrais ».

★ QUARTIER D'AKIHABARA 秋葉原 Plan IV A2 en dir.

M° H15 ; JR Akihabara.

De la pointe sud du parc de Ueno, la Chuo-dori descend jusqu'à Ginza. Elle traverse sur plus d'un kilomètre *« Electric Town »* la ville électrique d'Akihabara. La mode est ici aux *maid cafés* tenus par des soubrettes aux allures de manga. Les *cosplays* de Harajuku *(voir p. 85)* viennent parader chaque week-end dans l'artère principale (Showa-dori) de ce quartier.

QUARTIER DE KANDA-JINBOCHO 神田神保町 Plan IV A1 en dir.

M° Jinbocho, lignes Hanzomon et Mita (sorties A2).

Le quartier des livres de Jinbocho, connu comme la « bibliopole » du Japon, compte environ 160 librairies ou éventaires pour quelque dix millions de livres *(voir Nos adresses p. 55)*.

NOS ADRESSES À ASAKUSA ET UENO

INFORMATIONS UTILES

Centre culturel et touristique d'Asakusa – *Voir p. 40.*

Tokyo Tourist Information Center – *Keisei Line, Ueno Station, en face du guichet de la station* Plan IV, A2 - *✆ (03) 3836 3471 - 9h30-18h30.*

TRANSPORTS

Asakusa

Croisières – Tokyo Cruise Ship - www.suijobus.co.jp/cruise, *à côté du pont Azuma - M° A18, sortie n° 4* Plan IV, C2 - *www.suijobus.co.jp/en/ - 10h-17h. Départ ttes les 20 à 30mn.*

Ligne Mizube de Tokyo - *www.tokyo-park.or.jp/english.*

Ces deux compagines proposent différentescroisières menant dans la baie de *Tokyo (Odaiba, voir p. 91)*, avec arrêts possibles notamment au jardin Hamarikyu-teien *(voir p. 68)*. Une manière inédite de découvrir la ville.

Sightseeing Bus (Tokyo Shitamachi Bus) – *www.kotsu.metro.tokyo.jp/eng/ - 210 ¥ (forfait 1 j/500 ¥).* Il relie les principaux points d'attraction touristiques. Parmi les arrêts : Kaminarimon, Tokyo Sky Tree et parc de Ueno.

Pousse-pousse – Plan IV, C2. Si vous rêvez de visiter Asakusa comme au temps de Pierre Loti, des tireurs de jinrikisha vous attendent en costume traditionnel devant la porte Kaminarimon. Un peu cher *(2 000 ¥ les 10mn).*

HÉBERGEMENT

Asakusa

PREMIER PRIX

Khaosan Tokyo Original
カオサン東京ゲストハウス
2-1-5 Kaminarimon, Taito-ku Plan IV, C2 - ✆ *(03) 3842 8286 - www.khaosan-tokyo.com/en - 8 ch., 2 dortoirs - à partir de 2 200 ¥/pers. (ch. double 5 000 ¥).* L'ambition du lieu est d'accueillir les voyageurs au long cours pour un prix modique et un confort modeste, le tout dans une ambiance chaleureuse. Terrasse sur le toit surplombant la Sumida.

Khaosan Tokyo Kabuki
カオサン東京歌舞伎
1-17-2 Asakusa, Taito-ku Plan IV, C2 - ✆ *(03) 5830 3673 - www.khaosan-tokyo.com/en - 11 ch. à partir de 3 600 ¥/pers.* Derrière sa façade de théâtre kabuki, la dernière-née de cette chaîne d'auberges pour « porteurs de sacs à dos » est de loin la plus confortable. Idéalement située juste avant l'entrée de Nakamise, elle dispose de belles chambres doubles équipées de douches privées, de même pour les dortoirs (4 pers. maxi).

K's House Tokyo Oasis
ケイズハウス東京オアシス
2-14-10 Asakusa, Taito-ku Plan IV, C2 - ✆ *(03) 3844 4447 - www.kshouse.jp/tokyo-oasis-e.index.html - 12 ch. et 18 lits en dortoir - ch. double à partir de 4 600 ¥/pers., dortoir à partir de 2 950 ¥.* Une auberge bien tenue où se croisent des voyageurs du monde entier.

Taito Ryokan 台東旅館
2-1-4 Nishi-Asakusa, Taito-ku Plan IV, C2 - ✆ *(03) 3843 2822 - www.libertyhouse.gr.jp - 9 ch. 6 000 ¥ -* ✉. Une petite maison aux murs décrépits, un intérieur en bois où le temps a laissé sa patine et quelques outrages, un mobilier fatigué, cela donne un ryokan pas cher et sans prétention. Le jeune patron, anglophone averti, cultive décontraction voire désinvolture. Douches communes.

Toyoko Inn Asakusa Kuramae Kaminarimon
東横イン浅草蔵前雷門
1-3-13, Komagata, Taito-ku Hors plan IV par C2 - ✆ *(03) 3841 1045 - www.toyoko-inn.com/hotel/00015 - 105 ch. à partir de 8 300 ¥, petit-déj. offert.* Comme tous les établissements de la chaîne Toyoko-Inn, cet hôtel dispose de petites chambres très bien tenues au confort fonctionnel. Rien d'un hôtel de charme mais pratique.

BUDGET MOYEN

Hotel Kaminari-mon ホテル雷門
1-18-2 Asakusa, Taito-ku Plan IV, C2 - ✆ *(03) 3844 1873 - www.kaminarimon.co.jp - 22 ch. de 12 800 ¥ à 16 000 ¥.* Également situé près de l'entrée de Nakamise dans un petit bâtiment de briques rouges, cet hôtel familial tout simple propose de petites chambres à la japonaise bien tenues avec, au choix, salle de bains privée ou commune. On y parle anglais.

Ryokan Asakusa Shigetsu
旅館浅草指月
1-31-11 Asakusa, Taito-ku Plan IV, C2 - ✆ *(03) 3843 2345 - www.shigetsu.com/e/index.html - 21 ch. à partir de 16 950 ¥.* Niché dans une ruelle, tout à côté du temple Senso-ji et de la très fréquentée Nakamise-dori, ce ryokan (chambres japonaises et occidentales) est un havre de paix. Le petit-déjeuner japonais copieux et varié est un régal (non compris). Deux *o-furo* à l'étage avec vue sur la pagode du temple Senso-ji. Internet gratuit.

POUR SE FAIRE PLAISIR

Hotel Sunroute Asakusa – ホテルサンルート浅草

1-8-5 Kaminarimon, Taito-ku Plan IV, C2 - ✆ *(03) 3847 1511 - www.sunroute-asakusa.co.jp - 120 ch. à partir de 21 600 ¥ sans petit-déjeuner.* Ce *business hotel* – sans charme particulier – a l'avantage d'être bien placé pour explorer le quartier d'Asakusa. Chambres petites, bien équipées et insonorisées. Pas de petit-déjeuner mais possibilité de le prendre dans le restaurant situé dans le même immeuble.

Ueno

PREMIER PRIX

Sawanoya Ryokan 澤の屋旅館

2-3-11 Yanaka, Taito-ku Hors plan IV par A1 - ✆ *(03) 3822 2251 - www.sawanoya.com - 12 ch. à partir de 9 400 ¥.* Une famille au complet vous accueille : la grand-mère qui veille sur ses deux petits-enfants ; le grand-père, la mère et le père qui vaquent entre cuisine et chambres. La clientèle est avant tout internationale. Depuis 25 ans, 90 nationalités ont défilé ici, et 30 % y reviennent, signe que l'adresse est bonne. Demandez la clé si vous rentrez après 23h. 2 chambres avec salle de bains privée, Internet gratuit, location de vélos *(300 ¥/j)*, laverie.

BUDGET MOYEN

Daimachi Bekkan
鳳明館台町別館

5-10-5 Hongo, Bunkyo-ku Hors plan IV par A2 - ✆ *(03) 3811 1186 - www.homeikan.com - 31 ch.* Avec le sol de ses couloirs en galets noirs brillants, où affleurent des souches de bois poli et son jardin orné d'un bassin où sommeillent des carpes, cet établissement, créé en 1950, possède un charme indéniable. Chaque chambre y est décorée d'une manière différente avec des éléments naturels de bois, à l'exception des « économiques » dont le sol est recouvert de lino. Bain familial privé au rdc, deux autres au sous-sol, Internet gratuit, laverie.

Morikawa Bekkan
鳳明館森川別館

6-23-5 Hongo, Bunkyo-ku Hors plan IV par A2 - ✆ *(03) 3811 8171 - www.homeikan.com - 33 ch.* À côté d'un temple bouddhiste, qui ressemble étrangement à une église, et d'une ancienne maison en bois de trois étages. Un cran en dessous du Daimachi Bekkan. L'*o-furo* vaut le détour pour ses fresques de coraux et de poissons sur les murs.

Suigetsu Hotel Ogaisou
水月ホテル鷗外荘

3-3-21 Ikenohata, Taito-ku Plan IV, A2 - ✆ *(03) 3822 4611 - www.ohgai.co.jp - 124 ch. à partir de 7 950 ¥/pers.* Juste derrière le zoo, cet hôtel se compose de trois bâtiments disposés autour de la maison et du jardin du romancier Mori Ogai, dont la seule renommée semble attirer les clients japonais. L'ambiance se voulant traditionnelle (chambres japonaises mais également occidentales), les employées portent de seyants kimonos. Deux *o-furo*, une salle pour la cérémonie du thé.

Hotel Coco Grand
ホテル ココ・グラン上野不忍

2-12-14 Ueno, Taito-ku Plan IV, A2 - ✆ *(03) 5812 1155 - www.cocogrand.co.jp/uenoshinobazu - 58 ch., à partir de 16 800 ¥* ☕. Un hôtel agréable juste en face du parc de Ueno et de l'étang Shinobazu. Chambres confortables à la décoration raffinée dont certaines avec vue sur le parc. Spa au 2e étage. Bon rapport qualité/prix.

Ryokan Katsutaro Annex アネックス勝太郎旅館
3-8-4 Yanaka, Taito-ku Hors plan IV par A1 - ✆ *(03) 3828 2500 - www.katsutaro.com/indexf.html - 17 ch., à partir de 12 400 ¥.* Près d'une rue piétonne commerçante et du cimetière de Yanaka, l'élégante façade de briquettes grises de ce ryokan fondé en 2001 est à l'image de l'ensemble : chic, sobre, moderne et confortable. Code d'accès pour les noctambules. Internet gratuit, location de vélos *(300 ¥/j)* et laverie.

RESTAURATION

Asakusa

Si vous ne trouvez pas une adresse, n'hésitez pas à demander au **Centre culturel touristique d'Asakusa** ou à l'une des police-box du quartier.

PREMIER PRIX

Sometaro 染太郎
2-2-2, Nishiasakusa, Taito-ku Plan IV, C2 - ✆ *(03) 3844 9502 - 12h-22h30 - à partir de 550 ¥.* Près du musée du Tambour et face à l'hôtel Boston dans la rue qui prolonge l'av. Kaminarimon, en dir. du temple Hongan-ji, vous reconnaîtrez ce restaurant à son rideau bleu aux *kanji* blancs derrière lequel, dans un décor typique et chaleureux, vous dégusterez, assis sur des tatamis, de délicieux *okonomiyaki*.

Rue Tanuki-dori 浅草たぬき通り
Plan IV, C2 - *tanuki-dori.com.* Cette rue piétonne ornée de statuettes de blaireaux *(tanuki)* est réputée pour ses restaurants d'*okonomiyaki* à petit prix reconnaissables à leurs tables à plaques chauffantes.

Asakusa Mizuguchi 浅草 水口
2-4-9 Asakusa, Taito-ku Plan IV, C2 - ✆ *(03) 3844 2725 - asakusa-mizuguch.main.jp/english - tlj sf merc. 10h-21h30 (9h30 dim. et j. fériés, dernière commande 21h) - menu en anglais.* Depuis 1950, cette sympathique « cantine » de quartier régale les habitants d'Asakusa pour moins de *1 000 ¥*. Comme dans les films d'Ozu, on s'y attable sans façon avec les habitués qui regardent la télé en buvant une bière glacée.

Namiki Yabu Soba 並木藪蕎麦
2-11-9 Kaminarimon, Taito-ku Plan IV, C2 - ✆ *(03) 3841 1340 - tlj sf jeu. 11h-19h30 - menus en anglais, à partir de 750 ¥.* Logé dans une petite maison coincée entre deux grands immeubles modernes, ce restaurant prépare des nouilles (servies froides ou chaudes) depuis 1913. On peut s'asseoir sur des tatamis à gauche ou sur des chaises à droite.

POUR SE FAIRE PLAISIR

Asakusa Oiwake 浅草追分
3-28-11 Nishi-Asakusa Plan IV, C2 - ✆ *03 3844 6283 - www.oiwake.info/eng.html - - tlj sf lun. 17h30-24h - menus de 3 000 ¥ à 8 000 ¥.* Petit *izakaya* plein d'entrain quand les serveurs s'emparent des *taiko* (tambours) ou des *shamisen* pour des concerts à 19h, 21h et 22h30.

Asakusa Imahan 浅草今半
3-1-12 Nishi-Asakusa, Taito-ku Plan IV, C2 - ✆ *(03) 3841 1114 - www.asakusaimahan.co.jp/english - tlj 11h30-21h30 (dernière commande 20h30).* Situé à l'un des angles de la rue Kokusai-dori, ce restaurant fondé en 1895 annonce la couleur en affichant sur sa façade une tête de bœuf. On se flatte ici de proposer une viande de grande qualité à déguster en *shabu-shabu* ou en *sukiyaki*. Menu en anglais.

Ryogoku

PREMIER PRIX

Saboten Tonkatsu さぼてん – *Tokyo Sky Tree Town* Hors plan par

1

C2 - Solomachi 6F - 1-1-2, Oshiage, Sumida-ku - Tobu Skytree Line : gare de Tokyo Sky Tree - ✆ (03) 6658 5300 - 11h-23h - à partir de 600 ¥. Dans la Sky Tree Town, cette enseigne d'une chaîne de *tonkatsu* bien connue, et qui vaut pour ses préparations d'un bon rapport qualité-prix, devrait vous satisfaire. Le chou râpé, la soupe au miso et le riz qui accompagnent le *tonkatsu* et les fritures sont servis à volonté. Menu en anglais.

Ueno

PREMIER PRIX

Tonkatsu Musashino
とんかつ武蔵野
2-8-1 Ueno, Taito-ku Plan IV, A2 - *✆ (03) 3831 1672 - ⊠ - tlj 11h30-20h30.* Restaurant traditionnel de *tonkatsu*, viande de grande qualité. Au déjeuner, le menu démarre à 1 000 ¥.

Korean Café Chung Hak Tong
コリアン カフェ・チョン・ハク・トン
2-11-20 Ueno, Taito-ku Plan IV, A2 - *✆ (03) 5807 7399 - dans la rue perpendiculaire à l'hôtel Coco Grand (voir p. 52) - tlj 11h-0h - menu à partir de 600 ¥ midi, 1 280 ¥ soir.* Agréable cuisine coréenne en face du parc de Ueno.

POUR SE FAIRE PLAISIR

Unagi Kappo Izuei Honten
鰻割烹伊豆栄本店
2-12-22 Ueno, Taito-ku Plan IV, A2 - *✆ (03) 3831 0954 - www.izuei.co.jp - déj. et dîner à partir de 2 700 ¥.* L'adresse est bien connue des amateurs d'anguilles. Celui ou celle qui n'en a jamais goûté peut faire ses premiers pas ici. Elles sont grillées, accompagnées d'une sauce maison légèrement piquante dont la recette est gardée secrète.

Hantei はん亭
2-12-15 Nezu, Bunkyo-ku Plan IV, A1 - *✆ 03 3828 1440 - www.hantei.co.jp - tlj sf lun. 11h30-15h, 17h-23h (dernières commandes 14h et 22h) - déj. à partir de 3 240 ¥, dîner à partir de 5 000 ¥.* Le restaurant, logé dans une grande maison de bois, est renommé pour ses *kushiage*, brochettes panées de viande, de poisson et de légumes. L'originalité est au bout des petites piques servies par deux : coquille Saint-Jacques, racines de lotus, gingembre, tofu de pomme de terre, le tout avec riz, soupe et thé.

PETITE PAUSE

Asakusa

Kamiya Bar – *1-1-1 Asakusa* Plan IV, A2 - *✆ (03) 3841 5400 - www.kamiya-bar.com - tlj sf mar. 11h30-22h.* Ouvert en 1880, il s'agit du premier bar occidental ouvert au Japon. Goûtez à son *denkibran*, brandy électrique (gin, vin, curaçao, brandy). Bar au 1er ét., salles de restaurant aux 2e et 3e ét.

Kappabashi Coffee & bar – *3-25-11 Nishiasakusa, Taito-ku* Plan IV, A2 - *✆ (03) 5828 0308 - www.facebook.com/kappabashi.coffeebar - café : tlj 8h-18h ; bar : tlj sf dim. 18h-6h.* Un lieu élégant qui attire des jeunes gens raffinés, amateurs de pâtisseries fines.

Ryogoku

Beer Club Popeye – *2-18-7 Ryogoku, Sumida-ku - gare de Ryogoku sortie Sud* Hors plan par C2 - *www.40beersontap.com - tlj sf dim. 17h-23h30.* Le temple de la bière à Tokyo ! Elles sont plusieurs dizaines à être proposées à la pression, conseillées par un personnel connaisseur. Bières artisanales japonaises, belges ou américaines, à accompagner de plats bon marché.

Ueno

Café Bousingot – *2-33-2 Sendagi, Bunkyo-ku* Plan IV, A1 en dir. -

✆ (03) 3823 5501 - www.bousingot.com - tlj sf mar. l'après-midi-23h (heures d'ouverture irrégulières). Librairie-bouquiniste-café dans laquelle on peut siroter, entre autres choses, diabolo menthe, cappuccino, Corona et vins de table français. Déco années 1960-1970, chaises Fourmi, ambiance jazzy.

Pâtisserie Nezuno-Taiyaki – *1-23-9-104 Nezu, Bunkyo-ku* Plan IV, A1 en dir. - *✆ (03) 3823 6277 - tlj sf mar. et vend. à partir de 10h30 à 12h30-14h (jours de fermeture irréguliers).* Depuis des lustres, M. Hayashi Shozo prépare des *tai-yaki* (gâteaux en forme de poisson, fourrés d'*anko*, une purée de haricots rouges), qui font le délice du quartier. Depuis 1996, il jouit d'une reconnaissance internationale.

ACHATS

Asakusa

Bunsendo Nakanise-ten – *1-30-1 Asakusa, Taito-ku, rue Nakamise-dori - ✆ (03) 3841 0088 - fermé un lun. par mois -10h30-18h.* Le grand spécialiste de l'éventail.

Kurodaya – *1-2-5 Asakusa, Taito-ku - ✆ (03) 3844 7511 - tlj sf lun. 11h-19h.* Cette maison ouverte depuis la fin du 19e s. est surtout réputée pour ses papiers japonais et ses petits objets de papier.

Miyamoto Unosuke Shouten Nishi Asakusa-ten – *2-1-1 Nishi Asakusa, Taito-ku - ✆ (03) 3844 2141 - www.miyamoto-unosuke.co.jp/english/index.html - tlj 9h-18h.* Le spécialiste du *taiko*, pour tous les passionnés de percussions. Au 4e ét. un musée présente 900 instruments à percussion.

Sukeroku – *2-3-1 Asakusa, Taito-ku, rue Nakamise-dori - ✆ (03) 3844 0577 - www.asakusa-nakamise.jp/shop-7/sukeroku - tlj 10h-18h.* Petite boutique spécialisée dans les scènes et poupées miniatures faites main. Belle qualité.

Marugoto Nippon – *2-6-7 Asakusa, Taito-ku - ✆ (03) 3845 0510 - 1F-2F 10h-20h, 3F 10h-21h, 4F 11h-23h.* Ce centre commercial présente une vaste gamme de produits fabriqués dans les différentes régions du Japon : produits alimentaires et sélection d'objets artisanaux de belle qualité. Restaurants au dernier étage.

Kanda-jinbocho

Librairie Isseido Shoten – *1-7 Kanda Jinbocho, Chiyoda-ku - ✆ (03) 3292 0071 - www.isseido-books.co.jp/index_en.html - tlj sf dim. 10h-18h30 (10h30-18h j. fériés).* L'une des plus prestigieuses librairies de livres anciens et rares, en japonais et langues occidentales (arts, archéologie, littérature, religion, estampes et cartes anciennes).

Ohya Shobo – *1-1, Kanda Jinbocho, Chiyoda-ku - ✆ (03) 3291 0062 - www.ohya-shobo.com/english.php - ✆ (03) 3295 3456 - tlj sf dim. et j. fériés 10h-18h.* Librairie-galerie de livres japonais de l'époque d'Edo et début Meiji, cartes anciennes ; *ukiyo-e* époque d'Edo, ère Meiji.

Hara Shobo – *2-3 Kanda Jinbocho, Chiyoda-ku - ✆ (03) 5212 7801 - www.harashobo.com/english/index.htm - tlj sf lun., dim. et j. fériés 10h-18h.* Galerie d'estampes japonaises *ukiyo-e*, époque d'Edo, ère Meiji et 20e s.

Yamada Shoten – *1-8, Kanda Jinbocho, Building, 2e et 4e étages, Chiyoda-ku - ✆ (03) 3295 0252 - www.yamada-shoten.com/english - tlj sf dim. et j. fériés 10h-18h30.* Galerie d'estampes *ukiyo-e*, époque d'Edo, ères Meiji et Taisho, gravures et estampes modernes.

ACTIVITÉS

Ryogoku

Arts martiaux – Sumo

Kokugikan – *1-3-28 Yokoami, Kokugikan, Sumida-ku* Plan I, D2 - *✆ (03) 3623 5111 - www.sumo.or.jp/En.* À Kokugikan, trois tournois de sumo *(15 j. en janv., mai et sep.- six tournois en tout par an au Japon)*, billets en vente un mois avant ou sur place au guichet le jour même. Le jour J, des places au sommet des gradins (moins chères, *2 200 ¥*) sont mises en vente à partir de 8h au Kokugikan. Les combats commencent à 10h mais les meilleurs n'entrent en lice qu'à partir de 16h. Le musée attenant expose quantité d'objets *(lun.-vend. 10h-16h30 - gratuit sf jours de tournoi entrée seult avec billet acheté pour un tournoi)*.

★★ Palais impérial et alentours 皇居 Plan II p. 208

La résidence impériale a été construite là où se dressait, pendant près de trois siècles, le pouvoir des Tokugawa. La forteresse a depuis été détruite pour céder la place à cet espace quasi vert de 101 ha qui ouvre seulement ses portes lors du 23 décembre, date d'anniversaire de l'Empereur et du Nouvel An. Pour les Japonais une occasion unique de visiter ce centre, presque vide, à l'exception des bâtiments qui occupent la partie ouest du jardin. Un luxe pour Tokyo mais la quintessence d'une nature pleinement divinisée !

★ IMPERIAL PALACE 皇居 Plan II A2

M° C10, sortie n° 6.

En 1457, Ota Dokan (1432-1486) fait construire une forteresse pour dominer la baie de Tokyo et la plaine du Kanto. Le premier château d'Edo surgit, entouré d'enceintes, de remparts et de douves. Quand Tokugawa Ieyasu récupère ce domaine tombé en ruines après l'assassinat d'Ota, il l'agrandit et le consolide. La forteresse, arc-boutée autour d'un puissant donjon dominant tous les quartiers de la cité, matérialise avec force la puissance du pouvoir shogunal. Elle donne également, à mesure que ses besoins défensifs augmentent (voie d'eau, levée de terre, aménagement urbain, remblaiement d'une partie de l'estuaire mordant le pied du château, etc.), l'impulsion à partir de laquelle se structure et se développe Edo *(voir page thématique p. 64)*. Avec la restauration Meiji (1868) et le déplacement de la Cour impériale de Kyoto à Tokyo, le château se transforme en Palais impérial *(Kokyo)*. Les bombardements de la Seconde Guerre mondiale le réduisent à néant. Il est reconstruit à l'identique en 1968, avec, au début des années 1990, l'ajout de quelques résidences impériales.

Visite du Palais impérial

Lun.-vend. 10h-12h, 13h30-17h - fermé w.-end et j. fériés, 28 déc.- 4 janv. et l'après-midi 21 juil.-31 août - gratuit. Mieux vaut réserver quelques jours à l'avance, par Internet http://sankan.kunaicho.go.jp/english/index.html ou au ✆ (03) 3211 1111 ext. 3485. Les personnes de moins de 18 ans doivent être accompagnées d'un adulte. Vous aurez aussi besoin de votre passeport et d'un permis (à imprimer par Internet ou à demander par téléphone avant de le récupérer à l'Agence de la Maison impériale). Se présenter 10mn avant le début de la visite à la porte Kikyo-mon (M° Chiyoda Line, Nijubashi-mae Station, sortie n° 6, à 5mn de marche). Visite guidée limitée à quelques lieux (75mn). Audioguide et brochures en anglais.

Le pont Niju-bashi et le Palais impérial.
golaizola / iStock

La visite se révèle des plus frustrantes, les aires ouvertes au public étant très restreintes. Reste le **Niju-bashi**, élégant pont à deux arches que vous pourrez emprunter.

★ Higashi-gyoen 皇居東御苑 Plan II B2

M° C11, M° M18 (station Otemachi pour la porte Ote-mon), M° I09, M° T09 ou M° Z08 - tlj sf lun. et vend. 9h-16h30 (nov.-fév. 16h) - gratuit (un jeton de présence).
Le jardin Est, ouvert seulement depuis 1968, vaut surtout pour son espace vert agrémenté de belles pelouses sous un ciel hachuré par quelque 250 000 espèces d'arbres. On y découvre les rares mais non moins imposants vestiges de l'ancien château d'Edo (murs d'enceinte composés de pierres magnifiquement équarries). Mieux vaut pénétrer par la porte principale, **Ote-mon**, de loin la plus intéressante. Elle faisait alors partie intégrante du château. À quelques mètres en amont, on découvre le **Sannomaru Shozokan**, le musée des Collections impériales *(gratuit)*. Il expose une infime partie des 8 000 objets d'art détenus par la famille. En sortant du musée, prendre le chemin – direction sud-ouest – qui serpente jusqu'à la tour de guet **Fujimi-Yagura** (1659), l'un des plus beaux édifices du jardin. Son nom indique que l'on pouvait, à son sommet, voir au loin le mont Fuji.
Gagner la porte Kitahanebashi-mon (nord-ouest) qui mène au parc Kitanomaru-koen.

Kitanomaru-koen 北の丸公園 Plan II A1

3-1 Kitanomaru-koen - M° T08, sortie n° 1B.
Ce parc ne possède aucun attrait particulier si ce n'est de desservir un certain nombre de musées.
★★ Tokyo National Museum of Modern Art 東京 国立近代美術館 – *www.momat.go.jp/ge/fr_museum/ - ♿ - tlj sf lun. 10h-17h (vend. 20h) - musée 430 ¥, Crafts Gallery 250 ¥.* Ce musée est une très bonne synthèse de l'art japonais de l'époque Meiji jusqu'aux années 1980. Sur les 9 000 pièces en réserve, 300 sont présentées par roulement. Quelques noms d'artistes méritent une

DES CRIMINELS DE GUERRE DANS LE SANCTUAIRE

Chaque 15 août, anniversaire de la capitulation japonaise, la polémique fait rage : un membre du gouvernement se rendra-t-il ou non au sanctuaire de Yasukuni pour y honorer la mémoire des 2,5 millions de soldats tombés à la guerre pour l'Empereur depuis l'ère Meiji ? La réponse est attendue avec agacement par les pays victimes de l'ancien Japon impérial, dont la Chine et la Corée, car, depuis 1978, 14 criminels de guerre ont été enregistrés au sanctuaire. Pour les prêtres, « Il faut accepter tous ceux qui sont morts pour servir le Japon » d'autant plus qu'un mort ne reposant pas en paix peut perturber le monde des vivants. Si l'argument a convaincu Koizumi Junichiro qui, Premier ministre de 2001 à 2006, s'est rendu fréquemment au sanctuaire Yasukuni, ses successeurs ont préféré s'abstenir en se rangeant du côté de l'empereur Akihito et de son défunt père. En effet, l'empereur Hirohito avait mis un terme à ses propres pèlerinages en 1978 après que le Yasukuni eut accepté d'honorer les âmes de criminels de guerre. Pourtant, en dépit de la sagesse impériale, le 15 août 2012, deux membres du gouvernement ont décidé de s'y rendre en visite privée. Leur initiative a ravivé, malgré la désapprobation de la grande majorité des Japonais, une querelle d'un autre âge qui, au 21e s., n'en finit pas d'empoisonner les relations diplomatiques du Japon avec ses voisins. Shinzo Abe, le nouveau Premier ministre depuis 2014, a décidé de ne pas s'y rendre.

attention particulière : Tomioka Tessai (1836-1924), Yorozu Tetsugoro (1885-1927), Kishida Ryusei (1891-1929), Kitaoka Fumio (1918-2007).

Nippon Budokan 日本武道館 – *M° S05 ; M° Z06 ; M° T07.* Cette salle d'arts martiaux japonais inspirée par le temple de Horyu-ji de Nara a été conçue pour accueillir les Jeux olympiques de 1964. Elle sert aussi de lieu de rendez-vous pour de grandes festivités musicales. En 1966, les Beatles y ont enregistré *Live at Budokan* et Bob Dylan, douze ans plus tard, son *Bob Dylan chez Budokan*.

★ Yasukuni-jinja 靖国神社 Plan II A1

3-1-1 Kudankita, Chiyoda-ku (à l'est en sortant du parc Kitanomaru, derrière le Nippon Budokan) - M° Z06, M° T07 - www.yasukuni.or.jp/english/index.html.

Une fois passé la statue d'Omura Masujiro (1824-1869), fondateur de l'armée moderne nippone, une allée jalonnée de gingkos et de lanternes de pierre mène à une imposante porte en cyprès *(shin-mon)*. Elle est armoriée du chrysanthème à 16 pétales, symbole de la famille impériale. Sur la droite se profile la scène d'un théâtre nô et, au-delà, le musée Yushukan, identifiable au chasseur Zéro suspendu en vitrine. C'est en fait derrière le hall central *(haiden)* que se trouve le sanctuaire principal *(honden)* où résident les divinités depuis 1872. Et c'est encore derrière celui-ci, dans le pavillon Reijibo Hoan-den, que sont consignés à la main sur papier japonais les noms de toutes les divinités auxquelles le sanctuaire de Yasukuni (« Pays serein ») rend un culte.

Yasukuni Yushukan War Memorial Museum 靖国遊就館 – *3-1-1 Kudankita Chiyoda-ku - www.yasukuni.or.jp - avr.-sept. : 9h-17h ; oct.-mars : 9h-16h30 - 800 ¥.* Le plus vieux musée japonais (fondé en 1882), reconstruit et rénové en 2002, présente en une vingtaine de salles réparties sur deux niveaux l'histoire militaire du Japon. La première salle évoque l'esprit des samouraïs tandis que les suivantes égrènent souvenirs et photos attachés aux héros de guerre honorés à Yasukuni *(voir encadré ci-dessus)*. Cette filiation peut surprendre, tout comme les commentaires qui justifient à longueur de cartels que le Japon ne faisait que défendre ses intérêts vitaux pour protéger son indépendance et la paix.

TOKYO (PALAIS IMPÉRIAL ET ALENTOURS)

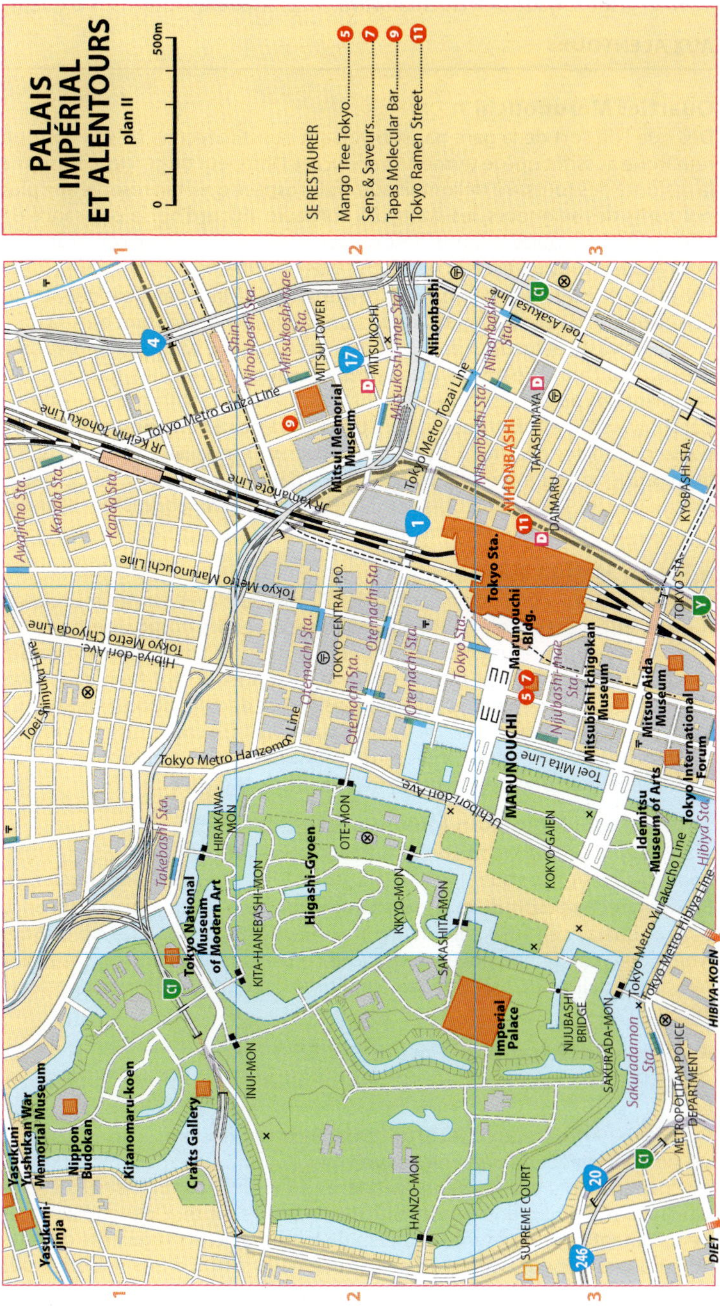

1

On ne compte plus les pressions de nombre de puissances étrangères pour infirmer la thèse que les Occidentaux avaient précipité le Japon dans la guerre.

AUX ALENTOURS

Quartier Marunouchi 丸の内 Plan II B3

Dès que l'on sort de la gare par son versant ouest *(direction Miyuki-dori)*, on remarque aussitôt que le terme *Marunouchi* « l'intérieur du cercle », blasonne la majorité des tours. S'il délimitait autrefois l'espace qui était réservé aux plus puissants des seigneurs, les *daimyo,* il consacre aujourd'hui la puissance de Mitsubishi. Le groupe façonne désormais ce quartier à coup de constructions dont le « Maru-Biru » est l'un des étendards principaux.

Parmi les derniers nés, citons la **JP Tower**, siège de la Japan Post qui depuis 2012 domine de ses 200 m la Tokyo Central Post Office datant de 1931. S'y ajoute un vaste et luxueux centre commercial nommé **KITTE** (« timbre »). Au 2e étage du centre se trouve **Intermediatheque★**, un étonnant musée rassemblant des pièces (spécimens, archives, objets) de la collection constituée par l'université de Tokyo depuis 1877. Dans ce **vaste cabinet de curiosités**,on passe de feuilles géantes à des nuées d'oiseaux empaillés, de cartes d'une autre époque aux minéraux colorés. Et ce dans un bel espace où le béton brut côtoie les vitrines en bois verni (*www.intermediatheque.jp/en - tlj sf lun. 11h-18h, 20h vend. et sam. - gratuit).*

★ Tokyo Station 東京駅 Plan II BC3

Édifiée en 1914 sur le modèle de la gare d'Amsterdam avec ses petites briques rouges, elle a été reconstruite à l'identique après les bombardements de 1945. Deux élégantes coupoles y ont été ajoutées. La partie est (côté Yaesu/ Nihombashi) montre une façade de verre prolongée d'un « éventail ». Entre les deux, 28 voies desservies par 17 lignes (6 sont dédiées au Shinkansen). Ce qui n'en fait que… la 4e gare tokyoïte ! Sous les rails se cache un vaste réseau d'allées bordées de commerces et de restaurants, ville souterraine où l'on consomme et se divertit à l'abri de la pluie ou de la chaleur.

★ Mitsubishi Ichigokan Museum 三菱一号館美術館

2-6-2 Marunouchi, Chiyoda-ku - Mº Y18 (JR Yurakucho) - ✆(03) 5777 8600 - http://mimt.jp/english/ - tlj sf lun. 10h-18h (jeu., sam. 20h) - tarif selon exposition.

Son architecture reproduit un ancien immeuble de briques rouges qui, conçu dans ce quartier en 1894 par le fameux architecte britannique **Josiah Conder** *(voir p. 644)*, fut démantelé en 1968. Sous l'égide de son directeur, Takahashi Akiya, spécialiste de l'art français, ce musée est dédié à l'art occidental du 18e au 20e s.

★★ Tokyo International Forum 東京国際フォーラム

3-5-1 Marunouchi, Chiyoda-ku - Mº Y18 (JR Yurakucho) - www.t-i-forum.co.jp/en/ - 7h-23h30.

Ouvert en 1997, ce centre d'art et de conférences impressionne par la beauté de ses perspectives et la fluidité de ses volumes. L'atrium, un espace de 21 000 m^2, est chapeauté par une **immense verrière★★★** profilée comme la nef inversée d'un navire. À plus d'une soixantaine de mètres de hauteur, des arches en fer s'enchaînent et se répètent sur 225 m de long avec cette régularité d'ondes aquatiques. Ce petit bijou d'un milliard de dollars, fruit d'une époque où le yen était particulièrement bon marché, a été conçu par Rafael Vinoly, architecte américain d'origine uruguayenne né en 1941. Le Forum héberge sept auditoriums de tailles différentes (le hall A possède 5 000 places !), 34 salles

de conférence et accueille aussi, chaque 1er et 3e dimanches du mois, le marché des antiquaires.
Au 1er sous-sol (Forum B1), le **musée d'art Aida Mitsuo★** *(tlj sf lun. 10h-17h30 800 ¥)* expose depuis 2003 les calligraphies du poète Aida Mitsuo (1924-1991). Un art qui traduit l'héritage de son mentor Takei Tetsuo, grand prêtre zen de la secte Sodo.

★★ Idemitsu Museum of Arts 出光美術館

Teigeki Bldg, 9e étage, 3-1-1 Marunouchi, Chiyoda-ku - M° Y18 - http://idemitsu-museum.or.jp/en/ - tlj sf lun. 10h-17h (vend. 19h) - 1 000 ¥.
Ce musée, créé en 1966 par Idemitsu Sazo, fondateur de l'importante compagnie pétrolière éponyme, est réputé pour la qualité de ses expositions temporaires. Son fonds comprend de très belles pièces japonaises (porcelaine Hizen de Kyushu, chefs-d'œuvre du peintre Sengai, etc.) et occidentales. Entre autres la **plus importante collection privée** au monde (400 pièces) du peintre **Georges Rouault** (1871-1958).
Hibiya-koen 日比谷公園 – *M° C09.* Inauguré en 1903, ce jardin, le premier de type occidental, s'étire sur l'une des anciennes résidences de *daimyo* qui cernaient le château d'Edo. Il est réputé pour ses tulipes et ses chrysanthèmes *(exposition en sept.).*
À l'est du jardin, après avoir traversé le quartier des ministères (Kasumigaseki), on atteint la **Diète** *(Kokkai)* ou Parlement japonais *(M° Kokkaigijido-mae).*

Nihonbashi 日本橋 Plan II C2-3

Au nord-est de Tokyo Station sur la Chuo-dori - M° G11, M° A13.
Le « Pont du Japon » *(Nihonbashi)* est à Tokyo ce qu'est Notre-Dame à Paris : le kilomètre zéro à partir duquel sont mesurées toutes les distances du pays. Construit en bois en 1603 par Tokugawa Ieyasu, la version actuelle (1911) est depuis les années 1960 engluée sous une voie express.
★ **Mitsui Memorial Museum** 三井記念美術館 – *Mitsui Main Building, 7e étage, Nihonbashi Muromachi 2-1-1, Chuo-ku - M° Ginza Line, Mitsukoshimae Station, M° G12, M° Z09 - www.mitsui-museum.jp - tlj sf lun. 10h-17h - 1 000 ¥.* Ce musée – auquel on accède par l'atrium du gratte-ciel Nihonbashi Mitsui – est logé dans le principal immeuble du groupe Mitsui. Il présente par roulement les biens accumulés depuis 400 ans par la famille Mitsui : kimonos, boîtes à thé, etc. Sur 3 700 objets, six sont estampillés Trésors nationaux !
En sortant, n'oubliez pas de visiter le Mandarin Oriental Hotel. Son lobby de verre, au 38e étage, est époustouflant *(voir Nos adresses/Restauration).*

NOS ADRESSES AUTOUR DU PALAIS IMPÉRIAL

INFORMATIONS UTILES

Poste/Retrait – *Tokyo Central Post Office* Tokyo pratique, *voir p. 29.*
JR East Travel Service Center – *Tokyo Station, Marunouchi North Entrance - tlj 7h30-20h30.* Dans la gare de Tokyo, bureau d'information (échange JR Pass, vente autres pass et billets, etc.).

RESTAURATION

PREMIER PRIX

Gonpachi (G-Zone) 権八 (G・Zone)
1-2-3 Ginza, Chuo-ku Hors plan II par B3 - *(03) 5524 3641 - www.gonpachi.jp/gzone/?lang=en - 11h30-2h (menu déj. jusqu'à 15h, le soir dernière commande à 1h30).* Sous la ligne

de chemin de fer, ce restaurant spacieux sert avec célérité *soba*, riz, brochettes. Il partage l'endroit avec La Bohême (italien), Zest Cantina (mexicain) et Monsoon (asiatique).

Tokyo Ramen Street – *1er sous-sol de l'entrée Sud de Yaesu dans le centre commercial souterrain First Avenue Tokyo Station* Plan II, C3 - *11h-22h.* On y trouve quelques-unes des meilleures adresses dédiées à ces plats de nouilles copieux et bon marché.

POUR SE FAIRE PLAISIR

Mango Tree Tokyo
マンゴツリー東京
2-4-1 Marunouchi, Marunouchi Building, 35F, Chiyoda-ku Plan II, B3 - *(03) 5224 5489 - mangotree.jp/shop/mangotree/tokyo - 11h-15h30 (dernière commande 14h30), 17h-23h (dernière commande 22h).* Au 35e étage, buffet thaï délicieux et à volonté *(2 916 ¥ le midi)*, présentation raffinée *(comptez 7 000 ¥ le soir).*

UNE FOLIE

Sens et Saveurs
サンス・エ・サヴール
2-4-1 Marunouchi, Marunouchi Bldg, 35 F, Chiyoda-ku Plan II, B3 - *(03) 5220 2701 - www.pourcel.jp/eng/sensetsaveurs - sem. 11h-13h30 (dernière commande), w.-end et j. fériés 11h30-14h (dernière commande), sem. 17h30-21h (dernière commande), w.-end et j. fériés 17h30-20h30 (dernière commande).* Tokyo sur Méditerranée avec les frères Pourcel, superbement installés au 35e étage avec vue sur le Palais *(menus déj. à partir de 3 800 ¥, 8 500 ¥ le soir).*

Tapas Molecular Bar
タパス モラキュラーバー
Au 38e étage du Mandarin Oriental Hotel, 2-1-1 Nihonbashi Muromachi, Chuo-ku Plan II, C2 - *(0120) 806 823 - www.mandarinoriental.com/tokyo/fine-dining/tapas-molecular-bar - déj. (sam., dim., seult sur réserv.) 13h-, 18h ou 20h30 (sur réserv.).* En retrait de l'Oriental Lounge, 8 chaises autour d'un comptoir derrière lequel, à 18h ou 20h30 précises, le chef concocte une trentaine de mets des plus fins.

ACHATS

Charachter Street – *Tokyo Station B1F, fléché de Yaesu Underground sortie Central - 10h-20h30.* Une vingtaine de boutiques vendent des produits dérivés de personnages de dessins animés (Doraemon, Hello Kitty ou Pokemon). Mention spéciale pour **Donguri Republic** où vous trouverez d'irrésistibles articles liés aux studios Ghibli (Totoro, Kiki, Chihiro…).

ACTIVITÉS

Balade en bus – *Sky Bus Tokyo, comptoir au rdc du Mitsubichi Bldg, en face de Tokyo Station (sortie Marunouchi sud)* Plan II, B3 - *(03)3215 0008 - www.skybus.jp (en anglais)* - 3 circuits, la journée, départ ttes les h *(10h-17h env.)*, trajet de 50-1h20mn à bord d'un bus double étage *(1 600 ¥)*, 1 circuit au soir, départ 18h ou 18h30 selon la saison, trajet de 2h *(2 100 ¥)*. Sky hop bus - 3 circuits *(9h30-17h env.)*, montée et descente libre, valable 24h *(3 500 ¥).*

★★ Ginza 銀座 Plan III p. 67

Le « lieu où l'on frappe l'argent » à l'époque de Tokugawa Ieyasu est aujourd'hui celui où on le dépense. Pour s'en rendre compte, il suffit de suivre la **Chuo-dori** où se succèdent les plus grandes boutiques de luxe : Armani, Vuitton, Cartier, Chanel… Soufflé par un incendie en 1872, détruit par le séisme de 1923, puis lors de la Seconde guerre mondiale, Ginza a toujours été le fer de lance de la modernité tokyoite (premières rues pavées, premiers réverbères, premiers grands magasins, premiers bâtiments en briques…). Si la rationalité urbaine ordonne toujours le quartier, la diversité architecturale est aujourd'hui de mise : la brique, la pierre, le béton, le fer, le verre ont appris à cohabiter au fil des décennies.

CHUO-DORI ET ET HARUMI-DORI 中央通り・晴海通り Plan III B1-2

M° G09, M° 16.

Carrefour de Ginza Plan III B1

Il est difficile de manquer ce célèbre carrefour à l'intersection de la **Chuo-dori**, appelée aussi Ginza-dori (nord-sud), et de la **Harumi-dori** (ouest-est). Chaque angle de la Chuo-dori, principale rue commerçante, est flanqué d'une institution. **Wako**★, l'un des plus anciens *depato* (grand magasin, terme dérivé de *department store)* de Ginza, aurait une patine centenaire s'il n'avait été détruit par le séisme de 1923. Son horloge enregistre le temps depuis 1898. À deux pas, le prestigieux magasin **Mitsukoshi**, accessible en sous-sol par métro. Il fourmille de pâtisseries aussi biseautées que des émeraudes. En étage, les articles de qualité. Au carrefour s'élève le **San-ai**, cylindre de verre et cocktail de mœurs et de modes. Les deux premiers niveaux sont réservés au café Doutor. Belle vue panoramique. L'élégant édifice **Ginza Place** (2016), habillé d'une résille blanche et accueillant les showrooms de **Nissan** et **Sony**, occupe l'angle opposé.

Harumi-dori en direction de l'ouest et du parc Hibiya

La **boutique Dior**★★ Plan III B1, œuvre de Sejima & Nishizawa (concepteur du Louvre-Lens), possède une façade en aluminium blanc, perforée de mille trous pour une floraison de fibres optiques. Elle voisine depuis fin 2007 avec la plus haute tour du quartier : celle de Giorgio **Armani**★ imaginée par le couturier italien en collaboration avec l'architecte Massimiliano Fuksas. Cette splendide pierre noire de douze étages, veinée de bambou, possède un bar lounge, un restaurant et le premier *Armani Spa* au monde.

À quelques encablures, l'immeuble **Hermès**★★★ Plan III B1 occupe une superficie de 6 000 m² distribuée sur 15 étages. 13 000 briques de verre marquettent la façade imaginée par Renzo Piano, une « Lanterne magique » inspirée par la maison de verre parisienne de Pierre Chareau. Au dernier étage : expositions d'art contemporain *(accès gratuit)*.

Sur ce même trottoir, le **Sony Building** Plan III B1, ouvert depuis 1966, déroule avec une élégance de joaillier des volutes d'escaliers où s'épanouissent palier après palier ses dernières trouvailles technologiques *(www.sonybuilding.jp - en travaux à partir de mars 2017)*. Juste à côté, depuis 2016, l'imposant bloc du **Tokyu Plaza Ginza** (*http://ginza.tokyu-plaza.com/en/*) présente une façade raffinée qui évoque du cristal taillé inspiré de l'art traditionnel Edo-Kiriko. Plus de 120 boutiques y sont rassemblées autour d'un atrium monumental. À deux pas, sous la voie ferrée entre les gares de Yurakucho et Shimbashi, se concentrent de nombreux restaurants *(voir Nos adresses p. 69)*.

1

Tokyo, six siècles d'évolution

UN CHÂTEAU POUR LE VILLAGE D'EDO

Tokyo prend réellement rendez-vous avec l'histoire à partir de la fin du 15e s., lorsque Ota Dokan érige le premier château d'Edo (1457). Jusqu'alors, **Edo**, terme signifiant « la porte de la baie », est un village de pêcheurs ; certes d'occupation très ancienne comme l'atteste l'un de ses quartiers, Yayoi-cho (dont le nom détermine désormais la période s'étendant entre les 3e s. av. et 3e s. ap. J.-C.), mais sans destin réel, vivant dans l'ombre de Nara puis de Kyoto. Après l'assassinat d'Ota Dokan, le château prend une nouvelle dimension. Toyotomi Hideyoshi (1536-1598) vient de pacifier le Kanto et confie cette province au premier de ses lieutenants : **Tokugawa Ieyasu** (1542-1616). Ce dernier choisit pour résidence le château de Dokan tout en le fortifiant, la région étant encore instable. La victoire de Sekigahara (1600) assure à Ieyasu une totale suprématie sur un Japon en cours d'unification.

LE GOUVERNEMENT MILITAIRE DES SHOGUNS ET LES DAIMYO

Trois ans plus tard, Edo devient le siège du gouvernement militaire des shoguns *(bakufu)*. Une ville sous le château *(jokamachi)* émerge avec pour ressort cette incroyable force centripète exercée par le shogun, les *daimyo* étant en effet régulièrement obligés de venir s'installer autour du pouvoir au moins dix jours par mois (système du *sankin kotai*). Ils avaient l'obligation de construire une résidence autour du château, en proportion avec leur fortune. Quand ils s'absentaient, ils devaient laisser leur famille en otage. Ainsi, le shogunat muselait les finances et la puissance de ses vassaux, qui s'endettaient auprès des marchands. Quant aux samouraïs au service du shogun, ils recevaient un traitement comptabilisé en *koku* de riz. Cette mesure équivalant à cinq boisseaux – un boisseau valait 185 l environ – suffisait à nourrir une personne pendant un an. Si la valeur d'un samouraï était estimée à 5 000 *koku*, cela signifiait qu'il pouvait recevoir une terre – avec ses paysans – pouvant produire cette quotité annuelle de riz. Les négociants en riz, les *fudasashi*, leur servaient d'intermédiaires pour obtenir des liquidités moyennant des taux d'intérêt souvent très élevés.

UNE CITÉ CENTRALE EN CROISSANCE PERPÉTUELLE

Cette relation au centre façonne la ville. La géomancie n'est plus cette grille de lecture *via* laquelle les villes asiatiques sont généralement pensées. La cité se structure à partir de son **centre** qui organise et distribue les quartiers classe par classe selon leur relation avec le pouvoir : grands seigneurs, guerriers, religieux, marchands, etc. Les élus étant peu nombreux, le centre est nettement moins peuplé *(voir p. 56 Palais impérial)* que la **périphérie**, monopole des denses couches populaires. Cette division spatiale qui reflète un ordre politique, plus tard un ordre social mais jamais de préoccupations d'ordre urbanistique, a de multiples conséquences visibles encore aujourd'hui. La périphérie s'agglomère en différents centres populeux d'autant plus vivants qu'ils se tiennent à distance de l'autorité shogunale, rigide, discriminante et moralisatrice. Ces nouvelles périphéries ont pour nom Shinjuku, Asakusa, Ryogoku et prospèrent grâce au système du *sankin kotai*. Désormais loin du pouvoir et des quartiers résidentiels comme Yamanote « le côté des collines », la ville basse, Shitamachi, progresse avec ses extensions et ses enclaves de plaisir parfois tentaculaires (Yoshiwara, au nord-est d'Asakusa, est alors le plus grand quartier de plaisirs de l'Asie). Avec de tels atours, la ville se développe. Aux marchands et artisans se mêlent nombre de samouraïs désœuvrés. Malgré les fléaux qui s'abattent régulièrement sur elle – le terrible incendie de Meireki ravage 60 % de la cité en 1657 –, Edo compte déjà près d'un million d'habitants sous l'égide du 8e shogun Tokugawa Yoshimune (1684-1751).

DE L'OUVERTURE DE L'ÈRE MEIJI À LA SECONDE GUERRE MONDIALE

L'ouverture des relations commerciales et diplomatiques avec les États-Unis précipite la chute des Tokugawa. Edo devient sous l'ère Meiji, le 13 septembre 1868, la **capitale du pays** : Tokyo, littéralement « la capitale de l'est », Kyoto restant la « ville capitale ». L'heure est à l'Occident. Tokyo se modernise, se rationalise. Les résidences des *daimyo* sont détruites et remplacées par les bâtiments officiels qui doivent accompagner le nouveau Palais impérial voulu par l'Empereur. Ginza est le premier quartier occidentalisé. Le **séisme de 1923** jette Tokyo à terre : 140 000 disparus, 300 000 maisons détruites. À cette époque, l'incendie est le premier des fléaux engendrés par les séismes. En 1923, il est d'autant plus violent qu'il frappe à l'heure du déjeuner quand les braseros rougeoient dans les ruelles. La ville basse, avec sa densité de bâtis en bois, est réduite en cendres. On parle alors d'une centaine de départs de feux et des rumeurs commencent à circuler : elles accusent les Coréens vivant à Tokyo qui auraient cherché à se venger de l'occupation de leur pays par le Japon. Des milices civiles s'organisent. 6 000 Coréens disparaîtront. Mais, entre séisme et pogrom, la paternité de ces morts n'a jamais été clairement établie (sur ce sujet, lire *Tsubame*, Shimazaki Aki, Actes Sud/Babel, 2008 et *Le Grand Tremblement de terre du Kantô*, Yoshimura Akira, Actes Sud, 2010). À peine relevé, un quart de la ville est rasé par les bombardements de la Seconde Guerre mondiale (on dénombre 102 raids aériens). La guerre achevée, la population de Tokyo tombe à 3,5 millions d'habitants (deux fois moins qu'en 1940).

TOKYO DE NOS JOURS, ENTRE TRADITION ET MODERNITÉ

L'heure est à la reconstruction. Sans entrave historique, cette terre aimante l'imaginaire des architectes du monde entier. Les Jeux olympiques lui redonnent un premier souffle en 1964 mais l'argent fait encore défaut. Dans les années 1980, lorsque le Japon devient la deuxième puissance économique du monde, sa capitale est aux premières loges. Chaque quartier veut son étendard, son gratte-ciel. 30 % de ses bâtiments surgissent après 1985. Les projets les plus fous se font le temps d'une saison. Les belles architectures se toisent et se répondent avec un orgueil de clochers mais leurs échos ont souvent l'inflexion des lieux de consommation uniformisés par les grandes marques internationales. Restent, malgré cette force centrifuge qui pousse en périphérie les modes de vie populaires sacrifiés sur l'autel des opérations immobilières dites de prestige, nombre de quartiers à identité forte et des lacis de ruelles bordées de maisons basses et de jardinets. La très chic Ginza peut encore pour quelque temps côtoyer le plus grand marché aux poissons du monde, malgré la menace d'un déménagement imminent (*voir p. 63*). Tokyo a beau se parer de ses plus beaux éclats, c'est son énergie qui nous fascine, cette propension à se reconstruire sans cesse comme pour assourdir l'impact des fléaux à venir. Car la ville n'est pas dupe. Ses murs sans mémoire racontent son passé qui tient en quelques légendes comme celle de l'énorme poisson-chat : Namazu, dont chacun sait qu'il ne dort jamais bien longtemps et que ses réveils provoquent en surface de terribles tremblements de terre.

SOUS LES FEUX DE LA RAMPE

À l'époque d'Edo (1603-1867), de nombreuses salles proposent des spectacles de kabuki. La plus importante est au cœur de Ginza. Cet art populaire pour ses nombreuses charges à l'égard du shogun est excentré sur Asakusa en 1841 avant de revenir à Ginza sous l'ère Meiji épuré par les canons officiels. Le Théâtre national *(Kabuki-za)* réapparaît en 1899 sur Kobikicho, l'actuel Ginza 4 chome. Pendant vingt ans, il domine la scène japonaise avant de brûler en 1921 suite à un court-circuit. Inachevé, il subit le séisme de 1923. Il rouvre ses portes en 1925. Sa structure de béton et d'acier porte en façade l'empreinte des styles architecturaux de Nara (8e s.) et de Momoyama (16e s.-17e s.). Le 25 mai 1945, les bombardements américains le réduisent en cendres. Il est reconstruit pour la troisième fois en 1951 mais l'accoustique est médiocre. Détruit une fois de plus, il resurgit en 2013 toisé par un gratte-ciel de 29 étages dessiné par Kuma Kengo qui réhausse étrangement sa présence.

Harumi-dori en direction de l'est, du marché de Tsukiji

Curieuse apparition ! À 300 m du carrefour de Ginza s'élève le **Kabuki-za** *(www.kabuki-bito.jp - M° H09, A11)*, la plus importante salle de théâtre traditionnel kabuki du pays *(voir encadré ci-dessus)*.

★★ Tsukiji Market 築地市場 Plan I C3

5-2-1 Tsukiji, Chuo-ku - M° E18, sortie A1 - www.tsukiji-market.or.jp/tukiji_e.htm ou www.shijou.metro.tokyo.jp/english/ - tlj sf dim. et j. fériés 5h-13h. L'accès à la vente aux enchères aux thons entre 5h et 6h15 est restreint à 120 personnes/j. divisées en 2 groupes, inscription le matin même (prévoir d'arriver au moins 2h avant l'ouverture, pas de réservation possible) auprès du Fish Information Center, 1F, Kachidoki Gate - accès fermé en déc. et première quinzaine de janv. Éviter escarpins, sacs à dos, flashs.

Marché intérieur – Le plus grand marché aux poissons du monde est un spectacle vertigineux : 52 000 personnes (mareyeurs, grossistes, clients), 32 000 véhicules entrent et sortent quotidiennement de ces halles quadrillées d'allées à perte de vue. Les poissons (frais, congelés, ou traités et séchés) débarquent des quatre coins du globe : bonites, chinchard, thons de Guam, tortues de Kyushu, etc. Chaque jour, 2 500 t (environ 600 000 t à l'année) réparties en 450 espèces transitent par *Tsukiji* littéralement « terre récupérée ». À l'époque, il s'agissait de gagner des terres sur l'embouchure de la rivière Sumida pour reloger le marché aux poissons détruit par le séisme de 1923. Le transfert à Toyosu (Odaiba, dans la baie de Tokyo), prévu pour fin 2016, a été repoussé de plusieurs mois.

Marché extérieur (Jogai Shijo) – *5h-14h - i et toilettes dans le Senja-gaku Bldg - plan en anglais.* Il se compose d'un réseau dense de petites rues où se serrent restaurants – parfois minuscules – et boutiques proposant des produits de la mer à consommer ou à emporter (comme la bonite et les algues séchées), vaisselle, couteaux et autres ustensiles de cuisine et même bottes en caoutchouc ! Idéal pour prendre un petit-déjeuner japonais ultra-frais et s'immerger dans une ambiance 100 % tokyoïte, même si le site est très touristique.

Sur la Chuo-dori en direction du nord, vers Kyobashi

Sur le trottoir de droite, le regard est attiré vers la façade de la boutique **Louis Vuitton★**. Imaginée par Jun Aoki, elle est constituée de damiers aux ouvertures éclairées.

SE LOGER

Hotel Gracery Ginza.................. 1

SE RESTAURER

Fish Bank Tokyo.......................... 5
Restaurant Dazzle...................... 1
Sakura Suisan Sanchome-ten...................... 13
Shiseido Parlour Ginza Honten......................... 20
Sushizanmai Yurakucho-ten........................ 19

Sur le trottoir opposé, à deux blocs du **Wako**, c'est la façade noire de **Chanel★** Plan III B1 qui retient l'attention. La plus grande boutique de la Chuo-dori étire sur dix étages sa double paroi de verre sombre aux effets de matelassage où 700 000 diodes électroluminescentes dessinent à la nuit tombée les dernières nouveautés. Le 9e étage est occupé par le restaurant **Beige** (couleur favorite de Coco Chanel !) du gastronome Alain Ducasse. Sur le trottoir opposé, la tour du joaillier **de Beer★★** réalisée par l'architecte japonais Mitsui Jun est une splendide épure, aux nervures de métal. À deux pas, les façades de l'immeuble **Mikimoto Ginza★★★** Plan III B1 couvertes d'acier aux reflets roses (œuvre de Ito Toyo) sont trouées de fenêtres irrégulières. Mikimoto Kokichi est un maître perlier *(voir p. 175)*. L'intérieur, somptueux, abrite un restaurant et un salon de thé.

Sur la Chuo-dori en direction du sud, vers Shiodome

Le **Shiseido (Building ou Parlour)★★** Plan III B2 Cette reconstruction de l'immeuble du géant nippon de la cosmétique est l'œuvre de Ricardo Bofill. Derrière sa façade sobre composée de panneaux couleur brique rouge se trouve une galerie d'art (en sous-sol, *tlj sf lun. 11h-19h, dim. 18h*) et deux restaurants en étage dotés d'une belle vue panoramique *(voir Nos adresses p. 69)*.

Sur le trottoir opposé, celui de **Yamaha★** (2010) montre un damier de losanges aux couleurs or, bronze, blanc très réussi.

Au bout de l'avenue, longez la voie express vers la gauche pour découvrir la **Nakagin Capsule Tower★★**. Achevée en 1972 par Kurokawa Kisho (1934-2007), elle est constituée de modules de béton préfabriqués, fixés sur deux tours. Chacun, studio ou bureau, mesure 2,3 m x 3,8 m x 2,1 m. Le résultat est étonnant. Malheureusement, ce symbole du mouvement métaboliste (*voir p. 650*) ne se visite pas pour le moment.

★ Hamarikyu-teien 浜離宮庭園 Plan I C4

M° E19, M° G08, M°A10 - 9h-17h (dernière entrée 16h30) - 300 ¥.

Ce jardin situé au bord de l'océan posséde un étang dont le niveau fluctue avec les marées. Un pavillon de thé y est posé, où l'on peut faire une pause pour déguster un thé *matcha* (*Nakajima-no-ochaya - 9h-16h30 - 500 ¥)*. Un exemple typique d'un jardin de *daimyo* sous Edo.

On peut poursuivre par le chapitre consacré à la baie de Tokyo (Odaiba) p. 91.

Départ des bateaux-bus (p. 93).

Jardin Hamarikyu-teien.
D. Zylberyng / hemis.fr

NOS ADRESSES À GINZA

HÉBERGEMENT

PREMIER PRIX

Ginza Grand Hotel
銀座グランドホテル
8-6-15 Ginza, Chuo-ku Hors plan III par C2. - *(03) 3572 4131 - www.ginzagrand.com/english - 257 ch - à partir de 9 500 ¥ la ch. double.* Tout près du métro Shinbashi, cet hôtel dispose de chambres bien équipées avec plusieurs types de déco au choix : pour le voyage d'affaire ou le tourisme.

BUDGET MOYEN

Hotel Gracery Ginza
ホテル グレイスリー銀座
7-10-1 Ginza, Chuo-ku Plan III, C2 - *(03) 6686 1000 - www.gracery.com/english/ginza - 270 ch - à partir de 13 000 ¥.* Chambres confortables décorées avec goût, au cœur du quartier chic mais au calme. Cet hôtel donnent un bon rapport qualité-prix.

RESTAURATION

Les abords de la voie de chemin de fer, entre Shinbashi et Yurakucho, sont truffés de restaurants *(yakitori-ya)* bon marché.

PREMIER PRIX

Sakura Suisan Sanchome-ten
さくら水産銀座三丁目店
3-4-16 Ginza, Ginza Sunny Bldg, B2F, Chuo-ku Plan III, B1 - *(03) 3561 3671 - www.sakusui.jp/shop/detail.html?shop=005 - lun.-vend. 11h-14h, 16h-0h, w.-end et j. fériés 16h-0h. Always the same lowest price.* C'est le slogan du restaurant, affiché à côté d'un poisson bondissant. On commande en cochant les cases d'un formulaire avec des colonnes sashimis, grillades, tempuras, salades, amuse-gueules. Ambiance populaire et prix relativement bas.

BUDGET MOYEN

Sushizanmai Yurakucho-ten
すしざんまい有楽町店
2-1-3 Yuraku-cho, Chiyoda-ku Plan III, B1 - *(03) 3500 2201 - www.kiyomura.co.jp - 24h/24.* Sous la voie de chemin de fer, même après 1h du matin, cinq cuisiniers s'affairent derrière le comptoir, tandis que fusent les commandes. Pour 2 000 ¥, on est rassasié.

POUR SE FAIRE PLAISIR

Shiseido Parlour Ginza Honten
資生堂パーラー銀座本店
4-5F, 8-8-3 Ginza, Shiseido Bldg, Chuo-ku Plan III, B2 - *(03) 5537 6241 - parlour.shiseido.co.jp/en/ginza/index.html - tlj sf lun. 11h30-21h30 (dernière commande 20h30) - comptez env. 5 000 ¥ pour le déjeuner, env. 7 000 ¥ pour le dîner.* Au 4e et 5e ét. de l'immeuble Shiseido, ce restaurant au luxe discret propose une cuisine nippo-européenne *yoshoku* servie dans une vaisselle raffinée comme au temps de Meiji. Goûtez au *meat-crocket* ou au *hayashi-rice*.

Restaurant Dazzle
レストラン ダズル
2-4-12 Ginza, Mikimoto Ginza 2, 8-9 F, Chuo-ku Plan III, B1 - *(03) 5159 0991 - www.restaurant-dazzle.com - 11h30-15h (dernière commande 14h), 17h30-23h30 - éviter toute tenue vestimentaire négligée.* Au sommet du Mikimoto 2 Building, un restaurant à la hauteur de son nom. On est, en effet, ébloui *(dazzled)* par la magnificence de sa salle dominée par un cellier logé dans une tour de verre et par la cuisine de son chef : filet de bar grillé avec sauce safranée au

beurre blanc, foie gras sauté, sans parler des desserts…

UNE FOLIE

Fish Bank Tokyo
フィッシュバンク・トウキョウ
5-2 Higashi-Shinbashi, Shiodome City Center, 41F, Minato-ku Plan III, B2 - *(03) 3569 7171 - www.fish-bank-tokyo.jp/restaurant_en.html - 11h30-15h (dernières commandes 13h30), 17h30-22h30 (dernières commandes 21h30) - menu déj. 2 800/6 500 ¥, menu dîner 8 640/13 000 ¥.* Pour déguster poissons et fruits de mer préparés dans un style franco-japonais. Salle élégante avec vue sur le Rainbow Bridge.

PETITE PAUSE

Salon de café – *3F, 8-8-3 Ginza, Shiseido Bldg, Chuo-ku* Plan III, B2 - *(03) 5537 6231 - parlour.shiseido.co.jp/en/ginza/index.html - tlj sf lun. 11h30-21h (dernière commande 20h30), 11h30-20h dim. et j. fériés (dernière commande 19h30).* Au 3e ét. du luxueux Shiseido Parlour, choix de pâtisseries à déguster avec un café à la neige.

Uogashi-Meicha – *5-5-6 Ginza, Chuo-ku* Plan III, B1 - *M° M16, H08, G09 sortie B3 - www.uogashi-meicha.co.jp - 11h-18h.* Situé non loin du carrefour de Ginza, au-dessus d'une enseigne spécialisée, ce café moderne est le lieu idéal pour goûter un excellent thé vert, un espresso ou un *kakigori* (glace pilée à la japonaise).

ACHATS

Antique Mall Ginza – *1-13-1 Ginza, Chuo-ku* Plan III, C1 - *(03) 3535 2115 - www.antiques-jp.com - tlj sf merc. 11h-19h.* Sur trois niveaux, antiquités japonaises et occidentales où le pire et le meilleur se côtoient. Prix élevés. À négocier !

Papeterie Itoya – *2-7-15 Ginza, Chuo-ku* Plan III, C1 - *(03) 3561 8311 - www.ito-ya.co.jp - tlj 10h-20h (dim. et j. fériés 19h).* Sur plusieurs étages, beau choix de papiers japonais et matériels de dessin et bureau, galerie d'art et café.

Uniqlo Ginza-ten – *6-9-5 Ginza, Chuo-ku* Plan III, B1 - *(03) 6252 5181 - www.uniqlo.com/jp/store_news/store.php?poi=10101397 - 11h-21h.* À Tokyo comme dans chaque quartier du Japon, un magasin Uniqlo propose ses prêt-à-porter hommes-femmes-enfants à prix raisonnables. Celui de Ginza est le plus vaste de tous.

★ Roppongi 六本木 Plan I p. 38-39

Roppongi, littéralement « Six arbres », viendrait de l'idéogramme « arbre » contenu dans le nom de chacun des six *daimyo* qui vivaient ici autrefois. Ces arbres, on en cherche aujourd'hui les racines. Car le quartier a longtemps eu mauvaise presse, du fait de sa vie nocturne en étroite filiation avec la base américaine qui s'était installée dans le quartier après la Seconde Guerre mondiale. Ainsi la rue Gaien Higashi-dori aligne des bars devant lesquels une armée de rabatteurs harcèlent les passants sous des ciels de néons. Ici le dépaysement est moins pour les Occidentaux, qui sont ici légion, que pour les Japonais eux-mêmes. Côté architecture, le constat est moins sévère, même si une certaine froideur se dégage du vaste complexe ordonnancé par le promoteur Mori Minoru en plein éclatement de la bulle économique. Vous découvrirez à Roppongi de nouveaux ensembles inaugurés en 2007, organisés autour d'espaces d'une grande audace architecturale, comme le National Art Center ou le 21_21 Design Sight. Les six arbres ont finalement donné de belles graines. Ce « triangle de l'art » est une nouvelle aubaine pour Roppongi.

★★ ROPPONGI HILLS 六本木ヒルズ Plan I B4

1

6-10-1 Roppongi, Minato-ku - M° H04, sortie 1C ou M° E23, sortie 3 - www.roppongihills.com - magasins : 11h-21h, horaires variables selon les établissements.
Ce vaste complexe, surgi de terre après dix-sept années de travaux, compose un inventaire un peu froid : bureaux, boutiques, jardins, esplanades, passerelles et salles de cinéma. Cet espace est heureusement mis en perspective par le relief des collines de Roppongi ainsi que par la statue d'une magnifique araignée géante déployant ses pattes sur la Roku-Roku plaza, une œuvre nommée *Maman par* sa sculptrice franco-américaine Louise Bourgeois.

★★ Mori Tower 森タワー

Difficile de ne pas voir la tour Mori, gigantesque cylindre de verre et d'acier de 54 étages, réalisé par l'atelier américain Kohn Pedersen Fox. Des plus insolites, son entrée en forme de cône, le Metro Hat, vous conduit en deux pas de vis à l'intérieur de la tour.

Le **Tokyo City View★★** *(52 F - www.roppongihills.com/tcv/en - 10h-23h (vend.-sam. 1h) - 1 800 ¥, billet combiné avec le Mori Art Museum et 2 000 ¥ si l'on y ajoute le Mori Arts Center Gallery).* Au 52e étage s'ouvre un atrium circulaire de 300 m de circonférence sur 11 m de hauteur, offrant un panorama à 360 degrés sur la ville, remarquable la nuit mais aussi le jour lorsqu'à l'ouest, le mont Fuji apparaît par temps clair. Au même niveau se trouve la **Mori Arts Center Gallery** *(horaires et prix variables selon les expositions - ✆ (03) 5777 8600)* et, à l'étage supérieur, les salles du **Mori Art Museum★★** *(10h-22h, mar. 10h-17h).* Les expositions temporaires (deux ou trois en même temps) s'y enchaînent à un rythme effréné. Certaines sont les relais tokyoïtes de grandes expositions internationales coproduites par différents musées. Autant dire qu'elles sont de qualité et toujours en lien avec l'actualité de l'art contemporain.

★ Tokyo Tower 東京タワー Plan I B4

4-2-8 Shibakoen, Minato-ku - M° E21, M° H05, M° 106 - www.tokyotower.co.jp - 9h-23h (observatoire 22h30) - observatoire principal : 900 ¥, observatoire spécial : fermé pour rénovation au moment de la rédaction de ce guide.
Achevée en 1958, elle culmine à 333 m, soit 11 m de plus que la tour Eiffel qui lui servit de modèle. Peinte en rouge et en blanc, elle est illuminée la nuit au moyen de 176 lampes dont la couleur varie au rythme des saisons.

Édifiée pour servir de relais de transmissions pour la télévision, la radio et les télécommunications dans leur ensemble, elle est aujourd'hui détrônée par la tour Tokyo Sky Tree *(voir p. 42)*. La tour de Tokyo héberge des restaurants, un aquarium et un musée des Cires.

★ Zojo-ji 増上寺 Plan I C4

4-7-35 Shibakoen - M° E21 - www.zojoji.or.jp/en/index.html.

À l'est de la tour de Tokyo, le parc de Shiba abrite le temple bouddhiste de Zojo-ji. Fondé en 1393 puis déplacé sur ce site en 1598 pour suivre l'installation du shogun Tokugawa Ieyasu à Edo, il n'échappa pas aux bombes de 1945. Il fut ensuite reconstruit dans les années 1970, à l'exception du grand portique d'entrée **Sangedatsu-mon★**, ou porte de la Triple Délivrance (colère, bêtise, cupidité), épargnée par les raids. Édifié en 1622, il serait la plus vieille structure en bois de Tokyo.

★ TOKYO MIDTOWN 東京ミッドタウン Plan I B3

Oedo Line, Roppongi Station (sortie 7) - www.tokyo-midtown.com.

Le cocktail est connu sauf qu'il est peut-être ici un peu plus verdoyant qu'ailleurs. Pelouses, ginkgos, camphriers se faufilent dans cet ensemble de six immeubles dominé par la **Midtown Tower**, haute de 248 m. À ses pieds, une immense ombrelle de verre et d'acier, véranda aux allures de radeau des cimes, emmaillote cette canopée urbaine bourgeonnant entre ciel et terre. À l'intérieur, sur quatre niveaux, des galeries luxueuses, flanquées de rampes en pente douce, serpentent au milieu d'espaces « végétalisés », que réfléchissent sous la verrière les éclats miroitants des escaliers mécaniques. Ces escalators mènent à une cinquantaine de bars, cafés et restaurants *(11h-0h)*. Au 2e étage, l'une des grandes tables gastronomiques, le restaurant Joël Bruant donne sur le parc Hinochico. Au 3e étage se trouve le **musée d'Art Suntory**.

★★ Suntory Museum of Art サントリー美術館 Plan I B3

9-7-4 Akasaka, Minato-ku - www.suntory.com/sma/ - tlj sf mar. 10h-18h, vend., sam. 10h-20h - autour de 1 300 ¥ en fonction des expositions.

Ce musée, reconfiguré en avril 2007 par l'architecte Kuma Kengo au sein de ce nouvel ensemble architectural, possède un fonds de 3 000 pièces (laques, céramiques de Satsuma, textiles, costumes de nô) qu'il présente au fil d'expositions temporaires coorganisées avec les plus grands musées du monde. Ces expositions, de grande qualité, peuvent aussi bien traiter du rapport de Gallé avec le japonisme que de la haute couture pendant l'époque d'Edo.

En sortant du musée, prenez la direction de l'est. Très belle vue de la terrasse sur le parc Hinochico. C'est dans cet écrin que se tapit le 21_21.

★★ 21_21 Design Sightトゥーワン・トゥーワン・デザインサイト Plan I B3

9-7-6 Akasaka, Minato-ku - à 1mn à pied de la sortie Tokyo Midtown/Roppongi Station sur la Toei Oedo Line - www.2121designsight.jp/en/ - tlj 10h-19h - 1 100 ¥.

Réalisé par Ando Tadao, chantre de l'architecture moderne, ce bâtiment punaisé sur le gazon comme un insecte noir froissé après une séance d'origami abrite depuis 2007 le nouveau monde imaginé par Miyake Issey, designer de mode. Ce lieu insolite (1 700 m^2 répartis sur deux niveaux) s'est donné pour objectif de redécouvrir et d'interpréter les objets et événements de notre vie quotidienne sous le prisme du design le plus innovant. 21_21 fait écho au 20 sur 20 qui consacre une vision plus que parfaite chez l'ophtalmologue. L'objectif est donc très ambitieux ; non démenti pour l'heure par ses premières expositions (quatre par an) qui dérèglent merveilleusement nos sens.

★★ **The National Art Center** 国立新美術館 Plan I B3
7-22-2 Roppongi, Minato-ku - Chiyoda Line (M° C05), station Nogizaka (sortie 6), Hibiya, station Roppongi (H04), sortie 4a, ou M° E23, sortie 8 - www.nact.jp/english - ♿ - tlj sf mar. 10h-18h, vend. 10h-20h - tarif selon expositions.
Cette façade en verre qui court sur 160 m de long avec une ondulation de reptile est l'une des dernières œuvres de **Kurokawa Kisho** (1934-2007), grand héraut de la renaissance architecturale du Japon (auteur du célèbre immeuble-capsules de Nakagin dans le quartier Ginza, *voir p. 68*). Inauguré en 2007, ce **bâtiment**★★ doté de 14 000 m² de superficie d'exposition a pour objectif de suppléer à l'exiguïté des musées de Ueno lors des expositions d'envergure. Avec 12 salles de 1 000 m² au minimum (deux de 2 000 m²), trois espaces de conférence, une bibliothèque d'art, des boutiques, des cafés et la brasserie Paul Bocuse (nichée sur l'un des deux cônes inversés qui structurent de manière insolite ces volumes de verre), le National Art Center est un puissant outil au service de la culture et de l'art contemporain. Un petit bijou de 223 millions d'euros.

NOS ADRESSES À ROPPONGI

1

INFORMATIONS UTILES

Banque/Change – World Currency Shop, *Roppongi Hills, West Walk 6 F* Plan I, B4 - *✆ (03) 5413 9722 - lun.-vend. 11h-19h, w.-end et j. fériés 12h-17h.*

HÉBERGEMENT

PREMIER PRIX

Hotel Asia Center of Japan
ホテルアジア会館
8-10-32 Akasaka, Minato-ku Plan I, B3 - *✆ (03) 3402 6111 - www.asiacenter.or.jp/eng - 175 ch.*
Non loin de Roppongi, cet établissement récent situé au sommet d'une colline propose pour un prix très raisonnable calme et confort.

POUR SE FAIRE PLAISIR

International House of Japan
国際文化会館
5-11-16 Roppongi, Minato-ku Plan I, B4 - *✆ (03) 3470 4611 - www.i-house.or.jp/eng - 44 ch.* À 10mn à pied de la tour Mori, avec un magnifique jardin traditionnel en bordure d'un immeuble inspiré dans les années 1950 par Le Corbusier. Mobilier high-tech. Sobre et raffiné. D'une quiétude inouie. Il faut être parrainé par un membre pour pouvoir résider dans ce lieu.

UNE FOLIE

ANA Intercontinental ANA インターコンチネンタルホテル東京
1-12-33 Akasaka, Minato-ku Plan I, B3 - *✆ (03) 3505 1111 - www.anaintercontinental-tokyo.jp/en - 844 ch. à partir de 35 000 ¥.*
Bel hôtel installé entre le 1er et le 36e étage d'une tour qui en compte 37. Les chambres, confortables, déclinent élégance et chic. Certaines ont de très belles vues sur le Palais impérial, la Tokyo Tower ou la colline de Roppongi.

RESTAURATION

PREMIER PRIX

Pintokona ぴんとこな
6-4-1 Roppongi, Roppongi Hills, « Metro Hat » B2F, Minato-ku Plan I, B4 - *✆ (03) 5771 1133 - kiwa-group.co.jp/restaurant/231 - 11h-23h (dernière commande 22h).* Dans une déco inspirée par le théâtre

kabuki, un classique *kaiten sushi* (littéralement sushi tournant). À chaque couleur de coupelle correspond un prix *(de 160 à 960 ¥)*.

BUDGET MOYEN

Sankyu 燦紀（さんきゅう）
3-1-18 Nishi-Azabu, Roppongi Shinsei Bldg, 1F, Minato-ku Plan I, B3 - *(03) 5771 6201 - 18h-4h, dim. 18h-23h.* Au bout d'un couloir de graviers, on dépose ses chaussures avant de pénétrer dans un décor rustique. Le bœuf australien ou japonais *(wagyu)* est à l'honneur, le dernier se révélant plus cher, légende oblige.

POUR SE FAIRE PLAISIR

L'Atelier de Joël Robuchon
ラトリエ ドゥ ジョエル・ロブション
6-10-1 Roppongi, Roppongi Hills Hillside, 2F, Minato-ku Plan I, B4 - *(03) 5772 7500 - www.robuchon.jp/latelier-en - 11h30-14h30 (w.-end et j. fériés 11h30-15h), 18h-21h30.* Lignes pures d'un intérieur en rouge et noir, lumière caressante. Une élégance qui n'empêche pas la décontraction. Plats tout en délicatesse.

UNE FOLIE

Hishinuma 菱沼（ひしぬま）
5-17-1 Roppongi, Axis Bldg, B1F, Minato-ku Plan I, B3-4 - *(03) 3568 6588 - www.restaurant-hishinuma.jp - tlj sf dim. et j. fériés 11h30-14h (dernière commande 13h30), 17h30-23h (dernière commande 22h) - menus à partir de 12 000 ¥ le soir.* « Servir la société par la gastronomie », telle est la devise du chef Hishinuma Takayuki, aussi dévoué à ses clients, petits et grands, qu'à ses créations : *kaiseki* végétarien, plats d'inspiration occidentale, viandes grillées, etc.

Tofuya Ukai Shiba
東京 芝 とうふ屋うかい
4-4-13 Shiba-koen, Minato-ku Plan I, B4 - *(03) 3436 1028 - www.ukai.co.jp/english - tlj sf un lun. par mois 11h-22h (dernière commande déjeuner à 15h, dîner à 20h).* Au pied de la Tokyo Tower, charmant *ryotei* entouré d'un jardin de 6 600 m² avec une touche Art nouveau relevée d'époque d'Edo. Tofu inoubliable ; mets de saison.

EN SOIRÉE

Toho Cinemas – *6-10-2 Roppongi, Roppongi Hills, Keyakizaka Complex, Minato-ku* Plan I, B4 - *050 6868 5024 - www.roppongihills.com.e.nt.hp.transer.com/cinema - 9h-(variable).* Le plus grand complexe de Tokyo. Séances toute la nuit durant le week-end.

Agave – *7-15-10 Roppongi, Clover Bldg, B1F, Minato-ku* Plan I, B3 - *(03) 3497 0229 - agave.jp - tlj sf dim., lun. (en cas de j. férié) 18h30-2h (dernière commande 1h30), 18h30-4h vend., sam. (dernière commande 3h30).* Partez au Mexique en poussant la porte de l'un des plus grands *tequila-bar* du monde. Avec ses 400 crus, il tient son nom de l'agave, plante mexicaine servant à fabriquer cette boisson un rien brutale.

Clubs – Tout *clubber* qui se respecte vous dira que Roppongi est aujourd'hui dépassé par Shibuya. C'est pourtant à Roppongi que se trouvent le plus grand nombre de boîtes de nuit.

Quartier de Shinjuku et le mont Fuji.
J. Fuste Raga/Prisma/age fotostock

★★ Shinjuku 新宿 Plan V p. 77

Au milieu des gratte-ciel, on imagine mal que sur cette terre marécageuse, de « nouveaux villages » *(shinjuku)* transformés en bureaux d'octroi prospéraient au gré des commerces qui s'égrenaient sur la route menant à la région de Koshu (l'actuelle préfecture de Yamanashi). Les maisons de thé agrémentaient alors ces postes flanqués d'alcôves aux plaisirs tarifés. Corps et marchandises circulaient par Shinjuku. Maisons closes et gares se développèrent donc main dans la main avant d'être brutalement rationalisées, sous la pression foncière, dans les années 1970. Depuis, Shinjuku s'organise de part et d'autre de la gare avec ses petits marchands de rue, ses *yatai* et ses odeurs de grillades : côté ouest (**Nishi-Shinjuku**), une forêt de gratte-ciel vertigineux où chaque jour circulent plus de 300 000 *salarymen* ; côté est (**Higashi-Shinjuku**), le quartier chaud et ses légendaires Kabuchi-cho et Golden Gai.

NISHI-SHINJUKU (SHINJUKU OUEST)

Parmi ses gratte-ciel, une trentaine d'immeubles s'élève à plus de 100 m de hauteur. Un observatoire domine le sommet de la plupart d'entre eux.
À 5mn de la gare, sortie ouest.

LA GARE DE SHINJUKU

Chaque jour, 2,5 millions de passagers transitent par le biais de ses 5 000 trains et métros quotidiens. Nombre de stations (de différentes compagnies) et de lignes (métro, trains) alimentent cette vertigineuse rotonde « traversée de mille trajets fonctionnels, du voyage à l'achat, du vêtement à la nourriture : un train peut déboucher dans un rayon de chaussures » écrivait Roland Barthes (*L'Empire des signes,* Éditions Skira, 1970). Ce phénomène prit racine dans ces multiples marchés noirs qui envahirent les gares dans le Tokyo d'après-guerre. La première fut Shinjuku.

★ Seiji Togo Memorial Sonpo Japan Museum of Art

損保ジャパン東郷青児美術館 Plan V B1

Sonpo Japan Headquarters 42e ét., 1-26-1 Nishi-Shinjuku ✆ (03) 5777 8600 - www.sjnk-museum.org/en - ♿ - tlj sf lun. 10h-18h - tarifs selon expositions.

Ce musée appartient à la compagnie d'assurances Yasuda rebaptisée Sonpo depuis 2002. Si le nom ne vous dit rien, rappelez-vous ce prix d'adjudication record atteint chez Christie's le 30 mars 1987. La Yasuda Fire & Marine Insurance Co. venait d'acquérir pour 5,3 milliards de yens (environ 210 millions de francs alors) les *Tournesols* de Vincent Van Gogh. Elle s'offrait ainsi « à peu de frais » une campagne publicitaire planétaire. La suite était moins glorieuse, la compagnie manquant en fait de fonds. La fondation compte aujourd'hui 650 pièces dont maints chefs-d'œuvre présentés par rotation, le plus souvent de grande qualité : les *Tournesols* (1888) de Van Gogh, *L'Allée des Alyscamps* (1888) de Gauguin, *Pommes et Serviettes* (1879) de Cézanne ou *Nostalgia* (1959) de Togo Seiji (1897-1978), attachant peintre japonais dont la fondation possède plus de 200 œuvres exposées en permanence. Très belle vue depuis le musée.

★★★ Tokyo Metropolitan Government 東京都庁 Plan V A2

2-8-1 Nishi-Shinjuku, M° E28 - observatoire nord : tlj sf 2e et 4e lun. du mois 9h30-23h ; observatoire sud tlj sf 1er et 3e mar. du mois 9h30-23h - gratuit. ℹ Important bureau d'informations touristiques au rez-de-chaussée (voir p. 79).

Conçu par l'architecte japonais Tange Kenzo, ce bâtiment aux allures de cathédrale – Notre-Dame de Paris – est facilement identifiable. Ses deux tours gratte-ciel (243 m de hauteur) offrent un point de vue admirable sur Shinjuku (accessible par ascenseur en seulement 45 secondes !). Ce bâtiment austère, recouvert de granit, « soclé » comme ces châteaux-forteresses appareillés pour en découdre, n'est donc pas des plus hospitaliers mais sa monumentalité fonctionnelle (il regroupe plus de 13 000 fonctionnaires) puise une fois encore son inspiration dans cette volonté de rationaliser une ville pensée par l'architecte comme une métastase dont il faut sans cesse circonscrire l'évolution.

À quelques centaines de mètres de la mairie, direction sud, se trouve le **Shinjuku Park Tower** (235 m). Il abrite entre les 39e et 52e étages le luxueux **Park Hyatt Hotel**.

★ Sumitomo Building 新宿住友ビルヂング Plan V A2

2-6-1 Nishi-Shinjuku, Shinjuku-ku, M° E 28.

D'une hauteur de 210 m, il présente la particularité d'avoir un atrium faisant toute la hauteur du gratte-ciel. On y trouve du 49e au 52e étage des restaurants ainsi qu'un curieux musée historique sur la Seconde Guerre mondiale. Relativement bon marché, la plupart des restaurants offrent une belle vue★ sur Tokyo et les gratte-ciel voisins.

★★ Cocoon Tower モード学園コクーンタワー Plan V B1

1-7-2 Nishi-Shinjuku, Shinjuku-ku M° E 28.

Inauguré en 2008, ce gratte-ciel est une œuvre de l'agence japonaise TANGE et associés. D'une hauteur de 203 m, c'est le second plus haut bâtiment consacré à l'éducation derrière celui de l'université de Moscou. Il abrite notamment une école de mode. Son design, très particulier, couvert d'aluminium blanc et de verre bleu, fait penser à un cocon.

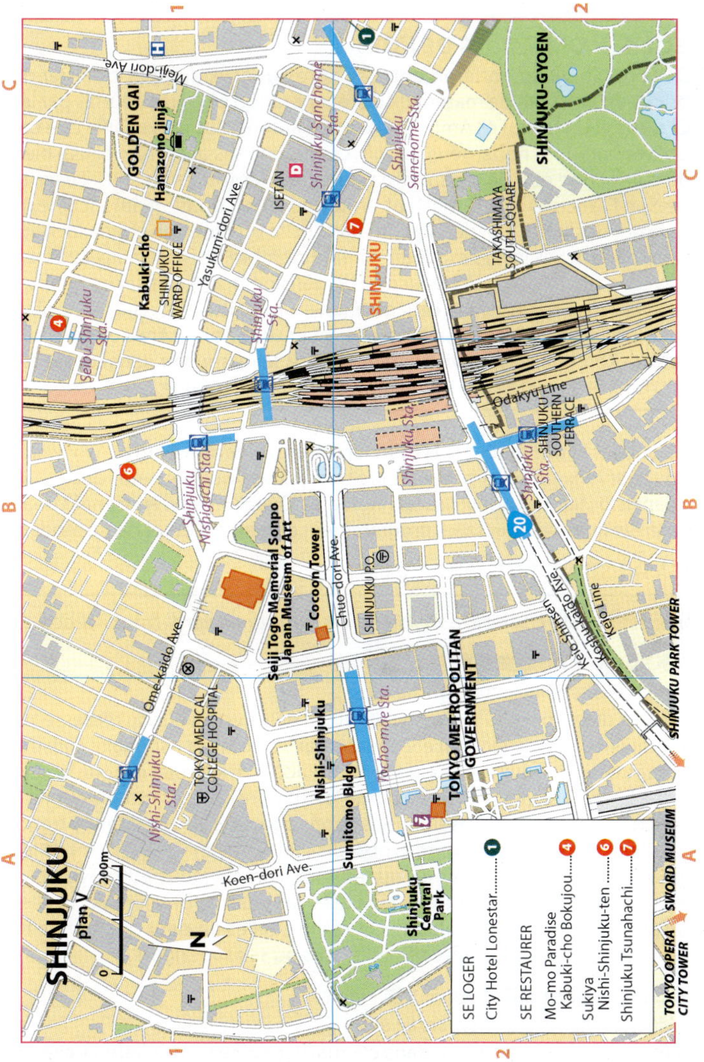

1

Tokyo Opera City Tower 東京オペラシティタワー Plan V A2 en dir.

3-20-2 Nishi-Shinjuku-ku, M° E29, sortie A2 ; Keio New Line, Hatsudai Station, sortie est - www.operacity.jp/en/.

À une dizaine de mn à pied (direction sud-ouest) s'élève la troisième tour la plus haute de Shinjuku (234 m). La réputation de ce gigantesque multiplexe de 54 étages occupé de bureaux, restaurants et boutiques (une cinquantaine) tient à la diversité et à la qualité de ses prestations culturelles : six salles de théâtre, le **Tokyo Opera City Concert Hall**, somptueuse salle de concert lambrissée de chêne (l'une des meilleures acoustiques de la ville dit-on), une galerie dédiée à l'art contemporain *(tlj sf lun. 11h-19h (20h vend. et sam.) - 1 200 ¥)*

GOLDEN GAI, « RUES DE L'OR »

Dans un Shinjuku entièrement rasé après-guerre, un petit quartier de bric et de broc, fait de matériaux de récupération en partie fournis par les GI's, surgit de terre. Les Américains sont d'autant plus prévenants que ces petites baraques hébergent les *only*, ces Japonaises qui servent aussi bien de compagne que de tenancière pour étancher toutes les soifs. Le traité de San Francisco (1951) mettant un terme à l'occupation américaine, le quartier décline. La loi de 1958 qui prohibe la prostitution sonne un nouveau départ. Ses loyers modérés attirent nombre de marginaux (artistes, travestis, etc.). Car il faut beaucoup de dérision pour baptiser ce quartier pauvre « rues de l'or ». Mais l'imagination est le maître mot : cinéastes, photographes, écrivains (Oshima Nagisa, Imamura Shohei, Araki Nobuyoshi, Tanaka Komimasa), tous viennent un temps se ressourcer dans l'un de ces 300 bars. Il en reste aujourd'hui une petite cinquantaine…

sans oublier le très innovant **NTT Intercommunication Center** *(www.ntticc.or.jp - tlj sf lun. 11h-18h - prix variable selon expo.)* qui présente des œuvres mariant robotique et nouvelles technologies. Quant au **New National Theatre** *(derrière la tour)*, ses trois salles programment opéras, ballets et danse moderne.

HIGASHI-SHINJUKU (SHINJUKU EST)

Sortie Est-Kabuki-cho de la gare, prendre le large boulevard, Yasukuni-dori.

★★ Kabuki-cho 歌舞伎町 Plan V C1

M° M08, JR Shinjuku Station, sortie est.

Au début des années 1950, l'association qui milite en faveur du redressement de Shinjuku – le quartier avait été anéanti par les bombes – souhaite construire un théâtre destiné aux représentations de kabuki. Si le projet échoue pour des raisons financières, le quartier en garde le nom ainsi que les mœurs débridées des acteurs d'autrefois. Enseignes et néons agressifs vous invitent à franchir le seuil de ces portes aux mondes obscurs : salons de massage, salles de jeux, sauna, *host clubs* pour hommes ou femmes, karaoké, tout est prévu pour la promiscuité des corps. Après le travail, les Japonais apprécient particulièrement ces parenthèses sociales au cours desquelles on peut discuter de tout sans tabou ni hiérarchie avec ses collègues ou ses supérieurs.

★★ Golden Gai 新宿ゴールデン街 Plan V C1

M° M08, JR Shinjuku Station, sortie est.

Il faut venir à la nuit tombée dans ce quartier coincé entre Kabuki-cho et le sanctuaire Hanazono. Cet espace, de la taille d'un mouchoir de poche, est quadrillé par quatre venelles flanquées de bars. Empilés parfois sur deux niveaux, ils peuvent rarement contenir une dizaine de personnes. Pour les cinéphiles le bar *La Jetée* – en hommage au film éponyme de Chris Marker (1921-2012) – est tenu par une patronne francophile. Instant inoubliable.

Attenant à Golden Gai, le sanctuaire shintoïste **Hanazono-jinja** est parfait pour venir prier le dieu des bonnes affaires, quelles qu'elles soient.

Chaque année, la fête du **Tori no ichi** se tient dans son enceinte. Lors de cette fête, qui remonte à l'époque d'Edo et qui a lieu en novembre, le jour du coq *(Tori)* selon l'ancien calendrier lunaire chinois, on peut venir acheter de petits porte-bonheur appelés *kumade* (râteau en japonais). Ils vous aideront à rapporter bonheur et argent pour l'année à venir. **Marché aux puces** chaque 1er samedi et 3e dimanche du mois.

★★★ **Shinjuku-gyoen** 新宿御苑 Plan V C2

11 Naito-cho, Shinjuku-ku (porte Shinjuku, au nord-est), à 5mn à pied de la station Shinjuku-gyoen-mae (ligne Marunouchi), à 10mn à pied de la gare de Shinjuku (ligne JR Yamanote) - www.env.go.jp/garden/shinjukugyoen/english - tlj sf lun. 9h-16h - 200 ¥.

Ancienne propriété du seigneur Naito, ce jardin impérial depuis 1906 réunit sur 58 ha plusieurs conceptions paysagères. Au côté d'un jardin japonais – de la catégorie des « jardins de promenade » typiquement développés en milieu urbain – on trouve un paysage anglais, un jardin à la française *(au sud-est du jardin)* organisé autour d'un mail de platanes ponctué de rosiers. Plus au nord, à proximité de la sortie Okido, une serre tropicale protège quelque 2000 plantes. Notons que pendant l'ère Meiji, c'est dans ce jardin qu'était expérimentée la culture des fruits importés d'Occident. Et, c'est aussi au Shinjuku-gyoen que le Premier ministre fait chaque année son *hanami*, garden party organisée pour regarder *(mi)* au printemps les fleurs *(hana)* des cerisiers *(sakura)*. On peut bien sûr revenir à l'automne pour admirer les chrysanthèmes et les érables dans leur pâmoison écarlate.

NOS ADRESSES À SHINJUKU

INFORMATIONS UTILES

Office de tourisme – Tokyo Tourist Information Center, *Metropolitan Government Bldg nº 1, 1 F, 2-8-1 Nishishinjuku, Shinjuku-ku - Mº E28, JR Shinjuku sortie ouest* Plan V, A2 *- ✆ (03) 5321 3077 - www.tourism.metro.tokyo.jp - 9h30-18h30.* En plus des infos touristiques, ce centre organise des visites guidées en plusieurs langues, dont le français *(*5 pers. mini adultes seulement, réserv. sur place ou par Internet).

HÉBERGEMENT

BUDGET MOYEN

Toyoko Inn Shinjuku Kabuki-cho 東横INN新宿歌舞伎町

2-20-15, Kabuki-cho, Shinjuku-ku Hors plan V par C1 *- ✆ (03) 5155 1045 - www.toyoko-inn.com/e_hotel/00078/index.html - 350 ch. - à partir de 10044 ¥* ☕. Situé dans le quartier chaud, ce *business hotel* de la chaîne Toyoko Inn dispose de petites chambres bien tenues.

City Hotel Lonestar
シティホテル ロンスター

2-12-12 Shinjuku, Shinjuku-ku Plan V, C2 *- ✆ (03) 3356 6511 - www.thehotel.co.jp/en/lonestar - 50 ch. - 12500 ¥* ☕. Ce petit hôtel, agréablement décoré et doté de tout le confort, jouxte une rue pleine de gargotes. Réductions sur le site Internet.

POUR SE FAIRE PLAISIR

Maison LaKeyaki ラ・ケヤキ

1-6 Naitomachi, Shinjuku, Shinjuku-ku Hors plan V par C2 *- ✆ (33) 01 42 61 60 83 - l-amusee.com/lakeyaki - 3 pers. max, à partir de 806 € (4 nuits mini).* Dans un parc privé de 1 000 m², cette belle maison japonaise était la demeure de l'auteur-compositeur-interprète Pierre Barouh et de son épouse Atsuko. Authentique pièce japonaise avec vue sur le jardin, accès à toutes les facilités de cette vaste demeure : cuisine, salon et parc. Comme pour chaque location de l'agence Vivre le Japon, notamment dans le quartier d'Ikebukuro et à Kyoto, un « travel angel » francophone vous accueille dès votre arrivée.

RESTAURATION

PREMIER PRIX

Sukiya Nishi-Shinjuku-ten
すき家 西新宿店
Sentoku Building, 7-10-16 Nishi Shinjuku Plan V, B1 *- www.sukiya.jp - ouvert 24h/24 - à partir de 290 ¥.* Chaîne de fast-food proposant des *gyudon* (bol de riz avec du bœuf) à des prix imbattables.

BUDGET MOYEN

Mo-mo Paradise Kabuki-cho Honten モーモーパラダイス歌舞伎町本店
1-20-1 Kabuki-cho, Humax Pavilion Shinjuku Kabuki-cho 8F, Shinjuku-ku Plan V, C1 *- ✆ (03) 3208 0135 - www.mo-mo-paradise.com/shopinfo_kabukicho.html#list-nav - 16h-23h (11h30-23h w.-end et j. fériés), dernière commande 22h30 - à partir de 2 000 ¥ - menu en anglais.* Sa spécialité est le *shabu-shabu* : fondue à base de viandes et légumes et servie à discrétion pendant 1h20.

POUR SE FAIRE PLAISIR

Shinjuku Tsunahachi
天ぷら新宿つな八総本店
3-31-8, Shinjuku, Shinjuku-ku Plan V, C2 *- ✆ (03) 3352 1012 - www.tunahachi.co.jp/en/shop/shopinfo01.html#label01 - 11h-22h30 (dernière commande 22h) - menu à partir de 1 500 ¥ le midi, à partir de 2 500 ¥ le soir.* Établissement vénérable adulé pour ses tempuras.

Le Mange-Tout
ル・マンジュ・トゥー
22 Nandomachi, Shinjuku-ku Hors plan V par C1 *- ✆ (03) 3268 5911 - www.le-mange-tout.com - tlj sf dim. 18h30-21h (dernière commande) - menu à 12 960 ¥ le soir.* Chef rigoureux qui a fait ses classes en Alsace, Tani Noboru fusionne ses « deux cultures » de façon soignée et inventive.

EN SOIRÉE

Au nord du parc de Shinjuku *(M° M09, sortie C8)*, **Shinjuku Nichome** Plan V, C2 est le quartier gay de la capitale. Densité de bars sur un petit périmètre.

New York Bar – *3-7-1-2 Nishi-Shinjuku, Park Hyatt Hotel, 52 F, Shinjuku-ku - ✆ (03) 5323 3458 - restaurants.tokyo.park.hyatt.co.jp/en/nyb.html - 17h-0h (jeu.-sam. 1h).* À défaut de dormir dans cet hôtel, à l'instar des personnages de Lost in Translation, on pourra prendre un verre sur fond de jazz face à un panorama stupéfiant *(dim. 19h - 22h45, 4 séances, droit d'entrée 2 400 ¥).*

ACHATS

Kinokuniya Shinjuku Honten – *3-17-7 Shinjuku,Shinjuku-ku - ✆ (03) 3354 0131 - www.kinokuniya.co.jp/c/store/Shinjuku-Main-Store - 10h-21h.* L'une des plus grandes librairies de Tokyo (B1F-8F)

Marché aux puces – Sanctuaire **Hanazono-jinja**, *chaque dim. sauf en cas de cérémonie au sanctuaire.*

Don Quijote – *1-16-5 Kabukicho, Shinjuku-ku - à 5mn à pied de la gare de Shinjuku sortie Est - www.donki.com - 24h/24.* Sur Meiji-dori, un incroyable bazar coloré où vous déambulerez au milieu d'objets aussi délirants qu'inutiles et bon marché.

★★ Shibuya 渋谷 Plan VI p. 82

Shibuya est en plein air ce que Shinjuku est en sous-sol : un carrefour gigantesque flanqué d'écrans géants sous lesquels des centaines de milliers de personnes « piétonnent » et se croisent sans jamais se heurter. Cette frénésie, Shibuya la doit à ses deux compagnies ferroviaires, Tokyu et Seibu, particulièrement actives autour de la gare. Chacune ne cesse de surenchérir sur l'autre pour susciter les désirs et engranger les recettes. Quand les adolescents se ruent sur les cinémas du complexe culturel Bunkamura, les grands magasins Fashion Community 109 ou plus récemment sur les 200 magasins de la tour Hikarie, monopoles de la compagnie Tokyu, d'autres préfèrent les grands magasins de mode Parco ou Seibu de la compagnie rivale. Toutes deux possèdent également bureaux, commerces, restaurants, cafés, hôtels. Nul doute que ce quartier du sud-ouest de Tokyo, qui dessert aussi le très surprenant quartier d'Ebisu *(voir p. 94)*, puisse comptabiliser quelque 750 000 personnes par jour. On dit aussi que les talons aiguilles ont toujours une longueur d'avance à Shibuya. Ce que l'on croit bien volontiers dès qu'on les entend claquer en cadence au milieu de la chaussée.

AUTOUR DE LA GARE

1

Shibuya Station B2

Neuf lignes gérées par quatre compagnies se croisent à Shibuya. La gare a entamé une **longue mue** qui la transformera en vaste complexe de gratte-ciel, passerelles et jardins. Le premier élément sorti de terre est la tour Shibuya Hikarie *(voir p. 83)*.

Le principal point de rendez-vous se fait autour de la statue du chien **Hachiko★**. L'histoire de cet animal, sorte de « Lassie chien fidèle » nipponisé, tient en quelques mots mais traîne dans toutes les bouches comme « de vieilles cuillères en argent » soufflerait Nicolas Bouvier *(voir p. 256)*. Chaque soir, Hachiko attendait son maître à la sortie de la gare. Un jour, le professeur ne rentra pas, emporté par une crise cardiaque. Le chien revint chaque jour guetter son maître avant de disparaître à son tour dix ans plus tard. La fidélité de Hachiko fit le tour du Japon. En témoigne cette statue en bronze érigée à sa mémoire.

★ Carrefour de Shibuya B2

Cerné par des immeubles bardés d'écrans crachant un puissant flux d'images et de décibels, c'est le carrefour le plus photographié du monde ! Le **passage piéton multidirectionnel**, déverse en 3mn un flot de personnes impressionnant. On file droit, en diagonale mais, illustration de la discipline japonaise, on ne se heurte jamais !

Center Gai センター街 B2

Shibuya-ku, à 3mn de Shibuya Station (sortie Hachiko).

Au-delà du carrefour débute un réseau de rues plus ou moins piétonnes – dont Center Gai, la principale. Elles sont bordées d'**innombrables boutiques** de mode, de fripes, de produits culturels auxquelles s'ajoutent des restaurants et des clubs de karaoké. Les néons qui les annoncent couvrent les murs : Loft et Tokyu Hands où vous trouverez tout ou presque, et des lieux emblématiques comme Q Front (musique) ou **Shibuya 109**, où se font et défont les modes pour les jeunes filles obnubilées par leur style (*joshikosei*). Dans ce **labyrinthe horizontal et vertical**, une foule (compacte le w.-end) d'adolescents déambule, en quête des dernières nouveautés.

SE LOGER

- Hôtel Unizo Shibuya 1
- Shibuya Hotel EN 2
- Shibuya Tobu Hotel 4
- Tokyu Stay Shibuya Shin-Minamiguchi 6

SE RESTAURER

- Coco ichibanya Curry House Shibuya-ku Udagawa-cho-ten 1
- Watamii Shibuya Dougenzaka-ten 9

Autour de Dogenzaka 道玄坂 A2

À 7mn de Shibuya Station (sortie Hachiko).

Posé au bout de la rue Kamura-dori, juste derrière son propriétaire, le grand magasin Tokyu, se dresse **Bunkamura★** *(2-24-1 Dogenzaka - www.bunkamura.co.jp/english/ - tlj 10h-19h sf vend.-sam. 10h-21h).* Ce complexe culturel affiche son éclectisme : salles de concert, de théâtre (Cocoon), d'opéra (Orchard Hall), de cinéma et ce, sur six niveaux. Une galerie d'art et des expositions temporaires complètent le tout. On peut boire un café aux Deux Magots *(11h-22h30)* ou déguster dans son Salon du vin une sélection de vins rouges *(17h-0h)*. Depuis 1991, le *Bunkamura Deux Magots* organise chaque année, selon le modèle de son célèbre confrère parisien, son prix littéraire.

Si vous partez à l'assaut de la **colline de Dogenzaka**, vous passerez devant les clubs en vogue de la ville et collectionnerez des images insolites devant des dizaines de **love hotels** aux façades, aux noms et aux décors déconcertants.

Shibuya Hikarie

Premier maillon de la transformation du quartier de la gare, cette tour (2012) dresse au-dessus de la station (très futuriste) de la ligne Fukutoshin, ses 34 étages comprennent 200 magasins, 26 restaurants, des galeries d'art, des bureaux et une salle de concert de 2 000 places lovées sur quatre étages. Sans oublier ses *Switch Room,* toilettes dites révolutionnaires, et le **Sky Lobby** du 11e étage pour sa belle vue panoramique.

NOS ADRESSES À SHIBUYA

INFORMATIONS UTILES

Shibuya Tourist Information Center – *Au 4e ét. du Mark City, bâtiment directement relié à la station Shibuya (ligne Keio Inokashira) - tlj 10h-19h (w.-end et j. fériés 18h).* Informations en anglais.

HÉBERGEMENT

BUDGET MOYEN

The B Sangenjaya
ザ・ビー 三軒茶屋
2-17-9 Taishido, Setagaya-ku Hors plan VI par A2 - ✆ (03) 3795-0505 - sangenjaya.theb-hotels.com/en - 118 ch - à partir de 13 000 ¥ la ch. double. Près de Shibuya, cet hôtel moderne de 12 ét., situé dans un quartier animé, dispose de petites chambres impeccablement aménagées. Machine à espresso à disposition dans le hall, laverie au 12e étage.

Tokyu Stay Shibuya Shin-Minamiguchi
東急ステイ渋谷・新南口
3-26-21 Shibuya, Shibuya-ku Plan VI, B2 - ✆ (03) 5466 0109 - www.tokyustay.co.jp/e/hotel/SIM - 150 appart. Des appartements modernes de 15 à 34 m² avec cuisine équipée et lave-linge. Une bonne formule pour les longs séjours. Il y a 17 Tokyu Stays à Tokyo (un second à Shibuya, Nihonbashi, Higashi-Ginza, Yotsuya, Shinbashi, Shinjuku, etc).

Shibuya Tobu Hotel
渋谷東武ホテル
3-1 Udagawa-cho, Shibuya ku Plan VI, B1 - ✆ (03) 3476 0111 - www.shibuyatobuhotel.com - 205 ch. À mi-chemin entre le parc Yoyogi et la gare de Shibuya. Bon compromis entre verdure et agitation urbaine.

POUR SE FAIRE PLAISIR

Hôtel Unizo Shibuya
ホテル ユニゾ渋谷
4-3 Udagawa-cho, Shibuya-ku Plan VI, A-B1 - *(03) 5457 7557 - www.unizo-hotel.co.jp/en/shibuya - 186 ch - à partir de 22 000 ¥.* L'entrée se fait par une petite rue perpendiculaire à la façade de l'hôtel. Les chambres, petites et calmes, sont dotées de coffres de sûreté et de jolies salles de bains.

Shibuya Hotel EN
渋谷ホテルえん
1-1 Maruyama-cho, Shibuya-ku Plan VI, A2 - *(03) 5489 1010 - www.shibuyahotel.jp/en - 55 ch - à partir de 22 000 ¥ (pain et café gratuits le matin).* Face à l'entrée du Bunkamura, ce petit hôtel de 9 ét. dispose de chambres simples et confortables bien qu'un peu ternes.

RESTAURATION

PREMIER PRIX

Coco ichibanya Curry House Shibuya-ku Udagawa-cho-ten
Coco 壱番屋 渋谷区宇田川町店
Yokota Building, 24-10 Udagawa-cho Plan VI, B2 - *(03) 5459 0460 - www.ichibanya.co.jp/index.html - ouvert 24h/24 - de 463 ¥ à env. 1 000 ¥.* Cette chaîne propose différents plats de curry japonais.

Watami Shibuya Dougenzaka-ten 和民 渋谷道玄坂店
2-29-8 Dougenzaka, Dougenzaka Center Building, 5F Plan VI, A2 - *050 7302 5018 - watami-shibuyadogenzaka.com/en - dim.-jeu. 17h-3h (vend., sam. et veilles j. fériés 17h-5h).* Un des restaurants de la chaîne ; il propose des plats cuisinés à partir d'ingrédients bio. Spécialité maison : le *tetsunabe gyoza (356 ¥)*, une marmite de raviolis japonais. Menu en anglais.

EN SOIRÉE

Mary Jane – *2-3 Sakuragaoka-cho, Fuji Shoji Bldg, 2F, Shibuya-ku* Plan VI, B2 - *(03) 3461 3381 - maryjane.cocolog-nifty.com - tlj sf lun. 12h-23h (vend. 0h).* Depuis 1972, on vient siroter un whisky, une vodka ou même un thé en écoutant un disque de jazz puisé dans la collection du patron, grand connaisseur et auteur d'une anthologie. Excellent *cheese cake.*

Clubs – Les meilleurs seraient à Shibuya et non à Roppongi.

Womb – *2-16 Maruyama-cho,Shibuya-ku* Plan VI, A1 - *(03) 5459 0039 - www.womb.co.jp - à partir de 22h (sam.-vend. à partir de 23h, et dim. horaires irréguliers - voir le site Internet).* Les plus prestigieux DJ (surtout de techno) s'y pressent. Interdit aux mineurs.

Club Asia – *1-8 Maruyamacho, Shibuya-ku* Plan VI, A1 - *(03) 5458 2551 - asia.iflyer.jp/venue/home - jours et heures d'ouverture irréguliers, en fonction des événements (voir le site Internet).* Il a donné à Shibuya ses rythmes de noblesse. Musiques techno, hip-hop, trance.

★ Harajuku 原宿 Plan VII p. 86

Comptez une bonne journée.
Synthèse du plus excentrique de ce que l'on peut croiser dans Tokyo, ces quartiers ont de quoi séduire : larges et modestes artères pointillées d'immeubles insolites ; pratiques culturelles et sociales qui aimantent, autour du pont Harajuku, les touristes et sociologues du monde entier. Et, comme le profane coexiste rarement sans le sacré, le sanctuaire impérial Meiji-jingu, l'un des lieux shintoïstes les plus vénérés de Tokyo, jouxte le pont. Pour les plus solitaires, deux aires de retrait conséquentes restent possible : le parc Yoyogi, l'un des espaces verts les plus grands de Tokyo, et le cimetière d'Aoyama avec les petites architectures de ses cent mille locataires qui n'ont plus rien à prouver.

★ HARAJUKU 原宿 Plan VII

En sortant de la gare Harajuku, on a le choix entre la Takeshita-dori ou le pont Harajuku.

Takeshita-dori

Sortie Takeshita depuis la ligne JR Yamanote.
Face à vous, la rue piétonne grouillante et plongeante est la **Takeshita-dori**. Elle est à Tokyo ce que Carnaby Street fut à Londres. Les panoplies pendent à l'extérieur des boutiques sur des mannequins aussi souriants que des épouvantails. Le cuir noir martelé de clous toise les chemisiers blancs à col haut et les poitrines « balconnant » sur les petites jupettes à carreaux. Ici s'affichent toutes les modes pour adolescents : du « gothic » flamboyant aux bottines roses et soutien-gorge fluos en quête de ces poitrines gonflées à l'hélium chères aux héroïnes de manga.
Si l'on poursuit son chemin au-delà de la rue Meiji-dori, on tombe sur un lacis de ruelles beaucoup plus paisibles où rayonne un cocktail de couleurs explosives sur quatre murs (à l'intérieur comme à l'extérieur) : c'est la galerie d'art Design Festa *(voir Nos adresses p. 90)*.

Harajuku Jingu-bashi 原宿神宮橋 Plan VII A1/2

En sortant de la gare, prendre sur la droite. Le pont Harajuku est à 100 m.
Il faut l'emprunter le week-end par un beau samedi après-midi. Une petite foule interlope vous attend. Des filles au visage blanc, punaisé de pupilles révulsées dans un bleu turquoise cillé d'épingles de nourrice, se pavoisent

> **SUR LE PONT HARAJUKU**
> Les adolescentes (entre 15 et 20 ans, parfois plus) se réunissent ici chaque week-end déguisées ou habillées selon la sous-culture spécifique qu'elles revendiquent : *visual rock* (esthétisme des groupes rock), *cosplay – costume for playing* – (personnages de manga ou d'*anime*), *Gothic Lolita* (Lolita mêlant pulsions de vie et de mort), *Kogal* (blonde platinée à la mode californienne avec minijupe et cils en râteau). Les mobiles sont divers : s'amuser, être vue sans être reconnue (maquillages ou bandages conférant un relatif anonymat), transgresser ces codes vestimentaires et sociaux normés depuis les Tokugawa, etc. Pour certaines, il s'agit de ressembler à leur avatar, c'est-à-dire à l'apparence qu'elles se sont choisie pour évoluer dans le monde virtuel, seule identité dans laquelle elles se reconnaissent. Elles ont d'ailleurs tendance aujourd'hui à parader dans la rue principale d'Akihabara, autre quartier tokyoïte appelé « ville électrique » *(voir p. 50)*. Les *Harajuku girls* seraient-elles en passe de devenir les nouveaux avatars, cette fois bien réels, d'un monde qui ne l'est pas moins ?

HARAJUKU ET OMOTESANDO
plan VII

0 — 200m

SE RESTAURER
- Benoit 1
- Galali Aoyama 7
- Le Bretagne Omotesando-ten 9
- Lotus Café 11
- Shigeyoshi 13

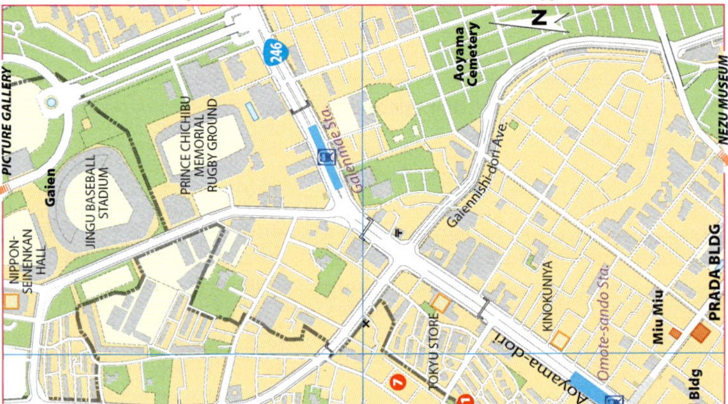

au milieu du guet. D'autres, en jupons, dentelles et crinoline avec cette gestuelle amidonnée de l'époque victorienne, et des bras d'une pâleur de biscuit, s'accrochent aux touristes le temps d'une pause photographique. Les plus rebelles, Lolita aux petites culottes d'un vermillon éclatant, piercing du menton à la paupière, vous provoquent à coups de doigts d'honneur plantés parfois dans la ouate légère d'un gros nuage *(voir encadré p. 85)*.
Passé le pont prendre à droite pour aller au sanctuaire.

★★★ **Meiji-jingu** 明治神宮 Plan VII A1
Dans ce sanctuaire shinto sont révérés l'empereur Meiji (Mutsuhito) et son épouse, l'impératrice Shoken. Bien que très récent, ce lieu est des plus sacrés. Le politique n'y est pas étranger *(voir encadré ci-dessous)*. Le parc du sanctuaire (70 ha) s'organise en deux domaines distants l'un de l'autre d'un kilomètre environ : le domaine intérieur, à l'est (Gaien), de loin le plus intéressant ; le domaine extérieur, à l'ouest (Naien), que l'on peut également visiter à la fin de ce circuit, par le nord du cimetière d'Aoyama.
★★★ **Naien** 内苑 Plan VII A1 – *M° C03, JR Harajuku Station.* Au bout d'une large saignée de terre et de graviers traversant une forêt assez dense, surgit un immense portique (12 m) sculpté dans un cyprès âgé de 1 500 ans. Avant de pénétrer dans l'aire sacrée du sanctuaire, on peut se faufiler sur la gauche, dans une petite sente au milieu d'une futaie, pour découvrir le luxuriant jardin **Gyoen** *(mars-oct. : 9h-16h30 sf juin 17h ; nov.-fév. : 9h-16h - 200 ¥)*. À l'une des pointes de l'étang, un jardin d'iris fut dessiné par l'Empereur pour son épouse. C'est grâce à une souscription publique à la mémoire de l'Empereur que le sanctuaire fut construit. À cette occasion, 130 000 arbres furent donnés par des Japonais de toutes les provinces. Détruit durant la Seconde Guerre mondiale, il fut reconstruit en 1958 selon les plans initiaux. Dépouillement et simplicité font de cette structure aux charpentes enchevêtrées sous des tuiles en cuivre un vibrant hommage à la nature environnante, à laquelle l'Empereur n'était pas insensible comme en témoignent ses multiples *waka* (courts poèmes traditionnels) : « Regarde et apprend de la pierre qui a été creusée par les gouttes de pluie. » Ils sont contenus dans ces minuscules rouleaux que vous pouvez acheter ici pour 100 ¥. Plus au nord, la **Maison du trésor de Meiji** (Meiji Treasure House) expose par roulement quelques objets de famille.
Gaien 外苑 Plan VII C1 – *M° G03 ; JR Sendagaya Station.* L'allée bordée de gingkos mène au **Meiji Memorial Picture Gallery** *(9h-17h - 500 ¥)*. En 80 peintures murales, les étapes de la vie de l'Empereur, d'un intérêt surtout historique.

L'EMPEREUR ET LE DIVIN

Si le fondateur du shogunat, Tokugawa Ieyasu, est vénéré dans un lieu shinto-bouddhiste, l'empereur Meiji l'est dans un sanctuaire exclusivement shinto. En effet, cet empereur, qui avait dirigé la modernisation du Japon entre 1868 et 1912, avait décrété la séparation officielle entre bouddhisme et shintoïsme. Son intention était que le shinto, seule religion indigène, redevienne la religion de tous les Japonais. Après que ce sanctuaire fut dédié à l'Empereur, huit ans après sa mort, le shintoïsme devint culte d'État. L'Empereur, qui était le souverain du Japon, devint aussi le représentant vivant d'une lignée de divinités shinto, fondatrices du pays *(voir encadré p. 627)*. Lorsqu'en 1945 la défaite du Japon sonne le glas du shintoïsme comme religion d'État, l'Empereur perd ses origines divines bien que les Japonais continuent à le nommer *Tenno*, celui « qui vient du ciel ». Il conserve auprès de certains Japonais une popularité dont témoigne l'affluence au sanctuaire autour du Nouvel An.

1

Yoyogi-koen 代々木公園 Plan VII A1

L'un des plus grands parcs de Tokyo est aussi l'un des plus originaux pour ses manifestations : compétitions sportives, festivals, concerts de rock – improvisés ou non –, démonstrations de danses en tous genres. Elles font de ce lieu, surtout le dimanche, un espace haut en couleur assourdi par les interdictions policières, rockers et *takenokozoku* (littéralement « jeunes pousses de bambou » désignant les danseurs de rue) ayant été jugés beaucoup trop bruyants par le voisinage. À l'extrémité du parc pointent les structures des deux **stades olympiques** (Yoyogi Sports Center) conçus en 1964 par Tange Kenzo.

★ OMOTESANDO 表参道 Plan VII B2

Surnommé les Champs-Élysées ou l'avenue Montaigne de Tokyo, Omotesando signifie littéralement la « rue principale qui mène au sanctuaire ». Juste avant d'atteindre le carrefour où se dresse la tour cylindrique du magasin **La Forêt**, à l'angle de la rue Meiji-dori, faites un détour par le musée Ota, situé sur votre gauche à hauteur de l'Altera Plaza.

★ Ukiyo-e Ota - Memorial Museum of Art 太田記念美術館 Plan VII A2

1-10-10 Jingumae, Shibuya-ku - M° C03 sortie n° 5 - ☏ (03) 3403 0880 - www.ukiyoe-ota-muse.jp/eng - tlj sf lun. 10h30-17h30 - fermé entre le 27 et la fin du mois pour le renouvellement des expositions et 19 déc.- 2 janv. - 700 ¥.

Plus de 12 000 estampes *(ukiyo-e)* du début à la fin de l'époque d'Edo composent le fonds de ce petit musée lancé par Ota Seizo (1893-1977), ancien directeur d'une compagnie d'assurances. Utamaro, Hokusai, Hiroshige, Toyoyuni, Toyaharu, Monorobu, Harunobu, tous les grands maîtres sont là.

Continuez à descendre Omotesando-dori.

Passé le carrefour **La Forêt**, le récent centre commercial **Tokyu Plaza★** et les immeubles à l'architecture audacieuse des plus grandes marques de luxe jalonnent le trottoir, côté droit (**Dior★**, **Tod's★★**), de ce grand boulevard ombragé par les zelkovas. Sur celui de gauche, au pied des collines d'Omotesando, s'étire le complexe immobilier du promoteur Mori : **Omotesando Hills,** ensemble, signé Ando Tadao qui comprend centre commercial, appartements chic, boutiques aux lignes épurées.

En revenant sur le trottoir opposé, on croise les six étages du paradis pour enfants Kiddyland (6-14-2 Jingumae), l'Oriental Bazaar *(10h-19h)* qui dévoile ses malles chargées de souvenirs et d'antiquités. Au terme de l'Omotesando-dori, l'**Hanae Mori Building★** (du nom de la célèbre styliste) fait miroiter ses cubes de verre dont les lignes (de 1978 !) sont signées là encore Tange Kenzo.

★ AOYAMA 青山 Plan VII B-C2

Boutiques de prêt-à-porter et de haute couture animent les trottoirs d'architectures stupéfiantes. Sur la rue **Aoyama-dori**, jetez un coup d'œil sur le **Spiral Building★** de Maki Fumihiko Plan VII B2. Sa façade légèrement déstructurée s'articule à l'intérieur autour d'une immense rampe en spirale. Sur la rue Minami Aoyama-dori, les boutiques de Miyake Issey, Comme des Garçons (Kawakubo Rei), Prada, **Cartier** (Bruno Moinard*)* ou celle du styliste Yamamoto Yohji *(5-3-6 Minami Aoyama)* se succèdent. La plus remarquable est celle de **Prada★★★** Plan VII C2 conçue par les architectes suisses Herzog & de Meuron. Sur six étages, ses parois de verre bleu, losangées comme des calissons, emmaillotées dans une résille d'acier aux effets matelassants, donnent ce bel effet de matière tissée. À voir surtout de nuit. Des mêmes architectes encore, la boutique **Miu Miu★★**, dans une boîte entrouverte dévoilant des dessous cuivrés (2015).

★★ **Nezu Museum** 根津美術館 Plan VII C2 en dir.
6-5-1, Minami-Aoyama - M° Omote-sando ou Minami-Aoyama 6-Chome bus stop - ✆ (03) 3400 2536 - www.nezu-muse.or.jp/en/index.html - tlj sf lun. 10h-17h - 1 000 à 1 300 ¥.
Il a été fondé il y a plus de quarante ans par M. Nezu Kaichiro qui, tout au long de sa vie, a collectionné des calligraphies, sculptures, céramiques, textiles et matériaux archéologiques du monde asiatique. Il abrite, dans un remarquable édifice imaginé par Kuma Kengo, des pièces de grande qualité comme cette collection de bronzes chinois datant des dynasties Shang (17e s. av. J.-C., 1050-1025 av. J.-C.) et Zhou (1050-1025 av. J.-C., 256 av. J.-C.). Dans le superbe **jardin japonais** attenant, les bambous cachent des pavillons de thé et un charmant café *(cérémonies de thé à certaines dates, sur réserv.)*. Un vrai havre de paix.

★★ **Aoyama Cemetery** 青山霊園 Plan VII C2 - *M° G02 ; G03.*
Plus de cent mille tombes quadrillent le cimetière d'Aoyama, terme signifiant « montagne bleue » en japonais. Ouvert en 1872, il s'étend sur une superficie de 26 000 m². Parmi ses occupants prestigieux figurent Inukai Tsuyoshi, Premier ministre assassiné en 1932, et Shiga Naoya (1883-1971), romancier moderne connu pour ses récits à la première personne insérant dans une trame romanesque les matériaux de sa vie privée. Sont également ensevelies les cendres du célèbre chien **Hachiko** *(voir p. 81)* qui repose au côté de son maître. Notons que de tous les *gaijin bochi*, cimetières pour étrangers, celui-ci est le plus important. On y trouve notamment quelques tombes appartenant aux Missions étrangères de Paris.

1

NOS ADRESSES À HARAJUKU

RESTAURATION

BUDGET MOYEN

Gut's Soul Yoyogi-ten
ガッツ・ソウル 代々木店
1-32-1 Yoyogi, Oshiro Building, 3F, Shibuya-ku Plan I, A3 - ✆ (03) 3320 1452 - www.guts.gr.jp/shop/yoyogi.php - 11h30-15h (dernière commande 14h30), 17h-23h30 (dernière commande 23h), w.-end et j. fériés 12h-23h30 - à partir de 1 490 ¥. Ce barbecue propose des formules « all you can eat », plats de viande et légumes à volonté, de 1h20, à faire griller soi-même.

Lotus Café カフェ・ロータス
4-6-8 Jingumae, Shibuya-ku Plan VII, B2 - ✆ (03) 5772 6077 - 11h-2h (dernière commande 1h30). La sobriété du béton tranche avec les couleurs rose et violet, évoquant la fleur de lotus. Décor très design et très chic. Au menu : pâtes, risotto, pizza… Carte en anglais.

Le Bretagne Omotesando-ten
ル・ブルターニュ表参道店
3-5-4 Jingumae, Shibuya-ku Plan VII, B2 - ✆ (03) 3478 7855 - www.le-bretagne.com/f/top.html - 11h30-22h30, dim. et j. fériés 22h (dernière commande) - à partir de 1 080 ¥. Envie de Finistère à l'autre bout de la terre ? Le Bretagne sert galettes, cidre…

POUR SE FAIRE PLAISIR

Galali Aoyama GALALI 青山
3-6-5 Jingumae, Shibuya-ku Plan VII, B2 - ✆ (03) 3408 2818 - tlj sf dim.11h30-14h30 (lun.-sam. et j. fériés),18h-23h45 (lun.-vend.), 18h-23h (sam. et j. fériés). En venant d'Omotesando, le restaurant est au fond d'une impasse, elle-même à gauche après le magasin de vélo Protech. Une douce lumière met en valeur les bois de la salle. Sur le

comptoir sont alignées 12 sortes de sel à prendre avec le saké comme pour la tequila. Délicieux sashimis servis sur lit de glace.

UNE FOLIE

Benoit ブノワ *La Porte Aoyama, 10 F, 5-51-8 Jingumae, Shibuya-ku* Plan VII, B2 - *(03) 6419 4181 - www.benoit-tokyo.com/en - 11h30-16h30 (dernière commande 14h30), 17h30-23h30 (dernière commande 21h30).* Il y avait celui de Paris, il y a désormais celui de Tokyo, les deux sous la houlette d'Alain Ducasse. Cuisine méditerranéenne raffinée dans un cadre lumineux.

Shigeyoshi 重よし *Co-op Olympia 1F, 6-35-3 Jinjumae, Shibuya-ku* Plan VII, A2 - *(03) 3400 4044 - tlj sf dim.12h-13h30, 17h30-22h.* Deux mots clés : fraîcheur et saison. Le patron cuisine en fonction des produits trouvés au marché aux poissons de Tsukiji. Il choisit toujours le meilleur selon la saison et ne sait donc jamais le matin ce qu'il cuisinera la journée. Pour les amateurs de poisson cru, c'est le meilleur restaurant de la capitale. Menu déjeuner à partir de 7 000 ¥ (*sur réserv.*) mais attention, la salle est petite.

FAIRE UNE PAUSE

Starbucks Tokyu Plaza Omotesando Harajuku-ten – *4-30-3 Jingumae, Shibuya-ku* Plan VII, A2 - *(03) 5414 5851 - www.starbucks.co.jp - 8h30-23h.* Au 6e ét. de l'immeuble Tokyu Plaza, immense terrasse aménagée en « authentique square parisien » avec une vue imprenable sur l'avenue Omotesando.

Nalu 76 Café – *MM Bldg, 1 F, 4-9-2 Jingumae, Shibuya-ku* Plan VII, B2 - *(03) 5786 1781 - 11h-23h (sam., vend. et dim., 0h sam.).* Un exemple de la formule café-coiffeur très en vogue à Harajuku.

Café-galerie On Sundays – *3-7-6 Jingumae, Shibuya-ku* Plan VII, B1 - *(03) 3470 1424 - www.watarium.co.jp/onsundays/html - galerie : tlj sf lun. 11h-19h (merc. 21h) ; café et magasin : tlj 11h-20h (merc. 21h).* À la fois galerie d'art, librairie d'art, papeterie et café.

Pâtisserie Torindo Aoyama-ten – *3-6-12 Kita-Aoyama, Minato-ku* Plan VII, B2 - *(03) 3400 8703 - www.tourindou100.jp - 10h-17h (lun.),10h-19h (mar.-dim.).* Pâtisseries traditionnelles, fruits et légumes confits, traités comme des œuvres d'art.

EN SOIRÉE

Café & Bar Shizen – *2-19-2 Jingumae, Shibuya-ku* Plan VII, B1 - *(03) 3746 1338 - utsuwa-kaede.com/shizen/cafe_english - tlj sf j. fériés,11h30-17h (lun.-vend.), 12h-17h (sam. et dim.), 18h-24h (merc.-vend.).* Le bar appartient à un créateur de céramiques. Dans la journée, espace d'exposition doublé d'un lounge. À 18h, place au bar.

Club de jazz - Blue Note Tokyo – *Leica Building, 6-3-16 Minami-Aoyama, Minato-ku* Plan VII, B2 en dir. - *(03) 5485 0088 - www.bluenote.co.jp - 17h-0h (lun.-vend.), 15h30-23h (sam. dim. et j. fériés), heure de fermeture selon concert - réserv. conseillée.* Une réputation grandissante assurée par les plus grands artistes d'Amérique et d'Europe. Comptez 8 500 ¥.

ACHATS

Design Festa Café & Bar – *3-20-18, Jingumae, Shibuya-Ku - (03) 3479 0839 - www.designfestagallery.com/index_en.html - tlj 11h-23h (galerie 20h).* Tout à la fois bar, café et joyeux carrefour de création.

★ Odaiba お台場 Plan I C4 en dir. p. 39

Le nom de cette **île artificielle** de la baie de Tokyo provient des batteries de canons *(odaiba)* installées au 19e s. par le shogun pour se protéger des invasions étrangères. Cette défense n'empêcha pas les « bateaux noirs » de l'amiral américain Perry de mouiller dans sa baie en 1853, afin de demander et d'obtenir l'ouverture du pays. Les batteries ont depuis cédé le pas aux industries ludo-culturelles (musées, salles de jeux, hôtels de luxe...). Pas un arpent qui ne soit dédié aux loisirs tutorés par des architectures démesurées. Le tout desservi par monorail !

Depuis Shinbashi *(départ ttes les 5mn)*, le **monorail Yurikamome★★**, train à pilotage automatique, virevolte entre les buildings du front de mer avant de s'engouffrer sur le Rainbow Bridge. Il dessert ensuite la majorité des sites décrits ci-après. *(En cas d'arrêts multiples, il est plus avantageux de prendre le One Day Open Pass pour 820 ¥.)* On peut aussi prendre la ligne Rinkai.

★ Rainbow Bridge レインボーブリッジ

Se balader à pied (vélo interdit) sur ce pont de près de 600 m de long et de 127 m de hauteur – pour le point culminant – est la meilleure manière de découvrir ce quartier futuriste. En venant de Tokyo, on accède à ce pont à partir d'un ascenseur situé à proximité de Shibaura-Futo Station *(avr.-oct. : 9h-21h ; nov.-mars : 10h-18h - fermé 3e lun. du mois - gratuit)*.

1

★★ Fuji TV Building フジテレビ本社ビル

Ligne Yurikamome M° U07, arrêt Daiba, ou ligne Rinkai, arrêt Tokyo Teleport - tlj sf lun. 10h-18h - 550 ¥.

Ce Meccano géant, siège de la Fuji TV, a été réalisé par **Tange Kenzo** en 1996. Il comprend un jardin suspendu au 7e étage, un observatoire au 25e *(tlj sf lun. 10h-18h)*. Sur le rivage, une réplique de la **statue de la Liberté** réalisée suite aux années croisées France-Japon (1998).

Museum of Maritime Science 船の科学館

3-1 Higashi-Yashio, Shinagawa-ku - Station Fune-no-kagakukan - www.funeno-kagakukan.or.jp - tlj sf lun. 10h-17h - gratuit.

Le musée, en forme de paquebot de béton, expose de très belles maquettes *(niveau 3F)* et une reconstitution grandeur nature d'une cabine de pilotage *(niveau 6)*. À quai, deux vaisseaux : le *Yotei Maru*, ferry qui reliait Aomori à Hokkaido jusqu'à l'ouverture du tunnel entre les deux îles en 1988, et le *Soya*, brise-glace et navire d'observation scientifique dans l'Antarctique.

★ National Museum of Emerging Science and Innovation (Miraikan) 日本科学未来館

2-3-6 Aomi, Koto-ku, Yurikamome, M° U08, Museum of Maritime Science Station - (03) 3570 9151 - www.miraikan.jst.go.jp/en - ♿ - 10h-17h, fermé mar. et 28 déc.-1er janv. - 620 ¥ (enf. 210 ¥).

Cette belle architecture est aussi réfléchie que les expositions qu'elle abrite. Très pédagogiques, elles abordent la robotique, les nanotechnologies, la supraconductivité *(niveau 3F)*. L'accélération des particules et tout ce qui se rapporte à la vie de la science occupe le niveau 5F. Des expériences sont parfois présentées au niveau 7F. Un tour d'horizon parfois ardu mais jamais ennuyeux pour les enfants.

Oedo Onsen Monogatari 大江戸温泉物語

2-6-3 Aomi, Koto-ku, Yurikamome - station Telecom Center - http://daiba.ooedoon-sen.jp/en/ - grand bain intérieur 11h-9h, 2 612 ¥ (w.-end 2 828 ¥, j. fériés 2 936 ¥) ; après 18h, 2 072 ¥ (w.-end 2 288 ¥, j. fériés 2 396 ¥).

Avec leur cadre soigné et insolite, ces nombreux bains (intérieurs, extérieurs, bains de sable) vous emmèneront dans un fabuleux voyage dans le temps jusqu'à l'époque d'Edo *(N. B. : Le port d'un tatouage peut vous valoir d'être refoulé car, comme dans la plupart des bains publics nippons, le tatouage, signe de ralliement des yakusas, est ici interdit).*

Palette Town パレットタウン

M° U10, Aomi Station.

Ce complexe aux multiples facettes comprend une **roue géante** de 100 m de diamètre *(10h-22h - 900 ¥)*, une salle de concert, Zepp Tokyo *(capacité de 2 700 pers.)*, un centre commercial organisé autour d'une **ville italienne du 18e s.** Dans ce décor de série B, baptisé **Venus Fort** *(11h-21h)*, 170 boutiques et restaurants vous attendent sous un ciel mouvant (comme une palette) à chaque heure de la journée. En sous-sol s'étire une rue commerçante plus modeste (Sun Walk), puis l'incroyable **Toyota Mega Web★★** *(www.megaweb.gr.jp - 11h-21h - gratuit ou à prix très réduit selon les options).* Ce parc d'attractions couvert comprend un salon d'exposition géant, un espace « Ride One » où vous pouvez piloter les derniers modèles de la marque *(réserv. : ✆ 0800 0800 489).* Les enfants peuvent également conduire des voitures électriques dans l'espace « Kids Hybrid Ride One ». La section historique : History Garage *(11h-21h)* expose des voitures de collection (1950-1970) ainsi que 3 000 modèles réduits. Pour souffler, on peut prendre un verre dans le café italien conçu par le conducteur de formule 1 Alessandro Nannini. Liste non exhaustive !

Decks Tokyo Beach デックス東京ビーチ

Yurikamome, station Odaiba kaihinkoen.

Au 6e et 7e étages du Island Mall, **Little Hong Kong** reproduit les rues chinoises, avec force restaurants et boutiques de souvenirs. Les enfants peuvent prendre des photos, déguisés en Chinois et Chinoises.

Au 4e étage du bâtiment d'à côté, le Beach Side Mall, **Daiba ichome Shotengai** vous plongera dans le Japon des années 1950. Des reproductions montrent l'intérieur d'une maison, un jardin d'enfants ou encore une station de métro, et l'on peut déambuler dans les rues éclairées aux lampions, bordées de boutiques traditionnelles, ou bien regarder le spectacle de marionnettes. Un voyage dans le temps au cœur de la ville futuriste d'Odaiba.

Pour les passionnés de jeux vidéo, le dernier des trois bâtiments des decks renferme **Joypolis**, le parc d'attractions Sega qui s'étend sur trois niveaux *(Pass illimité : 4 300 ¥ pour les adultes et 3 300 ¥ pour les moins de 17 ans).*

TOKYO OLYMPIQUE 2020

Désignée pour organiser les jeux de 1940 – annulés en raison de la guerre – Tokyo se rattrape en 1964 et devient la première ville asiatique a accueillir l'événement. Pour 2020, le Japon post-Fukushima veut organiser des jeux verts et innovants, qui laisseront un legs durable aux générations futures. Les infrastructures de 1964 sont recyclées. Et les îles artificielles de la baie accueilleront dans des parcs baignés par la mer, nombre de compétitions. Entre ces sites « héritage » et les nouveaux, le village olympique se veut un modèle d'urbanisme durable.
https://tokyo2020.jp/fr/

Tokyo Big Sight 東京ビックサイト（東京国際展示場）
Station Kokusai-Tenjijo Seimon.
Le plus grand centre d'exposition du Japon (80 000 m^2) repose sur quatre gigantesques pieds en forme de pyramides inversées. À l'entrée, une scie géante est plantée dans le sol prête à le découper. Pas très *feng shui* mais efficace…

Panasonic Center Tokyo パナソニックセンター東京
3-5-1 Ariake, Koto-ku - station Ariake - http://www.panasonic.com/global/corporate/center/tokyo.html - tlj sf lun. 10h-18h - gratuit. Vitrine technologique de l'entreprise sur quatre niveaux.

NOS ADRESSES À ODAIBA

TRANSPORTS

Comment circuler à Odaiba
En monorail – *Voir p. 91.*
En bateau – Moins futuriste que le monorail, il reste spectaculaire pour aborder Odaiba.
Asakusa-Odaiba (station Odaiba Kaihin-koen) : *aller à 10h, 10h10, 13h15, 13h25 et 15h25 ; retour à 12h20, 14h20 et 14h25 - 50-60mn de trajet - 1 560 ¥. Horaires 2e mar. et merc., 3e merc. et 3e jeu. du mois, voir sur le site www.suijobus.co.jp/index.html.*
Hinode Pier-Odaiba (station Odaiba Kaihin-koen) : *selon période, aller entre 12h25 et 17h35 ; retour entre 12h25 et 17h35 - 480 ¥.*
Hinode Pier-Odaiba (Palette Town et Tokyo Big Sight) : *aller de 10h35 à 17h35 (quelques services ne passent pas par Palette Town et s'arrêtent à Tokyo Big Sight) ; retour de 10h30 à 17h30 (départ de Tokyo Big Sight), de 13h25 à 17h25 (départ de Palette Town) - 410 ¥. Sf lun., mar.*
Hinode Pier-Odaiba (musée des Sciences de la mer) : *aller à 16h20, retour à 17h - 820 ¥. Sf lun.*

À voir aussi

★ KAGURAZAKA 神楽坂 ET KORAKU-EN 後楽園 Plan I B2 p. 38-39

La colline de la musique *(Kagura)* s'étend au nord-ouest des jardins du Palais impérial. Cet ancien quartier de plaisir, renommé à l'époque d'Edo et encore épargné par les pelleteuses, est particulièrement animé à la nuit tombée grâce à ses nombreux restaurants *(Voir Nos adresses p. 95)*. De l'autre côté de la rivière Kanda, Koraku-en est une zone dédiée au sport et aux loisirs.

★ Kagurazaka-dori
Si de part et d'autre de la Kagurazaka-dori, la rue principale, on n'entend guère l'écho sonore du paulownia des *geta* sur les pavés, on surprendra dans cet écheveau de ruelles quelques mots à l'accent familier. Ne dit-on pas que Kagurazaka est le quartier français de Tokyo ? On y trouve une grande concentration de restaurants français, des boulangeries, des bars à vins et des librairies françaises ! L'institut français *(voir p. 30)* étant, il est vrai, à deux pas *()*.

★ Tokyo Dome City 東京ドームシティ Plan I C1
1-3-61 Koraku, Bunkyo-ku - M° M22, M° N11 - www.tokyo-dome.co.jp/e.
Ce complexe comprend un **stade de base-ball** (Big Egg) ouvert en 1988 d'une capacité de 55 000 personnes et fief des « Yomiuri Giants » (l'équipe de

base-ball de Tokyo) ; le **Base-Ball Hall of Fame & Museum** *(mars-sept. : 10h-18h ; oct.-fév. : 10h-17h - 600 ¥)*, un **spa** *(LaQua - 11h-9h le lendemain - à partir de 2 634 ¥)*, un **hôtel** (Tokyo Dome Hotel), des restaurants, des boutiques, un bowling et surtout un **parc d'attractions** *(10h-21h - prix variables selon les attractions)* décoiffant. Cœurs sensibles s'abstenir ! Si le base-ball *(voir p. 735)* vous intéresse, vous pouvez consulter les derniers résultats sur http://npb.jp/eng/.

Bunkyo Civic Center 文京シビックセンター Plan I C1

1-16-21 Kasuga, Bunkyo-ku - M° M22, JR Chuo Line, Suidobashi Station - 9h-20h30. Il dispose d'un observatoire à 330° au 25e étage (105 m). Accès gratuit au milieu d'une flopée de restaurants avec vue panoramique.

★★ Koishikawa Koraku-en 小石川後楽園 Plan I C1

1-6-6, Koraku Bunkyo-ku (entrée située à l'opposé du dôme) - M° E06 - 9h-17h - 300 ¥. Aménagé au début de l'époque d'Edo, ce très ancien jardin japonais appartient à la catégorie des « jardins de promenade » reproduisant en miniature des paysages célèbres de Chine ou du Japon. Avec ses cascades et ponts de pierre, il est en beauté quand les pruniers sont en fleurs.

QUARTIER D'EBISU 恵比寿 Plan I A4

JR Ebisu Station, sortie est.
L'immense escalator conduit aux **jardins Yebisu** où se dresse la silhouette incongrue d'un château de style Louis XIII. On pense bien sûr au château de Moulinsart du capitaine Haddock. Cette reconstitution en dit long sur les folies immobilières qui poussèrent lors de la fameuse bulle économique. À l'intérieur se trouve le restaurant Robuchon.

À gauche du château, le **musée de la Bière Yebisu** Hors plan *(4-20-1, Ebisu, Shibuya-ku - JR Ebisu station - tlj sf lun. 11h-19h, dernière entrée 18h - gratuit).*

★★ **Tokyo Photographic Art Museum** Plan I A4 *À droite du château, 1-13-3 Mita, Meguro-ku, situé à 7mn de marche de la sortie est (JR Ebisu Station) - http://top-museum.jp/e/contents/index.html - ♿ - tlj sf lun. 10h-18h, jeu.-vend. 10h-20h - prix d'entrée selon les expositions, possibilité de billet combiné pour l'ensemble des expositions.* L'un des plus remarquables lieux d'expositions photographiques du Japon.

Vous pouvez prolonger la visite par ces deux sites :

★ **Tokyo Metropolitan Teien Art Museum** Plan I A4 dir. Meguro *5-21-9 Shiro Kanedai, Minato-ku - M° Meguro, ligne JR Yamanote, sortie est - www.teien-art-museum.ne.jp/en/ - 10h-18h sf le 2e et 4e merc. Prix variable selon les expositions.* Achevée en 1933, l'ancienne résidence du prince Asaka – époux de la huitième fille de l'Empereur Meiji – est marquée par les influences artistiques européennes du début du 20e s. Ce palais de style Art déco (entièrement rénové et prolongé d'une nouvelle annexe fin 2014) est un petit bijou où les œuvres d'artistes français (René Lalique, Raymond Subes, Léon Blanchot, Henri Rapin) entrent en résonance avec celles d'artistes japonais contemporains.

Sengaku-ji et les tombes des 47 ronins Plan I B4 dir. Shinagawa *2-11-1 Takanawa, Minato -ku - de la station Meguro, prendre la direction Gotanda puis changer* via *la ligne Asakusa direction M° Sengakuji (sortie A2, 200 m à l'ouest) - tlj 7h-18h (oct.-mars : 17h), musée attenant 9h-16h - 500 ¥.* Ce temple fondé par Tokugawa Ieyasu en 1612 permet d'aborder l'un des faits historiques les plus connus de l'histoire du Japon du 18e s. : le suicide par *seppuku* (éventration et décapitation) de 47 *ronin* (guerriers sans chef). Ces samouraïs rejoignaient ainsi leur maître, le seigneur d'Ako, condamné lui-même au *seppuku* sur ordre shogunal pour avoir répondu à une insulte. Ces *ronin* sont réunis désormais dans ce temple aux côtés de leur seigneur, Asano Naganori. Sur chacune des tombes, on peut lire leur nom et leur âge. Le plus jeune avait 15 ans, le plus vieux 77 ans. Chaque 14 décembre, date anniversaire de cet événement, les Japonais affluent en nombre pour leur rendre hommage.

NOS ADRESSES À KAGURAZAKA

HÉBERGEMENT

PREMIER PRIX

Tokyo Central Youth Hostel 東京セントラルユースホステル
Central Plaza 18 F, 1-1 Kaguragashi, Shinjuku-ku Plan I, B2 - *(03) 3235 1107 - www.jyh.gr.jp/tcyh/e/top.html - 170 lits en dortoir, 4 050 ¥/pers.* Située aux 18e et 19e étages d'une grande barre, cette auberge de jeunesse offre une vue assez rare. Galerie marchande à ses pieds.

BUDGET MOYEN

Tokyo Dome Hotel 東京ドームホテル
1-3-61 Koraku, Bunkyo-ku Plan I, C1 - *(03) 5805 2111 - www.tokyodome-hotels.co.jp/e - 1 006 ch. à partir de 15 000 ¥ la ch. double.* L'hôtel, tout de verre, construit par Tange Kenzo, surplombe le dôme à qui il doit son nom. Les chambres sont spacieuses et élégantes. En cas de match de base-ball, l'hôtel affiche complet.

RESTAURATION

POUR SE FAIRE PLAISIR

Kagurazaka Shun Honke 神楽坂SHUN 本家
3-2-36 Kagurazaka, Shinjuku ku Plan I, B2 - *(03) 3266 0560 - www.kagurazaka-shun.jp - 17h-23h30 (23h w.-end et j. fériés).* Une décoration épurée caractérise cet *izakaya*. *Soba* et *kaiseki* de saison servis en menu *(4 300 ¥, 5 500 ¥ + 2 000 ¥ avec boisson à volonté durant 2h30)* ou à la carte.

UNE FOLIE

Ichimonji 懐石・一文字
3-6-46 Kagurazaka, Shinjuku-ku Plan I, B2 - *(03) 5206 8223 - 12h-14h, 18h-21h - formules déj. à partir de 8 640 ¥.* Un lieu raffiné pour déguster un *kaiseki* exécuté par un ancien maître de thé.

Yamasaki 山さき
Fukuya Bldg, 2 F, 4-2 Kagurazaka, Shinjuku-ku Plan I, B2 - *(03) 3267 2310 - tlj sf dim. et j. fériés, 18h-22h (dernière entrée 20h) - comptez 10 000 ¥ - réserv.* Quatre modestes tables pour une chef, Mika Yamasaki, rompue à la technique des *nabe* dont le *negima nabe*, à base de thon gras *(setoro)*.

EN SOIRÉE

Isetou – *4-2 Kagurazaka, Shinjuku-ku* Plan I, B2 - *(03) 3260 6363 - tlj sf w.-end et j. fériés 17h-21h30.* Bar à saké d'un autre temps. Intérieur tout de bois éclairé avec parcimonie. Tables basses ou tatamis. Autour de l'âtre le saké se prépare avec religion.

À proximité

★ **Kichijoji** 吉祥寺 Plan I, A2 en dir.

Gare de Kichijoji, à 25mn de Shibuya (ligne Keio Inokashira). Très prisée des Tokyoïtes pour son art de vivre et pour ses nombreux et jolis magasins, cette ville est réputée pour son magnifique parc.

★ **Inokashira-koen** – *À 5mn à pied de la gare.* Autour de son lac sillonné par des pédalos en forme de cygnes, des chemins se faufilent entre les cerisiers en fleurs au printemps et les arbres parés de feuilles rouges en automne. Un temple est dédié à la déesse de l'éloquence Benzai-ten qui, dit-on, est capable, par jalousie, de jeter un sort aux amoureux qui s'aventurent sur le lac, causant ainsi leur séparation. Plus terre à terre, des vendeurs ambulants proposent de l'artisanat sur les berges tandis que s'y produisent des musiciens du dimanche. C'est à l'extrémité sud-ouest du parc que se trouve le fameux musée Ghibli.

Emmenez les enfants faire un tour au zoo et au petit aquarium du parc, en leur offrant une *kakigori*, glaces pilées au sirop vendues à l'entrée du parc l'été.

★★ **Ghibli Museum** 三鷹の森ジブリ美術館 Plan I, A2 en dir.

Comptez 1h30 avec le trajet. 1-1-83 Shimorenjaku, Mitaka-shi - en train : à 20mn de Shinjuku (ligne JR Chuo), descendre à Mitaka, sortie sud puis 15mn à pied ou 5mn en bus (300 ¥ AR) - www.ghibli-museum.jp/en/ - ♿ - tlj sf mar. 10h-18h. Les entrées, qui ne se font que toutes les 2h, doivent être réservées à l'avance. En France vous pouvez acheter des billets à partir de 3 mois avant (20 €) auprès des filiales étrangères du Japan Travel Bureau (www.specialistejapon.fr/product/ghibli/). Au Japon, les magasins Lawson ont le monopole de la vente mais vous devez d'abord réserver (☏ 0570 084 633) puis récupérer le ticket dans les trois jours dans l'un des magasins. Entrée : 1 000 ¥ (-18 ans 700 ¥, -12 ans 400 ¥, -6 ans 100 ¥, -4 ans gratuit). Le musée n'étant pas très grand, un nombre restreint de tickets est délivré chaque jour.

La visite guidée de l'ancien studio de **Miyazaki Hayao**, l'un des plus talentueux créateurs de dessins animés au monde, est un enchantement. Parmi ses œuvres : *Porco rosso* (1992), *Princesse Mononoke* (1997), *Le Voyage de Chihiro* (2001) et *Le Château ambulant* (2004). C'est après le succès de l'adaptation cinématographique de sa bande dessinée *Nausicaä de la vallée du vent* (1984), qu'il crée le studio Ghibli, du mot italien désignant le vent chaud du Sahara. Aujourd'hui, ce nom évoquerait plutôt le formidable courant d'air frais insufflé par Miyazaki sur l'animation japonaise *(voir p. 663)*.

★★★ **Mont Takao** 高尾山 Plan I A3 en dir.

Comptez 1/2 journée avec le trajet - www.keio.co.jp/french/takao.html - départ de la station Keio à Shinjuku (50 km, 55mn, 370 ¥), descendre à Takaosanguchi.

Sur la commune de Hachioji (agglomération de Tokyo) au sud-est des contreforts du Kanto, le mont Takao culmine à près de 600 m. Ses forêts se trouvant à la limite entre les zones subtropicales et tempérées du Japon, des arbres représentatifs de ces deux types de végétation s'y côtoient, formant un véritable paradis pour la faune et la flore sauvages. La promenade y est balisée en sept sentiers thématiques. Le sentier n° 1, ou « Chemin des pèlerins », conduit au sommet *(pour 3,8 km, comptez 1h40)* en passant par le temple Yakuo-in. Vous pouvez aussi prendre le télésiège *(gare de Sanroku)* ou le funiculaire *(gare de Kiyotaki)* afin de raccourcir la distance d'un bon tiers *(900 ¥ AR)*. Durant cette ascension, vous découvrirez des forêts de cèdres centenaires, de hêtres, ponctuées de fleurs sauvages, habitées par des singes. Du sommet, très belle vue sur Tokyo et, si le temps le permet, sur le mont Fuji.

Le mont Fuji vu du mont Takao.
D. Thomas Johnson/Getty Images

OGASAWARA : UN PARADIS TROPICAL À TOKYO

Saviez-vous que Tokyo possède une concentration exceptionnelle d'espèces animales endémiques ? Que Tokyo est riche en forêts tropicales humides et que des milliers de palmiers bordent ses longues plages de sable blanc baignées par des eaux coralliennes ? Peu connu, ce paradis tropical se trouve pourtant bel et bien dans la préfecture de Tokyo. Son territoire administratif englobe l'archipel des îles Ogasawara qui, peuplées de moins de 3 000 habitants, s'étendent jusqu'à 1 000 km du centre de la capitale nippone. Ces îles, qui jouissent d'une grande variété de paysages, hébergent une faune particulièrement riche, dont une chauve-souris très rare, la roussette des Bonins. Avec pas moins de 441 plantes indigènes, leur végétation reflète les processus évolutionnaires qui ont jadis combiné des espèces de plantes d'Asie du Sud-Est et d'autres d'Asie du Nord-Ouest. Quant aux eaux chaudes de ces îles paradisiaques, elles recèlent une extraordinaire faune aquatique dont on peut avoir un aperçu au centre de Tokyo, dans l'aquarium de la Sumida situé sous la tour Tokyo Sky Tree *(voir p. 42)*. Une aussi formidable richesse naturelle qui fait qu'en 2011, l'archipel des îles Ogasawara a été classé au Patrimoine mondial de l'Unesco.

NOS ADRESSES PRÈS DU MONT TAKAO

RESTAURATION

POUR SE FAIRE PLAISIR

Ukai Toriyama うかい鳥山
3426 Minamiasakawa, Hachioji - Hachioji Hors plan I par A3 - *(042) 661 0739 - www.ukai.co.jp/english/toriyama - tlj sf mar. 11h30-22h (dernière commande 20h), dim. et j. fériés 11h-21h (dernière commande 19h) - menus de 4 970 ¥ à 11 800 ¥ - navettes gratuites depuis la gare.* Ce restaurant se répartit dans des maisons traditionnelles aux toits de chaume nichées dans la luxuriante vallée qui jouxte le mont Takao. Viande de poulet et de bœuf, finement passée au grill, présentée avec élégance. Idéal au retour du mont Takao.

Le sud de Tokyo

★★

Yokohama : 3 733 807 habitants – Kamakura : 172 902 habitants

À respectivement 25 et 50 km au sud de Tokyo, Yokohama et Kamakura ont de quoi surprendre par leur diversité. La première a forgé dans le creuset de ses relations précoces avec les Occidentaux le plus grand port industriel du pays. La seconde, quelque huit siècles plus tôt, a donné naissance au premier gouvernement militaire du Japon. Chacune a ainsi tiré de son destin une histoire forte à laquelle le visiteur est aujourd'hui confronté. De son immersion dans la société guerrière, Kamakura a puisé de nouveaux rapports au divin ; de son ouverture au monde, Yokohama affiche à présent une modernité totalement décomplexée. Deux réalités qui façonnent toujours la société nippone actuelle.

NOS ADRESSES PAGES 104, 115 ET 119
Hébergement, restauration, achats, activités, etc.

S'INFORMER

Informations touristiques à Yokohama - **Sakuragicho Station** A2, *(045) 211 0111 - 9h-18h.* **Yokohama Station**, *9h-19h.* **Shin-Yokohama Station**, *9h-18h.* Renseignements en anglais dans les trois sites.

Informations touristiques à Kamakura – Tourist Information, *Kamakura Station sortie Est* B2, *(0467) 22 3350 - 9h-19h - fermé 29-31 déc.*

SE REPÉRER

Carte de région p. 24 - À 25 km au sud de Tokyo, Yokohama est le chef-lieu de la préfecture de Kanagawa. Kamakura est située 25 km plus au sud, côté ouest, et Yokosuka à 30 km au sud, côté est.

À NE PAS MANQUER

À Yokohama : le quartier de Yamate et le jardin Sankei-en ; Chinatown et son temple en début de soirée ; Minato Mirai de nuit. À Kamakura, les temples et sanctuaires, notamment ceux de Kita-Kamakura au petit matin.

ORGANISER SON TEMPS

Comptez une bonne journée pour chaque ville en partant tôt de Tokyo.

AVEC LES ENFANTS

La vue de la Landmark Tower et la visite du *Nippon Maru* à Yokohama ; une baignade sur une des plages de la péninsule de Miura.

★ Yokohama 横浜 Plan de la ville p. 102

La ville peut être découpée en quatre quartiers homogènes : les hauteurs de **Yamate** (colline), lieu de villégiature des étrangers ; **Kannai**, le quartier central et administratif ; **Chinatown** ; **Minato Mirai 21**, la projection futuriste de Yokohama.

★★ QUARTIER DE YAMATE ET DE MOTOMACHI 山手・元町 B2 en dir.

À 2mn à pied de la sortie sud de la station Ishikawa-cho.

La rue **Motomachi**, élégante rue commerçante née avec l'arrivée des Occidentaux s'installant dans ce quartier résidentiel, permet d'accéder à la

Quartier de Minato Mirai 21 à Yokohama.
SeanPavonePhoto / iStock

colline (Yamate) située au sud-est du centre-ville. À l'extrémité nord-est de cette rue, un promontoire en bois indique le début du quartier de Yamate. De là, les chemins serpentent à flanc de colline jusqu'au **Harbour View Park** qui offre un très beau panorama sur le port et la baie. Aux alentours, on découvrira la maison anglaise de Yokohama, puis le **cimetière des étrangers** *(tlj sf lun. 10h-17h)* où reposent 4 500 personnes d'une quarantaine de nationalités. À noter, certaines tombes ne manquent pas d'humour ou de conscience professionnelle *post mortem*. Ainsi, la stèle d'Edmond Morel, ancien ingénieur des chemins de fer, a la forme d'un billet de train. Trônant au milieu de coquets jardins, on découvrira ensuite en flânant le long de la route (Yamate-Hondori) qui longe le cimetière, une dizaine de maisons dont certaines rappellent de petits manoirs anglais. Elles témoignent de l'arrivée des Occidentaux à la fin du 19e s. Détruites pour la plupart par le séisme de 1923, reconstruites ensuite, sept d'entre elles hébergent désormais des expositions temporaires ou de petits musées aux ambiances très évocatrices. Le **Tin Toy Museum** *(9h30-18h - 200 ¥)* expose plus de 3 000 modèles réduits de 1890 à 1960. Le **Yamate Museum** est la seule demeure construite en 1909 et demeurée intacte *(11h-16h - 200 ¥)*. À voir également dans le jardin italien voisin, la **résidence diplomate** ou **Bluff 18 Ban-Kan**. Le tennis possède également son musée : **Yokohama Yamate Museum of Tennis**. C'est en effet dans le **parc Yamate** que le premier cours de tennis vit le jour au Japon (1876).
De là, on peut rejoindre le quartier de Chinatown se trouvant de l'autre côté de la rivière Nakamura.

★★ Sankei-en 三渓園 B2 en dir.

58-1 Sannotani Honmoku, Naka-ku - de la station de train JR Negishi, bus 58, 99, 101 arrêt Honmaku puis 7mn de marche - www.sankeien.or.jp - 9h-17h - 500 ¥. La « troisième vallée » ou « Sankei-en » fut la propriété privée d'un marchand de soie (Hara Tomitaro) jusqu'en 1906. Ce jardin traditionnel, de style japonais, d'une superficie de 175 000 m², s'organise autour de deux espaces : le jardin

L'ouverture vers l'Occident

LE TRAITÉ DE KANAGAWA

En juillet 1853, la flotte du commandant Perry mouille dans la baie de Yokosuka *(voir p. 117)*. L'amiral est porteur d'une lettre du président américain. Elle demande au shogun d'Edo l'ouverture des relations diplomatiques et commerciales entre les deux pays. Le 31 mars 1854, les Japonais signent avec les États-Unis le traité de Kanagawa. Il met un terme à cette politique isolationniste qu'observait le Japon depuis 1637. Ce traité va non seulement impacter profondément la société japonaise mais également discréditer le shogunat auprès de ses vassaux, tiraillés et divisés sur la voie à suivre. La modernisation voulue par l'État Meiji est en route. Elle sera fatale au pouvoir shogunal.

LA SOIE JAPONAISE AU SECOURS DE LA FRANCE

Au milieu du 19e s., l'économie du Second Empire repose sur l'industrie textile qui occupe la première place mondiale dans la sériciculture et les soieries. Entre 1855 et 1860, deux maladies, la pébrine et la flacherie, viennent ruiner et mettre en péril l'industrie séricicole française. Les informations venant du représentant de la France à Edo confirment que l'industrie séricicole du Japon pourra pallier la pénurie qui sévit en France. L'archipel va devenir ce grand partenaire recherché et ce, jusqu'au début du 20e s. Dès 1860, Duchesne de Bellecourt aide à l'installation des premiers commerçants de Lyon à Nagasaki ou Yokohama ; Louis Bourret démarre dans la concession internationale de Yokohama une activité de filature. La soie grège du Japon, de qualité supérieure à celle de la Chine, va permettre aux soyeux de Lyon de maintenir leur première place mondiale pour les soieries, et illustre l'ouverture du Japon à l'Occident.

UNE CITÉ COSMOPOLITE

En 1859, cinq ans après le traité de Kanagawa qui signe le véritable essor de Yokohama, le port est ouvert avec un front de mer séparé en deux zones : la première est réservée aux étrangers ; la seconde, japonaise, est divisée en cinq districts que l'on appelle Yokohama-cho. Un siècle et demi plus tard (on a fêté en 2009 son 150e anniversaire), Yokohama est le **premier grand port du pays** (60 000 cargos par an) et la **deuxième ville du Japon** avec 3,7 millions d'habitants. Située alors à une vingtaine de kilomètres au sud de Tokyo, elle fait aujourd'hui partie intégrante de sa banlieue. On ne compte plus le nombre de salariés qui vont chaque jour travailler à la capitale. Pour autant, Yokohama n'a en rien perdu de sa personnalité. La communauté chinoise est ici la plus dense du Japon. Et si la ville évolue, ses musées sont là pour nous rappeler son identité : musée de la Marine bien sûr, mais aussi musée de la Soie sur laquelle la ville a bâti sa fortune. Dans cette cité cosmopolite qui a fait très tôt l'apprentissage des modernités occidentales, le temps et l'espace semblent avoir des vertus élastiques. Il suffit, pour s'en rendre compte, de traverser la ville en partant des pittoresques maisons (fin du 19e s.) agenouillées sur la colline de Yamate puis de rejoindre Minato Mirai 21 et ses architectures futuristes, toujours en quête d'un siècle à venir.

extérieur composé entre autres d'une pagode à trois étages importée du temple de Tomyo-ji de Kyoto (1457) et d'une maison traditionnelle de la région de Hida (les fameuses *gassho-zukuri* aux toitures « en mains jointes en prière », *voir photo p. 185*) ; le jardin intérieur et son remarquable pavillon datant du début de l'époque d'Edo (le *Rinshunkaku*). Mais, plus que ses édifices, c'est le jardin lui-même, modelé de paysages évocateurs aux senteurs odorantes, qui attire chaque année plus de 500 000 visiteurs. À visiter de préférence tôt le matin.

QUARTIER DE KANNAI 関内 B2

Kannai signifie littéralement « à l'intérieur de la barrière » car une barrière séparait les résidences étrangères des administrations municipales occupées par les Japonais.

★ Yokohama Archive History 横浜開港資料館 B2

3 Nihon-Odori, Naka-ku - tlj sf lun. 9h30-17h - 200 ¥.

Ce musée, incontournable pour qui veut saisir non seulement l'ouverture de la ville mais aussi celle du Japon aux puissances étrangères, s'est installé dans l'édifice où a été signé le traité de Kanagawa. Fort de plus de 200 000 pièces historiques allant de l'époque d'Edo jusqu'au début de l'ère Showa, il propose une passionnante remontée dans le temps à l'aide de cartes, maquettes (bateaux, bâtiments, etc.), journaux d'époque, estampes, photos, cartes postales et objets divers. Ce travail de collecte et de reconstitution est d'autant plus méritoire que la majorité des archives officielles avaient disparu dans le séisme de 1923 ou les raids de 1945. La salle de lecture permet de consulter les premiers journaux japonais. Enfin, noter que l'arbre se trouvant dans la cour intérieure serait le rejeton du *tabunoki*, arbre à encens, figurant dans la majorité des documents montrant l'arrivée du commodore Perry avec ses marins armés.

1

Silk Museum シルク博物館 B2

Silk Center, 2F, 1 Yamashita-cho, Naka-ku, à moins de 100 m du Yokohama Archive History - M° Kannai - www.silkcenter-kbkk.jp/museum - tlj sf lun. 9h30-17h - 500 ¥.

Ce musée ne manque pas d'attrait malgré une présentation désuète. Du ver à soie à la confection d'un kimono, rien ne nous échappe. Il faut ainsi entre 3 000 et 9 000 cocons – selon la taille, la complexité des motifs et accessoires (*obi*, etc.), l'amplitude des manches – pour réaliser un kimono (chaque cocon fournissant environ 1 300 m de soie grège). On comprend également comment le port de Yokohama devint l'un des ports les plus actifs pour le transit de la soie. Enfin, des expositions temporaires abordent les pays de la soie : Laos, Ouzbékistan, etc.

★★ CHINATOWN 中華街 B2

Depuis le musée de la Soie, descendez Osanbashi-dori pour atteindre Chinatown (10mn à pied) - M° Motomachi-Chugakai - www.chinatown.or.jp.

Comme toute ville portuaire, Yokohama possède une communauté de Chinois. Mais celle-ci, la plus importante du Japon, tient à deux raisons essentielles : la précocité de son ouverture commerciale et le dynamisme de son activité portuaire, autant de facteurs attractifs pour une diaspora fuyant régulièrement les soubresauts politiques de son histoire. Manquant en effet de pratique avec les Japonais, les Occidentaux demandent aux *compradore*, Shanghaiens rompus aux affaires depuis le traité de Nankin, de leur servir d'intermédiaires. Cette activité, qui se développe au fil des siècles et du rayonnement de Yokohama, est aujourd'hui soutenue par la montée en puissance de la Chine dans les relations internationales. Chinatown est à présent un petit quartier prospère qui attire chaque week-end un nombre impressionnant de clients dans ses quelque 200 restaurants. Au cœur de ses ruelles animées, le **Kantei-byo** *(9h-19h - gratuit)*, temple chinois caparaçonné sous sa triple toiture, baroque et rococo, rutilant et ciselé comme un rubis, palpite de mille ors sous son bestiaire de dragons et pieuvres savantes. Il est dédié à Guan Yu, héros militaire, ex-général des Han identifiable à sa face rouge. Divinisé dieu de la guerre, il assure à présent son succès populaire en protégeant aussi les richesses, pour le plus grand bonheur de ses dévots.

★★ MINATO MIRAI 21 みなとみらい21 B1

Sakuragicho Station.

La **Landmark Tower★★** A1 aux allures de beffroi symbolise ce front de mer futuriste. Toisant les 300 m de hauteur (296 m exactement), cette tour héberge l'un des observatoires les plus élevés du Japon (273 m) et probablement l'un des ascenseurs les plus rapides : avec une vitesse de 750 m/mn, on atteint le jardin du ciel (Sky Garden) en 40s ! *(tlj 10h-21h, sam. 10h-22h - 1 000 ¥, enf. 500 ¥)*. À deux pas, la **Landmark Plaza** fournit à la ville son inévitable centre commercial avec néanmoins, au 5e étage, une librairie intéressante *(Yurindo)*.

Mitsubishi Minato Mirai Industrial Museum
三菱みなとみらい技術館 A1

Derrière la Landmark Tower. Traverser la Keyaki-dori - www.mhi.co.jp/en/museum/ - tlj sf lun. 10h-17h - 500 ¥.

« Afin d'aider les jeunes à mieux se projeter dans l'avenir », tels sont les mots choisis par la société Mitsubishi pour expliquer l'ouverture sur son ancien site industriel de ce musée en 1994. Ses thématiques, au nombre de six (Espace, Océan, Transport, Nouvelles technologies, etc.), introduisent le visiteur dans un monde virtuel en 3D pour faciliter la digestion des connaissances. Le simulateur de vol en hélicoptère est évidemment très prisé.

1

Yokohama Museum of Art 横浜美術館 A1

En face du musée précédent, 3-4-1 Minato Mirai, Nishi-ku - M° Minato Mirai - http://yokohama.art.museum/eng/ - tlj sf jeu. 10h-18h - 500 ¥.

Ce monumental musée d'Art moderne et de photographie signé Tange Kenzo accueille des expositions temporaires de grande qualité avec quelques éléments récurrents comme les belles sculptures de Noguchi Isamu (1904-1988), qui travailla un temps dans l'atelier de Brancusi.

★ Yokohama Port Museum 横浜みなと博物館 AB2

Face à la Landmark Tower - tlj sf lun. 10h-17h - 600 ¥ (avec la visite du Nippon Maru*), enf. 300 ¥.*

Facilement identifiable, ce bâtiment en forme de bateau jouxte le *Nippon Maru* amarré au quai n° 1. Le manque d'explication en anglais rend la visite un peu frustrante malgré une scénographie dynamique. Les thèmes abordent l'histoire de la marine marchande. Très belle collection de maquettes. Le parcours se poursuit par la découverte du **Nippon Maru★**, navire-école depuis 1930 et dont la visite nous fait merveilleusement voyager dans le temps.

À proximité

★ Soji-ji 總持寺 B2 en dir.

2-1-1 Tsurumi, Tsurimi Ward - à 7mn de marche de la station de train Tsurumi (sortie Ouest), JR Keihin Tohoku line - tlj sf lun. 10h-16h30 - petit livret en anglais.

Quartier général de la secte Soto, l'une des principales écoles zen du Japon *(voir encadré p. 112)*, le temple se compose d'une quarantaine d'édifices pour la plupart construits au début du 20e s. Le *Daisodo*, Grand Hall des fondateurs, élevé plus tardivement (1966), est spectaculaire avec sa superficie de 1 000 tatamis. Deux cents moines vivent à Soji-ji, un espace étonnamment vivant où, deux fois par jour, les plus jeunes nettoient le plancher du long corridor *(Ichimonji Roka)* en pratiquant le *zokin-gake*. Cette technique consiste à courir tout en frottant les lattes avec un chiffon, arc-bouté sur les bras, pour ne s'arrêter qu'une fois atteinte l'autre extrémité du corridor, soit une distance de 600 m. La maîtrise du souffle dans des postures difficiles ne fait-elle pas partie intégrante de la discipline zen ? Ne pas manquer non plus de visiter la « salle des Nuages pourpres » *(Shiuntai)*, lieu de réception réservé aux visiteurs prestigieux et dont les panneaux peints ont été exécutés par les meilleurs artistes de la période Taisho (1912-1925).

Ramen Museum 新横浜ラーメンミュージアム A1 en dir.
2-14-21 Shin-Yokohama, Kohoku - M° Shin-Yokohama - 11h-23h - 310 ¥.
Dans une rue reconstituée du Tokyo des années 1960, on peut découvrir l'histoire des *ramen* (prononcez lamen), nouilles de blé originaires de Chine. Possibilité de goûter différentes qualités et variétés régionales.

NOS ADRESSES À YOKOHAMA

INFORMATIONS UTILES

Banque/Change – **Citibank**, *Yokohama Station* A1 *- 9h-15h.* Pour changer espèces, travellers, etc. ATM 24h/24.

Poste/Retrait – *1-1 Sakuragi-cho* A2 *- 9h-18h.* Distributeur de billets ATM à l'entrée et services postaux au 3e étage.

Santé – **The Bluff Medical and DentalClinic**, *82 Yamate-cho, Naka-Ku,* B2, en dir. *✆ (045) 641 6961 - www.bluffclinic.com - lun.-vend. 9h-12h30, 13h30-17h, sam. 9h-13h (dentistes fermé merc.).* Médecins anglophones.

TRANSPORTS

En train

Yokohama Station A1 – Prenez le métro pour rejoindre Sakuragicho Station et le quartier central de Minato Mirai 21. Deux lignes relient les aéroports de Tokyo à Yokohama : la Narita Express Line part de Narita *(90mn de trajet, 4 290 ¥)*, tandis que la Keikyu Line part de Haneda *(24mn, 450 ¥)*. De Tokyo Station, départ de la Tokaido Line *(27mn, 470 ¥)*, de la Yokosuka Line *(32mn, 470 ¥)* ou de la Keihin Tohoku Line *(37mn, 470 ¥)*.

En bus

Limousine Bus – Départ des aéroports de Narita *(90mn, 3 500 ¥)* ou de Haneda *(30mn, 560 ¥)*.

Se déplacer à Yokohama

À pied – Un système de marquage au sol appelé « **Kaiko Promenade** » relie les principaux sites du centre-ville. Plusieurs itinéraires sont proposés.

En métro – Le Municipal Subway traverse la ville du nord au sud (deux lignes). Comptez entre 210 et 550 ¥ en fonction du trajet parcouru.

En train – Préférez les trains de banlieue (lignes Tokyu-Toyoko et JR Negishi) à la ligne de métro. Ils sont plus rapides et moins chers.

En bus – Les bus touristiques **Akai-Kutsu** sont reconnaissables à leur style rétro rouge et jaune. Départ régulier de Sakuragicho Station pour les principaux sites touristiques *(100 ¥)*. Les stations sont annoncées en anglais.

Location de vélos – *En face de la Landmark Tower* A1*- 10h-17h. 500 ¥/j, près de Yokohama Renga, Bashyamichi, Nihonmaru, 800 ¥/j.* Magasin spécialisé de bicyclettes près du jardin Yamashita. Petite bicyclette sportive : 1 000 ¥/3h.

HÉBERGEMENT

PREMIER PRIX

Yokohama Hostel Village
横浜ホステルヴィレッジ
Sanwa Bldg, 1 F, 3-11-2 Matsukage-cho, Naka-ku B2 *- Yokohama - ✆ (045) 663 3696 - yokohama.*

hostelvillage.com/en - ⊠ - *38 ch.* Dans l'ancien quartier des ouvriers et des dockers de Kotobuki, des logements laissés vacants par les retraités et anciens migrants ont été transformés en hôtel. Chambres petites mais propres, espace cuisine et *laundry*, terrasse aménagée sous le toit. Ambiance populaire garantie.

Richmond Hotel Yokohama Bashamichi
リッチモンドホテル 横浜馬車道
5-59 Sumiyoshi-cho, Naka-ku B2 - *Yokohama* - ✆ *(045) 228 6655* - *www.richmondhotel.jp/yokohama* - *201 ch. à partir de 8 500 ¥ selon le jour* - ☕ *1 100 ¥.* Emplacement très pratique, dans le quartier de Kannai, à mi-chemin entre Chinatown et Minato Mirai et à proximité de la ligne JR et du métro. Chambres de belles proportions.

BUDGET MOYEN

Hotel Oimatsu ホテル老松
22 Oimatsu-ch, Nishi-ku A2 - *Yokohama* - ✆ *(045) 231 2926* - *20 ch.* À 5mn de Hinode-cho Station, un ryokan tout simple dans un quartier calme. Une adresse rare à Yokohama, mais attention, les patrons ne sont pas très à l'aise avec l'anglais. Faites-vous aider.

Hotel Terrace Yokohama
ホテル テラス横浜
3-95 Hanasaki-cho, Naka-ku A2 - *Yokohama* - ✆ *(045) 242 4411* - *breezbay-group.com/terrace* - *81 ch.* Ancien ryokan rénové à l'occidentale dans une rue très calme. Une des rares adresses à prix raisonnables dans le secteur de Minato Mirai 21. Vue sur le charmant jardin depuis la salle à manger.

Navios Yokohama ナビオス横浜
2-1-1 Shinko, Naka-ku B2 - *Yokohama* - ✆ *(045) 633 6000* - *www.navios-yokohama.com* - *135 ch.* Hôtel tout confort très classique, idéalement situé à deux pas de Minato Mirai.

UNE FOLIE

Royal Park Hotel
横浜ロイヤルパークホテル
2-2-1-3 Minatomirai, Nishi-ku A1 - *Yokohama* - ✆ *(045) 221 1111* - *www.yrph.com* - *603 ch., 20 suites - à partir de 27 000 ¥ (prix avantageux sur Internet en fonction de la période et du jour).* Logées entre les 52e et 67e étages de la Landmark Tower, les chambres du Park Hotel ont toutes une vue vertigineuse. Superbes volumes et hublots façon matelot dans la salle d'eau. Essayez aussi les merveilleux sushis du Shikitei (68e étage) et la cérémonie du thé dans une chambre réaménagée. Magique !

RESTAURATION

PREMIER PRIX

Ootoya Minatomirai Business Square-ten 大戸屋 みなとみらい ビジネススクエア店
Minatomirai business square Bldg, 1F., 3-6-4 Minatomirai, Nishi-ku B1 - *Yokohama* - ✆ *(045) 681 6256* - *www.ootoya.com* - *10h-23h (dernière commande 22h30).* Sets de sushis, beignets, viandes ou poissons grillés que l'on avale accoudé au comptoir.

BUDGET MOYEN

Bistrot El Ella ビストロ・エルエラ
2-95-2 Motomachi, Naka-ku B2 - *Yokohama* - ✆ *(045) 212 3581* - *el-ella.com/bistro* - *11h-22h (café 14h30-17h30).* Cuisine italienne ou française au choix. Pour déguster un veau à l'orange ou une soupe de palourdes au pistou dans un quartier animé.

Seiko-En Honkan 生香園本館
5-80 Aioi-cho, Naka-ku B2 - *Yokohama* - ✆ *(045) 651 5152* - *www.shu-tomiteru.jp* - *11h30-21h30*

(dim. et j. fériés 21h). Cuisine cantonaise dans un charmant décor traditionnel.

Pour les amateurs de cuisine chinoise, le **Chinatown** de Yokohama possède un vaste choix de restaurants, tous répertoriés sur une carte disponible à l'office de tourisme. Il y en a pour tous les goûts et pour tous les budgets. Pour la cuisine cantonaise, citons les incontournables **Heichinro** et **Manchinro**. Pour celle du Sichuan, plus épicée, essayez le **Shei Shei**. Spécialités shanghaiennes au **Jo Gen Ro** à l'instar des *dazha xie*, crabes à la chair savoureuse. Enfin, cuisine pékinoise aux **Tourin**, **Kaseiro** ou **Anrakuen**.

POUR SE FAIRE PLAISIR

Kisoji Bashamichi-ten
木曽路・馬車道店
Yokohama Bashamichi Bldg B1F, 4-55 Ohta-cho, Naka-ku B2 *- Yokohama - ✆ (045) 664 2961 - www.kisoji.co.jp/kisoji/english/index.html - 11h30-15h (dernière commande 14h30), 17h-22h (dernière commande 21h30, sam. 21h).* Kisoji ou le charme des relais qui ponctuent la route des voyageurs. Menus *kaiseki* d'un excellent rapport qualité/prix à midi et *shabu-shabu* au *gomadare* (sésame local) le soir. Autre option, la découverte des *kishimen* (nouilles de Nagoya).

Rinkaen 隣花苑
52-1 Sannotani Honmoku, Naka-ku (derrière le parc Sankei-en) B2 en dir. *- Yokohama - ✆ (045) 621 0318 - www.rinkaen.jp - tlj sf merc. 12h-18h - réserv. conseillée pour le dîner.* Ancienne demeure (14e s.) d'un prêtre shinto attaché à un temple d'Izu, la maison fut déplacée à Yokohama et offre un rare témoignage de l'architecture d'Izu d'alors. On y sert de fameux *sankeisoba* dont la recette se transmet de génération en génération. À partir de de 3 500 ¥. Une expérience culinaire inoubliable à deux pas du jardin Sankei-en.

PETITE PAUSE

Ehrismann Residence – *1-77-4 1-77-4 Moto-machi, Naka-ku* B2 en dir. *- Yokohama - ✆ (045) 211 1101 - www.hama-midorinokyokai.or.jp/yamate-seiyoukan - tlj sf 2e mer du mois 10h-16h30 (17h30 juil.-août).* Dans l'une des plus belles résidences du quartier de Yamate, ce petit salon de thé est un havre de paix.

EN SOIRÉE

Bars – **Chinatown** est l'un des quartiers les plus vivants le soir. Sinon, pour une ambiance plus masculine mais très japonaise, essayez les nombreux *izakaya* de **Noge-cho** A2 *(18h-1h)*. Enfin, rue **Motomachi** B2, vous trouverez un quartier plus branché, apprécié des touristes.

ACHATS

Bashamichi-dori B2 – *Yokohama.* Lèche-vitrine et *izakaya* dans cette rue (*michi*) des voitures à cheval (*basha*), en référence à l'époque où les étrangers s'y promenaient encore en diligence. La **Motomachi** B2 est également une rue commerçante très appréciée des touristes.

Aka Renga Park – *Minato Mirai 21* B2 *- Yokohama - www.yokohama-akarenga.jp/en* Ancien entrepôt de soie transformé en centre commercial et culturel.

★★★ Kamakura 鎌倉 Plan de la ville p. 111

Cette ville, cernée par trois collines, a pour seule ligne de fuite une mer d'un bleu dur frangée de sable noir. Est-ce ce manque d'horizon qui a contraint cet ancien village du grenier *(kura)* des faux *(kama)* à dresser plus d'une soixantaine d'édifices religieux ? La réponse tient à ce paradoxe qui n'est qu'apparent : c'est le shogunat et sa société militaire, avec pour corollaires la voie du *bushi* (guerrier) et sa rigueur martiale, au 12e s., qui font de Kamakura le terreau du bouddhisme zen. La ville est également, à une heure de Tokyo, le paradis des surfeurs en baie de Sagami.
Comptez au minimum deux jours pour la visite de la ville.

QUARTIER CENTRAL

En sortant de la gare de Kamakura (sortie est), deux rues principales partent sur votre gauche. La première, Komachi-dori, est une étroite rue piétonne dédiée au commerce : restaurants, cafés, boutiques, glaces et fèves au wasabi (*wasabi-mame* dans la boutique de Kamakura Mameya). Trois grands *torii* scandent la seconde rue, la très populaire **allée de cerisiers★** (Wakamiya-oji) qui s'étire sur près de 1 500 m jusqu'au sanctuaire Tsurugaoka. Elle aurait été plantée sur ordre de Yoritomo pour honorer les *kami* et faciliter ainsi la grossesse de sa femme.

★ Tsurugaoka Hachiman-gu 鶴岡八幡宮 B1

À 10mn à pied de la gare Kamakura, sortie est - www.tsurugaoka-hachimangu.jp - 6h-20h30 - gratuit.
Le sanctuaire, fondé en 1063 par Yoriyoshi (aïeul du clan Minamoto) en hommage à l'empereur Ojin Himegami, fut déplacé par Yoritomo au cœur de Kamakura que le futur shogun investit en 1180 *(voir encadré ci-dessous)*. La majorité des édifices a été reconstruit à l'époque de Momoyama puis à nouveau en 1823. Masako, sa femme, imagina les trois ponts que l'on enjambe pour rejoindre une vaste esplanade où se trouve le **maidono** ou Pavillon de danse, célèbre pour avoir résonné sous les pas de Shizuka, maîtresse de Yoshitsune. Cette dernière fut forcée de danser pour révéler la cachette de son amant au demi-frère de Yoshitsune : Yoritomo. Celui-ci, en quête des pleins pouvoirs, poussa Yoshitsune et toute sa famille au *seppuku*. Dans le sanctuaire supérieur,

LE PREMIER DES SHOGUNS

Tout commence par une défaite. En 1159, Yoshimoto, père de **Minamoto no Yoritomo**, est écrasé par son grand rival Taira no Kiyomori. Tandis que Yoritomo est condamné à l'exil, les Taira imposent leur puissance à la cour impériale. Mais les intrigues de l'Empereur, l'indocilité des grands seigneurs et l'alliance de Yoritomo avec Masako, la fille de Hojo Tokimasa, sapent peu à peu l'autorité des Taira. Yoritomo amorce sa révolte et, en 1185, les troupes des Taira sont définitivement défaites sur la fameuse plage de Danno Ura, près de Shimonoseki. Yoritomo prend alors le titre de : *sei i taishogun* (généralissime chargé de soumettre les barbares) et pour siège de son premier gouvernement militaire *(bakufu)*, le village où il avait établi son camp de base. Kamakura devient ainsi, en 1192, la capitale du premier shogun, général en chef cumulant tous les pouvoirs, l'Empereur ne conservant que son rang de chef religieux, monopole de son essence divine *(voir p. 627)*. Ce n'est qu'avec la réforme Meiji en 1868 que s'éteint la lignée des shoguns.

L'ÉPOQUE DE KAMAKURA

Capitale de **Minamoto no Yoritomo** (1147-1199) en 1192, Kamakura entre avec force dans l'histoire. Elle est même l'un de ces repères chronologiques qui jalonnent désormais l'histoire du Japon : l'époque de Kamakura (1192-1333), période relativement courte (seulement 141 ans) au regard du shogunat qui perdura durant plus de quatre siècles. En fait, à la mort de Yoritomo, ses successeurs directs (son fils Yoriie est assassiné) sont tour à tour évincés par la famille seigneuriale d'ascendance Taira : les Hojo. Ceux-ci tiennent les rênes du pouvoir et l'exercent en prenant le titre de régent *(shikken)*. Pendant plus d'un siècle, neuf *shikken* Hojo vont se succéder et tirer les ficelles de ce pouvoir exercé en façade par des shoguns piochés dans la lignée familiale des Fujiwara, puis dans celle des princes impériaux. Durant cette même période, le Japon, à deux reprises, manquera d'être envahi par les Mongols (1274 et 1281), invasions repoussées au prix fort par une classe guerrière s'estimant bien peu récompensée. Son mécontentement poussera l'empereur Go-Daigo (1288-1339) à prendre la tête d'une coalition visant à restaurer le pouvoir impérial. Avec l'aide d'Ashikaga Takauji (1305-1358), descendant d'un fidèle vassal de Yoritomo, ils bouteront de Kyoto l'empereur fantoche (Kogen) mis en place par la régence *(voir page thématique p. 240)*. De son côté, le seigneur Nitta Yoshisada (1301-1338), l'atout le plus charismatique de Go-Daigo, conquiert Kamakura. En 1333 la ville est détruite. Avec elle s'achève l'ère Kamakura.

en haut des marches, le *kamino miya* héberge le **musée des Trésors nationaux** *(tlj sf lun. 9h-16h30 - tarif variable selon expo.)*. Il abrite objets de culte et *mikoshi* (sanctuaires portatifs). La fête annuelle du sanctuaire se tient le 15 septembre, suivie le 16 par un *yabusame* *(voir p. 126)*.

★★ Kamakura-bori Museum

À 5 mn de la gare, sur Wakamiya-oji, 2-15-13, Komachi (2e étage) - http://kamakuraborikaikan.jp/museum/history - tlj sf lun. 9h30-17h - 300 ¥. Atelier et artisanat en rdc. Prendre l'ascenseur. Si vous ne devez visiter qu'un seul musée à Kamakura, c'est assurément celui-ci. Pas très grand mais superbement rénové depuis 2016, il expose une magnifique collection de *kamakura-bori,* des œuvres en bois (de Judas ou de gingko) gravées et laquées (laque *urushi*) d'une remarquable dextérité. Cette technique connue sous le nom de *mokucho-saishitsu* (sculpter et laquer pour mettre en valeur ces objets généralement condamnés au faible éclairage des temples) n'est pas venue à Kamakura par hasard. Elle est liée à la production d'objets cultuels dont avaient besoin les nouveaux temples apparus au 13e s. (comme ceux de Kenchochi et d'Engakuji), sous l'influence de cette culture chinoise qu'ils avaient adoptée : celle de la dynastie Song (960-1279) et du bouddhisme zen qui lui est associé. Très bonne vidéo explicative. Possibilité de suivre des ateliers *(3 200 ¥)*.

★★★ Hokoku-ji 報国寺 C2

2-7-4 Jomyo-ji - bus no 23, 24, 36 de la gare de Kamakura, 6e arrêt, Jomyo-ji - temple et jardin sec : 9h-16h - 200 ¥.

Ce temple zen appartient au temple Kencho-ji de la secte Rinzai. Il a été fondé en 1334 par Tengan Eko (1273-1335) pour honorer la mémoire d'Ashikaga Ietoki, grand-père d'Ashikaga Takauji. Outre quelques belles **sculptures de bouddhas**★★ (14e s.) exécutées entre autres par le sculpteur bouddhiste Takuma Hogen (bâtiment central et annexes), l'attrait de ce temple réside

Un des pavillons du Hase-dera.
Yuthongcome / iStock

surtout dans sa **forêt de bambous★★** forte de quelque 2000 « moso-bambous », la plus grande espèce de cette plante ligneuse. Possibilité de prendre un thé *matcha (500 ¥)* dans le pavillon attenant.

★★ Sugimoto-dera 杉本寺 C2

Sur la Kanazawa Kamakura St., à 10mn à pied du sanctuaire précédent en revenant vers Kamakura - 8h-16h30 - 200 ¥.

On accède au plus vieux temple de Kamakura (734) par une magnifique volée de marches usées, moussues, jalonnées de banderoles blanches frappées au nom des donateurs. Les deux **gardiens★** flanquant l'entrée auraient été sculptés par Unkai. Ce temple, attribué au prêtre Gyoki, abrite trois **statues de Kannon aux 11 têtes★★**, de l'époque de Kamakura pour deux d'entre elles. Le temple a été reconstruit au 17e s.

★ Zuisen-ji 瑞泉寺 C1 en dir.

À 20mn à pied du temple précédent (fléché). 9h-17h - 200 ¥.

Érigé à la fin de l'époque de Kamakura par Do-un Nikaido (1267-1334), un haut général du shogunat, ce temple est surtout visité pour son jardin dessiné par le prêtre zen de l'école Rinzai, Muso Soseki (1275-1351), connu pour avoir réalisé le célèbre jardin des Mousses de Kyoto *(voir p. 260)*. Ce lieu, appelé également le temple des Fleurs de Kamakura, possède une flore endémique d'une riche variété tel le *mitsumata*, plante à fleurs blanches utilisée pour la fabrication du *washi* (papier japonais). Il est aussi prisé pour ses narcisses et pruniers s'étageant sur la colline du Kimpei-san. Du sommet, le pavillon **Ichiran-tei** offre un **panorama** sur Hakone et le mont Fuji.

QUARTIER DE HASE 長谷

★★ Hase-dera Temple 長谷寺 A2

3-11-2 Hase - à 5mn à pied de la gare de Hase - www.hasedera.jp - 8h-17h (oct.-fév. : 16h30) - 300 ¥.

Selon la légende, le moine Tokudo Shonin trouve en l'an 721, près du village de Hase, dans les forêts montagneuses de Nara, un immense camphrier. Mensurations prises, il taille dans la masse deux déesses de Kannon à 11 têtes. La première est donnée au temple de Hase-dera près de Nara ; la seconde jetée à la mer nourricière, près de l'actuelle Osaka, avec l'espoir de son retour propitiatoire. C'est chose faite, quinze ans plus tard, sur la plage de Nagai près de Kamakura. Un temple est donc érigé à sa gloire avec pour nom Hase-dera. La sculpture est aujourd'hui dans le pavillon principal **Kannon-do**, qui domine l'enceinte du temple (**panorama** magnifique de la terrasse d'observation). En découvrant sa taille (un peu plus de 9 m de haut), on réalise soudain celle du camphrier originel (il s'agirait en fait d'une reproduction tardive). Cette divinité de la Miséricorde est représentée ici avec un bâton dans sa main droite, une fleur de lotus dans l'autre ; symboles du pèlerinage qu'ouvrait sa réapparition ? Sur sa droite, le bâtiment **Amida-do** abrite la statue en position assise de Yakuyoke, protecteur contre les esprits malins. La statue, en or, de près de 3 m de haut, a été commanditée par l'incontournable Yoritomo. En redescendant, ne manquez pas le **jizo-do** où Fukuju Jizo (le *jizo* du bonheur) est enchâssé. Le temple est environné par des milliers de petits *jizo* en pierre. Un peu plus bas, la grotte **Benten-Kutsu** est dédiée à la déesse de la mer.

★ Kotoku-in et Daibutsu 高徳院・鎌倉大仏 A2

En remontant vers le nord depuis le Hase-dera - 8h-17h30 (oct.-mars : 17h) - 200 ¥.
Quand l'épouse de Yoritomo ordonne la construction de ce grand **bouddha**★★ (Daibutsu), elle prend pour modèle la grande statue en bronze doré du bouddha Vairocana du Todai-ji de Nara. Cinq ans plus tard, un typhon emporte la statue en bois. En 1252, elle est remplacée par cette statue en bronze de 125 t et 11,31 m de haut, couverte à l'origine de feuilles d'or. Ses mains, en position de *jobon-josho mudra*, paumes tournées vers le ciel, permettent d'atteindre le plus haut niveau d'illumination. Difficile d'en douter lorsque l'on fixe ses yeux mi-clos s'étirant sur près de un mètre.

★★ Zeniarai-Benzaiten 銭洗弁財天 A1

Suivre le fléchage depuis le temple précédent (20mn à pied) - 8h-16h30 - gratuit.
L'endroit ne manque ni de charme ni d'ambiance. Passé un tunnel prolongé par des *torii*, on débouche sur un espace aussi grand qu'un puits du ciel taillé dans la roche. Au fond d'une grotte sourd une belle source d'eau fraîche que la déesse-serpent Ugajin aurait révélée à Yoritomo le jour du serpent du mois du serpent de l'année du serpent. Depuis, on accourt pour prier dans l'un des innombrables petits autels dédiés à cette déesse, aussi celle de la richesse et, histoire d'irriguer la fortune, on vient même laver ici pièces et billets, soigneusement séchés ensuite au gré des volutes des brûleurs d'encens.

KITA-KAMAKURA 北鎌倉

Les temples se répartissent de part et d'autre de la voie ferrée. Nous vous proposons de commencer par la sortie est beaucoup plus agréable.

★★ Engaku-ji 円覚寺 B1

À 5mn à pied (sortie est) de la gare de Kita-Kamakura - www.engakuji.or.jp - mars-nov. : 8h-16h30 ; déc.-fév. : 16h - 300 ¥.
Kamikaze, littéralement « vent providentiel », est le nom de ce typhon qui détruisit la flotte mongole alors en passe d'envahir le Japon. Il fut repris plus tard par les aviateurs japonais qui se sacrifièrent à la fin de la Seconde Guerre mondiale. Élevé par Hojo Tokimune (1251-1284), huitième régent *(shikken)* et gouverneur militaire de Kamakura, ce temple zen a été érigé pour rendre

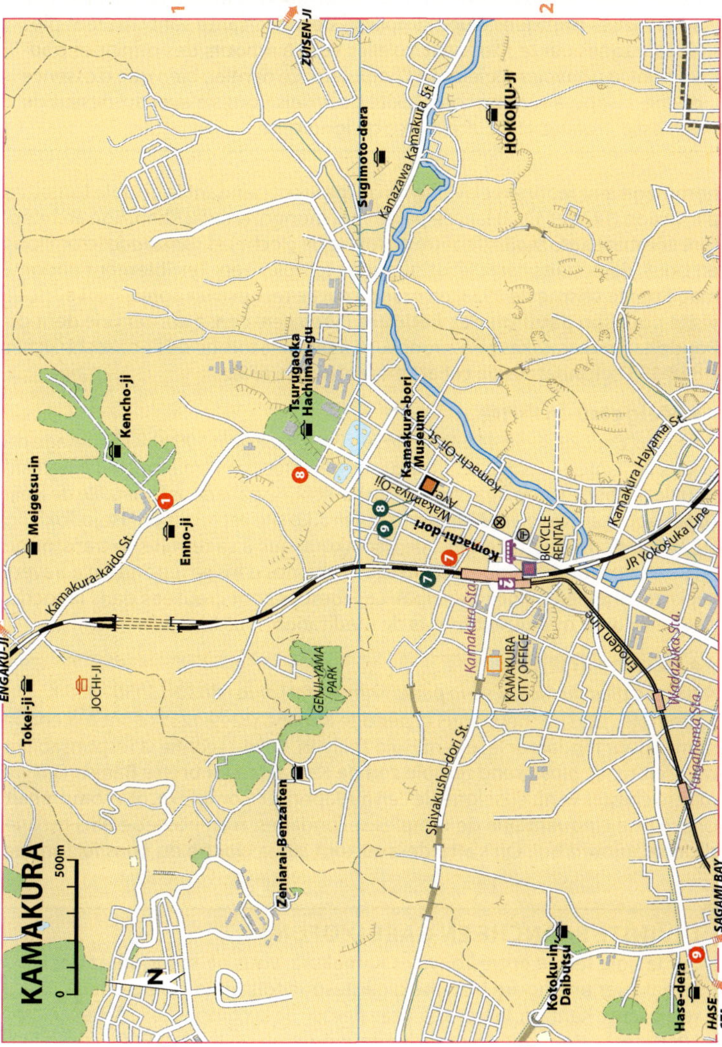

SE LOGER

- Hotel New Kamakura........ 7
- Komachi-so........ 9
- Shangrila Tsuruoka........ 8

SE RESTAURER

- Hachinoki Cafe........ 1
- Nakamura-an........ 7
- Satonoudon Kamakura........ 8
- Sometaro........ 9

1

SIMPLICITÉ ET SUBVERSION

Le zen, forme japonaise du *Chan* (école chinoise hostile à tous endoctrinements), est importé de Chine par deux moines originaires de l'école bouddhiste **Tendai**. Le premier, **Eisai** (1141-1215), fondateur de la branche **Rinzai**, préconise des méthodes expérimentales mêlant humour, paradoxes, interpellations physiques (bastonnades) et mentales (*via* des devinettes : les *koan*). Le second, **Dogen** (1200-1253), auteur du *Fukanzazengi*, « Recommandations générales concernant la pratique de la Voie », est responsable de l'école **Soto** qui enseigne quant à elle la technique de méditation assise, le *zazen*. L'une comme l'autre doivent mener l'élève au *satori*, à l'éveil. Ces pratiques d'une simplicité déconcertante sont d'autant plus encouragées par le shogunat qu'elles vont à rebours des principes gouvernant le pouvoir religieux de l'Empereur. Ce dernier, bien que d'essence divine, s'appuie sur une complexité de rituels pour s'élever au-dessus de la masse profane et inculte, parce qu'ignorante.

hommage aux Japonais et Mongols qui périrent pendant la double tentative d'invasion (1274 et 1281) lancée par le chef mongol Kubilaï Khan. Son architecture combine *kato mado* (fenêtre en forme de cloche) et *sankarado* (croisillons en bois), deux traits caractéristiques des temples zen. Terriblement endommagé par le séisme de 1923, en grande partie reconstruit après, il est surtout visité pour son **pavillon des Reliques** *(Shari den)* censé abriter une dent du Bouddha. Les karatékas penseront aussi à saluer la tombe de Funakoshi Gichin (1868-1957), fondateur de cet art martial *(voir p. 683)*.

★★ Meigetsu-in 明月院 B1

À 500 m d'Engaku-ji - 9h-16h (juin : 8h30-17h) - 300 ¥ (juin 500 ¥). « L'Ermitage de la lune brillante », Meigetsu-in, a été fondé en 1160 par Yamanouchi Tsunetoshi pour le repos de l'âme de son père, Toshimichi, disparu dans la bataille de Heiji (1159) opposant les clans Minamoto et Taira. Le site est repris par Hojo Tokiyori (1227-1263), cinquième régent de Kamakura, qui, à sa retraite, le transforme en un temple bouddhique. **Jardin sec** et champs d'iris se répondent à travers la porte lune de l'édifice principal. Les tombes sont creusées dans la roche, pour épargner quelques arpents de méditation sous le ciel.

★★ Kencho-ji 建長寺 B1

À 10mn à pied du Meigetsu-in par la Kamakura-kaido - 8h30-16h30 - 300 ¥.

Ce temple (1253), achevé sous la période Kencho (1249-1255) dont il prend le nom, a pour fondateur le régent Hojo Tokiyori. Celui-ci confie la responsabilité du premier et plus grand temple zen de Kamakura au prêtre Rankei Doryu, maître chinois venu enseigner le zen au Japon. Ce complexe, qui comprenait près d'une cinquantaine de temples secondaires, n'en possède plus qu'une dizaine aujourd'hui. On s'attardera surtout sur la **cloche** du *bonsho*, fondue

DIVINITÉ BLANCHE EN GARE D'OFUNA

Sur la voie ferrée entre Tokyo et Kamakura, vous ne manquerez pas de remarquer une figure blanche gigantesque toisant la gare d'Ofuna. Elle représente Kannon, la très sollicitée déesse de la compassion. Achevée en 1960, cette statue de 25 m de hauteur pour un poids de 1 900 t contient quelques pierres prélevées aux points zéro (hypocentres) de Nagasaki et Hiroshima.

Île d'Enoshima, cap Inamuragasaki et mont Fuji.
JTB Photo/JTB Photo Communications, Inc./age fotostock

1

en 1255 et classée Trésor national. À l'opposé du Sanmon, on admirera des **genévriers** vieux de plus de 700 ans. Le Butsuden possède une insolite image du **Jizo Bosatsu**, protecteur des criminels. Le Hatto s'enorgueillit d'un plafond peint par Koizumi Junsaku. Quant à l'étang, dessiné par Muso Soseki (1275-1351), sa forme a pour modèle l'idéogramme « esprit ».

★ Enno-ji 円応寺 B1

En face du Kencho-ji - mars-nov. : 9h-16h ; déc.-fév. : 15h - 200 ¥.
Ce minuscule temple permet d'avoir un face-à-face saisissant avec Emma (Yama en sanscrit), dieu de la mort et des enfers du monde hindouiste. La statue, au regard de cristal, aurait plus de 750 ans. Belles rangées de bodhisattvas en argile.

★★ Tokei-ji 東慶寺 B1

À 250 m de la gare (sortie ouest) de Kita-Kamakura et 5mn de marche du Engaku-ji en redescendant la Kamakura-kaido - www.tokeiji.com/english/about/ - 8h30-17h (nov.-fév. : 16h) - 200 ¥.
Suite au décès de son mari Hojo Tokimune, Kakusan-ni, sa veuve, se retire du monde comme le veut la tradition mais dans un temple qu'elle décide de créer. En 1285 apparaît ainsi l'une des premières « nonneries ». Les femmes ayant peu de droits, le Tokei-ji va obtenir de la part du shogunat un statut d'extraterritorialité doté de privilèges juridiques, notamment celui d'accorder aux femmes (résidant depuis trois ans dans le temple) le droit de divorcer. Ce sanctuaire gagne ainsi son surnom de « temple du divorce », privilège qui perdure jusqu'à la réforme Meiji, les femmes obtenant en 1873 le droit de divorcer.

Se promener dans le **jardin★★** de ce temple est un véritable enchantement. Selon les saisons, cerisiers, abricotiers, pêchers, pivoines et iris forment autant de tableaux. La **maison du Trésor★** (Matsugaoka Hozo) *(tlj sf lun. 10h-15h)* possède une belle statue en bois de **Sho Kannon Bosatsu Ryuzo★★**. Son halo d'argile *(do-mon)*, obtenu à partir d'un moule gravé de motifs floraux, est une technique propre à Kamakura rarement visible aujourd'hui. On peut aussi découvrir de beaux **darumas** exécutés par le prêtre Hakuin (1685-1768) ainsi que ces célèbres **Mikudari-han**, littéralement « trois lignes et demi » : lettres de divorce que les maris remettaient à leur femme et par lesquelles ils signifiaient leur accord. Une copie était alors enregistrée au temple.

Enoshima 江の島

À 8 km à l'ouest de Kamakura. De la gare de Hase ou de Kamakura, Enoden Line jusqu'à Katase-Enoshima (23mn - 250 ¥) puis 10mn à pied. Accès direct depuis Tokyo/Shinjuku *(voir p. 75)**.*

Fujisawa City Tourist Center – 2-20-13 Katase Kaigan, à 5mn à pied de la gare Odakyu Katase-Enoshima - 8h30-17h - informations en anglais.

Cette petite île de la baie de Sagami, à 1h en train de Tokyo, est célèbre depuis des siècles, non seulement pour ses belles vues sur le mont Fuji, mais surtout comme site sacré bouddhiste. Aujourd'hui, touristes et Tokyoïtes s'y pressent en nombre pour passer la journée ou le week-end.

Passé le pont, un grand *torii* en bronze marque l'entrée de la rue principale menant aux temples. Bordée de boutiques d'*omiyage* (souvenirs) et de spécialités de bouche, d'où s'échappent des fumets alléchants, elle incite à la flânerie et à la dégustation !

Un *torii* rouge annonce le premier temple, **Hetsunomiya** *(accès à pied ou par Escalator - 350 ¥)* dont l'origine remonte à 1204. Il est dédié à Benzai-ten, protectrice des arts, de la littérature, des sciences ainsi que de la prospérité, qui serait à l'origine de la naissance de l'île selon la légende du dragon d'Enoshima *(voir encadré ci-dessous)*. Le pavillon Hoan-den *(8h30-17h - 150 ¥)* abrite deux statues de la divinité dont l'une de l'époque de Kamakura (13e s.). Un peu plus haut *(accès par Escalator possible)*, le deuxième temple, **Nakatsunomiya**, élevé à l'origine au 9e s., a été maintes fois reconstruit. Il est traditionnellement fréquenté par les acteurs de kabuki.

Avant de poursuivre, il est tentant de faire une pause dans le **jardin Samuel Cocking** *(9h-20h - 200 ¥)*. Initialement privé, il a été créé par un commerçant anglais en 1882. Une tour d'observation haute de 119 m, la **Enoshima Lighthouse Observation Tower** *(500 ¥)*, offre une vue à 360° sur la baie et sur le mont Fuji (par temps clair).

UN DRAGON POUR ENOSHIMA

Selon le récit écrit par le moine Kokei au 11e s., un terrible dragon à cinq têtes vivait dans un lac près de Kamakura et dévastait la région. En 552, la déesse Benzai-ten apparaît lors d'un tremblement de terre et fait surgir l'île d'Enoshima puis s'y établit. Le dragon propose à la déesse de l'épouser mais elle n'accepte qu'à condition qu'il fasse le bien. Le dragon consent et se transforme en montagne à sa mort. L'île devient un lieu de paix. Au 12e s., le shogun Minato no Yoritomo vient y demander la protection de la déesse. Jusqu'au 18e s., le culte est réservé à l'empereur et aux samouraïs puis est ouvert à tous pendant l'époque d'Edo et devient dès lors un lieu de pèlerinage très fréquenté. Effectué le plus souvent en groupe par des personnes du même quartier ou de la même corporation, ce pèlerinage menait d'abord au mont Oyama *(voir p. 141)* puis à Enoshima et enfin à Kamakura. Réalisé en 5 jours au départ de Tokyo, il avait l'avantage d'être plus court que celui du mont Fuji et ne nécessitait pas d'autorisation de déplacement. L'île a souvent été choisie comme sujet par les peintres d'estampes, notamment par Ando Hiroshige.

Le troisième temple, **Okutsunomiya**, abrite une étonnante peinture de tortue de l'époque d'Edo. On peut prolonger la promenade jusqu'aux **grottes Iwaya** *(mars-oct. : 9h-17h ; nov.-fév. : 9h-16h - 500 ¥)* respectivement longues de 152 m et 56 m. Elles seraient le premier lieu de culte des esprits sur l'île.

NOS ADRESSES À KAMAKURA

INFORMATIONS UTILES

Office de tourisme – **Kamakura** *Station B2 - ✆ (0467) 22 3350 - 9h-17h.* Anglais parlé.

TRANSPORTS

En train

Kamakura Station B2 – De **Tokyo Station**, JR Yokosuka Line *(1h de trajet, 920 ¥).* De **Shinjuku**, Odakyu Line jusqu'à Fujisawa *(53mn, 590 ¥)* puis Enoden Line *(34mn, 300 ¥)* ou JR Shonan-Shinjuku Line *(1h, 920 ¥).* De **Shibuya**, JR Shonan-Shinjuku Line *(55mn, 920 ¥)* ou Tokyu Toyoko Line pour Yokohama *(26mn, 270 ¥).* De **Yokohama Station**, JR Yokosuka Line *(24mn, 340 ¥).*

Enoshima – De Shinjuku, Odakyu Line jusqu'à Fujisawa *(53mn, 590 ¥)* puis Enoden Line *(10mn, 220 ¥)* jusqu'à Enoshima.

Se déplacer à Kamakura

En train – De Kamakura, Enoden Line pour Hase *(5mn de trajet, 190 ¥)* et Yokosuka Line pour Kita-Kamakura *(3mn, 140 ¥).*

Pass journalier Noriorikun *(600 ¥)* pour circuler librement sur la ligne Enoden (Fujisawa, Enoshima, Hase, Kamakura…). Peut être acheté dans chacune des 15 stations que la ligne dessert.

En bus – Nombreux bus pour les principaux temples au départ de Kamakura Station.

À vélo – Hase et Kita-Kamakura ne sont qu'à 15/20mn à vélo de Kamakura. Location à Kamakura Station B2, 500 ¥/h ou 1 500 ¥/j.

HÉBERGEMENT

Quartier de Hase

PREMIER PRIX

Komachi-so 小町荘
2-8-23 Komachi B2 - Kamakura - ✆ (0467) 23 2151 - 4 500 ¥/pers. - 4 ch. - . Petite pension discrète tenue par une vieille dame qui vit là depuis 1957. *O-furo* et chambres japonaises.

BUDGET MOYEN

B.B. House ビー・ビーハウス
2-22-31 Hase Hors plan par A2 - Kamakura - ✆ (0467) 25 5859 - www.bb-house.jp/index.html - 2 ch. 18 000 ¥ . Une blanche demeure à côté des plages, intégralement réservée à la gent féminine. Calme et verdoyant. Chambres japonaises.

Kamakura

PREMIER PRIX

Hotel New Kamakura
ホテルニュー鎌倉
Sortie ouest de la gare. Prendre le tunnel sur votre gauche pour passer sous la voie ferrée. 13-2 Onarimachi B2 - Kamakura - ✆ (0467) 22 2230 - www.newkamakura.com/index_en.asp - 24 ch. (8 avec salle de bains privée) - à partir de 7 000 ¥ - . Juste derrière la gare sur une place tranquille. Chambres japonaises petites mais très agréables. La nouvelle aile est plus confortable mais les chambres, plus onéreuses.

Shangrila Tsuruoka
ホテルシャングリラ鶴岡
Sortie est de la gare puis 400 m sur la gauche le long de Wakamiya-oji. 1-9-29 Yukinoshita B2 - en étage,

1

prendre l'ascenseur sur la gauche - ✆ (0467) 25 6363 - 10 ch. à partir de 8 000 ¥ pour 2 pers. Un peu vieillot mais confortable et idéalement situé. Pas de petit-déjeuner mais café à l'étage. Le patron parle anglais.

POUR SE FAIRE PLAISIR

Kamakura Park Hotel
鎌倉パークホテル
33-6 Sakanoshita Hors plan par A2 *- Kamakura - ✆ (0467) 25 5121 - www.kamakuraparkhotel.co.jp/en - 46 ch (2 suites). - à partie de 25 000 ¥.* Un peu loin du centre-ville, le Park Hotel propose des chambres grand confort et un *rotenburo* avec vue sur l'océan. Personnel aux petits soins.

RESTAURATION

Quartier de Hase

PREMIER PRIX

Sometaro 染太郎
3-12-11 Hase A2 *- Kamakura - ✆ (0467) 22 8694 - www.okonomi-sometaro.com - tlj sf merc. 11h30-21h (dernière commande) -* 🚭. Dans cette salle calme et boisée, une patronne de caractère installe un à un ses convives face à d'immenses plaques chauffantes. Chacun peut se faire cuire son omelette japonaise à son goût.

Kamakura

PREMIER PRIX

Nakamura-an 中村庵
1-7-6 Komachi B2 *- Kamakura - ✆ (0467) 25 3500 - www.nakamura-an.com -* 🚭 *- tlj sf merc. 11h30-17h (jour de fermeture irrégulier).* Spécialité de *soba* préparés à la minute par un cuisinier habile. Très populaire.

Satonoudon Kamakura
里のうどん鎌倉店
5-18-2 Chome B1 *- ✆ (0467) 24 7631 - tlj sf jeu. 11h-21h30.* Un restaurant simple et chaleureux, très populaire pour ses *ramens* à prix modestes *(autour de 800 ¥).* Excellente adresse à deux pas du Tsurugaoka.

POUR SE FAIRE PLAISIR

Hachinoki Cafe
鉢の木カフェ
7 Yamanouchi B1 *- Kamakura - ✆ (0467) 23 3723 - tlj sf lun.1 1h30-14h30 (mar.-vend., dernière commande 14h30), 11h-15h (sam.-dim. et j. fériés, dernière commande 15h) - fermé le soir.* Ouvert depuis presque cinquante ans, ce restaurant attaché au temple possède à présent deux annexes près du Meigetsu-in. Idéal pour découvrir la cuisine zen.

Vue aérienne du phare de Kannonzaki.
JTB Photo/UIG/Universal Images Group/age fotostock

★★ La péninsule de Miura 三浦半島 Carte de région p. 24

À 1h de train de Tokyo et 30mn de Yokohama, la péninsule de Miura *(Miura hanto)* offre une excursion dépaysante pour une journée ou un week-end : baignades, balades à pied, à vélo ou visites axées sur l'art et l'histoire. À partir de l'automne et tout au long de l'hiver, la visite est même incontournable pour admirer le mont Fuji depuis la côte ouest de la péninsule.

Yokosuka 横須賀

Au nord-est de la péninsule. Depuis Tokyo/Shinagawa (Yamanote Line), ligne Keikyu, arrêt Shioiri Sta. (55mn - 640 ¥) ou depuis Tokyo Station (M° M17), JR Yokosuka Line, arrêt Yokosuka (1h15mn - 1 080 ¥).

Un événement majeur de l'histoire du Japon s'est déroulé à Yokosuka il y a 150 ans : c'est à Kurihama (au sud-est de la base navale actuelle) que le commodore Perry débarqua en 1853 pour obtenir du shogun l'ouverture du pays. Quelques années plus tard, l'ingénieur français Léonce Verny, mandaté par le gouvernement shogunal, supervisa la construction d'un arsenal dans cette rade bien protégée et proche de Tokyo *(voir encadré p. 118)*.

Aujourd'hui, Yokosuka *(414 000 hab.)* abrite une grande base navale américano-japonaise et d'importantes infrastructures pour la construction navale et automobile.

Yokosuka Military Port Tour – *Départ du Shopper's Plaza Daiei, ttes les h de 10h à 15h - 45mn - 1 400 ¥.* Cette croisière est la seule façon de découvrir la base navale. Vous pourrez observer différents types de navires militaires japonais et américains (dont le seul porte-avions nucléaire américain stationné hors des États-Unis) ainsi que les deux docks construits à la fin du 19e s. par Verny et toujours en activité.

Verny Park – *En face de la gare JR ou à 5mn à pied de la Keikyu Shioiri Sta.* Ce petit parc à la française, bordant un des côtés de la base navale, abrite les bustes de Léonce Verny et du comte Oguri ainsi que le **Verny Commemorative Museum**. Dans un bâtiment de style français sont rassemblés des documents sur l'histoire de la construction de l'arsenal et sur l'ingénieur Verny. On peut notamment voir la presse à vapeur qu'il fit venir des Pays-Bas en 1866.

Memorial Ship Mikasa – *À 7mn à pied de la gare Keikyu Yokosuka Chuo; de la gare JR, prendre un bus jusqu'à l'arrêt Saikaya Mae puis 7mn à pied - avr.-sept. : 9h-17h30; mars et oct. : 9h-17h; nov.-fév. : 9h-16h30 - 600 ¥.* C'est à bord de ce cuirassé que l'amiral **Togo** mena la flotte japonaise à la victoire le 27 mai 1905 lors de la **bataille de Tsushima** qui l'opposa à la flotte russe de la Baltique. La victoire du Japon sur la Russie à l'issue d'un conflit de deux ans (1904-1905) eut un grand retentissement dans le monde entier. Pour la première fois, un pays asiatique l'emportait sur un pays occidental. La visite du bateau (dont l'équipement est en grande partie reconstitué) permet de découvrir en détail le contexte et le déroulement de cette bataille ainsi que ses principaux protagonistes.

★ **Kannonzaki** – *Ligne Keikyu de Shiori Sta. à Maborikaigan Sta. (9mn - 160 ¥) puis bus nos 24 ou 28 dir. Kannonzaki (10mn -240 ¥), arrêt Yokosuka Bijutsukan-mae.* Cette partie de Yokosuka s'avère nettement plus balnéaire avec une agréable promenade qui longe la mer et permet d'observer les cargos croisant dans la baie de Tokyo. On peut voir le premier phare de style occidental construit par L. Verny pendant son séjour, profiter de la plage et visiter le **Yokosuka Museum of Art**. Dans ce bâtiment aux lignes épurées est exposée une collection d'art japonais moderne et contemporain; un pavillon est dédié à Taniuchi Rokuro, célèbre illustrateur des années 1950 *(10h-18h - fermé j. fériés et 1er lun. de chaque mois - 310 ¥).*

Miurakaigan beach 三浦海岸

Au sud-est de Yokosuka. Ligne Keikyu, de Shiori Sta. à Miurakaigan Sta. (22mn - 240 ¥) puis 3mn à pied. Cette plage de sable longue d'1 km est très fréquentée, appréciée des baigneurs et des véliplanchistes.

Arasaki Park 荒崎公園

Au sud-ouest de Yokosuka. Ligne Keikyu, de Shiori Sta. à Misakiguchi Sta. (25mn - 280 ¥) puis bus nos 12, 22, 51, 52 (25mn - 310 ¥). Sur cette partie de la côte, rocheuse et très découpée (grottes), un sentier et des aires de pique-nique ont été aménagés.

★ Hayama Marina et alentours 葉山マリーナ

À l'ouest de Yokosuka. Ligne Keikyu, de Tokyo/Shinagawa (55mn - 640 ¥) à Shinzushi Sta. puis bus nos 11, 12, arrêt Hayama Marina (5mn - 190 ¥).

Pendant l'époque Meiji, cette localité était appréciée des résidents étrangers qui y firent bâtir leurs résidences d'été. Si ces maisons ont à présent disparu, l'ambiance « balnéaire » reste dépaysante. De la marina, on bénéficie d'une très belle vue sur le mont Fuji (l'automne et l'hiver). On peut y louer un bateau à moteur pour faire une petite croisière dans la baie *(45mn - 2 850 ¥/pers.).*

★★ Jogashima 城ケ島

Au sud-ouest de Yokosuka, à l'extrémité de la péninsule. Ligne Keikyu, de Shiori Sta. à Misakiguchi Sta. (25mn - 280 ¥) puis bus n° 9, arrêt Hakushushi-mae (28mn - 390 ¥) puis 10mn à pied.

La partie sud de l'île de Jogashima, reliée par un pont à la péninsule, a été en partie préservée de l'urbanisation et a conservé son aspect sauvage. Des sentiers permettent de se promener sur les petites falaises, de profiter des **vues** sur le grand large et, de l'extrémité sud-ouest de l'île, sur le mont Fuji.

UNE COOPÉRATION FRUCTUEUSE

Après l'ouverture du pays et la signature des traités avec les pays occidentaux, **Oguri Kozukenosuke Tadamasa**, un samouraï haut fonctionnaire au ministère des Finances, parvient à convaincre le gouvernement shogunal de la nécessité de construire des bateaux sur le sol japonais. Les Français sont sollicités et choisissent un jeune polytechnicien, **François Léonce Verny** (1837-1908), qui a déjà exercé ses talents à Brest et à Ningbo (Chine). Verny dessine les plans du futur arsenal puis se rend sur place en 1866 accompagné de 45 ingénieurs et contremaîtres français et de leurs familles dans ce qui n'est alors qu'un village de pêcheurs. Près de 3 000 ouvriers japonais sont recrutés pour un chantier qui va durer dix ans. Tout est à construire, à commencer par une fonderie. Au fil des années, l'arsenal est entièrement équipé et devient une véritable vitrine de la technologie occidentale au début de l'industrialisation japonaise. En 1870, Verny fonde la première école pour former des techniciens et ingénieurs japonais. L'influence française touche aussi de nombreux domaines du quotidien comme la cuisine, la mode ou l'instauration du repos dominical ! De nos jours, le lien avec la France est toujours maintenu puisque Yokosuka est jumelée avec la ville de Brest depuis 1971.

NOS ADRESSES SUR LA PÉNINSULE DE MIURA

TRANSPORTS

La ligne privée Keihin Kyuko (Keikyu) dessert la péninsule en **train** et en **bus** *(voir détails par site)*. Forfaits : Miura Hanto 1 Day *(1 970 ¥/pers. de Shinagawa)* ou 2 Day Ticket *(2 080 ¥/pers. de Shinagawa)*.

HÉBERGEMENT

Yokosuka

BUDGET MOYEN

Mercure Hotel Yokosuka
メルキュールホテル横須賀
3-27 Honcho - ✆ (046) 821 1111 - www.mercureyokosuka.jp - 160 ch. à partir de 14 250 ¥. Emplacement idéal, près de la base navale et des gares pour cet hôtel de style contemporain. Superbe vue sur la baie depuis les étages élevés.

UNE FOLIE

Kannonzaki Keikyu Hotel
観音崎京急ホテル
2-1157-2 Hashirimizu - ✆ (046) 841 2200 - www.kannon-kqh.co.jp/eng - à partir de 48 000 ¥. En bord de mer et à deux pas du Yokosuka Museum of Art, cet établissement propose de belles chambres avec vue sur la baie. En annexe, superbe onsen « Spasso » en accès libre pour les clients de l'hôtel. Promo Internet.

RESTAURATION/PETITE PAUSE

Hayama Marina

POUR SE FAIRE PLAISIR

La Marée ラ・マレー
24-2 Horiuchi, Hayama-machi - ✆ (046) 875 6683 - lamaree.chaya.co.jp/#pages_1f - tlj sf lun. 11h30-14h30, 17h30-21h, déj. à partir de 4 000 ¥. Décor cosy de style européen, en bordure de la marina, pour ce très agréable restaurant.

Le nord de Tokyo

Nikko : 83 446 habitants

La région montagneuse de Nikko est tellement envoûtante qu'elle attire dès le 8e s. des prêtres influents. Des multiples cultes rendus à la « lumière du soleil » – telle est la signification de Nikko – surgissent sanctuaires et temples protégés par l'imposant mont Nantai. Puisque Nikko regorge de kami, le premier des shoguns y établit sa dernière demeure. Le Tosho-gu devient le plus beau mausolée du Japon. Nikko rutile sous les ors dans ses atours funèbres. En 1999, le monde entier rend hommage à ce faste baroque miroitant sous les cryptomères : le site de Nikko est inscrit au Patrimoine de l'Unesco.

NOS ADRESSES PAGES 129 ET 135
Hébergement, restauration, achats, activités, etc.

S'INFORMER

Informations touristiques – dans la gare : train et bus. C2 - *(0288) 22 1525 - http://nikko-travel.jp/english/ - 8h30-17h.* Anglais parlé.

SE REPÉRER

Carte de région p. 24 - Préfecture de Tochigi, à 140 km de Tokyo ; préfectures de Saitama et de Gunma limitrophes de la préfecture de Tokyo.

À NE PAS MANQUER

Le Taiyu-in et le Tosho-gu à Nikko.

Une soirée au Takai-ya.

ORGANISER SON TEMPS

Comptez deux à trois jours pour la découverte de Nikko et au moins une journée pour une excursion à Saitama ou à Gunma.

AVEC LES ENFANTS

L'allée des *jizo*. Venir de préférence les 17 et 18 mai pour la cérémonie de *yabusame* : une procession de 1 000 guerriers suit une épreuve de tir à l'arc exécutée par des cavaliers au galop *(voir encadré p. 126)*.

★★★ Nikko 日光 Plan de la ville p. 124

En descendant la longue rue centrale de Nikko, on croise immanquablement le joli pont vermillon, le Shin-kyo, arc-bouté au-dessus de la rivière Daya. Il marque l'entrée de cette aire sacrée où la nature et avec elle le divin se sont révélés à l'homme.

★ Shin-kyo Bridge 神橋 B1

Avr.-oct. : 8h-17h ; reste de l'année : 9h-16h - 300 ¥.

Quand, en 767, **Shodo Shonin** (735-817) et ses disciples veulent explorer le mont Nantai, ils sont arrêtés par les eaux tumultueuses de la rivière Daya. Répondant à leurs prières, la divinité Jinja Daio apparaît avec deux serpents, un rouge et un bleu, qui s'emmêlent au-dessus de la rivière jusqu'à former un pont qu'emprunte alors Shodo Shonin. Selon certaines interprétations, les sons « ka » (signifiant feu et rouge) et « mi » (eau et bleu), forment ainsi le terme *kami* (esprit). La pierre **Gejo Ishi** (*Gejo* signifiant mettre pied à terre) placée face au pont rappelle que seuls les shoguns et l'Empereur pouvaient emprunter ce pont. Il n'a pris sa forme actuelle que lors de sa reconstruction en 1636, sous le règne du troisième shogun Tokugawa. Emportés par une inondation, rebâtis en 1907, consolidés avec des *torii*, ses 27 m de long sont désormais franchissables moyennant une obole.

AGYO ET UNGYO

Bouche ouverte, « ahhhhhh » est le premier cri que l'on pousse. Lèvres closes, « ummmm » est le dernier son. Deux sons que la tradition sanscrite synthétise sous la syllabe sacrée « Om ou Aum » reprise par le bouddhisme. Si nous observons les *ni-oh*, ces deux gardiens protecteurs éternellement placés à l'entrée des temples bouddhiques japonais, il revient au premier des deux, Agyo, toujours représenté avec la bouche ouverte, de prononcer le premier son (A) et à son complice Ungyo, lèvres closes, d'en émettre le dernier (Um). Ainsi, ces deux divinités symbolisent-elles le commencement et la fin de chaque chose, première pensée qui doit guider nos pas dès qu'on pénètre dans une aire sacrée.

Kosugi Hoan Museum of Art 小杉放庵記念日光美術館 B1

Tlj sf merc. 9h30-17h (dernière entrée 16h30) - 700 ¥.

Il présente les œuvres de Kosugi Hoan (1881-1964), peintre et dessinateur de talent. Kosugi est notamment très connu pour avoir illustré avec le Tora no Maki (« rouleau de tigre ») la couverture du premier livre écrit sur le karaté par le maître Funakoshi *(voir p. 683 et p. 599)*.

LES TEMPLES

Le Rinno-ji, le Tosho-gu, le Futarasan et le Taiyu-in sont rassemblés sur le même site, au nord du pont Shin-kyo, mais le billet combiné est suspendu pour l'heure.

★★ Rinno-ji 輪王寺 B1

À gauche du pont sacré, en haut de l'allée, 1er temple à l'entrée du site. 8h-17h (nov.-mars : 16h) - 400 ¥.

Shodo Shonin trouve la région montagneuse de Nikko si pure qu'il en fait la terre d'élection de la divinité Kannon. L'année même où il triomphe de la rivière Daya, il fonde le premier lieu de culte à Nikko et le Shironryu-ji (1er nom du temple) apparaît à quelques pas du pont sacré. Après que le moine Tenkai (1536-1643), patriarche de la secte bouddhique du Tendai-shu (*sûtra* du Lotus), eut réinvesti les lieux, il prend le nom de Rinno-ji et devient le point d'essaimage régional d'une quinzaine de temples bouddhiques répondant au même nom.

Une fois dépassée la grande sculpture en cuivre du prêtre Shodo, on se dirige vers l'enceinte du plus grand temple de Nikko, indexé (fait rare) sur les canons architecturaux de la secte Tendai. Le **Sanbutsu-do**★ ou « salle des trois bouddhas » *(en rénovation jusqu'en mars 2021)* abrite une statue d'**Amida-nyorai**★ de 26 m de haut (reste visible pendant les travaux). Ce bouddha Amitabha ou « de la Lumière infinie » très populaire pour sa compassion, est flanqué de **Senju Kannon**, (déesse aux 1 000 bras) et de **Bato Kannon** (déesse à tête de cheval, protectrice du règne animal et dévoreuse de nos mauvaises humeurs), deux métaphores de Kannon parmi les 33 existantes. C'est également dans ce hall que se déroule chaque année, le 2 avril, la cérémonie « des mangeurs de riz forcés », **Gohan Shiki**, destinée à conjurer le mauvais sort.

Face au temple, le **musée du Trésor**★ *(9h-17h - 300 ¥)* B1 expose par rotation une partie de son patrimoine bouddhique : 6 000 objets dont les plus vieux datent de l'époque Nara. Le **jardin de promenade du Shoyo-en**★★, créé à l'époque d'Edo, reproduit en miniature les paysages du lac Biwa près de Kyoto. Un grand plaisir.

★★★ **Tosho-gu** 日光東照宮 B1

Derrière le Rinno-ji - www.toshogu.jp/english - 8h-17h (nov.-mars : 16h) - 1 300 ¥.

On accède au plus important sanctuaire de Nikko par le Sennin Ishidan, « l'escalier en pierre des 1 000 hommes ». Il débouche sur un imposant **torii★** dont le granit a été importé de Kyushu (1618). Ce portique, le plus imposant jamais construit sous Edo, a perdu pour des raisons de sécurité son *shimenawa*, la fameuse corde en paille de riz qui révèle les lieux sacrés où demeurent les esprits divins. Elle menaçait le *torii* par son poids de 300 kg !

À gauche du *torii* s'élève la **pagode à cinq étages★**. Dressée en 1650, détruite en 1815, elle est reconstruite trois ans plus tard. Son pilier central, d'un diamètre de 60 cm sur une trentaine de mètres de hauteur (la tour mesure 36 m), est pendu *via* un système de chaînage au poutrage du 4e étage. Le pilier flottant à sa base permet, en cas de séisme, de tenir l'ensemble tout en épousant ses roulis. Les animaux dessinés au 1er étage représentent les 12 signes du zodiaque. Les trois roses trémières cerclées de noir, *Mitsuba aoi*, composent le blason des Tokugawa.

Un nouvel escalier en pierre conduit à la porte **Omote-mon★**. Celle-ci est un très bon exemple de syncrétisme religieux : d'un côté les gardiens **ni-oh**, protecteurs du panthéon bouddhique *(voir encadré p. 121)* ; de l'autre une paire de **Karajishi**, lions chinois en pierre, marquant le passage de l'aire profane à l'aire sacrée du sanctuaire. Ces lions sont accompagnés de 82 sculptures. Parmi celles-ci, deux félins aux robes différentes : rayée pour l'un, tachetée pour l'autre. Ce dimorphisme traduit la croyance, à l'époque d'Edo, selon laquelle le léopard était la femelle du tigre. La porte franchie, on pénètre dans une première cour : sur la droite, les trois entrepôts sacrés (**sanjinko**) stockent tout ce qui sert au *matsuri* annuel des mille guerriers accompagnant la procession du *yabusame (voir p. 126)*. Sur le **kamijinko** (le plus élevé des trois magasins), les étonnantes sculptures d'éléphants reflètent là encore le talent d'un artiste (d'après des dessins de Kano Tanyu) pour représenter des animaux qu'il n'avait jamais vus. Sur la gauche, l'écurie sacrée **shinyosha** abrite un cheval blanc. La monture, réservée au *kami* du shogun, est d'origine néo-zélandaise. L'écurie est ornée d'un rébus simiesque très populaire exécuté par le sculpteur **Hidari Jingoro** (1594-1634). En huit panneaux pédagogiques, les **sansaru★** (les trois singes) expliquent que notre cycle de vie sera épargné par le mal si nous nous comportons à l'image de ces trois singes dont les noms, Mizaru, Kikazaru et Iwazaru signifient respectivement : « Je ne vois pas ce qu'il ne faut pas voir », « Je n'entends pas ce qu'il ne faut pas entendre » et « Je ne dis pas ce qu'il ne faut pas dire ». Trois principes chers à la secte bouddhiste Tendai qui joue sur l'homophonie des syllabes : *zaru* (ne pas) et *saru* (singe).

Au fond de la cour, après le **Rinzo** (bibliothèque sacrée renfermant un peu plus de 6 000 *sûtra*), on accède au **Yakushi-do**. Ce temple bouddhique faisait

UN SILENCE OSTENTATOIRE

Bien que Tokugawa Ieyasu désirât un modeste sanctuaire, son petit-fils Iemitsu fit édifier à partir de 1634 le Tosho-gu, le plus grand mausolée du Japon. Son grand-père ayant entre-temps été divinisé, il voulait lui donner un écrin à la hauteur de son immortalité. Rien ne fut donc négligé pour bâtir cet édifice de style Momoyama aux accents baroques : 140 000 arbres abattus, 5 173 sculptures réalisées. Mis bout à bout, ce chantier représenterait 15 000 artisans sollicités pendant dix-sept mois. Une dépense évaluée aujourd'hui à 250 millions d'euros, soit le budget de fonctionnement du Louvre pendant quinze mois.

Tosho-gu à Nikko.
TB Photo / UIG/Universal Images Group / age fotostock

1

jadis partie du Rinno-ji et fut autorisé à rester dans cette enceinte shintoïste malgré la séparation des cultes imposée par la réforme Meiji. Détruit par un incendie, il a été reconstruit dans les années 1960 selon cette même réalité acoustique qui fait rugir le **Nakiryu**, célèbre dragon peint au plafond, dès que l'on claque des mains. Le dragon original, œuvre de Kano Eishin Yasunobu (1616-1685), a été restauré par Katayama Nanpu.

Au sommet d'un nouvel escalier surgit l'une des plus belles réalisations du Tosho-gu visible depuis 2017 après 4 ans de rénovation. Le **Yomei-mon★★★**, « portail de la lumière du soleil », également appelé *Higurashino-mon,* « la porte que l'on peut observer jusqu'au crépuscule » tant ses œuvres gravées sont nombreuses : 508 sculptures étagent ses 11 m de hauteur (130 000 artisans auraient participé !). Avec pour objet moins de distraire que d'impressionner les samouraïs d'un rang inférieur qui n'avaient pas d'autre choix que d'attendre devant cette porte dont l'accès leur était interdit. Parmi ce bestiaire fantastique,se détachent des licornes chinoises, des chevaux-dragons, des *iki* (dragons japonais sans moustaches mais avec des défenses), jouxtant des scènes d'enfants en train de faire un bonhomme de neige. Le portail est soutenu par 12 colonnes blanches peintes en blanc avec un pigment à base de poudre de coquillages et sculptées avec des motifs à volutes appelés *guri-mon* ; à l'exception du pilier gauche situé devant la porte et dont les volutes sont inversées. Un geste volontaire de la part des artistes pour signifier aux dieux qu'ils ne sauraient être leurs rivaux. La perfection étant perçue comme le commencement du déclin, il était même d'usage pour certaines écoles bouddhistes d'achever un toit en laissant volontairement trois tuiles manquantes. Admirez aussi, dans un médaillon de l'une des colonnes centrales, les motifs de « **tigres à essence de bois★** », leur robe jouant à merveille avec les contrastes imposés par les fibres et le grain du bois. Sous la porte, deux **dragons★** arpentent la plafond, l'un est dessiné face au ciel et regarde dans les huit directions, l'autre est tourné vers la terre et ses quatre directions. Tous deux ont été exécutés par **Kano Tanyu** (1602-1674), artiste préféré des Tokugawa *(voir encadré p. 245)*.

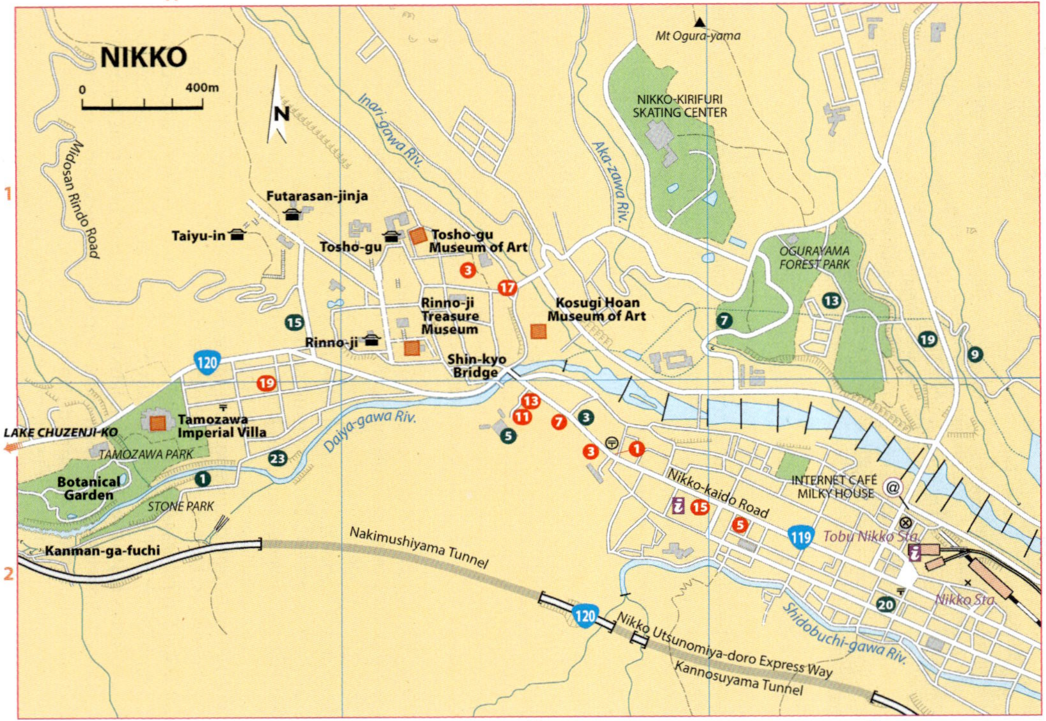

SE LOGER

- Annex Turtle Hotori-an ... 1
- Johsyu-ya Ryokan ... 3
- Logette Saint Bois ... 9
- Minshuku Rindou-no-ie ... 19
- Nikko Kanaya Hotel ... 5
- Nikko Koryu Sokushin Center kaze-no-hibiki ... 7
- Nikko Park Lodge ... 13
- Nikko Station Hotel Classic ... 20
- Turtle Inn Nikko ... 23

SE RESTAURER

- East Asai ... 1
- Gyoshintei ... 3
- Enya ... 5
- Hippari-Dako ... 7
- Shinmatsu ... 3
- Shokudou Suzuki ... 15
- Steak House Mihashi ... 11
- Suzuya ... 17
- Takai-ya ... 19
- Unagi Sawamoto ... 13

Passé le Yomei-mon, le hangar sacré apparaît dans la nouvelle cour. Le **Shinyosha** héberge les trois **mikoshi★★**, sanctuaires portables (allégés désormais à 800 kg contre 1 120 kg en 1636 pour aider les 55 porteurs actuels) et dédiés à Tokugawa Ieyasu, Hideyoshi Toyotomi et Minamoto no Yoritomo. Quand l'édifice est ouvert, on peut apercevoir, dansant au plafond, les plus beaux **anges bouddhiques★** du Japon.

Au nord de la cour, le beau **Kara-mon★**, portail chinois de 1617 (trois des sept divinités de la chance sont sculptées sur sa face ouest) donne accès au sanctuaire central : le **Honsha**. Celui-ci se compose du **Hai-den** (l'oratoire), du **Ishinoma**, la chambre des pierres, anciennement le corridor, et dont la fonction essentielle est de relier le monde des humains (le Haiden) à celui des dieux, le **Hon-den**. Ce dernier espace (*en rénovation jusqu'en 2024, voir www.toshogu.jp/english/heisei/index.html)* est le plus sacré du Tosho-gu puisqu'il héberge dans l'une de ses trois subdivisions, le Nainaijin, les *kami* de Ieyasu, Toyotomi et Yoritomo *(pièces fermées au public)*.

À défaut de visiter le Hon-den, on prendra, à droite du Hai-den, la direction du corridor qui mène au mausolée de Tokugawa Ieyasu. En passant, vous croiserez le **musée du Trésor** *(500 ¥)* qui expose quelques objets précieux du Tosho-gu. L'entrée du corridor est surtout célèbre pour son **Nemuri neko★**, sculpté au-dessous du linteau de la porte. *Le Chat endormi*, attribué au sculpteur Hidari Jingoro (1594-1634), écoute en fait le couple de passereaux sculpté dans son dos, de l'autre côté de la porte. Cette insolite cohabitation illustre les vœux pacifiques que Tokugawa Ieyasu avait formulés pour son pays avant de décéder. On ne sera donc pas surpris de croiser ce symbole de paix sur le chemin menant à sa tombe. Située quelque 200 marches plus haut, elle surgit au bout d'une sente de pierre abritée par de magnifiques cryptomères.

★ Tosho-gu Museum of Art 日光東照宮美術館 B1

Derrière le Tosho-gu - avr.-oct. : 8h-17h (nov.-mars : 16h) - 800 ¥.

Le prêtre supérieur du Choyokaku a su s'entourer des meilleurs artistes pour achever en 1928 ce qui était alors le bureau administratif du Tosho-gu. Sous l'égide de Yokoyama Taikan (1868-1958) se sont regroupés des artistes de grand talent comme Nakamura Gakuryo, Katayama Nanpu et Arai Kanpo. Parmi les 150 œuvres tatouant les portes et cloisons de cette bâtisse, le **Vieux Pin** dessiné par Arai ou le **Camélia** de Katayama façonnent des visions enchanteresses.

TOKUGAWA IEYASU, LE PROTECTEUR IMMORTEL

Le shogun Ieyasu (1542-1616) avait laissé quelques instructions avant de mourir : « Enterrez-moi au mont Kuno (préfecture de Shizuoka) durant les cinq premières années de ma mort ; puis construisez un petit sanctuaire à Nikko où vous m'enchâsserez comme un dieu. Alors je deviendrai le protecteur du Japon. » L'empereur Go-Mizuno-o divinisa le premier shogun d'Edo sous la forme de Tosho Daigongen : « Grande apparition illuminant l'Orient ». Ieyasu avait en fait choisi le site de Nikko pour sa position située au nord d'Edo (l'actuelle Tokyo), direction maléfique par laquelle fondent tous les démons. Ainsi Ieyasu entendait-il défendre comme un *tenno*, gardien céleste des autels, ce point cardinal. Une stratégie qui ne manqua pas de réussite. Le shogunat des Tokugawa (1603) n'a-t-il pas assuré au Japon une stabilité jusqu'en 1868, date de la démission du dernier shogun Tokugawa Yoshinobu ?

YABUSAME

Deux fois par an, à l'occasion du festival de Nikko, une cérémonie de *yabusame* se déroule au pied du sanctuaire Tosho-gu. Les concurrents doivent atteindre à l'arc trois cibles placées le long d'une piste sur un cheval au galop. Le *yabusame* n'est ni un sport ni un art martial, mais un rituel religieux dont l'objectif est de réjouir les dieux par son habileté et son pouvoir de concentration. Il n'y a ni vainqueur ni vaincu, seulement une quinzaine de cavaliers vêtus à la façon de Heian, Kamakura ou Edo, trois périodes importantes dans l'histoire de cette pratique. Les participants qui réussissent à toucher la cible sont honorés. Deux écoles sont homologuées pour former ces archers à cheval. Cinq ans minimum de pratique sont nécessaires.

★ Futarasan-jinja 二荒山神社 A1

À l'ouest du Tosho-gu - avr.-oct. : 8h-17h ; nov.-mars : 9h-16h - temple : 200 ¥, jardin : suppl. 200 ¥.

Fondé en 782 par le prêtre Shodo Shonin, ce sanctuaire reconstruit en 1610 possède un très beau **Hon-den★** (pavillon central) de style Momoyama. Il a été commandité en 1619 par le 2e shogun Tokugawa Hidetada (1579-1632). Consacré à Okuninushi no Mikoto, l'un des mythes fondateurs du shintoïsme *(voir p. 619)*, le sanctuaire vénère également les esprits divins des montagnes environnantes. Élevés en 1617, les trois sanctuaires portatifs protégés par le **shinyosha★** (hangar sacré) sont dédiés aux *kami* des monts Nantai (2 486 m), Nyotai (2 483 m) et Taro (2 368 m) symbolisant respectivement le père, la mère et l'enfant. Outre trois **pins noirs** millénaires *(kouyamaki)* plantés selon la légende par le prêtre Kukai, la vieille lanterne en bronze, appelée **lanterne des spectres**, captive l'imaginaire des visiteurs. Elle porte en effet des traces d'épée ou *katana,* qui seraient, selon la légende, le fait de bretteurs ayant croisé le fer avec des spectres attirés par la lumière. Les historiens évoquent quant à eux des coups de sabre assenés par les gardes pour chasser les écureuils volants alléchés par l'huile des lampes.

Le **Yayoi Matsuri** (une parade de chars fleuris provenant des différents quartiers de Nikko) se déroule dans l'enceinte du sanctuaire chaque année entre le 13 et le 17 avril.

★★ Taiyu-in 家光廟大猷院 A1

Face au Futarasan - 8h-17h (nov.-mars : 16h) - 550 ¥.

« Je servirai Ieyasu même après ma mort » avait déclaré Tokugawa Iemitsu (1604-1651), profondément respectueux envers son grand-père, le premier des shoguns. Aussi, son successeur, Tokugawa Ietsuna, quatrième shogun, décida-t-il dès 1652 de construire le mausolée de Iemitsu en l'orientant non vers le sud-est, comme le veut la tradition, mais vers le nord, afin qu'il puisse faire face au Tosho-gu où repose son aïeul.

La porte **Nioh-mon** est la première étape menant au mausolée. Elle est gardée par les fameux *ni-oh (voir encadré p. 121).* La deuxième porte, ou **Niten-mon★**, est la plus imposante de Nikko. Porte des Deux Dieux (Niten), elle est dédiée à **Jikokuten** et **Koumokuten**. Le premier, gardien de l'est, a pour attribut un sabre ; celui de l'ouest un pinceau et un registre déroulé. L'arrière de la porte est flanqué des divinités **Raijin**, dieu de la foudre, représenté avec tambour et baguettes, et **Fujin**, dieu du vent, élément qu'il emprisonne dans le sac en forme de traversin jeté sur ses épaules. La porte franchie, on croise les deux tours hébergeant l'une une cloche *(shoro)*, l'autre un tambour

Lac Chuzenji, au nord-ouest de Nikko.
Brisana / iStock

1

(koro), éléments yin et yang d'une harmonie sonore qui se répondent au-dessus des 33 lanternes jalonnant le chemin. Ce dernier conduit d'abord au **Yasha-mon★**, magnifique porte ornée d'arabesques où domine le motif de la pivoine (symbole de prospérité) puis, au **Kara-mon**, portail de style chinois *(Kara)*. Le mausolée est alors à quelques pas. On découvre d'abord le **Hai-den★** (oratoire). **Cent quarante dragons** ornent le plafond d'une superficie de 64 tatamis auquel fait écho le **lion chinois**, œuvre des frères Kano Tanyu et Eishin, peint sur le mur. La pièce principale, le **Hon-den**, est éclatante. Dans ce faste s'ébrouent des dragons volants, l'un en direction du ciel *(shoryu)*, l'autre fondant sur la terre *(koryu)*, sous l'œil impassible d'un phénix peint sur le plafond en croisillons. On arrive alors devant l'étonnante porte **Koka-mon★**, blanche et or, d'inspiration Ming. C'est derrière cette porte close *(interdite au public)* que se trouve l'*Okunoin*, espace sacré où repose Iemitsu, le troisième shogun de la dynastie des Tokugawa. Décédé à Ueno (nord de Tokyo), il fut acheminé ici après un voyage de quatre jours.

À L'OUEST DE LA VILLE

★★ Balade de Kanman-ga-fuchi 憾満ガ淵 A2

On démarre cette belle promenade à partir du Stone Park derrière l'hôtel Hotori-an. On rejoint la rivière Daiya, surnommée ici « l'effondrement de Kanman-ga », en raison du phénomène géologique formé par la lave du mont Nantai. On tombe alors sur un magnifique alignement de **jizo★★**, placés en aval du très beau cimetière. Continuez jusqu'au pont Dainichi qui vous mènera sur l'autre rive.

★ Tamozawa Imperial Villa 日光田母沢御用邸 A2

8-27 Hon-cho - tlj sf mar. 9h-17h (nov.-mars : 16h30) - 510 ¥. Panneaux en anglais.
Cette résidence d'été de la famille impériale a été construite autour de la première demeure du clan Tokugawa Kishu, importée d'Edo en 1872. Prouesse technique, ses 106 pièces reliées les unes aux autres par des corridors (formant

ainsi 13 jardins intérieurs) sont situées sur un seul niveau. Il n'y a aucune marche. Créée au départ pour le prince Yoshihito (le futur empereur Taisho), la villa a été utilisée par trois empereurs jusqu'en 1947. Tout autour, le **jardin★**, splendide, est également ouvert à la visite. Il englobait à l'origine le jardin botanique et les faubourgs de Nikko.

À PROXIMITÉ

★ Chuzenji-ko 中禅寺湖 A2 en dir.

À 30 km au nord-ouest de Nikko. De Nikko (gare JR ou Tobu Nikko), bus n° 2, 1 ou 11. 50mn de trajet pour Chuzenji-ko. Ajouter 30mn pour Yumoto. Comptez 1 150 ¥ (aller simple) pour Chuzenji-ko, 1 700 ¥ (aller simple) pour Yumoto, sf si vous avez le Tobu Pass (voir Nos adresses à Nikko).

Sur cette belle route montagneuse, après avoir passé la fameuse « pente des 48 tournants », un premier arrêt au téléphérique d'Akechi-daira *(710 ¥ AR)* offre un beau **panorama** sur le lac Chuzenji et les cascades de **Kegon★** (97 m de hauteur), les plus belles de Nikko. Les rives du lac sont jalonnées de belles **villas**. Visitez en particulier celle de l'ambassade italienne, réalisée par l'architecte Antonin Raymond venu assister Frank Lloyd Wright dans la construction de l'Imperial Hotel *(voir p. 645)*. Ces villas ont vu le jour peu après que l'autorité impériale a autorisé les étrangers à voyager librement au Japon, à partir de 1899. Passé le lac, on peut prolonger sa route en traversant le plateau de Senjogahara pour gagner **Yumoto** et son petit lac Yunoko, « origine de l'eau chaude ». Cette station thermale, forte de neuf sources d'eau chaude, est l'une des plus réputées de la région.

Ashikaga 足利

À 80 km au nord-est de Tokyo. Prendre le train express Ryomo de la ligne Tobu-Isezaki qui part toutes les heures de la gare de Tobu-Asakusa (Tokyo). Descendre à la gare d'Ashikaga-shi (1h30, 2 000 ¥).

La ville d'Ashikaga abrite quelques Biens culturels importants et bénéficie d'un environnement naturel privilégié. Elle est dominée, au nord, par le mont Ashio tandis qu'au sud s'étendent des champs fertiles.

Ashikaga Gakko (Université d'Ashikaga) – *À 10mn à pied de la gare d'Ashikaga-shi - avr.-sept. : 9h-16h30 ; oct.-mars : 16h - 420 ¥.* Classée monument historique national, l'université d'Ashikaga a joué un rôle important dans l'histoire de l'éducation japonaise. On ne connaît pas exactement la date ni la période à laquelle elle fut fondée mais on est sûr qu'à l'époque de Muromachi (1336-1573), des livres scolaires – aujourd'hui classés Trésors nationaux – furent offerts à l'établissement par Uesugi Norizane. En 1550, l'université comptait plus de 3 000 étudiants venus de tout l'archipel pour apprendre le confucianisme, la divination et la médecine chinoise. Saint François Xavier la présenta au monde comme la plus célèbre et la plus grande université de la région. Son activité se poursuivit jusqu'en 1873.

Banna-ji – *À côté d'Ashikaga Gakko - tlj sf dim. et j. fériés - 400 ¥.* Ce temple bouddhiste de la secte Shingon, classé Trésor national, regroupe sept bâtiments historiques. Le sanctuaire, fondé en 1196 (ère Kamakura) par le seigneur Ashikaga Yoshikane, abrite une grande image du dieu Dainichi (héritée du clan Minamoto). À la fin de sa vie, le seigneur Ashikaga Yoshiyasu, cousin de Minamoto no Yoritomo – premier généralissime de l'ère Kamakura –, se retira sur le mont Koya *(voir p. 303)* pour devenir prêtre puis revint à Ashikaga. Reconnu comme l'un des trois fondateurs de la secte Shingon, Ashikaga Yoshiyasu est toujours vénéré parmi les prêtres.

Ashikaga Orihime – *À 15mn en taxi ou 30mn à pied à l'ouest de la gare d'Ashikaga.* La ville d'Ashikaga fut longtemps connue pour son industrie textile. En hommage aux tisseurs d'antan, un sanctuaire shinto a été fondé en 1937 par des volontaires de la ville. Situé sur une colline, il jouit d'une vue splendide sur la plaine du Kanto. Il a été classé Trésor culturel national en 2004.

Galerie d'art Kurita – *À 15mn en taxi ou 30mn à pied à l'est de la gare d'Ashikaga - tlj sf lun. 9h30-17h - 1 500 ¥.* Cette galerie abrite la plus grande collection au monde de **porcelaines et poteries Imari** et Nabeshima fabriquées pendant l'époque d'Edo (1603-1867) par le clan de Hizen Nabeshima. Les *Imari*, premières porcelaines fabriquées au Japon, étaient exportées dans les pays occidentaux, par la Compagnie néerlandaise des Indes orientales, mais aussi dans toute l'Asie *(voir p. 548)*. La galerie est entourée d'un jardin fleuri et verdoyant où l'on peut aussi admirer des maisons de style japonais.

Jardin botanique – *En face de la galerie d'art Kurita - 9h-18h - 1 700/300 ¥.* Dans ce jardin qui occupe une superficie de 40 000 m², les visiteurs peuvent admirer les fleurs de saison. Il possède notamment une glycine dont la treille court sur 800 m de long, magnifique en pleine floraison, près de 1 500 azalées centenaires, des milliers d'hortensias, des nénuphars de toutes les couleurs.

NOS ADRESSES À NIKKO

TRANSPORTS

En train

Gare JR et **gare Tobu Nikko** – *Au sud du centre-ville (à 2mn à pied l'une de l'autre)* C2. De Tokyo (Asakusa Station), plusieurs trains/j. par la Tobu Line *(1h50 de trajet - 1 360 ¥, 2 800 ¥ avec réserv. obligatoire selon train et horaires)*. Pour ceux qui veulent bénéficier de leur JR Pass, il faudra prendre la JR Utsunomiya Line (trains Yamabiko, Tsubasa ou Nasuno) de Tokyo Station jusqu'à Utsunomiya *(50mn)* puis la JR Nikko Line *(45mn - 2 590 ¥, 5 340 ¥ avec réserv. obligatoire)*. De Shinjuku Station (Tokyo), train régulier jusqu'à Utsunomiya *(1h40 - 1 940 ¥)*. Puis de Utsunomiya, à Nikko *(45mn, 760 ¥)*. Si vous désirez rejoindre Niigata (port d'embarquement pour Sado, *voir p. 221*), il faudra repasser par Tokyo (Omiya).

Se déplacer à Nikko

À pied – Les temples de Nikko se visitent à pied; à 20mn de marche du pont Shin-kyo; lui même à 20/30mn de marche de la gare Tobu Nikko.

En bus – De la gare Tobu Nikko, services réguliers pour les temples et les hôtels qui s'égrènent le long de la route principale. Mieux vaut prendre le bus à l'aller 290 ¥ (*500 ¥ AR*) pour arriver le plus tôt possible ; et revenir à pied jusqu'au pont Shin-kyo, pour déambuler ensuite le long de la route 119 jalonnée de boutiques et de restaurants.

Pass – Le **All Nikko Pass 4 jours** *(4 520 ¥/4 j)* comprend le trajet AR Asakusa-Nikko (Ltd Express ticket non inclus) et l'utilisation des Tobu Bus (World Heritage Loop) à Nikko, Chuzen-ji Onsen, Yumoto Onsen et Kotoku Onsen. Le **2 Day Nikko Pass** *(2 670 ¥/2 j)* comprend le trajet AR Asakusa-Nikko (Ltd

Express ticket non inclus) et l'utilisation du World Heritage Loop à Nikko.

HÉBERGEMENT

Nikko

PREMIER PRIX

Johsyu-ya Ryokan 上州屋旅館
911 Nakahatsuishi-machi B2 - *(0288) 54 0155 - www.johsyu-ya.co.jp/en/index.html - 8 ch.* -. Ce ryokan propose des chambres japonaises ou occidentales. Situation centrale et accueil chaleureux. Beaucoup de charme et petit prix !

Minshuku Rindou-no-ie
民宿りんどうの家
1462 Tokorono C1 - *(0288) 53 0131 - outdoor.geocities.jp/rindoutyan/Rindou.html - 5 ch. à partir de 7 560 ¥.* Un peu excentré à l'est de Nikko, des chambres coquettes sur ton de gentiane *(rindou)* dans une maison de famille.

Nikko Park Lodge
日光パークロッジ
2828-5 Tokorono C1 - *(0288) 53 1201 - www.nikkoparklodge.com - 12 ch., 1 dortoir (de 8 lits).* On se croirait dans un manoir à l'anglaise dans ce petit château entouré d'un parc. Beaucoup de charme et d'idées : *o-furo*, Internet, cours de yoga, dîners végétariens. Un peu excentré néanmoins mais pour les arrivées et départs, Ken, patron dynamique, sera votre chauffeur.

BUDGET MOYEN

Nikko Station Hotel Classic
日光ステーションホテル
クラシック *Aioicho, 3-1* C2 - *(0288) 53 1000 - www.nikko-stationhotel.jp - 72 ch. occid. et japonaises à partir de 9 700 ¥ pour une pers. et de 15 000 ¥ pour 2 pers.* Situé en face de la gare ferroviaire, ce tout nouvel hôtel est parfait dans sa catégorie : chambres très bien aménagées et parfaitement entretenues. Restaurant avec une salle lumineuse, café en terrasse, accueil prévenant et chaleureux. Splendides onsen et *rotenburo*. Il vaut mieux réserver à l'avance.

Nikko Koryu Sokushin Center Kaze-no-hibiki
日光市交流促進センター 風のひびき
2845 Tokorono C1 - *(0288) 54 1013 - www.nikko-kazenohibiki.com/en/index.shtml - 12 ch.* À 20mn à pied de la gare, un hôtel neuf qui évoque un centre de colonie de vacances. Chambres japonaises ou occidentales.

Turtle Inn Nikko
タートル・イン・日光
2-16 Takumi-cho A2 - *(0288) 53 3168 - www.turtle-nikko.com/turtle - 10 ch.* Depuis près de trente-cinq ans, le Turtle et ses dynamiques patrons se mettent en quatre pour une clientèle cosmopolite et routarde. Chambres calmes et de caractère. Et une superbe collection de tortues !

Annex Turtle Hotori-an
アネックスタートル・ほとり庵
8-28 Takumi-cho A2 - *(0288) 53 3663 - www.turtle-nikko.com/hotori-an - 11 ch.* Version cosy du Turtle, dont il est l'annexe, ce ryokan propose des chambres au calme côté rivière, un délicieux onsen et un espace salon très agréable.

Logette Saint Bois
ロヂテ・サンボア
1560 Tokorono C1 - *(0288) 53 0082 - www.sunfield.ne.jp/~l-sanboa/eng.html - 8 ch.* À 15mn à pied de la gare et à 30mn des temples. Beaucoup de charme dans ce petit chalet perdu au détour d'un chemin où la maîtresse de maison tisse sa toile (deux métiers à tisser !) sur fond de piano. *O-furo*, transfert assuré pour arriver et partir.

UNE FOLIE

Nikko Kanaya Hotel
日光金谷ホテル
1300 Kamihatsuishi-cho B2 - *(0288) 54 0001 - www.kanayahotel.co.jp/eng/nkh - 71 ch.* Avec 135 bougies soufflées en 2007, le Kanaya est l'un des plus vieux hôtels du Japon. Plafonds à caissons, en damier, en quadrillage de bois massif ou orné de moulures dans la salle à manger classique, tout est fait pour l'œil aguerri. Quant au palais, il pourra également jongler entre la cuisine française du dining-room, les sushis du restaurant japonais ou les curries du Maple Leaf.

Ashikaga

PREMIER PRIX

Hotel Wakasa ホテルわかさ
2374-2 Daimondori, Ashikaga-shi - (0284) 44 5353 - www.wakasa-h.co.jp - 41 ch. Business hotel très bien tenu, à prix raisonnable et idéalement situé près de Ashikaga Gakko, l'université la plus ancienne du Japon.

BUDGET MOYEN

New Miyako Hotel Honkan
ニューミヤコホテル本館
4254-2 Minami-cho, Ashikaga-shi - (0284) 71 3333 - www.newmiyakohotel.co.jp/en - 80 ch. Business hotel propre et convenable, situé juste à côté de la gare Tobu Ashikaga. Du restaurant, au 9e étage, vue sur la rivière Watarase.

RESTAURATION

PREMIER PRIX

Hippari-Dako ひっぱりだこ
1011 Kamihatsuishi-machi B2 - *(0288) 53 2933 - - 12h-17h.* Une petite salle où tables et murs sont estampillés de cartes de visite. Plats goûteux à petits prix : *teri-yaki, yakisoba, udon* au curry, etc.

Shokudou Suzuki 食堂すずき
581-2 Goko-machi B2 - *(0288) 54 0662 - - tlj sf merc. 11h15-14h30, 17h15-21h.* Cuisine italienne, chinoise, coréenne ou japonaise. Idéal pour les indécis…

East Asai
894-Naka Hatsuishicho B2 - *(0288) 54 0110 - - tlj sf mar. 11h30-14h,17h-20h30.* Mi-chinoise, mi-japonaise, une cuisine simple et goûteuse basée sur les produits locaux comme le *Yuba ramen, (870 ¥).* Nouilles servies avec cette peau de soja (se formant sur le lait de soja lorsqu'il est chauffé) très prisée autrefois par les moines bouddhistes et végétariens de Nikko pour ses qualités nutritives. Frais ou fermenté, le *yuba* s'appelle alors *nama*. Ce tout petit restaurant est tenu par un patron très amical parlant anglais, prompt à vous donner plein d'informations sur la ville…

BUDGET MOYEN

Suzuya 鈴屋
2315-1 Yamauchi B1 - *(0288) 53-6117 - - 11h-15h.* Spécialité de *soba, udon* et *yuba*, relevés de *sansho*, plante locale dont les habitants se servent pour épicer les plats.

Shinmatsu 新松
934-1 Nakahatsuishi-cho B2 - *(0288) 54 0041 - - tlj sf merc., 11h-15h, 17h30-23h.* Trois tables basses en enfilade au pied du comptoir et une patronne, aussi discrète qu'efficace, occupée à préparer tempuras de légumes, sashimis de daurade, etc.

Unagi Sawamoto 澤本
1019 Kamihatsuishi-machi B2 - *(0288) 54 0163 - - 11h30-13h40, 17h-18h40.* L'anguille est à l'honneur dans ce restaurant familial situé à 5mn du pont Shin-kyo. Sets variés préparés avec soin.

POUR SE FAIRE PLAISIR

Gyoshintei 堯心亭
2339-1 Sannai, à 300 m à l'est du sanctuaire Toshogu, situé dans l'enceinte du Nikko Fudouen B1 - *(0288) 53-3751 - www.meiji-yakata.com/pages/english.html - - 11h-19h30 - de 3 000 à 6 000 ¥.* Occasion unique de découvrir cette très réputée cuisine végétarienne bouddhiste (*shojin ryori*) dans le cadre enchanteur d'un site verdoyant et historique. Servi de la façon la plus traditionnelle le *kaiseki zen* peut comprendre une douzaine de plats : (tofu, *yuba*, pousses de bambous, *yokan* de Nikko, la fameuse gelée de haricots sucré) et pour les non végétariens, sashimi de dorade, truite grillée... Un plaisir de tous les sens.

Restaurant Enya
Nikkô えんや
443 Ichiya-machi C2 - *(0288) 53 5605 - www.nikko-enya.com - tlj sf lun. 11h-14h30 (dernière commande 14h), 17h-23h (dernière commande 22h).* Steaks, brochettes ou *shabu-shabu*. Une salle chaleureuse où l'on sert aussi d'excellentes bières.

Steak House Mihashi
ステーキハウス みはし
1158 Kamihatuishi-machi B2 - *(0288) 54 3429 - www.meiji-yakata.com/pages/english.html - tlj sf jeu. 11h30-20h (dernière commande), (en hiver 19h30).* Le meilleur bifteck de Nikko ! Menu complet ou viande au poids *(4 500 ¥/150 g de bœuf).*

UNE FOLIE

Takai-ya 高井家
4-9 Hon-cho A1-2 - *(0288) 53 0043 - www.nikko-takaiya.jp/link2.html - sur réserv. seult.* C'est sûrement une expérience assez unique qu'il vous sera donné de vivre si vous arrivez à réserver dans cet établissement un peu à part, tenu par la famille Takai depuis 1805. En cuisine, monsieur, un talent fou pour marier de nouveaux goûts à l'instar de la truite fumée marinée trois jours dans l'eau salée ou ces rouleaux de *yuba* au wasabi. Au service, madame, fine d'esprit et de corps, une geisha contemporaine aussi passionnante à écouter qu'à regarder évoluer. En salle, face à un jardin merveilleux, vous, hôte unique, car ici, pour bien recevoir, on reçoit peu. Alors, délassez-vous et entre les bruissements des *shoji*, écoutez donc le chant des grenouilles vertes, dont le plus grand amateur n'est autre qu'un descendant des Tokugawa. Chaque année, à la veille du festival de Nikko, il vient prendre son dîner au son des batraciens du jardin des Takai.

PETITE PAUSE

Salon de thé – Yuzawaya, *946 Shimohatsuishi-machi* B2 - *(0288) 54 0038 - www.yuzawaya.jp/link3.html - 10h-16h (dernière commande).* Deux tables agrémentées de crémaillère *(irori)* et une décoration toute rustique pour siroter un thé vert accompagné de gâteaux de riz fourrés.

ACHATS

Artisanat – Utakata, *918 Nakahatsuishi-machi* B2 - *(0288) 53 6465 - www.luxe-nikko.com - 10h-18h.* Kimonos, *obi*, *tabi* et superbes tissus dans cette boutique pleine de charme.

Excursions dans les préfectures de Saitama et Gunma 埼玉県と群馬県 Carte de région p. 24

Une échappée d'une ou deux journées dans ces deux préfectures situées au nord de la capitale permet de changer radicalement de décor : paysages naturels préservés, montagnes dont certaines avoisinent les 2 000 m, flore et faune sauvages sans oublier une multitude de onsen, ces sources thermales naturelles qui apportent délassement au corps et à l'esprit… Les Tokyoïtes y viennent en nombre le week-end, en particulier pendant l'automne. Quelle que soit la saison, vous y apprécierez une atmosphère typiquement japonaise.

Nagatoro 長瀞 A1

De la gare d'Ikebukuro, prenez la Seibu Line jusqu'à Kaminagatoro (2h, 1 210 ¥) via *Seibu Chichibu pour certains trains.*

Saitama Museum of Natural History – *200 m à gauche en sortant de la gare de Kaminagatoro - tlj sf lun. 9h-16h30, juil. août tlj 9h-17h (dernière entrée 30mn avt la fermeture) - 200 ¥.* Ce musée présente de façon originale la faune et la flore de la montagne. Des animaux empaillés « à toucher doucement », quatre décors de montagne peuplés des espèces locales, des dinosaures et un requin géant reconstitués vous y accueilleront.

Du musée, vous pouvez faire une jolie **promenade** le long de la rivière. Arrivé à la plage, remontez la rue commerçante jusqu'à la gare de Nagatoro où vous pourrez louer des vélos *(électriques ! 4h/1 500 ¥, 8h/2 500 ¥)* pour parcourir la ville et pousser jusqu'au sommet du **mont Hodo**, pour les cyclistes confirmés *(20mn ou 45mn à pied)*.

En redescendant, arrêtez-vous au **sanctuaire Hodosan-jinja★** à gauche. Récemment repeintes, les couleurs éclatantes des sculptures qui ornent ses murs valent le coup d'œil.

Redescendez la rue, tournez à gauche au grand torii *et prenez la 2e à droite.* Après le pont prenez à gauche et vous verrez sur votre droite le **Hozenji**. Ce petit temple campagnard abrite une sculpture murale représentant des dragons qui a conservé ses couleurs d'origine, bien qu'un peu passées.

En retournant sur Tokyo, n'oubliez pas de regarder passer l'**ancienne locomotive à vapeur** à la gare !

Minakami 水上 B1 en dir.

À 165 km de Tokyo par le Shinkansen (Hakutaka, Asama…) jusqu'à Takasaki (50mn), puis JR Joetsu Line pour Minakami (1h55, 3 020 ¥ ou 5 810 ¥ si réserv. oblig.).

Ski, randonnée, escalade, rafting, canoë et onsen : Minakami peut se prévaloir d'offrir de nombreuses activités revigorantes dans un cadre naturel, à 3h de route de la capitale. La ville s'étend sur un très vaste territoire le long de la Tonegawa, rivière sur laquelle ont été construits quatre barrages alimentant en eau les préfectures de Saitama et de Tokyo, soit 30 millions d'habitants. Au nord-ouest se dressent les reliefs impressionnants du Tanigawa-dake. Pas moins de 18 **onsen** surgissent dans la ville d'où la grande quantité de ryokan et *minshuku* de toutes catégories.

★ **Tanigawa-dake** – *accès par la route 291 ou 55mn en bus depuis la gare de Jomo-Kogen.*

L'excursion sur le Tanigawa-dake qui culmine à 1 977 m est incontournable pour prendre la mesure du site. Un téléphérique *(8h-17h, 9h de janv. à avril - 2 060 ¥ AR)* permet de monter jusqu'à 1 300 m, les marcheurs aguerris pourront ensuite rallier le sommet *(5h AR)* ou redescendre à pied dans la vallée ; plusieurs pistes de ski sont ouvertes pendant la saison hivernale.

Takumi no sato – *À l'ouest de la gare JR Jomou-kougen Station, accès par la route 17, carte en anglais disponible à l'office de tourisme.* La disposition de ce village date en partie de l'époque d'Edo : l'avenue Shukuba se trouvait alors sur la route de Mikuni par laquelle transitait vers Tokyo l'or extrait de l'île de Sado *(voir p. 221)*. Aujourd'hui, on peut y faire une agréable promenade entre boutiques d'artisans, restaurants et fermes. Ne manquez pas d'aller jusqu'au Tainei-ji, de l'époque de Kamakura (12e-14e s.).

Kusatsu Onsen 草津温泉 A1

À environ 3h45 de la gare de Shinjuku en JR bus express direct - à environ 140 km de Tokyo - www.visitgunma.jp/en/.

Kusatsu est un des onsen parmi les plus réputés et visités du Japon, pour la qualité et la quantité (32 000 l/mn) de ses eaux acides et sulfureuses.

Si la date exacte de sa fondation n'est pas connue, la localité est mentionnée dans des anecdotes de Yamato Takeru no Mikoto (héros légendaire du 2e s.) et de Gyoki (prêtre bouddhiste du 8e s.). On sait aussi que Minamoto no Yoritomo, le premier shogun (12e s.), avait l'habitude de venir se reposer à Kusatsu.

Pendant les guerres civiles du 16e s., beaucoup de soldats vinrent y soigner leurs blessures, ce qui finit par entraîner quelques troubles. À tel point que Shingen Takeda – l'un des *daimyo* les plus puissants de l'époque – finit par interdire l'usage des bains publics pour des raisons de sécurité.

C'est le professeur allemand Erwin von Bälz (1849-1913), invité par le gouvernement Meiji à enseigner à la faculté de médecine de Tokyo, qui reconnut les vertus médicales des eaux acides de Kusatsu et qui en fit la promotion hors des frontières du Japon.

Pendant l'hiver, la station propose également aux amateurs une piste de ski.

Filature de soie de Tomioka

En Shinkansen, ligne Joetsu-Nagano de la gare de Tokyo jusqu'à Takasaki (1h) puis ligne Joshin jusqu'à Joushu Tomioka (30mn) puis 15mn à pied - ☏ (0274) 64 0005 - http://www.tomioka-silk.jp/hp/fr/index.html - 9h-17h - 1 000 ¥.

Ce site exceptionnel demeure le témoignage de l'entrée du Japon dans la révolution industrielle moderne grâce aux techniques et savoir-faire français. Il illustre la relation d'interdépendance entre la France et l'Archipel devenu en quelques années le premier producteur et exportateur mondial de soie grège, principalement vers la France jusqu'en 1914. La filature a été inscrite au Patrimoine mondial de l'Unesco en juin 2014 et classée Trésor national du Japon en octobre 2014.

En 1870, le nouveau gouvernement de Meiji décide de lancer son projet national de développement de l'industrie de la sériciculture. Sur la recommandation d'Eiichi Shibusawa, il recrute l'ingénieur français Paul Brunat (1840-1908) qui, pour édifier la plus grande filature de l'époque dans le monde, choisit la ville de Tomioka située dans une grande région séricicole. L'architecte français, Edmond Bastien, conçoit les plans de ce **grand ensemble en brique★**, à l'architecture hybride qui réunit le meilleur des techniques françaises et japonaises. Cette usine modèle, dont tous les équipements viennent de France jusqu'au verre des grandes baies, débute sa production en octobre 1872 sous la direction de Paul Brunat et de cinq fileuses françaises qui forment les ouvrières japonaises. La filature est privatisée, vendue à la société de commerce Mitsui en 1893, puis rachetée par l'exportateur de soie grège Sankei Hara en 1902 et enfin, en 1938, par la société Katakura qui va arrêter la production en 1987, mais conserver en parfait état tous les bâtiments de l'usine et des habitations.

NOS ADRESSES À SAITAMA ET GUNMA

INFORMATIONS UTILES

Minakami

Minakami Tourism Association – À l'entrée de la gare - *✆ 0278 62 0401 - http://enjoy-minakami.com/en/ - 8h30-17h30.*

Minakami Town Office, Tourism and Commerce division – À 2mn de la gare - *✆ 0278 62 2111 - www.town.minakami.gunma.jp/ - 8h30-17h15.*

HÉBERGEMENT

Minakami

UNE FOLIE

Ryokan Tanigawa 旅館たにがわ
À côté de Tanigawa onsen - 524-1 Tanigawa, Minakami-machi - ✆ (0278) 72 2468 - www.ryokan-tanigawa.com - à partir de 39 020 ¥ en demi-pension pour 2 pers. - 29 ch. Très beau ryokan de construction récente mais de style traditionnel. Chambres occidentales ou japonaises, onsen intégré avec *rotenburo*.

RESTAURATION

Nagatoro

BUDGET MOYEN

Hanamizuki 花水木
499 Nagatoro - ✆ (0494) 66 1113 - choseikan.com/dininginfo/irorianhanamizuki - 11h-14h30 (dernière commande),17h30-19h30 (dernière commande), réserv. conseillée. Ce charmant restaurant avec vue sur la rivière sert de délicieux *udon (zuriageudon)* et poissons grillés. Vous y mangerez dans une pièce privée, autour d'un foyer carré creusé dans le sol et où cuisent les aliments. S'il n'y a plus de pièces privées disponibles, vous pouvez aussi manger dans l'autre aile du restaurant, moins chère : **Iwazakura**.

1

Filature de soie de Tomioka.
JTB Photo/UIG/Universal Images Group/age fotostock

L'est de Tokyo

Narita : 131 230 habitants. Sawara : 217 943 habitants

Les touristes étrangers s'attardent rarement à l'est de Tokyo, se contentant de transiter par le vaste aéroport de Narita dont la construction au milieu des rizières fut en son temps fortement décriée. Les environs comptent pourtant d'intéressantes attractions, facilement accessibles. À deux pas des pistes, l'agréable ville de Narita conserve en effet l'un des plus imposants temples du pays. Tandis qu'à Sawara, les rues bordant le canal semblent figées dans l'époque d'Edo.

S'INFORMER

Informations touristiques à Narita – *Omotesando - ☏ (0476) 24 3232 - www.nrtk.jp - tlj sf lun. 9h-17h, été 10h-18h. Annexe à la gare JR.*

SE REPÉRER

Carte de région p. 24 - Préfecture de Chiba, à 60 km de Tokyo.

ORGANISER SON TEMPS

Comptez une journée. Ces deux attractions peuvent aussi faire l'objet d'une excursion lors d'un long transit à l'aéroport de Narita.

Se promener Carte de région p. 24

Narita 成田 B2

Accès : trains des lignes JR et Keisei, ttes les 30mn vers Ueno et Tokyo (40mn à 1h30) et l'aéroport international (7-15mn).

De la gare JR, **Omotesando**, bordée des habituelles (mais attirantes) boutiques propres aux lieux touristiques, mène à la principale attraction de la ville : ★★ **Naritasan Shinsho-ji** – *À 15mn à pied des gares JR et Keisei. Ouvert 24h/24, gratuit.* Érigé au 10e s., ce temple bouddhique de la secte Shingon est dédié à Fudo-Myo-o, gardien de la loi. Son expansion impressionnante débute au 17e s. avec le transfert de la capitale à Edo puis la popularisation de la figure de Fudo-Myo-o par un célèbre acteur de théâtre kabuki. Depuis, les pèlerins affluent à Narita qui, de nos jours, accueille annuellement 10 millions de visiteurs. On déambule entre les différents édifices (classés pour les plus anciens), détaille les ornements très colorés de la pagode proche du hall principal, tout en profitant de l'immense parc alentour. Le temple s'anime particulièrement lors de festivals, très populaires, au Nouvel An et le 3 février.

Sawara 佐原 B2

À 17 km au nord-est de l'aéroport de Narita. Train JR Narita Line, 30mn, 500 ¥.

Cette petite ville est réputée pour son beau **quartier de l'époque d'Edo** *(à 15mn de marche de la gare)* constitué d'échoppes, de maisons de marchands (enrichis par le commerce fluvial du riz) et d'auberges traditionnelles photogéniques bordant une rivière. Parmi les édifices marquants, voyez l'étonnant pont *jah-jah* et la résidence du cartographe Ino Tadataka (1745-1818) transformée en musée *(☏ 0478 54 1118 - tlj sf lun. 9h-16h30 - 500 ¥)*. Sawara est également connue pour son beau **festival** de rue bisannuel *(juil. et oct.)* durant lequel des reproductions géantes de héros mythologiques sont portées par la foule. Quelques-unes sont visibles le reste de l'année au Dashi Kaikan *(3368 Sawara - tlj sf lun 9h-16h30 - 400 ¥)*.

À 5 km au nord de la ville *(20mn en bus depuis la gare)*, le jardin botanique *(8h-18h - 700 ¥)* est réputé pour les iris (1,5 millions) qui y fleurissent de mai à juin.

Le mont Fuji 富士山

★★★

Hakone : 11 786 habitants

« Un homme sage gravit le mont Fuji une fois. Un fou deux. » Si l'on peut encore faire sien ce proverbe japonais, cela tient moins aux difficultés pédestres qu'au nombre de grimpeurs avec qui on partagera ce rare privilège de cheminer sur le plus haut sommet du Japon… à la queue leu leu. Pour un Européen, c'est une expérience aussi évitable qu'inoubliable. La force des mythes. Pour les Japonais, le mont Fuji reste une montagne sacrée, vénérée au moins depuis douze siècles et visitée chaque année par 17 millions de visiteurs. L'emblème de l'archipel, avec son élégance harmonieuse, a fière allure, il est vrai, quand on le voit de loin. Et cette image-là n'est pas près de s'estomper.

NOS ADRESSES PAGES 143 ET 150
Hébergement, restauration, achats, activités, etc.

S'INFORMER

Informations touristiques à Hakone – Tourist Information, *Hakone-Yumoto Station* - *(0460) 85 8911 - 9h-17h45.* Excellentes informations en anglais.

Office du tourisme de Fujiyoshida – Tourist Information, *Fujiyoshida Station* B1 - *(0555) 22 7000 - 9h-17h.* Cartes et explications détaillées.

Informations touristiques à Kawaguchiko – Fujikawaguchiko Town Tourist Information Center, *Kawaguchiko Station* B1 - *(0555) 72 6700 - tlj 9h-17h.* Cartes et explications détaillées.

Fuji World Heritage Center – *6663-1 Funatsu* B1 - *(0555) 72 0259 - 1er-17 juil. 8h30-18h, 18 juil.-26 août : 8h30-22h, 27 août-fin sept. : 8h30-18h, reste de l'année : 8h30-17h.* Centre de présentation du mont Fuji.

SE REPÉRER

Carte de la zone p. 138, carte mont Fuji p. 147, carte de région p. 24 - Deux accès possibles : côté sud, par Hakone, à 100 km de Tokyo dans la préfecture de Kanagawa, le site de loin le plus fréquenté ; côté nord, par Kawaguchiko et Fujiyoshida. Le mont Fuji se situe précisément à 90 km de Tokyo dans la préfecture de Yamanashi.

À NE PAS MANQUER

L'Open Air Museum et le Pola Museum of Art de Hakone ; le musée d'Art Itchiku Kubota de Kawaguchiko ; le musée Mishima pour ses fervents lecteurs (lac Yamanaka).

ORGANISER SON TEMPS

Si la ville de Hakone peut être visitée au pas de course en une journée grâce à son solide réseau de bus, comptez plutôt deux jours. Le conseil est le même pour le mont Fuji. Les deux régions peuvent être combinées : des bus les relient *via* Gotemba mais l'idéal est de louer une voiture pour circuler à son rythme.

AVEC LES ENFANTS

Tenzan Open-Air Spa, le musée du Petit Prince et le checkpoint de Hakone.

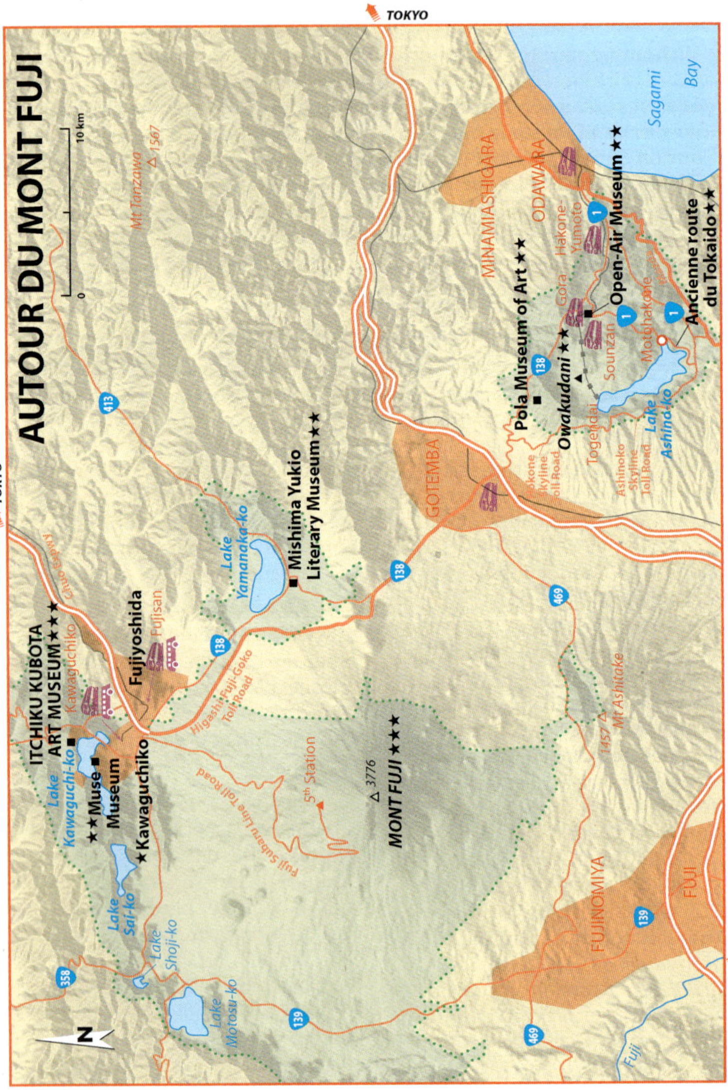
AUTOUR DU MONT FUJI
0
10 km
TOKYO
TOKYO
NAGOYA
N
Mt Tanzawa
△ 1567
413
Lake Yamanaka-ko
Mishima Yukio Literary Museum★★
ITCHIKU KUBOTA ART MUSEUM★★★
Chuo Expwy
Kawaguchiko
Fujiyoshida
Fujisan
138
Higashi Fuji-Goko Toll Road
Lake Kawaguchi-ko
★★Muse Museum
★Kawaguchiko
5th Station
△ 3776
MONT FUJI★★★
Fuji Subaru Line Toll Road
Lake Sai-ko
Lake Shoji-ko
Lake Motosu-ko
358
139
469
GOTEMBA
138
469
1457 △ Mt Ashitake
FUJINOMIYA
FUJI
139
Fuji
MINAMIASHIGARA
ODAWARA
Sagami Bay
Open-Air Museum★★
Hakone-Yumoto
Gora
Pola Museum of Art★★
Owakudani★★
Sounzan
Togendai
Motohakone
Lake Ashino-ko
Ashinoko Skyline Toll Road
Ancienne route du Tokaido★★
138
1

★ La région de Hakone Carte ci-contre

Le **parc naturel Fuji-Hakone-Izu** emprunte au Japon ses traits les plus caractéristiques : volcans, petits lacs, eaux thermales et futaies verdoyantes quand la lave n'a pas trop imperméabilisé le sol. Conséquence : Hakone possède les stations thermales parmi les plus réputées du Japon, à un peu plus d'une heure de Tokyo.

LA BOUCLE DE HAKONE

La ligne ferroviaire Hakone-Tozan, longue de 15 km, relie Odawara à Hakone-Yumoto (12mn), puis cette dernière à Gora (40mn).

★ Tenzan Open-Air Spa (Tenzan Tohji-Kyo) 天山湯治郷

Transfert de Hakone-Yumoto Bus Station (100 ¥) - Hakone-Yumoto (500 m après l'hôtel Okada) - 9h-22h - 1 300 ¥ (enf. 650 ¥) - nécessaire de bain non fourni.

L'un des plus grands complexes thermaux du Japon. Bains intérieurs ou extérieurs avec des températures d'eau différentes. Sauna, salons de massage des pieds à la tête. Les tatouages sont acceptés.

★★ Open Air Museum 彫刻の森美術館

Ligne Hakone-Tozan de Hakone-Yumoto à Chokoku-no-Mori Station - www.hakone-oam.or.jp - 9h-17h - 1 600 ¥.

Ce musée en plein air est une agréable surprise. On déambule autant avec ses jambes qu'avec ses yeux au milieu de sculptures superbement mises en scène par la nature. L'exposition s'appuie sur un fonds de 120 sculptures contemporaines (Henry Moore, Niki de St-Phalle, etc.). Un pavillon est dédié à Picasso.

Gora

Le terminus de la ligne est un village où l'on trouve commerces et hébergements. Plus au nord, de beaux paysages servent d'écrin à des musées remarquables.

★★ Pola Museum of Art ポーラ美術館

1285 Kozukayama, Sengokuhara - de la gare de Gora, bus jusqu'au musée (13mn - 300 ¥) ou taxi - www.polamuseum.or.jp/english/ - 9h-17h (dernière entrée 30mn av. la fermeture) - 1 800 ¥ - audioguide en anglais.

Ce musée privé est logé dans un superbe édifice contemporain cerné par la forêt. Il possède une exceptionnelle collection de **peinture française des 19e-20e s.** (Monet, Renoir, Degas, Picasso, Matisse, Cézanne) rassemblée par M. Suzuki Tsuneshi, PDG d'un groupe de cosmétiques. Des collections d'objets d'art, d'ustensiles cosmétiques et de sculptures complètent la visite.

★ Musée du Petit Prince 星の王子さまミュージアム

909 Sengokuhara - de la gare de Gora, Tozan Bus jusqu'au musée - www.tbs.co.jp/l-prince/ - 9h-18h (dernière admission 17h) - 1 600 ¥ (enf. 700 ¥).

Les lecteurs de Saint-Exupéry ne seront pas déçus même si les reconstitutions semblent sortir d'un moule hollywoodien. L'information est là, pour l'essentiel, dans une mise en scène qu'aurait pu réaliser Vincente Minnelli. Jeter un coup d'œil au café de St-Germain-des-Prés, logé derrière le château de St-Maurice-de-Rémens, où l'écrivain passait ses vacances quand il était enfant.

★ Lalique Museum Hakone 箱根ラリック美術館

186-1 Sengokuhara - de la station de bus de la gare de Hakone, bus ligne T quai n° 3, arrêt Sengoku Annaijo-Mae (25mn) - 9h-17h (dernière entrée 16h30) - 1 500 ¥.

1

Niché dans un jardin orné des plantes et des fleurs préférées de l'artiste, le musée rassemble un fonds exceptionnel d'œuvres du verrier français René Lalique (1860-1945). Parmi les 1 500 pièces constituant cette collection, 230 œuvres exposées témoignent du talent de ce génie des arts décoratifs et de son inspiration créatrice qui doit beaucoup à sa fascination pour la nature – elle-même au cœur de l'art japonais. Profusion de flacons de verre délicats au rdc, vases à fleurs d'exception à l'étage ; la section consacrée aux bijoux – malheureusement trop courte – est éblouissante et rend un vibrant hommage à la vision artistique originale de Lalique qui aura marqué les époques de l'Art nouveau et de l'Art déco. Un salon de thé agréable et sa terrasse donnant sur une pelouse impeccable complètent la visite.

★★ Vallée Owaku-dani 大涌谷

De la gare de Gora, funiculaire jusqu'à Souzan (9mn) puis téléphérique jusqu'à la station Owaku-dani (1er arrêt) - gratuit avec le Hakone Free Pass (voir p. 143) sinon 850 ¥. La ligne de téléphérique voire le site lui-même peuvent être fermés en raison de l'activité volcanique (émissions de gaz) ; des bus de substitution sont alors mis en place - infos et tarifs : www.hakone.or.jp/en/ et www.hakoneropeway.co.jp.

En huit minutes, on s'élève de 741 m à 1 044 m pour découvrir la « vallée de l'enfer » : Owaku-dani. Celle-ci émergea il y a environ trois mille ans à la faveur d'une explosion volcanique qui saisit la montagne Kamiyama (1 438 m). Témoin de cette éruption, un paysage ravagé, couleur de bronze, hanté par les fumerolles et une roche transformée en argile laissant échapper des odeurs d'hydrogène sulfuré. Cette dernière fut d'ailleurs classée par le ministère de l'Environnement parmi les 100 premières odeurs du Japon, sans parler des propriétés qui nous échappent quelque peu. Possibilité de goûter des œufs noircis *(kuro tamago)* suite à leur immersion dans l'une des sources bouillonnantes *(6 œufs : 500 ¥)*.

Croisière sur le lac Ashi 芦ノ湖クルーズ

D'Owaku-dani, prenez le téléphérique jusqu'à Togendai (2 arrêts). À la sortie, suivez le flot des visiteurs qui rejoint l'embarcadère un peu plus bas. 20 mars-30 nov. : 9h30-17h ; déc.-19 mars : 9h30-16h40 - 1 000 ¥ AS, 1 840 ¥ AR.

De Togendai, les bateaux sillonnent en une cinquantaine de minutes les eaux de ce grand lac (18 km de long) jusqu'à Hakone-Machi. Traversée sans grande surprise, malgré l'intervention de quelques pirates pour l'inévitable pause photographique. Quelques beaux points de vue sur le mont Fuji.

Narukawa Art Museum 成川美術館

Le musée se trouve à deux pas du débarcadère de Hakone-Machi - 9h-17h - 1 300 ¥.

Présentation d'artistes japonais contemporains aux talents très inégaux. La plus belle peinture est finalement ce magnifique panorama dont on peut jouir du café. Petite collection de masques de nô.

★ Ancien Checkpoint (Hakone Sekisho) 箱根関所

Longez le lac Ashi en direction du nord (environ 15mn à pied) - www.hakonesekisyo.jp - mars-nov. : 9h-17h ; déc.-fév. : 9h-16h30 (dernière admission 30mn av. la fermeture) - 500 ¥ (enf. 250 ¥).

ASHINOKO SKYLINE

Si vous vous déplacez en voiture, ne manquez pas d'emprunter cette **route panoramique★★** tracée sur les hauteurs surplombant la rive ouest du lac Ashi. En venant du sud (Yugawara, Odawara ou péninsule d'Izu), vous jouerez à cache-cache avec le mont Fuji qui apparaît ou disparait au gré des virages. Nombreux points de vue sur le parcours, notamment sur le mont Mikuni (1 102 m).

Cette reconstitution soignée (six ans de travail) explique comment ces « points de contrôle » mis en place par le shogunat Tokugawa fonctionnaient au quotidien pendant l'époque d'Edo. Celui de Hakone, établi en 1619, fut le premier des 53 relais-étapes de la route orientale joignant Edo à Kyoto. Outre le contrôle des hommes et des armes, la taxation des marchandises, les checkpoints avaient pour objet d'empêcher les femmes de quitter Edo. Cela permettait ainsi au shogun d'avoir un moyen de pression sur les *daimyo*, tenus de laisser leur famille dans la résidence aménagée près de la capitale. Ce système de présence alternée *(sankin kotai)* permettait aussi au shogun de museler le pouvoir et les finances de ses vassaux *(voir p. 64)*.

★★ Ancienne route du Tokaido 旧東海道

En face du checkpoint, l'avenue des Cèdres permet de rejoindre l'ancienne route du Tokaido. Ces cèdres, plantés le long de la route du Tokaido, étaient destinés à ombrager la marche des voyageurs au premier rang desquels figuraient les shoguns. Les nouveaux promus devaient emprunter cette route pour se rendre à la capitale Kyoto afin d'y recevoir l'investiture impériale. À partir du règne de Tokugawa Iemitsu, le protocole changea et ce fut au souverain d'envoyer à Edo l'émissaire porteur du mandat impérial. De cette **allée des cèdres★★** subsiste un tronçon de 2 km environ. En chemin, on pourra déguster un *ama-sake* (doux et sucré) à l'Amazake-chaya *(7h-17h30)*, maison de thé rustique où faisaient halte les samouraïs.

1

★ Sanctuaire de Hakone 箱根神社

Moto-Hakone (en longeant de nouveau le lac, direction nord-ouest) - gratuit.
On repère d'abord son *torii* planté dans les eaux du lac. Lové dans un écrin frais et verdoyant, au bout d'une majestueuse **allée de cyprès★★**, ce sanctuaire créé en 757 est un vibrant hommage à la nature.

À PROXIMITÉ

★ Oyama 大山

Au nord-est de Hakone - accès par la Odakyu Line au départ de Shinjuku (1h - 590 ¥) ou de Odawara jusqu'à la gare de Isehara-sortie nord puis bus n°4 (30mn - 310 ¥), arrêt Oyama Cable et 15mn à pied jusqu'au funiculaire.
Une belle étape à programmer à l'aller ou au retour de Hakone, de préférence au printemps ou à l'automne pour admirer la végétation dans tout son éclat. Le **mont Oyama** (1 252 m) – littéralement « la grande montagne » – est un lieu de pèlerinage fréquenté depuis des siècles, en particulier pendant l'époque d'Edo. Après avoir visité les sanctuaires accrochés au flanc de la montagne, les pèlerins se rendaient ensuite à Enoshima *(voir p. 114)* et Kamakura *(voir p. 107)*, situés à une trentaine de kilomètres au sud-est. Aujourd'hui encore, près de 500 000 personnes par an visitent le site.
La promenade peut s'effectuer complètement à pied ou en partie par le funiculaire *(630 ¥ jusqu'au Afuri-jinja)*. **Koma-sando**, l'allée qui mène aux sanctuaires, a conservé son aspect pittoresque : boutiques de souvenirs (notamment de toupies en bois), ryokans et restaurants – on déguste ici de délicieuses préparations à base de tofu – se succèdent le long de la pente.
Oyama-dera – *Au premier arrêt du funiculaire.* Le premier temple fut élevé au 8e s. par le moine Roben (689-773) du Todai-ji de Nara. Le bâtiment principal abrite un Trésor national, une statue en fer de la divinité bouddhique Fudo Myo-o, datant de l'époque de Kamakura (12e s.), visible uniquement les 8e, 18e et 28e jours du mois ainsi qu'au Nouvel An (29 déc.-3 janv.).

Oyama Afuri-jinja – *Au deuxième arrêt du funiculaire.* Situé à 700 m d'altitude, le sanctuaire est dédié aux esprits de la montagne « qui font venir la pluie », il est donc particulièrement vénéré par les agriculteurs, les pêcheurs et, à l'époque de Kamakura, par les samouraïs qui offraient traditionnellement un sabre en échange d'une protection. De l'esplanade, superbe **vue★★** par temps clair sur la baie de Sagami, les péninsules d'Izu et de Miura, les monts Tanzawa et le mont Fuji.
Les marcheurs les plus aguerris pourront continuer jusqu'au sommet *(1h30 de montée)* où se trouve un petit sanctuaire.

★ Château d'Odawara 小田原城

À 14 km au nord-est de Hakone-Yumoto (17mn en train par la ligne Hakone-Tozan - 310 ¥) puis 10mn à pied en suivant Ohoribata-dori. De Tokyo Station, 35mn par la ligne Tokaido Shinkansen - 3 540 ¥. 9h-17h (dernière entrée 30mn av. la fermeture) - fermé 31 déc.-1er janv. et 2e merc. de déc. - 500 ¥.

C'est le château le plus proche de Tokyo. Construit à l'origine au milieu du 15e s., il est passé aux mains de différents clans qui l'ont transformé à de multiples reprises car il occupe un site stratégique. Il a notamment été assiégé et pris par les armées de Toyotomi Hideyoshi en 1590. Détruit en 1870, il a été partiellement reconstruit en 1960 sur des plans de l'époque d'Edo : on peut voir aujourd'hui le donjon de 4 étages et 3 portes. À l'intérieur du donjon, un parcours muséal bien illustré retrace l'histoire du site. Au dernier étage, une plate-forme d'observation offre une belle vue sur la baie de Sagami et la ville.

Yugawara 湯河原

À 30 km au sud de Hakone - accès facile en train JR Express Odoriko de la gare de Tokyo.

À 100 km de Tokyo dans la préfecture de Kanagawa, cette ville bénéficie d'une vue magnifique sur la baie de Sagami et d'un climat doux. Yugawara est connue comme station thermale. Il y est déjà fait référence dans la littérature du 7e s. Ses eaux douces ont la réputation de soigner les blessures de la peau, les névralgies et les rhumatismes. Les visiteurs pourront apprécier leur qualité aux bains publics de Doppu no yu et Kogome no yu ou dans un des nombreux ryokan de la ville.
Proche de Hakone, Yugawara a su conserver une atmosphère paisible et authentique. En remontant la rivière Fujiki on arrive à Oku-Yugawara, forêt parsemée de ryokan traditionnels où de nombreux écrivains japonais, comme Shimazaki Toson, Natsume Soseki et Akutagawa Ryunosuke ont trouvé l'inspiration.

★ Presqu'île de Manazuru 真鶴

À 5 km de Yugawara. Accès 82mn en JR Tokaido de la gare de Tokyo ou depuis la gare de Yugawara par bus ou JR (une station).

Il fait bon se promener le long de la côte ou dans la forêt primitive protégée de cette presqu'île (Uotsuki Forest Reserve). La station balnéaire, les ruines d'un ancien château, le petit port ou encore la plage de Kotogahama permettent d'y passer un agréable séjour. De la pointe – **Mitsuishi Seacoast** –, très belle vue sur la baie de Sagami d'un côté et la péninsule d'Izu de l'autre, ainsi que sur les deux rochers « mariés ». Ne manquez pas le lever de soleil, qui attire de nombreux Japonais sur ce site le premier jour de l'année.

Si vous disposez d'une voiture, vous pouvez combiner les trois sites – Yugawara, Manazuru et Odawara – puis poursuivre vers Kamakura (*voir p. 107*, à 42 km à l'est d'Odawara), en suivant la côte du Shonan.

NOS ADRESSES À HAKONE

INFORMATIONS UTILES

Poste/Retrait – Poste d'Odawara Higashi, *8h-21h*. Poste de Yumoto, *9h-17h30*. Poste de Hakone-Gora, *9h-17h30*.

TRANSPORTS

En train

Le **Hakone Free Pass**, valable 2 ou 3 j., comprend la quasi-totalité des transports au départ de Shinjuku (AR) et des réductions sur certains sites. *Comptez 5 140 ¥ (2 j) et 5 640 ¥ (3 j) - www.odakyu.jp/english.*

De **Tokyo Station**, départs réguliers du JR Shinkansen *(35mn de trajet, 3 220 à 3 940 ¥)* et du JR Tokaido *(1h20, 1 490 ¥)* jusqu'à Odawara. De **Shinjuku Station** (Tokyo), départs réguliers de l'Odakyu Line *(env. 1h25, 880 ¥)*. Une fois à **Odawara Station**, comptez 20mn de bus *(370 ¥)* pour Hakone-Yumoto, 40mn pour Moto-Hakone *(env. 1 180 ¥)*. Ou prendre le train, lignes Hakone Tozan Tetsudo *(15mn, 310 ¥)* ou Odakyu Line Limited Express Hakone *(15mn, 510 ¥)* pour Hakone-Yumoto.

Pour Oyama, arrêt à Isehara, *voir p. 141*.

En bus

Odakyu Highway Bus, 18 bus/j. de Shinjuku Station pour Sengoku *(2h30 de trajet, 1 900 ¥)*.

Se déplacer à Hakone

En bus – Hakone Tozan Bus et **Izu-Hakone Bus** assurent des liaisons régulières entre les principaux sites.

En train funiculaire électrique – Pratique et pittoresque pour les sites répartis entre Hakone-Yumoto et Gora *(entre Hakone-Yumoto et Gora : 400 ¥/ticket)*.

HÉBERGEMENT

Hakone

PREMIER PRIX

Fuji-Hakone Guest House 富士箱根ゲストハウス – *912 Sengokuhara - ✆ (0460) 84 6577 - fujihakone.com/en - 14 ch.* À la fois auberge de jeunesse (service minimum) et *guesthouse*, la Fuji accueille les voyageurs du monde entier. Onsen, *rotenburo*, Internet, cuisine et salon. Mais surtout, un couple hyperactif et adorable engagé dans mille causes.

Moto-Hakone Guest House 元箱根ゲストハウス – *103 Moto-Hakone - ✆ (0460) 83 7880 - motohakone.com - 5 ch.* À 10mn du lac Ashi, une version miniature de la Fuji Guest House. Même couple aux commandes, mais l'accueil a été délégué à un ami anglophone. Sympathique et pratique.

BUDGET MOYEN

Choraku-so Nakaji Ryokan 長楽荘中路旅館 *525-58 Kowakidani - ✆ (0460) 82 2192 - 4 ch.* - . Charmant ryokan à deux pas de l'Open Air Museum. La patronne, impressionnante d'énergie pour ses 90 ans, orne les chambres de ses calligraphies.

Kiritani Hakone-so 桐谷箱根荘 – *1320-598 Gora - ✆ (0460) 82 2246 - kiritani-hakoneso.com - 24 ch.* - . Sur les hauteurs de Gora, superbe villa flanquée d'une annexe et transformée en ryokan. Vue splendide sur la montagne. Onsen et salons tatamis pour le dîner. Très belle adresse.

POUR SE FAIRE PLAISIR

Ryokan Hakone Suimeisou 箱根水明荘 – *702 Yumoto-Hakone - ✆ (0460) 85 5381 - www.suimeisou.com - 28 ch. - 26 000 ¥ pour 2 pers.*

1

avec dîner et petit-déjeuner. À deux pas de la gare de Hakone-Yumoto. Ce ryokan moderne dispose de chambres japonaises impeccables et spacieuses, toutes avec vue sur la rivière Haya voisine, plusieurs avec bain privatif sur la terrasse. Au dernier étage, un onsen lumineux grâce à de grandes baies vitrées. Bon rapport qualité/prix. Réservation conseillée.

UNE FOLIE

Takumi-no-yado Yoshimatsu 匠の宿 佳松 – *521 Hakone-Machi - ✆ (0460) 83 6661 - www.takuminoyado.com - 19 ch.* Superbe ryokan agrémenté d'un jardin intérieur et d'un onsen magnifique. Les chambres, très épurées, comprennent un *rotenburo* avec vue sur le mont Fuji.

Fujiya Hotel 富士屋ホテル – *359 Miyanoshita - ✆ (0460) 82 2211 - www.fujiyahotel.jp/en/index.html - 146 ch.* Flower Palace, Kikka-so, Forest Lodge, Restful Cottage, le Fujiya et ses annexes forment un véritable musée alliant éclectisme architectural à une histoire haute en couleur. Des visites guidées d'une heure de ce temple du *must* vous permettront d'en savoir plus et de partir sur les traces d'Einstein, de Charlie Chaplin ou des empereurs du Japon.

Yugawara

POUR SE FAIRE PLAISIR

Fukiya Ryokan ふきや旅館 – *398 Miyakami Yugawara-machi, Ashigarasimo-gun - ✆ (0465) 62 1000 - www.yugawarafukiya.com/en/index.html - 20 ch. à partir de 21 384 ¥.* Ryokan à l'architecture et à la décoration raffinées. Sept sortes de bains d'eaux thermales dans des cadres variés.

Manazuru

BUDGET MOYEN

Shoutokumaru しょうとく丸 – *1162-1 Manazuru Manazuru-machi, Ashigarashimo-gun - ✆ (0465) 68 1611 - shoutokumaru.co.jp/info.html - à partir de 8 640 ¥ ☕ - dîner possible avec suppl.* De la chambre, vue imprenable sur le lever et le coucher du soleil. Repas de poissons et coquillages pêchés le matin même.

RESTAURATION

Hakone

Attention, peu de restaurants sont ouverts le soir, car la plupart des ryokan servent à dîner.

PREMIER PRIX

Gyoza Center 餃子センター – *1300 Gora - ✆ (0460) 82 3457 - www.gyozacenter.com/index.html - tlj sf jeu. 💳 - 11h30-15h, 17h-20h.* Une salle chaleureuse pour déguster des raviolis fourrés au porc, aux légumes, au *natto*. En tout, une quinzaine de variétés au choix accompagnées de soupe miso. Essayez aussi son voisin, le Honfa, un restaurant chinois.

BUDGET MOYEN

Hatsuhana Soba Honten はつ花そば 本店 – *635 Hakone-Yumoto - ✆ (0460) 85 8287 - www.hatsuhana.co.jp/info.htm - tlj sf merc. 10h-19h.* Héroïne célèbre du siècle dernier, Hatsuhana sauva son mari malade en lui servant des *soba* à la pâte d'igname. La scène se passe à Hakone, ici même dans cette maison, qui depuis ne désemplit pas. Plat fétiche : le *teijo soba* à la pâte d'igname…

POUR SE FAIRE PLAISIR

Akatsuki-tei 暁亭 – *182-4 Yumotochaya - ✆ (0460) 85 7330 - w.-end et j. fériés 11h30-14h - 💳.*

Somptueuse maison en bois entourée d'un jardin et émaillée de salons épurés pour une cuisine *kaiseki* ultraraffinée.

Oyama

POUR SE FAIRE PLAISIR

Ryokan Asada
旅館あさだ – *594,Oyama Isehara-shi - ✆ (0463) 95 2035 - www5c.biglobe.ne.jp/~asada - déjeuner : menus à partir de 2 700 ¥, réserv. conseillée - ch. à partir de 13 500 ¥/pers. petit-déjeuner et dîner inclus.* Donnant dans Koma-sando, l'allée qui mène aux sanctuaires, ce ryokan se niche dans un petit jardin. On peut s'y restaurer de délicieuses préparations à base de tofu, spécialité de la ville ville.

Yugawara

BUDGET MOYEN

Shirako しらこ – *1-5-15 Dohi Yugawara-machi-Ashigarasimo-gun - ✆ (0465) 63 6363 - www.sirako.net/company.html - tlj sf lun. 11h30-14h30,18h-22h.* Près de la gare, petit restaurant japonais qui propose de délicieux repas de poisson. Formules déjeuner à partir de 1 600 ¥.

Herlequin Bis エルルカンビス – *744-49 Miyakami,Yugawara-machi- Ashigarasimo-gun - ✆ (0465) 62 3633 - herlequin.com/index.html - tlj sf merc. 11h30-13h30 (dernière commande), 18h-20h30 (dernière commande).* Cadre charmant, dans une futaie de bambous. Cuisine française inspirée du goût japonais.

ACHATS

Artisanat – Rokuro-Kobo-Katase – *103 Oshiba, Moto-Hakone - ✆ (0460) 83 6405 - 10h-17h.* Depuis soixante ans, M. Katase confectionne des poupées *kokeshi*. Classiques, contemporaines, il y en a pour tous les goûts, à tous les prix *(à partir de 25 000 ¥).*

ACTIVITÉS

Onsen

Onsen Yoshiike Ryokan – *597 Yumoto, Ashigarashimo-gun - mar., jeu. et w.-end : 11h-22h (dernière entrée 20h) ; lun., merc., vend. : 13h30-22h - 2 210 ¥, nécessaire de bain fourni (location yukata : 540 ¥).* Expérience inoubliable, les bains extérieurs en pierre sont magnifiques et spacieux. Ils ont vue sur le grand jardin japonais qui s'épanouit au cœur de ce ryokan de standing. Établissement à moins de 10mn à pied de la gare de Hakone-Yumoto.

★★★ Mont Fuji 富士山 Carte p. 289

Comptez 2 jours.

Le « Fuji-san » est un cône d'une parfaite harmonie dont le regard ne se lasse pas ; que l'on soit dans la préfecture de Yamanashi pour contempler sa face nord ou dans celle de Shizuoka pour admirer sa face sud. Son assise parfaite étaye un sommet d'une blancheur éternelle. À 3 776 m d'altitude, la neige n'abandonne pas le plus haut des sommets japonais. Ici, les *kami* sont des plus respectés : ils ont su souffler le chaud (la dernière éruption date de 1707) et soufflent encore le froid, même si là aussi le réchauffement climatique menace la puissance des divinités. Pourtant, à mesure que l'on progresse vers ce mythe, le désenchantement grandit. Les villes, tout d'abord, présentent peu d'intérêt. Le site ensuite, tellement fréquenté qu'on en vient à maudire ce qui nous a fait venir de si loin. Heureusement, quelques bonnes surprises comme dépêchées par une Kannon à tête de cheval, celle-là même qui dévore nos mauvaises humeurs, viennent atténuer notre déception. C'est aussi cela la force d'un mythe : nous convaincre parfois de ce qui n'est pas.

Le mont Fuji, et les sanctuaires, sources et auberges liées à son ascension sacrée, sont classés au patrimoine de l'Unesco depuis 2013. Les cinq lacs qui l'entourent (**Fujigoko**) sont une des zones les plus touristiques du pays.

FUJIYOSHIDA 富士吉田 B2

Ville de pèlerinage, plus exactement de passage pour les pèlerins se rendant au sommet du mont Fuji, Fujiyoshida garde de ce passé prospère de beaux témoignages. Chaque ville dépêchait un groupe de pèlerins *(fujiko)* sous l'égide du *oshi*, prêtre organisateur qui avait pour rôle de guider spirituellement et matériellement les pèlerins sur les hauteurs sacrées du mont Fuji. Selon leurs finances, les villes prenaient en charge ou partageaient ensuite les coûts de construction d'une maison de *oshi*. Fujiyoshida compta ainsi, à la fin de l'époque d'Edo, jusqu'à 82 auberges.

Le point de départ de tous ces pèlerinages sacrés est le sanctuaire **Fuji Sengen-jinja**★★ *(9h-17h)*. On l'approche par une belle allée jalonnée de lanternes moussues. Derrière le *torii*, l'ensemble cultuel – une superficie de près de dix hectares – prend racine avec des cèdres millénaires d'une majesté vertigineuse. Le principal bâtiment, le Hon-den, de style Momoyama et datant du 17e s., est dédié à plusieurs *kami* dont Konohana sakuya hime, divinité de la floraison (*Sakuya* aurait donné *sakura*, « cerisier en fleurs »). Cette divinité est d'autant plus populaire que la lave a rendu perméables bien des sols autour du mont Fuji. Konohana, d'une « fertilité à toute épreuve », dut même prouver sa fidélité en montrant qu'elle pouvait donner naissance au cours d'un incendie

YOSHIDA NO HIMATSURI

Ce *matsuri*, l'un des plus appréciés des Japonais, réunit plus de 200 000 personnes chaque 26 et 27 août. Il clôt la saison d'été pendant laquelle le mont Fuji est ouvert. Des feux de plus de 3 m de haut sont allumés le long des 2 km de l'artère principale de Fujiyoshida. Le 1er jour *(Chinkasai)*, les divinités quittent le sanctuaire pour être transportées en *mikoshi* (sanctuaire portatif) et *mikage* (celui-ci a la forme du mont Fuji) jusqu'à la maison de repos des divinités *(Otabisho)* où elles se régénèrent. Le second jour *(Susuki)*, elles reviennent au sanctuaire.

SE LOGER

Fujiyoshida Youth Hostel........ 5

Petit Hotel Ebisu-ya........ 3

Resort Inn Sakanoshita........ 11

Sunnide Resort........ 13

SE RESTAURER

Houtou-Fudo........ 3

Nagomi........ 5

ravageur. Cet acte inédit lui assure désormais d'autres pouvoirs : ceux de protéger du feu et de faciliter les accouchements. Du sanctuaire s'élève la **piste de Yoshida** dont on célèbre chaque année l'ouverture le 30 juin.

★ Fujisan Museum ふじさんミュージアム

2288-1 Kamiyoshida - bus de Gotemba, ligne Odakyu, arrêt Fuji Sanparku - tlj sf jeu. 9h30 -17h (dernière entrée 16h30) - 400 ¥, donne accès gratuitement le jour de son achat à la Togawa Oshi House.

Rénové en 2015, le musée Fujisan (à ne pas confondre avec le Fujiyama Museum voisin) retrace l'histoire du culte associée à la montagne la plus sacrée du Japon. Des mystiques fondateurs imprégnés de concepts shintoïstes et bouddhistes de la période Heian (794-1185) à la popularisation du pèlerinage religieux durant l'époque d'Edo (1603-1868), les nombreux objets, photographies et vidéos offrent un panorama relativement exhaustif. De la crainte initiale inspirée par ses violentes éruptions jusqu'à la fascination qu'exerce la beauté de son cône parfait. Malgré l'effort fait pour proposer des textes explicatifs en anglais, le détail des objets exposés est cependant en japonais. Audioguide en anglais gratuit.

Togawa Oshi House – *(3-14-8 Kamiyoshida, près de la gare Fujisan, arrêt de bus Hokuryo Koko, ligne Fujikyo - 9h30-17h, 100 ¥).* L'ancienne résidence de la Famille Togawa (18e s.) est représentative des maisons de *oshi* *(voir p. 146)*.

★ KAWAGUCHIKO 河口湖 B1

Le lac Kawaguchiko bordant la ville éponyme est le plus proche de Fujiyoshida (3 km) et un excellent point d'observation du mont Fuji. Au printemps, ses cerisiers en fleurs font les premiers plans des photographes. Deux musées valent aussi le détour.

★★ Kawaguchiko Muse Museum 河口湖ミューズ館 (与 勇輝館) B1

Kawaguchico-Ohashi Bridge - 9h-17h - 600 ¥.

Des poupées en tissu composent l'univers insolite de Atae Yuki. Cet artiste, né en 1917, est particulièrement doué pour donner à ses créations des expressions d'une incroyable intensité. À tel point que ces poupées ne nous parlent jamais d'elles-mêmes mais des rapports qu'elles ont avec autrui. Leurs expressions nous rappellent ce huis clos de la géométrie des sentiments que sont ces visages épinglés par la caméra d'Ozu.

★★★ Itchiku Kubota Art Museum 久保田一竹美術館 B1

2255 Kawaguchi, Fujikawaguchiko, à 25mn de bus ou 10mn de taxi de la gare de Kawaguchiko - tlj sf mar. avr.-nov. : 9h30-17h30 ; déc.-mars : 10h-16h30 - 1 300 ¥.

Ce lieu unique et original est à l'image du grand créateur qu'a été Itchiku Kubota (1917-2003). L'édifice central, une structure pyramidale charpentée par 16 cyprès millénaires, expose des kimonos contemporains d'une taille gigantesque. Ces « choses à vêtir », étymologie de *kimono* (deux ans de travail en moyenne par unité), font trois à quatre fois le poids d'un kimono normal. Chaque fil a été travaillé par une technique de teinture *(Tsujigahana)* utilisée entre le 14e et 17e s. L'ensemble de cette réalisation appelée « Symphonie de lumière » regroupe 80 kimonos inspirés par le thème des quatre saisons (seulement 30 sont exposés à la fois). La nouvelle aile inspirée par Gaudí abrite une collection de perles de verre Tombodama originaires de Mésopotamie et datant de 3 500 ans. Dans le jardin, cascade et salon de thé complètent la visite.

Le mont Fuji en automne.
prasit_chansareekorn / iStock

AUTOUR DU LAC SAI-KO 西湖 A-B1

Les nombreuses projections de lave ont fait apparaître quelques sites originaux. Parmi les 80 grottes que compte cette aire, celle des **chauves-souris (Sai-ko Bat Cave)** *(9h-17h - 300 ¥)* descend jusqu'à 380 m de profondeur. *De la grotte, prenez le Retrobus pour aller jusqu'au nord du lac Sai (10mn).*

Iyashi no sato Nenba いやしの里根場 B1

2710 Saiko-Nenba, Fuji-Kawaguchiko - www.fujisan.ne.jp/iyashi - mars-nov. : tlj 9h-17h ; déc.-fév. : tlj sf merc. 9h30-16h30 - 350 ¥.

Détruit par un typhon en 1963, ce **village traditionnel** de 235 âmes a été reconstruit en 2003 afin de réactiver des savoir-faire qui allaient être perdus. Des 40 maisons qui le composaient, une petite vingtaine ont été reconstruites avec des toits de chaume en forme de casque de guerrier *(Kabuto zukuri)* que seuls cinq artisans seraient aujourd'hui capables de réaliser. Dans certaines d'entre elles, une activité traditionnelle est présentée : poterie, tissage, poupées, encens (réalisé avec de la poudre de charbon de bois mélangé à du sirop de prune pour lui donner son caractère odorant).

AUTOUR DU LAC YAMANAKAKO 山中湖 C1/2

À 980 m d'altitude, le lac le plus grand (13,5 km de côté) et le plus élevé de la région est très fréquenté en été, particulièrement par les Tokyoïtes. Si pratiquement tous les sports d'eau sont envisageables, on trouve également au cœur de la forêt le plus important musée consacré à Mishima. L'ensemble de ce complexe qui a pour nom Bungaku no Mori Park présente aussi les travaux du journaliste Tokutomi Soho et du poète Tomiyasu Fusei.

★★ Mishima Yukio Literary Museum 三島由紀夫文学館 C2

À 5mn de l'arrêt de bus Bungaku-no Mori Koen - 10h-16h30 - 500 ¥.

Ce musée fourmille de documents originaux, jusqu'au bureau de l'écrivain Mishima Yukio, reconstitué avec minutie. Un lieu que tous les passionnés de l'auteur (*Confession d'un masque, Le Pavillon d'or*, etc., *voir p. 669*) ne doivent pas manquer.

★★ ASCENSION DU FUJI 富士登山 B2

Elle n'est autorisée qu'entre le 1er juil. et la mi-sept. Prévoir de quoi se couvrir, il ne fait que 5° au sommet.

Le mont Fuji est divisé en neuf *gome* ou niveaux, jusqu'à 3 776 m. Le premier niveau, Ichi-gome, correspond à 1 405 m d'altitude, le 2e, Ni-gome, à 1 596 m, etc. Aujourd'hui, la plupart des grimpeurs atteignent directement le 5e niveau, Go-gome (2 305 m), par l'un des nombreux services de bus que l'on trouve au départ des gares de Kawaguchiko, Fujinomiya ou Gotenba. Les trajets en bus (30 km environ) prennênt entre 50 et 60mn.

La traditionnelle ascension pédestre, la **piste Yoshida**, part du sanctuaire Kitaguchi Hongu Fuji Sengen-jinja à Fujiyoshida. Comptez environ 5h pour atteindre le 5e niveau. De la base, il existe plusieurs chemins pédestres pour se rendre sur Go-gome. Face nord, côté Kawaguchiko, on peut prendre la piste de Funatsu. Face sud, côté Shizuoka, celle de Fujinomiya, Gotenba (assez difficile) ou Subashiri. À partir du 5e niveau, tous les chemins se réduisent à deux options : face sud ou face nord. Au 8e niveau, les routes nord et sud finissent par se rejoindre à leur tour. Comptez 5 ou 6h de marche à partir du 5e niveau (env. 1 400 m de dénivelé). Les Japonais démarrent autour de 23h (ou de 20h du 1er niveau) pour arriver au sommet juste avant le lever du soleil (5h en été). Au sommet, le tour du cratère (800 m) se fait en 1h env. Comptez 2h pour redescendre jusqu'au 5e niveau.

NOS ADRESSES AUTOUR DU MONT FUJI

TRANSPORTS

En train

De Tokyo (Shinjuku Station), la Chuo Line mène à Otsuki *(8 trains directs/j, 1h30 de trajet, 1 320 ¥ ou 1h05 et 2 770 ¥ en Limited Express)* ou Keio Line avec changement à Takao *(1h30 de trajet, 1 320 ¥)*. À Otsuki, continuer par la Fuji-Kyuko Line jusqu'à Kawaguchiko B1 *(55mn, 1 340 ¥)*. Nous vous conseillons de privilégier le bus depuis Tokyo, beaucoup plus pratique.

En bus

De Shinjuku Station, départ regulier pour Fuji-san Sta. *(2h, 1 750 ¥)* et Kawaguchiko Sta. *(1h45, 1 750 ¥)*. De Tokyo Station, départ régulier vers Kawaguchiko Sta. *(env. 3h, 1 800 ¥)*.

Si vous arrivez par Mishima, prenez l'Express Fuji Bus entre Kawaguchiko et Mishima *(1h45, 2 260 ¥)*. Il vous faudra peut-être changer de bus à Gotemba.

Se déplacer au mont Fuji

En train/en bus – Env. 4 bus/h pour Kawaguchiko mais préférez le train *(5mn, 220 ¥)*. À Kawaguchiko Station, le **Retrobus** (carrosserie jaune et style années 1930) fait la tournée des sites majeurs *(1 300 ¥/2 j)*.

À vélo – Disponibles dans certains hôtels. Pratique pour Kawaguchiko.

HÉBERGEMENT

Fujiyoshida

PREMIER PRIX

Fujiyoshida Youth Hostel
富士吉田ユースホステル *– 2-339 Shimo-Yoshida Honmachi* B1 *- (0555) 22 0533 - www.jyh.or.jp/e/i.php?jyhno=2803 - - autour de 3 500 ¥ - pas de service de repas - fermé janv.-fév.* Dans une ancienne maison de ville, une toute petite auberge tenue par une famille attentive et accueillante.

Kawaguchiko

PREMIER PRIX

Resort Inn Sakanoshita
リゾートイン坂の下 *– 454 Funatsu* B1 *- (0555) 72 2193 - www.kawaguchiko.ne.jp/~sakanosita - 8 ch. - . Réservez.* Grande maison propre et lumineuse tenue par un couple adorable, natif du mont Fuji. Chambres à tatamis, terrasse, barbecue. Calme et pratique.

BUDGET MOYEN

Petit Hotel Ebisu-ya
プチホテルエビスヤ *– 3647 Funatsu* B1 *- (0555) 72 0165 - park20.wakwak.com/~ebisuya/menu01.html - 8 ch.* Imposant bâtiment blanc coiffé de tuiles rouges juste à la sortie de Kawaguchiko Station. Chambres japonaises avec vue sur le Fuji.

POUR SE FAIRE PLAISIR

Sunnide Resort サニーデリゾート
2549-1 Oishi B1 *- (0555) 76 6004 - www.sunnide.com/englishl.html - 29 ch., 25 cottages.* Cette ancienne villa, propriété d'un célèbre duc de Kyushu, est idéalement placée dans l'axe du lac et du mont Fuji. Elle fut rachetée par le père de M. Ide (Sunn-Ide !), qui ouvrit d'abord un restaurant puis un hôtel. Aujourd'hui, l'ensemble comprend un ryokan, un restaurant de renom et 25 cottages grimpant à l'assaut de la colline.

RESTAURATION

Autour du mont Fuji, le dîner se prend le plus souvent à l'hôtel ou au ryokan.

Kawaguchiko

PREMIER PRIX

Houtou-Fudo, Kawaguchiko-Minami-ten
ほうとう不動河口湖南店 *– 1672-2 Funatsu* B1 *- (0555) 72 5011 - www.houtou-fudou.jp/english.html - 11h-19h.* Une adresse rustique avec un vaste espace tatamis et de grandes tablées de bois noir, où l'on sert le *houtou* (potée d'*udon* aux légumes et champignons).

BUDGET MOYEN

Nagomi 和 (なごみ) *– 2719-114 Kawaguchi* B1 *- (0555) 76 6390 - www.navi-city.com/iine/nagomi.html - 11h30-14h30, 17h30-22h.* Petits salons tatamis avec vue sur le mont Fuji pour déguster des mets extrêmement raffinés : rouleaux de hareng au soja, coupe des mers, etc.

PETITE PAUSE

Salon de thé - Tenka-Chaya *– 2739 Kawaguchi, Fujikawaguchikocho* B1 *- (0555) 76 6659 - www.tenkachaya.jp/annai.html - 10h-jusqu'à la tombée du jour.* Cette maison de thé est célèbre pour avoir hébergé Dazai Osamu, illustre écrivain *(voir p. 669)*.

La péninsule d'Izu 伊豆半島

★★

Shimoda : 22 926 habitants - Shuzenji : 31 335 habitants

Difficile d'aborder cette péninsule sans parler de « La Danseuse d'Izu ». Dans ce court roman de Kawabata, la végétation luxuriante de cette presqu'île montagneuse devient vite le principal personnage du roman. Il est vrai que dans les années 1920, les sentiers décrivaient d'autant plus de lacets que le train ne sillonnait pas encore la péninsule. Mais déjà, la région attirait ses adeptes, particulièrement les Tokyoïtes qui, à moins de 100 km, aiment à se ressourcer dans ces paysages aux reliefs volcaniques où miroitent des bassins directement taillés dans la roche. Depuis, la péninsule s'est développée, la route 414 traverse même la presqu'île avec un célèbre pont en tire-bouchon ! Pour autant, Izu a évité le béton et a su garder les plus anciennes traditions hôtelières du Japon.

NOS ADRESSES PAGE 156
Hébergement, restauration, achats, activités, etc.

S'INFORMER

Informations touristiques à Shimoda – *1-2-1 Shimoda-shi (près de la gare) - www.shimoda-city.info/ - 9h30-17h.*

Shimoda International Club, Association de guides bénévoles. Réservez : sicshimoda@yahoo.co.jp.

Informations touristiques à Shuzenji – Association du tourisme municipal de Izu, *Shuzenji section locale, 838-1, à la sortie du village face à la poste - www.shuzenji.info/english.*

SE REPÉRER

Carte de région p. 24 - Préfecture de Shizuoka. À 100 km de Tokyo environ.

À NE PAS MANQUER

Une fois n'est pas coutume, si vous devez faire une folie, le ryokan Arai de Shuzenji vous laissera un souvenir impérissable *(voir p. 157)*.

ORGANISER SON TEMPS

Comptez trois jours pour profiter des onsen.

AVEC LES ENFANTS

Les promenades Wakano-ura et Chikurin no Komichi.

★★ Shimoda 下田

Toute l'histoire de la ville tient à son port ouvert aux puissances occidentales dès 1854 suite au **traité de Shimoda**, signé le 25 mai entre Hayashi Daigaku, ambassadeur plénipotentiaire du gouvernement shogunal, et le commodore Matthew C. Perry de la Marine américaine. Pour autant, son passé ne peut faire oublier sa géographie. Située à la pointe sud de la péninsule, Shimoda fut jusqu'à très récemment accessible seulement par bateau. Elle a pour atout une baie magnifique avec une végétation presque tropicale dont les essences noueuses s'ancrent au relief tourmenté. Il est vrai que le mont Fuji fut un voisin particulièrement turbulent.

Plage de Shirahama à Shimoda.
Kingfishers / iStock

À L'EST DE SHIMODA

★ Nesugata-yama 寝姿山

Prenez le téléphérique en face de la gare Izukyu Shimoda (1mn) - 9h-17h - 1 030 ¥ AR. Commencez par vous hisser sur le mont Nesugata, ainsi nommé parce que sa forme évoque celle d'une femme allongée. Du sommet (200 m), vous jouirez d'un panorama de toute beauté sur la ville et la baie.

Bay Stage Shimoda ベイ・ステージ下田

Longez la rivière Inouzawa en direction de la baie portuaire (15mn de la gare). Ce bâtiment en béton qui surplombe la baie comprend un intéressant musée d'Histoire portant sur la péninsule d'Izu et la ville de Shimoda, des temps les plus reculés jusqu'à nos jours *(9h-17h - 500 ¥)*. Sous le bâtiment, se déploie chaque dimanche matin *(8h-11h)* un pittoresque **marché aux poissons**. Possibilité de déjeuner dans l'une des gargotes attenantes *(9h-13h30 - 1 500 ¥)*.

★★ Gyokusen-ji 玉泉寺

À 40mn à pied de la gare en longeant la baie (ou bus nº 10 - 160 ¥) - 8h30-17h - musée : 400 ¥. Pendant trois ans, ce temple zen devint le premier consulat américain au Japon avant d'être transféré à Tokyo. Un petit musée présente différents objets personnels (vaisselles, verres) ayant appartenu au consul Harris et auquel rendit hommage, en 1979, l'ancien président Jimmy Carter. Notez aussi ces quelques daguerréotypes laissés par un marin et photographe russe, l'un des premiers à utiliser ce procédé photographique inventé en 1837. Sur les hauteurs du temple, deux petits cimetières, américain et russe, se répondent. On y trouve les tombes émouvantes des jeunes marins tués lors du typhon qui détruisit le *Diana*, vaisseau de l'amiral Putyatin. Plus insolite, le monument au lait commémore la première collecte de lait (tout au moins officielle) faite au Japon sur ordre du consul. Ce breuvage était encore inconnu au début du 19e s. pour la majorité des Japonais.

DE MAI MAI-DORI AU PORT

★ Hofuku-ji 宝福寺

Mai Mai-dori, à 10mn de la gare - 8h-17h - 400 ¥.

Ce temple est surtout visité pour son petit musée et l'une de ses tombes. Tous deux évoquent le souvenir de **Okichi Saito** (1841-1890). À seize ans, après deux années à se former pour devenir geisha, Okichi est contrainte par le shogunat à se faire *rashamen* (« mouton » : nom alors donné aux Japonaises prenant des Occidentaux pour amants). Le gouvernement pense que cette femme d'une grande beauté sera un atout supplémentaire dans les négociations qu'il ouvre alors avec le consul Townsend Harris (1804-1878). Le traité signé, Harris affecté à d'autres missions, Tojin Okichi, « l'étrangère Okichi », ainsi la surnommait-on, commence une vie d'errance et d'alcoolisme qui s'achève par sa noyade dans la rivière Inozawa. Comme personne ne réclame son corps, le supérieur du temple Hofuku-ji lui donne une sépulture, assurant à son insu (il fut d'ailleurs banni pour ce geste) la popularité du temple. Mizoguchi fut l'un des premiers cinéastes à s'intéresser à *L'Étrangère Okichi* (*Tojin Okichi*, 1930). Depuis, les séries n'en finissent pas de rendre hommage à cette femme qui épousa un étranger pour servir son pays.

★ Namako Kabe なまこ壁

À une dizaine de minutes à pied à l'est du temple, en direction de la rivière Inozawa.

Les murs de ces maisons traditionnelles (il en reste 13) sont faits à base de tuiles plates jointées les unes aux autres par un enduit blanc dont les bourrelets bruns ne sont pas sans ressemblance avec les holuturies (*namako* en japonais) ou concombres de mer. L'intérêt de cette technique très graphique (treillage en forme de losanges) est de donner peu de prise à la moisissure, particulièrement forte dans la région, mais aussi de résister aux incendies et aux typhons. Un programme de restauration, très coûteux (deux millions de yens par maison) est en cours.

★★ Musée d'Histoire de Shimoda 下田開国博物館

Continuez sur la Mai Mai-dori. 8h30-17h30 (dernière entrée 17h) - 1 000 ¥.

Ce passionnant musée retrace l'évolution de la ville après sa rencontre avec le commodore Perry. Une maquette montre par exemple de quelle manière le port dut s'adapter pour répondre aux besoins en eau et en charbon de ces nouveaux navires dont les Japonais ignoraient tout. On constate également comment le typhon qui détruisit le navire russe de l'amiral Putyatin permit aux Japonais de s'initier à ces nouvelles techniques de construction navale.

★★ Ryosen-ji 了仙寺

Au croisement de Mai Mai-dori et Perry Rd (à 5mn du musée d'Histoire) ou à 15mn de la gare (bus n° 6, 160 ¥) - 8h30-17h - 500 ¥ ou 1 000 ¥ pour la visite commentée (en anglais) à partir de 5 pers.

Le 25 mai 1854, l'ambassadeur du shogun Hayashi Daigaku et le commodore Perry signent dans ce temple le traité de Paix et d'Amitié qui allait mener à l'ouverture du port de Shimoda. Animé par le bouillonnant moine Daiei Matsui, le musée du Trésor attenant compte plus de 3 000 documents originaux portant sur cette période. On découvre ainsi, avec une vraie jubilation, la façon dont les artistes japonais représentaient ces « diables étrangers ». Le temple est aujourd'hui surnommé : « The Hall of opening the Nation ».

★ Choraku-ji 長楽寺

Perry Rd (à 10mn du Ryosen-ji) - 8h30-17h - gratuit (musée du Trésor : 500 ¥).
Le traité de paix russo-japonais fut signé dans ce temple le 15 octobre 1854. L'endroit, très fleuri, a beaucoup de charme. Un petit musée expose quelques souvenirs historiques et objets cultuels.
Du temple, on peut flâner le long de la **Perry Road** et de son petit canal bordé de maisons pittoresques, découvrir le buste de Perry et le restaurant **Anchokuro** qu'ouvrit quelque temps Okichi (quelques reliques à l'intérieur). Gagner le port ensuite.

★★ Port et promenade Wakano-ura 下田港・和歌の浦

La promenade, très agréable, longe le port puis la mer et se prolonge jusqu'à l'aquarium. Le chemin forme une boucle autour d'une colline abritant le parc de Shimoda.

★★ Shuzenji 修善寺

Cette bourgade a vu le jour pendant la période Heian. Le prêtre Kukai (774-835), connu plus tard sous le nom de **Kobo Daishi** *(voir p. 307)*, aurait fondé le temple Shuzen-ji après avoir découvert la source d'eau chaude Tokko no yu. Shuzenji se développe autour de son temple qui prend une nouvelle dimension historique avec l'exil de **Minamoto no Yoritomo** dans la péninsule d'Izu. C'est ici que le futur premier shogun du Japon rencontre son épouse, Masako, la fille de son ennemi Hojo Tokimasa. C'est là encore, après le décès du shogun, que son fils, Yoriie, est assassiné avec la complicité de Masako par celui qui devient le régent, Hojo. Prise de remords, Masako consacre le temple de Shuzen-ji, où repose son fils, comme l'objet de toutes ses dévotions. La ville a désormais, en sus de ses sources d'eau chaude d'une grande notoriété pour leurs qualités, un drame à résonance shakespearienne. Ajoutez à cela une hôtellerie des plus réputées, fréquentée par les meilleurs écrivains (Akutagawa, Kawabata, Inoue ou Soseki) et vous obtenez un site à très haute valeur touristique.

★★ Promenade Chikurin no Komichi 竹林の小径

Du pont Kaede au pont Katsura, le long de la rivière éponyme (env. 200 m).
Passé le pont, on observe au milieu des eaux de la rivière Katsura un petit kiosque très prisé par les Japonais. Il abrite la célèbre source d'eau chaude **Tokko no yu** qui, selon la légende, aurait jailli sous le coup de *tokko* (sorte de bâton tantrique rituel) porté au rocher par Kobo Daishi. Le moine aurait été ému par la vision d'un enfant soignant le dos malade de son père avec une eau beaucoup trop froide. La température est désormais de 41°.

★★ Shuzen-ji 修禅寺

Face au Tokko no yu - http://shuzenji-temple.com - 8h30-16h - musée : 300 ¥.
Ce temple, autour duquel se développe toute l'histoire de Shuzenji, de Kobo Daishi jusqu'à la famille Hojo, a brûlé à de nombreuses reprises. Au 15e s., Hojo Soun (1432-1529), qui finance sa construction, en profite pour le placer sous la protection de son cousin, le prêtre Ryukei Hanjoi, appartenant à la secte zen Soto. Ainsi, ce temple qui dépendait de la secte Shingon initiée par Kukai en 807, puis de celle de Rinzai à partir de 1275 et enfin de Soto depuis 1489, est finalement détruit en 1863 et reconstruit sous l'ère Meiji, pro-shintoïste et profondément anti-bouddhiste. De sa première période témoigne encore la sculpture de **Dainichi Nyorai★★**, Vairocana en sanskrit, « celui qui répand la lumière en tous sens ». Le Bouddha cosmique, auquel le temple est dédié,

1

LE MASQUE DE L'HORREUR

En 1203, **Minamoto no Yoriie**, 21 ans, fils du premier shogun, est obligé de s'exiler dans le temple Shuzen-ji. Il vient de comploter contre son grand-père maternel, le régent Hojo Tokimasa, qui l'a écarté du pouvoir. Un an plus tard, Yoriie est assassiné. Il aurait été empoisonné en s'immergeant dans une baignoire emplie de laque à son insu ; ce dont témoignerait ce masque de mort sculpté d'après ses traits révulsés envoyé ensuite à sa mère. Sous la plume de Okamoto Kido (1872-1939), grand maître du *tori-monocho* ou roman d'enquête policière, la pièce *Shuzen-ji Monogatari* (1908) donne à ce tragique épisode une incroyable popularité jouée aussi bien au Kabuki-za de Tokyo en 1911 qu'à Paris en 1927.

est en effet la figure centrale du *Shingon*, la « Vraie Parole » en japonais. Cette œuvre, exécutée par Jikkei, a été commandée par Masako pour le 7e anniversaire de son fils. Dans le **musée★** attenant, belles peintures bouddhistes, selle en nacre de Yoriie sans oublier bien sûr le célèbre **masque rouge** aux traits convulsés *(voir encadré ci-dessus)*.

★★ Shigetsu-den 指月殿

Face au Shuzen-ji. Traversez la rivière Katsura puis suivez les panneaux.

Dans ce petit temple tout en bois, le plus vieux de la péninsule d'Izu (13e s.), Masako crée une bibliothèque de *sûtra* pour apaiser l'âme de son fils mais aussi la sienne, sa complicité dans l'assassinat de ce dernier n'étant pas exclue. Adjacente au temple, dans le parc Genji situé au pied de la colline Shikayama, la tombe de **Minamoto Yoriie** (1182-1204) a été reconstruite en 1703 pour célébrer le 500e anniversaire de sa mort.

NOS ADRESSES DANS LA PÉNINSULE D'IZU

TRANSPORTS

Shimoda

En train – De Tokyo Station, Superview Odoriko *(2h30, 6 640 ¥)* ou Odoriko *(env. 2h45, 5 640 ¥)*. De Shinjuku, Superview Odoriko *(1/j, 2h50, 6 640 ¥)*. Ou Shinkansen jusqu'à Atami, puis changez pour prendre le train pour Shimoda. Dans le train en provenance de Tokyo, placez-vous à gauche pour bénéficier de la vue sur la mer et la côte d'Izu.

Location de vélos – Noguchi Rent-A-Cycle, *1-3-14, Shimoda, à 3mn à pied de la gare - 9h30-18h (16h hiver) - 2 000 ¥/j.*

Shuzenji

En train – De Tokyo, trains directs Odoriko *(2h10 de trajet, 4 190 ¥)* ou changement à Mishima pour Shuzenji Station. Pour Nagoya, Izuhakone Sunzu Line jusqu'à Mishima, puis Shinkansen Hikari *(2h15, 8 570 ¥)*.

En bus – De Shimoda pour Kawazu, allez en train, puis bus de Kawazu pour Shuzenji *(13/j., 1h30 de trajet, 1 700 ¥)*.

HÉBERGEMENT

Shimoda

PREMIER PRIX

Yamane Ryokan やまね旅館
1-19-15 Shimoda - ☎ (0558) 22 0482 - www.shimoda-city.com/#we-page-home - 9 ch. - (pas de cartes de crédit). Réservez *via* l'office de tourisme. Au cœur de la ville, un ryokan très bien tenu par un vieux couple attachant parlant à peine anglais.

POUR SE FAIRE PLAISIR

Shimoda Bay Kuroshio 下田ベイクロシオ
4-1 Kakisaki - ✆ (0558) 27 2111 - www.baykuro.co.jp - 42 ch. Si la coquille est quelconque, la vue est grandiose depuis les baies vitrées de ce ryokan tout confort.

UNE FOLIE

Kanaya Ryokan 金谷旅館
114-2 Kouchi - ✆ (0558) 22 0325 - 11 ch. À 10mn en taxi de Shimoda, l'un des plus beaux ryokan du Japon, une institution depuis 1866. Kawabata en parle dans ses livres et son superbe escalier fut immortalisé pendant le tournage de *La Danseuse d'Izu*.

Shuzenji

UNE FOLIE

Yagyu-no-Sho 柳生の庄
1116-6 Shuzenji - ✆ (0558) 72 4126 - www.yagyu-no-sho.com - 15 ch. Les Yagu, une famille de samouraïs célèbres pour avoir été les instructeurs d'arts martiaux des shoguns Tokugawa, ont créé ici un temple de la perfection. Pas un détail n'est laissé au hasard, des fleurs arrangées par une grande professionnelle d'*ikebana* au onsen auréolé de roses. Dojo de kendo attenant.

Arai Ryokan 新井旅館
970 Shuzenji - ✆ (0558) 72 2007 - arairyokan.net/english - (✆092 687 5312) - 24 ch. à partir de 24 840 ¥/pers., petit-déj. et dîner inclus. Un des plus beaux ryokan du Japon. Construit en 1872, l'hôtel est un modèle de raffinement, de subtilité architecturale en grande partie classée. Ses bains (7e s.) sont exceptionnels. Des visites sont même organisées pour les visiteurs non résidents. Un musée expose par rotation une partie de ses 700 pièces.

RESTAURATION

Shimoda

POUR SE FAIRE PLAISIR

Uo-Suke 魚助
1-6-8 Shimoda - ✆ (0558) 27 3330 - 11h30-15h, 17h-22h - fermé mar. Comptoir ou salon coquet à l'étage pour découvrir la spécialité de Shimoda : le *kin-medai*, « poisson aux yeux d'or » et à la chair tendre.

Shuzenji

PREMIER PRIX

Bokunenjin 朴念仁
3451-40 Shuzenji - ✆ (0558) 73 0073 - ginza-sasuga.jp/bokunenjin/index.html - 11h-15h - fermé merc. Si la vue est splendide depuis la baie vitrée jouxtant l'immense bambouseraie voisine, les *soba*, certes goûteux, laissent un peu sur sa faim.

BUDGET MOYEN

Matsuba Jyaya 松葉茶屋
4281-41 Shuzenji - ✆ (0558) 72 0576 - 10h30-15h, 17h-19h - fermé mar. Spécialité de *kamameshi*, un riz aux légumes servi dans une marmite de fonte.

Le centre de Honshu (Chubu) 2

L'automne dans les Alpes japonaises.
nevermode / iStock

LE CENTRE DE HONSHU (CHUBU)

OSAKA
OSAKA, KOBE
UTSUNOMIYA
3
4
A
B
C
1
3
SHIGA
MIE
AICHI
SHIZUOKA
YAMANASHI
NAGANO
SAITAMA
KANAGAWA
CHIBA
Gifu
Seki
Tajimi
Nakasendo
Inuyama
Tsumago
Magome
Seto
Nagoya
Yokkaichi
Toyota
Tsu
Chita Peninsula
Ise Bay
Mihama
Okazaki
Matsusaka
Futami
ISE
Mikimoto
Toba
Ise-shima
Osatsu
Anori
Baie d'Ago
Kashikojima
Toyohashi
Atsumi Peninsula
Hamamatsu
Tenryu
Shizuoka
Fuji
Kofu
MONT FUJI
3776
MONT TAKAO
Takasaki
Ashikaga
Urawa
Tone
TOKYO
Haneda Airport
YOKOHAMA
Odawara
Tokyo Bay
Chiba
Yokosuka
Futtsu
Kisarazu
Boso Peninsula
Suruga Bay
Kawana
Péninsule d'Izu
Shimoda
Sagami Bay
Oshima
Toshima
Shikine
Niijima
Kozu
PACIFIC OCEAN
TAKAYAMA ★★★ Vaut le voyage
Kanazawa ★★ Mérite un détour
Nagoya ★ Intéressant
Seto À voir

Chubu, le cœur du Japon

DE TOKYO À KYOTO PAR LES ROUTES

Cœur du Japon, entre les mégapoles de Tokyo à l'est et de Kyoto à l'ouest, la mer Intérieure au nord et l'océan Pacifique au sud, le Chubu est dominé par les Alpes japonaises et ses pics élancés. Appréciée pour ses pistes de ski, ses sources chaudes et ses sentiers de randonnée, la région juxtapose les grands centres urbains (Nagoya, Niigata, Nagano), les cités d'art et d'histoire (Takayama, Kanazawa) et de petits villages ruraux. Construite sous Edo, l'ancienne route Nakasendo traverse aujourd'hui encore cette région.

UN PAYS DE CONTRASTES

Grenier à riz du Japon, le nord ou Hokuriku est une bande de terre coincée entre une chaîne de montagne escarpée et la mer du Japon. Enneigée en hiver, chaude et humide l'été, cette région est un fief industriel et un lieu préservé d'artisanat et de sites traditionnels. Les sommets du parc national des Alpes japonaises au centre de Honshu, qui comptent parmi les plus hauts du Japon, dépassent souvent les 3 000 m. Les centres urbains ont également dans cette région une identité prononcée : Nagoya, quatrième plus grande ville du Japon, est le berceau des industries Toyota tandis que Nagano a accueilli les Jeux olympiques d'hiver de 1998. Des villes comme Kanazawa, autrefois peuplée de samouraïs et de geishas, Matsumoto et son château, Takayama, la cité des charpentiers et ses maisons traditionnelles au bord de l'eau ou encore le village de Gokayama et ses maisons de chaume aux toits descendant jusqu'au sol laissent un souvenir inoubliable de cette région qui a su préserver son authenticité.

VISITER LA RÉGION

SE REPÉRER

Entre le Kanto à l'est et le Kansai à l'ouest, le Chubu occupe la partie centrale la plus large de l'île de Honshu, soit 66 777 km². Le parc national des Alpes japonaises le traverse en son milieu (entre Nagano, Takayama ou Matsumoto), séparant le littoral nord-est (Hokuriku) et la façade Pacifique (Tokai). Nagoya, avec son aéroport international Centrair, forme la porte d'accès de la région.

À NE PAS MANQUER

Le sanctuaire d'Ise, les quartiers traditionnels de Takayama et de Kanazawa, les maisons de chaume de Shirakawa-go, la vallée de Kiso, le ski à Hakuba ou à Nozawa Onsen, le château de Matsumoto, le temple Zenko-ji.

ORGANISER SON TEMPS

Comptez une semaine pour Nagoya et sa région et une autre semaine pour un grand circuit allant de Nagano à Kanazawa.

Nagoya 名古屋

★

2 309 753 habitants (agglomération : 9 107 414) - Préfecture d'Aichi

Quatrième ville du Japon, fief de l'empire Toyota, la prospère Nagoya s'affirme désormais comme l'un des plus puissants moteurs de la croissance nippone. Des métiers à tisser aux automobiles en passant par les porcelaines et le pachinko (jeu qui y fut inventé), la ville fut, à l'orée du 20e s., le berceau du capitalisme manufacturier dans l'archipel. Un siècle plus tard, depuis l'Exposition universelle d'Aichi en 2005, elle est en passe de devenir le deuxième pôle industriel du pays. Sévèrement détruite par les bombardements durant la guerre, l'agglomération a été redessinée à la mode Toyota : un quadrillage de larges boulevards conçus pour les voitures, enjambés ici et là par des passerelles pour piétons. Pas vraiment touristique donc, cette métropole grise et tentaculaire ne manque pourtant pas de distractions ni de lieux à visiter parmi lesquels un château intéressant, un sanctuaire d'importance et un aquarium de tout premier plan. Dans les environs, Inuyama et Gifu sont autant de lieux d'excursions possibles. L'été, on y pratique la pêche au cormoran.

NOS ADRESSES PAGE 170
Hébergement, restauration, achats, activités, etc.

S'INFORMER

Office de tourisme – Dans la gare de Nagoya - *(052) 541 4301 - www.nagoya-info.jp/en - 9h-19h.* Dans le complexe Oasis 2, au sous-sol, devant la station de métro Sakae - *(052) 963 5252 - 10h-20h.*

Centre international de Nagoya – *1-47-1 Nagono, Nakamura-ku, 3 F Kokusai Center Bldg (sur Sakura-dori, à 7mn à pied de la gare) - (052) 581 0100 - www.nic-nagoya.or.jp/en/e/ - tlj sf lun. 9h-19h.* Informations en anglais (journaux, TV), accès Internet.

SE REPÉRER

Carte de région p. 160-161, A3 - Sur la côte Pacifique, dans la préfecture d'Aichi, à 360 km à l'ouest de Tokyo et 186 km à l'est d'Osaka, Nagoya s'étend principalement à l'est de son immense gare centrale où convergent les lignes JR (Shinkansen et autres), les lignes privées Meitetsu et Kintetsu, les bus et métros. La ligne de métro Sakura-dori mène, à 3,5 km à l'est, au parc Hisaya-odori où se dresse la tour de télévision et autour duquel s'étend le centre-ville, en particulier le quartier de Sakae, cœur de l'animation nocturne. Le château se trouve plus au nord, le port et le sanctuaire Atsuta-jingu au sud.

À NE PAS MANQUER

Le musée Tokugawa et l'aquarium de Nagoya. Le château d'Inuyama. Assistez à une pêche au cormoran à Gifu ou à Inuyama (en été).

ORGANISER SON TEMPS

Prévoyez un jour pour la ville et deux pour ses environs.

AVEC LES ENFANTS

Le port abrite des attractions ludiques et pédagogiques.

Se promener

Autour de la gare JR

Véritable ville dans la ville, la gare centrale de Nagoya, appelée aussi Meieki, voit passer plus d'un million de passagers par jour. Bâtie en 1999, c'est la plus grande gare du monde en superficie (41 km^2), grouillante de magasins, restaurants et hôtels. Au-dessus s'élèvent les deux tours blanches **JR Towers** (245 m de haut), au-dessous courent près de 6 km de galeries souterraines. Ignorant superbement la crise, le quartier alentour connaît une flambée immobilière : après la tour **Midland Square** (247 m) en 2006, devant la sortie centrale de la gare, est venue s'ajouter en 2007 la **Lucent Tower** (180 m) au nord, au profil légèrement incurvé, puis côté sud, en 2008, la **Spiral Tower** (170 m), à l'architecture totalement innovante. Ces gratte-ciel comportent tous bars et restaurants panoramiques à leur sommet, à voir de nuit.

Jardin Noritake ノリタケの森

À 10mn à pied au nord de la gare, métro Kamejima - musée et craft center : tlj sf lun. 10h-17h - 500 ¥.

Centre de production de céramiques depuis des siècles, la région de Nagoya assure aujourd'hui près de 90 % des exportations de porcelaines japonaises. Fondée en 1904, la société Noritake est le plus gros fabricant du pays. Le site de sa première manufacture sert désormais de musée où sont exposées de fines pièces anciennes de style Art déco et aussi l'atelier de démonstration des techniques artisanales de peinture sur porcelaine, toujours en vigueur de nos jours. Une boutique conclut la visite.

Musée Toyota de l'Industrie et de la Technologie
トヨタ産業技術記念館

À 500 m au nord du jardin Noritake, métro Kamejima - www.tcmit.org/english/ - tlj sf lun. 9h30-17h (dernière entrée 16h30) - 500 ¥.

Première entreprise du Japon et leader mondial de l'automobile, le titan Toyota est l'inventeur d'un système de production original et performant basé sur la prévention du gaspillage et des erreurs mis au point par son fondateur Toyoda Sakichi dans les années 1920. Celui-ci débuta en élaborant les premières machines à tisser du Japon avant d'investir dans l'industrie automobile naissante. Le musée, établi sur le site de son ancienne filature, retrace la saga de l'entreprise des origines à nos jours.

★ Château de Nagoya 名古屋城

Métro Shiyakusho - www.nagoyajo.city.nagoya.jp/13_english/index.html - 9h-16h30 (donjon 16h) - 500 ¥.

Ancienne ville fortifiée sur la route du Tokaido reliant Edo à Kyoto, Nagoya s'est développée autour de son château. Celui-ci fut construit en 1612 sur ordre du shogun Tokugawa Ieyasu pour son neuvième fils Yoshinao. La citadelle comportait un donjon à cinq étages dont le toit s'ornait fièrement de deux dauphins d'or *(kinshachi)*. Résidence de la branche Owari des Tokugawa jusqu'en 1868, c'était l'un des châteaux les mieux conservés du Japon. Il fut malheureusement réduit en cendres par les bombardements de 1945. Relevé en 1959, le **donjon**, haut de 46 m, forme une réplique fidèle de l'original incluant les dauphins dorés malgré une structure en béton armé et son sommet – où s'offre une jolie vue sur la ville – desservi par un ascenseur. Les anciens bâtiments en bois du palais Honmaru, qui s'étendait à ses pieds, devraient être reconstruits entièrement d'ici à 2018. Ce palais abritait notamment les somptueux paravents et *fusuma* ornés de peintures de l'école Kano exposés

LA FIÈVRE DU PACHINKO

Attiré par l'éclat des néons multicolores, vous franchissez les portes de la salle et aussitôt, un vacarme hallucinant vous étourdit. Là, en files serrées telle une ruche, les joueurs solitaires paraissent hypnotisés par les billes d'acier qui tombent derrière les vitres des flippers verticaux. Inventé à Nagoya dans les années 1930, le *pachinko* s'est hissé au 3e rang de l'économie des loisirs après les restaurants et le tourisme. Le pays compte quelque 18 000 salles (appelées *parlors*) équipées de 5 millions de machines. Près d'un Japonais sur quatre – étudiants, cols blancs, ménagères ou retraités – y jouerait régulièrement, dont quantité d'accros invétérés qui y passent leurs journées et y engloutissent leur salaire. Évoluant à la lisière de la légalité (les jeux d'argent sont proscrits au Japon), le *pachinko* est souvent accusé de profiter au crime organisé et au régime nord-coréen, qui en contrôleraient les juteux revenus en sous-main.

au premier étage du donjon. À l'est, l'ancien domaine du château abrite le beau **jardin Ninomaru**, bien agréable lors de la floraison des cerisiers. Son pavillon accueille une cérémonie du thé.

★★ Musée d'Art Tokugawa 徳川美術館

M° Ozone (sortie n° 3, 10mn à pied) - www.tokugawa-art-museum.jp/english - tlj sf lun. 10h-17h (dernière entrée 16h30) - fermé 15 déc.-3 janv. - 1 400 ¥.

Sis dans une résidence des années 1930, ce musée conserve les trésors familiaux de la branche Owari des shoguns Tokugawa, principalement ceux laissés en héritage par Tokugawa Ieyasu et son fils Yoshinao. Les collections, exposées par roulement, comprennent plus de 10 000 pièces dont une soixantaine classées Trésors nationaux ou Biens culturels importants. Parmi elles, de nombreux casques, sabres et armures de samouraïs ; des laques, poteries et instruments liés à la cérémonie du thé, des rouleaux calligraphiés et des paravents précieux, des costumes et masques de théâtre nô. Le musée présente également des reconstitutions d'intérieurs décorés du château de Nagoya. Mais ce qui fait sa grande fierté sont les **rouleaux enluminés★★★** *(emaki)* du 12e s. illustrant *Le Dit du Genji*, chef-d'œuvre de la littérature nippone *(voir p. 630)*. Ces œuvres fragiles ne sont montrées au public qu'une semaine par an, à l'automne. Le reste de l'année, des fac-similés et des images vidéo les remplacent.

★ Atsuta-jingu 熱田神宮

À 5 km au sud du centre-ville. Métro Jingu-Nishi puis 5mn à pied vers l'est - gratuit.

Dedié à la déesse Amaterasu (appelée ici Atsuta-no-Okami), l'Atsuta-jingu est, après ceux d'Ise et d'Izumo, le **troisième sanctuaire le plus vénéré du Japon**. Neuf millions de fidèles viennent y prier chaque année. Assez proche, dans son architecture, de celui d'Ise, il a été reconstruit en 1955 après avoir brûlé durant la guerre. Selon les chroniques anciennes, l'Atsuta-jingu fut fondé en l'an 86 pour recueillir l'épée *Kusanagi no tsurugi* (« la coupeuse d'herbe ») du *kami* Susanoo, le frère d'Amaterasu. Aussi légendaire au Japon qu'Excalibur en Angleterre, cette épée magique permit au prince Yamato-takeru, fils du 12e Empereur, de vaincre ses ennemis. Elle constitue l'un des trois insignes sacrés symbolisant la légitimité du trône impérial avec les bijoux du Palais impérial de Tokyo et le miroir du sanctuaire d'Ise *(voir p. 172)*. Enchâssée dans le temple principal, elle reste invisible au commun des mortels, lequel pourra néanmoins se rabattre sur la salle du **Trésor** *(9h-16h30 - 300 ¥)* exposant peintures anciennes, masques de *bugaku*, poteries et lames de sabre. Agréable oasis de verdure, le **parc** boisé conserve à son entrée un superbe camphrier géant datant du 11e s.

2

★ Port de Nagoya 名古屋港

Métro Nagoyako (sortie 3, 7mn à pied).

Fondé voici un siècle, le port de Nagoya est l'un des plus gros ports industriels du pays. Il s'étend au sud de la ville sur une zone immense en partie gagnée sur la mer. Un secteur a été aménagé dans un but touristique et inclut diverses attractions.

Musée du Brise-glace « Fuji » – *Tlj sf lun. 9h30-17h - 300 ¥.* Désormais à l'ancre dans un bassin du port, ce navire océanographique servit à mener plusieurs expéditions dans l'Antarctique de 1965 à 1983. Long de 100 m, pesant 5 200 t, il pouvait briser jusqu'à 80 cm de glace. La vie à l'intérieur du bateau est reconstituée avec réalisme, à grand renfort de mannequins costumés peuplant les salles des machines, la cantine, le mess des officiers, la clinique ou les dortoirs. Notez que le sol bouge comme si l'on était en mer. Un petit musée retrace l'histoire des aventures nippones au pôle Sud.

★★ **Aquarium de Nagoya** – *Déc.-mars : 9h30-17h ; Golden Week et 21 juil.-31 août : 9h30-20h ; reste de l'année : 9h30-17h30 - fermé lun. - 2 000 ¥.* Ouvert en 1992 et agrandi en 2001, c'est l'un des plus grands et sans doute le meilleur des aquariums du Japon. Grâce aux prouesses de la technologie, la scénographie aquatique atteint des sommets et se double d'un louable effort pédagogique. Le concept est celui d'un voyage à travers les océans, de la mer du Japon à l'Antarctique, en passant par la grande barrière de corail de l'Australie. Parmi les points forts de la visite : un hologramme qui montre comment les mammifères terrestres ont donné naissance aux cétacés voici 50 millions d'années ; une plage artificielle où pondent des tortues ; un bassin de 140 pingouins où tombe de la neige comme sur la banquise ; le fascinant ballet sous-marin d'un banc de 20 000 sardines ; un théâtre Imax, etc.

À proximité Carte de région p. 160-161

Seto 瀬戸 A3

À 20 km au nord-est de Nagoya. De la gare Sakaemachi (devant le métro Sakae), ligne de train Meitetsu-Seto jusqu'à la gare d'Owari-Seto (30mn, 450 ¥).

Au 12e s., Seto était le grand centre de la **céramique** japonaise. Les potiers y adaptèrent les formes chinoises aux goûts de leurs concitoyens, créant un style spécifiquement national. Cet artisanat de la glaise et du feu était si indissociable de la ville que le mot *setomono*, « objets de Seto », devint le terme générique pour désigner toutes les céramiques, poteries, porcelaines ou faïences. De nos jours, cette localité de 132 000 habitants, jumelée avec Limoges en France, cherche à donner un nouveau souffle à une industrie en déclin mais qui occupe encore le tiers de sa population. Avec l'évolution des techniques, la céramique fine, aux propriétés isolantes, trouve de nouvelles applications dans les composants des téléphones portables, ordinateurs ou semi-conducteurs. La ville abrite plusieurs musées ainsi que de nombreux ateliers où le visiteur pourra s'essayer apprenti-potier.

Musée Seto Gura – *9h-18h (dernière entrée 17h30) - 500 ¥.* Situé près de la gare, de l'autre côté de la rivière, ce grand complexe ouvert en 2005 à l'occasion de l'Exposition universelle d'Aichi présente sur trois étages une reconstitution à grande échelle de la ville de Seto avant la guerre, lorsque l'industrie de la porcelaine y tournait à plein régime. On y voit les vieux fours à charbon, les tramways et les maisons d'époque. Le musée retrace l'histoire des céramiques de Seto depuis treize siècles. Un salon de thé permet de savourer un thé vert en choisissant sa tasse parmi une collection de pièces de grande valeur.

Nagoya.
peeterv / iStock

★★ Inuyama 犬山 A3

À 25 km au nord de Nagoya. De la gare de Nagoya, ligne Meitetsu pour Inuyama (35mn, 550 ¥). Office de tourisme dans la gare : ✆ (0568) 61 6000 - 9h-17h. Pour le château, descendre à la station suivante (Inuyama-yuen) plus au nord de la ville, près de la rivière Kiso. Au nord-ouest de la préfecture d'Aichi, cette petite ville assoupie au bord de la rivière Kiso possède le plus ancien château du Japon. Ses ruelles pittoresques, ses temples et sanctuaires et, à proximité, le parc Meiji-mura, justifient d'y passer la journée.

De juin à mi-octobre, des démonstrations de **pêche au cormoran** ont lieu sur la rivière Kiso, en matinée vers 13h et tous les soirs à partir de 19h. Les visiteurs peuvent les suivre en se restaurant à bord de bateaux à fond plat *(durée 2h30, dép. vers 11h et 17h - sur réserv. ✆ (0568) 61 2727). Voir aussi Gifu p. 169.*

★★ Château d'Inuyama 犬山城 – *15mn à pied à l'ouest de la gare Inuyama-yuen - 9h-17h - 500 ¥ ; 1 200 ¥ avec le jardin.* Classé Trésor national, le château trône au sommet d'une butte d'où il commande une vue grandiose sur le cours de la rivière Kiso, le mont Ena et la plaine de Nobi. Il fut construit en 1537 par Oda Yojiro Nobuyasu, oncle d'Oda Nobunaga, le premier unificateur du Japon. Son donjon blanc de style Momoyama, à la structure sobre et courtaude (quatre étages, 19 m), entouré d'un balcon et coiffé d'un élégant toit aux bords évasés et relevés, a survécu par miracle aux guerres civiles, incendies et tremblements de terre. Il s'élève sur un socle de pierres entassées sans taille ni mortier. Admirez, à l'intérieur, le pilier central équarri à la hachette et patiné par les siècles qui supporte toute la charpente. Propriété des seigneurs Naruse jusqu'à l'ère Meiji, le château était entouré de pavillons de plaisance et de tourelles aujourd'hui disparus.

Au pied de la colline du château s'étend le délicat jardin japonais **Uraku-en★** *(9h-17h ; 15 juil.-août : 9h-18h ; déc.-fév. : 9h-16h - 1 000 ¥ ; thé : 500 ¥)* planté d'érables, de camélias et de bambous. Il comporte plusieurs maisons de thé dont le **Jo-an★**, classé Trésor national, une frêle cabane en pisé et papier de riz à peine plus large que trois tatamis – une sobriété conforme à l'esprit de simplicité austère qui gouverne la voie du thé. C'est le chef de guerre Oda Uraku (1547-1621), le frère cadet d'Oda Nobunaga, qui, entré en retraite pour se consacrer à sa passion du thé, fit élever ce petit pavillon dans l'enceinte du Kennin-ji de Kyoto en 1618 d'où il sera déplacé pour aboutir ici en 1972.

Le petit musée des Marionnettes en bois de l'époque d'Edo **Karakuri-kan** *(sur Honmachi, la rue au sud du château - 9h-17h (dernière entrée 16h30) - 100 ¥)* est un vrai délice. Le week-end, le dernier fabricant de marionnettes de la ville vient y faire des démonstrations.

★ Meiji-mura 博物館明治村

À 9 km à l'est d'Inuyama. Bus (ttes les 30mn, 20mn de trajet, 420 ¥) de la gare d'Inuyama. ✆ (0568) 67 0314 - www.meijimura.com/english/ - mars-oct. : 9h30-17h ; nov. : 9h30-16h ; déc.-fév. : 10h-16h - fermé 31 déc., 1er-6 janv. et lun. déc.-fév. - 1700 ¥ (enf. 600 ¥).

Ce musée en plein air rassemble 65 bâtiments publics ou privés datant de l'ère Meiji (1868-1912), disséminés autour d'un lac au sein d'un parc de 100 ha. Édifices en brique, en pierre ou en bois peint venus de Nagasaki ou de Kobe ; bureaux administratifs, théâtre de kabuki, banques, églises gothiques ou villas flanquées de tourelles de style victorien, locomotives à vapeur et vieux tramways : tous témoignent d'une époque où le Japon exprimait toute sa fascination pour l'Occident. À ne pas rater, la façade et le hall d'entrée de l'**Imperial Hotel** de Tokyo, conçus par Frank Lloyd Wright en 1923. Sa mezzanine abrite un café au mobilier original signé par l'architecte.

Tajimi 多治見 A3

À 38 km au nord-est de Nagoya (Gifu-ken). Accès : ligne JR Chuo Honsen (40mn, 670 ¥). Comme Seto, cette ville de 100 000 habitants est spécialisée dans la **céramique** et propose à la visite plusieurs musées, fours et ateliers. Le plus réputé est sans conteste le studio de **Kato Kobei**★★ *(✆ (0572) 22 0509 - 10mn en bus de la gare, arrêt Minami Ichinokura - lun.-vend. et 1er et 3e sam. du mois 9h-17h, dim., j. fériés et 2e et 4e sam. du mois 10h-17h - musée : 300 ¥ ; atelier poterie : 3 300 ¥ et le coût de la livraison si vous voulez recevoir votre œuvre).* Installé dans une majestueuse maison de l'époque d'Edo, il présente les œuvres de cette famille de potiers depuis sept générations, en particulier celles de **Kato Takuo**, le père de l'actuel maître des lieux, dont le travail fortement inspiré par l'art de la Perse ancienne lui valut le titre de Trésor vivant. L'atelier invite à réaliser soi-même une poterie. À 300 m de là, l'original **musée d'Art Ichinokura Sakazuki** *(tlj sf mar. 10h-17h - 400 ¥)* consacré aux coupes à saké expose plus de 1 500 coupes de tous styles et époques dont certaines d'un raffinement rare. Sous l'ère Meiji, Tajimi produisait près de 80 % des coupes à saké du Japon. À l'étage figurent des tasses pour la cérémonie du thé réalisées par les principaux Trésors vivants de la poterie japonaise.

Seki 関 A3

À 50 km au nord de Nagoya. Bus de la gare de Nagoya (ttes les h, 1h10 de trajet). Capitale du **sabre** japonais *(katana)*, cette petite ville produit depuis huit siècles les plus fines lames de l'archipel. Durant l'époque de Muromachi (1338-1573), Seki comptait près de 300 maîtres forgerons qui affûtaient les armes des plus grands samouraïs du pays. Il reste encore 18 artisans dotés d'une licence les autorisant à réaliser chacun 24 sabres par an. Le reste de la ville a su se reconvertir dans la production de couteaux de cuisine, rasoirs et ciseaux. Pour visiter la forge Marusyo Kogyo, réservez à l'avance auprès de celle-ci directement au ✆ (0575) 22 0259.

Musée du Sabre japonais *(Seki Kaji Denshukan) – 5mn à pied de la gare - tlj sf mar. 9h-16h30 - 200 ¥.* Il explique l'histoire et les techniques de fabrication des sabres de Seki et l'évolution de l'artisanat de la coutellerie aujourd'hui.

★ Mino 美濃 A2

À 40 km au nord de Nagoya et 20 km de Gifu. 1h30 en bus de la gare de Nagoya.
Célèbre centre de production de **papier** *washi* (papier japonais traditionnel) depuis le 8e s., cette bourgade de 24 000 habitants a conservé son centre historique datant du début de l'époque d'Edo (17e s.). Il s'articule autour de deux grandes rues parallèles orientées est-ouest que bordent de superbes maisons de marchands aux toits de tuiles. Chaque toit arbore à son faîtage des ornements de faïence appelés *udatsu*. Faisant étalage de leurs richesses, les commerçants rivalisaient afin d'avoir les *udatsu* les plus fastueux tels ceux qui coiffent la **maison Imai** *(9h-16h30 - 800 ¥)*, ancien négoce de papier *washi* transformé en musée, ou encore la **maison Kosada**, une antique brasserie de saké où l'on peut faire une dégustation. Chaque année, le 2e week-end d'octobre, la ville organise un grand Festival des lanternes en papier *washi*.

★ Gifu 岐阜 A3

À 35 km au nord de Nagoya. 18mn en train par la ligne JR Tokaido (470 ¥) ou 30mn par la ligne Meitetsu (550 ¥ de la station Meitetsu Nagoya à la station Meitetsu Gifu). Bureau d'information (9h-20h) au niveau 2 de la gare JR.
Ancienne étape sur la route Nakasendo qui reliait Edo à Kyoto, Gifu a bourgeonné près de son château, au sud de la rivière Nagara. Détruite par un tremblement de terre en 1891 puis par les bombardements en 1945, la ville n'a hélas pas conservé un énorme patrimoine. Elle est néanmoins riche d'un artisanat de qualité et attire une foule de touristes en été pour sa pêche au cormoran.

2

QUE LA PÊCHE COMMENCE !

Attraction majeure de Gifu, la pêche au cormoran *(ukai)*, une tradition vieille de 1 300 ans, n'est plus pratiquée aujourd'hui que par six familles qui se transmettent de père en fils ce privilège accordé par la Maison impériale. Les poissons attrapés en début de saison sont présentés à la table de l'Empereur. Les longues barques en bois des pêcheurs opèrent à la nuit tombée. Des cormorans dressés, tenus en laisse, plongent et capturent de leur bec effilé des *ayu*, petits poissons luisants semblables à des truites, qu'attirent les lueurs des braseros tendus à l'avant des canots. Attaché au cou des oiseaux, un anneau de métal les empêche d'avaler leurs proies. Pendant que deux assistants manœuvrent au fil du courant, l'*usho*, le maître pêcheur, debout dans le bateau, manipule son attelage de 10 à 12 cormorans avec la dextérité d'un marionnettiste sans que jamais les cordes ne s'emmêlent. Il porte le costume traditionnel : un carré noir, bonnet qui protège sa tête des flammes, un kimono bleu marine et une jupe de paille de riz tressée. Régulièrement, il tire un cormoran hors de l'eau et lui presse la gorge pour qu'il régurgite les *ayu* : « Cette technique n'a rien de cruel car le cormoran peut avaler les plus petits poissons. L'oiseau est respecté comme un membre de la famille », explique Yamashita Tetsuji, l'un des maîtres pêcheurs de Gifu. Si la partie de pêche dure peu de temps, elle est précédée d'un joyeux rituel qui consiste à pique-niquer en famille ou entre amis avec force bière et saké, à genoux sur les tatamis des bateaux amarrés sur les grèves en attendant que débute le spectacle.

Château de Gifu – *De la gare, prenez le bus pour le parc Gifu-koen-mae. Un téléphérique (1 080 ¥ AR) dessert le sommet. Mi-mars-mi-mai : 9h30-17h30 ; mi-mai-mi-oct. : 8h30-17h30 (panorama accessible : Golden week jusqu'à 21h30, été 22h) ; mi-oct.-mi-mars : 9h30-16h30 - 200 ¥.* Le Gifu-jo fut d'abord un fortin édifié en 1203 au sommet du mont Inaba (329 m) puis passa entre les mains du clan d'Oda Nobunaga au 16e s., avant d'être finalement détruit au début du 17e s. Cette reconstitution moderne du château vaut surtout pour la jolie vue qu'elle offre sur la plaine de Nobi qui porte jusqu'à Nagoya par temps clair.

Fabrique de lanternes Ozeki – *1-18 Oguma-cho, à 1 km au sud du parc Gifu-koen, ✆ (058) 263 0111.* Gifu s'est fait une spécialité dans la fabrication de parapluies en papier huilé *(wagasa)* et de lanternes *(chochin)* en feuilles de papier *washi* ou de papier de soie, montées à la main sur une fine armature de tiges en bambou. Depuis plus d'un siècle, cet atelier produit les meilleures lanternes de la ville dont il présente plus de 600 modèles, certains peints de paysages ou de motifs traditionnels, d'autres plus contemporains dessinés par Noguchi Isamu.

Pêche au cormoran – La saison de la pêche dure du 11 mai au 15 octobre. Elle se déroule chaque soir, à partir de 19h30, sauf en cas de forte pluie ou de pleines lunes, dans les eaux claires de la rivière Nagara, à 2 km au nord de la gare de Gifu, près du pont Nagara-bashi. *De la gare, le bus n° 11 dessert le quai où des bateaux embarquent les touristes qui suivent ainsi les barques des pêcheurs au plus près de l'action. Les billets sont vendus au bureau du quai et dans les hôtels voisins mais mieux vaut réserver sa place à l'avance : ✆ (058) 262 0104. Comptez 3 400 ¥ pour une balade d'env. 2h30, 6 000 ¥ avec dîner à bord inclus.*

★ **Magome** – *voir p. 204.*

NOS ADRESSES À NAGOYA

TRANSPORTS

En avion

Centrair – www.centrair.jp - l'aéroport international de Nagoya est relié à Paris par des vols *via* Helsinki et Francfort (14 vols/sem.). Il est situé sur une île artificielle de la baie d'Ise, à 35 km au sud. La ligne de train Meitetsu le relie à la gare de Nagoya *(33mn, 870 ¥).*

En train

Nagoya Station – Nombreux Shinkansen Nozomi ou Hikari pour Kyoto *(35mn, 5 590 ¥)*, Osaka *(1h10, 6 350 ¥)* et Tokyo *(1h40, 10 880 ¥)*. Trains Ltd. Expr. de/vers Nagano *(2h50, 7 330 ¥)*, Matsumoto *(2h, 6030 ¥)*, Takayama *(2h30, 6 030 ¥)* et Kanazawa *(3h, 7 330 ¥)*.

En bus

De Tokyo – 4 bus/j. (2 le jour et 2 la nuit) avec les compagnies **Keio**, **Meitetsu** et **Orion Tour** *(6h30/7h de trajet, de 3 000 à 6 400 ¥)*. Des bus desservent également Kyoto et Osaka.

SE DÉPLACER

En métro – Très pratique. Six lignes desservent la ville. Les tarifs vont de 200 à 330 ¥/ticket. Il existe un pass journalier *(850 ¥)* qui comprend également les bus. Indications en anglais.

En bus – Le bus touristique **Me-guru** part tlj sf lun. ttes les heures (ttes les 30mn le w.-end) du terminal situé en face de la gare de Nagoya *(arrêt n° 8)* et dessert les principaux sites touristiques de la ville, dont le château et le musée Tokugawa, à l'exception du port. 210 ¥ le ticket ou 500 ¥ le pass journalier.

HÉBERGEMENT

Nagoya

BUDGET MOYEN

Hotel Palace Nagoya ホテルパレス名古屋 *3-10-6 Taiko, Nakamura-ku - (052) 452 7000 - www.palace-nagoya.jp - 100 ch. à partir de 5 940 ¥ (1 pers./ch.).* Excellent rapport qualité/prix. Bus de courtoisie.

Nagoya Flower Hotel Part II 名古屋フラワーホテル・Part II *5-6 Takehashi, Nakamura-ku - (052) 451 2200 - www.flowerhotel.co.jp/menu.html - 78 ch. à partir de 7 560 ¥ (1 pers./ch.).* Près de la gare, un *business hotel* très bien tenu.

Inuyama

PREMIER PRIX

Inuyama International Youth Hostel 犬山国際ユースホステル *162-1 Aza-Himuro - (0568) 61 1111 - www.jyh.gr.jp/inuyama - 27 ch.* Un modèle du genre. À partir de 3 770 ¥/pers.

UNE FOLIE

Meitetsu Inuyama Hotel 名鉄犬山ホテル *107-1 Inuyama-kitakoken - (0568) 61 2211 - www.m-inuyama-h.co.jp/en - 123 ch.* L'hôtel phare d'Inuyama lové au pied du château. Gamme de prix très étendue.

RESTAURATION

Nagoya

PREMIER PRIX

Yabaton-Yabacho Honten 矢場とん•矢場町本店 *3-6-18 Osu, Naka-ku - (052) 252 8810 - http://english.yabaton.com - 11h-21h -* . Une maison spécialisée dans le cochon. Les *miso-katsu*, grillades de porc nappées de sauce miso, sont divines.

BUDGET MOYEN

Torigin Honten 鳥銀本店 *3-14-22 Nishiki - (052) 973 3000 - www.torigin.co.jp - 17h-0h.* Ce spécialiste du fameux poulet *kochin* de Nagoya (sorte de poulet de Bresse) le décline ici, des ergots à la crête, grillé ou cru. Toujours bondé.

Hourai-Ken あつた蓬莱軒・神宮店 *2-10-26 Jingu, Atsuta-ku - (052) 682 5598 - www.houraiken.com/english/jingu - tlj sf mar., 2e et 4e lun. du mois - 11h30-14h, 16h30-20h30.* Situé face à la porte sud du sanctuaire Atsuta, ce restaurant sert depuis 80 ans le légendaire *hitsumabushi*, un plat d'anguilles concoctées à la sauce *teriyaki*.

Tajimi

PREMIER PRIX

Pizza-moon ピッツア・ムーン *6-30-1 Ichinokura - (0572) 21 3353 - www.moon-t-f.com - tlj sf mar. 11h-17h (sam.,dim. et j. fériés 11h-21h)* . Cette sympathique taverne italienne sert de succulentes pizzas cuites au feu de bois.

Inuyama

POUR SE FAIRE PLAISIR

Restaurant Narita Okunuratei フレンチ創作料理なり多 *395 Higashi-Koken - (0568) 65 2447 - www.f-narita.com - 11h-14h30, 17h-21h (w.-end et j. fériés 11h-14h30, 18h-21h) - le soir sur réserv. - fermé mar.* Cette splendide maison de l'époque d'Edo (1842) appartenait à un marchand de kimonos. Le chef, Kazuo Narita, a fait ses classes chez Bocuse, Robuchon et Chapel. Il sert une cuisine hybride franco-japonaise où la bouillabaisse marseillaise côtoie le filet mignon à la Narita. Attrayant menu déjeuner.

2

Ise-shima 伊勢・志摩

★★

Ville d'Ise : 127 868 habitants

Classée parc national, la péninsule d'Ise est surtout célèbre pour son sanctuaire Ise-jingu, édifice le plus sacré du shintoïsme japonais. Consacré à Amaterasu, divinité solaire et ancêtre mythique de la dynastie impériale, le sanctuaire d'Ise a pour particularité d'être démoli et rebâti à neuf tous les vingt ans. Il attire chaque année plus de six millions de visiteurs. La péninsule abrite d'autres sites historiques tels les deux rochers mariés Meoto-iwa. La ville de Toba est elle réputée pour ses « ama », pêcheuses en apnée, et ses cultures de perles. Plus au sud, la baie d'Ago dévoile une admirable côte échancrée ponctuée d'îles, de criques et de promontoires.

NOS ADRESSES PAGE 177
Hébergement, restauration, achats, activités, etc.

S'INFORMER

Office du tourisme d'Ise-shima – Dans la gare Ujiyamada d'ise (ligne Kintetsu), à 5mn de la gare d'Ise-shi, *(0596) 23 9655 - 9h-17h30.* Autre bureau à l'entrée du Geku, *(0596) 28 3705 - 8h30-17h.*

SE REPÉRER

Carte de région p. 160-161, A3 - Située à 100 km au sud de Nagoya, dans la préfecture de Mie, la ville d'Ise a pour gare principale Ise-shi (lignes Kintetsu et JR). L'Ise-jingu est divisé en deux grands sanctuaires : le Geku, à 10mn à pied de la gare, et le Naiku, 6 km plus loin, accessible en bus. La ligne Kintetsu dessert ensuite Toba puis Kashikojima dans la baie d'Ago.

À NE PAS MANQUER

Le sanctuaire Naiku. Les pêcheuses *ama* de Toba.

ORGANISER SON TEMPS

L'idéal est de prévoir deux jours avec une nuit à Toba.

AVEC LES ENFANTS

L'aquarium de Toba.

Ise 伊勢

★★★ ISE-JINGU 伊勢神宮

Le grand sanctuaire d'Ise comprend un sanctuaire intérieur, le Naiku, et un sanctuaire extérieur, le Geku. S'y ajoutent plus d'une centaine de petits sanctuaires disséminés dans la ville et ses environs. En principe, le circuit commence au Geku mais il est conseillé de débuter plutôt par le Naiku, le plus essentiel des deux.

★★★ Naiku 内宮

De la gare d'Ise-shi, suivez la grande rue sur 100 m vers le sud jusqu'à l'arrêt de bus n° 11. De là, les bus n°s 51 et 55 vont au Naiku (15mn, 410 ¥) - janv.-avr. et sept. 5h-18h ; mai-août 5h-19h ; oct.-déc. 5h-17h - gratuit.

Le sanctuaire intérieur, appelé aussi Kotai-jingu, dédié à Amaterasu, se dissimule dans une remarquable et sombre forêt de cèdres géants, camphriers et cyprès centenaires, vaste de 5 500 ha. Les visiteurs entrent par le **pont Uji**

Le sanctuaire d'Ise : le Naiku.
JTB Photo/JTB Photo Communications, Inc./age fotostock

qui enjambe les eaux claires de la rivière Isuzu. Long de 100 m, le pont est lui aussi reconstruit tous les vingt ans. Le sentier s'engage à droite à travers un jardin paysager et arrive au **Temizuscha**, un bassin où les fidèles se rincent les mains et la bouche, symbole de purification du corps et de l'esprit. D'autres font leurs ablutions sur la berge de la rivière. Les membres de la Maison impériale et du clergé ont pour eux deux halls réservés, le **Saikan** et l'**Anzaisho**, entre les grands portiques *(torii)* marquant l'entrée du périmètre sacré. Un large escalier de pierre conduit ensuite à l'orée du sanctuaire, saint des saints dont seuls l'Empereur, l'impératrice et les hauts dignitaires du clergé sont autorisés à franchir le porche. Cantonnée derrière une quintuple palissade, la foule se contente d'observer de loin le rideau blanc qui masque l'entrée du bâtiment. C'est un édifice en bois rectangulaire de style archaïque, élevé sur pilotis. Son toit de chaume s'orne sur l'arête de larges rondins à bords dorés et, à chaque bout, de deux poutres obliques entrecroisées appelées *chigi*. Sur le flanc du bâtiment, un espace vide, délimité par des galets blancs, indique l'endroit où se trouvait l'ancien sanctuaire et où le nouveau a été rebâti en 2013, pour la 62e fois. La reconstruction a exigé pas moins de 10 000 troncs de cyprès du Japon vieux de plus de 200 ans.

★ **Oharai-machi** – À l'époque d'Edo, le pèlerinage à Ise était si populaire qu'il vit fleurir quantité de quartiers de divertissement aux alentours. On y donnait des danses et des rituels de purification. « Le commerce qui se fait en ces lieux est tonitruant. L'argent coule à flots sans un instant de pause », notait déjà un auteur japonais au 17e s. S'étirant devant l'entrée du Naiku, Oharai-machi est une réplique de ces anciens quartiers. On flâne avec plaisir le long de ses rues animées, bordées de commerces traditionnels, maisons de thé, restaurants et magasins de souvenirs artisanaux.

★★ Geku 外宮

À 5mn à pied de la gare. De Naiku, reprenez le bus jusqu'à l'arrêt avant la gare.

De son nom officiel Toyouke Dai-jingu, le sanctuaire extérieur est dédié à Toyouke-no-omikami, déesse de l'agriculture et de l'industrie, protectrice

Ise et le culte d'Amaterasu

UNE ORIGINE MYTHIQUE

Le sanctuaire d'Ise, plus particulièrement le Naiku, est réputé renfermer le miroir sacré de la déesse solaire Amaterasu qui forme, avec le sabre et le bijou, l'un des trois attributs du trône impérial. Symbole d'Amaterasu, le miroir rappelle l'épisode légendaire de la caverne d'où les dieux la firent sortir en excitant sa curiosité. Amaterasu donna le miroir à son petit-fils Ninigi-no-Mikoto lorsqu'il descendit gouverner la terre *(voir p. 569 et 577)*. Le talisman échut ensuite à Jinmu, le premier Empereur japonais, arrière-arrière-petit-fils de la déesse. D'abord célébré au palais même, le culte d'Amaterasu fut transféré à Ise, selon les chroniques anciennes, par Yamatohime, fille du 11e empereur Suinin, en l'an 4 av. J.-C. Mais la date historique de la fondation d'Ise semble en fait plus tardive.

UN SANCTUAIRE VÉNÉRÉ

Le sanctuaire d'Ise a toujours été étroitement associé à la dynastie impériale. Depuis les temps anciens, c'est une princesse impériale qui tient le rôle de grande vestale d'Ise *(Saio)*. L'actuelle grande prêtresse est Ikeda Atsuko, sœur de l'empereur Akihito. Si aujourd'hui le shintoïsme et l'État sont officiellement séparés, Ise reste un lieu où religion, sentiment national et politique s'imbriquent. Un lien fort unit l'empereur à l'Ise-jingu. Par exemple, lors de ses déplacements officiels, il veille à ne jamais siéger le dos tourné au sanctuaire. Dans son palais de Tokyo, il cultive symboliquement le riz dont l'un de ses envoyés présente la récolte une fois l'an à la déesse Amaterasu à Ise. Mais la popularité d'Ise ne doit pas tant au culte impérial qu'aux grands pèlerinages qui s'y développèrent à partir du 16e s. et qui en vinrent à attirer des millions de fidèles durant l'époque d'Edo (1603-1868).

L'ANCIEN ET LE MODERNE

Tous les vingt ans, depuis le 7e s., les sanctuaires d'Ise sont démolis puis reconstruits à neuf selon un plan identique. Plusieurs explications sont avancées pour expliquer l'origine de cette étrange et coûteuse cérémonie appelée *Shikinen Sengu*. D'abord, la nature même de la religion shinto, qui accorde une place fondamentale aux rituels de purification et de régénération. Vingt ans correspondraient ensuite au processus naturel de détérioration des toitures de chaume des édifices. Ce serait enfin la meilleure façon de transmettre les techniques de construction d'une génération à l'autre. Toujours nouveau et toujours semblable à son modèle ancien, le sanctuaire d'Ise incarne donc à la fois l'original et sa copie, l'éphémère et l'éternel. La dernière cérémonie de reconstruction a eu lieu en 2013.

KOGAKUKAN, L'UNIVERSITÉ SHINTOÏSTE

Si la fonction de *bushi* se transmet généralement de père en fils, les futurs prêtres ont tout de même beaucoup à étudier, à l'université ou dans un temple. L'université Kogakukan à Ise est l'une des plus réputées pour ses études de shintoïsme. Les aspirants y étudient la culture et l'histoire japonaise, ainsi que les origines et pratiques shinto, et y obtiennent au bout de quatre années d'études la licence de prêtre shintoïste.

des récoltes et du foyer. Symboliquement, c'est elle qui se charge d'offrir à Amaterasu et aux autres *kami* la nourriture sacrée que les prêtres d'Ise lui déposent deux fois par jour, matin et soir, dans le Mike-den, un pavillon situé à l'arrière du Gosho-den, le sanctuaire principal. Là encore, il n'est pas possible de franchir l'enceinte protégeant le bâtiment dont la vue est presque entièrement cachée. Comme le Naiku, le Geku est reconstruit tous les vingt ans. L'architecture est identique, à quelques détails près, affichant ce même style primitif et dénudé, synonyme aux yeux des Japonais de beauté et de pureté.

À proximité Carte de région p. 160-161, A3

★ FUTAMI 二見

À 7 km à l'est d'Ise. 10mn en train JR jusqu'à la gare de Futaminoura.
Cette petite station balnéaire qui s'est développée dans les années 1920 à proximité du sanctuaire d'Ise est célèbre pour ses rochers mariés Meoto-iwa.

★ Meoto-iwa 夫婦岩

À 15mn à pied à l'est de la gare. Très souvent photographiés, ces deux rochers qui trônent dans la mer près du rivage sont associés au couple Izanagi et Izanami, les dieux créateurs de l'archipel et les parents d'Amaterasu selon la mythologie japonaise. Le rocher « mâle », haut de 9 m et coiffé d'un petit *torii*, est relié au rocher « femelle », haut de 4 m, par un *shimenawa*, corde en paille de riz tressé délimitant un espace sacré dans la religion shinto *(voir photo p. 177)*. Longue de 30 m, elle est renouvelée trois fois par an *(5 mai, 5 sept. et 25 déc.)* par les prêtres, lors d'une cérémonie accompagnée de chants et de tambours. De mai à juillet, en particulier lors du solstice d'été du 21 juin, on peut voir le soleil se lever entre les deux rochers, laissant apparaître la silhouette du mont Fuji dans le lointain.

Hinjitsukan – *Sur la promenade près du rivage, 200 m avant les rochers - tlj sf mar. 9h-16h30 - 300 ¥.* Édifié en 1887, ce majestueux bâtiment de bois servait de villégiature à la famille impériale et aux importants dignitaires de l'État lors de leur visite au sanctuaire d'ise. Les altesses s'y délassaient en prenant des bains de mer. Transformé en musée, il présente notamment une grande salle de 120 tatamis et un beau jardin traditionnel.

★ TOBA 鳥羽

À 8 km au sud-est de Futami. De Futami, ligne JR (10mn, 210 ¥). D'Ise, ligne Kintetsu (17mn, 330 ¥) ou bien JR (15mn, 240 ¥). **i** *Bureau d'information à la sortie de la gare (9h-17h).*
Petit port très touristique de 23 000 habitants, Toba est le berceau mondial de la culture des perles, dont l'essentiel de la production est assuré par la compagnie Mikimoto. La côte rocheuse de la région, ciselée de multiples petites anses et calanques, est également connue pour ses plongeuses *ama* qui, depuis des siècles, pêchent en apnée des algues, des coquillages et des crustacés.

★★ Île des perles Mikimoto ミキモト真珠島

À 5mn à pied de la gare - 8h30-17h30 (déc. 9h-16h30) - fermé 2e mar., merc. et jeu. de décembre - 1 500 ¥. C'est sur cette petite île face au port de Toba que Mikimoto Kokichi (1858-1954), surnommé « le roi de la perle », réussit pour la première fois au monde à produire des perles de culture. La technique consiste à introduire un noyau parasite dans la coquille de jeunes huîtres, qu'on laisse reposer ensuite au moins quatre ans. Seules 5 % d'entre elles

LE CRÉPUSCULE DES SIRÈNES

Elles cueillent au fond des eaux des algues, des oursins, des ormeaux, des langoustes ou des huîtres : les *ama*, « filles de la mer », sont des sirènes qui vivent dans les flots. Jusque dans les années 1960, elles plongeaient poitrine nue, vêtues d'un simple pagne, telles d'érotiques vahinés tahitiennes reliées à un baquet flottant sur l'eau par une corde nouée à la cheville. Transmise de mère en fille, la tradition décline et aujourd'hui, il s'agit surtout de vieilles femmes qui utilisent des combinaisons de plongée intégrales. La moyenne d'âge est de 67 ans. Les plus robustes peuvent descendre à plus de 10 m et retenir leur souffle plus d'une minute. La tête à peine sortie de l'eau, elles lâchent un curieux sifflement pour décompresser l'air retenu dans leurs poumons. Native d'Osatsu, Nakamura Yasuko, 63 ans, plonge depuis l'âge de 15 ans. « La tunique blanche que nous portons éloigne les requins et permet d'être visibles en cas d'accident. C'est un métier profitable mais il exige de passer des heures à endurer le froid dans l'eau. Nos filles n'ont plus la même résistance et rêvent d'une autre vie. »

produisent au final des perles parfaites. Un musée explique le processus et présente des bijoux et œuvres d'art en perles. Toute l'année, des démonstrations de pêche d'huîtres perlières par des plongeuses *ama* sont également organisées à l'usage des touristes.

★ Aquarium de Toba 鳥羽水族館

Sur le port, juste en face de l'île - ✆ (0599) 25 2555 - www.aquarium.co.jp - 9h-17h (20 juil.-31 août : 8h30-17h30) dernière entrée 1h av. la fermeture - 2 500 ¥ (enf. 1 250 ¥).

Parmi les 850 variétés de créatures marines et d'eau douce que compte l'aquarium se distingue une joyeuse troupe de phoques et d'otaries se donnant en spectacle à heures régulières, pour le plus grand bonheur des enfants. L'aquarium présente aussi d'intéressants spécimens de dauphins à nez plat de la baie d'Ise, des lamantins, esturgeons, dugons, picarucus d'Amazone et autres singuliers animaux aquatiques.

Musée des Traditions marines de Toba 海の博物館

À 9 km au sud de la gare. Bus n° 59 ou Kamone (35mn), arrêt Umi no hakubu-tsukan - www.umihaku.com/english/index_english.html - 9h-17h (déc.-20 mars : 16h30) - 800 ¥. Sous une grande arche évoquant le ventre d'une baleine sont exposés 80 bateaux de pêche traditionnels issus des villages de la péninsule. Le musée explique les techniques de pêche, les traditions et les croyances des gens de la mer, en particulier celles des *ama*, les plongeuses d'Ise-shima, dont l'activité remonterait à près de deux millénaires *(voir encadré ci-dessus)*.

★ Ohsatsu Kamado 相差かまど

À 15 km au sud de la gare. Accès en bus (Mie Kotsu Kuzaki Line, bus n° 59 ou Kamone 35mn). Déjeuner : à partir de 3 500 ¥ ; thé et collation : 2 000 ¥. Réservez à l'avance au ✆ (0599) 33 6411.

Dans ce petit port enserré au fond d'une crique rocheuse vit l'une des principales communautés d'*ama* de la péninsule d'Ise, 140 femmes qui pêchent en mer en apnée. Une hutte près du rivage où les plongeuses ont l'habitude de se réchauffer autour d'un feu au sortir de l'eau a été aménagée afin que les touristes puissent les rencontrer et discuter tout en dégustant la pêche du jour.

Les rochers « mariés » Meoto-iwa à Futami.
T. Bognár/Photononstop

★ BAIE D'AGO 英虞湾

2

À 25 km au sud de Toba. Ligne de train Kintetsu pour la presqu'île de Kashikojima, son terminus (40mn, 470 ¥).
C'est au sein de ce golfe splendide où essaiment une myriade de petites îles boisées que se pratique aujourd'hui l'essentiel de la perliculture japonaise.
Croisière dans la baie – *En face de la gare, 50mn, 1 400 ¥ - ✆ (0599) 43 1048.* Du port de **Kashikojima★**, un bateau de tourisme fait la traversée de la baie et permet de voir de plus près les bancs d'huîtres des fermes perlières.
★ **Observatoire de Yokoyama** – *30mn à pied de la gare de Shima-Yokoyama (ligne Kintetsu, 4 km au nord de Kashikojima).* Perché à 150 m d'altitude, ce belvédère déroule un panorama fantastique sur la baie d'Ago. ℹ Un petit centre d'information *(9h-16h30)* accueille les visiteurs. Des balades sont possibles dans la montagne boisée.

NOS ADRESSES À ISE-SHIMA

TRANSPORTS

En train – De/vers Nagoya, deux lignes desservent la gare d'Ise-shi : Kintetsu *(1h25 de trajet, 2 770 ¥)* et JR *(1h25, 2 450 ¥)*. Les mêmes lignes rejoignent ensuite Toba mais seule la ligne Kintetsu continue jusqu'à Kashikojima et la baie d'Ago. D'Ise-shi, la ligne Kintetsu relie aussi Kyoto *(2h)* et Osaka-Nanba *(1h45)*.
En bus – Le bus touristique CAN Bus, au départ de la gare d'Ise-shi, dessert les sites d'Ise (Geku, Naiku), de Futami et de Toba. Le pass journalier coûte 1 000 ¥.

HÉBERGEMENT

Ise

PREMIER PRIX

Hoshidekan 星出館 *2-15-2 Kawasaki - ✆ (0596) 28 2377 - www.hoshidekan.jp/?page_id=247 - 10 ch.* À l'orée du quartier Kawasaki Kaiwai, appelé autrefois les « cuisines d'Ise » en raison des commerces qui approvisionnaient le sanctuaire, ce magnifique ryokan s'égaye d'un jardin aussi travaillé qu'une émeraude. Il est tenu par une dame énergique très attachante.

Town Hotel Ise タウンホテルいせ *1-8-18 Fukiage - ✆ (0596) 23 4621 - 20 ch. Business hotel* aux chambres fonctionnelles. Anglais parlé.

Futami

BUDGET MOYEN

Nisshokan 日章館 *537-1 Chaya, Futami-cyo - ✆ (0596) 43 5000 - 6 ch.* Maison très amicale située en bordure de grève, non loin des deux rochers Meoto-iwa. Chambres japonaises et *o-furo*.

Toba

PREMIER PRIX

Road Inn Toba ロードイン鳥羽 *1-63-11 Toba - ✆ (0599) 26 5678 - www.japanican.com/en/hotel/list/?ty=greenshtl - 52 ch.* Classique *business hotel*.

Baie d'Ago

BUDGET MOYEN

Shima Kanko Hotel The Classic 志摩観光ホテル ザ クラシック *731 Shinmei, Ago-cho, Shima-shi - ✆ (0599) 43 1211 - www.miyakohotels.ne.jp/shima-classic/index.html - 114 ch.* Immense hôtel surplombant la baie. Prix attrayants.

RESTAURATION

Ise

PREMIER PRIX

Daiki 大喜 *2-1-48 Iwabuchi - ✆ (0596) 28 0281 - ise.ne.jp/daiki/08english/index.html - 11h-21h.* Adresse réputée à des prix raisonnables. Goûtez le *tekone sushi*, plat marin traditionnel (des miettes de bonite sur un riz vapeur). Pour les bourses plus argentées, la maison propose une formule *kaiseki*.

Nakamura 中むら *12-14 Honmachi - ✆ (0596) 28 4472 - iseudon-nakamura.jp/index.html - tlj sf merc. et 3e mar. du mois 11h-16h* - ⊠. Depuis l'époque d'Edo, cette échoppe sert aux pèlerins du sanctuaire des bols d'*udon* d'Ise, épaisses nouilles blanches mijotées dans un bouillon de bonite séchée.

Matsusaka

POUR SE FAIRE PLAISIR

Wadakin 和田金 *1878 Nakamachi - ✆ (0598) 21 1188 - e-wadakin.co.jp/en - tlj sf 4e mar. du mois 11h30-20h (w.-end et j. fériés 11h-20h)* - ⊠. Située à 10 km au nord d'Ise, la ville de Matsusaka produit l'une des meilleures viandes de bœuf du Japon, digne de celle de Kobe. Institution datant de l'ère Meiji, Wadakin possède son propre ranch où les bêtes sont massées et nourries à la bière. Ce splendide établissement vous reçoit comme un prince. Essayez la formule *sukiyaki*, un pur régal.

Takayama 高山

★★★

89 205 habitants

Entourée de montagnes qui culminent à plus de 3 000 m, la « petite Kyoto des Alpes » semble immobile comme un roc, merveilleusement figée dans son apparence d'autrefois. Grâce à ses quartiers classés de l'époque d'Edo, cette cité pleine de caractère dégage une atmosphère unique avec ses vieilles maisons de bois, ses brasseries de saké, ses boutiques d'antiquités, ses temples et sanctuaires ombragés. L'ancienne capitale de Hida était jadis réputée pour ses menuisiers qui bâtirent les opulentes demeures de marchands de la ville et contribuèrent aussi à édifier les temples de Kyoto. Très touristique, surtout le week-end, elle n'en reste pas moins une étape incontournable dans le centre de Honshu. Aux alentours, les villages Shirakawa-go et Gokayama sont de pures merveilles classées au Patrimoine mondial de l'humanité en raison de leurs antiques « gassho-zukuri », chaumières géantes aux toits pentus où plusieurs générations vivent ensemble.

NOS ADRESSES PAGE 187
Hébergement, restauration, achats, activités, etc.

S'INFORMER

Office de tourisme – Face à l'entrée de la gare B2 - *8h30-19h30* - *(0577) 32 5328* - *www.hida.jp/french*.

SE REPÉRER

Carte de région p. 160-161, B2 - Au nord de la préfecture de Gifu, à 180 km de Kanazawa, 165 km de Nagoya et 170 km de Nagano, Takayama occupe un plateau à 580 m d'altitude cerné par des pics de plus de 3 000 m. Le quartier ancien de Sanmachi s'étend à l'est de la gare, sur la rive droite de la rivière Miya, à 15mn à pied. La majorité des attractions sont accessibles à pied et balisées par une signalétique en anglais.

À NE PAS MANQUER

Flâner au gré de son humeur dans Sanmachi en poussant les portes des boutiques d'artisanat et devant les étals des marchés du matin. Dormir dans une chaumière à Shirakawa-go ou à Gokayama.

ORGANISER SON TEMPS

Accordez-vous 2 jours à Takayama et 2 autres pour Shirakawa-go et Gokayama. Pour ces vallées, réservez à l'avance l'hébergement.

Se promener Plan de la ville p. 182

Kokubun-ji 飛騨国分寺 B2

5mn à pied de la gare - 9h-16h - 300 ¥. Reconnaissable à sa pagode à trois étages, c'est le plus ancien temple de la ville, fondé en 746 par l'empereur Shomu. Brûlé à plusieurs reprises, le bâtiment principal date du 16e s. Dans l'enceinte subsiste un gingko au tronc noueux vieux de 1 200 ans.

Takayama, la ville des bâtisseurs

LA CITÉ DES CHARPENTIERS

Pauvre en ressources agricoles mais riche en bois de construction, l'ancienne capitale de la province de Hida était renommée pour ses habiles charpentiers, parmi les meilleurs du Japon. À défaut de pouvoir s'acquitter des taxes impériales en riz et en étoffes, les villageois partaient travailler plusieurs mois par an à la capitale Heian (l'actuelle Kyoto) pour y construire temples et palais. Une fois rentrés, ils mettaient leurs connaissances acquises sur place dans l'édification des maisons et des temples locaux. Ce savoir-faire dans le travail du bois s'est perpétué jusqu'à nous. Enrichie par ses nombreux contacts avec Kyoto, Takayama entretint également des liens étroits avec Edo à partir de 1692, lorsqu'elle se trouva placée sous le contrôle direct du shogunat qui en nommait le gouverneur.

UNE ARCHITECTURE HARMONIEUSE

Ancienne ville fortifiée, Takayama possédait un château au 16e s., détruit par les Tokugawa en 1695. Son plan en échiquier, inspiré par Kyoto, était divisé entre le quartier des samouraïs près de la rivière Enako, le quartier des temples au flanc de la colline Higashiyama et le quartier des marchands au bord de la rivière Miya. C'est ce dernier, appelé Sanmachi, que l'on visite aujourd'hui. Il se caractérise par la belle unité de son architecture en bois, héritée du 17e s. Parfaitement alignées, les maisons de marchands s'étirent le long de rues étroites, orientées nord-sud et bordées par des canaux qui servaient à laver le linge, évacuer la neige et prévenir les incendies. Hautes d'un ou deux étages, elles arborent des toits en pente douce prolongés par de larges auvents, des façades à vantaux et croisillons d'un bois sombre et luisant qu'animent les contrastes de lumière.

LES CONSTRUCTEURS DE CHARS

La qualité des bâtisseurs de Takayama se manifeste aussi lors du festival de la ville, qui se déroule en deux temps : le **Sanno Matsuri** au printemps les 14 et 15 avril et le **Hachiman Matsuri** en automne les 9 et 10 octobre. Les ancêtres des charpentiers qui font la renommée des artisans de Hida ont participé à la construction des 25 chars du festival de Takayama, engagés par les riches marchands des différents quartiers de la ville qui y voyaient l'occasion de déployer leur richesse. Au printemps, après une cérémonie au sanctuaire shinto de Hie pour attirer la bienveillance des dieux, 12 chars défilent dans la ville et en automne, une procession de 11 chars part cette fois-ci du sanctuaire shinto de Sakurayama Hachiman-gu, pour remercier les dieux de leurs bienfaits. Au printemps comme en automne des spectacles de marionnettes dédiés aux dieux ont lieu sur les chars, le premier jour lors de la procession, et le deuxième alors que les chars stationnent à travers la ville. À ces deux occasions, alors que les chars traversent Takayama, la foule dans les rues admire les nombreux ornements de métal, les gravures de bois et les draperies qui décorent l'intégralité de ces magnifiques géants ambulants. À la tombée de la nuit, les centaines de lampions qui y sont accrochés éclairent l'or et les laques des chars, alors que l'eau reflète couleurs et lumières au passage de la procession sur le pont couleur vermeille de la ville.

Maisons de marchands dans le quartier de Sanmachi.
B. Gardel/hemis.fr

Miyagawa Market 朝市 B1

Le long de la rivière Miya à Sanmachi - 6h30-12h.

Dès l'aube, depuis plus de deux cents ans, les paysannes des environs viennent vendre leurs légumes, fruits frais, fleurs et condiments sur ces deux marchés.

★★ Quartier de Sanmachi さんまち B1-2

À 10mn à pied de la gare.

Près de la Miya-gawa, le quartier le mieux préservé de la ville s'étire le long de trois rues parallèles à la rivière : Ichinomachi, Ninomachi et Sannomachi (« rues 1, 2 et 3 »). La plupart des anciennes maisons de marchands à pans de bois ont été reconverties en musées ou en boutiques d'antiquités, de laques ou de poteries, signalées par leur rideau bleu *(noren)* en devanture. On y croise aussi nombre de brasseries de saké, identifiables à leur boule d'aiguilles de cèdre suspendue à l'entrée, où les visiteurs sont toujours les bienvenus pour une dégustation.

★ **Kusakabe House** – *Shimo-Ninomachi - mars-nov. : 9h-16h30 ; déc.-fév. : tlj sf mar. 9h-16h - 500 ¥.* Ancienne demeure d'un prêteur sur gages et négociant en soie, reconstruite après un incendie en 1879, cette robuste maison est un bel exemple de l'architecture traditionnelle en bois de cyprès. Son vaste intérieur, conçu pour faire circuler l'air et la lumière, comprend un sol en terre et un espace central surélevé organisé autour de l'*irori*, foyer aménagé dans le sol. La maison s'orne d'un jardin et présente une collection d'anciens objets artisanaux.

★ **Yoshijima House** – *Adjacente à la maison Kusakabe - mars-nov. : 9h-17h ; déc.-fév. : 9h-16h30 - fermé mar. entre déc. et fév. - 500 ¥.* D'un agencement plus raffiné que la précédente, cette maison d'un marchand de saké date de 1908. On peut y admirer la beauté des poutres et piliers de bois à la patine lustrée ou encore la cage d'escalier construite autour d'une colonne centrale et baignée par la lumière naturelle qui tombe de la lucarne. La partie côté rue servait au commerce. Les pièces sur l'arrière, réservées à la vie domestique, ouvrent sur un patio de verdure de style minimaliste. Le bâtiment du fond servait à entreposer le saké.

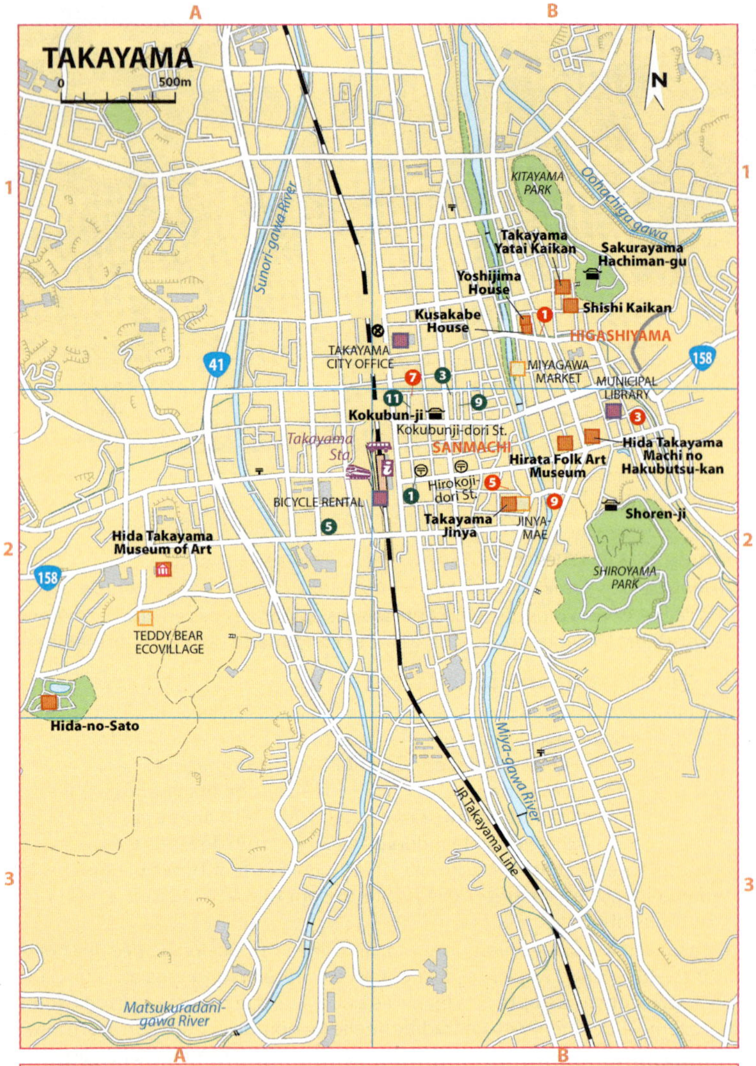

SE LOGER

- Hida Takayama Koto-no-Yume 1
- Minshuku Kuwataniya 3
- Minshuku Sosuke 5
- Rickshaw Inn 9
- Ryokan Kaminaka 11

SE RESTAURER

- Kakusho 3
- Kitchen Hida 5
- Koma Restaurant 7
- Kyoya 1
- Susaki 9

★ **Hirata Folk Art Museum** – *39 Kami-Ninomachi - 9h-17h - 300 ¥.* Cette sobre et vaste maison construite en 1897 reconstitue la vie quotidienne d'une famille de la classe moyenne à l'époque d'Edo, des marchands qui vendaient des bougies et onguents. Tout y est : ustensiles ménagers, miroirs, laques, nécessaire de toilette, jouets, etc.

★ **Hida Takayama Machi no Hakubutsu-kan** – *75 Kami-Ichinomachi - 9h-19h - gratuit.* Logé dans une ancienne brasserie à saké du 19e s., ce petit musée retrace l'histoire de Takayama à travers une collection de documents, d'objets archéologiques, ethnographiques, religieux ou artisanaux.

★★ Takayama Yatai Kaikan 高山屋台会館 B1

178 Sakura-machi (au nord-est de la ville) - 8h30-17h (9h-16h30 de déc. à fév.) - 820 ¥. Dans ce grand hall sont exposés par roulement quatre des 23 grands chars colorés *(yatai)* utilisés lors des festivals de la ville, le Sanno Matsuri les 14 et 15 avril et le Hachiman Matsuri les 9 et 10 octobre *(voir p. 180)*. Les autres sont entreposés dans des hangars du centre-ville. Construits entre le 17e et le 18e s., ces chars à plusieurs étages sont richement décorés de laques rutilantes, dorures, plaques de bronze ciselées, incrustations de nacre, lanternes et tentures et surmontés de marionnettes animées. Le hall d'exposition adjacent présente une grande maquette au 1/10 du sanctuaire Tosho-gu de Nikko.

★ Shishi Kaikan 獅子会館 B1

53 Sakuramachi (près du musée précédent) - 9h05-16h25 - 600 ¥.

Plus de 800 masques de lions utilisés lors des danses traditionnelles des festivals japonais sont exposés dans ce petit musée. Ces danses ont pour fonction de purifier la voie avant le passage des autels portant les divinités. Plus intéressant, le court mais amusant spectacle de poupées *karakuri*, automates en bois datant de l'époque d'Edo. Ils trônent au sommet des chars où des manipulateurs cachés leur font exécuter des numéros d'acrobatie au son des tambours et des flûtes.

Sakurayama Hachiman-gu 桜山八幡宮 B1

Au nord-est de la ville.

Cet élégant sanctuaire en bois de *hinoki* (cyprès), dont les portes sont frappées de *mon* aux formes stylisées de fleurs de cerisiers, abrite l'empereur Ojin, divinité gardienne de Takayama. Il est entouré de cèdres, arbres souvent associés aux lieux de culte shinto pour leur forme élancée dont les Japonais croient qu'elle aide les dieux à descendre sur terre.

Quartier de Higashiyama 東山 B1

À 10mn à l'est de Sanmachi. Comptez une heure de promenade. Une douce quiétude flotte sur ce quartier de temples et de sanctuaires adossés au flanc d'une colline. La promenade, longue de 3,5 km, mène d'un édifice à l'autre, au milieu d'une abondante végétation. Certains temples abritent de belles statues.

★★ Takayama-jinya 高山陣屋 B2

1-5 Hachikenmachi (au sud de Sanmachi). 8h45-17h (18h août, 16h30 de nov. à fév.) - 430 ¥ ; visite guidée (40mn) gratuite en anglais, sur demande à l'entrée.

Initialement résidence du seigneur Kanamori, le bâtiment devint le siège du gouvernement de Hida lorsque la province passa sous le contrôle direct des shoguns Tokugawa, de 1692 à 1868. C'est le seul édifice de ce genre restant au Japon. Il faisait office de tribunal et de centre de collecte des impôts. La population pouvait aussi venir y exprimer ses requêtes. Passé la porte monumentale s'ouvre la grande salle d'audience que précède un vestibule étroit. Les roturiers devaient s'y agenouiller et lancer leur appel dans le noir,

2

derrière une barrière. Juste à côté se trouvait la salle de torture… Le reste du bâtiment servait d'habitation au *daikan* (préfet), à ses invités de marque et au personnel. Au sud se trouvent les grands greniers à riz et à bois et les produits collectés en guise de taxes. Dans cette province montagneuse et démunie, les impôts inondaient les paysans, source de fréquentes jacqueries.

★★★ Hida Takayama Museum of Art 飛騨高山美術館 A2

À 2 km au sud-ouest, sur la route de Hida-no-Sato. De la gare routière, accès en bus de l'arrêt n° 6 ou navette gratuite (bus londonien du musée) - 9h-17h - 1 300 ¥.
Créé par un collectionneur riche et passionné, Tetsuya Mukai, ce musée rassemble un très bel ensemble de verreries, meubles et objets d'**Art nouveau européen**. Les vitrines mettent en lumière de délicats vases et pâtes de verre de Tiffany, Lalique, Daum, Gallé. Plusieurs salles sont réservées aux grands maîtres des arts décoratifs européens de la Belle Époque, de Louis Majorelle à Charles Mackintosh en passant par les sécessionistes viennois. Clou de la collection, l'une des monumentales fontaines en verre de Lalique (1932), qui ornait jadis le rond-point des Champs-Élysées à Paris.

★★ Hida-no-Sato 飛騨の里 A2

À 2,5 km au sud-ouest (10mn à pied du musée précédent). De la gare routière, accès en bus de l'arrêt n° 6 (10mn, 200 ¥) - 8h30-17h - 700 ¥.
Cet attrayant et pittoresque musée en plein air rassemble, dans un vallon boisé au bord d'un lac, une trentaine de maisons campagnardes datant en majorité des 18e et 19e s. De taille respectable, voire colossale avec leurs larges toits de chaume, d'écorce ou de bardeaux, ces maisons rurales traditionnelles ou *minka* exhibent des intérieurs parfaitement conservés. Le centre de la pièce principale, au sol en terre battue, est occupé par un espace surélevé couvert de tatamis et pourvu d'un *irori*, foyer creusé dans le sol autour duquel la famille se réunissait. Les salles et entrepôts abritent des outils agricoles et des objets de tous les jours qui racontent la vie des villages de montagne. Des artisans animent de leurs activités (céramique, teinture, tissage, ébénisterie) certaines maisons. Pour ceux qui n'ont pas le temps de visiter Shirakawa-go et Gokayama, ce musée permet de découvrir les fameuses *gassho-zukuri (lire ci-dessous).*

À proximité Carte de région p. 160-161, B2

★★★ SHIRAKAWA-GO 白川郷

À 80 km au nord-ouest de Takayama. De la gare routière de Takayama, des bus desservent 12 fois par jour Ogimachi, principal village de la vallée (50mn de trajet, 2 470 ¥). Des bus relient aussi 6 fois par jour Ogimachi à Kanazawa (1h15, 1 850 ¥ sur réserv. - ☏ (076) 234 0123 ou (0557) 32 1688 - www.nouhibus.co.jp/english/.
Blottie au cœur des montagnes, Shirakawa-go essaime ses villages au milieu des forêts et des rizières bordant la rivière Sho dont le cours se prolonge dans la vallée voisine de Gokayama. Durant des siècles, ces vallées perdues sont restées coupées du monde par la neige durant l'hiver. En raison de leur isolement, elles ont développé un mode de vie particulier, fondé sur un système de coopération mutuelle entre familles voisines.
Shirakawa-go et Gokayama ont été classées en 1995 au Patrimoine mondial de l'Unesco grâce à leurs *gassho-zukuri*, chaumières traditionnelles à trois ou quatre étages. Le trait caractéristique de ces maisons en bois est leur toit de chaume en forme de triangle très pentu (60°), telles des mains en prière,

Maisons « gassho-zukuri » dans la vallée de Gokayama.
JTB Photo/UIG/Universal Images Group/age fotostock

afin de supporter le poids de la neige abondante l'hiver. Ces fermes géantes pouvaient abriter jusqu'à 30 individus de plusieurs générations ou de plusieurs branches d'une même famille. La plupart sont encore habitées. Les combles étaient utilisés jusque dans les années 1970 pour élever des vers à soie et conserver des feuilles de mûrier dont les fibres servaient à produire le papier *washi*.

2

Jusqu'au 19ᵉ s., la région fabriquait également de la poudre à canon. Aujourd'hui, elle vit surtout du tourisme. La forte affluence en journée, notamment le week-end, gâche un peu la magie des lieux. On les apprécie mieux en y passant la nuit.

★★ Ogimachi 荻町

Plan disponible au bureau de tourisme situé sur le parking d'arrivée des bus (8h-17h20). ✆ *(05769) 6 1013.*

Très bien préservé, ce village de 600 âmes s'étend sur la rive orientale de la rivière Sho. Il concentre 60 *gassho-zukuri* datant en majorité du 19ᵉ s., dont près de la moitié sont habitées. Chaque *gassho-zukuri* est entourée d'une parcelle de rizières irriguées et de cultures potagères. Les toits de chaume sont refaits à neuf tous les trente ans, une opération menée dans la journée grâce à la coopération de tous les villageois. Le dernier dimanche d'octobre, lors d'un spectaculaire exercice anti-incendie, de grands jets arrosent tout le village. On conseille d'abord de monter au belvédère **Shiroyama Tenbodai** *(15mn à pied par un sentier au nord-est)* où s'offre une **vue**★★ d'ensemble du village qui permet d'en saisir l'harmonie. Les maisons sont alignées parallèlement à la rivière dans le sens nord-sud afin de limiter leur exposition aux intempéries.

★ **Maison Wada** – *Au nord du village - 9h-17h - 300 ¥.* Datant du 18ᵉ s., c'est la plus large *gassho-zukuri* d'Ogimachi, propriété de la riche famille qui dirigeait jadis le village et qui l'habite encore. Notez, au-dessus du foyer central, la charpente totalement noircie par la suie. Les étages supérieurs, qui servaient à la sériciculture, exposent du matériel d'époque. Admirez l'ingéniosité des

UNE RECETTE EXPLOSIVE

Vivant en autarcie avec peu de terres pour cultiver le riz, les villageois de Shirakawa-go et Gokayama exploitaient au maximum les maigres ressources disponibles. Refugiés dans leur ferme durant les longs hivers, ils élevaient des vers à soie nourris avec des feuilles de mûrier. Les fibres de l'arbre servaient à produire du papier. Les excréments des vers, avec ceux des humains, étaient mis à fermenter sous terre jusqu'à obtenir du nitrate qu'on mêlait ensuite à du charbon de bois et du soufre pour fabriquer de la poudre à canon. Soie, papier et poudre étaient alors transportés à dos d'homme à travers les montagnes jusqu'à Takayama et Kanazawa.

attaches des poutres et piliers, noués avec des cordes, sans clou ni vis, ce qui laisse la structure ployer et osciller légèrement sous la pression de la neige et du vent sans jamais se briser.

★ **Myosen-ji** – *Au pied de la montagne à l'est - avr.-nov. : 8h30-17h ; déc.-mars : 9h-16h - 300 ¥*. Rattaché à la secte Jodo Shinshu, ce temple bouddhiste s'ouvre par un étonnant beffroi en chaume. Adjacente au temple, la vaste maison de l'abbé, de style *gassho*, présente des objets quotidiens de la vie rurale.

Hachiman-jinja – *5mn à pied plus au sud*: Entouré d'une cédraie, ce sanctuaire shinto abrite la divinité gardienne du village. À l'est du complexe, le **Doburoku Matsuri Hall** *(9h-17h - 300 ¥)* présente le Festival du *doburoku* qui a lieu à la mi-octobre. Le *doburoku* est un saké non raffiné à la texture de lait caillé et au goût fruité. Une dégustation conclut la visite.

★ **Gassho-zukuri Minkaen** – *Au sud du village, sur la rive ouest de la rivière - 8h40-17h (9h-16h de déc. à fév.) - fermé jeu. déc.-mars - 600 ¥*. Menacées d'être englouties par la construction d'un barrage en 1967, 25 fermes *gassho-zukuri* d'un proche village ont été déplacées dans ce musée en plein air qui offre une vision assez complète de la vie traditionnelle. Dans certaines maisons, il est possible de voir des démonstrations et de participer à des ateliers d'artisanat comme la teinture ou le tissage ou de s'initier à la fabrication des *soba* (nouilles de sarrasin).

★★★ GOKAYAMA 五箇山

Au nord de Shirakawa-go, par la route 156. D'Ogimachi, un bus dessert 6 fois/j les villages de Suganuma et d'Ainokura (50mn de trajet) puis la gare JR de Takaoka (1h15 d'Ainokura, 4 fois/j) d'où l'on peut rejoindre Kanazawa par le train (30mn de trajet). *www.gokayama-info.jp/en*

Adjacente à la vallée de Shirakawa-go, cette vallée au cadre enchanteur voit s'étirer le long de la rivière Sho plusieurs hameaux dotés de majestueuses et rustiques *gassho-zukuri*. Plus difficile d'accès que Shirakawa-go, Gokayama reçoit moitié moins de touristes. Une quiétude bucolique imprègne les chaumières servant d'auberges, entre le dîner autour du feu et la nuit bercée par le chant des grenouilles.

★★ Suganuma 菅沼

Route 156, à 20 km (30mn en bus) d'Ogimachi.

Posé sur une terrasse formée par une boucle de la rivière, ce hameau de 40 habitants veille avec fierté sur ses neuf *gassho-zukuri* ayant survécu. Établi dans deux maisons de style *gassho*, le **Musée folklorique de Gokayama** *(9h-16h00 - 300 ¥)* présente les anciennes activités de la vallée dont la fabrication de poudre à canon *(voir encadré ci-dessus)*.

★★ **Maison Iwase** – *À 3 km en amont de Suganuma - 8h-17h - 300 ¥.* La famille Iwase vous fera visiter cette magnifique maison de style *gassho*, la plus grande du Japon (cinq étages, 26 m de long, 13 m de large et 15 m de haut) et qui date de la fin du 16e s.

★★ **Maison Murakami** – *Kamigachi, à 5 km en aval de Suganuma - tlj sf merc. 8h30-17h (déc.-mars : 9h-16h) - 300 ¥.* Cette *gassho-zukuri*, la plus ancienne du Japon, fut construite en 1578. La famille qui l'habite vous offrira un thé avant de vous chanter une chanson folklorique autour du feu.

★★ Ainokura 相倉

À 10 km de Suganuma. Les bus s'arrêtent au croisement à 500 m en contrebas du village. Plan disponible au bureau d'information situé sur le parking plus haut (8h-17h).

Sur un plateau qui surplombe la rivière Sho, le principal village de Gokayama regroupe 20 *gassho-zukuri*. Sa physionomie est identique à celle d'Ogimachi mais l'ambiance plus calme. Plusieurs fermes servent de *minshuku* et, pour se détendre après des marches en forêt, des onsen s'offrent à proximité.

Musée du Folklore – *8h30-17h - 200 ¥ (350 ¥ pour les deux maisons).* Réparti entre deux *gassho-zukuri*, il présente l'histoire et les traditions de la vallée dont on dit qu'elle servit de refuge, au 12e s., à des samouraïs survivants du clan Taira *(voir p. 630)*. Des costumes et instruments folkloriques, de l'artisanat et du papier *washi* de la région sont aussi exposés.

NOS ADRESSES À TAKAYAMA

2

TRANSPORTS

En train – De Tokyo, Kyoto ou Osaka, le plus simple est de passer par Nagoya, d'où partent ttes les heures les Limited Express Hida *(2h30 de trajet, 6 030 ¥)*.

En bus – Gare routière située à gauche en sortant de la gare B2, *(0577) 32 1688*. Pour Kanazawa, 4 bus/j. à 7h50, 11h20, 12h50 et 16h30 *(2h15 de trajet, 3 390 ¥, réserver)*. Pour Matsumoto : 6 bus/j *(2h30, 3 190 ¥)*. Pour Gifu : 6 bus/j *(2h, 2 570 ¥, réserver)*. Pour Nagoya : bus ttes les h *(2h30, 2 980 ¥, réserver)*.

Se déplacer

En voiture de location – Plus pratique que le bus pour explorer Shirakawa-go et Gokayama. Plusieurs loueurs autour de la gare, dont **Eki-Rent-A-Car**, *(0577) 33 3522* et **Toyota-Rent-A-Car**, *(0577) 36 6110*. Vous pouvez rendre le véhicule à Kanazawa.

HÉBERGEMENT

Takayama

PREMIER PRIX

Minshuku Kuwataniya 民宿桑谷屋

1-50-30 Souwa-machi - (0577) 32 5021 B2 *- www.kuwataniya.com/english/index.html - 9 ch.* Bonne adresse. Accueil très sympathique.

Rickshaw Inn 力車イン

54 Suehiro-cho B2 *- (0577) 32 2890 - www.rickshawinn.com/e/index.html - 11 ch.à partir de 8 640 ¥.* Une très belle adresse tenue par la généreuse Eiko. Une mine d'informations (en anglais) !

BUDGET MOYEN

Minshuku Sosuke 民宿惣助

1-64 Okamoto-cho A2 *- (0577) 32 0818 - www.irori-sosuke.com/english/index.html - 13 ch. - - à partir de*

11 880 ¥/2 pers. avec petit-déj. Belle maison. Accueil un peu froid.

Hida Takayama Koto-no-Yume おやど・古都の夢
6-11 Hanasato-cho B2 - *(0577) 32 0427 - www.kotoyume-peace.com - 23 ch.* Un atoll de raffinement verdoyant à 50 m de la gare. Prix incroyablement attractifs pour ce superbe ryokan.

Ryokan Kaminaka 旅館かみなか
1-5 Hanaoka-machi B2 - *(0577) 32 0451 - www.ryokankaminaka.com - 10 ch.* Pension de famille très accueillante encadrée par un beau jardin. Anglais parlé.

Shirakawa-go

BUDGET MOYEN

Gassho-no-yado Yokichi 合掌の宿・よきち
351 Ogimachi - (05769) 6 1417 - 5 ch. - Dans cette belle maison traditionnelle, la propriétaire sert une cuisine régionale copieuse et goûteuse (omble *iwana* grillé au sel). *O-furo* à usage privatif.

Magoemon 合掌乃宿・孫ェ門
360 Ogimachi - (05769) 6 1167 - 6 ch. - Autre belle chaumière traditionnelle avec salle de bains commune. Les repas, sains et copieux, sont servis autour de l'*irori*. Ensuite, les convives écoutent un conteur réciter quelques légendes locales.

UNE FOLIE

Tousuke-no-yu Fujiya 藤助の湯ふじや
325-1 Hirase, Shirakawa-mura - (05769) 5 2611 - www.tousuke-fujiya.com/en - 11 ch. En pleine nature, ancienne *gassho-zukuri* réaménagée en un luxueux et élégant ryokan. Chambres lumineuses et joliment décorées, chacune avec son *irori*. *O-furo* et 2 *rotenburo* qu'on peut privatiser.

Gokayama

BUDGET MOYEN

Yomoshiro 民宿・与茂四郎
395 Ainokura - (0763) 66 2377 - www.yomosiro.com/index.html - 4 ch. - Cette *gassho-zukuri* familiale sert d'auberge rustique, avec salle de bains commune. Dîners, conviviaux et succulents (omble grillé, tempuras, sashimis de carpe, légumes), sont servis autour du foyer central. Après, vous aurez peut-être droit à un chant folklorique au son du *sasara*, instrument en bois entre l'accordéon et la crécelle.

RESTAURATION

Takayama

PREMIER PRIX

Koma Restaurant 独楽
1-5 Hanaoka-cho B2 - *(0577) 34 6488 - koma.kaminaka.info/index.html - tlj sf mar. 11h-21h* - Restaurant *teppan-yaki*. On prépare et partage des *okonomiyaki* sous l'œil espiègle et généreux des deux petites patronnes. Carte en anglais.

BUDGET MOYEN

Kyoya 京や *1-77 Ojin* B1 - *(0577) 34 7660 - www.kyoya-hida.jp - tlj sf mar. 11h-22h (dernière commande à 21h).* Spécialisée dans la cuisine locale depuis 1979 (le *houda miso*, bœuf de Hida cuit sur feuille de magnolia, est épatant), cette ancienne ferme à riz centenaire est aujourd'hui l'une des meilleures auberges de la ville. C'est aussi l'une des plus belles avec sa décoration paysanne patinée.

POUR SE FAIRE PLAISIR

Kitchen Hida キッチン飛騨
1-66 Honmachi B2 - *(0577) 36 2911 - www.kitchenhida.com/english - tlj sf*

merc. 11h30-14h45 (dernière commande), 17h-19h45 (dernière commande). Le fameux bœuf gavé à l'herbe tendre des montagnes de Hida se décline ici sur tous les modes.

UNE FOLIE

Susaki 料亭州さき *4-14 Shinmei-cho* B2 - ✆ *(0577) 32 0023 - www.ryoutei-susaki.com/english/english.html - 11h30-14h, 17h- (dernière entrée 19h) sur réserv.* Une douzaine de plats saisonniers présentés cérémonieusement. Manger revient ici à communier avec tous ses sens et ce depuis plus de 220 ans.

Kakusho 角正 *2-98 Baba-cho* B2 - ✆ *(0577) 32 0174 - www.kakusyo.com/index2.html - 11h30- (dernière entrée 14h), 17h30- (dernière entrée 19h) -* ▭. Six pavillons semés autour d'un somptueux jardin. Repas à base de cette nourriture végétarienne, autrefois réservée aux moines.

PETITE PAUSE

Fujiya Hanaikada – *46 Hanakawa-cho* B2 - ✆ *(0577) 36 0339 - vend.-merc. 10h-18h.* Une merveille. Dans cette maison centenaire à la décoration moderne raffinée, ce couple discret propose des pâtisseries japonaises inventives et délicieuses.

Warajiya – *170 Hachimangu Keidai* B1 - ✆ *(0577) 33 6789 - tlj 9h-17h - fermé déc.-mars.* Après 30 ans d'activité, la très sympathique propriétaire de cet ancien magasin de poterie a décidé d'en faire un salon de thé. On y boit aussi un excellent café, préparé avec entrain par son mari… tout en admirant un ensemble de poteries choisies.

ACHATS

Kawakami Chô Koku – *2-158 Ojinmachi* B1 - ✆ *(0577) 34 9616 - tlj 9h-17h.* Vitrine du savoir-faire des artisans de Takayama, cette boutique à deux pas du sanctuaire Hachiman-jinja, propose à la vente (mais c'est un peu cher) de superbes figurines en bois sculpté représentant divinités, moines, animaux, etc.

ACTIVITÉS

Satoyama Experience – *http://satoyama-experience.com -* Pour aller plus loin dans la découverte de Takayama et de la vie quotidienne des habitants de la province de Hida, Satoyama Expérience propose un ensemble d'activités et services, de la balade guidée à vélo à la location de maison traditionnelle, en passant par une visite guidée autour des spécialités culinaires de la ville.

Les Alpes japonaises 日本アルプス

★★

Nagano : 377 803 habitants – Matsumoto : 243 383 habitants

À la fois cœur et toit du Japon, le parc national des Alpes japonaises, au centre de Honshu, englobe les plus hauts sommets du pays après celui du mont Fuji, dépassant souvent les 3 000 m. Largement comparable aux Alpes européennes avec ses cimes dentelées, ses gorges escarpées et ses forêts profondes, il recèle d'excellentes stations de ski qui ont en prime l'avantage de posséder des sources chaudes où se délasser après l'effort. Rendue célèbre par les Jeux olympiques d'hiver de 1998, Nagano s'est développée autour du vénérable temple Zenko-ji qui attire plus de 6 millions de pèlerins par an. Située à 562 m d'altitude, dans un altier décor montagneux, Matsumoto conserve l'un des plus beaux châteaux du Japon. À proximité, les amateurs de randonnées arpenteront les sentiers alpins de Kamikochi ou, plus au sud, la jolie vallée de Kiso par où passait la Nakasendo, ancienne route postale qui, à l'instar de celle du Tokaido sur le littoral, reliait Edo (l'actuelle Tokyo) à Kyoto par l'intérieur des terres.

NOS ADRESSES PAGE 195
Hébergement, restauration, achats, activités, etc.

S'INFORMER

Office du tourisme de Nagano – Dans la gare JR, *(026) 226 5626 - www.go-nagano.net - 9h-18h.*

Office du tourisme de Matsumoto – À la sortie de la gare ferroviaire, *(0263) 32 2814 - 9h-17h45.*

SE REPÉRER

Carte de région p. 160-161, B2 - Nagano est à 230 km de Tokyo et 186 km de Niigata. Matsumoto est à 70 km de Nagano, 97 km de Takayama et 190 km de Nagoya. Les trains JR Shinano traversent la région du nord au sud, de Nagano à Nagoya en passant par Matsumoto et la vallée de Kiso. Des bus desservent les stations de ski et les villages de montagne mais certaines routes sont fermées durant l'hiver.

À NE PAS MANQUER

Le Zenko-ji de Nagano, Nozawa Onsen, le château de Matsumoto, une randonnée à Kamikochi ou entre Tsumago et Magome.

ORGANISER SON TEMPS

Comptez 2-3 jours pour les visites culturelles à Nagano et Matsumoto ainsi que leurs environs.

★ Nagano 長野 Carte de région

Au nord de la préfecture éponyme, à 1h40 en Shinkansen de Tokyo, cette ville moderne est entourée d'une pléthore de stations de ski, toutes situées à environ 1h de bus. Occupant le bassin de la rivière Shinano, Nagano s'est développée vers le 13e s. autour du vaste temple Zenko-ji, l'attraction phare de l'agglomération.

★★★ Zenko-ji 善光寺

À 2 km au nord de la gare. 30mn à pied en suivant la grande avenue Chuo-dori ou 15mn en bus (150 ¥) - 5h30-16h en été ; 7h-16h en hiver - 500 ¥.

Centre de pèlerinage prestigieux où tout Japonais rêve d'aller une fois dans sa vie, le Zenko-ji est le plus grand temple du Japon après le Todai-ji de Nara *(voir p. 290)*. C'est aussi un temple plein de vie autour duquel grouille une cité religieuse comme au Moyen Âge. Une ambiance de kermesse anime la Nakamise-dori, la grande allée qui mène au sanctuaire, bordée de temples-auberges voués à l'accueil des pèlerins, de résidences abbatiales et de multiples commerces qui colonisent aussi les allées adjacentes. Par fournées successives, les cars de tourisme y déversent les fidèles, aussi nombreux qu'un dimanche sur le parvis de Notre-Dame.

Une origine mythique – La légende raconte que le temple fut fondé afin d'y enchâsser une statue d'Amida (le bouddha du paradis de l'Ouest) offerte à l'empereur Kinmei par la Corée en 552, lors de l'introduction du bouddhisme au Japon. Jetée dans un canal suite à une épidémie, la statue aurait été retrouvée par Honda Yoshimitsu, un paysan pauvre qui la rapporta dans son village natal où il lui éleva un oratoire en 602, lequel devint le temple en 670. Le monastère gagna en importance et en popularité durant l'ère Kamakura, en même temps que se développait le culte d'Amida dans l'archipel. Il brûla cependant à de nombreuses reprises. La structure actuelle date de la 11e reconstruction, entre 1707 et 1726.

Un temple tolérant – Vaste complexe doté de nombreux temples subsidiaires, le Zenko-ji est original à plus d'un titre. En premier lieu, il accueille à la fois les sectes Jodo et Tendai qui tiennent à tour de rôle les offices. Ensuite, il a toujours été ouvert aux femmes, à l'inverse des autres temples nippons. à la tête de la branche Jodo figure ainsi une abbesse. Enfin, la topographie des lieux est unique : orienté selon un axe nord-sud, le temple est adossé à la montagne Omine, symbole du paradis de l'Ouest au pied duquel de nombreux fidèles ont bâti leur mausolée dans l'espoir d'une renaissance future.

Visite – Une longue rampe pavée monte en douceur vers le lieu saint et passe devant la trentaine de temples-auberges où les visiteurs peuvent séjourner. Elle franchit d'abord la porte **Nio-mon** (reconstruite en 1918) que gardent deux impressionnantes divinités puis, passé une rangée de *jizo* protecteurs, la monumentale **San-mon**★ (1750) à deux étages que l'on peut visiter. L'allée débouche alors sur une large esplanade où se dresse le **Hon-do**★★, hall principal au double toit galbé en écorce de cyprès. De dimension colossale, ce bâtiment classé Trésor national comporte quelque 60 000 poutres de bois. À l'entrée de la vaste salle revêtue de tatamis veille une statue en bois de **Binzuru**★★★, un disciple du Bouddha réputé guérir les maux et les peines sur lequel les fidèles imposent leurs mains. Les traits de son visage ont disparu à force de caresses. Au fond à l'ouest, un autel richement décoré garde l'image

CÉRÉMONIE DE L'AUBE

Les visiteurs du Zenko-ji auront intérêt à assister à l'office du matin *(se renseigner sur l'horaire la veille)* célébré par le grand prêtre ou la grande prêtresse qui, au passage, bénit les têtes des fidèles agenouillés sur le parvis. Le cortège des moines, crâne rasé et robe de soie écarlate, vient se mettre à genoux devant l'autel. Des volutes d'encens nimbent le rituel où alternent lectures de textes sacrés et litanies aux mélopées envoûtantes. Au son du gong, la première tenture de l'autel se soulève, qui figure un phénix d'or sur fond vermeil. La seconde suit, sur fond de dragon dévoilant la châsse qui protège la statue sacrée. Le prêtre fait mine d'ouvrir le coffre mais il n'en est rien. Le Bouddha doit rester caché, selon un vieux tabou sans doute influencé par l'invisibilité des *kami* shinto.

principale, l'**Ikko Sanzon**, représentant Amida flanqué des deux *bosatsu* Kannon et Seishi réunis sous la même auréole. L'image sacrée reste cachée en permanence dans un reliquaire. Même les prêtres ne sont pas autorisés à la voir. Toutefois, une réplique est montrée à la foule lors d'une cérémonie qui a lieu tous les sept ans (la prochaine en avril-mai 2021). à droite de l'autel, un escalier mène à un corridor souterrain plongé dans l'obscurité. Les fidèles y cherchent à tâtons une clé en métal fixée dans le mur de droite, juste à la verticale de la statue sacrée, censée leur ouvrir les portes du paradis.

Piste de patinage M-Wave エムウェーブ

À 5 km au nord-est. De la gare, bus n° 8 (arrêt n° 21) en direction de Yashima, arrêt M-Wave-mae (20mn - 350 ¥) - ✆ (026) 221 6100 - www.nagano-mwave.co.jp - se renseigner pour les jours et les horaires d'ouverture - 2 150 ¥ avec la location des patins. Sous une immense arène couverte de 240 m de long sur 120 m de large, cette piste de patinage de vitesse fut construite pour les JO de 1998. On peut y visiter un petit musée des Olympiades *(w.-end et j. fériés 10h-17h)*, d'un intérêt mineur, et surtout s'y amuser à des glissades.

À proximité Carte de région p. 160-161

★ Obuse 小布施 C2

À 15 km au nord-est. Accès par la ligne de train Nagano Dentetsu (20mn, 750 ¥).
ℹ Plan et location de vélos au bureau d'information sur le chemin du centre-ville (9h30-17h).

Située dans une région d'excellents vignobles et châtaigneraies (les glaces et confiseries à la châtaigne sont sa spécialité), cette petite localité de 12 000 habitants s'enorgueillit d'avoir été choisie par le célèbre artiste **Katsushika Hokusai** (1760-1849), le maître des estampes japonaises, pour y travailler durant les dernières années de sa vie. Il légua de nombreuses œuvres à la municipalité. Obuse compte en outre nombre de petits musées traitant de sujets variés : bonsaïs, lampes, poteries antiques, etc.

★★ **Musée Hokusai-kan** – *10mn à pied au sud-est de la gare - mai-août : 9h-18h ; sept.-oct. : 9h-17h30 ; nov.-avr. : 9h-17h (dernière entrée 16h30) - 800 ¥.* Outre une trentaine d'estampes, ce musée dédié à Hokusai (et accessoirement à ses disciples) a pour principal intérêt de présenter des œuvres originales, notamment des dessins à l'encre et des *kakejiku* (rouleaux verticaux) du grand maître. Ils permettent d'admirer la perfection de la ligne, le génie à saisir en quelques traits l'essence d'un sujet mouvant ou à suggérer la beauté évanescente d'une courtisane en kimono. Le musée expose aussi des panneaux de plafonds et deux chars colorés par l'artiste.

Musée Takai Kozan – *à 50 m du précédent, au fond de l'allée - mai-août : 9h-18h ; sept.-oct. : 9h-17h30 ; nov.-avr. : 9h-17h - 300 ¥.* Takai Kozan (1806-1883), un riche marchand d'Obuse, était le mécène et l'ami de Hokusai et aussi l'un de ses élèves artistes. Ses œuvres, pleine d'une grinçante ironie, mettent en scène des démons et des fantômes, créatures fantastiques et hideuses inspirées par la représentation traditionnelle des enfers bouddhistes.

Gansho-in – *30mn à pied à l'est de la gare - avr.-oct. : 9h-17h ; nov. : 9h-16h30 ; déc.-mars : 9h30-16h - 300 ¥.* Temple bouddhiste de la secte Soto fondé en 1472. Son plafond s'orne d'un éclatant phénix peint par Hokusai.

★ Yudanaka 湯田中 C2

À 35 km au nord-est. Train de la ligne Nagano Dentetsu pour Yudanaka (45mn, 1 160 ¥).

Située dans le district de Yamanouchi, cette ville d'onsen niche dans les gorges de la rivière Yokoyu, au pied de la station de ski de Shiga Koken. On y vient surtout pour voir les singes se baigner dans les sources chaudes de la montagne.
★ **Jigokudani Yaen-koen** – *De la gare de Yudanaka, bus pour Kanbayashi Onsen puis 30mn de marche en suivant le sentier - http://en.jigokudani-yaenkoen.co.jp - avr.-oct. : 8h30-17h (env.) ; nov.-mars : 9h-16h (env.) - 500 ¥.* Très apprécié des photographes amateurs, ce bassin abrite une colonie de 200 macaques venus se revigorer dans l'eau chaude pour mieux affronter les températures hivernales. Malheureusement, la présence des singes reste assez artificielle car motivée avant tout par la nourriture (riz, pommes) que les gardiens du parc leur distribuent avec largesse plusieurs fois par jour. En outre, l'environnement est gâché par le béton et les fils électriques. Cela reste néanmoins une occasion unique d'observer de près les amusants comportements de ces diablotins d'animaux batifolant en liberté, cavalant, se bagarrant et s'épouillant sans se préoccuper de la présence des humains.

★★ Nozawa Onsen 野沢温泉 C2

À 45 km au nord-est. Ligne JR Iiyama pour Togari-Nozawa-onsen (1h, 740 ¥) puis bus (9/j., 15mn, 300 ¥). De la sortie est de la gare de Nagano, des bus directs relient aussi la station mais seult en hiver (déc.-avr.), arrêt de bus n° 24 (2/j., 1h15, 1 500 ¥).
Bureau d'information au centre du village, ✆ (0269) 85 3155 - http://nozawa-kanko.jp/english - 8h30-17h30. En dépit d'une altitude modeste (1 650 m), Nozawa Onsen dispose d'un excellent domaine skiable en raison de la qualité de sa neige. À la fois sportive et familiale, la station a gardé l'allure d'un village de montagne à l'ancienne avec ses ruelles pavées rythmées par les socques des vacanciers allant au bain. Treize bains publics *(gratuits)* jalonnent en effet le village, conviant à une délicieuse trempette après l'effort.

Domaine skiable – *www.nozawaski.com/en/ - de déc. à déb. mai : 8h30-17h (20h selon la saison) - 4 800 ¥ le forfait journalier.* Dense et facile d'accès, il comprend 50 km de pistes, 2 télécabines et 22 télésièges. Le dénivelé est de 1 085 m, la plus longue piste mesure 10 km. Ski alpin, ski de fond, tremplin, snowboard, half-pipe, club enfant… la station a de quoi satisfaire tous les styles et niveaux.

Bains publics – *Avr.-nov. : 5h-23h ; déc.-mars : 6h-23h - gratuit (apporter sa serviette).* Parmi eux, le plus populaire est l'**Oh-yu★★**, logé au centre du village dans un bel édifice en bois évoquant un temple. Plus loin, l'**Ogama** et son eau à 80 °C permet aux villageois de cuire leurs aliments et aux artisans d'assouplir les sarments de vigne qu'ils utilisent pour fabriquer des jouets. Le **Sparena** est un complexe de loisirs avec plusieurs bains, saunas et restaurants *(au nord du village - 12h-20h30 (de mi- juil. à août : 9h ; déc.-mars : 6h30) - fermé merc. - 700 ¥).*

★ **Musée du Ski du Japon** – *Au pied des pistes - tlj sf jeu. 9h30-16h (dernière entrée 15h30) - 300 ¥.* Dans un bâtiment en forme d'église, il évoque l'histoire du ski au Japon et les JO d'hiver de 1998 à Nagano, dont Nozawa Onsen accueillit plusieurs épreuves. On y voit aussi quelques portraits des vedettes de la station qui, avec ses 4 200 habitants, parvint à aligner pas moins de 15 champions olympiques au cours de son histoire, un record !

★★ Togakushi 戸隠 B-C2

À 20 km au nord-ouest. De la gare de Nagano (arrêt n° 7, devant la sortie Zenko-ji) le bus n° 70 parcourt la vertigineuse route panoramique Togakushi Birdline jusqu'à l'arrêt Chusha-Miyamae (12/j, 1h de trajet, 1 250 ¥). Le ticket A/R à prix réduit s'achète à l'agence Alpico Kotsu située juste derrière l'arrêt de bus n° 7.

Niché à 1 200 m d'altitude, au milieu d'une magnifique cédraie, ce village alpin d'environ 5 000 habitants accueille les skieurs en hiver et, à partir de fin avril, les randonneurs. Ces derniers visitent notamment trois sanctuaires distants chacun de plusieurs kilomètres, l'**Hokosha★** (sanctuaire aval), le **Chusha★** (sanctuaire intermédiaire) et l'**Okusha★** (sanctuaire supérieur), dont l'histoire est liée au mythe de la caverne de la déesse Amaterasu. Au Moyen Âge, Togakushi fut un centre important du *shugendo*, culte des moines-guerriers *(yamabushi)* vivant en ermites dans les montagnes. Le village est par ailleurs réputé pour son artisanat de bambou et ses *soba*, nouilles de sarrasin récolté dans les alpages. Elles se dégustent froides ou chaudes dans les nombreux restaurants qui émaillent la route principale du village.

Musée du Folklore de Togakushi – *15mn à pied en amont de l'arrêt de bus, en face de l'embranchement menant à l'Okusha - de fin avr. à mi-nov. : 9h-17h - 600 ¥.* Togakushi abritait jadis une importante école de *ninja*, guerriers-espions de l'âge médiéval. Le musée raconte, à l'aide de photos, armes et vêtements, l'histoire et les techniques de ces combattants de l'ombre.

Juste à côté, la **Maison des Ninja Kids Village** *(tlj sf jeu. 9h-17h)* déroule un petit parcours dans une demeure truffée de pièges, portes dérobées et escaliers secrets.

Okusha-jinja – *45mn à pied.* Un superbe **sentier★★** se faufile sous la voûte obscure de cèdres multicentenaires aux troncs géants et droits comme des colonnes, puis grimpe jusqu'à ce sanctuaire tapi au flanc du mont Togakushi. Selon la légende, c'est ici qu'aurait atterri le rocher qui fermait la caverne où Amaterasu, offensée par son frère Suzano, s'était retirée et que le *kami* Amenotajikarao, auquel le sanctuaire est dédié, ôta en le jetant dans les airs.

★ Hakuba 白馬 B2

À 37 km à l'ouest. De la gare de Nagano (arrêt n° 26, sortie Est), des bus relient la station ttes les heures (1h35, 1 800 ¥). Hakuba est aussi reliée par train à Matsumoto (1h30, 1 140 ¥) et Tokyo depuis Shinjuku en bus (avr.-déc., 5h, 4 850 ¥). i *Bureau d'information à la sortie de la gare, ☏ (0261) 72 3000 - 8h-18h.*

Été comme hiver, Hakuba est un paradis pour les sports de plein air. Entourée de cimes grandioses au cœur des Alpes japonaises, cette station de 10 000 habitants fut le théâtre, lors des JO d'hiver de Nagano, des épreuves de descente, de super-G, de ski nordique et de saut. Très populaire auprès des jeunes, elle offre l'un des meilleurs domaines skiables du Japon et d'agréables onsen. Durant la verte saison, la station abrite également une foule d'activités : randonnée, escalade, camping, VTT, rafting, canoë-kayak, canyoning, golf, pêche ou parachute ascensionnel.

Domaine skiable – *De fin nov. à déb. mai - 5 200 ¥ le forfait journalier pour Happo-One.* Il s'étend entre sept stations reliées par des bus. Le noyau central est constitué par les trois stations de Happo-One, Hakuba 47 et Goyu-Toomi. La plus pratique reste la station de **Happo-One★**, située à 5mn en bus de la gare, au pied des massifs. Son domaine, adapté à tous les niveaux, skieurs ou snowboardeurs, culmine à 1 831 m. Il inclut 13 pistes (dont une superbe piste de slalom de 3 km) et 31 remontées mécaniques.

Stade de saut olympique de Hakuba – *à Happo-One - déc.-mars : 9h-15h30 ; avr.-nov. : 8h30-16h30 - 460 ¥.* Construit en 1992, il comprend deux tremplins (un normal et un grand) permettant des sauts de 90 m et 120 m de long. On peut monter par l'ascenseur au sommet de la rampe, à 60 m du sol, pour se faire une idée des sensations éprouvées par les compétiteurs lors de l'envol. La vue est impressionnante.

NOS ADRESSES À NAGANO

TRANSPORTS

En train – De Tokyo, départ ttes les 20mn du Shinkansen Asama *(le plus direct, 1h35 de trajet, 8 200 ¥)*. De Nagoya *(2h50, 7 330 ¥)*. Pour Matsumoto, avec la JR Shinonoi Line *(1h10, 1 140 ¥)*. Pour Kanazawa, JR Shinkansen Kagayaki *(1h, 8 960 ¥)*.

En bus – *Terminal en face de la gare (sortie ouest), dans le West Plaza*. De Tokyo, départ du Shinjuku Expressway Bus Terminal avec Highway Buses *(3h40, 3 200 ¥)*.

HÉBERGEMENT

Nagano

PREMIER PRIX

Comfort Hotel Nagano コンフォートホテル長野
1-12-4 Minami-Chitose - ✆ (026) 268 1611 - www.choice-hotels.jp/nagano/index.php - 76 ch. À 3mn à pied de la gare JR, *business hotel* bien tenu. Excellent rapport qualité/prix.

Shimizuya Ryokan Chuokan 清水屋旅館中央館
49 Daimon-cho - ✆ (026) 232 2580 - www.chuoukan-shimizuya.com/fr/index.html - 18 ch. Hébergement familial très amical dans une superbe maison de 160 ans.

Fuchino-bo 淵之坊
462 Motoyoshi-cho - ✆ (026) 232 3669 - www.fuchinobo.or.jp - 8 ch. Magnifique *shukubo* (temple-auberge) de l'époque d'Edo. Chambres japonaises spacieuses et divine cuisine végétarienne.

POUR SE FAIRE PLAISIR

The Saihokukan Hotel 犀北館
528-1 Agatamachi - ✆ (026) 235 3333 - www.saihokukan.com/index.php - 88 ch. Ouvert en 1890, ce vieil hôtel réaménagé de façon un peu grandiloquente présente derrière ses colonnes de marbre de beaux espaces, à l'instar du très soigné restaurant japonais.

Yudanaka

BUDGET MOYEN

Uotoshi Ryokan 魚敏旅館
2563 Sano - ✆ (0269) 33 1215 - www.avis.ne.jp/~miyasaka/index-e.html - 8 ch. à partir de 8 640 ¥ (à partir de 10 800 ¥ ☕), en hiver nov.-mi-avr., suppl. 1 080 ¥. Pension de famille très simple dotée d'un magnifique onsen en bois de cyprès. Anglais parlé.

Nozawa Onsen

BUDGET MOYEN

Pension Schnee
ペンション・シュネー
8276 Toyosato - ✆ (0269) 85 2012 - www.pensionschnee.com - 12 ch. à partir de 10 260 ¥ /pers. (petit-déj. et dîner inclus). Au pied des pistes, un chalet croquignolet tenu par une adorable famille d'anciens champions olympiques. Chambres occidentales. Copieux petit-déj. avec confitures maison.

POUR SE FAIRE PLAISIR

Haus St Anton
ハウス・サンアントン
9515 Toyosato - ✆ (0269) 85 3597 - st-anton.jp/eng/index.html - 15 ch. Ce petit chalet tyrolien très sympathique est tenu par un ancien champion olympique de ski. Quelques chambres ont une salle de bains privée.

UNE FOLIE

Ryokan Sakaya 旅館さかや
9329 Nozawa-onsen-mura - ✆ (0269) 85 3118 - ryokan-sakaya.com - 29 ch. Ce ryokan d'une grande élégance dispose d'un superbe onsen. Succulent

shabu-shabu (fondue japonaise). Inoubliable.

Togakushi

POUR SE FAIRE PLAISIR

Gokui Lodge 宿坊・極意
3354 Togakushi - ✆ (026) 254 2044 - www.egokui.com - 8 ch. petit- déj. et dîner inclus. Adresse majestueuse située dans un ancien *shukubo* (temple-auberge) de 400 ans attenant au temple Chusha. Accueil chaleureux et nourriture exquise.

Hakuba

BUDGET MOYEN

Yamano Hotel 山のホテル
3477 Hokujo - ✆ (0261) 72 8311 - www.hakuba-yamanohotel.com - 21 ch. Tout près des pistes, cet hôtel aux allures de chalet savoyard dispose de chambres japonaises ou occidentales modernes et confortables. Spa naturel. Accueil anglophone.

RESTAURATION

Nagano

PREMIER PRIX

Motoya そば処・元屋
587-3 Daimon-cho - ✆ (026) 232 0668 - 11h-14h30, 17h-19h30 (jeu., vend., sam.) - ⊄. Restaurant populaire, toujours bondé, spécialisé dans les *soba* qui font la réputation de Nagano.

Yayoiza 弥生座
503 Daimon-cho - ✆ (026) 232 2311 - www.yayoiza.jp/cgi-bin/top.cgi - tlj sf mar. et 2e merc. du mois 11h30-20h30 - ⊄. Le bâtiment du restaurant est la reconstruction d'une maison de 1847. Vénérable institution ouverte en 1995. Produits régionaux et montagnards comme le *shabu-shabu*, à base du fameux bœuf de Nagano.

Bikura 欅屋びくら
West Plaza Bldg,10 F, 1355-5 Suehiro-cho - ✆ (026) 264 7717 - www.bikura.com. Face à la sortie ouest de la gare, ce restaurant haut perché possède l'un des cadres les plus originaux de la ville. Cuisine éclectique, japonaise ou occidentale.

Togakushi

PREMIER PRIX

Uzuraya うずら家
Au pied du sanctuaire Chusha - ✆ (026) 254 2219 - tlj sauf merc. 10h30-16h. LA référence où manger les fameuses « *soba* de Togakushi », ces pâtes de sarrasin servies, par exemple, froides avec une assiette de tempura (*Ten zaru soba*). Belle salle rustique à l'étage, avec vue sur le cèdre géant voisin (800 ans). Service jovial et affairé.

ACTIVITÉS

Evergreen Outdoor Center – *4377 Hokujo, Hakuba - Hakuba-mura - ✆ (0261) 72 5150 - www.evergreen-hakuba.com/en.* Tenue par un Canadien souriant, cette agence propose une palette complète d'activités sportives, hiver comme été : ski de fond ou hors piste, kayak, rafting, VTT, escalade, etc.

AGENDA

Nozawa Onsen

Le festival **Doso-jin**, le 15 janvier, donne lieu à l'un des trois plus beaux feux d'artifice du Japon.

★★ Matsumoto 松本 Carte de région p. 160-161, B2

Occupant un important carrefour au cœur du Chubu, dans une vallée d'altitude (592 m) encadrée par les pics enneigés des Alpes japonaises, Matsumoto séduit d'emblée par son atmosphère détendue, sa culture raffinée et ses rues charmantes. La cité, appelée à l'origine Fukashi, s'est développée comme place forte au 16e s., autour du château qui siège fièrement en son centre. Classé Trésor national, il possède le plus vieux donjon en bois du Japon. Plus au sud, l'ancien quartier marchand de Nakamachi aligne de beaux entrepôts de l'époque d'Edo. Le contraste est frappant avec l'architecture moderne du musée d'Art de Matsumoto et, à l'extérieur de la ville, du musée des Estampes *ukiyo-e*.

★★★ Château de Matsumoto 松本城

À 15mn à pied au nord-est de la gare - 8h30-17h - 610 ¥ (billet incluant aussi le musée). Visite guidée gratuite en anglais, sur demande à l'entrée.

Au Japon, nombre de châteaux ne sont que des rénovations ou des reconstructions sur le modèle de l'original. Ce n'est pas le cas de celui de Matsumoto, fascinant modèle de château fort « de plaine » *(hira-jiro)*, l'un des mieux préservés du pays, encore tout imbibé des fumées et des clameurs guerrières du passé. Il s'élève en terrain plat, avec d'imposantes montagnes en arrière-plan, entouré par une triple enceinte de fossés profonds remplis d'une eau dormante où nagent paresseusement carpes et cygnes. Surnommé « le château du corbeau » en raison de sa couleur noire, il contraste avec le « château du Héron blanc » de Himeji *(voir p. 348)*. L'histoire du site commence en 1504, quand une petite forteresse bâtie par le clan Ogasawara domine alors la région. En 1582, Toyotomi Hideyoshi (1536-1598) parvient à s'en rendre maître et y installe son féal, le seigneur Ishikawa Kazumasa, qui remodèle l'édifice et y ajoute l'actuel grand donjon (1593), le plus bel élément de la forteresse.

Construit à une époque troublée, le château de Matsumoto fut avant tout conçu pour la défense. On y retrouve beaucoup d'éléments des châteaux du Moyen Âge en Europe : douves, murs énormes, coursives, escaliers étroits, mâchicoulis, meurtrières, afin de le rendre inexpugnable. La plus grande différence réside dans l'édifice : en bois et non en pierre. Si, du point de vue esthétique, ce donjon de bois sombre séduit par sa sobre et extrême élégance, du point de vue militaire, il présente une faiblesse, offrant une cible facile aux flèches incendiaires des assaillants. Encore fallait-il parvenir à s'en approcher et franchir les trois enceintes successives qui abritaient jadis les palais du seigneur et les résidences de ses 1 200 samouraïs.

Visite – Construit sur une plate-forme artificielle cernée d'une large douve, le donjon s'élève sur un soubassement en pierre dont les parois lisses et convexes, faites de grands moellons taillés, tombent presque à pic dans l'eau. On y accède par un ravissant pont couleur cinabre. Vue de l'extérieur, la tour principale, haute de 30 m, présente cinq étages aux toitures linéaires animées de frontons triangulaires, plus galbés et ornementés sur le flanc sud. L'intérieur comporte en réalité six étages, dont un 3e étage secret, sombre et bas de plafond, où se rassemblaient les samouraïs en cas de siège. Le donjon est flanqué de deux tours secondaires, au sud-est et au nord-est, reliées par un corridor surélevé. La visite des étages permet d'admirer la forêt d'épais piliers de bois taillés à la serpe qui portent l'édifice. Les vitrines exposent une collection d'armes à feu anciennes, fusils, mousquets, mortiers et arquebuses. Au dernier étage, desservi par un raide escalier, s'offre une vue panoramique sur les montagnes.

Dans le plafond niche un petit sanctuaire dédié à une déesse prévenant les incendies. Le circuit s'achève par la tourelle *tsukimi-yagura*, ajoutée en 1636, qui servait de pavillon d'agrément pour observer la lune. Elle est ceinte d'un balcon laqué de vermillon.

Musée de la Ville de Matsumoto – *Mêmes horaires, entrée comprise avec le billet pour le château.* À la sortie du château, il expose une maquette de la ville fortifiée à l'époque des shoguns Tokugawa (17e-18e s.), des sabres et des armures. Les traditions folkloriques de la ville sont aussi abordées à travers une collection de poupées, une des spécialités artisanales de Matsumoto.

★ Quartier de Nakamachi 中町

À 10mn à pied au sud du château. Descendez la grande avenue Daimyo-dori bordée de tilleuls jusqu'à la rivière Metoba. À gauche, sur les deux rives, s'étirent les charmantes ruelles Nawate-dori et Nakamachi-dori, bordées d'anciens entrepôts *(kura)* de l'époque d'Edo. Ces bâtiments coiffés de tuiles et aux épais murs décorés d'un treillis blanc et noir servaient à protéger les marchandises. Aujourd'hui, la plupart ont été transformés en cafés, restaurants de *soba* (nouilles), galeries d'art et boutiques chic. Sur Nakamachi-dori, le **Nakamachi Kura Shikku-kan** *(9h-17h30, 17h en hiver - gratuit)* expose de l'artisanat local. Tout près, le petit théâtre **Geiyukan** *(séances dim. et j. fériés, 13h30 et 15h - 700 ¥)* propose d'écouter des chants anciens au son du *shamisen* tout en savourant un thé vert.

Musée d'Art de Matsumoto 松本市美術館

À 5mn à pied au sud-est de Nakamachi, sur Ekimae-dori - tlj sf lun. 9h-17h - 410 ¥.
Ouvert en 2002, ce musée expose des artistes locaux dont les calligraphies de Shinzan Kamijo, les paysages de Tamura Kazuo et les œuvres avant-gardistes et colorées de Yayoi Kusama, l'une des plus célèbres artistes vivantes du Japon.

★★ Musée des Ukiyo-e du Japon (JUM) 日本浮世絵博物館

À 3 km à l'ouest de la gare. 10mn en taxi (1 500 ¥) ou train de la ligne Dentetsu Kamikochi (quai 7), arrêt Oniwa (6mn, 170 ¥), puis 15mn à pied - tlj sf lun. 10h-17h - 1 000 ¥.
Même s'il n'est pas très facile d'accès, ce musée mérite absolument d'être vu. Logé dans un bâtiment ultra-moderne, il conserve l'immense collection de la famille Sakai. Comptant parmi les plus riches marchands et mécènes de Matsumoto à l'époque d'Edo, la famille Sakai a réuni, au fil de cinq générations, plus de 100 000 estampes, peintures, paravents et livres anciens, ce qui en fait la plus importante collection privée au monde dans ce domaine. Les salles d'exposition sont en revanche d'une taille modeste, le musée ayant d'abord eu pour fonction le stockage. Les estampes *ukiyo-e* (« images du monde flottant »), exposées par roulement trimestriel, sous une lumière tamisée en raison de leur fragilité, n'en restent pas moins exceptionnelles de beauté ou de rareté. Le fonds inclut de nombreux chefs-d'œuvre d'Utamaro, Hiroshige, Hokusai et Sharaku. Une brochure en anglais est disponible.

À proximité Carte de région p. 160-161, B2

★ Ferme Daio-Wasabi 大王わさび農場

À Azumino, à 15 km au nord-ouest. Accès en train, ligne JR Oito pour Hotaka (25mn, 320 ¥) puis 15mn à vélo (location devant la gare, 200 ¥/h) - mars-oct. : 9h-17h20 ; nov.-fév. : 9h-16h30 - gratuit.
C'est la plus grande plantation de *wasabi* (sorte de raifort) du Japon. Sur 15 ha de champs irrigués en permanence par l'eau de source des montagnes

Le château de Matsumoto.
TB Photo / UIG/Universal Images Group / age fotostock

poussent ces tubercules blanc-vert au goût très fort. Des stands invitent à goûter une infinie variété de produits au *wasabi* : biscuits, thé, chocolat, crème glacée et milk-shake.

2

★★ Kamikochi 上高地

À 50 km à l'ouest. Ouvert de fin avr. à mi-nov. Accès : train de la ligne Matsumoto Dentetsu pour Shin-Shimashima (30mn, 700 ¥) puis bus ttes les h (1h, 1 950 ¥). Kamikochi est aussi accessible par bus (ttes les h) de Takayama avec changement à Hiray Onsen. Les voitures doivent stationner au parking de Nakanoyu, à 8 km de Kamikochi, relié par navette au village.

Bureau d'information (fin avr.-mi-nov. : 8h-17h) à la gare des bus. Il fournit un petit guide gratuit des randonnées en anglais.

Perchée dans une vallée encaissée à 1 500 m d'altitude, au bord de la rivière Azusa aux eaux claires, cette station de montagne aux paysages grandioses est l'un des hauts lieux de la randonnée et de l'escalade du parc national des Alpes japonaises *(Chubu-Sangaku)*. Aux beaux jours, elle voit déferler des centaines de randonneurs partant à l'assaut de ses hauts sommets, les **Hotaka-dake** (3 190 m) et **Yariga-dake** (3 180 m). Plutôt bien préservée, la station comprend juste une poignée d'hôtels et de magasins et son accès est interdit aux voitures. On peut venir y faire une excursion à la journée depuis Matsumoto ou Takayama mais il est tout de même plus intéressant d'y passer la nuit et de partir se promener tôt le matin, avant l'arrivée de la foule.

★ **Vallée de l'Azusa-gawa** – Deux circuits faciles et bien balisés *(2h AR)* longent en boucle la rivière Azusa au départ du pont suspendu Kappa-bashi, près de la gare routière.

UN MISSIONNAIRE ALPIN

La vocation touristique de Kamikochi doit beaucoup au révérend **Walter Weston** (1861-1940), un missionnaire anglais qui introduisit l'alpinisme au Japon en gravissant les pics de la région qu'il popularisa sous le terme générique des « Alpes japonaises ».

Le premier, au sud, mène au lac **Taisho-ike**, formé en 1915 suite à une éruption du volcan Yake-dake qui bloqua en partie le cours de la rivière Azusa. Au retour, traversez le pont Tashiro-bashi pour aller voir le monument consacré à Weston *(voir encadré p. 199)* sur la rive gauche. L'autre boucle, vers le nord, longe la rive droite jusqu'au Myojin-bashi que l'on traverse pour aller contempler le pittoresque lac **Myojin-ike**★ et son cirque de pics neigeux qui se mirent dans ses eaux claires.

★★ Shin-Hotaka Onsen 新穂高温泉

À 70 km à l'ouest. Accès en bus de Matsumoto (2h, 2 880 ¥) ou de Takayama (1h20, 2 160 ¥). Cette station thermale dotée de nombreuses sources chaudes est réputée pour son **téléphérique** le plus long d'Asie *(2 900 ¥ AR)* qui permet de monter à 2 156 m d'altitude au pied du mont Nishi-Hotaka (2 909 m). De là, on jouit d'un **panorama**★★ magique sur les Alpes japonaises.

De la station d'arrivée du téléphérique, une randonnée de 3h permet de rallier Kamikochi.

NOS ADRESSES À MATSUMOTO

TRANSPORTS

En train – Matsumoto Station, de Nagano, JR Shinonoi Line *(1h12 de trajet, 1 140 ¥)*. De Nagoya, le plus direct est le Limited Express Shinano (Wideview) *(2h10, 6 030 ¥)*. De Tokyo, train ttes les h *(2h40, 6 376 ¥)*.

En bus – Matsuden Bus Terminal, *face à la gare sous le magasin ESPA*. Pour Takayama, 6 dép./j. à 7h50, 9h55, 11h05, 13h05, 14h05, 17h05 *(2h20, 3 190 ¥)*.

HÉBERGEMENT

Matsumoto

PREMIER PRIX

Super Hotel Matsumoto Ekimae スーパーホテル松本駅前
1-1-7 Chuo - ✆ (0263) 37 9000 - www.superhoteljapan.com/en - 73 ch. Business hotel à 200 m de la gare. Peu original mais assurément le plus petit budget de la ville.

BUDGET MOYEN

Marumo Ryokan まるも旅館
3-3-10 Chuo - ✆ (0263) 32 0115 - www.avis.ne.jp/~marumo/index.html - 8 ch. Pension de famille très sympathique. Le mobilier oblitéré par les carrés de lumière distribués par la lueur du jardin donne à cette maison un cachet tout particulier. *O-furo* à usage privatif.

Hôtel Kagetsu Matsumoto 松本ホテル花月
4-8-9 Ote - www.matsumotohotel-kagetsu.com - ✆ (0263) 32 0114 - 89 ch. - 13 000 ¥ pour 2 pers. À 5mn à pied du château, cette ancienne maison de samouraïs reconvertie il y a 130 ans en hôtel de caractère, récemment rénové, dispose de belles chambres occidentales et japonaises. Onsen et petit-déjeuner copieux.

Kamikochi

BUDGET MOYEN

Nishi-Itoya Mountain Lodge 西糸屋山荘
4469-1 Azumi - ✆ (0263) 95 2206 - www.nishiitoya.com/en - (263) 46 1358 (l'hiver : 15 nov.-20 avr.), 40 ch., 10 dortoirs - à partir de 8 500 ¥/pers. petit-déj. et dîner inclus.

Shin-Hotaka Onsen

UNE FOLIE

Hotel Hotaka ホテル穂高
Shinhotaka Onsen - ✆ (0578) 89 2200 -

www.hotel-hotaka.jp/lg_en - 49 ch. petit-déj. et dîner inclus. Ce grand complexe sans trop de personnalité met en revanche à la disposition de ses clients de magnifiques onsen noyés en pleine nature, face aux montagnes.

RESTAURATION

Matsumoto

Sur **Nawate-dori**, plusieurs échoppes centenaires vendent *soba (au* **Benten Honten**, *tlj sf jeu. 11h-18h30)* et pâtisseries *(au* **Sweet**, *9h-18h).*

BUDGET MOYEN

Shizuka しづか
4-10-8 Matsumoto- ✆ (0263) 32 0547 - www.shiduka.co.jp - tlj sf dim. 12h-22h (dernière commande à 21h30). À quelques minutes du château, cet élégant *izakaya*, aux allures d'auberge rustique, propose une carte fournie et notamment le fameux (mais cher) bœuf (*wagyu*) de Nagano. À déguster en steak ou en brochette. Belle carte de *nihon-shu* (saké) locaux. Accueil soigné.

Kura 蔵
1-10-22 Chuo - ✆ (0263) 33 6444 - tlj sf merc. 11h45-14h, 17h30-21h30 (dernière commande) - ⊄. Ouvert depuis 1963 dans une ancienne conserverie de poisson, cet établissement nous fait découvrir *basashi* (carpaccio de cheval), *hachinoko* (larves d'abeilles) ou tout bêtement des sushis.

ACHATS

Belle Amie – *3-7-23 Chuo - ✆ (0263) 33 1314 - tlj sf merc. 9h-19h (dim. 10h-18h).* Atelier et musée, cette petite boutique fabrique depuis plus de 50 ans toutes sortes de poupées régionales de grande qualité, de celles en papier pressé jusqu'aux *anesama* (« sœur aînée ») célèbres pour leurs silhouettes longilignes.

AGENDA

Festival Yozakura Kai – *mois d'avril.* Littéralement, « la nuit de l'observation des cerisiers ». Cérémonies du thé et concerts de musique médiévale pour admirer à la nuit tombée les cerisiers en fleurs éclairés dans le parc du château de Matsumoto. Magique.

★★ Vallée de Kiso 木曽谷 Carte de région p. 160-161, B2-3

Irriguée par la rivière Kiso, au sud de la préfecture de Nagano, cette vallée abondamment boisée, longue d'environ 70 km, a toujours servi de voie de passage naturelle à travers les Alpes japonaises. En fait, à l'époque des Tokugawa (1604-1868), deux routes principales reliaient la capitale shogunale Edo (l'actuelle Tokyo) à la capitale impériale Kyoto. La première, la Tokaido, longeait la côte Pacifique. La seconde, la **Nakasendo**, traversait les montagnes entre Matsumoto et Nagoya en suivant la vallée de Kiso. La vallée était jalonnée de 11 villages étapes où les *daimyo* (seigneurs féodaux) pouvaient faire halte dans des auberges. À l'époque, il fallait trois jours pour traverser la vallée contre quelques heures en voiture ou en train aujourd'hui. Une partie de la route pavée, telle que les voyageurs pouvaient l'emprunter au 17e s., reste visible par endroits, fournissant aux amateurs de paysages champêtres un bon motif de randonnée.

★ Kiso-Hirasawa 木曽平沢 B2

À 35 km au sud de Matsumoto. Accès par la ligne JR Chuo (45mn, 580 ¥).

Sise au milieu des vignobles, cette localité est réputée pour ses laques, une tradition vieille de près de 600 ans. À l'époque d'Edo, la ville avait acquis une réputation nationale pour la qualité et la beauté de ses objets laqués *(voir encadré ci-dessous)* et les voyageurs de la Nakasendo ne manquaient pas d'y faire halte. Aujourd'hui, le village et ses environs comptent quelque 200 ateliers spécialisés employant près de 900 personnes dont une soixantaine de maîtres laqueurs. La rue principale est bordée de boutiques vendant vaisselle, boîtes, récipients, tables, meubles, paravents et panneaux en bois laqué.

Centre d'art et d'artisanat de Kiso – *À 15mn à pied au nord de la gare - ✆ (0264) 34 3888 - tlj (sf mar. de déc. à mars) 9h-17h - gratuit.* À la fois boutique et musée, cette grande galerie réunit les stands d'exposition d'une cinquantaine d'artisans laqueurs. Un atelier permet de s'essayer à la technique *(réserv. recommandée - à partir de 700 ¥).*

★ Narai 奈良井 B2

À 5 km au sud de Kiso-Hirasawa (station suivante sur la ligne JR Chuo).
ℹ Bureau d'information dans le village - ✆ (0264) 34 3160 - tlj 9h-17h

Village-ruban s'étirant sur 1 km d'une rue unique, cet ancien relais de la route Nakasendo, à mi-chemin entre Kyoto et Edo, a conservé son architecture ancienne avec ses belles maisons en bois à deux étages aux larges auvents et façades à claire-voie. Aujourd'hui classé, ce village de 800 habitants se

LE DESSOUS DES LAQUES

La laque *(urushi)* est une sève résineuse prélevée sur des arbustes appelés sumacs. Elle s'utilise par applications successives de couches très minces, minutieusement poncées et polies à plusieurs reprises. Le nombre de couches détermine la qualité finale de l'objet : les laques de Kiso en comportent jusqu'à 18. La couleur est obtenue par l'incorporation de pigments naturels (charbon de bois, cochenille) ou chimiques (oxyde de fer, sulfure de mercure). Les laques de Kiso sont de plusieurs types : *roiro* (au noir brillant comme la surface d'un miroir), *shunkei* (bois teint d'un rouge léger, dont on voit le veinage) et enfin *tsuisyu* (mélange de couleurs, avec quelques incrustations de nacre, qui donnent un marbré polychrome du plus bel effet).

LA ROUTE DU NAKASENDO

En 1603, le gouvernement des Tokugawa s'établit à Edo (Tokyo). Sous une apparence d'autonomie, le contrôle des *daimyo* (seigneurs) devient une priorité. Afin de les empêcher de trop s'enrichir, les Tokugawa instituent le *sankin kotai* ou système de résidence alternée : les *daimyo* se voient dans l'obligation de résider une année sur deux à Edo, et d'y laisser en permanence femmes et enfants en otage. Cette règle les oblige à entretenir une demeure dans la capitale, représentant une lourde charge financière. Ainsi la route du Nakasendo, traversant la vallée de Kiso dans le Chubu, était-elle le théâtre continuel de longues processions.

distingue peu de Tsumago et Magome mais il a l'avantage d'être bien moins fréquenté. Cela vaut la peine de passer la nuit dans l'une de ses petites auberges, on éprouve alors la sensation d'un retour deux siècles en arrière. Sa spécialité artisanale sont les petits peignes laqués.

Résidence Nakamura – *À 10mn à pied au sud de la gare - avr.-nov. : tlj sf lun. 9h-17h30 ; déc.-mars : 9h-16h - 500 ¥.* Superbe exemple de maison traditionnelle de l'époque d'Edo (1837), avec son foyer central *(irori)* et son jardin à l'arrière. Elle appartenait à un riche marchand de peignes dont la boutique occupait la partie sur rue du rez-de-chaussée.

★ **Tsumago** 妻籠 B3

À 90 km au sud de Matsumoto. Ligne JR Chuo pour la gare de Nagiso (2h, 1 490 ¥) puis bus (10mn, 300 ¥). ℹ Bureau d'information au centre du village, ✆ (0264) 57 3123 - www.tumago.jp/english/ - 8h30-17h.

Encaissé dans les montagnes, cet ancien village-relais de la Nakasendo fut laissé à l'abandon après l'ouverture de la voie ferroviaire Chuo et de la route nationale en 1911. Après des décennies de négligence, il apparut que ce bijou isolé, miraculeux rescapé de la vague de modernisation des années 1960-1970, constituait le candidat idéal à une rénovation à but touristique. Comme à Narai et à Magome, les câbles électriques, antennes TV et lignes téléphoniques ont été enterrés ou cachés, les **maisons en bois de l'époque d'Edo** restaurées et transformées en musées, restaurants, auberges et boutiques de souvenirs artisanaux. Une longue rue pavée traverse la ville dont les voitures sont bannies. À l'entrée, un antique panneau en bois servait à afficher les édits du shogun. Durant toute l'époque d'Edo, les forêts de cyprès de la vallée de Kiso, dont le bois servait à la construction des châteaux, temples et sanctuaires nationaux, étaient placées sous stricte surveillance. Les habitants avaient interdiction absolue, sous peine de mort, de couper le moindre arbre. La rue principale comprend trois lieux voisins à visiter *(9h-17h - billet groupé 700 ¥)* :

Tsumagojuku Honjin – *9h-17h (dernière entrée 16h45) - 300 ¥ (700 ¥ avec la Wakihonjin Okuya).* Cette auberge servait d'étape officielle aux *daimyo* lors de leur voyage pour Edo. Le bâtiment est divisé en deux parties : une spacieuse et belle demeure pour le seigneur féodal et ses lieutenants, une autre plus petite et plus sobre pour la famille Shimazaki qui dirigeait le village. L'édifice a été entièrement restauré en 1995, avec un tel soin qu'on croirait avoir l'original sous les yeux.

Wakihonjin Okuya – *9h-17h - 600 ¥ (700 ¥ avec la Tsumagojuku Honjin).* Grandiose structure à deux étages en bois de cyprès, doublée d'un ravissant jardin de mousses, l'édifice servait aussi de halte pour les samouraïs de passage. Reconstruit en 1877, il vit passer l'empereur Meiji lors d'une courte escale.

Rekishi Shiryokan – *9h-17h - billet commun avec celui de Wakihonjin Okuya.* Voisin de l'Okuya, ce musée d'Histoire locale expose des laques, des maquettes et des photographies de Tsumago avant et après sa rénovation.

★ **Sentier de Tsumago à Magome** – *8 km (2h30 de marche). Service de transport de bagages (le week-end de mars à nov., tlj du 21 juil. au 19 août. Dépôt avant 11h30 au bureau d'information de Tsumago, retrait à partir de 13h à celui de Magome ; 500 ¥ par pièce).* Ce sentier bucolique chemine sous les frondaisons des cyprès, passant au bord de petites cascades et de hameaux fleuris à la belle saison. Il franchit un col à 800 m avant de redescendre vers le village de Magome, à l'entrée duquel s'offre une vue magnifique sur les montagnes environnantes.

★ Magome 馬籠 B3

À 90 km de Nagoya. De Nagoya, train express Wideview Shinano pour Nakatsugawa (50mn, 1 320 ¥), puis bus (30mn, 560 ¥). Bus depuis Tsumago, 4/j (25mn, 600 ¥). Bureau d'information dans le village (0573) 69 2336 - 8h30-17h (9h en hiver).

Situé à flanc de colline, face à l'ouest, le village s'étire le long d'une belle rue pavée en pente que bordent des échoppes de souvenirs, des restaurants et des *minshuku* dont l'architecture restaurée restitue bien l'ambiance d'étape de l'époque d'Edo. En son milieu, un petit **Musée folklorique** *(9h-17h - 200 ¥)* met en scène les traditions et l'artisanat villageois. Belle **roue à aube** dans le bas du village dont le moulin permettait aux paysans de moudre le sarrasin et de décortiquer le riz.

Kur Resort Yubunesawa – *À 3 km au sud de Magome - (0573) 69 5000. Navette gratuite ttes les h 9h55-11h55, 13h55-16h55 - 1 500 ¥.* Alimenté par les sources chaudes du mont Ena, ce vaste complexe aquatique inclut des bains intérieurs et extérieurs, des bassins à jets massants, deux piscines avec toboggan, etc. Idéal pour se délasser après la marche.

Village de Magome.
sasimotophotos/Fotosearch LBRF/age fotostock

NOS ADRESSES DANS LA VALLÉE DE KISO

HÉBERGEMENT

BUDGET MOYEN

Narai

Iseya 民宿伊勢屋
388 Narai, Shiojiri-shi - (0264) 34 3051 - www.oyado-iseya.jp - 9 ch. à partir de 9 800 ¥/pers., petit-déj. et dîner inclus - . Sur la rue principale, un sympathique *minshuku* dans une belle maison de l'époque d'Edo bordée d'un jardin ornemental. *O-furo* commun pour chaque sexe.

Tsumago

Koushinzuka 民宿こおしんづか
1775 Azuma, Tsumagojuku - (0264) 57 3029 - www.kiso.ne.jp/~koosinzuka.nt/ko15eng.html - 3 ch. à partir de 5 000 ¥/pers. (7 500 ¥/pers., petit-déj. et dîner inclus) - . Isolé en bordure de la Nakasendo, ce *minshuku* à l'ancienne baigne dans une ambiance calme et champêtre. Les dîners sont pris en commun autour du foyer central.

Magome

Tajimaya 但馬屋
4266 Magome - (0573) 69 2048 - www.kiso-tajimaya.com/?lang=e - 10 ch. à partir de 9 200 ¥/pers., petit-déj. et dîner inclus. Dans une maison traditionnelle, un *minshuku* plutôt rustique mais agréable et bien tenu. Salle de bains commune. Menu copieux.

Tsumago

POUR SE FAIRE PLAISIR

Fujioto 旅館藤乙
(0264) 57 3009 - www.tsumago-fujioto.jp/tomarie.html - 7 ch. - à partir de 10 800 ¥/pers., petit-déj. et dîner inclus. Un très beau ryokan, l'un des plus confortables du village, qui ouvre sur un splendide jardin. Cuisine raffinée.

RESTAURATION

Narai

BUDGET MOYEN

Tokkuriya 徳利屋
516 Narai - (0264) 34 2189 - 11h-17h - . Dans l'une des plus vieilles maisons du village. Superbe décor de bois. On y déjeune autour de l'âtre d'une excellente cuisine locale : truite, légumes sauvages de montagne et *gohei-mochi* (boulettes de riz et de châtaigne). Formule déjeuner à 1 730 ¥ *(avec gohei-mochi).*

Kanazawa 金沢

★★

465 810 habitants

Kanazawa était, au 17e s., l'une des plus puissantes cités féodales du Japon. Par sa richesse, le rayonnement de ses arts et sa forte population, elle pouvait alors rivaliser sans peine avec les grandes capitales de l'Europe. Épargnée comme Kyoto par les bombardements de la Seconde Guerre mondiale, cette cité historique a conservé intacts ses quartiers de samouraïs et de geishas aux ruelles tortueuses et aux menues maisons de bois coiffées de tuiles vernissées. Réputée pour son jardin Kenroku-en, l'un des trois plus beaux du Japon, mais aussi pour sa cuisine délicate, son artisanat riche et varié, son théâtre nô et ses musées, Kanazawa est une ville définitivement « iki » : pleine de goût, raffinée et distinguée. Encore faut-il quitter ses grandes artères modernes pour qu'elle livre ses charmes et ses mystères, tapis dans le labyrinthe de ses quartiers traditionnels. Et si vous voulez passer une agréable journée dans les alentours, la péninsule de Noto et son littoral déchiqueté vous plongera au cœur d'un Japon rural et maritime à la beauté sauvage et au rythme tranquille.

NOS ADRESSES PAGE 217
Hébergement, restauration, achats, activités, etc.

S'INFORMER

Kanazawa Tourist Information Center – *À droite de l'entrée est de la gare JR* A1 *sortie est - ✆ (076) 232 6200 - www.kanazawa-tourism.com/french/main/index.php - 9h30-18h30.*

Office du tourisme de Wajima – Dans le terminal des bus - *✆ (0768) 22 1503 - 8h-19h*. Peu d'informations en anglais.

SE REPÉRER

Carte de région p. 160-161, B2 - Sur la côte nord-est de Honshu, dans la préfecture d'Ishikawa, à 150 km de Takayama et 250 km de Nagoya, Kanazawa occupe une étroite plaine bordée par la mer du Japon et le parc des Alpes japonaises, à l'entrée de la péninsule de Noto. La ville, très étendue, s'étire au sud-est de la gare JR, entre les rivières Asano et Sai. Son centre se situe autour du jardin Kenroku-en et du parc du château, que l'on rejoint en bus depuis la gare. Plus au sud, le carrefour commerçant de Katamachi, près du grand magasin Korinbo, est le plus animé de la ville. Vers l'ouest, on croise l'ancien quartier des samouraïs de Nagamachi et au sud de la Sai-gawa, le quartier des temples de Teramachi. Au nord-est de la ville, sur l'autre rive de l'Asano-gawa, s'étend enfin le quartier des geishas de Higashi Chaya.

À NE PAS MANQUER

Le Kenroku-en, le musée d'Art contemporain du 21e s., les quartiers de Nagamachi et de Higashi Chaya.

ORGANISER SON TEMPS

Comptez deux jours pour faire le tour de la ville.

Aperçu du jardin Kenroku-en.
JTB PHOTO COMMUNICATI/JTB Photo Communications, Inc./age fotostock

Se promener Plan de la ville p. 211

De la gare JR, un excellent réseau de bus *(ttes les 15mn, 200 ¥ le trajet ou 500 ¥ le pass journalier)* fait le tour des curiosités touristiques de la ville.

2

AUTOUR DE LA GARE

Tsuzumi-mon A1

À la sortie de la gare JR, sur l'esplanade plantée d'arbres au bout de laquelle se trouve une fontaine.

Kanazawa n'est pas peu fière de cette magnifique construction contemporaine, signée par l'architecte japonais Shirae Ryuzo et réalisée en pin. À tel point qu'elle est devenue l'un des symboles de la ville. Son installation en 2005 a marqué la fin d'un important plan de rénovation de la gare. Si la forme reprend celle des *torii* – ces portiques vermillon que l'on trouve à l'entrée des sanctuaires shinto – ses piliers contorsionnés évoquent les percussions *tsuzumi* utilisées dans les représentations de théâtre nô, un art solidement implanté à Kanazawa. Cette porte est non seulement superbe, elle est aussi utile au dôme de verre qui vient coiffer la gare. Elle collecte l'eau de pluie, évacuée ensuite dans les deux piliers à l'intérieur desquels on aperçoit, à travers les poutres, les conduits métalliques. La fragilité apparente de la structure en verre et en aluminium du dôme contraste avec la puissance brute dégagée par la porte, et l'ensemble avec du recul aurait presque des airs de casque de samouraï.

★ Marché Omicho 近江町市場 B1

À 10mn à pied de la gare. Arrêt de bus Musashigatsuji (n° 18) - 9h-18h.

Des centaines de marchands de fruits et légumes, poissons et autres denrées alimentaires sont rassemblés dans ce dédale couvert presque tricentenaire. Un festival pour les sens. Le marché abrite également quantité de petites gargotes servant fruits de mer et sushis *(voir Nos adresses p. 218)*.

KANAZAWA, LA VILLE MÉCÈNE

Kanazawa, qui signifie littéralement « le ruisseau doré », tirerait son nom d'un cours d'eau dans lequel les paysans de la région trouvèrent jadis des dépôts aurifères. Au 16e s., la cité était gérée comme un fief autonome par une secte bouddhiste jusqu'à ce qu'en 1583 le seigneur Maeda Toshiie, un vassal du shogun Toyotomi Hideyoshi, ne le reçoive en récompense. Un château voit alors le jour et la petite bourgade se transforme en une puissante cité féodale sur laquelle le **clan Maeda** régnera durant trois siècles. Fertile et boisée, la vaste région de Kaga (l'actuelle préfecture d'Ishikawa) qu'ils gouvernent alors leur procure une telle prospérité qu'ils deviennent la deuxième famille du pays et, à la manière des Médicis en Italie, se font les mécènes des arts. Sous leur patronage fleurissent la teinture sur soie *yuzen*, la dorure à la feuille, la laque, le damasquinage, la céramique et le théâtre nô, des traditions que Kanazawa perpétue de nos jours.

★ QUARTIER DE HIGASHI CHAYAMACHI ひがし茶屋街 B1

À 2 km à l'est de la gare. Arrêt de bus Ashiba-cho (n° 6).
À l'est de Kanazawa, près de la rivière Asano, le quartier des plaisirs de Higashi Chaya, fondé en 1820, est resté immuable dans sa grâce et son raffinement. Comme le quartier de Gion à Kyoto, c'est un univers clos et secret qui distille son mystère et sa nostalgie à travers les treillages en bois foncé de ses maisons de geishas. Appelées *geigi* à Kanazawa, elles sont encore une cinquantaine à exercer leur métier en ville, qui consiste à divertir leurs clients fortunés par des chants et danses au son du *shamisen*, de récitations de poèmes, cérémonies du thé et conversations élégantes. Deux maisons de geishas peuvent se visiter sur la rue Higashi Chaya-gai :

★ Shima Tea House 志摩

9h-18h - 500 ¥. Parfaitement conservée, l'ancienne maison de thé à deux étages dévoile un intérieur luxueux où sont exposés des *shamisen*, des peignes, des jeux et ustensiles de cuisine ainsi qu'un superbe mobilier de bois laqué.

★ Kaikaro Tea House 懐華樓

9h-17h - 750 ¥. De l'autre côté de la rue, la plus large maison de thé de la ville émerveille par la pureté de ses lignes, son jardin japonais, ses tatamis frangés d'or et son escalier laqué rutilant.

Atelier de dorure Sakuda 金箔屋

1-3-27 Higashiyama - 9h-18h - gratuit.
La feuille d'or est l'une des grandes spécialités artisanales de Kanazawa qui fournit la presque totalité du marché japonais. Ces feuilles servent à recouvrir les autels des sanctuaires et des temples, les éventails et autres objets décoratifs. La poudre d'or est utilisée pour rehausser les motifs des laques (technique du *maki-e*). L'atelier permet d'observer la technique du *kinpaku* qui consiste à aplatir un lingot d'or pur en l'étirant et le martelant jusqu'à obtenir une feuille d'une épaisseur microscopique (1/10 000 de mm). Des paravents dorés sont exposés à l'étage tandis que la boutique propose divers souvenirs dorés (laques, poteries, baguettes, lotion aux paillettes d'or, etc.). Il est également possible de participer à un atelier d'1h sur la technique de la dorure à la feuille d'or *(500 ¥).*

Lutherie Shamisen no Fukushima 三味線の福嶋
8h30-18h - fermé 2e et 4e sam., dim. et j. fériés - gratuit.
Dans cette échoppe centenaire, la famille Fukushima fabrique de superbes *shamisen*, luths à trois cordes et à long manche utilisés par les geishas. La caisse de résonance, en ébène, en santal ou en chêne, est recouverte d'une peau de serpent ou… de chat.

AUTOUR DU CHÂTEAU

★ Ohi Museum 大樋美術館 B2

2-17 Hashiba-cho. à 8mn à pied de Higashi Chaya, arrêt de bus Hashiba-cho (nº 7) - 9h-17h - 700 ¥.
La poterie Ohi (du nom d'un village des faubourgs de Kanazawa) est assez proche du style *raku* de Kyoto dont elle tire son origine *(voir p. 243)*. Elle fut introduite à Kanazawa en 1666 par la famille Chozaemon, venue dans le sillage d'un maître du thé invité par le seigneur Maeda Tsunanori. Depuis, la même famille perpétue la tradition : actuellement **Ohi Chozaemon Toshiro**, le 10e du nom, artiste ultra-coté dont les œuvres figurent dans les collections de nombreux musées nationaux et étrangers. Montée à la main, sans tour mécanique, la poterie Ohi se caractérise par sa glaçure noire ou ambrée, obtenue par cuisson lente, spécialement conçue pour la cérémonie du thé. Par ses formes épurées, ses surfaces rugueuses, ses couleurs monochromes, elle reflète l'essence même du concept japonais de *wabi-sabi*, la beauté simple et austère.

Kanazawa-jo koen (Parc du château de Kanazawa) 金沢城公園 B2

Arrêt de bus Kenrokuen-shita (nº 9). 1er mars-15 oct. : 7h-18h ; 16 oct.-28 fév. : 8h-17h - gratuit (l'entrée aux bâtiments historiques est payante : 310 ¥).
Résidence des puissants seigneurs Maeda durant 14 générations, de 1583 à 1869, le château de Kanazawa fut ravagé par les flammes en 1759 puis en 1881. Du bâtiment original, il ne reste que la monumentale porte **Ishikawa-mon★**, édifiée en 1788 au sud-est du parc. Ses splendides ferronneries attestent la grandeur de l'ancienne cité féodale. Depuis 1999, des travaux visent à relever l'ancien château dont une partie a revu le jour en 2001. Il s'agit de l'ancien arsenal Gojukken Nagaya que flanquent les deux tourelles Hishi Yagura et Tsuzuki Yagura. Les travaux, titanesques, ont été conduits selon les anciennes méthodes d'assemblage des charpentes en bois, sans clou ni vis. Élevés sur un soubassement en pierre, les murs sont faits de treillis en bambou comblés de pisé et recouverts de plusieurs couches de plâtre.

★★★ Kenroku-en 兼六園 B2

Arrêt de bus Kenrokuen-shita (nº 9) - 1er mars-15 oct. : 7h-18h ; 16 oct.-28 fév. : 8h-17h - 310 ¥. Considéré comme l'un des trois plus beaux jardins du Japon avec ceux de Mito et d'Okayama *(voir p. 358)*, ce parc paysager de 11,4 ha attire plus de 2 millions de visiteurs par an. Créé en 1676 puis agrandi et perfectionné par les générations successives des seigneurs Maeda, il était alors le jardin extérieur du château de Kanazawa. Son nom, « jardin des six éléments combinés », se réfère aux six attributs qu'il est supposé posséder : immensité, isolement, agencement minutieux, ancienneté, fraîcheur (du fait des eaux courantes qui le traversent), charme des paysages. À vrai dire, pour percevoir toutes ces qualités, mieux vaut s'y rendre de bonne heure ou en fin de journée, loin de la foule qui s'y bouscule en journée. Étangs, ruisseaux, cascades, collines artificielles, bosquets, rochers, sentiers : tout, dans le Kenroku-en, a été soigneusement étudié afin de créer une esthétique parfaite. De plus, à la différence de beaucoup d'autres jardins au Japon, ses perspectives ne sont pas gâchées par de vilains immeubles en arrière-plan. Comme tous les grands jardins paysagers, son atmosphère et ses couleurs se métamorphosent au fil des saisons et des floraisons : pruniers au printemps, cerisiers en avril, azalées en mai puis iris sous les brumes de l'été. Enfin, chrysanthèmes et pourpre des érables marquent l'arrivée de l'automne tandis qu'en hiver, les branches des pins sont soutenues par des cordes reliées à des piliers pour les empêcher de se rompre sous le poids de la neige.

Visite – Sur les bords de l'étang Kasumi se dresse une fameuse lanterne en pierre, Kotoji-toro, dont les deux pieds évoquent un chevalet de *koto* (cithare japonaise). Au sud-ouest, au bord de l'étang Hisaga, s'élève le pavillon de thé Yugao-tei bâti par le maître Kobori Enshu au 17e s. Entre les deux, on croise la fontaine la plus ancienne du Japon, alimentée naturellement par la différence de niveau entre les plans d'eau. Il est possible, enfin, de déguster un thé *matcha (700 ¥)* dans le pavillon Shiguretei.

★ **Villa Seison-kaku** – *À 5mn au sud-est du Kenroku-en - tlj sf merc. 9h-17h - 700 ¥.* Jouxtant le jardin, cette somptueuse demeure fut construite en 1863 par le seigneur Maeda Nariyasu à l'attention de sa mère. Coiffée d'un toit incurvé en bardeau de cyprès, elle dévoile une élégante enfilade de pièces à tatamis aux portes coulissantes délicatement décorées et incrustées de très rares verres colorés hollandais.

Musées de la préfecture d'Ishikawa 石川県立美術館・博物館 B3

À 5mn à pied au sud-est du Kenroku-en, à proximité de la villa Seison-kaku.

Ces petits musées, sans être exceptionnels, méritent d'être vus si vous avez le temps.

Kanazawa Folklore Museum – *9h30-17h (dernière entrée 16h30) - fermé avr.-nov. : 3e jeu. du mois ; déc.-mars : tous les jeu. - 300 ¥.* Il présente les créations artisanales qui font la réputation de Kanazawa (céramiques de Kutani, soieries teintes Kaga Yuzen, laques, dorures à la feuille) ainsi que les outils et techniques servant à leur fabrication. Des démonstrations ont lieu régulièrement.

Ishikawa Prefectural History Museum – *9h-17h (dernière entrée 16h30) - 300 ¥.* Dans trois bâtiments en brique du début du siècle, d'anciens arsenaux militaires, les collections et mises en scène racontent l'histoire de la région d'Ishikawa de l'époque Jomon jusqu'à l'ère moderne.

Ishikawa Prefectural Museum of Art – *9h30-18h - 360 ¥.* Parmi les plus belles pièces de la collection héritées de l'époque des seigneurs Maeda figurent des rouleaux précieux, des laques, des porcelaines Kutani, des kimonos anciens mais aussi quelques œuvres contemporaines d'artistes vivant dans la région d'Ishikawa.

Ishikawa Prefectural Noh Theater – *tlj sf lun. 9h-22h (visites 9h-17h) - gratuit.* Ce théâtre perpétue depuis l'époque d'Edo la tradition du nô de l'école « Hosho de Kaga ». Des représentations sont données à 13h chaque premier dimanche du mois (sauf en août) ainsi que le deuxième dimanche des mois d'avril et septembre. Sinon, le week-end, il n'est pas rare de tomber sur une répétition de spectacle.

★★ 21st Century Museum of Contemporary Art
金沢２１世紀美術館 B2-3

Arrêt de bus Hirosaka (nº 10) ou Korinbo (nº 15) - www.kanazawa21.jp/en/ - tlj sf lun. 10h-18h (vend.-sam. 20h) - collection permanente gratuite, à l'exception de l'accès à quelques œuvres (360 ¥).

Ouvert en 2004, le musée d'Art contemporain de Kanazawa fait d'ores et déjà figure d'institution dans son domaine, présentant des artistes japonais et

KANAZAWA

A B

A B

SE LOGER

- Apa Hotel Kanazawa Nomachi 1
- Hotel Hinodeya 3
- Kanazawa Hakuchoro Hotel 5
- Minshuku Ginmatsu 7
- Murataya Ryokan 11
- Sumiyoshi-ya Ryokan 13

SE RESTAURER

- Café Hakucho 1
- Genzaemon 3
- Jugatsuya 13
- Kotobukiya 5
- Marché Omicho 7
- Mitsukawa 15
- Unkai 11

étrangers d'envergure internationale. De forme circulaire, avec de multiples entrées de tous les côtés, son vaste bâtiment de verre, dû aux architectes Sejima Katzuyo et Nishizawa Ryuei, privilégie la lumière et la fluidité. Fractionné en une succession d'îlots (galerie, théâtre, ateliers pour enfants, labo média, bibliothèque), le musée se veut ouvert à tous et invite à un parcours de découverte sur un mode libre et ludique. Parmi les œuvres permanentes figurent des installations de l'Américain James Turrell, du Français Patrick Blanc, des Anglais Anish Kapoor, Damien Hirst ou Tony Cragg, de l'Italien Francesco Clemente ou encore de l'Argentin Leandro Erlich. Le musée accueille souvent des artistes en résidence. Ses collections, qui incluent aussi bien de l'art que de l'artisanat, du design, de la mode et des films, se veulent à l'écoute des nouvelles formes d'expression émergeant à travers le monde.

Noh Museum 金沢能楽美術館 B2

Juste à côté du précédent, près de l'hôtel de ville - tlj sf lun. 10h-18h - fermé lun. - 300 ¥.

Durant l'époque d'Edo, le théâtre nô s'épanouit à Kanazawa sous le patronage du clan des Maeda (*voir encadré p. 208*). L'école locale dite « Hosho de Kaga » popularise cette forme de divertissement bien au-delà de la classe des samouraïs à laquelle elle est traditionnellement réservée. Ancrée dans le cœur des habitants de la ville, la pratique du nô a ainsi pu survivre après l'abolition de la féodalité et des clans guerriers. Ce petit musée détaille le fonctionnement de cette forme d'opéra classique japonais et présente une précieuse collection de kimonos et de masques portés par les acteurs.

D.T. Suzuki Museum 鈴木大拙館

À 750 m au sud du Noh Museum - 3-4-20 Honda-machi - www.kanazawa-museum.jp/daisetz/english/index.html - tlj sf lun. 9h30-17h (dernière entrée 30mn av. la fermeture) - 300 ¥.

Ce musée propose une déambulation zen sur les traces du philosophe bouddhiste Daisetz Suzuki (1870-1966). Effets de lumières, jeux d'eaux et de miroirs invitent ainsi à la méditation.

QUARTIER DE TERAMACHI 寺町 A3

À 20mn à pied au sud du Kenroku-en. Arrêt de bus Jusangen-machi (n° 13) ou Hirokoji.

Sur l'autre rive de la rivière Sai, le paisible quartier de Teramachi rassemble pas moins de 70 temples, un lointain héritage de l'époque (15e s.) où la ville était une principauté bouddhiste. Pour contrer leur influence, ses temples furent ensuite repoussés loin du château dans ce secteur qui marquait alors les limites de la ville.

★ Myoryu-ji 妙立寺

✆ (076) 241 0888, 9h-16h30 (l'hiver 16h). Visite guidée obligatoire (40mn), sur réserv. uniquement - 1 000 ¥. Visite en japonais mais une brochure en anglais est fournie.

Cachette secrète du seigneur Maeda Toshitsune au 17e s., le Myoryu-ji, également surnommé « le temple des Ninja », est un vertigineux labyrinthe truffé de pièges ingénieux, de passages secrets, de chausse-trapes et de chambres dérobées visant à surprendre d'éventuels assaillants. Pas moins de 29 escaliers relient ses 23 pièces et corridors. De l'extérieur, ce temple-forteresse semble n'avoir que deux étages. À l'intérieur, on en découvre quatre, plus trois autres niveaux intermédiaires. Une légende, peu probable, prétend que de son puits partait un tunnel qui le reliait au château de Kanazawa.

QUARTIER DE NISHI CHAYAMACHI にし茶屋街 A3

À 5mn à pied à l'ouest de Teramachi, de l'autre côté de l'avenue Minami-odori. C'était, à l'instar du quartier de Higashi Chaya, l'autre quartier des plaisirs de Kanazawa. Quoique plus petit, il abrite encore cinq jolies maisons de thé *(ochaya)* aux portes coulissantes à claire-voie où officient toujours une vingtaine de geishas.

Shiryokan Museum 西茶屋資料館

9h30-17h - gratuit. L'intérieur de la maison de thé y est reconstitué avec son salon où les geishas divertissent les clients au son du *shamisen*.

★ Kutani Kosen 九谷光仙窯

À 15mn à pied au sud-est, en suivant la voie de chemin de fer - 9h-17h - gratuit. Ce four de poterie présente les traditionnelles porcelaines Kutani, caractérisées par leurs couleurs bariolées et leurs motifs floraux. On peut s'essayer à la peinture sur poterie *(à partir de 1 050 ¥)*.

De retour au centre-ville, traversez le quartier de Katamachi, QG du shopping et des sorties nocturnes puis, après le grand magasin Korinbo, tournez à l'ouest vers Nagamachi.

★ QUARTIER DE NAGAMACHI 長町 A2

À 5mn à pied de l'arrêt de bus Korinbo (n° 15).

Ancien quartier des samouraïs, Nagamachi a préservé ses ravissantes venelles pavées qui serpentent entre des murets de torchis ocre, de vieux canaux et de somptueuses demeures plongeant le visiteur dans l'ambiance des temps féodaux.

★★ Buke-yashiki Nomura-ke 武家屋敷跡野村家

1-3-32 Nagamachi - avr.-sept. : 8h30-17h30 ; oct.-mars : 8h30-16h30 - 550 ¥. Toute de bois brun foncé, cette luxueuse résidence de samouraï appartenait à Nomura Denbei Nobusada, l'un des plus proches lieutenants du seigneur Maeda Toshiie au 16e s. Douze générations de la famille Nomura s'y sont succédé jusqu'à l'ère Meiji, enrichissant la maison d'un délicieux jardin ornemental où coule une cascade miniature. Ajouté plus tardivement, le *Jodan no ma*, salon de dessin, arbore de magnifiques treillages et caissons sculptés en acajou, ébène et cyprès.

★ Shinise Kinen-kan 市老舗記念館

9h30-17h (dernière entrée 16h30) - 100 ¥.

Située jadis au sud de la ville, cette ancienne herboristerie chinoise, fondée en 1779, a été déplacée à l'entrée du quartier et transformée en musée. Le rez-de-chaussée abrite la boutique côté rue, avec ses armoires d'apothicaire. L'arrière comprend les parties privées et un jardin. Au premier étage sont exposés divers objets témoignant de la culture des marchands d'autrefois.

Nagamachi Yuzen-kan 長町友禅館

À l'ouest du quartier, dans un bâtiment moderne près de l'avenue Chuo-dori. 9h-17h - 350 ¥.

L'atelier présente les techniques de fabrication des traditionnelles soieries teintes *Kaga yuzen*. On peut s'essayer au port de kimono *(1 000 ¥)* ou à un atelier de peinture sur soie *(4 000 ¥)*.

À proximité Carte de région p. 160-161

AU SUD DE KANAZAWA A2

La région au sud de Kanazawa et les alentours de **Fukui** (à 85 km de Kanazawa) comptent quelques curiosités qui peuvent faire l'objet d'une excursion. Outre les fameuses falaises de **Tojinbo** ou la station thermale de **Awazu Onsen**, deux monastères bouddhistes méritent particulièrement un détour.

On pourra s'attarder dans la région en logeant à Fukui (nombreux hôtels de toutes catégories), dans les stations thermales, dans le temple de Eihei-ji et même dans le plus ancien ryokan du pays *(voir p. 216).*

★ Natadera 那谷寺

À 40 km au sud-ouest de Kanazawa. Accès depuis Kanazawa : train JR Hokuriku Line pour Kaga Onsen (24 à 50mn, à partir de 760 ¥) puis bus touristique Can Bus (25mn - 1 000 ¥ valable une journée) vers le temple. (076) 65 2111 - www.natadera.com/FR/ - 8h30-16h45 (16h30 en hiver) - 600 ¥.

Le monastère de la secte bouddhiste Shingon fut fondé en 717 par le moine **Taicho** lors de sa quête d'harmonie entre l'homme et la nature. Au sein d'un domaine immense et pentu, les nombreux édifices s'élèvent entre les camélias, les cèdres et d'étranges formations rocheuses. Ils furent pour la plupart reconstruits en 1640 par Maeda Toshitsune, seigneur du fief Kaga. Au côté du pavillon central rénové, il fait élever le pavillon des encens ou encore la pagode à trois étages. On passe de l'un à l'autre en arpentant des escaliers creusés dans la roche, caressant les troncs énormes, passant un tunnel, découvrant des *jizo* cachés, des autels, de calmes jardins ou un beau point de vue sur le site. Dans le temple principal, partiellement aménagé dans une grotte et orné d'animaux sculptés, on se presse devant une célèbre et vénérée statue en bois de la déesse Kannon.

En automne, la forêt qui s'enflamme en rouge, jaune et orange, attire nombre de promeneurs qui marchent ainsi dans les pas du poète **Basho** (17e s.), tellement inspiré par le lieu qu'il en composa un *haïku*.

★★ Eihei-ji 永平寺

À 18 km à l'est de Fukui. Accès depuis Kanazawa : train ttes les 20mn pour Fukui (de 50mn à 1h30, à partir de 1 320 ¥) - une liaison en Shinkansen est prévue dans les années à venir. De Fukui, bus direct mais peu fréquent (35mn, 730 ¥) ou train local pour Eiheiji-guchi (25mn, 450 ¥) puis bus (10mn, 420 ¥). (0776) 63 3640 ou 63 3102 - 9h-17h (16h30 en hiver) - 500 ¥.

Gare de Fukui - (0776) 21 6492 ou 20 5348 - www.fuku-e.com/lang/english/ - 9h-18h.

Fondé par **Dogen** (1200-1253) en 1244, le monastère de la Paix éternelle se compose de dizaines d'édifices répartis à flanc de montagne, dans une majestueuse forêt de cèdres et de cryptomères où murmurent des torrents. Siège de l'**école zen Soto**, ce haut lieu de la spiritualité bouddhique est dédié à la méditation en posture assise : le *zazen*. S'y rendre, y passer la nuit *(8 000 ¥)* ou y effectuer une retraite de quelques jours *(sur réserv.)* permet d'approcher la communauté de 200 moines aux crânes rasés qui, dans un cadre idyllique, cheminent vers l'Éveil à travers la méditation et l'accomplissement des tâches du quotidien (ménage, jardinage, cuisine, toilette). On déambule entre quelques-uns des 70 bâtiments reliés par des corridors : la salle des prêtres (Sodo), où l'on s'entraîne au *zazen*, la porte Sanmon, plus ancien édifice du complexe (1749), le vaste Hatto où se déroulent diverses cérémonies, le Daikuin (les cuisines)

Rizières en terrasse de Senmaida, dans la péninsule de Noto.
emuoPhotosu/Aflo/age fotostock

ou encore le Joyoden, le mausolée de Dogen. Cette passionnante visite peut être enrichie par un repas de cuisine *shojin-ryori* (cuisine végétarienne) qu'il conviendra de réserver à l'avance.

2

★ LA PÉNINSULE DE NOTO 能登半島 B1

Perchée au nord de Kanazawa comme une nageoire sur le dos d'un poisson, la péninsule de Noto est pour nombre de Japonais une presqu'île où la modernité frénétique d'une vie active n'a plus prise. C'est d'ailleurs dans l'un de ces villages de pêcheurs que le cinéaste Imamura Shohei situe l'action de son film *De l'eau tiède sous un pont rouge*, dans lequel un Tokyoïte divorcé, désabusé, licencié, retrouve le bonheur de vivre. La partie est de la côte est, cependant, densément urbanisée ; seule la partie ouest, restée rurale et traditionnelle, déploie encore une nature sauvage au bord d'un littoral déchiqueté.

★ Wajima 輪島

À 130 km au nord-est de Kanazawa.

Petit port de pêche (31 000 hab.) logé sur la côte nord-ouest de la presqu'île, Wajima est l'une des principales étapes de la péninsule. Ses points forts sont ses laques réputées *(Wajima-nuri)* mais aussi son **marché**★ très animé qui bat son plein tous les matins *(8h-12h, sf les 10e et 25e jours du mois et 2e et 4e merc. du mois)*. Sa centaine d'étals attire autant les touristes que les villageois car on y trouve aussi bien des fruits de mer et poissons séchés qu'un vaste inventaire d'objets en laque. Les marchandes de poisson y hèlent le chaland d'une voix gouailleuse et tonitruante. En prolongeant plus au nord la rue principale Asaichi-dori, on parvient au **port** où, impavides, des pêcheurs ravaudent leurs filets sous le vol noir d'impressionnants corbeaux.

★ **Musée des Laques Wajima Nuri Kaikan** – *À 15mn à pied au sud-ouest du marché, à côté du pont Shin-bashi qui traverse la rivière Kawarada - 8h30-17h - 200 ¥.* Ce centre de production et d'exposition rassemble plus de 5 000 objets laqués réalisés et vendus par les 170 membres de l'Association des artisans laqueurs de Wajima. Pour un bol de soupe, les prix oscillent entre 8 000 et 50 000 ¥. Selon le procédé utilisé, il peut compter 120 étapes sur six mois. La partie muséographique du 1er étage présente de superbes pièces dont certaines ont plus de 400 ans. Des artisans sont parfois à la tâche et expliquent leur technique.

★★ **Kiriko Kaikan** – *À 20mn à pied à l'est de la gare ou 5mn en bus, arrêt Tsukada - mars-nov. : 8h-17h ; déc.-fév. : 8h30-16h - 610 ¥.* Ce hall d'exposition réunit quelques-uns des plus beaux *kiriko*, des lanternes en papier géantes et colorées exhibées lors du festival Taisai de Wajima fin août afin d'attirer l'attention des dieux. Certaines peuvent mesurer jusqu'à 15 m de haut. Le musée présente aussi une vidéo du festival.

★ **Soji-ji** – *Village de Monzen, à 25 km au sud-ouest de Wajima par la route 249 (45mn en bus) - 8h-17h - 400 ¥.* Fondé en 1321, ce temple majestueux fut l'un des principaux temple de l'école zen Soto avant son incendie en 1898. Restauré par la suite, il présente encore de superbes édifices à l'intérieur desquels sont conservées d'intéressantes statues bouddhiques. Le temple possède une salle où les visiteurs peuvent venir suivre une séance de méditation zazen *(700 ¥, sur réserv. au ✆ (0768) 42 0005).*

★ Sosogi 曽々木

À 17 km à l'est de Wajima (40mn en bus).

La **route côtière★**, magnifique, longe les rizières en terrasse de Senmaida et les criques rocheuses incroyablement découpées d'un littoral battu par les vagues furieuses de la mer du Japon. Le petit village de Sosogi abrite deux intéressantes demeures aux toits de chaume qui appartenaient à la famille Tokikuni, descendante de Taira Tokitada, l'un des rescapés du clan Taira qui s'était réfugié ici. La **Shimo Tokikuni-ke** *(10mn à pied de l'arrêt de bus - 1er mars-3 janv. : 8h-17h ; 4 janv.-fév. : seult w.-end et j. fériés, pendant cette période visite dans la semaine sur réserv. - 600 ¥)* ou « maison basse » fut construite en 1590. Elle dispose d'un beau jardin. Tout près, la **Kami Tokikuni-ke** *(juil.-sept. : 8h30-17h30 ; oct.-juin : 8h30-17h - 520 ¥)* ou « maison haute » fut édifiée au début du 19e s. pour accueillir une autre branche de la même famille.

Cap Rokugo-zaki – *À 25 km au nord-est.* Au-delà de Sosogi, la route longe une succession de reliefs accidentés et de falaises plongeant dans la mer jusqu'au cap Rokugo-zaki, qui marque l'extrémité de la péninsule.

Plusieurs sentiers de randonnée s'offrent à proximité du phare, particulièrement agréables à parcourir durant l'été.

★ Noto-Ogi 能登小木

À 25 km au sud de Sosogi.

Protégée par un profond fjord, Noto-Ogi vaut surtout le détour pour sa magnifique **baie** envahie de bateaux hauturiers. Ceux-ci arborent d'étranges rampes de lampes au-dessus des ponts. La pêche au calamar au lamparo est d'autant plus pratiquée au Japon que ses habitants en sont les plus gros consommateurs mondiaux.

NOS ADRESSES À KANAZAWA

VISITES

Association des guides bénévoles – *10h-18h.* Présente dans l'office de tourisme, service en anglais ou en français (un guide). Mieux vaut réserver à l'avance. *☎ (076) 232 3933.*

Fondation Ishikawa pour les échanges internationaux – *Rifare Bldg, 1-5-3 Honmachi (à 5mn de marche de la gare centrale)* A1 - *☎ (076) 262 5931 - www.ifie.or.jp - 9h-20h (17h w.-end, j. fériés).* Au 2e étage, librairie avec presse en français et Internet gratuit *(9h-18h, w.-end et j. fériés 9h-17h).*

TRANSPORTS

Kanazawa : arriver/partir

En avion – **Komatsu Airport**, *situé à 30 km au sud-ouest de Kanazawa* A3 en dir. - *www. komatsuairport.jp* - 10 vols/j de Tokyo (Haneda, *1h10 de vol, 22 000 ¥).* Aussi, 1 vol/j de Tokyo (Narita), 1 vol/j de Sapporo, 2 vol/j de Sendai, 4 vols/j de Fukuoka, 1 vol/j d'Okinawa. Un Limousine Bus *(40mn, 1 130 ¥)* relie l'aéroport au centre.

En train – **Gare JR** A1 – De/vers Nagoya, 8 départs/j du Ltd. Express Shirasagi *(2h54 de trajet, 7 330 ¥).* De Takayama (*2h03, 6 650 ¥)* en Shinkansen et Ltd Express Hida. De/vers Tokyo, 39 trains/j *(3h53, 12 710 ¥)* ; en Shinkansen, 24 trains/j *(2h33, 14 120 ¥).* Pour Anamizu (Noto-hanto), JR Nanao Line jusqu'à Nanao, puis Noto Railroad *(2h30, 2 060 ¥).* De/vers Osaka, en Lt Exp. Thunderbird (2h, 7 650 *¥).*

En bus – *Terminal des bus à la sortie de la gare* A1 *– 6h30-23h50.* 11 bus/j pour Wajima *(2h20 de route, 2 260 ¥).* 6 bus/j de Tokyo *(8h40, 4 000 ¥)*, 2 bus/j de Nagoya *(4h, 4 450 ¥).*

Se déplacer dans Kanazawa

En bus – Le plus simple, pour les touristes, consiste à emprunter le Kanazawa Loop Bus *(ttes les 15mn, 8h30-18h40, 500 ¥ le coupon journalier)* qui fait le tour des sites touristiques de la ville. Ils partent de la sortie est, quai 1, de la gare JR. Vous pouvez sinon utiliser les quatre itinéraires des Flat Bus *(départ quai 11, 100 ¥ le trajet)* ou la visite nocturne de la ville avec le bus Light-up *(le sam. seult, jusqu'à 21h35).*

À vélo – **Machi-Nori**, location en ville et libre service. Distributeur en anglais, paiement en CB ou cash. Ticket journée *(9h-18h)* à prendre à l'agence située à la gare JR, sortie Kenrokuen Gate *(à partir de 900 ¥/1 j).* http://www. machi-nori.jp/en/.

Wajima : arriver/partir

En bus – Terminal des bus Wajima Eki-mae. Pour Sosogi, 10 bus/j de 5h13 à 18h13 *(40mn, 760 ¥).* Pour Kanazawa, 11 bus/j entre 5h55 et 19h10 *(2h, 2 200 ¥).*

Noto-Ogi : arriver/partir

En avion – **Aéroport de Noto**, situé à 100 km au nord-est de Kanazawa. 2 vols/j de Tokyo (Haneda) *(1h de vol, 24 000 ¥).*

En train – Départ de la gare d'Anamizu seulement. Pour Kanazawa, Noto Railroad jusqu'à Nanao, puis JR Nanao *(2h10 de trajet, 1 940 ¥).*

En bus – Pour Anamizu, 2/j *(1h, 1 250 ¥).* De Sosogi, prenez la très belle route côtière desservie par le bus : Sosogi-Kinoura *(40mn, 820 ¥)*, Kinoura, Rokugo-zaki, les thermes de Yoshigaura jusqu'à Suzu *(60mn, 890 ¥)* puis Ogi.

HÉBERGEMENT

Kanazawa

PREMIER PRIX

Minshuku Ginmatsu 民宿銀松
1-17-18 Higashiyama B1 - *(076) 252 3577 - 5 ch. à partir de 3 000 ¥/pers.* -. Simple et propre, ce *minshuku* est situé dans le quartier attachant de Higashi Chayamachi.

Hotel Hinodeya ホテルひので屋
2-17-25 Honmachi A1 - *(076) 231 5224 - www.hotelhinodeya.com - 20 ch. à partir de 6 000 ¥ - petit-déj. japonais 700 ¥ et occidental 500 ¥.* Genre *business hotel* bien tenu, confortable et pratique. Il est situé à quelques minutes de la gare JR (sortie est).

BUDGET MOYEN

Murataya Ryokan 村田屋旅館
1-5-2 Katamachi A3 - *(076) 263 0455 - www.murataya-ryokan.com/eng/index.html - 11 ch. 9 400 ¥ - occidental : 550 ¥ et japonais : 850 ¥ sur réserv.* Cette maison amicale (la propriétaire parle anglais et vous abreuve d'infos) est idéalement placée pour les soirées.

Sumiyoshi-ya Ryokan
旅館すみよし屋
54 Jukken-machi B2 - *(076) 221 0157 - www.sumiyoshi-ya.com - 8 ch. à partir de 6 200 ¥/pers.* Beau ryokan charpenté de manière spectaculaire.

Apa Hotel Kanazawa Nomachi
アパホテル金沢野町
2-4-22 Nomachi A3 - *(076) 280 8111 - www.apahotel.com/en - 100 ch.* Situé dans le district de Nishi Chaya (à 2mn à pied de la station Nomachi), cet hôtel possède des chambres confortables à des prix raisonnables. L'un des moins chers de la chaîne Apa qui compte cinq autres hôtels dans la ville.

POUR SE FAIRE PLAISIR

Kanazawa Hakuchoro Hotel Sanraku
金沢白鳥路 ホテル山楽
6-3 Marunouchi B2 - *(076) 222 1212 - www.sanraku.premierhotel-group.com/kanazawa - 85 ch. à partir de 22 400 ¥* - . Très bel hôtel du début du 20e s., à deux pas du jardin Kenroku-en. Magnifique onsen et beau jardin japonais.

Awazu Onsen

UNE FOLIE

Hoshi Ryokan 法師
Wa-46 Amazu-machi - (0761) 65 1111 - www.ho-shi.co.jp - 70 ch. à partir de 8 640 ¥/pers. (à partir de 10 800 ¥/pers.). Voici l'un des plus vieux ryokans du Japon, il accueille des clients depuis 1 300 ans. Il fut fondé par Garyo Hoshi, fils d'un compagnon de route du moine Taicho *(voir p. 213)*. Dans les bâtiments séculaires ou dans les extensions modernes, le nom de chaque chambre traditionnelle évoque un poème. Séjourner ici permet de combiner les plaisirs et de satisfaire toutes les envies de « Japon traditionnel » : bains dans les sources naturelles brûlantes, cuisine *kaiseki* raffinée, cérémonie du thé, service attentif et irréprochable... Réservation conseillée.

Wajima

BUDGET MOYEN

Hotel Koushuen ホテル高州園
2-31-6 Tsukada-machi - (0768) 22 8888 - www.koushuen.co.jp - 132 ch. à partir de 8 640 ¥/pers. Surplombant la côte, cet immense complexe hôtelier décline une vaste palette de services en sous-sol à fleur d'Escalator ! Bar, karaoké peuvent être appréciés à la nuit tombée. Service très amical. Chambres japonaises ou occidentales.

Sosogi

PREMIER PRIX

Minshuku Yokoiwa-ya
温泉民宿・横岩屋
Ku-2, Sosogi - ✆ (0768) 32 0603 - www.wajima.gr.jp/yokoiwaya - 7 ch. - 8 790 ¥, petit-déj. et dîner inclus. Situé en bordure de mer, l'emplacement est idéal. *O-furo.*

Noto-Ogi

PREMIER PRIX

Noto-Isaribi Youth Hostel
能登漁火ユースホステル
Yo-51-6, Ogi - ✆ (0768) 74 0150 - www2.plala.or.jp/isaribi0150/e-top/e-top.html - 5 dortoirs - 3 900 ¥/pers (5 700 ¥/pers., petit-déj. et dîner inclus) - ⊭. Une belle auberge tenue par un pêcheur sympathique.

POUR SE FAIRE PLAISIR

Hyakuraku-so 百楽荘
11-34 Otsusaka, Noto-cho - ✆ (0768) 74 1115 - www.100raku-noto.com/html/index.html - 27 ch. Ce ryokan insolite domine la superbe baie de Tsukumo. Un tunnel permet de descendre 30 m plus bas à hauteur des eaux du fjord où s'étire un inoubliable onsen. Possibilité de pêche et de plongée sous-marine.

RESTAURATION

Kanazawa

Poissons et fruits de mer sont rois à Kanazawa. La spécialité de la ville sont les *kaiten-zushi*, ces comptoirs automatisés où les assiettes de sushis défilent à la chaîne.

PREMIER PRIX

Marché Omicho 近江町市場
B1-2 *- 50 Kami-omicho - ✆ (076) 231-1462 - ohmicho-ichiba.com - tlj 9h-17h (env.) - la plupart des magasins ferment le merc.* Deux *kaiten-zushi*, **Ookura** *(10h30-18h30, 10h30-19h-sam., dim. et j. fériés)* et **Omicho Ichiba-Zushi** *(9h30-20h)* sont alimentés par quelque 170 échoppes de légumes et de poissons (morue, daurade, crevette, crabe). Fraîcheur garantie. À vous de choisir !

Café Hakucho 白鳥
2-48 Kenroku-machi B2 *- ✆ (076) 261-6314 - tlj sf merc. 9h-18h -* ⊭. Petit restaurant agréable situé à quelques minutes de la sortie Katsura-zaka du Kenroku-en. Menus simples : poissons, huîtres grillées, etc.

BUDGET MOYEN

Unkai 雲海
16-3 Showamachi A1 *- ✆ (076) 224 9805 - anacrowneplaza-kanazawa.jp/rest/index.html - 11h30-14h30, 17h-21h30.* En bordure d'un jardin japonais hissé au 5e étage de l'hôtel ANA, ce restaurant japonais propose des menus soignés dans un cadre élégant.

POUR SE FAIRE PLAISIR

Genzaemon 源左ェ門
5-3 Kigura-machi A3 *- ✆ (076) 232 7110 - 17h-0h.* Une maison cinquantenaire réputée pour la fraîcheur de ses poissons. On sympathise vite au comptoir sous l'œil espiègle de Hayashi, le patron qui lève le coude aussi vite que son couteau les filets de poisson.

Mitsukawa みつ川
1-16-2 Higashiyama - ✆ (076) 253 5005 - 12h-14h, 17h30-22h - fermé merc. - menus déj. 3 780/6 480 ¥, menus dîner 10 800/16 200 ¥. Dans Higashi Chayamachi, à deux pas de la maison de thé Kaikaro, une adresse distinguée par le Guide Michelin. Vous y dégusterez des sushis exceptionnels, réalisés sous vos yeux par le maître-sushi avec les plus beaux poissons du jour. La place étant limitée, la réservation est vivement conseillée.

2

Jugatsuya 十月亭
1-26-16 Higashiyama - ✆ (076) 253 3321 - 11h30-14h, 18h-23h - fermé merc., fin déc.-déb. janv. - menus déj. 2 830/3 640 ¥ ; menus dîner 6 480/10 800 ¥ + service 10 %. Cette belle maison traditionnelle, proche de la maison de thé Shima dans le quartier de Higashi Chayamachi, vous permettra de découvrir les recettes traditionnelles de Kanazawa. Réservation conseillée.

UNE FOLIE

Kotobukiya 壽屋
2-4-13 Owari-cho B2 - ✆ (076) 231 6245 - www.kanazawa-kotobukiya.com - 11h30-14h, 18h-22h (dernière entrée 19h30), le soir sur réserv. - autour de 10 000 ¥ le soir. Cette vénérable institution de 150 ans sert depuis quatre générations, dans la plus pure tradition bouddhique, des *shojin ryori*, mets végétariens d'un grand raffinement. Ce restaurant est souvent réservé pour des funérailles.

PETITE PAUSE

Kaburaki – *1-3-6 Nagamachi A2 - ✆ (076) 221 6666 - tlj 9h-18h (mar. et sam. 22h).* C'est la plus ancienne boutique spécialisée en porcelaine Kutani. Logée en plein quartier des samouraïs, on vient y boire – entre autres – un thé *matcha* comme il est servi pendant la cérémonie du thé, face au jardin piqué de deux pins pluricentenaires. Un petit musée est ouvert gratuitement aux visiteurs.

Café Kotomi 古都美
1-2-27 Hirosaka B2 - ✆ (076) 222 5103 - tlj sf lun. 11h-18h. Un havre de paix à l'étage du magasin de pâtisseries. Le café aux baies vitrées tournées vers la végétation associe musique douce, mobilier design rétro confortable et douceurs japonaises de saison.

ACHATS

Kanazawa Crafts Hirosaka – *1-2-25 Hirosaka B2 - ✆ (076) 265 3320 - tlj sf lun. 10h-18h.* Deux étages consacrés à l'artisanat de Kanazawa, proches du Kenroku-en et face au musée du Nô. Animaux en papier mâché, broche Mizuhiki, boules Kaga Temari… Des expositions temporaires mettent en avant de jeunes créateurs.

Hakuza Hikarigura – *1-13-18 Higashiyama B1 - ✆ (0176) 251 8930 - tlj 9h30-18h (17h30 en hiver).* Spécialité de Kanazawa, la feuille d'or se décline ici sur de nombreux supports : objets de décoration, bijoux… et même produits d'alimentation (vin blanc, gâteaux). À voir, la somptueuse pièce de stockage de l'or. Un peu plus loin à l'intérieur de la maison mère (Hakuza Honten), une pièce dédiée à la cérémonie du thé est entièrement recouverte de 40 000 feuilles d'or.

La baie de Senkaku, sur la côte nord de l'île.
JTB Photo/JTB Photo Communications, Inc./age fotostock

L'île de Sado 佐渡島

★

57 255 habitants

Sado occupe une place particulière dans le cœur des Japonais pour qui elle fait figure de conservatoire de la nature et des traditions populaires. Ce ne fut pas toujours le cas, au contraire ; pendant le Moyen Âge, elle était l'île maudite où l'on exilait ceux dont on voulait se débarrasser. Les aristocrates et les samouraïs défaits dans les luttes de pouvoir étaient ainsi bannis de la capitale et envoyés moisir ici. Mais, d'une malédiction Sado se fit un atout. Les exilés étant bien souvent des gens de haute culture, ils impulsèrent une vie artistique restée intense. Parmi eux figurent notamment l'empereur Juntoku (1197-1242), le moine Nichiren (1222-1282) et Zeami (1363-1443), l'un des créateurs du nô, un théâtre encore activement pratiqué avec pas moins de 34 scènes disséminées sur l'île. Sado est aussi renommée pour ses marionnettes « bunya ningyo » et les tambours du groupe Kodo, très célèbres au Japon. Enfin, l'île fut ensuite marquée par une ruée vers l'or, au 17e s., qui vit artistes et nobles relayés par des milliers de forçats expédiés dans les mines. Durant plus de trois siècles, ils se brisèrent l'échine à creuser la roche. Aujourd'hui, Sado attire surtout les citadins en quête d'authenticité et des randonneurs qui, pour mieux communier avec la nature, campent en été au milieu de ses champs semés de fleurs sauvages ou près des caps rocheux servant de refuge aux oiseaux migrateurs.

NOS ADRESSES PAGE 224
Hébergement, restauration, achats, activités, etc.

S'INFORMER

Ryotsu – Au rez-de-chaussée du Kisen Ferry Terminal, *(0259) 27 5000 - www.visitsado.com/en/ - 8h30-17h30 (août : 8h-18h).*

Ogi – Au rez-de-chaussée du bâtiment Marine Plaza, *(0259) 86 3200 - 9h-17h.*

SE REPÉRER

Carte de région p. 160-161, C1 - Préfecture de Niigata. À 55 km au large de Niigata, dans la mer du Japon, l'île de Sado couvre 857 km^2, ce qui en fait la sixième île du pays. Elle se compose de deux massifs montagneux encadrant une large plaine rizicole au centre, d'où cette forme en « S » caractéristique. La capitale de l'île, Ryotsu, est reliée par ferry et hydrofoil à Niigata. L'autre localité notable est celle de Mano, sur la côte ouest. Ogi, au sud de l'île, accueille les ferries venant de Naoetsu. Un réseau de bus dessert les principaux points de l'île mais il tourne au ralenti de novembre à mars.

À NE PAS MANQUER

La Fête de la terre, en août. La mine d'or de Sado Kinzan.

ORGANISER SON TEMPS

Comptez deux jours pour faire le tour de l'île. La location d'une voiture au port de Ryotsu vous simplifiera beaucoup les déplacements.

AVEC LES ENFANTS

Un spectacle de marionnettes *bunya ningyo*.

Se promener

★ RYOTSU 両津

Principal bourg portuaire de Sado, Ryotsu constitue d'un point de vue logistique l'entrée la plus commode sur l'île. En revanche, ce n'est pas le coin le plus attachant.

★★ Futatsu-game et Ono-game 二つ亀・大野亀

De Ryotsu, bus de la ligne Uchikaifu jusqu'à Washizaki (env. 1h de trajet).

Les deux superbes sites rocheux, reliés par un chemin pédestre, se trouvent à l'extrémité nord-est de l'île. Le nom du premier signifie « deux tortues » en raison de sa configuration naturelle et abrite une plage très populaire. Quant au second, inévitable à cause de sa taille (167 m), les habitants pensent qu'il abrite, comme tous les sites naturels inhabituels, une divinité. Sur le chemin entre les deux sites, on croise la **Sai no kawara**, grotte naturelle qui contient des centaines de statuettes de *jizo*. Elles témoigneraient du dernier arrêt que font ici les enfants quand ils rejoignent le ciel.

LES TAMBOURS DE SADO

Installé près du petit village d'Ogi, **Kodo** est un groupe de percussionnistes mondialement réputé. Chaque année, autour du 18 août, la troupe organise la **Fête de la terre** à Ogi. Une sorte de Woodstock nippon qui vibre, durant trois jours, au son des *taiko*, gros tambours traditionnels jadis utilisés pour les cérémonies religieuses et les fêtes villageoises. Sado a d'ailleurs gardé une riche tradition musicale. La vie de l'île est rythmée de festivals toute l'année. Ils s'accompagnent de chants et danses folkloriques tels les *okesa* et *onidaiko* menés au son des tambours *ondeko*, les « tambours de démons », qui visent à chasser les esprits maléfiques et à prier pour les bonnes récoltes.

Danse Okesa pendant un festival.
JNTO

★ MANO 真野

2

À 26 km à l'ouest de Ryotsu par la route 350. 45mn de trajet en bus, ligne Minami-sen. Près de la baie du même nom, la plus protégée de l'île, le bourg de Mano est environné de sites historiques et religieux. La plage peut être aussi une option.

★ Konpon-ji 根本寺

Devant l'arrêt du bus - avr. -oct. : 8h-16h30 ; nov.-mars : 8h-15h30 - 300 ¥. Ce temple est l'un des 44 quartiers généraux de la secte bouddhiste fondée par le moine Nichiren. De belles constructions aux toits de chaume impressionnants s'articulent autour d'un jardin plaisant.

Kokubun-ji 国分寺

À 4 km à pied des précédents en suivant le sentier pédestre. Le plus vieux temple de Sado. L'édifice actuel date de 1679 mais les fouilles ont fait état de fondations érigées en 741 par l'empereur Shomu.

Musée Sado Rekishi-Densetsukan 佐渡歴史伝説館

À 3 km à pied du Kokubun-ji, par le même sentier -avr.-nov. : 8h30-17h ; déc.-mars : 9h-16h30 - 800 ¥.

Ce musée d'automates, bien que semblable à celui de Ryotsu, se distingue par ses personnages piochés dans l'histoire locale de l'île.

Myosen-ji 妙宣寺

À 20mn de route à l'ouest du précédent - 8h30-17h - gratuit.

Cette pagode à cinq étages, haute de 24 m, aurait nécessité deux générations de charpentiers pour pouvoir être achevée en 1825. Nittoku Abutsubo, premier disciple de Nichiren, serait à l'origine des fondations du sanctuaire (1221).

★ Sado Kinzan 佐渡金山

1305 Shimo-Aikawa. De Mano, ligne Ogi jusqu'à Sawata puis ligne Nanaura-Kaigan jusqu'à Aikawa. De là, encore 40 m à pied jusqu'à la mine d'or. En été, des

bus vont directement jusqu'au site. Avr.-oct. : 8h-17h30 ; nov.-mars : 8h30-17h - 900 ¥ (pour visiter une mine), 1 400 ¥ (deux mines).
Découverte en 1601, cette **mine d'or** a fonctionné jusqu'en 1989. Une longévité incroyable. En 380 ans et 400 km de galeries creusées, 80 t d'or ont été exploitées. Plus de la moitié ont alimenté les finances publiques du shogunat des Tokugawa. Très didactique, le musée s'appuie sur une batterie de personnages robotisés explicitant les différents procédés qui ont permis l'exploitation de la mine. Le système de pompage des eaux de source pour alimenter les galeries supérieures est très ingénieux.

★ OGI 小木

À 17 km au sud-ouest de Mano (50mn en bus). 3 000 habitants.
Porte d'entrée du sud-ouest de l'île desservie par les liaisons maritimes avec Naoetsu, Ogi était le port d'exportation des produits aurifères à destination d'Edo entre les 17e et 19e s. Plus léthargique aujourd'hui, la bourgade s'anime chaque année lors de la grande **Fête de la terre** *(18-20 août - www.kodo.or.jp)*, animée par les tambours du groupe Kodo. Autre attraction très prisée des touristes, les **Tarai-bune**, de grosses bassines en bois que les femmes du village utilisaient pour pêcher des algues et des ormeaux le long des criques rocheuses. Pour un prix modique *(450 ¥)*, ces femmes en costume vous embarquent dans ces drôles d'embarcations pour une balade dans les eaux du port.

★ Musée du Folklore de Sadokoku 佐渡国小木民俗博物館

À l'ouest d'Ogi, par la route 45. Bus ligne Shukunegi (11mn de trajet, arrêt Ogi Minzoku Hakubutsukan-mae). 8h30-17h - fermé 29 déc.-3 janv. - 500 ¥. Il présente les différents vestiges historiques de l'île ainsi qu'une très belle reconstruction de navire de l'époque d'Edo. Attenante au musée, une ancienne école des années 1920 expose des milliers d'objets tirés de la vie quotidienne des îliens, qu'ils soient charpentiers, marins, agriculteurs, dans un bric-à-brac digne d'une brocante.

Shukunegi 宿根木

À 1,5 km du musée précédent. Ce village de pêcheurs, connu pour ses chantiers navals, possède, dispersées dans ses venelles étroites, quelques belles maisons centenaires construites par les charpentiers de marine avec des poutres provenant de bateaux désaffectés. L'une d'elles, la **maison Seikuro**, se visite *(9h-16h, 8h30-17h en juil.-août - 400 ¥)*. Non loin, à l'angle de deux rues, s'élance une maison triangulaire dont l'allure évoque une nef.

NOS ADRESSES SUR L'ÎLE DE SADO

TRANSPORTS

Ryotsu/Naoetsu

En train – De Tokyo à Niigata, Shinkansen Max Toki *(2h, 10 570 ¥)*. Shinkansen Hakutaka puis Ltd. Express Shirayuki de Kanazawa à Naoetsu *(2h, 5 550 ¥)*. Shinkansen Hakutaka et Myoko Haneuma Line de Nagano à Naoetsu *(50mn, 3 570 ¥)*.

En bateau – De Niigita, départ ttes les h pour Ryotsu *(ferry : 2h30, 2 510 ¥ ; jet foil : 1h, 6 520 ¥)*. De Naoetsu, 1 à 2 départs/j pour Ogi entre 7h et 17h en moyenne *(2h40, 2 720 ¥)*.

Mano

En bus – Les sites à l'est de Mano s'égrènent le long de la ligne de bus Minamisen - *www.visitsado.com/en/tosado/insado/.*

Location de vélos – À l'office de tourisme - *☎ (0259) 27 5000 - 8h30-17h - 2 000 ¥/24h (vélo électrique)*

Ogi

Terminal des bus – Les bus partent juste derrière le bureau de poste, situé à quelques pas de l'office de tourisme.

Se déplacer sur l'île

En bus – L'île n'ayant pas de réseau ferroviaire, elle est desservie par 15 lignes de bus de couleurs différentes : *www.visitsado.com/en/tosado/insado/*. **Pass illimité** *2 500 ¥/2 j.*

En taxi – **Okesa Taxi**, à la sortie du ferry, à Ryotsu *(5 800 ¥/h)*.

Location de voiture – À la sortie du ferry à Ryotsu se trouvent plusieurs loueurs aux prix similaires. Env. 7 000 ¥/j auxquels il faut ajouter 20 ¥/km et l'essence.

HÉBERGEMENT

Ryotsu

PREMIER PRIX

Green Village Patio House グリーンヴィレッジ・ユースホステル
750-4 Niibo, Uruya - ☎ (0259) 22 2719 - www.e-sadonet.tv/~gvyh/eng - 6 ch. à partir de 3 780 ¥/pers. - ☕ 756 ¥. Cette ancienne auberge de jeunesse compte deux chambres individuelles et quatre autres avec lits superposés. Décoration simple et lumineuse, confort fonctionnel.

Mano

BUDGET MOYEN

Itouya 伊藤屋
278 Mano-Shinmachi - ☎ (0259) 55 2019 - www.itouyaryokan.com - 15 ch. 5 300 ¥/pers. (7 300 ¥/pers., petit-déj. et dîner inclus.) - restaurant (tlj sf merc. 11h-14h, 17h-21h), bar 21h-23h. Très beau ryokan à 200 m de la plage. Prestations de très bonne qualité.

Ogi

PREMIER PRIX

Ogi Sakuma-so Youth Hostel 小木佐久間荘ユースホステル
1562 Ogi-machi - ☎ (0259) 86 2565 - www.jyh.or.jp/e/i.php?jyhno=3117 - 8 ch. 7 760 ¥ - ☕ 780 ¥, dîner 1 300 ¥ - 💳̸. Maison japonaise américanisée. *O-furo.*

BUDGET MOYEN

Kamome-so かもめ荘
11-7 Ogi - ☎ (0259) 86 2064 - sado-kamomesou.com - 11 ch. - 💳̸. Ryokan moderne, très bien tenu. Magnifiques onsen, accessibles aux non-résidents *(10h-21h - 420 ¥)*.

POUR SE FAIRE PLAISIR

Hana-no-Ki 花の木
78-1 Shukunegi - ☎ (0259) 86 2331 - www.sado-hananoki.com - 7 ch. 6 480 ¥/pers. à partir de 11 880 ¥/pers. petit-déj. et dîner inclus. Calme et volupté, pierres, bois et paravents se déclinent avec grâce dans cet exquis ryokan. Somptueux dîner avec, entre autres spécialités, le *zuwai-gani* (crabe, sf en janv., fév. et sept.). Cours de poterie (sur réserv.). Pick-up possible au débarcadère.

RESTAURATION

Ryotsu

PREMIER PRIX

Tenkuni 天國
206 Ryotsu-Minato - ☎ (0259) 23 2714 - 11h30-13h30, 17h-22h - 💳̸. Menus japonais simples et copieux. L'une des adresses les plus populaires de Ryotsu.

Mano

BUDGET MOYEN

Toki 登貴 *743-2 Mano-Shinmachi - ☎ (0259) 55 2137 - www.visitsado.com/en/spot/detail0332 - tlj sf dim. et lun. 17h-21h -* 💳̸. Cet *izakaya* très sympathique sert selon l'arrivage tous types de produits de la mer.

2

KYOTO ET LE KANSAI
0
40 km
A
B
1
2
3
Tottori
TOTTORI
OKAYAMA
4
Kinosaki Onsen
Toyooka
Izushi
Amano Hashidate
Ine
Péninsule de Tango
SEA OF JAPAN
Miyazu
Wadayama
Takeda Castle Ruins
Maizuru
Wakasa Bay
HYOGO
Ikuno Silver Mine
Tsuruga
FUKUI
Japanese Toy Museum
KYOTO
Aioi
HIMEJI
Imazu
Harie
Lake Biwa
Nagahama
Ohara
Kakogawa
KYOTO
Mt Hiei-zan
Hikone
Akashi
Takarazuka
Mii-dera
Kobe
Otsu
Itami Airport
Honpuku-ji
Uji
MIHO MUSEUM
Osaka Bay
Yodo
Awaji-shima
Osaka
Ishiyama-dera
SHIGA
Sumoto
Kansai International Airport
Sakai
Shigaraki
Kibukawa
Kishiwada
NARA
Yokkaichi
HORYU-JI
Kashihara
OSAKA
Suzuka
Kii Channel
Hahimoto
Sakurai
MIE
Wakayama
Tsu
Ise Bay
WAKAYAMA
Yoshino-yama
Matsusaka
KOYA-SAN
Kino
NARA
Ise
KUMANO HONGU TAISHA
KUMANO KODO
2
Toba
Kii-Tanabe
Tamaki-jinja
Ago Bay
Ago
Shirahama Onsen
Yunomine Onsen
Kumano
Mt Nachi
Kumano Hayatama Taisha
NACHI NO TAKI
Shingu
Kumano Nachi Taisha
Nachi
Kushimoto
Kii-Katsuura
PACIFIC OCEAN
N
OKAYAMA
TAKAMATSU, BEPPU, SHANGAI, OITA
NAGOYA, TOKYO
KYOTO ★★★ Vaut le voyage
Osaka ★★ Mérite un détour
Kobe ★ Intéressant
Kashihara À voir

Kyoto et le Kansai 3

Kyoto et le Kansai

TRADITION ET MODERNITÉ

Le Kansai n'est pas la plus déshéritée des régions du Japon, loin s'en faut. À cela plusieurs raisons : tout d'abord, sa position géographique exceptionnelle. Son territoire de 33 000 km^2 (11 % du Japon) se situe au centre de l'archipel tout en s'ouvrant sur trois mers : la mer du Japon au nord, l'océan Pacifique au sud et la mer Intérieure qui fait face à l'île de Shikoku ; trois mers reliées par d'opportuns couloirs faits de plaines (Osaka, Wakayama) et de bassins (Kyoto, Nara, Shiga), et cela, malgré les reliefs montagneux. Le Kansai est également le berceau culturel de la civilisation nippone. Nara et Kyoto ont été les capitales impériales dès le 8e s., pendant plus d'un millénaire. Le patrimoine culturel est d'autant plus au diapason de leur âge d'or que les deux cités ont été relativement préservées des séismes. Économiquement enfin, le Kansai est avec la région de Kobe-Kyoto-Osaka le 2e pôle d'activités du pays. Possédant le cinquième de la population japonaise, la région, forte de ses atouts géographiques, détient un potentiel portuaire et commercial toujours en devenir (l'aéroport international du Kansai n'a été inauguré qu'en 1994) et un pôle scientifique des plus importants : le Kansai Science City (*www.kri-p.jp*), construit sur le flanc des monts Keihanna, à cheval sur les préfectures de Kyoto, d'Osaka et de Nara, joue un rôle de tout premier plan. La région n'est donc pas seulement une belle carte touristique mais attire de plus en plus de Japonais pour son économie innovante.

VISITER LA RÉGION

SE REPÉRER

Le Kansai, appelé aussi Kinki ou « province de l'Ouest » par opposition au Kanto ou « province de l'Est » (ouest et est ayant pour référent à l'époque d'Edo la fameuse route du Tokaido qui passait entre Kyoto et Osaka, *voir p. 141*), se situe au sud de Honshu. La région couvre 33 000 km^2 répartis entre cinq *ken* (préfectures) : Mie, Shiga, Hyogo, Nara, Wakayama, et deux *fu* (préfectures urbaines) : Kyoto et Osaka.

À NE PAS MANQUER

Kyoto, le château de Himeji, Nara, l'activité nocturne d'Osaka, le mont Koya et les sanctuaires de Kumano Sanzan.

ORGANISER SON TEMPS

En une semaine, on peut passer trois jours à Kyoto, une journée à Nara, une journée au mont Koya ; une nuit à Osaka pour jouir de sa vie nocturne et une dernière journée à Kobe avant de visiter le château de Himeji. Un parcours d'environ 270 km au départ de Kyoto qui peut se conjuguer en partie avec le JR Kansai Pass. Si vous disposez de deux jours en plus, allez vous détendre à Kinosaki Onsen.

AVEC LES ENFANTS

La descente de la rivière Hozu à Arashiyama ; la plage de Shirahama ; la cascade de Nachi à Kumano avec une nuitée dans un *shukubo* (hôtellerie religieuse) ; Kyoto International Manga Museum.

LES PASS TRANSPORTS

La JR West propose divers pass sur son réseau : le **Kansai Pass**, **JR Kansai Area Pass** et le **Sanyo-San'in Area Pass** (*voir p. 272*). Le **Kansai Thru Pass** permet de voyager sur toutes les lignes de métro, de trains (hors réseau JR) et de bus de la région et le **Kintetsu Rail Pass**, sur les trains de cette compagnie privée qui opère dans la zone Osaka-Nara-Kyoto-Nagoya (*voir p. 272*).

Kyoto 京都

★★★

1 473 110 habitants

1 600 temples bouddhistes, 400 sanctuaires shinto, 200 jardins classés… Kyoto regroupe près de 20 % des Trésors nationaux ainsi qu'une vingtaine de sites classés au Patrimoine mondial de l'humanité. Un nombre pour le moins impressionnant mais qui peut prendre en otage bien des plaisirs simples comme le rappelait Nicolas Bouvier dans sa « Chronique japonaise » (Éd. Payot, 1989) : « La densité culturelle est si forte que, tout occupé de savoir, de distinguer, d'apprendre, on n'a parfois plus le temps de sentir (…) » Si nous ajoutons à cette liste 37 universités pourvoyeuses de prix Nobel, nous pouvons faire nôtre ce proverbe kyotoïte cité par l'écrivain : « Jette une pierre au hasard, tu blesses un professeur ! » Voilà pour le décor, en partie planté seulement. Car celle qui fut l'ancienne capitale du Japon onze siècles durant, bien qu'échappant à de nombreux fléaux comme les bombardements de la Seconde Guerre mondiale ou les tremblements de terre, n'a en revanche pas été épargnée par cet urbanisme un peu ingrat qui transforme (pour qui ne prend pas le temps de l'apprivoiser) la beauté en enclave et son visiteur en coursier lorsqu'il entend traverser au plus vite la gangue de béton le séparant de son prochain émerveillement. Malgré tout, Kyoto reste une ville d'exception.

NOS ADRESSES PAGE 270
Hébergement, restauration, achats, activités, etc.

S'INFORMER

Kyoto Tourist Information for Foreigners – *Kyoto Station Bldg (2F, à côté du Isetan Department Store)* Plan III, B2 - *(075) 343 0548 - tlj 8h30-19h.* Informations en anglais sur la ville et la préfecture.

SE REPÉRER

Carte de région p. 226, B2 - À la fois ville et préfecture urbaine *(fu)*, Kyoto se compose de 11 arrondissements *(ku)* qui couvrent environ 600 km². Bâtie sur un plan en damier, la ville ne pose aucun problème d'orientation.

À NE PAS MANQUER

Les **temples** Sanjusangen-do, Kiyomizu-dera, Ginkaku-ji, Daitoku-ji, Kinkaku-ji, Ryoan-ji. Les **quartiers** Ponto-cho, Gion. Le chemin de la Philosophie. La gare de Kyoto. En périphérie : la villa Katsura, Saijo-ji, le Byodo-in d'Uji, le musée Miho et une excursion autour du lac Biwa.

ORGANISER SON TEMPS

Il faut au moins une semaine pour apprécier Kyoto sans la réduire à un parcours d'obstacles. Alterner promenade de quartier et visite de temples. Les plus célèbres doivent être visités dès l'ouverture. Pour un certain nombre d'entre eux comme la villa Katsura ou le temple aux Mousses, il faut réserver par courrier des semaines à l'avance (on peut parfois le faire par Internet avant de quitter la France).

AVEC LES ENFANTS

Kyoto International Manga Museum ; le quartier de Gion, un spectacle d'*odori* ; la descente de la rivière Hozu à Arashiyama, le Toei Studio Park.

Autour de la gare Plan I p. 232 et III p. 236

Comptez deux jours.

★ Kyoto Station 京都駅 Plan III B2

Ne pas oublier au 2e étage le très précieux office du tourisme de Kyoto (voir p. 229). Inaugurée en 1997 pour fêter le 1200e anniversaire de la fondation de la « capitale de la paix », la nouvelle gare de Kyoto secoue le visiteur par sa modernité tentaculaire. Ses volumes gigantesques s'inscrivent pourtant, nous dit son architecte Hara Hiroshi (né en 1936), dans l'histoire de la ville à l'aune de sa perspective géographique qui combine plaine, colline et ciel. Aussi, l'immense atrium de la gare (27 m de large sur 60 m de haut et 470 m de long), structuré sur la traditionnelle division en damier des villes chinoises, enchaîne une partie plane et basse (l'entrée de la gare assimilée à la plaine) avec une partie haute (la colline) dont le sommet aplani en jardins suspendus (ciel) domine Kyoto d'une belle **vue panoramique★**. Pour les 250 000 voyageurs traversant quotidiennement ce monumental parallélépipède de verre et d'acier, il s'agit de retrouver implicitement les cheminements de leurs ancêtres. Sauf qu'ici, le « versant de la colline », étagé en 16 niveaux (dont trois en sous-sol), est parcouru par un immense escalier mécanique qui zèbre l'atrium comme l'un de ces éclairs de papier blanc, ces *kamishide* qu'on trouve généralement pendus à l'entrée des sanctuaires. Si les hauteurs ont toujours quelque chose de sacré pour son architecte, son concepteur n'a pas non plus oublié les « offres multiples et profanes » des gares japonaises. Hôtel de luxe et salle de spectacle (900 places) flanquent son aile droite tandis que le grand magasin Isetan avec sa flopée de galeries marchandes et de restaurants, plus que fréquentés, colonisent le versant opposé.

Kyoto Tower 京都タワー Plan III B2

Difficile d'ignorer son étrange silhouette de hochet géant lorsque l'on sort de la gare. Une vision bien éloignée des rêves de pagodes et de maisons de thé qui bercent les touristes tout juste débarqués… ce qui lui a valu bien des critiques de la part des très conservateurs kyotoïtes. Construite par Makato Tanahashi en 1964, à l'occasion des JO de Tokyo, et haute de 131 m, elle se caractérise par une forme cylindrique rendue possible par l'utilisation de feuilles d'acier. Une particularité qui la distingue des ersatz de tour Eiffel que sont ses cousines de Nagoya, Sapporo ou Tokyo. Bien qu'aujourd'hui un peu passée de mode, elle demeure la seule tour construite à Kyoto et on n'imagine plus la *skyline* locale sans elle. On pourra prendre l'ascenseur vers sa plate-forme panoramique *(9h-21h - 770 ¥)*… d'où la vue n'est finalement pas plus impressionnante que du toit de la gare.

LE BOUDDHA MÉDECIN

Yakushi Nyorai est reconnaissable au petit pot de médecine qu'il porte dans sa main gauche. C'est d'ailleurs le seul bouddha à tenir un objet. Le plus souvent, ce pot comporte 12 facettes représentant les 12 vœux salvateurs que Yakushi s'engagea à accomplir afin de devenir bouddha. Sa main droite esquisse la *mudra* (position des doigts) de « l'absence de crainte ». Ce maître de médecine est toujours accompagné par un nombre pair de serviteurs telles les divinités Nikko « Lumière du soleil » et Gakko « Lumière de la lune ». Son rôle est des plus importants, puisqu'il soigne, de jour comme de nuit, le plus grave des maux : l'ignorance, la source de tous nos désirs et facteur de souffrance de toute l'humanité.

★★ To-ji 東寺 Plan I B4

À 10mn à pied au sud-ouest de la gare JR - Kintetsu Line, Toji Station ou bus n° 207 - 8h30-17h30 (16h30 nov.-fév.), dernière entrée 30mn av. la fermeture - 500 ¥.

Lorsque la capitale fut déplacée à Heian-kyo en 794, le temple de l'Est fut aussitôt construit pour protéger ce point cardinal de la nouvelle ville. Les travaux furent confiés au prêtre Kukai, qui, au début du 9e s., importait de Chine les préceptes de la secte bouddhique du Shingon-shu (la « Vraie Parole »). Placé en 823 sous la direction de ce célèbre prêtre, le To-ji devint tout naturellement (avec le temple du Kongobu-ji du mont Koya *(voir p. 304)* le principal centre de diffusion de ce nouveau bouddhisme ésotérique. Le plus visible est bien sûr la **pagode★★** de cinq étages, la plus élevée du Japon avec ses 57 m. Elle a été reconstruite au 17e s. comme la majorité des édifices de cette enceinte. Au sud, la salle principale du **Kondo★** abrite la triade de **Yakushi Nyorai★★** *(voir encadré ci-contre)*. Dans le **Kodo★**, la salle de prédication, apparaît un grand **mandala★★** sculpté composé de la figure tutélaire du Grand Bouddha solaire, **Dainichi Nyorai**, autour duquel sont satellisées 21 statues réparties par groupes : celui des Bouddhas (Nyorai), les bodhisattvas *(bosatsu)* puis, en troisième position dans la hiérarchie des divinités bouddhiques, les cinq Myo-o, « rois de science magique » avec au centre la divinité **Fudo Myo-o★**, « l'Inébranlable ». Le défenseur de la loi bouddhique est toujours armé de l'épée droite *(tsurugi)* et de la cordelette.

Le 21 de chaque mois, sur le parvis du To-ji, se tient un marché aux puces sympathique (antiquités, brocante, vieux kimonos).

★ Nishi Hongan-ji 西本願寺 Plan III A1/2

À 10mn à pied au nord-ouest de la gare JR - bus nos 9, 28, 205, 206, 207 - mai-août : 5h30-18h ; mars-avr. et sept.-oct. : 5h30-17h30 ; reste de l'année : 6h-17h - gratuit.

Un modeste temple s'est d'abord développé dans les montagnes de l'est de Kyoto autour du mausolée de Shinran Shonin (1173-1262), fondateur de la secte de la Terre pure *(voir encadré p. 239)*. En 1591, après bien des vicissitudes, le mausolée est finalement transféré sur le site actuel grâce au terrain donné à la secte par Toyotomi Hideyoshi, toujours en quête d'appuis populaires. Une fois franchie la porte principale **San-mon★** (1645) du Nishi Hongan-ji, littéralement « le temple de l'Ouest des Vœux premiers », s'ouvre le **Hon-do**. La salle principale (1760) abrite les statues d'Amida, du prince Shotoku et du prêtre Honen. La salle de prière est décorée de portes coulissantes ornées de phœnix et de paons exécutés par des artistes de l'école Kano. Plus au sud, le **Daishi-do**, la salle du fondateur (1637), héberge une statue assise de Shinran Shonin.

★ Higashi Hongan-ji 東本願寺 Plan III B1/2

À 5mn à pied du précédent ou à 7mn à pied au nord-ouest de la gare JR, entrée sur la Karasuma-dori - bus nos 5, 26, 57, 101 - mars-oct. : 5h50-17h30 ; nov.-fév. : 6h20-16h30 - gratuit.

Pendant du Nishi Hongan-ji, le temple de l'Ouest, le Higashi, ou temple de l'Est, est né d'un problème de succession sur fond de rivalité. À la mort de son supérieur Kosa (1543-1592), la responsabilité du temple qui généralement échoit au fils aîné revient au troisième fils. Ainsi en ont décidé Kosa et Toyotomi Hideyoshi. Une décennie plus tard, le nouvel homme fort du Japon, Tokugawa Ieyasu, donne à son tour une parcelle de terrain mais cette fois-ci au fils aîné qui n'avait encore rien reçu. En 1602, le Higashi Hongan-ji se dresse à l'est du Nishi Hongan-ji. Le temple devient, avec l'appui du shogun, le nouveau quartier général de la secte Jodo Shin-shu *(voir encadré p. 239)* où

est transféré le mausolée de Shinran Shonin. Plus imposant que son rival le temple de l'Ouest (la salle du fondateur – **Goei-do★** – est l'un des plus grands édifices en bois du monde), il est aussi plus austère, ayant brûlé à de nombreuses reprises. Le temple actuel date seulement de 1895. En déambulant dans le corridor séparant le Goei-do de la salle d'Amida, on remarque, dans une boîte en verre, l'une des cordes utilisées pour hisser les poutres du Goei-do. Appelée **kezuna**, elle est faite à partir de cheveux donnés par les dévotes. La plus large (40 cm de diamètre) mesure 10 m de long et pèse une tonne !
De là traversez à pied le petit jardin du Shosei-en, puis la rivière Kamon, en vous dirigeant vers le sud-est.

★★★ **Sanjusangen-do** 三十三間堂 Plan III C2

À 15mn à pied à l'est de la gare JR - Keihan Line, Shichijo Station - bus nos 100, 206, 208 - mars au 15 nov. : 8h-16h30 ; du 16 nov. à mars : 9h-15h30 (dernière entrée 30mn av. la fermeture) - 800 ¥.

Fondé en 1164 par le très charismatique chef de guerre Taira no Kiyomori *(voir p. 107)*, le temple, incendié en 1249, date de 1266. La première surprise est sa taille : la salle principale mesure 120 m de long. Cette longueur explique en partie le nom du temple, la salle étant divisée en 33 *(san ju san)* travées. Ce nombre ne relève pas non plus du hasard puisque la divinité de la compassion, Kannon *bosatsu*, à laquelle ce temple est dédié, se métamorphosa 33 fois

3

A
B
1
2
3
Imadegawa Sta.
Nishijin Textile Center
Raku Museum
Imperial Palace
OMIYA GOSHO
SENTO GOSHO
KYOTO GYOEN
KYOTO PREF. GOVERNMENT OFFICE
Kawaramachi-dori Ave.
Kamo-gawa River
Marutamachi-dori Ave.
Marutamachi Sta.
Nijo Castle
Horikawa-dori St.
Karasuma-dori Ave.
Nijo-dori St.
Kyoto International Manga Museum
KYOTO CITY OFFICE
Kyoto Shiyakusho-mae Sta.
Nijojo-mae Sta.
Karasuma-Oike Sta.
Oike-dori Ave.
Nijo jinya
Sanjo-dori
NAKA P.O.
Kyoto Culture Museum
Teramachi Shopping Arcade
Pontocho Kaburenjo Theater
Nishiki-koji St.
Nishiki Market
Pontocho-dori
Omiya Sta.
Karasuma Sta.
Shijo-dori Ave.
Hankyu Kyoto Line
Shijo-Omiya Sta.
Shijo Sta.
Kawaramachi Sta.
Seishu Netsuke Art Museum
Gojo Sta.

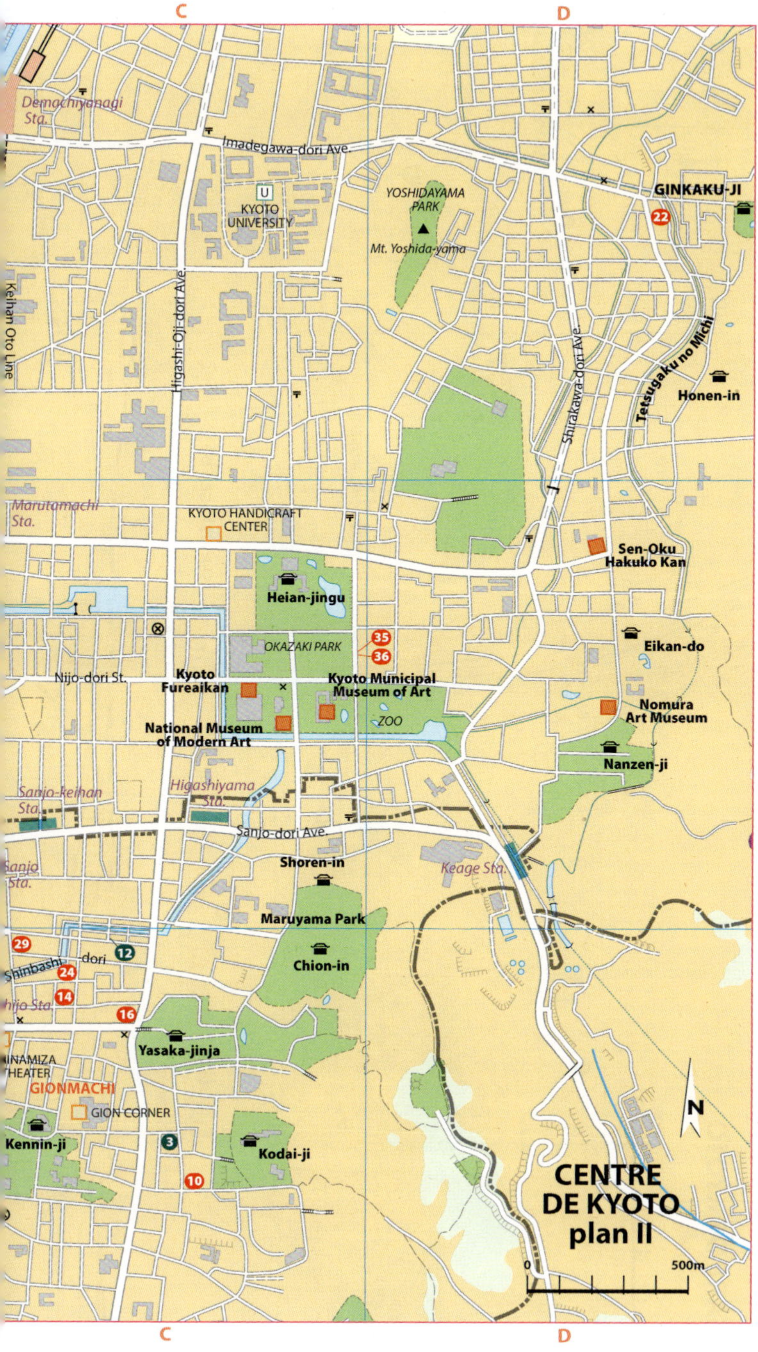
C
D
1
2
3
Demachiyanagi Sta.
Imadegawa-dori Ave.
KYOTO UNIVERSITY
YOSHIDAYAMA PARK
Mt. Yoshida-yama
GINKAKU-JI
22
Keihan Oto Line
Higashi-Oji-dori Ave.
Shirakawa-dori Ave.
Tetsugaku no Michi
Honen-in
Marutamachi Sta.
KYOTO HANDICRAFT CENTER
Sen-Oku Hakuko Kan
Heian-jingu
OKAZAKI PARK
35
36
Eikan-do
Nijo-dori St.
Kyoto Fureaikan
Kyoto Municipal Museum of Art
Nomura Art Museum
National Museum of Modern Art
ZOO
Nanzen-ji
Sanjo-keihan Sta.
Higashiyama Sta.
Sanjo-dori Ave.
Shoren-in
Sanjo Sta.
Keage Sta.
Maruyama Park
29
12
Shinbashi-dori
24
Chion-in
14
Shijo Sta.
16
Yasaka-jinja
MINAMIZA THEATER
GIONMACHI
GION CORNER
Kennin-ji
3
Kodai-ji
10
N
CENTRE DE KYOTO plan II
0
500m

3

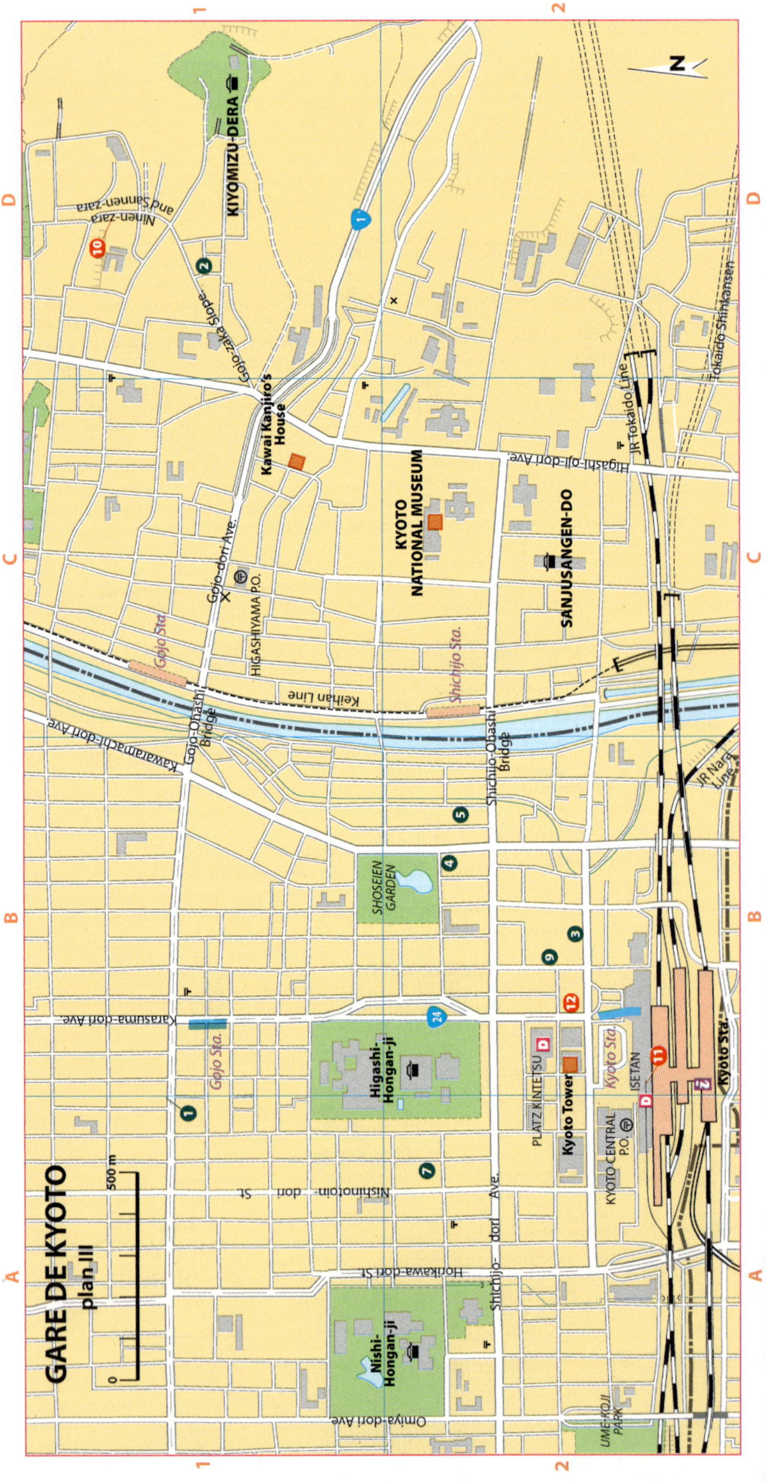
GARE DE KYOTO
plan III
0
500 m
N
KIYOMIZU-DERA
Ninen-zara and Sannen-zaka
Gojo-zaka Slope
Kawai Kanjiro's House
KYOTO NATIONAL MUSEUM
SANJUSANGEN-DO
Higashi-oji-dori Ave.
JR Tokaido Line
Tokaido Shinkansen
Gojo-dori Ave.
HIGASHIYAMA P.O.
Gojo Sta.
Keihan Line
Shichijo Sta.
Gojo-Ohashi Bridge
Kawaramachi-dori Ave.
Shichijo-Ohashi Bridge
JR Nara Line
SHOSEIEN GARDEN
Karasuma-dori Ave.
Gojo Sta.
Higashi-Hongan-ji
PLATZ KINTETSU
Kyoto Tower
Kyoto Sta.
ISETAN
KYOTO CENTRAL P.O.
Kyoto Sta.
Nishinotoin-dori St
Shichijo-dori Ave.
Horikawa-dori St
Nishi-Hongan-ji
Omiya-dori Ave
UME-KOJI PARK
A
B
C
D
1
2

CENTRE DE KYOTO plan II

SE LOGER

Hirota Guesthouse 1 B2
Hotel in Gion Maifukan 3 B3
Inn Kawashima 4 B3
Itoya 9 B3
Khaosan Kyoto Guest House 7 B3
Khaosan Kyoto Theatre Hostel 10 B2
Mume Boutique Hotel 12 C3
Nishiyama Ryokan 2 B2
Royal Park Hotel 8 B2
Ryokan Kinmata 5 B3
Ryokan Sawai 6 B3
Super Hotel 11 B3
9 Hours Capsule Hotel 15 B3

SE RESTAURER

Aunbo 10 C3
Bio-Tei 11 B2
Bussaracan 12 B3
Ganko Sanjo Honten 13 B2
Gonbe 14 C3
Grilldorebun 27 B2
Honke Owariya 15 B2
Izuju 16 C3
Kerala 17 B2
Kushikura 18 B2
Kyomachi 19 B3
Kyoto Gogyo 23 B3
Meet Bowl 29 C3
Misoka-an Kawamichiya 20 B2
Miyakoyasai Kamo 30 B3
Mukadeya 21 A3
Musashi 31 B2
Okakita 35 C2
Omen Ginkakuji Honten 22 D1
Ootoya 32 B3
Tomi Zushi 33 B3
Ukiya 28 B2
Watanabeya 34 B2
Yagenbori Sueyoshicho-ten 24 C3
Yamatomi 25 B3
Yoshikawa Inn 26 B2
Yamamotomenzo 36 C2

GARE DE KYOTO plan III

SE LOGER

Aranvert Hotel 1 A1
Dormy Inn Premium Kyoto Ekimae 3 B2
Hanakiya Inn 2 D1
Hotel Iida 9 B2
Kikokuso Inn 4 B2
K's House 5 B2
Ryokan Shimizu 7 A2

SE RESTAURER

Kyosuishin 12 B2
Okutan 10 D1
Ramen Alley 11 B2

STATUES RASSEMBLÉES EN BOIS NON ASSEMBLÉS
Au Sanjusangen-do, la technique dite des « bois assemblés », *Yosegi zukuri,* est encore timide puisque seuls les membres supérieurs sont sculptés séparément avant d'être rapportés à l'ensemble de la statue, qui est taillée quant à elle dans la masse d'un seul bloc de bois. Il faut attendre le sculpteur **Jocho** (il se révèle autour de 1022) pour voir poindre la réalisation d'une statue à partir de plusieurs blocs sculptés puis réunis par tenon et mortaise. Son meilleur exemple est le bouddha Amida du Byodo-in à Uji *(voir p. 264)*.

pour venir en aide à l'humanité. La seconde surprise est de déambuler à la lisière d'une forêt de statues aussi étincelantes qu'un bel orchestre de cuivres miroitant dans la pénombre. **Mille et une sculptures de Kannon**★★★ nous observent, avec, sous chaque épiderme doré, des expressions légèrement différentes. À l'exception de 124 d'entre elles datant de la première fondation du temple, elles ont été ciselées par les meilleurs artistes de l'époque de Kamakura comme **Unkei** ou son fils **Tankei**. Ce dernier, chef de file de la très réputée école bouddhique Kei-ha, est aussi le maître d'œuvre de l'immense statue de **Kannon à 11 faces**★★★ (3 m de haut) trônant au centre de l'édifice. Si ces mille et une statues produisent un effet de masse saisissant (80 artistes se seraient relayés pendant près d'un siècle), on est en revanche impressionné par la qualité plastique de chacune des **vingt-huit divinités**★★★ qui s'égrènent à leurs pieds (époque de Kamakura). Ces déités, d'origine hindouiste, gardiennes de la déesse de la miséricorde, ont des expressions d'une fermeté intimidante. On est saisi par le réalisme et la vivacité des traits, l'intensité des regards incrustés de cristal froid. Parmi ces divinités, ne manquez pas Naraen-Kengo (Nayarana en sanscrit), Karura (Garuda), Mawara-nyo (Mahabala), Missha-kong (Vajra-pani), ou le vieillard Basu-sennin (Vasu).
Un concours d'archerie comprenant plus de 600 compétiteurs est organisé tous les 15 janvier sur la véranda du Sanjusangen-do.

★★★ Kyoto National Museum 京都国立博物館 Plan III C2

Même accès que pour le Sanjusangen-do. www.kyohaku.go.jp/eng/index.html - ♿ - expositions temporaires : tlj sf lun. 9h30-17h (vend. et sam. 20h), dernière entrée 30mn av. la fermeture - 520 ¥ (hors expositions exceptionnelles).

Les réformes impulsées par l'empereur Meiji (1868) ont inspiré le monumental édifice en briques rouges que l'on découvre sur la droite, après l'entrée. Il témoigne des influences étrangères chères à Katayama Tokuma, architecte attitré de l'Empereur. Frontons, terrasses et toitures composent un style baroque. Sur le fond, et ce n'est pas le moindre des paradoxes, ce musée a été inauguré en 1897, pour protéger le patrimoine des édifices cultuels de Kyoto menacé par cette modernisation voulue par l'Empereur. Ce même souci a conditionné la construction des Musées nationaux de Tokyo et de Nara. Depuis 2014, cet édifice emblématique n'accueille plus les collections du musée mais des expositions temporaires renouvelées deux ou trois fois par an (à surveiller tant elles sont de qualité).

Les collections du musée sont présentées dans un bâtiment annexe flambant neuf baptisé **Heisei Chishinkan** et dessiné par Yoshio Taniguchi à qui l'on doit notamment la réfection du MoMA de New York. Du béton, du verre, de l'eau et une architecture linéaire qui rappelle celle des maisons traditionnelles japonaises. À l'intérieur, les vastes espaces ouverts, la lumière tamisée et les cubes transparents mettent en valeur les remarquables pièces exposées sur trois niveaux. Le niveau supérieur est consacré aux céramiques et vestiges archéologiques. L'étage intermédiaire présente les peintures japonaises et

chinoises. Le niveau inférieur accueille, lui, d'immenses sculptures et des œuvres issues des collections de calligraphie, textile, laques et métal.
Parmi ces 12 000 pièces présentées par roulement, quelques œuvres maîtresses sont à voir absolument. Admirez une magnifique statue funéraire chinoise – la **Dame du palais tenant un Pékinois★★** (dynastie Tang, 8e s.) – et quatre gigantesques rois gardiens postés sur chacun des points cardinaux. Le plus important, **Tamon-ten Vaisravana★★★** (fin de Heian, 11e s.), a pour charge de défendre la porte Nord, la plus exposée aux esprits malfaisants d'après la géomancie chinoise. Aussi se tient-il droit, impassible, tranchant avec les trois autres gardiens aux corps tordus enveloppés de vêtements flottants. Il a pour attributs un *stupa* (tour votive symbolisant le bouddhisme) dans la main gauche et une hallebarde serrée dans le poing droit. Voyez aussi de très belles sculptures en bois de **Jizo Bosatsu★★** (Heian, 9e s.), divinité très populaire pour avoir fait vœu d'assister tous les êtres en souffrance. Parmi les collections de **peintures★★** qui courent de la période de Heian jusqu'à l'époque d'Edo figurent des œuvres de Sotatsu, l'un des représentants de l'école *Yamato-e*, littéralement « peinture à la japonaise ». Ce style de peinture, art narratif d'illustration, apparaît à l'époque de Heian. Pièces maîtresses du musée, les peintures sur *kakemono* (littéralement « la chose qui pend ») de Fujiwara Takanobu (1142-1205) présentent des portraits des leaders des clans rivaux de l'époque de Kamakura : **Minamoto no Yoritomo★★★** (1147-1199) *(voir encadré p. 107)* et **Taira no Shigemori★★★** (1138-1179). D'une géométrie souveraine, ce dernier a l'ascétisme noir d'un *raku* *(voir encadré p. 243)*. Sur rouleau de papier, le **Gaki-zoshi★★★** (période de Heian, 12e s.) est une représentation de spectres affamés *(gaki)*. Ce sujet, rare dans la peinture japonaise, est traité ici avec une vivacité de feux follets. Les huit panneaux évoquant le **Monde des oiseaux et des fleurs sous les quatre saisons★★** et provenant du temple Daisen-in sont également l'une des pièces majeures de **Kano Motonobu** (1476-1559) *(voir encadré p. 245)*. Descendant des cieux sur un paon auréolé de nuages, le **Mayura Vidyaraja★★** est une peinture sur soie d'origine chinoise (dynastie Song, 11e s.) issue du temple Ninna-ji. Voyez aussi de magnifiques **kosode★★**, ancêtre du kimono moderne qui possède d'étroites ouvertures pour les mains à l'extrémité des manches.

★ Kawai Kanjiro's House 河井寛次郎記念館 Plan III C1

À 10mn à pied au nord du Musée national - Keihan Line, Kiyomizu Gojo Station - bus no 100, arrêt Gojozaka ou nos 202, 206, 207, arrêt Umamachi - tlj sf lun. 10h-17h -fermé 11-20 août et 24 déc.-8 janv. - 900 ¥.

TERRE PURE ET TERREAU POLITIQUE

Amida, prononciation japonaise du sanscrit Amitabha, « Lumière infinie », et d'Amitayus, « Vie éternelle », est le nom que prend le moine Dharmakara après avoir refusé l'illumination pour sauver tous les êtres faisant appel à lui. Ce bodhisattva, devenu bouddha sous le nom d'**Amitabha**, est l'un des plus populaires du Grand Véhicule. Il est vrai que son paradis de la Terre pure (**jodo**) est d'une incroyable accessibilité : il suffit au dévot de réciter la formule du Nenbutsu, *Namu Amida butsu*, « Au nom du bouddha Amida ». De la dizaine de sectes « amidistes » engendrées par ce salut salvateur des plus démocratiques, deux courants majeurs se détachent : l'école du **Jodo-shu** ou de la « Terre pure », fondée par Honen Shonin (1133-1212), connu également sous son nom posthume Enko Daishi, et la « Vraie École de la Terre pure » ou **Jodo-Shin-shu**, créée par Shinran Shonin (1173-1262). Leurs différences tiennent moins à leurs doctrines qu'aux jeux de pouvoir et de divisions auxquels la « Terre pure » n'a cependant pas réussi à se soustraire.

De l'Histoire au renouveau

KYOTO, LA « CAPITALE DE LA PAIX »

Enserré par des montagnes barrant au nord les influences maléfiques, le bassin de Yamashiro, irrigué par les rivières Kamo-gawa à l'est et Katsura-gawa à l'ouest, est idéal pour planifier une cité selon les principes de la géomancie chinoise qui prévalent alors. La ville est fondée dès 794 par l'empereur Kanmu (règne 781-806) qui souhaite soustraire sa capitale (Nara) à l'emprise des moines bouddhistes trop envahissants. La nouvelle cité est nommée **Heian-kyo**, la « capitale de la paix ». Pour contrebalancer le pouvoir des religieux de Nara, l'Empereur va même jusqu'à favoriser la fondation de nouvelles sectes bouddhiques introduites par deux moines depuis légendaires : Saicho (767-822) et Kukai (774-835), fondateurs respectifs des sectes Tendai-shu et Shingon-shu. La nouvelle cité est modelée (comme l'était d'ailleurs Nara) sur un **plan carré divisé en damier** emprunté à la capitale chinoise des Tang : Chang'an (aujourd'hui Xian). Une fois établi le Palais impérial face au nord maléfique, des temples et sanctuaires sont construits pour protéger les différentes entrées de la ville : le To-ji et le Sai-ji au sud ; le Kamigamo-jinja au nord-ouest ; l'Enriaku-ji (fondé en 788 par Saicho sur le mont Hiei) au nord-est.

SESSHO + KANPAKU = SEKKAN

La période de Heian (794-1175), dite aussi période Fujiwara, reflète le pouvoir de cette famille qui s'empare du pouvoir impérial à force d'influences, d'alliances et de mariages arrangés avec les membres impériaux en passe de gouverner. La puissance de cette famille culmine avec la nouvelle fonction de régent. **Fujiwara no Yoshifusa** (804-872) devient *sessho*, « régent d'un Empereur mineur », en l'espèce de l'empereur Seiwa (850-880) qui n'a que 8 ans en 858. Son fils, **Fujiwara no Mototsune** (836-891), va encore plus loin en inaugurant en 884 le titre de *kanpaku* pour devenir le régent d'Empereurs cette fois majeurs comme Yozei, Koko et Uda. Cette nouvelle charge héréditaire qui donne aux Fujiwara les pleins pouvoirs prend le nom de *sekkan*, contraction de *sessho* et de *kanpaku*.

CARREFOUR ARISTOCRATIQUE DES ARTS ET DE L'ESPRIT

La période de Heian (794-1175) est des plus florissantes pour la capitale du Japon qui commence à trouver un style national après la chute des Tang (907). Sous l'égide de la famille Fujiwara, Heian-kyo devient alors le grand carrefour aristocratique des arts et de l'esprit, qu'affermit encore le système de régence de père en fils instauré par les Fujiwara, et qui dure jusqu'à la fin du 12e s. *(voir ci-dessus)*. Cette continuité est propice au rayonnement culturel de Kyoto dont témoigne aujourd'hui le Byodo-in au sud de la ville. Ainsi, à la peinture de style chinois s'oppose la peinture du Yamato, plus à même de conquérir les éléments mobiles de l'architecture japonaise (portes coulissantes, paravents, etc.). Le culte d'Amida se répand. Pour ce bouddha de la lumière infinie, il faut trouver une représentation digne de ses ambitions. La technique du *kirikane* (feuille d'or découpée) envahit l'iconographie sacrée. Les Fujiwara sont aux anges. Mais à la fin du 12e s., ils ne peuvent éviter la montée en puissance du clan Taira auprès de l'empereur Go-Shirakawa (1127-1192).

Ces différentes sphères d'influence entrent vite en compétition dans l'ombre chatoyante du Palais et éclatent en une guerre ouverte entre les Taira et les Minamoto. Elle débouche sur le premier shogunat décentralisé à Kamakura *(voir encadré p. 108)*.

LA CULTURE DE « LA MONTAGNE DE L'EST »

L'époque de Kamakura (1185-1333) affaiblit Kyoto. Il faut attendre les shoguns Ashikaga, descendants des Minamoto, pour voir revenir l'ordre impérial à Kyoto. Cette époque dite d'Ashikaga (1333-1573), appelée également Muromachi (du nom du quartier de Kyoto où ils résident), est l'une des plus florissantes dans le domaine des arts. Le **Pavillon d'or** (Kinkaku-ji) est ainsi construit sous le troisième shogun **Ashikaga Yoshimitsu** (1358-1408). Mais cette période, pour être très inventive, s'indexe sur des décennies chaotiques où les rivalités entre grands seigneurs féodaux conduisent à la terrible guerre de Dix Ans : *Onin no ran* (1467-1477). Dans un Kyoto en cendres, un nouvel élan philosophique et artistique va surgir, insufflé par le huitième shogun du *bakufu* de Muromachi : **Ashikaga Yoshimasa** (1443-1496). Tout en se retirant sur la « montagne de l'Est » (Higashiyama) de Kyoto, ce dernier, gouverneur dilettante, porte au pinacle une esthétique de méditation dépouillée par le zen dont le **Pavillon d'argent**, le Ginkaku-ji, devient la structure prototypale *(voir p. 249)*. Une sorte d'éloge de l'ombre gagne l'aristocratie en osmose et en opposition avec les troubles de l'époque qu'estompent ou subliment la solennelle cérémonie du thé *(cha no yu)*, les jardins secs (pour lesquels ce n'est plus le corps mais l'esprit qui gambade) ou l'art d'arranger les bouquets de fleurs *(ikebana)*. À la mort de Yoshimasa, Kyoto sombre dans l'anarchie. Tout est corrompu, jusqu'à cette économie de geste qui fait la droiture des guerriers. Pour le chef militaire **Oda Nobunaga** qui vient d'installer son siège dans la région voisine de Gifu, il faut rétablir une autorité sur Kyoto. Après cinq années de cohabitation, en 1573, il chasse finalement de la capitale impériale le quinzième et dernier shogun de la dynastie Ashikaga. Définitivement installé, Nobunaga commence à construire le château de Nijo mais il est peu après assassiné (1582), laissant à ses seconds, **Toyotomi Hideyoshi** mais surtout **Tokugawa Ieyasu** le soin de l'achever… en résidence aristocratique *(shoin zukuri)*.

UNE VILLE MIRACULÉE

Car le nouveau shogun a déjà un château. Aussi préfère-t-il, dès 1603, transférer son siège à Edo (Tokyo). Si Kyoto reste la capitale impériale, le pouvoir s'exerce désormais à l'est de la capitale. Pendant plus de 250 ans, les Tokugawa règnent en maîtres incontestés jusqu'à ce que le nouvel empereur Meiji choisisse, en 1869, d'établir sa capitale à Tokyo. La ville où s'exerce réellement le pouvoir participe ainsi de la restauration du pouvoir impérial. Dès lors, Kyoto peut somnoler dans ses apparats d'or. Elle a l'histoire derrière elle et la chance avec elle. N'est-elle pas l'unique grande agglomération japonaise à avoir échappé aux destructions de la Seconde Guerre mondiale ? Plus précisément à la bombe atomique, grâce, dit-on, à l'intervention d'un Français d'origine russe, l'orientaliste Serge Elisseeff, qui avait réussi à convaincre les conseillers de la Maison Blanche d'épargner l'ancienne capitale du Japon.
Sixième ville du Japon pour sa population, Kyoto est aujourd'hui un haut lieu du tourisme et d'une production artisanale des plus traditionnelles et raffinées. Elle est aussi depuis le protocole de Kyoto (décembre 1997) la ville qui a sonné l'hallali du monde entier au réchauffement climatique.

LES MACHIYA
Surnommées par les Kyotoïtes « unagi-no-nedoko », les « chambres à coucher des anguilles » sont les maisons de ville *(machiya)* typiques du vieux Kyoto. Elles sont construites tout en longueur derrière la façade, généralement un commerce, donnant sur la rue. Cette disposition s'explique par l'assiette fiscale qui prévalait alors et qui portait non sur la superficie de la maison mais sur la longueur de la façade du commerce. Ainsi peut-on découvrir plusieurs ateliers en enfilade pour une même vitrine. Un jardin à l'arrière sert généralement de puits de lumière pour des bâtisses souvent construites sur pilotis afin de faire circuler l'air. Il en reste très peu aujourd'hui. Pour découvrir une *machiya* : *www.kyoto-machiya.com/eng/.*

En visitant l'atelier de Kawai Kanjiro (1890-1966), l'un des plus grands potiers du monde, on découvre également la *machiya* où il vivait *(voir encadré ci-dessus)*. Intérieur superbement meublé.

Le centre Plans I et II

Comptez une bonne journée pour cette promenade qui vous emmène du Palais impérial jusqu'au quartier de Ponto-cho en début de soirée.

Avec ses rues trop bien tracées qui se coupent à angle droit, le centre-ville peut paraître ennuyeux. Et on hésite à marcher d'un site à l'autre (Palais impérial, temples géants, château) de peur d'être confronté à un autre Kyoto et de voir le fantasme temple-geishas-cerisiers en fleurs s'évaporer. Erreur. Certes, quelques longs et monotones boulevards ne se prêtent vraiment pas à la promenade. Mais il suffit de s'en écarter de quelques mètres pour ne partager l'asphalte qu'avec quelques cyclistes, des chats et d'étroits jardins improvisés qui mordillent l'espace public. Urbanisme un peu ingrat parfois. Quelques trésors çà et là. Odeur de vernis, de bois, de friture. Un atelier, une boutique d'une époque révolue qui côtoie celle d'un jeune designer. On se laisse porter par l'atmosphère si sereine de ces quartiers et l'on rejoint finalement sans s'en apercevoir le temple ou musée suivant, un but que l'on avait presque oublié.

Le centre-ville ce sont aussi des pôles dédiés aux commerces de tous types. Shijo-dori et Kawaramachi-dori alignent leurs grands magasins. L'arcade Teramachi et ses environs attirent la jeunesse locale. La partie nord, proche de l'hôtel de ville, est depuis des décennies le quartier des antiquaires. Enfin, les odeurs et les couleurs du marché Nishiki fascinent tous ceux qui l'arpentent.

★ Imperial Palace 京都御所 Plan II B1/2

Karasuma Line, Imadegawa ou Marutamachi Station ; bus nos 10, 59, 93, 102, 201, 202, 203, 204 - visite guidée (1h) tlj sf w.-end à 9h, 11h et 13h30 pour le Kyoto Gosho, 11h et 13h30 pour le Sento Gosho - gratuit. Une autorisation doit être retirée au moins 24h avant à l'Imperial Household Agency (tlj sf w.-end 8h45-12h, 13h-17h), située dans le parc, au nord de l'entrée principale sur Karasuma-dori. L'agence délivre aussi les autorisations pour les villas impériales Katsura, Sento et Shugaku-in (voir p. 259 et 249). Passeport exigé. Réserv. possible par Internet sur le site http://sankan.kunaicho.go.jp/english/index.html. Sur ce même site, surveillez les rares périodes de visite libre (sans réserv.) généralement proposées début avril et début novembre.

Au cœur de ce poumon vert de 85 ha fréquenté par tous les Kyotoïtes, des joueurs de cricket aux lecteurs de manga, s'étend le **Kyoto Gosho** ou Palais impérial dont on devine l'immensité à la longueur de son enceinte. Pas moins de 10 ha entourent ses nombreux pavillons devant lesquels, guide en tête, on déambule au pas de charge sous des explications lapidaires. On l'aura saisi : la visite du Palais impérial n'est pas des plus enrichissantes. Édifié en 794 à 2 km à l'ouest du site actuel, le palais ne cesse de renaître de ses cendres (16 incendies entre 960 et 1227). Ce n'est qu'après celui de 1788 qu'on se décide à le transférer dans ce parc, espace alors jugé plus sécurisé mais à tort, il brûle une nouvelle et dernière fois. La version qui nous est présentée aujourd'hui date de la fin du 19e s., reproduisant le palais tel qu'il avait été édifié lors de cet âge d'or que fut à la civilisation japonaise la période de **Heian**. Des différents édifices devant lesquels on marque de brefs arrêts, le salon des courtisans ou **Shodaibunoma**★ laisse apercevoir une salle divisée en trois pièces hiérarchisées selon les peintures qui ornent pour chacune d'entre elles les portes et cloisons coulissantes *(fusuma)*. Ainsi, les salles du Tigre, de la Grue et des Cerisiers sont respectivement occupées par des courtisans de rang moins élevé. Dans le pavillon principal du palais, le **Shishin-den**, se trouve la salle où ont été couronnés les empereurs Taisho et Showa. Celle-ci demeurant presque invisible, mieux vaut se plonger dans le *Dit du Genji* de Murasaki Shikibu (11e s.) *(voir encadré p. 264)* pour avoir une idée de la vie de cour qui s'y déroulait à l'époque. On observera tout particulièrement le pavillon qui suit, le **Seiryo-den**, un temps résidence de l'Empereur. Au terme de cette visite, le **jardin Oike no niwa**★ fournira le temps d'un clin d'œil la seule jubilation de ce parcours minuté.

Prenez plein ouest la Naka-Dachiuri à partir de la Karasuma-dori longeant le Palais impérial sur son versant ouest.

★★ Raku Museum 楽美術館 Plan II A1

84 Aburahashizume, Nakadachiuri, Kamigyo-ku - à 10mn à pied du Palais impérial ou de la station de métro Imadegawa (Karasuma Line) - www.raku-yaki.or.jp/e/index.html - tlj sf lun. 10h-16h30 (dernière entrée 16h) - prix variable selon les expos.

Ce petit musée jouxte la maison de l'illustre famille Raku. Il a été ouvert en 1978 par la quatorzième génération de cette lignée d'artistes céramistes. L'espace, aussi sobre que les bols à thé qu'il expose, présente des pièces somptueuses qui s'étendent des premiers *raku* exécutés par Chojiro (né au 16e s.) jusqu'à ceux de Raku Kichizaemon (né en 1949 – 15e génération). Cette technique de poterie qui s'appuie sur une cuisson rapide à refroidissement accéléré (par l'eau, le sable, l'air, etc.) est apparue au début de l'époque de Momoyama. La simplicité et l'austérité de ces bols aux parois épaisses, presque rugueuses, ont séduit aussitôt ceux qui, à l'instar d'Ashikaga Yoshimasa *(voir p. 241)*, entendaient transformer la cérémonie du thé en un instant de méditation profonde.

Du Raku Museum, gagnez la grande artère perpendiculaire Horikawa-dori. Puis, remontez-la jusqu'à l'angle sud-ouest d'Imadegawa et Horikawa-dori. Comptez une quinzaine de mn.

Nishijin Textile Center 西陣織会館 Plan II A1

Karasuma Line, Imadegawa Station, puis 10mn à pied - bus nos 9, 12, 59, arrêt Horikawa Imadegawa à 1mn à pied - http://nishijin.or.jp/eng/ - 10h-18h - fermé 29 déc.-3 janv. - gratuit.

Il y a 1 500 ans, une branche du très puissant clan Hata arriva dans ce district, apportant avec elle de nouvelles techniques agraires ainsi que la maîtrise de la sériciculture, industrie lucrative qui aurait également poussé l'empereur Kanmu (781-806) à transférer sa capitale à Kyoto. Aujourd'hui, cet ancien atelier et centre d'exposition situé dans le quartier des tisserands de Nishijin permet aux visiteurs de se familiariser avec certaines techniques de tissage. Des défilés de mode montrent les résultats *(9h30-15h30)*. Possibilité d'acheter ou de louer tous types de kimonos ou de se faire photographier dans celui de son choix.

★★ Nijo-jo 二条城 Plan II A2

À 10mn à pied au sud-ouest du Palais impérial - Tozai Line, Nijojo-mae Station - bus nos 9, 12, 50, 101 arrêt Nijojo-mae - 8h45-17h (dernière entrée 16h) - fermé le mar. en déc., janv., juil. et août, 26 déc.-4 janv. - 600 ¥. Panneaux explicatifs et audioguides en anglais.

Élevé en 1603 par le premier shogun Tokugawa Ieyasu, l'année même où Edo devenait la capitale administrative du Japon, ce château fut l'emblème de la puissance des **Tokugawa** pendant une quinzaine de générations jusqu'en 1867, date d'abdication du shogunat. Annexé ensuite par le gouvernement impérial qui en fit son siège, il fait aujourd'hui partie du patrimoine communal de Kyoto. Au début du 17e s., on sort à peine de l'époque Momoyama et de ce faste dont aimait faire preuve le grand unificateur Toyotomi Hideyoshi (1536-1598). Son successeur, le shogun Tokugawa Ieyasu, entend à son tour montrer sa puissance mais à l'aune de ce Japon qu'il vient d'unifier et sur lequel il règne en maître incontesté. S'il veut parader et paraître, le nouvel homme fort sait aussi qu'il lui faut apprendre à disparaître, la puissance absolue n'étant souvent contestée que par le complot. Ce château, construit dans le style des *shoin-zukuri*, « résidences aristocratiques », inadapté aux guerres de sièges, n'est donc pas, loin s'en faut, sans défenses.

Une fois franchie l'imposante **Kara-mon★** (porte chinoise) richement sculptée et recouverte d'or, on découvre avec émerveillement ce Trésor national qu'est le palais **Ninomaru★★**. Sur une surface de 3 000 m², une trentaine de pièces se succèdent avec pour certaines une décoration des plus éloquentes : *tokonoma* majestueux, *chigai-dana* (meubles à étagères) d'une finesse extrême, plafond à caissons estampillés de motifs aux couleurs vives, *fusuma* peints par les artistes de l'école Kano *(voir encadré ci-contre)*. Mais, derrière ces cloisons recouvertes d'or, se cachent d'innombrables alcôves qui fourmillaient autrefois de gardes prêts à surgir au moindre sifflement de ces fameux planchers « rossignol » dont la flexibilité du bois pouvait trahir jusqu'au pas d'un fantôme. Le beau **jardin★** avec lac et rochers est attribué au maître paysagiste Kobori Enshu (1579-1647).

★ Nijo jinya 二条陣屋 Plan II A2

À 5mn à pied au sud du château sur Omiya-dori - ✆ (075) 841 0972 - visite sur RV seult et en japonais, à horaires définis - 1 000 ¥ ; les visiteurs ne parlant pas le japonais doivent arranger la venue d'un interprète (liste sur le site www.nijyojinya.net).

Cette auberge, construite au 17e s., avait pour charge d'accueillir les *daimyo*. Ces derniers étant particulièrement exigeants sur leur sécurité, la bâtisse devait pouvoir répondre à tous types de menaces. Derrière des murs renforcés, ignifugés, un labyrinthe dessert 24 pièces aussi bien agencées que des malles à double fond. Passages secrets, trappes, escaliers dérobés, faux plafonds, planchers rossignols *(voir ci-dessus)* font de cette demeure une visite historique des plus originales.

À 15mn à pied à l'est en direction de la Karasuma-dori via *la rue Oike-dori.*

★ Kyoto International Manga Museum
京都国際マンガミュージアム Plan II B2

Oike-agaru, Karasuma-dori, Nakagyo-ku - M° Karasuma-Oike Station (sortie 2) - bus nos 15, 51, 65 (Kyoto city) ou nos 61, 62, 63 (Kyoto bus), arrêt proche de Karasuma Oike - www.kyotomm.jp/en/ - ♿ - tlj sf merc. 10h-18h (dernière entrée à 17h30) - 800 ¥ (enf. 300 ¥).

Ce musée, ouvert depuis 2006 dans une ancienne école primaire de la fin du 19e s., est une formidable surprise aussi espiègle que son sujet : le manga, mot inventé au 19e s. par le maître de l'estampe Hokusai (1760-1849) et que

l'on pourrait traduire par « image dérisoire » *(voir Comprendre le Japon p. 665)*. On déambule ainsi de classe en classe dans un espace rénové aux tonalités chaleureuses et vivantes. Dans un premier temps, on peut dévorer l'un de ces 50 000 mangas composant un mur de livres de 140 m de long. Au sous-sol, les lecteurs assidus tentent de comprendre l'histoire du manga de ses origines à nos jours en fouinant dans un lot de 15 000 archives ! Au rez-de-chaussée, d'anciens étudiants de la célèbre université Seika de Kyoto sont en pleine création tandis qu'au 1er étage, on butine histoires et dessins au gré des expositions permanentes (174 planches de *maiko* sont exposées) et temporaires (telle cette exposition sur Kyosai, le père des mangas). Dans une petite salle de classe, on peut même écouter le conteur Yassan *(trois performances par jour)* et redécouvrir avec des accents de Chaplin les premières histoires illustrées que les colporteurs d'images, les *kamishibai*, emportaient d'un village à l'autre sur le porte-bagages d'un vélo. Ils disparaîtront (le Japon comptait environ 50 000 *kamishibai*) avec l'arrivée des postes de télévision.
À 10mn à pied au sud-est. Descendez la Karasuma-dori jusqu'à la Sanjo-dori sur votre gauche.

Kyoto Culture Museum (Museum of Kyoto) 京都文化博物館 Plan II B2
Sanjo-Takakura, Nakagyu-ku. À 3mn de marche de la station de métro Karasuma-Oike ou de la station Karasuma (Hankyu Line) - www.bunpaku.or.jp/en/ - tlj sf lun. 10h-19h30 (dernière entrée 19h) - 500 ¥.
Doté d'une belle façade en briques rouges donnant sur la rue Sanjo, ce Musée municipal *(à ne pas confondre avec le Kyoto National Museum p. 238)* souligne l'importance de la **rue Sanjo** au début d'Edo, alors unique voie pour accéder au pont Sanjo enjambant la rivière Kamo qui permettait de rejoindre la route du Tokaido. À l'intérieur, l'histoire de la ville (de sa fondation à l'ère Taisho, soit quelque onze siècles d'histoire) est relatée *via* des vitrines exposant objets et documents ; une salle est consacrée aux *matsuri*. Le manque d'informations en anglais rend malheureusement ce musée peu pédagogique. On peut cependant trouver sur place un guide bénévole anglophone. Le musée héberge également une passionnante **cinémathèque** *(3e étage)* et organise régulièrement des expositions temporaires. Au rez-de-chaussée, la reconstitution d'une rue marchande « Roji Tempo » datant de la dernière époque d'Edo s'étire entre le musée et la très moderne annexe. Possibilité de se restaurer (*voir Nos adresses p. 278*) ou d'acheter quelques souvenirs (artisanat traditionnel).
Les alentours du musée, notamment la **Sanjo-dori,** regorgent de cafés, boutiques et restaurants qui créent une douce et agréable animation. Les amateurs d'architecture du 20e s. y détailleront quelques façades intéressantes. Outre le musée lui-même, voyez l'édifice **Sacra** *(angle de Tominokoji-dori)* de 1916, aux ornements inspirés du style Sécession viennoise. Ou encore l'édifice **1928** *(angle de Gokomachi-dori)*, d'influence Art déco, qui accueillait les

L'ÉCOLE KANO

Cette école de peintres professionnels voit se succéder huit générations d'artistes. Elle remplace les moines qui jusqu'alors officiaient pour le shogunat. Le fondateur Kano Masanobu (1434-1530) excelle dans le style décoratif à l'encre monochrome. Pendant l'époque Momoyama, la feuille d'or fait son apparition avec Kano Eitoku (1543-1590) qui va séduire notamment Toyotomi Hideyoshi. Son petit-fils Kano Tanyu (1602-1674) devient lui le peintre attitré de Tokugawa Ieyasu (entre autres pour le château de Nijo) avec ce réalisme magnifiant, voire sanctifiant la nature, quand hérons et paons se détachent sur un fond d'or, de neige ou de cerisiers en fleurs.

rédactions du quotidien *Mainichi Shinbun*. Il sert aujourd'hui de complexe culturel, équipé d'un beau théâtre d'époque.

★ Ponto-cho et ses environs 先斗町 Plan II B-C2

Comptez une fin d'après-midi et une soirée en terrasse dans l'un des innombrables restaurants de Pontocho-dori.

★ Nishiki Market 錦市場 Plan II B3

Le premier magasin aurait ouvert en 1310, donnant naissance à un marché d'abord dédié aux produits de la mer avant de se diversifier et de devenir le « ventre de Kyoto ». Cette rue, piétonne et couverte, fourmille d'éventaires où l'on peut trouver quasiment tout ce qui fait la traditionnelle cuisine kyotoïte : légumes sauvages, épices, poissons secs et thé d'Uji. Elle est fréquentée par les gastronomes mais aussi par les amateurs d'artisanat traditionnel : coutellerie de grande qualité, vaisselles, etc. *(voir Nos adresses p. 277)*. Elle débouche sur la galerie Teramachi.
Si l'heure du déjeuner est des plus conviviales, on peut se rendre au marché en début de matinée pour assister à la mise en place des stands, inhaler les odeurs de friture et de saumure et prendre le temps de discuter avec les marchands alors (un peu) plus disponibles.

Galerie Teramachi

Cette gigantesque galerie commerciale s'étend de part et d'autre de la rue Shijo-dori. Tentaculaire et labyrinthique, elle aligne aussi bien des boutiques de marques prisées des ados que de très vieilles enseignes de librairies, de papeteries et de restaurants.C'est là que ceux qui recherchent une ambiance (ici un peu édulcorée) « Shibuya-Dotonbori » – quartiers prisés des adolescents de Tokyo et Osaka – devront se rendre en soirée. Mais c'est aussi dans ce quartier que vous trouverez le magasin d'estampes Nishiharu où vous serez accueilli par l'un des plus grands spécialistes d'*ukiyo-e* (estampes) du Japon. La qualité des œuvres y est à l'image de la courtoisie de l'accueil *(voir Nos adresses p. 284)*.
Retrouvez la Shijo-dori et marchez plein est en direction de la rivière Kamo. Sur le trottoir de droite se succèdent les deux plus grands magasins de Kyoto : **Takashimaya** *et* **Hankyu**. *La Pontocho-dori est la première venelle sur votre gauche, juste avant de traverser le Shijo-bashi, le pont de la rivière Kamo.*

★ Pontocho-dori 先斗町通 Plan II B-C2

Parallèle à la rivière Kamo, cette ruelle de 2 m de large à peine, flanquée de petites maisons en bois, est très fréquentée à la nuit tombée. Courue depuis le début du 18e s. pour ses multiples *ochaya* (maisons de thé des geishas), elle est aujourd'hui visitée pour ses bars, restaurants et *izakaya*. Côté est, d'agréables terrasses *(ouvertes entre mai et septembre)* sont égayées par de multiples lampions se reflétant dans la rivière. Ces établissements, très touristiques, ont néanmoins des prestations bien inégales *(se référer à Nos adresses p. 277 pour remplacer avantageusement la culture du hasard)*.
Au bout de la Pontocho-dori s'élève la façade du **théâtre Kaburen-jo de Ponto-cho** Plan II B2. Ouvert depuis 1895, il présente chaque année *(voir Nos adresses p. 285)* le **Kamogawa Odori** ou « danse du fleuve Kamo », l'un des festivals de geishas les plus réussis de Kyoto. On peut prolonger ce tour en suivant le canal Takasegawa dont les bars sont beaucoup plus dévergondés.

★ Seishu Netsuke Art Museum 清宗根付館 Plan II A3

46-1 Mibukayogosho-cho (ligne Hankyu, gare de Omiya) - (075) 802 7000 - www.netsukekan.jp/en/ - ouvert chaque année durant cinq périodes (voir le site Internet pour les dates) 10h-17h - 1 000 ¥.

Dans une rue calme d'un quartier résidentiel où subsistent quelques belles demeures, voici l'unique musée du pays consacré au *netsuke*, petit accessoire apparu au 17e s. et servant à maintenir un vêtement (et y suspendre éventuellement une pochette). Les thèmes qui inspirent les artisans sont innombrables pour confectionner ces objets en os, en ivoire, en bois, métal ou porcelaine. Une visite passionnante au sein d'une ancienne demeure de samouraï.

Le centre est : autour de Heian-jingu Plan II

Comptez une demi-journée.

★ Heian-jingu 平安神宮 Plan II C2

Keihan Line, Sanjo Station ; bus nos 5, 32, 46, 100, arrêt Kyoto Kaikan Bijutsukan-mae - 31 déc.-14 fév. : 6h-17h ; 15 fév.-14 mars : 6h-17h30 ; 15 mars-30 sept. : 6h-18h ; oct. : 6h-17h30 (22 oct. : 6h-12h) ; nov.-déc. : 6h-17h - gratuit sf pour le jardin : 600 ¥.

Ce sanctuaire shinto a été dressé en 1895 pour célébrer le 1100e anniversaire de la ville. Situé au nord du parc Okazaki, il reproduit au 5/8 la structure du Gosho, l'ancien Palais impérial construit sous Heian au 8e s. Il est dédié aux empereurs Kanmu, le fondateur de Kyoto, et Komei, dernier souverain qui résida dans la ville. Le faîte de l'impressionnant *torii* est aussi haut que le niveau des eaux du lac Biwa *(voir p. 264)*. À l'arrière du sanctuaire, le **jardin**★ est prisé pour ses cerisiers, iris et érables.

★ National Museum of Modern Art 京都国立近代美術館 Plan II C2

Tozai Line, Higashiyama Station - bus nos 5, 32, 46, 100, arrêt Kyoto Kaikan Bijutsukan-mae - www.momak.go.jp/English/index.html - ♿ - tlj sf lun. 9h30-17h (ouvertures exceptionnelles : vend. 9h30-20h, voir périodes sur le site Internet), dernière entrée 30mn av. fermeture - 430 ¥ (hors expositions temporaires).

Les collections permanentes de cet important musée se composent d'œuvres de peintres de **style Nihonga** (aux caractéristiques typiquement japonaises) tels Nishiyama Suisho (1879-1958) ou Hirota Tatsu (1904-1990). En outre, des œuvres de **style Yoga** (ce terme désigne la peinture occidentale apparue sous l'ère Meiji) révèlent des peintres comme Kuroda Jutaro (1887-1970), Suda Kunitaro (1891-1961), Kishida Ryusei (1891-1929) et bien sûr **Foujita** (1886-1968) dont un merveilleux **Nu allongé**★★★ de 1937. Dans le domaine des céramiques, les réalisations de Kitaoji Rosanjin (1883-1959) voisinent avec quelques-unes des 420 pièces du prolixe Kawai Kanjiro (1890-1966, *voir p. 239*). En contrepoint sont exposés des artistes occidentaux tels Piet Mondrian *(voir Katsura Imperial Villa p. 259)*, Ernst, Matisse et Odilon Redon avec un magnifique *Bouddha dans sa jeunesse* (1905). Le musée possède enfin une belle **collection photographique** (Ansel Adams, Alfred Stieglitz).

Kyoto Municipal Museum of Art 京都市美術館 Plan II C2

Juste en face du musée d'Art moderne - tlj sf lun. 9h-17h (dernière entrée 16h30) - fermé 28 déc.-2 janv. - prix variable selon les expos.

Ses collections se composent essentiellement d'œuvres d'artistes kyotoïtes exécutées après la restauration Meiji jusqu'à aujourd'hui. Takeuchi Seiho, Tamioka Tessai ou Asai Chu sont au nombre de ces talents très éclectiques.

Fureaikan 京都伝統産業ふれあい館 Plan II C2

À 5mn à pied des musées précédents, au sous-sol du Miyako Messe, face au Heian-jingu - 9h-17h (dernière entrée 16h30) - fermé 29 déc.-3 janv., 18-19 août - gratuit.

L'histoire des techniques est au cœur de ce musée dédié à l'artisanat traditionnel.

3

Le nord-est Plan I

Comptez une demi-journée.

★ Shimogamo-jinja 下鴨神社 Plan I C2

Keihan Line ou Eizan Line, Demachiyanagi-mae Station - bus n°s 4 et 205, arrêt Shimogamo-mae - 6h30-17h - gratuit.

Fondé au 6e s. (reconstruit au 19e s.) par l'empereur Kinmei, Shimogamo est, avec son jumeau Kamigamo au nord-ouest *(voir p. 254)*, l'un des plus vieux sanctuaires de Kyoto. Il est dédié au dieu des montagnes et à son épouse, la divinité des rivières, merveilleusement choyés au cœur d'un grand parc irrigué par la rivière Kamo-gawa. Une magnifique allée arborée sert de cadre au très spectaculaire *yabusame* qui accompagne chaque année à la mi-mai le **Aoi Matsuri** *(voir encadré ci-dessous)*.

Shisen-do 詩仙堂 Plan I C1

Eizan Line, Ichijoji Station, puis marchez 15mn - bus nos 5, 55, 65, arrêt Ichijoji-sagarimatsu-cho, puis marchez 5mn vers l'est - 9h-17h (dernière entrée 16h45) - fermé 23 mai - 500 ¥. Cette villa, aujourd'hui un temple zen de la secte Soto, fut fondée en 1631 par le poète Ishikawa Jozan (1583-1672) chassé par le shogun Tokugawa. Elle est remarquable pour son **jardin★**. Défiant toutes conventions, le poète innova en créant un espace mélangeant les conceptions du jardin sec, du jardin de thé et du jardin de promenade.

★ Manshu-in 曼殊院 Plan I D1

À 30mn à pied au nord du précédent - bus n° 5, arrêt Ichijoji-shimizu-cho, puis marchez 20mn - 9h-17h (dernière entrée 16h30) - 600 ¥.

Ce temple, situé à l'origine sur le versant nord du mont Hiei, fut transféré ici à l'époque d'Edo puis remodelé sur le concept qui prévalait alors, celui de la villa impériale distribuée en *shoin* (pavillon). On reconnaîtra, en découvrant ses salles, l'influence de la villa Katsura. Elles possèdent en effet de très beaux *fusuma* peints par Kano Eitoku (1543-1590) pour la salle du Tigre ou par Kano Tanyu (1602-1674) pour les chutes d'eau du pavillon principal. Plus tardives, les salles aux Bambous et aux Paons ont été dessinées par Ganku Kishiku (1756-1839). À l'extérieur, le **jardin sec★** dresse sur son séant de sable blanc soigneusement ratissé un magnifique **pin à cinq aiguilles** *(Pinus pentaphylla)* soclé dans son îlot verdoyant depuis plus de 400 ans.

★★ Shugaku-in Imperial Villa 修学院離宮 Plan I D1

À 20mn à pied au nord du Manshu-in - Eizan Line, Shugaku-in Station, puis 20mn à pied ; de Kyoto Station, bus n° 5, arrêt Shugakuin Rikyu-michi (1h20 de trajet), puis 15mn à pied vers l'est - visite guidée en japonais (1h20) tlj sf w.-end à 9h, 10h, 11h, 13h30 et 15h - gratuit. Une autorisation doit être retirée à l'avance à l'Agence de la Maison impériale (voir p. 242). Les mineurs ne sont pas admis. Passeport exigé.

AOI MATSURI, 15 MAI, 10H30

Rite de purification pour conjurer les mauvaises récoltes au départ, le Festival des roses trémières est aujourd'hui une évocation historique de la période de Heian. La procession lente et un peu compassée part du Palais central pour atteindre le premier sanctuaire élevé à Kyoto : Kamigamo. À mi-parcours une halte est faite au sanctuaire jumeau de Shimogamo. Il ne faut pas confondre cette rose trémière aux vertus protectrices, emblème des Tokugawa, avec la rose trémière des montagnes, appelée *wasabi* et aux propriétés plus gustatives.

Située au pied de la chaîne de montagnes Higashiyama, la villa impériale tire son nom de l'ancien temple Shugaku qu'elle remplace à partir du 16e s. Sur ordre shogunal, trois villas sont en effet construites pour servir de lieu de villégiature à l'empereur retraité Go-Mizuno-o (1596-1680). Divisées en différents pavillons, ces villas s'étagent sur un dénivelé d'une quarantaine de mètres dans un beau **parc★** de 28 ha. Au fil du chemin, on découvre la villa inférieure *(Shimo no chaya)*, l'intermédiaire *(Naka no chaya)* dotée dans l'un de ses pavillons, le **Kyaku-den**, d'un magnifique **kasumidana★★** (ensemble d'étagères savamment articulées sur fond de panneaux peints) et de très belles portes en cèdre enluminées de chars *(hoko)* et de carpes. Le visiteur est ensuite conduit jusqu'à la villa supérieure *(Kami no chaya)*, de loin la plus intéressante. Le premier de ses deux pavillons, le **Rinun-tei**, « pavillon près d'un nuage », dégage sur l'étang Yokuryuchi le plus beau **panorama★** du parcours, tandis que son pavillon de thé, le **Kyusui-tei**, trône majestueusement au milieu de l'étang.

L'est : autour du chemin de la Philosophie

Comptez une bonne journée. Le **Tetsugaku no Michi (chemin de la Philosophie)★** Plan II D1, référence aux moines qui depuis des siècles déambulaient sur ce chemin en méditant, est l'un des rares bonheurs pédestres de la cité. On suit en effet un petit canal ombragé de saules pleureurs et de cerisiers.

★★★ Ginkaku-ji 銀閣寺 Plan II D1

Bus nos 5, 17, 32, 100, 102, 203, 204, arrêt Ginkakuji-michi - mars-nov. : 8h30-17h ; déc.-fév. : 9h-16h30 - 500 ¥.

Le Pavillon d'argent fait bien sûr écho au Pavillon d'or *(voir p. 256)* mais, à un siècle de distance et en l'espace de deux générations, on perd en aisance ce que l'on gagne en modestie. Ashikaga Yoshimasa (1435-1490), huitième shogun et petit-fils de Yoshimitsu *(voir p. 241)*, fait construire un **Pavillon d'argent** aux dimensions beaucoup plus restreintes que celui de son aïeul (il n'aurait d'ailleurs jamais été recouvert de plaques d'argent). Le shogun se concentre alors sur un art de vie beaucoup moins démonstratif. Il vient de lancer la culture *Higashiyama*. La culture de la « montagne de l'Est » (référence à la topographie de cette partie de Kyoto qu'il habite) prend sa source dans les concepts esthétiques de cette philosophie zen teintée de *wabi-sabi* (raffinement dans la simplicité) et dont la voie du thé *(cha no yu)* est l'expression la plus parachevée. Yoshimasa aurait joué un grand rôle dans l'évolution de la cérémonie du thé, qui, de pur divertissement, se transforma en un rituel d'une grande profondeur. La première cérémonie du thé aurait pris place dans une petite pièce obscure de quelques mètres carrés *(chashitsu)* posée au milieu de ce jardin, dessiné dit-on par Zen'ami (1386-1482), un jardinier de la caste des *eta* (parias) ; classification sociale qu'abhorraient bien sûr les maîtres zen. Le **jardin★★**, remanié à de multiples reprises, s'organise en deux parties. La première conjugue *Kogetsudai*, deux cônes de sable destinés à réfléchir les rayons de lune, et *Ginsadan*, longues bandes de sable alternant surfaces lisses et striées. La seconde, accrochée au flanc de la colline (avec pins, petit lac et rochers), tire son inspiration du jardin des Mousses *(voir p. 260)* ; celui-là même qui avait influencé un siècle plus tôt le jardin du Pavillon d'or.

Honen-in 法然院 Plan II D1

À 10mn à pied au sud du Ginkaku-ji, à gauche du canal - 6h-16h - gratuit.

On approche ce modeste temple par une magnifique allée composée de *momiji* (érables), *sugi* (cèdres), *shidare sakura* (cerisiers pleureurs), *tsubaki* (camélias) et *Fuji musume* (pivoines arbustives). À votre droite, sur le flanc de la colline, un petit cimetière abrite la tombe – un arbre planté entre deux pierres – de **Tanizaki**, auteur de *L'Éloge de l'ombre*. Le temple possède un petit jardin sec. Il est dédié au fondateur de la secte bouddhiste du Jodo-shu, le prêtre **Honen** (1133-1212), grâce auquel le salut devient accessible à tous par la seule récitation de la formule du Nenbutsu *(voir encadré p. 239)*. Exposition temporaire dans une petite salle.

★ Sen-Oku Hakuko-kan 泉屋博古館 Plan II D2

À une vingtaine de mn à pied du site précédent en redescendant le chemin de la Philosophie. Prendre à droite à hauteur du sanctuaire Otoyo-jinja puis le 1er chemin à gauche. 24 Shimomiyanomae-cho, Shishigatani - M° Marutamachi Station, puis bus nos 93, 204 - www.sen-oku.or.jp (en japonais) - tlj sf lun. 10h-17h (dernière entrée 16h30) - 800 ¥.

Cette collection de 3 000 objets rassemblée par la famille Sumitomo et exposée par roulement dans un espace aux lignes très épurées a pour point d'orgue des **bronzes chinois★★** des dynasties Shang et Zhou (17e s. av. J.-C.- 453). Le musée possède également de très belles séries de miroirs datant des Han (202 av. J.-C.-220 apr. J.-C.) et des Tang (618-907), des peintures Ming (1368-1644) et Qing (1644-1911) ainsi que quelques œuvres éparses du peintre Shitao (1642-1707). Un bel ensemble de costumes et **masques nô★★** (16e et 18e s.) et un agréable **jardin** complètent la visite.

★ Eikan-do 永観堂 Plan II D2

À une dizaine de mn à pied au sud du musée Sen-Oku - bus nos 5, 32, 57, 100 - www.eikando.or.jp/English/index_eng.htm - 9h-17h (dernière entrée 16h) - 600 ¥ - visites spéciales en automne pour admirer les érables (en général en nov., voir le site Internet - 1 000 ¥ dans la journée, 600 ¥ dans la soirée).

Ce temple bouddhiste d'obédience Shingon puis Jodo *(voir encadré p. 239)* porte le nom du prêtre Eikan, de son vrai nom Yokan (1033-1111) qui, sa vie durant, se consacra aux infirmes et aux pauvres, allant jusqu'à construire un hôpital dans l'enceinte du temple. Ce sacerdoce lui vint de sa rencontre avec Amida, ce dont atteste la statue **Mikaeri Amida Nyorai★**, « Amida regardant en arrière ». Le bouddha *(nyorai)* se serait en effet manifesté auprès d'Eikan tandis qu'il lui adressait ses prières. Cet événement engendra cette sculpture à la pose totalement inédite en ce début de l'époque de Kamakura. Signalons aussi cette belle peinture sur soie, **Yamagoshi Amida★**, « Amida apparaissant derrière les montagnes ». Ce rouleau vertical (et Trésor national) représente Amida accueillant un mourant pour le guider vers le Paradis de la Terre pure de l'Ouest, célèbre thème de l'iconographie bouddhique. L'enceinte, immense, est également très fréquentée à l'automne pour ses **jardins** piqués d'érables rougeoyants. À l'arrière, une pagode offre un beau **point de vue** sur la ville.

Nomura Art Museum 野村美術館 Plan II D2

À 2mn à pied au sud du Eikan-do, à droite - fermé pour travaux jusqu'en sept. 2018.

Ce musée est dédié à tous les objets raffinés qui accompagnent la cérémonie du thé. Il a été fondé par le milliardaire Nomura Tokushichi (1878-1945) qui fit fortune dans les activités de courtage, de banque et d'assurance.

★★ Nanzen-ji 南禅寺 Plan II D2

À 5mn à pied au sud du Eikan-do - Tozai Line, Keage Station - bus n° 5 - mars-nov. : 8h30-17h ; déc.-fév. : 8h30-16h30 (dernière entrée 20mn av. la fermeture) - fermé 28-31 déc. - jardin de Hojo : 500 ¥ ; San-mon : 500 ¥ ; Nanzen-in : 300 ¥.

Ce site est au départ une villa aristocratique construite pour l'empereur Kameyama (1249-1305). L'Empereur devenant à la fin de sa vie, comme le veut souvent la tradition, un élève d'un grand maître zen, la villa se transforme en 1291 en temple zen. Le temple zen du Sud (Nanzen-ji) devient le quartier général de la secte Rinzai, école introduite au Japon en 1191 par le prêtre chinois Eisai *(voir encadré p. 112)*. Détruit par la terrible guerre civile d'Onin qui sévit au 15e s., il est en grande partie reconstruit au 17e s., à l'image de sa triple porte **San-mon★** dont on peut admirer le plafond peint par des artistes de l'école Kano. Passé le San-mon, le **Hojo seiryo-den★★★** ou « quartier des abbés » est le pavillon le plus important. Ses deux salles (Dai-hojo et Ko-hojo) ont été classées Trésor national pour les peintures décorant les *fusuma*. Les « 24 parangons de la piété filiale » et le fameux **Mizunomi no Tora★★**, « Tigre buvant de l'eau », ont été exécutés par Kano Eitoku (1543-1590) et Kano Tanyu (1602-1674) *(voir encadré p. 245)*. Le **jardin zen★**, attaché au *hojo*, connu sous le nom de « jardin du tigre bondissant », est un bel exemple de *Kare-sansui* (jardin sec) mis en scène par Kobori Enshu. Entre graviers et mur blanc, s'épanouit un beau massif de roches et de végétaux censé rappeler le tigre représenté par Tanyu.

Parmi les temples secondaires du parc boisé de 11 ha qui entoure le Nanzen-ji, le **Nanzen-in★**, doté d'un mausolée (où repose l'empereur Kameyama) et d'un beau jardin-paysage du 14e s., se tapit derrière un magnifique **aqueduc** construit sous l'ère Meiji (1890). Au sud de la porte San-mon, le **Tenjuan★** est flanqué d'un beau jardin sec. Le **Konchi-in** *(8h30-17h - 400 ¥)*, situé au sud-ouest de la même porte, juste à l'extérieur de l'enceinte, s'enorgueillit de posséder un jardin dessiné par Kobori Enshu. Grue et tortue y sont symbolisées par deux groupes de rochers opposés.

L'est : de Kiyomizu au parc Maruyama

Comptez une bonne journée. Partir de préférence tôt le matin pour déambuler sereinement autour de Kiyomizu-dera.

★★★ Kiyomizu-dera 清水寺 Plan III D1

Bus nos 100, 202, 206, 207, arrêt Kiyomizu-michi ou Gojozaka, puis 10mn à pied. 6h-18h (horaire de fermeture variable selon la saison) - 400 ¥. Plusieurs des pavillons du complexe sont (ou seront) successivement en phase de rénovation.

Réparti en sept pavillons dont un beffroi *(shoro)* et une **pagode** *(sanjunoto)* s'étageant sur le flanc de la montagne de l'Est, ce site est fréquenté pour son temple principal et ce qui en fut sa source au double sens du terme : la cascade Otawa-no-taki. Fondé en 798 par le moine Enchin (reconstruit pour la dernière fois au 17e s. sous l'égide de Tokugawa Iemitsu), « le temple de l'eau limpide » ou Kiyomizu-dera prend appui sur une vertigineuse structure en bois bâtie sur pilotis (d'environ 20 m de hauteur). Surplombant magnifiquement Kyoto, cette **vaste terrasse★** était aussi le point d'ancrage de tragiques destins. À l'époque d'Edo, une croyance populaire promettait aux sauteurs rescapés la réalisation de leurs vœux. Le trésor du temple héberge une statue de Kannon aux 11 têtes montrée toutes les 33 années (nombre de ses réincarnations). En contrebas, la cascade **Otowa-no-taki** est prisée pour ses eaux sacrées. Leurs propriétés thérapeutiques donnent régulièrement lieu à de joyeux monômes.

Redescendez du temple, puis prenez à droite l'escalier.

Ninenzaka et Sannenzaka 二年坂・三年坂

La pente de **Sannenzaka** est connue comme étant la route favorite des pèlerins ayant séjourné au temple de Kiyomizu-dera. Cette rue pavée, flanquée de vieilles maisons marchandes en bois, témoigne de l'ancienne « culture des montagnes de l'Est » *(voir Pavillon d'argent p. 249)*. Des boutiques de céramiques promeuvent la fameuse poterie locale *Kyo-yaki* (ou *Kiyomizu-yaki*) utilisée pour la cérémonie du thé. Antiquaires, boutiques de souvenirs, restaurants occupent aujourd'hui ce lieu éminemment touristique toisé par le vestige d'un ancien temple bouddhique : la pagode **Yasaka★** à quatre étages. Elle surgit sur votre gauche, dans une rue perpendiculaire au chemin **Ninenzaka**, qui prend le relais du Sannenzaka pour longer le mémorial **Ryozen Kannon**. Repérable à l'immense statue en béton de 24 m de haut adossée à la colline, il a été construit en hommage à tous ceux tombés pour la paix. Le Ninenzaka cède ensuite le pas au chemin **Higashiyama** ou rue Nene ; toponyme lié au surnom donné à la fondatrice du Kodai-ji où l'on débouche alors.

★★ Kodai-ji 高台寺 Plan II C3

À 15mn à pied de Kiyomizu-dera et 10mn de Gion (Yasaka-jinja) - bus nos 100, 202, 206, 207, arrêt Higashiyama-yasui - www.kodaiji.com/e_index.html - 9h-17h30 (dernière entrée 17h) - 600 ¥ (temple et petit musée situé en contrebas).

Kita no Mandokoro (Nene pour les intimes) fonde ce temple après la mort de son mari Toyotomi Hideyoshi pour s'y retirer et prendre le froc bouddhiste, comme le veut la tradition chez les nobles de haut rang. Le temple, dépendance du Kennin-ji, est tout de suite réputé pour sa beauté. Malheureusement, incendié à de nombreuses reprises, il a beaucoup perdu de sa superbe. Quelques pavillons encore intacts témoignent néanmoins de cette splendeur, tel le **Kaisan-do**, hall des fondateurs décoré par des artistes de l'école Kano et Tosa. De même, la chapelle mortuaire **Otama-ya★**, dédiée à Toyotomi, possède des *maki-e*, laque avec incrustations de matières précieuses (ici de l'or), considérées comme les plus fines de l'époque de Momoyama. Le **jardin★★**, œuvre du jardinier paysagiste Kobori Enshu (1579-1647), est aussi l'un des points forts du site.

En quittant le Kodai-ji, on peut faire un petit détour et prendre l'une des rues s'élevant sur le flanc de la montagne de l'Est pour gagner l'entrée du **cimetière de Kyoto**. Du sommet, **vue insolite★** sur la ville : tombes et immeubles se font écho à travers un répertoire de formes étonnamment similaires.

Reprenez ensuite le chemin **Higashiyama**. *Bordé de cerisiers en fleurs au printemps, d'érables empourprés à l'automne, il est un passage très fréquenté en bordure du parc Maruyama.*

★ Parc Maruyama et Yasaka-jinja 円山公園・八坂神社 Plan II C3

C'est le poumon vert du quartier. Sur une dizaine d'hectares, ses chemins odorants sont parsemés d'essences insolites tel ce merveilleux **cerisier pleureur à fleurs★** *(gion shidare-zakura)*. Vendeurs de cartes postales et petites échoppes en tous genres jalonnent le chemin principal qui mène plein ouest au sanctuaire **Yasaka-jinja★**. Emblème protecteur du quartier, il finance le grand festival annuel **Gion Matsuri** qui se tient en juillet *(voir encadré ci-dessus)*. L'entrée de son enceinte est marquée par un immense *torii* de pierre, couleur vermillon, qui fait face à la Shijo-dori.

À 500 m au nord-est du parc, on tombe sur le Chion-in.

★ Chion-in 知恩院 Plan II C3

Keihan Line, Shijo Station ou Sanjo Station - bus nos 5, 12, 31, 46, 100, 201, 202, 203, 206, arrêt Chionin-mae - 9h-16h30 (dernière entrée 16h) - 400 ¥. Attention, le Miedo est en rénovation jusqu'en 2019.

Ce temple est bâti au 13e s. à proximité du mausolée de Honen, fondateur de l'école Jodo *(voir encadré p. 239)* à laquelle le Chion-in appartient. Une fois franchie sa porte colossale, le **San-mon★**, on découvre, au nord de la cour,

Pagode Yasaka.
J. Arnold Images / hemis.fr

le **Mieido★**, édifice le plus important de l'enceinte dédié à Honen, comme l'atteste la statue centrale censée être son autoportrait. À l'est, une galerie relie le pavillon à l'**Amida-do**, salle du bouddha Amida vénéré par la secte Jodo. Au nord, une seconde galerie mène jusqu'à la salle d'assemblée des prêtres où s'ouvrent, à l'est, les salles des hôtes : la grande, **Ohojo** et la petite, **Kohojo**. Reconstruites au 17e s. comme la majorité des pavillons, elles resplendissent de **peintures★** exécutées par les artistes de l'école Kano. Le **jardin** quant à lui a été dessiné par l'inévitable Kobori Enshu *(visite de l'ensemble des jardins 500 ¥)*. Le mausolée de Honen repose sur le flanc de la colline, à l'est du Miedo. 3

★ Shoren-in 青蓮院 Plan II C2

À 5mn à pied au nord du Chion-in - Tozai Line, Higashiyama Station - bus nos 5, 46, 100, arrêt Jingu-michi - 9h-17h (dernière entrée 16h30) - 500 ¥.

En dépit d'un sérieux incendie qui l'embrasa au 19e s., le Shoren-in possède encore de beaux atours : un **camphrier** de 700 ans, quelques **peintures** des célèbres écoles Kano et Tosa et surtout, de magnifiques **jardins★** réalisés par Soami et Kobori Enshu.

À 5mn à pied du parc de Maruyama, direction sud-est.

★★ Quartier de Gion 祇園周辺 Plan II C3

Keihan Line, Shijo Station - bus nos 12, 46, 100, 201, 202, 203, 206, 207.

Le plus célèbre *hanamachi* (ville fleur) de Kyoto, quartier réservé aux geishas, a quelque peu perdu de son aura. Pendant son âge d'or, soit la première moitié du 19e s., plus de 3 000 geishas travaillaient dans quelque 700 *ochaya*. Dans les années 1950, le magnifique film de Mizoguchi *Les Musiciens de Gion* en donne une vision très réaliste. Laminé aujourd'hui par les flux touristiques, ce quartier reste encore fascinant. Il suffit, à la nuit tombée, d'observer la marche glissée de quelques silhouettes entravées par leur kimono, d'apercevoir des yeux noirs incroyablement mobiles dans ces figures blanchies par la céruse, pour espérer aussitôt les croiser à nouveau dans ces ruelles s'étendant de part et d'autre de l'artère **Shijo-dori**.

Au nord de Shijo-dori, le quartier de **Shinbashi** essaime autour du canal en petites rues pavées très romantiques. La **Shirakawa-dori★**, ombragée de saules, compte de vénérables *ochaya* et *okiya* (maisons de geishas) qui s'ouvrent discrètement au rythme des *pokkuri*, socques hautes des *maiko* s'arrêtant sur leur seuil.

Au sud de Shijo-dori, prendre la rue perpendiculaire **Hanami-koji★**. À l'angle de ces deux rues se niche la plus fameuse *ochaya* de Gion : la maison **Ichiriki** reconnaissable à ses panneaux rouges protégés par des boiseries sombres. Pour rencontrer celles qui excellent au sein d'une *ochaya* dans les arts du monde flottant, il faut non seulement être introduit mais pouvoir également dépenser plusieurs centaines de milliers de yens. Sur la rue Hanami-koji, le **théâtre de Gion Kobu Kaburen-jo** (Gion Corner) donne un aperçu fugace des arts traditionnels *(voir Nos adresses p. 285)*.

La rue descend ensuite jusqu'au Kennin-ji.

GION MATSURI

Ce festival spectaculaire, qui dure tout le mois de juillet, culmine lors de la grande parade du 17, à l'origine une procession contre la peste de 869. Une trentaine de chars, décorés de fleurs et de tentures bariolées, partent du sanctuaire Yasaka et défilent à travers les rues de Gion, au son des tambours et des flûtes. La veille, les rues sont illuminées de lanternes et envahies par une foule joyeuse.

★ Kennin-ji 建仁寺 Plan II C3

Mars-oct. : 10h-16h30 ; nov.-fév. : 10h-16h (dernière entrée 30mn av. la fermeture) - fermé 28-31 déc. - 500 ¥.

Il s'agit du plus vieux temple zen du Japon, fondé par le prêtre Eisai (1141-1215), à voir pour la porte du Messager impérial (Chokusi-mon) et le petit jardin zen attenant.

JE M'APPELLE « FOUMI-HANAN », MAIKO, APPRENTIE GEISHA

« Je suis originaire de Chiiba, mon nom est désormais Foumi-Hanan (« Richesse, beauté, intelligence »). » La jeune femme a 13 ans quand elle décide de devenir *maiko*, comme l'une de ces cent « apprenties des arts » que compte aujourd'hui l'ancienne capitale. « Dès la fin du collège, je suis partie pour Kyoto, je n'avais que 15 ans. » Sa taille, son port de tête, son attachement à la tradition, une volonté farouche d'apprendre les arts traditionnels (*shamisen*, *koto*, chants…) et l'assentiment de ses parents, convainquent rapidement une *okasan*, responsable de l'une des maisons de geishas d'un district de Kyoto, de la prendre et de la former. « J'ai aussitôt appris le dialecte kyotoïte », condition *sine qua non* pour suivre sa formation. « Deux ans m'ont été nécessaires ; mais l'apprentissage pour devenir *maiko* peut durer environ cinq ans, payé exclusivement par mon *okasan*. À l'issue de cette première étape, je pourrai maquiller de rouge ma lèvre inférieure. C'est seulement quand je serai geisha ou *geiko* (on en compte une centaine à Kyoto) que je pourrai peindre cette fois ma lèvre supérieure. Je serai alors apte à montrer aux clients de mon *okasan* tout ce que j'ai pu apprendre grâce à elle. »

Le nord-ouest

Comptez au minimum une journée. Ce parcours propose une concentration de sites exceptionnels. Sachez que la ligne de train Keifuku permet – pour ceux qui sont pressés – de combiner la visite de ce quartier et d'Arashiyama en une seule journée.

★ Kamigamo-jinja 上賀茂神社 Plan I B1

Bus nos 4, 46, arrêt Kamigamo-jinja-mae - avr.-oct. 8h-17h ; nov.-mars 8h30-17h - gratuit. Possibilité de suivre un programme spécial en anglais qui inclut une cérémonie shinto de purification, et la visite d'une petite salle de trésor (tlj 10h-16h - 30mn - 500 ¥). Mieux vaut réserver à l'avance pour la visite en anglais ✆ (075) 781 0011.

Inscrit sur la liste du Patrimoine mondial de l'Unesco, le plus ancien sanctuaire de Kyoto occupe une place privilégiée. Ses 66 ha jouxtent la montagne sacrée Ko-yama. Quant au bâtiment principal de ce complexe comptant plus d'une trentaine d'édifices cultuels, il prend racine à la confluence des bras d'eau qui l'entourent. Cette protection naturelle lui confère une très grande pureté. Dédiées au dieu du tonnerre qui zèbre régulièrement le Ko-yama, ses premières fondations apparaissent dès le 7e s. Le sanctuaire devient le principal édifice cultuel de Heian, l'actuelle Kyoto, nouvelle capitale impériale de l'empereur Kanmu (781-806). C'est dire si ce lieu de culte auquel est associé le sanctuaire Shimogamo *(voir p. 248)* est important dans la genèse spirituelle de Kyoto ; ce dont témoigne chaque année le festival d'Aoi Matsuri *(voir encadré p. 248)*. Passé le premier *torii*, on accède au sanctuaire par un long chemin *(sando)* ombragé de cèdres apaisants. Derrière le second *torii*, deux cônes de sable aux pouvoirs purificateurs tiennent à distance les mauvais esprits. On remarquera, au sommet de chacun d'entre eux, deux aiguilles de pin. Elles commémorent la foudre qui, le jour de la consécration du sanctuaire, avait fendu un pin en deux. Après avoir franchi le pont Neigibashi (cette traversée équivaut à une nouvelle purification), les pèlerins atteignent le bâtiment principal *(honden)*. Ce dernier, construit en 1863 pour la septième fois, reprend toujours la structure originelle de la période de Heian, âge d'or artistique, copiée depuis par la majorité des sanctuaires *(voir encadré ci-dessous)*.

3

★★★ Daitoku-ji 大徳寺 Plan I B1

Bus nos 12, 101, 102, 204, 205, 206, arrêt Daitokuji-mae - tlj 9h-17h (déc.-fév. : 16h30) - Ryogen-in : 400 ¥ ; Zuihou-in : 400 ¥ ; Daizen-in : 400 ¥ ; Koto-in : 400 ¥. Comptez une demi-journée.

DEUX STYLES, UN SEUL DESTIN

Le style du sanctuaire Kamigamo avec ses lignes courbes (toiture prolongée sur le mur, gouttereau et auvent délicatement galbé) rompt radicalement avec la ligne droite de l'époque de Nara. Ce style caractériserait les toitures de 80 % des 80 000 sanctuaires shinto actuels ; les 20 % restant étant influencés par le sanctuaire d'Ise dont le toit à double pente se réunit sous une poutre faîtière, lestée par des rondins de faîtage bornés par des chevrons d'arêtes croisés. Bien qu'agencés différemment, ces deux sanctuaires partagent en revanche une communauté de destin. Ils sont appelés à être détruits et reconstruits tous les vingt ans pour Ise, vingt et un ans pour Kamigamo. L'appel aux donations a permis d'acheter les 15,5 tonnes d'écorce de cyprès nécessaires à la reconstruction du toit du sanctuaire de Kamigamo en 2015.

« CHRONIQUE JAPONAISE » PAR NICOLAS BOUVIER

« J'ai pu louer – un coup de chance – un bâtiment dans l'immense enceinte du temple bouddhique du Daitoku-ji. Littéralement traduite, notre adresse donne : Pavillon de l'auspicieux Nuage, Temple de la Grande Vertu, Quartier de la Prairie Pourpre, secteur du Nord, Kyoto » écrit Nicolas Bouvier (1929-1998) dans *Chronique japonaise* (Éd. Payot, 1989). L'un des meilleurs écrivains de langue française (il était suisse) de ces dernières décennies adorait le Japon, tout particulièrement Kyoto. Ses phrases, polies comme de petits bijoux qui n'en ont pas l'air, réfléchissent des mondes d'une grande poésie avec la générosité de ces clins d'œil qui, en deux syllabes, nous épargnent le poids des mots : « Deux abbés se croisent, se saluent bien bas et s'éloignent n'en pensant pas moins. L'un est un saint, l'autre une canaille, et ils se connaissent pour ce qu'ils sont : voilà la vraie courtoisie. »

Cette immense enceinte, qui « n'entrerait pas dans le Champ-de-Mars » écrit Nicolas Bouvier, son « concierge pendant quatre mois » *(voir encadré p. 256)*, est aussi calme qu'une nécropole. Les chemins pavés de ce complexe monastique, élevé par le prêtre Daito Kokushi de la secte Rinzai à la demande de l'empereur Go-Daigo (1288-1339), courent le long de murets qui s'ouvrent une fois sur cinq sur un temple. Quatre seulement de ces 22 édifices sont ouverts au public.

À partir de l'entrée de la porte sud du monastère (Kitaouji-dori) surgit d'abord le **Ryogen-in**★ (1502) dont le *hojo* est flanqué de cinq merveilleux jardins. Le plus ancien d'entre eux, le Ryogin-tei, dessiné par Soami, jouxte le Totekiko, le plus petit jardin de pierre du Japon. Une centaine de mètres plus loin, sur votre gauche, le **Zuiho-in**★ possède de beaux jardins dessinés par Shigemori Mirei (1896-1975). Ses conceptions avant-gardistes sont toujours au diapason de cette abstraction énigmatique caractéristique des jardins zen. Le jardin de la Croix témoigne cependant de la conversion au christianisme de son ancien seigneur, le *daimyo* Otomo. Plus au nord, le **Daisen-in**★★ (le plus visité des temples) gagne en beauté ce qu'il perd en sérénité. Du bâtiment, construit en 1509 par Kogaku Soko, aussi excellent jardinier, on observe les **fusuma**★★ peints par Soami, Kano Motonobu et Kano Yukinobu (15e et 16e s.). Le pavillon est cerné par trois **jardins secs**★★★, sorte de reproduction en trois dimensions de ces fameux *sumi-e*, peintures en noir et blanc, encadrés ici de murs frangés de noir. Celui du nord-est (œuvre de Soami ou de Kogaku), divisé par une cloison, s'ouvre sur une cascade de graviers blancs alimentant un chemin de sable. Cette rivière, métaphore de la vie qui circule au gré des obstacles qu'elle rencontre, rives ou écueils (observez les rochers en forme de tortue ou de grue), se transforme en fleuve ; preuve qu'une fois ces étapes franchies, on peut élargir son horizon (matérialisé ici par un bateau) pour se perdre ensuite dans une mer d'éternité d'une uniformité de poussières ; particules qui s'agrégeront en graviers jusqu'à former une cascade ruisselant de la montagne…

En revenant sur vos pas en direction du sud-ouest *(prenez à hauteur de la cloche de la tour sur votre droite puis, la première ruelle sur votre gauche, juste après le Zuiunken)*, le **Koto-in**★ apparaît au terme d'un magnifique chemin arboré. Ce temple, établi en 1601 sur ordre de Hosokawa Tadaoki (1563-1645), grand guerrier ayant combattu sous Toyotomi Hideyoshi, est une enclave de paix. Du pavillon central, on ne se lasse pas d'observer ces arbres, aux allures de silhouettes, coincés entre une frondaison échevelée et le duvet moelleux d'une mousse chatoyante. On est loin de ces jardins secs, « ces écorchés de paysages » chers à Claudel. Mais on imagine aisément, face à cet écran de nature, ce bonheur simple et méditatif que devait rechercher un guerrier survivant.

★★★ Kinkaku-ji 金閣寺 Plan I, B2

Du Daitoku-ji, bus nos 12, 101, 102, 204, 205 (10mn de trajet) ; de Kyoto Station, bus nos 101 et 205 ; de Sanjo Keihan, bus nos 12 et 59, arrêt Kinkakuji-mae. 9h-17h - 400 ¥.
Miroitant dans les eaux d'un étang tout en se détachant d'un écrin verdoyant adossé au mont Kinugasa, le **Pavillon d'or** a, au premier regard, l'essence volatile des mirages. Mais la foule qui déambule et nous bouscule en rangs compacts, l'œil collé au viseur, nous rappelle immédiatement que le lieu a la dure réalité des sites classés au Patrimoine mondial de l'humanité. En 1397, Yoshimitsu (1358-1408), le troisième shogun Ashikaga, renonce à sa fonction de gouverneur pour devenir moine sous le nom de Rokuon et construit le Pavillon d'or. Le nom de Kinkaku-ji est illustré par les deux étages supérieurs recouverts de feuilles d'or. Ce lieu de retraite *(le rez-de-chaussée est réservé à la méditation tandis que l'étage supérieur abrite des reliques de Bouddha)* s'élève dans la vaste enceinte du temple Rokuon-ji, inspirée par le jardin de promenade du temple des Mousses *(voir p. 260)*. Ashikaga Yoshimitsu étant très féru de philosophie zen, c'est tout naturellement que son pavillon se transforme en temple après son décès. Pendant plusieurs siècles, le Pavillon (mais non l'ensemble des bâtiments cultuels du temple Rokuon-in) échappe miraculeusement aux guerres civiles qui incendient la ville, en particulier celle dévastatrice de l'ère Onin (1467-1477) déclenchée par la succession d'Ashikaga Yoshimasa (le fondateur du Pavillon d'argent !). Il est cependant dévoré par les flammes en 1950, du fait d'un moine déséquilibré qui embrase ce qui embrassait tant de beauté. Six ans plus tard, l'écrivain Mishima se nourrira de cet acte de folie pour publier *Le Pavillon d'or*. Les Japonais découvriront ce livre sulfureux tandis qu'on inaugurera une réplique de cet édifice à nouveau étagé par trois architectures différentes : le premier niveau épouse le style des maisons aristocratiques sous Heian *(shinden-zukuri)* ; le deuxième celui d'une maison de samouraï au toit légèrement relevé comme un sabre ; le troisième et dernier reprend le style *karayo* des temples zen. Quant à la toiture, elle est dominée par un phénix chinois qui peut être assez opportun lorsqu'il s'agit de renaître de ses cendres…

3

★★★ Ryoan-ji 龍安寺 Plan I B2

Du Kinkaku-ji ou de la gare Sanjo Keihan, bus n° 59, arrêt Ryonji-mae ; du Kinkaku-ji, comptez 30mn à pied pour env. 1,5 km - 8h-17h (déc.-fév. : 8h30-16h30) - 500 ¥. Venir de préférence à l'ouverture ou à la fermeture pour échapper à la foule et aux ombres portées qui, le matin et le soir, modifient totalement la vision du jardin.
Tout a été écrit ou presque sur ce jardin zen. Tant et si bien qu'on en oublie le temple bouddhique pour lequel il a été créé, le temple du « dragon paisible », fondé en 1473 par l'un des plus puissants seigneurs de l'époque, Hosokawa Katsumoto, vassal du shogun Ashikaga Yoshimasa, fondateur du Pavillon d'argent. Sentant la mort venir, il décide de cette construction pour se retirer avec les moines. Il décède l'année même de la création du temple, sans avoir eu le temps de méditer face à ce jardin zen. Selon les sources, le jardin aurait été dessiné par le peintre et jardinier Soami (1472-1525) à la fin du 15e s. Ce **jardin**★★★ rectangulaire de 25 m de long d'est en ouest sur 10 de large du sud au nord est cerné par trois murs d'argile qui suintent comme des fétiches africains (l'argile a en fait bouilli dans l'huile). Sur une surface de sable blanc finement ratissée, 15 rochers (répartis en cinq groupes) sont soigneusement disposés sur un fond de mousse. Voilà pour la composition. Depuis, elle ne cesse de résonner comme un *koan*, question insoluble et énigme irrationnelle pour l'école zen Rinzai *(voir encadré p. 112)*. Qu'a voulu dire l'artiste ? Le sable suggère-t-il la mer ? Pourquoi d'un regard ne peut-on jamais embrasser plus

de 14 pierres à la fois ? Chacun y va de son interprétation mais les interrogations persistent. N'est-ce pas après tout le meilleur moyen de faire un premier pas sur la voie de l'Éveil ?

★ Ninna-ji 仁和寺 Plan I AB2

À 15mn à pied au sud-ouest du Ryoan-ji - Keifuku Kitano Line, Omuro Station - bus n°s 8, 10, 26 et 59, arrêt Omuro Ninnaji - mars-nov. : 9h-17h (dernière entrée 16h30) ; déc.-fév. : 9h-16h30 (dernière entrée 16h) - palais 500 ¥ (musée 500 ¥).

Ce temple est à l'origine un palais connu sous le nom de « Omuro gosho », le palais impérial du quartier d'Omuro. Construit par l'empereur Koko, il est achevé par son fils l'empereur Uda Tenno (867-931) qui prend d'ailleurs le froc et s'y retire. Le palais se transforme ensuite en temple bouddhiste de la secte Shingon avec pour particularité d'être composé d'abbés uniquement choisis parmi les membres de la famille impériale et ce, jusqu'à la restauration Meiji. Les édifices actuels datent du 17e s. L'un de ses emblèmes est la porte **Niomon** (la porte des *ni-oh* Ungyo et Agyo) *(voir encadré p. 121)*. Construite par Tokugawa Iemitsu, elle est l'une des trois grandes portes cerclant Kyoto. Parmi les bâtiments notables du temple figurent le **kondo** (Trésor national), la **pagode de cinq étages★** (33 m de haut) et deux magnifiques **jardins★** : un jardin sec *Kare-sansui* au sud et un second, composé d'un étang avec un pont, *chisenkaiyushiki*, au nord. Au printemps, les cerisiers en fleurs attirent nombre de visiteurs.

★ Myoshin-ji 妙心寺 Plan I B2

À 15mn à pied au sud-est du Ninna-ji - Keifuku Kitano Line, Myoshinji Station ; bus n°s 10, 26, 91, 93, arrêt Myoshinji-mae - 9h-17h - 500 ¥. Entrée payante pour chaque temple. Visites guidées proposées ttes les 20 mn. Possibilité de suivre des stages de zen en anglais (rens. : www.myoshinji.or.jp/english/index.html).

Ce complexe de 310 ha est le quartier général de l'école Myoshin-ji de la secte zen Rinzai qui compte plus de 3 000 temples à travers le Japon. Cet espace, fondé en 1338 par Kanzan Egen sous l'égide de l'empereur Hanazono, comprend un temple central ainsi que 46 temples secondaires. Du premier, on peut découvrir le **Yokushitsu★**, une belle et ingénieuse structure en bois (1656) qu'utilisaient les moines pour faire leurs ablutions et s'adonner, dans un espace soudain transformé en étuve, à de très ascétiques pratiques méditatives. Le **Hojo**, quartier des maîtres et le **Hatto**, hall aux Sermons, hébergent de magnifiques *sumi-e* exécutés par Kano Tanyu (1602-1674). À 20 m de hauteur, le **dragon peint★★** au plafond du Hatto nous suit de son regard noir et intense dans un beau mouvement circulaire (le dragon a un rôle protecteur). Des trois temples secondaires ouverts au public, les **Keishun-in**, **Daishin-in** et **Taizo-in★★** *(9h-17h - 300 à 500 ¥)*, le dernier est à privilégier. Il abrite un chef-d'œuvre pictural appelé **Hyonenzu★★**, « Capturer un poisson-chat avec une gourde », exécuté par Josetsu. Ce peintre japonais, d'origine chinoise (1405-1423), est considéré comme le fondateur de cet art zen qu'est le *sumi-e* ou la « voie de l'encre noire », technique de peinture monochrome à base exclusive d'encre de Chine (et que promeut la philosophie zen). Le temple possède un magnifique **jardin★★** de l'époque de Muromachi (1392-1573). Il a été dessiné par le grand maître Kano Motonobu (1476-1559) alors qu'il arrivait au terme de sa vie. Ce jardin est d'autant plus beau qu'il est peu fréquenté. Et si vous n'avez toujours pas de réponse à la question posée par Josetsu sur la façon dont on capture un poisson-chat avec une gourde, observez bien la forme de l'étang. Ne ressemble-t-il pas à une gourde ?

En sortant par la porte nord de ce complexe on peut rejoindre le Ryoan-ji par un chemin très agréable. Comptez une vingtaine de minutes.

★★ Koryu-ji 広隆寺 Plan I A3

Keifuku Arashiyama Line ou JR Sagano Line, Uzumasa Station ; bus nos 11, 75, 91, 93 - 9h-17h (hiver 16h30) - 700 ¥.

Datant de 1165, le **kodo★** (salle de prédication) de ce temple est l'un des plus vieux édifices de Kyoto. Il abrite une statue (9e s.) du bouddha Amida, bouddha de la Terre pure *(voir encadré p. 239)*. En arrière du *Kodo*, le **taishido**, dédié à **Shotoku Taishi** (574-622), expose une statue de ce prince célèbre pour avoir rédigé le *Jushichijo no Kenpo*. La « Constitution en 17 articles », fondée sur des principes confucéens, promeut l'harmonie de groupe avec, pour liant, cette nouvelle religion, le bouddhisme, dont le prince répandait l'esprit au Japon. Shotoku Taishi aurait donné au fondateur du Koryu-ji ce joyau exposé depuis dans le **Reiho-kan**, la salle du Trésor : un **bosatsu Miroku★★★** (*Maitreya* en sanscrit), le bouddha à venir, celui qui doit surgir quelques millions d'années après son maître, le bouddha Amida, pour conduire cette fois définitivement les êtres à l'illumination. Cette statue de la première moitié du 7e s., sculptée avec une très grande délicatesse dans le bois d'un pin rouge, dégage une grâce ineffable. Son sourire énigmatique sous des yeux mi-clos irradie par une douceur, empreinte d'une contagieuse sérénité.

Toei Studio Park 東映太秦映画村 Plan I A3

10 Higashi Hachioka-cho - Keifuku Line, Uzumasa Koryuji station - www.toei-eigamura.com/en/ - 9h-17h - 2 200 ¥ (enf. 1 100 ¥).

Les plus petits (et les plus grands) prennent ici plaisir à déambuler sur les sites de tournage de films d'époque du célèbre studio japonais. On peut jouer au ninja, comprendre les trucages, détailler les affiches des films et dessins animés des studios Toei... Dommage que les attractions les plus intéressantes ne soient accessibles qu'avec un supplément.

Le sud-ouest

3

Comptez une demi-journée par site.

★★★ Katsura Imperial Villa 桂離宮 Plan I A4

À 20mn à pied de Hankyu Line, Katsura Station, ou, de Kyoto Station, bus n° 33, arrêt Katsurarikyu-mae, puis marchez 8mn. Visite guidée (1h) : tlj sf w.-end 8h45-17h30 - gratuit. Une autorisation doit être retirée à l'avance à l'Agence de la Maison impériale (voir p. 242). Les mineurs et les groupes de plus de 4 pers. ne sont pas admis. Passeport exigé.

À l'ouest de la gare, le jardin et la villa impériale de Katsura ont été imaginés par les princes Toshihito (1579-1629) et son fils Toshitada (1619-1662). C'est en s'inspirant d'un passage du *Dit du Genji* *(voir encadré p. 264)* qu'ils firent construire sur un reflet de lune de la rivière Katsura cet ensemble d'une spectaculaire sobriété. Achevés en 1664, de nombreux *shoin* (pavillons) s'égrènent autour du lac avec légèreté et élégance. Étayés par de fins pilotis en bois, ils sont légèrement décalés les uns des autres pour s'enchaîner « en formation d'oies en vol ». Leurs façades, extrêmement dépouillées, conjuguent le bois sombre des poutres et pilotis avec le papier blanc des portes et fenêtres coulissantes ; autant de figures géométriques où les lignes droites se croisent et délimitent d'incessants espaces rectangulaires opposant des rapports de couleurs d'une extrême simplicité. On pense bien sûr au mouvement *De Stijl* (« le style » en néerlandais) impulsé par Mondrian et Van Doesbourg au début du 20e s. Il reposait sur une abstraction formée exclusivement de lignes verticales et horizontales cadrant des espaces monochromes. On ne sera donc pas surpris que cette villa ait pu devenir le bréviaire formel du Bauhaus (avec comme personnalité Bruno Taut) puis de Le Corbusier. Le jardin de promenade (ainsi que certains pavillons) serait attribué à l'architecte et jardinier Kobori Enshu.

★★★ Saiho-ji (Temple des Mousses) 西芳寺 (苔寺) Plan I A4

De Katsura, Hankyu Line, Matsuo Station ; de Kyoto Station, bus nº 28, 73 ou 83 arrêt Matsuotaisha-mae, puis marchez 15mn vers l'ouest - visite libre (2h - 3 000 ¥) sur RV seult, à demander de un mois à 7 j. à l'avance. Demande par écrit (en anglais) à adresser au Saiho-ji Temple, 56 Jingatani-cho, Matsuo, Nishikyo-ku, Kyoto 615-8286. Indiquez l'adresse et le nom de chaque visiteur (mineurs non admis), dates souhaitées pour la visite (en proposer plusieurs) et joignez une carte timbrée avec votre adresse au Japon pour la réponse. Si vous êtes à Kyoto pour une longue période, vous pouvez demander de l'aide à l'office du tourisme de la gare de Kyoto.

En saison idéale, mai et juin, ce jardin des Mousses est un enchantement. Dessiné en 1339 par le moine zen Muso Soseki (1275-1351) sur l'emplacement d'un monastère dédié à bouddha Amida (lui-même construit sur une ancienne villa du prince Shotoku), le temple des Mousses, plus connu sous le nom de Koke-dera, s'étage sur deux niveaux : le jardin bas, d'influence Heian, organisé autour d'une pièce d'eau ; le jardin haut, accroché au flanc d'une colline, est lui parsemé de grosses pierres qui imitent le lit d'une ancienne cascade suggérant également la cascade à venir. Soseki a ainsi dessiné le premier jardin zen. Le Saiho-ji influença par la suite nombre de jardins comme ceux des Pavillons d'or et d'argent. On notera que ses 120 variétés de mousses qui font aujourd'hui sa notoriété n'ont surgi qu'à partir de l'ère Meiji, période pendant laquelle le jardin fut abandonné.

Le sud-est

Comptez au minimum une journée, selon votre rythme.

★★ Tofuku-ji 東福寺 Plan I C4

Keihan Line ou JR Nara Line, Tofukuji Station (2mn, 150 ¥) ou bus nº 208 arrêt Tofukuji, puis marchez 10mn au sud-est - www.tofukuji.jp/english - avr.-oct. : 9h-17h ; nov. : 8h30-16h ; déc.-mars : 9h-16h - 400 ¥ (suppl. Hojo : 400 ¥).

Quartier général de l'école zen de la secte Rinzai, ce temple a été construit en 1236 par le moine Enni sur les instructions de Kujo Michiie (1193-1252), *sessho* de l'empereur Chukyo (1221). *(Sur la notion de* sessho *voir p. 240).* Ce grand homme d'État de l'époque de Kamakura désirait construire à Kyoto un vaste édifice prenant pour modèle les deux temples de Nara : le Todai-ji et le Kofuku-ji. La combinaison de leurs deux noms donnera naissance à celui de Tofuku-ji. Bien qu'incendié à de nombreuses reprises – il perd même sous l'ère Meiji sa salle du bouddha *(butsu-den)* – ce temple possède de très nombreux atours : son pont tout d'abord, **Tsuten-kyo★★**, jeté au milieu d'une magnifique forêt d'érables ; sa porte de l'éveil, **San-mon★★**, majestueuse sous son toit en demi-croupe, possède à l'étage des sculptures de Bouddha et des 16 arhats réalisés par Teicho. Classé Trésor national, ce patrimoine est aujourd'hui le plus vieux témoignage de porte zen au Japon (13e s.). À l'intérieur de l'enceinte, la salle de méditation *(zendo)*, les toilettes *(tosu)* et les bains *(yokushitsu)* datent de l'époque de Muromachi (14e s.). Le **Hojo★** (le quartier des prêtres) reste cependant le point fort de ce temple ; moins pour sa patine (il a été reconstruit en 1890) que pour son organisation spatiale car, fait rarissime, chacun de ses côtés donne sur un magnifique **jardin★★** créant des correspondances insolites. Ainsi, au jardin de l'ouest composé de splendides mousses répond le jardin sec du sud avec pour géométrie tutélaire sept pierres cylindriques représentant l'étoile de la Grande Ourse. Cette création originale qui mêle à la simplicité du zen de l'époque de Kamakura l'abstraction géométrique de l'art moderne a été pensée en 1945 par **Shigemori Mirei** (1896-1975), le plus illustre concepteur du renouveau des jardins japonais.

★★ Fushimi-Inari Taisha 伏見稲荷大社 Plan I C4 en dir.

Keihan Line ou JR Nara Line, Fushimi Inari ou Inari Station (5mn, 150 ¥), puis marchez 5mn à l'est - ouvert en permanence - gratuit - s'équiper de bonnes chaussures - nombreuses possibilités pour se restaurer sur le site.

Ce lieu de culte est probablement l'un des plus insolites du Japon. Sur 4 km environ, **30 000 torii★★** se succèdent le long d'un chemin serpentant à flanc de colline jusqu'au sanctuaire. Ukanomitama no Mikoto, plus connue sous le nom d'Inari, n'est autre que la protectrice du riz, céréale la plus nourricière au Japon. On comprend alors pourquoi, depuis le 8e s., les donateurs offrent à la déesse Inari ces *torii* estampillés à leur nom. Cette céréale étant adulée des rongeurs, on n'est pas non plus surpris de trouver tout au long de cette galerie de *torii*, parfois aussi sombre qu'un terrier, de petites statues en pierre représentant l'un de leurs prédateurs, le renard, avec, si l'on observe bien, pour métaphore de son rôle protecteur, la clé d'un grenier à riz dans sa gueule. Mais aux paysans quémandant de bonnes récoltes ont succédé les citadins en quête d'un pouvoir d'achat plus élevé.

★★ Daigo-ji 醍醐寺 Plan I D4 en dir.

Tozai Line, Daigo Station sortie 2, puis marchez 10mn à l'est (première rue à droite) - mars-nov. : 9h-17h ; déc.-fév. : 9h-16h - 600 ¥.

Ce célèbre temple de l'école Shingon est aujourd'hui classé au Patrimoine de l'Unesco. Au sommet de la montagne Kamidaigo, le moine bouddhiste Shobo, plus connu sous son nom post-mortem de Rigen Daishi (832-909), découvre une source d'eau aux pouvoirs spirituels. Il construit un monastère dédié à la divinité Kannon (874), lequel va se développer jusqu'au 13e s. et s'étager sur différents niveaux. Gravement endommagé par les guerres civiles, l'ensemble est reconstruit sur ordre de Toyotomi Hideyoshi (1536-1598) à la fin du 16e s.

On accède au temple inférieur ou **Shimo Daigo** par la porte **Nio-mon★** d'époque Kamakura (13e-14e s.). Différents édifices occupent l'enceinte : le bâtiment central *(kondo)*, la salle d'assemblée *(kodo)* et la salle du trésor. Mais c'est la **pagode à cinq étages★** qui retient surtout l'attention. Destinée à l'empereur Daigo (897-930) mais achevée seulement en 951, elle est l'une des plus anciennes du Japon. À l'intérieur *(fermé généralement au public)*, ses mandalas peints sur bois constituent un témoignage irremplaçable sur les premiers modes de représentation artistique du bouddhisme tantrique. Il faut compter 45mn de marche par le sentier qui passe devant la porte Nio-mon pour accéder au temple supérieur ou **Kami Daigo**. Outre la possibilité de boire les fameuses « eaux spirituelles », on observera ce chef-d'œuvre architectural de l'époque de Momoyama, reconstruit en 1606 sur ordre de Toyotomi Hideyoshi. En redescendant au temple inférieur, on découvrira (juste en face de la porte Nyo) l'ancienne résidence du principal de Daigo-ji : la **Sanpo-in★**, littéralement « maison des Trois Trésors » (Bouddha, Dharma, Sangha). Ses édifices classés donnent sur un magnifique **jardin de thé★★** de style Momoyama, époque fastueuse qui tire son nom de la colline Fushimi (« mont des pêchers »). Le jardin combine pavillon de thé et *Kare-sansui* (paysage sec) ou *sakazukushi* (jardin de mousse sur fond de sable blanc). Il a été pensé par le maître de l'époque, Takeda Baishoken, là encore sur ordre de

Toyotomi Hideyoshi qui, pour s'être rendu au temple afin d'y contempler les cerisiers en fleurs, décida de s'y installer. Au printemps 1598, il avait même organisé une incroyable *garden party (hanami)* comptant plus de 900 convives. Cette fête de l'éphémère prenait d'autant plus de sens que le grand unificateur du Japon disparut cette année-là, un événement qui a depuis fait l'objet d'une reconstitution historique : la Parade Hanami de Hideyoshi se déroule chaque deuxième dimanche d'avril *(se renseigner à l'office de tourisme)*.

À proximité

★ ARASHIYAMA 嵐山

Comptez une demi-journée à une journée. JR Sagano, Keifuku Line et Hankyu Line, Arashiyama Station ; bus nos 11, 28, 93.

Offices de tourisme dans les gares de Arashiyama (Keifuku Line) et Saga Arashiyama (JR).

Très fréquentée par les touristes, Arashiyama jouit d'un bel environnement naturel, un peu gâché il est vrai aux abords de la gare par les inévitables boutiques de souvenirs qui en soulignent la popularité. Mais qu'on se rassure, il est possible de s'en éloigner rapidement si on le souhaite.

Le pont **Togetsukyo**, littéralement « le pont qui traverse la lune », mais qui pour l'heure se contente d'enjamber la rivière Katsura, est le point de convergence des flux touristiques. Vélos, rickshaws, bateaux… tous les moyens sont bons pour parcourir ses espaces animés. Il offre une belle vue sur la rivière qui s'écoule entre des pentes raides et boisées que l'automne enflamme.

Dans les gares de Saga-Arashiyama et Arashiyama (joliment décorée par une « forêt de kimonos »), possibilité de louer un vélo *(9h-17h - 500 à 1 000 ¥ selon la durée)* pour parcourir les bucoliques chemins de l'extrême ouest de la ville. Sur place, l'office de tourisme pourra vous fournir un plan.

★ Tenryu-ji 天龍寺 Plan I A3

À 300 m au nord du pont Togetsu - avr.-oct. : 8h30-17h30 ; 21 oct.-20 mars : 8h30-17h - jardin 500 ¥.

Datant du 14e s., le « temple du Dragon céleste », rattaché à la secte zen Rinzai, a été presque entièrement reconstruit à l'ère Meiji. Le **jardin★**, l'un des plus vieux du Japon, est l'œuvre là encore de Muso Soseki (1275-1351).

Détours à travers Sagano Arashiyama

Au bout du jardin du Tenryu-ji, on traverse une belle et très photogénique **forêt de bambous★★**. Ses allées, la lumière et le vent qui jouent avec les tiges géantes, servent de décor à nombre de clips et de films.

Puis on découvre l'**Okouchi-Sanso** *(9h-17h - 1 000 ¥, thé vert et biscuits inclus)*, la villa privée d'Okochi Denjiro, une star de films de samouraïs tournés dans les années 1930. Belle **vue★** sur la vallée de Kyoto.

À pied ou à vélo, on peut échapper à la foule en suivant de petites routes et rues qui partent

SE DÉPLACER

Les petits trains omnibus aux wagons violets de la Randen Keifuku Line desservent Arashiyama depuis Shijo Omiya Plan II, A3 en 22mn. Une autre ligne (Keifuku Kitano) permet de rejoindre les sites du nord-ouest de la ville à partir de la station Katabira no Tsuji. Très pratique pour, dans une même journée, visiter Arashiyama et le nord-ouest. Tarifs : *un trajet 220 ¥ (enf. 110 ¥)*. Informations : *http://randen.keifuku.co.jp/en/*.

vers le nord et zigzaguent entre les temples, les jardins, les champs et de calmes quartiers résidentiels. On atteindra bientôt **Saga-Toriimoto**, une rue en pente bien préservée, bordée de belles *machiya* de l'ère Meiji (1868-1912). Ces anciennes résidences abritent aujourd'hui des restaurants et des boutiques. Un peu plus loin encore, dans le temple **Otagi Nenbutsu-ji** *(8h-17h - 300 ¥)*, on détaillera les 1 200 visages des petites statues de pierre qui s'y dressent.

★ Daikaku-ji 大覚寺 Plan I A2

À 1 km environ au nord de la gare JR Sagano Arashiyama. Du Tenryu-ji, bus n° 28; de Shijo-dori, bus n° 91 - 9h-17h (dernière entrée 16h30) - 500 ¥.
Cette résidence de campagne de l'empereur Saga fut convertie en temple de l'école Shingon en 876. Rien d'étonnant puisque l'Empereur était très ami avec le grand moine Kukai, connu plus tard sous le nom de Kobo Daishi, qui avait rapporté de Chine la doctrine ésotérique de la « Vraie Parole » : le shingon-shu *(voir p. 307)*. Le grand hall *(shinden)* possède de merveilleuses **peintures★** sur *fusuma* de l'école Kano.

★ Descente de la rivière Hozu 保津川下り Plan I A2 en dir.

Deux possibilités s'offrent à vous si vous désirez effectuer cette excursion très populaire, en particulier en automne et au printemps.
Ligne JR + bateau – *Comptez 1h20. JR Sagano Line, Kameoka Station (station après Saga Arashiyama). En sortant de la gare, prenez à gauche et suivez la direction « Hozugawakudari » (10mn de marche jusqu'à l'embarcadère Kameoka). Arrivée des bateaux près du pont Togetsu : départ ttes les heures : 9h-15h30 (10 mars-30 nov.) ; 10h-14h30 (déc.-9 mars) - 4 100 ¥.* Les amateurs dévaleront assis sur une barque à fond plat les rapides de la rivière Hozu. Spectaculaire mais sans danger sous l'égide d'habiles rameurs.
Sagano Romantic Train + bateau – *Des gares Saga Torokko (à côté de la gare JR Saga Arashiyama) ou Torokko Arashiyama (près de la forêt de bambous), prendre le Sagano Romantic Train appelé aussi Sagano Torokko (mars-déc. : un train par heure de 9h à 17h - 620 ¥) jusqu'au terminus Kameoka Torokko (durée 23mn). De là, un bus vous mène à l'embarcadère Kameoka où attendent les bateaux décrits plus haut. Informations : www.sagano-kanko.co.jp/english.php.*
Cette option, peut-être moins pratique que la précédente, permet néanmoins d'emprunter une ligne de train (qui suit un ancien tracé de la ligne JR San-in) plus spectaculaire car collant au plus près de la rivière Hozu et ce à bord de wagons panoramiques. Mais sachez que cette attraction, très prisée par les groupes, risque d'être perçue par beaucoup comme un attrape-touristes !

★ UJI 宇治 Carte de région B2

À 4 km au sud de Kyoto. Comptez 3h avec le trajet. JR Nara Line (30mn - 240 ¥).
Célèbre pour son thé vert et également comme cadre de certaines scènes du *Dit du Genji (voir encadré p. 264)*, cette région possède le magnifique temple du Phœnix, le Byodo-in, présent d'ailleurs sur toutes les pièces de 10 yens.

★★ Byodo-in 平等院

Très bien indiqué depuis la gare. Sortez côté sud, traversez la grande rue puis prenez la suivante à gauche. Juste avant d'arriver au pont, tournez à droite dans la petite allée commerçante parallèle à la rivière et continuez tout droit jusqu'au temple. 8h30-17h30 (dernière entrée 17h15 - musée Hoshokan 9h-17h) - 600 ¥; salle du Phœnix : visite ttes les 20mn de 9h10 à 16h10 - 300 ¥.
Authentique témoin des fastes de Heian, cette ancienne résidence de campagne fut construite par le *sessho* (régent) Fujiwara no Michinaga (966-1027) *(voir p. 240)* qui juste avant l'an 1000 s'y retirait pour pratiquer la méditation.

LE DIT DU GENJI

La puissance des Fujiwara atteint son apogée avec **Fujiwara no Michinaga** (966-1028). Il réussit à marier ses trois filles à trois Empereurs successifs : la première, Shoshi, à l'empereur Ichijo (980-1011), soixante-sixième Empereur du Japon ; la deuxième à l'empereur Sanjo (976-1017), cousin d'Ichijo ; la troisième à Go-Ichijo (1008-1036), qui n'est ni plus ni moins que le fils que sa sœur aînée Shoshi eut avec Ichijo. Fujiwara no Michinaga aurait inspiré à **Murasaki Shikibu** (973-1014), préceptrice de l'impératrice-consort Shoshi, le modèle du prince Genji, héros du *Genji monogatari* ou *Le Dit du Genji* écrit autour de 1008 et dont on a fêté en 2008 le millénaire par une magnifique réédition en français *(voir Littérature p. 667 et Bibliographie p. 756).*
Sur l'autre rive de la rivière Ujigawa, à 10mn de marche du Byodo-in, un passionnant petit **musée** (Genji Monogatari Myujiamu) est consacré au *Dit du Genji (45-26 Higashiuchi - ✆ (0774) 39 9300 - www.uji-genji.jp/fr (site Internet en français très bien fait) - tlj sf lun. 9h-17h - 500 ¥).*

À sa mort, son fils Yorimichi la transformait en un temple dédié au bouddha Amida (1052). Son architecture, un pavillon central flanqué de deux ailes déployées, représente un oiseau en vol. À l'intérieur de la salle centrale, le **Hoo-do★★** (salle du Phœnix), se dresse un Trésor national : la grande statue du **bouddha Amida★★★** attribuée au moine **Jocho** et datée du 11e s. *(voir encadré p. 239)*. Sur les murs ont été peintes neuf représentations en couleur du bouddha Amida en train de descendre du Paradis de l'Ouest. Le bouddha s'était en effet engagé à accueillir tous les mourants souhaitant entrer en sa Terre pure, un thème très présent à la période de Heian (794-1192). Le chiffre neuf fait référence aux nombres de niveaux de saluts qu'on trouve dans le « Paradis de l'Ouest ». Le **musée Hoshokan★**, réalisé en 2000 par Kuryu Akira, renferme une belle collection d'œuvres d'art. En 1994, le temple a été inscrit au Patrimoine mondial de l'Unesco.

★ Taiho-an 市営茶室・対鳳庵

En sortant du Byodo-in, prenez à droite et longez la rivière sur 300 m. Billets en vente au bureau d'informations touristiques. 10h-16h (fermé deux semaines fin déc.-début janv.) - 500 ¥. Cette authentique maison de thé, un charmant pavillon en bois, a été construite pour mieux faire connaître ces règles qui codifient très minutieusement la cérémonie du thé. *Honseki*, *hiroma-chaseki* et *ritsurei-seki* accompagnent ce précieux rituel.

Excursions autour du lac Biwa 琵琶湖

Nous vous proposons une sélection de sites autour du lac Biwa, le plus grand lac du Japon, une véritable (toute) petite mer intérieure qui s'étend sur 670 km^2 et compte trois îles. Les environs d'Otsu au sud, le musée Miho et Hikone à l'est, Harie à l'ouest : ces excursions peuvent être faites en train ou en voiture, seules (depuis Kyoto), ou couplées entre elles. Pour l'ensemble, comptez 4 jours, avec deux nuits à Otsu et une à Makino (entre Hikone et Harie), et en été prévoyez de vous arrêter le long du lac sur une de ses nombreuses plages.

OTSU ET ENVIRONS 大津 Carte de région B2

À 16 km de Kyoto - comptez deux jours, voire trois si vous voulez prendre votre temps.

Certains sites de la rive sud-ouest du lac, aux environs de la ville de Otsu, sont classés au Patrimoine mondial de l'Unesco sous l'appellation « Monuments historiques de l'ancienne Kyoto ».

★ Hiei-zan 比叡山 et Sakamoto 坂本

www.hieizan.or.jp/_att/english.pdf - de Sanjo Keihan, bus nos 16 et 17 ; de Kyoto Station, bus nos 18 et 19. Descendez au terminus Ohara (env. 45mn de trajet).

Le prêtre Saicho (767-822), dépêché une année en Chine par l'empereur Kanmu afin d'en rapporter de nouvelles doctrines, revint en 805 avec les enseignements de l'école Tendai. Il choisit de fonder son école sur le mont Hiei au nord-est de Kyoto. L'Enryaku-ji sera la clé de voûte de son enseignement.

★ Ohara et ★Sanzen-in 大原・三千院 – *D'Ohara Station, remontez vers l'est le sentier bordé d'échoppes de pickles (la spécialité locale) qui longe la rivière (10mn de marche) ; 8h30-17h (déc.-fév. fermeture à 16h30)- 700 ¥.* Le principal centre d'intérêt de cette petite ville rurale, outre les « Ice Kyuri », concombres japonais délicatement marinés dans une eau « alguée », est le Sanzen-in, œuvre là encore du prêtre Saicho. Le temple abrite dans sa salle principale un précieux bouddha Amida en méditation. À l'arrière s'étend un très beau **jardin★** planté d'érables et de cèdres au milieu desquels essaiment de minuscules *jizo*. Notons que cette figure aujourd'hui très populaire au Japon se développa pendant la période de Heian avec la diffusion du bouddha Amida. Jizo Bosatsu avait fait le vœu d'assister tous les êtres souffrants.

★ Hosen-in 宝泉院 – *En sortant du Sanzen-in, prenez à droite. Il se situe juste après le Shorin-in. 9h-17h - 800 ¥ avec le thé.* Un merveilleux **pin★** âgé de sept siècles égaye le jardin de ce petit temple peu fréquenté. À l'intérieur, le plafond porte encore les traces du sang versé par les 370 samouraïs qui se firent *seppuku* après la bataille de Sekigahara (1600) qui voit le général Tokugawa Ieyasu s'imposer face au fils de Hideyoshi *(voir p. 64)*. Ce plafond est en fait le plancher du puissant château qu'avait fait construire sur la colline de Fushimi son père Toyotomi Hideyoshi (1536-1598). Le château fut détruit en 1622 et la colline transformée en une plantation de pêchers *(momoyama)*. 3

★ Enryaku-ji 延暦寺 – *D'Ohara, bus nos 17 et 18 pour Yase Hieizanguchi Station (terminus de la ligne ferroviaire Eizan) d'où un funiculaire (ttes les 30mn, 20mn de trajet, 850 ¥) mène au sommet du Hiei-zan. De là marchez 20mn jusqu'au temple ou bus (7mn - 160 ¥). Au retour, bus direct (ttes les heures, 1h, 770 ¥) du temple jusqu'à Sanjo Keihan Station et Kyoto Station. 8h30-16h30 (déc. fermeture à 16h) - 700 ¥.* Il ne reste plus grand-chose de ce grand complexe monastique bâti sur le mont Hiei par **Saicho** (767-822), l'un des patriarches de la secte bouddhique du Tendai-shu. Au 8e s., l'Enryaku-ji était même le centre politique de son enseignement. Montant en puissance au fil des siècles, au détriment des sectes rivales, le temple fut finalement anéanti au 16e s. par le général Oda Nobunaga (1534-1582) qui, en prenant Kyoto, mettait un terme au gouvernement des Ashikaga. De ce complexe, qui comptait plus de 3 000 pavillons et temples, demeurent trois ensembles principaux : le **To-do** à l'est, le **Sai-to** à l'ouest et le **Yokawa** au nord (que l'on peut éviter). Du premier groupe on retient les statues du **Kokuho-den★** et la grande salle du **Konponchu-do★**, le bâtiment central. Du deuxième, retiennent l'attention le **Shaka-do★**, reconstruit par Hideyoshi, et le **Hokke-do** pour ses moines en prière.

★ Hiyoshi-taisha – *En sortant du téléphérique, continuez tout droit jusqu'à arriver à une grande rue bordée de murets de pierre, où vous tournerez à gauche et marcherez jusqu'à arriver à un grand* torii *rouge. 9h-16h30 - 300 ¥.* La divinité du **mont Hiei** au pied duquel s'élève le sanctuaire Hiyoshi-taisha, a pour mission de protéger l'ancienne cité de Kyoto des mauvais esprits. Passé l'imposant **pont en pierre Omiya**, le **sanno torii** qui marque l'entrée du temple a la particularité de présenter un triangle à son sommet qui, ouvert, forme le *kanji* pour « montagne », clin d'œil au mont Hiei. Un peu plus loin, le toit de la porte **Nishihongu romon** qui ouvre sur le hall principal **Nishihongu honden** est soutenu par deux **singes**, messagers de la divinité du sanctuaire. Tous les premiers de l'an, à 5h du matin, un spectacle de nô de 10mn a lieu sur la **scène de nô** du temple, donné par des acteurs venus de Kyoto et auquel on peut assister librement.

Ancien Chikurin-in – *En sortant du temple continuez tout droit sur 100 m puis prenez la première à gauche et continuez jusqu'au bout de la rue. Tlj sf lun. 8h-17h (dernière entrée 16h30) - 300 ¥.* Les conditions pénibles dans lesquelles vivent les moines du mont Hiei les autorisent à prendre leur retraite dans ces demeures possédant autel et jardin japonais, dont les couleurs changent avec les saisons. À contempler de l'intérieur de la maison et en buvant un thé vert.

En sortant, descendez la rue bordée de demeures érigées sur des murailles en terrasses, tournez à gauche et continuez tout droit sur 400 m puis tournez à droite. La gare de Sakamoto est à 30 m.

★ Mii-dera 三井寺

De la gare de Sakamoto, prenez le Keihan Railway jusqu'à la gare de Mii-dera.
L'immense complexe monastique qu'est le temple **Onjo-ji** comprend 40 bâtiments. Son surnom de Mii-dera, littéralement « trois roues », lui vient des trois empereurs à qui on a donné leur premier bain dans la source sacrée **Akaiya**, aujourd'hui hébergée dans l'enceinte du **Kon-do**, ou **hall principal**. Fondé au 7e s., ce temple de moines guerriers fut impliqué dans de nombreuses guerres et brûlé des dizaines de fois. Heureusement, les petites statues de Bouddha avaient chacune un moine chargé de la sauver des flammes. Ces **statues** – certaines datant d'avant l'ère Kamakura – sont exposées dans le Kodo dont le bâtiment actuel date de 1599. Vous ne pourrez malheureusement pas admirer les sept statues de Bouddha en métal contenues dans le **zushi**, caisson du hall principal qui a été scellé à la mort du précédent Bouddha et ne pourra être rouvert qu'à la venue du prochain, dans 7,670 millions d'années…

Otsu 大津

Train JR de Kyoto à Otsu (15-20 mn).
Située à l'extrême sud du lac Biwa, Otsu fut brièvement capitale au 7e s. et s'est développée comme étape importante sur la route du Tokaido. C'est aujourd'hui une ville très dense de 300 000 habitants, chef-lieu de la préfecture de Shiga et pôle touristique important. Les visiteurs, majoritairement japonais, apprécient ici les promenade au bord du lac, les croisières, les nombreux festivals ou encore les immenses jets d'eau scénarisés (parmi les plus puissants du monde) nommés *Biwa-ko Hana-funsui*. La ville sert également de base pour explorer les temples décrits dans ce chapitre.

Ishiyama-dera 石山寺

De la gare de Mii-dera (ou Otsu), prenez le Keihan Railway jusqu'à la gare de Ishiyama-dera. Pour le retour, prenez le Keihan Railway jusqu'à Keihan Ishiyama où vous changerez pour la Tohkaido main line (gare de Ishiyama, connectée à celle de Keihan Ishiyama) jusqu'à la gare de Kyoto. 8h-16h30 (dernière entrée 16h) - 500 ¥. C'est dans le temple « de la montagne pierreuse », que **Murasaki Shikibu** aurait trouvé l'inspiration et écrit le **Dit du Genji**. En cet honneur, une chambre avec un mannequin à son effigie est maintenue dans le temple et visible de l'extérieur. Un petit robot Murasaki est même exposé dans une vitrine.

LE FESTIVAL DE KABUKI DES ENFANTS DE NAGAHAMA

De Kyoto prenez le Shinkansen Hikari puis la ligne Hokuriku jusqu'à Nagahama, via Maibara (45mn, 3 390 ¥) ou de la gare de Hikone prenez la ligne Tokaido jusqu'à la gare de Maibara puis la ligne Hokuriku jusqu'à Nagahama (10mn - 200 ¥) - festival de Nagahama : 15 et 16 avril - musée où sont entreposés les chars : 9h-17h (dernière entrée 16h30) - 600 ¥.

Depuis près de 250 ans, chaque année à la mi-avril, des chars magnifiquement décorés défilent dans les rues de Nagahama avec à leur bord une troupe de kabuki miniature : de jeunes garçons acteurs âgés de 5 à 12 ans. Il y a 250 ans, le kabuki pour enfants existait déjà dans la ville mais il lui manquait une scène. C'est alors qu'apparut l'idée de chars où se produiraient les enfants. Cette idée fut soutenue par les riches familles des différents quartiers qui trouvaient dans ces splendides vaisseaux roulants l'occasion de rivaliser de richesse et de faste. Aujourd'hui, le festival de Nagahama est un des trois plus grands défilés de chars au Japon, et un des seuls spectacles de kabuki donnés par des enfants. Ceux-ci ont environ deux mois pour s'entraîner sans relâche à l'art traditionnel du kabuki et être à la hauteur des attentes de leurs familles et instructeurs. Les 15 et 16 avril, vêtus de splendides costumes et de lourdes perruques, trônant sur leurs « musées d'art ambulants », les enfants jouent et rejouent inlassablement leur pièce devant des milliers de spectateurs.

Il bouge et parle mais à travers une vidéo passée en boucle : il ne faudrait pas risquer de casser cet unique exemplaire ! Un musée présente également et alternativement des expositions sur le temple ou sur *Le Dit du Genji* *(voir encadré p. 264)*. Les **jardins★** qui s'étendent autour du temple sur les flancs de la montagne sont fleuris quelle que soit la saison, mais particulièrement beaux à la floraison des cerisiers en avril lorsque le temple est illuminé.

★★★ MIHO MUSEUM ミホミュージアム Carte de région B2

Comptez une demi-journée avec le trajet.

À environ 20 km au sud-est de Kyoto. JR Biwako Line pour la gare d'Ishiyama (15mn de trajet, 240 ¥), puis bus Teisan n° 150 jusqu'à son terminus (ttes les heures, de 9h10 à 13h10 à l'aller, de 11h à 17h au retour, 50mn, 820 ¥). Tlj sf lun. 10h-17h (dernière entrée 16h) - fermé 8 juin-3 juil. ; 31 août-14-sept. ; mi-déc.-mi-mars - 1 100 ¥. Attention avant de vous déplacer, vérifiez les dates d'ouverture au ✆ (0748) 82 3411 ou sur le site avec des explications en français : www.miho.or.jp/french/index.htm.

Totalement en harmonie avec les paysages montagneux du sud du lac Biwa, selon la volonté de son concepteur, l'architecte Ieoh Ming Pei (il a réalisé la pyramide du Louvre), le musée surprend et ce à plus d'un titre. Dès l'accueil, une petite voiture électrique conduite par une hôtesse en tailleur vous emporte dans un tunnel. Elle émerge quelques centaines de mètres plus loin face à un édifice à moitié enterré. Un instant digne de la célèbre série télé britannique *Le Prisonnier*. Derrière ses volumes audacieux qui épousent à merveille la configuration montagneuse, les objets sont mis en scène avec une simplicité d'une grande élégance qui discrédite à jamais les linéaires muséographiques. Remarquables, ils sont issus des arts antiques du Japon, de la Chine, du Moyen-Orient et du monde gréco-romain. Parmi ceux-ci une **statue bouddhique du Gandhara★★★** exécutée peu après le règne du roi Kanishka Ier (2e s.), ou cette **mosaïque de Dionysos★★** découvrant Ariane à Naxos (tesselles de pierres, d'origine romano-syrienne du 3e au 4e s.). L'aile nord présente quant à elle les arts japonais et les expositions temporaires. On quitte le musée enchanté avec cette question lancinante : qui est derrière cette magie muséographique ? Le musée abrite en fait la collection de Mme Koyama, fondatrice de la secte Shinji Shumeikai. Celle-ci réunit aujourd'hui plus de 300 000 membres à travers le monde et prône le salut de l'humanité par la contemplation de l'art pour développer une façon de vivre en harmonie avec la nature. Le pari, ici, est gagné, pour ne pas être trop sectaire…

★ CHÂTEAU DE HIKONE 彦根城 Carte de région B2

À environ 40 km au nord-est de Kyoto. Comptez une demi-journée avec le trajet. JR Biwako Line (ttes les 30mn, 50mn de trajet, 1 110 ¥). De la gare de Hikone, remontez la rue principale pendant 10mn environ. 8h30-17h - 600 ¥ ou 1 000 ¥ le billet combiné avec le musée. Dominant la rive est du **lac Biwa**, le château de Hikone construit entre 1603 et 1622 par le seigneur Ii Naosuke est l'un des plus anciens témoignages de l'âge féodal. Son donjon, ses douves et ses remparts n'ont en effet jamais été détruits. Le château abrite un petit musée (collections d'armures et de costumes de théâtre nô). De la terrasse du **Tenshu★** qui coiffe les trois étages du donjon, on jouit d'une vue dégagée sur le lac. Sur le flanc nord-est du château, un chemin fléché mène au **Genkyu-en★**, beau jardin paysager d'inspiration chinoise où l'on peut bien sûr boire un thé vert d'Uji.

HARIE 針江 Carte de région B2

À environ 60 km au nord-ouest de Kyoto. De Hikone, JR Biwako Line, JR Hokuriku Line puis JR Kosei Line, jusqu'à la gare de Shin-Asahi via *Omi-Shiotsu (1h15, 1 140 ¥). De la gare de Otsukyo (ou Hieizan-Sakamoto), Kosei Line jusqu'à la gare de Shin-Asahi (30mn, 760 ¥). De la gare de Shin-Asahi, 15mn de marche.* Faisant fi du réseau hydraulique moderne, ce petit village a développé un mode de vie original. Chaque maison possède sa propre source entourée d'un cabanon ou *kabata*, qui fait office à la fois de puits et de cuisine. Pour 1 000 ¥, on peut grâce à un pass déambuler dans le village et entrer dans les maisons signalées par un panneau pour observer les *kabata*, qui vous réservent bien des surprises. Ne manquez pas le petit sanctuaire shinto au centre du village, dédié bien évidemment à une divinité de l'eau. Une halte très intéressante et assez éloignée des circuits touristiques classiques.

La péninsule de Tango 丹後半島 Carte de région B1

Tango-hanto, la péninsule située dans la partie la plus septentrionale de la préfecture de Kyoto, sur la mer du Japon, se caractérise par un littoral très découpé, alternant promontoires rocheux, criques et baies plus profondes. De cette nature assez préservée s'échappe une atmosphère encore authentique.

Les principaux sites sont desservis par le train ou le bus mais la région se découvre plus aisément en voiture.

★★ Amano Hashidate 天橋立

Accès en train par la ligne JR San-in jusqu'à Nishi-Maizuru ou Fukuchiyama puis ligne privée Kyoto-Tango (env. 2h30 - 3 810 ¥). ℹ *Bureau d'information dans la gare - 9h-18h - www.amanohashidate.jp/lang/en/.*

Classée parmi les trois plus belles vues du Japon (avec Miyajima, *voir p. 378*, et Matsushima, *voir p. 414*), cette étroite bande de sable qui s'étire dans la baie de Miyazu forme à coup sûr un étonnant paysage. Son nom – littéralement le

« pont qui relie la terre au ciel » – fait référence à la mythologie shinto : le dieu Izanagi empruntait ce « pont » pour passer du ciel à la terre et vice versa mais un beau jour, le « pont » s'effondra. La relation entre les dieux et les hommes n'en fut pas affectée pour autant ; le lieu y gagna même en développement touristique au fil des siècles !

On peut parcourir le « pont », long de 3,6 km et planté de 8 000 pins, à pied et à vélo, en faisant étape sur l'une de ses plages *(une seule plage surveillée à l'extrémité sud, côté Amanoshidate Station)*. Mais pour admirer la singularité du paysage, mieux vaut prendre de la hauteur en montant sur le mont Nariai, jusqu'au **Kazamatsu Park** *(cable-car : 8h-16h30, avr.-oct. jusqu'à 17h30 - 660 ¥ AR)*. Sur la plate-forme d'observation, il est d'usage de contempler la vue en penchant sa tête entre ses jambes : le « pont » semble alors flotter entre le ciel et la terre.

À l'aller ou au retour, faites un arrêt au sanctuaire **Moto Ise Kono jinja**. Fondé il y a plus de 2000 ans, il aurait même précédé celui d'Ise *(voir p. 172)*. Son histoire de par sa longévité est donc étroitement associée à celle de la famille impériale.

Ine 伊根

Accès en bus Tankai depuis Amanoshidate Station (50mn - 400 ¥) ou route 178.

Le **site★★**, totalement préservé, ce qui est plutôt rare au Japon, est magnifique *(à voir du Funayano-sato Park, dans lequel se trouve le bureau d'information - tlj sf mar., documentation en anglais)* : une petite baie en arc de cercle, protégée par une île. Blotti au pied des reliefs couverts de végétation, un village de pêcheurs. Les maisons, appelées ici *funaya*, sont uniques en leur genre : le premier étage, au niveau de la mer, sert de garage à bateau et d'entrepôt, le second, d'habitation. Ce type de construction date de l'époque d'Edo et le village en abrite encore aujourd'hui 230.

Maizuru 舞鶴

Accès en train depuis Kyoto par la ligne JR San-in jusqu'à Higashi-Maizuru (1h40mn - 3 250 ¥).

La plus grande ville de la péninsule de Tango (89 626 hab.) abrite un port important depuis l'époque médiévale. Les bateaux venant du nord du Japon, les *kitamaebune (voir p. 366)*, y faisaient étape. Compte tenu de sa position stratégique sur la mer du Japon, le gouvernement Meiji décida en 1898 d'en faire un port militaire, qui joua un rôle essentiel pendant la guerre russo-japonaise (1904-1905). C'est aujourd'hui le 3e port de la marine japonaise. Il accueille aussi de grands chantiers navals civils.

Dans la partie est de la ville subsiste un bel ensemble de bâtiments en brique de l'ère Meiji. **The World Brick Museum** est abrité dans un ancien entrepôt à torpilles construit en 1903 *(à 15mn à pied de Higashi Maizuru Station - 9h-17h, fermé 29 déc. et janv. - 300 ¥)*. Le musée retrace l'histoire de la brique dans le monde. À voir aussi, juste à côté, le Maizuru City Commemoration Hall (expositions, concerts, café - *9h-17h - gratuit*) et le Maizuru Wisdom Hall *(9h-17h - gratuit)*.

Pour poursuivre le voyage sur la côte de la mer du Japon, vers l'ouest, voir Kinosaki Onsen (p. 325) et la côte de San-in (p. 387).

3

NOS ADRESSES À KYOTO

VISITES

Kyoto S.G.G. Club – *Kyoto Station (sortie Shinkansen Hachijo-guchi) - www.eonet.ne.jp/~kyotosgg/ - 10h-16h.* Services gratuits (hors frais de transport et de repas, à votre charge) d'un guide bénévole parlant anglais. Réserver deux semaines à l'avance auprès du S.G.G. *E-mail : kyotosgg@maia.eonet.ne.jp.*

JTB Sunrise Center – *608-9 Higashi Shiokoji-cho, Shimogyo-ku - ✆ (075) 341 1413 - www.jtb.co.jp/shop/itdw/info/e/.* Tours guidés en bus avec guide anglophone sur Kyoto et aussi vers Nara, Osaka, Ise, Himeji, etc.

WaRaiDo Guide Networks – *Cloto Bldg, 376 Ichinofunairi-cho, Nakagyo-ku - http://www.waraido.com/walking/.* Balades guidées à pied, en anglais, tous les lun., merc. et vend. de mars à nov., départ à 10h de Kyoto Station (durée 5h, sans réservation 2 000 ¥*/pers.*). Au programme : temples, sanctuaires, jardins, vieux quartiers et ateliers d'artisans.

Guides privés francophones – *✆ (33) 01 42 61 60 83 - www.vivrelejapon.com* - à partir de *18 000 ¥ la journée.* Balades guidées à votre convenance pour découvrir Kyoto tout en trouvant des réponses à vos questions sur la vie quotidienne au Japon, en découvrant des lieux insolites ou en faisant du shopping.

INFORMATIONS UTILES

Banque/Change – Distributeurs automatiques (ATM) acceptant les cartes étrangères dans les postes, en particulier celui de la poste centrale *(voir ci-contre).* Même service dans toutes les autres postes.

Citibank – *Shijo-dori (entre Karasuma et Muromachi)* Plan III, B3. ATM international - *24h/24.*

Certains *conbini* disposent de distributeurs ATM internationaux, en particulier les 7 Eleven ouverts 24h/24 *(*appuyez sur « english » puis sur « withdrawal »*).*

Poste – Poste centrale, *sortie principale de Kyoto Station (côté ouest)* Plan III, B2 - *9h-21h (w.-end, j. fériés 19h).* Dans l'aile sud du bâtiment, un comptoir postal reste ouvert 24h/24. ATM ouvert 24h/24 *(sauf dim. et j. fériés 21h, et lun., lendemain de j. fériés 7h-).* Nakagyo Post Office, *angle Sanjo-dori et Higashi-no-Toin* Plan II, B2 - *9h-19h (w.-end 15h).* Distributeurs de billets ATM *(lun.-vend. 7h-23h, w.-end, j. fériés 9h-19h).*

Santé – International Community House, *2-1 Torii-cho, Awataguchi, Sakyo-ku - ✆ (075) 752 3010 - www.kcif.or.jp/en ; www.deepkyoto.com - tlj sf lun. 9h-21h.* Transmettent les coordonnées d'un médecin parlant le français ou l'anglais.

Dr Hiroshi Yamamoto, clinique Yamamoto, *Daini Kinken Bldg, 2F, Higashi-yama, Nijo nishiiru, Sakyo-ku* Plan I, C3 - *✆ (075) 751 7750.*

Consulat de France, *8 Izumidono-cho, Yoshida, Sakyo-ku* Plan I, C1 - *✆ (075) 761 2165/2988 - https://kyoto.consulfrance.org/.*

Institut français du Japon - Kansai/Kyoto – *8 Izumidono-cho, Yoshida, Sakyo-ku* Plan I, C1 - *✆ (075) 761 2105 - tlj sf lun. et j. fériés 9h30-19h (sam. 18h30, dim. 15h).* Devant l'université de Kyoto. Ciné-club, médiathèque, concerts, conférences.

TRANSPORTS

En avion

Kansai International Airport (KIX) à Osaka Plan I, B4 en dir. – ✆ *(072) 455 2500 - www.kansai-airport.or.jp/en/.* L'aéroport est relié en train à Kyoto Station par le JR Haruka *(ttes les 30mn, durée 1h20 env., 2 850/3 170 ¥ avec réserv.).* L'aéroport est également desservi par le bus : terminal 1, arrêt n° 8 ; terminal 2, arrêt n° 2 *(ttes les 20-30mn, 1h30, 2 550 ¥).* Son arrêt se situe devant le grand magasin Avanti, à la sortie sud (Hachijo) de Kyoto Station. Sinon, les minibus des compagnies **Yasaka**, ✆ *(075) 803 4800*, et **MK Taxis**, ✆ *(075) 778 5489*, proposent un service porte-à-porte entre l'aéroport et le centre de Kyoto, *4 200 ¥/pers. (plus 1 000 ¥/bagage -* **MK Taxis***).* Leurs comptoirs sont dans le hall d'arrivée. De Kyoto, réservez votre place (**Yasaka** - 2 j. av. le départ, **MK Taxis** - 1 j. av.) av. midi.

Itami Airport (ITM) à Osaka Plan I, B4 en dir. – ✆ *(06) 6856 6781.* L'aéroport (vols intérieurs) est relié par bus à Kyoto Station *(ttes les 20mn de 8h à 21h10, 55mn, 1 310 ¥).* L'arrêt se trouve devant le grand magasin Avanti, à la sortie sud (Hachijo) de la gare. Les minibus de MK Taxis proposent également un service porte-à-porte entre l'aéroport d'Itami et le centre de Kyoto *(2 900 ¥/pers., 500 ¥/bagage).*

En train

Gare de Kyoto (Kyoto Station) Plan I, C4 – La gare abrite l'arrêt des Shinkansen, des trains JR et le terminus de la ligne Kintetsu. La **Kawaramachi Station** Plan I, C3 abrite la ligne Hankyu. La ligne Keihan opère de la **Sanjo Station** Plan I, C3. Départ du Shinkansen Nozomi pour Tokyo *(ttes les 10mn, 2h20, 13 080¥)*, Nagoya *(ttes les 10mn, 40mn, 5 070 ¥)*, Hiroshima *(ttes les 20mn, 1h40, 10 570 ¥)* et Fukuoka (Hakata Station ; *ttes les 30mn, 2h50, 15 120 ¥).* Pour Nara, JR Line *(ttes les 15mn, 45mn de trajet, 710 ¥)* ou Kintetsu Line *(Express : ttes les 20mn, 50mn, 620 ¥).* Pour Kobe, JR Line *(ttes les 10mn, 55mn, 1 080 ¥)* ou Hankyu Line *(Kobe-Sannomiya Station ; Ltd Express : ttes les 10mn, 1h10, 620 ¥)* avec changement à Osaka-Juso. Pour Osaka, JR Line *(ttes les 10mn, 30mn, 560 ¥)*, Hankyu Line *(Umeda Station ; Ltd Express : ttes les 10mn, 45mn, 400¥)* ou Keihan Line *(Yodoyabashi Station ; Ltd Express : ttes les 10mn,50mn, 410 ¥).* Pour Himeji, JR Line *(ttes les 15mn, 1h30, 2 270 ¥).* Pour Ise (Ise-shi Station), Kintetsu Line (Ltd Express ; *ttes les h, 2h, 3 620 ¥).*

En bus

Pour Tokyo (JR Tokyo Station), JR Bus, au terminus de la **Kyoto Station** *côté nord,* Plan I, C4 – Hiru-Limited Express à 8h30, 10h30 et 11h30 ; JR Dream (bus de nuit) 6 bus entre 22h et 0h. Pour Ikebukuro (Tokyo), JR Dream à 21h20 *(8h de trajet, à partir de 4 000 ¥, le prix varie selon le jour et la qualité des sièges, les rangs de 4 sont moins confortables).* Pour Fukuoka (Hakata bus terminal), départ de la Kyoto Station (côté sud, devant l'hôtel Keihan) du bus de Willer Express à 21h30 *(10h, à partir de 5 000 ¥).*

Se déplacer à Kyoto

En métro – Le réseau se résume à deux lignes : Karasuma Line (nord-sud) et Tozai Line (est-ouest), qui se croisent à la station Karasuma-Oike Plan II, B2. Pratique pour se déplacer rapidement à travers le centre-ville, mais pas très utile pour les temples éloignés. Les rames fonctionnent de 5h20 à 23h30 (selon les lignes). Billet de 210 à 350 ¥, selon la distance.

En train – Plusieurs lignes parcourent Kyoto. La ligne Hankyu, de la station Kawaramachi-Shijo, se dirige au sud-ouest vers la villa Katsura, et rejoint au nord-ouest le secteur d'Arashiyama. Arashiyama est aussi desservi par la ligne Randen-Keifuku *(voir p. 262)*, de la station Shijo-Omiya, et par la JR Sagano Line, de Kyoto Station. Le nord-est de Kyoto est desservi par la Eizan Line. La ligne Keihan, de la station Sanjo Keihan, se dirige au sud vers Osaka.

Pour se retrouver dans le dédale de la Kyoto Station, demandez son plan détaillé.

En bus – Le réseau, très dense, permet d'accéder à presque tous les temples et sites touristiques. Les bus circulent de 6h à 22h, certains jusqu'à 23h. Trajet à tarif unique à l'intérieur de la zone blanche *(230 ¥)*, qui couvre presque entièrement la ville.

Les Raku Bus 100 (est de la ville), 101 (centre et nord-ouest) et 102 (liaison est-ouest), qui desservent les principaux sites touristiques sont les plus fréquentés par les visiteurs.

Le **plan des lignes de bus**, accompagné d'explications, est disponible auprès du Kyoto Tourist Information et au bureau d'information du terminal principal des bus, devant l'entrée centrale de la Kyoto Station.

Les bus ont des horaires de passage irréguliers, et ils restent parfois bloqués des heures dans les embouteillages. Faites les longs trajets en métro ou en train, puis prenez un bus entre la gare d'arrivée et votre destination.

Pass – Le **Kyoto City Bus & Kyoto bus One-Day Pass** *(500 ¥)* permet d'utiliser les bus à volonté durant une journée.

La **Traffica Kyoto Card** *(1 000 ¥ ou 3 000 ¥)* est valable sur les bus et métros, donne droit à une valeur de 3 300 ¥ en trajet. Ces cartes s'achètent aux guichets des stations de bus et de métro.

Le **Kyoto Tourist 1-Day, 2-Day Pass** *(1 200 ¥ pour 1 j. ou 2 000 ¥ pour 2 j., enf. 1/2 tarif)* est valable sur les bus et métros et donne également droit à des réductions sur une sélection de temples et musées. Le **Kansai Thru Pass** permet de voyager librement sur toutes les lignes de métro, de trains (hors réseau JR) et de bus de la région (Kyoto, Osaka, Kobe, Himeji, Nara et Koya-san) pendant 2 j. *(3 800 ¥)* ou 3 j. *(5 000 ¥)*, et donne aussi droit à des réductions sur de nombreuses attractions. En vente au Bus Information Center de la Kyoto Station et au Kansai International Airport. www.surutto.com.

Le **JR Kansai Area Pass** *(1 j. 2 300 ¥, 2 j. 4 500 ¥, 3 j. 5 500 ¥, 4 j. 6 500 ¥, 1/2 tarif enf. 6/11 ans, gratuit -6 ans)* est valable sur le réseau JR du Kansai qui dessert, notamment, l'aéroport international du Kansai, Kobe, Osaka, Nara, Himeji et Kyoto.

Le **JR Sanyo-San'in Area Pass** permet de voyager 7 j. consécutifs *(20 000 ¥)* sur le réseau JR du Kansai, du San-yo, du San-in et aussi sur les Shinkansen entre Kyoto et Fukuoka (Hakata). Ce pass peut s'acheter sur place dans les gares JR, sur présentation du passeport.

En taxi – On trouve des taxis absolument partout, lesquels acceptent jusqu'à 4 pers. Le prix est env. 610 ¥ pour les deux premiers km, puis d'environ 80 ¥ tous les 300 m. Si vous restez peu de temps à Kyoto, n'hésitez pas à les utiliser pour couvrir les petites distances entre les temples qui, à pied, s'avèrent vite épuisantes.

Doi Taxi, *(090) 9596 5546 - http://kyoto-doitaxi.com*. Chauffeur de taxi parlant anglais. Service similaire avec **Yasaka Taxi**, *(075) 842 1212 - www.yasaka.jp/english/.*

À vélo – La bicyclette est le moyen le plus commode de parcourir la ville. Excepté les collines pentues de l'est, le terrain est plat, légèrement incliné du nord au sud, et l'on roule à loisir sur les larges trottoirs des avenues. Profitez aussi de la belle piste cyclable qui longe la rivière Kamo du nord au sud. Informations sur le vélo à Kyoto (location, routes, etc.) sur www.cyclekyoto.com (en anglais).

Location de vélos – **Kyoto Cycling Tour Project**, *à 100 m à l'ouest de la poste centrale (près de l'hôtel APA) - (075) 354 3636 - www.kctp.net/french/index.html - 9h-19h.* Plusieurs autres points de location dans la ville. À partir de 1 000 ¥/j. L'association organise en outre de plaisants tours guidés à vélo (3h à 8h), pour découvrir Kyoto hors des sentiers battus. **Bol. Cycle Shop**, *685 Osaka-zaimokucho, Sakaimachi-dori, Anekohji-sagaru, Nakagyo-ku (à proximité du restaurant Yoshikawa) - (075) 221 5333 - 9h-19h.* Une adresse centrale, location à l'heure *(105 ¥/h) ou à la journée (525 ¥).* **Miyabiya rent-cycle**, *323 Kamijuzuyacho, Shimogyo-ku, à 1 km au nord de la gare par Karasuma-dori, face au Higashi-Hongan-ji - (075) 354 7060 - 8h30-19h.* Une adresse proche de la gare où l'on pourra louer des vélos de ville *(800/1 400 ¥ selon le modèle)* et des vélos électriques *(1 800/2 000 ¥).*

Si vous restez plus d'une semaine à Kyoto, vous avez intérêt à acheter un vélo d'occasion. 3 000 ¥ pour les plus basiques, de 5 000 à 7 000 ¥ sinon. Ainsi à **You Shop - Tanahashi Shokai,** *495 Daikucho, Shimogyo-ku, angle Kawaramachi et Rokujo Plan III, (075) 351 7707 - tlj sf dim. 9h-19h.*

HÉBERGEMENT

De nombreux hôtels et ryokan ajustent leurs prix en fonction de l'importance de la demande. De très fortes réductions peuvent ainsi être accordées en semaine, sur les sites Internet ou sur place. À l'inverse, en haute saison (avr.-mai, mi-août, mois de novembre et Nouvel An), les prix de certains hôtels augmentent de 10 à 30 %. Si vous arrivez sans réservation en haute saison, adressez-vous à l'office de tourisme de la gare où l'on vous aidera à trouver une chambre.

Autour de la gare

PREMIER PRIX

Piece Hostel Kyoto
ピースホステル京都
21-1 Higashi Kujo Higashisanno-cho Plan I, C4 - (075) 693 7077 - www.piecehostel.com/kyoto/en - lit en dortoir à partir de 2 400 ¥/pers., double à partir de 6 600 ¥. Une auberge de jeunesse particulièrement agréable et bien conçue. Les parties communes sont chaleureuses et propices aux échanges : bibliothèque, salon, cuisine ouverte 24h/24, terrasse. Les chambres sont aussi agréables que bien équipées (wifi, matelas moelleux).

K's House ケイズハウス京都
418 Naya-cho, Shichijo-agaru Dotemachi-dori, Shimogyo-ku Plan III, B2 - (075) 342 2444 - kshouse.jp/kyoto-e/index.html - 65 ch (23 dortoirs) à partir de 2 400 ¥/pers. Sise dans une pimpante maison jaune, cette pension au personnel anglophone est un modèle de propreté et de convivialité. Les dortoirs *(à partir de 2 400 ¥/pers.)* et les chambres *(à partir de 6 500 ¥/chambre double)*

3

sont meublés de lits en bois et climatisés. Agréable salon, cuisine équipée, terrasse, casiers et location de vélos *(700 ¥/j)*.

BUDGET MOYEN

Hotel Iida ホテル飯田 *717 Higashi shiokoji-cho, Akezu-no-mon-dori, Shimogyo-ku* Plan III, B2 - *(075) 341 3256 - www.hotel-iida.co.jp - 27 ch. à partir de 7 560 ¥/pers. - 1 620 ¥*. Dans une rue calme, ce petit hôtel-ryokan, où l'on parle anglais et espagnol, possède en majorité des chambres japonaises simples et agréables *(bain pour hommes et bain pour femmes au sous-sol)*.

Dormy Inn Premium Kyoto Ekimaeドーミーイン**PREMIUM** 京都駅前 *558 Higashi Shiokoji-cho, Shichijo-Kudaru, Higashinotoin-dori, Shimogyo-ku* Plan III, B2 - *(075) 371 5489 - www.hotespa.net/hotels/kyoto/?s_cd=17728 - 200 ch. à partir de 13 600 ¥*. Hôtel récent, très bien situé à 3mn à pied de Kyoto Station, près de la Kyoto Tower. Chambres petites mais bien insonorisées et confortables. Le plus : un onsen au dernier étage.

Ryokan Shimizu 京の宿しみず *644 Kagiya-cho, Shichijo-dori, Wakamiya-agaru, Shimogyo-ku* Plan III, A2 - *(075) 371 5538 - www.kyoto-shimizu.net/eng/index.html - - 9 ch. 10 800/12 960 ¥*. Dans une rue calme, ryokan moderne et soigné. Les hôtes, prévenants, parlent anglais. *O-furo* en cèdre. Internet, location de vélos.

Aranvert Hotel アランヴェールホテル *179 HigashiKazariya-cho, Gojo-dori, Shimogyo-ku* Plan III, A1 - *(075) 365 5111 - www.aranvert.co.jp/en - 183 ch. à partir de 15 000 ¥ -* . Situé à proximité de la gare, du métro et des bus, cet hôtel concilie modernité et tradition. Accueil charmant, chambres très confortables. Au dernier étage, les bains offrent une vue agréable sur les montagnes environnantes (*toutes les chambres sont non fumeurs*).

POUR SE FAIRE PLAISIR

Kikokuso Inn 枳殻荘 *Kawaramachi, Shichijo-agaru, Hitosujime nishiiru, Shimogyo-ku* Plan III, B2 - *(075) 371 7781 - www.oak.dti.ne.jp/~kikokuso - - 4 ch. à partir de 25 000 ¥* . Intime et adorable ryokan à l'ancienne, dans une maison vieille de plus d'un siècle. Les chambres (une seule avec salle de bains) sont distribuées le long d'une galerie en bois, face à un ravissant jardin intérieur. L'*o-furo*, dans un décor de roches, est pittoresque. Internet.

Centre-ville

PREMIER PRIX

Khaosan Kyoto Theatre Hostel カオサン京都シアター *346 Iseyacho, Rokkaku-sagaru, Gokomachi-dori* Plan II, B2 - *(075) 746 4554 - khaosan-tokyo.com/en/theater - lit en dortoir à partir de 3 200 ¥*. Ouverte en 2013 dans une rue calme et centrale, cette auberge de jeunesse pas comme les autres met l'accent sur les rencontres. Dortoirs et chambres bien tenues. Cuisine commune, points Internet et machines à laver. Personnel bilingue et avenant.

9 Hours Capsule Hotel カプセルホテル・ナインアワーズ *588 Teianmaeno-cho,Teramachi-dori, Shijosagaru* Plan II, B3 - *(075) 353 7337 - ninehours.co.jp/en/kyoto - à partir de 4 900 ¥ (réductions sur Internet)*. Blanc immaculé ! Seule les réceptionnistes sont en noir et vous guident vers des capsules ultra-modernes dignes d'un décor de film de science-fiction.

Chaussons, *yukata*, et nécessaire de toilette sont fournis. Une adresse bien située et bien tenue pour une nuit dans un autre espace-temps...

Khaosan Kyoto Guest House カオサン京都ゲストハウス
568 Nakano-cho, Bukkoji-agaru, Teramachi-dori, Shimogyo-ku Plan II, B3 - *(075) 201 4063 - khaosan-tokyo.com/en/kyoto - 46 ch. double à partir de 7 000 ¥, single à partir de 4 500 ¥, dortoir à partir de 3 000 ¥.* Dans une rue calme, sympathique hôtel où l'on vient du monde entier avec son sac à dos. Chambres petites, bien tenues, certaines doubles avec lits superposés.

BUDGET MOYEN

Super Hotel スーパーホテル京都•四条河原町
538-1, Shin-Kyougoku-dori, Sijyo-agaru, Nakano-cho Nakagyo-ku Plan II, B3 - *(075) 255 9000 - www.superhoteljapan.com/en - 177 ch. à partir de 12 000 ¥.* Hôtel moderne et sympathique où l'accueil, équipé de digicodes, n'ouvre qu'à 15h. Bien que le service soit organisé au minimum, les chambres, toutes avec salles de bains, sont parfaitement tenues et vous pouvez choisir votre type favori d'oreiller.

Itoya 糸屋ホテル *712 Yakushimae-cho, Karasuma-dori, Matsubara -agaru* Plan II, B3 - *(075) 365 1221 - www.itoyahotel.com/eng - 65 ch. à partir de 12 000 ¥.* Abrité dans un petit immeuble moderne et élégant, cet hôtel inauguré en 2013 s'avère confortable et très bien situé. Le décor est sobre mais soigné.

Hirota Guesthouse
広田ゲストハウス
665 Seimei-cho, Nijo-tominokoji-nishiiru, Nakagyo-ku Plan II, B2 - *(075) 221 2474 - - 5 ch. à partir de 17 280 ¥/2 pers. (prix selon le nombre de pers.).* De l'extérieur, rien ne laisse présager ce havre de verdure. Au fond du jardin, le cottage (l'ancienne remise) comprend deux chambres japonaises, une salle de bains et une cuisine. Idéal pour un couple avec enfants ou un groupe d'amis. La maison familiale abrite trios chambres à tatamis de taille variable, qui partagent une salle de bains. L'hôtesse, guide-interprète à la retraite, parle un anglais parfait. Location de vélos.

Inn Kawashima 川嶋旅館
207-2 Ayanokoji-dori,Yanaginobanba-nishiiru, Shimogyo-ku Plan II, B3 - *(075) 351 2089 - www5.ocn.ne.jp/~innkawa - 5 ch. à partir de 9 100 ¥/pers.* Sis dans une *machiya* (maison en bois) typique du vieux Kyoto, au sein d'une rue tranquille, ce charmant ryokan ordonne ses chambres autour d'un jardinet intérieur entretenu avec soin. Les pièces sont grandes et pleines de cachet. Le propriétaire parle anglais et un peu français. Seul inconvénient : une seule salle de bains pour tous. Prix réduits hors saison.

Royal Park Hotel
ロイヤルパークホテル ザ 京都
Kawaramachi Higashi-iru, Sanjo-dori, Nakagyo-k Plan II, B2 *u - (075) 241 1111 - www.rph-the.co.jp/kyoto/en - 172 ch. - à partir de 20 000 ¥ la ch. double.* À deux pas de Pontocho et de la rivière Kamo, hôtel moderne très confortable aux chambres décorées avec goût. Bon restaurant au sous-sol, laverie, service excellent.

Nishiyama Ryokan
433 Yamamotocho Goko-machi, Nijyo-Sagaru, Nakagyo-ku Plan II, B2 - *(075) 222 1166 - www.ryokan-kyoto.com/french - 27 ch. jap. et 3 ch. occ. - à partir de 12 000 ¥.* Derrière les baies vitrées

de ce ryokan contemporain, on découvre un beau jardin intérieur où coule une cascade. La chute d'eau se contemple également du très relaxant *o-furo* situé au sous-sol. Les chambres sont vastes, jolies et bien agencées, mais souffrent d'un petit côté défraîchi et de leurs salles de bains minuscules.

UNE FOLIE

Ryokan Kinmata 宿•近又
407 Gokomachi-dori Shijo-agaru Plan II, B3 - *(075) 221 1039 - www.kinmata.com/english/index.html - 7 ch. à partir de 40 000 ¥/pers. - hébergement en demi-pension.* Construit en 1801, ce prestigieux ryokan a gardé son superbe décor de boiseries et d'antiquités précieuses. Les propriétaires, la même famille depuis sept générations, proposent une cuisine *kaiseki* raffinée et au goût exquis qui justifie à elle seule le séjour. Les chambres à tatamis surplombant deux jardins intérieurs ornés de lanternes en pierre n'ont pas de salle de bains mais on se glisse avec bonheur dans le bain chaud de l'*o-furo* en bois de cèdre.

Gion et Kiyomizu-dera

PREMIER PRIX

Hanakiya Inn 花喜屋
583-101 Higashi-Rokucho-me, Gojobashi, Higashi-yama-ku Plan III, D1 - *(075) 551 1397 - www.hanakiya.jp.net - 8 ch. 8 400 ¥ (réserv. de 2 nuits mini).* Caché dans une ruelle près du temple Kiyomizu-dera, ce petit B&B familial comprend trois chambres japonaises donnant sur une courette (son annexe 5 chambres). Les hôtes partagent une salle de bains et une salle de séjour avec des livres, du café et un ordinateur à disposition.

Ryokan Sawai 澤食
4-320 Miyagawasuji, Higashiyama-ku Plan II, B3 - *(075) 561 2179 - www.kyoto-sawai.jp - - 5 ch. 10 000 ¥.* Situé au sud de Gion, ce ryokan tenu par un charmant professeur d'université à la retraite occupe l'une des plus anciennes *ochaya* du quartier. Voilà une discrète pension de famille avec ses chambres biscornues, ses planchers qui grincent, et ses cloisons peu étanches (une seule salle de bains commune). La table d'hôte, en outre, est excellente.

POUR SE FAIRE PLAISIR

Hotel in Gion Maifukan 祇園の宿•舞風館
Gion Yasaka-jinja Minami-mo-mae, Higashiyama-ku Plan II, C3 - *(075) 525 5514 - www.maifukan.com/en - à partir de 15 800 ¥/pers.* Chambres japonaises ou occidentales modernes (dont des chambres familiales) très bien tenues et tout confort, à deux pas de Gion et des temples de l'est de la ville. Le personnel, très compétent, parle anglais. Le petit-déjeuner se prend dans un café tout proche. Location de vélo proposée.

Mume Boutique Hotel ホテル•ムメ
261 Shinmonzen-dori, Umemoto-cho, Higashiyama-ku Plan II, C3 - *(075) 525 8787 - www.hotelmume.com/main.html - 7 ch. à partir de 24 000 ¥.* Dans une rue bordée de boutiques d'antiquaires, derrière une discrète façade sombre où brille une porte rouge vif, se cache un hôtel très attachant. Le concept qui mêle tradition, modernité et grand confort (meubles chinés, papier traditionnel) se décline dans les quatre styles de chambres proposés (fleur, vent, lune, papillon).

Otsu

POUR SE FAIRE PLAISIR

Hotel Biwako
琵琶湖ホテル
2-40 Hama-machi Otsu-shi - ✆ (077) 524 7111 - www.keihanhotels-resorts.co.jp/biwakohotel - à partir de 28 000 ¥. Cet hôtel sur les bords du lac Biwa possède au quatrième étage un onsen intérieur, et un autre en terrasse avec une belle vue sur le lac, surtout de nuit. L'immense baie vitrée du restaurant permet également de prendre son repas en regardant les flots.

RESTAURATION

Autour de la gare

PREMIER PRIX

Les amateurs de *ramen* grimperont au 10e étage du grand magasin Isetan (au sein de la gare) pour, en compagnie de nombreux touristes locaux, faire la queue devant les diverses enseignes de la **Ramen Alley** Plan III, B2 – *www.kyoto-ramen-koji.com/english - 10h-22h (dernière commande 21h30) - à partir de 690 ¥.* Vous pourrez alors entamer un tour du Japon des différents types de *ramen* !

BUDGET MOYEN

Kyosuishin
京すいしん
SK Bldg 1F 719 Higashishiokoji-cho, Karasuma-dori-agaru, Shimogyo-ku Plan III, B2 - *✆ (075) 365 8888 - www.suishin.co.jp/kyosuishin - tlj 11h30-15h, 17h-23h30 (dernière commande).* Sushis, sashimis et tempura sont au menu de ce vaste restaurant au décor traditionnel où l'on peut s'asseoir sur les tatamis ou sur une chaise. Menus complets *(en anglais)* à partir de 1 850 ¥ le midi, 4 000 ¥ le soir.

Centre-ville

PREMIER PRIX

Le **marché Nishiki** permet de se restaurer de façon nomade : fritures, omelettes légèrement sucrées et impeccablement modelées... Discret au milieu des boutiques, le petit restaurant végétarien **Hale** 晴 *✆ 075 231 2516 - www.kyoto-nishiki.or.jp/stores/hale/index.html - tlj sf lun. midi et soir - à partir de 1 000 ¥* où, aux abords d'un petit jardin, on dégustera de belles préparations.

Tomi Zushi とみ寿司 *578-5 Nakano-cho,Shinkyogoku-dori, Shijo-agaru* Plan II, B3 - *✆ (075) 231 3628 - tlj sf jeu. 17h-0h.* Un peu perdu entre les boutiques des ruelles du quartier commerçant, ce petit restaurant constitué d'un comptoir unique vaut pour ses excellents sushis confectionnés sous vos yeux.

Autre adresse centrale pour déguster des sushis – cette fois en version *kaiten*, **Musashi** 寿司のむさし *440 Ebisu-cho, Kawaramachi sanjo-agaru, Nakagyo-ku* Plan II, B2 - *✆ 075 222 0634 - www.sushinomusashi.com/omise/index.html - 11h-22h (dernière commande 21h45).* Très souvent bondée et prisée par les touristes comme les locaux.

Ootoya 大戸屋京都錦小路店
98 Nishiuya-cho, Sanjo-dori, Kawaramachi-higashi-iru Plan II, B3 - *✆ (075) 744 0853 - 11h-22h (dernière commande 21h30) - menus à partir de 748 ¥.* Proche de l'entrée ouest du marché de Nishiki, ce restaurant d'une chaîne qui gagne en popularité dans les grandes villes du pays permet de se restaurer de classiques nippons à moindre coût. Au choix (menu tout en photo), des *seto* complets à base de viande ou de poisson, des produits de saison (huître

par exemple), des salades et des desserts.

Miyakoyasai Kamo 都野菜•賀茂 *276 Ogisakaya-cho, Ayanokoji-sagaru, Higashitoin-dori* Plan II, B3 - ✆ *(075) 351 2732 - nasukamo.net - 7h-10h, 11h-16h, 17h-23h - déjeuner 890 ¥, dîner 1 370 ¥ (950 ¥, 1 500 ¥ w.-end et j. fériés)* - ⊭. Juste au sud de Shijo-dori, ce restaurant attire de nombreux clients grâce à ses buffets riches et colorés où les légumes crus et cuits issus du potager du gérant ont la vedette. Si les végétariens composent la majorité de la clientèle, les amateurs de viande et poisson ne sont pas totalement oubliés, notamment en soirée.

Bio-Tei びお亭 *M&I Bldg 2F, 28 Umetada-cho, angle Sanjo-dori et Higashinotoin* Plan II, B2 - ✆ *(075) 255 0086 - déj.11h30-14h (mar.-vend.), dîner 17h-20h30 (mar., merc., vend. et sam.) - formules déj. 870 ¥, dîner 1 295 ¥* - ⊭. Sympathique bistrot familial formé d'un comptoir et de quelques tables en bois. Sert uniquement des plats bio (mais non végétariens), goûteux et pas chers : salades de tofu et de légumes, curry de poulet, croquettes de soja ou carpaccio de poisson cru, également yaourts, glaces et gâteaux maison.

Ukiya 有喜屋 *Kyoto Culture Museum 1F, 623-1 Higashikatamachi, Takakura, Sanjyo-agaru* Plan II, B2 - ✆ *(075) 255 2078 - www.ukiya.co.jp/shop - tlj sf lun. 11h30-20h - à partir de 600 ¥*. Au rdc du musée culturel, délicieux *soba* frais faits main et bon choix de tempuras.

Ganko Sanjo Honten がんこ京都三条本店 *101 Nakajima-cho, Sanjo-dori, Kawaramachi-higashi-iru* Plan II, B2 - ✆ *(075) 255 1128 - www.gankofood.co.jp/en - 11h-23h - menus en anglais à partir de 780 ¥*. Dans ce grand restaurant très animé, vous pourrez goûter à peu près toutes les spécialités de la cuisine kyotoïte à des prix attrayants.

Kyoto Gogyo 京都五行 *452 Jumonji-cho, Takoyakusi-sagaru, Yanaginobamba-dori* Plan II, B3 - ✆ *(075) 254 5567 - www.ramendining-gogyo.com - 11h30-15h (w.-end et j. fériés-16h), 17h-23h - à partir de 890 ¥*. Décor soigné, personnel empressé, un cadre moderne qui fait la part belle au bois... ce restaurant chaleureux plaît d'emblée. Au menu, d'excellents *ramen*, mais aussi des salades bien faites et divers accompagnements auxquels on résiste difficilement.

BUDGET MOYEN

Watanabeya わたなべや *124 Sakyo-cho, Oshikoji-dori, Higashitoin-Higashi-iru, Nakagyo-ku* Plan II, B2 - ✆ *(075) 203 0651 - 17h30-0h (dernière commande)*. Sympathique restaurant de quartier spécialisé dans les produits de la mer. Une équipe jeune et dynamique vous dirige vers une grande table collective ou, à l'étage, une salle de tatamis. Le poisson ultra-frais se déguste en sashimi, tempura, grillé, en salade et à des tarifs démocratiques.

Honke Owariya 本家尾張屋 *322 Niomon tsukinuke-cho, Nijo sagaru, Nakagyo-ku* Plan II, B2 - ✆ *(075) 231 3446 - honke-owariya.co.jp/en/shop - tlj 11h-19h (dernière commande 18h30) - 756/3 024 ¥*. L'un des plus vieux restaurants de nouilles de Kyoto (depuis 1700 env.) et fournisseur officiel de la famille impériale. Parmi les spécialités, le *hourai soba* (nouilles aux champignons, œufs, crevettes, radis blancs, *2 160 ¥*) ou les *sobazushi* (sushis de nouilles). Menu en anglais.

Yamatomi 山とみ *226 Nabeya-cho, Ponto-cho-dori, Shijo-agaru, Nakagyo-ku* Plan II, B3 - *(075) 221 3268 - www.kyoto-yamatomi.com/original23.html - tlj sf mar. 11h30-14h, 16h-23h (sam.-dim. et j. fériés 11h30-23h) - déj. à partir de 1 000 ¥, dîner à partir de 2 700 ¥* -. À mi-hauteur de Ponto-cho, côté rivière, repérez le rideau rouge et la poupée-geisha en vitrine. Cet *izakaya* convivial jouit d'une agréable terrasse au bord de l'eau. L'idéal est d'y commander divers petits plats tels sashimis de *yuba* (peau de lait de soja), tranches de canard rôti, tofu frit, *teppin age* (assortiment de brochettes), ailes de poulet grillé, etc.

Kerala ケララ *KUS Bldg 2F Kawaramachi-dori, Sanjo-agaru, Nakagyo-ku* Plan II, B2 - *(075) 251 0141 - 11h30-15h (dernière commande 14h), 17h-22h (dernière commande 21h) - menu déj. à partir de 900 ¥, dîner à partir de 2 600 ¥.* Excellente table indienne qui sert avant tout des recettes typiques de cet État du sud de l'Inde : curry de crevettes, légumes ou poulet, *masala dosa* (crêpes indiennes aux épices), etc.

Okakita おかきた *34 Okazakiminamigoshocho, Sakyo-ku* Plan II C2 - *(075) 771 4831 - 11h-20h - fermé mar., 1er et 3e merc. du mois, déb. janv. - carte 850/2 000 ¥.* Près du Heian jingu, ce restaurant régale depuis plus de 70 ans les amateurs de udon et soba. Une référence.

Yamamotomenzo 山元麺蔵 *34 Okazakiminamigoshocho, Sakyo-ku* Plan II C2 - *(075) 751 0677 - 11h-18h, merc. 11h-14h30 (plus tôt si stock épuisé) - fermé jeu., 4e merc. du mois, déb. janv. - carte 630/1 500 ¥.* Voisin du Okakita, ce restaurant est également renommé pour ses excellents préparations de udon.

POUR SE FAIRE PLAISIR

Kushikura 串くら *584 Hiiragi-cho, Takakura-dori, Oike-agaru* Plan II, B2 - *(075) 213 2211 - www.kushikura.jp/en/menu_en.html - 11h30-14h30 (dernière commande 14h), 17h-22h30 (dernière commande 21h45) - menus 2 500/5 500 ¥.* Installé dans une belle *machiya* ancienne agrémentée d'un jardin intérieur, ce restaurant cuisine de succulentes brochettes *yakitori* à la braise.

Misoka-an Kawamichiya 晦庵•河道屋本店 *Shimohakusan-cho, Fuyacho-dori, Sanjo-agaru, Nakagyo-ku* Plan II, B2 - *(075) 221 2525 - www.kawamichiya.co.jp/english.html - tlj sf jeu. 11h-20h - 750/8 400 ¥.* Antique et charmant restaurant de *soba* (nouilles au sarrasin) vieux de trois siècles. Sa spécialité est le *hokoro*, un marmiton où mijotent nouilles, morceaux de poulet, tofu, champignons et légumes, à partager à deux *(8 400 ¥)*. Goûtez sinon le délicieux *oyako-nanban*, nouilles chaudes au poulet, œuf et oignons. Menu en anglais.

Grilldorebun ぐりる•ど•れぶん *126 Ishiya-cho, Sanjo-kudaru-Higashi-iru, Nakagyo-ku* Plan II, B2 - *(075) 221 8756 - tlj sf mar. 11h30-15h, 17h-23h - déj. menu à partir de 1 000 ¥, dîner menu à partir de 6 000 ¥.* À deux pas du pont Sanjo, dans un petit restaurant familial rappelant délicieusement les années 1960 et les films de Ozu Yasujiro, Mme Kudo sert une succulente cuisine *yoshoku*. Goûtez aux marmites de légumes, de bœuf ou de tofu.

Bussaracan 佛沙羅館 *173-1 Minoya-cho, Kiyamachi-dori, Matsubara-agaru* Plan II, B3 - *(075) 361 4535 - xn--ecktc898js9li4kpic029argcp14h.nokotonara.com - tlj en juil.-août,*

3

reste de l'année sf merc. 11h30-14h (dernière commande), 17h-22h (dernière commande) - déj. à partir de 1 300 ¥, dîner à partir de 3 560 ¥. Aux beaux jours, c'est un plaisir de dîner à la terrasse sur pilotis de ce restaurant thaïlandais, au bord de la rivière Kamo. La cuisine est pleine de finesse. Poulet frit dans une feuille de bananier, bœuf au curry et lait de coco…

Mukadeya 百足屋 *381 Mukadeya-cho, Shinmachi-dori, Nishikikoji-agaru, Nakagyo-ku* Plan II, A3 - *(075) 256 7039 - www.kurochiku-s.jp/mukadeya.html - tlj sf merc. 11h-14h (dernière commande), 17h-21h (dernière commande) - menu à partir de 3 240 ¥.* Une somptueuse *machiya* sert d'écrin à ce restaurant raffiné qui prépare une succulente cuisine végétarienne zen et d'autres spécialités *obanzai* (cuisine familiale kyotoïte).

UNE FOLIE

Kyomachi 京町 *156 Umenoki-cho Pontocho-Shijo-agaru, Nakagyo-ku* Plan II, B3 - *(075) 223 2448 - tlj sf dim. 17h30-22h30 (dernière commande 22h) - menu à partir de 8 800 ¥.* Adresse idéalement située en plein milieu de Ponto-cho : délicieuse cuisine traditionnelle de Kyoto, en particulier le *hamo* (sorte d'anguille), à savourer en terrasse au-dessus de la rivière Kamo (en été), ou à l'intérieur, sur tatamis.

Yoshikawa Inn 料理旅館•天ぷら吉川 *Tominokoji-dori, Oike-sagaru, Nakagyo-ku* Plan II, B2 - *(075) 221 5544 - www.kyoto-yoshikawa.co.jp/en - tlj sf dim. 11h-13h30 (dernière commande), 17h-20h (dernière commande) - 3 000/25 000 ¥ -* . Un restaurant de tempuras très réputé, dans un cadre historique. Vous y mangerez soit au comptoir, soit dans les salles à tatamis qui bordent le jardin.

Gion et Kiyomizu-dera

PREMIER PRIX

Gonbe 権兵衛祇園店 *254 Kitagawa, Gion-cho, Higashiyama-ku Gion-cho Higashiyama-ku* Plan II, C3 - *(075) 561 3350 - tlj sf jeu. 11h-20h (dernière commande) - 1 000/2 000 ¥.* Près de Gion, ce restaurant japonais populaire mitonne de succulents plats de *soba, udon* et *donburi*. Le *tori nanban*, bol de nouilles au canard, ou le *tamago toji*, bol de nouilles avec un œuf à moitié cuit, vous calent le ventre à petits prix.

BUDGET MOYEN

Meet Bowl ミートボール *26 Benzaiten-cho* Plan II, C3 - *(075) 533 0022 - 11h30-15h, 17h-0h - menu 1 000/10 000 ¥.* Le nom complet de cette adresse en bordure nord du quartier de Gion est Yakiniku Horumom Meet Bowl. Autrement dit une adresse appréciée des carnivores, amateurs de bœuf à partager autour d'un barbecue collectif très populaire auprès de la jeunesse locale.

Izuju 祇園いづ重 *292 1 Gion-machi Kitagawa, Higashiyama-ku* Plan II, C3 - *(075) 561 0019 - izujugion.wixsite.com/izuju - tlj sf merc. 10h30-19h (dernière commande 18h30) - 1 000/4 000 ¥.* Derrière sa discrète façade, qui passe facilement inaperçue de la rue, ce restaurant de sushis, établi en 1892, cache une ravissante salle à l'ancienne décorée de porcelaines d'Imari. Spécialités de *saba sushi*, sushis de maquereau de forme carrée, et plein d'autres variétés.

POUR SE FAIRE PLAISIR

Okutan 奥丹 *3-340 Kiyomizu, Higashiyama-ku* Plan III, D1 - *(075) 525 2051 - www.tofuokutan.info - tlj sf jeu. 11h-16h30 (w.-end et j. fériés -17h30) - menu à partir de 3 240 ¥ -* .

Blotti au milieu d'un superbe et paisible jardin japonais, un des plus anciens et des meilleurs restaurants de tofu de Kyoto. Son unique spécialité est le *yudofu*, marmiton de tofu servi avec une soupe de yam, du riz et des tempuras de légumes.

Yagenbori Sueyoshicho-ten やげんぼり末吉町店 *Gion Sueyoshi-cho, Kiritoshi-kado, Higashiyama-ku* Plan II, C3 - *(075) 551 3331 - www.yagenbori.co.jp/english/index.html - tlj 11h30-14h (dernière commande 13h30), 17h-23h (dernière commande 22h15) - déj. menu à partir de 2 000 ¥, dîner à partir de 7 500 ¥.* Au bord du romantique canal Shirakawa, vous dégusterez les plats typiques de la cuisine de Kyoto : tempuras, *hoba-misoyaki* (miso, champignons, poulet et oignons grillés dans des feuilles de magnolia), *shabu-shabu*. Les prix des menus *kaiseki (à partir de 7 500 ¥, repas de midi 3 500 ¥)* sont plus abordables que dans les grands *ryotei*.

Aunbo 阿吽坊 – *472 Karawacho, Shimokawara-dori, Yasaka-torimae-cho-sagaru, Higashiyama-ku - (075) 525 2900 - blog.aunbo.com - tlj sf merc. 17h-0h (dernière entrée 23h, commande 23h30) - à partir de 4 000 ¥ -* . Située à deux blocs au sud du sanctuaire Yasaka, une des fines fleurs de la cuisine kyotoïte, dans une petite salle à l'ambiance fort conviviale. Pour dîner, commandez le populaire menu *ichiju sansai* incluant trois plats de saison.

Chemin de la Philosophie

PREMIER PRIX

Omen Ginkakuji Honten おめん銀閣寺本店 *Ginkaku-ji* Plan II, D1 - *(075) 771 8994 - www.omen.co.jp/shopinfo.html - tlj sf un jeu. par mois 11h-21h (dernière commande 20h30) - à partir de 1 300 ¥ -* . Près du Pavillon d'argent, un restaurant très populaire pour ses *udon*, nouilles de blé servies dans un bouillon de légumes au sésame.

Arashiyama et le nord-ouest

PREMIER PRIX

Gontaro 権太呂 *26 Hirano Miyaziki-cho, Kita-ku* Plan I, B2 - *(075) 463 1039 - tlj sf merc. 11h-21h30 (dernière commande 21h) - à partir de 864 ¥, menu dîner à partir de 3 000 ¥.* Situé à deux pas du Pavillon d'or, ce restaurant discret jouit d'une très bonne réputation grace à d'excellents *ramen*.

BUDGET MOYEN

Yudofu Seigen-in 西源院 *13 Goryonoshita-cho, Ryoan-ji, Ukyo-ku* Plan I, A3 - *(075) 462 4742 - 10h-17h (dernière commande 16h30) - à partir de 1 500 ¥ -* . Dans le temple Ryoan-ji, ce restaurant avec une vue enchanteresse sur le jardin est réputé pour son *yudofu*, tofu bouilli aux légumes et aux sept herbes.

Sagano-yu Resort Café カフェスタイルリゾート嵯峨野湯 *4-3 Imahori-cho, SagaTenryu-ji* Plan I, A2-3 - *(075) 882 8985 - www.sagano-yu.com - 11h-20h.* Entre les deux gares de Sagano, à deux pas d'Arashiyama, voici une adresse... pas comme les autres. Un ancien sento de quartier a été transformé en très agréable café. Faïence blanche, pommes de douche et miroirs s'associent au parquet et aux larges baies vitrées pour créer un espace aussi original qu'agréable. Menu midi (1 300 ¥) limité mais bien fait : sandwichs-salades, pâtes, curry. Beau choix de boissons et de desserts.

Ohara

PREMIER PRIX

Seryo Jaya 芹生茶屋 *Sanzen-in, Ohara, Sakyo-ku* Plan I, D1 en dir. -

3

✆ (075) 744 2301 - www.seryo.co.jp/cyamise - 9h-17h - à partir de 1 050 ¥ - ⍁. Devant l'entrée du Sanzen-in, à gauche. Plats exposés en devanture et carte en anglais. Le Seryo propose un très bon menu de *soba*, champignons et riz au bambou, et des plats campagnards tels que truite et légumes de saison. Beau ryokan dans le jardin.

Otsu

PREMIER PRIX

Honke Tsuruki soba 本家鶴喜そば *4-11-40 Sakamoto, Otsushi, Shiga-ken - ✆ (077) 578 0002 - www.tsurukisoba.com - tlj 10h-18h (dernière commande 17h30) - fermé le 3e vend. du mois - à partir de 1 040 ¥.* Cet accueillant restaurant à la magnifique façade en bois propose toutes sortes de plats et menus de *soba*, chauds ou froids.

Hikone

UNE FOLIE

Hakkeitei 八景亭 *3-41 Konki-machi, Château de Hikone, Hikone-shi, Shiga-ken - ✆ (0749) 22 3117 - www.hakkeitei.com/english/h/top.htm - 17h-23h sur réserv. seult.* Cette auberge, située dans le jardin du château de Hikone, propose aussi des formules repas *kaiseki* à partir de 7 560 ¥.

PETITE PAUSE

Salons de thé et cafés -

Café 363 *– 363-1 Funaya-cho, Nakagyo-ku* Plan II, B2 *- ✆ (080) 2454 8902 - cafe363.com - 10h30-23h (dernière commande 22h30) - fermé le 1er merc. du mois.* Dans le quartier chic et arty proche du musée de la Culture, un sympathique café-crêperie coloré et chaleureux.

Café Bibliotic Hello ! *– 650 Seimei-cho, Sanjo-Yanaginobaba, Higashi-iru* Plan II, B2 *- ✆ (075) 231 8625 - cafe-hello.jp - 11h30-0h (dernière commande 23h).* Le nom intrigue autant que la façade dissimulée derrière des bananiers géants. Une adresse de quartier où l'on aime s'attarder, typiquement japonaise dans ce qu'elle a d'étonnant et d'inattendu. Cadre très agréable, galerie, bibliothèque, boulangerie. L'assurance d'un bon café, de gâteaux (viennoiseries, crumble...) et de snacks bien faits.

Kanoshoju-an *– 2-1 Nyakuoji, Sakyo-ku* Plan II, D2 *- ✆ (075) 751 1077 - www.kanou.com/shop/chashitsu - tlj sf merc. 10h-17h.* Cachée derrière une haie de bambou, une maison de thé traditionnelle et authentique, loin des cafés touristiques qui bordent la promenade.

Yojiya Café *– Honenin-cho, Shishigatani, Sakyo-ku* Plan II, D1 *- ✆ (075) 754 0017 - www.yojiyacafe.com/store/ginkakuji.html - 10h-18h (dernière commande 17h30) - à partir de 670 ¥.* Une charmante maison japonaise au bord du chemin de la Philosophie, tout près du pont Sakura. Au calme, assis sur un tatami, vous dégusterez un thé vert ou une glace au sésame en contemplant le jardin.

Café Efish *– 798-1 Nishihashizume-cho, Kiyamachi-dori-gojo- sagaru, Shimogyo-ku* Plan III, C1 *- ✆ (075) 361 3069 - www.shinproducts.com/index.html - 10h-22h.* Au bord de la rivière Kamo, un joli café design servant thé, café, jus de fruits, sandwichs et gâteaux.
Agréable pour une pause en fin de journée.

EN SOIRÉE

☺ Le quartier des bars et clubs de nuit se situe sur Kiyamachi-dori Plan II, C2-3, une rue parallèle à Ponto-cho, entre Shijo-dori et

Sanjo-dori. Les consommations tournent en général autour de 500 ¥. Un droit d'entrée peut être aussi exigé les soirs de concerts.

Bars - Spanish Harlem Latin Club – *Reiho Bldg, B1F, 366 Kamiya-cho, Nishikiyamachi-dori, Shijo-agaru, Naka Gyo-ku, 2 blocs au nord de Shijo* Plan II, C3 - ✆ *(050) 1016 0099 - www.kyotosalsa.com - 19h-2h (w.-end 5h).* Pour amateurs de latin jazz, salsa, *bachata*, etc. *Dance-floor* animé par un DJ ou des orchestres le week-end.

Yoramu – *35-1 Matsuya-cho, Nijo-dori, Higashinotoin-Higashi-iru* Plan II, B2 - ✆ *(075) 213 1512 - www.sakebar-yoramu.com - merc.-sam. 18h-0h.* Fabuleux bar à sakés tenu par un Israélien fin connaisseur du Japon. Plus de 60 références, dont des sakés très anciens aux goûts de citron, vin rosé ou café.

Rag – *Empire Bldg, 5F, Kiyamachi-dori, Sanjo-agaru* Plan II, C2 - ✆ *(075) 241 0446 - www.ragnet.co.jp/livespot - 18h-1h.* Un *live-bar* où se déroulent régulièrement des concerts jazz, rock, blues, funk et *world music*. Plusieurs autres bars ont élu domicile dans le même bâtiment, dont Ace Cafe, au 10F.

ACHATS

Au côté des habituels mais toujours aussi attirants grands magasins (autour de Shijo-dori et de la gare) et arcades commerçantes (Teramachi), on trouve à Kyoto d'innombrables boutiques et ateliers (Est de la ville, petites rues des quartiers centraux) qui font honneur et perpétuent l'artisanat traditionnel nippon, ou mettent en avant le dynamisme des jeunes créateurs. Et quand la tradition rencontre l'innovation... le résultat est souvent très convaincant.

Thé

Ippodo – *52 Tokiwagi-cho, Teramachi-dori, Nijo-agaru* Plan II, B2 - ✆ *(075) 211 3421 - www.ippodo-tea.co.jp/en/index.html - 10h-18h (dernière commande 17h30) - à partir de 648 ¥.* Belle boutique ancienne de thé *(sencha, matcha, ujishimizu)* avec un coin salon pour la dégustation.

Artisanat

Asahi-do – *1-280 Kiyomizu* Plan III, D1 - ✆ *(075) 531 2181 - www.asahido.co.jp/english - 9h-18h.* La plus fameuse boutique du quartier du temple de Kiyomizu réputé pour ses ateliers de poterie.

Kintakedo – *263 Gion-machi-kitagawa* Plan I, C3 - ✆ *(075) 561 7868 - tlj sf jeu. 10h-20h.* Officine spécialisée dans les peignes et broches à cheveux des coiffes des geishas. En nacre, bois ou corne. Pièces de collection.

Miyawaki-baisen-an – *80-30 Daikoku-cho, Rokkaku-dori, Tomino-koji-higashi-iru* Plan II, B2 - ✆ *(075) 221 0181 - www.baisenan.co.jp - 9h-19h (hors saison 9h-18h).* Depuis 1823, Miyawaki fabrique de superbes éventails en soie, en papier, en bois, en nacre, pliables ou non…

Kyukyodo – *520 Shimo-Honnoji-mae-cho, Aneyakoji-agaru* Plan II, B2 - ✆ *(075) 231 0510 - www.kyukyodo.co.jp - tlj sf dim. 10h-18h.* Maison spécialisée dans les encens parfumés (bois de santal, rose, aloès), les brûle-parfums, les encres et pinceaux pour la calligraphie. Jolie sélection de papiers japonais.

Miura Shomei – *284 Gion-machi-Kitagawa* Plan II, C3 - ✆ *(075) 561 2816 - miurashomei.co.jp/eng/index.html - tlj sf dim. et j. fériés 10h-20h.* Magasin de lanternes en papier de riz, traditionnelles ou modernes,

3

de lampes en bambou, bronze ou pierre. Il édite notamment les célèbres lampes de Noguchi Isamu.

Design

Kyoto Design House – *105 Fukunaga-cho, Nakagyo-ku* Plan II, A-B2 - ✆ *(075) 222 5777 - www.kyoto-dh.com/en - 11h-20h.* En un lieu, un intéressant panorama des productions variées de designers locaux.

Papier

Suzuki Shofudo – *409 Izutsuya-cho, Yanaginobanba, Rokkaku-sagaru* Plan II, B2-3 - ✆ *(075) 231 5003 - shofudo-shop.jp - 10h-19h.* Magasin versé dans les *washi*, papiers japonais.

Laque

Zohiko – *719-1 Yohojimae-cho Teramachi-dori, Nijoagaru Nishigawa, Nakagyo-ku* Plan II, C2 - ✆ *(075) 229 6625 - www.zohiko.co.jp/en/shop - 10h-18h.* Cette maison – fournisseur de la Cour impériale – témoigne de l'excellence japonaise dans le travail de la laque. Très belle sélection d'objets (bols, plateaux, boîtes, etc.). Large gamme de prix.

Antiquités, estampes

☺ Si vous aimez chiner, explorez les rues des antiquaires autour de **Shinmonzen-dori** Plan II, C3, dans le quartier Shinbashi. Professionnel et de qualité. Nettement moins intéressant, le **Kyoto Antiques Center** réunit une vingtaine de boutiques. *Teramachi-dori (au nord de Nijo-dori)* Plan II, B2-3 - ✆ *075 222 0793 - tlj sf mar. et 3e lun.du mois. 10h30-19h.* Le grand **marché aux puces** se tient, tous les 21 du mois, au temple To-ji Plan III, A2-3, au sud de Kyoto.

Nishiharu – *1 Ishibashi-cho, Sanjo-diri, Teramachi-Higashi-iru* Plan II, B2-3 - ✆ *(075) 211 2849 - nishiharu-kyoto.com/?lang=en - 11h-19h.* M. Tohru Sekigawa, l'honorable propriétaire, reçoit ses clients dans une minuscule pièce à tatamis, où il dévoile ses piles d'*ukiyo-e* d'époque Edo et Meiji, rien que des originaux certifiés. Une institution.

Mode, kimonos

Aizenkobo – *Nakasuji Omiya-nishi, Yoko-omiya-cho,Kamigyo-ku -* ✆ *(075) 441 0355 - www.aizenkobo.jp/index.html - 10h-17h30 (w.-end et j. fériés 16h).* Depuis dix-sept générations, la famille Utsuki s'emploie à la fabrication de tissus en indigo naturel. Leur atelier-boutique expose de somptueux tissus en batik *(shibori)* sous forme de couvertures, taies, foulards, chemises, kimonos.

Kikuya – *567 Katada-cho, Shimigyo-ku* Plan II, B2-3 - ✆ *(075) 351 0033 - tlj sf dim. et j. fériés 9h-18h.* Magasin spécialisé dans les kimonos anciens et d'occasion. Prix raisonnables.

Mimuro – *Matsubara-nishi-iru-kitagawa, Karasuma-dori, Shimogyo-ku* Plan II, B3 - ✆ *(0120) 366529 - www.mimuro.net/english - 10h-18h30.* Sur cinq étages, près de 50 000 modèles de kimonos.

« Cool Japan »

Pour une séance de shopping mode, souvenirs, *kawaii* et tous les articles typiques du Japon moderne et qui fascinent les touristes, l'arcade Teramachi Plan II, B2-3 (et les rues et ruelles alentour) sont le terrain de chasse idéal. Outre les Loft, Muji, Uniqlo et autres habituelles enseignes, on notera sur Shinkyogoku-dori **Pink Latte**, un temple rose où tout ce qui se vend est rose ou, non loin, les différentes boutiques **Sou Sou** *(565-72 Nakano-cho -*

www.sousou.co.jp) où les articles – mode homme, femmes, enfants, voyage, chaussures, accessoires – s'inspirent autant du Japon traditionnel que des dernières tendances. Pour un peu plus d'originalité, rendez-vous dans les rues autour du Kyoto Culture Museum où l'on trouvera nombre de petites boutiques (objets en tissus, accessoires, mode...).

ACTIVITÉS

Danse

Chaque année, au printemps et à l'automne, les geishas et *maiko* (apprenties geishas) des cinq écoles de Kyoto donnent des **spectacles de danse** *(odori)* très colorés, où elles apparaissent parées de leurs plus belles coiffes et de leurs chatoyants kimonos. Les représentations ont lieu plusieurs fois dans l'après-midi *(places de 1 650 à 6 000 ¥)*. Rens. auprès de votre hôtel ou de l'office de tourisme *(voir p. 229)*.

Le **Miyako Odori** ouvre la saison, du 1er au 30 avr., au Gion Kobu Kaburen-jo Theater, *Hanamikoji-dori* Plan I, C3, *(075) 541 3391 - www.miyako-odori.jp/english/index.html*.

Le **Kyo Odori** se déroule, du 1er sam. au 3e dim. d'avr., au Miyagawa-cho Kaburen-jo Theater, *Miyagawasuji, (075) 561 1151 - www.miyagawacho.jp/kyoodori/*. Le **Kitano Odori** prend place, du 25 mars au 7 avr., au Kamishichiken Kaburen-jo Theater, *Imadegawa-dori (à l'est du sanctuaire Kitano Tenmangu)* Plan I, B2, *(075) 461 0148 - www.maiko3.com*. Le **Kamogawa Odori** a lieu, du 1er au 24 mai, et du 15 oct. au 7 nov., au Pontoncho Kaburen-jo Theater, *Pontocho-dori* Plan II, C2, *(075) 221 2025 - www1.odn.ne.jp*.

Le **Gion Odori** boucle la saison, du 1er au 10 nov., au Gion Kaikan Theater, *près du sanctuaire Yasaka* Plan II, C3, *(075) 561 0224 - www.gionhigashi.com/gion.html*.

À défaut, il est possible d'assister toute l'année aux représentations du **Gion Corner** – *Yasaka Hall, 570-2 Gion-machi-minamigawa* Plan II, C3 - *(075) 561 1119 - www.kyoto-gioncorner.com/global/fr.html* Outre les danses des *maiko*, les séances *(18h et 19h, durée 50mn, 3 150 ¥)* incluent des démonstrations d'*ikebana* (art floral), *gagaku* (musique de cour), *bunraku* (marionnettes) et *kyogen* (théâtre comique). Conçu pour les touristes, l'ensemble ne délivre qu'un piètre aperçu de ces arts.

Théâtre

Nô - Kanze Kaikan – *44 Okazaki-enshoji-cho, Sakyo-ku* Plan II, C3 - *(075) 771 6114 - www.kyoto-kanze.jp*. Plusieurs représentations le week-end *(à partir de 3 000 ¥)*. Les 1er et 2 juin, de 17h30, a lieu également le **Takigi-Nô**, représentation de nô à la lueur des flambeaux, dans le sanctuaire Heian Plan II, C2. *Renseignements : (075) 771 6114*.

Méditation

Kennin-ji – *Komatsu-cho,Yamatooji-dori, Shijo-sagaru* Plan II, C3 - *(075) 561 6363 - www.kenninji.jp/english/index.html*. Ce temple organise des séances de *zazen* de 8h à 10h le 2e dim. du mois.

Nanzen-ji – *Nanzen-ji fukuchi-cho* Plan I, D4 en dir. - *(075) 771 0365 - www.nanzen.net*. Séances de 6h à 7h, 2e et 4e dim. du mois.

Ryosen-an – *107 Murasakino-daitokuji-cho* Plan I, B1 - *(075) 491 0543*. Séance de 7h à 8h tous les matins sf lun., mar., les 1er, 15, 22 du mois et août.

3

Nara 奈良

★★★

360 439 habitants

Plus encore que Kyoto sa voisine, Nara a fait alliance avec la nature. Célébrant le règne du bois et du végétal, cette cité bucolique a planté ses pagodes et monastères au milieu des feuillages et des mousses. En son cœur, un parc de 600 hectares, verdoyant vallon bordé de montagnes boisées. Descendus des forêts alentour et vénérés comme les messagers des dieux, quelque 1 200 daims broutent en liberté au bord des rues. C'est sur le sol de Nara, à l'extrémité de la Route de la soie, que fut fondée l'ancienne Heijo-kyo, première capitale fixe du royaume, de 710 à 784. Avec elle se mit en place un état fort et centralisé, catalyseur de l'identité nationale. Le bouddhisme importé de Chine et de Corée put s'y enraciner et fleurir sous le patronage des souverains successifs, dont quatre impératrices. Aujourd'hui, marcher à travers les rues calmes de Nara est comme feuilleter les pages d'un livre d'histoire. Berceau des traditions et de la littérature japonaise, cette ville à taille humaine concentre parmi les plus précieux trésors artistiques et les plus anciens édifices du pays, dont huit sont désormais inscrits au Patrimoine mondial de l'Unesco.

NOS ADRESSES PAGE 298
Hébergement, restauration, achats, activités, etc.

S'INFORMER

Nara City Tourist Information Center – *Sanjo-dori* B2 - *(0742) 22 3900 - https://narashikanko.or.jp/en/ - 9h-21h. Sur la place de la Gare JR* B2 - *(0742) 27 2223 - 9h-21h. Gare Kintetsu* B1 - *9h-21h. Étang Sarusawa* B2 - *Nara Visitor Center & Inn - 3 Ikeno-cho (0742) 81 7461 - www.sarusawa.nara.jp.* Les quatre branches fournissent plans, brochures et renseignements en anglais.

SE REPÉRER

Carte de région p. 226, B2 - Nara est le chef-lieu de la préfecture du même nom, dont elle occupe l'unique plaine (plaine du Yamato) au nord. La ville est à proche distance de Kyoto (45 km) et d'Osaka (30 km), toutes deux à moins de 40mn en train. De petite superficie et organisée sur un plan quadrillé, elle se visite aisément à pied, hormis sa banlieue ouest. Les principales curiosités se trouvent autour du parc, non loin des gares Kintetsu et JR. Le quartier commerçant s'étend autour de la rue principale Sanjo-dori et des arcades piétonnes au sud de la gare Kintetsu.

À NE PAS MANQUER

Le Horyu-ji, le plus ancien temple bouddhiste du Japon, et le Todai-ji, le plus large édifice en bois du monde, les rues calmes du charmant quartier de Naramachi. Flânez, aux environs, dans la forêt primitive autour du sanctuaire Kasuga Taisha et, au printemps admirez les cerisiers en fleurs de la montagne de Yoshino.

ORGANISER SON TEMPS

Une journée peut suffire pour voir Nara, à condition d'arriver tôt le matin. Privilégiez alors les curiosités autour du parc (Todai-ji, Musée national, Kofuku-ji, Kasuga Taisha) et le quartier de Naramachi. Partez ensuite en excursion à Horyu-ji, en

Le Todai-ji en automne.
SeanPavonePhoto /iStock

prévoyant une nuit sur place pour profiter d'une visite attentive et plus détendue de la ville et du célèbre temple (évitez le week-end, surtout en avril-mai, en raison de l'affluence).

AVEC LES ENFANTS
Ils s'amuseront à nourrir les daims du parc avec les biscuits vendus un peu partout par des marchands ambulants.

3

Se promener Plan de la ville p. 293

Partant de la gare JR (A2), **Sanjo-dori** constitue l'axe principal du centre-ville de Nara. Agréable, bordée de boutiques et de restaurants, elle croise les arcades commerçantes de **Mochiidono** (qui la relie à la gare Kintetsu, B1) pour atteindre le Kofuku-ji, première étape de notre découverte du parc de Nara.

★★ AUTOUR DU PARC DE NARA 奈良公園

Créé en 1880, le parc de Nara *(Nara-koen)* étale ses vastes pelouses entrecoupées d'étangs, de bosquets et de quelques avenues au pied d'une colline en pente douce nommée Wakakusa. Vénérés depuis les temps anciens comme les messagers des *kami* (dieux shinto), de nombreux daims et biches y vadrouillent en liberté. La plupart des visiteurs les nourrissent de petites galettes appelées *shika-sembei.*

★★ Kofuku-ji 興福寺 B1/2

www.kohfukuji.com/english.html - Tokondo Hall : 9h-17h (dernière entrée 16h45) - 300 ¥ ; Kokuhokan : 9h-17h (fermé jusqu'au 31 déc. 2017) - 600 ¥ ; billet combiné 800 ¥. Nanen-do : ouv. 1 j. par an, le 17 oct. Une partie du site est en travaux : reconstruction du hall central (Chukon-do) jusqu'en 2018, autres aménagements jusqu'en 2023.

Édifié en 669 à Uji, au sud de Kyoto, puis transféré à Nara en 710 par la puissante famille Fujiwara à laquelle il appartenait, ce temple s'est agrandi au fur et à

Un passé ressuscité

L'ÉPOQUE DE NARA

Nara occupe une place essentielle dans l'histoire du Japon dont elle fut la première véritable capitale sous le nom de **Heijo-kyo** (« cité de la paix ») de sa fondation en **710** jusqu'à son transfert en **784**. Avant 710, les capitales se déplaçaient à chaque règne en raison des interdits shintoïstes concernant la mort. Après le décès du souverain, les palais, frappés d'impureté, devaient en effet être détruits et reconstruits ailleurs. Cette pratique, on s'en doute, occasionnait chaque fois un coûteux et déstabilisant remue-ménage, peu propice à l'édification d'un état bien administré. Pour pallier cet inconvénient et peut-être aussi parce que l'influence grandissante du bouddhisme avait effacé les antiques tabous, l'impératrice Gemmei promulgua peu après son accès au trône en 707 un édit ordonnant la construction d'une capitale permanente, mettant ainsi un terme à l'itinérance de la Cour. Réalisée à l'image de Chang'an, capitale des Han (206 av. J.-C. - 220 apr. J.-C.) et des Tang (618-907) en Chine, selon un plan géométrique qui, plus tard, sera aussi celui de Kyoto, Nara devait illustrer la gloire de la dynastie nippone dont le *Kojiki*, livre compilé en 712, retraçait la généalogie divine. Les grands temples des règnes précédents tels le Kofuku-ji et le Yakushi-ji y furent déplacés, alors que d'autres, tel le Todai-ji, étaient créés. Le nouvel ensemble urbain comprenait des palais, des sanctuaires, des édifices publics, des maisons et des routes bien tracées, formant un quadrilatère d'environ 2 500 hectares pour une population estimée à 100 000 habitants *(voir Site du palais de Heijo p. 294)*. Bénéficiant du soutien des Empereurs successifs, le bouddhisme trouva à s'y épanouir, initiant un essor artistique et intellectuel sans précédent. Témoin de cette dévotion intense, l'édification, de 747 à 752, de la grande statue de bouddha en bronze *(Daibutsu)* du Todai-ji.

TREIZE SIÈCLES D'HISTOIRE

Au fil du temps, les grands temples de Nara acquirent cependant une emprise croissante sur les affaires politiques, si bien que la Cour préféra s'en éloigner en transférant la capitale à Nagaokakyo en 784 puis à Kyoto (Heian) en 794. Nara perdit alors de son importance et vit sa primauté religieuse contestée par les moines de l'Enryaku-ji sur le mont Heian (près de Kyoto), qui lancèrent contre elle des attaques. La ville subit ainsi de nombreux saccages et incendies durant les guerres civiles, notamment en 1180, puis en 1567, qui causèrent aux temples un sort funeste. Reconstruits et embellis au cours de l'époque Kamakura puis durant l'époque d'Edo, ces derniers ont néanmoins réussi à réparer leurs outrages.

LA RECONSTRUCTION DE L'ANCIEN PALAIS IMPÉRIAL

En 2010, pour fêter les 1 300 ans de sa fondation, Nara a terminé la reconstruction de l'ancien palais impérial, au nord-ouest de la ville *(voir p. 294)*. Les travaux ont été menés selon les méthodes de l'époque et les trois bâtiments reconstitués d'après des documents chinois et japonais contemporains du site et les matériaux retrouvés lors des fouilles. Il aura fallu six ans pour construire la Suzaku-mon et neuf pour la salle d'audience. Ces reconstructions reposent pour une grande partie sur une analyse de l'architecture chinoise et japonaise de l'époque et comportent également des partis pris contemporains. La fresque représentant le zodiaque et les divinités gardiennes de la salle d'audience par exemple est une création qui ne repose sur aucun document historique.

DES DAIMS GLOUTONS

Shika. Le mot est à la bouche de tous les enfants des nombreux groupes scolaires. Et la silhouette de l'animal est déclinée sous toutes les formes possibles sur les étals des boutiques de souvenirs.

Les daims sacrés de Nara sont en fait des cerfs Sika *(cervus nippon)*, une variété un peu plus petite que les daims d'Europe. Leur pelage brun noisette tacheté de blanc prend une teinte gris sombre en hiver. Le brame des mâles a lieu à l'automne, saison des amours. Les biches mettent au monde un seul faon par an, au printemps, qui suit sa mère durant six mois. Considérés comme les messagers des dieux du sanctuaire Kasuga, les daims de Nara sont classés Trésors nationaux. Jusqu'en 1637, tuer l'un d'eux était puni de mort! En théorie herbivores, ces ruminants ont pris l'habitude d'être nourris par les visiteurs du parc, si bien qu'ils les suivent continuellement en essayant de manger tout ce qui passe à portée de leur museau! Leur principale cause de mortalité est d'ailleurs l'ingestion d'emballages en plastique.

mesure que ses patrons gagnaient en influence. Au temps de sa splendeur, entre les 8e et 12e s., il s'étendait sur près de 12 000 m² et comptait quelque 175 bâtiments. Du point de vue architectural, c'est l'un des rares édifices bouddhistes qui, en dépit des dommages et des reconstructions, a conservé son style d'origine dit « style *wayo* » (style purement japonais sans influence chinoise). Centre de l'école Hosso, l'une des nombreuses écoles bouddhistes japonaises, il recèle dans ses collections quantité de chefs-d'œuvre.

Avant de pénétrer dans l'enceinte, côté sud en contrebas, contemplez la vue sur la **pagode à cinq étages★** depuis le petit étang Sarusawa no ike dans lequel elle se reflète. Fine, légère, aérienne, elle semble prête à s'envoler sur les ailes de ses toits superposés. Élevée en 730, elle fut plusieurs fois brûlée (en 1017, 1060, 1180, 1356 et 1411) mais, chaque fois, renaquit de ses cendres. Sa dernière reconstruction date de l'époque Muromachi, en 1426. Elle constitue la deuxième plus haute pagode du Japon (50 m) après celle du To-ji de Kyoto et l'un des symboles visuels de Nara.

3

Le **Tokon-do★★**, grand pavillon de l'Est, fut construit en l'honneur de l'impératrice Gensho en 726. Détruit cinq fois par le feu, il fut relevé pour la dernière fois en 1415. Sa structure à sept travées avec son vaste toit droit, son intérieur sombre et sa large terrasse sont typiques du 8e s. à l'époque, les moines menaient les cérémonies à l'extérieur. On y vénérait le Yakushi Nyorai, le Bouddha médecin *(voir encadré p. 230)*, dont la grande statue de bronze (1415) trône au centre de la salle, flanquée des *bosatsu* Gakko (symbole lunaire) à droite et Nikko (symbole solaire) à gauche, qui datent quant à eux de la fin du 7e s. Aux quatre angles sont disposés des gardiens et généraux célestes, protecteurs de la foi au regard courroucé.

Le **Kokuhokan★★**, ancien réfectoire des moines, sert désormais de salle du Trésor. Elle recèle plusieurs statues très anciennes. Parmi elles, une **tête de bouddha★★** en bronze de 685 figurant le Yakushi Nyorai *(voir ci-dessus)*, reste de l'ancienne statue qui ornait jadis le Tokon-do. Ses yeux étroits et longuement fendus traduisent l'influence chinoise. Plus loin, une **Senju Kannon★★**, divinité aux 1 000 bras en bois laqué et doré d'époque Kamakura (12e s.), rivalise de beauté avec un extraordinaire **Ashura★★★** (gardien de la Loi) à trois têtes du 8e s. en chanvre laqué, aux six bras longs et fins comme des tentacules.

★★ Nara National Museum 奈良国立博物館 C1

À 15mn à pied de la gare Kintetsu, 25mn de la gare JR. Tlj sf lun. 9h30-17h (dernière entrée 16h30) - 520 ¥. Des volontaires se tiennent à l'accueil pour une visite guidée gratuite (30mn).

Inauguré en 1895, le Musée national de Nara abrite une importante collection d'art bouddhique présentée chronologiquement, répartie entre deux édifices reliés par un passage souterrain.

Bâtiment ancien – Il rassemble principalement les collections de sculptures bouddhiques japonaises *(galeries 1, 2, 3 et 8 pour les bronzes)* allant des époques d'Asuka à Kamakura. Il s'agit en majorité d'œuvres laissées en dépôt par les grands monastères de Nara et de ses environs. La présentation repose sur une sélection temporaire, renouvelée chaque saison. Des statues de moines d'un réalisme saisissant alternent avec des bouddhas (Yakushi, Amida, Shaka) empreints de grandeur méditative, des *bosatsu* (Kannon, Nikko, Gakko) pleins de grâce et des protecteurs à la force farouche. L'édifice abrite également des statues bouddhiques du Gandhara, de Chine et de Corée *(galeries 4 et 6)*, des vases en bronze chinois *(galeries 14 et 15)* et des masques de *gigaku (galerie 7)*.

Bâtiment moderne – L'aile ouest présente les collections permanentes de peinture, calligraphie et archéologie. Leur présentation est là aussi périodiquement renouvelée. L'aile est sert à accueillir les expositions temporaires. Chaque automne, entre fin octobre et début novembre, le musée organise l'exposition des somptueux **trésors du Shoso-in★★** (objets apportés du continent *via* la Route de la soie) détenus par le Todai-ji *(voir ci-après)* et dont l'origine remonte à l'époque de Nara.

★ Isui-en 依水園 C1

Tlj sf mar. 9h30-16h30 (dernière entrée 30mn av. la fermeture) - 900 ¥.

Resté à l'écart du circuit touristique, ce jardin traditionnel offre un intermède relaxant entre les visites culturelles. Il se compose de deux jardins datant de l'ère Meiji : celui côté ouest *(à droite après l'entrée)* est un jardin de promenade aménagé autour d'un petit étang ; son pendant côté est tire parti du « paysage emprunté » *(shakkei)* *(voir p. 676)* à la colline Wakasuka, à l'arrière-plan, pour créer un séduisant effet de profondeur.

★★★ Todai-ji 東大寺 C1

À 20-25mn à pied de la gare Kintetsu. Avr.-sept. : 7h30-17h30 ; oct. : 17h ; nov.-fév. : 8h-16h30 ; mars : 17h - Daibutsu-den : 500 ¥ ; Hokke-do : 500 ¥ ; Kaidan-do : 500 ¥ (à partir du 1er janv. 2018 avr.-oct. : 7h30-17h30 ; nov.-mars : 8h-17h - 600 ¥).

En 743, l'empereur Shomu ordonna la construction d'un ambitieux bâtiment afin d'accueillir ce qui devait être la plus colossale statue de bronze du monde : le grand bouddha de Nara. La statue fut consacrée en 752. En raison de son rôle majeur dans l'histoire religieuse du pays, le Todai-ji a toujours bénéficié de la faveur des Empereurs, même après le transfert de la capitale à Kyoto.

LA CÉRÉMONIE DU SHUNI-E

Chaque année, depuis 1 200 ans, les moines du Todai-ji accomplissent la même cérémonie : le *Shuni-e*, rituel de repentance durant lequel ils confessent leurs fautes devant la Kannon du Nigatsu-do. Il leur faut se purifier des « trois poisons » (avidité, colère, stupidité) qui souillent l'âme et empêchent de voir la vérité. Durant deux semaines, début mars, les rituels s'enchaînent. À la nuit tombée, les moines courent en chantant et en agitant d'énormes torches. Puis, ils font offrande d'eau lustrale à la divinité ainsi qu'à la foule.

Le plan initial comprenait deux pagodes de sept étages de chaque côté du bâtiment central, aujourd'hui disparues. Incendié à deux reprises, en 1180 puis en 1567, le Todai-ji fut finalement reconstruit pour la dernière fois en 1708 sur une superficie diminuée d'un tiers. Chaque année, le site reçoit près de 3 millions de touristes.

À l'entrée, le visiteur passe sous la **Nandai-mon★**, la grande porte du Sud à cinq travées, coiffée d'un double toit. Ses piliers renferment deux imposantes statues en bois, les **gardiens Ni-oh★★** (1203) réalisés par les sculpteurs Unkei et Kaikei. Le premier gardien a la bouche ouverte, l'autre l'a fermée, symboles du début et de la fin de la vie *(voir encadré p. 121)*.

On trouvera ensuite, sur la gauche de l'allée, le **Musée du temple Todai-ji★** (Todai-ji Museum - *de 9h30 jusqu'à l'heure de fermeture du temple - 500 ¥ ; 800 ¥ avec le Daibutsu-den*) où, dans un cadre réussi, sont exposées par rotation des pièces de la large collection d'objets religieux du temple. On y verra notamment de grandes et superbes statues de bouddha.

Au bout de l'allée se dresse le pavillon central du grand bouddha, le **Daibutsu-den★★** *(voir photo p. 287)*. Si sa dernière reconstruction a réduit sa taille et modifié ses proportions, il reste le plus gigantesque édifice en bois du monde avec 48,5 m de hauteur et 57 m de largeur. Sur le parvis trône une belle lanterne en bronze octogonale de 752, décorée de *bosatsu* musiciens. Traditionnellement, la lucarne centrale du bâtiment est ouverte deux fois l'an *(15 août et 21 déc.-1er janv.)* afin d'exposer aux yeux de la foule le visage de la divinité.

L'intérieur dévoile la grande statue en bronze doré du **Daibutsu Vairocana★★**, le Bouddha cosmique, assis sur une fleur de lotus en état d'illumination *(voir photo p. 4)*. Sa taille monumentale (15 m) et son poids (250 t) en font le plus grand bouddha en bronze du monde. Réalisée en 751 par le Coréen Kimimaro – aidé, dit-on, de 370 000 ouvriers –, l'œuvre a subi de nombreuses restaurations. Seul le piédestal est d'origine, la tête elle date du 17e s. À la gauche du Daibutsu se tient Nyoirin Kannon qui exauce les vœux et à sa droite, Kokuzo Kannon, symbole de sagesse. À l'arrière, une maquette au 1/50 reproduit le temple originel. On aperçoit aussi un trou dans l'un des piliers, de la taille de la narine du bouddha : il est dit que ceux qui parviennent à s'y glisser iront au paradis.

Tournez à gauche en sortant et suivez sur environ 400 m le chemin qui monte vers l'est, près du beffroi et du torii *vermillon.*

Reconstruit en 1667, le **Nigatsu-do★** est un temple sur pilotis qui ressemble en plus petit au Kiyomizu-dera de Kyoto *(voir p. 251)*. De sa terrasse, on jouit d'une belle vue sur Nara. Plus au sud, le **Hokke-do★★** dit aussi Sangatsu-do est le plus ancien bâtiment du Todai-ji (érigé en 746, mais en partie refait à l'époque de Kamakura). Il abrite 16 statues remarquables de l'époque de Nara dont 12 sont classées Trésors nationaux. Au centre se tient une statue en laque séchée de **Fukukensaku Kannon★★**, les mains jointes en prière, flanquée de deux bodhisattvas à la beauté limpide et d'une armée de gardiens célestes aux visages effrayants.

De l'autre côté du Daibutsu-den, à environ 300 m à l'ouest, le **Kaidan-do★** occupe le sommet d'un petit tertre. Quatre précieuses statues des rois célestes, de l'époque de Nara, y sont conservées. Enfin, en se dirigeant vers le nord, laissant un étang sur la gauche, on parvient au **Shoso-in★**, curieux grenier en rondins de bois monté sur pilotis *(ne se visite pas)*. Il sert d'abri aux ustensiles rituels servant aux cérémonies du Todai-ji ainsi qu'aux trésors légués au temple par l'empereur Shomu : des milliers d'objets (paravents, céramiques, masques, étoffes…) rapportés de Chine, d'Inde, de Perse ou de Byzance par les Routes de la soie. Chaque année à l'automne, une partie de ces trésors est exposée au Musée national de Nara.

De la vaste zone du Todai-ji, des sentiers fléchés (dir. *Kasuga Taisha*) mènent au sud du parc. Le principal passe en contrebas de la colline nue de **Wakakusa-yama** (342 m). Au printemps et en automne, on peut la gravir *(150 ¥)* pour profiter d'un beau panorama sur la ville et ses temples, alors colorés par les cerisiers en fleurs ou les feuillages « en feu ».

★★ Kasuga Taisha 春日大社 C2

À 15mn à pied du Todai-ji. Avr.-sept. : 6h-18h ; oct.-mars : 6h30-17h (varie selon la visite) ; visite spéciale : 500 ¥ ; salle du Trésor : 500 ¥ (10h-17h) ; jardin botanique : 500 ¥ (mars-nov. 9h-17h ; déc.-fév. 9h-16h30).

Situé à l'est du parc, le Kasuga Taisha (grand sanctuaire de Kasuga) se trouve au pied de deux monts sacrés, le Kasuga-yama et le Mikasa-yama, jadis vénérés comme lieux élus par les *kami* pour descendre sur terre. Ses bâtiments campent sous les frondaisons ombreuses de cèdres japonais, à l'orée d'une pittoresque **forêt primaire★** très bien préservée. Fondé en 768 (ou en 710 selon d'autres sources), il occupe une place importante dans l'histoire du Japon car il abritait les dieux protecteurs du clan des Fujiwara. Durant la période de Heian, vers le 10e s., il fut rattaché au temple Kofuku-ji, affiliation qui durera jusqu'en 1868 lorsque le shintoïsme fut séparé du bouddhisme par la restauration Meiji.

Le Kasuga Taisha est réputé pour ses **3 000 lanternes** données par les fidèles au cours des siècles : des lanternes en pierre, alignées et tapissées de mousses, jalonnent l'allée principale depuis le grand *torii* à l'entrée ; d'autres, en bronze, sont suspendues dans les corridors des bâtiments. Toutes sont allumées lors du **festival Mantoro** qui se déroule deux fois par an dans le sanctuaire *(les 14-15 août et le 3 février)*. Le sanctuaire est aussi remarquable par son **architecture★**, même si la plupart des bâtiments ont été refaits au 19e s. L'édifice principal, long et étroit, surmonté d'un volumineux et spectaculaire toit de chaume à pignon, personnifie le « style Kasuga » auquel il a donné son nom. Il s'intègre avec harmonie dans la nature environnante, ses grands piliers rouges contrastant avec le vert des arbres et le mauve des glycines dont les grappes servent à orner les parures des servantes du culte. À l'ouest du sanctuaire (près du parking), le **Homotsu-den** (salle du Trésor) expose des masques de *bugaku*, des costumes de nô, des armes et armures anciennes.

Tout proche, le **jardin botanique** (Kasuga Taisha Shin-en) enchante avec ses parterres de glycine (floraison en mai), ses plantes et herbes pour beaucoup citées dans le *Manyoshu* – « Recueil des 10 000 feuilles » –, une anthologie de poèmes élaborée du 4e au 8e s.

À la sortie du sanctuaire, suivez le sentier sur la gauche qui se dirige à travers les bois vers le sud. Environ 800 m après, à la sortie de la forêt, prenez la route à droite puis, 100 m plus loin, la rue à gauche qui mène au Shin-Yakushi-ji, indiqué par un panneau.

★ Shin-Yakushi-ji 新薬師寺 C2

À 10mn à pied du Kasuga Taisha. 9h-17h - 600 ¥.

Aujourd'hui situé en bordure de la ville près des rizières et champs de cosmos, ce temple élevé en 747 à la demande de l'impératrice Komyo pour remercier les dieux d'avoir rendu la santé à son mari, l'empereur Shomu, était jadis l'un des plus grands de Nara. Le pavillon central, le seul qui soit d'époque, abrite une belle **statue★** du 8e s. figurant le Yakushi Nyorai (Bouddha médecin) *(voir p. 230)* escorté de 12 gardiens célestes brandissant chacun une arme différente.

La visite de ce site permet également de découvrir un quartier résidentiel paisible. Le proche **musée de la Photographie** (Irie Taikichi Memorial Museum of Photography - *Takabatake-cho - ✆ (0742) 22 9811 - tlj sf lun. 9h30-16h30 - 500 ¥*) présente, dans un bel édifice moderne, le travail de Irie Taikichi qui a immortalisé Nara durant des décennies.

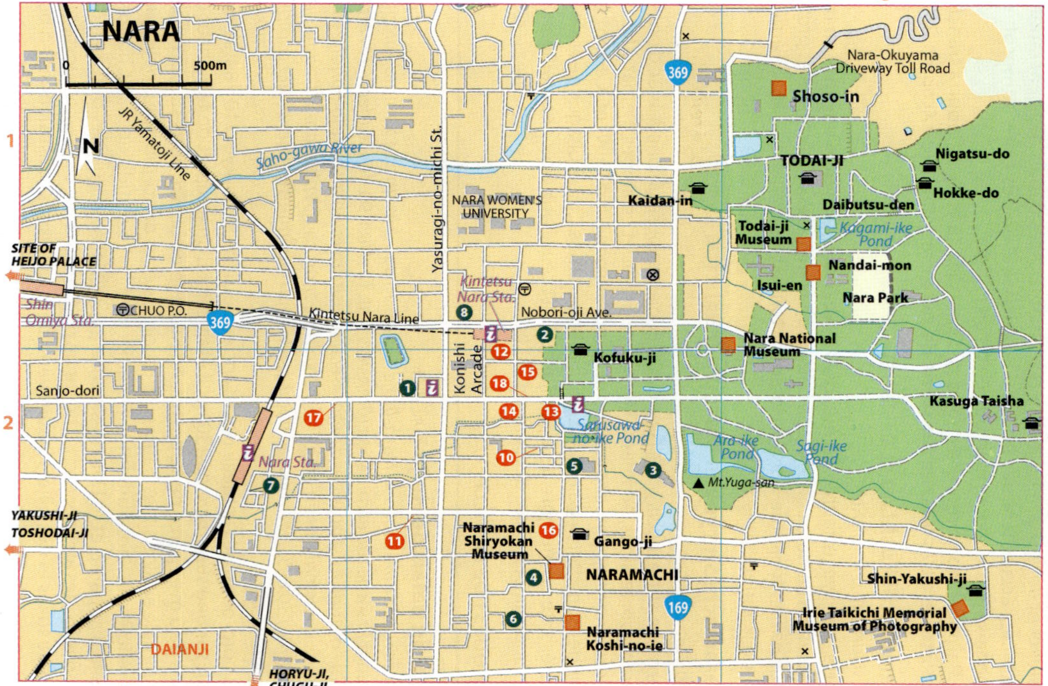

SE LOGER

GH Sakuraya 4
Hotel Fujita Nara 1
Kasuga Hotel 2
Nara Hotel 3
Ryokan Matsumae 5
Ryokan Seikanso 6
Super Hotel Lohas 7
Toyoko inn Nara Kintetsu 8

SE RESTAURER

Happoh 12
Jyu Jyu 10
Kura 11
Mangyoku 13
Miyoshino 14
Okaru 15
Shunsai Hiyori 16
Yamatoan 17
Yamazakiya 18

★ NARAMACHI 奈良町 B2

Cet ancien quartier marchand s'étend au sud de l'étang Sarusawa-ike, autour du temple **Gango-ji**. Ce temple *(site historique quelques ruelles plus au sud - 9h-17h - 400 ¥ (dernière entrée 16h30)* construit initialement à Asuka, fut transporté ici en 718, après l'installation de la capitale impériale à Nara. Les bâtiments les plus anciens sont le hall principal *(Gokuraku-do)* et la salle de méditation *(Zen-shitsu)*.

Le quartier forme un lacis de ruelles pittoresques et paisibles bordé de vieilles maisons traditionnelles en bois, les *machiya*, qui servent à la fois d'échoppe, d'atelier et de lieu d'habitation aux mêmes familles depuis des générations. Certaines accueillent des boutiques d'artisanat ou des cafés. Atmosphère japonaise authentique, magique en fin de journée.

Parmi les nombreuses échoppes dispersées çà et là, on pourra franchir la porte de la très réputée **brasserie de saké Harushika** *(voir Achats p. 302)*.

Naramachi Koshi no ie ならまち格子の家 B2

Tlj sf lun. 9h-17h - gratuit.

Cette *machiya* restaurée permet d'observer l'agencement d'une maison traditionnelle de Nara : une façade basse au toit de tuiles et aux fenêtres protégées par un treillis de bois, un intérieur tout en longueur, ouvrant à l'arrière sur un jardinet et une remise.

Naramachi Shiryokan Museum 奈良町資料館 B2

10h-16h - gratuit.

Dans une autre *machiya* de l'époque d'Edo est exposé un bric-à-brac d'objets variés : porcelaines, écriteaux, vieilles monnaies et estampes. Remarquez les petits singes en peluche rouges et blancs suspendus à l'auvent. Ce sont les « singes substituts » du culte du *koshin*, importés de Chine. Chaque petit singe représente un membre de la famille qu'il est censé protéger des malheurs et des souffrances en les détournant sur lui.

★ L'OUEST DE LA VILLE

Site du palais de Heijo 平城宮跡 A1 en dir.

Accès : de la gare Kintetsu Nara, ligne Kintetsu jusqu'à la station Yamato Saidaiji ; prenez la sortie sud et marchez 10mn vers l'est. Tlj sf lun. 9h-16h30 (dernière entrée 16h) - gratuit. Il est possible d'organiser une visite avec un guide anglophone avec réserv. www.nabunken.go.jp/fukyu/volunteer ou en téléphonant à l'avance au (0742) 30 6753. Prévoir une demi-journée au minimum pour explorer complètement le site.

Au nord-ouest de l'actuelle Nara, l'ancien palais de Heijo-kyo (710-784) s'étendait sur une superficie de 130 ha. Il était ceint d'un rempart de terre haut de près de 5 m et percé de 12 portes. Agencée selon un axe nord-sud, cette cité impériale englobait les bâtiments officiels, sièges des cérémonies politiques et religieuses, notamment le Daigoku-den (salle d'audience), le Chodo-in (salle d'apparat) et le Dairi (résidence impériale) ainsi que des bureaux, des magasins, des ateliers, etc. Juché sur un podium, chaque édifice comportait un toit de tuiles et des piliers laqués vermillon. Toutes ces constructions en bois ont certes disparu mais le site, occupé uniquement par des rizières depuis, conserve d'abondants vestiges souterrains. Les fouilles archéologiques, en cours depuis 1967, ont notamment mis au jour l'un des jardins, aujourd'hui reconstitué et ouvert aux visites, qui agrémentaient le Chodo-in à l'est.

À l'occasion du 1 300e anniversaire de Nara en 2010, le site a fait l'objet de plusieurs reconstructions *(voir p. 288)*. La **Suzaku-mon** (grande porte du Sud) et quelques mètres de murailles marquent la limite sud du site. On rallie en 15mn la salle d'audience impériale, **Daigoku-den**, en face, qui accueille une réplique du trône impérial actuellement utilisé et offre une vue saisissante sur la Suzaku-mon. À l'entrée ouest, le **Nara Palace Site Museum** présente une vue générale des lieux ainsi que les céramiques, tuiles et tablettes trouvées lors des fouilles. Côté opposé, à l'est, le **Excavation Site Exhibition Hall** expose des maquettes de la résidence impériale et de la salle d'audience.

★ Toshodai-ji 唐招提寺 A2 en dir.

Accès : des gares Kintetsu Nara ou JR Nishinomiya, bus n° 70, arrêt Toshodai-ji ou bus n° 97, arrêt Toshodai-ji-higashiguchi (20mn de trajet, 250 ¥) - 8h30-17h (dernière entrée 16h30) - 600 ¥ ; salle du Miedo : ouvert 5-7 juin (tarif suppl. 500 ¥).

En dépit des nombreuses réparations dont il a fait l'objet au cours des siècles, le Toshodai-ji reste un exemple harmonieux de l'architecture de l'époque de Nara. Rattaché à la secte Ritsu, ce temple est l'œuvre de Ganjin (688-763), un moine chinois invité en 759 par l'empereur Shomu afin d'enseigner le bouddhisme. Ganjin connut de nombreux déboires dans sa traversée de la mer du Japon et fit cinq fois naufrage. Lorsqu'il parvint au pays du Soleil levant, il était devenu aveugle. La salle du **Mieido**, au fond du jardin, conserve une **statue★** de ce moine chinois, la plus ancienne effigie laquée du Japon. Classé Trésor national, le **Kon-do★★**, pavillon principal du temple, s'ouvre par une colonnade de huit piliers. L'intérieur est habité par trois grandes statues en laque séchée des bouddhas Yakushi et Rushana et du *bosatsu* Senju Kannon. Derrière, le **Ko-do★** (prédicatoire), au toit galbé, faisait à l'origine partie du palais de Heijo. Il contient plusieurs statues de valeur dont un grand **Miroku bosatsu★** du 8e s.

★ Yakushi-ji 薬師寺 A2 en dir.

À 10mn à pied au sud du Toshodai-ji - en partie fermé pour restauration jusqu'en 2020 - 8h30-17h (dernière entrée 16h30) - 1 100 ¥. Retour vers Nara avec le bus n° 70.

Centre de la secte Hosso, ce temple fondé par l'empereur Temmu en 680 puis déplacé à Nara en 718 est l'un des plus anciens et des plus sacrés de la ville. Gravement endommagé par le feu en 973 puis en 1528, il a été entièrement reconstruit à l'exception du **To-to★★**, la pagode de l'Est, une merveille du genre. Haute de trois étages (34 m), elle paraît en avoir six en raison des auvents intermédiaires. Le **Kon-do**, hall principal (1635), abrite une grande triade en bronze du bouddha **Yakushi★★** datant de 697, très imprégnée du style naturaliste des Tang chinois. Le **Toin-do**, ou pavillon de l'Est (1285), a lui pour pièce maîtresse une **Sho Kannon★** du 7e s. d'influence indienne.

3

À proximité Carte de région p. 226

★★★ HORYU-JI 法隆寺 B2

Accès : de la gare JR Nara, Yamatoji Line pour la station Horyu-ji (15mn, 210 ¥), puis 20mn à pied vers le nord (plan fourni à la gare - n'hésitez pas à vous écarter de la route principale pour préférer les rues calmes) ou bus n° 72 (5mn, 180 ¥). Sinon, des gares JR Nara ou Kintetsu Nara, bus n° 97 jusqu'à l'arrêt Horyu-ji-mae (1h, 760 ¥). Temple : 22 fév.-3 nov. : 8h-17h ; 4 nov.-21 fév. : 8h-16h30 - 1 500 ¥ ; Yumedono : mi-avr.-mi-mai et fin oct.-fin nov. - www.horyuji.or.jp.

Situé dans la paisible localité d'Ikaruga, à 12 km au sud-ouest de Nara, le Horyu-ji ou « Temple de la loi florissante » regroupe les plus anciens bâtiments en bois du monde. Chef-d'œuvre de l'époque d'Asuka, il fut bâti en 607 sur ordre de l'impératrice Suiko et du prince régent Shotoku. Il est possible qu'une partie des bâtiments ait été détruite par un incendie en 670 puis reconstruite au 8e s. Le Horyu-ji fut le premier site du Japon à être classé au Patrimoine mondial de l'Unesco.

★★★ **Sai-in (enceinte de l'Ouest)** – Une allée bordée de pins mène au **Nandai-mon**, la grande porte du Sud d'époque Muromachi (14e s.). Plus loin, une seconde porte bien plus ancienne (fin 7e s.), le **Chu-mon★**, aux piliers renflés, est encadrée par les deux **gardiens★** Kongo-rishiki, l'un sculpté en argile (711), l'autre en bois (12e s.).

Au milieu de la cour centrale s'élève le **Kon-do★★★**, le pavillon d'Or, le plus ancien et le plus sacré des bâtiments. Il abrite une triade de **Shaka Nyorai★★** (Sakyamuni, le bouddha historique) de 623, œuvre du sculpteur Tori. Les yeux en amande, le visage allongé, l'ampleur du vêtement et la frontalité de la sculpture trahissent l'influence des statues en pierre de la dynastie chinoise des Wei du Nord (386-534). Les peintures des parois dépeignent les paradis bouddhistes dans le style des fresques indiennes d'Ajanta. La plupart sont des répliques, les originaux ayant brûlé dans un incendie en 1949.

À côté, le **Gojuno-to★★★**, pagode à cinq étages, fut sans doute érigé vers 700, ce qui en fait la plus ancienne pagode du Japon. Chaque niveau symbolise l'un des cinq éléments tantriques : terre, eau, bois, air, espace. Sa base renferme des statues d'argile qui illustrent la vie du bouddha Sakyamuni. Au nord, la scène décrit sa montée au nirvana.

Au fond de l'enceinte sur la droite, le **Daihozo-in** (salle du Trésor) expose plusieurs merveilles de l'époque d'Asuka (7e s.) dont une **Kudara Kannon★★★** en bois de camphrier, un chef-d'œuvre de grâce et de finesse. Voyez aussi le **Tamamushi no zushi★★★**, le tabernacle de l'impératrice Suiko.

★ **To-in (enceinte de l'Est)** – Elle s'ordonne autour du **Yumedono★★**, le pavillon des Songes (739), où le prince Shotoku recevait sous forme de rêves la réponse à ses questions politiques ou philosophiques. Monté sur un podium en pierre, cet harmonieux édifice octogonal abrite une statue en bois doré du 7e s. de **Kuze Kannon★★** parfaitement conservée.

★ Chugu-ji 中宮寺 Plan de la ville, A2 en dir.

www.chuguji.jp - 21 mars-30 sept. : 9h-16h30 (dernière entrée 16h15) ; 1er oct.-20 mars : 9h-16h (dernière entrée 15h45) - 600 ¥.

Au fond de l'enceinte de l'Est, un passage conduit à ce petit temple, fondé par le prince Shotoku en l'honneur de sa mère en 621. Il mérite le détour pour sa statue de **Miroku Bosatsu★★★** (bouddha du futur) en bois de camphrier noir, assis en position de méditation, un des plus gracieux chefs-d'œuvre de la statuaire nippone.

KASHIHARA 橿原 Carte de région A-B2

À 20 km au sud de Nara. De la gare de Kintetsu Nara prenez la Kintetsu Line jusqu'à la gare de Yagi-nishiguchi, via Yamato Saidaiji (45mn, 430 ¥). En sortant de la gare, prenez à droite, puis à droite à nouveau, continuez tout droit puis prenez à gauche après le pont traditionnel. À 400 m environ vous trouverez Hanairaka, le centre d'échange culturel d'Imai-cho.

Hanairaka 華甍

9h-17h (dernière entrée 16h30) - fermé 25 déc.-5 janv. - gratuit. Ce grand édifice en bois datant de l'ère Meiji (1903) fait office de centre touristique et de musée. Vous pouvez y demander un plan et des brochures sur le quartier d'Imai et son histoire. Une maquette le présente également tel qu'il était à l'époque d'Edo.

Le Horyu-ji, le plus vieux temple en bois du Japon.
M. Gotin/hemis.fr

★ Imai-cho 今井町

Ce quartier aux alignements de maisons traditionnelles datant du 17e s. fait revivre le quotidien de l'époque d'Edo au travers de nombreuses demeures ouvertes au public. Fondée par un moine, la ville commerçante d'Imai dépendait d'un temple bouddhiste qui livra bataille contre l'armée d'Oda Nobunaga en 1570 avant de se rendre. Elle obtint en contrepartie le statut de ville autonome. Elle fut donc construite selon le plan d'une ville forteresse. Les rues n'y sont pas tout à fait droites, afin que les flèches ne puissent pas atteindre leurs cibles, et chaque façade de maison présente un ou plusieurs anneaux en fer pour y attacher des chevaux.

La **demeure Imanishi** *(tlj sf lun. 10h-17h, dernière entrée 16h30, sur réserv. au ✆ (0744) 25 3388 entre 10h et 16h - 400 ¥)* date de 1650 et figure l'intérieur d'une maison de riches négociants.

De la gare de Yagi-nishiguchi, prenez la Kinsetsu Line jusqu'à la gare de Kashihara jingumae (4mn, 200 ¥).

Kashihara-jingu 橿原神宮

Ce temple aurait été, selon la mythologie shinto, le lieu d'intronisation de Jinmu, le premier empereur du Japon. Derrière le temple, un petit sentier aux cailloux ronds, frais l'été, mène au sommet de la montagne Unébi.

★ YOSHINO-YAMA 吉野山 A2

À 42 km au sud de Nara. Prenez la Kintetsu Line à la gare de Kashiharajingumae (55mn, 460 ¥) jusqu'à la gare de Yoshino. De là prenez le funiculaire qui vous emmènera à Yoshino-yama (AS 360 ¥, AR 710 ¥).

Perché à 1 000 m d'altitude sur la montagne de Yoshino, ce village est célèbre pour ces **30 000 cerisiers**, qui fleurissent un mois durant, tout comme les milliers de Japonais qui viennent les admirer. Quatre zones situées à différentes altitudes expliquent cette longue floraison : Shimonosenbon (les 1 000 cerisiers d'en bas), Nakasenbon (les 1 000 cerisiers du milieu),

3

Kaminosenbon (les 1 000 cerisiers d'en haut) et Okunosenbon (les 1 000 cerisiers de l'arrière).

Fondé par le prêtre Gyoki au 8e s. puis reconstruit au 15e s., le **Kinpusen-ji★** *(8h30-16h30 - 500 ¥)*, temple principal et le plus grand du Japon après le Todai-ji, mesure 34 m de haut. Dernière grande étape religieuse avant l'escalade du **mont Omine**, ce temple bouddhiste accueillait aussi traditionnellement les femmes qui faisaient le pèlerinage dans les monts Kii *(voir Kumano Kodo p. 310)* mais ne pouvaient pénétrer dans l'enceinte sacrée du mont où s'entraînent les ascètes de la montagne, réservée aux hommes. Le long de la route principale, qui descend du temple, boutiques et restaurants disputent la place aux temples, sanctuaires et autres sites touristiques.

Un peu après le Kinpusen-ji, sur la gauche, le sanctuaire **Yoshimizu-jinja** *(9h-17h - 400 ¥)* abrite de très beaux **paravents peints**.

800 m plus loin se trouve le **jardin Gunpoen★** *(300 ¥)* dans l'enceinte d'un magnifique temple transformé en ryokan et où les branches d'un cerisier pleureur effleurent la surface d'un petit étang bordé de pierres *(voir Nos adresses p. 300)*.

Le point de vue **Hanayagura**, à 20mn de marche, donne à voir un très beau panorama de la montagne. Juste à côté, les sept divinités liées à l'eau du **sanctuaire Mikumari★** *(8h-16h - gratuit)* vivent côte à côte dans l'aile droite du sanctuaire, dans des autels flanqués chacun de deux démons protecteurs tournant royalement le dos à ceux de l'autel d'à côté.

NOS ADRESSES À NARA

VISITES

Visites guidées – Nara S.G.G. Club, ✆ *(0742) 22 5595 - www.sites.google.com/site/narasggenglish* (réservez à l'avance *via* les offices de tourisme). Nara Student Guide, ✆ *(0742) 26 4753 - www.narastudentguide.org/.* Nara YMCA, ✆ *(0742) 45 5920 - www.sites.google.com/site/eggnaragg/home.* Guides bénévoles parlant anglais. Frais de transports et de repas en sus. Réservez à l'avance.

INFORMATIONS UTILES

Banque/Change – Les banques se concentrent sur Sanjo-dori B2. ATM « JP Bank », 30 *Noborioji -cho - lun.-vend. 9h-17h30.* Ce distributeur automatique (ATM) de la Japan Post Bank accepte les cartes étrangères. Autres ATM acceptant les cartes étrangères dans les postes *(voir ci-dessous).*

Poste – Ogawa-cho Post Office, *1 Ogawa-cho (à côté de la gare JR Nara)* A2 *- 9h-19h, sam. 9h-17h.* Higashimuki Post Office, *24 Higashimuki-Kita-machi (à 200 m au nord-est de la gare Kintetsu)* B1 *- 9h-19h, w.-end et j. fériés 17h, dim.*

TRANSPORTS

Arriver/partir

En train

Gare de Kintetsu Nara B1 – La plus centrale. Départs pour Kyoto *(Ltd. Express ttes les 30mn, durée 35mn, 1 130 ¥)*, Osaka *(Nanba Station, ttes les 10mn, durée 40mn, 560 ¥)* et le Kansai International Airport *via* la Nankai Line à Nanba *(ttes les 20mn, durée 1h20, 1 480 ¥)*.

La gare **JR Nara** A2 et sa jolie façade colorée est au sud-ouest, à 10mn à pied du centre : départs pour Kyoto *(Rapid ttes les 30mn, 50mn, 710 ¥)*, Osaka *(JR Nanba* *et Tenno-ji, Rapid tes les 15mn, durée 35mn, 470 ¥)* et le Kansai International Airport *via* Tenno-ji *(durée 1h30, 1 710 ¥).*

En bus

Terminus des gares Kintetsu Nara B1 et **JR Nara** A2 – Départs pour le Kansai International Airport *(ttes les h, durée 1h30, 2 050 ¥)*, l'aéroport d'Itami *(ttes les h env., durée 1h, 1 480 ¥)*, Shinjuku (Tokyo) en bus de nuit Nara Kotsu *(1/j, 7h45, 5 980-9 500 ¥ AS).*

Se déplacer à Nara

En bus – De multiples bus sillonnent la ville dont la majorité font halte aux deux gares JR et Kintetsu. Le bus n° 2 tourne autour de la ville et de son parc dans le sens des aiguilles d'une montre ; le n° 1, dans le sens inverse. Les bus nos 70 et 97 desservent les temples du sud-ouest. Des **pass** sont en vente à un guichet de la gare JR, de la gare de Kintetsu Nara : 1 j. autour du parc *(500 ¥)* ; 1 j. parc + Horyu-ji *(1 000 ¥)* ; 2 j. Nara et alentour *(1 500 ¥)*.

À vélo – Pratique pour circuler à travers le parc et dans Naramachi. **Location de vélos**, Eki Rent-A-Cycle *(gare JR Nara* A2 *- 8h-18h - 700 ¥/j.)* ou Nako Rent-A-Cycle *(gare Kintetsu, sortie 6 - 9h-19h - 800 ¥/j.)*. Certains hôtels et pensions proposent également des vélos à leurs clients.

HÉBERGEMENT

Nara

PREMIER PRIX

Ryokan Seikanso 旅館静観荘
29 Higashi-Kitsuji-cho B2*- ✆ (0742) 22 2670 - hwww.nara-ryokanseikanso.com - 9 ch. 8 640 ¥ - ☕ 756/486 ¥.* Délicieux ryokan, édifié en 1916 autour d'un magnifique jardin intérieur. Le très affable propriétaire parle un peu l'anglais. Les chambres, sans être de prime jeunesse, sont agréables et bien éclairées. Six d'entre elles donnent sur le jardin : préférez ces dernières. *O-furo*, Internet et location de vélos.

Toyoko inn Nara Kintetsu
東横イン近鉄奈良駅前
16-1 Nishi-Mikado-cho B1*- ✆ (0742) 85 1045 - www.toyoko-inn.com/e_hotel/00249/index.html - à partir de 7 884 ¥ ☕.* Proche de la gare Kintetsu, ce *business hotel* récent conviendra à ceux qui veulent immédiatement poser leur valise avant de partir à la découverte de la ville. Autre adresse de la même chaîne proche de la gare Shin-Omiya *(✆ (0742) 36 1045)* sur la ligne Kintetsu.

BUDGET MOYEN

Super Hotel Lohas
スーパーホテルLohas・JR奈良駅
1-2 Sanjo-honmachi A2*- ✆ (0742) 27 9000 - www.superhotel.co.jp/s_hotels/lohasnara - P - 233 ch. à partir de 11 800 ¥ ☕.* Récent, plutôt chaleureux et bien fait, ce *business hotel* aux chambres compactes s'avère très pratique car situé aux portes de la gare JR Nara. On profite gratuitement d'un onsen très agréable. Autre adresse de la même chaîne proche de la gare Shin-Omiya *(✆ (0742) 35 9000)* sur la ligne Kintetsu, à l'ouest de la ville.

Ryokan Matsumae 旅館 松前
28-1 Higashiterahayashi-cho B2 *- ✆ (0742) 22 3686 - www.matsumae.co.jp/index2.html - 15 ch. à partir de 10 800 ¥ - ☕ 900 ¥.* Un ryokan au calme, situé dans une petite rue à quelques pas de l'étang Sarusawa. Vous serez accueilli par un monsieur parlant bien anglais. Petites chambres propres avec ou sans salle de bains.

Hotel Fujita Nara ホテルフジタ奈良
47-1 Shimosanjo-cho B2 *- (0742) 23 8111 - en.fujita-nara.com - P - 117 ch. à partir de 11 800 ¥ - 1 800 ¥.* Bien situé, pourvu d'un personnel anglophone très cordial, de chambres claires, propres et bien insonorisées, de deux restaurants et d'un joli salon-bar avec vue sur un jardin. Cet hôtel constitue un bon choix en catégorie intermédiaire.

GH Sakuraya ゲストハウス桜舎
1 Narukawa-cho B2 *- (0742) 24 1490 - www.guesthouse-sakuraya.com - 3 ch. à partir de 10 400 ¥* . L'adresse idéale pour résider au cœur du charmant quartier de Naramachi. Dans une maison traditionnelle rénovée, la clientèle internationale profite de belles chambres japonaises et d'un joli jardin intérieur. Ainsi que des conseils du sympathique propriétaire.

UNE FOLIE

Nara Hotel 奈良ホテル
Nara-koennai B2 *- (0742) 26 3300 - www.narahotel.co.jp/eng - P - 129 ch. à partir de 36 000 ¥* . Juché sur une colline près du parc, cet hôtel bâti en 1909 mêle à son architecture occidentale une façade en cyprès inspirée de l'époque de Momoyama (16e s.). Bien des célébrités (Brando, Hepburn, Malraux) l'ont fréquenté. Préférez les chambres de la partie ancienne, avec leurs hauts plafonds, vieilles appliques et cheminées, bien plus romantiques que celles de l'aile moderne.

Kasuga Hotel 春日ホテル
40 Noborioji-cho B1 *- (0742) 22 4031 - www.kasuga-hotel.co.jp - P - 30 ch. à partir de 32 400 ¥ - 2 000 ¥.* D'extérieur, l'hôtel reproduit l'architecture des bâtiments en bois de la période Tenpyo (fin du 8e s.). L'intérieur abrite des chambres japonaises (et trois occidentales) amples et lumineuses, avec matériel high-tech. Cuisine kaiseki d'excellente tenue et superbe *o-furo*, avec une cascade et un bain en plein air cerné de roches et de végétation.

Yoshino

UNE FOLIE

Chikurin-in Gunpoen
竹林院群芳園
2142 Yoshinoyama - (746) 32 8081 - www.chikurin.co.jp/e/home.htm - navette depuis la gare Kintetsu de Yoshino (sf avr.) à partir de 14h30 sur réserv., P - 41 ch. à partir de 21 600 ¥. Au centre d'un immense jardin japonais, cet ancien temple bouddhiste transformé en ryokan vous propose de belles chambres traditionnelles dans un cadre idyllique. Très beau *rotenburo*.

RESTAURATION

Nara

PREMIER PRIX

Kura 蔵
16 Komyoin-cho B2 *- (0742) 22 8771 - 17h-22h à partir de 300 ¥ (plat).* En bordure de Naramachi, cet *izakaya* discret sert une cuisine japonaise amiliale bon marché et bien faite. Au menu, notamment, un *oden* (pot-au-feu traditionnel) consistant et parfumé.

Jyu Jyu 樹樹
27-1 Michiidono-cho B2 *- (0742) 27 6121 - tlj sf lun., 2e et 3e mar. du mois 17h-23h.* Discrète et sympathique *izakaya* dans une ruelle du centre-ville. Votre bière glacée, verre de saké ou de vin pourra être accompagné de jolies petites préparations saines et maison où les ingrédients locaux se mêlent aux influences internationales.

Yamatoan やまと庵本店
495-1 Sanjō-cho A2 - (0742) 26 3585 - 11h30-15h, 17h-0h - à partir de 700 ¥ (plat). Au début de Sanjo-dori en venant de la gare JR, une jolie devanture qui annonce d'alléchantes préparations à base de viandes locales, à déguster en tempura ou en ragoûts.

Okaru おかる
13 Higashimuki-minami-machi B2 - (0742) 24 3686 - 11h-21h30 (dernière commande 21h) - à partir de 1 000 ¥ - . Les meilleurs *okonomiyaki* de Nara : crêpes-omelettes fourrées au choix au poulpe, calamars, porc, poireaux ou crevettes. À déguster dans un cadre simple, à table ou sur des tatamis.

Miyoshino 三好野
27 Hashimoto-cho B2 - (0742) 22 5239 - bikkuriudon.com - tlj sf merc. 11h-20h30 - déj. à partir de 630 ¥ - . Sur Sanjo-dori (repérez les plats sur une table basse devant la porte), ce petit troquet familial est spécialisé dans les plats de *udon* (nouilles). Il y en a des dizaines (aux œufs, au bœuf, avec tempuras, etc.) dessinés sur le mur. À midi, la patronne propose de bons petits menus à moins de 1 000 ¥.

BUDGET MOYEN

Yamazakiya 山崎屋
5 Higashimuki-minamimachi B2 - (0742) 27 3715 - ajiyama.com - tlj sf lun. (ouv. lun. de j.fériés) 11h15-20h (dernière commande) - déj. à partir de 880 ¥. Le restaurant se situe à l'arrière d'une célèbre boutique de légumes en saumure (énormes et colorés) des arcades marchandes. Les menus les montrent accompagnant d'appétissantes préparations qui conviendront à tous les goûts (sushis, viandes grillées, tempuras, cuisine *kaiseki*) et budgets.

Happoh 八寶
22 Higashimuki-nakamachi B1-2 - (0742) 26 4834 - www.happoh.com/index.html - 11h30-22h30 (dim. et j. fériés 11h30-22h) - à partir de 2 000 ¥ - . Dans un cadre reposant et plutôt élégant, bercé par un fond musical et le glouglou d'une mini-cascade, vous savourerez une cuisine japonaise goûteuse et bien travaillée, autour de menus variés et peu onéreux.

POUR SE FAIRE PLAISIR

Mangyoku まんぎょく
9 Ganrinin-cho B2 - (0742) 22 2265 - tlj sf lun. 18h-23h - à partir de 3 000 ¥ - . Dans une ruelle en retrait de Sanjo-dori, près de l'étang Sarusawa, maison typique du vieux Nara avec sa palissade en claies et ses lanternes. À l'intérieur, meubles anciens et estampes, parquet lustré et poutres de bois plantent un décor chaleureux. Vous y savourerez des recettes ménagères savamment mijotées tels le *nikujaga* (ragoût de bœuf), du poulet vapeur, du saumon grillé, des plats de légumes et autres mets de saison.

Shunsai Hiyori 旬彩・ひより
26 Nakanoshinya-cho B2 - (0742) 24 1470 - narakko.jp/hiyori/menu/menu_e.html - tlj sf mar. 11h30-14h30, 17h-22h - déj. à partir de 1 650 ¥ ; dîner à partir de 3 850 ¥. En bordure de Naramachi, une belle salle couleur de bois clair et rouge. Un chef passionné vous y invite à déguster ses préparations où les légumes de son potager tiennent la vedette. Assiettes végétariennes superbes le midi. Cuisine *kaiseki* fraîche et raffinée en soirée.

Horyu-ji

PREMIER PRIX

On trouvera, le long de l'avenue arborée menant au temple, une

succession de restaurants destinés à endiguer le flot de visiteurs.
Ainsi, **Sabo Shokodo** *(茶房松鼓堂 - 9h-17h)*, le plus proche de l'entrée sur la droite, une adresse simple et populaire où se sustenter de solides portions de *soba* ou de *udon* (*800 ¥*). Proche du centre d'informations, **Hirasou** *(平宗 - ✆ 0745 75 11 10 - 9h-17h)* est une boutique doublée d'une petite cafétéria où l'on propose notamment de consistants sushis de maquereau et d'excellentes glaces.

Kashihara

BUDGET MOYEN

Suian 粋庵
1-4-35 Imai-cho - ✆ (0744) 29 3807 - tlj sf lun. 11h30-13h30, 17h-22h (dernière commande). Situé en plein cœur du quartier d'Imai-cho, ce petit restaurant traditionnel à la façade en bois sert de très bons menus de *soba*.

PETITE PAUSE

Mellow Café – *1-8 Konishi-cho* B2 - *✆ (0742) 27 9099 - www.mellowcafe.jp - 11h-23h30 (dernière commande 23h).* Dans un complexe de boutiques sur la Konishi Arcade, un café tendance, au joli décor *terracotta*, très relax pour prendre un verre l'après-midi ou en début de soirée. Propose aussi une cuisine italienne.

Nonohana Ohka – *13 Nakashinya-machi* B2 - *✆ (0742) 22 1139 - tlj sf lun. 11h-17h.* Dans une jolie rue de Naramachi, un café agréable avec terrasse et belle salle où le bois a la vedette. Des salades, des desserts et divers cafés et thés composent le menu.

ACHATS

Artisanat – **Nara Craft Museum** - *1-1 Azemame-cho* B2 - *✆ (0742) 27 0033 - www.visitnara.jp/venues/S00427 - tlj sf lun. 10h-18h (dernière entrée 17h30).* Dans le quartier de Naramachi, bel espace d'exposition-vente de l'artisanat traditionnel de Nara : poupées en bois, céramiques, laques, etc.

Souvenirs – **Yu Nakagawa** - *31-1 Ganriin-cho* B2 - *✆ (0742) 22 1322 - www.visitnara.jp/venues/S00623 - 10h-18h30.* Une boutique de souvenirs de bon goût où, sur les tissus notamment (mouchoirs, foulards, sacs), le daim de Nara a bien sûr la vedette.

Encre – **Kobaien** - *7 Tsubai-cho* B2 - *✆ (0742) 23 2965 - kobaien.jp - tlj sf w.-end. et j. fériés 9h-17h.* Une des plus anciennes fabriques d'encre de Chine du pays. Visite possible des ateliers. En magasin, magnifiques bâtons d'encre peints.

Papier – **Akemitori** - *1 Hashimoto-cho* B2 - *✆ (0742) 22 1991 - www.akemitori.jp/index.html - 10h-19h.* Dans l'arcade piétonne, au sud de Sanjo-dori. Boutique spécialisée dans les *tenugui*, imprimés traditionnels en coton, dont on fait des serviettes et de petits accessoires.

Sabots – **Uetomi** - *19 Shimomicado-cho* B2 - *✆ (0742) 22 2904 - 10h-18h - fermé jeu. et aléatoirement.* Une des plus anciennes échoppes de Nara : ce petit magasin est envahi de *geta* fabriquées artisanalement. Lanières sur commande possible.

Saké – **Harushika** - *24-1 Fukuchi-in-cho* B2 - *✆ (0742) 23 2255 - www.harushika.com/profile - 8h30-17h.* Échoppe d'une célèbre brasserie opérant depuis 1884. Dégustation possible de 5 breuvages différents pour 500 ¥.

Koya-san 高野山

★★★

3 352 habitants

Au sommet d'une montagne couverte d'épaisses forêts s'élève Koya-san, la plus grande cité monastique du Japon. Là, près d'un millier de bonzes prient et méditent dans le ciel pur de la félicité bouddhique. Depuis douze siècles, Koya-san est au pays du Soleil levant ce que St-Jacques-de-Compostelle est à l'Europe : un célèbre centre de dévotion qui attire près d'un million de pèlerins chaque année. Jadis, seuls les plus courageux s'enhardissaient à suivre les sentiers ardus grimpant jusqu'à cet ermitage haut perché. Malgré son isolement, Koya-san n'en fut pas moins un puissant foyer religieux qui abrita au Moyen Âge environ 1 500 monastères. Il en reste aujourd'hui une centaine, dont une trentaine de temples-auberges (« shukubo ») proposant gîte et couvert aux voyageurs. Classée au Patrimoine mondial de l'Unesco, cette cité baignée d'encens et de brumes permet de pénétrer au cœur d'un Japon mystérieux et ésotérique.

NOS ADRESSES PAGE 308
Hébergement, restauration, achats, activités, etc.

S'INFORMER

Office de tourisme – Koya-san Shukubo Association, *devant l'arrêt de bus Senjuin-bashi* B2 - ✆ *(0736) 56 2616 - www.shukubo.net - 8h30-17h (9h janv.- fév.).*

SE REPÉRER

Carte de région p. 226, A2 - Dans la péninsule de Kii, à 85 km au sud d'Osaka et 66 km à l'est de Wakayama, dans la préfecture de Wakayama, Koya-san occupe un plateau montagneux à 900 m d'altitude. De la plaine, un funiculaire monte à la gare, située à 3 km au nord du village.

À NE PAS MANQUER

Une nuitée dans un temple et la cérémonie de l'aube.

ORGANISER SON TEMPS

Une petite journée suffit à la visite mais vous profiterez mieux de l'ambiance mystique des lieux en passant la nuit sur place.

3

Découvrir Plan de la ville p. 306

Le site occupe un plateau entouré de huit montagnes, censé figurer, selon la symbolique du bouddhisme Shingon, le lotus à huit pétales où siège le Bouddha. Koya-san comprend trois grands ensembles : le Danjo Garan, le Kongobu-ji et l'Okuno-in.

★ Danjo Garan 壇上伽藍 B2

8h30-17h. Daito : 200 ¥ ; Kon-do : 200 ¥ ; musée Reihokan : 600 ¥ (mai-oct. : 8h30-17h30 ; nov.-avr. : 17h, dernière entrée 16h30). Cette enceinte sacrée est précédée, environ 300 m à l'ouest, par un imposant portail d'entrée à deux étages, le **Dai-mon** (reconstruit en 1705), que flanquent deux divinités gardiennes. Le Danjo Garan est dominé en son centre par le **Konpon Daito★**, grande pagode vermillon d'une hauteur de 50 m. L'original fut édifié par Kobo Daishi *(voir p. 307)* en 816 mais la version actuelle date de 1947. L'intérieur, aux couleurs un peu clinquantes, abrite une grande statue dorée du Dainichi Nyorai (le Bouddha cosmique) escorté de quatre bouddhas et encerclé de piliers laqués où sont peints des *bosatsu*.

Juste en face se dresse le **Kon-do★**, pavillon principal où se déroulent les grandes cérémonies religieuses. Édifié en 819, il a été reconstruit pour la septième fois en 1932. Son hall doré renferme un Yakushi Nyorai (Bouddha médecin) *(voir p. 230)* à l'abri dans le tabernacle central. Derrière le Kon-do, l'élégant pavillon du **Miedo** (1848) conserve sous son vaste toit protecteur en écorce de cyprès les portraits de Kobo Daishi accompagné de ses disciples *(ouvert une fois par an, le 21 mars)*.

★ **Reiho-kan** – Au sud du Garan, de l'autre côté d'un étang, ce musée mérite une visite pour conserver depuis 1939 les trésors artistiques de Koya-san. Son fonds comprend plusieurs milliers d'œuvres dont environ 200 sont présentées par rotation. Bon nombre sont classées Trésors nationaux ou Biens culturels importants. Les galeries débordent de sculptures et de mandalas (diagrammes de l'univers) dont les symboles ésotériques et l'esthétique évoquent l'art tantrique tibétain : figures effrayantes se détachant des flammes, divinités grimaçantes ou bénéfiques. Les grandes tentures qui exaltent le Bouddha et ses diverses manifestations ont la grâce et la fraîcheur des tableaux italiens de la Renaissance et le côté fascinant et grouillant des retables moyenâgeux. Les sculptures arborent le plus souvent le style de l'époque de Heian : corps imposants recouverts de drapés prononcés, visages farouches ou à l'expression austère, etc.

★ Kongobu-ji 金剛峯寺 B2

8h30-17h (dernière entrée 16h30) - 500 ¥.

Au centre de la ville, le Kongobu-ji est le quartier général de la secte Shingon, le saint des saints de Koya-san. L'ensemble abrite à la fois les bâtiments administratifs, une université religieuse et un temple ouvert à la visite. Construit en 1593 par Toyotomi Hideyoshi, l'édifice a été plusieurs fois détruit et rebâti (la dernière fois en 1863). La salle principale, l'**Ohiroma★**, dévoile de beaux *fusuma* de Kano Motonobu, fondateur de l'école Kano à l'époque Muromachi (16e s.). La salle des Saules, décorée par l'un de ses élèves, fut le théâtre du *seppuku* rituel du grand duc Toyotomi Hidetsugu en 1595. Au fond, les rochers du **Banryu-tei★**, le plus grand jardin sec du Japon, évoquent des montagnes (certains disent deux dragons) émergeant d'une mer de nuages. La visite s'achève par l'immense **cuisine** du monastère, où l'on préparait les repas (du riz essentiellement) pour quelque 2000 moines.

LA CÉRÉMONIE DU FEU

Cinq heures, le gong retentit pour annoncer l'office. La cérémonie du feu *(goma)* se célèbre dans tous les temples-auberges à l'aube et les hôtes y sont cordialement conviés. Dans la pénombre du sanctuaire, le grand prêtre s'assied devant l'autel chargé d'offrandes, de cloches et de chandeliers et brûle dans un bassin en bronze des fagotins de bois. Le feu crépite, qui consume les illusions et délivre des passions. Alignés de chaque côté, assis sur leurs talons, les yeux fermés, les moines psalmodient des mantras d'une voix basse. Les volutes d'encens, le tintement des clochettes, les reflets des bougies sur les robes de soie : l'ambiance est spectrale, ensorcelante. Le rituel achevé, les moines se font alors aubergistes, ils lavent les planchers, nettoient les chambres et préparent le petit-déjeuner.

Le Kongobu-ji, au coeur de la forêt.
M. Gotin/hemis.fr

★★ Okuno-in 奥の院 C2 en dir.

À 30mn à pied à l'est du village. Gratuit.

L'Okuno-in, la **nécropole**, est sans conteste le lieu le plus fascinant de Koya-san. Là, sous les frondaisons de cryptomères séculaires aux fûts géants, dans un clair-obscur bleuté, sont disséminés près de **200 000 tombeaux**. S'y côtoient des noms illustres, des shoguns, des samouraïs, des grands prêtres et artistes, mais aussi des petites gens. Des tombes modernes et tape-à-l'œil alternent avec d'autres très anciennes, sobres, intimes et émouvantes. Certaines ont une allure cocasse telles la tasse et la fusée géante érigées respectivement par une compagnie de café et une société aéronautique ou encore le monument construit par un fabricant d'insecticides pour implorer le pardon des fourmis exterminées… Reste que pour bien des Japonais, déposer l'urne de ses parents sous la protection de Kobo Daishi est un immense privilège et l'assurance pour eux de renaître un jour au paradis. Devant l'affluence des candidatures, les concessions, en nombre limité, atteignent désormais des prix faramineux.

Du premier pont sacré *(Ichi no hashi)* à l'entrée, un **sentier pavé★★** de 2 km, borné de lanternes de pierre moussues, traverse cet étrange sous-bois à l'ambiance mélancolique au milieu des stèles rongées par les lichens qui s'étagent au gré des pentes. Le silence règne sur cette cité des morts, interrompu parfois par le claquement des *geta* (soques en bois des moines) ou des pèlerins vêtus de blanc. Près du troisième pont *(Mimyo no hashi)* se tient une pittoresque rangée de statues en bronze, divinités populaires affublées de tabliers écarlates que les visiteurs aspergent d'eau afin de purifier le karma des disparus.

Peu après, au sommet d'un escalier d'une trentaine de marches, s'ouvre le **Toro-do★**, le hall aux Mille Lanternes qui brillent au plafond comme un firmament. Offertes en donation par les fidèles, elles luisent pour certaines depuis plusieurs siècles. Derrière l'édifice se cache le **Gobyo★**, la crypte de Kobo Daishi, supposé être en état de méditation depuis près de 1 200 ans.

SE LOGER

- Ichijo-in 1
- Muryoko-in 5
- Rengejo-in 7
- Sekisho-in 9
- Shinno-in 11

SE RESTAURER

- Hanabishi 1
- Maruman 2
- Miyasan 3

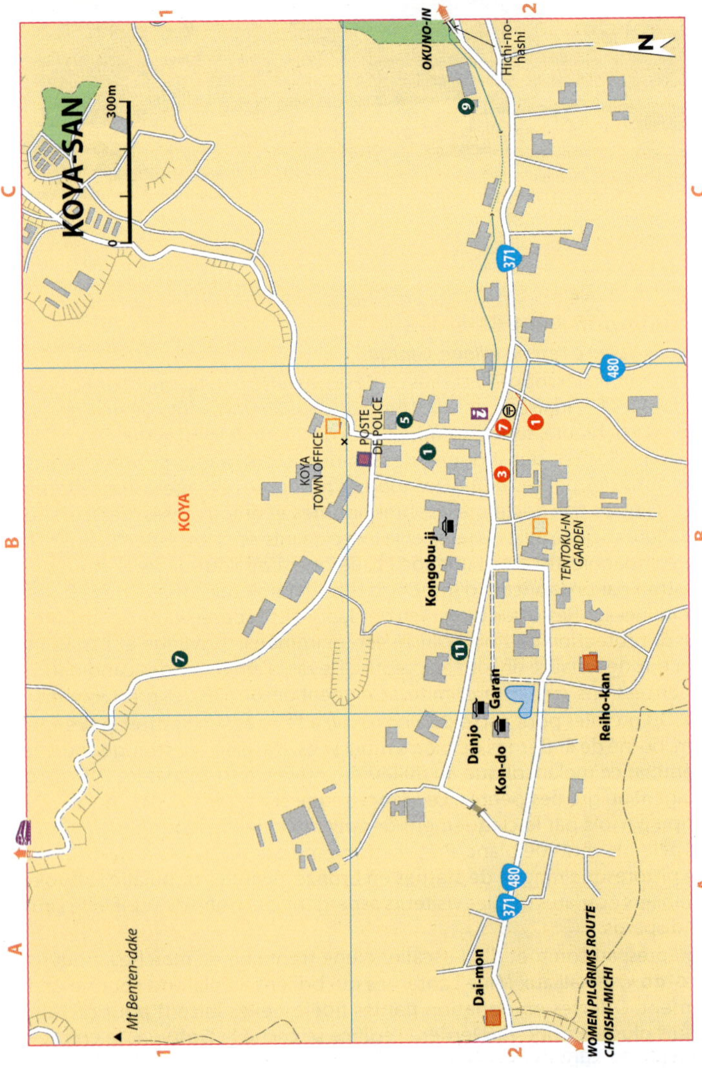

Koya-san, la cité monastique

UN FONDATEUR MYTHIQUE

L'histoire du mont Koya remonte à 816 lorsque le moine Kukai, dit **Kobo Daishi**, fort d'une nouvelle sagesse acquise en Chine, obtient de l'Empereur la permission de créer un ermitage sur cette montagne. La légende raconte qu'il fut guidé jusqu'à ce site isolé par les divinités shinto de la péninsule. En 832, il inaugure un premier monastère, le Kongobu-ji, afin de prêcher sa doctrine Shingon. Dès lors, Koya-san ne cesse de gagner en influence. Au 15e s., à son apogée, elle abritait plus de 1 500 monastères et 90 000 moines bénéficiant de la protection de puissants seigneurs. Retranchés sur leurs hauteurs, ces bonzes étaient aussi des soldats n'hésitant pas à interrompre le cours de leurs prières pour lancer des raids armés sur les monastères rivaux de Kyoto, en particulier ceux du mont Hiei *(voir p. 265)*. En riposte, Koya-san fut attaquée et incendiée à plusieurs reprises. Pour clore ces incessantes batailles, les shoguns Tokugawa décidèrent, au 17e s., de couper les vivres des monastères en confisquant leurs vastes domaines. Dès lors, un lent déclin s'amorça.

KOYA-SAN AUJOURD'HUI

Inscrite depuis 2004 au Patrimoine mondial de l'Unesco, cette paisible bourgade s'organise entièrement autour des monastères où près d'un millier de bonzes se consacrent à leurs prières et méditations quotidiennes. Comme ailleurs au Japon, leur fonction consiste, moyennant finances, à pratiquer les rites funéraires et à honorer la mémoire des ancêtres. Néanmoins, cette activité revêt ici une dimension particulière, en raison du culte fervent instauré autour de Kobo Daishi depuis sa mort. Ses disciples le disent toujours vivant, en état de méditation *(samadhi)* dans l'attente du Miroku, le Bouddha du futur. Deux fois par jour, une procession se rend à sa crypte, au fond du cimetière de l'Okuno-in, pour lui apporter son repas. Les pouvoirs légendaires du saint homme ont également attiré des milliers de fidèles, inhumés à ses côtés, espérant ainsi renaître au paradis. Répartis un peu partout dans le village, des *shukubo*, temples-auberges tenus par les moines, hébergent les pèlerins et touristes de passage.

DRÔLES DE BONZES

Chargés de dorloter l'âme des morts, les prêtres de Koya-san sont aussi de bons vivants. Loin d'être des ermites, ils mènent une vie confortable et ouverte sur le monde. N'ayant pas fait vœu d'abstinence ou de chasteté, ils sont pour la plupart mariés et ne refusent pas, à l'occasion, de manger de la viande, boire du saké ou pousser la chansonnette au karaoké. Une vie assez éloignée du dénuement et de la frugalité prônés par le bouddhisme originel. Mais ici, on considère que le bouddhisme peut être un métier et s'adapter aux plaisirs de la vie moderne sans pour autant être hypocrite. « Le bouddhisme, à nos yeux, n'est pas fait de souffrance et de renonciation, mais d'une recherche du bonheur par l'élévation spirituelle », précise l'un des moines.

L'ÉCOLE SHINGON

Revendiquant 12 millions d'adeptes et 12 000 monastères affiliés à travers le monde, le bouddhisme Shingon ou « école de la parole vraie » professe une doctrine ésotérique complexe où chacun peut prétendre à l'Éveil et devenir bouddha. L'illumination s'atteint par la répétition inlassable des mantras (formules incantatoires) et la visualisation des mandalas, images servant de support symbolique à la méditation.

Deux fois par jour, des moines en procession lui offrent un repas mais aussi un éventail l'été, un chauffage l'hiver, des vêtements neufs une fois l'an, etc. Afin d'acquérir des mérites et d'implorer les faveurs du saint homme, des familles au complet prient devant le mausolée avec ferveur. La plupart déposent de généreuses offrandes.

À voir aussi

Women Pilgrims Route (Chemin des dames) A2 en dir. – Jusqu'en 1872, l'accès de Koya-san était interdit aux femmes comme le mont Athos en Grèce. Celles-ci pouvaient néanmoins suivre le sentier forestier qui parcourt en boucle les huit crêtes entourant la cuvette où campe la cité sacrée. Aujourd'hui parfaitement balisé, le tour complet prend environ 5h30 mais vous pouvez vous contenter de quelques tronçons et profiter des beaux panoramas qui se découvrent en chemin.

Choishi-michi A2 en dir. – Avant la mise en service d'un funiculaire, au début du 20e s., ce sentier de 22 km (7h de marche) était le seul moyen d'accès à Koya-san. Il reste encore très utilisé par les pèlerins, notamment ceux qui effectuent auparavant le tour des 88 temples de l'île de Shikoku *(voir p. 510)*. Des stèles de granit balisent le sentier tous les 108 m. Le départ se fait dans la plaine depuis le temple Jison-in, dans le village de Kudoyama, situé à une station de train avant le terminus de la ligne pour Koya-san. En raison du fort dénivelé (700 m), ce parcours est réservé aux marcheurs aguerris, à moins de l'emprunter dans le sens de la descente.

NOS ADRESSES À KOYA-SAN

INFORMATIONS UTILES

Banque/Change – *Tlj sf w.-end 9h-15h.* Change à la banque Kiyo, à 50 m sur la gauche de la poste *(voir ci-dessous)*.

Poste/Retrait – Poste, *en face de l'office de tourisme - tlj sf w.-end 9h-17h.* Distributeurs de billets ATM. *8h45-18h (sam. 9h-17h, dim. 9h-15h).*

TRANSPORTS

En train

Depuis la Nanba Station à Osaka – Prendre la Nankai Koya Line jusqu'à Gokurakubashi. Quatre trains Limited Express quotidiens *(1h20 de trajet, 1 650 ¥)* ou trains Express *(1h30, 870 ¥)*. **De Gokurakubashi**, funiculaire *(5mn)* pour la gare de Koya-san, à 3 km au nord du village, d'où partent des bus *(10mn, 290 ¥)* qui desservent le centre.

Se repérer à Koya-san

L'arrêt de bus le plus central, **Senjuin-bashi**, vous laisse au carrefour de la rue principale, près du bureau de tourisme B2. Le bourg s'étire de la porte **Dai-mon** à l'ouest, au cimetière **Okuno-in** à l'est. Un bus *(ttes les 15-30mn)* dessert le trajet mais la marche à pied est aussi simple.

Si vous ne dormez qu'une nuit à Koya-san, prenez à Nanba Station le **Koya-san World Heritage Ticket**, un pass valable 2 jours qui, pour 2 860 ¥, inclut l'AR Osaka-Koya-san et des réductions sur place. De Kyoto, Nara ou du Kansai International Airport, le **Kansai Thru Pass** est une autre option.

HÉBERGEMENT

Koya-san

Pas d'hôtels à Koya-san, seulement des **shukubo** (temples-auberges) qui proposent un hébergement à la japonaise au confort parfois sommaire mais plein de charme. Les repas végétariens, inclus dans le prix et servis en chambre le soir et le matin, sont presque incontournables. Réservez à l'avance.

BUDGET MOYEN

Shinno-in 親王院 *144 Koya-san* B2 - *(0736) 56 2227 - - 7 ch.* Petit temple, donc à l'abri des groupes en saison. Cadre ancien bien conservé, *o-furo* agréable et chambres décorées de jolis *fusuma*.

Muryoko-in 無量光院 *611 Koya-san* B2 - *(0736) 56 2104 - www.muryokoin.org - - 25 ch.* Temple chaleureux et authentique. L'un des moines, un Suisse, parle français et discourt avec passion sur Koya-san. Les chambres offrent un confort limité.

Sekisho-in 赤松院 *571 Koya-san* C2 - *(0736) 56 2734 - www.sekishoin.jp/koyasanguide.html - 60 ch.* Un temple apprécié des touristes qui possède de belles chambres dans la partie ancienne. Celles situées dans l'annexe moderne ont des salles de bains individuelles, mais moins de cachet.

Rengejo-in 蓮華定院 *700 Koya-san* B1 - *(0736) 56 2233 - - 48 ch.* Les salles du temple arborent de splendides panneaux coulissants. Les plus belles chambres ont vue sur le jardin. Cuisine raffinée et anglais parfait.

Ichijo-in 一乗院 *606 Koya-san* B2 - *(0736) 56 2214 - www.itijyoin.or.jp - - 22 ch.* Ce temple rutilant d'or sert une cuisine excellente et copieuse. Les chambres sont jolies et confortables. Les plus chères, toutes neuves, ont salle de bains, climatisation et Internet.

RESTAURATION

Koya-san

Les **shukubo** servent tous une cuisine végétarienne *(shojin ryori)*. La quantité de plats varie selon le prix de la chambre. Mais Koya-san compte aussi quelques restaurants non végétariens.

PREMIER PRIX

Miyasan 宮さん *401 Koya-san* B2 - *(0736) 56 2827 - - tlj sf dim. 16h30-22h.* Étudiants, moines, employés municipaux : tout Koya se retrouve le soir dans ce minuscule et chaleureux *izakaya*. Menu en anglais.

BUDGET MOYEN

Maruman 丸万 *778 Koya-san* B2 - *(0736) 56 2049 - - 9h-18h.* Sert des plats variés et d'honnête qualité (sushis, *tonkatsu*, beignets de crevette, *udon*, curries, etc.). Service rapide et menus en vitrine.

Hanabishi 花菱 *769 Koya-san* B2 - *(0736) 56 2236 - www.hanabishi-web.jp - 11h-18h (hiver 11h-17h).* Le restaurant chic de Koya, dans une belle salle aux tons noirs. Cuisine *kaiseki* très soignée, avec menus abordables, dont l'assortiment de sushis et, en hiver, le *yosenabe*.

Kumano Kodo 熊野古道

★★★

Kumano Kodo est un réseau de routes de pèlerinage qui s'étend sur toute la péninsule de Kii. Après l'introduction du bouddhisme au Japon au 6e s., la région de Kumano absorbe progressivement la nouvelle religion – en particulier ses pratiques ascétiques –, donnant naissance à un étonnant syncrétisme shinto-bouddhique. Les divinités locales sont considérées comme des manifestations des divinités bouddhiques. Toutes ces croyances se juxtaposent et donnent naissance à une spiritualité universelle, ouverte à tous les pèlerins. La géographie elle-même du lieu est interprétée comme une représentation du cosmos sacré. Kumano Kodo est le lieu où résident les divinités. Il est aussi associé à l'au-delà : c'est dans ces montagnes sacrées que se rencontrent les esprits. Depuis quelques années, la préfecture de Wakayama mène une politique active pour relancer la fréquentation de ces chemins, jumelés depuis 1988 avec le chemin de St-Jacques-de-Compostelle et inscrits au Patrimoine mondial de l'Unesco en 2004.

NOS ADRESSES PAGE 315
Hébergement, restauration, achats, activités, etc.

S'INFORMER

Informations touristiques – Informations en français sur les sites et les routes de pèlerinage auprès de la ville de Tanabe : *www.tb-kumano.jp/fr/kumano-kodo/index.html*. Possibilité de réserver hébergements et autres services avec le réseau Kumano Travel (en anglais). Sur place, bureau à côté de la gare de Tanabe.

SE REPÉRER

Carte de région p. 226, A3 - On peut accéder à Kumano par la JR Kisei Line au départ de Wakayama, qui longe le littoral et dessert également Shirahama, Kii-Katsuura, Nachi et Shingu. Le site principal, Kumano Hongu Taisha, se situe à 400 km au sud de Kyoto.

À NE PAS MANQUER

Kumano Hongu Taisha, Kumano Hayatama Taisha, Kumano Nachi Taisha, Tsuboyu.

ORGANISER SON TEMPS

Prévoyez une journée pour Shirahama et Kii-Katsuura d'où vous partirez le lendemain après être allé au marché de poissons, une journée pour Kumano Hongu Taisha et Yunomine Onsen et une journée pour les routes de pèlerinage et les deux autres sanctuaires du Kumano Sanzan. Il est préférable de louer une voiture.

AVEC LES ENFANTS

Les promenades sur les routes de pèlerinage et les onsen à Yunomine Onsen.

Découvrir Carte de région p. 226, A3

SHIRAHAMA ONSEN 白浜温泉

À 15mn en bus de la station JR Shirahama. Location de vélos à la gare (9h-18h - 500 ¥).

Cette station thermale réputée, l'une des trois plus anciennes du Japon avec Arima Onsen et Dogo Onsen, a plus de 1 300 ans d'histoire. Elle possède entre autres une splendide plage de sable blanc, classée parmi les plus propres et les plus agréables de l'archipel, où l'on se baigne avec plaisir de début mai à fin septembre.

Sakino-yu – *Avr.-juin et sept. : 8h-18h ; juil.-août : 7h-19h ; oct.-mars : 8h-17h - 500 ¥.* Situé à 1 km au sud de la plage, ce bain public dispose d'un délicieux bassin en plein air au bord d'un rivage rocheux.

De la gare de Shirahama, prenez la JR Kisei Line jusqu'à la gare de Kii-Katsuura (2h10 - 1 450 ¥ ou 1h20 - 2 700 ¥).

KII-KATSUURA 紀伊勝浦

À 80 km de Shirahama.

Niché dans une baie magnifique mais hélas bétonnée, Kii-Katsuura est l'un des principaux ports de pêche au thon du Japon. Le marché au thon qui s'y tient chaque matin à l'aube peut largement rivaliser avec celui de Tsukiji à Tokyo *(voir p. 66)*. L'hôtel Urashima, sur l'île face au port, possède un beau *rotenburo* accessible aux visiteurs *(voir Nos adresses)*.

De Kii-Katsuura, prenez la JR Kisei Line jusqu'à la gare de Nachi (5mn - 140 ¥) ou le bus au départ de la gare de Kii-Katsuura jusqu'à l'arrêt Daimon-zaka Chushajo-mae (20mn - ttes les h de 6h à 18h - 410 ¥).

★★★ KUMANO SANZAN 熊野三山

À la pointe de la péninsule, le culte shinto de la nature a donné naissance aux Kumano Sanzan, les trois sanctuaires sacrés de Kumano Hongu, Kumano Hayatama et Kumano Nachi. Au cours du Moyen Âge, cette région fut assimilée au paradis bouddhique de la Terre pure. Les pèlerins, partis à pied depuis Kyoto, y affluaient par d'antiques chemins pavés *(kumano kodo)* s'enfonçant à travers les montagnes escarpées et les épaisses forêts. Plusieurs routes traversent la péninsule et convergent vers le sanctuaire Kumano Hongu Taisha. La route Nakahechi *(voir p. 314)*, la plus populaire, était empruntée par les pèlerins en provenance de Kyoto : il fallait compter 30 à 40 jours pour parcourir les 800 km aller et retour. Une autre route, la Kohechi, reliait Koya-san *(voir p. 303)* et Kumano Sanzan : c'était la plus rapide mais aussi la plus difficile puisqu'elle traverse trois passes de plus de 1 000 m d'altitude. Tout au long des chemins, un réseau très dense de sanctuaires secondaires, les 99 *oji*, permettait aux pèlerins d'accomplir offrandes et rituels, mais aussi de prendre un peu de repos. Autre particularité de Kumano, les tertres de *sûtra* sont les témoins, tout le long des routes de pèlerinage, de la dévotion de ceux qui enterraient ces textes sacrés afin de préserver les enseignements de Bouddha pour le futur, d'augmenter leur mérite spirituel, ou simplement afin d'aider au repos des âmes des morts.

★★★ Cascade Nachi no Taki 那智の滝

De la gare de Nachi ou de l'arrêt Daimon-zaka Chushajo-mae (plus pratique), essayez de monter à pied par le **Daimon-zaka★★★**, antique sentier aux pavés moussus qui serpente sous la voûte d'une grandiose forêt de cèdres. Au détour du chemin, expression parfaite du culte des forces naturelles qui caractérise la religion shinto, la majestueuse **cascade Nachi no Taki★★★** se dévoilera à vous. Objet d'une vénération depuis les temps anciens, elle attire les ascètes qui viennent se purifier sous ses eaux glacées. Haute de 133 m, elle se détache en un long voile blanc sur le vert sombre de la végétation. De là vous pourrez rejoindre le sanctuaire de Kumano Nachi.

★★ Kumano Nachi Taisha 熊野那智大社
Si vous n'arrivez pas par le chemin de pèlerinage : prenez le bus Kumano Kotsu de Katsuura jusqu'à Nachi-san (30mn - 620 ¥) - musée : 8h-16h - 300 ¥ ; cascade : 7h-16h30 - 300 ¥. Le culte voué à Hiro Gonten, déification de la cascade Nachi no Taki, est à l'origine de ce sanctuaire qui s'élève à mi-chemin du mont Nachi. Témoin du syncrétisme religieux, une pagode bouddhique, le **Seiganto-ji**, jouxte le sanctuaire et son petit musée.
Retournez à la gare JR de Nachi et prenez la JR Kisei Line jusqu'à Shingu (20mn - 230 ¥).

★★ Kumano Hayatama Taisha 熊野速玉大社
à 15mn à pied de la gare de Shingu -du lever au coucher du soleil - gratuit (Shinpokan : 9h-16h - 500 ¥). Ce sanctuaire resplendissant de vermillon est dédié à Hayatama, divinité shinto de la force vitale, associée par la suite au Yakushi Nyorai, le Bouddha médecin *(voir p. 230)*. Reconstruit en 1894, l'édifice abrite de nombreux objets votifs et est considéré comme le lieu d'apparition du shintoïsme, né de croyances primitives. Cette nature originelle se retrouve dans le nom de la ville, Shingu, signifiant « le premier sanctuaire ». Au sud, un escalier pentu descend jusqu'à un gros rocher sacré, le Gotobikiiwa, où auraient « atterri » les déités de Kumano.

★ Kumano Hongu Heritage Center 世界遺産熊野本宮館
Des bus desservent Hongu depuis les gares JR de Shingu (14 bus par jour, 1h20 de trajet - bus Kumano Kotsu, Nara Kotsu et Meiko) et de Kii-Tanabe (10 bus par jour, 2h de trajet) - 100-1 Hongu, Hongu cho - www.city.tanabe.lg.jp/hongukan/en - 9h-17h. Situé en face du sanctuaire de Kumano Hongu Taisha, le Kumano Hongu Heritage Center présente au travers d'expositions les « Sites sacrés et routes de pèlerinage dans les monts Kii », classés au Patrimoine de l'Unesco. L'exposition permanente Wakayama World Heritage Center présente notamment les mandalas de Kumano *(voir encadré ci-contre)*, à voir absolument.

★★★ Kumano Hongu Taisha 熊野本宮大社
En face du Kumano Hongu Heritage Center - env. 6h-19h - gratuit (salle des trésors : 10h-16h - 300 ¥). Au sommet d'un long escalier ombragé de cryptomères apparaît le sanctuaire de Hongu dédié à la divinité Ketsumiko, plus tard identifiée au bouddha Amida. En 1889, le bâtiment fut emporté par une crue, aussi a-t-il été déplacé ici, à l'ouest de son site originel sur un banc de la rivière Kumano où se dresse un *torii* géant. À l'entrée du site, on remarque les bannières frappées à l'emblème du lieu : une corneille *(yatagarasu)* dont les trois pattes symbolisent le ciel, la terre et l'humanité. L'architecture de ce sanctuaire, vieille de plus de 800 ans, est considérée comme la plus ancienne au Japon. L'utilisation de matériaux naturels sans finition donne une impression d'unité avec la forêt environnante. En lieu et place de clous et rivets, des emboîtements complexes de pièces de bois renforcent cette impression. Sa belle toiture cambrée est recouverte d'écorces de cyprès,

LE FESTIVAL DU FEU
Le 14 juillet se tient à Nachi le Festival du feu, destiné à purifier le temple portatif accueillant l'esprit de la cascade. À la nuit tombée, 12 petits temples, portés en courant en haut de la cascade, paraissent s'embraser au contact des étincelles qui jaillissent des 12 torches symbolisant les 12 divinités du sanctuaire. Un spectacle féerique au plus fort de l'été.

La pagode bouddhique Seiganto-ji s'ouvre sur la cascade sacrée Nachi no Taki.
CSP_sepavo / Fotosearch LBRF / age fotostock

et ornée de bronzes, ainsi que de billots de bois ronds et poutres en forme de X qui pointent vers le ciel. Si l'on regarde entre les lattes de la palissade, on peut apercevoir sous les vérandas du pavillon le corridor sacré, spécificité du style Kumano, où jadis les moines s'adonnaient à la méditation, la prière et la copie de *sûtra*, et parfois même, entraient en communication avec la divinité.

Oyunohara 大斎原

À 10mn à pied de Kumano Hongu Heritage Center. On pénètre dans la clairière de Oyunohara, le site originel du sanctuaire Kumano Hongu, par **O-Torii★★**, une immense arche d'acier de 33,9 m de haut. Selon la légende, les divinités de Kumano seraient descendues sous forme de lunes dans un grand chêne de la clairière, rendue sacrée. De simple espace purifié accueillant rituels et offrandes, la clairière devient au fil du temps et de l'influence bouddhique un sanctuaire de plusieurs pavillons. Ce n'est qu'après la grande inondation de 1889 que la clairière sacrée, lieu de culte de la nature depuis plus de 2000 ans, retourne à son état naturel. Les soirs de festival, le grand portail illuminé y crée une atmosphère féerique, rapprochant les hommes des divinités de Kumano.
De Hongu, un agréable sentier à travers bois et rizières *(1h de marche)* mène au petit village thermal de Yunomine Onsen où l'on peut passer la nuit.

3

LES MANDALAS DE KUMANO

Peints sur papier avec de l'encre peu coûteuse, d'environ 1 m de hauteur sur 1,5 m de largeur et facilement transportables, les mandalas sont des visualisations religieuses destinées à l'enseignement. Les Kumano Bikuni, religieuses itinérantes, promouvaient le pèlerinage de Kumano grâce à ces peintures, où chaque objet et personnage correspond à une histoire. Historiquement, seul le sanctuaire de Nachi possède des mandalas, datant des 16e et 17e s. En 2007, des mandalas ont été peints pour les sanctuaires de Hongu et de Hayatama par Tanaka Shigezo, un célèbre peintre de style japonais.

Sinon des bus vont de Kumano Hongu Taisha à Yunomine Onsen *(15mn - 290 ¥)*.

Yunomine Onsen 湯の峰温泉
Niché au creux de la vallée, le village de Yunomine est une des plus anciennes sources thermales du Japon, découverte 1 800 ans plus tôt et profondément liée au pèlerinage de Kumano. Le long du ruisseau qui traverse le village, les habitants font bouillir légumes et œufs (que l'on peut acheter dans les magasins alentour) dans un onsen public, le **Yuzutsu**.
Un peu plus loin, à condition de réserver à l'avance vous pourrez vous baigner *(30mn - 2 pers. maxi)* dans le **Tsuboyu★**, petit bassin de pierre alimenté par une source d'eau souterraine à 90 °C et entouré d'une cabane en bois. Un bain dans ces eaux curatives offre au pèlerin un bref moment en dehors du temps, au cours duquel s'apaisent à la fois son corps et son esprit.
De Yunomine Onsen, prenez le Ryujin bus jusqu'à Hosshinmon-oji (35mn).

DES CÈDRES-BOUSSOLES
Parfois vieux de 700 ans, les cèdres géants des forêts de Kumano sont appelés *Ipposugi*, ce qui se traduit très succinctement par « cèdres dont les branches pointent toutes dans la même direction ». En l'occurrence il s'agit de la direction sacrée du sud, celle du paradis de la divinité bouddhique Kannon.

★ **Hosshinmon-oji** 発心門王子
Pour accéder à l'enceinte sacrée de Kumano Hongu Taisha, le pèlerin passe par différents niveaux d'éveil spirituel, avant de renaître dans le paradis de la Terre pure de Kumano. Hosshinmon-oji est une des bornes physiques marquant ces stades de rituels religieux de réincarnation mortelle, et un des cinq *oji* (sanctuaire secondaire de Kumano) principaux.
De Hosshinmon-oji, un segment de la route de **pèlerinage Nakahechi★★** alterne panoramas de montagne grandioses et routes de villages pittoresques, vues sur plantations de thé en terrasses et reposants sentiers sylvestres. Après avoir dévoilé le point de vue de **Fushiogami-oji**, d'où l'on découvre l'îlot d'Oyunohara entouré de montagnes, la route vous ramène au sanctuaire de Kumano Hongu. Une promenade à ne pas manquer, mais accompagné et muni de cartes demandées au préalable à l'hôtel ou dans un centre d'informations.

À proximité Carte de région A3

Mont Tamaki 玉置山
De Totsukawa Onsen, env. 30mn en taxi ou en service de bus d'hôtel jusqu'au parking de Tamaki-jinja d'où part le sentier.
Du haut de la montagne sacrée de Tamaki, culminant à 1 076 m d'altitude, on peut voir à l'aube les nuages enveloppant de blanc les montagnes de Kumano, les transformant en îles sombres dans un océan immaculé. Un spectacle qui mérite de se lever tôt pour l'admirer au lever du soleil, après une marche de 20mn sur les sentiers bordés de cèdres géants. Proche du sommet, le sanctuaire **Tamaki-jinja★** *(8h-17h)* se dresse parmi les arbres millénaires et les sites sacrés, dont l'arbre déifié, protecteur du sanctuaire et âgé de 3 000 ans. Des chambres y sont disponibles pour les pèlerins qui désirent passer la nuit au sommet du mont Tamaki.
Un guide est nécessaire dans la montagne, se renseigner auprès de votre hôtel.

NOS ADRESSES À KUMANO

TRANSPORTS

Arriver/Partir

De/vers Shirahama

JR Kisei Line, Limited Express Kuroshio pour Shin-Osaka *(2h30, 5 080 ¥)*. Kuroshio puis JR semi-express JR Kankukaisoku (*via* Hineno) pour l'aéroport international du Kansai *(2h10 - 4 2100 ¥)*.

De/vers Shingu

JR Wideview Nanki pour Nagoya *(3h30 - 6 870 ¥)*.

Circuler

Reportez-vous aux indications dans le chapitre.

HÉBERGEMENT

Kii-Katsuura

POUR SE FAIRE PLAISIR

Hotel Nakanoshima ホテル中の島 *1179-9 Oaza Katsuura - ✆ (0735) 52 1111 - www.hotel-nakanoshima.jp/en - 139 ch. à partir de 13 500 ¥ /pers.* Ce grand complexe occupe toute la surface de l'île et dispose de belles chambres traditionnelles avec balcon et vue sur la mer. Très bonne cuisine, piscine olympique et superbes onsen extérieurs et intérieurs donnant sur la mer. Possibilité de réserver un onsen privé *(2 160 ¥, 50mn)*.

Hôtel Urashima ホテル浦島 *1165-2 Katsuura - ✆ (0735) 52 1011 - www.hotelurashima.co.jp/en* Desservi par navette, ce colosse de béton a l'avantage de posséder deux piscines et six onsen dont l'un, fabuleux, dans une grotte marine.

Yunomine Onsen

UNE FOLIE

Adumaya Ryokan あずまや旅館 *122 Yunomine, Hongu-cho - Tanabe - ✆ (0735) 42 0012 - www.adumaya.co.jp/english - à partir de 16 350 ¥/pers. (petit-déj. et dîner inclus.).* Au cœur de la forêt de Kumano, ce ryokan propose des chambres traditionnelles simples et accueillantes et une excellente cuisine aux ingrédients cuits à la vapeur ou dans les eaux des onsen. Vous pourrez vous détendre dans le bain intérieur, entièrement en bois, ou à l'extérieur dans un onsen en pierre entouré d'arbres. La propriétaire, charmante, propose des *bento* pour ceux qui passent la journée sur les routes de pèlerinage.

Mont Tamaki

POUR SE FAIRE PLAISIR

Hotel Subaru ホテル昴 *909-4 Hiratani, Totsukawa - Totsukawa - ✆ (0746) 64 1111 - www.hotel-subaru.jp - à partir de 12 000 ¥/pers. (2 par ch., petit-déj. et dîner inclus.), prix dégressif à partir de 2 pers./ch.* Ce superbe hôtel niché au pied des montagnes comprend sept onsen, à l'intérieur et à l'extérieur, ainsi qu'une piscine alimentée par la même source. Un ancien petit téléphérique qui s'actionne manuellement permet de gravir quelques mètres de montagne.

Osaka 大阪

★★

2 709 167 habitants (agglomération Osaka-Kobe-Kyoto : 19 341 976 habitants)

Pour se dire bonjour, les gens d'Osaka ne disent pas « konnichi-wa » mais « mokari makka » (littéralement : « Faites-vous de l'argent ? »). De fait, Osaka a toujours été une ville de commerçants. Riche de son port et de ses nombreux canaux propices au transport de marchandises, elle fut même, au 16e s., le principal centre d'échanges du Japon, surnommé alors la « cuisine de la nation ». De là sa tradition d'hospitalité, son dialecte plein de verve (l'Osaka-ben) et sa délicieuse cuisine. Extravertis, entreprenants et hédonistes, les habitants d'Osaka aiment la bonne chère et les sorties. Le « mizu shobai », commerce du divertissement nocturne, s'y déploie dans un maelström de néons, un fourmillement de salles de pachinko et karaoké, de roues foraines, bars, clubs d'hôtesses, « maid cafés » et autres exutoires pour décompresser. Car la deuxième mégalopole du Japon est aussi une ville stressante, un monstre urbain truffé de galeries souterraines et hérissé de tours futuristes. à l'inverse de Kyoto et de Nara, fenêtres sur le Japon ancestral, Osaka offre plutôt une trépidante vitrine sur les dernières tendances contemporaines.

NOS ADRESSES PAGE 327
Hébergement, restauration, achats, activités, etc.

S'INFORMER

Osaka Visitor Information Centers *(www.osaka-info.jp)*, à l'aéroport et dans les gares :

Osaka Umeda, porte centrale nord Plan I, B1, ✆ *(06) 6345 2189 - 8h-20h.*

Nankai-Nanba Station, *Nankai bldg, 1F* Plan II, B2, ✆ *(06) 6631 9100, 9h-20h.*

Kansai International Airport, *voir p. 327.*

Osaka Tourist Information Center (HIS) – *Shinsaibashi OPA 8 F, M° Shinsaibashi sortie n° 7 (ligne Mido-suji)* Plan II, B1, ✆ *(06) 6253 8866, 9h-21h.*

SE REPÉRER

Carte de région p. 226, A2 - À 40 km de Kyoto et 33 km de Kobe, Osaka occupe dans la préfecture du même nom une baie sur la mer Intérieure que dessert, sur une île artificielle au sud, l'aéroport international du Kansai. Très étendue, la ville se divise entre plusieurs pôles.

Le nord, Kita-Umeda, s'étend autour de la gare JR Osaka. C'est le quartier des affaires, des gratte-ciel, des grands magasins. Le sud, Minami, s'étire entre la gare de Nanba, le canal de Dotonbori et le secteur de Shinsaibashi. C'est le quartier des restaurants et des bars de nuit. Plus à l'ouest se trouve le quartier du château ; au sud-est, celui du temple de Tenno-ji ; et enfin à l'ouest, la baie d'Osaka. Notez que les Shinkansen desservent la gare de Shin-Osaka, à 5mn en métro au nord de la gare JR Osaka.

À NE PAS MANQUER

L'animation nocturne de Dotonbori ; la vue depuis les terrasses de l'Umeda Sky Building et de l'Abeno Harukas 300 ; un spectacle de marionnettes *bunraku (voir p. 333)* ; une escapade dans la charmante ville thermale de Kinosaki Onsen.

ORGANISER SON TEMPS

Deux jours devraient vous permettre

de voir l'essentiel des curiosités. Prenez un plan détaillé de la ville, circulez en métro et en tram.

AVEC LES ENFANTS

Cap sur la baie d'Osaka : l'aquarium, la grande roue et le parc d'attractions d'Universal Studios Japan ; le Homeland for the Oriental White Stork (observation de cigognes) et le Spa-World.

Se promener Plans de la ville p. 318-319

LE NORD (KITA-UMEDA)

Principal terminus des lignes de bus, métros, trains publics et privés, ce carrefour urbain à l'activité intense s'articule autour d'une gare immense (Plan I) surmontée d'un impressionnant toit incliné suspendu au-dessus des voies. Le quartier regorge de grands magasins (Daimaru, Hanshin, Hankyu, Bic Camera, Herbis Plaza), de galeries commerciales souterraines (Whity Umeda, Diamor Osaka) et d'un dédale de passerelles et corridors sans fin qu'irriguent un incessant flot de piétons. L'étranger fraîchement débarqué a vite fait de se perdre dans cette jungle de béton démesurée où les gratte-ciel semblent jouer au coude à coude pour capter la lumière. Tapies à l'ombre de ces colosses de verre et d'acier, de petites venelles abritent une profusion de gargotes et *izakaya* où les jeunes Japonais viennent dîner au comptoir. La journée, Kita est l'endroit rêvé pour faire des emplettes tout en se divertissant, à l'instar du grand magasin de mode branchée **Hep Five** *(11h-21h)* Plan I B1 où une baleine géante trône dans l'atrium tandis que sur le toit opère une impressionnante grande roue atteignant une hauteur de 106 m.

★ **Umeda Sky Building** Plan I A1 en dir. – *Observatoire : 10h-22h30 (dernière entrée 22h) - 800 ¥.* À l'ouest de la gare Hankyu Umeda, un passage souterrain conduit en direction de cet immeuble futuriste construit en 1993 par l'architecte Hara Hiroshi. Cette « ville dans les airs » se compose de deux tours jumelles que réunit, à 173 m de hauteur, une terrasse circulaire (Floating Garden Observatory) d'où s'offre une époustouflante **vue**★★ à 360°. Le spectacle est envoûtant la nuit, lorsque la ville est illuminée. Attention, l'ascenseur de verre qui mène au sommet est déconseillé aux personnes sujettes au vertige.

Nakano-shima 中之島 Plan I A2 en dir.

Encadrée par les rivières Dojima et Tosabori, l'île de Nakano-shima abrite des tours de bureaux gouvernementaux et d'élégants édifices historiques du début du 20e s. (Bank of Japan, Central Public Hall) que les peintres amateurs aiment immortaliser. Deux intéressants musées et d'agréables jardins au bord de l'eau attirent les touristes.

★ **Museum of Oriental Ceramics** 東洋陶磁美術館 – *À 5mn au nord des métros Yodoyabashi ou Kitahama -www.moco.or.jp/en/ - ♿ - tlj sf lun. 9h30-17h (dernière entrée 16h30) - 500 ¥.* Fondé en 1982, ce musée possède l'une des plus grandes collections au monde de céramiques, quelque 2 700 pièces rares exposées en alternance. Voir notamment les merveilleux **céladons**★ Song (960-1279) de la collection chinoise dont les reflets opalins sont mis en valeur par un éclairage naturel. Aussi des céramiques coréennes et, dans une moindre mesure, japonaises.

Musée national d'Art d'Osaka 国立国際美術館 – *À 15mn à pied, à l'ouest du précédent - www.nmao.go.jp/en/index.html - tlj sf lun. 10h-17h (vend. 19h) - collection : 430 ¥ ; expositions temporaires : tarifs variables.* Difficile de rester insensible devant l'impressionnante structure métallique représentant –

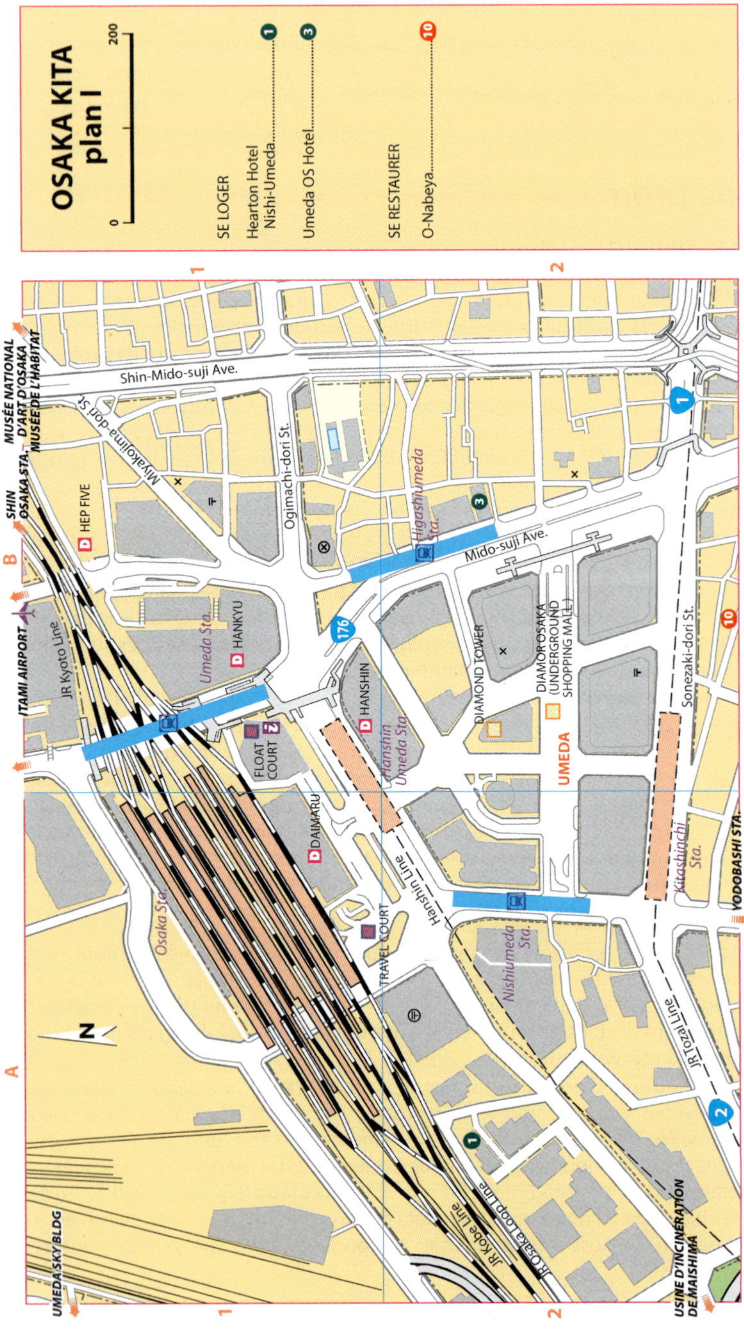
OSAKA KITA
plan I
0
200
SE LOGER
Hearton Hotel Nishi-Umeda 1
Umeda OS Hotel 3
SE RESTAURER
O-Nabeya 10
MUSÉE NATIONAL D'ART D'OSAKA
MUSÉE DE L'HABITAT
SHIN OSAKA STA.
ITAMI AIRPORT
UMEDA SKY BLDG
USINE D'INCINÉRATION DE MAISHIMA
YODOBASHI STA.
NAKANO-SHIMA
Shin-Mido-suji Ave.
Miyakojima-dori St.
Ogimachi-dori St.
Mido-suji Ave.
Sonezaki-dori St.
HEP FIVE
HANKYU
Umeda Sta.
JR Kyoto Line
FLOAT COURT
HANSHIN
Hanshin Umeda Sta.
Higashiumeda Sta.
DIAMOND TOWER
DIAMOR OSAKA (UNDERGROUND SHOPPING MALL)
UMEDA
Kitashinchi Sta.
DAIMARU
TRAVEL COURT
Hanshin Line
Osaka Sta.
Nishiumeda Sta.
JR Tozai Line
JR Kobe Line
JR Osaka Loop Line
176

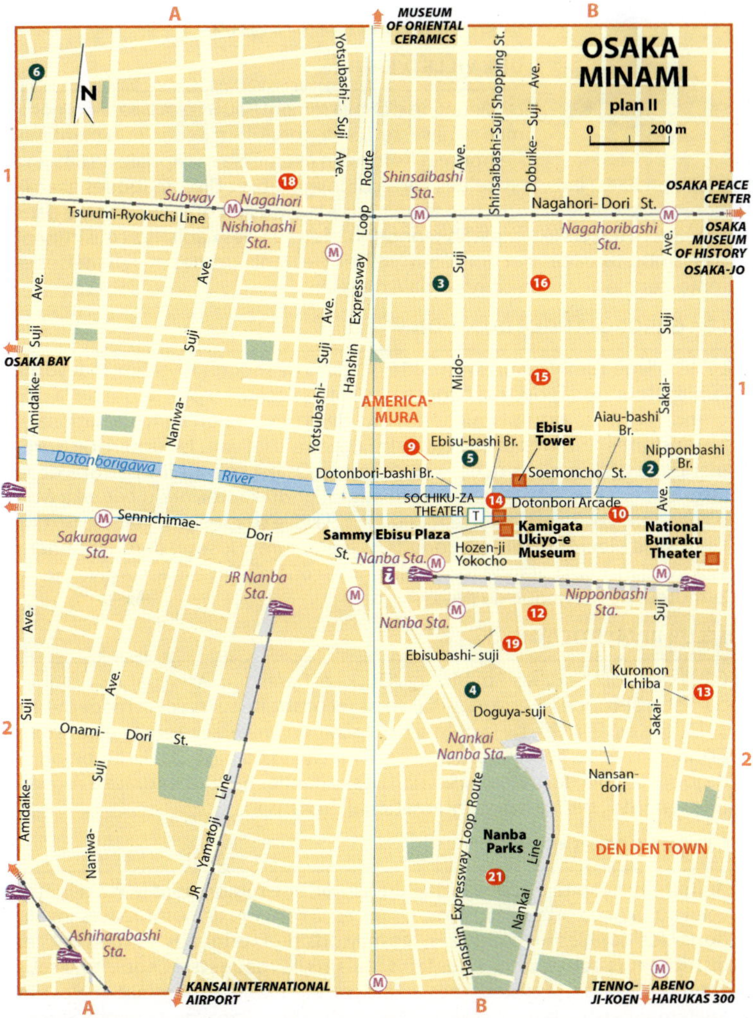

SE LOGER

Cross Hotel 5
Hostel 64 6
Kaneyoshi Ryokan 2
Nikko Osaka 3
Swissôtel Nankai Osaka 4

SE RESTAURER

Aji Ho 9
Chibo 10
Daikichi 13
Jiyuken 12
Kani Doraku 14
Ma-Nabeya 15
Nishiya 16
Vrai de Vrai 18
Watami 19
Yasaiya Mei et Gumbo & Oyster Bar 21

De Naniwa à Osaka

UNE VILLE D'EAU

La fondation d'Osaka remonte au 3e s. La ville, alors nommée Naniwa, se développe autour de son port maritime. L'empereur Kotoku en fait même sa capitale de 645 à sa mort, en 654. Naniwa tisse des liens commerciaux et diplomatiques avec la Corée et la Chine et contribue fortement à la diffusion du bouddhisme dans l'archipel à travers le temple Shitenno-ji, bâti en 593. Ses habitants construisent de nombreux canaux et ponts qui facilitent le transport des marchandises et renforcent la vocation commerciale de la ville.

LE « GARDE-MANGER DU JAPON »

Le décollage s'amorce vers la fin du 16e s., quand le shogun Toyotomi Hideyoshi, l'unificateur du Japon, y fait construire son château. La prospérité de la cité grandit au 17e s., alors plaque tournante de la production agricole nationale, fournissant en riz la nouvelle capitale Edo, ce qui lui vaut le surnom de « grenier de la nation ». Les riches marchands d'Osaka se font les patrons de la littérature et des arts de la scène, notamment du kabuki et du *bunraku* *(voir p. 671)* dont Osaka est le berceau. Au 19e s., la ville se spécialise dans le textile, l'industrie électrique et les produits manufacturés. Jusque dans les années 1920, le Hanshin, la grande zone industrielle côtière dont elle est le pivot, reste le moteur économique du pays.

SŒUR RIVALE DE TOKYO

Cible de choix pour les Américains, Osaka est presque rasée par les bombes durant la Seconde Guerre mondiale puis reconstruite sur un plan moderne. En 1970, elle est le siège de la première Exposition universelle en Asie qui attire 64 millions de visiteurs ! Troisième port marchand du pays, Osaka ambitionne de jouer un rôle de premier plan dans les échanges asiatiques grâce à l'ouverture, en 1994, de l'aéroport international du Kansai.

INNOVATION ET CRÉATION

Aujourd'hui capitale économique du Kansai, une région dont le PIB dépasse celui du Canada ou de l'Espagne, Osaka est à l'origine de nombreuses inventions : les nouilles instantanées, les maisons préfabriquées, les guichets et distributeurs automatiques, les tapis roulants, les paquets de nourriture sous vide, le Walkman, le cutter, les calculatrices, etc. Plusieurs multinationales ont également été créées à Osaka comme Matsushita (Panasonic), Sharp, Sanyo, Glico ou Suntory. Enfin, parmi les personnalités nées à Osaka figurent Tange Kenzo et Ando Tadao, les deux grandes stars de l'architecture contemporaine au Japon.

OSAKA À L'HEURE DE BLADE RUNNER

D'ici à quelques années, Osaka pourrait ressembler à un décor du film de Ridley Scott, envahi d'êtres artificiels et de « répliquants ». De plus en plus tournée vers les technologies de pointe, la ville rêve de devenir la capitale mondiale des robots et met le paquet sur ce secteur émergent. Depuis 2004, le Robot Laboratory, siège d'un regroupement d'entreprises, supervise une vingtaine de projets expérimentaux. RoboCity Core, une véritable cité des robots où des prototypes seront mis à la libre disposition du public, est en cours de développement à Kita-Umeda. Le marché des robots est en pleine croissance au Japon et Osaka entend bien profiter de cette manne.

selon l'architecte américano-argentin César Pelli – l'ondulation de roseaux dans le vent. Héritage d'une galerie créée lors de l'Expo 70, ce musée souterrain expose lors de présentations sans cesse renouvelées, une partie de sa collection riche de 6 000 œuvres japonaises et occidentales (gravures, sculptures, peintures ou photographies) : Picasso, Cézanne, Foujita, mais aussi nombre d'artistes d'après-guerre. Des œuvres issues des autres musées d'art nationaux viennent la compléter lors d'expositions temporaires de grande qualité.

Musée de l'Habitat 大阪くらしの今昔館 Plan I B1 en dir.

M° Tenjinbashisuji 6-chome (sortie 3) - www.konjyakukan.com/info_e.html - tlj sf mar. 10h-16h30 - 600 ¥.

Tout au bout de l'interminable arcade commerçante de Tenjinbashisuji, au 8e étage d'un immeuble moderne, on trouvera la reconstitution inattendue d'un **quartier de l'époque d'Edo** : maisons privées, échoppes, ateliers, bains. La visite peut même s'effectuer en *yukata (tenue d'époque, location 200 ¥)*. Une autre salle présente de superbes maquettes qui racontent l'évolution de l'habitat à Osaka du 19e s. à nos jours (quartiers marchands traditionnels, industrialisation, habitat collectif de l'après-guerre).

★ AUTOUR DU CHÂTEAU D'OSAKA

★ Osaka-jo 大阪城 Plan II B1 en dir.

À 15mn à l'ouest du métro Tanimachi 4-chome - 9h-17h (dernière entrée 16h30) - 600 ¥.

Entouré d'un joli parc planté de pruniers et cerisiers, le **château** d'Osaka dresse ses toits en auvent sur un arrière-plan de tours modernes. Le contraste des siècles juxtaposés semble frappant mais il n'est qu'un leurre puisque le donjon est en réalité une habile reconstruction en béton des années 1930. De la puissante forteresse, bâtie par le shogun Toyotomi Hideyoshi en 1583, ne reste que le soubassement de pierres cyclopéennes. En 1997, le château a fait l'objet d'une complète remise à neuf. Un ascenseur a même été installé à l'intérieur ! S'il est donc loin d'avoir l'attrait des châteaux anciens du Japon, l'édifice donne cependant, vu de l'extérieur, une bonne idée des constructions militaires de l'âge féodal avec sa double ceinture de douves renforcées d'épaisses murailles de granit. Le donjon original, achevé en 1585, avait sans nul doute fière allure, avec ses poutres dorées. Détruit une première fois lors de l'attaque menée par Tokugawa Ieyasu en 1615, il fut reconstruit par son héritier Tokugawa Hidetada en 1620, puis de nouveau détruit par un incendie en 1665, avant d'être relevé dans sa forme actuelle en 1931.

Dans les étages sont exposés sabres et armures et des documents relatifs à la vie de Toyotomi Hideyoshi. Au 3e étage, on peut voir une réplique de la salle rutilante d'or où le shogun pratiquait la cérémonie du thé. De l'observatoire du 8e étage se découvre un panorama qui porte jusqu'à la baie d'Osaka et aux montagnes alentour.

★ Osaka Museum of History 大阪歴史博物館 Plan II B1 en dir.

À 3mn au nord du métro Tanimachi 4-chome - tlj sf mar. 9h30-17h (vend. 20h), dernière entrée 30mn av. la fermeture - fermé 28 déc.-4 janv. - 600 ¥ (expositions temporaires, 1 000 ¥).

Au sud-ouest du parc du château, dans l'immeuble de la NHK, ce musée retrace sur trois étages et chronologiquement l'histoire de la ville du 4e s. à nos jours. La scénographie est vivante (écrans, pièces archéologiques, reconstitutions), enrichie d'explications en anglais. Des cartes et de remarquables maquettes permettent de comprendre la naissance et l'évolution de la ville, les contraintes géographiques, l'utilisation des rivières, l'industrialisation... La visite se poursuit au sous-sol où ont été excavées les fondations du palais impérial de Naniwa, vieux de quatorze siècles.

Osaka Peace Center 大阪国際平和センター Plan II B1 en dir.
À 5mn à l'ouest du métro Morinomiya - tlj sf lun. 9h30-17h (dernière entrée 16h30) - 250 ¥.
Au sud-est du parc, à 10mn à pied du musée précédent, le Centre d'Osaka pour la paix honore la mémoire des victimes des bombardements aériens sur la ville durant la Seconde Guerre mondiale ainsi que des bombes atomiques lancées sur Hiroshima et Nagasaki. À travers un panorama de toutes les horreurs commises durant le conflit, le musée se donne pour mission d'inciter les futures générations à défendre la paix.

★ MINAMI : DOTONBORI ET NANBA

Quartier festif par excellence, commerçant et à l'écoute (si ce n'est à l'origine) de toutes les tendances, Minami est un genre de Las Vegas japonais, à la fois pittoresque, bruyant et fascinant, une vaste zone de plaisirs et de loisirs qui s'étire de la gare de Nanba au sud au secteur de Honmachi au nord. Pléthore de restaurants, bars, théâtres, manèges et salles de jeux s'y exhibent sous un hallucinant cortège de néons colorés, d'enseignes extravagantes et d'écrans géants à flanc de buildings.

★★ Autour de Dotonbori 道頓堀
Épicentre de ce capharnaüm visuel, l'artère piétonne de **Dotonbori★★** Plan II B1 et son canal adjacent concentrent toute la magie lumineuse d'Osaka. Le quartier est à voir la nuit, dans l'éclat de ses icônes publicitaires : crabes géants aux pinces mobiles, totems gonflables de poisson *fugu*, dragons rouge kitsch et homme athlète de Glico. L'enseigne de cette société de biscuits et caramels, qui surmonte le pont **Ebisu-bashi** Plan II B1 depuis 1919, est l'un des plus célèbres repères visuels de la ville, devant lequel on se prend immanquablement en photo. Autour du pont défile une faune d'adolescents frivoles dont les tenues défient l'entendement : rivières de badges, peluches et autres fétiches *kawaii* *(voir p. 659)* accrochés au sac et au portable. Ici et là, des échoppes ambulantes, les *yatai*, proposent l'une des spécialités d'Osaka, le *tako-yaki*, petit beignet de poulpe.
★ Hozen-ji Yokocho Plan II B2 – Au sud de Dotonbori, cette étroite ruelle pavée, à l'atmosphère charmante et surannée, mène au petit temple Hozen-ji, éclairé de jolies lanternes en papier. Il est dédié à la déesse Mizukake Fudo, dont les passants aspergent d'eau la statue entièrement couverte de mousse afin d'attirer sur eux la bonne fortune.
Kamigata Ukiyo-e Museum Plan II B2 – *Tlj sf lun. 11h-18h (dernière entrée 17h30) - 500 ¥.* Sur le côté ouest du Hozen-ji, une maison jaune abrite ce petit musée des Estampes. Leur production, liée au théâtre kabuki, fut florissante à Osaka durant l'époque d'Edo (17e-18e s.). Une trentaine d'œuvres originales sont exposées.
★ National Bunraku Theater Plan II B2 – Maître Yoshida Minosuke III, Trésor national vivant, y présente avec sa troupe un spectacle traditionnel de marionnettes *(voir Nos adresses/En soirée p. 333)*.

Shinsaibashi 心斎橋
Avec ses larges trottoirs plantés de gingkos, la longue avenue **Mido-suji** rappelle les Champs-élysées. Les succursales des grandes marques de luxe y sont nombreuses. La belle façade de brique du magasin Daimaru (voir aussi

L'artère piétonne de Dotonbori et ses poissons-lunes.
J.-B. Rabouan/hemis.fr

l'intérieur) attire l'œil, tout comme l'immeuble Hips, évidé et flanqué d'un mur d'escalade. En parallèle à l'est, l'arcade **Shinsaibashi-suji** Plan II B1 abrite une légion de boutiques dont, en sous-sol, **Crysta Nagahori**, la plus grande galerie souterraine de l'ouest du Japon.

Au nord du quartier, les amateurs d'architecture lèveront les yeux sur la façade d'acier ocre de l'**Organic Building** (1993 - *à 2 blocs à l'ouest de la sortie 3 du métro Shinsaibashi*) dessiné par l'architecte italien Gaetano Pesce. Elle se caractérise par des balcons-poches (inspirés des bambous) où poussent plusieurs dizaines d'espèces de plantes.

America Mura Plan II B1

Cette zone d'entrepôts où l'on écoulait des vêtements et vinyls américains de deuxième main, est devenue depuis quelques décennies LE quartier où naissent les tendances chez les jeunes d'Osaka. Organisé autour de la place triangulaire de Mitsu Park – lieu de rendez-vous dominé par une statue de la Liberté miniature –, le « village américain » attire les amateurs de mode, les musiciens, les designers qui fréquentent les friperies, les boutiques originales (*Alice on Wednesday* par exemple), les restaurants, cafés et clubs phares de la scène nocturne locale.

Quartier de Nanba 難波 Plan II B2

Sa vaste gare et son grand magasin Takashimaya voient passer des milliers de navetteurs et clients chaque jour. Au sud, l'immense et étonnant centre commercial **Nanba Parks** *(www.nambaparks.com - jardins 10h-0h, magasins 11h-21h/restaurants 23h)* s'articule le long d'un canyon (dont les courbes et les teintes rappellent le *siq* de Pétra) tout en étant coiffé de divers jardins organisés en terrasses. Un bel exemple d'utilisation optimale d'un espace limité !

À l'est de la gare de Nanba, la galerie couverte **Doguya-suji** est spécialisée dans les ustensiles de cuisine et la vaisselle. Couteaux, casseroles, articles de table, on y trouve de tout, y compris les échantillons en cire que les Japonais utilisent pour présenter les plats dans les vitrines des restaurants. Près de là, le **Kuromon Ichiba** Plan II B2 est le plus grand marché d'Osaka depuis plus de 100 ans. Sur environ 600 m se succèdent des étals de fruits, légumes, poissons et autres victuailles. Au sud, le quartier de **Den Den Town** Plan II B2 rassemble une kyrielle de magasins d'appareils électriques et électroniques à bas prix mais aussi des magasins très colorés de figurines et des *maid cafés* qui attirent les *otaku* de la cité.

TENNO-JI

Construit autour du temple de Shitenno-ji, le quartier est aujourd'hui devenu l'un des principaux nœuds de transports de la gigantesque cité.

Tenno-ji-koen 天王寺公園 Plan II B2 en dir.

Près de la gare de Tenno-ji, le parc comprend un zoo, un jardin botanique et un musée d'Art municipal. D'autres curiosités sont également situées à proximité.

Musée d'Art municipal 大阪市立美術館 – *Tlj sf lun. 9h30-17h (dernière entrée 16h30) - 300 ¥*. Ce bâtiment des années 1930 conserve une large collection d'œuvres d'art japonaises et chinoises allant du 12e au 19e s., dont un bel ensemble de *maki-e* (laque dorée). Des expositions temporaires sont également organisées.

Shitenno-ji 四天王寺 – *8h30-16h - 300 ¥, trésor 200 ¥*. Au nord-est du parc, ce temple fut élevé en 593 par le prince Shotoku et serait le plus ancien du Japon s'il n'avait été rasé par les bombes en 1945. La réplique, fidèle à l'original, est hélas en béton et non en bois.

Shinsekai 新世界 – Le « nouveau monde » a certes pris de l'âge, mais les quelques rues à l'ambiance populaire et désuète attirent toujours les touristes. Elles s'étendent au pied de la **Tsutenkaku Tower**, haute de 103 m *(accès à la plate-forme supérieure, 9h-20h30, 750 ¥)*. Édifiée en 1956, sur le modèle de la tour Eiffel, elle fut le symbole de la reconstruction d'Osaka après-guerre. Voyez aussi l'étroite allée Jan Jan Nokocho bordée de cantines populaires et de clubs de go.

★ **Spa-World** スパワールド – *M° Dobutsuen-mae - www.spaworld.co.jp/english/index.html - 10h-8h45 (le jour suivant) - 2 400 à 3 000 ¥ (enf. 1 300 à 1 700 ¥)*. Distribué sur six étages, ce vaste complexe aquatique reçoit des milliers de visiteurs par jour. Chaque bain arbore un décor différent : les thermes romains, les bains turcs, les saunas finlandais, les spas balinais, etc. On trouve aussi, pour se relaxer, une piscine à toboggans, des bains en plein air, un fitness, des jeux, des salons de massage, etc.

★ **Abeno Harukas 300** – *Métro/gare JR Tenno-ji - www.abenoharukas-300.jp - 300 ¥*. Cette tour effilée inaugurée en 2014 domine désormais la *skyline* d'Osaka. Elle comprend un hôtel, un immense centre commercial et nombre de restaurants (14e-15e étages). Deux voyages en ascenseur *(10h-22h - 1 500 ¥)* mènent aux 58e et 60e étages, à une altitude de 300 m, d'où une vaste terrasse offre un époustoufflant **panorama**★★★ sur la mégalopole tentaculaire. Voies ferrées et autoroutes, quartiers hauts ou bas, rivières, baie industrialisée et les monts Rokko. Par (très) beau temps, on distingue même Kyoto ! Au 16e étage où l'on transite vers la plate-forme panoramique, on peut faire une halte dans les jardins (pour une vue déjà intéressante et gratuite) et au **musée d'art** *(10h-20h, w.-end 18h - 1 500 ¥)* qui accueille d'intéressantes expositions temporaires.

★ OSAKA BAY 大阪湾 Plan II A1 en dir.

Très moderne, le quartier du port *(Tenpozan)* accueille de multiples attractions.

★★ **Osaka Aquarium Kaiyukan** 海遊館 – *M° Osakako - www.kaiyukan.com/language/french/ - 10h-20h - 2 300 ¥ (enf. 7-15 ans 1 000 ¥, -6 ans 500 ¥)*.

Une armada d'hôtesses en uniforme vous accueille à l'entrée de cette attraction consacrée à l'univers marin du Pacifique. Abrité dans un curieux édifice aux murs couverts d'une mosaïque « marine », le Kaiyukan est l'un des plus beaux et gros aquariums du monde. Il renferme un bassin principal de 5 400 m³, d'une capacité de 11 000 t d'eau, et une collection d'environ 580 espèces aquatiques. En vedette, un colossal requin-baleine, mais aussi un poisson-lune d'une taille incroyable, des loutres de mer, des manchots royaux, des raies, dauphins, phoques, tortues et poissons tropicaux. Vous vous souviendrez longtemps des méduses présentées comme des tableaux, de l'armée d'énormes crabes figés sur un fond sableux, des loutres joueuses ou du ballet aux reflets métalliques des bancs de sardines et d'anchois.

Tenpozan Ferris Wheel 天保山大観覧車 – *10h-22h - 800 ¥ (-3 ans gratuit).*
D'une hauteur de 112 m, cette roue géante est l'une des plus grandes du monde. Elle permet de jouir d'une vue splendide sur la baie d'Osaka et de la côte jusqu'à Kobe.
Du quai de Tenpozan, un bateau fait la navette (600 ¥) avec Universal City.

Universal Studios Japan ユニバーサル・スタジオ・ジャパン – *De la gare JR Osaka, Yumesaki Line, station Universal City (10mn) - 9h-22h (les horaires varient selon les jours et saisons , se renseigner - www. us.co.jp) - 7 600 ¥ (enf. 4-11 ans 5 100 ¥).*
Calqué sur son modèle américain, ce parc, très apprécié des familles japonaises, regroupe des restaurants et 17 attractions inspirées de célèbres films à gros budget hollywoodiens : *Spiderman, Les Dents de la mer, E.T., Jurassic Park, Terminator, Harry Potter…*

Usine d'incinération de Maishima – Sur l'île voisine de Maishima, qui devait accueillir certaines installations des JO de 2008 convoités par la ville, cette étonnante construction a été dessinée par l'architecte autrichien F. Hundertwasser. On reconnaît le style de l'artiste viennois inspiré par Klimt ou Gaudí : mosaïques colorées, bulbes dorés...

3

À proximité

★ Tezuka Osamu Manga Museum 宝塚市立手塚治虫記念館

Situé à **Takarazuka★**, à 30mn en train d'Osaka par la ligne Hankyu, ce musée *(www.tezukaosamu.net - tlj sf merc. 9h30-17h, dernière entrée 16h30 - 700 ¥)* trace un panorama complet de l'œuvre du célèbre *mangaka* Tezuka Osamu *(voir p. 666)*. Il comprend aussi une bibliothèque avec quelques mangas en version française et un atelier d'animation qui ravira les enfants.

Excursions

Situées au nord de la préfecture de Hyogo, Kinosaki Onsen et Izushi dépendent administrativement de la ville de **Toyooka**.

★★ Kinosaki Onsen 城崎温泉 Carte de région A1

À env. 190 km au nord-ouest d'Osaka. Compter 2h50 en train de la gare JR Osaka par les JR Ltd Express Konotori ou Hamakaze (à partir de 5 450 ¥) ; en avion : liaison par JAL jusqu'à Tajima Aiport (35mn - à partir de 16 000 ¥) puis 30mn en bus Zentan 480 ¥. En bus : bus Zentan 2/j. sur réserv. au départ du terminal Hankyu Sanban-Gai (Hankyu Umeda Station Terminal Bldg North 1st F) - 3h20 - 3 700 ¥ AS.
Pour se reposer de la trépidante Osaka, rien de mieux que de programmer un séjour dans cette agréable station thermale où l'on goûte à un art de vivre typiquement japonais. Pas moins de **sept bains publics** *(accès gratuit pour les personnes ayant réservé une nuit dans un ryokan de la ville ; sinon compter de 600*

UN OISEAU SYMBOLE

La cigogne orientale (*Ciconia boyciana, kounotori* en japonais), originaire de Sibérie, est plus grande que sa cousine européenne (env. 1,4 m de longueur pour un poids pouvant atteindre 5 kg) et son bec est noir. Comme en Alsace, les cigognes font partie de l'identité de la région de Toyooka. C'est pourquoi leur déclin, à partir des années 1960, a provoqué une véritable prise de conscience de la dégradation de l'environnement. Dès 1965, un programme de réintroduction a été mis en place mais ce n'est qu'en 2005 que les premiers oiseaux élevés ont pu être relâchés dans la nature. Parallèlement, des actions impliquant l'ensemble de la communauté ont été entreprises pour diminuer l'utilisation des pesticides dans les rizières, reconstituer des zones humides, planter de pins, etc., et offrir aux cigognes des conditions de vie plus favorables. Aujourd'hui, une quarantaine d'oiseaux vivent dans la région et cette expérience de Toyooka inspire d'autres villes japonaises mais aussi coréennes et chinoises.

Pour observer des cigognes, rendez-vous au **Homeland for the Oriental White Stork** *(tlj sf lun. 9h-15h - fermé 28 déc.-4 janv. - gratuit. En train : JR San-in Line pour Toyooka (15mn -190 ¥) puis bus Zentan (Danti Line - 15mn - 240 ¥), arrêt Kounotori no sato park).*

à 800 ¥ selon le bain - plan et horaires disponibles dans les bureaux d'information, voir p. 330), d'architecture et d'ambiance différentes, parsèment le centre-ville, le long de la rivière Otani, ombragée de saules pleureurs et de cerisiers. Entièrement reconstruite après un tremblement de terre en 1925, la ville a pris soin de conserver un style traditionnel qui lui donne beaucoup de charme.

Aux plaisirs du onsen s'ajoutent ceux de la table puisque Kinosaki se trouve à proximité de la mer du Japon et est particulièrement renommée pour la qualité de ses crabes, les *matsuba kani* (de novembre à mars).

Ropeway et Onsen-ji – *À 20mn à pied de la gare JR - téléphérique : tlj sf 2e et 4e jeu. 9h10-17h10 - 900 ¥. Il est possible de monter à pied (compter env. 40mn).* La plate-forme au sommet du Daishi-yama permet d'embrasser à la fois la ville, la vaste embouchure de la rivière Maruyama et la mer, une **vue★** particulièrement belle sous les couleurs automnales.

À mi-hauteur se trouve le temple Onsen-ji, fondé il y a 1 300 ans par le bonze Douchi-Shonin qui, après 1 000 jours de prière, aurait fait jaillir les eaux de la roche (à l'emplacement de l'actuel Mandara yu), créant ainsi la ville thermale. Le temple abrite plusieurs objets remarquables dont une grande statue de Kannon de 2,13 m de haut, précieusement enfermée dans un reliquaire et dévoilée seulement tous les 33 ans, pour une durée de trois ans (prochaine ouverture en 2018). Les passionnés de statuaire bouddhique peuvent compléter la visite avec le **Kinosaki Art Museum** *(tlj sf 2e et 4e jeu. 9h-16h30 - 400 ¥)* tout proche.

Plages – *Pour Kehi : accès en bus municipal au départ de la gare, dir. Mihara et Kehi, arrêt Minato tyuugakko (10mn - 200 ¥) ou en taxi (1 600 ¥). Pour Takeno : accès en train par la ligne JR San-in (10mn - 190 ¥), arrêt Takeno Station puis 15-20mn de la gare à pied, ou à vélo (voir Nos adresses p. 330).*

La côte de la mer du Japon, toute proche, mérite le détour pour la beauté de ses paysages, préservés et intégrés dans le parc national de la côte de San-in *(voir aussi Tottori p. 387)*. Deux plages très plaisantes : **Kehi**, à l'est, de l'autre côté de la rivière Marayama, et **Takeno**, la plus grande et la plus belle, à l'ouest. Sable fin et eaux transparentes incitent à la baignade *(baignade déconseillée à partir du 15 août à cause des méduses)*.

Izushi 出石
De Kinosaki Station, prendre la ligne JR San-in jusqu'à Toyooka (15mn - 190 ¥) puis bus Zentan (Izushi Line - 30mn - 560 ¥).
Très connue pour ses *sara soba* (nouilles de sarrasin servies froides, sur de petites assiettes en porcelaine), cette « ville sous le château » permet de se replonger dans l'ambiance du Japon du 19e s. grâce à quelques bâtiments bien conservés.
Shinkoro – Cette tour édifiée en 1871 abritait un *taiko* (tambour) destiné à donner l'alerte. Elle est devenue le symbole de la ville.
Eirakukan – *9h30-17h - 300 ¥ - brochure en anglais*. Ce théâtre de kabuki, construit en 1901 dans le style de l'époque d'Edo, est le plus ancien de la région. La visite permet de voir la salle, les coulisses et, au sous-sol, l'étonnante machinerie de scène.
Karo-yashiki – *9h30-17h (dernière entrée 16h30) - 100 ¥*. Seule demeure de l'époque d'Edo à avoir survécu au grand incendie qui ravagea la ville en 1876. Exposition de costumes et de lances utilisés lors du Oshiro Matsuri le 3 novembre.
Saka-gura – Ces hauts murs de terre cuite percés de rares ouvertures abritent des brasseries de saké, toujours en fonctionnement.

NOS ADRESSES À OSAKA

VISITES

Visites guidées – Osaka S.G.G. Club, *http://osakasgg.org/eng/index.html*. Guides bénévoles parlant anglais. Frais de transports et de repas en sus. Faire la demande 2 sem. à l'avance mini.

INFORMATIONS UTILES

Banque/Change – Distributeurs de billets ATM dans toutes les postes, notamment la poste centrale *(voir ci-dessous)*. **Citibank**, *Midosuji Diamond Bldg, 2-1-2 Nishi-Shinsaibashi* Plan II, B1. Cette banque dispose d'un ATM ouvert 24h/24. **Sumitomo Mitsui**, *Gare Hankyu-Umeda, au sous-sol* Plan I, B1 *- 9h-21h, w.-end 10h-17h*. Cette banque change la plupart des devises et dispose d'un ATM international *(7h-23h)*.
Poste/Change – **Poste centrale**, *Osaka-Ekimae n° 1 bldg, 1-3-1 Umeda (à la sortie sud de la gare JR)* Plan I, A2 *- 24h/24*. Service de change *(9h-18h)* et ATM *(24h/24, dim. 0h-20h)*.

Représentations diplomatiques – **Consulat de Suisse**, *Meiji-Yasudaseimei Osaka-Umeda Bldg, 14F, 3-3-20 Umeda, Kita-chu* Hors plan *- ✆ (06) 4797 2399.*

TRANSPORTS

En avion

Kansai International Airport (KIX) – *✆ (072) 455 2500 - www.kansai-airport.or.jp*. Le deuxième aéroport du pays est situé sur une île artificielle, à 40 km au sud-ouest d'Osaka. Il est relié à 50 villes dans une vingtième de pays. Bureau d'*information* touristique (TIC), *✆ (072) 456 6160 - 7h-22h*, change et distributeur bancaire international dans le hall d'arrivée.
De l'aéroport au centre-ville – **En train** (gare au niveau 2 F) : départs pour Nanba Station avec la ligne Nankai Airport *(Express ttes les 15mn, durée 45mn, 920 ¥ ; Ltd. Express Rap:t ttes les 30 mn, durée 38mn, 1 430-1 640¥ dans un train qui évoque un sous-marin !).*

Tenno-ji avec la ligne JR Kansai Airport *(Express ttes les 15mn, durée 50mn, 1 060 ¥ ;* Ltd. Express Haruka, *durée 35mn, 2 230 ¥)*, Osaka Station avec la ligne JR Kansai Airport *(Express ttes les 15mn, durée 70mn, 1 190 ¥)* et Shin-Osaka avec la ligne JR Haruka *(ttes les 30mn, durée 50mn, 2 850 ¥)*.

En bus : départs pour Nanba OCAT *(ttes les 30mn, 50mn, 1 050 ¥)* et Osaka Station *(ttes les 20mn, 50-60mn, 1 550 ¥)*.

L'aéroport est également relié directement à Nara (bus), Kyoto (train et bus) ou Kobe (bus, bateau rapide). *Voir ces villes pour plus de précisions.*

Itami Airport (ITM) – *✆ (06) 6856 6781 - 6h30-21h30 - www.osaka-airport.or.jp.* Situé à 10 km au nord d'Osaka, le second aéroport de la ville est relié à une trentaine de villes japonaises.

De l'aéroport au centre-ville – **En monorail et train** : liaison avec Hotarugaike avec le Osaka Monorail *(durée 3mn, 200 ¥)* puis transfert sur la ligne Hankyu Hotarugaike pour Umeda *(durée 15mn, 220 ¥)*. **En bus** : départs pour Nanba Station *(ttes les 15mn, durée 30-40mn, 640 ¥)*, Shin-Osaka Station *(ttes les 15mn, durée 25-30mn, 500 ¥)* et Kansai Airport *(70mn)*.

En train

Gare **Shin-Osaka** Plan I, B1 en dir. – Départ des Shinkansen pour Tokyo *(durée 2h30, 13 620 ¥)*, Hiroshima *(durée 1h20, 9 710 ¥)*, Fukuoka, JR Hakata *(durée 2h30, 14 480 ¥)*.

Gare d'**Osaka-Umeda** Plan I, B1 – Départ pour Kobe avec la JR Line *(ttes les 3mn, durée 30mn, 550 ¥)* ou la Hankyu Line *(Ltd. Express ttes les 15mn, 30mn, 320 ¥)* ou la Hanshin Main Line *(Ltd. Express ttes les 10mn, 30mn, 320 ¥)* ; départ pour Kyoto avec la JR Line *(ttes les 10mn, 30mn, 540 ¥)* ou la Hankyu Line *(Kawaramachi, ttes les 5mn, Ltd. Express 45mn, 400 ¥)* ; départ pour Nara avec la JR Yamatoji Line *(ttes les 30mn, 50mn, 800 ¥)*.

Gare **Yodobashi** Plan I, A2 en dir. – Départ pour Sanjo avec la Keihan Line *(ttes les 5mn, Ltd. Express 50mn, 410 ¥)*.

Nanba Station Plan II, A-B2 – Départ pour Nara avec la Kintetsu Line *(ttes les 5mn, 40mn, 560¥)*.

En bus

Terminus d'**Umeda** Plan I, B1, **Abenobashi** (Tenno-ji) et de **Nanba** OCAT (à JR Nanba), Plan II, A2 – *www.kousokubus.net/JpnBus/en, www.willerexpress.com/en/.* Départs pour Tokyo *(durée 8h30, 4 000/8 000 ¥)*, Hiroshima *(durée 5h, 4 000 ¥ env.)*, Nagasaki *(durée 10h45, 8 000 ¥ env.)* et de nombreuses autres villes.

En bateau

Nanko Ferry Terminal – *www.osaka-ferry.net.* Départs pour Shikoku : Matsuyama *(durée 8h, 5 660 ¥)* ; pour Kyushu : Shinmoji *(durée 12h, 6 370/6 680¥)*, Beppu *(durée 12h, 11 200/12 000 ¥)*, Kagoshima *(durée 15h, 12 800/13 400 ¥)* et Okinawa *(durée 38h, 19 330 ¥)*. Accès : *de/vers Umeda en métro, durée 40mn, 320 ¥.*

Se déplacer à Osaka

En métro – Osaka Municipal Transportation Bureau, *✆ (06) 6582 1400 - www.kotsu.city.osaka.lg.jp - tlj 5h-0h env. - ticket 180 à 380 ¥ (selon la distance).* Le meilleur moyen de se déplacer à Osaka. Le réseau comprend neuf lignes, auxquelles s'ajoute la ligne de train circulaire JR Loop.

Pass – Le **One Day Pass** *(800 ¥/600 ¥ w.-end et j.fériés)* permet d'emprunter librement le métro (mais pas les trains JR) et les bus durant une journée. Le **Osaka Amazing Pass** – *1 j (2 500 ¥) ou 2 j (3 300 ¥)* permet l'utilisation du métro et l'entrée gratuite ou à tarif réduit dans la plupart des musées et attractions de la ville. En vente dans les offices de tourisme.

JR Kansai Pass, Kansai Thru Pass et **Kansai Wide Area Pass** – *voir p. 744.*

En taxi – 2 000 ¥ pour une course moyenne. Préférez les taxis **MK** qui pratiquent les tarifs les plus bas. *(06) 6452 4441.*

HÉBERGEMENT

Kita (Umeda, Shin-Osaka)

PREMIER PRIX

Shin-Osaka Youth Hostel
新大阪ユースホステル
Kokoplaza 10F, 1-13-13 Higashinakajima Plan I, B1 en dir. - (06) 6370 5427 - www.osaka-yha.or.jp/shin-osaka-eng - lit en dortoir 3 500 ¥. Pratique, car située à 5mn à pied de la gare des Shinkansen, cette auberge de jeunesse est à la fois bien équipée et chaleureuse.

BUDGET MOYEN

Umeda OS Hotel 梅田ＯＳホテル
2-11-5 Sonezaki, Kita-ku Plan I, B2 - (06) 6362 6610 - www-a.global.hankyu-hotel.com/umeda-os - 283 ch. à partir de 19 980 ¥ - 1 080 ¥. Au sud d'Umeda, dans une grande tour de béton, un hôtel de bon standing à prix modérés. Chambres confortables (certaines non-fumeurs), bien équipées et bien insonorisées.

Hearton Hotel Nishi-Umeda
ハートンホテル西梅田
3-3-55 Umeda, Kita-ku Plan I, A2 - (06) 6342 1111 - heartonhotel.com/nis.aspx - 471 ch. à partir de 14 000 ¥ - 1 080 ¥. Tout près de la gare JR d'Osaka, ce gros building couleur ocre abrite un hôtel moderne apprécié des voyageurs pour sa propreté et son service efficace. Les chambres sont douillettes et bien insonorisées. La plupart ont vue sur la gare.

POUR SE FAIRE PLAISIR

Hotel New Hankyu Osaka
大阪新阪急ホテル
1-1-35 Shibata, Kita-ku Plan I, A-B1 - (06) 6372 5101 - www-a.global.hankyu-hotel.com/group - 961 ch. à partir de 28 712 ¥ - 1 000/1 944 ¥. Relié directement à la gare d'Osaka-Umeda, ce gigantesque hôtel comprend des chambres tout confort, spacieuses et paisibles, ainsi que plusieurs boutiques, bars et restaurants. Navettes pour les aéroports.

Minami (Nanba, Dotonbori)

PREMIER PRIX

Hostel 64 ホテルロクヨン大阪
3-11-20 Shinmachi Plan II, A1 - (06) 6556 6586 - www.hostel64.com - lit en dortoir à partir de 3 000 ¥, ch. dble à partir de 7 290 ¥. Une auberge de jeunesse charmante, recommandée pour la variété des chambres proposées (dortoirs, chambres japonaises ou occidentales) et le soin apporté aux parties communes très chaleureuses (design inspiré des années 1950-60).

BUDGET MOYEN

Carpe Diem カルペ・ディエム
3-2-14 Nakahama, Joto-ku Plan II, B1 en dir. - (06) 6961 0444 - www.carpediem-osaka.jp - - 3 pavillons.18/20 000 ¥, prix dégressif à partir de la 2e nuit. Réservez à l'avance. Située à l'est du château, cette demeure de charme a été restaurée par un éditeur d'art français et son épouse japonaise. Autour d'un superbe jardin japonais sont distribués trois pavillons.

3

Le premier abrite une (hélas unique) salle de bains, une salle à manger et une cuisine communes. Le 2e fait office d'auberge de jeunesse, avec trois chambres séparées par des cloisons de papier. Le dernier, plus confortable et plus cher, comprend une chambre dite « cérémonie du thé », avec coin lavabo et WC. Elle peut accueillir jusqu'à 5 personnes.

Cross Hotel クロスホテル大阪 *2-5-15, Shinsaibashi* Plan II, B1 - *(06) 6213 8281 - www.crosshotel.com/eng_osaka - 229 ch. à partir de 18 400 ¥.* Situé entre Dotonbori, Nanba et America Mura, le Cross est au cœur de l'action ! Des tons brun et rouge, des touches design, un personnel bilingue et efficace et des chambres occidentales assez vastes, flanquées de salles de bains japonaises, en font un excellent hôtel.

Kaneyoshi Ryokan かねよし旅館 *3-12, Soemon-cho* Plan II, B1 - *(06) 6211 6337 - www.kaneyosi.jp/eng - 15 ch. à partir de 12 960 ¥/pers.* . Stratégiquement placé, au bord du canal de Dotonbori, ce ryokan moderne, à l'ambiance conviviale, propose des chambres spacieuses et bien tenues.

UNE FOLIE

Swissôtel Nankai Osaka スイスホテル南海大阪 *5-1-60 Nanba, Chuo-ku* Plan II, B2 - *(06) 646 1111 - www.swissotel-osaka.co.jp - 546 ch. à partir de 48 000 ¥.* Au cœur du quartier de Nanba, ce luxueux hôtel vous propose entre autres des chambres avec une vue impressionnante sur la ville et une superbe piscine olympique.

Nikko Osaka ホテル日航大阪 *1-3-3 Nishi-Shinsaibashi* Plan II, B1 - *(06) 6244 1111 - www.hno.co.jp/english - 603 ch. à partir de 58 600 ¥ - à partir de 950 ¥.* Dans une imposante tour de 32 étages, un des plus beaux hôtels du centre. Vaste et élégant lobby, personnel anglophone aux petits soins, chambres au décor contemporain, aux couleurs chaleureuses. Bars, restaurants et navettes pour les aéroports.

Tenno-ji / Nagai

POUR SE FAIRE PLAISIR

Marriott Miyako Hotel 大阪マリオット都ホテル *1-1-43 Abeno-suji* Plan II, B2 en dir. - *(06) 6628 6111 - www.marriott.com - 360 ch. à partir de 40 000 ¥.* Très récent, il occupe les étages supérieurs de la vertigineuse tour Harukas. Au grand confort s'ajoute un service impeccable à la japonaise et des vues époustouflantes sur Osaka depuis votre lit !

Kinosaki Onsen

La ville dispose d'un efficace système d'information et de réservation en anglais, par Internet *(www.kinosaki-web.com)* ou sur place, dans le bureau situé en face de la gare *(tlj 9h-17h - (0796) 29 4188).* Des navettes gratuites assurent le transfert vers les ryokan et hôtels depuis la gare. Location de vélo possible *(2h/400 ¥, 1 j/800 ¥).* Pendant la saison du crabe (de novembre à mars), les tarifs sont plus élevés.

BUDGET MOYEN

Yamamotoya 山本屋 *643 Yushima - Toyooka - (0796) 32 2114 - www.kinosaki.com - 20 ch. à partir de 17 280 ¥/pers. dîner et petit-déj. compris.* Bien placé dans la rue principale, à deux pas du bain Ichi no yu, un ryokan récemment rénové.

UNE FOLIE

Nishimuraya Honkan 西村屋本館 *469 Yushima - Toyooka - (0796) 32 2211 - www.*

nishimuraya.ne.jp/honkan - 34 ch. à partir de 32 000 ¥/pers. dîner et petit-déj. compris. Depuis 150 ans, ce ryokan accueille des hôtes dans un décor d'un extrême raffinement. Jardin privé, onsen et excellente cuisine.

RESTAURATION

Osaka est un paradis gastronomique, le choix est incroyablement varié et presque jamais décevant. La ville n'a qu'une devise : manger… jusqu'à en tomber raide !

Kita (Umeda) et le château

BUDGET MOYEN

O-Nabeya 大鍋や
1-9-24 Sonezaki-shinchi, Kita-ku Plan I, B2 - *(06) 4796 3225 - www.o-nabeya.com - tlj sf dim. 17h-5h (sam. 17h-0h, j. fériés 17h-23h) - 2/5 000 ¥.* Une adresse conviviale, spécialisée dans l'*oden* (pot-au-feu à base d'œufs, de légumes et de quenelles de poisson) et les *kushikatsu* (brochettes panées). On dîne assis, en carré autour du cuisinier qui fait frire les mets dans de grandes marmites ovales. La carte est en japonais et personne ne parle l'anglais mais on se débrouille.

POUR SE FAIRE PLAISIR

Umeda To-ka 梅田燈火
2-5-28 Sonezaki-shinchi, Kita-ku Hors plan I par A2 - *(06) 6345 8118 - www.opefac.com/umeda_toka - 12h-15h, 18h-22h30 (vend.-sam. 23h30, dim. et j. fériés 17h-22h30) - 3 500/5 500 ¥.* Un restaurant tendance dans le jardin d'une maison. Décor contemporain tropicalisé et cuisine japonaise créative, autour de plats tels que la dorade au saké ou aux racines de lotus, les crevettes au taro, les croquettes de langouste, etc.

Minami (Nanba, Dotonbori)

PREMIER PRIX

Le **marché Kuromon** (Plan II, B2), à quelques minutes de marche de la gare de Nanba, est idéal pour un déjeuner sur le pouce. Les stands de tempuras ou de sashimis mettent vite en appétit. La carte de la petite enseigne **Daikichi** *(大吉 - 06 6643 2678 - tlj sf dim. 11h-16h30)* tourne autour de préparations à base de bouillon *dashi. Soba, udon,* canard... un choix limité mais des plats goûteux et bon marché.

Ajiho 元祖・味穂
2-8-33 Nishi-shinsaibashi Plan II, B1 - *06 6213 8806 - tlj sf lun. 16h-5h (sam., dim., et j. fériés 14h-7h) - 300/1 000 ¥.* À l'angle d'une rue d'America Mura, cette cantine est très populaire auprès des jeunes qui écument les boutiques. On l'apprécie pour son vaste choix de préparations : *takoyaki, okonomiyaki, shabu shabu, oden, yakisoba,* etc.

Jiyuken 自由軒
3-1-34 Nanba Plan II, B2 - *(06) 6631 5564 - tlj sf lun. 11h30-21h - à partir de 700 ¥.* Au sud de Dotonbori, dans la galerie marchande du Nanba Center, une cantine réputée pour son riz au curry. Essayez le *meibutu carry,* assiette de riz safrané au bœuf et oignons.

Watami Nanba-ekimae-ten
和民•南海難波駅前店
Nanba Chowa Bldg, 3F 12-30 Nanba-sennichimae, Chuo- ku Plan II, B2 - *(06) 6644 3605 - watami-global.jp - un des restaurants de la chaîne, dim.-jeu. 11h30-2h, vend.-dim. et veilles de j. fériés 11h30-4h.* Ce restaurant à intérieur de bois sombre vous propose toutes sortes de plats originaux, cuisinés à partir d'ingrédients bio. N'hésitez pas à demander la spécialité de la

maison : le *yaki gyoza (330 ¥)*, raviolis japonais.

BUDGET MOYEN

Le centre commercial « paysager » de Nanba Park compte divers restaurants intéressants au 6e étage. Ainsi **Yasaiya Mei** (やさい屋めい - Plan II, B2 - *06 6336 2240 - 11h-23h - 1 000/4 000 ¥)* où, dans un cadre moderne, on déguste une excellente cuisine à base de légumes frais et de saisons. En *shabu-shabu*, en salades, en tempuras... ils se suffisent à eux-mêmes ou accompagnent des sashimis ou viandes variées. Le personnel est aussi aimable qu'efficace.

En face, **Gumbo & Oyster Bar** ガンボ&オイスターバー (Plan II, B2 - *06 6644 3627 - 11h-23h - 1 000/4 000 ¥)* propose un large éventail de préparations à base d'huîtres : fraîches, en soupe, en croquette, en salade, au grill...

Chibo 千房道頓堀店
1-5-5 Dotonbori Plan II, B1-2 - *(06) 6212 2211 - chibo.com/en/shop/detail.php?id=28 - 11h-1h, dim., j. fériés 11h-0h - 1 500/3 900 ¥.* L'*okonomiyaki*, une des spécialités les plus populaires d'Osaka, est à l'honneur dans ce restaurant sur cinq étages. Cette crêpe-omelette fourrée au chou et à la viande est cuisinée sous vos yeux puis arrosée d'une sauce Worcester. Le dernier étage, dit « President Chibo », est une steak-house.

Ma-Nabeya
MA-なべや (まあ、なべや)
Fuku Building - Shinsaibashi, 4 F, 2-8-26 Higashi-Shinsaibashi Plan II, B1 - *(06) 6212 4130 - www.ksnetwork.com - 17h-0h - 2 500/4 000 ¥.* Au 4e étage d'un immeuble, rue Suomachi, un restaurant *tabehodai*, où, pour un prix fixe, vous pouvez manger à volonté durant 120 mn. Dans un décor contemporain stylé, on fait bombance de viande de bœuf en *shabu-shabu* (fondue) ou en *sukiyaki* (cuisson sur plaque).

POUR SE FAIRE PLAISIR

Nishiya にし屋
1-8-18 Higashi-Shinsaibashi Plan II, B1 - *(06) 6241 9221 - www.nishiya.co.jp - 11h-23h (dim. et j. fériés 22h) - 1 500/6 000 ¥.* Construit en bois, sur le modèle des anciens pavillons de thé de style *sukiya*, ce restaurant sert des *udon* (pâtes de blé) préparées de mille façons. Goûtez les *kitsune udon*, servies en bouillon, avec des rondelles de poireau, du tofu frit, de la viande ou du poisson séché.

Kani Doraku かに道楽本店
1-6-18 Dotonbori Plan II, B1 - *(06) 6211 8975 - douraku.co.jp/kansai/honten - 11h-23h - menu déj. à partir de 2 300 ¥.* Dans la partie piétonne de Dotonbori, on repère facilement l'endroit au crabe géant sur la façade. Le crabe, spécialité maison, pêché dans les eaux froides de Hokkaido, est accommodé de diverses manières : sushis, *nabe*, tempuras, gratins… Menu *kanisuki* à 6 156 ¥.

Vrai de Vrai/Chez Hiro
ヴレ・ド・ヴレ / シェ・ヒロ
1-24-8 Shin-machi, Nishi-ku Plan II, A1 - *(06) 6535 7807 - tlj sf lun. 11h30-15h, 18h-23h - - 3 000/8 000 ¥.* « La cuisine c'est comme l'amour » : avec cette devise apposée sur la façade, le chef japonais Hiro a déclaré sa flamme à l'art culinaire français. Excellent ragoût de bœuf, à savourer à l'intérieur, dans un cadre élégant et intimiste, ou sur la petite terrasse bordée d'oliviers.

Tenno-ji

BUDGET MOYEN

Sora 空
1-10 Shimo Ajihara-cho,Tennoji-ku Hors Plan II par B1 - *(06) 6773 1300 - www.yakinikusora.jp - tlj sf mar. 17h-23h (w.-end et j. fériés 16h-23h) - 1 500/4 000 ¥.* Une des meilleures tables coréennes d'Osaka, au cœur du dédale de ruelles de Tsuruhashi. Au menu, grand choix de grillades, accompagnées du fameux *kimchi* (choux fermenté au piment).

Zuboraya づぼらや新世界本店
2-5-5 Ebisu-higashi, Naniwa-ku Hors Plan II par B2 - *(06) 6633 5529 - www.zuboraya.co.jp/shop01.html - 11h-23h (dernière commande 22h30) - menu 2 000/4 000 ¥.* Dans le quartier de Shinsekai-Tennoji, à l'angle de la rue piétonne menant à la tour Tsutenkaku, on ne peut pas rater les lanternes géantes suspendues en forme de *fugu*. Ce poisson à chair blanche qui, s'il est mal découpé, peut libérer un poison mortel, est la spécialité de la maison : *fugu* en sushis, sashimis, croquettes, beignets...

Izushi

Jinbee 甚兵衛
14-16 Kobito, Izushi-cho - Toyooka - (0796) 52 2185 - www.jinbe.com/en - tlj sf merc. 11h-18h - à partir de 1 500 ¥. Assis sur des tatamis, on y déguste la spécialité de la ville, les *sara soba*, servies froides, en portions sur 5 petites assiettes en porcelaine (formule de base).

EN SOIRÉE

Osaka

Minami est l'épicentre de la nuit. Entre Dotonbori, Shinsaibashi et America Mura, des centaines de bars et de clubs s'agglutinent dans une effervescence incroyable, aussi fascinante que mystérieuse.

Bars - Billboard live – *Herbis Plaza Ent, B2F, 2-2-22 Umeda Kita-ku* Plan I, A2 - *(06) 6342 7722 - www.billboard-live.com - tlj sf dim. 11h-22h (shows en sem. : 18h30 et 21h30, w.-end et j. fériés : 16h30 et 19h30), l'heure de fermeture varie en fonction des événements, voir le site internet.* Une institution à Osaka, accueillant les grands noms du jazz, de la soul, du funk et de la world music.

Bears – *Shin-Nihon Nanba Building, B1F, 3-14-5 Nanba-naka* Plan II, B2 - *(06) 6649 5564 - namba-bears.main.jp - 18h30-22h.* L'un des hauts lieux de la scène alternative locale.

National Bunraku Theatre – *1-12-10 Nipponbashi* Plan II, B2 - *(06) 6212 2531 - www.ntj.jac.go.jp/english.html - janv., avr., fin juil.-déb. août et nov. séances à 11h et 16h.* Le *bunraku*, théâtre de marionnettes japonais, est né à Osaka à la fin du 17e s. Construit en 1984, ce théâtre donne des représentations de 3 sem. en janv., avr., juil. et nov. Audioguide en anglais.

AGENDA

Tenjin Matsuri (24-25 juil.) : le festival le plus spectaculaire d'Osaka. Procession au sanctuaire Tenman-gu et parade nocturne de bateaux sur la rivière Okawa, que clôt un grand feu d'artifice.

Kobe 神戸

★

1 534 061 habitants (agglomération : 3 millions)

Du quartier chinois de la petite Nankin montent des fumets de canard laqué et de « dim sum ». Dans le quartier européen aux réverbères nostalgiques, un manoir bavarois coiffé d'une girouette côtoie une synagogue, une mosquée et un temple jaïn. Avec ses belles résidences dominant la mer du haut des collines, Kobe est, comme Yokohama ou Nagasaki, un port fortement imprégné d'exotisme. La ville entretenait des relations avec la Chine voilà déjà dix siècles et fut l'une des premières à s'ouvrir à l'Occident au début de l'ère Meiji. Marchands et marins, Américains ou Européens, y importèrent leur culture et leurs habitudes : mode, jazz, cinéma, steaks (le célèbre bœuf de Kobe) et viennoiseries. Victime d'un terrible séisme en 1995, Kobe s'est relevée de ses ruines pour laisser place à une ville moderne qui a peu à peu gagné sur la mer. Densément urbanisée, elle n'en reste pas moins agréable à parcourir à pied et offre une carte postale très romantique lorsque ses lumières, la nuit, se reflètent sur la baie.

NOS ADRESSES PAGE 345
Hébergement, restauration, achats, activités, etc.

S'INFORMER

Office du tourisme de Kobe – *À la sortie principale (sortie est) de la gare de Sannomiya B1 - ✆ (078) 322 0220 - www.feel-kobe.jp - 9h-19h. Annexes à la gare de Shin-Kobe et à Kitano.*

SE REPÉRER

Carte de région p. 226, A2 - À 33 km d'Osaka et 75 km de Kyoto, dans la préfecture de Hyogo, Kobe s'étend sur une étroite bande côtière, coincée entre la mer et les monts Maya et Rokko. Le centre-ville est traversé par une grande avenue, Flower Road, qui descend de la gare de Shin-Kobe (gare des trains Shinkansen), au nord, jusqu'au port. La partie la plus animée se situe autour de Sannomiya, la gare principale, où arrivent les trains JR ordinaires. De là, des galeries piétonnes conduisent au sud-ouest vers le quartier chinois de Nankin-machi et le centre d'affaires autour de l'Old Foreign Settlement. Au nord de la voie ferrée, au pied des collines, le quartier européen de Kitano. Kobe se parcourt facilement à pied. La plupart des rues ont un nom affiché en lettres romaines.

À NE PAS MANQUER

La vue sur Kobe depuis le quartier de Kitano ou les monts Rokko et Maya ; la promenade sur le pont Akashi.

ORGANISER SON TEMPS

Prévoyez une journée. Le bus Kobe City Loop facilite les déplacements.

AVEC LES ENFANTS

Visitez l'espace interactif de Kawasaki au Kobe Maritime Museum. Faites-vous tout petit au pied de la statue Tetsujin 28. En été, allez vous baigner à la plage de Suma Beach *(voir Nos adresses p. 347)*.

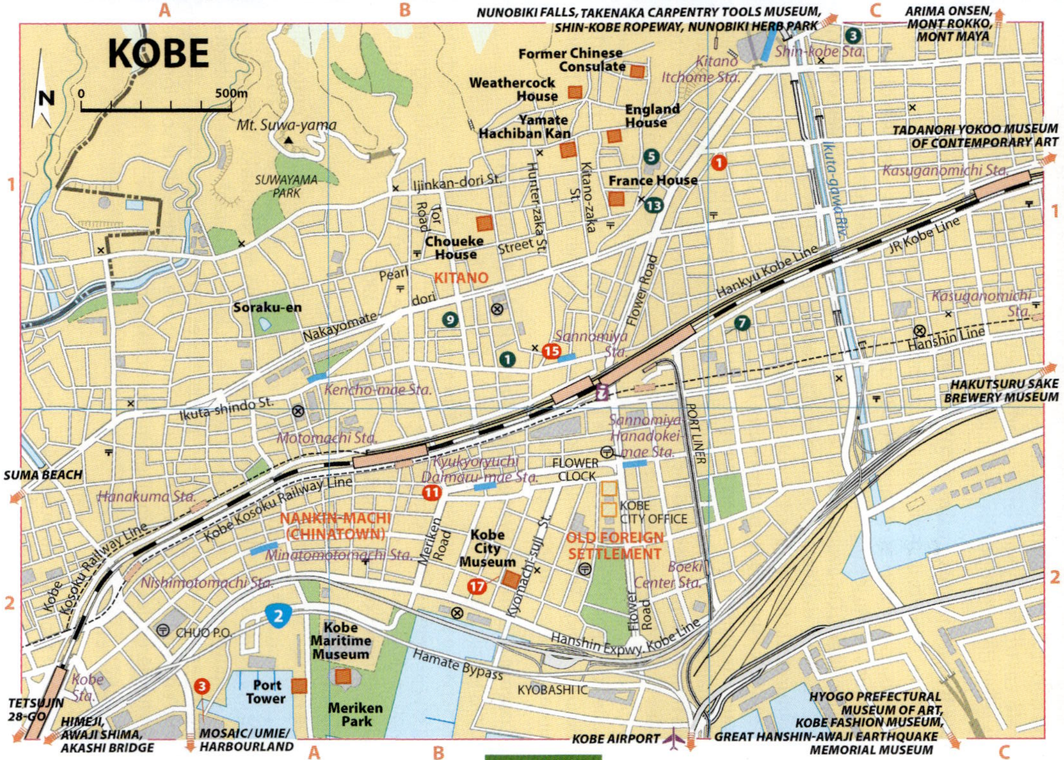

SE LOGER

Hotel Isago Kobe........ 3
Hotel Kitano
Plaza Rokkoso........ 5
Hotel Tor Road........ 9
Super Hotel Kobe........ 13
The b-Hotel........ 1
Villa Fontaine........ 7

SE RESTAURER

Café Freundlieb........ 1
Mosaic........ 3
Musashi........ 11
Teppanyaki Onishi II........ 15
Tooth Tooth
Maison 15th........ 17

Se promener Plan de la ville p. 335

LE CENTRE ET LA BAIE

Autour des gares de Sannomiya B1 et de Motomachi B2 se concentrent les grands magasins et les arcades commerçantes. En descendant vers le port, entre Flower Road et Meriken Road (« rue des Américains »), on entre dans le **Old Foreign Settlement (Kyu Kyoryuchi)** B2, l'ancien quartier des étrangers où ces derniers résidèrent avant d'aller s'installer sur les collines de Kitano plus au nord. Le secteur est jalonné d'édifices à l'occidentale de la fin du 19e s. ou du début 20e s., à l'instar de l'ancien consulat américain (1880), transformé en café. Les trottoirs y sont larges et arborés et les lampadaires stylisés rappellent les rues des métropoles nord-américaines.

★★ Kobe City Museum 神戸市立博物館 B2

Tlj sf lun. 10h-17h, dernière entrée 30mn av. fermeture - 200 ¥.

Logé dans une ancienne banque (1935) d'allure néoclassique avec ses colonnes doriques, le Musée municipal a pour thème les échanges culturels entre l'Asie et l'Occident. On évoque aussi les « petites révolutions du quotidien » qu'ont été l'arrivée de l'éclairage urbain, du mobilier européen ou des nouvelles coiffures à la fin du 19e s. Les collections comprennent en particulier une rare série de **peintures Nanban★★** des 16e et 17e s. Ces œuvres sur paravents ou rouleaux s'inspirent de l'art européen de la Renaissance introduit par les missionnaires. Certaines décrivent avec pittoresque l'arrivée des navires portugais (le terme *Nanban* désigne les « Barbares du Sud »). En raison de leur fragilité, elles ne sont malheureusement visibles que quarante jours par an *(de fin juil. à début sept.)*. Le reste de l'année, il faut se contenter des fac-similés et des autres salles dédiées à l'archéologie et à l'histoire de Kobe (intéressante maquette du Old Foreign Settlement). Maquette et plans permettent d'évaluer le boom urbain qu'a connu la cité portuaire.

Cosmic Elements Waterfall & Earthquake Memorial B2

Dans le parc Higashiyuenchi situé derrière le City Hall.

Aménagée sous les arbres au sein d'un amphithéâtre de brique rouge, la chute d'eau appelée « Cosmic Elements » se compose d'une partie visible en granit noir et d'un élément circulaire souterrain en béton où sont inscrits en lettres d'or les noms des 6 437 victimes du séisme de 1995.

Nankin-machi (Chinatown) 南京町 A-B2

De l'autre côté de Meriken Road, de grands portiques marquent l'entrée du quartier chinois de Kobe. Difficile de manquer ses rues saturées de rouge et de dragons dorés ! Plus modeste qu'à Yokohama ou Nagasaki, il forme une grouillante enclave de quelques rues. Une foule de restaurants s'y alignent côte à côte, annoncés par des enseignes bigarrées, les aboiements des rabatteurs et d'enivrants effluves de cuisine. La promenade est agréable le soir, lorsque les lumières des magasins illuminent le quartier.

Soraku-en 相楽園 A1

Nakayamade-dori - ✆ (078) 351 5155 - tlj sf jeu. 9h-17h - 300 ¥, dépliant en français.

Ce jardin japonais, aujourd'hui propriété de la ville de Kobe, a été aménagé à partir de 1885. Dans ce calme oasis cerné par les immeubles du quartier de la préfecture, on s'émerveille devant l'énorme tronc d'un camphrier multi-centenaire et l'on se pique aux feuilles d'une forêt de cycas. En avril-mai, les azalées en fleurs colorent les allées.

Kobe, la cité portuaire

UN PARFUM COSMOPOLITE

Le nom de Kobe dériverait de Kamibe, « gardiens des dieux », en raison de la présence du sanctuaire Ikuta-jinja dont la fondation remonte à l'an 201. Dès l'époque de Nara, la cité entretient des liens avec la Chine et la Corée. Puis, grâce au commerce, son port grossit en importance et prend le nom de Hyogo au 13e s. Au 15e s., près de 2 000 bateaux, chargés de sel, riz, bois et poteries, y transitent chaque année. En 1868, au début de l'ère Meiji, Kobe est l'un des cinq premiers ports autorisés à pratiquer le commerce avec l'étranger, mettant fin à l'isolationnisme qui pèse sur le Japon depuis deux siècles. De nombreux Occidentaux s'installent alors à Kobe, un temps près du port (Old Foreign Settlement) puis dans le quartier de Kitano où ils édifient d'opulentes résidences. La ville y acquiert son parfum cosmopolite et son dynamisme économique qui lui vaudra d'être intensément bombardée à la fin de la Seconde Guerre mondiale.

TREMBLEMENT ET STUPEUR

Le 17 janvier 1995, à 5h46, un séisme de magnitude 7,2 secoue la région de Kobe. L'hypocentre se trouve près du port, le long d'une faille qui traverse le détroit entre l'île Awaji et Kobe. Les secousses, d'une ampleur verticale inégalée (jusqu'à 1 m par endroits), font crouler les bâtiments comme des châteaux de cartes. Vingt terribles secondes suffisent à provoquer 6 424 morts, des dizaines de milliers de blessés et 100 milliards de dollars de dégâts. Très critiquée, l'arrivée tardive des secours oblige les habitants à opérer les sauvetages avec les moyens du bord, dans la panique. La catastrophe provoque un traumatisme qui ébranle le pays, faisant voler en éclats le mythe de la sécurité en matière de gestion des risques sismiques. De plus, aucune aide n'a été prévue pour les victimes. Depuis, une loi a été votée. Reste qu'aujourd'hui, malgré la menace, près d'un quart des maisons individuelles japonaises ne sont toujours pas aux normes antisismiques.

UNE VILLE RESSUSCITÉE

Bien que totalement ravagée par le tremblement de terre de 1995, la ville s'est entièrement reconstruite et a retrouvé en grande partie sa vitalité économique. Quatrième port marchand du Japon, elle abrite une importante zone industrielle grâce aux polders gagnés sur la baie (plus de 1 000 ha) ainsi qu'une importante population étrangère. De plus, beaucoup de multinationales étrangères telles Nestlé ou Procter & Gamble ont leur siège à Kobe. La ville est en effet très appréciée des expatriés pour sa douceur de vivre, sa vie nocturne (clubs de jazz), ses sources chaudes (Arima Onsen) et ses défilés de mode *(Kobe Collection)* biannuels.

LES ÉTRANGERS À KOBE

Environ 45 000 résidents étrangers vivent à Kobe, provenant de plus de 100 pays différents. Les quatre plus importantes communautés sont les Coréens (23 700), les Chinois (12 500), les Vietnamiens (1 300) et les Américains (1 280). Bien que la ville soit jumelée avec Marseille, les Français (131 âmes) ne pointent qu'à la 15e place du classement.

Autour du port AB2

La façade maritime du centre de Kobe constitue une agréable balade, de quais en musée, de centres commerciaux géants... en centres commerciaux géants reliés par des passerelles qui vous tiennent éloigné des voitures. Loisirs, shopping et culture sont au programme tout en bénéficiant de beaux points de vue sur la ville dont les édifices s'enflamment au coucher du soleil.

Meriken Park B2 – L'avenue Meriken Road mène droit à la jetée où les navires étrangers déchargeaient jadis leur cargaison. Sur le côté est du parc, une section de quai dévastée par le séisme de 1995 a été volontairement conservée en l'état. C'est aujourd'hui la seule trace encore visible du tremblement de terre.

Kobe Maritime Museum B2 – *Tlj sf lun. 10h-17h (dernière entrée 16h30) - 600 ¥ (ou 1 000 ¥ avec la Port Tower).* Le bâtiment moderne arbore une toiture en treillis d'acier qui évoque la voile blanche d'un navire à la proue effilée. Les collections retracent l'histoire maritime de Kobe. Elles comprennent d'intéressantes maquettes de bateaux dont une réplique de 9 m du *HMS Rodney*, le navire amiral qui conduisit la première flottille occidentale dans le port de Kobe en 1868, et un modèle réduit tapissé de pierres précieuses du *Oshoro Maru*, l'un des premiers voiliers japonais.

Le musée abrite aussi le **Kawasaki Good Times World**, un espace high-tech et ludique géré par l'entreprise Kawasaki, originaire de Kobe, qui fabrique motos, bateaux, locomotives et avions.

Port Tower A2 – *Mars-nov. : 9h-21h ; déc.-fév. : 9h-19h (dernière entrée 30mn av. fermeture) - 700 ¥.* Étonnante structure hyperboloïde en treillage d'acier rouge, la tour du port est magnifiquement mise en valeur par son éclairage nocturne. Construite en 1963 elle est rapidement devenue le symbole de la ville. Du haut de ses 108 m, elle invite à contempler un panorama à 360° sur la baie avec le mont Rokko en arrière-plan.

Mosaic/Umie Hors plan A2 – Ancré tel un immense vaisseau et signalé par une roue géante, ce complexe de boutiques et de restaurants *(voir Nos adresses)* attire les foules en fin de semaine. C'est une tribune privilégiée pour assister au coucher de soleil qui embrase les buildings de la baie. À quelques pas de là, **Harbourland** aligne d'autres centres commerciaux qui forment une promenade jusqu'à la gare de Kobe.

★ KITANO-CHO ET LES HAUTEURS

★ Kitano-cho (quartier de Kitano) 北野 B1-2

Kitano-cho Plaza - mars-oct. : 9h-18h ; nov.-fév. : 9h-17h.

Délaissant la concession près du port, les étrangers vinrent s'installer dès 1887 dans ce quartier de collines, qui évoque un peu San Francisco. Ici se concentre tout l'héritage cosmopolite de Kobe : une bonne vingtaine d'*ijinkan* (maisons de négociants européens) dont une douzaine se visitent, des cafés à l'européenne, des églises catholiques ou réformées, une mosquée, une synagogue et même un temple indien jaïn. Un brin d'exotisme… qui plaît surtout aux Japonais, touristes ou jeunes mariés à la recherche d'un décor romantique pour immortaliser leur union. Autre intérêt, c'est un quartier (de grande ville) en pente, une vraie rareté au Japon.

Une grande partie des *ijinkan* peuvent être visitées avec des tickets groupés *Ijinkan (2 100/3 000 ¥).*

Weathercock House B1 – *9h-18h - 500 ¥ (650 ¥ avec la visite de la proche maison Moegi).* Construite par un riche marchand allemand en 1909, cette résidence aux murs de brique est connue pour sa girouette sur le toit. L'intérieur, d'un

La Port Tower et le musée maritime.
S. Vidler/mauritius images/age fotostock

intérêt relatif, arbore un patchwork de mobilier Biedermeier et de décoration Art nouveau avec également quelques touches néogothiques.

★ **Yamate Hachiban Kan** B1 – *Avr.-sept. : 9h30-18h ; oct.-mars : 9h30-17h - 550 ¥.* Curieux hybride de style Tudor et de pagode japonaise, la demeure abrite plusieurs bronzes de Rodin, Bourdelle et Renoir et quelques beaux bouddhas thaï et du Gandhara. Belle vue sur la ville du salon du 1er étage.

★ **Choueke House** B1 – *Tlj sf mar. 9h-17h - 500 ¥ - fermée au moment de la rédaction de ce guide, se rens.* Sorte de manoir anglais doublé d'un charmant jardin, la Choueke House est la propriété de M. Choueke, un homme d'affaires syrien. Ses collections personnelles incluent des objets orientaux et des estampes Nanban de la fin du 19e s.

Si le cœur vous en dit, vous pourrez aussi visiter les maisons française, anglaise, danoise, hollandaise, autrichienne ; les anciens consulats chinois ou panaméen… mais l'exercice devient vite lassant.

3

Nunobiki Herb Garden 布引ハーブ園 C1 en dir.

Accès par le téléphérique Shin-Kobe dont le départ se situe juste derrière l'édifice Shin-Kobe Oriental City - 10h-17h (20h30 août) - 1 400 ¥ avec le trajet AR, 200 ¥ jardins seult.

Au nord de Kitano, sur une crête du mont Rokko à 400 m d'altitude, ce jardin de plantes aromatiques a pour principal intérêt la **vue**★ qu'il dévoile, particulièrement grandiose la nuit, lorsque s'étale l'immense tapis lumineux de la conurbation Kobe-Osaka.

★ Nunobiki Falls 布引の滝 C1 en dir.

Chemin d'accès à l'arrière de la gare JR Shinkansen de Shin-Kobe. Ces chutes d'eau hautes de 43 m se composent de quatre cascades. Par leur beauté minérale et leur fraîcheur estivale, elles ont inspiré très tôt écrivains et poètes ; des stèles en pierre jalonnant le parcours y font référence. Après une ascension d'environ 45mn par un escalier aménagé, on découvre un splendide panorama sur la mer et la ville de Kobe.

★★ **Takenaka Carpentry Tools Museum** C1 en dir.
7-5-1 Kumochi-cho Chuo-ku. Gare JR de Shin-Kobe (Shinkansen et métro) puis marchez 2mn jusqu'au musée situé juste derrière la gare ; ou station Motomachi sur la ligne JR, puis marchez 10mn vers le nord ou City bus n° 2 et 18, arrêt Kumauchi 6-chome - www.dougukan.jp/?lang=en - ♿ - tlj sf lun. 9h30-16h30 (dernière entrée 30mn av. la fermeture) - 500 ¥.
Ce musée des Arts et traditions du bois est logé dans un bel écrin contemporain de verre et de bois, se fondant harmonieusement dans la végétation qui l'entoure. Les salles d'exposition s'organisent en trois thèmes : l'histoire, la création et la transmission du savoir autour du travail du bois. On découvre les outils de menuiserie, des haches de pierre Jomon (préhistoire) aux outils occidentaux récents, les techniques de charpente traditionnelle, les savoirs des maîtres artisans et les différentes essences d'arbres utilisées dans la construction.

À L'OUEST DE LA VILLE

Tetsujin 28-go 鉄人28号モニュメント A2 en dir.
Train (6mn, 180 ¥ de Sannomiya) ou métro, station Shin-Nagata - www.kobe-tetsujin.com.
Ce quartier résidentiel typique des banlieues japonaises (gare, immeubles, arcade commerçante) a décidé d'attirer les touristes en accueillant, en 2009, sur l'une de ses places piétonnes une immense statue d'acier : Tetsujin 28. Haut de 18 m, pesant 50 t, le **robot géant** symbolise la ville qui se redresse après le désastre de 1995. Il est sorti des planches d'un manga et *anime* de Yokoyama Mitsuteru (Kobe 1934-2004), premier exemple de série du genre *mecha* publiée dans les années 1950-60.

À L'EST DE LA VILLE

★ **Hyogo Prefectural Museum of Art** 兵庫県立美術館 C2 en dir.
De la gare de Sannomiya, ligne Hanshin pour la station Iwaya, puis marchez 8mn vers le sud - www.artm.pref.hyogo.jp - tlj sf lun. 10h-18h (dernière entrée 17h30) - 510 ¥. Construit en 2004 par l'architecte Ando Tadao, cet impressionnant bâtiment de béton brut posté en front de mer contient une riche collection d'œuvres d'artistes japonais et internationaux du 20e s. Parmi elles, des sculptures de Moore, Giacometti, Arp et Brancusi ; des toiles de style occidental de deux peintres japonais réputés, Koiso Ryohei et Kanayama Heizo. Le musée présente aussi des expositions temporaires qui permettent souvent de découvrir d'intéressants artistes japonais contemporains.

★ **Great Hanshin-Awaji Earthquake Memorial Museum**
人と防災未来センター C2 en dir.
À 300 m du musée précédent, en suivant l'avenue principale vers l'ouest - www.dri.ne.jp/en - ♿ - 9h30-17h30 (vend.-sam. 19h), juil.-sept. 9h30-18h, dernière entrée 1h av. la fermeture - fermé lun. - 600 ¥.
Ce musée instructif est consacré au terrible tremblement de terre de 1995 *(voir p. 337)*. Un film de simulation sur écran géant, suivi d'une reconstitution grandeur nature des rues dévastées, procurent la sensation d'assister à l'événement en direct. On ressort plutôt secoué par cette mise en scène très réaliste. Un film tout aussi saisissant raconte les jours qui suivirent le séisme.

Hakutsuru Sake Brewery Museum 白鶴酒造資料館 C1 en dir.
De la gare de Sannomiya, ligne Hanshin pour la station Sumiyoshi puis marchez

5mn vers le sud - www.hakutsuru.co.jp/english - tlj 9h30-16h30 (dernière entrée 16h) - gratuit.

Près du littoral, le **quartier de Nada** est réputé pour ses nombreuses brasseries de saké. C'est même le principal centre de production de saké du Japon d'où sortent plus d'un quart des bouteilles vendues dans l'archipel. L'activité remonte à près de sept siècles. Certaines brasseries se visitent, dont celle-ci, logée dans un antique entrepôt fleurant bon la paille et le vieux bois. Le musée met en scène les différentes étapes du processus de fabrication à l'aide de modèles grandeur nature. Une vidéo et des brochures sont disponibles en anglais. La visite se conclut par une dégustation gratuite *(Voir Nos adresses p. 347)*.

Kobe Fashion Museum 神戸ファッション美術館 C2 en dir.

Ligne Hanshin pour Uozaki St. (ou JR Sumiyoshi St.), puis monorail Rokko Line pour Island Center St. À 2mn de la sortie sud-est - www.fashionmuseum.or.jp/english - tlj sf lun. 10h-18h (dernière entrée 17h30) - 500 ¥.

Ce musée est la seule attraction intéressante de Rokko Island, un îlot qui sert de refuge doré aux expatriés. Les collections de ce vaisseau futuriste comprennent d'éblouissants kimonos, des étoffes rares et de précieux brocarts, des robes d'anthologie signées Dior, Cardin ou Saint Laurent. Une riche bibliothèque et des expositions temporaires complètent la visite. On regrettera que le musée fasse un peu l'impasse sur les grands couturiers japonais d'aujourd'hui.

★ Tadanori Yokoo Museum of Contemporary Art C1 en dir.

3-8-30 Harada-dori, Nada-ku - Ligne Hankyu, station Oji-koen puis 5mn à pied ou ligne JR, station Nada puis 10mn à pied ou ligne Hanshin, station Iwaya puis 15mn à pied - www.ytmoca.jp/english/en_guidance.html - ♿ -tlj sf lun. 10h-18h (vend.-sam. 20h), dernière entrée 30mn av. la fermeture - 700 ¥.

Le musée dédié à **Yokoo Tadanori** (né en 1936), le « Andy Warhol » japonais, s'articule sur deux étages autour de collections bien distinctes. Au 1er étage, présentation d'œuvres autour du thème de la guerre cher à l'artiste, tandis qu'au 2e étage, la culture Pop est mise à l'honneur. Dans une scénographie originale et souvent provocatrice, les affiches, collages, illustrations, vidéos, peintures de ce plasticien et graphiste hors normes, interpellent par leurs couleurs flashy, leurs formes exubérantes et leurs contenus osés.

MONTS ROKKO ET MAYA

La chaîne des monts Rokko qui surplombe Kobe s'étend sur près de 50 km et se compose de plusieurs sommets ménageant des points de vue superbes sur la ville et sur la baie.

Mont Rokko 六甲山

Au sommet du mont Rokko (931 m d'altitude), il fait en moyenne près de 10° de moins qu'au bord de mer, ce qui explique en grande partie le succès touristique du site, hiver comme été, depuis le début du 20e s.

City Bus n° 6 ou 106 au départ des stations Mikage sur la ligne Hanshin, Rokkomichi sur la ligne JR ou Rokko sur la ligne Hankyu (15 à 30mn env.) jusqu'à l'arrêt Rokko cable-shita puis Rokko Cable Car (10mn - tlj 7h10-21h10, 3 départs/h - 1 000 ¥ AR) - www.rokkosan.com/en.

Le vieux funiculaire aujourd'hui rénové conduit à la gare Rokko Sanjo, à l'architecture Art déco. La **plate-forme d'observation Tenran** offre une vue dégagée sur l'immense agglomération de Kobe-Osaka.

À l'arrivée du funiculaire, prendre le bus Rokkosanjo jusqu'à l'arrêt Alpine Botanical Garden (10mn).

★ **Rokko Alpine Botanical Garden** – *Mi-mars-mi-nov. : tlj sf merc. 10h-17h (dernière entrée 30mn av. la fermeture) - fermé la première sem. de sept. - 620 ¥.* Créé en 1933 à une altitude de 865 m (température moyenne annuelle de 9 °), ce jardin réunit plus de 1 500 types de plantes alpines du Japon, dont certaines espèces endémiques et indigènes du mont Rokko, et d'autres régions montagneuses du monde entier (rhododendrons de l'Himalaya, roses Komakusa, edelweiss, etc.). Cette flore exceptionnelle se découvre sur plus de 50 ha, au gré de petits chemins sillonnant les pentes ou terrasses aménagées, les zones forestières, les jardins rocailleux et un étang.

Prendre le bus Rokkosanjo jusqu'à l'arrêt Rokko Garden Terrace ou continuez à pied. Le **Rokko Garden Terrace** (réplique d'un village européen) abrite restaurants, cafés et magasins.

★ **Rokko Shidare Observatory** – *Accessible également de Arima Onsen, en 12mn par le téléphérique au départ de la gare du Rokko Arima Ropeway 1 820 ¥ AR - tlj 10h-21h (avr.-nov.), 10h-18h (déc.-mars), dernière entrée 30mn av. la fermeture - 300 ¥.* Cet observatoire présente une étonnante structure ajourée, illuminée de nuit. Outre la très jolie vue offerte depuis sa plate-forme sur Kobe et la baie d'Osaka, cette création de Sambuichi Hiroshi associe développement durable et architecture : grâce à d'ingénieux systèmes de récupération des eaux de pluie, de la neige et du givre, le bâtiment est climatisé naturellement.

Arima Onsen 有馬温泉 C1 en dir.

Bus de la gare de Sannomiya (1 à 2 bus/h) ou métro pour la station Tanigami, puis ligne Kobe Dentetsu jusqu'à Arima Onsen (35mn de trajet). Autre accès possible, mais plus long, par le téléphérique du mont Rokko, relié à celui d'Arima.

Située sur l'autre versant du mont Rokko, Arima est l'une des trois plus anciennes sources thermales du Japon, déjà mentionnée dans le *Nihon Shoki* en 631. Après des années de surexploitation touristique, la station tend à retrouver peu à peu son charme d'antan grâce à de judicieux réaménagements au cœur du vieux centre-ville, à l'ouverture de commerces artisanaux, à l'installation d'un musée du Jouet et à la rénovation de l'habitat traditionnel.

Mont Maya 摩耶山

★★ **Plate-forme d'observation Kikuseidai** – *De la gare Sannomiya (lignes de train JR/Hankyu/Hanshin et métro) à Kobe, prendre le City Bus n° 18 jusqu'à la station Maya Cable Shita (25mn) puis la Maya View Line jusqu'à l'arrêt Hoshi no Eki (15mn - 10h-17h30 (19h50 w.-end en hiver, 20h50 w.-end et été) - 880 ¥ AS, 1 540 ¥ AR - www.koberope.jp/en).* À 698 m d'altitude, Kikuseidai (« l'endroit d'où il est possible d'attraper les étoiles ») offre probablement la plus belle vue sur Kobe, Osaka, le pont d'Akashi et l'île d'Awaji. Contrairement aux excès d'urbanisme du mont Rokko, le belvédère s'intègre à la nature. On peut y camper le soir pour apprécier le scintillement des étoiles qui se mêlent aux lumières de la baie d'Osaka *(location de tente 500/1 000 ¥ au café Monte 702, juste à côté du belvédère).*

★ **Tenjo-ji** – *À 10mn à pied de l'arrêt Hoshi no Eki - www.mayasan-tenjoji.jp (en japonais) - tlj 9h-17h - gratuit.* Ce temple a été fondé en 646 à la demande de l'empereur Kotoku par le bonze Hodo Sennin qui rapporta de Chine une statuette en or de Maya, la mère de Bouddha, instituée protectrice du lieu. En 1975, un incendie détruit le vieil édifice en bois qui est aussitôt reconstruit un peu plus au nord du site originel, à proximité du sommet du mont Maya. De la terrasse agrémentée d'un jardin minéral japonais, vue fabuleuse par beau temps sur la mer Intérieure, l'île d'Awaji et le pont d'Akashi au loin.

Quartier de Kitano-cho.
LeeYiuTung / iStock

AWAJI-SHIMA 淡路島 Carte de région A2

À une trentaine de km au sud-ouest de Kobe.

★★ Akashi Bridge & Maiko Marine Promenade 明石海峡大橋

Ligne JR jusqu'à la station Maiko (45mn), puis marchez 5mn vers le sud - www.jb-honshi.co.jp/english - avr.-sept. 9h-18h (19h juil.-août) - 250 ¥ (sem.), 310 ¥ (w.-end) pour la Maiko Marine Promenade ; 3 000 ¥ pour la visite du pont et l'accès au haut de la pile (réservation sur le site Internet ou ✆ 78 784 3396).

3

Ce pont reliant l'île de Honshu à l'île d'Awaji est le plus grand pont suspendu du monde (longueur 4 km, largeur 2 km, piles centrales hautes de 300 m). Véritable prouesse technologique, il résiste à une météo souvent difficile, aux forts courants de la mer Intérieure et à d'éventuelles grosses secousses sismiques. La Maiko Marine Promenade, un « habitacle » de 300 m de long depuis la rive et 50 m au-dessus de la mer, permet de l'observer derrière des baies vitrées. Sur réservation, on peut également monter en ascenseur tout en haut d'une pile du pont.

Entre Honshu et Shikoku, **l'île d'Awaji** est le berceau du théâtre de marionnettes Ningyo Joruri *(voir p. 344)* mais aussi le principal producteur d'**encens** japonais, dont elle fournit 70 % du marché. La légende raconte qu'au 6e s., des pêcheurs d'Awaji ramassèrent, parmi les débris d'une tempête rejetés par les vagues, un morceau de bois sombre. Ils le brûlèrent sur un bûcher d'où s'éleva aussitôt une senteur envoûtante. Criant au prodige, ils allèrent faire don du bois mystérieux à l'Empereur. C'est ainsi, dit-on, que l'encens fut introduit au Japon.

L'île accueille deux œuvres majeures de l'architecte Ando Tadao : l'hôtel Awaji Yumebutai et le temple Honpuku.

Awaji Yumebutai 淡路夢舞台

2 Yumebutai, Awaji-shi - ✆ (0799) 74 1111. Ce vaste complexe comprend – entre autres – un centre de conférences international, un hôtel et un mémorial aux victimes du tremblement de terre de 1995, dessinés par Ando Tadao. La **maison de thé** cachée dans un labyrinthe cylindrique d'eau claire et de galets, la **chambre de résonance** extérieure au toit plongeant vers le centre, **l'amphithéâtre** aux jeux d'eau et de lumière ou encore la **chapelle** éclairée par une croix découpée dans le plafond sont autant d'œuvres de l'architecte que vous pourrez arpenter. À moins que vous ne préfériez vous perdre dans la contemplation des **rideaux d'eau en escalier** ou des **sols pavés de coquillages** à l'infini ou parcourir le **jardin Hyakudan** composé d'une centaine de petits carrés de plantes, disposés en terrasse en surplomb du complexe. Construit sur le trou béant ouvert par l'utilisation de la terre de l'île pour créer l'île artificielle de l'aéroport du Kansai *(voir p. 271)*, l'Awaji Yumebutai symbolise par ses lignes épurées la renaissance et la reconstruction selon Ando Tadao.

★ Honpuku-ji 本福寺

À 20mn à pied de Higashiura Bus Terminal - 9h-17h - 400 ¥. Caché aux regards derrière deux murs de béton, on ne voit du temple que son toit : un étang. Un escalier s'enfonce en son centre, parmi les nénuphars multicolores *(en fleurs dans la matinée)*. Une fois en bas, les murs arrondis et la prédominance du rouge donnent à la pièce une ambiance à la fois confinée et sacrée, qui atteint son apogée lorsqu'un rayon de soleil vient éclairer la statue du Bouddha *(16h en été, 15h en hiver)*. En remontant l'escalier qui mène à la sortie, le ciel emplit votre champ de vision, comme un dernier hommage à la pureté des lignes de Ando Tadao, l'architecte qui dessina le temple en 1991.

★ Nojima Fault Preservation Museum & Hokudan Earthquake Memorial Park

JR line jusqu'à la station Maiko (45mn) puis prendre le bus express au Ko-soku Maiko bus terminal au pied du pont d'Akashi jusqu'à la station Iwaya Port (20mn) ; changer et emprunter le City Bus (15mn) jusqu'à la station Hokudan Memorial - www.nojima-danso.co.jp (en japonais) - 9h-17h (fermé en déc.) - 500 ¥.

Ce musée-mémorial du séisme meurtrier de 1995 a été aménagé à l'endroit même de l'épicentre et de la faille de Nojima induite par le cataclysme. Un grand espace pédagogique et un tronçon de la ligne de faille préservé permettent de saisir la violence du phénomène. Extérieure à l'édifice, la Mémorial House a miraculeusement survécu. Dans le salon, un système de simulation intégré au plancher démontre durant 40s les différents degrés de secousses sismiques. Des films documentaires aux images terribles sont également projetés.

★★ Awaji Ningyo-za Puppet Theater 淡路人形座

JR line jusqu'à la station Maiko (45mn), puis prendre le bus express au Ko-soku Maiko bus terminal au pied du pont d'Akashi jusqu'à la station Awajishima Minami IC, puis 12mn de marche - http://awajiningyoza.com/other/fr/ - tlj sf merc. 9h-17h, spectacles 10h, 11h, 13h, 14h, 15h - 1 500 ¥.

Ce théâtre ouvert en 2012 perpétue la tradition des marionnettes présente sur l'île d'Awaji depuis 500 ans. Cet art traditionnel regroupe la manipulation des marionnettes (chaque marionnette est actionnée par trois opérateurs vêtus de noir), la musique de *shamisen* (instrument à trois cordes) et la narration en direct par le *taiyu*. Avant chaque représentation, la troupe donne des explications en anglais. La beauté des costumes, la précision des mouvements des marionnettistes et l'ambiance musicale procurent une grande émotion.

Vous pouvez continuer vers le sud et l'île de Shikoku (voir p. 503).

NOS ADRESSES À KOBE

INFORMATIONS UTILES

Banque/Change – Dans les postes ou **Citibank**, *Imon Bldg, derrière la Flower Clock, à côté de la station Shell* B2. ATM ouv. 24h/24. Pour le change, Sumitomo Exchange Corner, *gare de Sannomiya, 2 F* B1 *- lun.-vend. 11h-19h, w.-end 9h-17h.*

TRANSPORTS

En train

Gare de Sannomiya B1 – Gare la plus centrale desservie par les lignes JR, Hankyu et Hanshin. La **gare de Kobe** A2, plus excentrée, se situe à 5mn de trajet vers l'ouest, près de Harbourland.

Osaka-Umeda : ligne JR *(25mn, 410 ¥)* ou lignes Hanshin et Hankyu *(env. 30mn, 320 ¥)*. **Kyoto** : train JR *(55mn, 1 080 ¥)* ou Hankyu *via* Osaka-Juso *(60mn, 600 ¥)*. **Nara** : train JR jusqu'à Osaka, puis ligne Yamato JR *(70mn, 1410 ¥)*. **Himeji** : JR Rapid *(40mn, 970 ¥)*.

La **gare de Shin-Kobe** C1, plus au nord, voit passer de fréquents Shinkansen Nozomi pour Kyoto *(30mn, 2 800 ¥ environ)*, Hiroshima *(1h10, 9 500 ¥ environ)*, Fukuoka (Hakata) sur l'île de Kyushu *(2h15, 14 200 ¥ environ)* et Tokyo *(2h50, 14 200 ¥ environ)*.

En avion

Aéroport de Kobe - *✆ (078) 304 7777 - www.kairport.co.jp.* Reliant la ville au reste du pays (Sapporo, Tokyo Haneda, Naha, Kagoshima...), il se situe sur une île artificielle (Port Island) desservie depuis la gare de Sannomiya par le Port Liner Monorail *(20mn, 330 ¥)*. De cet aéroport, on peut aussi rejoindre par la mer celui d'**Osaka-Kansai** *(voir p. 327)* par navette rapide *(www.kobe-access.jp - 30mn, 1 850 ¥)*.

En bateau

Les ferries des diverses compagnies qui desservent Kobe partent de quatre terminaux : Rokko Island Ferry Terminal (pour Oita avec Hankyu Ferry, Sin-moji avec Ferry Sunflower, Niihama avec Orenji Ferry), Rokko Island Passenger Terminal (Naha avec A Line), Kobe Sannomiya Ferry Terminal (pour Shodo-shima, Takamatsu avec Jumbo Ferry et Miyazaki avec Miyazaki Car Ferry), Kobe Port Terminal (vers la Chine). Informations sur les dessertes et les compagnies sur www.city.kobe.lg.jp/life/access/harbor/ferryterminal.

Circuler dans Kobe

Si le centre-ville, Kitano ou le port se prêtent fort bien à la marche, on pourra emprunter le métro ou bien le train pour rallier les curiosités en périphérie. **Pass** bus et métro, 1 j/1 030 ¥.

Kobe City Loop – Très pratique, cette ligne de bus fait une boucle entre Sannomiya, le port, Kitano et Shin-Kobe, avec des haltes devant les principales curiosités touristiques. *Ttes les 15/20mn, 9h-17h30 (w.-end et j.fériés 19h) - 260 ¥, pass journalier 660 ¥.*

HÉBERGEMENT

PREMIER PRIX

Super Hotel Kobe スーパーホテル神戸 *2-1-11 Kano-cho* B1 *- ✆ (078) 261 90 00 - www.superhoteljapan.com/en - 87 ch. à partir de 6 500 ¥*. Business hotel simple et très économique. Chambres étroites, mais propres et bien équipées.

The b-Hotel ザ•ビー神戸 *2-11-5 Shimoyamate-dori* B1 *- ✆ (078) 333 4880 - kobe.theb-hotels.com/en - 168 ch. à partir de*

3

7 700 ¥. Au cœur de l'animation et des néons de Sannomiya, un immeuble couleur ocre abrite cet hôtel aux chambres aussi pratiques qu'agréables.

BUDGET MOYEN

Villa Fontaine ヴィラフォンテーヌ 神戸三宮 *4-1-4 Asahi-dori* C1 - *(078) 224 5500 - www.hvf.jp/eng - 185 ch. à partir de 11 000 ¥* . Aménagé dans les étages supérieurs d'une tour inaugurée en 2013, cet hôtel situé à 5mn de la gare Sannomiya se caractérise par des chambres modernes (quoiqu'un peu petites), chaleureuses et bien conçues. De petites touches (moquette colorée par exemple) et les parties communes cossues permettent à cette adresse de se distinguer.

Hotel Isago Kobe ほてる**ISAGO** 神戸 *4-3-7, Kumochi-cho* C1 - *(078) 241 0135 - www.isago.co.jp/lg_en - 27 ch.* Excellent petit hôtel, mariant traditions japonaises et modernité. Chambres (japonaises ou occidentales) douillettes et élégantes, service plein de tact, cuisine de qualité.

Hotel Kitano Plaza Rokkoso ホテル北野プラザ六甲荘 *1-1-4 Kitano-cho* B1 - *(078) 241 2451 - www.rokkoso.com - 49 ch.* Un bel hôtel rénové dans des tons beige clair lumineux. Chambres calmes et propres, jouissant pour la plupart d'une jolie vue.

POUR SE FAIRE PLAISIR

Hotel Tor Road ホテルトアロード *3-1-19 Nakayamate-dori* B1 - *(078) 391 6691 - www.hoteltorroad.co.jp - 77 ch.* Un établissement très cosy. Les chambres des 9e et 10e étages affichent un style anglais typique et les autres, plus classiques, sont toujours bien tenues.

RESTAURATION

PREMIER PRIX

Café Freundlieb カフェ•フロインドリーブ *4-6-15 Ikuta-cho* C1 - *(078) 231 60 51 - freundlieb.jp - tlj sf merc. 10h-19h -* . Installé sous la nef d'une ancienne église luthérienne, ce salon de thé allemand sert des salades, sandwichs et pâtisseries.

Musashi とんかつ•武蔵 *Moritani shoten Bldg 2 F, 1-7-2 Motomachi-dori* B2 - *(078) 321 0634 - tlj sf merc. 11h-20h*. Fondé en 1939, ce restaurant au sobre décor de bois blond est spécialisé dans les *tonkatsu*, côtelettes de porc, filets de porc ou crevettes panées.

BUDGET MOYEN

Dans le complexe **Mosaic** *(A2 en dir.)*, en front de mer *(voir p. 338)*, grand choix de restaurants qui conviendront à tous les goûts et tous les budgets. **Brasiliano** *(3F - (078) 360 2996 - 11h-15h, 17h-22h, w.-end 11h-13h)* et son populaire buffet-grillades inspiré de la cuisine brésilienne. **Oyster Bar** *(2F - (078) 371 7300 - 11h-22h)* pour apprécier le bivalve sous toutes ses formes *(1 200-2 700 ¥)*. Et **Frantz** *(3F - 078 360 0107 - 11h-22h)* pour ses irrésistibles petits pots de crème *(380 ¥)*.

Tooth Tooth Maison 15th トゥーストゥース•メゾン**15** *15 Naniwa-machi* B2 - *(078) 332 1515 - www.toothtooth.*

com/shoplist - 11h-23h. Derrière le Kobe City Museum, une élégante maison historique où déguster un café, une bonne pâtisserie, ou déjeuner d'une salade. Cadre européen cosy et chaleureux.

POUR SE FAIRE PLAISIR

Teppanyaki Onishi II
鉄板焼 大西 II (おおにしツー)
Kitano Phoenix Bldg, 3 F, 1-17-6 Nakayamate-dori B1 *- (078) 332 4029 - tlj sf lun. 18h-3h (dim. et j. fériés : 18h-0h) - formules à partir de 8 600 ¥/2 pers.* -. Notre restaurant préféré de *teppan-yaki* (cuisson sur plaque) : le bœuf de Kobe, parfumé au brandy, est tendre et juteux à souhait.

PRENDRE UN VERRE

Kobe Fukurou Cafe – *1-2-14 Sakaemachi-dori* B1 *- (078) 391 2960 - kobefukuroucafe.com - tlj sf lun. 11h-19h (sam., dim. et j. fériés -20h).* Les images des *neko cafe* japonais (cafés où l'on vient se relaxer auprès de chats) ont fait le tour du monde au point de faire des émules en France ou ailleurs. Ici, même principe mais avec... de petites chouettes apprivoisées.

EN SOIRÉE

Pour une animation plus néons-clubs-bars-restaurants, rendez-vous dans le quartier qui s'étend à la sortie nord de la gare de Sannomiya. Kobe est aussi réputée pour ses salles de jazz. Les concerts ont lieu entre 18h30 et 22h.

Sone – *1-24-10 Nakayamate-dori* B1 *- (078) 221 2055 - kobe-sone.com/index.html - 17h-0h.*

ACTIVITÉS

Kobe

Croisières - Naka Pier Cruise Terminal A2 – *(078) 322 5670.* Plusieurs compagnies y proposent des balades le long de la baie *(env. 50mn de croisière, 1 100 ¥).* Faites la croisière plutôt de nuit.

Plages – En été, les Kobéens vont se baigner à **Suma Beach** A2 en dir., belle plage située à 20mn en train à l'est de Kobe (Suma Station). Non loin de là se dresse l'**Akashi Bridge**, le plus long pont suspendu du monde, qui relie la région de Kobe à l'île d'Awaji *(voir p. 343).*

Fabriques de saké à Nada – Les visites, gratuites, s'accompagnent d'un film explicatif de 10mn en anglais et d'une dégustation. **Kiku-Masamune Sake Brewery Museum**, *1-9-1 Uozaki-Nishimachi, Higashinada-ku - (078) 854 1029 - 9h30-16h30.* **Kobe Shu-Shin-Kan Brewery**, *1-8-17 Mikagetsukamachi - (078) 841 1121 - 10h-18h* et son **restaurant Sakabayashi** *(11h-14h30, 17h-22h).*

Awaji-shima

Onsen - Matsuho no Sato – *77 Iwaya, Awaji-shi, Hyogo-ken - 0799 73 2333 - 11h-22h (dernière entrée 21h) - 700 ¥.* De nombreux bains : allongés, à bulles, en cascade… et une très belle vue sur le pont.

3

Château de Himeji 姫路城

★★★

535 807 habitants

Le merveilleux château féodal de Himeji, classé Trésor national et inscrit sur la liste du Patrimoine mondial de l'Unesco, est sans doute l'un des sites du Japon les plus connus mondialement. La visite de ce chef-d'œuvre architectural du 17e s., tout frais sorti d'une grande campagne de rénovation, n'en reste pas moins un moment fort de tout voyage dans l'archipel. La ville, très plaisante, et plusieurs lieux intéressants aux environs permettent de prolonger agréablement la découverte.

NOS ADRESSES PAGE 352
Restauration, achats, activités, etc.

S'INFORMER

Office du tourisme de Himeji – *Entrée ouest de la gare - ✆ (079) 287 0003 - www.himeji-kanko.jp/fr - 9h-19h. Le personnel anglophone fournit des plans et pourra vous indiquer, si besoin, où retirer de l'argent. Prêt gratuit de vélos (9h-16h).*
La plate-forme d'observation « Castle View », idéale pour prendre une photo du château , est située juste au-dessus du bureau de tourisme.

SE REPÉRER

Carte de région p. 226, A1 - À 50 km à l'ouest de Kobé (40mn en train). Navette au départ de l'aéroport du Kansai (2h10). Himeji se parcourt facilement à pied.

À NE PAS MANQUER

Une balade dans les jardins Koko-en et au Enkyo-ji.

ORGANISER SON TEMPS

Prévoyez une journée.

AVEC LES ENFANTS

Le château, le Japanese Toy Museum.

Découvrir Plan de la ville p. 349

★★★ Himeji-jo 姫路城 Plan de la ville B1

À 15mn à pied de la station JR Himeji, sortie Nord ou fréquents bus-navette - http://www.himejicastle.jp/en/ - 27 avr.-31 août : 9h-18h ; reste de l'année 9h-16h (dernière entrée 1h av. la fermeture) - 1 000 ¥ (1 040 ¥ combiné avec le jardin Koko-en). Des guides bénévoles parlant l'anglais sont parfois disponibles, se renseigner au guichet.

Chef-d'œuvre magistral de l'architecture japonaise, le château de Himeji a pour surnom le « Héron blanc » *(Shirasagi-jo)*. Sa gracieuse silhouette – un donjon central à cinq étages et les trois tours-bastions plus petites qui l'entourent – et ses murs de plâtre blanc font en effet songer à une aigrette prenant son envol *(voir dessin p. 648-649)*. Construite sur une éminence au centre d'une vaste plaine, cette forteresse inexpugnable est un modèle d'art défensif : labyrinthes de douves, de fossés et de chausse-trapes, remparts courbés en éventail, murs de ronde percés d'innombrables meurtrières *(sama)* et mâchicoulis, passages en cul-de-sac… tout y a été conçu afin de tenir l'envahisseur en respect. Mais Himeji fut aussi, et avant tout, un symbole de prestige pour les anciens shoguns, d'où l'incomparable beauté de ses toitures incurvées

telles des vagues ondulantes. En raison de son parfait état de conservation, le château a servi au tournage de nombreux films d'époque, dont le célèbre *Ran* (1985) de Kurosawa Akira.

Histoire – En dépit de ses murailles, le château n'a jamais connu de bataille en quatre siècles d'histoire. Il se dresse sur le site d'un fort plus ancien, construit en 1346 par Akamatsu Sadanori. Toyotomi Hideyoshi s'en empara en 1577 et l'agrandit pour en faire une place militaire stratégique autour de laquelle une ville commença à s'implanter. C'est de là qu'il initia sa fameuse volte-face pour aller venger la mort de Nobunaga. Après la bataille de Sekigahara (1600), Tokugawa Ieyasu confia le château à son gendre Ikeda Terumasa, lequel lui donna sa forme actuelle, entre 1601 et 1609. On dit qu'il mobilisa près de

25 000 ouvriers pour les travaux. L'ensemble passa ensuite entre les mains de plusieurs clans, qui y adjoignirent nombre de bâtiments et de tourelles. Légèrement endommagé par les bombardements en 1945, il a vu sa structure en bois entièrement revue et consolidée entre 1956 et 1964. En 2015 s'est achevé un vaste programme de rénovation.

Visite – Le parcours fléché *(env. 2h)* traverse un dédale de portes, passages en escaliers et couloirs défensifs qui mènent à une vaste cour plantée de cerisiers et de pins *(nishi-no-maru)*. Le seigneur, sa famille et les vassaux de son clan avaient là leur résidence. On accède ensuite à l'enceinte principale *(honmaru)* où se dresse le **donjon central** *(tenshukaku)*. Il servait à la fois de point de guet et d'ultime bastion en cas d'attaque. La tour, haute de 46 m, comprend cinq étages plus un soubassement de pierres cyclopéennes (pierres liées entre elles par un béton à base de chaux). La toiture mêle les pics triangulaires *(chidori-hafu)* et les pignons incurvés *(kara-hafu)*. Sur le faîte trônent deux *shachi* (animaux imaginaires) de 2 m. À l'intérieur, une série de raides et sombres escaliers conduisent au sommet où s'offre une vue dégagée sur la ville. Observez les colossaux piliers en cyprès. Leur base mesure 95 cm de diamètre. Le plus ancien date de 780 ans. Dans les différents étages sont exposées des collections d'armures, de sabres et de fusils.

De la citadelle de l'ouest – **Nishi-no-Maru** – où résidait le *daimyo* demeure aujourd'hui une succession de tours édifiées au 17e s. et reliées par un très long corridor à deux niveaux. Certaines étaient utilisées comme appartements par les employées de la princesse Sen (Sen-hime, 1597-1666, elle apparaît fréquemment dans les films et récits historiques) qui se faisait une beauté dans la tour dite « cosmétique ». On peut désormais parcourir l'ensemble et découvrir dans certaines pièces de petites expositions sur le système défensif et le quotidien au château.

Se promener

Autour du château

★ **Koko-en** A1 – *27 avr.-31 août :9h-18h ; reste de l'année 9h-17h (dernière entrée 30mn av. la fermeture) - 300 ¥.* Ces huit charmants jardins ont été dessinés en 1992, sur le modèle des jardins des résidences de samouraïs de l'époque d'Edo. L'un d'eux, le **Cha-no-niwa**, abrite un pavillon dédié à la cérémonie du thé.

★ **Himeji City Museum of Art** B1 – *Tlj sf lun. 10h-17h - 200 ¥.* Ce petit bâtiment en brique héberge un bel ensemble de peintures impressionnistes et modernes dont des toiles de Corot, Courbet, Monet, Matisse, Derain et Delvaux. Dans l'annexe sont présentées des œuvres d'artistes japonais du 19e s. à nos jours.

Hyogo Prefectural Museum of History B1 – *Tlj sf lun. 10h-17h (dernière entrée 16h30) - 200 ¥.* Conçu par l'architecte Tange Kenzo, il présente l'histoire des châteaux japonais autour des maquettes de 12 châteaux du Japon ayant conservé leur structure d'origine. On y voit aussi quelques antiquités et bouddhas anciens.

Himeji Museum of Literature A1 – *À 500 m à l'ouest du musée d'Histoire - tlj sf lun. 10h-17h - 300 ¥.* Il est abrité dans un édifice dessiné par Ando Tadao. Si l'exposition est essentiellement en japonais, elle est suffisamment bien faite pour que les amateurs de littérature japonaise s'y intéressent.

★ Enkyo-ji 円教寺 B2 en dir.

De l'arrêt situé devant la gare, bus nos 6 ou 8 pour Shosha Cable Car (25mn) puis téléphérique (4mn, 900 ¥ AR), puis encore 30mn à pied. 8h30-18h30 (hiver 17h) - 500 ¥.
Situé sur le mont Shosha, au nord-est de Himeji, cet ensemble de temples de la secte Tendai compose un romantique mélange d'art bouddhique et de nature. Le sentier, bordé d'érables, de cerisiers et de statues de la déesse Kannon aux mille bras, aboutit au Daiko-do, pavillon où furent tournées certaines scènes du film *Le Dernier Samouraï* avec Tom Cruise.

À proximité

★★ Japanese Toy Museum 日本玩具博物館

À environ 10 km au nord de Himeji. En train, ligne JR Bantan, station Koro puis marchez environ 15mn. En voiture, empruntez le Chugoku Expressway jusqu'à l'échangeur Fukusaki et roulez vers le sud 7 km - www.japan-toy-museum.org/french/la_index.html - tlj sf merc. 10h-17h - 600 ¥ (enf. 200 ¥).
Le musée se trouve dans six bâtiments distincts, reliés par de petites promenades arborées. Inoue Shigeyoshi y a accumulé, depuis 1974, une collection inestimable de plus de **90 000 jouets provenant de 145 pays**. Magnifiquement présentés, les jouets populaires japonais en grand nombre (poupées *hina*, marionnettes, cerfs-volants, *temari* (boules de fil), peluches en crêpe de soie), côtoient maisons de poupée et jouets de Noël du monde entier. Une salle dédiée autorise les petits et grands enfants à s'essayer à certains jeux en bois anciens, pour la plupart des pièces uniques. Le musée organise aussi des expositions temporaires.

★ Ikuno Silver Mine 生野銀山

Ligne JR Bantan, station Ikuno, puis bus jusqu'à l'arrêt Ikunoginzanguchi (8mn) et marchez 10mn jusqu'au musée - www.ikuno-ginzan.co.jp (en japonais) - avr.-oct. : 9h-17h30, nov. et mars : 9h-17h, déc.-fév. : tlj sf mar. 9h30-16h30. S'équiper de bonnes chaussures et d'un pull (température moyenne de 13°) - 900 ¥.
Cette mine d'argent est restée en activité de 807 à 1973. Durant cette période d'exploitation, beaucoup d'argent mais aussi plus de 70 types de minerais (or, plomb, cuivre, etc.) ont été extraits des 350 km de tunnels. Le parcours muséal souterrain *(en anglais)* passe en revue par ordre chronologique les différentes techniques de prélèvement du minerai, de la taille à la pioche jusqu'à l'utilisation des explosifs à compter du 19e s. Un ingénieur français, J.-F. Coignet, contribua à moderniser les installations à la fin du 19e s.

★ Takeda Castle Ruins 竹田城

Ligne JR Bantan, station Takeda, puis bus jusqu'au départ du sentier de visite situé à mi-hauteur (20mn) ou ascension à pied depuis la gare avec de bonnes chaussures par trois chemins de montagne distincts au choix (1h). Mi-mars-mai. 8h- 18h, juin-août 6h-18h, sept.-nov. 4h-17h, 1er déc.-mi-déc. 10h-14h - 500 ¥.
Le château de Takeda, considéré comme le « Machu Picchu » japonais, compte parmi les plus beaux sites historiques du pays. Le seigneur Sozen Yamana fit construire en 1431 cette forteresse afin de protéger la région de Tajima des attaques des seigneuries voisines. À plus de 353 m d'altitude, les vestiges (essentiellement des fondations) apparaissant en automne au milieu d'une mer de nuages. Il a d'ailleurs été surnommé avec poésie « le château dans le ciel ». Du haut de ce site incontournable, un panorama à couper le souffle sur les vertes vallées environnantes.

NOS ADRESSES À HIMEJI

TRANSPORTS

En train

Himeji Station A3 – Le plus simple est de prendre le JR Rapid de Kobe *(40mn de trajet, 970 ¥)*, d'Osaka *(1h, 1 490 ¥)* ou de Kyoto *(1h30, 2 270 ¥)*. De Kyoto, si vous avez un JR Pass, préférez le Shinkansen *(45mn)*.

Comment circuler à Himeji

Le château se trouve à 15mn à pied, tout droit en sortant de la gare. Vous pouvez aussi y aller en **Loop Bus** *(ttes les 15/30mn, 100 ¥ le trajet, 300 ¥ pass 1 j)* ou demander au comptoir de tourisme une bicyclette gratuite à la journée.

RESTAURATION

PREMIER PRIX

Kassui-ken 活水軒 *68 Honmachi* A1 - *(079) 289 4131 - 10h-16h30* -. Niché dans les jardins du Koko-en, le restaurant a pour atout une vue paradisiaque sur une cascade et un petit étang. Il sert la spécialité de Himeji, le congre grillé, ou des plats de nouilles ou de riz. Arrivez tôt pour éviter la foule ou optez sinon pour une pause boisson l'après-midi.

BUDGET MOYEN

Hiiragi 柊 *88 Junicho-mae-cho* A2 - *(079) 284 1239 - www.anago-hiiragi.com - 11h-14h, 17h-23h (dim. 17h-22h)*. Une adresse idéale et chaleureuse (cadre, accueil) pour goûter à LA spécialité locale, le congre *(anago)*. Recommandé, le menu *(2 800 ¥)* où le poisson est décliné en salade, tempura, grillé, sashimi... Mais aussi grillé sur un bol de riz *(1 800 ¥)*.

ACHATS

Sake Brewery Nadagiku – *1-121 Tegara - (079) 285 31 11 - 10h-18h, fermé 31 déc.-3 janv.* Célèbre brasserie fondée en 1910 par la famille Kawaishi. Visite en anglais sur réservation.

Le château de Himeji.
SeanPavonePhoto / iStock

L'OUEST DE HONSHU (CHUGOKU)

Ouest de Honshu (Chugoku) 4

L'ouest de Honshu : Chugoku

LE « PAYS DU MILIEU »

Le Chugoku occupe la pointe sud-ouest de l'île de Honshu. Son nom, qui signifie littéralement le « Pays du milieu », fait écho aux anciennes divisions du Japon : le Pays proche (Kingoku), le Pays du milieu (Chugoku) et le Pays lointain (Ongoku), allusion à la distance qui les séparaient de la capitale, alors Nara puis Kyoto. Montagneuse et très boisée, la région est parcourue en son centre par la chaîne du Chugoku qui la divise en deux ensembles bien distincts : le San-in, rivage septentrional, et le San-yo, rivage méridional.

LES DEUX CÔTÉS DE LA MONTAGNE

Au nord, le **San-in** (« le Côté sombre de la montagne ») ouvre sur la mer du Japon en direction de la Corée et de la Russie. Le relief, peu hospitalier, ne laisse place qu'à d'étroites plaines où débouchent des cours d'eau. Le climat est rude, neigeux l'hiver et assez pluvieux l'été. La nature, en revanche, garde tous ses droits. Des dunes de sable de Tottori aux quartiers de samouraïs de Hagi, on y traverse une campagne vivant à un rythme placide où l'on vénère la tradition. Vous y verrez des sanctuaires accrochés aux flancs des montagnes, de discrètes stations thermales assoupies en bord de mer, des fours à poterie qui brûlent depuis plus de trois siècles, des brasseurs de saké de père en fils. Le voyageur étranger qui, par sa rareté, fait ici figure de phénomène, est toujours accueilli avec une grande hospitalité.

À l'opposé de ce Japon qui n'a pas vu souffler le vent du changement, le **San-yo** (« le Côté éclairé de la montagne ») affiche une météo plus sereine et un visage plus urbanisé et industrialisé, en particulier le long du littoral de la mer Intérieure (Okayama, Hiroshima, Yamaguchi), bastion des gros combinats sidérurgiques. La dynamique Okayama a bâti sa prospérité sur l'agriculture, le bois, le textile et le commerce. Hiroshima, reconstruite après le terrible bombardement atomique de 1945, est aujourd'hui une métropole en plein essor. Le littoral n'en forme pas moins un paysage naturel de rêve, merveilleusement découpé en une série de passes, de criques et de baies devant lesquelles s'étale une guirlande infinie d'îles flottant sur la grande nappe azur de la **mer Intérieure** (en japonais : Seto Naikai ou Setouchi).

VISITER LA RÉGION

SE REPÉRER

À l'extrémité ouest de l'île de Honshu, le Chugoku couvre environ 31 700 km^2, une superficie comparable à celles de la Belgique ou de la Bourgogne. Les trois villes principales de la région sont Hiroshima, Okayama et Tottori. Une ligne de train Shinkansen parcourt toute la côte de San-yo, de Kobe jusqu'à Kyushu. La ligne JR San-in parcourt quant à elle toute la côte nord.

À NE PAS MANQUER

Les sanctuaires de Miyajima et d'Izumo, le parc du Mémorial de la paix à Hiroshima, le jardin Koraku-en à Okayama, le port de Tomonoura, le musée Adachi de Matsue, le musée Ohara de Kurashiki, les dunes de Tottori, les mines d'Iwami Ginzan.

ORGANISER SON TEMPS

Comptez quatre jours pour la côte de San-yo et autant pour la côte de San-in. Faites si possible un circuit en boucle de l'une à l'autre.

La côte de San-yo 山陽 ★
Okayama 岡山 ★

720 837 habitants

À une heure de Shinkansen d'Osaka, Okayama est une porte ouvrant sur le Chugoku et, par le gigantesque pont de Seto (13 km) qui enjambe la mer Intérieure, sur l'île de Shikoku. Situé entre mer et montagne, ce carrefour commercial occupe le cœur d'une région historique (l'ancien royaume de Kibi) au climat doux et ensoleillé où prospèrent les cultures fruitières. Si la ville en soi présente peu de charme, elle mérite à coup sûr une halte pour l'admirable Koraku-en, l'un des plus beaux jardins de promenade du Japon. Elle est aussi une base pratique pour la découverte des environs : Kurashiki, pittoresque enclave marchande de l'époque d'Edo ; les ports de Tomonoura et Onomichi ; la petite île de Nao-shima, tout entière dédiée à l'art contemporain ; la bourgade de Takahashi enfin, avec son château haut perché. Mais pour goûter aux charmes de la campagne, rien ne vaut une balade à vélo entre les rizières de la plaine de Kibi.

NOS ADRESSES PAGE 368
Hébergement, restauration, achats, activités, etc.

S'INFORMER

Office du tourisme d'Okayama – Gare d'Okayama - *Au 2e étage, ✆ (086) 222 2912 - 9h-18h.*

Okayama Momotaro Tourist Information Center – *Chika Ichibangai (galerie commerçante souterraine devant la gare) - ✆ (086) 222 2912 - https://okayama-kanko.net - 9h-20h.*

Okayama International Exchange Center – *2-2-1 Hokan-cho - ✆ (086) 256 2914 - www.opief.or.jp - tlj sf dim. 9h-17h.* Informations sur la préfecture et la ville d'Okayama.

Office du tourisme de Kurashiki – *Kurashiki-kan, 1-4-8 Chuo - ✆ (086) 422 0542 - www.kurashiki-tabi.jp - 10h-16h.* Au cœur du quartier de Bikan.

Annexe à la gare - *✆ (086) 424 1220 - 9h-19h (oct.-mars : 18h).*

SE REPÉRER

Carte de région p. 354, B1 - Okayama est une ville de taille moyenne située en bordure de la mer Intérieure, à 161 km de Hiroshima, 180 km d'Osaka et 72 km de Takamatsu. Le centre-ville se trouve entre la gare à l'ouest et la rivière Asahi à l'est. C'est là, autour du jardin Koraku-en et du château, que se concentrent les musées. Le secteur commercial, avec ses boutiques de luxe et ses grands magasins, se situe près de la rivière mais le quartier de la gare est bien plus animé le soir.

À NE PAS MANQUER

Flâner dans le Koraku-en ; le musée Ohara de Kurashiki ; « art et insularité » à Nao-shima, Inu-jima, Te-shima *(voir p. 515).*

ORGANISER SON TEMPS

Prévoyez deux jours minimum : l'un pour Okayama et Kurashiki, l'autre pour l'île de Nao-shima *(voir p. 513)* ou, autres options, Takahashi et la plaine de Kibi ou les ports de Tomonoura et Onomichi.

AVEC LES ENFANTS

L'été, profitez des jolies plages de l'île de Nao-shima *(voir p. 513).* Enfin, ne manquez pas l'original musée des Jouets de Kurashiki.

Se promener Plan de la ville p. 360

Le centre-ville, avec ses rues à angle droit, se parcourt facilement à pied. On y trouvera toutes les habituelles composantes des centres urbains japonais : avenue principale, galeries commerçantes couvertes, quartier de bars et restaurants proche de la gare, infrastructures culturelles...

Toutes les curiosités sont situées à portée de pas de la gare JR d'Okayama, tout au bout de l'avenue Momotaro-dori *(1 à 1,5 km selon le lieu à visiter - compter 20mn pour atteindre le Koraku-en)*. Vous pouvez aussi emprunter les transports en commun. De la gare, le tramway n° 1 *(dir. Higashiyama, 3e arrêt - 100 ¥)* vous mène au bout de l'avenue. Le bus n°1 dessert directement Koraku-en.

Sachez qu'il existe des tickets de visite combinés : jardin + château *(560 ¥)*, jardin + château + Hayashibara Museum of Art *(960 ¥)*.

★ Yumeji Art Museum 夢二郷土美術館 C1

Devant l'entrée principale du Koraku-en, au nord du jardin - http://yumeji-art-museum.com/YumejiFrench/07_index-e.html - tlj sf lun. 9h-17h (dernière entrée 16h30) - 700 ¥.

Natif d'Okayama, l'artiste **Takehisa Yumeji** (1884-1934) fut l'une des figures marquantes du mouvement romantique de l'ère Taisho (1912-1920). Parfois surnommé le « Toulouse-Lautrec japonais », il partageait le même souci de rendre son art populaire en diffusant affiches et estampes. Le fond, en revanche, est assez différent, car tandis que Toulouse-Lautrec peignait sans fard la bohème montmartroise et les prostituées, Yumeji semble surtout affectionner les jeunes femmes graciles aux traits délicats, *bijin-ga* (belles élégantes) en kimonos traditionnels, incarnant un certain idéal de pureté. Son œuvre, aux techniques variées (encre, pastels, fusains, aquarelles, etc.), révèle un autodidacte au style très frais, associant des lignes puissantes et des coloris délavés, soucieux de combiner les éléments de la tradition japonaise avec une modernité occidentale devenue incontournable dans le Japon du début du 20e s.

★★★ Koraku-en 後楽園 C1

Entrée principale devant le pont Tsurumi, au nord-ouest, ou par la porte Sud, en face du château - www.okayama-korakuen.jp/france/ - 20 mars-sept. : 7h30-18h ; reste de l'année : 8h-17h - 400 ¥, billet combiné (voir plus haut).

Les kiosques du Koraku-en servent un « oniwa-sodachi bento », *panier-repas assorti aux couleurs saisonnières du jardin (1 000 ¥), à savourer en plein air si le temps le permet.*

Situé sur une île au milieu de la rivière Asahi jadis uniquement accessible en bateau (aujourd'hui reliée par trois ponts), ce chef-d'œuvre paysager *(voir photo ci-contre)* fut créé en 1700 par le *daimyo* (seigneur féodal) d'Okayama, Ikeda Tsunamasa. Ce dernier ne passa pas moins de quatorze années à en parfaire la beauté afin de disposer près de son château d'un lieu d'agrément pour se détendre, recevoir ses invités, pratiquer l'équitation ou le tir à l'arc. De nos jours, le Koraku-en est considéré comme l'un des quatre plus beaux jardins du Japon avec le Kairaku-en de Mito, le Kenroku-en de Kanazawa *(voir p. 208)* et le Ritsurin-koen de Takamatsu *(voir p. 505)*. Il n'est pas très étendu (13 ha) mais éclatant, varié et fleuri toute l'année, changeant de couleur avec les saisons. En flânant, on y découvre à chaque instant une nouvelle vue, une perspective inattendue. Appartenant aux jardins de style *kaiyu* (jardin de promenade, *voir p. 677)*, il multiplie les vastes pelouses, collines, étangs et pavillons de thé entre lesquels serpentent des sentiers ainsi qu'un ruisseau d'eau pure de 640 m de long procurant une agréable fraîcheur en été. Si les anciens champs et rizières ont été remplacés par du gazon depuis l'ère Meiji,

Le jardin Koraku-en et le château d'Okayama en arrière-plan.
F. Guiziou/hemis.fr

il reste encore une plantation de thé en activité. Les prunes récoltées dans le jardin servent à fabriquer de l'*ume*, un vin doux et sucré. Dernière originalité, le Koraku-en compte un élevage de grues japonaises. Tous les 1er et 3 janvier, pour célébrer la nouvelle année, ces grands échassiers de près de 3 m d'envergure effectuent un vol spectaculaire au-dessus du jardin.

Visite – *De l'entrée principale, au nord, faites le tour par la droite dans le sens inverse des aiguilles d'une montre.* On aperçoit d'abord l'**Enyo-tei**, le pavillon principal, d'où le seigneur jouissait de la vue sur le jardin et son « paysage emprunté » *(shakkei)* formé par le mont Misao à l'arrière-plan. Derrière le pavillon se cache un petit **théâtre nô** reconstruit après-guerre. Plus bas, un superbe cerisier pleureur se mire dans l'**étang Kayo** *(Kayo-no-ike)* qu'alimente une cascade. En été, il voit fleurir une myriade de gros lotus blancs. Au milieu de l'eau, un colossal rocher de granit de 20 m de circonférence et de 7,5 m de hauteur trône. Il fut déplacé ici voici trois siècles, découpé alors en 90 morceaux pour faciliter son transport. On passe ensuite devant les vestiges du **débarcadère**, où le *daimyo* accostait en provenance du château, lieu aujourd'hui occupé par une forêt de bambous. Juste après la porte Sud, le petit pavillon **Renchi** permet de savourer un thé en admirant le panorama. Il faut ensuite gravir la **colline Yuishin**. Au sommet de cette butte, on a une magnifique **vue★★** d'ensemble du jardin, en particulier en mai, quand resplendissent les azalées. On peut alors admirer l'**étang Sawa** *(Sawa-no-ike)*, le plus grand du jardin, peuplé de carpes et parsemé d'îlots mêlant pins verts et sable blanc. Plus au sud, le pavillon **Ryu-ten** est traversé par un ruisseau tapissé de galets colorés. Il débouche sur des champs d'iris qui fleurissent en juin. À l'est, près de l'**étang Kako** et de sa cascade, bosquets de pruniers et cerisiers alternent. Côté nord, après un bref arrêt devant un carré planté de riz et de lotus, vous découvrirez enfin les belles rangées de **théiers** aux courbes harmonieuses.

Sortez par la porte Sud du jardin puis traversez la passerelle pour rejoindre le château.

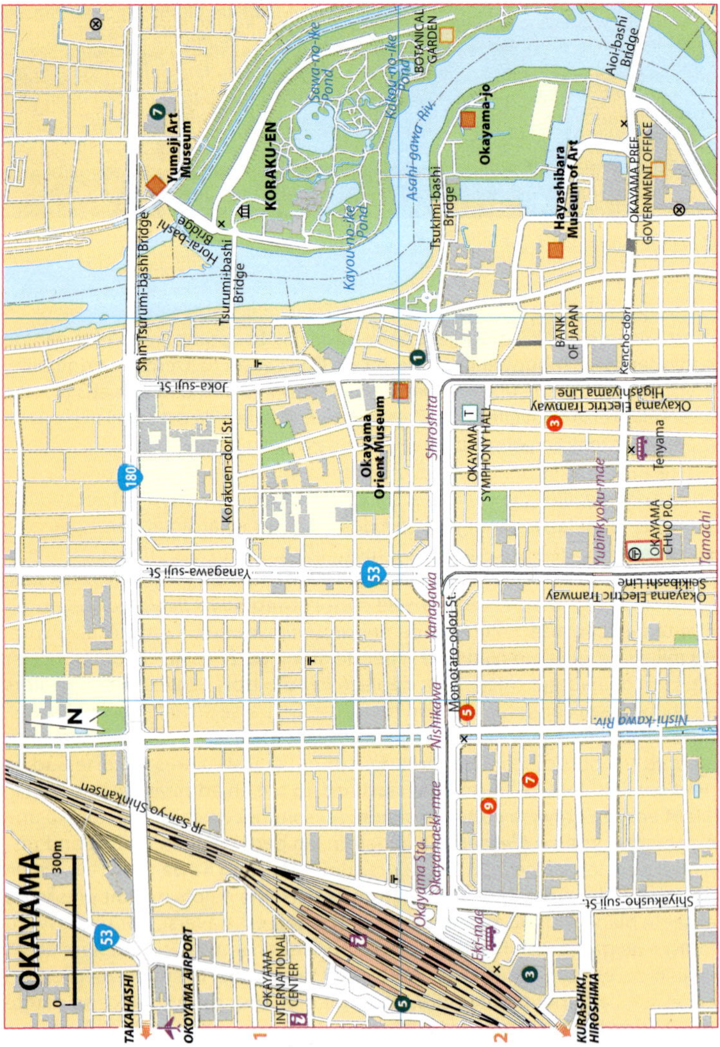

SE LOGER

Excel Okayama........ 1
Hotel Granvia........ 3
Hotel Via Inn........ 5
Okayama Plaza Hotel........ 7

SE RESTAURER

Art Dinning Musashi........ 5
Toritetsu........ 7
Toriyoshi........ 9
Yamato........ 3

★ Okayama-jo 岡山城 C2

9h-17h30 - fermé 29-31 déc. - 300 ¥ (expositions temporaires 800 ¥).

Construit par le seigneur Ukita Hideie en 1597, le château d'Okayama est aussi surnommé *Ujo*, le « Corbeau noir », en raison de ses murs de planches en bois noir. Il s'oppose ainsi au « Héron blanc » de Himeji *(voir p. 348)*, avec lequel il tranche catégoriquement. Seul le château de Matsumoto arbore une noirceur comparable. Jadis, le blanc était synonyme de richesse et d'éclat, le noir de force et discrétion. Unique entorse à cette sobriété, les dorures des *shachi* (poissons mythiques protégeant l'édifice du feu) à l'angle des toitures. Château de plaine, protégé sur son flanc est par la rivière Asahi, l'édifice arbore, sur un premier niveau en forme de pentagone, un **donjon** orné d'auvents incurvés. L'ensemble comprend six étages qui n'ont malheureusement pas résisté aux bombardements de la Seconde Guerre mondiale. En 1966, le château a été reconstruit en béton armé. Pour plus de commodité, les ingénieurs ont même pourvu le donjon d'un ascenseur. L'intérieur abrite des objets appartenant aux clans Ukita et Ikeda (armures, sabres, laques). Hormis le soubassement en pierre, le seul vestige original reste la **tourelle Tsukimi**, à l'angle nord-ouest de l'enceinte.

★ Hayashibara Museum of Art 林原美術館 C2

À 5mn à pied du château - tlj sf lun. 10h-17h (dernière entrée 16h30) - 500 ¥.

Jadis situé dans l'enceinte du château, ce bâtiment était la propriété du clan des seigneurs Ikeda avant d'être racheté par Hayashibara Ichiro, riche industriel qui le transforma en musée en 1964. Ce musée privé, l'un des premiers de l'archipel, possède une riche collection d'objets et d'œuvres (plus de 10 000 pièces) représentatifs de l'art du Japon ancien, exposés par rotation périodique. On y découvrira de merveilleux **kimonos★** de théâtre nô de la fin de l'ère Muromachi, un **paravent★★** orné d'une vue de Kyoto du 18e s. ainsi que des armures, des sabres, des laques et des peintures à l'encre héritées de la famille Ikeda.

Okayama Orient Museum オリエント美術館 B1/2

À 15mn à pied de la gare - www.orientmuseum.jp - tlj sf lun. 9h-17h - 300 ¥ (autre tarif en cas d'exposition exceptionnelle).

Logé dans un gros bloc en béton, ce musée d'art et d'archéologie orientale fut créé en 1947 grâce à une donation faite par un riche commerçant d'Okayama. Il rassemble quelque 5 000 pièces, issues en majorité des **anciens empires perses**. Ses deux étages sont ordonnés autour d'un grand patio central orné d'une fontaine en marbre évoquant la cour d'un antique caravansérail. L'art du Moyen-Orient y est présenté dans les salles par ordre chronologique : chasseurs-cueilleurs de la préhistoire, essor des villes et des anciens empires, cultures perse et grecque, civilisation islamique. Parmi les plus belles pièces figurent un bas-relief du palais royal assyrien de Nimrud (Irak, 9e s. av. J.-C.), un bas-relief funéraire de Palmyre (3e s. av. J.-C.), des fragments de mosaïques romaines de Syrie (5e s.) et des poteries vernissées d'Iran (13e-14e s.).

À proximité Carte de région p. 354, B1

★ PLAINE DE KIBI 吉備平野

Parcours de 17 km à l'ouest d'Okayama. Accès : JR Kibi Line jusqu'à la gare Bizen Ichinomiya (13mn de trajet, 210 ¥) où l'on loue des vélos (9h-18h - 400 ¥/2h, 1 000 ¥ j). On les restitue à l'arrivée à la gare de Soja. De là, on peut soit revenir sur Okayama (500 ¥), soit rejoindre Takahashi ou Kurashiki par la JR Hakubi Line. Une excursion d'environ 4h, à réaliser de préférence entre mai et septembre pour profiter du vert des rizières. À pied, comptez une journée entière.

La piste de la plaine de Kibi est une promenade à travers la campagne d'Okayama spécialement conçue pour les vélos. Par beau temps, c'est un plaisir de parcourir ces petites routes qui serpentent entre les rizières, les hameaux, les vergers et les collines boisées, jalonnées de vestiges de l'ancien royaume de Kibi (4e-5e s.). En chemin, vous croiserez d'abord le sanctuaire **Kibitsu-jinja**, érigé en 1425 et dédié au prince Kibitsuhiko qui servit de modèle à la légende de Momotaro *(voir encadré p. 367)*. Vous parviendrez ensuite au **Tsukuriyama-kofun**, un imposant tumulus funéraire du 5e s. La balade s'achève avec le temple **Bitchu Kokubun-ji** et sa pagode à cinq étages, près de Soja.

★ TAKAHASHI 高梁

À 50 km au nord-ouest d'Okayama. Accès en train par la Hakubi Line jusqu'à la gare de Bitchu-Takahashi (55mn, 840 ¥). Trajet plus rapide (35mn, 580 ¥) de Kurashiki.

Petite ville enclavée entre les montagnes, au milieu des rizières, Takahashi abrite un quartier historique bien conservé à 1 km au nord de la gare, le long de la rue Ishibiya-cho. Celle-ci est bordée de maisons de marchands et de samouraïs de l'époque d'Edo. Quelques-unes se visitent telle la **Buke Yashiki-kan** *(9h-17h - 400 ¥)* qui comprend une dizaine de pièces, un jardin et un entrepôt à l'arrière où sont exposées des armures. Dans la même rue, le temple **Raikyu-ji** *(9h-17h - 300 ¥)*, rattaché à la secte zen Rinzai, abrite un ravissant **jardin sec★** dessiné en 1604 par le célèbre architecte, jardinier et maître de thé Kobori Enshu (1579-1647). Ses parterres de sable ratissé mêlant rochers et bosquets d'azalées se détachent avec grâce sur le paysage emprunté *(shakkei)* du mont Atago. Bien que peu commode d'accès, le principal intérêt de Takahashi reste néanmoins son château.

★ Château de Bitchu-Matsuyama 備中松山城

À 5 km au nord de la gare, accès en bus (30mn - 420 ¥), en taxi ou à pied - avr.-sept. : 9h-17h30 ; oct.-mars : 9h-16h30 - 300 ¥.

Perchée sur le mont Gagyu, à 430 m d'altitude, cette forteresse, la plus haute du Japon, est un parfait exemple des premiers modèles de châteaux dissimulés sur une montagne imprenable. La structure originelle, bâtie en 1240, fut agrandie au début du 16e s., lors de la période des guerres Sengoku. Après la restauration Meiji, le château tomba dans l'oubli jusqu'à ce que la ville se charge de sa restauration dans les années 1950. Le petit **donjon**, haut de deux étages, a ainsi été reconstruit en bois. De la terrasse du château, jolie **vue** sur la rivière en contrebas et les montagnes alentour.

★★ KURASHIKI 倉敷

À 25 km à l'ouest d'Okayama (15mn en train par la JR Sanyo Line - 320 ¥). Les Shinkansen s'arrêtent à la gare de Shin-Kurashiki, il faut ensuite prendre un train local (5mn, 190 ¥) pour rejoindre la gare de Kurashiki au centre-ville.

Étape obligée sur la route de San-yo entre la mer Intérieure et les régions du Nord, cette ville de marchands prospéra grâce au commerce du riz et aux filatures de textile. Bénéficiant du statut de port franc, reliée à la mer par des canaux de transport, elle devint si riche qu'elle fut placée sous la tutelle directe du shogunat à l'époque d'Edo. À présent, Kurashiki (470 000 hab.) reste le plus grand centre de production de jeans du Japon. Situé à 800 m au sud de la gare *(10mn de marche)*, le **quartier historique de Bikan★★** avec ses romantiques

canaux ourlés de saules pleureurs et ses entrepôts de marchandises a gardé son cachet ancien. Ses nombreux musées d'art, ses restaurants, ryokan et boutiques d'artisanat en font aujourd'hui un centre touristique animé.
Des balades en barque sur les canaux (tlj sf lun. 9h30-17h - 20mn - 500 ¥) sont proposées aux touristes de mars à nov.

Maison Ohashi 大橋家住宅

3-21-31 Aichi (à l'entrée du quartier de Bikan, de l'autre côté de l'avenue principale, derrière l'hôtel Dormy Inn) - tlj sf vend. (déc.-fév.). 9h-17h (tous les sam. entre avr.-oct. : 9h-18h) - 500 ¥.

La famille Ohashi bâtit sa richesse au 18e s. sur la production du sel et les fermages des rizières qu'elle possédait. En raison de sa forte influence, elle fut autorisée par le shogunat à édifier cette demeure nobiliaire en 1796. La large porte d'entrée, qui ouvre sur un espace vide séparant la maison de la rue, dénote un style en théorie réservé à la classe des samouraïs. La maison originelle comportait plus de 25 pièces. Une trentaine de personnes y résidaient, dont les serviteurs. L'intérieur est très typique des maisons de riches marchands de Kurashiki : à l'avant, les salles à tatamis servaient à traiter les affaires ou à divertir les invités ; à l'arrière, les chambres privées. Enfin, à l'étage, une mansarde permettait de conserver les biens familiaux (kimonos, vaisselle, rouleaux). Voir aussi, au fond du jardin, un entrepôt transformé en salle d'exposition.

Traversez ensuite l'avenue Chuo-dori pour rejoindre le canal principal de Bikan où s'alignent les principaux musées.

★★ Musée d'Art Ohara 大原美術館

www.ohara.or.jp/en/ - ♿ - tlj sf lun. 9h-17h (dernière entrée 16h30) - 1 300 ¥ (audioguide en anglais 500 ¥).

Ayant fait fortune dans le textile, **Ohara Magosaburo** créa en 1930 un musée à son nom afin de pouvoir y exposer sa **collection d'art occidental**, l'une des plus belles du Japon *(voir encadré ci-dessous)*. Situé sur la rive droite (ouest) du canal, le bâtiment arbore une façade à colonnades de temple grec, copie de l'entrée du Musée royal de Gand, en Belgique.

La **galerie principale** du musée présente un ensemble de sculptures et peintures occidentales, en particulier un panorama presque complet des différents mouvements français et européens du début du 20e s. : école de

UNE FAMILLE DE MÉCÈNES ACTIFS

Ohara Ken-Ichiro, président et petit-fils du fondateur du musée Ohara, retrace l'histoire de la collection : « Mon grand-père **Ohara Magosaburo** était un baron du coton mais aussi un philanthrope. Il a notamment créé l'hôpital de Kurashiki. En matière d'art, il s'intéressa d'abord à des œuvres orientales anciennes. Plus tard, son ami, l'artiste Kojima Torajiro, l'initia à la peinture occidentale. Entre 1912 et 1923, Kojima fit plusieurs voyages entre Paris, la Belgique, l'Allemagne et la Suisse afin d'acheter des tableaux modernes pour Magosaburo. Il visita ainsi l'atelier de Monet à Giverny et le studio de Matisse à Paris. À l'époque, très peu d'œuvres occidentales étaient visibles dans l'archipel. L'unique désir de Magosaburo était d'éclairer le public japonais en présentant sa collection. Les œuvres acquises à cette époque forment le cœur du musée. Mon père Soichiro y a ajouté des artistes du mouvement *mingei*, de l'art moderne européen, américain et japonais. Je continue moi-même à acheter beaucoup d'art contemporain. »

Barbizon ou de Paris, impressionnistes et post-impressionnistes, Nabis, fauves, symbolistes et peintres académiques. Plusieurs toiles retiennent l'attention : un vibrant exemplaire des *Nymphéas* (1906) de Monet, un somptueux Gauguin de la période tahitienne (1892), une *Annonciation* du Greco (fin 16e s.) ainsi que des tableaux signés Renoir, Toulouse-Lautrec, Pissarro, Puvis de Chavannes, Modigliani, Matisse et Foujita, tous d'excellente facture. Parmi les artistes d'après-guerre figurent Fautrier, Soulages, Pollock, Warhol et De Kooning.

Dans le jardin sont exposées des sculptures de Rodin, Bourdelle et Henry Moore. Au fond, l'**annexe** du musée est dédiée aux artistes japonais modernes et contemporains tels Fujishima Takeji, Koide Narashige, Aoki Shigeru, Kumagai Morikazu, Kishida Ryusei et Yasui Sotaro. Enfin, dans la **galerie d'artisanat et d'art asiatique** – aménagée dans des entrepôts traditionnels de Kurashiki rénovés – sont présentés des artistes phares du mouvement *mingei* *(voir p. 657)* : Hamada Shoji, Kawai Kanjiro, Munakata Shiko, Yanagi Soetsu. La salle d'art chinois, juste avant la sortie, abrite notamment un beau bouddha en pierre de la dynastie des Wei du Nord (386-534).

Avant de poursuivre sur la même rive, en direction du sud, admirez de l'autre côté du canal deux belles demeures.Sur la gauche la Maison Ohara est un superbe exemple de résidence de riche marchand de Kurashiki. À côté, la Villa Yurinso se caractérise par ses belles tuiles aux reflets verts.

Musée d'Artisanat populaire 倉敷民芸館

www.kurashiki-mingeikan.com/english.html - mars-nov. : tlj sf lun. 9h-17h (dernière entrée 16h45) ; déc.-fév. : 9h-16h15 (dernière entrée 16h) - 700 ¥.

Ouvert en 1948, le musée occupe un ancien *kura* (entrepôt) à riz typique de Kurashiki : murs en torchis chaulés de blanc et carrelés de noir. Il s'agit du plus grand musée d'artisanat populaire japonais après celui de Tokyo. La collection comprend environ 15 000 pièces (exposées par rotation) composées en majorité d'objets usuels fabriqués par des artisans anonymes. Elle est liée au mouvement *mingei* *(voir p. 657)*, valorisant la beauté dans les objets du quotidien, qu'ils soient en céramique, en bois, en laque, en ferronnerie ou en textile, l'autre objectif étant de défendre les traditions artisanales locales. Outre des poteries, meubles, tissages et verreries de Kurashiki, on peut y voir des tissages et vanneries d'Afrique, d'Asie du Sud-Est et d'Amérique du Sud.

★ Musée du Jouet 日本郷土玩具館

1-4-16 Chuo, Kurashiki-shi - à quelques pas du précédent - 9h-17h - 400 ¥ (enf. 200 ¥).

Pas moins de 5 000 jouets exposés et 40 000 en stock ! Les enfants de tous les âges apprécieront ce charmant musée très coloré, une émouvante accumulation qui rassemble des poupées, automates, porte-bonheur, animaux et personnages en bois ou en papier mâché *(hariko)*, cerfs-volants, miniatures et jeux de toutes les régions du Japon, d'Okinawa à Hokkaido. On déambule sous le regard de milliers d'yeux ou entre les animaux préférés du bestiaire nippon (chouette, renard). Certaines raretés, exposées sous vitrine au rez-de-chaussée ou dans le grenier, sont des reliques de l'époque d'Edo désormais introuvables. Le musée est pourvu d'une petite boutique où sont vendus les incontournables *maneki-neko* (chat levant la patte) et *daruma* (figurines porte-bonheur d'origine bouddhique).

Revenez en arrière le long du canal et traversez le petit pont face à l'office de tourisme. Continuez tout droit puis tournez à droite dans la rue Honmachi-dori.

Honmachi-dori 本町通り

On flâne avec plaisir le long de cette rue étroite bordée de pittoresques maisons traditionnelles aux toits de tuiles gris argent, aux murs chaulés de

Le pont Tatara Ohashi, que l'on peut emprunter à vélo en suivant la route « Shimanami Kaido ».
JNTO

blanc et ornés de croisillons de bois. On y croise de jolies boutiques anciennes, brasseries de saké, cafés et galeries.

Au sud de la rue, l'**Ivy Square**, ancien siège d'une usine texile, abrite aujourd'hui des restaurants, commerces et cafés ainsi que le **Mémorial de Kojima Torajiro** *(tlj sf lun. 9h-17h - 1 300 ¥ ticket combiné avec le Musée d'Art Ohara)*, peintre impressionniste qui aida Ohara Magosaburo à réunir sa collection *(voir encadré p. 363)*. On y découvre les toiles de l'artiste ainsi que sa petite collection personnelle d'œuvres persanes et de l'Égypte ancienne.

KOJIMA 児島 ET LE SETO OHASHI 瀬戸大橋

Accès en train par la Seto Ohashi Line (20mn train Express de Okayama, 500 ¥) ou bus de la gare de Kurashiki à celle de Kojima.

Cette localité côtière située à 20 km au sud de Kurashiki et 25 km de Okayama est connue comme la **capitale japonaise du jean's** (boutiques, ateliers, bus décorés façon jean's...). Mais elle est surtout la ville la plus proche du fameux pont **Seto Ohashi** (Grand Pont du Seto). Inauguré en 1988 après plusieurs décennies de travaux, il s'agit en fait de six ponts (route, autoroute, rail) en enfilade qui relient Honshu à Shikoku, d'île en île sur treize kilomètres. Pour admirer cet ouvrage remarquable pour lequel on a fait appel à de nombreuses techniques de construction (ponts à suspension, ponts en treillis...), on peut grimper un petit relief proche du centre-ville. Vue saisissante au coucher du soleil. Ou encore effectuer une petite croisière depuis l'embarcadère proche de la gare de Kojima *(tlj 9h-15h, hiver w.-end seult - 45mn - 1 600 ¥)*. Sur place, de nombreuses autres attractions liées au pont vous seront proposées : musée, points de vue, excursion en bus...

★ TOMONOURA 鞆の浦

À 78 km au sud-ouest d'Okayama (16mn en Shinkansen par la JR Sanyo Line de Okayama (3 020 ¥) ou 12mn de Shin-Kurashiki station jusqu'à Fukuyama

UNE IMPORTANTE ROUTE COMMERCIALE

Pendant la période de fermeture du Japon du 17e s. au milieu du 19e s., les échanges commerciaux avec l'étranger étaient limités et encadrés *(voir p. 631)*. Les échanges intérieurs en revanche se développèrent considérablement. L'une des routes commerciales les plus importantes était la route maritime des **kitamaebune** (littéralement « les bateaux venant du Nord ») reliant l'île de Hokkaido à Osaka, en suivant la côte de la mer du Japon, le détroit de Kanmon et la mer Intérieure. À la fin de l'époque d'Edo, près de 400 bateaux de commerce – des jonques à grande voile capables de transporter 150 t de marchandises – empruntaient cette route. Les nombreux ports situés sur leur parcours et dans lesquels ils faisaient étape – comme **Tomonoura**, **Onomichi** *(voir ci-dessous)* ou encore Sakata *(voir p. 441)* – en tirèrent une grande prospérité. Bois, charbon, riz, sel, pomme de terre, algues, harengs, etc. étaient convoyés vers Osaka puis Edo. Ces échanges favorisèrent aussi un intense brassage social et culturel.

Station (1 440 ¥). Ou train local JR (41mn, 760 ¥). Puis 32mn en bus Tomotetsu, dir. Tomonoura ou Tomoku, quai n° 5 - 530 ¥.

ℹ Bureau d'information près de l'arrêt de bus Tomonoura (9h-16h30 - plans, documentation, audioguide 500 ¥ et application pour smartphone en anglais).

Pour apprécier les paysages et l'ambiance de la mer Intérieure mais aussi mieux comprendre son histoire, Tomonoura (et Onomichi, *voir plus loin*) peut constituer une étape intéressante sur la route vers Hiroshima ou une excursion d'une journée au départ d'Okayama. Il vous faudra passer par la ville de **Fukuyama** *(ℹ Bureau d'information dans la gare JR - 9h-17h - www.fukuyama-kanko.com)*.

Établi dans une petite baie protégée et environnée d'îles, ce port de pêche a des origines très anciennes puisqu'il a inspiré des poèmes intégrés dans le *Manyoshu* (« Recueil des 10 000 feuilles », 7e-8e s.). Le centre se découvre aisément à pied et a conservé un beau patrimoine de l'époque d'Edo, un décor pittoresque qui a inspiré le cinéaste Miyazaki Hayao pour son film *Ponyo sur la falaise* (2009). Ceux qui l'ont vu y pensent immanquablement en voyant filer les petites camionnettes dans les ruelles étroites au ras de l'eau, en déambulant sur le port de pêche au petit matin, en croisant les chats près du site du Tatgashima-jo, en regardant le soleil se coucher sur les îles de la mer Intérieure.

Le village et les temples

Taichoro – *8h-17h - 200 ¥*. Située dans l'enceinte du temple Fukuzen-ji, cette maison (fin 17e s.) était destinée à l'accueil des ambassadeurs coréens se rendant à la cour du shogun pendant l'époque d'Edo. Depuis cette époque elle est réputée pour la vue panoramique qu'elle offre sur les îles environnantes (un peu déparée aujourd'hui par des constructions modernes).

Une douzaine d'autres temples s'égrènent au pied du relief, à découvrir en déambulant dans les jolies ruelles du village *(carte fournie par l'OT)*.

Autour du port

Irohamaru Museum – *10h-17h (dernière entrée 16h30) - 200 ¥*. Le musée retrace l'histoire du naufrage du *Irohamaru* survenu en 1867 au large de Tomonoura. L'épisode est très connu au Japon car il implique le célèbre samouraï, Sakamoto Ryoma *(voir p. 533)*.

Sur le vieux port, on peut encore admirer la lanterne en pierre et les quais *(gangi)* construits pendant l'époque d'Edo.

Ota residence – *Tlj sf mar. 10h-17h (dernière entrée 16h30) - 400 ¥*. Cette vaste demeure composée de neuf bâtiments date du 18e s. et appartenait à une riche famille de brasseurs. On y fabriquait du *homeishu*, une liqueur à base de plantes.

Sensui-jima – À portée de voix du village, cette île desservie par un petit ferry *(7h-21h30, 5mn - 240 ¥ AR)* permet aux marcheurs et aux amateurs de farniente de profiter de quelques jolies plages, de points de vue sur les îles et le trafic des bateaux. Un hôtel permet d'y passer la nuit au calme ou, même pour les visiteurs de passage, de profiter de beaux bains en extérieur *(10h-21h - 540 ¥)*.

ONOMICHI 尾道

À 90 km à l'ouest d'Okayama - 42mn en Shinkansen par la JR Sanyo Line depuis Okayama jusqu'à Shin-Onomichi (3 370 ¥) ou 1h19 par train JR Local jusqu'à Onomichi (1 320 ¥).

Bureaux d'information dans les deux gares (gare JR Shin-Onomichi 9h-18h, gare Onomichi 9h-18h, documentation et plans en anglais). Voir aussi : www.city.onomichi.hiroshima.jp et www.ononavi.com.

Ce grand port (147 149 hab.) s'étend le long d'un étroit bras de mer. Six petites îles reliées par des ponts le séparent de l'île de Shikoku, à 70 km de là *(voir p. 503)*. Cette position stratégique lui a permis de jouer un rôle important dans le trafic commercial qui s'est développé dans la mer Intérieure depuis le Moyen Âge et lui a apporté la prospérité.

La cité pentue et tout en longueur se révèle très agréable à parcourir. Le bras de mer offre un spectacle permanent : trafic de bateaux (petits ferries vers Mukaishima en face, gros cargos), grues géantes, rumeur venue des docks et du chantier naval. De la petite gare maritime (sous le Greenhill Hotel), on prend le ferry comme le bus vers les îles alentour. Les restaurants de fruits de mer et de *ramen* (dont Onomichi est l'une des capitales) ne manquent pas. Les calmes ruelles qui dégoulinent du relief se parcourent en compagnie des chats. Elles mènent de temple en temple tout en offrant de beaux panoramas sur la ville.

Senko-ji Park – *De JR Onomichi Sta., bus jusqu'à l'arrêt Nagaeguchi puis téléphérique - 9h-17h15 - 320 ¥ (500 ¥ AR)*. Le parc perché sur une colline offre une **vue panoramique**★ sur le site : l'île de Mukaishima, située de l'autre côté du bras de mer, le ballet incessant des petits ferries desservant les deux rives, le chapelet d'îles et les ponts qui s'égrènent jusqu'à Shikoku. Du temple, une agréable promenade permet de redescendre jusqu'à la mer au gré de jolies ruelles pavées. On pourra en route faire une halte au proche **Onomichi Art Museum** *(17-19 Nishi Tsuchido-cho - ✆ 0848 23 2281 - ouvert seult pdt les expositions temporaires, tlj sf lun. 9h-17h - tarifs variables selon expo.)*. Situé à 5mn du belvédère, non loin d'un romantique jardin-verger (un *lover's place* comme indiqué sur place...), ce musée, agrandi par Ando Tadao, propose d'intéressantes expositions temporaires d'art et de design local et international.

Jodo-ji – *De JR Onomichi Sta., bus jusqu'à l'arrêt Jodoji-shita*. Ce temple bouddhiste, l'un des plus anciens du pays puisqu'il a été fondé au début du 7e s. par le prince Shotoku, abrite de nombreux Trésors nationaux, notamment une statue de Kannon datant de la période

MOMOTARO LE HÉROS

Né d'un noyau de pêche, selon une légende de l'époque d'Edo, ce petit garçon associé à la région d'Okayama part combattre les démons cannibales de l'île d'Onigashima, sur la mer Intérieure. En chemin, il se lie d'amitié avec un chien, un singe et un faisan, qui l'aident à vaincre les ogres.

4

de Heian (dévoilée une fois tous les 33 ans) et un paravent (15e-16e s.) illustré de scènes du *Dit du Genji*. La dernière scène du film *Voyage à Tokyo* de Ozu Yasujiro a été tournée sur l'esplanade qui fait face à la mer.
Une promenade (**Historical Temple Path**) permet de découvrir les autres temples dispersés sur les collines : il en reste aujourd'hui 25 sur les 80 construits au fil des siècles grâce aux dons des riches marchands de la ville. *Plan en anglais disponible dans les bureaux d'information.*

★ **Shimanami Kaido** – Ce **parcours aménagé pour les vélos** *(marquage bleu au sol)* d'Onomichi à Imabari, sur l'île de Shikoku *(voir p. 522)*, a la particularité de traverser six îles et sept ponts. Un moyen idéal d'apprécier les paysages et les lumières de la mer Intérieure. À faire en totalité (70 km) ou en partie, en prenant le temps d'explorer les îles et de profiter des plages. En mai, les orangers cultivés alentour embaument.
www.go-shimanami.jp/global/english/ ou brochure très bien faite sur place - 14 points de location sur le parcours - tarif 500 à 3 000 ¥/jour, dépôt de 1 000 ¥ récupérable si le vélo est restitué au point de départ - retour possible en bus ou en ferry. Assistance en anglais par le bureau d'information des gares JR d'Onomichi et Imabari. Aussi à Giant (0848 21 0068 - http://giant-store.jp/ - lun. et merc.-vend. 10h-19h, sam.-dim. 9h-19h) situé au sein du U2 (voir Nos adresses). On peut y louer des vélos, réparer sa bicyclette et recueillir toutes les informations possibles sur le parcours. Mêmes services à Imabari, côté Shikoku (voir p. 522).

★★ **Nao-shima** – *voir Îles de la mer Intérieure, p. 513.*

NOS ADRESSES À OKAYAMA

TRANSPORTS

Okayama

En avion

Aéroport d'Okayama A1 en dir. – 10 vols/j pour Tokyo *(1h10 de vol, 33 900 ¥)*, 1 vol/j pour Sapporo *(1h50, 49 400 ¥)* et 1 vol/j pour Okinawa *(2h, 38 400 ¥)*. Des bus assurent la liaison jusqu'à la gare d'Okayama *(30mn, 760 ¥)*.

En train

Okayama Station A1/2 – La ville est desservie par les Shinkansen de la ligne Sanyo. Liaisons env. ttes les 15mn pour Tokyo *(3h20, 16 300 ¥)*, Kyoto *(1h, 7 010 ¥)* et Hiroshima *(36mn, 5 500 ¥)*. Pour l'île de Shikoku, prendre la JR Seto Ohashi Line (Takamatsu - *55mn, 1 510 ¥)*.

HÉBERGEMENT

Okayama

PREMIER PRIX

Hotel Via Inn ヴィアイン岡山
1-25 Ekimotomachi Kita-ku A1-2 - *(086) 251 5489 - www.viainn.com/en/okayama - 251 ch. à partir de 9 600 ¥*. Une tour récente implantée au plus près des rails. Chambres business classiques, pratiques et bien faites avec un panorama sur la ville des étages supérieurs. Le trafic ferroviaire vous bercera ou incommodera.

BUDGET MOYEN

Excel Okayama エクセル岡山
5-1 Ishizeki-cho - (086) 224 05 05 - www.excel-okayama.com - 89 ch. Business hotel parfaitement situé, à

deux pas du château et des musées. Chambres petites mais fonctionnelles.

Okayama Plaza Hotel
岡山プラザホテル
2-3-12 Hama, Naka-ku B2 - *(086) 272 1201 - www.oplaza-h.co.jp - 79 ch. (ttes les ch. sont non fumeurs).* À deux pas du jardin Koraku-en, un hôtel de chaîne tout confort.

POUR SE FAIRE PLAISIR

Hotel Granvia
ホテルグランヴィア岡山
1-15 Ekimot-machi A2 - *(086) 234 70 00 - granvia-oka.co.jp/english - 328 ch.* Des chambres soignées et décorées avec soin, 11 salles de banquet et huit restaurants, le *must* local.

Kurashiki

BUDGET MOYEN

Outre les options business proches de la gare (Alpha-One, Toyoko Inn et l'agréable Dormy Inn), on trouve à Kurashiki plusieurs jolis ryokan. Ainsi le **Kurashiki Ivy Square**
倉敷アイビースクエア
7-2 Honmachi - (086) 422 0011 - www.ivysquare.co.jp/e - 161 ch. Ce bâtiment en brique rouge de la fin du 19e s., ancienne magistrature transformée en filature de coton en 1889, est à présent un hôtel de charme.

UNE FOLIE

Ryokan Tsurugata
料理旅館 鶴形
1-3-15 Chuo - (086) 424 1635 - www.turugata.jp - 11ch. à partir de 35 640 ¥ dîner et petit-déj. compris. Restaurant recommandé qui compte de belles chambres traditionnelles, entourant le jardin d'une ancienne demeure.

Tomonoura

BUDGET MOYEN

Kokuminshukusha Sensui-jima
国民宿舎仙酔島
3373-2 Tomo-cho-shiroji, Fukuyama-shi - (084) 970 50 50 - www.tomonoura.co.jp/sen/02shukusha.html - à partir de 19 000 ¥ dîner et petit-déj. compris. Située sur l'île de Sensui-jima, cette adresse proche de la nature (plage, sentiers côtiers) invite à la détente et au repos. Chambres japonaises ou occidentales et bains agréables. Restaurant.

Onomichi

BUDGET MOYEN

Hotel Alpha-One (α-1)
ホテル•アルファ-ワン
1-1 Nishi-Gocho-cho - (0848) 25 56 00 - www.alpha-1.co.jp/onomichi - 196 ch. à partie de 10 200 ¥. Une option bon marché, sans surprise (petites chambres business) mais bien placée.

Greenhill Hotel
グリーンヒルホテル尾道
9-1 Higashigosho-cho - 0848 24 0100 - www.shimanami-gho.co.jp/en - à partir de 14 420 ¥. Entre le port et la gare JR, un hôtel fonctionnel mais agréable. Vue imprenable sur les petits ferries qui desservent l'île de Mukaishima.

Hotel Cycle ホテルサイクル
5-11 Nishi-gosho-cho - (0848) 21 0550 - www.onomichi-u2.com/en - 28 ch. à partir de 18 200 ¥. Un concept original ! Dans l'ancien entrepôt U2, en bord de mer, cet hôtel moderne offre un bon niveau de confort dans des chambres au décor industriel-traditionnel très réussi. Base du Shimanami

Kaido oblige, tout est prévu pour les cyclistes, notamment un emplacement pour votre vélo dans votre chambre. On profite sur place des autres infrastructures de ce nouveau complexe.

POUR SE FAIRE PLAISIR

Bella Vista Sakaigahama
ベラビスタ境ガ浜
1344-2 Oobiraki, Urasaki-cho - ✆ (084) 987 1122 - www.bella-vista.jp - à partir de 45 000 ¥. À quelques kilomètres d'Onomichi et de Fukuyama, cet établissement situé sur une colline jouit d'une vue magnifique sur la mer Intérieure. Chambres (de style occidental et japonais) spacieuses et élégantes. Onsen, restaurants.

RESTAURATION

Okayama

PREMIER PRIX

Toritetsu とり鉄岡山錦町店
3-101 Nisikimachi A2 - ✆ (086) 235 3681 - www.tori-tetsu.com/shop/304p - 11h30-15h, 17h-0h. Ambiance jeune et branchée dans ce petit restaurant de *yakitori*.

Toriyoshi 鳥好 駅前本店
5-8 Honmachi, Okayama Station A2 - ✆ (086) 233 1969 - 16h-0h. Une vraie taverne que cet établissement populaire où les serveuses courent au milieu d'immenses tables en bois. Huîtres au vinaigre, sashimis, tempuras, etc.

Yamato やまと
1-9-7 Omote-cho B2 - ✆ (086) 232 3944 - www.shokudou-yamato.com - tlj sf mar. 11h-21h - ⊄. Cantine sans prétention et très populaire où l'on se restaure sans se ruiner de solides classiques nippons : curry, *ramen*, *katsudon*.

POUR SE FAIRE PLAISIR

Art Dinning Musashi
アートダイニング武蔵
1-7-18 Nodaya-cho A2 - ✆ (086) 222 3893 - www.art-musashi.com - 11h30-14h, 17h-22h. Une très bonne adresse pour les gourmets. Entre mars et avril, essayez le sashimi de *sawara*, maquereau d'Espagne pêché dans la mer Intérieure.

Kurashiki

PREMIER PRIX

Taisyotei 大正亭
2-14 Honmachi - ✆ (086) 422 8100 - www.kurashiki.co.jp/taisyotei - 11h-22h. Spécialité de *mamakari-zushi* (un poisson de la famille du hareng).

Miyake Shouten 三宅商店
3-11 Honmachi - ✆ (086) 426 4600 - 11h30-17h30 (sam. 11h-20h, dim. 8h-17h), les horaires varient selon les saisons. Dans un ancien magasin, autour de tables de bois brut, on déguste des plats simples et bien faits le midi *(à partir de 900 ¥)* et se régale d'excellents gâteaux et boissons chaudes.

BUDGET MOYEN

Mingeijaya Shinsui
民芸茶屋新粋
11-35 Honmachi - ✆ (086) 422 5171 - www.k-suiraitei.com/shinsui - tlj sf dim. 17h-22h (dernière commande). Un immense bar en bois encadre les cuisiniers occupés à la découpe du poisson quand ils ne servent pas le *oden*, potée locale.

Terrace Kurashiki Ryokan
旅館くらしき
4-1 Honmachi - ✆ (086) 422 0730 - www.ryokan-kurashiki.jp/en/top.php - tlj sf lun. 11h-17h. Le café du ryokan Kurashiki permet, dans un cadre agréable, de déguster d'excellents menus de saison. À tester : la dégustation de 12 spécialités *(1 850 ¥)*.

Tomonoura

PREMIER PRIX

Sur la jetée historique du port, vous bénéficierez d'un accueil souriant de la part du sympathique jeune patron du **Café** @ *(10h-18h)*. Pour un repas plus consistant, voyez **Chitose** dans une rue calme du village *(千とせ 552-7 Tomo-cho-tomo - ✆ 084 982 3165 - tlj sf mar. midi et soir - 900/2 000 ¥ - ▭)*. Une excellente adresse pour tester les poissons et fruits de mer de la région.

Onomichi

PREMIER PRIX

Les bons restaurants ne manquent pas dans cette ville tout en longueur. Au menu : poisson, fruits de mer et *ramen*. Pour une pause café-petite restauration, outre le U2 décrit ci-dessous, voyez également le chaleureux **Yamaneko Mill** (ヤマネコ ミル - *5-2 Higashi-gosho-cho - ✆ 848 36 5331 - tlj sf lun. 8h-20h*) situé non loin de la gare.

Shukaen 朱華園
4-12 Toyohi-motomachi - ✆ (0848) 37 2077 - tlj sf jeu. (et 3e merc. du mois) 11h-19h - à partir de 600 ¥ (ramen). On vient de Hiroshima pour faire la queue devant cette minuscule cantine surmontée d'une enseigne en faïence décorée de fleurs, à deux pas du départ du téléphérique (à l'écart de la galerie marchande, près d'une banque). Les cuisinières affairées y servent les meilleurs *ramen* de la ville (connue comme l'une des capitales de la spécialité).

Unomichi U2
オノミチユーツー
5-11 Nishi-gosho-cho - ✆ (0848) 21 0550 - www.onomichi-u2.com/en. Situé sur la promenade, au-delà du très visible Greenhill Hotel, cet ancien entrepôt a été totalement rénové pour accueillir un beau complexe bar-restaurant-hôtel. Intérieur lumineux qui respecte le passé industriel du lieu, personnel empressé et carte variée : une belle réussite !

Excellentes viennoiseries et pâtisseries au **Butti Bakery** *(10h-20h)*, boissons variées et large terrasse aux **bar Kog** *(17h30-23h)* et **Yard Café** *(10h-20h)* et jolie carte internationale-japonaise à **The Restaurant** *(11h30-15h, 17h30-21h30 - midi 1 900/2 900 ¥ - soir 1 900/4 000 ¥)*. Les fruits de mer y sont excellents.

ACHATS

Chaque ville de la côte est fière de ses spécialités et produits (poisson, fruits…) déclinés sous formes diverses, du gâteau au *kit kat* à déguster sur place ou à offrir. Ainsi les pêches blanches et *mamakari* (petits poissons) de Okayama, les figues, agrumes et *ramen* de Onomichi, fraises de Te-shima…

ACTIVITÉS

Vélo – Les cyclistes ne doivent surtout pas se priver des deux superbes parcours proposés aux environs d'Okayama : la plaine de Kibi *(voir p. 362)* et le Shimanami Kaido *(voir p. 368)*.

La côte de San-yo 山陽 ★
Hiroshima 広島 ★★

1 197 655 habitants

Certains y vont poussés par le devoir de mémoire, d'autres préfèrent l'éviter de peur d'affronter l'insoutenable mais nul ne peut affecter l'indifférence face à Hiroshima, tristement célèbre pour avoir été frappée par la première bombe atomique en août 1945. En quelques secondes, l'explosion vaporisa tous les bâtiments du centre-ville à l'exception du Dôme de la bombe atomique dont l'ossature calcinée a été conservée comme témoignagne de cet enfer nucléaire. Cité martyre, Hiroshima inaugure un tournant dans l'histoire du monde : l'humanité, désormais, a les moyens de s'auto-détruire. C'est pourquoi la ville, à travers son vaste parc de la Paix, entend délivrer un avertissement aux générations futures. Tel un phénix qui renaît de ses cendres, Hiroshima s'est aussi employée à regarder vers l'avenir. Dotée d'un fort dynamisme, d'un port actif, d'une vie culturelle, nocturne et sportive animée, elle est aujourd'hui la plus grande ville du Chugoku. À quelques kilomètres de là, l'île de Miyajima abrite l'une des plus fameuses vues du Japon : le « torii » flottant du sanctuaire d'Itsukushima. La cité d'Iwakuni, ancien repaire de samouraïs, a elle conservé un pont en bois très pittoresque.

NOS ADRESSES PAGE 383
Hébergement, restauration, achats, activités, etc.

S'INFORMER

Offices du tourisme de Hiroshima Station C1, sortie sud *(082) 261 1877 - 9h-17h30.* Autre agence au parc du Mémorial pour la paix A2, *(082) 247 6738 - avr.-sept. 9h30-18h (1er-15 août 9h30-19h) ; oct.-mars. 8h30-17h.* Au Shareo Kamiya-cho Underground Shopping Center *(11h-17h - (082) 243 5716).* Informations : *www.hiroshima-navi.or.jp.*

SE REPÉRER

Carte de région p. 354, A1 - Située au bord de la mer Intérieure, dans la préfecture de Hiroshima, à 160 km d'Okayama et 280 km de Fukuoka, Hiroshima occupe le delta de la rivière Ota qui partage la ville en plusieurs îles. Elle se parcourt à pied sans trop de fatigue ou, à défaut, en tramway. La gare JR se trouve à l'est du centre et le parc du Mémorial de la paix à l'ouest.

À NE PAS MANQUER

Le parc du Mémorial de la paix, l'île de Miyajima.

ORGANISER SON TEMPS

Il est possible de visiter Hiroshima et l'île de Miyajima en une seule journée mais il est tout de même plus raisonnable d'y consacrer deux jours. Prévoyez alors une nuit à Hiroshima, l'autre sur l'île de Miyajima.

AVEC LES ENFANTS

Le musée du Mémorial de la paix présente des images et des témoignages bouleversants qui peuvent heurter les plus jeunes. L'île de Miyajima, avec ses daims, son aquarium et ses sentiers de balade, plaira en revanche à toute la famille.

Se promener Plan de la ville p. 375

★ A-Bomb Dome 原爆ドーム A1

À 15mn de tramway de la gare de Hiroshima (lignes 2, 6, 1 - arrêt M10, Genbaku Dome-mae) ou 30-40mn à pied.

Situé à l'épicentre de l'explosion, face au pont Aioi et à la rivière Motoyatsu, le Dôme de la bombe atomique *(Genbaku Domu – voir photo p. 377)* est le seul bâtiment qui subsiste en mémoire de cette tragédie. Conçu par l'architecte tchèque Jan Letzel, cet édifice de style européen fut construit en 1915 et servait de palais d'exposition pour la promotion industrielle du département de Hiroshima. De son élégant dôme ovale et de ses façades bombées, il ne reste que l'ossature métallique noircie, des poutres tordues et des murs en ruine. La bombe atomique explosa à 160 m au sud-est du dôme. Les constructions alentour furent pulvérisées mais l'édifice, du fait qu'il subit le souffle de l'explosion presque à la verticale, resta en partie debout. En décembre 1996, le monument a été inscrit au Patrimoine mondial de l'Unesco. Pour éviter qu'il ne s'écroule, des travaux de consolidation ont dû être menés à plusieurs reprises, notamment en 2002.

Traversez la rivière pour gagner le parc juste en face.

★★ Peace Memorial Park 平和記念公園 A2

Aménagé dans les années 1960 par l'architecte Tange Kenzo, ce parc planté de camphriers et de lauriers roses s'étend sur 12 ha au centre de la ville, à la pointe nord d'une île entre les rivières Ota et Motoyatsu, à la place d'un quartier totalement ravagé par la bombe. Il abrite de nombreux monuments (fontaines, tours et stèles) à la mémoire des 140 000 victimes de l'explosion atomique, dont le musée du Mémorial de la paix et le Cénotaphe. Chaque année, le 6 août, une cérémonie commémorative est organisée dans le parc.

★ Monument des enfants pour la paix 原爆の子の像

Placée sur un piédestal en granit, une statue évoque la mémoire de Sasaki Sadako, une fillette née le 7 janvier 1943 et morte le 25 octobre 1955 à l'âge de 12 ans d'une leucémie due aux radiations. Sadako avait 2 ans le jour de l'explosion et se trouvait à 2 km de là. La plupart de ses voisins furent tués mais elle en sortit indemne et, jusqu'en 1954, sa vie parut se poursuivre normalement. Hélas, une leucémie se déclara. Dans l'espoir de guérir, Sadako s'attela dès lors à plier 1 000 grues en papier. Dans la tradition japonaise, la personne qui accomplit cette tâche voit son vœu réalisé. Sadako eut le temps de confectionner 644 grues de papier avant que sa maladie ne l'emporte. Son histoire bouleversa les écoliers de sa classe. Ils finirent de plier les 1 000 grues et récoltèrent de l'argent afin de lui ériger un monument (1958). Depuis, tous les ans, des enfants du monde entier plient des grues et les envoient à Hiroshima. Certains viennent eux-mêmes les accrocher et se recueillir lors de voyages scolaires. Ces origamis sont disposés autour de la statue et, grâce à Sadako, la grue en papier est devenue un symbole international de paix.

Cénotaphe aux victimes du bombardement 原爆死没者慰霊碑

Construite par Tange Kenzo au centre du parc, dans l'axe du Dôme de la bombe atomique, cette arche coiffe un tombeau où sont inscrits les noms de toutes les victimes qu'accompagne cette épitaphe : « Puissent les âmes reposer ici en paix, pour que l'enfer ne soit pas répété. » De l'autre côté du bassin, une **flamme pour la paix** brûle, destinée à rester allumée jusqu'à la fin des armes nucléaires dans le monde.

DES TRAMWAYS HISTORIQUES

Parmi les tramways en service aujourd'hui dans Hiroshima, deux véhicules (les n° 651 et 652) circulaient le matin du 6 août 1945 et ont survécu aux effets de la bombe. La Hiroshima Electric Railway Co. Ltd (Hiroden en abrégé) avait été fondée trois ans plus tôt. La compagnie, qui gère toujours le réseau de la ville, possède une flotte unique en son genre car elle est constituée de véhicules datant de différentes époques – les plus anciens remontent à 1925 – et provenances (Kobe, Osaka, Kyoto, Fukuoka et même Hanovre et Dortmund). C'est pourquoi, on l'a surnommée le « musée des transports roulants ».

★ **Mémorial national de la paix** 国立広島原爆死没者追悼平和祈念館

Mars-juil. et sept.-nov. : 8h-30-18h ; août : 8h30-19h ; déc.-fév. : 8h30-17h - gratuit. Sur le flanc droit du cénotaphe, ce bâtiment de verre et de marbre gris conçu en 2002 par Tange Kenzo a pour but d'honorer la mémoire des victimes de la bombe en exposant toute l'horreur de Hiroshima. Dans la salle centrale, circulaire, une fontaine marque le point zéro de l'explosion. Son eau a pour fonction symbolique d'apaiser l'âme de ceux qui moururent assoiffés. Une image à 360° montre la ville ravagée après la catastrophe. Au sous-sol, des ordinateurs permettent de visualiser des témoignages vidéo et des films d'alors. Les archives contiennent environ 100 000 récits de témoins, tous très émouvants. Un mur écran voit défiler les noms et portraits des défunts.

★★ **Peace Memorial Museum** 広島平和記念資料館 A2

✆ (082) 541 5544 - mars-juil. et sept.-nov. : 8h30-18h ; août : 8h30-19h ; déc.-fév. : 8h30-17h - 50 ¥. Audioguide disponible en français (300 ¥). Il est également possible de suivre une visite guidée ou de rencontrer un hibakusha *(voir encadré* *p. 377**). Le musée est engagé dans d'importants travaux de modernisation (tout en demeurant en partie ouvert) jusqu'en 2018 (infos sur http://hpmmuseum.jp/).* Dessiné lui aussi par Tange Kenzo, ce bouleversant musée montre les conséquences de l'explosion de la bombe au travers d'une large collection de photographies et d'objets ayant appartenu aux victimes. L'un des deux bâtiments présente une reconstitution très réaliste des ruines après le cataclysme. La scène est peuplée de mannequins en cire effrayants et de vestiges réels de ce drame : vêtements en lambeaux, bouteilles ramollies, tuiles vitrifiées, poutrelles tordues et horloges arrêtées sur 8h15. Les dommages causés par la bombe A ainsi que son mécanisme y sont minutieusement décrits, de même que toutes les souffrances endurées par la population. Mais, au-delà du spectaculaire, le musée dresse aussi un panorama très instructif de Hiroshima avant et pendant la guerre ; il retrace les événements qui ont précédé le bombardement et tente d'expliquer les raisons du choix de cette ville par l'armée américaine. Le militarisme japonais et son propre cortège d'atrocités ne sont pas passés sous silence, de même que la présence, parmi les victimes, de nombreux Coréens et Chinois qui avaient été mobilisés de force pour accomplir d'épuisants travaux. La rhétorique américaine, qui décrit Hiroshima comme un « sacrifice nécessaire à la paix » afin de hâter l'issue de la guerre, est également mise en question : les États-Unis ne cherchaient-ils pas aussi à assurer leur domination sur la région face à l'URSS ? Une dernière partie du musée expose, à l'aide de panneaux et de maquettes, l'état actuel de l'arsenal nucléaire dans le monde, pointant la menace que la course aux armements fait peser sur l'humanité tout entière et l'engagement de Hiroshima en faveur de la paix.

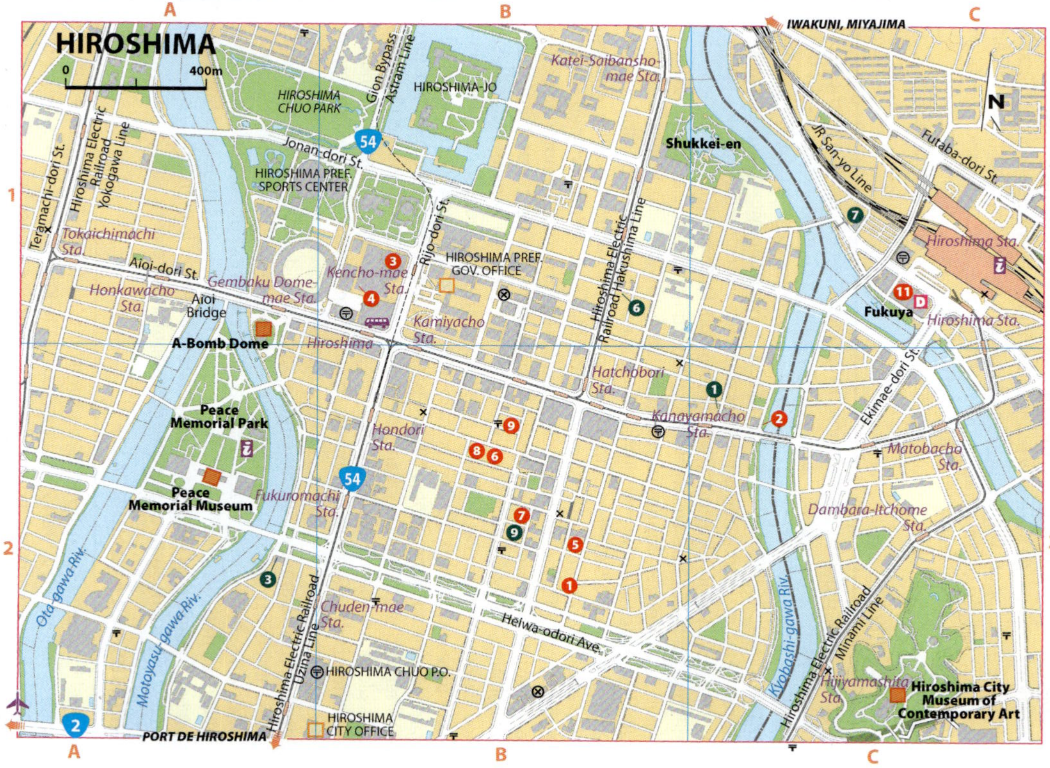

SE LOGER

Hotel Active! 1
Hotel New Hiroden 7
Hotel Sunroute 3
Hotel Urbain Hiroshima Central 6
Sera Bekkan 9

SE RESTAURER

Kaki-tei 2
Kani-douraku 1
No No Budou 4
Ohana 5
Okonomi-mura 7
Onegiya Fukuromachi 6
Suishin 9
Teppanyaki Naniwa 3
Ume-no-Hana 11
45 8

Hiroshima, une ville ressuscitée

UN CENTRE MILITAIRE STRATÉGIQUE

Hiroshima fut fondée en 1589 par le seigneur féodal Mori Terumoto qui construisit son château sur la plus grande des îles formées par les bras de la rivière Ota. De là vient le nom de la ville (Hiro signifie « large » et shima « île »). Elle se développa au cours de l'époque d'Edo et s'industrialisa peu après la restauration Meiji. Lors du premier conflit sino-japonais (1894-1895), elle accueillit le quartier général de l'armée impériale. Sa vocation militaire se confirma avec l'implantation, dans les années 1930, d'une industrie lourde liée à l'armement. La baie de Hiroshima, incluant les installations marines de Kure *(voir p. 382)*, devint alors la principale base militaire de l'ouest du Japon. Durant la Seconde Guerre mondiale, Hiroshima formait une base stratégique assurant la défense terrestre du sud du Japon. Juste en face du port, sur l'île d'Okunoshima, fut établie une usine d'armes chimiques, armes que les soldats japonais utilisèrent avec cruauté contre les Chinois.

LE 6 AOÛT 1945

Depuis 1942 déjà, les Américains travaillaient en secret à la fabrication d'une bombe atomique, sous le nom de code « projet Manhattan ». En septembre 1944, il fut décidé qu'elle serait utilisée contre le Japon. Un premier test eut lieu le 16 juillet 1945 dans le désert du Nouveau-Mexique. Quatre jours après, l'état-major dressait la liste des objectifs : Hiroshima, Nagasaki, Kokura et Niigata. En ce lundi 6 août 1945, dans la nuit, le bombardier B-29 Enola Gay décolle de la base de Tinian avec à son bord une bombe atomique à l'uranium 235 de quatre tonnes surnommée Little Boy. À l'aube, le temps est clair au-dessus de Hiroshima ; la ville est choisie comme cible. La bombe, larguée à 8h15, explose à 580 m du sol, à la verticale de l'hôpital Shima situé au cœur de l'agglomération. Aussitôt, le ciel est déchiré par un flash lumineux et une explosion terrifiante. Un nuage de poussière en forme de champignon s'élève au-dessus de l'horizon, noircissant le ciel comme une sorte de crépuscule. L'explosion, équivalant à 15 000 tonnes de TNT, rase instantanément la ville. Sur les 350 000 habitants et militaires présents lors de l'attaque, 80 000 personnes sont tuées sur le coup. Dans les semaines qui suivent, plus de 60 000 personnes supplémentaires meurent. 92 % des bâtiments sont complètement détruits. Les témoignages des survivants décrivent des visions cauchemardesques : des blessés en haillons, visages défigurés et corps mutilés, errent comme des somnambules dans les décombres ; d'autres, atrocement brûlés, agonisent en hurlant de soif. Peu connus à l'époque et longtemps passés sous silence par la censure américaine, les effets secondaires des radiations furent également terrifiants : perte de cheveux, anémie, hémorragies internes, fièvre, infections. Par la suite, nombre d'irradiés moururent de cancers, leucémies et autres maladies. Aujourd'hui encore, à l'exposé de toutes ces horreurs, on est en droit de s'interroger sur l'utilité militaire et le bien-fondé moral du bombardement atomique contre des populations civiles.

HIBAKUSHA, LA MÉMOIRE À VIF

Appelés *hibakusha* en japonais, les survivants de la bombe atomique étaient officiellement 201 770 en 2013. L'un d'eux, Mito Kosei, 65 ans, est guide volontaire à Hiroshima. Il était encore dans le ventre de sa mère lorsqu'il fut exposé aux radiations atomiques : « Depuis 1957, les *hibakusha* comme moi disposent d'un livret qui donne droit à un traitement médical gratuit. Mais beaucoup ont

La A-Bomb Dom de Hiroshima.
georgeclerk / iStock

honte de leur situation et préfèrent renoncer à se faire connaître. » En effet, outre leurs souffrances physiques, ceux-ci ont longtemps été sournoisement discriminés : on les disait contaminés et contagieux, ils se sentaient indésirables, déshumanisés *(voir encadré ci-dessous)*.

CAPITALE DE LA PAIX

Beaucoup pensaient que la ville, réduite en cendres par la fournaise nucléaire, ne pourrait jamais revivre, qu'aucune plante n'y repousserait avant soixante-quinze ans. Néanmoins, la population parvint assez vite à la rebâtir et, dès 1949, Hiroshima fut proclamée « Cité de la paix » par le Parlement japonais. Reconstruite selon un plan géométrique, la ville nouvelle a retrouvé sa prééminence régionale et son dynamisme économique. Si elle ressemble désormais à une ville japonaise comme une autre, Hiroshima n'a pas perdu la mémoire pour autant, continuant d'honorer ses disparus à travers ses musées, des cérémonies annuelles et autres discours en faveur de la paix.
Sur ce sujet, lire les passionnantes réflexions de Oe Kenzaburo dans *Notes de Hiroshima* (Gallimard, Folio).

« PLUIE NOIRE », LE CALVAIRE DES HIBAKUSHA

Hiroshima, le 6 août 1945. Yasuko se rend chez son oncle à bord d'un bateau quand la bombe explose, suivie d'une pluie noire qui s'abat sur les passagers. Ignorant avoir été irradiée, ça n'est que quelques années plus tard, alors qu'elle vit en paix à la campagne, que la mort s'installe, insidieuse. Le roman de Ibuse Masuji (1966), adapté au cinéma par Imamura Shohei (1988), raconte, à travers l'histoire de cette jeune fille, celle de tous les *hibakusha* qui ont souffert physiquement, mais aussi mentalement, écartés de la société avec l'étiquette « contagieux », allant parfois jusqu'à se donner la mort pour échapper à la honte d'avoir été ce qui ne pardonne pas au Japon : des victimes.

★ **Shukkei-en** 縮景園 B-C1

Kaminobori-cho (à 20mn à pied au nord-est du parc du Mémorial de la paix) - avr.-sept. : 9h-18h ; oct.-mars : 9h-17h - 250 ¥.

Ce petit jardin de 4 ha fut dessiné en 1620 par le seigneur de la région, Asano Nagaakira. Il est situé près de la rivière Kyobashi d'où il puise l'eau pour son joli étang central. Ce dernier, avec son pont bombé, a été dessiné sur le modèle du lac de l'Ouest de Hangzhou, ancienne capitale chinoise des Song du Sud (1127-1279). Incendié par la bombe atomique, le Shukkei-en a été reconstruit en 1951 à l'aide des plans d'origine. Depuis, les arbres ont eu le temps de retrouver leur taille adulte et ils parviennent à masquer agréablement l'environnement urbain alentour. Le jardin a également été conçu pour offrir une vision miniature de quelques célèbres paysages de l'archipel. La colline principale symbolise ainsi le mont Fuji, et l'étang, avec ses nombreux îlots, évoque un panorama sur la mer Intérieure. Autour du lac, plusieurs pavillons de thé coiffés de toits de chaume permettent de méditer au calme.

Hiroshima City Museum of Contemporary Art 広島市現代美術館 C2

1-1 Hijiyama-koen - tramway ligne 5, arrêt Hijiyama-shita - www.hiroshima-moca.jp/en/ - tlj sf lun. 10h-17h (dernière entrée 16h30) - 370 ¥.

Situé dans le parc de Hiyajima, sur une colline plantée de cerisiers, ce bâtiment en forme d'agora circulaire a été dessiné en 1989 par Kurokawa Kisho, architecte du mouvement métaboliste *(voir p. 651)* qui a aussi conçu le Musée national de Tokyo. Hormis les expositions temporaires, il présente des collections permanentes d'œuvres japonaises ou étrangères d'après-guerre dont nombre d'artistes chinois et coréens. On ne s'étonnera pas que beaucoup aient pour sujet la bombe ou la paix.

À proximité Carte de région p. 354, A1

★★★ MIYAJIMA 宮島

www.miyajima.or.jp et http://visit-miyajima-japan.com/fr/. Sur place, guichet d'informations au terminal des ferries (✆ 0829 44 2011 - 9h-18h).

Accès en train ou tramway (puis ferry) – *De la gare de Hiroshima, ligne JR Sanyo pour Miyajima-guchi (train env. ttes les 10mn, 25mn de trajet - 410 ¥) ou tramway ligne 2. Devant la gare, l'embarcadère accueille les ferries pour l'île (10mn de traversée - 360 ¥ AR) ; dernier bateau à 22h14 pour le retour. Si vous voyagez avec un Japan Rail Pass, empruntez les ferries JR.*

Accès en bateau – *Du port de Hiroshima (voir p. 383) à Miyajima (6 à 8/j. - durée 32mn - 1 850 ¥ AS - http://setonaikaikisen.co.jp/language/en/. On peut aussi relier directement le parc de la Paix de Hiroshima à Miyajima en bateau rapide (3 à 12/j selon la saison et les conditions météo - durée 45-55mn - 2 000 ¥ AS, 3 600 ¥ AR - www.aqua-net-h.co.jp). Le trajet permet de profiter de belles vues sur la baie.*

On ne peut que recommander à ceux qui en ont le temps, de passer plusieurs jours à Miyajima. D'abord pour profiter du village et de ses temples, avant/après le passage de la foule de touristes. Ensuite pour explorer les reliefs, les forêts (dont le parc Momiji, proche du village, donne un avant-goût) et les plages des alentours.

Miyajima, classée au Patrimoine mondial de l'Unesco en 1996, est un lieu sacré du shintoïsme depuis des temps reculés. Large de 30 km^2, l'île n'abrite ni maternité ni cimetière car il est interdit d'y naître ou d'y mourir. Son principal joyau, le sanctuaire d'Itsukushima, a pour particularité d'être en partie construit sur la mer. Son grand *torii* rouge planté à quelques encablures au large forme l'une des images les plus célèbres du Japon. À marée haute, le sanctuaire paraît voguer sur les flots.

★★★ Sanctuaire d'Itsukushima 厳島神社

À 12mn à pied du terminal du ferry - de mars à mi-oct. : 6h30-18h ; de mi-oct. à nov. et janv-fév. : 6h30-17h30 ; déc. : 6h30-17h - 300 ¥ (500 ¥ avec le hall au trésor).

Bâti sur pilotis au creux d'une baie échancrée, le sanctuaire marin d'Itsukushima est une merveille comparable à celle de la baie du Mont-Saint-Michel en France. Magnifique exemple de symbiose entre une architecture et un décor naturel, il offre une vision variant au gré des marées jouant avec les eaux calmes de la mer Intérieure. Archétype du paysage nippon traditionnel, il fait rêver les Japonais qui l'ont classé parmi les trois plus belles vues de l'archipel (avec Matsushima – *voir p. 414* – et Amano Hashidate, *voir p. 268*). Toute l'année, ils sont des milliers à venir photographier ou peindre cette icône romantique avec dévotion, ardeur et respect. Selon la tradition, le sanctuaire date de 593. Toutefois, la plupart des bâtiments ne furent érigés qu'à l'époque de Heian, par Taira no Kiyomiri (1118-1181), chef du clan des Taira et gouverneur de la région. Il fit d'Itsukushima son palais marin, aménagé dans le style *shinden* (style des résidences nobles de l'époque). Restauré et agrandi plusieurs fois, notamment en 1556, le sanctuaire est dédié aux trois filles du dieu Susanoo dont l'aînée, Itsukushima, est la déesse de la mer. Par la suite, il fut aussi associé à la divinité bouddhique Benzai-ten, muse des arts et déesse de l'eau.

Planté dans la mer à environ 200 m du rivage, son célèbre **torii flottant**★★★ est l'emblème de l'île. Reconstruit en 1875, ce portique en bois de camphrier laqué de vermillon mesure 16 m de haut. Sa poutre supérieure, à la cambrure accentuée, repose sur une solide structure à deux piliers. Le fait qu'il soit érigé au large tient sans doute au caractère sacré de l'île : les gens ordinaires n'avaient pas le droit d'en fouler le sol et devaient passer par la mer, en franchissant cette porte, pour débarquer directement dans le temple. Il est possible d'accéder au *torii* à marée basse, lorsque se découvre le sable gris parsemé de débris de coquillages. Il mérite aussi d'être contemplé dans le calme du soir. Le soleil couchant le fait alors rougeoyer comme un idéogramme enflammé avant d'être superbement éclairé, à la nuit tombée.

Le sanctuaire lui-même se compose de plusieurs bâtiments reliés par des pontons et vérandas : la salle de prières (**hai-den**), le pavillon des offrandes (**hei-den**), la salle principale (**hon-den**). Sur la jetée qui fait face à la baie se trouve la plus ancienne **scène de théâtre nô** du Japon (16e s.). Le **trésor**, dans un pavillon plus à l'écart *(8h-17h - 300 ¥)*, comprend divers objets anciens (rouleaux sacrés, armes, instruments de musique, masques, éventails) offerts au fil des siècles par les Taira et divers autres protecteurs. À l'arrière du bâtiment s'élève la pagode à deux étages du **Tahoto**.

Miyajima Public Aquarium 宮島水族館

10-3 Miyajami-cho (à 500m au sud du sanctuaire d'Itsukushima) - ☎ (0829) 44 2010 - www.miyajima-aqua.jp/english/ - ♿ - 9h-17h (dernière entrée 16h) - 1 400 ¥ (enf. 700 ¥, -4 ans gratuit).

Rouvert en 2011 après un vaste programme de rénovation, cet aquarium permet de découvrir la faune marine de la mer Intérieure mais aussi des milieux aquatiques du monde entier : 350 espèces sont au total présentées. Intéressante, la reconstitution d'une ferme ostréicole comme on en voit tant aux alentours.

★★ Daisho-in 大聖院

À 5mn par le sentier qui grimpe à l'est du sanctuaire - 8h-17h - gratuit.

Au pied du mont Misen, ce temple très coloré abrite un ensemble éclectique de statues bouddhiques et de divinités populaires. Tout l'arsenal traditionnel des temples s'y retrouve : escalier de pierre bordé d'une rampe de moulins à prière, bassin avec carpes et brillants portiques. De sa terrasse, belle vue sur Miyajima.

Senjokaku 千畳閣（豊国神社）

Sur la colline au nord du sanctuaire - 8h30-16h - 100 ¥.

Construit par Toyotomi Hideyoshi à la fin du 16e s. mais resté inachevé, ce gigantesque temple en bois de camphrier est le plus grand bâtiment de l'île, d'une superficie de 857 tatamis (Senjokaku signifie « pavillon des mille tatamis »). Il est dominé par l'élégante **pagode** à cinq étages **Goju no to★** qui date de 1407.

★ Musée d'Histoire et du Folklore 宮島歴史民俗資料館

À 3mn à l'ouest du sanctuaire - 9h-17h (dernière entrée 16h30) - 300 ¥.

Installé dans une belle maison de marchand du 19e s. avec jardin, ce musée expose de nombreux objets usuels de Miyajima de l'époque d'Edo, notamment une cuillère à riz géante dont la reproduction figure dans la plupart des boutiques de l'île.

★ Observatoire du mont Misen 弥山展望台

À 15mn à pied (ou bus gratuit au départ d'Itsukushima) jusqu'au téléphérique du parc Momijidani depuis le sanctuaire, puis 20mn en deux trajets en téléphérique (déc.-fév. : 9h-16h30 ; nov. : 8h-17h ; le reste de l'année : 9h-17h - 1 000 ¥ AS, 1 800 ¥ AR) jusqu'à Shishiiwa et enfin, 20mn de marche jusqu'au sommet.

Avec une altitude de 530 m, c'est le point culminant de l'île. Du terminus du téléphérique, un sentier bordé de quelques pavillons bouddhistes mène à ce sommet. De la terrasse de l'observatoire, bel édifice de bois et de verre inauguré en 2013, on jouit d'une **vue★★★** spectaculaire à 360° sur le sanctuaire, l'île (ses reliefs boisés, ses plages isolées) et ses voisines de la mer Intérieure. La montagne, qui a conservé sa luxuriante forêt primitive avec ses singes et cervidés se promenant en liberté, comprend d'agréables sentiers de randonnée. On peut ainsi accéder par téléphérique au sommet puis redescendre vers Miyajima en empruntant l'un des trois sentiers bien balisés – Momijidani, Daisho-in, Omoto-koen *(durée 1h à 2h).*

★ IWAKUNI 岩国

À 40 km au sud-ouest de Hiroshima. Trains ttes les 15mn par la ligne Sanyo (51mn en train Rapid, 760 ¥). De la gare d'Iwakuni, un bus (arrêt de bus n° 2) fait la navette jusqu'au pont Kintai (15mn, 250 ¥).

Ne vous laissez pas rebuter par les complexes industriels et la vaste base militaire qui vous « accueillent » à Iwakuni lorsque vous arrivez par le train. Située à l'embouchure de la rivière Nishiki, dans la préfecture de Yamaguchi, cette ville de 150 000 habitants compte en effet un splendide pont en bois à cinq arches.

★★ Pont Kintai 錦帯橋

8h-17h (20 juil.-août : 19h) - 300 ¥ (billet combiné avec le funiculaire et le château : 940 ¥).

Las de voir les ponts enjambant la rivière Nishiki emportés à chaque saison des pluies, le seigneur d'Iwakuni, Kikkawa Hiroyoshi, ordonna la construction en 1673 d'un ouvrage à la mode chinoise, avec des arches en dos-d'âne reposant sur de solides piliers en pierre capables de résister aux crues. Grâce à l'ingéniosité des charpentiers locaux, le pont Kintai se dressa fièrement pendant près de trois siècles. En 1950, un typhon en vint à bout mais cet élégant édifice fut reconstruit à l'identique trois ans plus tard. Jusqu'à la restauration de l'ère Meiji, l'usage de la passerelle piétonne était réservé aux nobles et samouraïs,

ONZE GÉNÉRATIONS SUR LE PONT

Kumetsugu Ebizaki est le charpentier en chef du pont Kintai, comme son père avant lui, et cela depuis 1673. Tous les trente ans, avec son équipe, il lui faut rebâtir en partie l'ouvrage à l'aide du cyprès japonais *(hinoki)* : « Tout est fait à la main, d'expérience, sans aucun calcul par ordinateur. Le plus dur, c'est de prévoir le travail du bois dans le temps : comment il va réagir face aux intempéries. La dernière reconstruction date de 2004. Avec la quantité de bois que nous avons utilisée, on aurait pu construire 50 maisons individuelles. »

les gens du peuple devant traverser la rivière par bateau. Surnommé aussi le « Pont de l'écharpe de brocart » en raison de l'effet de drapé produit par ses cinq arches, il mesure 5 m de large et 193 m de long. Construit sans un seul clou, il a bénéficié de techniques d'assemblage traditionnelles *(voir encadré ci-dessus)*. Ses arches, très bombées, surplombent la rivière à 11 m de hauteur. *De l'autre côté du pont, dirigez-vous vers la station du funiculaire.*

★ Musée d'Art d'Iwakuni 岩国美術館

www.iwakuni-art-museum.org/english/ - ✆ (0827) 41 0506 - mars-nov. : 9h-17h ; déc.-fév. : 9h-16h - 800 ¥.

Situé dans l'ancien quartier des samouraïs de la ville, ce musée présente une fascinante collection d'armes, de casques et d'armures. Aux étages supérieurs sont exposés des *maki-e* (laques dorées), des céramiques, des peintures *yamato-e* (style classique japonais) et de beaux paravents de l'époque d'Edo. En face du musée, un petit vivarium *(9h-17h - 100 ¥)* présente le **serpent blanc d'Iwakuni**, une variété très rare de serpent albinos aux yeux rouges dont la ville et ses environs détiennent l'unique colonie au monde, aujourd'hui en voie de disparition. Aux abords du musée, à défaut de croiser le célèbre serpent, on pourra déambuler dans un agréable parc, admirer les cerisiers le long de la rivière au printemps et contempler les feuilles des érables à l'automne.

Château d'Iwakuni 岩国城

Accès en funiculaire (9h-17h ttes les 20mn - 550 ¥) - 9h-16h45 (dernière entrée 16h30) - 260 ¥. Au sommet de la colline Shiroyama trône une reconstitution en béton (1962) du château d'origine. Celui-ci fut édifié en 1608 par le seigneur local Kikkawa Hiroie, abattu sept ans plus tard par le shogun Tokugawa Iemitsu. Les ruines de l'ancien château sont encore visibles à une cinquantaine de mètres du site, les reconstructeurs ayant préféré le déplacer au bord de la colline pour bénéficier de la vue. L'intérieur n'a qu'un intérêt réduit, l'endroit permet surtout d'admirer la ville en contrebas et, par temps clair, les îles de la mer Intérieure.

À LA DÉCOUVERTE DE LA BAIE DE HIROSHIMA

Kure 呉

À 24 km au sud de Hiroshima - en train : de la gare JR de Hiroshima, prendre la JR Kure Line (30mn en Rapid, 45-50mn en Local - 500 ¥) ; en ferry de la Cie Setonaikai Kisen & Ishizaki Kisen, dir. Matsuyama : super-jet 23mn - 2 050 ¥ le trajet ou 45mn - 930 ¥ le trajet. ℹ *Kure Tourism Information Plaza - emprunter le passage situé au 2e ét. de la JR Kure Sta. - 9h-19h.*

Cette grande cité portuaire (240 000 hab.) de la baie de Hiroshima a joué un rôle important dans l'histoire du Japon moderne. Sur les conseils de l'ingénieur français Émile Bertin *(voir p. 637)*, ce site bien protégé fut choisi pour établir en 1889 un port et un arsenal militaires. Aujourd'hui encore, on y trouve une base militaire et d'énormes chantiers navals.

★ **Yamato Museum** – *À 5mn à pied de la gare JR Kure - tlj sf mar. 9h-18h (dernière entrée 17h30) - 500 ¥.* Le *Yamato*, le plus grand cuirassé jamais construit à l'époque, sortit des chantiers de Kure en décembre 1941. Présenté comme un symbole de la puissance militaire japonaise au moment même où commençait la guerre du Pacifique, le bateau n'a pas comblé les espoirs mis en lui. Envoyé vers Okinawa en avril 1945 pour une mission suicide, il fut coulé au large de Kyushu par les Américains. Le musée retrace cette chronologie de façon très pédagogique (impressionnante maquette au 1/10) mais s'attache surtout, dans une perspective plus large, à montrer comment les technologies de pointe développées lors de la construction ont profité à l'industrie japonaise d'après-guerre, pour le Shinkansen par exemple ou pour la construction automobile et navale. Le 3e étage détaille les techniques de construction navale actuelles.

Le fameux navire a inspiré de nombreux films, ainsi *Les Hommes du Yamato* (2005) ou encore l'*anime* de Leiji Matsumoto (Albator, Galaxy Express 999) *Yamato - Le cuirassé de l'espace*, une version (très) revisitée de l'histoire du *Yamato* façon science-fiction, qui eut un succès retentissant à la fin des années 1970 et fut adapté en film en 2010 *(Space Battleship - l'Ultime espoir)*.

Iron Whale Museum – *À deux pas du Yamato Museum - tlj sf mar. 9h-17h - gratuit.* Les forces d'autodéfense de la marine japonaise présentent leurs activités (bateaux de déminage et sous-marins) dans ce musée dont l'intérêt majeur est la **visite du sous-marin** *Akishio*, désarmé en 2004 et amarré le long d'une avenue.

Etajima 江田島

À 27 km au sud de Hiroshima - de la gare JR de Hiroshima, prendre le tramway ligne 5 pour Hiroshima Port (30mn -160 ¥) puis les ferries vers les différents ports de l'île. Liaisons également au départ de Kure.

Cette vaste île aux multiples baies, connue pour ses fermes ostréicoles et ses plantations de *mikan* (une espèce de mandarine), offre une très belle variété de paysages particulièrement agréables à découvrir à vélo. La plus belle balade (2 ou 3h) est sans doute celle qui longe la côte des ports de Kirikushi *(quai 3 et 4 depuis Hiroshima)* au nord à Nakamachi. Attraction phare de l'île à voir en route :

Former Naval Academy – *Du port de Hiroshima, bateau rapide du quai n° 6 pour Etajima Koyo Port (25mn - 1 030 ¥) puis bus quai n° 1 dir. Ogaki, arrêt Jukka-gakko (5mn - 150 ¥). Visite guidée en japonais uniquement (brochure en anglais) - lun.-vend. à 10h30, 13h et 15h; w.-end et j. fériés à 10h, 11h, 13h et 15h - gratuit.* C'est en 1888 que l'académie navale impériale fut déplacée de Tsukiji à Tokyo à cet emplacement sur l'île d'Etajima, à proximité du port militaire de Kure. De 1945 à 1956, l'école est occupée par l'armée américaine; depuis cette date, elle accueille la Première École de Service et l'École des candidats officiers des forces d'autodéfense de la marine. Le **musée d'Histoire navale** présente près de 14 000 objets, notamment les émouvants testaments et effets personnels des pilotes kamikazes de la Seconde Guerre mondiale.

À voir aussi aux alentours, Tomonoura et Onomichi p. 367. *Pour se rendre de Hiroshima à Onomichi (85 km à l'est) : 40mn en Shinkansen par la JR Sanyo Line jusqu'à Shin-Onomichi (3 130 ¥) ou 1h27 par train JR Local jusqu'à Onomichi (1 450 ¥).*

NOS ADRESSES À HIROSHIMA

TRANSPORTS

En avion

Aéroport de Hiroshima – *À 40 km à l'est du centre A2, en dir.* Vols pour Tokyo *(1h20 de vol, 34 890 ¥)* et les principales villes du Japon. **Limousine Bus** *(1h, 1 340 ¥).*

En train

Hiroshima Station – Hiroshima est située sur la ligne du Shinkansen Tokyo-Osaka-Hakata. Pour Fukuoka (Hakata), le trajet prend 1h et coûte 8 420 ¥. Pour Shin-Osaka *(1h20, 9 710 ¥)*. Pour Tokyo *(4h, 18 040 ¥).*

En bateau

Ferries vers les îles et Shikoku – Le terminal des ferries de Hiroshima se situe au bout des lignes de tramway 1, 3, et 5 (du centre-ville) et 5 (de la gare). Comptez 30mn pour vous y rendre. De là, liaisons régulières vers les îles voisines (Etajima, Ninoshima) et pour Matsuyama (Shikoku) avec souvent une escale à Kure en ferry *(10/j. - 2h40 - 3 600 ¥)* ou *speed boat (12/j. - 1h10 à 1h20 - 6 850 ¥ AS).*

Liaisons vers Miyajima – *Voir Miyajima p. 378.*

Se déplacer

En tramway – Les 9 lignes de la Hiroshima Electric Railway Co. Ltd *(voir p. 374)* permettent de sillonner la ville aisément. *Horaires : 5h30-23h env. selon les lignes - ticket à l'unité 160 ¥, 1 Day Trip Card 600 ¥ (840 ¥ tramway + ferry Matsudai Kisen pour Miyajima), 2 Day Trip Card 2 000 ¥ (tramway + ferry Matsudai Kisen et téléphérique Mt Misen à Miyajima), Passpy (carte rechargeable - 1 000 ¥ de caution). Les cartes s'achètent à bord du tramway ou dans le train Information Desk de la gare (en face des quais de départ des tramways).*

Ligne Astram – Ce métro souterrain et aérien part du centre-ville (station *Hondori* sur Rijo-Dori) et dessert les quartiers et banlieues nord et ouest de la ville sur plus de 18 km. Tarif 480 ¥ jusqu'au bout de la ligne.

Gangi Taxi – Ces petits bateaux (6 pers. maxi) circulent sur les rivières de la ville. De nombreux points d'arrêt existent sur les quais *(gangi)* : on peut héler le bateau ou le réserver à l'avance au *✆ (082) 230 5537 - tarif de base 500 ¥/pers. pour 10mn.*

HÉBERGEMENT

PREMIER PRIX

World Friendship Center
ワールドフレンドシップセンター
8-10 Higashi Kan-on Hors plan par A2 - ✆ (082) 503 3191 - wfchiroshima.com/english - 6 ch. 3 900 ¥/pers. ☕. Cette petite maison tenue par des volontaires américains appartient à une association pacifiste fondée en 1965 aux États-Unis. Les chambres sont claires et coquettes. Cours d'anglais et rencontres avec des survivants de la bombe A.

Hotel Urbain Hiroshima Central
アーバイン広島セントラル
5-20 Teppo-cho, Naka-ku B1 - ✆ (082) 511 5211 - www.urbainhiroshimacentral.com - 170 ch. à partir de 8 600 ¥ ☕. Signalé par une grande étoile verte, cet hôtel business classique et bien conçu permet de résider en centre-ville à moindre frais. Autre adresse de la même chaîne (en version plus confortable), juste au nord de la gare (**Hotel Urbain Hiroshima Executive** - 16-13 Wakakusa-cho, Higashi-ku - Hors plan par C1 - ✆ 082 567 6600).

4

Hotel Active !
ホテルアクティブ広島
15-3 Nobori-cho, Naka-ku C2 - *(082) 212 0001 - www.hotel-active.com - 157 ch. à partir de 9 000 ¥* . Moderne, fonctionnel, chaleureux, bien situé et d'un bon rapport qualité-prix, cet hôtel business pas comme les autres devrait convaincre les plus réticents. Le petit-déjeuner y est de plus sain et varié.

Hotel Sunroute
ホテルサンルート広島
3-3-1 Otemachi, Naka-ku A2 - *(082) 249 3600 - www.hotelsunroutehiroshima.jp - 283 ch. à partir de 9 600 ¥*. Le principal avantage de cet hôtel d'une chaîne bien connue est - outre sa fonctionnalité - sa situation, à deux pas du parc de la Paix. Certaines chambres offrent une belle vue sur ce dernier.

BUDGET MOYEN

Hotel New Hiroden
ホテルニューヒロデン
14-9 Osuga-cho C1 - *(082) 263 34 56 - www.newhiroden.co.jp/eng/index.html - 256 ch. à partir de 13 000 ¥ - 1 296 ¥*. Hôtel commodément situé à 3mn à pied de la gare JR et tout près de la rivière Kyobashi. Chambres fonctionnelles, restaurant et bar.

Sera Bekkan 世羅別館
4-20 Mikawa-cho B2 - *(082) 248 2251 - www.serabekkan.jp/english - 35 ch.* L'un des rares ryokan traditionnels au cœur de Hiroshima. *O-furo* au dernier étage.

Grand Prince Hotel
グランドプリンスホテル広島
23-1 Motoujina-machi, Minami-ku Hors plan par A2 - *(082) 256 1111 - www.princehotels.com/hiroshima - 510 ch. à partir de 12 000 ¥*. Cet hôtel luxueux situé près du port bénéficie d'une vue exceptionnelle sur la baie de Hiroshima et ses îles. Desserte directe en bateau pour Miyajima depuis l'embarcadère au pied de l'hôtel.

Miyajima

BUDGET MOYEN

Kikugawa 菊がわ
796 Miyajima-cho - Hatsukaichi - (0829) 44 0039 - www.kikugawa.ne.jp/en/index.html - 8 ch. à partir de 11 880 ¥ - 1 080 ¥. Située au cœur du village, cette jolie pension est un excellent rapport qualité-prix. Chambres japonaises ou occidentales au choix. Dîner *kaiseki* conseillé (*3 888 ¥/5 616 ¥*).

POUR SE FAIRE PLAISIR

Iwaso Ryokan 岩惣
Momiji-dani - Hatsukaichi - (0829) 44 2233 - www.iwaso.com/english - à partir de 52 140 ¥ (deux repas inclus). Le plus fameux ryokan de Miyajima se situe en bordure de la rivière Mitarai. Chambres traditionnelles luxueuses.

RESTAURATION

Hiroshima

Les huîtres et les *okonomiyaki* (crêpe fourrée de choux, soja, porc ou crevette, garnie de nouilles, d'un œuf et relevée de sauce brune) sont les deux spécialités ici.

PREMIER PRIX

Okonomi-mura お好み村 *5-13 Shin-tenchi* B2 - *www.okonomimura.jp/foreign/english.html - - 11h-23h (-24h)*. Une immense plaque chauffante pour table et d'innombrables petits stands pour déguster la spécialité de Hiroshima, l'*okonomiyaki*.

Ohana お花 *3-4 Nagarekawa-cho* B2 - *(082) 545 7555 - in-smart.co.jp/shop/ohana.html - tlj sf dim. 17h-1h. Izakaya* très animé le soir, idéal pour prendre un verre et une brochette. Plats au comptoir.

BUDGET MOYEN

45 キャラントサンク *1-18 Fukuromachi B2 - ✆ (082) 545 1225 - commercial-art.net/shop/45_hiroshima - 11h30-14h (w.-end -15h), 17h-23h - menu en anglais.* Un bar ouvert sur la rue, une grande salle à l'architecture béton-bois, un menu d'inspiration européenne à base de produits locaux, une longue carte de vins et d'alcools, un service de qualité : voici le cocktail réussi du très en vue 45. À midi, la formule plat et buffet de pains et viennoiseries *(1 080/1 800 ¥)* est une aubaine. En soirée, le choix de plats bien faits *(1000/2 000 ¥)* est plus conséquent.

No No Budou 野の葡萄 基町クレドパセーラ店 *Pacela Credo Bldg, 7 F, 6-78 Motomachi, Naka-ku B1 - ✆ (082) 502 3340 - nonobudou-hiroshima-pacela.owst.jp - 11h-16h, 17h30-22h - midi 1 740 ¥, soir 2 160 ¥.* Très prisé des amatrices de longues journées de shopping, ce grand buffet met en avant des produits bios et sains (grandes salades variées, légumes cuits, quelques viandes et poissons, desserts, boissons variées). Belle vue sur le parc du château depuis la terrasse.

Onegiya Fukuromachi おねぎや袋町店 *1-13 Fukuromachi B2 - ✆ (082) 243 6351 - www.frontier-one.co.jp/onegiya - 17h-0h30 - menu en anglais.* Comme son nom et son enseigne l'indique, ce restaurant est spécialisé dans les recettes à base de poireaux et de l'ensemble de la famille des oignons. Intérieur japonais très élégant, chaleureux, service gentil et des plats aussi savoureux qu'étonnants parfois, comme le poireau lardé et braisé...

Kaki-tei 牡蠣亭 *11 Hashimoto-cho C2 - ✆ (082) 221 89 90 - www.kakitei.jp - tlj sf mar. 11h30- 14h30, 17h-22h - midi 1 200 ¥, soir menu à partir de 3 000 ¥.* Ce discret et minuscule restaurant-kiosque (prolongé d'une terrasse), situé au bord de la rivière Kyobashi, est l'adresse idéale pour déguster l'une des spécialités de la région, les huîtres, ici déclinées en de multiples préparations.

Suishin 釜飯酔心本店 *6-7 Tatemachi B2 - ✆ (082) 247 4411 - www.suishin.or.jp - 11h30-22h (dernière commande 21h).* Spécialité de *kamameshi*, de *donburi* et de poissons grillés dans ce restaurant du centre-ville.

POUR SE FAIRE PLAISIR

Kani-douraku かに道楽広島店 *7-4 Nagarekawa-cho B2 - ✆ (082) 244 3315 - douraku.co.jp/west/hiroshima - 11h-23h.* Dans ce restaurant élevé à la gloire du crabe *(kani)*, le crustacé se décline du plus simple au plus raffiné.

Ume no Hana 梅の花 *Fukuya Station Square Bldg, 11F, 9-1 Matsubara-cho C1 - ✆ (082) 506 2066 - www.umenohana.co.jp/n_english - 11h-16h, 17h-22h.* Joliment nommé « Fleur de Prunier », ce restaurant privilégie les préparations à base de soja : terrine de tofu dans sa marmite en terre, sucettes de soja, etc.

Teppanyaki Naniwa 鉄板焼なにわ *Rhiga Royal Hotel, 6F, 6-78 Motomachi B1 - ✆ (082) 228 6762 - 11h30-14h30, 17h30-21h.* Idéal pour un dîner. *Teppan-yaki* au summum du raffinement et de l'inventivité.

Miyajima

Les huîtres fraîches, sur le grill ou en beignet, le congre grillé *(anago)* et les *momiji manju* (gâteau à la farine de riz et au sirop d'érable, en forme de feuille d'érable) : voici les spécialités de l'île. Les premières sont proposées sur de nombreux stands le long des rues touristiques du village. Les derniers, parfois encore réalisés dans des fabriques du

19e s. avec des moules en fonte. Pour le second, ne manquez pas : **Fujitaya** ふじたや *125-2 Miyajima-cho - Hatsukaichi - ✆ (0829) 44 0151 - 11h-17h - 2 300 ¥.* À l'écart de l'animation du centre du village, le long d'une petite rue qui grimpe vers le Daisho-in, cette adresse attire des amateurs d'*anago* venus de tout le pays. Un plat unique, mais quel plat ! Des tranches de poisson délicatement grillées, fondantes, parfumées, disposées harmonieusement sur un bol de riz et accompagnées de quelques *tsukemono*. Cadre soigné et service charmant. Préparez-vous à faire la queue en fin de semaine !

Sarasvati サラスヴァティ *407 Miyajima-cho - Hatsukaichi - ✆ (0829) 44 2266 - www.sarasvati.jp - 8h30-20h.* La bonne odeur de café torréfié vous guidera vers ce charmant établissement situé au pied des escaliers menant au Senjokaku. Outre le café absolument délicieux, on dégustera, dans cet ancien entrepôt joliment rénové, d'excellents gâteaux et, à midi, un menu simple mais bien fait (pâtes, huître chaude, sandwichs chauds - 1 300 ¥).

ACHATS

À proximité

Saké – La ville de **Saijo** 西条 à 30mn en train de Hiroshima *(ligne JR Sanyo dir. Fukuyama)*, est réputée pour la qualité de ses sakés. Huit brasseries se côtoient dans le centre, reconnaissables à leurs hautes cheminées en brique et à leurs façades aux croisillons blancs. La plupart proposent visite, dégustation gratuite et vente (Kamotsuru, la brasserie la plus proche de la gare, dispose d'une documentation en français). Informations et brochures disponibles à l'office de tourisme *(face à la gare - tlj sf lun. 10h-16h - www.saijosake.com/fra/index.html).*

EN SOIRÉE

À Hiroshima, les cafés, bars et clubs sont légion aux abords de l'arcade commerçante Hondori, particulièrement à l'est de cette dernière. Voir par exemple le 45 *(voir Restauration)*.

À proximité

Kagura Monzen Toji-mura – *Akitakata - ✆ (0826) 54 0888* À 1h de route au nord de Hiroshima, à Akitakata-shi, Midori-cho hongo, on peut assister à de belles représentations de kagura, danses masquées d'origine shinto, assurées par des groupes amateurs. Un ensemble de restaurants, ryokan, boutiques et un onsen permettent de compléter l'excursion. *Représentations : vend., sam., dim. et j. fériés (avr.-juil. et sept.-nov. : 12h30 et 14h30 ; juil.-sept. : 12h30, 14h30, 20h et 20h45) - 500 ¥.*

ACTIVITÉS

Bus – Les Sightseeing Bus suivent deux circuits de sites en musées, à travers le centre-ville et au départ de la gare. *www.chugoku-jrbus.co.jp - trajet 200 ¥, pass 1 j/400 ¥.*

Croisières – Un vaste port, des îles si loin si proches (avec un mode de vie bien différent), des plages, des fermes ostréicoles... la baie de Hiroshima ne manque pas de points d'intérêt. On peut les découvrir par ses propres moyens en empruntant des ferries réguliers vers les îles (Miyajima, Etajima...), mais aussi lors de croisières organisées. Différentes formules (croisière dîner, visites...) sur le site www.cruisehiroshima.com/sightseeingtours. On pourra aussi se contenter d'une courte croisière fluviale à travers la ville *(30mn, départ près du Dôme).*

La côte de San-in 山陰 ★

Tottori : 193 766 hab. – Matsue : 206 407 hab. – Hagi : 49 571 hab.

Une virée le long du littoral de San-in, au nord du Chugoku, au bord de la mer du Japon, équivaut à une plongée dans l'« Ura-Nihon », le Japon profond et secret. Véritable conservatoire des traditions, cette région rurale à l'écart des grands axes de communication est restée sauvage et sous-peuplée. Généralement ignorée des circuits touristiques, elle regorge pourtant de paysages grandioses, de sites culturels captivants, d'activités de nature, d'onsen délicieux et d'anciennes cités féodales chargées d'histoire.

NOS ADRESSES PAGE 397
Hébergement, restauration, achats, activités, etc.

S'INFORMER

Tottori City International Tourist Support Center – Dans la gare, *(0857) 22 7935 - 8h30-17h30.*

Office du tourisme de Matsue – Devant la gare JR, *(0852) 21 4034 - www.visit-matsue.com - 9h-18h.*

Office du tourisme de Hagi – Bureau à côté de la gare de Higashi-Hagi, *(0838) 25 3145 - 9h-17h45 (déc.-fév. : 9h-17h).* Un autre bureau se trouve aussi à la gare de Hagi au sud.

SE REPÉRER

Carte de région p. 354 - Au bord de la mer du Japon, la côte de San-in inclut les préfectures de Tottori, Shimane et Yamaguchi (partie nord). Tottori se trouve à 142 km d'Okayama ; Matsue à 122 km de Tottori et 220 km de Hagi.

À NE PAS MANQUER

Les dunes de sable de Tottori, le musée Adachi de Matsue, le sanctuaire d'Izumo Taisha, les mines d'argent d'Iwami Ginzan, les vieilles ruelles de Tsuwano, les fours à poteries et le musée Uragami de Hagi.

ORGANISER SON TEMPS

Circuit de quatre jours minimum avec étape à Tottori, Matsue (deux nuits) et Hagi. Si vous disposez d'une voiture, faites halte dans les onsen Misasa, Kaike ou Yunotsu. La majorité des villes et des sites touristiques sont accessibles par la ligne de train JR San-in qui longe le littoral ou, à défaut, par le réseau des bus locaux. Vérifiez sur place les horaires et périodes de fonctionnement des bus, certains n'opèrent que le week-end ou durant l'été.

AVEC LES ENFANTS

Une balade en chameau ou en charrette attelée dans les dunes de Tottori. La réserve ornithologique de Yonago. à Matsue, le Vogel Park et le tour en barque des douves du château. Le train à vapeur de Tsuwano.

4

★ Tottori 鳥取 Carte de région p. 354, B1

Réputée pour ses vastes dunes de sable qui font partie du **parc national de la côte de San-in**, cette grande ville portuaire située à l'embouchure de la rivière Sendai n'a en elle-même qu'un intérêt limité. Elle ouvre en revanche sur un très vaste arrière-pays montagneux, autour du parc national du mont Daisen, riche de beaux temples et d'agréables onsen, où s'offrent de nombreuses opportunités de randonnées.

Musée d'Art populaire 鳥取民芸美術館

651 Sakae-machi, à 5mn à pied au nord-est de la gare - ✆ (0857) 26 2367 - tlj sf merc. 10h-17h - 500 ¥.

Logé dans une petite maison de négoce en bois de l'époque d'Edo, ce musée se rattache au mouvement *mingei* qui milite pour la promotion de l'artisanat populaire traditionnel. Sa collection comprend près de 5 000 objets où s'exprime à merveille le concept japonais de *wabi-sabi* (beauté née de la simplicité des choses modestes, usagées et imparfaites). Belles poteries japonaises et coréennes, mobilier ancien, kimonos, ustensiles en bambou, etc.

Jardin Kannon-in 観音院庭園

162 Uemachi - à 10mn à l'est de la gare avec les minibus urbains (100 ¥) - ✆ (0857) 25 5641 - 9h-17h - 550 ¥, incluant une dégustation de thé matcha.

Commandé au 17e s. par le seigneur Ikeda Mitsunaka, ce jardin fut conçu sur le modèle des jardins de thé de Kyoto. Il comprend une petite colline parsemée de rochers et un bel étang au centre duquel trônent deux îlots symbolisant la tortue et la grue. Il bénéficie en outre, à l'arrière-plan, d'un superbe « paysage emprunté » resté vierge de toute construction urbaine.

Villa Jinpukaku 仁風閣

2-121 Higashi-machi, à 10mn au nord-est de la gare avec les minibus urbains (100 ¥) - ✆ (0857) 26 3595 - tlj sf lun. 9h-17h (dernière entrée 16h30) - 150 ¥.

Située au pied de la colline Kyusho où se dressait jadis le château de Tottori, cette résidence de style européen (un pastiche de Renaissance française) d'un blanc immaculé fut édifiée en 1907. Première villa de la ville équipée de l'électricité et du téléphone, elle eut pour hôte le prince Yoshihito (futur empereur Taisho) lors de ses séjours dans la région. L'intérieur abrite quelques pièces de mobilier importées d'Europe. L'arrière donne sur un agréable jardin japonais bordé d'une grande pelouse.

★★ Dunes de Tottori 鳥取砂丘

À 5 km au nord de la ville. De la gare, bus env. ttes les 20mn jusqu'à l'arrêt Sakyu Kaikan (30mn de trajet - 360 ¥). Des balades en chameau ou en carriole attelée sont proposées toute l'année. D'avr. à nov., on peut aussi pratiquer le surf des sables, le parachute ascensionnel ou le deltaplane. ℹ Pour toutes ces activités, s'adresser au bureau d'informations Sand Pal Tottori, situé à l'arrêt de bus Sakyu Kitaguchi juste avant, ✆ (0857) 20 2231.

Uniques au Japon, ces dunes de sable jaune et brun s'étendent sur 16 km le long de la côte et peuvent atteindre 2 km de large par endroit. Les

Les dunes de Tottori.
JTB Photo/JTB Photo Communications, Inc./age fotostock

plus hautes mesurent jusqu'à 90 m. Comme la dune du Pilat en France, elles furent créées, voici plusieurs dizaines de milliers d'années, par les sédiments charriés par la rivière Sendai que les courants marins ont repoussés vers le rivage. Leurs formes mouvantes et les jeux d'ombre et de lumière qu'elles dessinent au gré du vent évoquent les plus beaux paysages du Sahara *(voir photo ci-dessus)*. Elles ont notamment servi de décor au film *La Femme des sables* (1964) de Teshigahara Hiroshi, d'après le roman éponyme de Abe Kobo. Un phénomène irréel s'y observe certains jours d'hiver, lorsque la neige les recouvre d'un fin manteau blanc. Au printemps et à l'automne, la pluie laisse des nappes d'eau aux creux des cuvettes, telles de petites oasis. Les dunes abritent un important centre de recherche sur l'agriculture en milieu aride. En retrait du littoral, on aperçoit les plus grandes plantations d'échalotes du Japon.

Venez observer les dunes tôt le matin pour découvrir les formes étonnantes créées par le vent durant la nuit. Pour la baignade, dangereuse près des dunes, rejoignez plutôt la **plage d'Uradome**, 5 km plus à l'est. À Uradome encore, des **croisières** en bateau *(mars-nov. : 9h10-16h10, 40mn - 1 300 ¥)* sont organisées le long de la côte. Très découpée, celle-ci recèle de superbes grottes et des îlots couverts de pins. À 12 km à l'ouest de Tottori enfin, la **plage de Hakuto** est très appréciée des surfers et véliplanchistes.

À PROXIMITÉ DE TOTTORI Carte de région p. 354, B1

Chizu 智頭

À 30 km au sud de Tottori. Accès en train par la ligne JR Imbi (30mn de trajet - 2 010 ¥).

Perchée à 300 m d'altitude, près des sources de la rivière Sendai, cette charmante bourgade forestière (10 000 hab.) était un grand centre sylvicole à l'époque d'Edo. On peut y visiter, à 5mn à pied au nord de la gare, la **maison Ishitani** *(℘ (0858) 75 3500 - tlj sf merc., tlj entre avr. et nov. 10h-17h - 500 ¥)*, une impressionnante demeure de 40 pièces, propriété d'un riche marchand du village. Le seigneur Ikeda de Tottori y faisait étape lorsque, tous les deux ans, il devait rallier Edo pour faire allégeance au shogun. D'imposants piliers en bois de cèdre supportent la colossale charpente du toit tandis qu'à l'arrière se cache un ravissant jardin. Dans la rue principale, on pourra également faire une halte à la **brasserie de saké Suwa**, qui date de 1859, pour déguster un excellent *daiginjo-shu* (saké à base de riz poli à plus de 50 %), léger et très parfumé.

★ Mont Mitoku 三徳山

À 40 km à l'ouest de Tottori. Train JR San-in pour la gare de Kurayoshi, puis de là bus (ttes les heures, 40mn) jusqu'à Mitoku-san. Dernier bus de retour à 15h. Parcours : 1h30 AR. Droit d'entrée : 400 ¥ (8h-15h). Le haut du sentier, difficile, est réservé aux adultes en bonne condition physique. Il n'est pas praticable par temps de pluie ou de neige.

Culminant à 899 m, le mont Mitoku (« mont des Trois Vertus ») est un ancien sanctuaire de la secte bouddhiste Tendai qui servait durant la période de Heian (794-1192) de lieu d'entraînement et de retraite aux moines. Une série d'escaliers de pierre mènent d'abord au **Sanbutsu-ji**, le temple principal, bordé de cèdres millénaires, dont on peut visiter la salle du Trésor *(℘ (0858) 43 2666 - 8h-17h - 400 ¥).* Derrière, un sentier escarpé se glisse à travers la végétation luxuriante jusqu'au **Monjudo**, perché au sommet d'un précipice d'où se dévoile une vue splendide sur la vallée. L'ascension continue, en s'aidant de lianes et de chaînes pour les parois abruptes, avant d'arriver à une crête rocheuse où l'on voit enfin apparaître le **Nageiredo★★**, temple encastré dans une faille de la falaise datant du 12e s. et classé Trésor national. Comment cet édifice s'est construit sur un à-pic aussi vertigineux reste une question nimbée de mystère…

Misasa Onsen 三朝温泉 – Sur la route entre Kurayoshi et le mont Mitoku, cette bourgade est connue depuis près d'un millénaire pour ses sources chaudes supposées être des bains de jouvence en raison de leur forte teneur en radium. Le village abrite une dizaine de ryokan qui s'égrènent le long de la rivière, ainsi qu'un *rotenburo* public d'accès gratuit.

★ Mont Daisen 大山

De Tottori, ligne JR San-in pour la gare de Yonago (1h - 2 840 ¥). De là, bus ttes les h - 50mn - 720 ¥) pour le temple Daisen-ji.

Culminant à 1 731 m, cet ancien volcan dresse sa silhouette massive au bord de la mer du Japon. Vu de loin, il évoque le mont Fuji. En hiver, ses pentes enneigées accueillent skieurs et surfeurs, lesquels cèdent la place aux randonneurs à partir du printemps. L'ascension du sommet, depuis le temple Daisen-ji, prend environ 5h AR. Toute la région fait partie du **parc national de Daisen-Oki**. La végétation forestière s'y pare de couleurs flamboyantes à l'automne.

Daisen-ji 大山寺 – *Avr.-nov. 9h-16h - 300 ¥.* De l'arrêt de bus du village, devant le centre d'informations touristiques, traversez la rivière pour rejoindre la belle allée pavée bordée de cèdres qui mène au temple. Fondé en 718, il fut jusqu'au 16e s. un centre très actif de la secte Tendai et comptait à son apogée près de 3 000 moines. La plupart des bâtiments ont hélas été détruits par les incendies successifs, ne laissant subsister qu'une faible part de l'original. À gauche du temple, un sentier conduit au **sanctuaire Ogamiyama** qui faisait partie intégrante du temple avant la séparation du bouddhisme et du shintoïsme sous l'ère Meiji.

Kaike Onsen 皆生温泉 – *À 5 km au nord de la gare de Yonago, accès par bus (20mn - 280 ¥).* Truffée de gros hôtels en bord de plage, cette station thermale est réputée pour ses eaux chargées en sels minéraux et en calcium qui jaillissent directement sous le sable marin.

Réserve ornithologique de Yonago 米子水鳥公園 – *À 20mn en bus de la gare de Yonago - ℘ (0859) 24 6139 - tlj sf mar., avr.-oct. : 9h-17h30 ; nov.-mars : 8h30-17h30 (7h w.-end et j. fériés) - 310 ¥ (enf. gratuit).* Cette lagune accueille la plus grande concentration d'oiseaux migrateurs du Japon durant l'hiver. Plus de 75 000 variétés d'oiseaux y hivernent, dont des cygnes siffleurs de la toundra sibérienne.

★★ Matsue 松江 Carte de région p. 354, B1

Surnommée la « cité de l'eau » en raison de ses multiples canaux, Matsue s'étend en bord de mer, à la jonction de la lagune de Nakaumi et du grand lac Shinji. Ancienne ville féodale, capitale de la province d'Izumo (aujourd'hui préfecture de Shimane), cette ville agréable est une mine de trésors culturels et historiques, à l'image de son château, l'un des mieux préservés du pays. Matsue s'enorgueillit en outre d'avoir été la ville d'adoption de l'écrivain **Lafcadio Hearn** (1850-1904), auteur de nombreux ouvrages sur le Japon, naturalisé sous le nom de Koizumi Yakumo *(voir encadré ci-dessous).*

Sur présentation de leur passeport, les touristes étrangers bénéficient d'un tarif réduit de 30 à 50 % pour l'entrée des musées et des sites touristiques de la ville et de ses environs. Pour vous déplacer, louez un vélo à la gare ou utilisez le bus Lake Line (ttes les 20mn, 200 ¥ le trajet ou 500 ¥ la journée), qui fait le tour des curiosités de la ville.

★ Château de Matsue 松江城

À 2 km au nord de la gare - www.visit-matsue.com - avr.-sept. 7h-19h30 ; oct.-mars 8h30-17h (le donjon : avr.-sept. 8h30-18h30 ; oct.-mars 8h30-17h) - 560 ¥, enf. 280 ¥ (280 ¥, 140 ¥).

Construit en 1611 par le *daimyo* Yoshiharu Horio, le château de Matsue expose au centre d'une colline cernée de douves la noire silhouette de son donjon. Bel exemple d'architecture militaire, même s'il n'a jamais essuyé aucune attaque, c'est l'un des mieux conservés du Japon. Haut de six étages (30 m), il présente une remarquable armature en bois ancien ornée de pignons et de toits retroussés. À l'intérieur, documents, maquettes, armes et armures retracent l'histoire de la ville. Ne manquez pas, au sommet, la vue à 360° sur Matsue et ses alentours, le lac Shinji et le mont Daisen.

Horikawa Pleasure Boat 堀川遊覧船

Départ et retour devant l'entrée du château - été 9h-18h ; printemps et automne 9h-17h ; hiver 9h-16h. Durée de la balade, 50mn - 1 230 ¥ (820 ¥, enf. 610 ¥).

Les douves du château, appelées *Horikawa*, communiquent avec un réseau de canaux qui servaient aux transports des marchandises. Ce plaisant circuit en barque à fond plat, menée par un batelier souvent loquace, glisse sous les ponts, le long de rives frangées de cerisiers et de saules. On s'y imprègne de l'ambiance nonchalante de la ville.

4

Buke-yashiki 武家屋敷

À 10mn à pied au nord du château - fermé pour travaux jusqu'en mars 2018.

Située au milieu de la Shiominawate-dori, ravissante rue bordée de maisons de l'époque d'Edo, cette résidence de samouraï de 1730, la plus grande de Matsue, appartenait à la famille Shiomi, des guerriers de rang moyen au service des seigneurs Matsudaira. L'allure fastueuse du portail d'entrée contraste avec la sobriété spartiate des pièces intérieures, où figurent encore du mobilier et des objets domestiques.

Meimei-an 明々庵

À côté, dans une ruelle au nord - avr.-sept. : 8h30-18h30 (dernière entrée 18h10) ; oct.-mars : 8h30-17h (dernière entrée 16h40) - 410 ¥ (200 ¥).

D'une très belle qualité architecturale, cette maison de thé au toit de chaume galbé fut construite en 1779 dans le jardin de la résidence d'un de ses vassaux par le seigneur Matsudaira Fumai, le 7e du nom, un maître respecté de cérémonie du thé. Restaurée puis transportée ici en 1966, elle accueille régulièrement

UN GRAND JAPONOPHILE

Né en 1850 d'un père irlandais et d'une mère grecque, l'écrivain et journaliste **Lafcadio Hearn** bourlingua sans cesse à travers le monde (Londres, New York, le Canada, la Martinique). C'est néanmoins au Japon, où il débarque en 1890, qu'il trouve sa terre d'élection. À Matsue, il fait la connaissance de la fille d'un samouraï qu'il épouse puis se convertit au bouddhisme et prend la citoyenneté japonaise sous le nom de Koizumi Yakumo. Nommé professeur de littérature anglaise à l'université de Tokyo, il enseigne jusqu'à sa mort en 1904 et publie plusieurs ouvrages sur la culture japonaise, ses mythes et son folklore, servant ainsi de « passeur » entre le Japon et l'Occident.

des experts de l'art du thé. On peut s'y faire servir, mais sans cérémonial, un thé *matcha (400 ¥).*

Musée mémorial et résidence de Lafcadio Hearn
小泉八雲記念館・旧居

À proximité, sur la Shiominawate-dori - avr.-sept. : 8h30-18h30 (dernière entrée 18h10) ; oct.-mars : 8h30-17h (dernière entrée 16h40) - musée : 300 ¥, maison : 300 ¥.

Si l'écrivain vécut à peine quinze mois à Matsue où il enseigna l'anglais à l'école secondaire de la ville, c'est autour de cette ville que se cristallisa son amour pour le Japon. Il consigna ses impressions de Matsue dans *Aperçu sur un Japon inconnu*. Le musée possède une importante collection de ses lettres et manuscrits ainsi que des objets évoquant sa vie au Japon. Juste à côté, la maison où il vécut est restée inchangée depuis son départ et comprend un joli jardin. Pour l'anecdote, l'arrière-petit-fils de l'écrivain vit toujours à Matsue, où il enseigne la littérature à l'université.

Musée d'Art Tanabe 田部美術館

Dans la même rue à côté - tlj sf lun. 9h-17h (dernière entrée 16h30) - 620 ¥.

Ce musée du clan Tanabe expose les objets amassés par la famille depuis 25 générations. La majeure partie concerne la cérémonie du thé, notamment des céramiques. On y voit aussi des calligraphies, des peintures, des estampes et d'autres antiquités.

★ Musée d'Art de la préfecture de Shimane 島根県立美術館

Au bord du lac, à 15mn à pied de la gare - www.shimane-art-museum.jp/en/ - mars-sept. : tlj sf mar. 10h-30mn après le coucher du soleil ; oct.-fév. : 10h-18h30 (dernière entrée 30mn av. la fermeture) - 1 000 ¥ (1 150 ¥ avec l'exposition temporaire).

Dans un bâtiment futuriste et lumineux sont présentées des collections d'art moderne et contemporain, japonaises et occidentales, ainsi que des expositions temporaires. On y découvre des œuvres ayant pour thème l'eau, des sculptures sur bois, des photos et de multiples estampes dont les célèbres vues du mont Fuji par Hokusai et les étapes de la route du Tokaido par Hiroshige. Programmez votre visite le soir, l'endroit est idéal pour contempler le romantique **coucher de soleil★** sur le lac Shinji.

AUX ALENTOURS DE MATSUE

Matsue Vogel Park 松江フォーゲルパーク

À 12 km à l'ouest de Matsue. De la station Matsue Shinjiko Onsen, ligne de tram Ichibata jusqu'à la station Vogel Park (15mn). www.ichibata.co.jp/vogelpark/lang/en.html - avr.-sept. : 9h-17h30 ; oct.-mars : 9h-17h (dernière entrée 45mn av. la fermeture) - 1 540 ¥, enf. 770 ¥ (tarif réduit pour les étrangers 1 080 ¥, 540 ¥).

Créé en 2001 sur les rives du lac Shinji, à mi-chemin entre Matsue et Izumo, ce parc à thème inclut quatre immenses **serres tropicales** où s'épanouissent une profusion colorée d'iris, de fuchsias, d'orchidées et de bégonias. Le parc abrite aussi quelque 80 variétés d'oiseaux exotiques. Les enfants s'amusent à nourrir les toucans, à observer les démonstrations des faucons en vol ou les pingouins du Cap. Au bord d'une mare aux canards, un petit restaurant sert des plats de *soba* (nouilles de sarrasin).

★★ Musée d'Art Adachi 足立美術館

À 20 km au sud de Matsue. Ligne JR San-in jusqu'à la gare de Yasugi (15mn), d'où une navette gratuite dessert le musée (15mn) - avr.-sept. : 9h-17h30 ; oct.-mars : 9h-17h - 2 300 ¥.

M. Adachi Zenko (1899-1990), un magnat du commerce ayant bâti sa fortune à Osaka, a fait construire en 1970 ce musée afin d'exposer sa collection d'art moderne japonais dans sa région natale. Il s'est aussi attelé, avec une équipe de jardiniers, à dessiner un exceptionnel **jardin japonais**★★★ classé comme le plus beau jardin du Japon par le magazine américain *Journal of Japanese Gardening* (devant celui de la villa Katsura de Kyoto). Le jardin, qui s'étend sur 16,5 ha, arbore cinq visages différents : un jardin paysager sec, un jardin de mousses, un étang, un jardin de graviers blancs et un bois de pins. Avec, en arrière-plan, la crête boisée des montagnes noyées de brumes. Le visiteur n'entre pas dans le jardin, il se contente de le contempler à travers les vitres du musée. Mais la mise en scène est si parfaite que les fenêtres sur le jardin deviennent de véritables tableaux vivants, animés par le vent qui souffle sur les branches, les ombres qui se déplacent, les contrastes de formes et de couleurs. Une invitation à la contemplation silencieuse, que renforce la présence d'œuvres d'artistes japonais, en particulier **Yokoyama Taikan** (1870-1958), exposées par roulement à chaque saison, dans un souci permanent d'harmonie entre l'art et la nature.

★★ Sanctuaire d'Izumo Taisha 出雲大社 Carte de région B1

À 35 km à l'ouest de Matsue. De la station Matsue Shinjiko Onsen, ligne de tram Ichibata jusqu'à la station Izumo-Taisha-mae (1h - 790 ¥) - 6h-20h - entrée libre.

Le grand sanctuaire d'Izumo Taisha, appelé aussi Izumo Oyashiro, est le **deuxième sanctuaire shintoïste du Japon** après celui d'Ise *(voir p. 172)*. Il est dédié au *kami* Okuninushi, dieu de la terre et de l'équilibre de la nature, de l'agriculture et de la médecine, réputé apporter la félicité et l'harmonie dans les relations humaines, en particulier maritales, si bien qu'il attire un grand nombre de jeunes femmes souhaitant se marier. La prière exige ici que l'on frappe dans ses mains non pas deux fois, comme il est d'usage, mais quatre fois, pour attirer l'attention de la divinité aussi sur l'être aimé. Izumo Taisha serait le plus ancien sanctuaire du Japon. Son existence est avérée depuis au moins le 7e s. Il trônait jadis sur une île, séparée de la côte par un bras de mer comblé depuis par les alluvions. La plupart des bâtiments actuels datent toutefois de 1874 et le bâtiment principal de 1744 (ce serait sa 25e reconstruction).

RASSEMBLEMENT DIVIN

En octobre, selon la légende, tous les *kami* du Japon tiennent leur assemblée à Izumo Taisha. Arrivant par la mer, ils sont accueillis en grande pompe par les prêtres du sanctuaire. C'est pourquoi octobre est appelé « le mois sans dieux » *(kana-zuki)* dans tout l'archipel, hormis à Izumo où il est appelé « le mois des dieux » *(kami-arizuki)*.

Le sanctuaire principal est entouré d'une double clôture rectangulaire. On y accède par une grande allée bordée de pins tordus par le vent puis par l'**O-torii**, la plus grande porte de sanctuaire au Japon, ornée d'une énorme corde sacrée en paille de riz *(shimenawa)*. Le **Hon-den** (bâtiment central), haut de 24 m, repose sur une plate-forme surélevée. C'est la référence du style architectural dit *taisha zukuri*, le plus ancien utilisé pour les sanctuaires, caractérisé par un toit en écorce de cyprès à double pente et auvents recourbés, la présence d'un édicule accolé à l'édifice principal, et par son imposant escalier d'accès sur pilotis. Ses proportions n'en restent pas moins modestes par rapport à l'ancien édifice de la période de Heian qui, du haut de ses 48 m, était alors le plus grand bâtiment en bois du Japon, devançant le Todai-ji de Nara.

Musée préfectoral de l'Ancien Izumo – *À droite du sanctuaire - www.izm.ed.jp/english/ - 9h-18h (17h nov.-fév.), dernière entrée 30mn av. la fermeture - fermé le 3e mar. du mois - 610 ¥ (-50 % pour les étrangers sur présentation du passeport).* Ouvert en 2007, il retrace l'histoire de la région d'Izumo dont l'origine se perd dans la mythologie. Des vestiges exhumés lors de fouilles archéologiques (cloches et épées de bronze, poteries, objets funéraires) y sont exposés. Une maquette au 1/10 permet de visualiser l'allure du sanctuaire il y a dix siècles, lorsqu'il s'élevait sur de hauts pilotis et était desservi par un immense escalier long de 109 m.

Hino-misaki – *À 10 km par une route côtière. Des bus réguliers font la liaison (35mn).* Au nord-ouest d'Izumo, ce cap grandiose où veille un **phare** du début du siècle attire de nombreux promeneurs. On peut monter au sommet du phare *(9h-16h30 - 200 ¥)* pour observer la vue. Sur la gauche, un sentier longe le littoral et mène, 1 km plus loin, à un petit port où se cache le **sanctuaire de Hino-misaki**, vieux de quatre siècles.

★ Mine d'argent d'Iwami Ginzan 石見銀山 Carte de région B1

À 77 km à l'ouest de Matsue. Ligne JR San-in pour la gare d'Oda-shi (1h - 1 100 ¥). De là, un bus régulier dessert le bourg d'Omori (30mn - 560 ¥), à l'entrée du site - tlj sf le dernier mardi du mois, mars-nov. : 8h30-18h ; reste de l'année : 8h30-17h30.

Inscrite au Patrimoine mondial de l'Unesco depuis 2007, l'ancienne mine d'argent d'Iwami Ginzan connut son heure de gloire entre le 16e et le 17e s. On estime que 38 tonnes d'argent pur étaient alors extraites chaque année des entrailles de la montagne, soit un tiers de la production mondiale. Une grande part du minerai était acheminée jusqu'à la côte puis transformée en petites tablettes de forme ovale, qui servaient de monnaie d'échange dans le commerce avec la Corée et la Chine, puis avec l'Europe. La région minière d'Iwami Ginzan eut une importance considérable dans l'essor économique du Japon. Elle comprenait un réseau de plusieurs centaines de puits et d'ateliers d'extraction, de villages miniers, de routes de transport et de ports marchands. L'ensemble était placé sous le contrôle direct du shogunat d'Edo.

Aujourd'hui, on peut visiter le gisement de **Ryugenji Mabu★**, situé à 600 m d'altitude, qui formait l'une des ramifications de la mine. On y explore une galerie souterraine longue de 156 m étayée par des pieux. Les mineurs y travaillaient dur, dans l'humidité et l'obscurité, et leur espérance de vie ne dépassait guère l'âge de 30 ans. L'accès au site se fait à pied *(35mn)* depuis la jolie bourgade d'**Omori**, où l'on visite un petit **musée** de la mine *(9h-17h - 300 ¥, tarif réduit pour les étrangers : 200 ¥)*. Près de là, on peut aussi jeter un coup d'œil au temple rupestre **Rakan-ji** *(9h-17h - 500 ¥)* du 18e s., qui abrite les statues des 500 *rakan* (disciples de Bouddha) chargés de veiller l'âme des mineurs disparus.

Yunotsu Onsen – *À 10 km d'Iwami Ginzan par un sentier en descente (3h de marche).* Tapi dans une vallée encaissée, ce petit port qui servait à exporter le minerai est relié à la mine par un chemin pavé qui serpente à travers les bois. Son ambiance surannée, ses bains chauds, ses ryokan et cafés paisibles incitent volontiers à faire une halte.
De Yunotsu, vous pouvez reprendre la ligne JR San-in vers Matsue ou bien Hagi.

★ Hagi 萩 Carte de région p. 354, A1

Vieux bourg féodal enserré dans un écrin de collines en bord de mer, Hagi a gardé intact son vieux quartier de samouraïs. Le modernisme semble avoir épargné cette petite ville doucement endormie dans son atmosphère de l'époque d'Edo que baigne au printemps le parfum des fleurs d'orangers montant des vergers. La ville est également célèbre pour ses fours et ses céramiques *hagi-yaki*, à la belle couleur laiteuse et rose-beige. Elle joua enfin un rôle essentiel dans le mouvement révolutionnaire de l'ère Meiji qui, en 1867, fit tomber le shogunat, rétablit l'Empereur et ouvrit le pays à l'Occident.
Ne descendez pas à la gare JR de Hagi mais à celle de Higashi-Hagi située à l'est, c'est la plus centrale. À sa sortie, plusieurs boutiques proposent des locations de vélos, un moyen très pratique de visiter Hagi. Sinon, des bus (ttes les 30mn, 100 ¥) font le tour de la ville.

★ Quartier de Teramachi, Jokamachi et Horiuchi
寺町・萩城城下町・堀内

À l'ouest de la gare Higashi-Hagi sur l'île formée par le delta de la rivière Abu-gawa s'étend le centre-ville et, plus à l'ouest, les faubourgs de l'ancien château. On traverse d'abord le quartier de **Teramachi**, réputé pour ses nombreux petits temples. Au nord s'étire la plage de **Kikugahama**, aux eaux étonnamment limpides.

Parc de Shizuki-koen – *Avr.-oct. : 8h-18h30 ; nov.-fév. : 8h30-16h30 ; mars : 8h30-18h - 210 ¥.* À l'emplacement de ce parc s'élevait le château de Hagi dont il ne reste aujourd'hui que les murailles de l'enceinte et les douves intérieures. Construit par le clan des Mori (les seigneurs des lieux) en 1604, il fut démantelé en 1874 à la restauration de Meiji. Des ruines du château, une promenade mène en 20mn au sommet de la colline Shizuki, à 143 m d'altitude.

Horiuchi – Au pied du château s'étendait le quartier de résidence des samouraïs de rang supérieur, comme les Kuchiba, les Suu, les Masuda et les Fukuhara.

LES MIWA, UNE GRANDE DYNASTIE DE POTIERS

La réputation des poteries de Hagi est liée aux *chawan*, les bols de la cérémonie du thé. Selon un vieil adage, « Ichi Raku, ni Hagi, san Karatsu » : dans la hiérarchie du goût viennent d'abord les céramiques de style *raku*, puis celles de Hagi et enfin celles de Karatsu. Leur particularité : un vernis poreux qui laisse s'infiltrer le tanin du thé sous sa surface craquelée. Les teintes pastel du grès, rose ou ivoire, prennent de légers reflets beige en vieillissant. Le procédé fut introduit par des Coréens vers l'an 1600. Aujourd'hui, Hagi comprend maints fours et ateliers de poterie, dont certains sont ouverts aux visiteurs. Né en 1910, Miwa Jusetsu, le 11e du nom, est l'un des plus célèbres potiers de Hagi. Classé « Trésor national vivant », il a beaucoup aidé à relancer les arts de la céramique. Ses bols à thé se négocient plusieurs millions de yens. Son fils, Miwa Kazuhiko, s'est lui engagé dans une démarche créative d'avant-garde où la céramique est envisagée hors de tout contexte utilitaire.

Protégées par de longs murs rugueux en torchis blanchi à la chaux, au milieu de vergers d'orangers, les maisons nobles du quartier ont gardé leurs porches de bois monumentaux de l'époque d'Edo. Construit en 2004 dans le style des bâtiments anciens avoisinants, le **musée de Hagi** *(9h-17h, dernière entrée 16h30 - 510 ¥)* retrace l'histoire de la ville.

Jokamachi – Plus à l'est, ce quartier abritait les samouraïs de rang inférieur et les riches marchands. Le long des deux rues parallèles Edoya et Kikuya s'alignent les demeures les mieux préservées. Parmi elles, la **maison Kikuya** *(8h30-17h30, dernière entrée 17h15 - 600 ¥)*, édifiée par une puissante famille de négociants en 1604, conserve un ravissant jardin. Autour se répartissent les pièces d'habitation, les cuisines et les magasins où sont conservés des objets et des ustensiles d'époque. Plus au nord, le **musée d'Art Kumaya** présente des objets ayant appartenu à la riche famille Kumaya, dont de nombreuses peintures à l'encre et des objets de cérémonie du thé.

★★ Musée Uragami 山口県立萩美術館浦上記念館

Au sud de Jokamachi, de l'autre côté du canal - tlj sf lun. 9h-17h - 300 ¥ hors exposition temporaire.

Dans un bâtiment moderne et spacieux conçu en 1996 par l'architecte Tange Kenzo, ce musée expose une collection admirable de près de 5 000 *ukiyo-e* (« images du monde flottant », estampes de l'époque d'Edo). Parmi elles, les célèbres « Trente-six vues du mont Fuji » de Hokusai, dont *La Vague de Kanagawa* ; des dessins à l'encre noire du même artiste, des portraits d'acteurs de kabuki par Sharaku, des courtisanes d'Utamaro. Le musée comprend aussi une large collection de céramiques et de porcelaines coréennes et chinoises. Le premier étage accueille des expositions temporaires.

Autour du Shoin-jinja 松陰神社

À 10mn à pied au sud de la gare Higashi-Hagi - 7h-17h - entrée libre.

Ce sanctuaire est dédié à la mémoire de **Shoin Yoshida** (1830-1859), l'un des initiateurs de la restauration de Meiji. Hagi entretient le souvenir de ce héros, un samouraï pauvre dont la vie fut brève. Il fut en effet décapité à l'âge de 29 ans pour s'être rebellé contre l'autorité du shogun. Placé aux arrêts à son domicile à la fin de sa vie, il y fonda une école privée, la **Shoka-sonjuku** - *8h-17h*. Elle a été conservée telle quelle au sein du sanctuaire, petite bicoque ouverte à tous les vents, avec son humble décor de pièces à tatamis et aux fenêtres de papier où le maître prêchait l'esprit de résistance et l'idée de nation à ses élèves. Parmi ces derniers, plusieurs Premiers ministres de l'ère Meiji, fondateurs du Japon moderne, dont le prince Hirobumi Ito, père de la Constitution.

Temple Toko-ji – *8h30-17h - 300 ¥*. Situé à 5mn à pied à l'est du sanctuaire en suivant la rivière, au pied d'une colline boisée, ce temple de la fin du 17e s., au style de pagode chinoise, est dédié aux seigneurs du clan Mori. Derrière, une allée bordée de 500 lanternes de pierre mène à un mausolée qui abrite cinq des tombes familiales.

AUX ALENTOURS DE HAGI Carte de région p. 354, A1

★ Tsuwano 津和野

À 65 km au nord-est de Hagi. Accès direct en bus (Bocho bus, 1h45, 2 130 ¥) ou en train via *Masuda (2h35, 1 620 ¥). i Bureau d'informations à la sortie de la gare (9h-17h).* Ancienne ville fortifiée blottie au fond d'une vallée, la charmante Tsuwano (8 800 hab.) a gardé ses vieilles ruelles chargées de poésie que bordent des maisons de samouraïs bien conservées et de pittoresques brasseries à saké.

Le long de la grande rue Tonomachi-dori coule un canal peuplé de milliers de carpes colorées et frangé d'iris.

Église catholique – *Rue principale, 7mn à pied au sud de la gare - 8h-17h30 (nov.-mars : 8h-17h).* Il faut se déchausser pour entrer dans cette étrange église au sol en tatamis. édifiée en 1931, elle rend hommage au missionnaire jésuite saint François Xavier et aux 36 chrétiens japonais qui furent martyrisés ici pour avoir refusé d'abjurer leur foi en 1868.

Sanctuaire Taikodani Inari – *À 10mn à pied plus au sud - 9h-16h (le bureau du sanctuaire) - gratuit.* Accroché au flanc d'une colline, c'est l'un des lieux sacrés d'Inari, divinité shinto des récoltes et du commerce ayant le renard *(kitsune)* pour messager. Il a été bâti en 1773 sur le modèle du Fushimi-Inari de Kyoto. On y accède par un long tunnel de 1 045 *torii* vermillon.

Château de Tsuwano – Un télésiège *(15mn, 450 ¥)* mène au sommet de la crête où gisent les vestiges de cet édifice de 1325. De là, **vue★** magnifique sur la vallée.

Un train à vapeur, le *SL Yamaguchi-go (le w.-end de mars à nov., tlj pdt la Golden Week et en juil.-août, 2h de trajet, 1 660 ¥),* fait un aller et retour quotidien entre Shin-Yamaguchi et Tsuwano. De Shin-Yamaguchi, vous pouvez récupérer la ligne Shinkansen pour Hiroshima, sur la côte de San-yo *(voir p. 372)* ou pour Fukuoka *(voir p. 539)*, sur l'île de Kyushu *(env. 40mn de trajet).*

NOS ADRESSES SUR LA CÔTE DE SAN-IN

TRANSPORTS

Tottori

En train – **De/vers Okayama**, JR Limit. Expr. Super Inaba de la ligne Imbi *(6/jour, 1h50 de trajet, 4 390 ¥).*

De/vers Matsue, JR Limit. Expr. Super Matsukaze et Super Oki *(5/jour, 1h45, 3 450 ¥).*

Matsue

En train – **Matsue/Okayama**, JR Limit. Expr. Yakumo *(plusieurs/jour, 2h40 de trajet, 5 510 ¥).* **De/vers Tottori**, JR Limit. Expr. Super Matsukaze et Super Oki *(5/jour, 1h45, 3 450 ¥).* **De/vers Hagi**, ligne JR San-in et JR Limit. Expr. Super Oki *via* Masuda *(3/jour, 3h30, 5 300 ¥).*

En bus – **De/Vers Hiroshima** : bus des compagnies Ichibata bus et Hiroshima Electric railways *(3h30, 3 900 ¥).*

Hagi

En train – **De/vers Matsue**, ligne JR San-in et JR Limit. Expr. Super Oki *via* Masuda *(3/jour, 3h30, 5 300 ¥).* **De/vers Hiroshima**, *via* Nagatoshi et Asa *(7/jour, entre 3h et 3h30, 6 910 ¥).*

De/vers Fukuoka (Hakata), *via* Nagatoshi et Asa *(7/jour, 4h, 5 830 ¥).*

En bus – **Hagi Bus Center**, situé dans le centre-ville. Départs régulier pour Shin-Yamaguchi *(Bocho bus, 1h15, 2 060 ¥)* et pour Hiroshima *(4h, 3 700 ¥).*

HÉBERGEMENT

Tottori

BUDGET MOYEN

Kansui-tei Kozeniya 観水庭こぜにや *651 Eiraku onsen-cho - ✆ (0857) 23 3311 - www.kozeniya.com - 25 ch. à partir de 17 580 ¥.* À 10mn à pied au nord-est de la gare, ce ryokan moderne et élégant s'articule autour d'une pièce d'eau. Chambres japonaises et occidentales, avec ou sans salle de bains. Onsen intérieur et extérieur.

Hotel New Otani
ホテルニューオータニ鳥取 *2-153 Ima-machi - ✆ (0857) 23 11 11 - www.newotani-tottori.jp - 136 ch. à partir de 16 800 ¥.* Juste en face de la gare, dans un bâtiment en briques, un hôtel d'affaires à l'occidentale, confortable et bien tenu.

POUR SE FAIRE PLAISIR

Shiitake Kaikan Taisuikaku
しいたけ会館•対翠閣 *1-84 Tomiyasu - ✆ (0857) 24 8471 - www.taisuikaku.com - 31 ch. à partir de 12 500 ¥/pers. en demi-pension.* À 5mn à pied au sud de la gare, un ryokan simple mais de bonne qualité. Quatre chambres occidentales avec salle de bains, et un bel *o-furo* commun pour les chambres japonaises.

À proximité de Tottori : Misasa Onsen

BUDGET MOYEN

Izanro Iwasaki
依山楼岩崎 *365-1 Misasa - ✆ (0858) 43 0111 - izanro.co.jp/en - 77 ch., traditionnelles et occidentales - à partir de 17 280 ¥.* Derrière la façade un peu massive du bâtiment se cache un ryokan au cadre magnifique, au milieu des jardins et cascades. Il comprend 12 bains différents, tous épatants.

Matsue

BUDGET MOYEN

Ohashikan 大橋館 *40 Suetsugu Honmachi - ✆ (0852) 21 5168 - www.ohashikan.jp/english.html - 20 ch. à partir de 12 960 ¥☕.* Un ryokan très central, près du pont principal, tenu par un Américain. Chambres spacieuses et agréable onsen. Bonne cuisine locale.

Naniwa Issui なにわ一水 *63 Chidori-cho - ✆ (0852) 21 4132 - www.naniwa-i.com - 25 ch. à partir de 17 280 ¥☕.* Dans le quartier de Shinjiko Onsen, à l'est de Matsue, ce ryokan raffiné jouit d'une vue romantique sur le lac. Chambres tout confort, certaines à l'occidentale. Magnifique onsen.

POUR SE FAIRE PLAISIR

Matsue Excel Hotel Tokyu
松江エクセルホテル東急 *590 Asahimachi - ✆ (0852) 27 0109 - www.matsue-i.tokyuhotels.co.jp - 163 ch. à partir de 27 000 ¥☕.* Devant la gare, un *business hotel* basique mais pratique.

À proximité de Matsue : Iwami Ginzan

PREMIER PRIX

Nogawaya Ryokan
旅館のがわや
Ro-30 Yunotsu, Yunotsu-cho - ✆ (0855) 65 2811 - www.nogawaya.com/english.html - 10 ch. à partir de 5 550 ¥/pers. Chaleureux ryokan avec onsen.

Hagi

BUDGET MOYEN

Senshunraku 萩焼の宿 千春楽
467-2 Kikugahama, Horiuchi - ✆ (0838) 22 0326 - senshunraku.jp - 100 ch. à partir de 15 000 ¥. Devant la plage de Kikugahama, en plein centre, ce ryokan comprend un agréable jardin et une série de bains couverts ou en plein air. Chambres japonaises et occidentales. Bonne cuisine de la mer.

POUR SE FAIRE PLAISIR

Hagi Honjin 萩本陣
385-8 Chinto - ✆ (0838) 22 5252 - www.hagihonjin.co.jp/english - 106 ch. à partir de 34 500 ¥, petit-déj. et dîner inclus. Situé à l'est de la gare de Higashi-Hagi, ce grand ryokan, l'un des plus beaux de la ville, dispose de chambres immenses et luxueuses, japonaises ou occidentales. Superbe onsen.

RESTAURATION

Tottori

PREMIER PRIX

Daizen Izakaya 居酒屋鳥取だいぜん *715 Sakae-machi - ✆ (0857) 27 6574 - 11h-15h, 17h-0h.* Le patron - il parle anglais - sert de bons petits plats : sushis, *katsu-don* (bol de riz au porc), tempuras, *yakiniku* (grillades). Sakés locaux.

BUDGET MOYEN

Takumi Kappo たくみ割烹店 *652 Sakae-machi - ✆ (0857) 26 6355 - fermé le 3e lun. du mois - 11h30-14h30, 17h-22h.* Au rez-de-chaussée du musée d'Art populaire, dans une salle aux belles boiseries, vous pourrez savourer un *shabu-shabu* de bœuf, des sushis de crabe et d'autres spécialités. Menu en anglais.

À proximité de Tottori : Chizu

BUDGET MOYEN

Mitaki-en みたき園 *227 Ashizu, Chizu-cho - ✆ (0858) 75 3665 - (0858) 75 3311 (le soir), 8h-16h (rest. à partir de 11h30) sur réserv. seult - fermé déc.-mars - menus à partir de 2 700 ¥.* Perdue dans la montagne, près d'une jolie cascade, cette auberge sylvestre, coiffée d'un toit d'écorces et chauffée par un *irori* (foyer), vous plonge au moins 50 ans en arrière. On y déguste une incomparable *sansai-ryori*, cuisine de légumes et plantes sauvages fraîchement cueillis.

Matsue

PREMIER PRIX

Yakumo-an 八雲庵 *308 Shiominawate - ✆ (0852) 22 2400 - www.yakumoan.jp - 10h-15h -* ~~CB~~. Près de la Buke-yashiki, sur la Shiominawate-dori, ce ravissant restaurant de nouilles, sis dans une ancienne villa de samouraï du 18e s., ouvre sur un paisible jardin avec son étang rempli de carpes. *Soba* et *udon* sont faits maison.

BUDGET MOYEN

Minami 庭園茶寮みな美 *14 Suetsugu Honmachi - ✆ (0852) 21 5131 - 11h30-15h, 17h30-22h.* Au bord du lac, près du pont Matsue Oashi, ce restaurant raffiné logé dans un ryokan sert de la perche du lac en papillote *(suzuki-yaki)* et du riz étuvé à la daurade *(tai-meshi)*. On peut réserver une salle privée en tatamis pour un repas *kaiseki*. Menu à partir de 1 600 ¥.

À proximité de Matsue : Iwami Ginzan

PREMIER PRIX

Shinyu Café Kuranojo 震湯カフェ内蔵丞 *7-1 Yunotsu,Yunotsu-cho - ✆ (0855) 65 4126 - www.yunotsu.com/cafe/index.html - tlj sf jeu. 11h-17h.* Une vieille maison en bois pleine de cachet. Le patron parle anglais et organise des visites. Pour un repas léger ou un café.

Hagi

BUDGET MOYEN

Nakamura 和食レストラン中村 *394 Hijiwara - ✆ (0838) 22 6619 - tlj sf merc. 11h-14h, 17h-20h.* Dans le centre de Teramachi. Adresse un brin désuète mais appréciée pour ses spécialités de fruits de mer, en particulier les oursins *(uni)* et ses sashimis frais. À partir de 1 620 ¥.

Ajiro 懐石料理あじろ *68 Minami-katakawa-cho - ✆ (0838) 22 0010 - ajiro.net - tlj sf merc. 11h30-14h, 17h-21h - formules déj. à partir de 2 200 ¥ ; dîner à partir de 2 700 ¥.* Les ingrédients de saison sont toujours frais, les sashimis et tempuras délectables et les plats raffinés.

LE NORD DE HONSHU (TOHOKU)

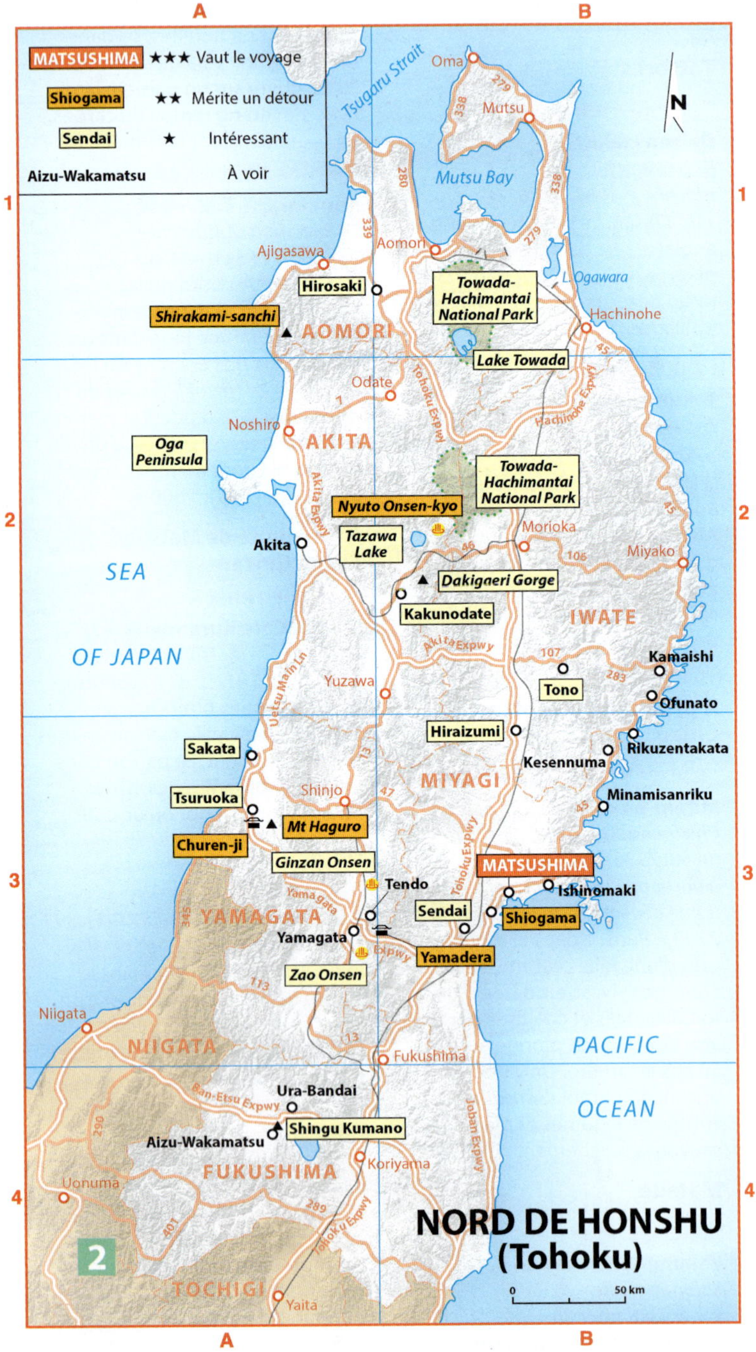

Nord de Honshu (Tohoku) 5

La périphérie des extrêmes

Le « Tohoku », « le Nord-Est » de Honshu, est la plus vaste région du Japon après l'île de Hokkaido. Elle partage avec cette dernière, outre d'avoir été la terre native des Aïnous, le privilège ou le handicap d'être au bout du monde, plus précisément de ce monde que les Japonais remisent souvent avec empressement à la périphérie froide du Honshu, l'île centrale ; loin du Kansai et du Kanto, points d'ancrage impériaux de la civilisation nippone depuis plus d'un millénaire. Ce Tohoku qu'ils jugeaient hostile, aux mœurs arriérées (plus on s'éloigne du centre plus ses habitants sont déclassés), les Kyotoïtes le fréquentaient avec prudence ; presque à reculons. Ce territoire qu'on nommait *Michinoku* « la terre au-delà des routes » était si éloigné de ces lieux de pouvoir, savamment façonnés à force d'usages distillés par l'étiquette impériale, qu'il ne pouvait être habité que par des marginaux, des imbéciles (*baka*), des parias (*eta*) ou des asociaux comme ces *yamabushi*, « ceux qui couchent dans la montagne », ces ermites errants aux os lustrés par le poids des pratiques ascétiques. Aussi si *daimyo* il devait y avoir, nul doute que ces seigneurs de guerre porteraient les marques d'infamies de leur terre natale. À l'image du plus illustre, Date Masamune (1567-1636), natif de Yamagata et surnommé le « dragon borgne », en référence à cet œil emporté par une maladie enfantine. Comme si bravoure et beauté pouvaient difficilement se croiser en dehors des normes édictées par le pouvoir central.

Il faut toute la curiosité inventive et poétique d'un Basho (1644-1694) pour s'aventurer au-delà de la fameuse barrière de Shirakawa (elle délimitait alors la frontière entre les provinces du centre et cet arrière-pays) et s'exclamer enfin avec la liberté insouciante des âmes fortes : « Somnolant sur mon bourrin - Rêvasseries - La lune au loin - Fumée du thé… Ah Matsushima Ah ! Matsushima ah ! Ah Matsushima ! ». Ce fameux haïku, attribué à Basho, combien de fois a-t-il été ânonné, recopié, imprimé jusqu'aux brochures touristiques récentes ? Leur nombre donnerait le vertige mais il en dit long sur ce manque de reconnaissance dont ont souffert et souffrent encore ceux qu'on appelait les Emishi, les populations indigènes du Tohoku. Si la baie de Matsushima est depuis cartographiée, reconnue comme l'un des trois plus beaux paysages du Japon, le Tohoku, dans son ensemble, en raison de son caractère inhospitalier ainsi que des nombreuses disettes et catastrophes naturelles (ici mêmes les poupées semblent avoir été créées pour conjurer le mauvais sort attaché à ses habitants – *voir encadré p.455*), engendre des solidarités héritées de ces préjugés séculaires.

Quand dans les années 1970, sont implantées les premières centrales nucléaires le long de cette zone côtière qui traverse la préfecture de Fukushima, l'activité nucléaire est prometteuse de milliers d'emplois pour une région économique irriguée principalement par la pêche, l'agriculture et le tourisme naissant. La centrale Daiichi Fukushima est une aubaine pour la ville de Fukushima, distante de seulement 90 km. Mais au-delà des emplois, des rentrées fiscales et des subventions étatiques, c'est aussi la lumière que la Fée électricité entend apporter aux habitants du Tohoku. Même si cette énergie a pour principaux bénéficiaires les Tokyoïtes avides de ces nuits sans nuit. Et puis soudain la fée devint sorcière. Le 11 mars 2011, 40mn après le séisme de magnitude 9 qui s'était produit à 130 km au large de la ville de Sendai, un tsunami d'une incroyable puissance déferlait sur la côte (avec des vagues d'une hauteur de 23,6 m dans la ville d'Ofunato, *voir p. 426*) ; ravageant le littoral sur près de 600 km, entre les préfectures d'Aomori au nord et celles d'Iwate, de Miyagi et de Fukushima au sud où le raz-de-marée provoquait l'explosion de la centrale nucléaire de Daiichi Fukushima avec d'importantes retombées radioactives. Au total sont comptabilisés 15 893 décès, 2 553 disparitions ainsi que 3 253 victimes supplémentaires engendrées indirectement des suites de la catastrophe.

Sept ans après la tragédie, la démesure des travaux donne une idée de l'ampleur de la catastrophe. Partout on élève des digues, on surélève à plusieurs mètres de hauteur, on terrasse. Les habitants progressivement reviennent (30 % à ce jour selon les dernières études) le long de ces côtes qui frangent l'une des zones halieutiques les plus riches du monde. Cependant, beaucoup de choses font encore défaut : logements, services publics, infrastructures… Plus de 125 000 personnes vivent dans des logements provisoires. Et les défis sont nombreux ; à la hauteur des enjeux qui doivent les faire oublier. Comme ces Jeux Olympiques que devront organiser les Japonais en 2020. D'ici là tout devra être normalisé. Problème de taille malgré son invisibilité, la radioactivité qui complique sérieusement le démantèlement de la centrale. Depuis mars 2011, moins de 200 cas de cancer de la thyroïde, confirmés ou soupçonnés, ont été décelés. Mais le travail de décontamination est loin d'être achevé et selon les aires géographiques, il est des plus complexes : il y a les zones très contaminées et interdites (de 10 à 20 km autour de la centrale) ; celles qui sont à radioactivité moindre et que le gouvernement décontamine (20 à 30 millions de m^3 de déchets accumulés) ; enfin celles qu'il vaut mieux laisser en l'état comme les forêts, lieux de recyclage par excellence du césium (75 % de la surface de la préfecture de Fukushima) mais seulement 1/6e de la superficie du Tohoku. « Ganbarô Nippon », « Tiens bon, Japon ! » ; « Tiens bon Tohoku ! » répondent ses habitants qui ne veulent plus être stigmatisés. Ainsi, le site de Hiraizumi *(voir p. 428)* a été classé dès juin 2011 au Patrimoine mondial de l'Unesco, comme les montagnes de Shirakami *(voir p. 457)* quelques années plus tôt.

Le Tohoku est vaste et les dangers radioactifs de la centrale réduits selon la distance et la durée habituelle d'un séjour touristique. Mais inversement proportionné au plaisir que votre présence ne manquera pas de susciter auprès de ses habitants. Pour être informé des risques sanitaires – instables dans le temps et dans l'espace – consulter les données régulièrement mise à jour sur les sites de la Citizen's Radioactivity Measuring Station CRMS (fr.crms-jpn.com/) et de l'Institut de radioprotection et de sûreté nationale IRSN (www.irsn.fr).

VISITER LA RÉGION

SE REPÉRER

La région compte 9,7 millions d'habitants répartis sur une superficie de 67 000 km^2 divisée entre six préfectures, du sud au nord : Fukushima (13 783 km^2, 2 millions d'hab.) ; Miyagi (6 861 km^2, 2,4 millions d'hab.) ; Yamagata (9 326 km^2, 1,2 million d'hab.) ; Iwate (15 278 km^2, 1,4 million d'hab.) ; Akita (11 612 km^2, 1,2 million d'hab.) et Aomori (9 617 km^2, 1,5 million d'hab.). Sendai, chef-lieu de la préfecture de Miyagi, est la ville la plus importante du Tohoku. La côte occidentale qui s'ouvre sur la mer du Japon devient en hiver un pays de neige tandis que la partie orientale bénéficie d'un climat plus clément toute l'année.

À NE PAS MANQUER

La baie de Matsushima. La visite sur les pas de Basho à Yamadera. Le mont Haguro avec une nuitée dans un *shukubo*. Le quartier des samouraïs de Kakunodate et les bains de Nyuto Onsen. Le sentier longeant la vallée d'Oirase et les abords du lac Towada. Les montagnes Shirakami-sanchi. Et la côte de Sanriku en pleine reconstruction, qui vous laisse littéralement sans voix.

ORGANISER SON TEMPS

Comptez une journée à Sendai ; une autre à Matsushima ; une demi-journée à Shiogama. Comptez trois jours pour Tsuruoka et ses environs ; trois voire quatre jours pour Hirosaki et ses environs.

Aizu-Wakamatsu 会津若松 et ses environs

124 062 habitants

L'une des principales villes de la préfecture de Fukushima a conservé, voire reconstruit, de nombreux témoignages de son passé malgré l'incendie qui ravagea la ville en septembre 1868 lors de la célèbre guerre de Boshin, opposant l'empereur aux troupes du shogunat Tokugawa. Parmi les plus fidèles soutiens du shogun le clan Aizu fut finalement défait, après un mois de résistance acharnée, par les forces impériales. Non sans panache à l'image du célèbre Byakkôtai ou « Corps du Tigre Blanc », une unité de réserve dont une vingtaine de membres se firent seppuku en voyant leur château incendié. Cet acte participa définitivement à la notoriété de la ville, connue surtout par les négociants pour son rôle de carrefour commercial entre Niigata et l'ouest japonais. Cette position stratégique permit aux marchands de reconstruire la ville ; ce dont témoigne toujours aujourd'hui la fameuse rue Nanokamachi.

NOS ADRESSES PAGE 406
Hébergement, restauration, achats, activités, etc.

S'INFORMER

Office du tourisme – À l'intérieur de la gare d'Aizu-Wakamatsu - *(0242) 322 0688 - http://samurai-city.jp/en/ - 9h-17h30.*

SE REPÉRER

Carte de région p. 400, B3 - À 290 km au nord de Tokyo, Aizu-Wakamatsu se trouve dans la préfecture de Fukushima.

À NE PAS MANQUER

La rue Nanokamachi et le magasin de laques Shiroki ; une nuit au ryokan Mukaitaki pour découvrir les onsen de Higashiyama.

ORGANISER SON TEMPS

Comptez une journée à Aizu et une nuit à Higashiyama pour profiter du soir au matin des onsen de cette station thermale.

Se promener

Nanokamachi-dori

À 15mn à pied de la gare JR d'Aizu-Wakamatsu ou direct de la gare Nanokamachi.

C'est le carrefour névralgique de la ville d'Aizu-Wakamatsu par lequel passaient les principales routes de l'époque d'Edo. Le segment le plus intéressant court de l'hôtel Osakaya jusqu'à la vieille gare de Nanokamachi et son café rétro.

★ Pagode Sazaedo さざえ堂

À 30mn à pied de la gare JR d'Aizu-Wakamatsu ou à 15mn en bus Akabe, arrêt Iimoriyama-shita, puis 5mn à pied (bus ttes les 30mn de 9h15 à 16h15, 210 ¥ AS) - avr.-nov. : 8h15-coucher du soleil ; janv.-mars : 9h-16h - 400 ¥.

Construite en 1796 sur la colline de Iimoriyma, ce beau temple bouddhiste en forme de pagode à trois étages (16,5 m de haut) présente une structure rarissime au Japon : une double rampe en spirale permettant de monter et descendre sans se croiser. À l'intérieur, les murs et plafonds recouverts d'inscriptions témoignent de l'importance de ce site de pèlerinage à l'époque d'Edo, chaque visiteur ayant apposé son nom pour prouver son passage. Par contre, les statues d'origine – trop fragiles – ne sont plus visibles.

Château Tsuruga-jo 鶴ヶ城

À 40mn à pied de la gare JR d'Aizu-Wakamatsu ou à 15mn en bus Haikara-san, arrêt Tsurugajo Iriguchi puis 5mn à pied (bus ttes les 30mn de 8h à 17h30, 210 ¥ AS) - www.tsurugajo.com/language/eng - château 8h30-17h, dernière entrée 30mn av. la fermeture - 410 ¥ (510 ¥ avec entrée pour le pavillon de thé).

L'élégante silhouette de ce château blanc aux toits de tuiles est particulièrement photogénique au moment de la floraison des cerisiers. Détruit par les troupes impériales en 1874, le bâtiment actuel est une reconstruction des années 1960 mais ses origines sont beaucoup plus anciennes car un premier château fut élevé dès le 14e s. À l'intérieur, petit musée historique et vue intéressante sur la ville du 5e étage. Dans le parc qui entoure le château, se trouve le Rinkaku, pavillon de thé bâti par le fils du maître de thé Sen no Rikyu (16e s.).

Jardin Oyakuen 御薬園

À 45mn à pied de la gare JR d'Aizu-Wakamatsu ou à 25mn en bus Haikara-san, arrêt Oyakuen puis 1mn à pied (bus ttes les 30mn de 8h à 17h30, 210 ¥ AS) - 8h30-17h, dernière entrée 30mn av. la fermeture - 320 ¥ (800 ¥ avec le thé).

Créé pour le seigneur de la ville il y a 600 ans, ce paisible jardin a connu plusieurs réaménagements qui lui ont donné sa forme actuelle de jardin de promenade. Sur l'île, au centre de l'étang, trône un pavillon de thé de l'époque d'Edo. La maison d'habitation bordant l'étang date de la même époque, tout comme le jardin médicinal, qui abrite plus de 400 espèces de plantes dont du ginseng. Le bâtiment à deux étages (Chouyoukaku) dans le jardin médicinal a été construit pour la princesse Setsuko, petite-fille du dernier seigneur d'Aizu.

À proximité Carte de région p. 400

Higashiyama Onsen 東山温泉

À 6 km au sud-est de la gare d'Aizu-Wakamatsu (bus en dir. d'Akabe, arrêt Spa Higashima, ttes les 30mn de 9h15 à 16h15, 20mn de trajet, 210 ¥). Comptez 2 200 ¥ en taxi. www.aizu-higashiyama.com/english/index.html.

Ce village historique fondé il y a plus de 1 300 années possède de magnifiques ryokans. Idéal pour y passer une soirée *(voir Nos adresses, p. 406).*

★ Sanctuaire Shingu Kumano à Kitakata 熊野神社と長床 A4

À 17 km au nord d'Aizu-Wakamatsu (15mn en train par la ligne JR Ban-etsu-West - 320 ¥) puis 20mn en bus en dir. de Maki, arrêt Shingu-mae, ou bus « Burarin-go » (avr.-nov.) - 8h-17h - 300 ¥.

Ce sanctuaire shinto très important a été fondé au 11e s. par Minamoto no Yoriyoshi. Le bâtiment le plus remarquable, unique au Japon, est le **Nagatoko**, vaste hall de prières ouvert sur l'extérieur, reposant sur 44 colonnes et abrité sous un toit de chaume. Les trois petits sanctuaires situés un peu plus haut dans la montagne abritent des statues de divinités non visibles. Le **trésor** conserve plusieurs biens culturels importants dont une vasque en cuivre et une statue de bouddha assis sur un lion datant de l'ère Heian (794-1185).

Ura-Bandai 裏磐梯 A4

À une vingtaine de kilomètres au nord d'Aizu-Wakamatsu, le plateau de Bandai fait partie du très vaste **parc national Bandai-Asahi**. Le **mont Bandai**, énorme volcan éclaté en trois sommets dont le plus haut culmine à 1 816 m, occupe le centre du parc. Des paysages impressionnants et sauvages se succèdent, que ce soit au sud, autour du lac Inawashiro, ou au nord, sur le plateau de Bandai (Ura-bandai). De superbes randonnées sont possibles sur tout le plateau, comme celle des Goshiki-numa.

★ **Sentier des Goshiki-numa** – *À 35mn en train par la ligne JR Ban-etsu-West jusqu'à la gare d'Inawashiro puis Bandai Toto Bus (env. 30mn), arrêt Goshikinuma Iriguchi ou arrêt Urabandai Kogen Eki.* *Ura-Bandai Visitor Center (côté Goshikinuma Iriguchi) - 0241 32 2850 - avr.-nov. : 9h-17h (déc.-mars : 16h).*
À 800 m d'altitude, le sentier des « étangs aux cinq couleurs » permet de découvrir sur 3,6 km un paysage naturel exceptionnel : une succession d'étangs formés à la suite de l'éruption du mont Bandai en 1888. Les eaux acides d'origine volcanique prennent d'étonnantes couleurs, du vert au rouge en passant par le bleu, selon les saisons. Plantée après l'éruption, une magnifique forêt de pins et de cèdres abrite une faune et une flore très riches. Une randonnée à faire de préférence en automne.

Beaucoup plus au nord encore, le parc comprend aussi les montagnes sacrées de **Dewa sanzan** qui sont un lieu de pèlerinage depuis des siècles *(voir p. 439)*.

NOS ADRESSES À AIZU-WAKAMATSU

TRANSPORTS

En train – De Tokyo Station, Shinkansen Yamabiko jusqu'à Koriyama *(1h15 - 8 000 ¥)* puis ligne JR Ban-etsu-West *(1h15 - 1 140 ¥)*.
En bus – De Tokyo, JR Shinjuku Highway bus *(4h50 - 7h de nuit - 4 800 ¥)* jusqu'à la gare d'Aizu-Wakamatsu.

HÉBERGEMENT

Aizu-Wakamatsu

PREMIER PRIX

Hotel Alpha-1
ホテル・アルファーワン会津若松
5-8 Ekimae-machi, à droite en sortant de la gare ferroviaire d'Aizu-Wakamatsu, à 5mn de marche - (0242) 32 6868 - www.alpha-1.co.jp/aizuwakamatsu - 81 ch. à partir de 10 100 ¥ pour 2 pers. - 600 ¥. Classique *business hotel*, pratique et bien tenu mais sans grand charme.

Ekimae Fuji Grand Hotel
駅前フジグランドホテル
5-25 Ekimae-machi-1, à 5mn à pied de la gare - (0242) 24 1111 - www.fujigrandhotel.co.jp - 151 ch. autour de 9 000 ¥ pour 2 pers. . Jouxtant l'hôtel précédent, services similaires et personnel très sympathique dans un cadre moins impersonnel. Petit-déjeuner occidental ou japonais. Restaurant.

Higashiyama Onsen

POUR SE FAIRE PLAISIR

Ryokan Mukaitaki
会津東山温泉向瀧
200 Yumoto Kawamukai, Higashiyama-machi, à 6mn à pied du terminal de bus - (0242) 27 7501 - www.mukaitaki.jp - 24 ch. - à partir (selon ch. et saison) de 24 000 ¥ pour 2 pers. avec dîner et petit-déjeuner. Patine, beauté, raffinement dans une simplicité séculaire, au diapason des jardins

qu'on pourra observer selon les chambres. Onsen, *rotenburo*… tout sourd la tradition. L'un des plus beaux ryokans de la région. Wifi.

Kutsuro Guyuku
くつろぎ宿千代滝
43 Yumoto Terayashiki, Higashiyama-machi - ✆ (0242) 26 0001 - www.aizu-higashiyama.com/english/chiyotaki.html - 64 ch. à partir de 11 000 ¥/pers. - ☕. Cet immense ryokan, moins familial que le précédent, ne manque pas cependant de charme. Ses onsen sont élégants ; la nourriture excellente. Wifi.

RESTAURATION

Aizu-Wakamatsu

BUDGET MOYEN

Shibukawa Donya 渋川問屋
3-28-11 Nanokamachi - ✆ (0242) 28 4000 - www.shibukawadonya.com - 11h-21h. menu de 2 200 ¥ à 4 400 ¥. Les anciens entrepôts de grossistes en fruits de mer hébergent désormais un restaurant courtisé pour son cadre et ses spécialités culinaires comme le célèbre bœuf *wagyu (2 200 ¥ les 80 gr.)*. Possibilité de déjeuner avec un spectacle de geishas *(réserv. 3 j. à l'avance)*. L'hôtel attenant (ancienne maison de maître) dispose de 4 ch. très confortables *(à partir de 26 600 ¥ pour 2 pers.)*.

Higashiyama Onsen

PREMIER PRIX

Yoshinoya Shokudo
よしのや食堂
113 Idaira Oaza Yumoto (entre les deux ryokans cités précédemment, 5mn à pied) - ✆ (0242) 27 2341 - 11h-15h, 17h30-20h30 - de 500 ¥ à 900 ¥ pour des ramen ou katsudon. Le restaurant ne paye pas de mine mais il reçoit aussi bien les étudiants que les curistes qui ne dînent pas dans leur ryokan. Une tranche de vie locale. En sortant, faites un tour – juste en face – au Shatekiba *(16h-21h)*, un stand de tir à la carabine : une curiosité qui est ici une institution séculaire.

ACHATS

Aizu-Wakamatsu

Shirokiya – *Nanokamachi-dori (1-2-10 Omachi) - ✆ (0242) 22 0203 - www.shirokiyashikkiten.com/english - 9h-17h - fermé merc. (janv.-juin).* Cette échoppe spécialisée dans le travail de la laque, ouverte à l'époque de Kyoho (1716-1736), se visite comme un musée sur trois niveaux. Une tradition présente sur Aizu depuis le 16e s. Objets à tous les prix.

Higashiyama Onsen

Ishimotoya – *110 Idaira Oaza Yumoto Higashiyama-machi - ✆ (0242) 27 2009.* Ouvert depuis 1900, ce caviste est réputé pour sa belle sélection de saké d'Aizu entre autres.

5

Sendai 仙台★ et ses environs ★★★

1 084 616 habitants

Sendai, comme beaucoup de villes de province, doit son rayonnement à un remarquable seigneur. Alors même que le tout-puissant shogunat Tokugawa unifie le pays en éliminant ses vassaux, ce daimyo, le général Date Masamune (1567-1636), réussit à étendre et à imposer son autorité sur la région du Miyagi et au-delà sur l'ensemble du Tohoku. Depuis, Sendai n'a cessé de se développer. Entièrement détruite pendant la Seconde Guerre mondiale, elle a su parfaitement se relever. Et une fois de plus, suite au tsunami de 2011 qui fit près d'un millier de morts dans sa périphérie. Ville dynamique, Sendai développe à nouveau métro et quartiers, cicatrise ses plaies sans pour autant oublier. « La ville des universités et des écoles » également surnommée « Mori no Miyako », la ville des arbres, en l'espèce des zelcovas (ormes importés du Caucase), est devenue pour nombre d'habitants côtiers un point d'ancrage important depuis la catastrophe qui a ravagé le Tohoku.

NOS ADRESSES PAGE 419
Hébergement, restauration, achats, activités, etc.

S'INFORMER

Office du tourisme de Sendai – *Sendai Station 2F, ☏ (022) 222 4069 - http://sendai-travel.jp - 8h30-19h (31 déc.-3 janv. 9h-17h).* Renseignements en anglais sur Sendai et la préfecture de Miyagi.

Office du tourisme de Matsushima – *JR Matsushima-Kaiganeki, ☏ (022) 354 2263 - mars-nov. : lun.-jeu. 9h30-16h30, vend., w.-end et j. fériés 8h30-17h ; déc.-fév. : lun.-jeu. 9h-16h, vend., w.-end et j. fériés 8h30-16h30.*

Ferry Terminal, *☏ (022) 354 2618 - www.matsushima-kanko.com/en/.*

SE REPÉRER

Carte de région p. 400, B3 - Sendai se trouve à 373 km au nord de Tokyo. C'est le chef-lieu de la préfecture du Miyagi (2,4 millions d'habitants), bordée à l'est par l'océan Pacifique, la préfecture de Fukushima au sud, celle de Yamagata à l'ouest, d'Akita au nord-ouest et d'Iwate au nord.

À NE PAS MANQUER

L'école élémentaire d'Arahamara à l'est de Sendai. Une soirée au Ganso Robata à Sendai. Le marché aux poissons de Shiogama avec sa criée. La baie de Matsushima et une promenade matinale au temple Entsu-in.

ORGANISER SON TEMPS

Comptez une journée pour Sendai ; une matinée à Shiogama et une journée pour Matsushima.

Se promener Plan de la ville p. 409

La ville s'est développée sur les bords de la rivière Hirose, où pointe le château de Sendai, avant de s'étendre à l'est de cette frontière naturelle. Les quartiers est sont quadrillés d'artères dont les plus importantes sont Aoba-dori et **Jozenji-dori**★ B1, célèbre pour son festival de jazz en septembre *(2e week-end)*, ses illuminations en décembre et sa **médiathèque**★ *(tlj 9h-22h,*

SENDAI
0
500 m
N
SE LOGER
Apa Hotel Sendai-eki Itsutsubashi 1
Hotel Central Sendai 10
Hotel Sumireh 16
R & B Hotel Sendai Hirose Doori Ekimae 22
Ryokan Tenryukaku 25
Sendai Chitose Youth Hostel 4
SE RESTAURER
Dateno Gyutan 1
Ganso Robata 9
Kakisen Ubudo 3
Kaisei-an 5
Kiechan's 6
Tasuke 15
SHIOGAMA, MATSUSHIMA
ÉCOLE ÉLÉMENTAIRE D'ARAHAMA, 3/11 MEMORIAL COMMUNITY CENTER, SENDAI UMINO-MORI AQUARIUM
RINNO-JI
OSAKI HACHIMAN-GU
Kakyoin-bashi Br.
Kakyoin-dori
Ekimae-dori
Tour Aer
Hapina Nakakecho
Sendai Station
Sendai Sta.
JR Tohoku Line
Atago-Kamisugi-dori
MOTOTERAKOJI CHURCH
Hirose-dori
Hirose-Dori Sta.
Clis Rd (Chuo-dori)
Aoba-Dori Sta.
Aoba-dori
Minamimachi-dori
Yanagimachi-dori
Kitamemachi-dori
NISHIKICHO PARK
BH RENTA LEASE
IRAUHA YOKOCHO
MANGA & KISSA
Vlandome Ichibancho
Sun Mall Ichibancho
Itsutsubashi-dori
KOREAN CHURCH
KOTODAI PARK
Kotodai Park Sta.
Jozenji-dori
Kokubuncho-dori
Bansui-dori
Médiathèque
Nishikoen-dori
Minamimachi-dori
Hyojogawara-bashi Br.
Otamaya-bashi Br.
Hirose River
Zuiho-den
NISHI PARK
Ohashi Br.
Nakanose-bashi
Yodomi-bashi
Miyagi Museum of Art
Sendai-nishi Rd
AOBAYAMA PARK
Sendai City Museum
Sendai-jo
A
B
C
1
2

fermé le 4e jeudi du mois) B1, articulée audacieusement autour de 13 colonnes indépendantes. Une architecture signée Ito Toyo. L'ouest, en revanche, est le monopole des parcs, des musées et des universités.

À L'OUEST DU CENTRE-VILLE

★★ Zuiho-den 瑞鳳殿 B2

Otamayashita, Aoba ward. À 15mn de la gare de Sendai avec le Loople bus - fév.-nov. : 9h-16h30 ; déc.-janv. : 9h-16h - fermé 31 déc.-1er janv. - 550 ¥.

Ce mausolée a été construit pour Date Masamune l'année qui suivit sa mort *(voir encadré ci-dessous)*. Il s'inspirait alors du célèbre mausolée du Tosho-gu de Nikko, érigé entre 1634 et 1636, et sur lequel convergeaient tous les regards des *daimyo* en quête de faste post-mortem *(voir p. 122)*. Détruit par les bombardements de 1945, il fut reconstruit presque à l'identique dans les années 1970 si l'on fait fi du béton utilisé pour remplacer le bois. Or, si l'on retrouve ce noir hiératique et funèbre égratigné par l'étincellement des dorures, la comparaison s'arrête ici, béton et bois laqué appareillant des horizons bien différents. À deux pas du temple, en suivant un sentier, se trouvent les tombes des fidèles et proches de Date.

★★ Sendai City Museum 仙台市博物館 A2

26 Kawauchi, Aoba ward. À 10mn du mausolée avec le Loople bus depuis la gare de Sendai - www.city.sendai.jp/museum/museum/index.html - tlj sf lun. 9h-16h45, dernière entrée 16h15 - 460 ¥ (audioguide en anglais gratuit).

Ce formidable musée d'histoire a vu le jour en 1961 grâce à un don de quelque 10 000 objets transmis par les héritiers mêmes du fondateur de Sendai : Date Masamune. Parmi les pièces uniques figure la célèbre armure de Date Masamune dont le casque servit de modèle au costume du plus noir des personnages de *La Guerre des Étoiles* : Dark Vador. Autres objets d'une grande importance historique, ceux témoignant du voyage entrepris par Hasekura Tsunenaga Rokuemon en terre chrétienne au début du 17e s. *(voir p. 411)*.

Sendai-jo 仙台城跡 A2

Tenshudai Aoba-ku - musée : 9h-17h - 700 ¥. Petit film de 10mn en français.

Il ne reste rien du château de Date détruit par les bombardements en 1945, exception faite d'une enceinte en pierre et de quelques vestiges disséminés sur cette terrasse surplombant magnifiquement la ville. Construit sur les hauteurs du mont Aoba, le site reste un point stratégique toisant gorge et rivière. Intéressant petit musée.

Miyagi Museum of Art 宮城県美術館 A1

34-1 Kawauchi-Motohasekura. À 15mn à pied du château - tlj sf lun. 9h30-17h - 300 ¥. Ouvert en 1981, ce musée traite essentiellement de l'art japonais de l'ère Meiji jusqu'à nos jours. Aux côtés d'artistes nippons comme Sato Churyo,

DATE MASAMUNE (1567-1636)

L'un des seigneurs de guerre les plus originaux que connut le Japon fut surnommé « le dragon borgne » en raison de cet œil qu'il perdit très jeune suite à une maladie infantile. Il compensa alors un physique ingrat par l'élégance de ses armures. Date, qui signifie dandy, désigne l'allure des seigneurs féodaux marchant à grands pas pour captiver les regards. Combattant aux côtés de Toyotomi Hideyoshi puis de Tokugawa Ieyasu, il se retira finalement dans le Tohoku.

DE SENDAI À ROME EN PASSANT PAR SAINT-TROPEZ

Un matin d'octobre 1613, non loin de Sendai, un galion quitte le port de Tsukino'ura pour une destination secrète. À son bord d'étranges émissaires dirigés par le samouraï Hasekura Tsunenaga Rokuemon et le prêtre franciscain Luis Sotelo. Malgré les persécutions qui frappent en ce temps les chrétiens, tous deux sont mandatés par le seigneur Date Masamune pour se rendre à Rome afin d'obtenir une audience papale. L'objectif de **la mission Keicho** est que Sendai puisse nouer des relations commerciales avec la Nouvelle Espagne (le Mexique). Au prix d'une extraordinaire aventure, Hasekura traverse l'océan Pacifique, l'Amérique centrale, l'Atlantique puis la Méditerranée. À Rome, le pape Paul V le reçoit poliment mais sans rien lui accorder. Malgré cet échec, son ambassade marquera, de façon inattendue, l'histoire des relations entre la France et le Japon qui s'ignoraient alors. Car sur le chemin de Rome, une violente tempête contraignit Hasekura à chercher refuge dans le port français de Saint-Tropez. Bien que fort étonnés d'une telle apparition, les Provençaux de l'époque de Louis XIII l'accueillirent à bras ouverts. Le samouraï de Sendai fut ainsi le premier Japonais à fouler le sol français. Les documents relatifs à cette mission ont été inscrits sur le registre « Mémoire du monde » de l'Unesco en 2013. Cette histoire vraie a été recréée sous forme de roman par Shusaku Endo dans *L'Extraordinaire voyage du samouraï Hasekura* (Buchet-Chastel, 1994).

Takahashi Yuichi, Matsumoto Shunsuke figurent quelques grands noms de l'art moderne occidental : Kandinsky, Klee ou le sculpteur Barry Flanagan.

AU NORD DU CENTRE-VILLE

★ Rinno-ji 輪王寺 A1 en dir.

Mont Kitayama. À 25mn de la gare de Sendai par les bus nos 13, 14 ou 24 - 8h-17h - temple : gratuit ; jardin : 300 ¥.

Comme un simple château n'était pas suffisant pour défendre Sendai, Date ordonna la construction de temples et sanctuaires pour protéger la ville des mauvais esprits. Édifié au nord, le temple bouddhiste Rinno-ji devait défendre le point cardinal réputé le plus maléfique. Le **jardin★** est le point fort de la visite.

★★ Osaki Hachiman-gu 大崎八幡宮 A1 en dir.

Hachimangu-mae. À 15mn de la gare de Sendai par les bus nos 10 ou 15 - gratuit.

La construction de ce sanctuaire fut ordonnée par Date Masamune qui entendait enchâsser ici les gardiens protecteurs de son château. Le sanctuaire, bâti en 1607 au sommet d'une colline, est un bel exemple de cette architecture florissante de l'époque Momoyama (1573-1615). Le **porche★★** flamboyant mais aussi le **plafond à caissons★★** orné de 55 fleurs peintes à la main illuminent de couleurs vives cette belle austérité faite d'or et de noir laqué. Chaque année, le 14 février, le **Dontosai Matsuri** voit défiler en ce lieu, de jour comme de nuit, un long monôme d'hommes et de femmes presque nus allant rejoindre le sanctuaire Hachiman pour brûler les décorations du Nouvel An.

À L'EST DU CENTRE-VILLE

Inaugurée en décembre 2015, la nouvelle ligne de métro Tozai traverse Sendai d'ouest en est : du parc zoologique de Tagima à l'ouest jusqu'à la station Arai (12 km de la gare centrale). Cette station devient aujourd'hui le point

névralgique de ce tout nouveau quartier construit après 2011 pour accueillir les victimes survivantes du tsunami. En particulier les anciens résidents sinistrés des arrondissements de Miyagino et Wakabayashi (intégrés à la commune de Sendai en 1989 lors de sa progressive urbanisation vers la mer) et totalement soufflés en 2011. La municipalité les a classés depuis comme des zones à risques ne pouvant être viabilisées. Progressivement un nouveau plan d'urbanisme s'est développé autour de la station Arai. Les logements temporaires préfabriqués s'estompent au profit de nouveaux ensembles immobiliers assez uniformes car il a fallu produire vite et en série pour sortir les gens de leurs logements d'urgence (140 000 immeubles ont été totalement détruits à Sendai), tout en faisant face aussi à un nouvel afflux de migrants côtiers.
Au cœur de la station Arai a été construit le **Sendai 3/11 Memorial Community Center** (C2 en dir., *15mn en métro de la gare ferroviaire de Sendai, 300 ¥, tlj sf lun. 10h-17h - gratuit - dépliant en anglais)*. Destiné à transmettre la mémoire de la catastrophe aux générations suivantes, ce centre dispose sur plusieurs niveaux différentes expositions pour mieux « Penser au futur, faire face au passé, partager, se parler les uns avec les autres » selon les mots de ses responsables. Car le traumatisme est toujours là pour de nombreux habitants. On le comprend dès le premier diaporama qui fait défiler côte à côte deux photographies d'un même lieu mais prises avant et après le tsunami. Sidérant.

École élémentaire d'Arahama 仙台市立荒浜小学校 C2 en dir.
De la station Arai, prendre le bus n° 2 (ttes les h de 9h59 à 16h29, 15mn, 240 ¥). 10h-16h - gratuit.
Finalement conservé, ce bâtiment fantôme – ouvert aux visiteurs depuis le printemps 2017 – est l'ancienne école élémentaire du quartier Arahama (arrondissement de Wakabayashi) totalement balayé par le tsunami du 11 mars. C'est au dernier étage de cette structure construite en 1873 à plus de 700 m du rivage que se réfugièrent tout de suite après le tremblement de terre 320 personnes (étudiants, personnel de l'établissement, habitants). Elles furent finalement hélitreuillées par l'armée au-dessus du flux déchaîné. Portes éventrées, fers tordus, balcons arrachés, photographies, vidéo témoignent avec force de la violence de cette catastrophe qui emporta 930 personnes pour la seule ville de Sendai. Seules les classes des derniers étages supérieurs n'ont pas été touchées. Quelques leçons inachevées courent toujours sur le tableau noir. Du toit terrasse on imagine mal que dans ce périmètre, où se dressaient plus de 800 maisons, vivaient 2 200 personnes. Si l'on tourne la tête en direction de la côte (700 m de distance), on devine l'immense digue en cours de construction. Les impressionnantes terrasses de terre sont destinées à surélever à plus de six mètres de hauteur la nouvelle voie routière.

★ **Sendai Umi no-Mori Aquarium** 仙台うみの杜水族館 C2 en dir.
4-6 Nakano, Miyagino-ku. ✆ 022 355 2222 - www.uminomori.jp/umino/en/index.html - été 9h-19h30 ; hiver 9h-17h30 ; reste de l'année 9h-18h30 - dernière entrée 30mn av. la fermeture - 2 100 ¥ (enf. 1 100 ¥, -4 ans 600 ¥). De la station Arai, navette gratuite en été et j. fériés ; se rens. pour les autres jours, un bus devrait être opérationnel courant 2017. De la gare ferroviaire de Sendai (ligne Tohoku jusqu'à Nakanosakae Station (18mn, 200 ¥) puis navette gratuite (ttes les 30mn entre 8h45 et 16h) ou 15mn à pied.
Ce nouvel aquarium mêle deux approches totalement opposées. La première se veut pédagogique et didactique. La rive orientale du Tohoku et la région côtière du Sanriku, la plus avancée dans la mer vers l'est, longent une mer très riche en ressources halieutiques. Profonde (93 % de ses eaux ont plus de 200 m de fond), cette mer dénommée d'ailleurs « la mer de la fertilité »

Le marché aux poissons de Shiogama.
F. Guiziou/hemis.fr

se situe à la confluence d'un courant chaud (*oya-kurio)* et froid *(oya-shio)* propice à nourrir une chaîne de micronutriments d'une rare complétude. Ses fonds marins et ses ressources halieutiques sont étudiés sous de multiples angles, présentés dans de nombreux aquariums aux tailles spectaculaires et dans lesquels tournoient plus de 200 espèces. Salle après salle, tout semble fait, dirait-on, pour que les habitants côtiers se réconcilient progressivement avec le littoral et ses eaux profondes dont ils se défient depuis le traumatisme de 2011, même si un lien viscéral les attache à cette terre et à cette mer. Parmi quelques espèces rares et spectaculaires le très singulier *mola mola*, môle ou poisson-lune en français. Un poisson osseux, sans nageoire caudale, qui peut peser plus d'une tonne ! La seconde partie de la visite est nettement plus ludique. Dans le bassin extérieur, dauphins, lions de mer, pingouins multiplient les numéros d'adresse et de goinfrerie pour le bonheur des plus petits mais aux dépens de tout respect pour les animaux exhibés.

À proximité Carte de région p. 400, B3

★★ SHIOGAMA 塩竈

Située à environ 30 km au nord-est de Sendai, Shiogama est surtout réputée pour son grand marché thonier qui approvisionne les meilleurs restaurants de Tokyo. La ville est aussi le point de départ idéal pour rejoindre Matsushima en bateau *(voir Nos adresses p. 419)*.

★★ Fish market 塩釜魚市場

Higashi-Shiogama. Comptez 10mn de Shiogama en taxi (environ 1 000 ¥). Criée au thon à 5mn de la halle - 6h30-13h (w.-end 14h).

Quatre sections (gros poissons, poissons de côte, poissons saumurés et produits travaillés comme les algues séchées) structurent ce marché très dynamique qui emploie près de 400 personnes. Un petit restaurant permet de goûter la majorité des produits présentés sur les étals. Entre autres spécialités du Miyagi, les *hoya* (anémones de mer de plus en plus étudiées dans la lutte contre l'Alzheimer), les *shako-ebi* (texture et goût de crevette), les célèbres *kaki* (huîtres) de Matsushima sans oublier, bien sûr, le marché au thon dont les enchères ont lieu entre 7h et 8h du matin.

★★ Shiogama-jinja 塩竈神社 (主に報道が使用)

Ichimoriyama (sur les hauteurs de la ville) - www.shiogamajinja.jp - 5h-20h.
Reconstruit au 17e s., ce sanctuaire aux toits asymétriques (style *Nagare-zukuri*) est composé de trois édifices (Ugu, Sagu, Betsugu) dédiés à chacune des trois divinités locales responsables du développement du Tohoku. Parmi celles-ci, **Shiotsuchi-Oji no kami**, sise dans le Betsugu, est de loin la plus importante. Protectrice des pêcheurs et de tous ceux qui vivent de la mer, elle apprit aux habitants comment extraire le sel de l'eau de mer, technique à l'origine de cette précieuse méthode de conservation alimentaire qu'est le **saumurage**, répandue ensuite dans tout le Japon. Cette divinité protège aussi les femmes enceintes, posant la question du rapport entre sel et grossesse. Car, si *shio* signifie sel, il désigne aussi la marée. Or, un dicton japonais veut que l'on naisse toujours à marée montante, quand la lune est au faîte du ciel avec, peut-être, cette rotondité évoquant la plénitude de la grossesse. Un petit musée abrite différents objets liés à la production de sel et explicitant les méthodes de pêche côtière *(avr.-sept. : 8h-17h, oct.-nov. : 8h30-16h30, déc.-mars : 8h30-16h - 200 ¥).*

★★★ MATSUSHIMA 松島

Située à 40 km au nord-est de Sendai, la baie de Matsushima, « l'île aux pins », compte plus de 260 îles. « Ah Matsushima Ah ! Matsushima ah ! Ah Matsushima ! » : un maître du haïku (peut-être Matsuo Basho, *voir p. 668*) est resté sans voix face à la baie qui s'ouvrait devant lui (classée depuis comme l'un des trois plus beaux paysages du Japon). Mais au-delà de leur esthétique paysagère, ces multiples îlots hérissés de pins *(matsu)* ont joué un rôle salvateur face au tsunami de 2011. Ils ont assourdi la violence des flots, réduisant la hauteur de la vague à 1,30 m en front de mer, limitant les destructions à la périphérie des zones habitées. Si le Zuigan-ji a été épargné (il vient même d'être entièrement restauré suite à une campagne qui avait commencé bien avant le tsunami), la magnifique allée arborée qui menait au bâtiment central n'est plus. Les pins centenaires ont tous été déracinés. D'autres essences ont été plantées le long d'un couloir rectiligne qui augure bien mal du joyau qui se dévoile ensuite. Quant au *kangetsuro* qui flanquait l'entrée du temple depuis 1868, il fait encore l'objet d'une profonde restauration tout comme la paroi rocheuse dont les multiples cavités servaient de lieu de méditation aux moines ermites.

★★★ Zuigan-ji 瑞巌寺

Chonai, Matsushima - avr.-sept. : 8h-17h ; mars et oct. : 8h-16h30 ; fév. et nov. : 8h-16h ; déc.-janv. : 8h-15h30 - 700 ¥.
Construit en 828 pendant la période de Heian (828), par le moine Ennin (794-864) *(voir encadré p. 416)*, Zuigan-ji fut l'un des premiers socles cultuels à partir duquel le grand patriarche bouddhiste de l'école Tendai fit essaimer le bouddhisme dans le nord du Japon. Pendant l'époque de Kamakura (1185-1333) *(voir p. 108)*, Zuigan-ji devint l'un des temples majeurs de la secte zen bouddhique relevant de la branche Rinzai (l'accent est mis sur l'obtention de l'Éveil par la méditation) qu'insufflaient les nouveaux courants bouddhiques en vogue pendant cette période chaotique. Tombé dans l'oubli à partir du 15e s., le temple doit sa renaissance à Date Masamune. En 1604, le puissant *daimyo* cherchait une résidence aristocratique à quelques encablures de Sendai.

MATSUSHIMA BAY
0 400 m
SE RESTAURER
Aji-dokoro -Santori Chaya 1
Le Roman 3
Matsushima Fish Market 5
Matsushima Kou 7
Shunkai 9
SANRIKU EXPWY
TOME, ISHINOMAKI
HIGASHIMATSUSHIMA
SAIGYO MODOSHI NO MATSU
SAIGYO MODOSHI NO MATSU
SHIOGAMA
MATSUSHIMA (Tohoku Main Line)
FIRE DPT
145
27
45
144
Shintomi-yama
MATSUSHIMA
★★★ ZUIGAN-JI
★★ Entsu-in
Date Masamune wax museum
Godaido ★
Fukuurabashi
★ Kanran-tei
Park
MATSUSHIMA KAIGAN (Senseki Line)
Saigyo Modoshi no matsu ★★
★ Fukuura
Oshima
MATSUSHIMA BAY ★
Matsushima Panorama line
Ogitani ★★
Sokanzan ★
SHIOGAMA
N
LES PLUS BEAUX PANORAMAS SUR LA BAIE : 1 2 3 4

LES QUATRE TEMPLES

De cette épopée religieuse que le légendaire **moine Ennin** (794-864), plus connu sous son nom posthume de **Jikaku Daishi**, accomplit dans le nord du Japon, quatre principaux temples témoignent aujourd'hui : le Zuigan-ji de Matsushima, les temples de Chuson-ji et de Motsu-ji à Hiraizumi *(voir p. 428)* et celui de Risshaku-ji à Yamagata *(voir p. 434)*. Ennin commença sa vie de prêtre sur le mont Hiei (Hiei-zan) situé au nord-est de Kyoto *(voir le temple Enryaku-ji, p. 265)* avant de partir en Chine pour une dizaine d'années dont il rapporta le très précieux *Journal d'un voyageur en Chine au IXe siècle* (Albin Michel, 1961), l'un des tout premiers récits documentaires écrits sur la Chine par un étranger.

À l'instar du château de Nijo (Kyoto) qu'achevait Tokugawa Ieyasu (début 17e s., *voir p. 244*), cette *shoin-zukuri*, pour être d'une facture très raffinée, ne devait pas se restructurer sans défense. Aussi, les ors et les peintures de l'école Kano ornant les *fusuma* (panneau coulissant) se conjuguent-ils avec les planchers rossignols trahissant le pas des intrus. Pour travailler les cèdres *(sugi)* importés directement du mont Kumano, Date fit venir de Kyoto et Wakayama les meilleurs charpentiers et sculpteurs.

Parmi les salles du Hon-do, celle du **Shitchu** ou **Kujaku no ma★★★**, pièce centrale dévolue aux fonctions religieuses, se distingue particulièrement. Ses peintures sur *fusuma* réalisées en 1622 par Sakuma Shuri représentent d'un côté des **pins**, ces arbres qui pour ne pas flétrir en hiver symbolisent cette force et constance dont les hommes ont besoin, et de l'autre, des **paons**, un thème iconographique cher aux bouddhistes qui voient dans les « yeux » bleus foncés iridescents ornant sa queue déployée la preuve d'une origine partagée avec Bouddha : la terre paradisiaque. Attenante à la première salle le **Bunno no ma★★★**peint en 1622 par Hasegawa Toin. Le **Jodan no ma** (copie), pièce réservée exclusivement au seigneur, rayonne avec son alcôve *(tokonoma)* laquée de noir zébrée de *chigai-dana* « étagères décalées ». Sur la droite du Hondo, le **Kairo★**, corridor avec ses portes de style chinois *(karato)* au linteau *(ranma)* magnifiquement sculpté, mène grâce à ses planchers rossignols à la **Kuri★**, cuisine zen remarquable pour sa haute et puissante charpente.

La visite peut se poursuivre par celle du **Zuiganji Art Museum★★**. Parmi les nombreuses pièces dignes d'intérêt, la cloche *(upan)* fabriquée en 1326 pour annoncer les repas ; la statue en bois de Date Masamune (1593) et les différents portraits de la famille du clan Date ; sans oublier les nombreuses calligraphies et **peintures originales sur fusuma★★★** issues du **Jodan** et **Jodan no ma**. Transférées du Hon-do dans l'une des salles du musée, elles sont très rarement exposées pour des raisons de conservation. Ces peintures exécutées par Hasegawa Toin sont accompagnées d'une **sculpture en bois de Godaimyo-Ou★★★** (10-11e s.)

★★ Entsu-in 円通院

Chonai, Matsushima - avr.-nov. : 8h30-17h ; déc.-mars : 9h-16h - 300 ¥. Possibilité de déjeuner au Ungai sur réserv. au ✆ (022) 353 2626 (tlj sf merc. 11h30-15h).

Si vous avez de la chance, vous pourrez visiter ce lieu avec Haruka, moine zen et fille du moine supérieur de ce temple. Haruka est l'une des deux femmes à avoir été admises au rang de moine dans le Tohoku.

On entre par le jardin de « la grande douleur » en longeant un jardin de mousses puis de pierres qu'il faut lire à rebours de la progression si l'on veut interpréter les trois grandes étapes de la vie qu'égrène ce parterre. Représentant la baie

La baie de Matsushima.
JTB Photo/Universal Images Group/Getty Images

de Matsushima, il est composé de pierres brutes, zébrées et lisses, chacune renvoyant respectivement à la naissance, l'apprentissage puis l'accomplissement. Le chemin, bordé d'érables, d'azalées et de camélias, mène au **Sankeiden**★★, mausolée de Mitsumune, petit-fils de Date Masamune. Mort à l'âge de 19 ans dans le château d'Edo, il aurait été empoisonné. La famille des Tokugawa fut aussitôt pointée du doigt. La montée en puissance de ce petit-fils de Date auquel on prêtait tous les talents dont celui de stratège militaire ne pouvait être qu'une menace à plus ou moins long terme pour un shogunat déjà bien en peine d'asseoir son pouvoir politique. Ce petit sanctuaire magnifiquement ornementé est à l'image des espoirs que le clan Date nourrissait à l'endroit de ce petit-fils prodigue. Entre les murs et sous les consoles savamment enchevêtrées dans des ors étincelants se détache la reproduction de Mitsumune sur son cheval blanc. Elle est accompagnée par celle des sept fidèles qui se firent *seppuku* à son décès. Sur les portes de droite et de gauche, on remarque respectivement le dessin d'une rose et d'un narcisse à pétales blancs. Symboles de Rome et de Florence, témoignages de la visite que fit Hasekura au pape sur ordre de Date *(voir p. 411)*, ces deux fleurs délétères pour les Tokugawa (toute

DARUMA À MATSUSHIMA

Ce personnage en papier mâché, ovoïde et rondouillard, est Daruma, plus connu sous le nom de Bodhidharma, fondateur du zen. Pour cela il a longuement médité : neuf ans ; neuf d'ailleurs comme le temps d'une gestation dont il porte la couleur placentaire. Mais à rebours de l'enfant qui va naître, Daruma s'éveille en ayant perdu tous ses membres ; la matière devient pur esprit. Si Daruma est aussi populaire à Matsushima, c'est parce qu'il aurait vécu dans le temple de Zuigan-ji. La tradition veut que lorsqu'on achète un Daruma, ses yeux ne soient pas peints pour mieux « dessiller » nos vœux. On peint alors l'œil gauche quand on fait un premier vœu ; le second quand il a été exaucé.

allégeance au christianisme étant sévèrement sanctionnée par le shogunat) sont réapparues au grand jour seulement en 1945, soit près de trois cents ans après la construction du tombeau (1646). On s'échappera par la belle roseraie avant de goûter la cuisine végétarienne *shojin* sur les tatamis du pavillon de méditation *(Hon-do)*.
Rejoignez la baie. À 200 m environ.

★ La baie de Matsushima

D'ouest en est, on découvre la maison de thé **Kanran-tei★** *(à deux pas du débarcadère, 56 Matsushima Aza Chonai - ✆ (022) 353 3355 - 8h30-17h (16h30 nov.-mars) - 200 ¥)*. Surplombant le front de mer, dénommée « lieu pour admirer les rides qui courent à la surface de la mer », elle offre un splendide point de vue sur la baie. Ses portes, de style *shoin-zukuri*, s'enorgueillissent de quelques belles peintures dessinées par Kano Sanraku (1559-1635). À gauche du Kanran-tei, l'îlot de **Godaido★** abrite un édifice religieux *(ouvert tous les 33 ans au public, soit en 2039 la prochaine fois)* de style Momoyama construit en 1609 par Masamune. Le préfixe Go (cinq en japonais) fait référence aux statues des cinq gardiens bouddhiques conservées dans l'enceinte et représentant le *Mikkyo*, terme désignant « le véhicule des secrets » d'après le Shingon ou bouddhisme tantrique du Japon. On découvre ensuite le **pont rouge** *(Fukuura-bashi)* qui relie l'îlot de **Fukuura★** au front de mer. L'île est une réserve botanique où sont répertoriées quelque 250 espèces de plantes *(8h-17h - 200 ¥)*. Face à l'îlot de Fukuura, le **Musée de cire Date Masamune** *(Matsushima Kaigan, sur le front de mer trottoir opposé - 8h30-17h ; 21 déc.-20 mars : 9h-16h30 - 500 ¥)* déroule en 25 scènes la vie de Date ainsi qu'une galerie des personnages célèbres du Tohoku.

★★★ Les plus beaux panoramas sur la baie

Situé derrière le Musée de cire, le site de **Shintomi-yama** est idéal au coucher du soleil (*env. 30mn à pied de l'embarcadère*). **Saigyo Modoshi no matsu★★**, littéralement « le pin qui décida Saigyo à partir de Matsushima », possède l'un des plus beaux points de vue sur la baie *(environ 30mn à pied de la gare - passer sous le tunnel ferroviaire, voir aussi le restaurant Roman dans Nos adresses)*. Enfin, **Ogitani★★** *(sur la route nationale 45 venant de Sokanzan)* et **Sokanzan★**, « la colline aux vues » (on peut y observer à la fois les îlots de Shiogama et de la baie de Matsushima), sont deux autres sites très prisés et accessibles en taxi *(env. 600 ¥)*.

LES ENVIRONS DE MATSUSHIMA

Située à 25 km à l'est de Matsushima - *30/40mn - 410 ¥ via la ligne rapide JR Senseki-Tohoku-Line ou JR Senseki-Line Local à partir de la gare de Takagimachi (15mn à pied à l'est du centre de Matsushima*), la petite cité d'**Ishinomaki** est entièrement dédiée au manga (signalétiques, mobiliers urbains…) pour avoir été la ville de prédilection du célèbre dessinateur **Ishinomori Shotaro** (1938-1998). Né à Tome, il n'hésitait pas quand il était écolier à faire deux voire trois heures de vélo pour se rendre au **théâtre Okada** d'Ishinomaki et regarder des films qui stimulèrent tant son imagination. Mondialement connu pour ses manga *shonen* (pour jeunes adolescents), il fait publier en 1964 *Cyborg 009*, la première série japonaise mettant en scène de multiples héros costumés et dotés de pouvoirs spéciaux. L'un de ses manga *Uchu kara no messeji : Ginga taisen* devint très populaire en France, au début des années 1980, grâce à son adaptation télévisuelle plus connue sous le titre de *San Ku Kaï*. Incontournable pour les amateurs de manga, le **Ishinomori Manga**

Museum★ *(✆ (022) 596 5055 - www.mangattan.jp/manga/en - 9h-18h, 17h en hiver - fermé mar., seult 3e mar. du mois en été - 800 ¥, enf. 200 ¥)* est situé à 15/20mn de marche de la gare sur une petite île de la rivière Kyu Kitami (plan à l'office de tourisme). Posé à deux pas du parc Nakaze, le musée, dessiné par Ishinomori, a la forme d'un vaisseau spatial, plus apte peut-être à échapper aux catastrophes naturelles. Car l'ancien édifice qui le jouxtait, le théâtre Okada, a disparu aujourd'hui. Il fut balayé par le tsunami, cinq jours après sa totale restauration. Le théâtre avait plus de 160 ans.

Voir le chapitre **Côte de Sanriku** *pour ceux qui veulent prolonger plus au nord, p. 424.*

NOS ADRESSES À SENDAI ET SES ENVIRONS

TRANSPORTS

Arriver/Partir : Sendai

En avion

L'aéroport est au sud-est de la ville. Un train toutes les 30mn jusqu'à la gare de Sendai *(25mn de trajet, 650 ¥)*.

En train

De **Tokyo**, départ du Yamabiko Shinkansen, du Hayabusa Shinkansen ou du Hayate Shinkansen ttes les 30mn (JR Tohoku Shinkansen Line). Le Hayabusa est le plus rapide *(1h31 pour 352 km)* mais aussi le plus cher *(11 200 ¥)*.

De **Sendai Station** – La Tohoku Line dessert **Shiogama** *(16mn, 237 ¥)* et **Matsushima** *(25mn, 410 ¥)*.

En bus

Bus Center – *1-6-31 Chuo, Aoba-ku - ✆ (022) 261 533.* Bus longue distance pour Aomori, Tokyo *(6h, 6 200 ¥)*, Nagoya, etc. Ils sont, certes, deux fois moins chers que le train, mais mettent deux à trois fois plus de temps.

De Sendai pour Tsuruoka – Shonai-Kotsu - *✆ (0235) 22 2600. Bus ttes les heures de 7h05 à 20h35, 2h30, 3 000 ¥ (5 500 ¥ AR).*

Sendai Marugoto Pass – Transports illimités (trains JR, métro, bus, Abukuma Express, Sendai Airport Access Line) pdt 2 j. pour circuler de et entre : Sendai, Matsushima, Shiroishi, Yamadera - *2 670 ¥/pers. (enf. 1 330 ¥) - www.sentabi.jp/marugoto/en/.*

Arriver/Partir : Shiogama

En train – La gare est située en centre-ville. Liaisons avec Sendai, *voir plus haut.*

Arriver/Partir : Matsushima

Liaisons avec Sendai, *voir plus haut.*

Se déplacer à Sendai

Les principaux bus partent de la gare de Sendai. Le **Loople Bus** (sortie ouest de la gare, stop n° 16) fait la tournée des principaux sites *(lun.-vend. ttes les 15-30mn, w.-end et j. fériés ttes les 20mn - trajet/260 ¥, pass bus 1 j./620 ¥, pass bus + métro 1 j./900 ¥).*

Le métro traverse la ville du nord au sud et d'ouest en est. Le billet coûte 200 ¥ pour les 3 premières stations, 250 ¥ pour les 3 suivantes, 300 ¥ pour le terminus *(13mn).*

Circuler entre Shiogama et Matshusima :

En bateau – Du Marine Gate Building de Shiogama : départ des ferries pour Matsushima ttes les h de 9h à 15h. De **Matsushima** (à côté de l'office de tourisme) **à Shiogama** : ttes les h de 10h à 15h *(50mn, 1 500 ¥).*

Croisières sur la baie – Le Syndicat des entreprises de bateaux de tourisme organise le tour de la baie de Matsushima : *(022) 354 2233*. Voir aussi *:* Marubun Matsushima Kisen - *(022) 365 3611 - www.marubun-kisen.com/english/matsushima.*

HÉBERGEMENT

Sendai

PREMIER PRIX

Sendai Chitose Youth Hostel
仙台千登勢ユースホステル
6-3-8 Odawara, Aoba-ku C1 - *(022) 222 6329 - www.ryokanchitoseya.co.jp/yh/lang - 13 ch.* Un peu excentré au nord de Sendai, un charmant ryokan avec des chambres à tatamis et un jardin intérieur gardé par un temple dédié au renard, patron des commerçants. *O-furo* agréable, Internet, location de vélos et laverie.

Dochuan Youth Hostel
道中庵ユースホステル
2-3-7 Oonoda, Taihaku-ku Hors plan par C2 - *(022) 247 0511 - www.jyh.or.jp/e/i.php ?jyhno=1311 - 24 ch., dortoirs - 3 888 ¥/pers. -* . À 8 km au sud de Sendai, l'hôtel est toutefois desservi par la station JR Taishido, à deux pas. Vaste et cosy, le lieu ressemble davantage à un ryokan qu'à une auberge de jeunesse avec son jardin de bambou. Idéal pour se ressourcer. *O-furo* en bois et Internet.

R & B Hotel Sendai Hirose Doori Ekimae B & B
R&B ホテル仙台広瀬通駅前
2-6-37 Hon-cho, Aoba-ku C1 - *(022) 726 1919 - randb.jp/en/sendai - 202 ch. - à partir de 4 100 ¥/pers.* Situé en centre-ville, ce *business hotel* est spécialisé dans les *singles*. Petites chambres fonctionnelles et sans charme avec petit-déjeuner.

BUDGET MOYEN

Apa Hotel Sendai-eki Itsutsubashi
アパヴィラホテル〈仙台駅五橋〉
3-1-1 Itsutsubashi, Wakabayashi-ku C2 - *(022) 266 3111 - www.apahotel.com.e.ju.hp.transer.com - 610 ch. - à partir de 13 000 ¥ pour une double* . À 8mn à pied de la gare ou à 2mn de la station Itsutsubashi, ce *business hotel* est d'un excellent rapport qualité/prix. Chambres très confortables et très bien isolées même pour celles qui se trouvent au-dessus de la voie ferrée. Onsen, wifi, restaurant.

Hotel Central Sendai
ホテルセントラル仙台
4-2-6 Chuo, Aoba-ku C2 - *(022) 711 4111 - www.hotel-central.co.jp - 97 ch. à partir de 9 000 ¥ - 600/800 ¥.* Ancien ryokan transformé en *business hotel*, doté de *singles* pratiques et bon marché. Accueil chaleureux pour prolonger l'esprit du ryokan doublé d'une situation centrale, à 3mn de la gare.

Hotel Sumireh ホテル菫会館
1-13-5 Ichibancho, Aoba-ku B2 - *(022) 222 8100 - 18 ch.* Un petit temple vous accueille à l'entrée, tandis que les chambres (japonaises ou occidentales), installées à l'étage, sont fleuries et décorées avec goût. À deux pas de l'université, l'établissement est fréquenté par une clientèle studieuse que la patronne pleine de malice accueille avec sa quinzaine de chats.

POUR SE FAIRE PLAISIR

Ryokan Tenryukaku旅館天龍閣
22-20 Otamayashita B2 - *(022) 222 9957 - www.tenryukaku.com - 25 ch. à partir de 6 480 ¥ par pers.* Ce très beau ryokan aux chambres raffinées est installé entre eau et forêt, au pied du Zuiho-den. La superbe

salle à manger de 105 tatamis donne sur la rivière Hirose et constitue un emplacement idéal pour admirer le feu d'artifice du festival Tanabata. Onsen et une espèce de sauna sur lits de pierre (Ganban-yoku).

Matsushima

PREMIER PRIX

Uchi Matsushima Guest House *Miyagi Matsushima Machiuchi 121-3 - ✆ (022) 765 1397 - www.uchi-matsushima.com - 6 ch. 3 800 ¥/pers., 7 200 ¥ pour 2 pers.* ☕ - 💳. Ouverte depuis 2016 par Eiju Nakamura qui parle couramment anglais, cette maison est idéalement placée (à quelques minutes des temples). Chambres bien tenues, un peu spartiates. Sanitaire et douche sur le palier. Wifi. Boisson gratuite dès votre arrivée.

UNE FOLIE

Hotel Matsushima Taikanso ホテル松島大観荘 *10-76 Inuta, Matsushima - ✆ (022) 354 5214 - www.taikanso.co.jp - 256 ch. en 1/2 P.* Entre les chambres japonaises ou occidentales, le *rotenburo*, l'onsen et la piscine, les sept restaurants, de la cuisine japonaise à la cuisine française, l'hôtel conviendra à tous les goûts. Un établissement grand luxe qui offre une vue imprenable sur la baie et des chambres tout confort.

RESTAURATION

Sendai

PREMIER PRIX

Tasuke 味 太助本店 *4-4-13 Ichiban-cho* B1- *✆ (022) 225 4641 - www.aji-tasuke.co.jp - tlj sf mar. 11h30-22h -* 💳. Impossible de séjourner à Sendai sans goûter aux *gyutan*, une spécialité de langue de bœuf rôtie au charbon. Le Tasuke est la référence !

Kiechan's *1-1-8 Chuo, Wakabayashi-ku* C2 - *✆ (022) 713 9227 - www.kiechans.jp -16h30-1h30.* Une demi-douzaine d'*izakaya* (parmi eux le Kiechan's) se serrent les coudes à 7mn de la station Tsutsubashi juste avant le Apa Hotel *(voir ci-contre)*. Difficile ainsi de ne pas trouver quelques plats à son goût face aux multiples propositions culinaires (brochettes, sushis, omelettes, grillades…) entrecoupées de verres de saké ; le tout dans une ambiance amicale et décontractée.

Dateno Gyutan Honpo Honten 伊達の牛たん本舗本店 *4-10-11 Chuo, Aoba-ku* C2 - *✆ (022) 722 2535 - www.dategyu.jp - 11h-22h.* Attablé au comptoir, on observe le patron préparer avec délicatesse un assortiment de langues de bœuf incroyablement fondantes. Il est vrai que le chef-cuisinier, Yoshitsugu Sawabe, grand ami de Joël Robuchon, est un maître. Formule à partir de 1 780 ¥.

Kakisen Ubudo かき鮮 海風土 (うぶど) C1 *✆ (022) 212 2340 - 10h-22h30.* L'un des meilleurs spécialistes de sushis de Sendai. La qualité des produits fait que vous pouvez déguster des huîtres *(kaki)* en toute saison. Si vous êtes amateur, vous pourrez tester mille manières de préparer des huîtres cuisinées *(en hiver seulement)*.

POUR SE FAIRE PLAISIR

Kaisei-an 開盛庵 *1-2-21 Ichiban-cho* B2 - *✆ (022) 266 2520 - kaiseian.jp - 11h30-15h, 16h30-21h.* Une institution qui sert des anguilles *(unagi)* depuis 126 ans. Salons à tatamis (sur réserv.) aux 2e et 3e étages, dont une superbe

5

salle de 30 nattes gardée par un *daruma* vigilant. Accueil chaleureux et raffiné.

Ganso Robata 元祖・炉ばた
2-10-28 Kokubun-cho B1 - *(022) 266 0897 - tlj sf dim. et j. fériés 17h-22h -* . La maison existe depuis 1950 et célèbre le savoir-vivre japonais. Au centre de la pièce, l'âtre où pend une crémaillère. À côté, six carafes de laiton où chauffe le saké. Tout autour, un bar en U où l'on est attablé. À l'aide d'une palette en bois, on vous tend un plateau où sont posés un verre de saké et divers amuse-bouches.

Matsushima

À midi les gargotes ne manquent pas pour découvrir les spécialités locales : beignets d'huîtres, huîtres grillées, *sasakamaboko – voir p. 423*, mixées ici avec du *mirin* (vin de riz), du sucre et de la fécule, cuites à la vapeur ou grillées au-dessus des braises –, brochettes de bulots, de Saint-Jacques ou de calamars sans oublier les *zunda mochi*, préparation à base de riz gluant concassé recouvert de purée d'*edamame* (fèves de soja encore vertes). Le soir, c'est beaucoup plus compliqué.

PREMIER PRIX

Matsushima Sakana-Fish Market 松島さかな市場
4-10 Fugendo - (022) 353 2318 - www.sakana-ichiba.co.jp - vente 8h-17h, restauration 8h-15h - .
À l'étage de la halle aux poissons, produits frais garantis. Au pied de la halle, nombreuses possibilités pour savourer des huîtres (*yakigaki)* ou fruits de mer grillés. Incontournable (*9h-15h -*).

Aji-dokoro - Santori Chaya 味処・さんとり茶屋
24-4-1 Senzui - (022) 353 2622 - tlj sf merc. 11h30-15h, 17h-22h.
Seul établissement à proposer des huîtres fraîches toute l'année, le Santori possède également une spécialité d'algue *sokadon* et d'excellents menus poisson. Vue sur la baie et les îles. Sets de sushis, d'anguilles ou de thon et belle vue depuis l'étage. En cas de fermeture, essayez son voisin, l'**Osakana Project**, *(022) 353 3166.*

BUDGET MOYEN

Shunkai 旬海
51-2 Aza-chonai - (022) 353 4131 - 11h30-15h, 17h30-22h (dîner en hiver déc.-avr. sur réserv. seult).
L'un des rares restaurants locaux à être ouverts le soir. Ses salons à tatamis et son bar convivial en ont fait un lieu d'habitués, qui se retrouvent autour de poissons grillés, sashimis ou *soba*. Ambiance garantie !

Matsushima Kou 松島寿司幸
Miyagi 88-1, à 5mn de marche de la gare - (022) 355 0021 - fermé merc. - 11h-21h (dernier service 20h30). Ouvert le soir, ce restaurant (comptoir et tables) est l'un des meilleurs *sushi-ya* de la ville. Comptez en moyenne 2 500 ¥ à midi et 3 000 ¥ le soir pour savourer les produits locaux : sashimis d'abalone, de Saint-Jacques, hoyas et oursins.

Le Roman
カフェル・ロマン Cafe le Roman
10-174, Miyagi-gun, Matsushima-machi, compter 30mn à pied à partir de la gare de Matsushima Kaigan - (022) 353 2278 - fermé mar. - 11h-17h. Ce nouveau restaurant aux consonances et saveurs françaises est niché dans le parc de Saigyo Modoshi no matsu à deux pas de l'une des plus belles vues panoramiques de Matsushima (*voir p. 418).* De son immense baie vitrée la situation est idéale pour un déjeuner (restauration simple) ou un café

gourmand en milieu d'après-midi juste avant le coucher de soleil. Le parc possède plus de 250 cerisiers très prisés lors de leur floraison printanière.

EN SOIRÉE

Sendai

Le **Kokubun-cho**, quartier de nuit de Sendai mais aussi de tout le Tohoku. Bars, restaurants, *pachinko*, salons de massage se succèdent dans un entremêlement de rues. Ambiance européenne au **Gulp Down Café**, *Fox Bldg 3F, 2-10-30 Kokubun-cho* ; détente orientale au **Sindbad**, *Ex Plaza 1F, 2-2-22 Kokubun-cho*.

ACHATS

Sendai

Spécialités culinaires – Kanesaki Kamaboko – *3-5-16 Ichiban-cho - ✆ (022) 265 4531 - www.kanezaki.co.jp - 10h-19h.* Spécialité de **sasakamaboko**, sorte de quenelle de poisson que l'on déguste comme un en-cas. La chair du poisson est broyée, grillée, puis présentée sous la forme d'une feuille de bambou. Il existe des *sasakamaboko* à la crevette, au jambon, au lotus, au *wasabi*, etc. Les prix varient de 118 ¥/pièce jusqu'à plusieurs milliers de yens selon les assortiments.

Ocha-Igeta, *3-8-11 Ichibancho (au sud du Manga & Kissa, à côté du Kanezaki Kamaboko).* Thé vert *matcha* et gâteaux raffinés.

Artisanat – Tsutsumi-no-Ohinakkoya – *2-10-10 Tsutsumi-machi - ✆ (022) 233 6409 - 9h-18h.* M. Sato est l'un des derniers à confectionner les **tsutsumi**, petites poupées en terre cuite, colorées et gracieuses, aux allures naïves. Musée familial, magasin et atelier de confection de poupées ou *daruma* (sur réserv.)

AGENDA

Sendai

Tanabata Matsuri – Pour célébrer l'été (6-8 août), 1 500 perches de bambou décorées de papier mâché flottant dans le vent sont placées dans les rues de Sendai. L'animation la plus attendue est un impressionnant feu d'artifice qui se tient la veille de la fête.

Dontosai Matsuri – Chaque année le 14 janv., une grande parade d'hommes quasi nus rejoint le sanctuaire Hachiman pour brûler les décorations du Nouvel An et prier pour une bonne année. La seule couleur autorisée est le blanc, à l'image du papier qu'ils serrent dans leur bouche pour éviter de se mordre la langue à cause du froid.

La côte de Sanriku

Les travaux titanesques donnent la mesure du désastre. Sept ans après le tsunami qui a dévasté plus de 600 km de côte le 11 mars 2011 entre les préfectures d'Amori au nord et celles d'Iwate et de Miyagi au sud, des milliers d'engins de travaux publics s'affairent toujours pour reconstruire, renforcer, surélever, terrasser, modifier la topographie. Digues, habitats, infrastructures, usines, ports, tout doit être repensé pour prévoir l'imprévisible. Car la force de ce tsunami a déjoué toutes les rationalités qui avaient été mûrement réfléchies depuis les bureaux d'études. Sur 35 000 km de côte, 14 000 devraient faire l'objet d'une protection anti-tsunami. Une éventualité jugée bien inutile pour nombre d'habitants à l'aune de l'inefficacité des trois fameux brise-mer de Kamaishi dont la profondeur de leurs assises (à plus de 63 m de fond sur 1 900 m de long au total) avait même été enregistrée dans le livre Guinness des records. Pour l'heure l'avenir est annexé par le présent tant la tâche est ardue. Mais qu'en sera-t-il demain une fois les travaux arrêtés ? Après qu'ouvriers et fonctionnaires seront repartis ? Car la manne étatique inévitablement se tarit. Visiter la région est une première réponse pour soutenir économiquement ses habitants et aider le littoral à renaître de ses eaux.

NOS ADRESSES PAGE 427
Hébergement, restauration, achats, activités, etc.

S'INFORMER

Office du tourisme de Sendai– *(voir p. 408).* **Office du tourisme de Kamaishi** – *Kamaishi Station* *(0193) 22 5835 - 9h-17h.*

SE REPÉRER

Carte de région p. 400, B3 - Ce segment de côte se situe entre Matsushima et Kamaishi, 280 km env. sur le versant pacifique du Tohoku.

À NE PAS MANQUER

Une nuit au Minami-Sanriku Hotel Kanyo. Le marché aux poissons de Kesennuma. Le « pin du miracle » de Rikuzentakata. Les travaux colossaux de Kamaishi.

ORGANISER SON TEMPS

Compter 3 jours et 2 nuits.

Circuit conseillé Carte de région p. 400

La ligne ferroviaire côtière ayant été détruite, elle a été réaménagée en voie routière. Le bus (BRT) circule désormais là où passait autrefois le train en n'oubliant pas de klaxonner à l'entrée des tunnels.

Minamisanriku 南三陸町 B3

En train, de Sendai ou Matsushima prenez la JR Tohoku Line jusqu'à Kogota puis la ligneJR Ishinomaki pour Maeyachi. Prenez ensuite le JR bus (BRT) pour Minamisanriku (Shizugawa Station) - 2h30mn - 1 540 ¥.

832 personnes tuées ou portées disparues, 3 400 bâtiments détruits. La ville qui comptait 17 666 personnes avant le tsunami a été détruite à plus de 60 % le 11 mars 2011. Six ans plus tard, les travaux de reconstruction sont toujours en cours. Les travaux sont colossaux mais l'activité économique reprend

LE 11 MARS 2011 ET APRÈS

Le **Minami-Sanriku Hotel Kanyo**, immense hôtel surplombant la mer, est l'un des rares bâtiments de la ville de Minamisanriku à n'avoir pas été emporté par le tsunami le 11 mars 2011. 350 personnes se trouvaient dans ses murs au moment de la catastrophe. Seul abri existant dans une zone totalement dévastée, il a tout de suite accueilli plus de 250 réfugiés, puis dans les jours et semaines suivants, des équipes médicales et des volontaires. Grâce au dévouement et aux initiatives de Mme Abe Noriko et de son personnel (l'électricité n'a pu être rétablie qu'au bout de 2 mois et l'eau après 4 mois), jusqu'à un millier de personnes y ont été nourries et logées, une bibliothèque et une salle de classes y ont été aménagées pour les enfants. Pendant 2 ans, des dizaines d'événements ont été organisées pour soutenir les réfugiés et maintenir un lien communautaire.

progressivement, organisé autour d'un centre commercial temporaire avec quelques échoppes en bois. Le temps presse car il faut reloger une grande partie des habitants qui résident toujours dans des logements provisoires. La population serait d'ailleurs tombée autour de 13 000 habitants. Beaucoup sont partis vivre ailleurs. Dans le centre détruit, les vestiges du Centre de gestion des crises (Crisis Management Center) sont devenus le symbole de la ville et un lieu de recueillement pour tous les visiteurs.

Kesennuma 気仙沼 B3

JR bus (BRT) jusqu'à Kesennuma - 1h30 - 840 ¥.

Cette ville de 75 000 personnes a été sérieusement touchée par le tsunami, haut d'une vingtaine de mètres à l'entrée de la baie. 1 467 personnes ont perdu la vie, 20 000 maisons ont été détruites ou gravement endommagées. Et plus de 500 bateaux de pêche ont été emportés. Aujourd'hui, Kesennuma se reconstruit progressivement. Elle occupe une très belle baie naturelle protégée dans laquelle se trouve l'île d'Oshima, surnommée la « perle verte ».

★ **Fish Market** – *Sur le port - tlj sf w.-end et j. fériés, à partir de 7h - gratuit pour accéder à la passerelle du haut (interdit d'entrer dans la zone d'adjudication).* Une passerelle aménagée à l'étage permet d'observer l'intense activité de ce marché par lequel transite la pêche d'un des plus importants ports de la côte nord-est du Japon. Bonites, espadons, requins, mais aussi coquillages (huîtres, oursins) tout juste débarqués des bateaux sont conditionnés et vendus sous vos yeux. Un spectacle rare qui rappelle que cette zone du Pacifique est l'une des plus riches du monde pour la pêche. Même si, depuis le tsunami, les prises ont diminué de 30 %.

À deux pas, au premier étage du complexe touristique Uminoichi, se trouvent un bureau d'informations touristiques et le **musée du Requin** (Shark Museum - *tlj 8h-17h - 500 ¥).* Des informations détaillées sont données *(en japonais uniquement)* sur cette espèce fascinante, illustrées de photos et maquettes. Une salle du musée est réservée à des témoignages et documents sur le tsunami.

Au sommet de la colline surplombant Kesennuma (*à 3 km du port, le plus simple est de prendre un taxi)* se trouve le **Rias Ark Museum of Art** (*138-5 Akaiwamakisawa - ✆ (0226) 24 1611 - merc.-dim. 9h30-16h30 - 300 ¥).* Ce musée d'art tourné essentiellement depuis sa création (1994) vers l'art contemporain, avec une section très ancrée sur l'ethnographie et l'histoire locale, ne pouvait pas ne pas tenir compte du tsunami. Son responsable qui a vu la vague arriver de très loin (les volumes du musée sont assez spectaculaires pour cela) s'est progressivement mis à collecter tout ce qui pouvait documenter la tragédie

5

du 11 mars. Aujourd'hui ce sont plus de 30 000 photos et 250 rebuts, rejetés ou façonnés par les éléments déchaînés, qui ont été rassemblés et auxquels un nouvel espace permanent est dédié. Avec une question obsédante : quelle était notre identité ? Que va-t-elle et que doit-elle devenir après le tsunami ?

Rikuzentakata 陸前高田 B3

JR bus (BRT) jusqu'à la gare de Rikuzentakata - 2h - 1 540 ¥. Sans changement (liaisons moins fréquentes) : bus directs de la compagnie Iwateken Kotsu entre Ichinoseki et Rikuzentakata - 1h10 - 500 ¥.

Ce port de pêche, qui comptait 24 000 habitants avant la catastrophe de 2011, a été lui aussi touché de plein fouet et a dénombré plus de 1 700 victimes. Le centre-ville complètement détruit sera reconstruit une fois terminés les travaux de surélévation de la zone la plus proche de la mer.

★ **Le « Pin du miracle » (The Miracle Pine Tree)** – La célèbre pinède (Takata Matsubara) bordant sur 2 km la plage de Rikuzentakata a été entièrement balayée par le tsunami. Des 70 000 arbres (certains plantés il y a plus de 350 ans) n'est resté debout que ce pin haut de 27,5 m. Il est rapidement devenu un symbole d'espoir pour la ville qui a choisi de le préserver artificiellement (très endommagé, il a été déclaré mort en mai 2012) pour l'intégrer dans un parc mémorial qui est en cours d'aménagement.

Kamaishi 釜石 B2

Prenez le JR bus (BRT) (env. ttes les h) via Ofunato Line (Rikuzentakata-Ofunato, 20 km, 340 ¥).

En chemin, arrêt possible à **Ofunato**, où l'on peut passer la nuit *(voir Nos adresses)* et visiter le port (*descendre à la station précédente : Shimofunato - 140 ¥*). On reste stupéfait par la reconstruction du port, là où le tsunami, avec des vagues de plus de 20 m de hauteur, avait tout emporté sur plus de 3 km à l'intérieur des terres.

Reprenez le JR bus (BRT) de Ofunato jusqu'à Sakari (2,6 km 140 ¥) puis prenez le train (Sanriku Minami Rias Line) jusqu'à Kamaishi (37 km, 53mn, 1 080 ¥.)

Sur les hauteurs de **Kamaishi** surgit une gigantesque **statue de Kannon** (**Kamaishi Dai-Kannon** - *www.kamaishi-daikannon.com - 3-9-1 Odaira - 9h-17h - 500 ¥ ; 10mn en taxi de la gare de Kamaishi, 1 200 ¥ env.)*. Du haut de ses 48,5 m de hauteur (possibilité de grimper à l'intérieur du monument et de jouir d'une vue spectaculaire), la déesse incarne la compassion depuis plus de 40 ans dans la ville, également dévastée par le tsunami et ce malgré les trois murs de longueurs différentes (990 m, 670 m et 330 m) ancrés à plus de 63 m de profondeur, censés protéger la ville à l'entrée de la baie. Après trois décennies d'études et de travaux et près de 2 milliards de dollars dépensés, les murs étaient finalement inaugurés quelques semestres avant le tsunami. De nouveaux travaux plus titanesques encore sont en cours de construction. Pour ses concepteurs, il faut se rapprocher de l'exemple donné par la petite ville de **Fudai** (115 km au nord de Kamaishi), la seule qui, en bordure du littoral, grâce à une combinaison de mur (15 m de haut) et de barrage-écluse a déjoué des vagues de plus de 20 m de hauteur.

De Kamaishi, revenez à l'intérieur des terres pour la ville de Tono à 45 km à l'ouest (JR Kamaishi Line - 50mn - 840 ¥) - *voir p.431.*

NOS ADRESSES SUR LA CÔTE DE SANRIKU

TRANSPORTS

Arriver/Partir

Les JR bus (BRT) circulent sur les lignes ferroviaires totalement réaménagées. Infos détaillées sur le site de la compagnie JR East : *www.jreast.co.jp/e/eastpass_t/index.html.*

HÉBERGEMENT

Minamisanriku

BUDGET MOYEN

Minami-Sanriku Hotel Kanyo – 南三陸ホテル観洋
99-17 Kurosaki, Minamisanriku-cho - ✆ (022) 646 2442 - www.kanyo.co.jp - 244 ch. à partir de 10 900 ¥ par pers. avec petit-déj. et dîner. Cet immense paquebot *(voir aussi p. 425)* abrite de vastes chambres japonaises, des onsen (*rotenburo*) avec une vue magnifique sur la baie et plusieurs restaurants. Navette gratuite de/vers Sendai (*sur réserv., 2h*) ou des stations du JR bus (BRT) (Rikuzentakata).

Rikuzentakata

BUDGET MOYEN

Hakoneyama Terrace – 箱根山テラス
Otomocho, Myoga–1 ✆ (019) 222 7088 - www.hakoneyama-terrace.jp - 14 ch. à partir de 8 000 ¥/pers. Sur les hauteurs de Rikuzentakata, cette résidence écologique construite en bois de cyprès a pour point fort sa vue imprenable sur la baie. Chambres très simples mais tout confort, belle terrasse au calme.

Ofunato

PREMIER PRIX

Ofunato Plaza Hotel
大船渡プラザホテル
35-4 Chayamae - ✆ (0192) 26 3131 - www.ofunatoplaza.com - 34 ch. autour de 9 500 ¥ pour 2 pers. ☕. Situé au pied de l'arrêt du BRT d'Ofunato, ce *business hotel* très pratique dispose de chambres confortables et bien équipées. Petit-déjeuner buffet très copieux. Restaurant et wifi.

Kamaishi

BUDGET MOYEN

Hotel Route-Inn Kamaishi
ホテルルートイン釜石
2-5-17 Ohara Kamaishi - ✆ (0193) 22 0301 - www.route-inn.co.jp - 58 ch. à partir de 12 300 ¥ pour 2 pers. ☕. À 15 mn à pied de la gare ferroviaire de Kamaishi, ce *business hotel*, ouvert en 2014, est l'une des adresses les plus plébiscitées de la ville. Chambres pratiques bien équipées. Wifi et onsen.

Hiraizumi 平泉 et ses environs

★

La gloire d'Hiraizumi tient au destin de la famille Fujiwara qui fit de ce lieu un joyau à part entière en exploitant dès le 12e s. l'énorme mine d'or qui se trouvait à Mutsu, à l'est d'Oshu, région sise de nos jours entre les préfectures de Fukushima et d'Aomori. La richesse et la puissance des Fujiwara suscitèrent jalousie et colère condamnant implacablement Hiraizumi à subir les foudres du premier des shoguns : Yoritomo. Réduite à néant, Hiraizumi ne laisse guère deviner ses fastes d'antan, exception faite du Chuson-ji, inscrit au Patrimoine mondial de l'Unesco depuis 2011.

NOS ADRESSES PAGE 432
Hébergement, restauration, achats, activités, etc.

S'INFORMER

Office du tourisme de Hiraizumi – *Face à la gare - ✆ (0191) 46 2110 - www.town.hiraizumi.iwate.jp - 8h30-17h.*

Office du tourisme de Tono – *Face à la gare - ✆ (0198) 62 1333 - www.tonojikan.jp - 8h30-19h (17h30 oct.-mi-avr.).*

SE REPÉRER

Carte de région p. 400, B3 - Au nord de la ville, le temple Chuson-ji ; au sud, celui de Motsu-ji. Entre les deux, moins de 2 km. Tono se trouve à 93 km au nord-ouest d'Hiraizumi *(voir Transports).*

À NE PAS MANQUER

Le Konjiki-do du Chuson-ji.
La maison Yanagata à Tono et les fermes du Tono Furusato Mura.

ORGANISER SON TEMPS

Comptez une journée et une nuit à Hiraizumi. De même pour Tono.

Se promener

LA VILLE

Comptez une journée. De la gare ferroviaire, prenez l'artère centrale qui mène jusqu'à la porte principale du Motsu-ji (700 m), 15mn à pied ou 5mn en bus (Run Run bus en face du bureau d'informations touristiques de la gare).

Motsu-ji 毛越寺

5 nov.- 4 avr. : 8h30-16h30 ; reste de l'année : 8h30-17h - 500 ¥.

À l'instar du Chuson-ji, le Motsu-ji a été construit au 9e s. par le prêtre Jikaku Daishi. Au 12e s., ce complexe monastique regroupait plus d'une cinquantaine de pagodes et quelque 500 résidences de prêtres et autres temples affiliés, affichant ainsi la puissance de la famille Fujiwara. Avant d'être réduit en cendres par le terrible incendie de 1226, la richesse du pavillon central n'avait, disait-on à l'époque, aucun équivalent au Japon. À défaut d'imagination, on se contentera d'observer ses fondations s'égrenant dans le jardin **Jodo teien**★, jardin typique de l'époque de Heian, censé représenter sur terre le paradis du Bouddha de la Terre pure.

Chaque quatrième dimanche du mois de mai, le *gokusui-no-en* fait revivre, en bordure du cours d'eau Yarimizu qui serpente dans le jardin, une élégante partie de campagne aristocratique telle qu'elle se déroulait sous les Fujiwara.

LA GLOIRE ET LE RÊVE AU PATRIMOINE MONDIAL

À son apogée, Hiraizumi qui comptait 100 000 habitants devint le cœur administratif du royaume septentrional du Japon. Pour spiritualiser ces richesses accumulées dans les mines d'or de leurs provinces, les puissants Fujiwara de Mutsu voulurent créer un « paradis bouddhique sur terre » avec quatre jardins fusionnant des idéaux du bouddhisme de la Terre pure et des concepts proprement japonais. En 1105 fut fondé le monastère Chuson-ji tout incrusté de pierre, d'argent, de perles et de pierreries. Cependant le rêve fut éphémère. Dès la fin du 12e s., Hiraizumi fut ravagée par des guerres incessantes. Si bien qu'avant la fin du Moyen Âge, la plupart de ses monastères avaient été détruits par le feu, à l'exception de Chuson-ji. C'est dans cette cité en déclin qu'en 1186, l'un des héros les plus populaires de l'histoire japonaise, **Minamoto no Yoshitsune** (1159-1189), flanqué de son fidèle ami le moine Benkei, vint se réfugier pour échapper à son demi-frère et rival Yoritomo. Hélas le héros fut trahi et cerné par l'ennemi : il dut se donner la mort par *seppuku* tandis que l'irréductible Benkei lutta jusqu'à être transpercé de mille flèches. Sa tombe est au pied du Chuson-ji.

Des *waka*, poèmes traditionnels, sont rédigés par les participants avant d'être emportés par le courant de la rivière.
Revenez sur vos pas et prenez sur votre gauche la route passant devant l'étang Mairuru ga Ike (800 m, 16mn).

Hiraizumi Cultural Heritage Center
ひらいずみぶんかいさんせんたー

À 7mn en bus à partir de la gare JR (Run Run bus en face du bureau d'informations touristiques de la gare) - 9h-17h - donation.
Depuis 2011 les six sites de Hiraizumi, dont la montagne sacrée Kinkei-san, les temples, jardins et sites archéologiques représentant la Terre pure bouddhiste, sont inscrits au Patrimoine mondial de l'Unesco. Afin de décrypter les vestiges de cet ancien royaume, ce centre met à la disposition des visiteurs différents panneaux interactifs, clés de lecture suffisamment passionnantes pour qu'on puisse y passer une bonne heure *(informations en anglais)*. Quand **Fujiwara no Kiyohira** (1056-1128) développa la grande route de l'arrière-pays « *Oku Daido* » pour traverser le **Michinoku** « la terre au-delà des routes », l'ancien nom du Tohoku (son territoire courait alors de la barrière de Shirakawa dans sa frontière méridionale jusqu'à *Soto no hama*, la ville d'Amori dans ses limites septentrionales), le fondateur de la lignée des Fujiwara de Mutsu avait en tête une idée très précise : celle de faire construire le temple de Chuson-ji au centre du Michinoku. Pour cela, il fit jalonner la route de *sotoba* (tablettes en bois portant une image d'Amida) tous les 109 m (en référence au *mala* – chapelet – qui comporte en général 108 graines reliées par un fil et une 109e sur laquelle est placé le nœud pour fermer l'ensemble) ; et au milieu précis de ces deux frontières géographiques, il fit construire ce temple ; avec pour calque imaginaire la configuration de la Terre pure de Bouddha à laquelle aspiraient tous les bouddhistes après la mort.
Continuer la route plus au nord (15mn, 700 m environ).

★★ Chuson-ji 中尊寺

À 1,6 km au nord de la gare. À 10mn de bus à partir de la gare JR (Run Run bus en face du bureau d'informations touristiques de la gare) - mars-oct. : 8h30-17h ; nov.-fév. : 8h-16h30 - 800 ¥.

La pente Tsukimizaka qui mène au temple est encadrée de cryptomères plantés il y a 350 ans par le clan Date. Ce temple aurait été fondé en l'an 850 par le prêtre Jikaku Daishi (794-864) sous la tutelle du temple Enryaku-ji du mont Hiei (au nord de Kyoto) *(voir p. 265)*. Affilié à la secte bouddhiste Tendai, il se développe au 11e s. sous la férule de la puissante famille des Fujiwara et compte alors plus de 40 édifices. Mais la rivalité de cette dernière avec l'intraitable shogun Minamoto no Yoritomo (1147-1199) *(voir p. 429)* condamne le Chuson-ji. Détruit et reconstruit plusieurs fois, il ne reste que le **Kyozo** (salle des Trésors où sont entreposés les *sûtra*) et surtout, le **Konjiki-do★★★** transféré en 1963 dans ce bâtiment moderne. Achevé en 1124, en partie recouvert de feuilles d'or, le temple d'or illumine à l'image de la Terre pure (*jodo* en japonais) promise à ses dévots par **Amida Nyorai**, le Bouddha de la lumière infinie vénéré pendant la période de Heian. *A contrario* du bouddha Sakyamuni, Amida n'est pas un personnage historique mais fabuleux, prometteur, dispensateur – pour tous ceux qui pensent à lui avec ferveur – de cette Terre paradisiaque, parfaite, lumineuse. Dans l'anxiété du monde qui gouverne cette période, il est préférable non de compter sur soi (la tâche est trop incertaine) mais de s'en remettre à la force compassionnelle d'Amida. Ce travail artisanal – les gestes des artisans sont autant de prières adressées à Amida – est d'un raffinement inouï; summum de l'art bouddhique de cette période où sont réunis tous les attributs symboliques permettant de garantir cette exaltation *post mortem* : ainsi trouve-t-on aux côtés d'Amida, à sa droite, Kannon, divinité de la Compassion; à sa gauche Seishi, Bodhisattva de la sagesse. Six sauveurs de l'enfer, deux rois gardiens parachèvent la scène auspicieuse; tout comme les paons sculptés sur le bandeau inférieur de l'autel et dont les chatoyantes queues déployées sont autant de gages donnés aux dévots sur le Paradis promis (*voir Zuigan-ji p. 414*).

Fait rarissime, quatre générations de Fujiwara sont enchâssées sous les différents autels : central pour les restes de Kiyohira; autel de droite pour la tête de Yasuhira (1155-1189) où quelques graines de fleurs de lotus – celles-là mêmes qui poussent sur la Terre pure de Bouddha – ont été découvertes et que la science, neuf siècles plus tard, vient de faire refleurir. À quelques pas, le petit musée **Sankozo★★** expose de très **belles sculptures★★** entre autres, d'Amida Nyorai (12e s.) flanqué de Yakushi Nyorai. Est aussi présenté le **Kinginji Kosho Issaikyo★★★**, *sûtra* complets rédigés alternativement en ligne d'or et d'argent sur papier bleu et commandé par Kiyohira.

Belle aire de détente au café Kanzantei (9h30-16h30); terrasse reposante et vue magnifique. Idéal pour prendre un café (snacks).

AUX ENVIRONS

★ Gorges de Gembikei 厳美渓

De Hiraizumi, prenez le train jusqu'à la gare de Gembikei. À 5mn à pied de la rivière. Nombreux services de bus également à partir de la gare d'Ichinoseki. Possibilité de sillonner la rivière sur des barques à fond plat. Avr.-août : 8h30-16h30; sept.-oct. : 8h30-16h; nov.-20 mars : 9h-15h - durée 90mn - 1 500 ¥ par pers.

Sculptées par les eaux tumultueuses de la rivière Satetsu, les gorges déroulent sur près de 2 km chutes d'eau, sources d'eau chaude et reliefs tourmentés. L'un des cent plus beaux paysages selon l'inévitable classement officiel.

Circuit conseillé Carte de région p. 400, B2

★ Tono 遠野

À 93 km au nord-ouest d'Hiraizumi - accès en train (voir Nos adresses p. 432).
Cette charmante petite ville est indissociablement liée au souvenir de **Yanagita Kunio** (1875-1962) considéré comme le père de l'ethnologie japonaise grâce à la parution en 1910 de « Tono monogatori » (*Les histoires de Tono*) qui réunissait pour la première fois légendes et contes régionaux. Un bestiaire folklorique, peuplé de *yokai*, ces créatures surnaturelles qui irriguèrent et irriguent encore l'imaginaire de plusieurs générations de créateurs : que ce soit le célèbre *mangaka* Mizuki Shigeru (1922-2015), l'écrivain Murakami Haruki ou le dessinateur et réalisateur Miyazaki Hayao. Vous découvrirez à mesure de vos déambulations dans les rues que les *yokai* hantent toujours la petite cité. Tono depuis ne cesse de restaurer ses vieilles fermes, d'inviter des conteurs et d'ouvrir des chemins de randonnées sur les anciennes routes des *kappa* (esprits des eaux).
De la gare ferroviaire prenez la rue principale (Ekimae) qui mène jusqu'au pont Otebashi (10mn à pied). Le long de la rivière Rainigawa se trouve le **Folktale and storytelling center** *(9h-17h - 500 ¥)*. Parmi les différents bâtiments qui se succèdent pour fournir aux visiteurs des pistes de compréhension *(cartels en anglais)* sur les traditions locales, la **maison de Yanagita★** en est le point fort. Une maison influencée par le style de la villa impériale Katsura de Kyoto (*voir p. 259*), l'un des premiers exemples de *Sukiya-zukuri* (maison raffinée indexée sur l'esthétique des maisons de thé). Yanagita habita près de sept ans dans cette maison à Tokyo avant de décéder. Elle fut entièrement démontée puis reconstruite ici à Tono en 1993. On découvre ainsi l'univers quotidien de Yanagita dont le grand mérite est finalement d'avoir donné au folklore japonais ses premières lettres de noblesse ; d'avoir montré que ses matériaux essentiellement oraux et volatils, « bons pour les enfants » selon la formule consacrée, forment un véritable corpus ethnographique digne d'intérêt scientifique permettant de « comprendre quels chemins ont été empruntés afin d'arriver là où nous en sommes ». Ce travail de collecte auprès des habitants avait déjà été amorcé par Kizen Sasaki (1886-1933), natif de la région de Tono et folkloriste japonais.
De l'autre côté du pont attenant à la bibliothèque, le petit **musée municipal de Tono** (*9h-17h - 300 ¥*), donne d'excellentes informations, contextualisant parfaitement l'environnement politique et économique de Tono.

★ Tono Furusato Mura 遠野ふるさと村

À 12 km. De la gare de Tono, bus en dir. de Sakanoshita (arrêt Tono Furasato) à 8h41, 10h26, 13h26 et 15h49 (26mn, 1 000 ¥ A/R), retour à 11h16, 14h16 et 16h39. 9h-17h - 540 ¥. Restaurant. Comptez une demi-journée.
Le « village du pays natal » réunit sept fermes régionales (démontées et regroupées ici) ; la plus ancienne a plus de deux cents ans. Ces bâtisses appelées *Magari-ya* (littéralement maisons pliées) ont pour particularité d'être structurées en forme de L. La majeure partie du temps de ces habitants étant consacrés à l'élevage de chevaux, l'étable située dans l'une des ailes, permettait de mieux faire circuler les ressources calorifiques entre hommes et animaux, particulièrement convoitées dans ces régions froides. Et ce, depuis l'époque d'Edo, période à partir de laquelle Tono acquit une grande notoriété en matière d'élevage ; en particulier pour la race Nambu (du nom du clan qui

gouvernait Tono à cette époque). Cette race d'équidés de petite taille originaire peut-être de Corée (ce dont attestent des témoignages archéologiques du 7e s.) a donné également naissance à force de sélection et de croisement à des chevaux plus grands et plus robustes qui furent très rapidement courtisés aussi bien par les militaires que par les marchands. Ceci avant que les chevaux de race européenne ne colonisent le Japon à partir du 16e s. Le cheval ayant une importance capitale, l'habitude fut progressivement prise de tailler dans des plaquettes de bois à des fins votives *(ema)* des images de chevaux que les éleveurs accrochaient dans les temples pour demander aux *kami* (divinités) d'épargner leur précieux élevage de tous dangers et fléaux. Avec la force conjuratoire que l'on devine aujourd'hui puisque les *ema* sont omniprésents dans les sanctuaires pour faire exaucer tous types de vœux. Divers ateliers et démonstration d'artisanat animent certaines des maisons (poterie, ébénisterie, fabrication de *soba*…).

NOS ADRESSES À HIRAIZUMI ET ENVIRONS

TRANSPORTS

Arriver/Partir : Hiraizumi

De Sendai – Prendre le Shinkansen Hayabusa ou Yamabiko pour **Ichinoseki** puis le JR Tohoku Line pour **Hiraizumi** *(100 km, 53mn, 1 940 ¥ ; 4 200 ¥ avec réserv.)*.

De Hiraizumi pour **Tono** – Prendre la JR Tohuku Line pour Hanamaki puis la JR Kamaishi Line pour Tono *(1h56, 1 660 ¥)*.

Sur place

De la gare JR, les *Hiraizumi circuit bus Run Run* desservent tous les points touristiques avec un ticket multiples arrêts *(150 ¥ le trajet, 400 ¥ pass 1 j.)*. Location de vélos chez Swallow Tours, situé à deux pas de la gare d'Hiraizumi, *(2h/500 ¥, 1 j./1 000 ¥)*. À Tono, location de vélos (électriques aussi) ; voitures pour les environs (se rens. à l'office de tourisme). À Tono, tout peut se faire à pied.

HÉBERGEMENT

Hiraizumi

BUDGET MOYEN

Hiraizumi Onsen Hotel Musashibo
平泉ホテル武蔵坊
15 Hiraizumi Osawa, Nishiiwai-gun, à 12mn à pied de la gare ou desservi par le bus Run Run - ✆ (0191) 46 2241 - www.musasibou.com/en/ - 48 ch. à partir de 13 000 ¥/pers. avec petit déj. et dîner.
Idéalement placé entre les deux temples, l'établissement – qui mériterait une vraie rénovation – dispose néanmoins de nombreux atouts : charmants onsen avec vue sur la montagne Tabashine, bon restaurant et accueil sympathique. Préférer aux chambres occidentales, petites, les chambres japonaises beaucoup plus dépaysantes et confortables.

Environs de Hiraizumi

BUDGET MOYEN

Gembikei Itsukushi-en 厳美渓いつくし園

15 Minamitakinoue, Genbi-cho, Ichinoseki-shi - ✆ (0191) 29 2101 - www.itsukushien.co.jp - 47 ch. à 5mn à pied de la gare de Gembikei, navette gratuite ou 3 000 ¥ en taxi de la gare d'Hiraizumi. Surplombant les gorges de Gembikei, ce ryokan est situé dans un très bel environnement naturel. Grande gamme de services : onsen, sauna, massage, etc. Comptez 11 000 ¥ pour une nuit avec deux repas japonais.

Tono

BUDGET MOYEN

Minshuku Tono 民宿とおの

À 10mn à pied derrière la gare (prendre à droite, traverser le passage à niveau, tourner ensuite à droite ; à 400 m sur votre gauche), 2-17 Zaimoku-Cho - ✆ (0198) 62 4395 - www.minshuku-tono.com - 11 ch. de 6 400 à 7 800 ¥/pers. avec petit-déj. ou dîner - ⊠. Cette pension de famille typiquement japonaise (*o-furo* et toilettes dans le couloir) est une véritable et belle immersion culturelle. La salle pour le petit déjeuner - japonais - est une merveille.

BUDGET MOYEN

Aeria Tono あえりあ遠野

1-10 Shinmachi - ✆ (0198) 60 1703 - www.aeria-tohno.com - 62 ch. 8 300 ¥/pers. ☕. Cet établissement confortable – situé à l'opposé de la gare *(15/20mn à pied)* face à la bibliothèque – est généralement occupé par les groupes. Pas le plus dépaysant mais doté de bonnes prestations : restaurant, bar onsen et chambres occidentales.

RESTAURATION

Hiraizumi

PREMIER PRIX

Izumi Sobaya

75 Izumiya, à 3mn de la gare, au premier carrefour principal sur votre droite en venant de la gare - ✆ (0191) 46 2038 - fermé mar. - 10h-17h30 - à partir de 700 ¥ - ⊠. Tenu par un vieux couple, l'établissement est réputé pour ses *soba*, nouilles japonaises à base de sarrasin, faites maison.

Tono

BUDGET MOYEN

Kuishinbo Chikara

10-4 Chuodori - fermé dim. - 17h30-0h. Izakaya, sans oublier de goûter en fin de repas, le *dobekko*, alcool de riz fermenté.

Yamagata 山形 et ses environs

252 453 habitants

Spacieuse, irriguée par de larges artères flanquées d'immeubles peu élevés, la ville de Yamagata, également chef-lieu de la préfecture du même nom, est propice aux flâneries. Si ses centres d'intérêt sont limités, la ville – desservie par le Shinkansen – peut être une bonne étape entre les nombreuses excursions qu'appellent les différentes curiosités et reliefs qui l'environnent : temple, ski, onsen, festivals…

NOS ADRESSES PAGE 436
Hébergement, restauration, achats, activités, etc.

S'INFORMER

Office du tourisme de Yamagata – *sortie ouest de la gare (1er étage, Jajo central) - ✆ (023) 647 2333 - www.yamagatakanko.com/english/ - 9h-17h.*

SE REPÉRER

Carte de région p. 400, B3 – Yamagata se trouve à 359 km au nord de Tokyo et à 65 km à l'ouest de Sendai. C'est le chef-lieu de la préfecture du même nom (1,2 millions d'habitants), bordée à l'ouest par la mer du Japon, la préfecture de Fukushima au sud, celle de Miyagi à l'est et d'Akita au nord-ouest.

À NE PAS MANQUER

Le temple de Yamadera. Le Zao Onsen Dai Rotenburo. Une nuit à Ginzan Onsen. Le festival de Tendo.

ORGANISER SON TEMPS

On peut passer quelques jours à Zao Onsen aussi bien en été qu'en hiver, la station est très vivante. Pour Ginzan Onsen, une nuit suffit. Comptez une demi-journée pour Yamadera.

Se promener

À 15mn à pied de la gare (plein nord en longeant la voie ferrée), on croise le **parc Kajyo Kouen**. Le poumon vert de la ville est un site éminemment historique puisqu'il accueille en son sein les ruines, redressées à grands frais, du château de Mogami Yoshiaki (1545-1614). Le fondateur et planificateur de la ville, habile guerrier de surcroît, fit tellement prospérer la ville qu'il fut appelé le « père fondateur du Dewa (ancienne région que se partagent aujourd'hui les préfectures de Yamagata et d'Akita) au million de *goku* ». Un *goku* ou koku étant équivalent à 150 kg de riz, soit la quotité de riz nécessaire pour nourrir une personne pendant un an.

Différents musées arpentent cette aire historique. Parmi les pièces maîtresses du petit musée historique consacré à Mogami (**Mogami Yoshiaki Historical Museum**, *tlj sf lun. 9h-16h30 - gratuit*) figure le **beau casque noir et laqué**★★ de plus de 3 kg toujours impacté par la balle qu'il stoppa lors du siège de Hasedo en 1600.

À moins de cent mètres, le musée des Beaux-Arts, **Yamagata Art Museum**★ (*✆ (023) 622 3090 - www.yamagata-art-museum.or.jp/en - 10h-17h - 500 ¥*) possède une collection permanente d'un grand intérêt issu de deux importantes donations : la collection Hasegawa (163 pièces) comprend des œuvres de Matsuo Basho, de Kumashiro Yuhi, Yokoyama Kazan… tandis que la collection occidentale résultant de l'impressionnante donation Yoshino Gypsum possède plus d'une centaine d'œuvres, essentiellement impressionnistes (Monet, Renoir, Cézanne, Degas, Pissaro…).

NINGEN-SHOGI : LE FESTIVAL DES PIONS VIVANTS

C'est à **Tendo** que sont produits plus de 95 % des jeux de *shogi*. Le *shogi*, littéralement le « jeu d'échecs des généraux », pratiqué par plus de 15 millions de Japonais, fait partie de la grande famille des jeux d'échecs. Apparu au Japon aux alentours du 11e s. ap. J.-C. et dérivant sans doute du Xiang-Qi chinois, le jeu a vu ses règles se stabiliser autour du 16e s. L'évènement phare de Tendo est depuis 1956 le Ningen-shogi qui voit se déplacer et s'affronter sur le *shogi-ban*, un plateau carré de 81 cases dessinées ici à l'échelle des hommes (17 m de long sur 14 m de large), des humains costumés comme des samouraïs. Le Ningen-shogi a lieu chaque année en avril lors du festival des fleurs de cerisier. *(023) 653 1680 - www.jnto.go.jp/eng/spot/histtown/tendocity.html. Accès en train par la JR Ou Line (20mn - 240 ¥).*

Côté centre-ville, l'artère principale conduit sur un ancien bâtiment administratif construit dans un style Renaissance au début du 20e s. Le **Bunshokan** *(9h-16h30 - gratuit)* apparaît alors, dans toutes ses assises, avec la force de ses mirages doués d'une improbable réalité.

À proximité Carte de région

★★ Yamadera 山寺 (Hojusan Risshaku-ji 立石寺)

À 4 km au nord-est de Yamagata. À 5mn à pied de la gare JR de Yamadera (reliée à Sendai et Yamagata par la JR Senzan Line, en respectivement 1h15 et 15mn). Tlj 8h-17h - 300 ¥ - comptez env. 1h pour la montée, s'équiper de bonnes chaussures.

Ce spectaculaire ensemble de temples bouddhiques accrochés à flanc de montagne se découvre au fur et à mesure de la montée (1 015 marches), sous des arbres séculaires et des rochers aux reliefs étranges. Le site – nom officiel **Risshaku-ji** – a été fondé en 860 par le moine Ennin *(voir encadré p. 416)* et fut visité au 17e s. par le poète **Basho** qui y a composé l'un de ses plus célèbres haïkus : « Ah le silence/et vrille et vrille le roc/le cri des cigales » *(trad. R. Sieffert)*. Le premier temple (Konponchudo), le plus ancien (14e s.), abrite de précieuses statues de bouddha et une lumière « qui ne s'éteint jamais », qui aurait été transportée ici du mont Hiei à Kyoto. À ne pas manquer à mi-parcours, le Godaido, pavillon sur pilotis offrant une vue magnifique sur la vallée.

★ Zao Onsen 蔵王温泉

À 18,5 km au sud-est de Yamagata. De la gare de Yamagata, bus ttes les h de 6h50 à 20h (18h40 le w.-end) - 40mn - 1 000 ¥) ; de la gare de Sendai, ligne JR Senzan (1h19 - 970 ¥) puis bus (23 déc.-20 mars bus express direct : 1h40 - 1 000 ¥). Bureau d'informations dans la gare routière (8h30-17h sf mar. et merc. hors saison - www.zao-spa.or.jp/english).

Située au pied du mont Zao (1 841 m), la ville est une **station de ski** et une **station thermale** renommée. Son grand domaine skiable attire les sportifs de tout niveau qui, tout en descendant les pistes, pourront admirer les « snow monsters » (arbres enneigés et gelés aux silhouettes impressionnantes). La zone offre aussi un grand choix de randonnées. De nombreux hôtels, ryokans et bains publics accueillent les touristes tout au long de l'année.

Zao Onsen Dai Rotenburo – *À 15mn à pied du centre - 6h-19h (horaire variable selon la saison) - 470 ¥ (300 ¥ pour les résidents des onsen de la ville) - fermé mi-nov.-avr.* Les eaux thermales de Zao Onsen, acides et à très forte teneur en soufre, comptent parmi les plus cotées du pays et sont appréciées depuis des siècles pour leurs vertus thérapeutiques, notamment au niveau dermatologique (on l'a surnommée la « source de beauté »). Ce grand bain à ciel ouvert aménagé à flanc de montagne s'intègre parfaitement dans la nature. Une fois habitué à la forte odeur de soufre et à la couleur laiteuse de l'eau, peu familières aux Occidentaux, vous vivrez une expérience 100 % japonaise !

★ **Zao Okama** – *À pied de Zao Onsen, empruntez le téléphérique (Zao Ropeway) jusqu'à la station Jizo Sancho (http://zaoropeway.co.jp/en/guide.html) - avr.-mi-déc. 8h30-17h, reste de l'année 8h15-16h45 - 1 500 ¥ AS, 2 600 ¥ AR) puis env. 1h de marche. En bus, de la gare JR Shiroishi Zao, 2/j. jusqu'au Kattadake Peak (env. 1h - 1 470 ¥). En voiture, prenez la route Zao Echo Line jusqu'au parking en dessous du Zao Mountain Peak Restaurant (dernière portion à péage - 540 ¥) puis 5mn à pied. Accès fermé de mi-nov. à avr.*

Pour les sportifs, la randonnée qui mène de Zao Onsen à ce lac de cratère situé sur le mont Zao, à 1 700 m d'altitude, est incontournable. Son nom Okama, qui signifie « casserole pour cuire le riz », fait référence à sa forme circulaire ; on l'appelle aussi le « lac aux cinq couleurs » car ses eaux acides et transparentes – souvent vert émeraude – peuvent changer de couleur plusieurs fois par jour, selon l'ensoleillement et la saison. Le lac a été formé suite à une éruption du mont Zao au 18e s.

★ Ginzan Onsen 銀山温泉

À 59 km au nord de Yamagata. De la gare de Yamagata, prenez le JR Yamagata Shinkansen jusqu'à Oishida (30mn- 1 740 ¥) puis le bus (40mn - 710 ¥).

Isolée dans les montagnes, cette **station thermale** (littéralement « les bains thermaux de la montagne d'argent ») ne manque pas de charme. Son unique rue principale et piétonne, qui court de part et d'autre de la rivière, est bordée d'une dizaine de ryokans datant des années 1910-1920 (la majorité ayant été reconstruite depuis), de bains publics (tous en intérieur à l'exception des *ashiyu* pour les bains de pieds) et de boutiques. Encore plus belle la nuit, avec son éclairage à l'ancienne (ses fils électriques ont été enterrés) et en hiver, lorsque la neige souligne chaque détail architectural ! À quelques minutes à pied, on peut rejoindre la cascade Shirogame (22 m de haut).

Comptez 40mn environ (AR) pour aller jusqu'au sommet de la montagne d'argent. Le chemin, très bien balisé, fait circuler le marcheur dans l'une des galeries de l'ancienne mine d'argent (Nobezawa-Ginkodo), découverte depuis plus de cinq siècles et qui fit la fortune du lieu.

De Ginzan Onsen ou de Yamagata, vous pouvez rejoindre Tsuruoka ou Sakata, sur la côte de la mer du Japon *(de la gare de Oishida, prenez la JR Rikuu West Line), voir p. 438 et 441.*

NOS ADRESSES À YAMAGATA ET ENVIRONS

TRANSPORTS

En train

Yamagata

De **Tokyo (Ueno)**, prendre le Shinkansen Tsubasa *(2h40, 5 940 ¥ plus 4 850 ¥ si réserv.)*. De **Sendai**, prendre la Senzansen Line pour Yamagata *(1h20mn, 1 140 ¥)*.

HÉBERGEMENT

Yamagata

BUDGET MOYEN

APA Hotel Yamagata Ekimae
アパホテル〈山形駅前大通
Tokamachi 4-1-8 - ☎ (023) 633 9111- 56 ch. - à partir de 12 000 ¥ la ch. double - ☕. Situé à 7mn à pied

de la gare de Yamagata, cet hôtel offre toutes les commodités des *business hotels* de la chaîne Apa. Chambres fonctionnelles et bien tenues. Wifi.

Zao Onsen

POUR SE FAIRE PLAISIR

Ohira Hotel 大平ホテル
825 Zao Onsen - ✆ (023) 649 9422 - www.oohira.co.jp/- 24 ch. à partir de 7 500 ¥/pers. avec petit-déj., à partir de 13 000 ¥/pers. avec dîner. Situé à 15mn à pied de la gare, ce ryokan qui ressemble plus à une *minshuku* se trouve à proximité du Zao Onsen Dai Rotenburo (en haut de la station). Lui-même est doté de spas et de *rotenburo* très agréables. Une adresse simple et familiale avec des chambres japonaises assez vastes.

Zao Spa Hotel Kiraku ホテル喜らく
935-25 Zao Onsen - ✆ (023) 694 2222 - www.zao-kiraku.co.jp/- 24 ch. - à partir de 11 000 ¥/pers. sur la base de 2 pers. avec petit-déj. et dîner. Ce ryokan se trouve au pied de la station juste avant le dernier petit pont qui conduit au téléphérique (Sanroku Line). Bien tenu et assez élégant, il possède de bonnes chambres confortables et de beaux spas et *rotenburo*.

Ginzan Onsen

POUR SE FAIRE PLAISIR

Kozan Kaku 古山閣
423 Ginzanshinhata, Obanazawa - ✆ (023) 728 2039 - www.kozankaku.com - 12 ch. - à partir de 14 000 ¥ mais jusqu'à 20 000 ¥ selon la saison - ⊄. Ce ryokan, magnifique dans ses atours boisés patinés par le temps, dispose de très belles chambres et des bains d'une grande sobriété.

UNE FOLIE

Fujiya 藤屋
443 Shinpata Oaza - ✆ (023) 728 2141 - www.fujiya-ginzan.com - 8 ch. à partir de 37 000 ¥/pers. 2 repas inclus. L'essence de la tradition revisitée par l'architecte Kuma Kengo, maître de l'architecture contemporaine, dans ce ryokan vieux de 350 ans mais complètement repensé. Résultat : un lieu unique, très épuré, où chaque matériau (bambou, papier, verre) est magnifiquement mis en valeur.

RESTAURATION

Yamadera

PREMIER PRIX

Enzou 山形蕎麦の焔蔵山寺店
Sur votre droite, à 1mn à pied en sortant de la gare de Yamadera - ✆ (023) 665 4770 - 11h-17h - 800/1 300 ¥. Dans ce restaurant spécialisé en *soba* (nouilles à base de sarrasin), vous pourrez goûter les *ita-soba*, pâtes locales plus longues que la moyenne servies sur un large plateau appelé *ita*.

AGENDA

Yamagata

Festival d'Imoni-Kai – *3e dim. de sept.* Cet événement annuel qui se tient près de la source de la rivière Mamigasaki traversant la ville de Yamagata réunit 30 000 personnes autour d'un gigantesque chaudron de 6 m de diamètre ; où bouillent taro et bœuf touillé avec le bras d'une pelleteuse.

Tsuruoka 鶴岡 et ses environs

★

Tsuruoka : 129 630 habitants – Sakata : 106 267 habitants

Située au pied d'une région montagneuse d'origine volcanique, à deux pas de la mer du Japon, Tsuruoka bénéficie d'un environnement naturel privilégié. Paisible comme une petite ville de province, elle ne manque pas d'attraits et constitue un point de départ idéal pour rayonner dans les « Dewa Sanzan », les trois montagnes sacrées chères aux célèbres pèlerins « yamabushi ». Distante de moins de 30 km, Sakata, l'autre ville importante de la préfecture de Yamagata, possède de nombreux musées aux architectures audacieuses.

NOS ADRESSES PAGE 443
Hébergement, restauration, achats, activités, etc.

S'INFORMER

Informations touristiques à Tsuruoka – *Tsuruoka Tourist Information Center, dans la gare ferroviaire de Tsuruoka (1-1 Suehiro Machi)- ✆ (0235) 25 7678 - 9h30-17h.*

Informations touristiques à Sakata – *Situé à l'intérieur de la gare - ✆ (0234) 24 2233 - www.sakata-kankou.com - 10h-18h.*

Sakata Tour Guide – *✆ (0234) 24 2233. Comptez 1 000 ¥ pour une heure.*

SE REPÉRER

Carte de région p. 400, A3 - Sise dans la préfecture de Yamagata qui compte 1,22 million d'habitants, **Tsuruoka** est entourée par la montagne Chokai au nord, les monts sacrés Dewa à l'est, la chaîne de montagnes Asahi au sud et la mer du Japon à l'ouest. **Sakata** est située à une trentaine de kilomètres au nord-ouest de Tsuruoka.

À NE PAS MANQUER

Le temple de Churen-ji et le mont Haguro dans les environs de Tsuruoka. La résidence Homma et le musée de la Photographie Domon Ken à Sakata.

ORGANISER SON TEMPS

Comptez une journée pour Tsuruoka et les environs et une autre pour Sakata.

Se promener

Situé à 2,5 km au sud-ouest de la gare, le musée Chido a été installé dans le parc de Tsuruoka, là où dominait autrefois le château de la famille **Sakai**, l'une des familles les plus importantes du Yamagata.

★ Musée Chido 致道博物館

10-18 Kachushin-machi. À 5mn de marche du City Hall de Tsuruoka, 10mn en bus ou en taxi de la gare - mars-nov. : tlj 9h-17h ; déc.-fév. : tlj sf merc. 9h-16h30 - fermé 28 déc.-4 janv. - 700 ¥.

Situé à l'ouest du parc de Tsuruoka, ce musée est en fait un vaste espace regroupant différentes demeures transférées dans ce lieu puis transformées en musées ayant trait à l'histoire et à la culture de Tsuruoka. Cette initiative, amorcée dans les années 1950, a été prise par l'influente famille Sakai, propriétaire des lieux. On découvre ainsi deux magnifiques bâtisses de l'ère Meiji : le **premier centre administratif du comté**★ *(Former Nishitagawa County*

Office), dominé par une tour-horloge (1881), et le **premier poste de police★** (1884) exposant quelques matériaux historiques sur la région. À l'époque, ces édifices avaient été commandités par le gouverneur préfectoral, qui, après 1871, date de création des préfectures, relayait au niveau régional la politique du gouvernement Meiji promouvant les canons architecturaux du monde occidental. La **ferme★** *(Former Shibuya Family Home)*, coiffée d'un toit de chaume de style *kabuto zukuri* (en forme de casque de samouraï), présente un habitat rural traditionnel. La **Maison du folklore★** *(Mingu no kura)* héberge quant à elle un intéressant musée ethnographique dédié à l'univers de la pêche. Remarquez les stèles commémoratives destinées à apaiser les âmes des saumons pêchés. Le clou de la visite est bien sûr le **jardin japonais★★** de la famille Sakai, l'un des plus beaux du Tohoku. Il jouxte une maison de thé un peu particulière, comme l'attestent ses deux ouvertures (une seule généralement, l'obscurité étant propice à la méditation qu'exige la cérémonie du thé). En fait, cette maison de thé servait aussi de cabinet de travail, plus précisément de pièce à dessiner.

À proximité Carte de région p. 400, A3

★★ Churen-ji 注連寺

Nakadai, Ooami. Prenez le bus à la gare de Tsuruoka (40mn de trajet, 980 ¥). Descendez à l'arrêt de bus Oami, puis 25mn à pied - mai-oct. : 8h-17h ; nov.-avr. : 9h-16h - 500 ¥.

Ce temple, érigé du temps de Kobo Daishi, est surtout visité pour sa **momie★★** : celle du moine Tetsumonkai Shonin (1768-1829) qui, de son vivant, s'est automomifié à force de jeûnes drastiques ponctués de pratiques ascétiques. Si, pendant les premiers mille jours, le moine n'est autorisé qu'à se nourrir de graines, les mille jours suivants le voient se nourrir d'écorces et de racines de pins *(mokujiki)*. Ce n'est qu'après ces deux premières étapes enseignées par Kobo Daishi lui-même (il aurait été le premier moine à s'automomifier) que l'ascète est appelé à boire du thé à base de sève *urushi*. Cette substance toxique, utilisée généralement pour la composition des laques, permet de conserver le corps tout en le tenant à distance des insectes nécrophages. Une technique qui autorise le moine, si son corps ne se décompose pas, à devenir un *sokushinbutsu* (on en compterait une vingtaine au Japon), c'est-à-dire à atteindre l'illumination tout en gardant sa corporéité. Autre curiosité

D'UNE PRIÈRE, TROIS DIEUX

Les monts Gassan, Haguro et Yudono, connus collectivement sous le nom de **Dewa Sanzan**, sont les trois montagnes sacrées de la préfecture de Yamagata (alors province de Dewa). Chacune possède une signification précise. Haguro symbolise la prospérité dans la vie présente, Gassan le monde des morts et Yudono ceux de la réincarnation et de la renaissance. Depuis près de 1 500 ans, ces trois montagnes sont honorées par des pèlerins qui n'hésitent pas à gravir chacune d'entre elles. Mais les fortes neiges de l'hiver empêchant tout pèlerinage sur les monts Gassan (1 984 m) et Yudono (1 504 m), il fut établi que le temple Gosai-den, situé sur le Haguro-san, peu élevé (414 m) et par conséquent accessible toute l'année, enchâsserait à lui seul les esprits des trois montagnes. (Notons que Gassan est le sujet du roman de l'écrivain Mori Atsushi qui remporta en 1973 le prix Akutagawa.)

SHUGENDO ET YAMABUSHI

Le mont Haguro héberge régulièrement des *shugenja*, adeptes du *shugendo*, qui est la recherche puis l'obtention sur la voie *(do)*, de pouvoirs spirituels divins *(gen)*, par des pratiques ascétiques *(shu)*. Appelés également *yamabushi*, « ceux qui se prosternent ou qui couchent dans la montagne » font des retraites en solitaire pendant lesquelles ils se livrent à des ascèses difficiles comme la pratique du *nanibushi*, qui consiste à rester dans une grotte en inhalant la fumée de poivrons irritants ou à méditer plusieurs jours sous une cascade. La majorité des rites reste néanmoins secrète. On reconnaît les *yamabushi* par leur tenue qui n'a pas évolué depuis plus de mille ans à l'instar du *hangai*, chapeau tressé en bois de cyprès ou du *horagai*, « conque de la Loi », instrument indispensable pour l'entrée en montagne. Il y aurait actuellement plus de 300 *shugenja* dans le Dewa Sanzan.

du temple, les **plafonds à caissons★** peints dans les années 1980. Ils se lisent comme des mangas mais s'apprécient comme des charmes destinés en fait à protéger la toiture du feu. Ces œuvres d'art sont d'une audace et modernité étonnantes. Avant de quitter le temple, jetez un coup d'œil sur une magnifique **cloche en bois★** pendant à l'entrée. Réalisée sous l'ère Meiji, son nom, *wani-guchi*, signifie la « bouche du crocodile ».

★★ Mont Haguro 羽黒山

De la gare de Tsuruoka, prenez le bus Shonai Kotsu en direction du mont Haguro, terminus au sommet - www.dewasanzan.jp et http://hagurokanko.jp/en/ - comptez 40mn ; 800 ¥. On peut aussi se faire déposer au pied du mont Haguro et faire l'escalade (1,7 km, 1h).

Haguro-san, mais aussi les monts Gassan et Yudono *(voir encadré p. 439)*, sont la terre d'élection du *shugendo (voir encadré ci-dessus)*, une ancienne croyance mixant shintoïsme et bouddhisme depuis le 7e s. Ces montagnes, avec celle de Omine-san (péninsule de Kii, *voir p. 298*), sont les lieux de culte les plus vénérés par les ascètes *shugenja*. Il faut en moyenne une heure pour escalader les 2 446 marches en pierre qui séparent la base du sommet culminant à 414 m. En chemin, un **sentier★★★** magnifique bordé de plus de 400 cèdres âgés de 350 à 500 ans mène à la superbe **pagode à cinq étages★★**. Elle se targue de cinq toits symétriques s'élevant à 30 m de hauteur. Entourée de **cryptomères**, dont le millénaire « grand-père des cèdres », la plus ancienne pagode du Tohoku aurait été construite par Taira-no-Masakado pendant la période de Heian. Les sources attestent ensuite de sa reconstruction en 1400. Si l'on est surpris de ne pas croiser d'autres sanctuaires en ce lieu si vénéré, leur absence est le résultat des nombreuses destructions dues à la réforme Meiji séparant shintoïsme et bouddhisme. En approchant du sommet, on peut visiter voire loger *(voir Nos adresses p. 443 pour réserv.)* dans la **shukubo Saikan★★** (habitation où résident les moines). Reconstruite en 1697, elle est la seule survivante des 30 monastères détruits sous l'ère Meiji. Il est vrai qu'entre-temps, cet édifice hébergeant des ascètes avait été transformé en sanctuaire shinto. Au sommet, on découvrira le temple **Gosai-den★★**, coiffé d'un toit de chaume impressionnant de largeur (2,10 m). C'est l'un des rares exemples de syncrétisme architectural nourri d'influences bouddhistes et shintoïstes ayant pu échapper à la furie Meiji. Mais peut-être a-t-il été protégé par le Gosai-den, gardien des esprits des trois montagnes *(voir encadré p. 439)*.

La pagode du mont Haguro.
JTB Photo/UIG/Universal Images Group/age fotostock

★ SAKATA 酒田

Sakata doit sa prospérité à sa situation géographique. Placée au cœur des routes commerciales voguant sur l'ouest côtier de l'archipel, la ville, port de transit des *kitamaebune* (nom des navires empruntant la mer du Japon de Hokkaido à Osaka, *voir encadré p. 366*), devient pendant l'époque d'Edo (1603-1868) le deuxième port nippon derrière Sakai (près d'Osaka). Lovée à l'embouchure de la rivière Mogami qui se jette dans la mer du Japon, elle est aussi tout naturellement le point d'exportation, et particulièrement sur Kyoto, des innombrables denrées produites dans la région : riz, saké mais aussi, moins connue et tout autant lucrative, l'huile vierge de carthame, l'une des huiles végétales les plus riches en acides poly-insaturés, utilisée autrefois comme teinture. On ne sera donc pas surpris de découvrir sur place de nombreux témoignages attestant de la prospérité des marchands, parmi lesquels figure encore la vieille et toujours influente famille **Homma** sans laquelle Sakata ne serait probablement pas aussi visitée aujourd'hui.

Excepté les deux musées (d'Art et de Photographie) situés à 5 km au sud-ouest de la gare (environ 20mn en bus), les points touristiques ne sont pas très éloignés les uns des autres. Le meilleur moyen de circuler est donc d'emprunter une bicyclette à la gare de Sakata (10h-17h - gratuit). Pour une demi-journée, le parcours le plus rationnel serait celui-ci : le musée d'Art Homma, la maison Somaro (voir Nos adresses p. 444), la résidence Homma, les entrepôts Sankyo puis retour à la gare de Sakata.

★ Homma Museum of Art 本間美術館

7-7 Onari-cho, Sakata-shi. À 5mn à pied de la gare de Sakata - www.homma-museum.or.jp - avr.-oct. : 9h-17h ; nov.-mars : 9h-16h30, dernière entrée 30mn av. la fermeture - fermé mar. et merc. de déc. à fév. et 22 déc.-7 janv. - 900 ¥.

C'est en 1947 que la famille Homma décide d'ouvrir le premier musée privé japonais. Au départ, il expose essentiellement des objets provenant de l'autre

grande famille du Shonai, la famille Sakai *(voir Tsuruoka p. 438)*. Au fil du temps, il va s'enrichir d'apports divers touchant à tous les aspects de la culture régionale. L'ensemble se compose d'un **bâtiment récent et moderne**, placé à l'entrée du jardin, déclinant différents thèmes en fonction des expositions temporaires (des arts antiques aux arts contemporains), et, au fond du jardin, d'une belle structure en bois, le **Seienkaku★**, villégiature dévolue au seigneur Sakai lors de ses tournées d'inspection. Elle a été créée en 1813, en même temps que le magnifique **jardin Kakubu-en★★** ou « de la grue qui danse ». Ce dernier appartient à la typologie des jardins de promenade qui fleurissaient alors dans les grandes villes. Il mêle de façon syncrétique étangs, îles, collines artificielles, rochers, lanternes.
Dans un coin du jardin se trouve l'**atelier de M. Ikeda**, artiste potier qui réalise d'imposants bols liés à la cérémonie du thé. Ils ont ici pour nom *Honmayaki*, technique inaugurée par Homma Yusuke, directeur du musée dans les années 1950. Observer cet artiste éplucher avec une sorte de couteau économe la boule d'argile importée de Seto afin de mettre à nu la forme d'un bol au poids constant de 600 g (idoine paraît-il pour une prise en main parfaitement équilibrée) est un moment de pur émerveillement. L'atelier ne se visite généralement pas mais certaines dérogations sont parfois autorisées. Les *Honmayaki* sont exposés et vendus dans le magasin du musée.

★★ Résidence Homma 本間家旧本邸

À 1,2 km de la gare (20mn à pied) ; à 7mn en bus Runrun de Sakata Station (100 ¥), arrêt de bus Nakamachi - mars-oct. : 9h30-16h30 ; nov.-fév. : 9h30-16h - 700 ¥.

Grâce à sa richesse qui, dit-on, faisait de la famille Homma un clan beaucoup plus puissant que la plupart des *daimyo* du Tohoku, cette famille de marchands possède une résidence ayant une caractéristique unique : celle d'être partagée avec des samouraïs dotés pourtant d'un statut social bien supérieur. Ainsi, cette demeure, construite en 1768 par les Homma pour le seigneur Sakai afin de lui fournir un hébergement lors de ses missions d'inspection régionale, combine une résidence de style *shoin* pour les samouraïs avec une élégante résidence pour marchands. Cette division insolite au sein d'un espace commun s'inscrit non sans humour dans chaque détail de cette habitation. La qualité du bois, les décorations, la hauteur du plancher changent dès que l'on franchit la frontière séparant les appartements des uns et des autres. Un exemple et un cadre unique qui permet de saisir dans la matérialité d'une demeure la hiérarchie sociale qui prévalait sous les Tokugawa.

Sankyo Rice Storehouse (Greniers à riz Sankyo) 山居倉庫

Sankyo-machi 1-1-20. À 1,6 km de la gare (20mn de marche). Prenez le Shuttle Bus (Runrun Bus) de la gare JR de Sakata (8mn - 100 ¥), arrêt Sankyo Higashi-cho.

Construits en 1893 par un négociant en riz, ces 12 entrepôts de bois jalonnent la berge de la rivière Niida à l'ombre de grands zelcovas qui évincent le soleil en été et les vents glaciaux en hiver pour conserver le riz à une température idéale. Encore actifs de nos jours, trois d'entre eux ont été affectés à d'autres tâches. Le premier est devenu le **Musée historique et Centre de documentation pour la culture du riz** *(mars-nov. 9h-17h (déc. 16h30) - 300 ¥)*. Le numéro 11, **Hana no Yakata**, a été transformé en musée d'Histoire et de Culture de Sakata *(9h-18h - 300 ¥)* où sont notamment exposées les œuvres de Tsujimura Jusaburo, célèbre pour ses créations de poupées et marionnettes. Enfin, le numéro 12, **Sachi no Yakata**, regroupe à présent un bureau d'information touristique et une boutique de souvenirs promouvant les produits locaux *(8h30-17h30)*. On trouve également un café avec terrasse ombragée par les zelcovas ainsi que le restaurant Hokotei. Possibilité de louer des vélos.

On traverse la rivière Mogami et Kyoden. Les deux musées sont distants d'une centaine de mètres l'un de l'autre.

★★ Domon Ken - musée de la Photographie 土門拳記念館
À 4,8 km de la gare. 20mn par le Runrun bus de la gare de Sakata (100 ¥), arrêt Domon Ken Kinen Kan - www.domonken-kinenkan.jp/english/ - 9h-17h - 430 ¥.
Natif de Sakata, Domon Ken (1909-1990) est l'un des plus grands maîtres de la photographie réaliste. Doté d'un fonds de 70 000 pièces, ce musée, le premier musée photographique du Japon, lui est entièrement consacré. On reconnaîtra à sa structure, une belle épure à fleur d'eau, la patte de Taniguchi Yoshio; le célèbre architecte japonais qui réalisa quelques années plus tard l'extension du MoMA de New York.

★ Sakata Museum of Art 酒田市美術館
Avr.-nov. : tlj 9h-16h30; déc.-mars : tlj sf lun. 9h-17h - 520 ¥.
Juché sur une belle colline verdoyante, ce musée ouvert en 1997 se fond à merveille dans le beau panorama qu'il offre sur le mont Chokai, la rivière Mogami et la ville de Sakata. Si le bâtiment est une prouesse architecturale (œuvre de Ikehara Yoshiro) avec ses murs translucides se laissant presque envahir par le jardin, on est en revanche plus réservé sur les peintures de Morita Shigeru (1907) ou les sculptures de Takahashi Tsuyoshi (1921-1991), les deux importants fonds permanents du musée.

NOS ADRESSES À TSURUOKA ET SAKATA

TRANSPORTS

En train

Tsuruoka

JR Tsuruoka Station – De **Tokyo**, prendre le Joetsu Shinkansen pour Niigata *(90mn)* puis la Uetsu Honsen Line pour Tsuruoka *(110mn)*. De **Sendai**, prendre la Senzansen Line pour Yamagata *(70mn)* puis la Uetsu Honsen Line pour Tsuruoka *(2h10)*.

Sakata

De **Tsuruoka** – Pour **Sakata** (28 km) fréquence ttes les 30mn environ. JR Uetsu Line *(36mn, 500 ¥)* ou Ltd Express Inaho *(19mn, 1 730 ¥)*.
De **Sakata** – Pour **Hirosaki** (253 km), prendre la ligne JR Uetsu Honsen jusqu'à Akita puis la ligne JR Ouu Honsen *(environ 5h, 4 430 ¥ + 1 660 ¥ si réserv.)* ou prendre le Ltd Express Inaho jusqu'à Akita puis le Ltd Express Tsugaru *(environ 4h30, 8 550 ¥)*.

En bus

Tsuruoka

Tsuruoka bus terminal (S-mall) – *✆ (0235) 24 7600.* De Tsuruoka pour Sendai *(env. ttes les 1h30 de 6h50 à 19h35, 2h35/2h50, 5 550 ¥ AR)*. De Tsuruoka pour Sakata (JR Station), 9 fois/j., 4 fois/j. w.-end et j. fériés *(1h10, 820 ¥)*.

Sakata

Sakata bus terminal – Pour Sendai, env. ttes les h de 6h à 18h45, 3h30, *3 200 ¥ (5 950 ¥ AR)*.

Se déplacer dans Tsuruoka

Compagnies de taxi – *Shoko Hire Co - ✆ (0235) 22 0055. Hire Center Co - ✆ (0235) 22 5155.*

Se déplacer dans Sakata

Il est possible d'emprunter des **vélos** au bureau d'informations touristiques de la gare de Sakata *(9h-17h - gratuit)*. Une carte touristique avec différents trajets cyclables est proposée en anglais.

5

Les **bus Runrun** desservent les endroits touristiques de la ville pour un prix forfaitaire de 100 ¥.

HÉBERGEMENT

Haguro-san

BUDGET MOYEN

Mount Haguro Saikan 羽黒山斎館（羽黒山参籠所） *☎ (0235) 62 2357 - www.dewasanzan.jp/publics/index/64 - 120 places - 8 640 ¥/pers. avec 2 repas inclus -* . Une expérience unique dans un lieu patiné par trois siècles d'histoire.

Sakata

BUDGET MOYEN

Hotel Inn Sakata Ekimae ホテルイン酒田駅前 *Situé à 5mn en face de la gare (côté gauche), 1-10-20 Saiwai-cho - ☎ (0234) 26 8800 - www.hotelinn.jp - 235 ch. à partir de 5 250 ¥/pers.* . L'une des adresses les plus pratiques de Sakata. Service impeccable, personnel sympathique. Chambres bien aménagées et très fonctionnelles. Wifi. Possède aussi deux restaurants : italien et français *(11h30-14h, 17h30-21h).*

RESTAURATION

Tsuruoka

BUDGET MOYEN

Al Checciano アル・ケッチァーノ *83 Ichirizuka, Shimoyamazoe - ☎ (0235) 78 7230 - www.alchecciano.com - 11h30-14h, 18h-21h.* Tenu par le chef Okuda Masayuki, ce restaurant métisse cuisine japonaise et cuisine italienne. Sa grande qualité est de servir des produits régionaux d'une qualité et d'une fraîcheur irréprochables. En outre, le chef, très inventif, n'hésite pas à faire des « télescopages culinaires ». Une belle découverte.

Sakata

PREMIER PRIX

Sakata Fish Market さかた海鮮市場 *De la gare, comptez 10mn en bus, 150 ¥, arrêt Koto.* Le marché, situé dans le port de Sakata, conjugue étals de poissons en rez-de-chaussée *(8h-18h)* et restaurants à l'étage pour déguster tous ces produits frais. Bonne valeur, le restaurant Tobishima *(7h-19h).*

Kitamae Yokochou 北前横丁 *www.kitamae-yokochou.com - 17h-24h -* . Au cœur de Sakata, à l'angle du carrefour commercial du Marine 5 Shimizuya Department Store, une dizaine de petits bistrots se tiennent au coude à coude pour faire partager des plats populaires autour d'une bière. Ambiance assurée.

BUDGET MOYEN

Somaro 相馬楼 *Maikozaka,1 Hiyoshi-cho - ☎ (0234) 21 2310 - www.somaro.net - tlj sf merc. 10h-17h.* Rénové en 2000, le « plus connu des restaurants de Sakata sous Edo » est aujourd'hui une maison magnifique d'une richesse digne d'un musée. Sa cuisine, classique, est accompagnée par des représentations de *maiko* (chants, danses), tradition importée de Kyoto par le biais des routes maritimes. La ville de Sakata comptait plus de 150 *maiko* et geishas jusque dans les années 1930. *Deux représentations par jour : 12h (1h) et 14h (15mn) ; entrée et danse avec différents types de bento : 3 800 ou 4 200 ¥. Comptez 1 000 ¥ pour la représentation de 14h (sur réserv. 2 j. av. au ☎ (0234) 21 8015.*

Akita 秋田 et ses environs

Akita : 1 200 000 habitants

Peu attractive au premier regard, la capitale régionale de l'Akita possède différents atouts à quelques pas de la gare. Outre son parc qui s'étage sur son flanc nord et donne aux visiteurs une première vision panoramique de la ville, Akita possède un joyau qui à lui seul mérite le détour : un chef-d'œuvre du peintre Foujita. Au-delà de son audace artistique, la peinture est une formidable clef de lecture des traditions locales tel que le spectaculaire festival des Lanternes, le Neburi-nagashi, qui attire chaque année au mois d'août des visiteurs du monde entier.

NOS ADRESSES PAGE 451
Hébergement, restauration, achats, activités, etc.

S'INFORMER

Akita City Tourist Information Center – *Dans la gare - ✆ (018) 832 7941 - www.akitafan.com/en/first - 9h-19h (nov.-mars 18h) - fermé 31 déc.-2 janv.* Très compétent et parle anglais. Possibilité de louer des vélos.

Kakunodate Tourist Information Center – *Dans la gare - ✆ (018) 754 2700 - http://kakunodate-kanko.jp/language/en/ - 9h-18h (oct.-mi-avr. 17h30).*

Tazawako Tourist Information Center – *Dans la gare JR Tazawako - ✆ (018) 743 2111 - 8h30-17h30.*

Oga Tourist Information – *Dans la gare JR Oga - ✆ (018) 524 47000 - 8h30-17h.*

SE REPÉRER

Carte de région p. 400, A2 - Akita, capitale de la préfecture du même nom, se trouve à 256 km au nord-ouest de Sendai et à 108 km au nord de Sakata. La ville est desservie par le Shinkansen.

À NE PAS MANQUER

La peinture de Foujita et le festival de Kanto (Neburi-nagashi) à Akita. Les maisons de samouraïs et les entrepôts de Kakunodate. Une promenade sur le lac Tazawa.

ORGANISER SON TEMPS

Comptez une matinée à Akita en terminant par le musée des Beaux-Arts d'Akita. Une nuit et une journée à Kakunodate ; de même pour le lac Tazawa.

5

Se promener

Situé à 8mn à pied au nord-ouest de la gare (*prenez l'artère principale, Hirokoji puis, tout de suite sur votre droite, la Otemon-dori*), le **parc Senshu** est le poumon vert de la ville. Dès l'entrée du parc *(gratuit)*, le **musée historique de Satake** *(9h-16h30 - 100 ¥)* introduit la personnalité fondatrice de la cité d'Akita : le *daimyo* **Satake Yoshinobu** (1566-1633). Ce dernier, défait par Tokugawa Ieyasu lors de la célèbre bataille de Sekigahara (20 octobre 1600), fut contraint de se replier sur une terre beaucoup moins étendue et aux revenus réduits en proportion. C'est sur le domaine de Kubota, appelé aussi domaine d'Akita que le clan Satake se perpétua jusqu'à la restauration Meiji qui abolit irrémédiablement le statut de samouraïs. Différents objets militaires (armures, casques, étendards…) témoignent au sein du musée de cette période. Quant au château de Kubota, ultime ancrage de la famille Satake qu'avait fait dresser Yoshinobu dès 1603 sur la colline de Shinmei (désormais le Senshu Park), il n'en

LES GRANDES PARADES DU NEBURI-NAGASHI

Littéralement « laver toute somnolence », le *Neburi-nagashi* était au départ une coutume consistant à s'immerger dans les eaux d'une rivière pour dissoudre les énergies néfastes, éloigner les esprits malins qui, croyait-on, se collaient aux corps des endormis. Éveillés, purifiés, aptes à prier les mânes de leurs ancêtres pour obtenir de bonnes récoltes, les pratiquants disposaient autour d'eux de multiples lanternes accrochées en haut de longs mâts *(kanto)* pour accueillir et guider les esprits. Une coutume qui n'est pas sans rappeler cette tradition séculaire d'honorer sa famille défunte lors du O-bon, l'une des fêtes japonaises les plus populaires à l'époque d'Edo. Depuis 1881, le *Neburi-nagashi* est connu sous le nom de Kanto. Le *matsuri* d'Akita Kanto qui se tient tous les ans du 3 au 6 août réunit des milliers de lanternes. Leurs oscillations lumineuses, selon la dextérité du porteur, doivent épouser l'ondulation harmonieuse des épis de blé, de riz, de millet… de toutes ces céréales qui nourrissaient autrefois la communauté. Le tout déambulant sous le rythme des tambours et des flûtes, scandé par les encouragements des spectateurs.

reste que la topographie et ses carroyages archéologiques que l'on découvre en remontant le versant nord-ouest du parc. C'est d'ailleurs sur l'un de ses emplacements originels qu'a été reconstruite en 1989 l'une des huit tours sommant la colline. Au dernier étage de ce poste de garde, **Osumi-yagura** *(9h-16h30 - 100 ¥),* on jouit d'une belle **vue panoramique★** sur la cité d'Akita qui s'est développée depuis.

Redescendant du parc *(sortie sud-ouest)*, vous pouvez poursuivre la promenade *(environ 8mn à pied)* en direction du **Akita City Folklore and Performing Art Center★** *(Neburi-nagashi Center - 1-3-30 Omachi - 9h30-16h30 - 100 ¥).* Cet immense hall expose de nombreux *kanto* ; ces longs mâts en bambou de plusieurs mètres de haut sont flanqués de traverses auxquelles sont accrochées des lanternes de papier en forme de ballots de riz. Vidéo et démonstrations *(avr.-oct. : w.-end et j. fériés)* permettent de saisir l'incroyable habileté des porteurs soumis à de fortes contraintes. Car ils doivent porter les *kanto* sans les empoigner mais en les tenant en équilibre sur le front, les hanches, la paume… Autant de défis particulièrement périlleux quand les plus imposants d'entre eux, appelés *o-waka,* peuvent atteindre 10 m de hauteur et peser, forts de leurs 46 lanternes, jusqu'à 60 kg.

Attenante au bâtiment du Neburi-nagashi se trouve la **Old Kaneko Family House** *(9h30-16h30 - 100 ¥).* Cette maison familiale est accolée à l'entrepôt qu'elle administra, un magasin de vêtements, pendant plus d'un siècle, de 1854 à 1975. Hormis l'habitat et ses segmentations architecturales selon le statut social de ses occupants (maîtres et domestiques), on remarquera une fois de plus les traditionnels murs en pisé et les très impressionnantes portes blindées qui ferment l'entrepôt pour sécuriser les marchandises contre ce fléau omniprésent à l'époque d'Edo et de ces bâtis en bois : le feu, redoutable et contagieux.

Plus au sud *(à 400 m toujours sur la Omachi 3-3-21)* se détachent très ostensiblement les briques rouges du **Arakenga Folk Museum** *(9h30-16h30 - 200 ¥).* Construit à la fin de l'ère Meiji, ce bâtiment était l'ancienne banque centrale d'Akita. Transformés en salles muséographiques, ses volumes aux formes et matériaux baroques ne manquent pas de souffle. Observez au rez-de-chaussée un étonnant et rayonnant radiateur cylindrique importé des États-Unis. Parmi les nombreux objets exposés mettant en valeur les productions artisanales locales, on s'attardera sur la magnifique collection de **gravures en bois★** de Katsuhira Tokushi (1904-1971), natif d'Akita, et dont les œuvres sont en totale résonance avec les traditions locales.

En revenant sur la rivière Asahi, on pénètre dans le très animé **quartier de Kawabata** *(voir encadré ci-dessous)* à la nuit tombée seulement. Cette rue qui longe la rivière compterait plus de 1 000 pubs, bars et restaurants.

En revenant en direction du parc Senshu, on traverse le quartier central de Nakaichi enclavé entre les deux artères principales que sont la Chuo-Dori au sud et la rue Hirokoji qui longe le parc au nord. C'est ici que se trouve le musée d'Akita (20mn à pied).

★★ Musée des Beaux-Arts d'Akita 秋田県立美術館

1-4-2 Nakadori (en face du parc Senshu, à 8mn de marche de la gare) - ✆ 018 853 8686 - www.akita-museum-of-art.jp - 10h-18h - 310 ¥ (enf. gratuit).

Ce musée extrêmement épuré, signé là encore par l'architecte Ando Tadao (2013), est l'écrin réalisé sur mesure pour observer sur deux niveaux différents (à hauteur d'homme et sur balcon) une peinture aux dimensions démesurées (20,5 m de long sur 3,65 m de large). Cette toile réalisée en 1937 par le peintre **Fujita Tsuguharu** (1886-1968), plus connu sous son nom francisé Léonard Foujita, avait été commandée par le collectionneur japonais Hirano Masakichi (1895-1989) au terme d'un défi que l'amateur d'art avait lancé au peintre, las de ses vantardises : « Si vous êtes vraiment le plus grand artiste du siècle, vous devriez pouvoir peindre le plus grand tableau du monde » avait rugi ce natif d'Akita. Foujita le prit aussitôt au mot. Mais le défi était de taille ; tant par la force du sujet qui devait trouver sa cohérence sur une vingtaine de mètres de long que par les conditions matérielles de son exécution : dénicher par exemple l'artisan capable de relier plusieurs toiles en une seule ainsi que le lieu susceptible d'abriter cette colossale entreprise… L'artiste prit finalement possession de la plus grande grange à riz du collectionneur. Et après seulement 17 jours à raison de 10h de travail par jour, la toile était enfin achevée. Son nom : « **Événements à Akita** »★★★ relate les fêtes des quatre saisons. Une réalisation artistique d'une vivacité inouie douée d'une force documentaire sur les coutumes, festivals et manières caractérisant la région d'Akita. Le tableau s'articule en deux parties de part et d'autre du

LES BEAUTÉS D'AKITA

Jusqu'à la Seconde Guerre mondiale, Akita comptait encore près de 200 geishas avec une culture et cette beauté vernaculaire propre dit-on au climat bien trempé d'Akita. Ces beautés d'Akita (*Akita bijin*), geishas et *maikos* confondues, se seraient épanouies localement en dehors de l'ascendance du quartier de Gion à Kyoto *(voir encadré p. 254)* qui modelait alors l'image de la geisha dans l'archipel nippon. Les maisons de geishas fleurissaient dans le très vivant district de Kawabata (littéralement « le côté opposé de la rivière ») qui éclate encore aujourd'hui de mille feux beaucoup plus bruyants et modernes au-dessus des eaux de l'Asahikawa. Cette tradition, de nouvelles jeunes femmes entendent la revitaliser sur Akita. Et ces « servantes de l'art codifié » peuvent être de nouveau observées et écoutées dans certains lieux. Pour tous rens. : *Sen Inc. 1-3 Senshu Koen - ✆ 018 827 3241 - http://akitamaiko.com. Possibilité de voir un spectacle de geishas dans l'ancien et très célèbre restaurant Matsushita, transformé en centre culturel depuis 2016 (www.matsushita-akita.jp). S'informer auprès de l'office du tourisme de la gare d'Akita (en anglais : ✆ 018 832 7941).*

pont. Sur son côté droit, les événements et fêtes annuels (festival de Kanto) en lien avec Tomachi, le secteur marchand du château de Kubota où la famille du collectionneur fit fortune. À gauche, la vie quotidienne des habitants en prise avec les frimas hivernaux de Tomachi. La collection d'Hirano comprend de nombreuses autres toiles de premier ordre de Foujita comme *La Femme dormant* ainsi que d'autres peintures occidentales, entre autres de l'École de Paris et de ses amis Montparnassiens.

À proximité Carte de région p. 400

★ KAKUNODATE 角館 B2

À 68 km à l'est d'Akita. Comptez 44mn, 1 320 ¥ avec le Shinkansen Komachi.

À l'époque d'Edo (1603-1868), la société japonaise est indexée sur la hiérarchie sociale très rigide du système *shinokosho* qui classe les individus selon leur origine sociale et leur métier. Au sommet de la hiérarchie, la classe des guerriers *(bushi)* parmi lesquels les samouraïs qui dépendent du shogun et des *daimyo*; suivent la classe des paysans *(nomin)*, celles des artisans *(kogyo)* et des marchands *(shonin)*; ceux qui vivent sans créer, la classe la plus honnie de cette hiérarchie et dont témoigne encore la division socio-urbaine de Kakunodate. Au nord, pôle par lequel les esprits malfaisants font toujours irruption, le quartier des samouraïs (six maisons se visitent), quasiment inchangé depuis près de quatre siècles. Au sud, celui des marchands et des demeures souvent opulentes flanquées de leur impressionnants *kura*, ces anciens entrepôts reconstruits plus tardivememt en briques rouges avec des ouvertures aussi blindées que des coffres-forts pour protéger les marchandises contre les incendies récurrents à cette époque.

★★ Quartier des samouraïs (Buke-yashiki)

À env. 20mn à pied de la gare JR de Kakunodate, suivez la grande rue en face de la gare pendant 10mn puis tournez à droite; le quartier commence au carrefour Yoko-machi. Ishiguro Samurai House: 9h-17h (nov.-mars 16h) - 400 ¥; Aoyagi Samurai Manor Museum: 9h-17h (nov.-mars 16h) - 500 ¥; Iwahashi, Kawarada et Odano Samurai Houses: gratuit.

Dans ce quartier magnifiquement préservé se succèdent des résidences de samouraïs, chacune enclose dans un jardin planté de cerisiers pleureurs et autres arbres centenaires. Six d'entre elles se visitent: la **maison Ishiguro**, la plus ancienne, toujours habitée par la famille, et la **maison Aoyagi**, qui abrite dans plusieurs bâtiments des collections variées constituées par la famille au fil des siècles (armes, artisanat, photos), sont les plus grandes et les plus

LE PÉTASITE DU JAPON

Symbole et motif de la préfecture d'Akita, reproduit sur habits et papiers, représenté aussi maintes fois dans les estampes d'Hokusai, le pétasite du Japon est une plante ombrelle si imposante qu'on peut s'en servir de parasol. Ses feuilles, en forme de siège de tracteur, peuvent mesurer jusqu'à 1,20 cm de diamètre pour l'espèce la plus gigantesque. Bien préparés, car ils peuvent se révéler toxiques, ses pétioles printaniers font saliver les amateurs de tempuras. Chaque année, début juin, les Japonais viennent photographier près du village de Niida (6 km au sud de la gare d'Akita), de charmantes jeunes femmes en train de récolter les tiges de pétasites (*butterbur* en anglais) qu'on retrouve ensuite dans les restaurants d'Akita.

Kakunodate, le quartier des samouraïs.
TB Photo / UIG / Universal Images Group / age fotostock

remarquables. Les maisons Iwahashi, Kawarada et Odano, moins luxueuses, méritent aussi une visite.

Musée Kakunodate Denshokan (Heritage Center)

À 5mn à pied de la maison Aoyagi - 9h-17h (déc.-mars 16h30) - fermé 29 déc.-4 janv. - 300 ¥. Le travail de l'écorce de cerisier (*kabazaiku*) est l'une des spécialités artisanales de Kakunodate depuis plus de 200 ans. La visite de ce musée permet d'admirer une collection d'objets fabriqués grâce à cette technique (boîtes à thé, coffrets, *inro*) et surtout de voir des démonstrations réalisées par des maîtres artisans. Sont exposés également une collection d'armures de samouraïs du clan Satake *(voir p. 445)*, des poteries, outils et objets de la vie quotidienne. Grande boutique au rdc.

★ Quartier des marchands

Au sud du carrefour de Yoko-machi, plusieurs maisons valent qu'on s'y attarde. Si certaines vendent encore les produits qui ont fait leur fortune comme la **maison Ando** magnifiquement entretenue (*voir Nos adresses p. 453*), la plupart ouvre quelques espaces privés transformés en lieux muséographiques le temps de la visite. Parmi ces maisons de négoce, on visitera plus particulièrement la **maison Tatesu** avec son beau petit jardin à l'arrière, la **maison Nishinomiya** et ses innombrables dépendances, et la **maison Ando** pour la beauté de son cadre et la singularité de son histoire.

AUTOUR DE KAKUNODATE B2

★ Gorges de Dakigaeri 抱返り渓谷

À 9 km à l'est de Kakunodate. En taxi des gares JR de Kakunodate ou Tazawako ; en automne, navette gratuite de la gare JR de Kakunodate et bus au départ de la gare JR de Tazawako.

Un sentier aménagé (*1h30 AR*) mène jusqu'à la cascade Mikaeri (haute de 30 m) après avoir emprunté deux ponts suspendus et traversé plusieurs tunnels. La forêt primitive incroyablement dense qui semble tomber dans la rivière est magnifique. Selon la saison, les eaux très encaissées, parfois tumultueuses, parfois calmes, passent du vert émeraude au bleu intense. C'est pourquoi le site est très fréquenté au printemps et à l'automne.

★ Lac Tazawa 田沢湖

À 20 km au nord-est de Kakunodate. En train, ligne Akita Shinkansen, arrêt Tazawako, puis 15mn en bus jusqu'à Tazawa-kohan, la localité principale sur la côte est (360 ¥). Un service de bus fait le tour du lac (avec arrêt à la statue de Tatsuko). Des bateaux traversent le lac de Tazawa-kohan à la statue de Tatsuko (avr.-déb. nov. - 40mn - 1 200 ¥).

Outre ses paysages splendides, ce lac de cratère (le plus profond du pays - 423 m), sert de décor à une légende populaire. Celle de la jeune **Tatsuko** qui, ayant prié les dieux pour conserver sa beauté, fut transformée en dragon. Sa statue en bronze doré érigée sur la côte ouest du lac orne toutes les cartes postales ; de même que le *torii* rouge vermillon du sanctuaire **Goza no Ishi**, au nord du lac. Les bords du lac ne se parcourent pas à pied mais la route réserve de beaux points de vue ; on peut aussi effectuer la traversée en bateau.

Pour les bons marcheurs, possibilité de randonner sur le **mont Akita Komagatake**, série de trois sommets dont le plus haut atteint 1 637 m, qui surplombe le lac *(juin-oct. : bus de la gare de Tazawako - 7/j., 1h, 1 000 ¥ - jusqu'au 8e arrêt où démarre la piste menant au sommet, comptez 1h30 de marche env.).*

★★ Nyuto Onsen-kyo 乳頭温泉郷

En train, accès par la ligne Akita Shinkansen, gare de Tazawako puis 55mn en bus.

Cet ensemble de 7 onsen (sources thermales et hôtels), isolés sur les pentes du mont Nyuto en pleine nature, garantit un séjour dans un Japon authentique. Leurs eaux sulfureuses sont renommées depuis des siècles pour leurs vertus thérapeutiques et la plupart disposent de bains mixtes. Le plus ancien, le **Tsuru-no-yu**, accueille une partie de ses hôtes dans des bâtiments en bois au toit de chaume datant de l'époque d'Edo. Le **Kuroyu**, le plus éloigné, remonte à 330 ans. Ce hameau rustique construit au bord d'une rivière a un charme fou *(voir aussi Nos adresses)*. Les bains sont accessibles en journée aux non-résidents. *Tsuru-no-yu : ✆ (018) 746 2139 - bains 10h-15h -600 ¥ ; Kuroyu : ✆ (018) 746 2214 - bains mi-avr.-mi-nov. 9h-16h - 600 ¥.*

★ Péninsule d'Oga 男鹿 A2

À 46 km au nord-ouest d'Akita (1h en train par la ligne JR Oga - 760 ¥).

Cette péninsule aux côtes déchiquetées s'avance dans la mer du Japon. Une route côtière permet de la parcourir (nombreux arrêts aménagés). Au niveau du cap Shiosezaki, au sud, se trouvent des rochers d'origine volcanique aux formes étranges dont le célèbre Godzilla Rock. Falaises, grottes, cascades se succèdent sur la côte ouest ; toute cette zone étant classée comme **géoparc**. La région est aussi connue pour ses onsen et ses traditions préservées comme le festival des **Namahage** (31 déc.). Louer une voiture est la meilleure solution pour se déplacer sur la péninsule, peu desservie par les transports en commun.

★ Musée des Namahage et musée du Folklore Oga Shinzan

À 20mn en taxi de la gare de Hadachi sur la ligne JR Oga. Aza-Mizukuisawa, Shinzan, Kitaura, Oga - ✆ (018) 522 5050 - 8h30-17h - 540 ¥ (billet combiné 1 080 ¥ de déc. à mars, 864 ¥ le reste de l'année). Musée du Folklore Oga Shinzan : représentation ttes les 30mn, en japonais (brochure en anglais).

Le festival des Namahage est une tradition encore bien vivante dans la région. Dans chaque village le 31 décembre, des hommes vêtus de paille et de masques effrayants visitent chaque maison pour juger du comportement des enfants au cours de l'année écoulée. Ces représentants des esprits de la montagne sont des porte-bonheur pour la nouvelle année. Le musée apporte plein d'informations sur ce rituel et expose une fabuleuse collection de masques. Vous aurez peut-être l'occasion également d'observer un artisan en train de sculpter un masque. Dans le Musée du Folklore adjacent, on peut assister à la reconstitution d'une visite des Namahage.

Sanctuaire Shinzan

Kitaura Shinzan aza Mizukuisawa 97, Oga City. À côté du musée des Namahage. Ce sanctuaire shinto, qui aurait été fondé par le légendaire 12e empereur (1er s.), est le plus important de la péninsule d'Oga. Il comprend trois pavillons : si le pavillon principal est facilement accessible, le 3e pavillon se trouve à flanc de montagne à 1h de marche. Le sanctuaire est lié depuis toujours au rituel des Namahage. Ces esprits descendus de la montagne s'y retrouvent le 3 janvier et le 2e week-end de février (Sedo Festival) pour des cérémonies accompagnées de danses et de musique.

NOS ADRESSES À AKITA ET SES ENVIRONS

TRANSPORTS

En train

Pour Akita – De **Tokyo**, Shinkansen Komachi *(3h52, 9 830 ¥ (ou 17 460 ¥ si réserv. oblig.).* De **Sendai**, Shinkansen Komachi *(1h18, 5 400 ¥ ou 10 030 ¥ si réserv.)* ; de **Morioka**, Shinkansen Komachi *(1h33, 2 270 ¥ ou 4 420 ¥ si réserv.).*

D'Akita : Shinkansen Komachi pour **Kakunodate** *(45mn, 1 320 ¥)* ; pour le **lac Tazawa** *(59mn, 1 660 ¥ ou 3 160 ¥ si réserv. obligatoire).* Moins onéreuse, la JR Ou Line pour **Omagari** *(53mn, 970 ¥)* puis JR Tazawako Line pour **Kakunodate** *(19mn, 320 ¥)* ou **lac Tazawa** *(56mn, 670 ¥)*. JR Uetsu Line pour **Sakata** *(1h45, 1 940 ¥).* JR Ou Line pour **Hirosaki** *(1h35, 2 590 ¥).*

En bus

Ugo Kotsu bus – De **Kakunodate** au lac **Tazawa** *(ttes les h de 7h31 à 16h11 (8h16-15h w.-end et j. fériés) - 45mn - 570 ¥).*

Du **lac Tazawa** (Tazawako station) à **Nyuto Onsen** *(ttes les h de 6h55 à 18h20 - 48mn - 820 ¥).*

HÉBERGEMENT

Akita

BUDGET MOYEN

Comfort Hotel Akita
コンフォートホテル秋田
3-23 Senshukubota-machi - ✆ (018) 825 5611 - www.choicehotels.com/japan/akita/comfort-inn-hotels/jp052 - 159 ch. - à partir de 9 000 ¥ ☕. À 5mn de la gare (sortie ouest), ce *business hotel* dispose de chambres assez exiguës mais très bien tenues et fonctionnelles. Mieux vaut réserver à l'avance car l'hôtel est souvent pris d'assaut. Café et wifi en accès libre.

Kakunodate

BUDGET MOYEN

Onsen Machiyado Nekonosuzu
温泉町宿ねこの鈴
28, Shimonaka machi, à une dizaine de mn de marche de la gare, à une centaine de mètres sur votre gauche de la poste centrale - ✆ (018) 742 8105 - 13 ch. 12 000 ¥ ☕. Confortable, ce ryokan fréquenté exclusivement par des Japonais comprend des onsen également ouverts au public. *O-furo*. Chambres occidentales

et japonaises. Petit-déjeuner japonais dans le bâtiment attenant.

Nyuto Onsen-kyo

BUDGET MOYEN

Kuroyu 黒湯温泉

✆ (018) 746 2214 - www.kuroyu.com - fermé de mi-nov. à mi-avr. - à partir de 13 500 ¥ dîner et petit-déj. inclus. La source thermale autour de laquelle a été construit cet établissement est connue depuis plus de 300 ans. Immergés dans la nature, plusieurs bâtiments, dont un à toit de chaume, abritent des chambres japonaises de différentes tailles et standings. Accueil charmant et bains fabuleux. On peut venir vous chercher à l'arrêt de bus.

BUDGET MOYEN

Iori いおり

Ogata Maeda 65 - Senboku-shi, Kakunodate-cho - ✆ (018) 755 2262 - 5 ch. - 6 000 ¥/pers. sur la base de deux pers. dîner et petit-déj. compris. Cette ferme-auberge *(minshuku)* située à quelques kilomètres du centre propose cinq belles chambres japonaises pour un séjour rustique. Elle mérite un détour pour sa savoureuse cuisine préparée avec les produits du jardin et de la montagne. La propriétaire, charmante, ne parle pas anglais mais il est possible de réserver via l'office de tourisme.

RESTAURATION

Akita

PREMIER PRIX

Kamakura no Sato
かまくらの郷

4-13-1 Nakadori - ✆ (018) 874 8313 - 17h-0h - autour de 1 500 ¥. Rappelant l'imaginaire ludique de ces fameux igloos *(kamakura)* creusés dans la glace pour le festival du 15 et 16 février de Yokote, ce restaurant très prisé des jeunes Japonais sert une cuisine locale à base de poissons crus ou cuits, accompagnée du fameux riz d'Akita l'un des meilleurs dit-on du Japon.

Mikuriya Kourin
御厨 光琳

Nakaichi, 1-4-3 Nakadori - ✆ (018) 832 2002 - 11h-15h, 17h-23h. Situé face à l'entrée du musée des Beaux-Arts (au 2e étage du grand magasin), ce restaurant japonais est l'une des valeurs sûres du quartier. Avec une vue plongeante sur la placette. Menu entre 1 000 et 1 600 ¥ pour un délicieux poisson grillé accompagné de riz et légumes.

Kakunodate

PREMIER PRIX

Sakura no Sato 桜の里

9 Higashikatsuraku-cho - ✆ (018) 754 2527 - 11h-17h - menus 800 à 1 500 ¥. Ce petit restaurant est généralement pris d'assaut le week-end. Spécialités locales à prix modérés comme les fameuses *inaniwa udon*. Ces nouilles blanches, fines et élastiques, à base de farine de blé, étirées à force de moulinets.

ACHATS

Akita

Akita Citizen's Market *– 4-7-35 Nakadori - ✆ (018) 833 1855 - fermé dim. 5h-18h.* Fort de 80 boutiques, ce marché est idéal pour qui veut acheter tous types de produits locaux : poissons séchés, légumes de montagnes, champignons, sans oublier la fameuse pétasite du Japon *(voir encadré p. 448)*, etc. Signalons aussi la grande surface **Topico** *(au 1er étage de la gare ferroviaire - 7h-22h)* pour acheter tous types de produits fermiers et locaux. Souvenirs au 2e étage.

Kakunodate

Yatsuyanagi – *29-20 Matsugasaki Ogata (face à la poste) - ✆ (018) 755 4344 - www.yatsuyanagi.net - 9h-17h.* Tenu par un couple très sympathique, ce magasin propose une gamme très soignée d'objets artisanaux réalisés en écorce de cerisier : plateaux, boîtes à thé, etc.

Brasserie Ando – *27 Shimoshinmachi - ✆ (018) 753 2008 - 9h-17h (déc.-mars 16h30) - fermé 29 déc.-4 janv.* Brasserie spécialisée depuis le début du 18e s. dans la fabrication de miso et de sauce de soja. Beaux bâtiments de la fin du 19e s. On remarquera les deux entrepôts (*kura*) en briques abritant un salon de réception et un café/bibliothèque. Dégustation gratuite de produits maison.

AGENDA

Akita

Festival de performance de Kanto – *3-6 août.* Ce festival des lanternes *(voir p. 453)* se conjugue avec le festival des gourmets. Idéal pour découvrir les produits locaux comme les *kiritanpo* (brochettes de riz cuit grillées sur le feu), les *gakko* (pickles) et les très réputés saké produits localement par une quarantaine de brasseries.

Yokote

Festival des maisons de neige Kamakura – *15-16 fév. (à 50mn en train : 30mn pour Omagari ; transfert puis 20mn pour Yokote, 1 320 ¥).* Plus d'une centaine de *kamakura* sont construits au sein desquels les enfants vous invitent à boire une boisson de riz fermenté.

Kakunodate

Festival des cerisiers – *Fin avr.-déb. mai.* Dans le quartier des samouraïs et le long d'une promenade de 2 km sur les bords de la rivière Hinokinai, on peut admirer la floraison des cerisiers pleureurs.

Kakunodate Matsuri – Du 7 au 8 septembre, ce festival d'automne vieux de 350 ans voit défiler des chars colorés.

Hirosaki 弘前

★

177 549 habitants

Épargnée par la Seconde Guerre mondiale, tandis qu'Aomori était rasée, Hirosaki possède de nombreux charmes tels ces milliers de vieux cerisiers cernant le château qui font la fierté de ses habitants à chaque printemps. Première productrice de pommes au Japon, cette région rurale n'en a pas moins développé un centre universitaire de qualité. Une ouverture à mettre en étroite filiation avec l'héritage laissé par la politique des Tsugaru. Cette famille de daimyo, qui gouvernait la ville depuis le 17e s., a su en effet exploiter au mieux la réforme Meiji en envoyant ses meilleurs éléments étudier à Tokyo pour que Hirosaki en tire le plus grand profit à leur retour.

NOS ADRESSES PAGE 458
Hébergement, restauration, achats, activités, etc.

S'INFORMER

Office de tourisme – *Situé à la sortie centrale de la gare - ✆ (0172) 26 3600 - 8h45-18h.* Anglais parlé.

SE REPÉRER

Carte de région p. 400, B1 - Située dans la préfecture d'Aomori à 60 km au nord-ouest du lac Towada.

À NE PAS MANQUER

La floraison des cerisiers en avril. Le Hirosaki Neputa Matsuri qui se tient du 1er au 7 août. Un déjeuner chez Suimeiso et un dîner chez Anzu.

ORGANISER SON TEMPS

Une journée pour Hirosaki. Comptez deux jours pour la région du lac Towada et deux jours pour les montagnes de Shirakami.

AVEC LES ENFANTS

La forêt de Shirakami ; le Neputa-mura.

Se promener

Hirosaki s'est développée à partir de son château protégé par des sanctuaires shinto au nord et des temples bouddhistes au sud-ouest. L'ouest étant annexé par la montagne Iwaki, la ville s'est étirée sur les terres planes de l'est où s'est fixée la gare ferroviaire.

Château de Hirosaki 弘前城

Bus destination Hirosaki, arrêt Shiyakusyomae. D'importants travaux de rénovation sont en cours jusqu'en 2023.

De ce château, achevé en 1611, où se succédèrent jusqu'à l'ère Meiji les générations du clan des Tsugaru, ne subsistent aujourd'hui, exception faite des douves et des remparts, que cinq portes classées. Le donjon, transformé en petit **Musée** historique *(9h-17h - 300 ¥)*, date quant à lui de 1810. Malgré sa jeunesse, il domine majestueusement le **parc public**★ de 49 ha célèbre dans tout le Japon pour l'exceptionnelle floraison de ses 2 600 cerisiers. Fin avril, une foule impressionnante vient pique-niquer en bordure des douves sous l'œil des télévisions japonaises.

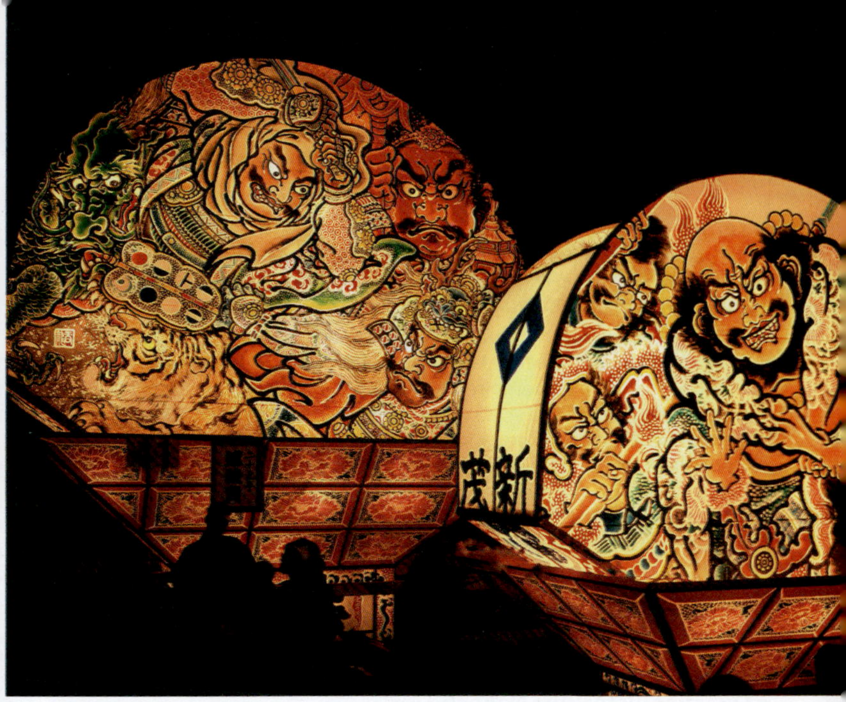

Festival d'été à Hirosaki.
JTB Photo / JTB Photo Communications, Inc. / age fotostock

AU SUD DU CHÂTEAU

★ Fujita Kinen teien 藤田記念庭園

Situé en bordure du parc (face sud). 8-1 Kamisirogane-cho - www.hirosakipark.jp/en/ - mi-avr.-nov. : tlj sf lun. 9h-17h - 310 ¥.

Ce jardin japonais a été créé en 1919 par Fujita Oken'ichi (1873-1946), homme d'affaires célébrissime au Japon. Ses 22 000 m² sont ponctués d'une **maison japonaise traditionnelle**, dotée d'un plancher construit à base de *yakusugi*, vieux pins originaires de l'île de Yakushima, d'un **hall archéologique** (exposition de matériaux remontant à l'ère pré-Jomon), d'une maison de thé propice à la cérémonie du thé et d'une sombre demeure de l'ère Taisho flanquée d'une magnifique **véranda★**.

MYSTÉRIEUSES KOKESHI

Les premières *kokeshi*, poupées traditionnelles en bois, seraient apparues dans le Tohoku à la fin du 19e s. Leur origine n'est pas claire et nourrit de nombreuses interprétations ; d'autant plus que l'étymologie n'ayant jamais été fixée, le terme est traduit en *hiragana* et non en *kanji*. Parmi les versions qui circulent… Poupée à la tête en forme de fleur de pavot ? Souvenirs vendus par les artistes locaux pour les touristes de passage qui fréquentaient les onsen et dont la forme cylindrique des poupées rappelait l'univers des massages ? Ou, plus tristement, poupées commémoratives et votives destinées à apaiser l'âme des enfants sacrifiés… Car, en ces temps de disettes auxquelles était régulièrement soumise la région pauvre du Tohoku, la famille sacrifiait le nouveau-né ou l'enfant en bas âge, de sexe féminin, pour aider les autres membres à survivre. Sans que jamais ils n'oublient pour autant « l'enfant supprimé », une des traductions possibles de *« ko » - « keshi »*.

★ Zenrin-gai 禅林街

À une quinzaine de minutes de marche au sud du précédent site.
Trente-trois temples (ce chiffre rappelle le nombre de réincarnations que connut Kannon) se succèdent de part et d'autre de cette très quiète « voie bouddhique ». Au départ, on observe une étrange tour dotée d'une structure octogonale rarissime au Japon : la **Sazaedo★** a été érigée en 1839 par un marchand local à la mémoire de ceux qui succombèrent à deux terribles famines : celles de Tenmei (1783) et de Tenpo (1833-1839). À l'intérieur, le corridor, tapissé d'images évoquant les réincarnations de Kannon, permet aux visiteurs d'effectuer un insolite pèlerinage. Le **Chosho-ji★** *(9h-16h - 300 ¥)*, qui clôture la voie, se détache avec majesté. Plus particulièrement sa porte, **San-mon★★**, de 16 m de hauteur, édifiée par Nobuhira, second seigneur de Tsugaru en 1629. On fixera ensuite avec émotion les 500 petites statues des disciples de Bouddha que le Chosho-ji abrite.

AU NORD DU CHÂTEAU

Situé en face du parc, direction plein nord.

★ Quartier historique Nakacho 仲町

Ce quartier était le lieu de résidence des serviteurs du seigneur jusqu'à la restauration Meiji. Plusieurs maisons peuvent être visitées : la résidence **Iwata★** *(31 Wakado-cho - juil.-oct. : tlj sf lun. et jeu. 10h-16h ; nov.-mars : fermé lun.-vend. - gratuit)* montre comment vivait une famille de samouraï. La demeure **Ishiba★** *(88 Kamenoko-machi - 9h-19h30 - 100 ¥)* témoigne d'un ancien commerce de l'époque d'Edo. Certains sont encore en activité.
Dirigez-vous vers l'angle nord-ouest du parc.

Neputa-mura 津軽藩ねぷた村

61 Kamenokomachi. Situé à l'angle nord-est du parc du château de Hirosaki. 9h-17h - 500 ¥.
Ce complexe très ludique multiplie espaces et ateliers pour expliciter les nombreuses expressions culturelles de la région d'Aomori : toupies, poupées *kokeshi* *(voir encadré p. 455)*, poteries, laques, *shamisen*, maisons de thé, etc. Point d'orgue de cet espace, le musée **Hirosaki Neputa-no-Yakata★**. Il conserve d'étranges chars de fête surmontés d'immenses paravents lumineux ou d'éventails géants utilisés lors du fameux festival de Hirosaki : le **Neputa Matsuri**. Le terme *neputa* dériverait de *neputee :* somnolence en dialecte local. Il fait référence à cette coutume qui poussait les fermiers à placer des lanternes géantes le long de la rivière afin de rester éveillés lors de ces retours tardifs devant conclure une journée harassante.

LES QUATRE SITES NATURELS CLASSÉS PAR L'UNESCO

Yakushima (préfecture de Kagoshima), **Shirakami-sanchi** (préfecture du Tohoku), **Shiretoko** (préfecture de Hokkaido) et les **îles Ogasawara** (préfecture de Tokyo) sont les quatre sites japonais à avoir été inscrits au Patrimoine mondial naturel de l'Unesco. Précisément en 1993 pour les deux premiers, 2005 pour Shiretoko et 2011 pour Ogasawara. Cette inscription qui vise à sauvegarder des biens naturels ayant une valeur universelle exceptionnelle souligne que cet héritage doit être transmis aux générations à venir. Les 17 autres sites japonais classés sont des biens culturels.

Le lac Towada est un ancien lac de cratère.
Aomori Prefecture/Aomori Prefectural Tourism Federation

À proximité Carte de région p. 400

★ Towada-Hachimantai National Park 十和田八幡平国立公園 B1-2

L'un des plus beaux parcs nationaux du Japon septentrional (83 000 ha) se compose du parc de Towada et du plateau de Hachimantai. On peut prendre le train jusqu'à Towada-shi *(voir Nos adresses p. 458)* puis le bus en direction du lac Towada. On stoppera à l'arrêt Ishigido pour continuer à pied sur le chemin qui longe les merveilleuses **gorges d'Oirase**★★ jusqu'à Nenokochi, en bordure du lac Towada *(2h40, 8 km)*. La promenade, magnifique, est très prisée des Japonais qui sortent pinceaux et chevalets. Les chutes d'eau de **Kumoi** ou de **Choshi** (5,6 t d'eau par seconde) sont spectaculaires.
À deux pas du JR bus terminal de Nenokuchi, on peut ensuite sillonner les eaux du **lac Towada**★ *(voir photo ci-dessus)* jusqu'à Yasumiya *(50mn, 1 500 ¥)*. Le bateau longe les deux promontoires **Nakayama** et **Ogura** qui divisent la partie méridionale de cet ancien lac de cratère, l'un des plus grands du Japon, situé à 401 m d'altitude.

5

★★ Shirakami-sanchi A1

Descendez au centre de conservation de Shirakami (voir Nos adresses p. 459).
Le site en lui-même se trouve à 22 km (45mn) du bureau d'information où vous pourrez disposer de toutes les informations pratiques pour vous rendre à Shirakami-sanchi selon le temps et les saisons.
Shirakami-sanchi désigne une zone montagneuse de 130 000 ha s'étendant de part et d'autre de la frontière qui sépare les deux préfectures d'Akita et d'Aomori. Les montagnes, flanquées de massifs de forêts, s'étagent entre 100 et 1 200 m d'altitude au-dessus du niveau de la mer. Seule la zone centrale de près de 17 000 ha a fait l'objet d'une inscription au Patrimoine naturel mondial de l'Unesco.
Difficilement accessible et très éloignée des milieux urbains, elle a conservé presque en l'état une **hêtraie** unique au monde. Ces hêtres de Siebold

LE PIVERT, HÔTE DE CES BOIS

Le pivert, connu pour les coups saccadés (environ une quinzaine par seconde) qu'il porte avec son bec sur le tronc d'un arbre, possède une technique pour le moins sophistiquée puisque aucun traumatisme ne l'affecte. Les explications biomécaniques sont nombreuses. Son cerveau, situé au-dessus de l'axe du bec, limiterait les effets de l'onde de choc. Des cartilages à la base du bec serviraient d'amortisseurs. La tête du pivert, de taille réduite, serait entièrement occupée par le cerveau. D'autres mettent en avant la langue incroyablement ductile de l'oiseau qui, composée d'arc osseux très flexibles, s'enroulerait autour du cerveau. À suivre…

témoignent de ces grands peuplements de forêt primaire qui coiffaient jadis les pentes des montagnes septentrionales du Japon. Ces arbres sont remarquables par la façon dont leur feuillage capte l'eau de pluie qu'ils font ensuite ruisseler le long de leur tronc jusqu'au sol forestier. Sapé par les racines, le sous-sol forme des poches d'eau préservant tout un écosystème et de nombreuses espèces. On trouve ainsi une flore riche de plus de 500 espèces végétales, une faune très diversifiée composée d'une quinzaine d'espèces de mammifères moyens et grands comme le serow japonais (famille des caprins) ou l'ours à collier (ours noir d'Asie qui doit son nom à la tache blanche en forme de collier qu'il porte sur la poitrine). On dénombre également 84 espèces d'oiseaux dont l'aigle royal, le pivert appelé aussi pic vert ou pic noir selon l'espèce et près de 2000 sortes d'insectes assurant leurs repas quotidiens.

Shirakami-sanchi World Heritage Conservation Center

À 30mn en bus Akikita de la gare de Futatsui, arrêt Yunosawa Satoguri. Fujisato Ranger Office, Satokori 63 - ☎ (185) 79 3001 - tlj sf mar. 9h-17h - gratuit.

Sur près de 800 m², vous obtiendrez dans ce centre de conservation du Patrimoine mondial toutes les informations concernant la faune et la flore de ce patrimoine naturel, le premier du Japon à faire l'objet d'une protection internationale. On apprend notamment que le hêtre japonais *(fagus crenata)*, très connu pour son feuillage marcescent (qui tient pendant l'hiver puisque les feuilles séchées en automne ne tombent qu'à l'ouverture des bourgeons au printemps), fait la joie des éleveurs de bonsaïs.

Une salle attenante expose des artistes locaux devenus parfois très célèbres comme le talentueux Hirano Shoji.

Pour visiter les Shirakami, difficilement accessibles, on peut se faire accompagner par un ranger comme Saito Esami, personnage incollable sur l'écosystème d'une hêtraie ou sur les modes de vie des piverts (voir encadré ci-dessus). On peut aussi suivre par soi-même les chemins pédestres bien balisés.

NOS ADRESSES À HIROSAKI

TRANSPORTS

En train

De Hirosaki pour **Towada** – Prendre le Ltd Exp. Tsugaru jusqu'à Aomori, puis le Aomori Tetsudou jusqu'à Misawa *(112 km, 2h, 3 700 ¥)*. Puis de Misawa, prendre le bus Towada Kankou Dentetsu jusqu'à Towada-shi *(15 km, 30mn, 590 ¥)*.

De Hirosaki pour **Shirakami** – Prendre le Ltd Exp. Tsugaru pour **Futatsui** *(75 km, 1h, 2 970 ¥)*. Puis de Futatsui prendre le bus pour **Fujisato** *(10 km,* *bus ttes les h entre 7h15 et 18h, comptez autour de 490 ¥)* ou le taxi *(environ 4 000 ¥)*. À Fujisato descendre au **Shirakami-sanchi World Heritage Conservation Center**, afin d'obtenir toutes les informations pour visiter Shirakami-sanchi.

HÉBERGEMENT

Hirosaki

PREMIER PRIX

Route Inn Hotel Hirosaki Ekimae
ホテル ルートイン弘前駅前
5-1 Ekimae-cho, Hirosaki - (0172) 31 0010 - www.route-inn.co.jp - 212 ch. à partir de 9 050 ¥. Ouvert depuis 2008, cet hôtel de la célèbre chaîne Route Inn est situé à deux pas de la gare, à proximité de la poste. Moderne, pratique et confortable, ce lieu est prisé par tous les *salarymen* de la région. Petit-déjeuner très copieux.

Towada

BUDGET MOYEN

Hotel Towada-so
ホテル十和田荘 –
340 Yasumiya, Towada-kohan - (0176) 75 2221 - www.towadaso.co.jp - 234 ch. Cet immense complexe hôtelier situé en bordure du lac (face au promontoire Nakayama) dispose de toutes les commodités possibles et imaginables avec une grande fourchette de prix.

Fujisato (Shirakami-sanchi)

BUDGET MOYEN

Hotel Yutoria Fujisato
ホテルゆとりあ藤里 –
1-2 Kamiyunosawa, Fujikoto, Fujisatomachi, Yamamoto-gun, Akita - (0185) 79 1070 - www.shirakami-fujisato.com/yutoria - (0120) 535 362, 21 ch. à partir de 6 630 ¥/pers. Cet hôtel qui possède tout le confort (piscine, onsen, boutiques, restaurant) occupe la position idéale pour qui veut visiter Shirakami-sanchi. Il se trouve de surcroît à quelques minutes en amont du Shirakami-sanchi World Heritage Conservation Center. Chambres occidentales.

RESTAURATION

Hirosaki

PREMIER PRIX

Anzu 郷土料理店•杏
44-1 Oyakata-machi, Hirosaki - (0172) 32 6684 - anzu.tsugarushamisen.jp - 17h-0h 3 000 à 8 000 ¥. Cet *izakaya* très chaleureux accueille chaque soir des étudiants confirmés en *shamisen*, parmi les meilleurs du Japon. Cuisine simple et goûteuse.

POUR SE FAIRE PLAISIR

Suimeiso 翠明荘
69 Motodera-machi, Hirosaki - (0172) 32 8281 - suimeiso.co.jp/en/index.html - 11h-14h (dernière entrée 13h30), 17h-22h (dernière entrée 20h30) - à partir de 3 240 ¥ (déj.), à partir de 8 640 ¥ + service. Prendre un déjeuner dans cette maison de 1895 de style *shoin-zukuri* est un moment inoubliable. Les boiseries sont d'un raffinement extrême et le jardin japonais est aussi soigné que les assiettes.

HOKKAIDO
0
50 km
N
1
2
A
B
C
SEA OF OKHOTSK
SEA OF JAPAN
PACIFIC OCEAN
Etorofu
Kunashiri
Nemuro Strait
Iles Habomai
Shiretoko Peninsula
PARC NATIONAL DE SHIRETOKO
Mt Rausudake
1631
Utoro
Rausu
Shari
Nemuro-Shibetsu
Nemuro
LAKE MASHU
Kawayu Onsen
Mashu
Parc national d'Akan
Akkeshi
Kushiro
Abashiri
Bihoro
Mt O-Akan
1371
LAKE AKAN
Kitami
Rubeshibe
Engaru
Monbetsu
Sounkyo Onsen
Mt Asahi
2290
Asahidake Spa
Parc national Daisetsu-zan
Obihiro
Esashi
Nayoro
Asahikawa
Wakkanai
Horonobe
Haboro
Rebun
Rishiri
Yagishiri
Teuri
Rumoi
Fukagawa
Biei
Furano
Iwamizawa
Hidakacho
Biratori
Erimo
Urakawa
Tomakomai
Sapporo
L. Shikotsu
Ishikari Bay
Otaru
Mukawa
Noboribetsu Onsen
Shiraoi
Muroran
Parc national Shikotsu-Toya
L. Toya
Uchiura Bay
Hakodate
Oma
Honshu
Oshima Peninsula
Esashi
Setana
Okushiri
Matsumae
TSURUGA
TOKYO, HACHINOE, SENDAI
TOKYO
12
39
40
38
44
37
5
PARC NATIONAL DE SHIRETOKO
Parc national d'Akan
Sapporo
Utoro
★★★ Vaut le voyage
★★ Mérite un détour
★ Intéressant
À voir

Hokkaido 6

Hokkaido

LE GRAND NORD JAPONAIS

« Dans la géographie idéale des Japonais, le Hokkaido est une case mal remplie. La plupart des Japonais dans la quarantaine n'y sont pas allés, n'iront plus et sont bien en peine de donner leur opinion là-dessus. Pour eux, cette terre est sans prestige parce qu'elle est presque sans histoire (…) » (Nicolas Bouvier dans *Chronique japonaise*, Éd. Payot, 1989). Cette terre a pourtant une mémoire forte, enregistrée il est vrai par un peuple sans écriture mais non sans histoire, les Aïnous. La dernière page s'écrivit d'ailleurs à leur insu quand, au début du 19e s., le gouvernement Meiji décida de coloniser méthodiquement le chemin de la mer du Nord : Hokkaido. Entre 1887 et 1922, deux millions d'immigrants japonais filèrent sur ces paysages immenses traversés du nord au sud par de puissantes chaînes de montagnes ; ils vinrent avec leur culture, leurs techniques agraires, leurs troupeaux de vaches. Pionniers, fermiers, samouraïs déchus, chercheurs d'or sillonnèrent ce « finistère » au climat rude, couvert de forêts, flanqué de glaces côtières et de banquises. La riziculture apparut à l'ouest puis l'élevage au nord et à l'est, modelant de nouveaux paysages pour l'essentiel occupés par un vaste couvert forestier (70 % de l'île). En 1972, les Jeux olympiques de Sapporo, les premiers hors de l'Europe ou des États-Unis, inscrivent l'île dans l'univers mondial des sports d'hiver mais aussi dans l'imaginaire des Japonais. Depuis, ils se rendent en masse (près de 50 millions de visiteurs par an) dans la deuxième plus grande île du Japon, conscients que son patrimoine naturel (six parcs nationaux) est aujourd'hui leur première richesse.

AÏNOUS : UNE RECONNAISSANCE TARDIVE

D'origine caucasienne, les Aïnous s'établissent bien avant l'ère Jomon (10500-300 av. J.-C.) sur les terres septentrionales de l'archipel japonais (Tohoku, Hokkaido) mais aussi sur les îles Kouriles (nommées « Territoires du Nord » par les Japonais ; ces îles, administrées par l'URSS puis la Russie depuis le traité de paix de San Francisco en 1951, sont revendiquées en partie par le Japon) et Sakhaline. La colonisation de Hokkaido, lancée par le gouvernement Meiji en 1869, « japonise » ce peuple de chasseurs-cueilleurs aux croyances animistes vivant de chasse et de cueillette. Discriminés, stigmatisés pour leur pilosité, les Aïnous sont obligés de se fondre dans le moule japonais pour pouvoir survivre, au détriment de leur langue, de leur culture et de leurs terres. Malgré quelques revendications qui poussent le Parlement japonais à adopter, en 1997, la « Loi de promotion de la culture aïnou », leur situation progresse lentement. Cependant le 6 juin 2008, le Parlement japonais a reconnu unanimement le caractère indigène de cette population, « qui possède sa propre langue, religion et culture ».

VISITER LA RÉGION

Se repérer – À 1 500 km de Tokyo, la grande île septentrionale (78 521 km^2, soit 20 % du territoire terrestre du Japon) est entourée par l'océan Pacifique, la mer du Japon, la mer d'Okhotsk, séparée de Honshu par le détroit de Tsugaru.

À ne pas manquer – Les parcs nationaux (Daisetsu-zan, Shiretoko). Les onsen de Noboribetsu (particulièrement celui de Dai-ichi Takimoto-kan). La péninsule de Shiretoko dans son ensemble. Le Shiraoi Aïnu Museum. La ville de Hakodate.

Organiser son temps – Une journée à Sapporo ; une autre à Otaru. Deux jours pour Noboribetsu et ses environs. Une journée pour Hakodate.

Avec les enfants – Le Festival de neige de Sapporo (Yuki Matsuri).

Sapporo 札幌

★

1 961 473 habitants

Sapporo est une ville moderne. Son plan en damier ne fait aucunement référence à cette géomancie traditionnelle importée de Chine; davantage à un pragmatisme de colons sous l'influence de fermiers américains réclamés par le Japon en quête de nouvelles techniques agraires. En 1868, le nouveau gouvernement Meiji entend rationaliser au mieux ce territoire encore occupé par les Aïnous. Il le fait avec d'autant plus de méthode qu'au large de Hokkaido, les tensions militaires s'accroissent avec les voisins russes pour l'épineuse question territoriale des îles Sakhaline. Aussi, plutôt que de continuer à développer Hakodate, ville stratégique sur le détroit de Tsugaru où s'est établi le Commissariat à la colonisation, le gouvernement décide de bâtir plus à l'est sa capitale régionale. Il choisit la « sat poro pet », la « rivière sèche et large » en aïnou, située au sud de la précieuse baie d'Otaru; son port n'est en effet jamais prisonnier des glaces. De 2600 âmes à la fin du 19e s., Sapporo est passée un siècle plus tard à près de 2 millions d'habitants. Si aujourd'hui, la cinquième ville du Japon affiche une modernité peu amène, elle dispose en fait d'un allié de poids : la nature. Omniprésente dans la ville avec ses très nombreux jardins, elle pousse même Sapporo à descendre en sous-sol quand en hiver elle fait peau, plus exactement « neige neuve ». Les habitants vivent alors dans d'immenses galeries souterraines et lorsqu'ils sortent de ce métro, aussi prometteur qu'un téléphérique, Sapporo transporte tous nos rêves d'enfant sur son blanc manteau.

NOS ADRESSES PAGE 471
Hébergement, restauration, achats, activités, etc.

S'INFORMER

Offices de tourisme – Hokkaido-Sapporo Tourist Information Center, *JR Sapporo Station West Concourse (1F)* B1 - ✆ *(011) 213 5088 - www.sapporo.travel/learn/informationcenter/?lang=en - 8h30-20h.* Sapporo International Communication Plaza, *MN Bldg, 3 F - N1W3 (face à la Clock Tower)* B1 - ✆ *(011) 211 36708 - tlj sf w.-end et j. fériés 9h-17h30.* Fournissent cartes, brochures et renseignements en anglais.

SE REPÉRER

Carte de région p. 460, B2 - Chef-lieu de la préfecture de Hokkaido, la ville se situe à 1 054 km au nord de Tokyo. Les rues quadrillent des blocs d'immeubles d'environ 100 m sur 100 avec pour repères géométriques les quatre points cardinaux. Le kilomètre zéro étant la TV Tower B2, l'adresse N3 W8 du jardin botanique se décrypte ainsi : à trois blocs d'immeubles au nord (North) et à huit blocs à l'ouest (West) de la tour de télévision.

À NE PAS MANQUER

Le Yuki Matsuri de Sapporo en février. Inoubliable. Dans la foulée, un « Gengis Khan » accompagné d'une bière Sapporo *(voir Nos adresses p. 474)*. Les onsen de Noboribetsu.

ORGANISER SON TEMPS

Si votre temps est compté, prévoir une journée et une soirée à Sapporo, une journée à Noboribetsu et ses environs.

AVEC LES ENFANTS

Le Yuki Matsuri (chaque année une semaine début février). Le Dai-ichi Takimoto-kan de Noboribetsu.

Se promener Plan de la ville p. 467

Commencez la visite par la **TV Tower** B2, à 15mn à pied de la JR Sapporo Station. Du sommet de cette tour (90 m) érigée en 1957 sur le modèle de la tour Eiffel, on bénéficie d'une belle vue panoramique sur la ville *(9h-22h - 720 ¥)*. À l'ouest s'étire l'**Odori-koen** A-B2, artère verte de 105 m de large sur 1,5 km de long (*odori* signifie « large rue ») qui servait de coupe-feu entre les administrations et les habitations au sud, régulièrement sujettes aux incendies. Aujourd'hui, cette grande artère arborée, fréquentée aussi bien l'été que l'hiver, est mondialement connue pour son impressionnant **Yuki Matsuri★★★**. Depuis les années 1950, ce Festival de la neige expose de gigantesques sculptures de glace qui attirent chaque année, au mois de février, des centaines de milliers de visiteurs. Notez que certaines œuvres, petits palais flanqués de poivrières aussi translucides que des sucres d'orge, peuvent peser plus de 700 t !

AU NORD DU PARC ODORI

Situé à quelques pas à l'angle de la Tokei-dai-dori.

La tour de l'horloge **Tokei-dai** B1 *(8h45-17h10, dernière entrée 17h - 200 ¥)* a été construite en 1876 par des Américains du Massachusetts. Elle servait à rythmer les cours du nouveau collège agricole qu'elle dominait. Dirigé par trois enseignants américains à la demande du gouvernement japonais, ce collège, le premier du genre au Japon, devait répondre aux besoins de formation des nouveaux migrants s'installant sur Hokkaido. L'horloge possède toujours son carillon original. Remonté tous les quatre jours, il est entretenu par la famille Inoue depuis deux générations. La salle du collège accueille désormais un petit musée et une bibliothèque municipale.

Jouxtant la gare, la **JR Tower** B1 possède depuis 2003 le plus impressionnant point de vue sur Sapporo. Au 38e étage de ses 173 m de hauteur, l'observatoire est incontournable lors du Yuki Matsuri *(10h-23h, dernière entrée 22h30 - 720 ¥)*.

À l'est de la gare *(à 7mn de bus)*, on aperçoit le **Sapporo Beer Museum** C1 en dir., bâtiment en briques rouges dominé par une belle cheminée estampillée de l'étoile polaire. L'ancienne brasserie de Sapporo, la première du Japon, transformée en musée *(tlj sf lun. 11h30-20h - gratuit)*, est surtout prisée le soir pour l'ambiance presque germanique de sa grande salle de restaurant *(voir Nos adresses p. 474)*.

Face à la gare *(deux blocs à l'ouest)*, distant de 300 m environ, se détache un bel immeuble en briques rouges de 1888 : l'ancien siège du gouvernement préfectoral de Hokkaido. Le **Old Hokkaido Government Building** B1 expose quelques meubles et tableaux d'époque tout en hébergeant les archives du Commissariat à la colonisation.

Continuez vers l'ouest, 500 m environ.

★ Botanical Garden of Hokkaido University 北大植物園 A1

N3 W8, à 500 m au sud-ouest de la gare de Sapporo. ✆ (011) 221 0066 - www.hokudai.ac.jp/fsc/bg/index_e.html - 29 avr.-3 nov. : tlj sf lun. 9h-16h30 (oct.- 3 nov. 16h) - 420 ¥ ; hiver - visite des serres seult 4 nov.-28 avr., tlj sf dim. et j. fériés. 10h-15h30 (sam. 12h30) - 120 ¥.

Achevé en 1886, ce jardin botanique de 13 ha avait au départ des objectifs scientifiques : aider les agriculteurs à comprendre leur nouvelle terre d'expansion soumise à de rigoureuses températures subarctiques. Il comprend un **arboretum** (ormes, conifères, érables), un **jardin alpin**, une **serre** de 1 300 m² (composée surtout d'orchidées) et une **section ethnobotanicale** recensant 180 espèces de plantes qu'utilisaient alors les Aïnous pour se nourrir, se soigner,

Sapporo : le parc Odori.
SeanPavonePhoto / iStock

se vêtir ou se déplacer. Situé à l'entrée du jardin, le petit et très touchant **Ainu Museum★** témoigne de ces différents usages. On découvre des vêtements en écorce d'orme, de magnifiques tenues féminines en peau de phoque et de nombreux objets rituels tels ces crânes d'ours et de tortues ornant l'autel dédié aux ours. En outre, il faut absolument prendre le temps de regarder le très précieux **court-métrage ethnographique★★★** de 13mn filmé en 1935. Il montre la mise à mort d'un ours, plus exactement l'*iyomante*, la grande cérémonie du retour des esprits de l'ours aux dieux afin que ces divinités qui s'étaient alors déguisées en animaux pour répondre aux besoins des hommes puissent se manifester à nouveau sous cette forme si altruiste pourvoyeuse de viande et de fourrures. Les flèches qui empoisonnent l'ours lors de cette cérémonie sont imprégnées de *torikabuto* (sorte d'aconit de la famille des renonculacées), poison déifié, transformé en cette divinité qui a pour rôle de persuader l'ours d'accepter l'invitation du dieu du feu. Le jeune ours est lui toujours épargné car le dieu qui y sommeille n'a pas encore la possibilité de s'échapper par ses propres moyens. Le **Natural History Museum (musée d'Histoire naturelle)**, situé à une centaine de mètres à l'intérieur du jardin, renvoie aux classiques pétrifications taxidermistes des siècles précédents. L'écureuil volant japonais est quand même très surprenant.
Toujours plus à l'ouest, à 500 m environ.

★ Hokkaido Museum of Modern Art 北海道立近代美術館 A2 en dir.

N1 W17. M° Nishi-Juhachome (Tozai Line), sortie n° 4, puis marchez 5mn à pied vers le nord - ✆ (011) 644 6882 - tlj sf lun. 9h30-17h ; sept. -13 oct. tlj sf lun. 9h30-17h, vend. 9h30-19h30 (dernière entrée 30mn av. la fermeture) - 510 ¥ (les tarifs varient selon l'exposition).

Ce fonds muséographique de 4 300 pièces (150 sont exposées par rotation) se divise en trois catégories : les œuvres des artistes de Hokkaido depuis l'ère Meiji, celles modernes et contemporaines d'artistes japonais, celles enfin d'artistes du monde entier et en particulier les peintures de l'École de Paris, l'Art nouveau et l'Art déco. Pêle-mêle, citons Pascin, Kisling, Soutine, Chagall, Rouault, Foujita mais aussi Tiffany, Lalique, Gallé. Côté japonais, on découvrira avec bonheur le travail de la grande artiste de Hokkaido, **Kataoka Tamako**, née à Sapporo en 1905 et pratiquant la technique dite de la peinture à la japonaise *(nihon-*ga).

AU SUD DU PARC ODORI

Entre les blocs S3 et S7 s'étend le quartier chaud de **Susukino** B2 *(métro Susukino)*. On y retrouve les incontournables tics de langage que possèdent de nuit les villes japonaises, agitées par les clubs de karaoké, les salles de *pachinko* et les bars à hôtesses. De jour, on peut s'oxygéner dans le **parc Nakajima** B2 en dir. *(à 15mn à pied plus au sud ou station Nakajima-koen après Susukino)*. Ce parc, organisé en partie autour d'un étang, comprend un centre sportif, un jardin japonais, un observatoire astronomique, une **maison de thé** (importée de Honshu, elle fut construite à l'origine au 17e s. par le maître de thé Kobori Enshu) ainsi qu'une maison d'hôte, **Hokeikan** (connue pour avoir hébergé quelques membres de la famille impériale), et le **Sapporo Concert Hall Kitara**. Derrière son architecture anodine se cache une magnifique **salle en arène★★** de 2 008 places d'une qualité acoustique très réputée et dont le grand orgue a été réalisé par la célèbre maison alsacienne Alfred Kern.

HORS DU CENTRE-VILLE

★ Historical Village of Hokkaido 北海道開拓の村 C1 en dir.

Nopporo Forest Park (à 15 km à l'est du centre-ville). De la gare de Sapporo, train pour Shin-Sapporo (20mn), puis bus 10mn (arrêt Shinrin-koen) ou taxi (env. 1 000 ¥) - mai-sept. : 9h-17h (dernière entrée 16h30) ; reste de l'année : tlj sf lun. 9h-16h30 (dernière entrée 16h) - fermé 29 déc.-3 janv. - 800 ¥.

Dans ce musée en plein air, animé par une soixantaine d'édifices minutieusement reconstitués et divisé en quatre secteurs (ville, village de marins, de fermiers et de montagnards), les visiteurs retrouvent les premiers temps de la colonisation de l'île. Des carrioles à cheval l'été ou des traîneaux l'hiver *(270 ¥)* permettent aux visiteurs de sillonner avec allégresse ces 54 ha représentatifs de l'ère Meiji et Taisho.

★ Hokkaido Museum 北海道博物館 C1 en dir.

Nopporo Forest Park, à 5mn à pied du précédent - ✆ (011) 898 0466 - www.hm.pref.hokkaido.lg.jp/en/ - tlj sf lun. et certains j. fériés mai-sept. : 9h30-17h ; oct.-avr. : 16h30 - 600 ¥, enf. 300 ¥ (audioguide en anglais : 280 ¥).

Récemment rénové, ce musée immense, segmenté par thème chronologique, traite aussi bien de la genèse morpho-géographique de l'île, il y a 2 millions d'années, que de sa colonisation avec ses développements économiques les plus récents. On découvre, par exemple, comment la culture Satsumon jette les bases, au 7e s., de ce qui deviendra plus tard la culture aïnou et de quelle manière celle-ci intègre dans son quotidien, dès la fin du 12e s., des biens produits par le premier shogunat. À cette époque, les *wajin* (nom donné aux migrants de Honshu) s'installaient en masse dans la partie sud de Hokkaido appelée alors Ezochi jusqu'à envahir les populations indigènes, les Ezos, qui se révoltèrent pour la première fois au milieu du 15e s. L'ère Meiji, point d'orgue de la colonisation de l'île, est illustrée de façon particulièrement vivante avec pléthore de matériaux et documents. En 1869, Ezochi prendra le nom de Hokkaido.

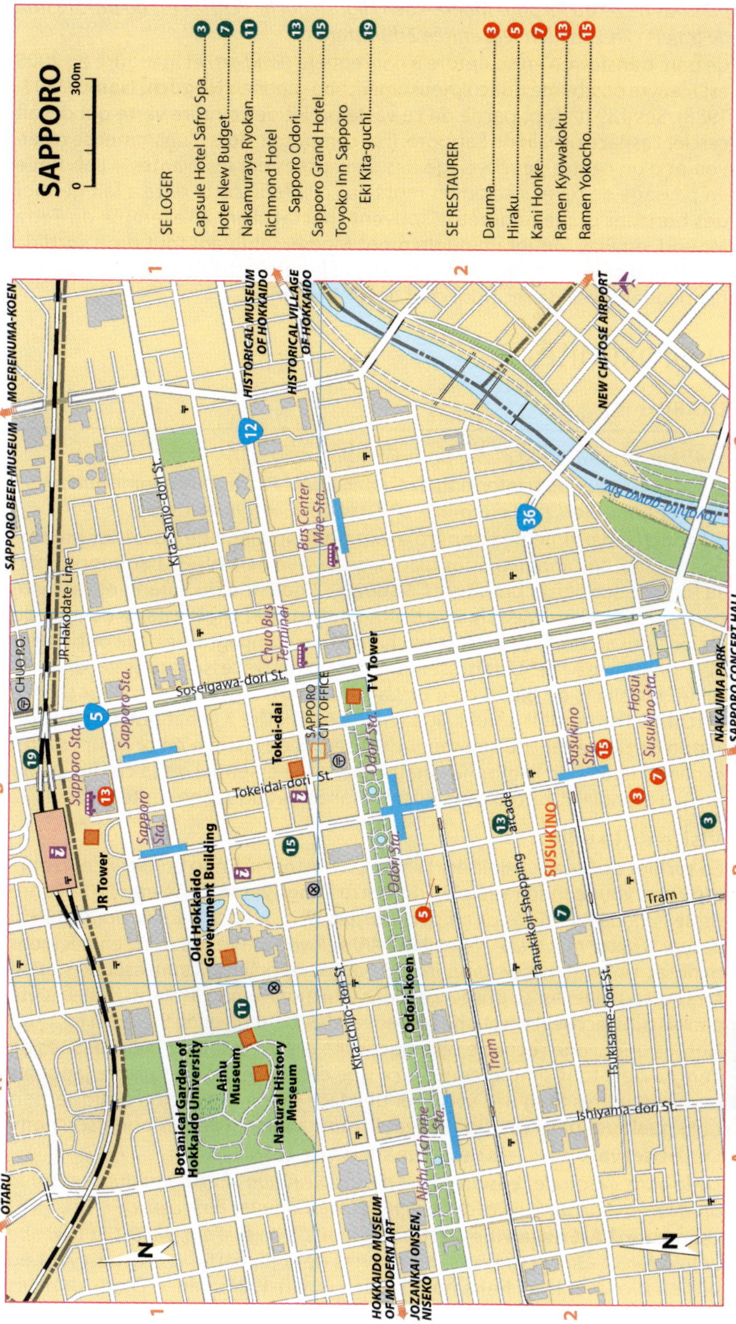
SAPPORO
0 300m
SE LOGER
Capsule Hotel Safro Spa........3
Hotel New Budget........7
Nakamuraya Ryokan........11
Richmond Hotel
Sapporo Odori........13
Sapporo Grand Hotel........15
Toyoko Inn Sapporo
Eki Kita-guchi........19
SE RESTAURER
Daruma........3
Hiraku........5
Kani Honke........7
Ramen Kyowakoku........13
Ramen Yokocho........15
MOERENUMA-KOEN
SAPPORO BEER MUSEUM
HISTORICAL MUSEUM OF HOKKAIDO
HISTORICAL VILLAGE OF HOKKAIDO
NEW CHITOSE AIRPORT
NAKAJIMA PARK
SAPPORO CONCERT HALL
OTARU
HOKKAIDO MUSEUM OF MODERN ART
JOZANKAI ONSEN, NISEKO
JR Hakodate Line
CHUO P.O.
Sapporo Sta.
JR Tower
Kita-Sanjo-dori St.
Soseigawa-dori St.
Chuo Bus Terminal
Bus Center Mae Sta.
Tokei-dai
Tokeidai-dori St.
SAPPORO CITY OFFICE
TV Tower
Odori Sta.
Old Hokkaido Government Building
Botanical Garden of Hokkaido University
Ainu Museum
Natural History Museum
Kita-Ichijo-dori St.
Odori-koen
Nishi 11 chome Sta.
Tanukikoji Shopping arcade
SUSUKINO
Susukino Sta.
Hosui Susukino Sta.
Tram
Tsukisame-dori St.
Ishiyama-dori St.
Toyohira-gawa Riv.
A
B
C
1
2

6

★ **Moerenuma-koen** モエレ沼公園 C1 en dir.

À environ 10 km au nord-est du centre-ville. M° Kanjodori-higashi (Toho Line), puis bus nos 69 ou 79 pour Moere-koen Higashiguchi, l'entrée est du parc (25mn de trajet) - 7h-22h (dernière entrée 21h) - gratuit.

Ce parc transformé en sculpture à part entière *(land art)* et inauguré en 2005 est l'œuvre posthume du sculpteur américano-japonais **Noguchi Isamu** (1904-1988). Ses 189 ha font partie de ce vaste projet de ceinture verte qui devait cercler l'espace urbain de Sapporo. Il se composait alors d'un immense réservoir et d'un centre de recyclage des eaux usées par les plantes. « Labourée en paysage de rêves » selon les mots du sculpteur, cette terre a fait germer des horizons d'une géométrie souvent spectaculaire à l'exemple du Tetra Mound, du Play Mountain ou du mont Moere, semblant tout droit sorti de reliefs précolombiens revus et corrigés par la patte artistique du mouvement néerlandais *De Stijl* avec pour chef de file Mondrian.

À proximité Carte de région p. 460

OTARU 小樽 A2

À 40 km au nord-ouest de Sapporo. En train, voir p. 471.

Otaru International Information Center, Canal Plaza Tourist Information, au bout de Chuo-dori, près du canal - ✆ (0134) 33 1661 - 9h-18h.

Débouché maritime de Sapporo ayant pour privilège de posséder un port épargné toute l'année par les glaces, cette ville de 140 000 habitants a bâti sa fortune sur deux commerces distincts : l'industrie du hareng et l'activité bancaire. Sous l'ère Meiji, la ville d'Otaru fut en effet choisie par la Banque du Japon pour accueillir sa succursale chargée d'accompagner le développement économique de l'île. L'établissement prit un nouvel essor après la convertibilité des billets de banque en or. La banque d'Otaru eut alors pour charge d'acheter l'or produit à Hokkaido afin de permettre à la banque centrale du Japon de posséder suffisamment de réserves de change en or pour assurer la convertibilité de la monnaie nationale, gage essentiel de sa crédibilité au niveau mondial. Otaru devint alors le Wall Street du Japon septentrional.

Visite de la ville

En sortant de la gare, rejoindre le mont Tengu par le Chuo bus service *(12mn - 210 ¥)* qui vous conduira au pied du **Otaru Tenguyama Ropeway**. Le téléphérique *(Mogami, 2-16-15 - de mi-avr. à fin juin 9h30-21h ; de juil. à fin août 9h-21h ; de sept. à début nov. 9h30-21h - 1 140 ¥ AR)* s'élève à 271 m d'altitude en quelques minutes. Un petit musée *(gratuit)* dédié au ski rappelle qu'Otaru est une station de sports d'hiver assez prisée. Les flancs du mont Tengu avaient d'ailleurs été choisis pour accueillir certaines épreuves des J.O. d'hiver de Sapporo en 1972. Notons que si une seconde salle du musée expose quelque 700 masques de **Tengu**, c'est tout simplement parce que cette divinité du folklore japonais munie d'un très long nez soclé sur une face rouge, proche du nasique, partage quelques traits physiques avec la montagne qui depuis porte son nom. De l'**observatoire★**, très belle vue sur la ville et son port.

De la gare, descendez ensuite la rue principale (Chuo-dori) puis bifurquez sur la droite à hauteur de la voie ferrée Temiya Line. Comptez 8mn à pied.

Le **musée d'Art de la ville d'Otaru** *(Ironai, 1-9-5 - tlj sf lun. 9h30-17h, dernière entrée 16h30 - 300 ¥)* présente les œuvres de la plupart des artistes ayant eu un lien avec la ville tel Nakamura Zensaku (1901-1983), natif d'Otaru, dont les paysages de Hokkaido ont circulé dans les plus grands musées.

Le lac Toya.
JTB PHOTO COMMUNICATI/JTB Photo Communications, Inc./age fotostock

Le même palier dessert le **musée municipal de la Littérature** *(Ironai, 1-9-5 - tlj sf lun. 9h30-17h, dernière entrée 16h30 - 300 ¥)*. Ses deux principales figures littéraires sont **Ito Sei** (1905-1969), célèbre au Japon pour avoir traduit *L'Amant de Lady Chatterley* (ce qui lui coûta dix-sept ans de prison en 1935) et **Kobayashi Takiji** (1903-1933), auteur d'écrits prolétariens, dont l'œuvre majeure, *Kanikosen (Le Navire-usine)*, connaît une actualité incroyable. L'histoire des marins d'un bateau de pêche se révoltant contre leurs conditions de travail est en effet devenue en 2008 le livre culte de la jeunesse nippone confrontée à la précarisation grandissante de l'emploi.

Reprendre la direction de l'avenue centrale jusqu'à la **plaza Unga** où l'on découvrira, dans le plus vieil entrepôt de Hokkaido *(Ironai, 2-1-20 - 9h-18h, 19h en été)*, rénové dans le style Taisho, une sélection de produits locaux : biscuits, saké, etc.

À deux pas, le **Otaru Museum Canal Building** *(Ironai, 2-1-20 - 9h30-17h - 300 ¥)* présente l'histoire de la ville *via* notamment celle de la pêche aux harengs (sa production avoisinait 1 000 t il y a cinquante ans contre 1/3 aujourd'hui). Suivre ensuite le magnifique et très animé **canal d'Otaru** (surtout à la nuit tombée). On peut prolonger la visite de la ville en découvrant, à l'est de la **Sakaimachi-dori**, le quartier des souffleurs de verre organisé autour de la **Kitaichi Glass Factory** et son **musée d'Art vénitien** *(Sakaimachi, 5-27 - 8h45-18h, dernière entrée 17h30 - 700 ¥)*. Cet artisanat local a pour origine l'ancienne pêche au lamparo pratiquée par les pêcheurs d'Otaru pour attraper les anchois.

D'Otaru, revenez sur Sapporo puis prenez la JR Chitose Line (41 km, 40mn - 810 ¥).

★ PARC NATIONAL DE SHIKOTSU-TOYA 支笏洞爺国立公園 A-B2

Fondé en 1949, ce parc national englobe de nombreux sites dont le lac Shikotsu, Noboribetsu et le lac Toya, remué par le bouillonnant volcan Usu.

★ Lac Shikotsu 支笏湖

De la station JR de Chitose, prenez la sortie Sud. Arrêt de bus n° 3. Bus ttes les h de 8h50 à 16h50 (comptez 45mn), 900 ¥. On peut aussi louer un vélo (9h-17h - 300 ¥ la journée) et se rendre au lac par la piste cyclable (comptez 2h). *Rens. au bureau d'information touristique de la gare de Chitose, Chitose Station Plaza 2 F - (0123) 24 8818 - http://1000sai-chitose.or.jp/en/ - 10h-20h.* Shikotsu, « grand bassin » en aïnou, est un lac de caldeira formé il y a 40 000 années par l'effondrement de la partie supérieure du cône suite à une éruption. Sa particularité est de ne jamais geler, même en hiver, grâce à la profondeur de ses eaux atteignant 363 m par endroit, ce qui donne aussi au lac une température constante de 3,6°.

Le **bureau d'information des visiteurs** *(avr.- nov. : 9h-17h30 ; déc.-mars : 9h30-16h30)* fournit plans et informations sur les randonnées pédestres jalonnant le lac. On peut facilement y rester une semaine tant il y a de monts à gravir. Ainsi, le mont Eniwa (1 320 m) servit de piste de descente pour les J.O. d'hiver de Sapporo en 1972. On croisera aussi de nombreuses chutes d'eau, des sources d'eau chaude, le lac Okotanpe et son manteau vert émeraude juché à 571 m de hauteur. Si l'on s'en tient à la version la plus simple, comptez environ 2h pour faire le tour du lac sans oublier de visiter la célèbre grotte aux mousses indiquée dans tous les dépliants.

De Minami Chitose, prenez le Limited Express Suzuran (70 km, 45mn, 3 040 ¥).

★ Noboribetsu Onsen 登別温泉

À 8 km au nord de la JR Noboribetsu Station. Comptez 1 500 ¥ en taxi.

S'étirant au pied du Hiyoriyama à 200 m au-dessus du niveau de la mer, cette station thermale est l'une des plus célèbres de Hokkaido. Noboribetsu, qui vient de *Nupurupetsu*, « rivière sombre et nuageuse » en aïnou, rejoint son patronyme dans ces 10 000 t d'eaux boueuses et sulfureuses qui sourdent quotidiennement de cette vallée de l'enfer, « Jigoku-dani », tisonnée en amont par un volcan bouillonnant. La qualité et la grande variété minérale de ces eaux thermales font aujourd'hui la réputation de cette station. Développée à partir de l'ère Taisho (1912-1926), elle s'enorgueillit de posséder aujourd'hui les onsen les plus impressionnants du Japon.

Les onsen – La majorité des touristes japonais barbotent dans les onsen de leur hôtel mais on peut, moyennant un droit d'entrée, découvrir certains d'entre eux sans pour autant y résider. L'office de tourisme *(60 Noboribetsu Onsen-cho - (0143) 84 3311 - www.noboribetsu-spa.jp/?lang=en - 9h-18h)* situé au cœur de l'artère principale de cette petite station en donne la liste. Le plus spectaculaire et le plus cher est le **Dai-ichi Takimoto-kan★**, situé au bout de cette station tout en longueur *(9h-21h, dernière entrée 18h)*. Pour 2 000 ¥, on pénètre dans un onsen de 5 000 m² divisé en 30 bassins et composé, fait rarissime, de sept eaux aux propriétés minérales différentes (bicarbonate de soude, sulfate hydraté naturel de sodium, sulfate ferreux, etc.). Autant de spécificités qui parlent moins à la barbe qu'à la peau des Japonais. Déambuler dans cet immense espace appareillé de sa seule nudité est un moment inoubliable. Enfin, pour avoir une idée de la puissance de ces eaux bouillonnantes qui surgissent de terre entre 50 et 90°, il faut suivre les nombreux chemins qui s'élèvent de l'artère centrale et conduisent à des plates-formes d'observation. En moins de 15mn à pied (depuis l'office de tourisme), on domine la spectaculaire **vallée de l'Enfer**. Ajoutez 20mn supplémentaires pour atteindre **Oyu numa**, l'étang aux eaux chaudes. On peut en revanche s'abstenir de visiter les parcs aux ours dont les conditions de captivité sont indignes non seulement de ces plantigrades mais aussi de la culture des Aïnous.

De la gare de Noboribetsu, prenez la JR Muroran Line jusqu'à Shiraoi (19 km, 20mn, 350 ¥). Comptez 15mn à pied de la gare.

★ Shiraoi Aïnu Museum アイヌ民族博物館

2-3-4 Wakasusa-cho, Shiraio-gun - www.ainu-museum.or.jp/en/ - 8h45-17h - 800 ¥. Danse traditionnelle ttes les h entre 9h15 et 16h15. Placée en bordure du lac Poroto, cette reconstitution d'un village autochtone est tenue, promue et gérée par des Aïnous qui ont à cœur d'expliquer et de faire connaître leur culture. Il ne faut donc pas s'effrayer de l'imposante statue de chef qui flanque l'entrée du village et qui, comme au parc Astérix en France, pourrait augurer d'un parc d'attractions pour Gaulois. Le conservateur, Kitahara Jirota, aïnou lui-même, est l'un des meilleurs spécialistes de sa culture. Le village se compose d'un musée, d'un jardin botanique, d'une étable et de cinq *cises*, maisons traditionnelles dans lesquelles les femmes pratiquent des activités quotidiennes. On observe ainsi comment se structure la cellule familiale dans un foyer qui compte toujours deux feux : l'un pour se tenir chaud, cuisiner et faire sécher le poisson, le second dévolu aux rituels. Ce dernier, où danse le dieu du feu, est toujours placé à deux pas d'une fenêtre laissée ouverte pour que le dieu, déguisé en animal – mais qui vient d'être dépecé –, puisse s'échapper et gagner l'autel situé à l'extérieur de la maison. Des performances de chants et de danse sont régulièrement programmées. *De Noboribetsu, prenez le JR Muroran Line jusqu'à la gare de Toya,* via *Higashi Muroran (53 km, 1h10, 1 040 ¥).*

★ Lac Toya 洞爺湖

Ce lac de cratère de 70 km² est situé à 83 m d'altitude sous l'égide du volcan Usu qui se distingue pour ses éruptions partant autant de son sommet que de sa base, comme en l'an 2000. De ces manifestations imprévisibles résulte un paysage incroyablement cabossé mais en gésine permanente sur un magma bouillonnant. Pour comprendre l'un des volcans les plus actifs du Japon, le **Volcano Science Museum★** *(2mn à pied du terminal bus du lac Toya lui-même relié à la gare de Toya en 15mn par bus)* fournit un parcours pédagogique des plus passionnants *(9h-17h - 600 ¥, enf. 300 ¥)*. Parmi les nombreuses possibilités d'excursion, à géographie variable selon l'humeur du volcan, le téléphérique *(8h15-17h30 en été ; reste de l'année : 9h-16h - 1 450 ¥)* qui part de la station Sanroku *(accessible du terminal bus par le Donan bus en 15mn)* pour s'élever jusqu'au Showashinzan est le plus fréquenté.

NOS ADRESSES À SAPPORO

INFORMATIONS UTILES

Banque/Change – Hokkaido Bank Honten, *Odori W4-1* B2 - *9h-15h (fermé w.-end et j. fériés). ATM - 7h-21h.* Minami Ichijo-ten, *S1 W10-3 - 9h-15h (fermé w.-end et j. fériés). ATM - 8h-19h.*

Poste/Retrait – Central Post Office, *N6 E1-2-1* B1 - *9h-20h, sam. 19h, dim. et j. fériés 17h. ATM - lun.-vend. 7h-23h, sam. 9h-21h, dim. et j. fériés 9h-19h.* Odori Post Office, *Odori W2-9* B2 - *9h-19h(fermé w.-end et j. fériés). ATM - lun.-vend. 8h45-21h, w.-end et j. fériés 9h-17h.*

TRANSPORTS

Sapporo : arriver/partir

En avion

Aéroport New Chitose C2 en dir. – *À 37 km au sud-est de Sapporo, ✆ (0123) 23 0111 (6h20-23h).* Il relie Tokyo, Haneda *(vols ttes les 30mn, 1h30 de trajet, 37 790 ¥/AS)*, Osaka, Itami *(10 vols/j, 1h55, 46 300 ¥/AS)*, ainsi que les autres grandes villes du Japon. Des vols desservent aussi les principales villes de Hokkaido *(env. 1h)*.

Compagnies aériennes – JAL - *www.new-chitose-airport.jp/en/airport/airline/jal.html* - ✆ *(0570) 025 071* ; ANA - *www.new-chitose-airport.jp/en/airport/airline/ana.html* - ✆ *(0570) 029 222.*
De l'aéroport au centre-ville – Le plus rapide est le train JR, Sapporo Station. Départ ttes les 20mn *(37mn de trajet, 1 070 ¥)*. La gare se trouve sous le hall d'arrivée. Les bus sont moins chers mais plus lents *(1h-1h20, 1 030 ¥)*.

En train

Gare – À 10mn à pied du centre-ville B1. De et vers Tokyo, le Shinkansen Hayabusa et le Ltd. Expr. Hokuto *(un changement à la gare de Shin-Hakodate-Hokuto, 7h50, 26 560 ¥)*. Nombreuses liaisons pour les villes de Hokkaido : 12 Hokuto (Ltd. Expr.)/j de et vers Hakodate *(3h50, 8 310 ¥)* ; départ ttes les 30mn de et vers Otaru *(30mn, 640 ¥)* ; départ ttes les heures (ttes les 30mn aux heures de pointe) de et vers Asahikawa (Ltd.Expr. *1h30, 4 290 ¥)* ; 6 trains /j de et vers Kushiro (Ltd.Expr. *4h, 8 850 ¥)* ; 2 trains directs/j de et vers Abashiri (Ltd.Expr. *5h30, 9 390 ¥)*.
Le **JR Hokkaido Rail Pass** permet de circuler librement sur le réseau JR Hokkaido durant 3 j. *(16 500 ¥), 5 j. (22 000 ¥) ou 7 j. (24 000 ¥) - www2.jrhokkaido.co.jp/global/english/railpass/rail.html*. Vous pouvez le réserver de l'étranger, ou l'acheter sur place, à la gare ou à l'aéroport.

En bus

Sapporo Station Bus Terminal – *À gauche en sortant de la gare de Sapporo* B1. **Eki-mae Bus Terminal**, *Odori E1* B1. Ils sont souvent moins chers et plus rapides que les trains pour circuler sur Hokkaido. De et vers Hakodate : Chuo Bus - *http://teikan.chuo-bus.co.jp/en/* ; Donan Bus - *www.donanbus.co.jp* ; Hokuto Kotsu - *www.hokto.co.jp* ; Hokkaido bus - *www.hokkaidoubus-newstar.jp (5h de trajet, env. 4 800 ¥)*. De et vers Toyako Onsen : Donan Bus - ✆ *(0142) 75 2351 (4 bus/j, 2h40, 2 780 ¥)*, et Abashiri : Chuo Bus, Kitami Bus - *www.h-kitamibus.co.jp*, Abashiri Bus - *www.abashiribus.com (6h, env. 6 390 ¥)*. Pour Noboribetsu Onsen : Donan Bus, Chuo Bus *(14 bus/j 1h40, env. 1 900 ¥)*.

Se déplacer dans Sapporo

À pied – Le centre se parcourt aisément à pied. S'il pleut ou fait trop froid, empruntez la galerie commerciale souterraine de Pole Town, entre Odori et Susukino.
En métro – Trois lignes parcourent la ville, dont la Nanboku Line (en vert), qui relie Sapporo Station à Susukino et la Nakajima-koen, la plus utile. Les billets débutent à 200 ¥ l'unité. Le **pass journalier** revient à 830 ¥ *(520 ¥/w.-end)*. Le **Sapporo-Otaru Welcome Pass** *(1 780 ¥)*, en vente aux bureaux JR de la gare, associe métro + JR Sapporo-Otaru Line.
En bus – De la Sapporo Station, des bus touristiques proposent des circuits en boucle qui font halte devant les principales curiosités *(Sapporo Walk : billet simple 210 ¥ et pass journalier 750 ¥). Départs ttes les 20mn, de 7h à 23h*, Chuo Bus, ✆ *(011) 231 0500 - http://teikan.chuo-bus.co.jp/en/*. La compagnie propose aussi des excursions à la journée sur Niseko, le lac Shikotsu, Otaru, Furano et Biei.
Location de voiture – Nippon Rent-A-Car, N6 W4 *(sortie nord de la gare JR, à gauche, près de l'hôtel North Gate)* B1 - ✆ *(011) 746 0919 - www.nipponrentacar.co.jp - 7h-23h.*

Nissan Rent-A-Car, *Hokkaido kensetsu kaikan Bldg, 1 F, N4 W3 (Sortie sud, en face du grand magasin Tokyu)* B1 - ✆ *(011) 233 4123 - https://nissan-rentacar.com - 8h-22h.*

Location de vélos – Rent-A-Cycle Sapporo, *105 Keihoku Village, N2 E2* B1 - ✆ *(011) 223 7662 - 8h30-17h (fermé : nov.-mi-avr. - 1 000 ¥/j.*

Noboribetsu

En train – Gare à 8 km au sud du centre-ville. De et vers Sapporo, prendre le le Ltd. Expr. Super Hokuto *(112 km, 1h20, 3 960 ¥).* Comptez 2 500 ¥ en taxi pour gagner le centre-ville.

HÉBERGEMENT

Sapporo

PREMIER PRIX

Sapporo International Youth Hostel
札幌国際ユースホステル
6-5-35 Toyohira-rokujo Hors plan par C2 - ✆ *(011) 825 3120 - www.youthhostel.or.jp/kokusai - 35 ch. 3 800 ¥ - ☕ 680 ¥.* À 10mn en métro du centre, une excellente adresse pour les petits budgets *(3 200 ¥/pers. en dortoir).* Bâtiment neuf, dortoirs (4 lits) et chambres avenants et ultra-propres. Les couples non mariés ne sont pas autorisés à partager une chambre privée. *O-furo* ou douches individuelles à l'étage, laverie.

Hotel New Budget
ホテルニューバジェット札幌
S3 W6-7-1 B2 - ✆ *(011) 261 4953 - www.newbudget.com - 161 ch. à partir de 7 700 ¥ ☕ - ☕̸.* Situé à Susukino, ce *business hotel* affiche des tarifs imbattables grâce à un service réduit au minimum : tout, ou presque, s'achète aux bornes automatiques. Chambres simples mais exiguës.

Capsule Hotel Safro Spa
スパ・サフロ
S6 W5 B2 - ✆ *(011) 531 2233 - www.safro.org - 86 capsules.* Au cœur de l'animation nocturne, ce *capsule hotel* a pour double avantage d'offrir l'accès à un vaste et superbe spa (bains communs) situé dans le même bâtiment et d'accepter aussi bien les hommes que les femmes (séparément).

BUDGET MOYEN

Toyoko Inn Sapporo Eki Kita-guchi 東横イン札幌駅北口
N6 W1-4-3 B1 - ✆ *(011) 728 1045 - www.toyoko-inn.com/eng/index.html - 357 ch.* Tout près de la gare (sortie n° 16), un grand établissement aux chambres bien équipées (Internet, coffre, réfrigérateur, etc.).

Richmond Hotel Sapporo Odori
リッチモンドホテル札幌大通
S2 W4-4-1 B2 - ✆ *(011) 208 0055 - sapporo-odori.richmondhotel.jp - 200 ch.* Des chambres occidentales confortables à tarifs raisonnables.

Nakamuraya Ryokan
中村屋旅館
N3 W7-1 A1 - ✆ *(011) 241 2111 - www.nakamurayaryokan.com - 26 ch. petit-déj. inclus.* Vous apprécierez le confort et l'atmosphère authentiquement japonaise de ce charmant ryokan situé devant l'entrée du jardin botanique.

POUR SE FAIRE PLAISIR

Sapporo Grand Hotel
札幌グランドホテル
N1 W4 B1 - ✆ *(011) 261 3311 - www.grand1934.com/english - 504 ch.* Le plus ancien hôtel de Hokkaido (1934) en impose avec ses trois corpulents bâtiments, ses nombreux restaurants et son personnel pléthorique. Chambres spacieuses.

Noboribetsu Onsen

POUR SE FAIRE PLAISIR

Kashoutei Hanaya
花鐘亭はなや
134 Noboribetsu-onsen-cho - ✆ (0143) 84 2521 - www.kashoutei-hanaya.co.jp/en - 21 ch. à partir de 19 000 ¥. Situé à l'entrée de Noboribetsu (arrêt Byouin-mae par bus), ce ryokan est l'un des plus attachants de la ville avec un magnifique *rotenburo*. Attention, très peu de restaurants sont ouverts le soir, la majorité des clients dînant dans leur hôtel.

RESTAURATION

Sapporo

Outre ses produits de la mer, sa bière et ses *ramen* (nouilles chinoises), Sapporo est réputée pour son « Gengis Khan », un savoureux barbecue de mouton et de légumes. L'origine de ce nom semble provenir de la plaque en fonte sur laquelle on fait griller sa viande. Sa forme bombée évoque le casque du conquérant mongol.

PREMIER PRIX

Ramen Kyowakoku
札幌ラーメン共和国
Esta Bldg, 10F, N5 W2 B1 - *✆ (011) 209 5031 - www.sapporo-esta.jp/ramen - 11h-22h -* ⊄. Au dernier étage du centre commercial, huit échoppes déclinent les divers bols de nouilles des régions de Hokkaido. Le tout dans une ambiance rétro (lanternes rouges et affiches anciennes) bien sympathique.

Ramen Yokocho 元祖ラーメン横丁
S5 W3-6 B2 - *www.ganso-yokocho.com - 11h-2h (varient selon les échoppes) -* ⊄. Minuscule mais fameuse ruelle de Susukino, bordée d'une myriade d'échoppes de nouilles. Du fait du succès, une nouvelle ruelle concurrente est apparue en face, côté nord.

BUDGET MOYEN

Sapporo Beer Garden
サッポロビール園
N7 E9-2-10 C1 en dir. - *✆ (0120) 150 550 - www.sapporo-bier-garten.jp - (011) 742 1535, 11h30-22h (dernière commande 21h30).* Une ambiance germanique flotte sur les salles de l'ancienne brasserie de Sapporo. Au centre, une cuve à bière géante donne le ton : on vient ici pour faire ripaille de « Gengis Khan » et de bière, sushis et crabe avec des formules Viking.

Daruma だるま本店
S5 W4 B2 - *✆ (011) 552 6013 - best.miru-kuru.com/daruma -* ⊄ *- 17h-3h.* Pas facile à trouver : dans une ruelle, tâchez de repérer le personnage de Gengis Khan chauve et barbu qui sert d'enseigne à cette petite salle, souvent pleine et enfumée. Ce boui-boui tenu par trois dames alertes sert un « Gengis Khan » de très bonne qualité.

Hiraku 開（ひらく）
President Matsui Bldg, 2F, S1 W5 B2 - *✆ (011) 241 6166 - tlj sf dim. et j. fériés 17h-23h.* Restaurant spécialisé dans les huîtres (chaudes ou froides), les *soba*, sushis et les plats de saison. Essayez le pot-au-feu d'huîtres.

POUR SE FAIRE PLAISIR

Kani Honke
かに本家札幌駅前本店
N3 W2-1-18 - ✆ (011) 222 0018 - www.kani-honke.jp/en - 11h30-22h. Cette chaîne de restaurants spécialisée dans le crabe de Hokkaido a des succursales dans tout le Japon mais ici, vous pourrez déguster un succulent repas *kaiseki* de crabe royal, crabe des neiges ou araignée tirés du vivier.

Otaru

BUDGET MOYEN

Masazushi 政寿司本店 *Hanazono 1-1-1, Sushiya-dori - ✆ (0134) 23 0011 - www.masazushi.co.jp - tlj sf merc. 11h-15h (w.-end et j. fériés 16h), 17h-21h30.* Le grand restaurant de sushis d'Otaru. On vient même de Sapporo pour goûter ses fameux crabes de neige. Incontournable.

EN SOIRÉE

Discothèques – Booty, *S7 W4* B2 - *✆ (011) 521 2336 - www.booty-disco.com/index.html - vend. et sam. seult 21h-4h - entrée gratuite, consommation env. 500 ¥.* La seule boîte de nuit du Japon tenue par un Français, Sébastien Pons, qui est aussi DJ. Musique funk, hip-hop, R & B, rap et reggae. Au premier, lounge bar pour se relaxer.

Bars Hallstairs *– Seibido Bldg. B1F, S3 W3 - ✆ (011) 242 2252 - www.miyakoshiya-coffee.co.jp/jp/gig - 11h-3h.* Au sous-sol, un bar habillé de noir qui fait songer à un lieu alternatif. Ambiance relax, musique rock, soul et jazz.

Bar Habana *– 6 Tanuki-koji - ✆ (011) 219 8870 - www.mi-salsa.com - 18h-3h.* Dans la galerie Tanuki-koji, à l'étage, un bar coloré où l'on sirote Mojito et Cuba libre sur fond de salsa, *merengue* et *bachata.*

Jersey Bar *– S3 W6-10-4 - ✆ (011) 242 4335 - 18h-1h (vend. et sam. 2h).* Un pub irlandais apprécié des expatriés et des locaux.

Rad Brothers *– LC Nibankan Bldg, S7 W3 - ✆ (011) 561 3601 - radbrothers.owst.jp/en - 18h-6h.* Le plus animé du lot. Clientèle jeune et bonne musique.

Exemple de tenue traditionnelle Aïnou.

T. Bognár/age fotostock

Parc national de Daisetsu-zan

大雪山国立公園

★★

Asahikawa : 339 797 habitants

Au cœur de Hokkaido, Daisetsu-zan est le plus grand parc national du Japon. Ses 2 300 km² sont régulièrement soulevés par une série de sommets volcaniques comme les monts Tomuraushi, Tokachi ou l'Asahi qui culmine à 2 290 m d'altitude. Le « toit de Hokkaido », le « Kamui Mintara » ou « le terrain de jeu des divinités », comme le surnomment les Aïnous, n'oublie pas non plus les simples mortels. Gorges, falaises, chutes d'eau, lacs, sources d'eau chaude décantant sous de brumeuses fumerolles invitent les randonneurs, été comme hiver, à pied, en ski ou en raquettes, à sillonner les contreforts luxuriants de l'une des plus massives chaînes de montagnes japonaises.

NOS ADRESSES PAGE 478
Hébergement, restauration, achats, activités, etc.

SE REPÉRER
Carte de région p. 460, B2 – Asahikawa se trouve à 140 km à l'est de Sapporo (1h30 en train).

À NE PAS MANQUER
Les gorges de Sounkyo. Une balade sur le mont Asahi-dake.

ORGANISER SON TEMPS
Il faut au minimum une journée pour profiter des randonnées qu'offrent Sounkyo ou le mont Kuro-dake. Passez la nuit dans le parc lui-même pour profiter de la douce torpeur d'un onsen en fin de journée.

AVEC LES ENFANTS
Balade sur le mont Asahi-dake avec une nuitée à l'auberge de jeunesse pour profiter du magnifique *rotenburo*.

Se promener

ASAHIKAWA 旭川

Un bureau d'informations touristiques bien fourni se trouve dans l'aile droite en sortant de la gare, ✆ (0166) 26 6665 - juin-sept. : 8h30-19h ; oct.-mai : 9h-19h. Anglais parlé.

La deuxième plus grande ville de Hokkaido est, de par sa situation géographique, à la confluence des eaux s'écoulant du massif de Daisetsu-zan. Elle est aussi le point névralgique par lequel les visiteurs s'équipent avant de s'aventurer dans le parc national. Les Japonais venant avec leur matériel, les stations environnantes possèdent très peu d'espaces de location d'équipement pour les sports d'hiver. Sans charme particulier, Asahikawa reste, pour les amoureux de littérature, la ville natale de l'écrivain Inoue Yasushi (1907-1991) dont *Le Fusil de chasse* a été traduit dans le monde entier. Un petit musée a été édifié sur son lieu de naissance, **Inoue Yasushi Memorial Hall** *(Shunko 5 jo-7 chome - tlj sf lun. 9h-17h (dernière entrée : 16h30) ; juin. à sept. : tlj - 200 ¥)*. Il est situé au nord-est de la gare, au-delà de la rivière Ishikari que l'on peut atteindre en déambulant le long de la grande artère centrale de la ville : l'Heiwa-dori.

À hauteur du Asahi Bridge, sur son versant ouest, on pourra également visiter le **Kawamura Kaneto Ainou Memorial Hall** *(Hokumoncho 11chome - 9h-17h (juil.-août 18h) - 500 ¥)* dédié au monde aïnou.
Pour Sounkyo, prenez le bus n° 3 à la sortie de la gare (1h50, 1 950 ¥) ou le train JR Sekihoku Line jusqu'à la gare de Kamikawa (50 km, 1h10, 1 040 ¥). De Kamikawa, prenez le Dahoku bus (3mn de marche de la gare) pour Sounkyo (terminal) (30mn, 800 ¥).

★ SOUNKYO 層雲峡

Considérée comme la porte nord du parc national de Daisetsu-zan, cette petite station thermale sise à 670 m d'altitude s'étend au pied du Kuro-dake, à quelques kilomètres des plus belles cascades du Daisetsu-zan. On peut aussi se relaxer dans l'un des nombreux onsen qui réchauffent la station. Le plus simple est de se rendre dans le bain public **Kuro-dake no yu** *(nov.-avr. : tlj sf merc. 10h-21h - 600 ¥)* s'élevant au cœur du village, en bordure de la rivière Ishikari qui coupe la station en deux. Le terminal de bus, la poste et le **bureau d'informations touristiques** *(✆ (01658) 53 350 - nov.-avr. : tlj sf merc. 11h30-17h)* sont à deux pas, sur l'autre rive.

★ Mont Kuro-dake 黒岳

Comptez une demi-journée. Prenez de bonnes chaussures et des vêtements chauds.
Prenez le téléphérique *(8h-16h30, 6h-18h en été, avec des variations selon le mois - 1 950 ¥ AR)* jusqu'à la station Kuro-dake (1 300 m d'altitude) pourvue d'un beau poste d'observation sur son toit *(gratuit)*. Possibilité de se restaurer et de louer différents équipements pour randonner l'hiver. À 200 m de la sortie du téléphérique, un télésiège atteint en 15mn *(l'horaire varie selon la saison - 600 ¥ AR)* le 7e niveau du mont Kuro-dake (1 520 m d'altitude). Comptez une heure à pied puis suivez le chemin escarpé qui conduit au sommet à 1 984 m d'altitude *(environ 1h30)*. La végétation alpine est particulièrement colorée à l'automne. Du sommet, très beau **panorama★★** sur les crêtes successives des monts Keigetsu-dake (1 938 m), Ryoun-dake (2 125 m) et Hokuchin-dake (2 244 m).

★★ Gorges de Sounkyo 層雲峡

Comptez 40mn de marche pour les chutes d'eau les plus spectaculaires ou 15mn à vélo. À 2,5 km en aval du centre de Sounkyo. Pour les locations de cycles, se renseigner à l'hôtel Northern Lodge situé à une cinquantaine de mètres, à côté des bains publics (1 000 ¥ la journée).
Serpentant sur près de 24 km le long de la magnifique chaîne de montagnes de Daisetsu-zan, en amont et en aval du village de Sounkyo, les gorges *(kyo)* de Soun sont spectaculaires ; plus particulièrement les **chutes d'eau** de **Ryusei** et de **Ginga★★** qui se précipitent du haut de falaises rocheuses dominant alternativement nos têtes à respectivement 90 m et 120 m de hauteur.
Si l'on veut avoir une vue d'ensemble de ces deux cascades, un chemin (situé en arrière du parking) s'élève dans la forêt pour déboucher après 15mn de marche sur un merveilleux **panorama★**.
De la gare d'Asahikawa pour Asahidake Onsen, prenez le bus n° 66. Départ pour un trajet direct à 7h40, 10h10, 12h40 ou 16h10 (1h20, 1 430 ¥).

★★ MONT ASAHI-DAKE 旭岳

Volcan récent, le Asahi-dake est le point culminant de cette chaîne de montagnes, les Daisetsu, s'étirant sur plus d'une cinquantaine de kilomètres en multipliant les sommets dépassant les 2 000 m. À défaut de gravir le mont

Asahi-dake et ses parois rocheuses très abruptes souvent ouatées par les nuages, on découvrira avec plus de facilité le beau plateau de Sugatami qui enveloppe ses flancs. En fin de journée, on regagnera le petit complexe hôtelier **Asahidake Onsen**, fourmillant de sources d'eau chaude dont les plus attractives « fumerollent » en plein air. Un instant de détente dans un écrin alpin particulièrement apaisant.

★★ Région de Sugatami 姿見

Le plus simple pour rejoindre ce plateau situé à 1 600 m est de prendre le téléphérique, Asahidake Ropeway, (9h-16h, 9h-17h au printemps, 6h/6h30-17h30/18h en été - 1 800 ¥ AR, 2 900 ¥ AR en été, trajet de 10mn) en lieu et place d'une marche assez raide et difficile qui vous prendrait 2h.

Différentes promenades peuvent être envisagées en sortant du téléphérique, accompagnées ou non, avec guide ou non, anglophone, voire même francophone ! Ces tours, ponctués d'observatoires pour observer flore (plantes alpines : chinguruma, rhododendron, etc.) et faune (ours brun, écureuils rouges, lapins, rongeurs comme le pikas), circulent au milieu d'étangs clapotant comme des bouillons gras. Ceux-ci nous rappellent, à l'instar du Sugatami enveloppé de fumerolles, que le volcan est toujours très actif. Le sommet est accessible selon les conditions climatiques en 2h environ.

NOS ADRESSES DANS LE PARC DAISETSU-ZAN

TRANSPORTS

Train

De Sapporo – Prendre le Ltd. Expr. Super Kamui, ou Rairakku jusqu'à **Asahikawa** *(140 km, 1h30, 4 290 ¥).*

SE LOGER

Asahidake Onsen

BUDGET MOYEN

Daisetsuzan Shirakaba-so Youth Hostel
大雪山白樺荘ユースホステル
Higasikawa-cho - ☎ (0166) 97 2246 - shirakabasou-asahidake.com - 4 dortoirs, 14 ch.
Cette auberge de jeunesse dotée d'un merveilleux *rotenburo* est notre coup de cœur pour cette station. Comptez 8 940 ¥/pers. en chambre privée, dîner et petit-déj. inclus ; 7 890 ¥/pers. en dortoir, dîner et petit-déj. inclus. Anglais parlé.

Parc national de Shiretoko

知床国立公園

★★★

Abashiri : 38 966 habitants

Shiretoko, « le bout de la terre » en langue aïnou, couvre la moitié nord de cette péninsule de 65 km de long taillée comme un doigt pointé sur la mer d'Okhotsk. Fondé en 1964, le parc couvre une superficie de 386 km². Bout de terre presque encore à l'état sauvage, son cœur est formé d'une crête volcanique qui culmine au mont Rausu-dake (1 661 m) suivi vers le nord des monts Lo (1 563 m) et Shiretoko (1 254 m). Leurs pentes, couvertes de forêts boréales, s'abîment au terme d'abruptes falaises dans une mer métallique lorsqu'elle se couvre de glace. Arpenté par une belle colonie d'ours bruns, le parc attire de plus en plus de touristes, principalement japonais, surtout depuis que Shiretoko a été classé, en 2005, au Patrimoine mondial de l'Unesco en raison de l'interaction exceptionnelle de ses écosystèmes marin et terrestre.

NOS ADRESSES PAGE 482
Hébergement, restauration, achats, activités, etc.

S'INFORMER

Office de tourisme – Abashiri Tourist Information, *dans la gare JR - 12h-17h (w.-end 9h-17h) - fermé avr.-déb. mai et mi-nov.-déb. janv.*

Shiretoko Nature Center et Rausu Visitor Center – *voir p. 481.*

SE REPÉRER

Carte de région p. 460, C1 – À la pointe nord-est de Hokkaido. Sapporo-Abashiri : 355 km ; Abashiri-Utoro : 77 km ; Utoro-Rausu : 30 km.

À NE PAS MANQUER

Le sentier des cinq lacs (Shiretoko Goko). Les cascades de Kamuiwakka.

ORGANISER SON TEMPS

Comptez au moins trois jours.

AVEC LES ENFANTS

Longer les falaises du parc en bateau.

Se promener Carte de région p. 460

ABASHIRI 網走 B1

Comptez une demi-journée.

Cette ville portuaire de 40 000 habitants est surtout réputée pour sa prison. Engoncée dans un climat rigoureux à 371 km à l'est de Sapporo, Abashiri possède un grand large qui laisse peu d'alternative. La mer d'Okhotsk, la plus septentrionale des mers du Japon, est bloquée par les glaces de janvier à avril, un phénomène qu'on explique par l'eau douce du fleuve Amour qui, en se jetant dans la mer d'Okhotsk, dilue sa salinité et facilite la formation de glace *(voir aussi encadré p. 481)*. Terre d'exil pour les détenus sous l'ère Meiji, Abashiri est aujourd'hui le point de départ des touristes explorant la lagune avant de filer vers le parc national de Shiretoko.

★ **Musée de la Prison d'Abashiri** 博物館網走監獄

À 7mn au sud de la gare d'Abashiri par le bus n° 2 - mai-sept. : 8h30-18h ; oct.-avr. : 9h-17h (dernière entrée 1h av. la fermeture) - 1 080 ¥.

L'Alcatraz japonais servit à exiler les criminels mais aussi les opposants politiques qui refusaient la réforme imposée par l'empereur Meiji. Les conditions de détention étaient d'autant plus terribles que les geôles étaient dépourvues de chauffage. Cette souffrance est aujourd'hui interprétée par des mannequins de cire. Quant à la prison, elle a été transférée de l'autre côté de la rivière depuis 1984.

★ **Okhotsk Ryuhyo Museum** オホーツク流氷館

À 30mn à pied du précédent ou à 5mn en bus - mai-oct. : 8h-18h ; nov.-avr. : 9h-16h30 (dernière entrée 30mn av. la fermeture) - 750 ¥.

Pour avoir une idée de cette mer de glace, le visiteur, après avoir revêtu un manteau de laine similaire à celui que portent les Aïnous, est immergé dans une pièce dont la température n'excède pas - 20°. L'expérience se prolonge par l'observation de ce que l'on nomme ici les « anges de la mer » ou *cliones limacina*. Ces petits mollusques translucides de couleur orange partagent avec le phytoplancton vivant sous la banquise le privilège de fournir le premier maillon de la chaîne alimentaire.

★ **Museum of Northern Peoples** 北海道立北方民族博物館

À 5mn à pied du précédent - tlj sf lun. 9h30-16h30 (juil.-sept. : tlj 9h-17h) - 550 ¥.

Ce musée explique de quelle manière les peuples du Nord dits « arctiques », qu'ils soient originaires de Sibérie, du nord de l'Europe ou de l'Amérique arctique, ont su développer des modes de vie adaptés aux conditions de vie extrêmes (climat rigoureux, végétation rare, nuit polaire, etc.). Parmi ceux-ci figurent bien sûr les Aïnous. On sera frappé d'observer, au sein de ces belles collections ethnographiques, les traits culturels que partagent ces peuples pourtant bien différents.

★★★ PARC NATIONAL DE SHIRETOKO 知床国立公園 C1-2

Comptez au moins deux jours.

Ce parc, probablement le plus sauvage de Hokkaido, nécessite quelques mises en garde. Tout d'abord, signalez constamment votre présence en marchant (par exemple avec une clochette autour du cou). Les ours bruns peuvent être très dangereux lors d'une rencontre impromptue, d'autant plus si c'est une femelle avec des petits. Par ailleurs, mieux vaut vous assurer de l'assistance d'un guide

Le parc national de Shiretoko est inscrit depuis 2005 au Patrimoine mondial de l'Unesco..
J. Arnold/hemis.fr

japonais si jamais vous comptez vous aventurer sur un long parcours, en particulier sur le cap Shiretoko.
7 km avant **Utoro**, la spectaculaire cascade **Oshinkoshin no taki★** et ses 80 m de hauteur surgit sur votre droite. Elle figure parmi les cent plus belles du Japon. Du petit port d'Utoro, comme boulé au pied de cet énorme rocher, une route en corniche suit la côte occidentale du parc jusqu'à une bifurcation (à gauche) qui mène au Shiretoko Nature Center, au Shiretoko Goko (les cinq lacs) puis aux cascades de Kamuiwakka.

Shiretoko Nature Center 知床自然センター

À 5 km d'Utoro - du 20 avr. au 20 oct. : 8h-17h30 ; reste de l'année : 9h-16h - gratuit.
Il y a malheureusement très peu de documents en anglais dans ce bureau d'information sur la faune et la flore locales. On se contentera de découvrir de splendides vues aériennes de la péninsule grâce au film documentaire diffusé toutes les heures *(500 ¥)*. Le Rausu Visitor Center *(mars-oct. : 9h-17h ; nov.-avr. : 10h-16h)*, situé sur le versant opposé du parc, est aussi peu disert en langue anglaise. Juste derrière le centre, un sentier en boucle conduit à la **Furepe no taki★**, une cascade qui jaillit de la falaise et plonge dans la mer d'Okhotsk.

★★ Shiretoko Goko 知床五湖

À 15 km d'Utoro - se renseigner au Field House ✆ (0152) 24 3323 - ouvert de fin avr. à fin nov. - 7h30-18h30 (la fermeture varie entre 16h30 et 18h30 selon les saisons).
Un chemin de randonnée de 3 km *(environ 1h de marche)* permet de circuler autour des cinq lacs. Sentes odorantes et passerelles arc-boutées au-dessus des marécages guident le promeneur. En levant la tête, alerté par le bruit d'un chevreuil ou d'un renard surgissant d'un bosquet de bambous, la frondaison des érables badigeonnés de rouge à l'automne achèvera de le charmer.

LE SPECTACLE DES GLACES

Ce phénomène naturel unique au Japon est aujourd'hui menacé par le réchauffement climatique. Il est visible non seulement à Abashiri mais également tout le long de la côte vers Utoro. Le spectacle que procurent les milliers de blocs de glace hérissant la mer, telle une immense terre blanche mouvante, est saisissant. Les touristes japonais sont d'ailleurs très nombreux à faire le déplacement pour venir l'admirer.

★★ Kamuiwakka no taki カムイワッカ湯の滝

À 10 km de Shiretoko Goko par une piste de terre. Interdit aux voitures 15 juil.-15 sept. Empruntez la navette (voir Nos adresses/Transports ci-dessous); depuis l'arrêt de bus, comptez 30mn de marche. Cette région thermale est dominée par une belle masse d'eau chaude qui tombe en cascade de bassin en bassin pour le plus grand plaisir des Japonais. Ne pas oublier maillot de bain et chaussures anti-dérapantes car, pour accéder à cette chute d'eau, il faut gravir une série de petites cascades.

À l'est d'Utoro ウトロ

Passé la bifurcation, la route 334 franchit la crête montagneuse de la péninsule pour redescendre vers Rausu, petit port de la côte orientale. Attention, l'accès au col de Shiretoko (760 m) est fermé en hiver, parfois même jusqu'à la mi-juin en raison de la neige.

L'ascension du mont **Rausu-dake** (1 661 m) est réservée aux bons marcheurs. Prendre de préférence le parcours depuis Utoro, moins éprouvant que depuis Rausu. Le sentier (non balisé mais facile à repérer) commence derrière l'hôtel Chino-hate, à Iwaobetsu *(juin-oct. seult; environ 8h de marche AR)*. La descente vers Rausu est déconseillée *(5h de marche)* à cause des plaques de neige et des risques d'égarement.

NOS ADRESSES DANS LE PARC DE SHIRETOKO

TRANSPORTS

Avion

Aéroport de Memanbetsu – *(0152) 74 3115.* Il est desservi de Sapporo *(6 vols/j, 45mn de vol, env. 24 000 ¥)*, Tokyo *(6 vols/j, 1h50, env. 46 400 ¥)* et Nagoya *(1 vol/j, 2h10, env. 49 700 ¥)*. L'Abashiri bus fait la liaison jusqu'à Abashiri *(35mn, 910 ¥)* ou Utoro : *Abashiri Bus (0152) 43 4101 et Shari Bus (0152) 23 2451 (3 bus/j, 2h20, 3 300 ¥, ils circulent de mi-juin à mi-oct. et de fin janv. à mi-mars).*

Train

De Sapporo – 2 trains/j Ltd. Expr. Okhotsk pour Abashiri *(5h30 de trajet, 9 930 ¥)*. Puis 7 trains/j pour Shiretoko-Shari *(45mn, 840 ¥)*, la station la plus proche du parc (40 km).

Bus

De Sapporo –9 bus/j pour Abashiri *(6h de route, 6 390 ¥)*. De là, quelques bus (Airport-Liner : *Abashiri Bus (0152) 43 4101, Shari Bus (0152) 23 0766*) pour Utoro, *(3 bus/j, entre mi-juin et mi-oct.; fin janv. et mi-mars, 1h40, 2 600 ¥)*, mais ces derniers sont plus fréquents de Shari, Shari Bus *(7 bus/j en été et 4 bus/j en hiver, 1h, 1 650 ¥)*.

D'Utoro – Des bus *(6 bus/j en été)* desservent le Shiretoko Nature Center, Iwaobetsu et les cinq lacs (Shiretoko Goko) *(3 bus/j en hiver jusqu'au Shiretoko Nature Center)*. De mi-juin à mi-oct., 4 bus/j relient Utoro à Rausu *via* le col de Shiretoko *(50mn de trajet, 1 380 ¥)*. Du déb. à la fin du mois d'août, départ ttes les 20/40mn de la navette qui relie le Shiretoko Nature Center aux cascades de Kamuiwakka *(50mn, 1 300 ¥)*.

Voiture

Location de voiture – À l'aéroport ou devant la gare d'Abashiri : Nippon Rent-A-Car, *(0152) 74 4177*; Nissan Rent-A-Car, *(0152) 74 3785*. Autre agence de Nippon Rent-A-Car, *gare d'Abashiri, (0152) 44 0919.*

HÉBERGEMENT

Abashiri

BUDGET MOYEN

Business Ryokan Miyuki ビジネス旅館みゆき
S4 W4 - ✆ (0152) 43 4425 - www5b.biglobe.ne.jp/~myk4425 - 8 ch. Dans la rue principale, à 10mn à pied de la gare, un petit ryokan familial, basique et acceptable. *O-furo.*

Hotel Shimbashi ホテルしんばし
1-2-12 Shinmachi - ✆ (0152) 43 4307 - www2s.biglobe.ne.jp/~abashiri/shinbashi - 45 ch. Hôtel convenable, sans charme particulier mais pratique car situé en face de la gare.

POUR SE FAIRE PLAISIR

Abashiri Central Hotel 網走セントラルホテル
S2 W3-7 - ✆ (0152) 44 5151 - www.abashirich.com - 96 ch. En plein centre, un hôtel chic et très confortable.

Utoro

PREMIER PRIX

Shiretoko Campsite 国設知床野営場
Kagawa - ✆ (0152) 24 2722 - www.shiretoko.asia/hotel/camp_utoro.html - fermé 1er oct.-31 mai - à partir de 400 ¥/pers. Pour les campeurs équipés, une aire aménagée sous les arbres, avec toilettes et éviers. Pas de douche, m ais on peut se laver à l'onsen Yuhidai no yu *(14h-20h - 500 ¥)*, juste à côté.

Iwaobetsu Youth Hostel 知床岩尾別ユースホステル
Iwaobetsu, Shari-cho - ✆ (0152) 24 2311 - www.shiretoko-guide.com/stay - 11 dortoirs - env. 4 000 ¥/pers. (prix variable selon le mois). Située en pleine nature, l'auberge constitue une base pratique pour les randonneurs qui veulent gravir le mont Rausu-dake. Elle organise en outre des sorties en kayak de mer à la demande. Dortoirs et repas des plus spartiates.

POUR SE FAIRE PLAISIR

Guesthouse Lantan ゲストハウス・ランタン
85 Utoro-nishi, Shari-cho - ✆ (0152) 24 2654 - www.lantan.jp - 12 ch. - 🚭. Repérable aux planches de surf disposées devant l'entrée, cette sympathique pension en bois propose des chambres japonaises agréables (et une lumineuse salle à manger). *O-furo.*

Iruka Hotel いるかホテル
5 Utoro-nishi, Shari-cho - ✆ (0152) 24 2888 - www.iruka-hotel.com - 13 ch. Cet hôtel cosy à la jolie déco bleue abrite des chambres japonaises ou occidentales, un *rotenburo* et une plaisante terrasse face à la mer. Le patron organise des sorties pour voir ours et dauphins, et des plongées sous glace.

Hotel Kifu Club ホテル季風クラブ知床
318 Utoro-higashi, Shari-cho - ✆ (0152) 24 3541 - www.kifuu.com - 14 ch.et 2 chalets. Belle maison de bois aux grandes baies vitrées avec cheminée. Chambres spacieuses avec vue sur la mer, cuisine raffinée, vaste *o-furo* avec aussi deux *rotenburo*. Le propriétaire propose des balades pour observer ours, daims…

UNE FOLIE

Shiretoko Grand Hotel Kitakobushi 知床グランドホテル北こぶし
172 Utoro-higashi - ✆ (0152) 24 2021 - www.shiretoko.co.jp/en - 181 ch. Situé en plein centre d'Utoro, face à la mer, cet hôtel de grand confort propose des chambres de style japonais ou occidental. Onsen sur le toit avec vue sur la mer, restaurants, boutique.

RESTAURATION

Abashiri

BUDGET MOYEN

Kiyomasa 鮨Dining Kiyomasa
S3 W2 - ✆ (0152) 61 0003 - www.seiwa-dining.com/kiyomasa - 17h-0h. Dans un décor épuré, un restaurant de sushis préparés par le chef à la demande ou bien à piocher sur le tapis roulant au comptoir.

Sushi Kappou Hananoren
鮨かっぽう花のれん
S5 E2 - ✆ (0152) 44 7576 - www.hananoren.co.jp - 11h-14h30, 17h-21h (dernière commande 30mn av. la fermeture). Délicieux sushis préparés devant vous par un maître sushi. Vous pouvez aussi déguster des plats chauds dans les différentes petites salles. Un endroit authentique et d'un bon rapport qualité-prix.

Utoro

PREMIER PRIX

Café Fox カフェ・フォックス
96-5 Utoro-higashi, Shari-cho - ✆ (0152) 24 2656 - 7h-18h - fermé nov.-mars - ⍁. Un petit *fish & chips* sans prétention, pratique pour emporter son pique-nique dans une boîte en carton.

Café En 知床カフェ・えん
14 Utoro-higashi - ✆ (0152) 24 3122 - 11h-20h - ⍁. Au 2e étage, salle agréable meublée de tables en chêne. À midi, menus *shake teishoku* (saumon grillé, soupe, salade) à 800 ¥ ou *hambagu* steak à 850 ¥.

Le mont Rausu-dake.
JTB PHOTO COMMUNICATI/JTB Photo Communications, Inc./age fotostock

Hakodate 函館 ★ et ses environs

266 117 habitants

Avec de larges avenues épousant la mer en perspective, un ancien quartier marchand où flotte une atmosphère entre Orient et Occident, des églises et temples de toutes les confessions, un promontoire rocheux qui s'avance vers l'île de Honshu et domine la ville, offrant un des plus beaux panoramas nocturnes du Japon, Hakodate sent bon le large. Ville agréable, attachante, elle s'enorgueillit de beaux monuments dont une citadelle « à la Vauban » devenue un superbe parc. Premier port de Hokkaido, son marché aux poissons s'anime au petit matin avec l'arrivée des premières pêches. Vous pourrez vous en régaler dans les restaurants du quartier des docks, récemment réhabilités. Les environs de Hakodate offrent également de nombreuses possibilités d'excursions : villes et villages anciens, sites naturels, etc.

NOS ADRESSES PAGE 493
Hébergement, restauration, achats, activités, etc.

S'INFORMER

Informations touristiques - Gare JR de Hakodate, *12-13, Wakamatsu-cho, Hakodate, ✆ (0138) 23 5440 - www.hakodate-kankou.com/en/.* La plupart des informations et brochures sont disponibles en anglais et en russe - *9h-19h (fermé 31 déc. et 1er janv.).*

Bureau d'information de Motomachi, *12-18, Motomachi, Hakodate, ✆ (0138) 27 3333 - avr.-oct. 9h-19h ; nov.-mars 9h-17h - fermé 31 déc. et 1er janv.*

SE REPÉRER

Carte de région p. 460, A2 - Hakodate est située à 320 km de Sapporo et 680 km au nord de Tokyo.

À NE PAS MANQUER

Les pentes de Motomachi, le panorama nocturne du mont Hakodate, déguster des sushis au marché du matin.

ORGANISER SON TEMPS

Comptez deux jours pour vous imprégner de la ville, plus importante qu'il n'y paraît, et marcher sur le mont Hakodate.

Se promener Plan de la ville p. 490-491

★★ GORYOKAKU 五稜郭跡 C1 en dir.

43-9, Goryokaku-cho. Tramway arrêt Goryokaku Koen Mae puis 15mn de marche - ✆ (0138) 51 4785. Accès libre au parc. La tour est accessible 21 avr.-20 oct. : 8h-19h ; 21 oct.-20 avr. : 9h-18h (1er janv. 6h-19h) - 900 ¥ (enf. 450 ¥).

La forteresse de Goryokaku fut construite de 1857 à 1864 pour protéger le port ouvert aux Occidentaux en 1854. Son plan en étoile à cinq branches s'inspire des forteresses européennes de type « Vauban ». Ses bastions aménagés en jardins offrent des promenades particulièrement agréables au printemps, lorsque les cerisiers sont en fleurs ou à l'automne, lorsque les feuilles se teintent de mille couleurs vives. Les fossés secs ou remplis d'eau ménagent de belles perspectives sur les murs au puissant appareillage de pierre. Réalisé

par l'architecte Takeda Ayasaburo, il s'agit de la première forteresse de type occidental au Japon. La reconstitution du palais du gouverneur d'Ezo, achevée en 2010, donne un cachet supplémentaire à l'ensemble.
Au cours de la visite, la tour d'observation qui évoque la tour de contrôle d'un aéroport vous semblera quelque peu détonner dans ce lieu. Néanmoins, la présentation muséographique des événements historiques est divertissante et la **vue★★** qui s'offre du haut des 107 m spectaculaire. En outre, la majesté de la citadelle est encore rehaussée par le promontoire rocheux de Hakodate veillant sur l'isthme.

Hakodate Museum of Art 道立函館美術館

37-6, Goryokaku-cho - ✆ (0138) 56 6311 - tlj sf lun. 9h30-17h (dernière entrée 16h30) - 260 ¥.
Ce bâtiment moderne abrite des collections d'art japonais des 19e et 20e s. Une statue de Balzac par Rodin y est conservée ainsi que des œuvres de Bourdelle et Renoir. Il organise aussi d'intéressantes expositions temporaires.

★ PROMENADE DU PORT

Très animé, le port de Hakodate alterne vie locale et vestiges du passé. Les lève-tôt pourront aller voir, tout près de la gare, le marché aux poissons du matin « Asa-Ichi » C1 ouvert dès 5h et déguster des sushis de poulpe. Ses quelque 300 échoppes offrent un spectacle gai et coloré. Puis, juste derrière la gare, le **Mashu Maru**, dernier ferry faisant la liaison entre Hakodate et Aomori avant l'ouverture du tunnel du Seikan, a été reconverti en musée.
Longez l'avenue Tomoe Ohashi vers le mont Hakodate. Le marché de gros (toujours aux poissons) vaut le coup d'œil même s'il peut être difficile d'y entrer. On arrive ensuite aux anciens docks.
Les façades de briques rouges aux jolis frontons Meiji des anciens docks longent la mer. Réhabilités, ils abritent une multitude de magasins de souvenirs recélant toute la panoplie de gadgets dont raffolent les touristes japonais. De nombreux restaurants ainsi que le marché aux poissons Jiyu (ouvert toute la journée) achèvent de faire des docks l'endroit le plus vivant de la ville.
À l'arrière des docks, côté ville, l'ancienne poste construite en 1911 abrite également de nombreux restaurants et magasins. La visite du **Kahei Takadaya Museum** *(Suehiro 13-22 C2 - ✆ (0138) 27 5226 - tlj sf jeu. 9h-17h - 300 ¥)* permet de voir l'intérieur d'une **maison coffre-fort★**, aux volets très épais. Vous en croiserez à plusieurs reprises lors de la visite du quartier de Motomachi. Hakodate doit à ce grand marchand, Kahei Takadaya, né à la fin du 18e s., la fortune et le développement de son port. La maison renferme des objets intéressants évoquant la vie de ce bienfaiteur.

★★ LES PENTES DE MOTOMACHI 元町坂

Empruntez le tramway jusqu'au terminus, station Hakodate Dokku-Mae puis remontez l'avenue Uomi-zaka jusqu'aux cimetières des étrangers.

★ Foreign Cemetery 外人墓地 A2

On accède aux cimetières des étrangers, dominant la mer dans un environnement calme et serein, par de petites ruelles bordées de demeures anciennes. Différents carrés sont réservés aux Chinois, aux orthodoxes russes, aux chrétiens, protestants et catholiques. L'ensemble, insolite, rappelle que la ville de Hakodate s'est ouverte sur le monde dès 1854.
Revenez sur vos pas jusqu'au temple Koryu-ji.

L'impressionnante forteresse de Goryokaku.
JTB Photo/UIG/Universal Images Group/age fotostock

★ Koryu-ji 高龍寺 A2

21-11 Funami-cho - ✆ (0138) 23 0631 - 9h-16h.
Ce temple est incontestablement le plus beau de Hakodate. Construit en bois, non peint, il dégage une certaine spiritualité. Bien qu'établi à cet emplacement au début du 18e s., il a été fondé au début du 17e s. Détruit par un incendie pendant l'attaque de la ville (1868) par les forces impériales, il a été reconstruit entre 1900 et 1911. L'imposante porte, abondamment sculptée de lions, dragons et phénix, donne accès à la cour où se dresse le bâtiment principal. Sur la droite, derrière la curieuse galerie qui épouse le terrain, se trouve un charmant jardin planté de pins et d'azalées. Parmi les œuvres d'art intéressantes du temple, une représentation de Bouddha sur son lit de mort peinte par Hakyo Kakizaki en 1811.
Empruntez ensuite la première rue à droite après le temple. À flanc de coteau, sur les pentes du mont Hakodate, elle permet de rejoindre le quartier de l'hôtel de ville et celui des églises.

Jitsugyo-ji 実行寺 A1

Situé au cœur d'un agréable jardin, le temple est bordé par un immense cimetière abritant une stèle bilingue franco-japonaise. Elle relate le débarquement des Français en 1855, reccueillis alors par le moine Matsuo Nichiryu dont la statue domine l'ensemble.
Empruntez la pente Saiwai-zaka en montant côté droit, puis, passez devant l'Ancien Consulat de Russie (1908), vaste demeure de briques et de bois dont l'état de délabrement avancé exclut la visite. Descendez alors à gauche la pente Tokiwa-zaka jusqu'en bas.

Tachikawa Family House 太刀川家 B1

Remarquez la très jolie façade verte légèrement incurvée de cette demeure qui jouxte l'ancien magasin de cette riche famille de l'ère Meiji. Elle abrite à présent un agréable café (*✆ (0138) 22 0340 - tlj sf lun. 10h-18h*).
Longez ensuite le boulevard jusqu'à la pente Yayoi-zaka. Remarquez à l'angle l'imposante façade 1930 de l'ancien poste de police Nishi.

★ Museum of Northern Peoples 北方民族資料館 B2

21-7, Suehiro-cho - ✆ (0138) 22 4128 - avr.-oct. : 9h-19h ; nov.-mars : 9h-17h - 300 ¥ (enf. 150 ¥), billet combiné avec le Old British Consulate, Hakodate City Museum of Literature, Former Hakodate Ward Public Hall - 840 ¥ (3 musées 720 ¥, 2 musées 500 ¥).

Ce musée, fort intéressant, renferme de nombreux témoignages de la culture aïnou très bien exposés. On y voit de beaux costumes, des bijoux, des peintures, etc.

★ Motoi zaka 基坂 B2

Elle offre une perspective majestueuse vers l'hôtel de ville. Remarquez, à l'angle, l'imposante maison verte appelée **Soma Company★**, construite en 1913.

Old British Consulate 旧イギリス領事館 B2

33-14, Motomachi - ✆ (0138) 27 8159 - avr.-oct. : 9h-19h ; nov.-mars : 9h-17h - 300 ¥ (enf. 150 ¥).

Construite dans les années 1930, dans un style plus portugais qu'anglais, la demeure se dresse au milieu d'un jardin très agréable. Elle abrite un petit musée et un salon de thé.

Traversez ensuite le parc de Motomachi.

Old Branch Office of the Hokkaido Government 旧北海道庁函館支庁庁舎 B2

12-18, Motomachi - ✆ (0138) 27 3333 - avr.-oct. : 9h-19h ; nov.-mars : 9h-17h.

Cet harmonieux bâtiment érigé en 1909 se distingue par un péristyle dont les quatre colonnes, hautes et fines, sont surmontées de chapiteaux corinthiens ceints d'un fronton sculpté.

DU TRAITÉ DE KANAGAWA AU DERNIER SAMOURAÏ

Dans le cadre du traité de Kanagawa de 1854, les Américains obtiennent des Japonais d'accepter leurs navires de commerce dans les ports nippons de Hakodate et Shimoda. Ce traité signé par le shogun et l'amiral Matthew C. Perry ouvre la voie à d'autres accords et bientôt les Occidentaux s'installent dans plusieurs ports à travers le Japon : Tokyo, Yokohama, Nagasaki, Niigata, Kobe, Hakodate. Le Français Jules Brunet profite de ces traités et débarque au Japon en 1867. Cet instructeur d'artillerie inspirera des années plus tard le film *Le Dernier Samouraï*. Membre d'une mission militaire envoyée par la France à la demande du shogun Tokugawa Yoshinobu pour moderniser son armée, il refuse d'abandonner ceux qu'il a formés et soutenus lorsque le shogun est défait par l'empereur en 1868. Il se replie alors à Hakodate, en compagnie de l'amiral Takeaki Enomoto et d'une poignée d'étrangers (majoritairement français). Là, Enomoto fonde l'éphémère **République indépendante d'Ezo** dont il est élu président. Cette dernière durera à peine six mois mais sera un temps reconnue par les puissances étrangères. Le 11 mai 1869, les troupes impériales composées de 8 000 hommes débarquent à Hakodate et attaquent la forteresse de Goryokaku. Les 800 soldats, submergés par les bombardements, se rendent. Jules Brunet réussit néanmoins à fuir avec les derniers survivants français sur un bateau ancré au large du port de Hakodate. Enomoto est arrêté mais poursuivra sous l'ère Meiji une belle carrière diplomatique. Toshizo Hijakata, autre fervent pivot de l'éphémère république, trouvera en revanche la mort en juin 1869. Il est devenu depuis un véritable héros local dont vous verrez la statue lors de la visite de la tour du fort.

★★ **Former Hakodate Ward Public Hall** 旧函館区公会堂 B2

11-13, Motomachi - ✆ (0138) 22 1001 - avr.-oct. : 9h-19h ; nov.-mars : 9h-17h - 300 ¥ (enf. 150 ¥).

Au sommet des jardins, l'ancien hôtel de ville est un très bel édifice de bois construit en 1910, après le grand incendie de 1907 qui ravagea la ville et quelque 12 000 maisons. Il domine la baie de ses balcons, colonnes et lucarnes, jouant dans des tons jaunes et bleus. L'étage de ce long bâtiment est surmonté d'un toit en pente qui se termine par deux imposants frontons triangulaires. La façade est rythmée par trois porches au rez-de-chaussée et par une belle loggia au 1er étage. L'intérieur, qui sent bon le bois ciré, présente une suite de salons meublés façon début de siècle. Dans la grande salle du 1er étage, des panneaux (en japonais) relatent l'apport des différents pays étrangers à l'histoire de Hakodate. Du balcon, on jouit d'une **vue superbe★★** sur la baie et la ville. Avant d'achever votre visite, vous croiserez peut-être des Japonais déguisés en costumes 1900, à moins que vous ne souhaitiez vous-même les endosser *(location possible de mi-avril à fin décembre).*

En sortant de l'ancien hôtel de ville, tournez à droite. Empruntez la petite rue pavée qui se dirige vers le quartier des églises. Vous arrivez alors sur la pente Hachiman Zaka puis le quartier des lieux de culte.

★ **Hachiman zaka** 八幡坂 B2

Avec ses pavés, ses réverbères et ses arbres, cette avenue très photogénique offre une vue plongeante sur la baie et l'ancien ferry *Mashu Maru*.

★ **Quartier des lieux de culte** 大三坂周辺の教会 B2

Il abrite un ensemble de trois églises niché dans un environnement de petites maisons et de ruelles pavées d'où émergent bulbes et clochers.

★ **Russian Orthodox Church** – Construite en 1916, elle se dresse au centre d'un beau jardin fleuri. Son clocher octogonal, ses toits et bulbes verts surmontés de croix composent un ensemble réussi, typiquement byzantin. À l'intérieur, vous pourrez admirer de belles icônes et un retable en bois décoré de peintures dont la plupart sont attribuées à Rin Yamashita. Cette femme peintre puisa son inspiration dans la renaissance italienne et étudia l'art des icônes à Saint-Pétersbourg (les photographies ne sont pas autorisées à l'intérieur).

Motomachi Roman Catholic Church – Précédée par un petit parvis et dominée par un clocher carré se terminant par une tour plantée d'une flèche octogonale, l'église catholique date également du début 20e s. L'**intérieur★** de style néogothique est abondamment décoré avec des voûtes d'ogive peintes en bleu et constellées de petites étoiles dorées.

Les pentes Daisan zaka et Chachanobori sont étroites et plus intimes. Au-dessus des arbres, l'étrange forme blanche cruciforme de l'**Episcopal Church**, très moderne, se détache.

Empruntez la rue qui part en face de l'église catholique et qui longe les bâtiments du temple Hongan-ji. Tournez ensuite à gauche et descendez la pente Nijukken-Zaka.

★ **Higashi Hongan-ji** 東本願寺函館別院 B2

16-15 Motomachi - pente Nijukken-zaka - 7h-17h.

De proportions très imposantes, le temple Higashi Hongan-ji fut construit au début du 20e s. C'est le premier temple en béton armé édifié au Japon, d'où la taille impressionnante des toits de tuile. L'intérieur reste assez traditionnel avec notamment un beau plafond à caissons.

À proximité, vous pourrez voir une maison à colombage de style allemand qui abrite une charcuterie fabriquant de délicieuses saucisses de la marque Carl Raymon. Elles rappellent une fois de plus la présence occidentale à Hakodate !

★★ MONT HAKODATE 函館山 A2

19-7 Motomachi - ✆ (0138) 23 3105 - téléphérique : 25 avr.-15 oct. 10h-22h ; 16 oct.-24 avr. 10h-21h - AS : 780 ¥ (enf. 390 ¥) ; AR : 1 280 ¥ (enf. 640 ¥).

Symbole de la cité, le mont Hakodate culmine à 334 m d'altitude et s'avance majestueusement dans le détroit de Tsugaru. D'origine volcanique, ses roches noires attaquées par la mer forment de hautes falaises où s'accroche une riche végétation. De nombreux sentiers pédestres bien aménagés le parcourent, ménageant de belles perspectives. Le plateau du Senjojiki est le plus bel endroit pour jouir de ces vues sauvages sur l'océan.

Un téléphérique permet d'accéder en quelques minutes au sommet du mont d'où l'on jouit d'un extraordinaire **panorama★★★** sur la ville de Hakodate, de jour comme de nuit. Ce sera aussi l'occasion de faire un bain de foule japonais alors que des centaines de flashs crépitent afin de mettre en boîte une des plus belles vues de nuit du pays. En 2009, Hakodate était la destination touristique préférée des Japonais devant Kyoto !

HAKODATE

0 200 m

SE LOGER

Hakodate Danshaku Club Hotel and Resort....... 1
La Vista Hakodate Bay.......... 5

SE RESTAURER

Asari Honten........................... 14
Daimon Yokocho.................. 4
Kurobe....................................... 8
Lucky Pierrot........................... 10
Marché aux poissons........... 12

À voir aussi

Yunokawa Onsen 湯の川温泉 C2, en dir.

Tramway, arrêt Yunokawa Onsen.

À l'ouest de la ville se développe le quartier thermal avec ses nombreux hôtels et bains japonais. De la plage, on jouit d'une belle vue sur le mont Hakodate. La nuit, vers le large, les lumières des bateaux de pêche traquant les calamars dansent sur l'eau.

★ **Miharashi-koen** 見晴公園 C1, en dir.

Miharashi Koen Dori - ✆ (0138) 57 7210.

Situé sur les hauteurs, ce parc a été établi par la famille Iwafune à la fin de l'ère Meiji. Seul grand parc de l'île de Hokkaido, dont les allées sont magnifiques, surtout au printemps et à l'automne. On y croise de nombreux photographes amateurs, y compris le soir (le parc reste éclairé). L'ancien pavillon d'été est une belle construction de bois mise en scène au cœur d'un petit jardin japonais avec eau, rochers et petits ponts.

L'ART JOMON

La figurine *(dogu)* de Hakodate est le symbole de la culture Jomon très présente sur l'île de Hokkaido. Magnifiquement conservée, elle est un des plus beaux vestiges préhistoriques du monde entier. On peut en voir une copie dans le hall d'accueil de l'hôtel de ville de Hakodate. Les nombreux objets jomons retrouvés témoignent d'une certaine maîtrise des arts, d'une finesse d'exécution. Avec une forte densité de sites dans le nord du Tohoku et Hokkaido, l'ancienne civilisation Jomon intéresse de plus en plus de Japonais. Une demande de classement au Patrimoine mondial de l'Unesco de l'ensemble des sites a été faite en 2009 mais n'a pas encore abouti.

Trappistines Conventトラピスチヌ修道院 C1, en dir.
346 Kamiyunokawa-cho, bus depuis la gare ou terminus du tramway Yunokawa, arrêt Trappistine Iriguchi puis 10mn de marche. ✆ (0138) 57 3331 - visite du parc et du petit musée uniquement - tlj sf merc. 8h-17h (hiver 1er nov.-20 avr. 16h30).
Fondé par huit trappistines françaises en 1898, le couvent abrite désormais un peu plus d'une soixantaine de sœurs. Les bâtiments de brique sont sans grand intérêt mais les touristes asiatiques trouvent très exotique la statue de l'archange saint Michel ou la grotte de Lourdes reconstituée dans le parc. On pourra aussi profiter de la jolie vue sur la ville et les environs et jeter un coup d'œil à l'exposition sur l'ordre de Cîteaux.

À proximité

Péninsule de Kameda 亀田半島 C2, en dir.
La péninsule de Kameda offre de superbes paysages. La route 278 longe l'océan et conduit au **mont Esan**, volcan toujours en activité dont la base est couverte d'azalées au printemps. Dans un écrin de verdure, le **cap Esan**, aménagé en parc, domine la mer. La route se dirige ensuite vers Minamikayabe puis Ofune, sites phares de la civilisation Jomon. À Ofune, le **Musée archéologique** expose de nombreux objets découverts lors des fouilles *(20 avr.-12 nov. 9h-17h)*. De Shikabe, rejoindre le **lac d'Onuma★**. La masse inquiétante du volcan Komagatake domine de beaux paysages. Les environs du lac offrent de multiples activités sportives : ski, randonnée, golf, etc. Le lac compte 126 îles et îlots. Plus au sud, **Nanae** abrite un domaine skiable avec une vue grandiose sur Hakodate.

Matsumae 松前 C1, en dir.
Bus direct depuis la gare de Hakodate.
Cette jolie petite ville a été la première cité de Hokkaido à accueillir un clan venu de Honshu, les seigneurs Matsumae, qui lui léguèrent son nom en 1604. Elle possède de nombreux parcs aux allées bordées de cerisiers.
Le **château** se distingue par son donjon à deux étages. Reconstruit en 1854, il fut à nouveau rebâti en 1949 suite à un incendie. Il abrite un intéressant **Musée historique**. On pourra également visiter **Matsumae han Yashiki**, un village reconstitué de l'époque d'Edo, ainsi que le **quartier des cinq anciens temples** qui abrite 55 sépultures du clan Matsumae.

NOS ADRESSES À HAKODATE

INFORMATIONS UTILES

Poste – Ekimae Post Office, *7-18 Wakamatsu-cho - ✆ (0138) 22 9909 - 9h-17h. ATM - lun.-vend. 9h-19h, w.-end et j. fériés 17h.*

Banques – Hokuyo Bank Chuo-ten, *15-7-11 Wakamatsu-cho - ✆ (0138) 23 8511 - 9h-15h. ATM - lun.-vend. 8h-19h, w.-end et j. fériés 9h.* **Hokkaido Bank Ekimae-ten**, *20-1 Wakamastu-cho - ✆ (0138) 22 8161 - 9h-15h. ATM - lun.-vend. 8h45-19h, w.-end et j. fériés 9h-17h.* Vous trouverez également de nombreux ATM dans les 7 Eleven et autres épiceries de nuit.

Santé – Hakodate Goryokaku Hospital, *38-3 Goryokaku-cho - ✆ (0138) 51 2295 - www.qq.pref.hokkaido.jp/qq/qq01fnlgsp.asp.* Dans cet hôpital, une partie du personnel parle et comprend l'anglais. **Pharmacie Tsuruha drag Hakodate Chitoseten**, *22-8 Chitose-cho - ✆ (0138) 24 4101 - 9h-22h.*

TRANSPORTS

Arriver/partir

En avion

L'aéroport de **Hakodate** est situé à 7 km du centre, à l'est de la ville. *✆ (0138) 57 8881.* Il relie Tokyo Haneda en 1h20 environ (vols JAL, ANA et AIR DO), Narita (Vanilla AIR), Osaka Itami en 1h35, Nagoya en 1h30, Sapporo en 45mn.

De l'aéroport au centre-ville – Un bus part toutes les 20mn pour la gare JR *(20mn de trajet, 410 ¥).* Teisan bus *✆ (0138) 55 1111.* En taxi, comptez environ 3 000 ¥.

En train

Gare JR située en plein centre-ville à proximité immédiate du port C1. De et vers Tokyo, le Shinkansen (Hayabusa) pour Shin-Hakodate-Hokuto, *puis* le Hakodate Liner, il relie la gare de Hakodate en 20mn *(4h50 de trajet, 23 010 ¥).* Autres liaisons vers Hokkaido *via* Sapporo (*3h50, 8 310 ¥*) et l'aéroport New Chitose *(3h20, 7 590 ¥).*

Pensez aussi au **JR Hokkaido Free-Pass** *(voir Sapporo, p. 463).*

En bus – Les bus partent de la gare JR de Hakodate et desservent Sapporo en un peu plus de 5h : Chuo Bus - *http://teikan.chuo-bus.co.jp/en/* ; Donan Bus - *www.donanbus.co.jp* ; Hokuto Kotsu - *www.hokto.co.jp* ; Hokkaido bus - *www. hokkaidoubus-newstar.jp (env. 4 800 ¥).*

Comment circuler

À pied – La ville n'est pas grande mais seuls le quartier ancien et le mont Hakodate valent la peine d'une découverte à pied. Pour aller à Goryokaku, mieux vaut emprunter le tramway.

En tramway – Très pratique, le tramway parcourt la ville en 26 stations. Son côté rétro lui donne beaucoup de charme. Il relie Goryokaku aux cimetières des étrangers. De 200 à 250 ¥ selon le trajet. **Pass tram** 1 journée 600 ¥ *(enfants 300 ¥).* **Pass bus et tram** 1 journée 1 000 ¥ *(enfants 500 ¥).* Le pass s'achète devant le kiosque sur la place de la gare ou dans le tram. Pensez à montrer au chauffeur votre ticket ou votre pass à la sortie du tram (ou bus).

En bus – De nombreuses lignes sillonnent la ville, permettant de rejoindre les endroits plus excentrés comme le quartier du couvent des Trappistines.

Location de voiture – Nombreuses possibilités à l'aéroport de Hakodate.

HÉBERGEMENT

PREMIER PRIX

Hakodate Danshaku Club Hotel & Resort Hakodate 男爵倶楽部ホテル&リゾーツ *22-10 Otemachi* C1 - *(0138) 21 1111 - www.danshaku-club.com - 52 ch.* Situé à proximité du marché au poisson, il propose des chambres très design.

BUDGET MOYEN

La Vista Hakodate Bay ラビスタ函館ベイ *12-6 Toyokawa-cho* C2 - *(0138) 23 6111 - www.hotespa.net/hotels/lahakodate - 350 ch.* Situé en plein cœur de la ville, il jouit de belles chambres modernes et assez spacieuses offrant une belle vue. Le spa, spectaculaire au sommet de l'immeuble, abrite de multiples bains et possibilités de massage.

UNE FOLIE

Wakamatsu 割烹旅館若松 *1-2-27 Yunokawa-cho* C2, en dir. - *(0138) 59 2171 - www.wakamatsuryokan.com/hakodate - 24 ch.* Très bel hôtel conçu dans le style d'un ryokan traditionnel. Vue agréable sur la mer et le mont Hakodate.

RESTAURATION

Hakodate est réputée pour ses fruits de mer et poissons. Les calamars *(ika)* se préparent de mille et une façons dont de délicieux sushis présentés sous forme de fines lamelles. Une autre spécialité est le bol de nouilles salées *(ramen)*. Vous trouverez de très nombreux restaurants dans l'ancien quartier des docks, très animé, et autour de la gare. Le quartier de Motomachi est en revanche plutôt mort.

PREMIER PRIX

Marché aux poissons
函館朝市 C1. Dès 5h du matin, vous pouvez venir déguster des spécialités de poisson à tout petit prix. Essayez en particulier le *kaisen-don*, bol de riz recouvert de morceaux de poisson.

BUDGET MOYEN

Daimon Yokocho 大門横丁
7 Matsukaze-cho C1 - *hakodate-yatai.com - 17h-0h (quelques restaurants ouv. à l'heure du déj.).* Ce quartier s'organise autour de deux ruelles piétonnes bordées d'une trentaine de petits restaurants où l'on peut dîner à l'extérieur. Vous pourrez y trouver sushis, *yakitori, ramen*, tempuras, etc.

Lucky Pierrot ラッキーピエロ
8-11 Suehiro-cho B2 - *(0138) 23 2300 - luckypierrot.jp/shop/jujigai - 10h-0h30 (sam.-1h30).* Chaîne de fast-food à la japonaise. On y mange des hamburgers copieux et variés (escalopes, poissons, crevettes au curry ou autres épices, etc.) pour un prix vraiment imbattable.

Kurobe くろ兵衛
8-23 Wakamatsu-cho C1 - *(0138) 22 7147 - tlj sf sam., dim. et j. fériés 17h-1h (environ).* Pour les amateurs de poulet grillé, sous toutes ses formes dans un cadre sympathique et animé.

POUR SE FAIRE PLAISIR

Asari Honten 阿佐利本店
10-11 Hourai-cho C2 - *(0138) 23 0421 - tlj sf merc. 11h-21h30 (déj. 11h-13h30).* Dans une maison ancienne à proximité du quartier des églises et du départ du téléphérique (env. 600 m), vous serez accueilli dans de petits salons où l'on vous servira le *sukiyaki*, plat délicieux à base de fines tranches de viande de bœuf trempées dans du jaune d'œuf, servies avec des légumes.

Parc national d'Akan

阿寒国立公園

★★

Avec ses volcans, ses lacs de montagne aux eaux transparentes et ses sources chaudes, le parc national d'Akan offre au visiteur de magnifiques excursions. Les horizons sont immenses et quelle que soit la saison, la beauté des paysages est saisissante. La nature est ici à l'état pur : les ciels étoilés sont étincelants, les grues sillonnent le ciel et les ours ne sont jamais très loin comme l'indiquent les nombreux panneaux forestiers mettant en garde le promeneur.

NOS ADRESSES PAGE 499
Hébergement, restauration, achats, activités, etc.

S'INFORMER

Office du tourisme d'Akan – *2-6-20 Akan-ko Onsen - ✆ (0154) 67 3200 - tlj 9h-18h.* Brochures en anglais, cartes pour les randonnées, programme des animations, etc. On pourra aussi vous renseigner sur les locations de vélos, de canoës, etc.

Toute l'année, **l'Akan Nature Center** organise des excursions à la découverte des volcans et des lacs (gelés en hiver) - sur réserv. - *5-3-3, Akan-ko Onsen - ✆ (0154) 67 2801 - www.akan.co.jp - tlj 8h-20h (fermé nov.-déc. et avr.).*

Office du tourisme de Kawayu Onsen, *2-3-40, Kawayu onsen - ✆ (0154) 83 2670 - tlj sf lun. 9h-21h.*

SE REPÉRER

Carte de région p. 460 BC2 - Akan se situe au sud-est de Hokkaido. À environ 400 km de Sapporo.

À NE PAS MANQUER

Le lac d'Akan et l'ascension des volcans, les onsen d'Akan-kohan et de Kawayu, les panoramas sur le lac Mashu.

ORGANISER SON TEMPS

Comptez au moins 3 jours.

Se promener Plan p. 497

Le parc d'Akan couvre 90 000 ha. Il se divise en deux parties : à l'est, autour des lacs Kussharo et Mashu et à l'ouest, autour du lac Akan. établi en 1934, son écosystème est remarquable. Vous croiserez de nombreux cerfs, des renards tandis que les eaux glacées du lac abondent en poissons. Vous observerez des conifères en tout genre, des fleurs sauvages et des azalées qui exhalent leur parfum à la fin du printemps.

★★ LAKE KUSSHARO 屈斜路湖

Avec 57 km de circonférence, le plus vaste lac de l'île de Hokkaido (le second du Japon) occupe l'emplacement d'un ancien cratère gigantesque. Sa profondeur maximum atteint 118 m et son centre est occupé par l'immense île de Naka-jima (12 km de circonférence), antre du monstre local surnommé Kusshi. Sa silhouette, qui n'est pas sans rappeler celle du Nessie écossais, se voit sur la plage de Sunayu, pour le bonheur des petits et grands.

★ Kawayu Onsen 川湯温泉
Cette importante station thermale un peu en retrait est une bonne base pour explorer les rives du lac. De nombreux sentiers accessibles depuis l'office de tourisme ou du **musée dédié au sumo Taiho Koki** serpentent entre les fumerolles dans un joli environnement boisé. De nombreux *ashiyu* (bains chauds pour les pieds) ponctuent le chemin.

Sunayu 砂湯
Cette plage très fréquentée possède une particularité intéressante : on peut creuser dans le sable et de l'eau chaude jaillit. De sa vieille jetée de bois, on a également une belle **vue★** sur le lac.

★★ Wakoto Peninsula 和琴半島
Accessible à pied, à vélo ou en voiture, l'endroit est très fréquenté mais vaut le détour pour son onsen : un bassin tout simple posé sur le bord du lac. L'hiver, quand les touristes sont moins nombreux, on se croirait au bout du monde. Les plus courageux peuvent alors se dénuder et pénétrer dans les eaux chaudes où ils pourront contempler le lac gelé dans les volutes de fumées s'élevant autour d'eux. Attention, les eaux du bassin sont très chaudes, un peu plus tièdes à proximité immédiate du lac. Prévoir impérativement une serviette et, pour se réchauffer ou se détendre, on peut ensuite parcourir à pied le sentier de 2,5 km qui longe la pointe.

★ Mont Iou 硫黄山
La route entre Kawayu Onsen et la gare traverse de vastes étendues de lande piquées d'azalées et longe une montagne baignée depuis toujours dans le brouillard. On arrive alors au mont Iou, un volcan de taille raisonnable (574 m de hauteur) qui ne dort que d'un œil nommé Atosanupuri, « montagne nue », par les Aïnous. En effet, au-delà du parking, la terre est blanche, désertique, parcourue de rares plantes aux teintes jaunâtres émergeant çà et là des fumerolles et des petits geysers d'eau bouillante. L'odeur de soufre, très forte, rappelle l'odeur d'« œuf pourri » des salles de classe de science physique ! L'accès est réglementé et il est fortement recommandé de ne pas dépasser les barrières de sécurité.

Poursuivez ensuite votre parcours via *la route 52 qui s'élève progressivement en lacets vers le lac Mashu.*

★★★ LAKE MASHU 摩周湖

Ce lac, dominé par le mont Mashu, occupe la caldeira d'un volcan. D'une circonférence de 20 km et d'une profondeur totale dépassant les 200 m, il produit une forte impression de par ses pentes, presque des falaises, descendant à pic vers les eaux translucides. On ne peut en faire le tour mais trois observatoires permettent également d'en admirer (de loin) la beauté. Le premier, **l'observatoire n° 3★★**, offre une vue d'autant plus belle que l'on distingue la mer au lointain. On croise ensuite l'**observatoire n° 1★★** où la vue plongeante sur le lac est impressionnante. Un seul bémol, l'endroit est très fréquenté et envahi de boutiques de souvenirs, restaurants, etc.

Redescendez ensuite vers Mashu Onsen et empruntez la route 241 vers Akan qui s'élève progressivement dans la forêt.

Au lieu-dit **Sokodai★** *(parking avec toilettes, sur la gauche de la route par un chemin qui monte)*, on a une belle vue sur le lac Panketo. On découvre ensuite, au détour des virages, la masse imposante du mont Akan et, au lointain, le mont Meakan.

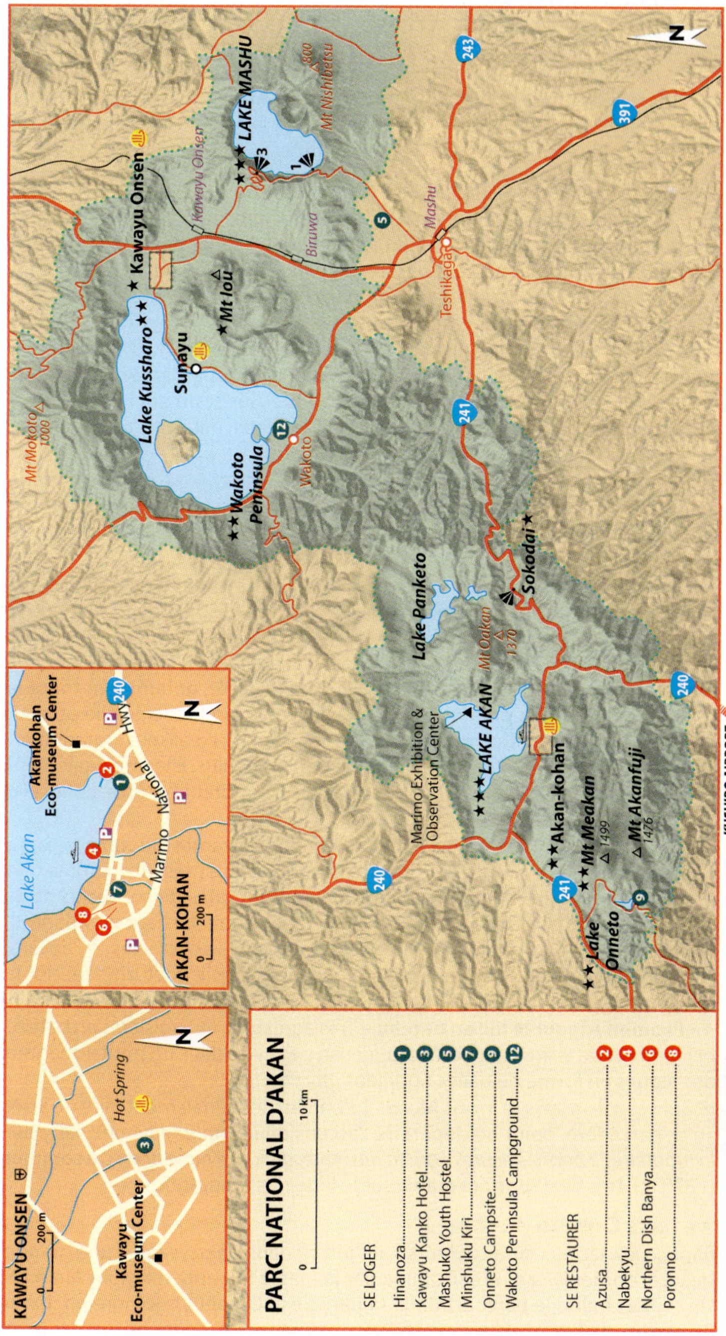
PARC NATIONAL D'AKAN
0
10 km
SE LOGER
Hinanoza 1
Kawayu Kanko Hotel 3
Mashuko Youth Hostel 5
Minshuku Kiri 7
Onneto Campsite 9
Wakoto Peninsula Campground 12
SE RESTAURER
Azusa 2
Nabekyu 4
Northern Dish Banya 6
Poronno 8
KAWAYU ONSEN
0
200 m
Kawayu Eco-museum Center
Hot Spring
AKAN-KOHAN
0
200 m
Lake Akan
Akankohan Eco-museum Center
Marimo National Hwy
240
★★★ LAKE MASHU
Mt Nishibetsu
800
Kawayu Onsen
★ Kawayu Onsen
Biruwa
Mashu
Teshikaga
243
391
★ Mt Iou
Sunayu
Lake Kussharo★★
Mt Mokoto
1000
★★ Wakoto Peninsula
Wakoto
241
Sokodai★
Lake Panketo
Mt Oakan
1370
★★★ LAKE AKAN
Marimo Exhibition & Observation Center
★★ Akan-kohan
★★ Mt Meakan
1499
Mt Akanfuji
1476
★★ Lake Onneto
240
241
KUSHIRO AIRPORT
N

★★★ LAKE AKAN 阿寒湖

Dominé par la masse altière du volcan, il abrite une faune et une flore magnifiques et offre des balades inoubliables. Afin d'aider à parcourir ses 26 km de circonférence, de nombreux bateaux partent de Akan-kohan à la découverte de ses trésors. Les passionnés pourront pratiquer la pêche à la mouche le long des berges, les eaux du lac étant peu profondes.

★★ Akan-kohan 阿寒温泉阿寒湖畔

Très agréable, cette station thermale abrite de nombreux hôtels et maisons d'hôtes, certains de grand standing logés dans un cadre boisé sur les bords du lac. On sera séduit ou agacé par son côté très touristique mais il faut néanmoins lui reconnaître une certaine animation. Là encore, de nombreux bains de pieds ponctuent les rues de la petite ville.

★ **Bords du lac** – Une promenade longe le lac, très agréable à parcourir au lever du soleil. Au-delà de l'embarcadère, on peut arpenter les sentiers naturels d'un parc où l'on trouvera de nombreuses sources chaudes. On y voit aussi de nombreux animaux : écureuils, oiseaux, dans un cadre sauvage et poétique. Une promenade à faire absolument !

★ **Eco-museum** – *Akan-kohan Eco Museum Center, 1-1-1 Akanko Onsen - (0154) 67 4100 - tlj sf mar. 9h-17h - gratuit.* Le sol du musée reproduit une vue aérienne de la région. La présentation moderne et didactique montre les différentes espèces animales vivant à Akan.

Fondation Maeda Ippoen – À proximité du musée, une belle maison aux allures de chalet de pierre dans un design années 1950 abrite le siège de la fondation Maeda Ippoen. Ce haut dignitaire de l'ère Meiji, passionné par Akan, transmit son amour de la forêt à sa famille. Sa belle-fille, Mitsuko, établit la fondation en 1983. Elle gère près de 4 000 ha de forêt, notamment toute la rive ouest du lac, et a pour objectif de restaurer la forêt telle qu'elle pouvait être il y a trois siècles. De nombreuses plantations sont réalisées, notamment pour rétablir l'équilibre entre les conifères et les feuillus. Elle vise également à protéger les arbres de l'appétit des cerfs qui grignotent l'écorce. Enfin, elle poursuit une vocation d'éducation et de recherche.

★ **Ainu Kotan** – Ce village aïnou situé au bout de la grande rue commerçante regroupe 36 maisons, soit environ 200 personnes. Il se présente comme une grande place légèrement pentue bordée de boutiques de souvenirs et de restaurants. De hauts totems se dressent en son centre. En haut du village, la grande maison commune, *onne-chisse*, accueille des spectacles. À l'arrière, elle abrite également une arène où se joue le spectacle nocturne qui clôt la marche aïnou.

★★ **Promenade sur le lac en bateau** – Très agréables, les croisières en bateau permettent de visiter l'île de Churu où l'on peut voir dans un petit aquarium des algues en forme de balles appelées *marimo*.

Ascension vers le mont Akan – Le bateau peut également faire un arrêt au débarcadère, point de départ de l'ascension *(comptez environ 5h30 pour la montée et 2 bonnes heures pour la descente, difficulté moyenne)*. Du sommet (1 370 m), très beau **panorama**★★ sur le lac et les montagnes.

★★ Lake Onneto オンネトー湖

Baptisé le « lac aux cinq couleurs », il s'inscrit dans un paysage d'une grande beauté, bordé de sapins et dominé par la masse fumante du mont Meakan. Un sentier balisé le parcourt dans sa partie est. On peut rejoindre en 50mn les **chutes de Yunotaki**★, hautes de 50 m dont les eaux ont une température de 43 °C. Un bassin aménagé permet de s'y baigner.

★★ Mont Meakan 雌阿寒岳

Ce jeune volcan de quelque 20 000 printemps produit des éruptions de gaz. La dernière remonte à 1959. Il y a 2000 ans, un second cratère, le mont Akanfuji, est venu se greffer au sud du mont. Deux sentiers partent vers le sommet du Meakan. Le 1er, que l'on croise en venant d'Akan, après le onsen de Nonaka, est plus facile. L'ascension prend 2h environ. L'autre sentier, situé au bout du lac, peut prendre jusqu'à 3h de marche. À 1 499 m d'altitude, la **vue** est splendide. Le volcan étant toujours en activité, il ne faut pas s'aventurer dans le cratère. On peut ensuite revenir sur ses pas ou redescendre vers Akan-kohan en 3h environ.

VERS KUSHIRO

Centre de ravitaillement des grues

En direction de Kushiro et de son aéroport, la route 240 descend progressivement dans une large vallée cultivée où les paysages ne sont pas sans évoquer l'Europe. En levant les yeux, vous pourrez voir des centaines de grues du Japon. Un centre spécial a été aménagé pour leur permettre de se ravitailler l'hiver. Le spectacle *(nov.-mars)* de ces grues dans la neige, bataillant parfois avec des aigles pour préserver leur nourriture, est très beau. De nombreux photographes amateurs se pressent pour y assister.

Akan International Crane Center 阿寒国際ツルセンター

23-40 Kamiakan, Akan, Kushiro (à 40mn d'Akanko Onsen) - ☎ (0154) 66 4011 - ouvert de nov. à mars - 8h30-16h30 (nov.-janv. 16h) - 470 ¥ (enf. 240 ¥). Ce petit musée vous dira tout ce que vous voulez savoir sur les grues du Japon.

Kushiro 釧路

La ville de Kushiro (180 000 hab.) est un port moderne et agréable qui dispose de nombreuses ressources. Dans ses environs, le **parc national Kushiro Shitsugen** est un immense espace marécageux abritant plus de 2 000 espèces d'animaux et de plantes. Plusieurs observatoires ont été aménagés. Le plus proche de Kushiro est le Hosooka Observatory *(à 20mn en train de Kushiro par la ligne JR Semmo, arrêt Kushiro Shitsugen puis 10mn à pied).*

NOS ADRESSES À AKAN

TRANSPORTS

Arriver et partir

En avion – Le moyen le plus rapide pour profiter des richesses du parc. **L'aéroport de Kushiro,** le plus proche d'Akan-kohan, est desservi depuis Sapporo *(45mn)*, Tokyo *(1h35)*.

Aéroport de Memanbetsu – *Voir Nos Adresses du parc national de Shiretoko p. 482.*

Comment circuler

En bus puis en train – De l'aéroport de Memanbetsu, on peut emprunter les bus qui arrivent dans le centre d'Abashiri, à 1 km de la gare ferroviaire JR. De là, des trains partent pour Kushiro vers le sud *via* Shiretoko Shari *(45mn)* et desservent Kawayu Onsen *(45mn)*, Biruwa et Mashu *(env. 20mn)*.

En bus – De Kushiro (gare et aéroport), la compagnie Akan propose des excursions en bus à la journée vers les lacs Akan, Mashu et Kussharo *(plusieurs parcours possibles selon la saison, sur réserv.)* ainsi qu'une desserte par des lignes régulières *(gare de Kushiro - Lac Akan - 2h - 2 700 ¥ AS). https://uu-hokkaido.com/corporate/akanbus.shtml#rosen.*

Location de voiture – *www.nipponrentacar.co.jp et https://nissan-rentacar.com. Voir aussi* *p. 482 et p. 493.*

HÉBERGEMENT

Akan

PREMIER PRIX

Onneto Campsite
オンネトー国設野営場
Moashoro, Ashoro-cho - (0156) 25 2141 - de juin à fin oct. - 350 ¥/pers. Malgré un confort un peu spartiate, le site est splendide, paisible, et offre une véritable immersion dans la nature. L'occasion aussi de côtoyer de nombreux animaux sauvages. Hors saison, le camping reçoit même la visite des ours. Onsen payant.

POUR SE FAIRE PLAISIR

Minshuku Kiri 民宿桐
4-3-26 Akan Onsen - (0154) 67 2755 - www.10.plala.or.jp/kiriminsyuku - 9 ch. Située dans la rue principale face à l'hôtel Emerald, cette pension occupe le 1er étage d'un magasin de souvenirs. On y mange bien, l'accueil est chaleureux avec un onsen très agréable.

UNE FOLIE

Hinanoza 鶴雅別荘鄙の座
2-8-1 Akanko Onsen - (0154) 67 5500 - www.hinanoza.com/en - 25 ch. Luxe, calme et volupté… à la japonaise. Dans ce magnifique hôtel d'inspiration ryokan, vous serez traité comme un prince. Le rez-de-chaussée oscille entre tradition et design. Le bar est très chaleureux. Certaines suites sont dotées de bains japonais extérieurs mais il y a aussi un onsen à l'air libre au dernier étage. On ne se lasse pas de la vue sur le lac depuis les chambres. Le restaurant est tout simplement un régal. Une expérience unique.

Kussharo

PREMIER PRIX

Wakoto Peninsula Campground
和琴半島キャンプ場
Wakoto-Hanto, Kussharo-ko - (015) 484 2350 - du 25 avr. à mi-oct. - 450 ¥/pers. Au bord du lac Kussharo, face au mont Wakoto, ce camping est idéalement situé. Il possède en outre un onsen (intérieur et extérieur) en accès libre.

Mashuko Youth Hostel
摩周湖ユースホステル
883 Teshikaga-genya, Teshikaga-cho - (015) 482 3098 - www.youthhostel.or.jp/mashu/index.html - à partir de 3 400 ¥/pers. (2 800 ¥ si vous avec la carte des AJ). Une auberge de jeunesse très sympathique située entre Mashuko et le lac.

BUDGET MOYEN

Kawayu Kanko Hotel
川湯観光ホテル
1-2-30 Kawayu-Onsen, Teshikaga-cho - (015) 483 2121 - www.iionsen.com/en - 68 ch. Un très bel hôtel traditionnel où vous pourrez passer un agréable séjour dans une ambiance très japonaise au cœur de la station de Kawayu Onsen.

RESTAURATION

Akan-kohan

BUDGET MOYEN

Nabekyu 奈辺久
4-4-1 Akanko-Onsen - ✆ (0154) 67 2607 - 11h-15h, 18h-21h. Ce restaurant propose de bonnes spécialités à base de poissons, d'excellents tempuras servis avec un bol de riz, tout cela au sein de copieux menus.

Azusa あずさ
1-6-8 Akanko-Onsen - ✆ (0154) 67 2474 - 11h-22h. Pour un dîner rapide et économique. Les soupes sont bonnes et généreuses. Les plats sont plutôt à base de viandes.

Poronno ポロンノ
4-7-8 Akanko-Onsen - ✆ (0154) 67 2159 - www.poronno.com - mai-oct. 12h-21h30 ; nov.-avr. 12h-20h30 (en hiver sur réserv.). Pour tous ceux qui veulent découvrir les spécialités aïnous ! Le *yukku curry* est délicieux, assez épicé mais servi avec beaucoup de légumes.

Northern Dish Banya
北国の味番屋
4-7-6 Akanko-Onsen - ✆ (0154) 67 2316 - 11h-15h, 17h30-23h. Un restaurant simple mais de bonne qualité qui propose brochettes, spécialités locales à base d'oignon sauvage et même de délicieux poissons grillés.

PETITE PAUSE

Salon de thé - Pan de Pan – *1-6-6 Akanko-Onsen - ✆ (0154) 67 4188 - www.akan-pandepan.com - tlj sf merc. (mai-oct. 1er et 3e merc. seult) 8h30-18h30 (café 10h).* Vous pourrez déguster de délicieuses pâtisseries d'inspiration européenne dans un cadre vivant et coloré et boire un thé ou chocolat chaud.

ACTIVITÉS

Excursions en bateau – Akan Sightseeing Cruise Company – *1-5-20 Akanko-Onsen - ✆ (0154) 67 2511 - www.akankisen.com/_eng/index.html.* Tour du lac *(18 km)* avec un arrêt sur l'île pour visiter le musée des *marimo*. Ferries *(1h25, 1 900 ¥, enf. 990 ¥).* Vous pouvez aussi louer un *motor boat*, petit hydroglisseur qui vous fait faire un tour complet dans des conditions privilégiées *(prix unique de 4 500 ¥/pers.).*

Spectacle – Procession aux flambeaux tous les soirs avec danses et chants aïnous. Départ à 20h20 depuis le parking de Marimukan vers le village aïnou *(1er sept.-31 oct.).* Puis, à 21h, spectacle dans le théâtre en plein air *(1er sept.-30 nov. - adultes 1 080 ¥, enf. gratuit).*

Festival – Pendant trois jours au cours de la 1re quinzaine d'octobre, les Aïnous célèbrent le **Marimo Matsuri**, festival haut en couleur. On y retrouve les petites boules vertes, symbole de Hokkaido, que vous verrez dans toutes les boutiques souvenirs de l'île.

SHIKOKU

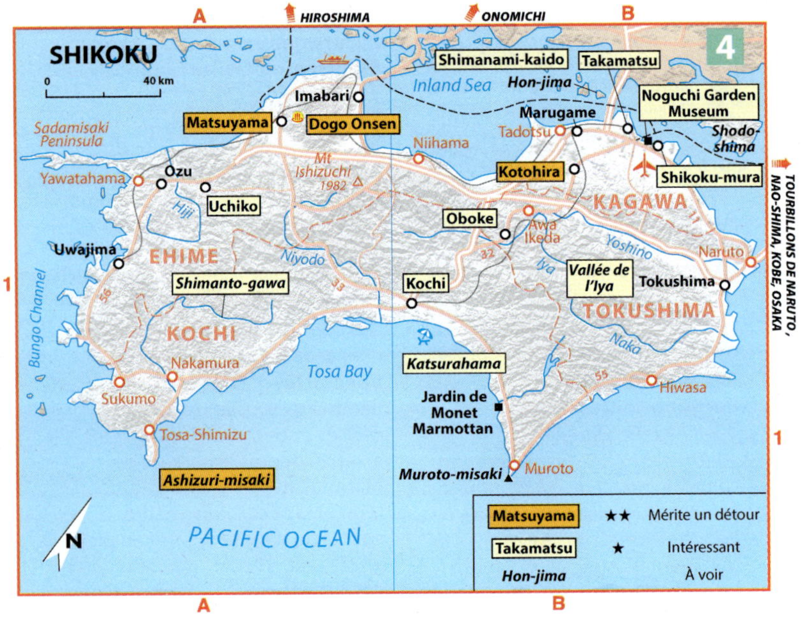
SHIKOKU
0 40 km
HIROSHIMA
ONOMICHI
TOURBILLONS DE NARUTO, NAO-SHIMA, KOBE, OSAKA
Shimanami-kaido
Takamatsu
Hon-jima
Inland Sea
Imabari
Matsuyama
Dogo Onsen
Noguchi Garden Museum
Marugame
Tadotsu
Shodo-shima
Sadamisaki Peninsula
Niihama
Mt Ishizuchi 1982
Kotohira
Shikoku-mura
Yawatahama
Ozu
Uchiko
Hiji
KAGAWA
Oboke
Awa Ikeda
Yoshino
Uwajima
EHIME
Niyodo
Naruto
Vallée de l'Iya
Iya
Tokushima
Shimanto-gawa
Kochi
TOKUSHIMA
Bungo Channel
KOCHI
Naka
Katsurahama
Tosa Bay
Nakamura
Sukumo
Hiwasa
Jardin de Monet Marmottan
Tosa-Shimizu
Ashizuri-misaki
Muroto-misaki
Muroto
PACIFIC OCEAN
N
Matsuyama ★★ Mérite un détour
Takamatsu ★ Intéressant
Hon-jima À voir

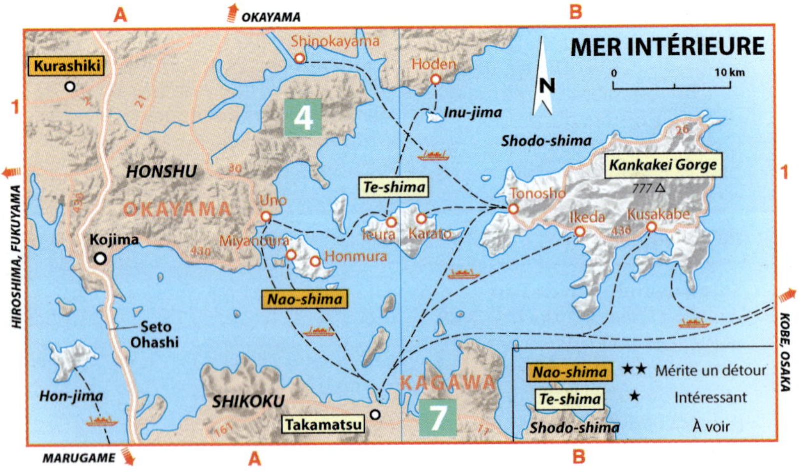
OKAYAMA
MER INTÉRIEURE
0 10 km
Kurashiki
Shinokayama
Hoden
Inu-jima
Shodo-shima
Kankakei Gorge
777
HIROSHIMA, FUKUYAMA
HONSHU
OKAYAMA
Te-shima
Tonosho
Uno
Ieura
Karato
Ikeda
Kusakabe
Kojima
Miyanoura
Honmura
Nao-shima
Seto Ohashi
KOBE, OSAKA
Hon-jima
SHIKOKU
KAGAWA
Takamatsu
MARUGAME
Nao-shima ★★ Mérite un détour
Te-shima ★ Intéressant
Shodo-shima À voir

Shikoku 7

L'île des « quatre pays »

DES PAYSAGES PRÉSERVÉS

La plus petite et la moins peuplée des quatre grandes îles du Japon était autrefois divisée en quatre provinces – d'où son nom, « shi » (quatre) et « koku » (pays) – devenues les préfectures d'**Ehime** (Matsuyama), de **Kagawa** (Takamatsu), de **Tokushima** et de **Kochi**. Shikoku fut longtemps difficile d'accès, aussi resta-t-elle en marge des grands courants d'échanges qui, parcourant la mer Intérieure, rejoignaient la Chine et la Corée. Aujourd'hui, elle est reliée à l'île principale de Honshu par trois grands ponts mais les visiteurs s'y aventurent peu, sinon pour effectuer un très ancien pèlerinage, celui des 88 temples sacrés, dans les pas du sage bouddhiste Kobo Daishi *(voir p. 510)*. Injustement ignorée, cette île encore sauvage cache pourtant des temples et villages pittoresques, des montagnes verdoyantes et des rizières d'une grande beauté. En outre, on peut y pratiquer de nombreux loisirs : randonnées, rafting, baignades, sorties en mer, etc.

À l'intérieur de l'île, les montagnes, escarpées, sont parmi les plus hautes du Japon occidental. Elles font obstacle aux communications, formant une chaîne d'est en ouest coupant Shikoku en deux. Au nord, une étroite bande littorale bordée par la mer Intérieure (Seto Naikai) a toujours été en contact avec le courant de civilisation qui la traversait. C'est donc fort logiquement la région la plus peuplée et la plus développée de l'île, animée par les villes de **Takamatsu** à l'est et **Matsuyama** à l'ouest. Les rivages calmes et ensoleillés de la mer Intérieure, surnommée « la Méditerranée du Japon » en raison de la douceur du climat, y favorisent la culture des olives, des pêches et des agrumes, notamment sur les mille et une petites îles qui émaillent l'horizon marin. Dans la partie sud, baignée par les eaux chaudes et poissonneuses du Pacifique, les précipitations sont beaucoup plus abondantes (la côte est souvent balayée par les typhons) et la végétation subtropicale s'y épanouit. La faible densité de la population y explique la présence d'une nature préservée et d'une côte où les promontoires découpent des baies admirables, ponctuées de quelques villages de pêcheurs solitaires.

VISITER LA RÉGION

SE REPÉRER

Au sud de Honshu et à l'est de Kyushu, Shikoku occupe une superficie de 18 800 km², à peu près comparable à celles de la Sardaigne ou de la Nouvelle-Calédonie. Le point culminant de l'île est le mont Ishizuchi (1 982 m) dans la préfecture d'Ehime. Le réseau ferroviaire comprend 3 grandes lignes. La ligne JR Yosan part d'Okayama puis longe la côte ouest de Takamatsu à Matsuyama. La ligne JR Dosan traverse le centre de l'île de Takamatsu à Kochi *via* Oboke. La ligne JR Kotoku suit la côte est de Takamatsu à Tokushima. *Voir JR Shikoku Rail Pass p. 744.*

À NE PAS MANQUER –

Le Dogo Onsen près de Matsuyama. Le jardin Ritsurin-koen à Takamatsu. Les paysages sauvages de la vallée de l'Iya, et les falaises du cap Ashizuri. Un ou plusieurs des 88 temples sacrés de l'île. Les îles de la mer Intérieure, revitalisées par l'art contemporain.

ORGANISER SON TEMPS

3 jours suffisent pour visiter Matsuyama et Takamatsu. Pour un circuit complet (Takamatsu - Kotohira - vallée de l'Iya - Kochi - cap Ashizuri - Uwajima - Uchiko - Matsuyama, ou dans le sens inverse), comptez au moins une semaine et louez une voiture.

AVEC LES ENFANTS

Privilégiez la côte Pacifique, avec la plage de Katsurahama et les croisières pour observer les baleines près de Kochi.

Takamatsu 高松

★

420 943 habitants

Porte d'accès incontournable de l'île de Shikoku, Takamatsu est située au bord de la mer Intérieure. Durement touchée par les bombardements de la Seconde Guerre mondiale qui causèrent la perte de son château de la fin du 16e s., cette ville moderne et industrialisée a néanmoins réussi à sauver son principal joyau, le Ritsurin-koen, magnifique jardin de promenade de l'époque d'Edo. À une heure de train au sud-ouest, le sanctuaire de Kotohira est l'un des plus sacrés du Japon.

NOS ADRESSES PAGE 511
Hébergement, restauration, achats, activités, etc.

S'INFORMER

Office du tourisme de Takamatsu – À la sortie de la gare JR Takamatsu A2 - *(087) 826 0170 - www.my-kagawa.jp/en/ - 9h-20h.*

SE REPÉRER

Carte de région p. 502, B1 - Au nord-est de Shikoku, dans la préfecture de Kagawa, à 195 km de Matsuyama et 160 km de Kochi, Takamatsu est reliée à Okayama par le pont de Seto. La ville est assez étendue. La gare se situe au nord, près du port. De là, une artère animée, Chuo-dori, descend au sud jusqu'au Ritsurin-koen.
Du port, des bateaux desservent les îles de Nao-shima *(voir p. 513)* et Shodo-shima *(voir p. 516)*.

À NE PAS MANQUER

Le Ritsurin-koen. Le Konpira-san. Les *sanuki udon*, délicieuses nouilles de blé, la spécialité locale.

ORGANISER SON TEMPS

Un jour suffit pour visiter Takamatsu. Une journée supplémentaire permet d'explorer les environs, Kotohira ou bien les îles.

Se promener Plan de la ville p. 506

Vous pouvez louer un vélo à la sortie de la gare pour circuler en ville. Sinon, prenez les trains locaux de la ligne JR ou ceux de la ligne Kotoden.

★★★ Ritsurin-koen 栗林公園 A3

À 2,5 km au sud de la gare JR, 30mn à pied. En train, gare JR Ritsuin-koen-kitaguchi ou gare Kotoden Ritsurin-koen ; bus nos 9 ou 10 - horaires variables selon les saisons, se renseigner - 410 ¥.
Adossé au mont Shiun à l'ouest, dont les cimes boisées prolongent naturellement la perspective, ce jardin de promenade (style dit *kaiku*) s'étale sur une surface de 16 ha (75 ha en incluant la montagne). Conçu en 1625 par Ikoma Takatoshi, le seigneur de la province, il fut ensuite agrandi et embelli pendant cinq générations par les Matsudaira qui héritèrent du fief, soit durant plus d'un siècle, jusqu'en 1745.

> **LE SAVIEZ-VOUS ?**
> La ville de Takamatsu est l'un des principaux centres de culture des **bonsaïs** au Japon, en particulier pour les pins, dont elle fournit 80 % des arbustes. C'est à Kinashi, à 6 km au sud du centre-ville, que se trouvent les principaux pépiniéristes.

La promenade suit des allées sablonneuses parcourues d'un chapelet de lacs où nagent des carpes colorées. Elle s'agrémente de vallons et d'ondulantes collines, d'îles semées de rochers aux formes suggestives et de pins noirs artistiquement déformés, dont les branchages tortueux évoquent ici la silhouette d'un dragon, là celle d'une grue prenant son envol. Le parc comprend quelque 160 variétés d'arbres et de fleurs qui se relaient à chaque saison : camélias, pruniers et magnolias en hiver ; cerisiers, glycines et rhododendrons au printemps ; iris, lys et lotus en été ; desmodiums et érables à l'automne. Cette harmonie parfaite des panoramas, des paysages et des bâtiments touche au chef-d'œuvre de l'art des jardins japonais.

Visite – *Circuit en boucle (1h) au départ de l'entrée Est. Autre itinéraire possible en passant par la porte Nord.* Juste après l'entrée Est, à droite, le **musée des Arts populaires de Sanuki** *(8h30-17h - fermé lun.-mar. - gratuit)*, portant le nom de l'ancienne province de Takamatsu, expose du mobilier régional et des pièces d'artisanat traditionnel, dont de grands cerfs-volants colorés. Prenez ensuite à gauche, devant le Hall pour la promotion du commerce et de l'industrie, vers le **jardin du Sud** *(Nantei)*, le mieux préservé. En suivant la rive de l'étang du Nord, vous traverserez d'abord une étonnante **allée de pins noirs★★** *(hako-matsu)*, telle une rangée de spectres ténébreux qui étendent leurs branches tordues comme des candélabres. Après un pont, à droite, campe le **Higurashi-tei**, ou pavillon du Soleil couchant, une loge de thé de 1898 au toit de chaume. Plus loin surgit le **Kikugetsu-tei★★**, le pavillon de la Lune, datant de 1640, où les seigneurs Matsudaira venaient pratiquer la cérémonie du thé et composer des haïkus. On peut y savourer un thé vert accompagné d'une friandise. Faites ensuite le tour de l'étang du Sud pour admirer le reflet sur l'eau de l'**Engetsu-kyo★**, un élégant pont en bois en demi-lune. Enfin, la colline **Hiraiho★** offre la plus belle vue sur le parc. Le **jardin du Nord** *(Hokutei)*, moins stylisé, s'organise autour de deux étangs, le **Fuyosho** où prospèrent des lotus et le **Gunochi**, que le seigneur utilisait pour la chasse aux canards.

★ Shikoku-mura 四国村 C2

À 5 km à l'est du centre. Accès : 10mn à pied de la station JR Yashima (Shido Line) ou 5mn à pied de la station Kotoden Yashima - 8h30-17h30 (avr.-oct. : 8h-18h) - 800 ¥.
Le plateau volcanique de **Yashima**, qui culmine à 293 m d'altitude, fut le théâtre, en 1185, d'une sanglante bataille entre le clan des Minamoto (ou Genji) et celui des Taira (ou Heike), qui s'acheva par la défaite de ces derniers. Un funiculaire rejoint le sommet, d'où se découvre par temps clair un beau panorama sur les îles de la mer Intérieure. À la base du plateau, l'instructif **Musée à ciel ouvert de Shikoku-mura** regroupe 33 maisons villageoises et bâtiments anciens issus des quatre coins de l'île. Parmi eux, un ravissant théâtre de kabuki construit par les paysans de Shodo-shima à l'époque d'Edo, diverses huttes aux toits de chaume où l'on pressait la canne à sucre, effilait l'écorce de mûrier à la vapeur pour faire du papier *(washi)* ou encore, un moulin à aubes et des maisons de gardiens de phare. Le musée comprend aussi une salle d'exposition avec un petit jardin intérieur dessiné par l'architecte Ando Tadao.

★ The Isamu Noguchi Garden Museum イサム・ノグチ庭園美術館 C2

3519 Mure, Mure-cho, à 8 km à l'est du centre. De la gare JR ou Kotoden de Yashima, 10mn en taxi - ✆ (087) 870 1500 - www.isamunoguchi.or.jp/index_e.htm - visite guidée (1h) sur RV seulement, les mar., jeu. et sam. à 10h, 13h et 15h - 2 160 ¥, (enf. gratuit).
Artiste américano-japonais de talent, le sculpteur et designer **Noguchi Isamu** (1904-1988) partageait sa vie entre deux maisons-ateliers, à New York et ici, à Mure, une localité de tailleurs de pierre aujourd'hui absorbée dans l'urbanisation galopante de Takamatsu. L'atelier, une ancienne brasserie de saké de l'époque d'Edo, rassemble divers bronzes et sculptures en pierre. D'autres œuvres, dont plusieurs inachevées, sont disséminées dans le jardin. Influencé par Brancusi autant que par l'esprit zen des jardins japonais, Noguchi taillait d'épais monolithes de granit, jouant sur l'opposition entre la rugosité et le poli des surfaces, les angles tranchants et le modelé féminin des courbes. Au sommet d'une colline gazonnée, des pierres forment un cercle sacré autour du mausolée du maître, symbolisé par une sculpture en forme d'œuf, grand totem lisse dressé vers le paradis bouddhique de l'ouest, face au panorama de la mer Intérieure.

À proximité Carte de région p. 502, B1

★★ Kotohira 琴平

À 30 km au sud-ouest. 1h en train, par les lignes JR Dosan (850 ¥) ou Kotoden (620 ¥) puis 15mn à pied.

★★ **Konpira-san** – Aussi dénommé Kotohira-gu, le sanctuaire trône au sommet d'une colline abrupte, le mont Zozu, à 521 m d'altitude. Il est dédié au *kami* Omono-nushi, protecteur des marins et des pêcheurs. Lieu de dévotion célèbre depuis le 11e s., il accueille chaque année près de 4 millions de pèlerins. À l'origine, l'ensemble fut d'abord dédié à Konpira Daigongen, divinité syncrétique shinto-bouddhiste assimilée à Kunbhira, le dieu crocodile des eaux sacrées du Gange. Mais, après 1878, suite à la séparation des cultes de la restauration Meiji, le sanctuaire fut uniquement consacré à la divinité shintoïste. Il faut gravir 785 marches de pierre avant d'atteindre le temple principal. L'escalier, ombragé de cerisiers et autres arbres, est bordé par des échoppes de friandises, des lanternes de granit et des tablettes votives. Peu avant le terme de l'ascension, ne manquez pas le **Shoin**★★ *(8h30-17h - 800 ¥)*, l'ancien pavillon de réception, érigé en 1660, qui comprend une remarquable collection de *fusuma* peints par Maruyama Okyo (1733-1795) : tigres, hérons, fleurs et oiseaux, sages chinois dans la montagne. Quelques marches plus haut, le sanctuaire du Soleil levant, **Asahi no Yashiro** (1837), dédié à la déesse Amaterasu, arbore de fines sculptures sur ses poutres faîtières. Une volée de marches mène au **Hongu**, le pavillon principal, et à l'**Ema-do**★, où sont exposés des objets marins, maquettes de bateau et ex-voto. De là, les 583 marches restantes mènent à l'**Okusha**, le sanctuaire intérieur.

★ **Kanamaru-za** – *Au pied de la colline - 9h-17h - 500 ¥.* À l'époque d'Edo, de multiples théâtres, marchés, loteries et combats de sumo animaient la ville pour distraire les pèlerins. Construit en 1835, ce théâtre de kabuki est le plus ancien du Japon. À l'intérieur, on peut visiter les coulisses, et observer l'ingénieux mécanisme de la scène rotative en bois. Des représentations ont parfois lieu en saison *(d'avr. à mi-mai).*

Marugame 丸亀

À 30 km à l'ouest. 25mn en train par la ligne JR Yosan (550 ¥).

Au pied du pont de Seto, ce port de 110 000 habitants abrite quelques curiosités. Au sud de la gare, à environ 15mn à pied, le **Marugame-jo** *(9h-16h30 - 200 ¥)*, un château de la fin du 16e s., est l'un des rares au Japon à avoir conservé son donjon en bois d'origine. Il dresse sa silhouette en forme d'éventail au sommet d'une butte artificielle de 50 m de hauteur. Sur le port, à 10mn à pied au nord de la gare, le petit **musée Uchiwa no Minato** *(mar.-dim. 9h30-17h - gratuit)* est consacré à la fabrication des éventails traditionnels en papier *(uchiwa)*, dont Marugame assure près de 90 % de la production nationale.

Tourbillons de Naruto 鳴門の渦潮

À 66 km au sud-est de Takamatsu, dans la préfecture de Tokushima. À 1h30 en train par les lignes JR Kotoku et JR Naruto puis bus pour Narutokoen (25mn).

Ce phénomène naturel se produit dans le détroit de Naruto, entre l'île de Shikoku et l'île d'Awaji-shima, à cause de la différence de niveau entre les eaux de la mer Intérieure et l'océan Pacifique. À chaque marée, des tourbillons se forment, qui peuvent atteindre jusqu'à 20 m de diamètre au printemps et à l'automne. Plusieurs possibilités pour les observer : se rendre jusqu'à la plate-forme vitrée aménagée sur le pont Onaruto ou embarquer à bord d'un bateau (croisières de 20 à 30mn). *Accès pont (promenade Uzu-no-michi) : 772-0053*

Le Ritsurin-Koen à Takamatsu.
J. Lander/age fotostock

Naruto Park, Naruto-cho - www.uzunomichi.jp/english - 9h-18h (oct.-fév. : 17h) - 510 ¥. Croisières (deux compagnies depuis le port de Tokushima) : Naruto Kanko Kisen - dép. ttes les 20mn de 9h à 16h20 - à partir de 1 530 ¥/pers. ; Uzushio Kisen - dép. ttes les 3mn de 8h à 16h30 - 1 000 ¥/pers.

Tokushima 徳島
À 70 km au sud-est de Takamatsu. En train par la ligne JR Kotoku (1h10 - 2 960 ¥) ou en bus express Kotoku (1h30 - 1 650 ¥).
Bureau d'information au 6e étage de la gare JR - ☏ (088) 656 3303 - www.topia.ne.jp/english/ - 10h-18h.
Cette grande ville de la côte nord-est de l'île (270 000 hab.) est le chef-lieu de la préfecture du même nom. Située à l'embouchure de la rivière Yoshino et au pied du mont Bizan, elle est l'une des principales portes d'entrée vers Shikoku grâce au pont Onaruto qui la relie à l'île principale de Honshu. Elle est célèbre au Japon pour son grand festival d'été Awa Odori *(voir encadré ci-dessous)* et pour être le point de départ du très ancien pèlerinage des 88 temples *(voir p. 510)*.
Awa Odori Kaikan – *À 15mn à pied de la gare JR - 2-20 Shimmachibashi, au 3e étage - 9h-17h (20h50 pour les spectacles) - fermé 28 déc.-1er janv. - musée 300 ¥*

AWA ODORI, LA PLUS GRANDE FÊTE DU JAPON
Pendant quatre jours, la ferveur est à son comble et le saké coule à flots. La ville de Tokushima est réputée pour son défilé de danses populaires Awa Odori, le plus impressionnant du Japon. Du 12 au 15 août, durant l'O-Bon, la Fête des morts, plus de 100 000 danseurs et danseuses habillés de kimonos colorés défilent dans la rue au son des *shamisen*, tambours, cuivres et flûtes. Levant les pieds et agitant les bras en cadence, ils avancent sur un rythme enjôleur évoquant la samba, en scandant « *Ah ! Yatosa ! Yatosa !* ». Cette joyeuse bringue a été surnommée « danse des fous » en raison du refrain qui dit : « *Que tu danses ou non, tu es un fou, alors autant danser.* »

Un pèlerinage millénaire

SUR LA ROUTE DE L'ILLUMINATION

Depuis mille ans, des pèlerins *(henro)* parcourent l'île de Shikoku dans le sens des aiguilles d'une montre, à partir de Tokushima, dans l'espoir de trouver l'illumination ou tout du moins de vivre une quête intérieure. Ils accomplissent le périple réalisé par le célèbre moine Kukai au 8e s., appelé à titre posthume **Kobo Daishi**, fondateur de l'école bouddhique Shingon. En chemin, à l'image des pèlerins de Compostelle, ils font halte dans les **88 temples** sacrés de l'île, 88 étant le nombre de péchés dont l'homme doit se purifier pour accéder à la béatitude selon la doctrine Shingon. Le parcours compte en fait 89 temples car il faut revenir du temple 88 (l'Okubo-ji) au temple 1 (le Ryozen-ji) pour achever la boucle. Le temple 1 (le Ryozen-ji) se trouve à Tokushima, au nord-est de l'île, puis l'itinéraire se dirige vers le sud et rejoint le cap Muroto, là où Kukai médita dans une grotte au bord de l'océan et eut une expérience mystique à l'âge de 19 ans. Le chemin longe ensuite la côte Pacifique puis les côtes ouest et nord, avec quelques incursions dans l'intérieur de l'île, avant de revenir au premier temple. Deux mois sont nécessaires pour accomplir à pied le circuit de 1 200 km emprunté jadis par le grand maître bouddhiste. Mais, aujourd'hui, l'écrasante majorité des 100 000 pèlerins annuels voyagent en voiture ou en car de tourisme climatisé.

LES PÈLERINS

En groupe ou solitaires, de tous âges, ils sont facilement reconnaissables à leurs vêtements blancs, chapeau de paille conique, besace, bâton et clochette. Le blanc représente la pureté, le bâton est l'incarnation de Kobo Daishi. Les pèlerins se munissent également d'un carnet, qu'ils font calligraphier et tamponner dans chaque temple. Sur la route, les gens de l'île leur font souvent de petits cadeaux *(osettai)* et certains leur offrent le gîte et le couvert pour la nuit.

Pèlerins effectuant le circuit des 88 temples.

JTB Photo/JTB Photo Communications, Inc./age fotostock

(500 à 700 ¥ avec spectacle). Le musée regroupe documents et objets retraçant l'histoire du festival Awa Odori ; le plus intéressant est le spectacle proposé en complément de la visite qui donne un aperçu des danses *(30mn, en japonais uniquement)*.

Du même bâtiment, un téléphérique permet d'atteindre le sommet du mont Bizan (280 m) et d'admirer la vue sur la ville et la côte *(avr.-oct. : 9h-21h ; nov.-mars : 9h-17h30 - 610 ¥ AS ; 1 020 ¥ AR)*.

Théâtre de marionnettes Awa Jurobe Yashiki – *À 20mn en bus n°7 de la gare JR Tokushima, arrêt Jurobe Yashiki - 184 Miyajima Motoura, Kawauchi-cho, Tokushima-shi - 9h30-17h (juil.-août : 18h), spectacle en japonais tlj 11h (et 14h w.-end et j. fériés) - fermé 31 déc.-3 janv. - 400 ¥*. L'Awa Nyngyo Joruri est un style de théâtre né autour de la mer Intérieure au 17e s. Le spectacle (extraits de pièces) permet de découvrir cet art fascinant dans lequel chaque marionnette de grande taille est animée par trois manipulateurs, accompagnés par un récitant et des musiciens. Le petit musée détaille la fabrication, la décoration et l'art de donner vie à ces poupées de bois. Très populaires dans la région de Tokushima, ces spectacles étaient autrefois régulièrement joués dans les sanctuaires shinto.

Rue historique Udatsu, Mima City

À 50 km à l'ouest de Tokushima, par JR Tokushima Line, arrêt à Anabuki Station. Cette rue du quartier de Wakimachi regroupe sur 400 m un ensemble bien préservé de maisons de marchands datant de l'époque d'Edo et de l'ère Meiji. Leur particularité architecturale est de posséder des *udatsu* (coupe-feu) au niveau du premier étage. Les *udatsu* sont progressivement devenus un symbole de richesse dans cette ville rendue prospère grâce à la production et au commerce de l'indigo et de la soie. Visite possible de la résidence de la famille Yoshida, l'une des plus riches de la ville *(500 ¥)*.

NOS ADRESSES À TAKAMATSU

TRANSPORTS

En avion

Aéroport de Takamatsu – *À 17 km au sud de la gare JR* A3 en dir. Vols pour Tokyo *(Haneda Airport, 1h10, environ 33 390 ¥)*. **Bus** pour la gare JR *(départ en fonction des arrivées des vols, 45mn, 760 ¥)*.

En train

JR Takamatsu Station A2 – Pour Okayama, JR Marine Liner *(55mn, 1 830 ¥)*. Pour la gare de Shin-Osaka, il faudra passer par Okayama et prendre le Shinkansen Nozomi *(2h, 7 950 ¥)*. Pour Matsuyama, Limited Express Ishizuchi *(2h30, 5 990 ¥)*. Pour Tokushima, Limited Express Uzushio, Ligne JR Kotoku *(1h10, 2 960 ¥)*.

Pensez au **Shikoku Rail Pass** *(2 j, 7 400 ¥ ou 5 j, 10 000 ¥)*.

En bateau

Accès depuis le Kansai : liaisons en ferry entre Kobe ou Wakayama et Tokushima. Différents ferries desservent les îles de la mer Intérieure. Pour Nao-shima *(voir p. 513)* et Shodo-shima *(voir p. 516)*, départ du **Sunport Ferry** A1, à 5mn de marche à l'est de la gare JR de Takamatsu. Liaison vers Kobe (Kansai) *(4h, 1 990 ¥)*.

HÉBERGEMENT

PREMIER PRIX

Takamatsu Sakika Youth Guest House
高松さきかユースゲストハウス
6-9 Hyakken-machi A2 - *(087) 822 2111 - www.jyh.or.jp/e/i.php?jyhno=7211 - 21 ch. 4 590 ¥/pers.* Auberge de jeunesse dont le rapport qualité/prix est l'un des plus attractifs de la ville.

Takamatsu Super Hotel Ki-en-kan
スーパーホテル高松禁煙館
1-4-12 Kanko-douri A2 - *(087) 833 9000 - www.superhotel.co.jp - 68 ch. à partir de 7 790 ¥ (tarif très variable selon les jours, consultez le site Internet).* Typique *business hotel* pratique et confortable. Autre Super Hotel aux prestations identiques dans la galerie marchande *(1-1 Tamachi).*

BUDGET MOYEN

Rihga Hotel Zest Takamatsu
リーガホテルゼスト高松
9-1 Furujin-machi A2 - *(087) 822 3555 - www.rihga.com/kagawa - 122 ch.* Bon hôtel appartenant à une gamme plus luxueuse que les précédents, situé au cœur de Takamatsu. Il est doté de trois restaurants.

UNE FOLIE

Kiyomi Sanso Hanajukai
喜代美山荘花樹海
3-5-10 Saiho-cho A2 en dir. - *(087) 861 5580 - hanajyukai.jp/akebono_en - 40 ch.* Superbe hôtel planté au cœur d'un petit massif forestier. Sa salle de séjour panoramique et son onsen inoubliable donnent des points de vue inégalés sur la baie de Takamatsu.

RESTAURATION

PREMIER PRIX

Waraya Udon Restaurant わら屋
91 Yashima-nakamachi C2 - *(087) 843 3115 - www.wara-ya.co.jp - lun.-vend. 10h-19h, sam., dim. et j. fériés 9h-19h (déc.-fév. 18h30), dernière commande 30mn av. la fermeture.* Table rustique très populaire et bon marché spécialisée dans les *sanuki udon* (nouilles épaisses).

BUDGET MOYEN

Tenkatsu Honten 天勝本店
7-8 Hyogomachi A2 - *(087) 821 5380 - lun.-vend. 11h-14h, 16h-22h (w.-end et j. fériés 11h-21h).* Ce restaurant de sushis (il appartient à la catégorie des *ikesu*, où les poissons sont pêchés devant vous) jouit d'une réputation inégalée depuis 1866 !

POUR SE FAIRE PLAISIR

Alice in Takamatsu アリスイン高松
2-1 San-poto A2 - *(087) 823 6088 - www.aliceintakamatsu.com - 11h30-15h (dernière commande 14h), 17h30-22h (dernière commande 20h30) - menus déjeuner à partir de 1 600 ¥.* Niché à 151 m de hauteur dans la plus haute tour de Shikoku, ce lumineux restaurant gastronomique flotte au-dessus du port dans les atours bleutés de la belle mer Intérieure. Le déjeuner est raffiné : marinade de bar, gratin de fruits de mer, consommé de carottes, etc.

Îles de la mer Intérieure

★★

Confettis rocheux (Inu-jima) ou Japon en miniature (Shodo-shima), le millier d'îles de la mer Intérieure forme un sous-archipel épars où l'on vit de la pêche et de l'agriculture dans de minuscules hameaux. Dans les années 1980, afin de freiner la désertification de ces derniers, un mécène imagine à Nao-shima un programme de re-dynamisation par le biais de l'art. Une réussite ! Et un projet bientôt étendu aux îles voisines qui se peuplent à leur tour d'œuvres et de musées à l'architecture spectaculaire. Les îliens restent, les rizières verdissent à nouveau et les touristes affluent. À pied ou à vélo, vous irez de surprise en surprise tout en devenant spectateurs et acteurs de la vie insulaire.

NOS ADRESSES PAGE 517
Hébergement, restauration, achats, activités, etc.

S'INFORMER

Site d'information générale : *www.benesse-artsite.jp*.

Office du tourisme de Nao-shima – *Au port de Miyanoura - ✆ (087) 892 2299 - www.naoshima.net/en/ - 8h30-18h.*

Office du tourisme de Te-shima – *Au port de Ieura - ✆ (087) 968 3135 - tlj sf mar. 9h-17h.*

À Shodo-shima – *Bureau d'information au port de Tonosho - ✆ (087) 962 1666 - 8h-18h. Informations également à l'office du tourisme de Takamatsu (voir p. 505).*

SE REPÉRER

Carte Mer Intérieure p. 602 - Ces îles s'étendent entre Shikoku et Okayama. On y accède principalement par bateau *(informations fournies sous chaque île décrite).*

À NE PAS MANQUER

Parcourir les îles à vélo. Art House Project et les musées dessinés par Ando Tadao à Nao-shima. Te-shima Art Museum. Les reliefs de Shodo-shima.

ORGANISER SON TEMPS

Visite agréable en toutes saisons mais attention, en hiver les liaisons maritimes sont moins fréquentes. Les plus pressés consacreront une journée par île (quelques heures pour Inu-jima). Prendre son temps permet d'apprécier la vie insulaire. Éviter le week-end, parfois bondé, durant lequel trouver un logement est difficile.

Se promener Carte Mer Intérieure p. 502

★★ Nao-shima 直島

Accès : l'île compte deux ports d'accès. Miyanoura à l'ouest (le principal) et Honmura à l'est. De Takamatsu, ferries pour Miyanoura (5 à 10/j, 35 à 50mn, 520 ¥ à 1 220 ¥) et Honmura (1-2/j, 30mn, 1 220 ¥). D'Okayama, ligne de train Seto Ohashi jusqu'à Chayamachi, puis ligne Uno jusqu'à Uno (50mn, 580 ¥). Le terminal des ferries est en face de la gare d'Uno. Ferries pour Miyanoura (13/j, 20mn de traversée, 290 ¥) et Honmura (5/j, 20mn, 290 ¥). L'île est également reliée à Te-shima et Inu-jima.

Petite île perdue parmi une centaine d'autres dans la mer Intérieure, à mi-distance d'Okayama et de Takamatsu, Nao-shima (8 km, 3 470 hab.) est un lieu

PARI SUR L'ART

L'expérience de Nao-shima, initiée il y a une vingtaine d'années par le président du groupe Benesse *(voir ci-dessous)*, a engendré une dynamique de re-développement centrée sur l'art contemporain qui s'étend à d'autres îles de la mer Intérieure. En 2010 (juil.-oct.) a eu lieu la première édition de la **Setouchi Triennale**, pour laquelle 75 artistes internationaux (dont Christian Boltanski, Mariko Mori, Olafur Eliasson…) ont été sollicités pour mettre en œuvre des projets sur sept îles (Nao-shima, Te-shima, Megi-jima, Ogi-jima, Shodo-shima, O-shima, Inu-jima et port de Takamatsu). Le projet étant en constante évolution, l'édition 2013 s'est étendue à 12 îles. Une des dimensions importantes de la triennale est d'impliquer les populations locales et mettre en valeur leur patrimoine et leur culture.

Infos sur www.setouchi-artfest.jp (en anglais).

unique, une tentative de conjuguer l'art contemporain à un environnement naturel préservé ; de combiner la conservation du passé et la création d'avant-garde. Peuplée de villages de pêcheurs vivant au ralenti, Nao-shima est sortie de son anonymat en 1992, lorsque le groupe d'édition Benesse décida d'y implanter un musée d'Art contemporain doublé d'un hôtel. L'architecte **Ando Tadao** fut chargé de concevoir cet ensemble original. Depuis, le projet s'est étoffé et l'île est devenue très à la mode.

Dès l'arrivée au petit port de **Miyanoura**, le ton est donné. Un gros cucurbitacé rouge *(Pumpkin)* imaginé par Yayoi Kusama vous y accueille. On traverse ensuite la lumineuse et aérienne petite gare maritime dessinée par le cabinet SANAA (qui a signé en France le Louvre-Lens).

★ **Naoshima Bath I♥湯** – *Mar.-vend. 14h-21h, w.-end 10h-21h - 510 ¥.* On se détend dans des bains aux décors fabuleux imaginés par l'artiste Ohtake Shinro.

★ **Benesse House** ベネッセハウス – *www.benesse-artsite.jp - au sud de l'île. Accès par la navette publique, à pied ou à vélo - 8h-21h (dernière entrée 20h)- 1 030 ¥.* L'architecte Ando Tadao, connu pour la sobriété minimaliste de ses bâtiments en béton brut *(voir Comprendre p. 651)*, a parfaitement réussi à harmoniser l'architecture du musée avec la nature environnante. Tapis dans la végétation, les pans du bâtiment épousent les formes du relief et montent en paliers, espacés de verdure, jusqu'au sommet d'une colline surplombant la mer. Les espaces intérieurs, volumes géométriques emboîtés les uns dans les autres, jouent de la lumière par de larges baies vitrées ouvertes sur des terrasses, des puits ou des patios. Il s'en dégage une sensation d'espace remarquable. Les œuvres d'art exposées ont toutes été réalisées spécialement pour ce lieu. Elles sont peu nombreuses et bien valorisées, que ce soient les néons de Bruce Nauman qui clignotent au centre d'une vaste salle cylindrique, le mur de plomb de Jannis Kounellis, les cercles de pierres ou de bois de Richard Long ou les galets monumentaux de Yasuda Kan.

L'originalité de la Benesse House est aussi d'être un hôtel dont les chambres s'ornent d'œuvres contemporaines signées Sol LeWitt, Thomas Ruff, Christo ou Keith Haring. Un petit funiculaire *(accès réservé aux clients)* mène à l'**Oval**, structure en forme d'anneau au centre de laquelle une pièce d'eau sert de miroir du ciel. Les autres chambres sont réparties dans deux annexes réalisées en 2006, dont l'une, pourvue d'un restaurant, débouche sur la plage. Le site, enfin, s'étend au milieu d'un parc que parsèment de nombreuses installations monumentales. Sur une jetée face à la mer trône notamment une citrouille géante de l'artiste Yayoi Kusama, tel un jouet d'enfant oublié par un géant.

★ **Chichu Art Museum** 地中美術館 – *Accès à pied (20mn) de la Benesse House ou par la navette de l'île - http://benesse-artsite.jp/en/art/chichu.html - ♿ - mars-sept. : tlj sf lun. 10h-18h ; oct.-fév. : 10h-17h - 2 060 ¥.*
Enfoui dans le versant d'une colline qui domine la mer, piqueté d'îlots et d'anciens marais salants, le musée Chichu, réalisé en 2004 par Ando Tadao, est un lieu déstabilisant. Il sert d'écrin à très peu d'œuvres mais elles bénéficient d'une mise en scène très théâtrale, qui conduit les visiteurs à travers un cheminement à la fois sensoriel, intellectuel et émotionnel. Aux *Nymphéas* de Claude Monet, présentés dans un cadre qui rappelle le musée de l'Orangerie à Paris, répondent les installations contemporaines *in situ* de James Turrell et Walter de Maria.

Lee Ufan Museum 李禹煥美術館 – *Accès à pied de la Benesse House ou par la navette de l'île - http://benesse-artsite.jp/en/art/lee-ufan.html - ♿ - tlj sf lun. 10h-18h (oct.-fév. : 17h), dernière entrée 30mn av. la fermeture - 1 030 ¥.* Pour les œuvres minimalistes de l'artiste coréen Lee Ufan (sculptures et peintures des années 1970 à nos jours), Ando Tadao a conçu un écrin dépouillé en béton brut. Un lieu qui invite au calme et à la méditation.

★★ **Art House Project** 家プロジェクト – *Village de Honmura. Accès par la navette de l'île, à pied ou à vélo - http://benesse-artsite.jp/en/art/arthouse.html - tlj sf lun. 10h-16h30 - 1 030 ¥ pour les six installations ou bien 410 ¥ pour chacune d'elles (sf site de Kinza : 510 ¥), 11h-13h et 14h-16h, fermé lun.-merc. Pensez à réserver 2 jours à l'avance pour le site de Kinza (✆ (087) 892 3223). Sur place, une brochure en anglais détaille les différents sites à visiter.* Honmura, à l'est de l'île, connut son heure de gloire aux 17e et 18e s. Le village, placé sur la route du commerce maritime entre l'île de Shikoku et les ports de Honshu, servait de repaire aux pirates, dirigés alors par la famille Takahara dont le fortin se trouvait en haut d'une colline. Il a conservé de cette époque de belles maisons traditionnelles de bois sombre aux lourds toits de tuiles grises, souvent à l'abandon. Depuis 1998, en coopération avec la fondation Benesse, la municipalité a entrepris d'en rénover certaines afin qu'elles puissent abriter des installations d'art contemporain. C'est le cas, en particulier, du temple **Minami-dera**★ rendu à la vie par James Turrell où le visiteur pourra éprouver une étonnante expérience visuelle. De même, la maison **Kadoya**, vieille de près de deux siècles, abrite les installations lumineuses de Miyajima Tatsuo.

Ando Museum – *Village de Honmura. Accès par la navette de l'île, à pied ou à vélo - http://benesse-artsite.jp/en/art/ando-museum.html - tlj sf lun. 10h-16h30, dernière entrée 16h - 510 ¥.* Construit dans une maison traditionnelle centenaire, le musée combine harmonieusement les matériaux traditionnels et les volumes en béton qui sont la signature de Ando Tadao. On y découvre une exposition sur les travaux de Ando Tadao et sur l'histoire de l'île de Nao-shima.

★ Te-shima 豊島

À l'est de Nao-shima. Deux ports d'accès : Ieura (le principal) et Karato. De Takamatsu, navettes pour Ieura (4-5/j, 35mn, 1 330 ¥). De Uno (voir Nao-shima) : les ferries vers Shodo-shima (voir p. 516) font halte dans les deux ports de l'île : Ieura (40mn, 770 ¥) et Karato (1h,1 030 ¥). Bateau pour passagers seult vers Ieura (25mn, même prix). Bateaux réguliers pour passagers également vers Inu-jima et Nao-shima (Miyanoura 20mn, 290 ¥ et, peu fréquents, pour Honmura).

Cette jolie île tout en reliefs, plages et forêts, gagne en popularité auprès de ceux qui, déjà charmés par Nao-shima, veulent prolonger le plaisir. Plusieurs œuvres, parfois éphémères, animent Ieura et Karato – les deux principaux ports – et la route qui les séparent. L'idéal est d'arriver dans un port et de repartir de l'autre, en reliant les deux en bus, à pied ou à vélo (attention ça grimpe).

★ **Teshima Yokoo House** – *Ieura - ✆ (0879) 68 3555 - mars-sept. : tlj sf mar. 10h-17h ; oct.-nov. : tlj sf mar. 10h-16h ; déc.-fév. : lun. et vend.-dim. 10h-16h - 510 ¥*. Cette autre collaboration entre une architecte (Nagayama Yuko) et un artiste (Yokoo Tadanori) offre un contraste saisissant avec l'Art Museum *(voir p. 516)*. Le lieu est un choc de couleurs. La maison traditionnelle transformée entoure un jardin japonais comme Gaudí aurait pu le dessiner. Les tableaux exposés provoquent le visiteur qui marche sur de doux tatamis ou au-dessus de carpes aussi colorées que les œuvres présentées. Quant au silo qui flanque l'ensemble... il risque bien de vous donner le vertige.

Environ 5 km séparent Ieura du Teshima Art Museum. On peut en route faire une halte au joli hameau perché de Karato Oka pour y voir quelques installations d'artistes et faire une pause au restaurant Shima Kitchen.

★★ **Teshima Art Museum** – *À 1 km au-dessus du port de Karato - ✆ (0879) 68 3555 - mars-sept. : tlj sf mar. 10h-17h ; oct.-nov. : tlj sf mar. 10h-16h ; déc.-fév. : lun. et vend.-dim. 10h-16h - 1 540 ¥*. Fruit de la collaboration entre l'architecte Nishizawa Ryue et l'artiste Naito Rei, ce musée-œuvre d'art évoque une bulle, un OVNI, un coquillage posé à flanc de relief, entre la mer et les rizières en terrasses. Après s'être déchaussé, on y pénètre curieux, déstabilisé, tous les sens en éveil. Deux immenses ouvertures laissent passer le vent et la lumière changeante, une feuille, un papillon. Le sol, les murs, sont nus et doux. Du premier jaillissent en silence des gouttes d'eau qui se rejoignent, se séparent, se font serpent, s'immobilisent, accélèrent... Une expérience à vivre « le plus seul possible », en oubliant sa montre. On trouvera dans la « bulle » voisine un joli café. N'oubliez pas de prendre de la hauteur pour contempler le beau tableau musée-rizières-mer.

Les Archives du Cœur – *À Karato - ✆ (0879) 69 3555 - mars-nov. : tlj sf mar. 10h-17h (oct.-nov. 16h) ; déc.-fév. : vend.-lun. 10h-16h - 510 ¥*. Dans ce lieu imaginé par l'artiste français Christian Boltanski, sont enregistrés et diffusés les battements de cœur de ceux qui souhaitent témoigner ainsi de leur existence, de leur passage. Vous pourrez enregistrer les vôtres, accompagnés d'un message, pour poursuivre la démarche.

Inu-jima 犬島

À 12 km au nord de Nao-shima. Musée (tlj 10h-16h30, sf mar. de mars à nov., et mar.-jeu. de déc. à fév.) - 2 060 ¥ - www.benesse-artiste.jp - ✆ (086) 947 1112 - navette (45mn) depuis Nao-shima (Miyanoura, 1 850 ¥ aller) et Te-shima (Ieura, 25mn, 1 230 ¥) ou ferry (10mn) depuis Hoden Port (Okayana) - 300 ¥ aller.

Comme beaucoup d'îles de la mer Intérieure, Inu-jima (0,54 km^2, 55 hab.) abritait au début du siècle un atelier de raffinage du cuivre, depuis longtemps désaffecté, le Seirensho. Sous l'impulsion, là encore, de la fondation Benesse, cette vaste carcasse en brique a été réaménagée en un **musée** original – le **Inujima Seirensho Art Museum** –, incluant un café et une librairie et faisant appel à des techniques respectueuses de l'environnement. Une œuvre de l'artiste Yanagi Yukinori y est présentée. D'autres batîments sur l'île ont été aménagés en galeries. À l'instar de Nao-shima, la Setouchi Triennale *(voir encadré p. 514)* y est organisée.

Shodo-shima 小豆島

À env. 30 km au nord-est de Takamatsu. Du port de Takamatsu, liaisons avec les ports de Kusakabe (40mn ou 1h avec Uchinomi Ferry Ltd), d'Ikeda (1h avec International Ferry Ltd) et Tonosho (30mn ou 1h avec Shikoku Ferry Ltd). Également, liaisons au départ de Himeji, Okayama, Kobe et Osaka.

La deuxième plus grande île de la mer Intérieure (153 km^2, 32 000 habitants) se donne des airs méditerranéens avec ses champs d'oliviers, paysage qui attire nombre de touristes japonais. L'île est aussi connue pour son *shoyu* (sauce soja) et ses *somen* (nouilles de blé). On peut y suivre une mini-route de pèlerinage de 88 temples, marcher jusqu'au sommet du mont Kakankei *(voir ci-dessous)* ou dans les rizières ou encore découvrir les expositions d'art contemporain lors de la Setouchi Triennale *(voir p. 514)*.

★ **Gorges de Kankakei** – *À 5 km du port de Kusakabe, accès en voiture. Téléphérique : 8h30-17h (horaires variables selon les saisons) - dép. ttes les 6 à 12mn, 5mn de trajet - 1 350 ¥ AR (750 ¥ AS).* Dans la partie nord-est de l'île, ces reliefs spectaculaires, sculptés par l'érosion il y a plus d'un million d'années, s'élèvent jusqu'à 800 m. Un téléphérique permet de monter à 612 m : de là, vue magnifique sur la côte et la mer Intérieure. Des chemins aménagés relient différents points de vue sur les rochers aux formes parfois étranges et la forêt primitive qui tapisse les flancs de la montagne. Les marcheurs les plus aguerris pourront monter ou descendre à pied.

Rizières en terrasse de Nakayama – Au nord-ouest de l'île, près du village de Nakayama, ces rizières étagées à flanc de colline composent un paysage paisible, loin de la ville. De petits chemins permettent de se promener au milieu des parcelles aménagées, pour les plus anciennes, à l'époque médiévale. Elles sont alimentées par une source située en haut de la colline. À proximité se trouvent un sanctuaire shinto et un petit théâtre de kabuki du 17e s. coiffé d'un toit de chaume *(représentations 1 fois par an en oct.)*.

Hon-jima 本島

À 10 km au large de Marugame (voir p. 508). De ce port, 8 ferries/j (35mn - 1 100 ¥ AR) font la liaison (dernier retour à 19h30). Ferry également au départ de Kojima (voir p. 365) 4/j, 30mn, 640 ¥ AS. Informations touristiques au port ✆ (0877) 27 3578.

Principale des sept îles Shiwaku, l'île de Hon-jima (7 km^2, 650 habitants) servait jadis de repaire aux pirates *(wako)* qui écumaient la mer Intérieure. Ces flibustiers étaient aussi des marins qui commerçaient avec la Chine, la Corée et le Vietnam. De la fin du 16e s. jusqu'à l'ère Meiji, ils servirent de douaniers, percevant pour le compte du shogun une taxe sur le trafic maritime vers Osaka. Le village principal de l'île, **Kasashima**, abrite l'ancien bâtiment des douanes de l'époque d'Edo. Aujourd'hui surtout peuplée de retraités, l'île fait figure de conservatoire, avec toute une série de maisons en bois de l'époque d'Edo et de l'ère Meiji. Elle cache aussi quelques plages de sable bien isolées.

NOS ADRESSES DANS LES ÎLES DE LA MER INTÉRIEURE

TRANSPORTS

Se rendre dans les îles

Elles sont accessibles de Shikoku ou de la côte de San-yo. Voir au début du texte de présentation de chaque île. Sur le site *www.benesse-artiste.jp/en/access*, tous les horaires et tarifs sont recensés. Attention, les fréquences varient selon la saison.

Se déplacer dans les îles

Le vélo (conseillé), la marche et le bus permettent de sillonner les différentes îles.

Nao-shima – Du port, un bus-navette régulier fait le tour de l'île en passant par Honmura, la Benesse House et le Chichu Art Museum *(100 ¥ le trajet)*. À vélo, le tour de l'île prend 1 ou 2h. Location (*500 ¥/j*) près de la gare maritime auprès de TVC bike shop (✆ *087 892 3212)* ou dans les guesthouses de l'île.

Te-shima – Location de vélos *(100 ¥/h)* aux débarcadères des deux ports. Bus régulier entre les deux ports *(200 ¥)*.
Consigne à bagages au port de Ieura et auprès des loueurs de vélo.

Inu-jima – Il n'existe pas de transport public mais l'île est si petite que tous les sites sont accessibles à pied.

Shodo-shima – Des bus sillonnent toute l'île, notamment au départ du port principal de Tonosho. Des pass d'une journée *(1 000 ¥)* ou deux jours *(1 500 ¥)* sont proposés. Dans ce même port, vous pourrez louer un vélo ou une voiture.

Hon-jima – À l'arrivée, location de vélos devant le débarcadère.

VISITES

Triennale Passport – Il donne accès à la plupart des sites pour 5 000 ¥. Achat dans les bureaux d'information de chaque île ou dans les ports de Takamatsu et Uno.

HÉBERGEMENT

Nao-shima

Liste des hébergements sur *www.naoshima.net/en/* et aide à la réservation à l'office du tourisme de Miyanoura. Réservation fortement conseillée le week-end.

PREMIER PRIX

Minshuku Okada
民宿おかだ
199-1 Tsumuura-cho -
✆ (087) 892 3406 - 4 ch. - . Bien situé entre la Benesse House et le village de Honmura, cette petite pension est tenue par un couple adorable.

Naoshima Furusato Umi-no-ie Tsutsuji-so
直島ふるさと海の家つつじ荘
352-1 Naoshima-cho -
✆ (087) 892 2838 - www.tsutsujiso.com/english - 10 yourtes (40 lits), 3 caravanes et 3 pavillons. À quelques mètres de la plage, yourtes climatisées au confort sommaire mais pleines de charme. Douches dans des mobile homes voisins.

UNE FOLIE

Benesse House Museum
ベネッセハウスミュージアム
Gotan-ji - ✆ (087) 892 3223 - benesse-artsite.jp/en/about - 65 ch (4 bâtiments) à partir de 38 016 ¥. Chambres à l'étage du musée avec vue sur la mer Intérieure et musée en accès libre. Une expérience unique, qui a son prix...

Shodo-shima

UNE FOLIE

Mari 島宿 真理
Ko 2011 Nouma, Shodoshima-cho - ✆ (0879) 82 0086 - www.mari.co.jp - 7 ch. à partir de 25 5300 ¥ par pers., dîner et petit-déjeuner inclus. Ancienne fabrique de sauce soja magnifiquement rénovée dans un esprit contemporain. Les plus belles chambres disposent d'un onsen privatif. Le restaurant *(sur réserv. seult)* met en valeur avec talent les saveurs de l'île.

RESTAURATION

Nao-shima

PREMIER PRIX

Yamamoto Udon 山本うどん店
2526-1 Naoshima-cho -
✆ (087) 892 4072 - tlj sf dim. 10h-16h30. Restaurant de *udon* très populaire.

AGENDA

Setouchi Triennale – *setouchi-artfest.jp/en/.* Ce festival d'art exceptionnel se déroule dans 12 îles. Prochaine édition en 2019.

Matsuyama 松山

★★

515 092 habitants

Principale ville de Shikoku, la dynamique Matsuyama possède un superbe château perché au sommet d'une colline autour duquel la cité s'est développée. Située au cœur du pèlerinage des 88 temples, elle en compte sept dont l'éminent Ishite-ji. Mais la principale attraction locale consiste à aller goûter aux joies des bains au Dogo Onsen, une des plus vieilles stations thermales du Japon d'où émane, outre des vapeurs, une atmosphère délicieusement désuète.

NOS ADRESSES PAGE 524
Hébergement, restauration, achats, activités, etc.

S'INFORMER

Office de tourisme – Dans la gare JR Matsuyama - *(089) 931 3914 - 8h30-20h30.* Autre bureau au pied de l'horloge mécanique, à Dogo Onsen - *(089) 921 3708 - 9h-20h.* Pour avoir des volontaires parlant anglais, Matsuyama International Center, 4-6-20 Samban-cho - *(089) 943 2025 - tlj sf lun. 9h-17h30 - www.mic.ehime.jp.*

SE REPÉRER

Carte de région p. 502, A1 - La ville occupe une plaine au nord-ouest de l'île, à 195 km de Takamatsu, dans la préfecture d'Ehime. La gare JR est à 500 m à l'ouest du château. Le Dogo Onsen, à 2 km à l'est du centre, est desservi comme le reste de la ville par des tramways. Le port des ferries est à 10 km au nord, à Takahama.

À NE PAS MANQUER

Le château. Un bain au Dogo Onsen.

ORGANISER SON TEMPS

Un jour suffit pour faire le tour des curiosités, à moins de vouloir rester pour se délasser au Dogo Onsen et/ou suivre à vélo la Shimanami Kaido pour explorer les îles de la mer Intérieure.

AVEC LES ENFANTS

Montez à bord du *Botchan Ressha*, le petit train à vapeur.

Se promener

★★ Château de Matsuyama 松山城

À 10mn à pied à l'est de la gare. Tramway arrêt Kencho-mae ou Ookaido, puis funiculaire ou télésiège (510 ¥ AR) - fév.-nov. : 9h-17h (août 17h30) ; déc.-janv. : 9h-16h30 - fermé 29 déc. - 510 ¥. Quatre chemins permettent également de monter à pied.

Le château de Matsuyama fait incontestablement partie des plus beaux châteaux du Japon en raison de sa position impressionnante, au sommet d'une colline de 132 m jouissant d'une **vue★** grandiose sur la ville et la mer Intérieure. En 1602, le seigneur de guerre Kato Yoshiaki débute la construction du château. Après vingt-six ans de travaux, une forteresse à cinq étages voit le jour au sommet de la colline, escortée à mi-pente d'une série d'enceintes et de bâtiments palatiaux. En contrebas, des douves sont creusées à l'intérieur desquelles vient se lover une cité fortifiée comprenant le quartier des samouraïs à l'ouest, celui des artisans et commerçants à l'est et des temples au nord.

Comme beaucoup d'autres châteaux cependant, le Matsuyama-jo passera par diverses reconstructions au cours des âges mais ne sera jamais attaqué. Le donjon principal, détruit par la foudre en 1784, fut relevé sur trois étages en 1854. Des restaurations ont également lieu en 1968 et 1986 afin de redonner à l'ensemble son cachet d'origine, en utilisant les techniques et matériaux en usage à l'époque (pas de clou ni de béton).

Passé la porte **Tonashi-mon**, on débouche sur un large plateau planté de cerisiers, au pied des murs de fortification et des tourelles. L'intérieur du **donjon** présente une large collection de sabres, armures, documents anciens, objets d'art, panneaux peints et calligraphies ayant appartenu aux seigneurs féodaux Kato, Gamo et Matsudaira.

> **LE SAVIEZ-VOUS ?**
> Matsuyama s'honore d'être la capitale du **haïku**, bref et sobre poème en 17 syllabes. Natif de la ville, le poète Shiki Masaoka (1867-1902) fut en effet celui qui revitalisa et modernisa cette forme de poésie traditionnelle, dont le grand maître fut Basho au 17e s. *(voir aussi p. 668)*.

Redescendez ensuite la colline à pied par le sentier côté ouest, à l'arrière du château.

Ninomaru Shiseki-teien – *Fév.-nov. : 9h-17h (août 17h30) ; déc.-janv. : 9h-16h30 - fermé le troisième merc. du mois de déc. - 200 ¥.* Au bas de la colline, ce jardin occupe l'emplacement du palais féodal, brûlé en 1872. Le tracé au sol des anciens murs délimite à présent des bassins géométriques animés par une cascade et de la rocaille.

Bansui-so – *À 3mn à pied du précédent - tlj sf lun. 10h-18h - 300 ¥.* À l'intérieur des douves, au sud, cette impressionnante villa, de style français néoclassique, fut érigée en 1922 par le comte Hisamatsu Sadakoto, 15e seigneur du château. Elle sert d'annexe au musée d'Art de la préfecture d'Ehime et expose de l'art japonais du 20e s.

Musée Saka no ue no Kumo – *À 3mn à pied du jardin - tlj sf lun. 9h-18h30 (dernière entrée 18h) - fermé 29 déc.-3 janv. - 400 ¥ (audioguide en anglais 200 ¥).* Ce musée a pour fil rouge le roman à succès de Shiba Ryotaro (1923-1996) qui retrace l'histoire du poète Shiki Masaoka *(voir encadré ci-dessus)* et des frères Akiyama, Saneyuki (1868-1918) et Yoshifuru (1859-1930), qui jouèrent tous deux un rôle clé dans la modernisation de l'armée impériale après la restauration Meiji. Plus largement, c'est à l'entrée du Japon dans la modernité au tournant du 20e s. que se consacrent les expositions. Le bâtiment a été dessiné par le grand architecte Ando Tadao.

★★ Dogo Onsen 道後温泉

À 2 km à l'est. Tramway n° 5 (150 ¥) ou petit train Botchan Ressha (300 ¥) - 6h-23h.
Une ambiance nonchalante règne dans cette petite station thermale où les curistes déambulent en *yukata* entre les hôtels et les magasins de souvenirs. Dogo Onsen est l'une des plus anciennes stations thermales du Japon. Ses sources alcalines (42 °C) sont mentionnées dans les annales du *Nihon Shoki* (720) et furent visitées par de nombreux empereurs et éminents personnages historiques. Ces bains occupent notamment une place de choix dans le roman *Botchan* (1906) de l'écrivain Natsume Soseki, ouvrage célébrissime connu de tous les écoliers japonais. Tout ici, ou presque, est resté conforme aux descriptions de ce récit largement autobiographique, à commencer par le petit train à vapeur que l'écrivain empruntait, le **Botchan Ressha**, importé d'Allemagne en 1887. Une reproduction de ce train assure toujours la liaison entre le centre-ville et Dogo Onsen.

Coucher de soleil sur le château de Matsuyama.
Raga / Photographer's Choice / Getty Images

En arrivant sur la place de la station de tram, refaite elle aussi à l'identique, les visiteurs sont accueillis par la grande horloge **Botchan karakuri** érigée en 1994 et qui s'anime toutes les heures d'une scène tirée du roman. Et en musique! Juste devant, un bassin thermal *(ashiyu)* permet de barboter dans l'eau bienfaisante. Une longue galerie commerçante mène ensuite aux bains principaux.

★★★ **Dogo Onsen Honkan** – Construit en 1894, l'établissement est un colossal et surréaliste édifice en bois qui tient à la fois du château japonais et de la villa balnéaire normande : mélange de toits en pagode, de colonnades, de balcons, de lampions, de fenêtres en verre et de cloisons en papier. Une tourelle surmonte l'ensemble, portant la sculpture d'un héron blanc, qui rappelle l'origine mythique des lieux. Le bâtiment est un des modèles ayant inspiré Miyazaki Hayao pour la maison de bains de son film *Le Voyage de Chihiro*. À l'accueil, on vous remettra une brochure en anglais détaillant les tarifs et la marche à suivre. L'intérieur, orné de belles mosaïques, comprend deux bains (non mixtes) et quatre formules de prix : le **Kami no yu**, « bain des dieux », le plus populaire et le moins cher, avec vestiaire collectif *(410 ¥ le bain seul, 840 ¥ le bain avec une collation de thé et galettes de riz)* ; ou le **Tama no yu**, « bain des esprits », plus intime *(1 250 ¥ le bain avec la collation, 1 550 ¥ le bain avec la collation servie dans une salle privée au 3ᵉ étage)*. Le deuxième étage du bâtiment expose des objets liés au bain ou à la cérémonie du thé et des calligraphies anciennes. On peut aussi suivre la visite guidée du **Yushinden** *(6h30-21h - 260 ¥)*, bains réservés à la famille impériale en usage jusqu'en 1950. Au 3ᵉ étage, une salle est consacrée à Natsume Soseki. Enfin, une annexe moderne est située à 1mn à pied dans la galerie marchande, le **Tsubaki no yu**, « bain des camélias », lieu surtout fréquenté par les retraités locaux *(6h-23h - 360 ¥)*. *Noter que la plupart des ryokan de Dogo Onsen ont leurs propres bains.*

★ Ishite-ji 石手寺

À 1 km à l'est de Dogo Onsen. 15mn à pied, ou de la station de tram, bus nᵒˢ 52 et 8 en direction de Oku-Dogo (160 ¥) - ouvert en permanence - gratuit. Des 88 temples du pèlerinage de Shikoku *(voir p. 510)*, l'Ishite-ji, le 51ᵉ, est le plus impressionnant et le plus fameux. C'est aussi le plus fréquenté après le Zentsu-ji, près de Kotohira, où Kobo Daishi passa son enfance. Élevé à l'époque de Kamakura, vers 1330 (son origine remonte toutefois au 9e s.), il arbore une belle architecture de style chinois. On remarque notamment sa porte Ni-mon surmontée d'un étage, son beffroi et sa pagode à trois toits. Son nom, Ishite-ji, « le temple de pierre », renvoie à la légende d'Emon Saburo, un fidèle repenti qui, grâce à un miracle du moine Kobo Daishi, se réincarna en enfant né une pierre à la main.

À proximité Carte de région p. 502, A1

VERS LA MER INTÉRIEURE

Imabari 今治

À 50 km au nord-est de Matsuyama. De la gare JR de Matsuyama, 37mn en train, par le Ltd. Express Shiokaze dir. Okayama (2 020 ¥).

Cette ville côtière de 170 000 habitants a la particularité d'être le principal centre de production de serviettes de toilette du Japon depuis la fin du 19e s.

Château – *À 25mn à pied de la gare JR ou 10mn en bus - fermé 29-31 déc. - 500 ¥.* Il présente deux caractéristiques : sa situation sur la côte, permettant de surveiller le trafic de la mer Intérieure, et des douves défensives alimentées par les marées. Dans le donjon (reconstruit en 1980) sont exposés armures, sabres et autres documents historiques ; vue superbe sur la ville et le détroit de Kurushima depuis le 6e étage. Conçu par Todo Takatora, le château fut considéré comme une référence architecturale pour son époque (début 17e s.) si bien que le donjon d'origine fut transféré près de Kyoto en 1610.

Imabari marque le point de départ ou d'arrivée de la **Shimanami Kaido★** superbe route cycliste traversant la mer Intérieure jusqu'à Onomichi sur l'île de Honshu *(voir p. 367 et pour les informations pratiques p. 525)*. En voiture, on peut visiter les sites décrits ci-après et découvrir les paysages, au gré des ponts et des îles.

Murakami Suigun Hakubutsukan – *Au nord-est de l'île d'Oshima, 1285 Miyakubo, Miyakubo cho - tlj sf lun. 9h-17h - fermé 29 déc.-3 janv. - 300 ¥ (-18 ans gratuit).* Ce musée est consacré au clan des Murakami, l'un des clans les plus puissants de la mer Intérieure de la moitié du 14e à la moitié du 16e s. Implanté sur plusieurs des îles s'échelonnant entre Imabari et Onomichi et possédant une flotte importante, cette *suigun* (sorte de garde-côtes) contrôlait tout le trafic dans cette zone. Contre un droit de péage, il donnait aux bateaux une autorisation de passage et aidait à la navigation. Carte, maquettes et objets de la vie quotidienne illustrent cette épopée *(brochure en anglais)*.

Toyo Ito Museum of Architecture, Imabari (TIMA) – *Au sud-ouest de l'île d'Omishima, 2418 Urado Omishima cho - www.tima-imabari.jp/en/ - tlj sf lun. 9h-17h - fermé 27-31 déc. - 800 ¥.* Immergé dans un magnifique paysage d'îles s'égrenant jusqu'à l'horizon, ce musée est à l'image de la carrière de son créateur, le célèbre architecte Ito Toyo : étonnant et stimulant. Le premier bâtiment, la « Steel Hut », tel un origami d'acier noir posé face à la mer, abrite une exposition sur son travail et des expositions thématiques. Le second, la « Silver Hut », à l'origine la maison de l'architecte à Tokyo, accueille des ateliers pour les enfants et les étudiants en architecture.

Tokoro Museum Omishima – *Au sud-ouest de l'île d'Omishima, 2362-3 Urado Omishima cho - tlj sf lun. 9h-17h - fermé 27-31 déc. - 300 ¥.* Situé à deux pas du TIMA, ce petit musée a été construit à l'initiative d'un homme d'affaires pour abriter sa collection de sculptures contemporaines. Les œuvres d'artistes japonais et occidentaux – Takashi Fukai, Norichika Hayashi, Noe Katz, Marisol ou encore Giacomo Manzu – composent un ensemble original et poétique. La terrasse ouverte sur le paysage invite à la méditation.

AU SUD-OUEST

★ Uchiko 内子

À 40 km au sud de Matsuyama. 1h en train, par la ligne JR Yosan (760 ¥). Location de vélos et guichet d'informations à la sortie de la gare (tlj sf merc. 9h-16h).

Vers la fin de l'époque d'Edo et au début de l'ère Meiji, cette petite ville de 20000 habitants s'est spécialisée dans la production de cire végétale *(moku-ro)*. Tirée des graines de l'arbre sumac *(urushi)*, elle sert à fabriquer des bougies, des cirages, des cosmétiques, des crayons et des onguents médicaux, ou encore à imperméabiliser les traditionnels parapluies en papier. Uchiko est aussi la ville natale de Oe Kenzaburo, prix Nobel de littérature en 1994.

De la gare, le cœur de la vieille ville est à 15mn de marche. Il faut découvrir la splendide **rue Yokaichi★** longue d'un kilomètre, grand-rue charmante et fleurie bordée de ravissantes maisons de l'époque d'Edo, de vieux négoces de bougies végétales encore exploités, d'une brasserie de saké, d'un salon de thé et de diverses boutiques de souvenirs et d'artisanat. L'**Uchiko-za★** *(9h-16h30 - 400 ¥)*, le théâtre de kabuki local, construit en 1916 et parfaitement restauré, présente des spectacles de *bunraku* au mois d'août. On y visite la salle de 650 places, les coulisses et, au sous-sol, les incroyables mécanismes de changement de décor, entièrement en bois. Uchiko conserve plusieurs résidences de marchands de cire de l'époque d'Edo, en particulier la maison **Kami-Haga-tei** *(9h-16h30 - fermé 29 déc.-2 janv. - 500 ¥)*, élevée en 1894 par la famille Hon-Haga, qui comprend un intérieur japonais, un ensemble de bâtiments liés à la fabrication de la cire ainsi qu'un petit musée.

Ozu 大洲

À 13 km d'Uchiko par la route 56 ; 15mn en train par la ligne JR Yosan, arrêt Iyo Ozu.

Comme sa voisine Uchiko, la ville d'Ozu s'est développée à partir de la fin de l'époque d'Edo autour de la fabrication et du commerce de la cire végétale. Elle présente encore aujourd'hui un bon exemple de ville « sous le château ». La rue Ohanahan-dori, bordée de maisons de commerçants (côté gauche) et de samouraïs (côté droit) bien préservées, témoigne de cette période. Les rues voisines conservent également quelques maisons anciennes.

La **villa Garyu Sanso★**, construite à la fin du 19e s. par la famille Joko qui avait fait fortune dans le commerce, mérite à elle seule la visite *(9h-17h - 500 ¥ - brochure en anglais)*. D'une grande sobriété, l'intérieur de la villa – qui serait inspirée de la villa impériale Katsura de Kyoto – démontre un extrême raffinement dans chaque détail de sa décoration. Au bout du jardin agrémenté de mousses un pavillon sur pilotis surplombe la rivière Hiji sur laquelle chaque été se déroule la traditionnelle pêche aux cormorans.

Le **château** de la ville a été rebâti en 2004 d'après la maquette d'origine du 17e s. et suivant les techniques anciennes sans clou ni béton. Dans le donjon de quatre étages sont présentées les différentes étapes de la reconstruction. Du dernier étage, belle vue sur la ville et la rivière *(9h-17h - 500 ¥)*.

Uwajima 宇和島

À 28 km d'Ozu par la route 56, 45mn en train par la ligne JR Yosan, terminus de la ligne.

Un élégant **château★** de trois étages domine la ville et son port. C'est l'un des 12 châteaux du pays ayant conservé leur structure originale, conçue à la fin du 16e s. par le célèbre architecte Todo Takatora (1556-1630), qui a également construit celui d'Ozu *(voir p. 523)* ainsi que ceux de Kyoto et Edo. Le dernier étage offre un beau **panorama** sur la ville *(juil.-sept. : 9h-17h, reste de l'année 16h - 200 ¥)*.

La ville fut administrée pendant 250 ans par le clan Date, Date Hidemune, fils de Masamune *(voir Sendai p. 408)*, ayant reçu le fief des mains de Tokugawa Ieyasu en 1614.

Le jardin **Tensha-en** *(avr.-juin : 8h30-17h30 ; juil.-mars : 8h30-16h30 - fermé lun. de mi-déc. à fév. et 28-31 déc. - 300 ¥)* témoigne de la richesse de la famille. Créé en 1866 par Date Munetada, le 7e *daimyo* du clan, ce jardin d'agrément se révèle particulièrement beau en avril lorsque glycines et iris s'épanouissent. Autres éléments remarquables, l'étang central avec ses pierres ornementales, le Harusame tei (pavillon de calligraphie) et le Senen Kan (pavillon de thé).

NOS ADRESSES À MATSUYAMA ET ALENTOUR

TRANSPORTS

En avion

Aéroport de Matsuyama – À 6 km à l'ouest de la ville *(bus ttes les heures de la gare JR, 15mn)*. Vols pour Tokyo *(1h30, environ 38 590 ¥)*, Osaka *(50mn, environ 21 500 ¥)* et aussi Nagoya, Fukuoka, Kagoshima et Okinawa.

En train

De/vers Takamatsu : ligne JR Yosan *(2h25, 5 670 ¥)*. **De/vers Okayama** : ligne JR Yosan *(2h40, 6 310 ¥)*. **De/vers Kochi** : *via* Tadotsu *(3h50, 9 230 ¥)*.

En bateau

Liaisons vers **Hiroshima** *(1h10 en speed boat, 7 100 ¥ ; 2h40 en ferry, 3 600 ¥)*, Kokura (Fukuoka). Pour aller au port (Matsuyama Kankoko), prenez le Sightseeing Port Limousine Bus de la station de tram de Dogo Onsen *(40mn, 620 ¥)* ou bien de la gare JR de Matsuyama *(20mn, 460 ¥)*.

Se déplacer dans la ville

Cinq lignes de tramway *(160 ¥ le trajet, pass journée 400 ¥)* ; la ligne n° 5 relie la gare JR à Dogo Onsen.

HÉBERGEMENT

Matsuyama

PREMIER PRIX

Matsuyama Shinsen-en Youth Hostel
松山神泉園ユースホステル
Otsu 22-3 Dogo-Himezuka - ✆ (089) 933 6366 - www.matsuyama-yh.com - 22 ch. 3 456 ¥/pers. en dortoir, 3 996 ¥ pers. en ch. privée. Cette auberge de jeunesse aux allures de gros chalet alpin possède toutes les commodités. Elle est considérée comme l'une des meilleures du Japon. *O-furo.*

BUDGET MOYEN

Hotel Patio Dogo
ホテルパティオ・ドウゴ
20-12 Yuno-machi Dogo Onsen - ✆ (089) 941 4128 - www.patio-dogo.co.jp - 101 ch. à partir de 9 600 ¥. Bien situé (ses fenêtres

donnent sur le bâtiment des bains de Dogo), cet élégant hôtel de catégorie intermédiaire est vraiment charmant. La literie est confortable et les chambres, pour une fois, spacieuses.

Hotel JAL City Matsuyama ホテルJALシティ松山
1-10-10 Otemachi - ✆ (089) 913 2580 - www.jalhotels.com - 161 ch. - à partir de 10 000 ¥. Grand *business hotel* bien placé dans le centre, non loin de la gare JR. Chambres de divers standings ; certaines ont vue sur le château.

UNE FOLIE

Dogo-Kan 道後館
7-26 Dogo-Takou-cho, Dogo Onsen - ✆ (089) 941 7777 - www.dogokan.co.jp/gl - 90 ch. à partir de 48 900 ¥ en demi-pension. Ce gros building en béton abrite l'établissement le plus luxueux de la station, doté de somptueuses chambres japonaises ou Art déco et d'un très bon restaurant japonais. Fabuleux onsen privé, alternant les bains couverts et en plein air.

Ozu

POUR SE FAIRE PLAISIR

Oyabu Hot Spring 小藪温泉
1433-1 Uwagawa, Hijikawa-cho - ✆ (0893) 34 2007 - www.oyabu-hotspring.com - 7 ch. à partir de 10 950 ¥/pers., dîner et petit-déjeuner compris hors boissons. Ce ryokan presque centenaire regroupe tous les attraits d'un hébergement traditionnel : chambres à tatamis, onsen et accueil charmant. Les produits extra-frais de la rivière et des montagnes environnantes agrémentent la table.

RESTAURATION

PREMIER PRIX

Goshiki 五志喜
3-5-4 Sanban-cho - ✆ (089) 933 3838 - goshiki-soumen.co.jp - 11h-23h (dernière commande 22h30). Près de la poste principale, au sud du château, une institution pour les *goshiki somen*, nouilles aux cinq couleurs. Comptez 1 300 ¥ en moyenne au déjeuner.

BUDGET MOYEN

Dogo Bakushukan 道後麦酒館
20-13 Dogo-Yunomachi - ✆ (089) 945 6866 - www.dogobeer.co.jp/bakusyukan.html - 11h-22h. À quelques mètres du Dogo Onsen Honkan, ce rendez-vous nocturne des curistes est l'*izakaya* idéal pour siroter une bière pression tout en mangeant des plats goûteux : poulpe au vinaigre, *konnyaku potato* (plante de la famille du taro), bonites grillées, sashimis.

ACTIVITÉS

À vélo sur la Shimanami Kaido

Location de vélo au départ d'Imabari : Sunrise Itoyama Cycling Terminal – *2-8-1 Sunabacho, Imabari - 8h-20h (oct.-mars : 8h-17h) - 500 ¥/jour, dépôt de 1 000 ¥ récupérable si le vélo est restitué au point de départ - retour possible en bus ou en ferry.* Autre adresse : JR Imabari Station Extraordinary Rent-A-Cycle Terminal *(8h30-17h).*

La vallée de l'Iya 祖谷渓

★

5 000 habitants (District de Miyoshi : 26 836 hab.) – préfecture de Tokushima

Cachée au cœur des hautes montagnes du centre de l'île, la vallée de l'Iya compte parmi les régions les plus isolées du Japon. Ses chaumières perchées, ses versants couverts de forêts d'érables, ses gorges encaissées, ses ponts de lianes enjambant des torrents émeraude confèrent à cette enclave un visage très pittoresque. Difficile d'accès, la vallée servit de refuge aux survivants du clan des Taira après leur défaite contre les Minamoto en 1185. Paradis bucolique jusque dans les années 1970, la vallée a été perturbée par le développement économique et une fièvre de béton préjudiciable aux agriculteurs et à la beauté des paysages. Malgré cela, l'Iya reste un havre de paix accueillant où l'on peut se livrer à de multiples activités de plein air, du rafting à la randonnée.

NOS ADRESSES PAGE 528
Hébergement, restauration, achats, activités, etc.

S'INFORMER

Office de tourisme – Bureau d'informations, à droite en sortant de la gare d'Awa Ikeda - *(0883) 76 0877 - 7h-18h*. Et aussi dans Road Side Station Oboke, *(0883) 84 1489 - 9h-17h*.

SE REPÉRER

Carte de région p. 502, B1 – La vallée de l'Iya se trouve au centre de Shikoku, à 75 km à l'ouest de Tokushima, 60 km au sud de Takamatsu et 45 km au nord de Kochi. L'Iya, qui prend sa source au mont Tsurugi (1 955 m), s'étire sur environ 60 km à l'est de la rivière Yoshino dont elle forme un affluent. La ligne JR Dosan, qui va de Takamatsu à Kochi, dessert les gares d'Awa Ikeda et d'Oboke, à l'entrée de la vallée.

À NE PAS MANQUER

Les gorges d'Oboke. L'Iya Onsen. Le pont Kazura-bashi.

ORGANISER SON TEMPS

Peu de bus circulent dans la vallée, aussi les plus pressés loueront une voiture ou opteront pour un circuit à la journée en car touristique *(voir Nos adresses p. 529)*. Sinon, prévoyez deux jours sur place.

AVEC LES ENFANTS

La balade en bateau dans les gorges d'Oboke les divertira.

Se promener Carte de région p. 502, B1

OBOKE 大歩危

D'Awa Ikeda, la route n° 32 et la ligne de chemin de fer remontent le cours de la rivière Yoshino le long d'un canyon spectaculaire, jusqu'à Oboke, à 25 km plus au sud. Modeste bourgade, Oboke signifie littéralement « grande marche dangereuse », en raison du relief extraordinairement encaissé de la vallée à cet endroit.

★ Gorges d'Oboke 大歩危峡

Des bateaux (9h-17h, 30mn de balade, 1 080 ¥) partent de l'embarcadère situé en contrebas du restaurant Oboke-kyo Mannaka, à 20mn à pied au nord de la gare JR d'Oboke.

Nées de l'érosion, les spectaculaires gorges de la rivière Yoshino s'étirent sur environ 4 km entre Oboke et Koboke, au creux d'abruptes falaises calcaires striées de schistes aux diverses nuances de gris, noir et brun-roux. Les eaux vert sombre de la rivière, tantôt calmes, tantôt tumultueuses, se révèlent particulièrement propices au rafting et au kayak *(voir Nos adresses p. 529)*. Sur les berges couvertes d'une épaisse végétation, on aperçoit les traces laissées par des animaux sauvages (macaques laineux, daims) ainsi que de gros rochers aux formes évocatrices.

Musée Michi-no Eki Oboke 道の駅大歩危

Route 32, entre le site des gorges et la gare JR - 9h-17h - 500 ¥.

Ce musée minéralogique présente l'histoire géologique de Shikoku ainsi que divers échantillons de pierres et cristaux du monde entier, dont une météorite de Mars.

Heike Yashiki 平家屋敷

Route 45, à 4 km à l'est de la gare JR - 8h-18h (nov.-fév. : 8h-17h) - 500 ¥.

Cette maison coiffée d'un toit de chaume était à l'origine la résidence du médecin de l'empereur Antoku, qui s'enfuit ici après la défaite du clan Taira (ou Heike) en 1185 (l'Empereur, lui, préféra le suicide en se jetant à la mer). L'intérieur conserve une belle charpente ancienne, et présente une collection disparate d'outils agricoles et d'artisanat.

★★ NISHI IYA 西祖谷

Accessible depuis Oboke ou Awa Ikeda, l'ouest de la vallée de l'Iya *(Nishi Iya)* est la partie la plus touristique. Longtemps coupée du monde, elle vivait autrefois de la culture du sarrasin, de l'orge, du tabac et du millet. Elle a plutôt bien résisté au bétonnage à outrance, en particulier le long de la **route panoramique★★** *(l'ancienne route 32)* qui serpente sur 20 km entre le hameau de Nishi Iya et celui de Iya-guchi au nord, en direction d'Awa Ikeda. On y découvre plusieurs points de vue spectaculaires sur les gorges dont les pentes sont couvertes de conifères et cerisiers sauvages, notamment à hauteur du **Manneken-pis**, copie de la statue bruxelloise érigée sur un rocher, en surplomb d'un précipice de 200 m. À 100 m de là, l'hôtel **Iya Onsen** dispose d'un délicieux onsen en plein air au bord de la rivière *(1 700 ¥)*, auquel on descend par un funiculaire.

★ Kazura-bashi 祖谷のかずら橋

Route 32, à 11 km à l'est de la gare d'Oboke - du lever au coucher du soleil - 550 ¥.

Ce pont en lianes, qui traverse la rivière sur 45 m de long et 15 m de haut, fait la célébrité des lieux. Il remonte au 12e s., quand les Taira trouvèrent refuge dans la vallée. Les guerriers pouvaient facilement en trancher les cordages pour couper la voie à d'éventuels attaquants. Une vingtaine de ponts identiques enjambaient ainsi la rivière mais seuls trois, celui-ci et deux autres en amont de la vallée, ont survécu. L'ouvrage est refait tous les trois ans, avec les mêmes techniques de tressage des lianes qu'autrefois, en les consolidant toutefois par des filins d'acier adroitement dissimulés. Les rondins de la passerelle, suffisamment espacés pour laisser passer un pied dans le vide, rendent la traversée assez impressionnante. Une petite cascade coule à 50 m en amont. Le site serait splendide s'il n'y avait, juste à côté, un monstrueux parking.

★ Chiiori ちいおり

À 20 km à l'est de la gare JR d'Oboke. Après le Kazura-bashi, continuez environ 5 km sur la route 32 jusqu'au tunnel d'Oshima. De là, une route à droite monte, sur 5 km (1h30 à pied), jusqu'à la maison. Visite gratuite sur RV : ✆ (0883) 88 5290 ou www.chiiori.org.

Perdue dans la montagne, au sein d'un minuscule hameau, Chiiori, « la chaumière à la flûte », est une ferme au toit de chaume datant de 1720, rachetée et restaurée par un écrivain américain, Alex Kerr. Arrivé dans la vallée au début des années 1970, il raconte dans son livre *Lost Japan*, publié en 1993 (le premier à jeter un pavé dans la mare), la manière dont le pays, en se modernisant, défigura peu à peu son environnement. Ainsi, sur les 30 000 rivières et fleuves que compte l'archipel, il n'en reste plus que trois qui ne soient pas bétonnés. Dans la vallée, la plupart des maisons ont perdu leur toiture en chaume, remplacée par de la tôle ondulée ou de la tuile industrielle, moins coûteuses à entretenir. L'auteur a fondé une association qui se bat pour la préservation écologique de la vallée. Son cri d'alarme semble porter doucement ses fruits. Chiiori arbore fièrement son architecture ancienne, son parquet de cèdre, son *irori* (foyer au sol), et jouit d'un panorama grandiose sur la vallée. Les visiteurs peuvent y dormir mais doivent alors participer aux tâches communes.

★ HIGASHI IYA 東祖谷

Plus difficile d'accès que la précédente, la partie est de la vallée *(Higashi Iya)* voit passer nettement moins de visiteurs.

Ochiai-Shuraku 落合集落

Route 439, à 18 km à l'est du Kazura-bashi. Étagé à flanc de montagne avec ses cultures de riz et de tabac en terrasse, le hameau d'Ochiai fut sans doute fondé au Moyen Âge par les anciens samouraïs du clan Taira reconvertis en paysans. La plupart des maisons remontent à l'époque d'Edo. Un projet de la préfecture est en cours pour restaurer peu à peu les anciens toits de chaume d'une cinquantaine d'entre elles.

★ Oku Iya Kazura-bashi 奥祖谷かずら橋

Route 439, 31 km à l'est de Kazura-bashi - du lever au coucher du soleil - 550 ¥. Au pied du mont Tsurugi (1 955 m), le second plus haut sommet de Shikoku est moins fréquenté que celui du premier pont de la vallée et bénéficie d'un cadre plus sauvage. Il comprend deux ponts de lianes voisins, surnommés « le mari » *(Otto no hashi)*, le plus long et le plus haut des deux, et « la femme » *(Tsuma no hashi)*, nettement plus petit. Là encore, les ponts sont refaits à intervalle régulier et renforcés par des filins d'acier. L'écart entre les travées, associé à une légère instabilité, rend la traversée assez vertigineuse, quoique sans aucun danger. Plus en amont, une nacelle montée sur un câble et tirée par une corde permet également de franchir la rivière.

NOS ADRESSES DANS LA VALLÉE DE L'IYA

TRANSPORTS

Arriver/Partir

En train – Les gares d'Awa Ikeda et d'Oboke sont desservies par la ligne JR Dosan. Awa Ikeda est aussi sur la ligne JR Tokushima. **De/vers Takamatsu** : *1h10, 19 800 ¥.* **De/vers Kochi** : *1h10, 2 820 ¥.* **De/vers Tokushima** : *1h15, 2 820 ¥ par Ltd Express.*

Circuler

En bus – De la gare d'Awa Ikeda, un bus fait l'AR plusieurs fois/j pour Nishi Iya (Iya Onsen et Kazura-bashi). D'avr. à nov., de la gare d'Oboke, un bus dessert plusieurs fois/j Kazura-bashi et Higashi Iya. Pour Chiiori, prendre le bus d'Oboke jusqu'au tunnel d'Oshima.

En voiture – Locations de voiture à la gare JR d'Awa Ikeda, JR Rent-a-Car *✆ (0883) 72 0022* ou à l'hôtel Oboke-kyo Mannaka, *✆ (0883) 84 1216. Env. 7 000 ¥/j.* Réservez à l'avance.

En bus touristique – De fin mars à nov., le **Bonnet Bus**, petit bus à l'ancienne, part de la gare d'Awa Ikeda à 10h40, fait le tour des curiosités (gorges d'Oboke, Kazura-bashi, Iya Onsen) et revient à 16h25. *7 500 ¥, tour en bateau et déjeuner inclus. Réserv. ✆ (0883) 72 1231.*

HÉBERGEMENT

POUR SE FAIRE PLAISIR

Oboke-kyo Mannaka
大歩危峡まんなか
1644-1 Yamashiro-cho-Nishiu - ✆ (0883) 84 1216 - www.mannaka.co.jp - 23 ch. à partir de 25 000 ¥ dîner inclus. Les constructeurs de cet hôtel planté en surplomb des gorges d'Oboke n'ont pas lésiné sur le béton. Dommage, car les chambres, occidentales ou japonaises, sont confortables, la cuisine de bonne qualité, tandis que le spacieux onsen procure une détente bienvenue.

Iyashi-no-Onsenkyo
いやしの温泉郷
28 Higashi-Iya-Sugeoi - ✆ (0883) 88 2975 - iyashino-onsenkyo.com - fermé déc.-mars - 8 ch. et 5 bungalows - à partir de 30 800 ¥ en demi-pension. Sur la route 439, tout au bout de Higashi Iya, un chaleureux et bel ensemble de cottages en bois, pierre et toit de chaume, aux chambres japonaises ou occidentales. Calme et bucolique. Bon restaurant de *soba* maison. Agréable onsen avec bain en plein air. Notre préféré.

Hotel Iya Onsen
ホテル祖谷温泉
367-28 Matsuo Matsumoto - ✆ (0883) 75 2311 - www.iyaonsen.co.jp/english - 20 ch. à partir de 34 860 ¥. Cet hôtel aux chambres japonaises concocte une divine cuisine *kaiseki* avec des produits de saison : truites en sashimi, tempura de crosses de fougère, etc. On peut aussi y déjeuner sans se ruiner. L'onsen, en bas des gorges, est un pur délice.

RESTAURATION

Les hôtels mentionnés font restaurant. Près du pont Kazura-bashi, des gargotes servent des *yakizakana*, poissons de rivière grillés au charbon de bois.

ACTIVITÉS

Rafting

Deux sociétés au personnel anglophone organisent des descentes en rafting dans les gorges d'Oboke, ainsi que du canoë-kayak et du canyoning. *À partir de 5 200 ¥ la demi-journée.*
Mont-Bell, *✆ (0120) 93 6007 (10h-18h sf dim. et j. fériés de nov. à fév.) - www.montbell.jp (en japonais).*
Happy Raft, *✆ (0887) 75 0500 - http://en.happyraft.com.*

Kochi et la côte Pacifique

高知・太平洋側

★

Kochi : 337 875 habitants

Séparée du reste du Japon par les montagnes d'un côté et l'océan Pacifique de l'autre, la région de Kochi a gardé des particularités originales, notamment son dialecte, le tosa-ben, du nom de la province jusqu'au début du 17e s. Les habitants ont la réputation d'être opiniâtres, expansifs et insouciants. Baignée par les eaux chaudes et poissonneuses du courant Kuroshio – l'équivalent japonais du Gulf Stream –, la côte jouit d'un climat chaud et humide, avec le plus fort taux de précipitations annuel du pays après Okinawa. Outre son très animé marché du dimanche, Kochi abrite un glorieux château et un remarquable parc botanique. La plage voisine de Katsurahama compte parmi les plus belles du pays. Au sud-ouest s'étire un littoral découpé à la végétation tropicale et vierge à l'image de la Shimanto, dernière rivière sauvage du pays. Sur la pointe la plus méridionale à l'ouest, les vagues de l'océan battent les spectaculaires promontoires du cap Ashizuri tandis qu'à l'est les reliefs spectaculaires du cap Muroto témoignent de l'histoire géologique de l'île.

NOS ADRESSES PAGE 534
Hébergement, restauration, achats, activités, etc.

S'INFORMER

Offices de tourisme – À droite en sortant de la gare JR de Kochi (sortie Sud), *(088) 879 5489 - 8h30-19h30*. À environ 300 m à pied de la gare JR de Nakamura (tournez à gauche au feu en sortant de la gare), *(0880) 35 4171 - 8h30-17h30*.

SE REPÉRER

Carte de région p. 502, B1 - Au sud de Shikoku, dans la préfecture de Kochi, à 140 km de Matsuyama et 160 km de Takamatsu, Kochi occupe le fond d'une baie donnant sur le Pacifique. Le cap Ashizuri est à 150 km plus au sud-ouest et le cap Muroto à 90 km au sud-est. De la gare JR, au nord de la ville, une grande avenue parcourue par un tramway mène au centre-ville, le carrefour de Harimaya-bashi.

À NE PAS MANQUER

Le château de Kochi. Le panorama depuis le cap Ashizuri. Le *katsuo no tataki*, la bonite braisée et mi-cuite, spécialité culinaire de Kochi.

ORGANISER SON TEMPS

Comptez trois jours, avec les déplacements, pour visiter Kochi, la rivière Shimanto et un des caps. Venez plutôt à Kochi un dimanche.

AVEC LES ENFANTS

Privilégiez le jardin botanique et la détente sur la plage de Katsurahama. En été, faites une sortie en mer pour observer les baleines.

Se promener

En face de la gare, une grande artère se dirige plein sud jusqu'à **Harimaya-bashi** *(env. 10mn à pied)*, le centre-ville. Là, au milieu des bâtiments modernes, se

Le cap Ashizuri.
JTB Photo/JTB Photo Communications, Inc./age fotostock

cache le petit pont vermillon de Harimaya-bashi. Traversant un bras de rivière aujourd'hui comblé, il servait de lieu de rendez-vous secret aux amours d'un moine bouddhiste et d'une jeune servante au 19e s. Plus au nord, l'avenue Otesuji accueille depuis près de trois siècles le **marché du dimanche★** *(Nichi-o-ichi)*. Sur 1,2 km s'alignent plusieurs centaines d'éventaires où fermiers, pêcheurs et artisans déballent tous les produits de la région : légumes, fruits, fleurs, poissons et crustacés, objets en corail, couteaux, porcelaines, poteries, etc. L'avenue Otesuji débouche sur l'entrée du château.

★★ Château de Kochi 高知城

À 15mn à pied à l'ouest de Harimaya-bashi - 9h-17h - 420 ¥.

Conçu comme un lieu de prestige et de plaisance, et non comme une simple et austère forteresse, le château de Kochi compte parmi les plus racés et les mieux conservés du pays. L'édifice, édifié en 1603 par le seigneur féodal Yamanouchi Kazutoyo, fut reconstruit après un incendie en 1748. On entre dans son enceinte par l'impressionnante porte **Ote-mon★**, rehaussée de belles ferronneries, que flanquent d'épaisses murailles en pierre. En haut des remparts, des trappes et meurtrières permettaient de jeter des projectiles sur les éventuels assaillants. Peu après l'entrée, on aperçoit une statue d'Itagaki Taisuke, un libérateur de l'ère Meiji, originaire de Kochi, qui contribua à la modernisation du Japon. Un large escalier de pierre grimpe ensuite au sommet de la colline, haute de 43 m, où trônaient jadis les bâtiments résidentiels seigneuriaux *(Ninomaru)* détruits lors de la restauration Meiji en 1873, pour laisser place à un parc planté de cerisiers. Seul fut conservé le **donjon★** à quatre toits et six étages qui se dresse au centre de l'enceinte intérieure *(Honmaru)*. On y accède par un chemin détourné, l'escalier situé dans son axe étant en fait un cul-de-sac visant à tromper l'ennemi. Du sommet s'offre une remarquable vue d'ensemble sur la ville.

★ Jardin botanique Makino 牧野植物園

Sur la colline de Godaisan, à 5 km à l'est. De la gare, bus (ttes les h, 30mn de trajet) pour Makino-shokubutsuen soumen-mae - 9h-17h - 720 ¥.

BIODIVERSITÉ EN DANGER
Directeur du jardin botanique Makino, le professeur Koyama Tetsuo porte un regard critique sur l'état de la flore au Japon : « La nature a été dévastée ces dernières décennies, beaucoup d'espèces ont disparu. Heureusement, la région de Kochi est encore préservée. Les citoyens japonais se soucient peu d'écologie. Leur éducation botanique est déficiente, la plupart ne font pas la différence entre des plantations artificielles et uniformes de cèdres ou de cyprès et la véritable biodiversité naturelle. Ils voient du vert, et cela leur paraît suffisant. »

Fondé voici cinquante ans par le professeur Makino Tomitaro (1862-1957), père de la botanique japonaise, ce centre de recherche et de conservation des espèces végétales comprend à la fois un musée, un restaurant et un parc vallonné de 6 ha agrémenté de parterres et de serres où prospèrent orchidées, hibiscus, lotus, plantes médicinales et bonsaïs. Au total, près de 3 000 variétés de plantes.

★ Chikurin-ji 竹林寺

Face au jardin botanique - 8h30-17h - 400 ¥.
Portant le n° 31 sur le parcours des 88 temples sacrés, le « temple de la forêt de bambous » fut fondé en 724 par Gyoki, un moine bouddhiste. Sa pagode à cinq étages a été refaite en 1970, mais il abrite un beau **jardin zen** dessiné au 14e s. par Muso Soseki (Muso-Kokushi) et, dans la **salle du Trésor★**, de belles statues des époques Heian et Kamakura (10e au 13e s.).

À proximité Carte de région p. 502, B1

★ Katsurahama 桂浜

À 12 km au sud de Kochi. Bus (ttes les h, 50mn de trajet) depuis Harimaya-bashi.
Formant un promontoire à l'extrémité sud de la baie d'Urado, la **plage★** de Katsurahama déploie une longue et magnifique crique de sable boisée de pins. Sur la promenade bordant la plage, une statue de **Sakamoto Ryoma** célèbre ce héros local *(voir encadré ci-contre)*.
The Sakamoto Ryoma Memorial Museum – *830 Urado-shiroyama, au-dessus de la plage de Katsurahama - www.ryoma-kinenkan.jp/en/ - 9h-17h - 500 ¥.*

LE TOSA, UN CHIEN-SUMO
La région de Kochi a une longue tradition de chiens de combat. Issu du croisement du chien indigène de Shikoku, avec des races occidentales tels les bulldogs, braques ou dogues, le Tosa est un redoutable molosse au poil court, à la mâchoire d'acier, d'une taille et d'un poids imposants, jusqu'à 100 kg. Chaque année, des dizaines d'éleveurs font concourir leurs champions dans des tournois. Les combats se déroulent dans une arène, selon des règles proches des luttes de sumo. Les chiens entrent en piste vêtus d'une précieuse et chatoyante robe de cérémonie en soie. Chaque duel dure une dizaine de minutes. Le premier chien qui tombe au sol, aboie, geint, recule de trois pas ou tourne le dos à son adversaire a perdu. Le vainqueur se verra gratifié d'un titre honorifique, le plus haut dans la hiérarchie étant, comme chez les sumos, celui de *yokozuna*, « grand champion ».

SAKAMOTO RYOMA (1836-1867)

La vie mouvementée de ce natif de Kochi a fait l'objet en 2010 d'un feuilleton de la chaîne publique NHK *(Ryomaden)* qui a rencontré un très grand succès d'audience. Son itinéraire est représentatif de la période troublée de la fin du shogunat *(bakumatsu)* et de la restauration Meiji. Né dans une famille de samouraïs, il s'engage très tôt dans l'opposition au shogun et doit pour cette raison fuir Tosa, son fief d'origine. Tout en continuant à jouer un rôle important dans le mouvement antishogunal (il sert de négociateur entre les clans du sud-ouest, Satsuma, Choshu et Tosa), il commence une carrière dans le commerce en fondant en 1865 une entreprise d'import-export, convaincu qu'il est de la nécessité pour le Japon de se moderniser pour mieux résister à la poussée occidentale. Il est assassiné en 1867 à Kyoto, peut-être par des partisans du shogun. Sa tombe se trouve à Kyoto dans le sanctuaire Ryozen Gokoku jinja.

Reproductions de lettres, photos et objets retracent la vie et l'époque de Sakamoto Ryoma, personnage historique bien connu au Japon.
La région de Kochi offre de beaux itinéraires vers la côte Pacifique, à la découverte de superbes paysages préservés : la rivière Shimanto et le cap Ashizuri, au sud-ouest, ou le cap Muroto, au sud-est.

★ Rivière Shimanto 四万十川

À 110 km au sud-ouest de Kochi. Train pour Nakamura (1h45, 4 140 ¥). De la gare JR, rejoignez à pied la rivière, où des bateaux proposent des balades (1h, env. 2 000 ¥).
Longue de 196 km, la Shimanto-gawa est la **dernière grande rivière sauvage du Japon**, sans barrage ni digue de béton. Son eau limpide est peuplée de nombreuses truites *ayu* que les habitants pêchent ensemble au début de l'été. Ici, les ponts n'ont pas de parapet, afin de se laisser submerger sans être emportés par les crues. Les îles sableuses et les berges arborent une dense végétation où nichent hérons et aigrettes. Dans l'air voltigent des libellules et des lucioles. De Nakamura, ville située près de l'estuaire, on peut aussi louer un canoë-kayak pour remonter le cours de la rivière.

★★ Ashizuri-misaki 足摺岬

À 160 km au sud-ouest de Kochi. Train pour Nakamura (1h45, 4 140 ¥), puis bus pour Ashizuri-misaki (1h45). À la pointe méridionale de Shikoku, le cap Ashizuri forme un spectaculaire éperon dont les abruptes falaises, 80 m plus bas, sont fouettées par les vagues écumeuses de l'océan. à l'entrée du site se dresse une statue en bronze de **John Manjiro** (1827-1898), héros local et premier Japonais à s'être rendu aux États-Unis. Un sentier longe ensuite le littoral sous la voûte formée par les feuillages de milliers de camélias *(en fleurs de janv. à mars).* Arrivé au phare, érigé en 1914, se découvre une **vue★★** grandiose sur l'océan. Au milieu des vagues, on entrevoit parfois des tortues de mer. Proche du phare, le **Kogofuku-ji**, temple n° 38 du pèlerinage *(voir p. 510)*, fut créé en 822 par Kobo Daishi en l'honneur de la divinité Kannon aux mille bras. Les bâtiments datent de 1662.
À 15 km à l'ouest du cap, le site de **Tatsukushi** possède une curieuse formation de roches érodées par les vagues, perpendiculairement au rivage, évoquant des troncs d'arbres fossilisés. À proximité se trouve une tour d'observation sous-marine.

7

Jardin de Monet Marmottan au village de Kitagawa 北川村 "モネの庭" マルモッタン

À Kitagawa, à 54 km au sud-est de Kochi - 1h en train par la ligne Gomen-Nahari puis 5mn en bus de Nahari Station, arrêt Monet no niwa - www.kjmonet.jp/french.html - 10h-17h - fermé 26 déc.-1er janv. - 700 ¥.

Ce splendide jardin blotti au pied des montagnes a une belle histoire. En 1883, le peintre français Claude Monet (1840-1926) s'inspire des estampes japonaises qu'il collectionne pour créer son jardin à Giverny. 114 ans plus tard, la fondation Claude Monet concède au village de Kitagawa le droit de reproduire le jardin. Après quelques adaptations nécessaires au climat, le jardin ouvre en 2000. En évolution constante au fil des saisons, il a pour pièce maîtresse le jardin d'eau avec ses nénuphars bleus *(juil.-oct.)*.

Muroto-misaki 室戸岬

À 80 km au sud-est de Kochi par la route 55 ; 2h40mn en bus direct depuis Kochi ou 1h30 en train par la ligne Gomen-Nahari puis 40mn en bus de Nahari Station, arrêt Muroto misaki ou Kannoura.

i Muroto Geopark Information Center, au pied du phare - 9h-17h - brochures en anglais.

À la pointe sud-est de Shikoku, sur la côte Pacifique, le cap Muroto présente un paysage géologique unique et spectaculaire qui a justifié son classement parmi les géoparcs Unesco. On peut y observer des couches de roches solidifiées qui sont d'anciens fonds marins élevés par une succession de séismes datant d'il y a environ 14 millions d'années. Une promenade aménagée sur 2 km permet de parcourir le site. La végétation de type subtropical est également exceptionnelle, en particulier le *ficus superba*.

NOS ADRESSES SUR LA CÔTE PACIFIQUE

TRANSPORTS

En avion – Aéroport de Kochi à 10 km à l'est. Bus *(ttes les heures, 25-35mn, 720 ¥)* pour la gare JR de Kochi. Vols pour Tokyo *(environ 38 000 ¥, 1h20)*, Nagoya, Osaka et Fukuoka.

En train – Kochi est sur la ligne JR Dosan. **De/vers Takamatsu** : *2h20, 4 910 ¥.*

De/vers Okayama : *2h30, 5 440 ¥.*

En bus – Des bus partent 10 fois/j. pour **Matsuyama** *(2h30 de trajet, 3 600 ¥)*. Liaisons également pour les autres grandes villes de Shikoku et Honshu.

En ferry – Ferries reliant Oita, (Kyushu) du **port de Sukumo** *(3/j, 3h10, 2 630 ¥)*, situé à 140 km au sud-ouest de Kochi (*2h15 en train depuis Kochi puis 10mn en bus de JR Sukumo)*.

HÉBERGEMENT

Kochi

PREMIER PRIX

7 Days Hotel セブンデイズホテル
2-13-17 Harimaya-cho - ☏ (088) 884 7100 - www.7dayshotel.com - 80 ch. à partir de 7 400 ¥ ☕. En plein centre, charmant *business hotel* contemporain et stylé. Chambres petites mais en bon état, copieux petit-déjeuner inclus. Un bon plan.

POUR SE FAIRE PLAISIR

Jyoseikan 城西館
2-5-34 Kamimachi - ☏ (088) 875 0111 - www.jyoseikan.co.jp - 62 ch. à partir de 20 000 ¥ ☕. Près du château, une institution depuis plus d'un siècle où descend l'Empereur lorsqu'il vient à Kochi. Chambres japonaises luxueuses.

Nakamura

POUR SE FAIRE PLAISIR

Shimanto Iyashinosato Shimanto no Yado
四万十いやしの里四万十の宿
3370 Shimoda - ✆ (0880) 33 1600 - www.shimantonoyado.co.jp - 30 ch. à partir de 19 440 ¥. Dominant l'estuaire de la Shimanto, cet hôtel écologique privilégie le bois, l'espace, la lumière. Belles chambres de style japonais avec futon ou lit, certaines ayant aussi terrasse et *rotenburo* privé. Agréable onsen incluant des bains de mer ou d'herbes médicinales.

Ashizuri-misaki

BUDGET MOYEN

Ashizuri Thermae
四国最南端 絶景リゾートホテル足摺テルメ
1433-3 Higashi Hata, Ashizuri-misaki - ✆ (0880) 88 0301 - www.terume.com - 41 ch. à partir de 6 560 ¥/ pers. Outre sa situation face à la mer, dans un cadre sauvage, cet établissement a pour intérêt ses vastes commodités thermales : piscine, sauna, onsen intérieur et en plein air.

RESTAURATION

PREMIER PRIX

Hirome Ichiba (Marché Hirome)
ひろめ市場
2-3-1 Obiyamachi - ✆ (088) 822 5287 - www.hirome.co.jp/page/pc - 8h-23h, dim. 7h-23h. Très populaire, ce marché couvert rassemble, dans un brouhaha et des fumets variés, une soixantaine de gargotes servant des plats chinois et des spécialités locales. Goûtez-y les *katsuo no tataki*, sashimis de bonite légèrement grillés et nappés de sel et de citron.

ACTIVITÉS

Marchés – Le marché du dimanche est le plus grand et le plus connu de Kochi mais il n'est pas le seul : tous les jours, hormis le lundi, il s'en tient un quelque part, dont deux grands les mardi et vendredi. *Se renseigner auprès de l'office de tourisme.*

Observation des baleines
Durant près de cinq siècles, les villages et villes de la côte ont pratiqué la chasse à la baleine. Si le Japon poursuit ses campagnes dans le Pacifique Nord et l'Antarctique, les eaux de Shikoku, elles, servent aujourd'hui uniquement à des croisières d'observation des grands cétacés lors de leur passage près des côtes. La saison dure de mi-juillet à fin août. Les sorties se font du port d'Usa, 1h en bus de JR Kochi (**Whale Watching Usa** *- ✆ (088) 856 1133 - http://usaww.jp/pc/ (en japonais) - 20 avr.-oct. avec réserv. - sortie de 5h : 8h, 9h et 12h30 - 6 000 ¥/pers.*) ou du port d'Irino, à côté de Nakamura (**Ogata Whale Watching** *- ✆ (0880) 43 1058 - www.nitarikujira.com/english - mi-avr.-oct. avec réserv. - sortie de 4h : 8h, 10h et 12h - 6 000 ¥/pers., prix mini pour un départ 24 000 ¥).*

A
B
YAKUSHIMA ★★★ Vaut le voyage
Nagasaki ★★ Mérite un détour
Kumamoto ★ Intéressant
Chiran À voir
Miyanoura
Miyanoura-dake
1935
Anbo
Tanega-shima
YAKUSHIMA
1
N
Sea of Genkai
Sea of Hibiki
4
Honshu
Hirado
Karatsu
Maebaru
Fukuoka
Kitakyushu
Shimonoseki
Hiradoshima
Sasebo
Imari
Ube
Arita
SAGA
Yoshinogari Historical Park
Dazaifu
34
Saga
FUKUOKA
Sea of Suo
Omura Bay
Kurume
Nakatsu
Omuta
Chikugo
OITA
Ariake Sea
Kunisaki Peninsula
Nagasaki
Unzen
2
NAGASAKI
Yufuin
Shimabara Peninsula
Shimabara
Beppu
MATSUYAMA, KOBE, OSAKA
Shimo-jima
Kumamoto
Aso
Oita
Hondo
Mt Aso
Ushibuka
Yatushiro
Bungotaketa
Kunimi-dake
1739
Takachiho
Amakusa-shoto
KUMAMOTO
Gokase
Saiki
10
Shibi-dake
1067
Nobeoka
Sendai
Kurino
Nishimera
KAGOSHIMA
MIYAZAKI
PACIFIC OCEAN
Kagoshima
Kirishima Kinkowan National Park
3
Sadowara
Chiran
Miyakonojo
Miyazaki
Ibusuki
Sakurajima
Aoshima jinja
924
Kaimon-dake
Udo jingu
KYUSHU
0
40 km
Kushima
Sata
YAKUSHIMA, TANEGA-SHIMA

Kyushu 8

Kyushu, « le pays du feu »

ENTRE MER ET VOLCANS...

Troisième plus grande île du Japon, à l'extrême sud-ouest de l'archipel, Kyushu mêle les effluves tropicaux de sa partie méridionale au climat tempéré du nord. De nombreux parcs nationaux abritent des forêts luxuriantes où dominent chênes verts, camphriers, bambous, cèdres et magnolias. Tout autour, une myriade de petites îles, souvent inhabitées, s'égrènent dans la mer de Chine orientale. Montagneuse, l'île est traversée par deux chaînes volcaniques aux crêtes massives et aux reliefs vigoureux qui se rejoignent en son centre au mont Aso (1 592 m), l'un des plus vastes et des plus actifs volcans du Japon. Il se compose de six cratères, surgis dans une caldeira au décor lunaire, l'une des plus grandes au monde. Surnommé parfois « le pays du feu », Kyushu jouit d'une intense activité volcanique dont attestent les enfers bouillonnants de Beppu et une multitude d'autres sources chaudes telles Kurokawa Onsen, Ibusuki, Unzen ou Yufuin. Toutefois, la mer n'est jamais loin qui, dans un saisissant contraste avec les montagnes, ourle des rivages extrêmement échancrés. Ces golfes sinueux ont permis l'établissement d'excellents ports nichés au fond de rades profondes comme à Kagoshima ou Nagasaki.

... UNE ÎLE TOURNÉE VERS L'EXTÉRIEUR

Berceau de la plus ancienne culture du Japon (ère Yayoi, de 300 av. J.-C. à 300 apr. J.-C.), Kyushu fut, en raison de sa proximité avec la Corée et la Chine, la tête de pont de la civilisation chinoise et le principal point de contact de l'archipel avec le continent asiatique. Elle a également été le port d'ancrage de la rencontre avec l'Occident lorsque les Portugais débarquèrent sur l'île au 16e s., suivis par les Espagnols, les Anglais et les Hollandais. Avec l'arrivée des missionnaires européens, le christianisme se répand rapidement sur l'île. Longtemps persécutés par le pouvoir central et contraints de pratiquer leur foi dans la clandestinité, les chrétiens ont donné un visage original à cette région aujourd'hui parsemée de petites églises néogothiques. L'apport coréen et chinois a quant à lui généré un art de la céramique riche et varié, des sobres poteries de Karatsu aux porcelaines polychromes d'Arita et d'Imari.

VISITER LA RÉGION

SE REPÉRER

Au sud-ouest de Honshu, l'île de Kyushu s'étend sur 37 437 km^2, soit une superficie un peu inférieure à celle de la Suisse. Il existe des aéroports à Fukuoka, Oita (Beppu), Nagasaki, Kagoshima, Kumamoto et Miyazaki. Des trains rapides JR circulent entre les principales villes. Une ligne Shinkansen relie Kagoshima, au sud, à Fukuoka-Hakata, au nord.

À NE PAS MANQUER

Un bain de sable à Ibusuki et un bain en bord de rivière à Kurokawa Onsen, la baie de Nagasaki, le Musée national de Kyushu à Dazaifu, les randonnées sur l'île de Yakushima, au mont Aso et au mont Unzen, les villages chrétiens de l'archipel d'Amakusa.

ORGANISER SON TEMPS

Comptez au moins une semaine pour faire le tour des principales curiosités de l'île. Louer une voiture permet de circuler plus rapidement entre les sites, en particulier dans le sud.

Fukuoka 福岡

★

1 562 568 habitants – préfecture de Fukuoka

Forte de ses deux mille ans d'histoire, la plus grande ville de Kyushu a toujours été une porte ouverte vers l'Asie, point d'achoppement de la culture continentale sur l'archipel. Il est vrai que Séoul et Shanghai y sont plus proches que Tokyo. L'agglomération actuelle, née de la fusion, en 1889, de Fukuoka, cité seigneuriale, et de Hakata, cité commerçante, en porte d'ailleurs les deux noms. Capitale d'une région en plein essor, elle se révèle aujourd'hui l'une des villes les plus dynamiques du Japon avec une architecture innovante dont pléthore d'immeubles au futurisme ébouriffant, réalisés par des célébrités mondiales tels Reem Koolhaas, Michael Graves, Cesar Pelli ou Isozaki Arata. Misant sur les technologies de pointe, la ville a également créé un parc de recherche en bord de mer où des dizaines d'entreprises high-tech inventent la croissance de demain. Mais, à côté de cette modernité flamboyante, Fukuoka a également su préserver son héritage historique et ses « yatai », baraques désuètes qui, surgies dans les rues le soir, démontées le matin, servent des plats simples dans un brouhaha et des effluves rappelant l'atmosphère grouillante et populeuse des grandes capitales d'Asie.

NOS ADRESSES PAGE 543
Hébergement, restauration, achats, activités, etc.

S'INFORMER

Office de tourisme – Dans la gare de Hakata, *(092) 431 3003 - https://yokanavi.com/fr/ - 8h-21h*. Une association de volontaires propose des visites guidées en anglais, *(092) 725 9111 - www.acros.or.jp/english/*.

SE REPÉRER

Carte de région p. 536, B1 – Située face à la baie de Hakata et la mer de Genkai, la ville est divisée en deux par la rivière Naka. À l'ouest, l'ancien quartier du château de Fukuoka forme aujourd'hui la principale zone commerciale, appelée Tenjin. Côté est, près de la gare JR, s'étend le quartier de Hakata et le complexe de Canal City. Au milieu, l'île de Nakasu abrite le quartier des bars et des divertissements nocturnes. La gare JR porte le nom de Hakata et l'aéroport celui de Fukuoka.

À NE PAS MANQUER

Dîner dans un *yatai*. Le Musée national de Kyushu.

ORGANISER SON TEMPS

Comptez deux ou trois jours avec les environs.

AVEC LES ENFANTS

Le Robosquare de Momochi, les animations de Canal City, le musée Hakata Machiya, le Musée national de Kyushu à Dazaifu.

Se promener

Le « Fukuoka Tourist City Pass » pour 820 ¥ *(1 340 ¥ combiné avec Daizafu)* permet d'utiliser à discrétion les transports publics (train, métro et bus) pour une seule journée. Liste des points de vente sur https://yokanavi.com/en/tourist-city-pass/.

YAMAGASA MATSURI

Depuis 700 ans, du 1er au 15 juillet, Fukuoka organise ce festival haut en couleur à l'issue duquel des équipes de 26 hommes représentant les différents quartiers de la ville s'affrontent dans une course endiablée. Sur un parcours chronométré de 5 km, ils portent sur leurs épaules un char pesant près d'une tonne tandis que les spectateurs les aspergent d'eau à leur passage. Détail cocasse, les participants défilent tous fesses et jambes à l'air, habillés d'une simple tenue composée du *shimekomi* (ou *fundoshi*), le pagne des lutteurs de sumo, d'une veste légère en coton ornée des signes de leur équipe et de sandales en paille de riz. Cette magnifique manifestation a été inscrite au Patrimoine immatériel de l'Unesco en 2016.

QUARTIER DE HAKATA

Canal City Hakata キャナルシティ博多

À 10mn à pied à l'ouest de la gare JR Hakata.

Véritable ville dans la ville, ce vaste complexe commercial de style américain, inauguré en 1996, se déploie sur 240 000 m² près de la Naka-gawa. Les eaux de la rivière ont été en partie détournées pour former un canal artificiel qui s'écoule au milieu d'un amphithéâtre central entouré de bâtiments colorés où jaillissent d'immenses jets d'eau à intervalles réguliers. Les arcades abritent un multiplexe de 13 écrans, des hôtels, un théâtre de variétés, des centaines de boutiques, restaurants et salles de jeux. Spectacles de rue et concerts s'y déroulent à toute heure de la journée.

Kushida-jinja 櫛田神社

À 10mn à pied du métro Gion - 4h-22h, musée : tlj sf lun. 10h-17h - 300 ¥.

Un superbe gingko millénaire marque l'entrée de ce sanctuaire fondé en 754 (les bâtiments actuels datent de 1587) qui sert chaque été de point de départ au spectaculaire festival Yamagasa *(voir encadré ci-dessus)*. Un petit musée expose les autels colossaux et richement ornés qui sont portés durant le festival.

★ Musée Hakata Machiya 博多町屋ふるさと館

Face au sanctuaire - 10h-18h (dernière entrée 17h30) - fermé 29-31 déc. - 200 ¥.

Distribuées au sein de plusieurs maisons restaurées de marchands de l'ère Taisho (1912-1926), les collections de ce musée d'art populaire mettent en scène la culture et l'art de vivre traditionnel de Hakata. Des intérieurs de boutiques du début du siècle ont été fidèlement reconstitués et des artisans font régulièrement des démonstrations de leurs spécialités : fabrication de poupées locales, toupies, tissage de la soie et d'objets en lamelles de bois, etc. Une vidéo de 20mn présente en outre le festival Yamagasa.

Shofuku-ji 聖福寺

À 15mn à pied au nord de la gare JR Hakata, ou 5mn à pied du métro Gion - gratuit.

Il s'agit du plus vieux temple zen du Japon, fondé par le moine Eisai à son retour de Chine en 1195. Eisai fut aussi celui qui introduisit le thé dans l'archipel. Le bel édifice en bois à double toit *(ne se visite pas)* a, comme souvent au Japon, été détruit et reconstruit plusieurs fois au cours des siècles. Seul le jardin du temple est ouvert au public.

Tocho-ji 南岳山東長密寺

À 5mn à pied du Shofuku-ji - gratuit.

À l'intérieur de ce temple de la secte Shingon, construit au 9e s. par le moine Kobo Daishi à son retour de Chine, se dresse le plus grand Bouddha assis en bois du Japon. Achevé en 1992 après 4 ans de travail, il fait plus de 10 m de haut et cache derrière lui une salle des trésors ouverte au public. À l'extérieur, érigée en 2011, la pagode à cinq étages (26 m) recouverte d'un vermillon vif a commémoré le 1 200e anniversaire du temple. Sous les arbres se trouvent les tombes de plusieurs membres de la famille Kuroda, les seigneurs féodaux de la province de Fukuoka.

★★ Musée d'Art asiatique 福岡アジア美術館

7F-8F Riverain Center Bldg - Mº Nakasu-Kawabata, sortie nº 6 - tlj sf merc. 10h-20h (dernière entrée 19h30) - 200 ¥.

Situé au sein d'un grand bâtiment moderne et lumineux, ce musée inauguré en 1999 est le premier au monde entièrement consacré à l'art asiatique moderne et contemporain, réunissant quelque 2 300 œuvres de peintres et sculpteurs indiens, chinois, birmans, malais, vietnamiens, thaïlandais, philippins, pakistanais et bien sûr japonais. Une bonne occasion de mesurer la stimulante vitalité et l'incroyable diversité de la scène artistique asiatique. Vous ne verrez pas ici de statues de bouddhas ni de peintures à l'encre de Chine mais des créations originales et surprenantes, souvent drôles et décalées, parfois issues de traditions populaires et ethniques et toujours d'une remarquable qualité. à côté d'artistes déjà célèbres tels Nam June Paik, Zhang Xiaogang ou Jamini Roy, le musée présente des expositions temporaires de jeunes créateurs qu'il reçoit en résidence et organise aussi une triennale d'art contemporain.

NAKASU ET TENJIN 中州・天神

Au milieu de la rivière Naka, **l'île de Nakasu** s'anime à la nuit tombée, quand ses néons jettent des reflets colorés sur l'eau. Ce quartier des plaisirs nocturnes voit alors converger des milliers de *salarymen* (employés de bureau) qui, assis au coude à coude sur les bancs en bois des *yatai*, engloutissent des bols de nouilles ou des brochettes arrosées de saké. Plus à l'ouest, le quartier de **Tenjin**, temple de la consommation, regorge de boutiques de mode et de grands magasins. Admirez en passant le bâtiment **Acros**, construit en 1995 par Emilio Ambasz, avec ses étonnants jardins en gradins.

UNE INSTITUTION GASTRONOMIQUE

Les habitants de Fukuoka aiment s'attabler pour dîner ou simplement prendre un verre dans l'un de ces nombreux *yatai*, restaurants de rue éphémères – ils sont montés et démontés tous les jours. On les trouve un peu partout, mais surtout dans le quartier de Tenjin et sur l'île de Nakasu où ils se regroupent en chapelet le long de la rivière, lampions au vent. Dès 17h le ton est donné, les rabatteurs rivalisent de sollicitations pour attirer l'attention des clients qui ont tout lieu d'hésiter. Les plus avertis rejoignent la file devant les *yatai* réputés. La cuisine proposée est simple, typique et varie selon les stands : tempura (beignets), *yakitori* (brochettes), *oden* (sorte de pot-au-feu), *ramen*… Parmi les spécialités : le *yaki mentai*, une brochette d'œufs de morue épicés ou encore les fameuses *hakata ramen*, ces nouilles servies dans un bouillon à base d'os de porc. Le confort est rudimentaire, chacun est au coude à coude, assis sur des tabourets autour du comptoir qui accueille jusqu'à une dizaine de personnes. Mais peu importe, l'ambiance est conviviale, le plaisir d'être ensemble est là et l'aube est encore loin. De nombreux *yatai* ferment un jour dans la semaine.

PAROLES D'UNE GEISHA

Umeka (« parfum de prune »), 21 ans, est l'une des 25 geishas exerçant encore de nos jours dans les maisons de thé et restaurants traditionnels de Fukuoka. Dames de compagnie et gardiennes de la tradition, elles n'ont, précisons-le, rien à voir avec les hôtesses en tenue légère qui officient dans certains bars. « Jadis, les geishas avaient un protecteur *(danna)* à qui elles accordaient leurs faveurs, mais ce n'est plus le cas aujourd'hui », raconte Umeka. Native de Fukuoka, elle a commencé son apprentissage à la sortie du lycée : « Je n'aurais jamais imaginé à quel point ce serait dur, pour une jeune fille moderne comme moi, de se former et de s'habituer à ce métier, si exigeant sur le plan artistique et humain. On travaille tous les soirs, impossible de sortir avec des amis ou d'avoir une vie de famille. »

★ QUARTIER DE MOMOCHI シーサイドももち

À 3 km au nord-ouest du centre - M° Nishijin (Kuko Line), puis 15mn à pied au nord. Cette zone en grande partie gagnée sur la mer arbore un visage ultra-moderne.

Tour de Fukuoka – *9h30-22h ; oct.-mars : 9h30-21h (dernière entrée 30mn avant la fermeture) - 800 ¥.* Taillée en fin biseau et recouverte de 8 000 miroirs, elle dévoile, du haut de ses 123 m, une **vue★** splendide sur la ville.

Robosquare – *2e ét. de la tour TNC TV, derrière la tour de Fukuoka - 9h30-18h, fermé le 2e merc. du mois (sf janv., juil., août, déc.) - gratuit.*

Une centaine de robots et humanoïdes, y sont présentés en permanence.

Musée municipal de Fukuoka – *À 5mn à pied au sud - fermé pour travaux jusqu'en 2019.* Il conserve en particulier un **sceau en or★** offert en l'an 57 par un empereur chinois de la dynastie des Han (206 av. J.-C. - 220 apr. J.-C.).

Hawk's Town – *Plus à l'est, M° Tojin-machi, puis 10mn à pied.* Au sein de ce complexe gagné sur la mer se dressent le futuriste **Fukuoka Yahoo! Japan Dome**, stade de l'équipe de base-ball des Fukuoka Softbank Hawks, et l'hôtel **Hilton Fukuoka Sea Hawk** de l'architecte Cesar Pelli, dont l'atrium abrite une spectaculaire jungle tropicale.

À proximité Carte de région p. 536

★★ DAZAIFU 太宰府 B2

À 15 km au sud-est de Fukuoka. De la station Nishitetsu Fukuoka à Tenjin, prenez la ligne de train privée Nishitetsu Omuta en changeant à Nishitetsu Futsukaichi (30mn, 400 ¥) jusqu'à Daizafu. Office de tourisme et location de vélos à la sortie de la gare.

★ Dazaifu Tenmangu 太宰府天満宮

À 5mn à pied au nord de la gare - gratuit. Un ravissant pont voûté au-dessus d'un étang conduit à ce sanctuaire fondé en 905. L'actuel bâtiment, de style Momoyama (1586), est classé Trésor national. Il fut élevé à la mémoire de Sugawara no Michizane (845-903), un fameux érudit, poète et ministre, qui vécut à la cour de Kyoto avant de tomber en disgrâce et d'être exilé à Dazaifu. Après sa mort, le peuple le divinisa en *kami* de la littérature et de la calligraphie sous le nom de **Tenman Tenjin** (ou encore Tenmangu). Partout au Japon, d'autres sanctuaires lui sont dédiés. Chaque année, des milliers d'étudiants en quête de réussite aux examens viennent ici prier sa statue. L'agréable jardin du sanctuaire comprend des milliers de pruniers japonais *(ume)* dont la floraison est célébrée par un festival le 25 février.

★★★ **Musée national de Kyushu** 九州国立博物館
Attenant au sanctuaire - www.kyuhaku.com - ♿ - tlj sf lun. 9h30-17h (dernière entrée 16h30) - 430 ¥ (enf. 130 ¥).
Inauguré en 2005, le bâtiment dessiné par Kikutake Kiyonori est en lui-même une curiosité architecturale avec son gigantesque toit bleu en titane (160 m de long sur 80 m de large) qui ondule comme une vague et ses larges baies vitrées sur lesquelles vient se refléter la forêt alentour. L'intérieur est vaste et lumineux. Dernier-né des musées nationaux après ceux de Tokyo, Kyoto et Nara, il traite de l'histoire du Japon sous l'angle de ses échanges avec le reste de l'Asie. Les collections permanentes, exposées par roulement, suivent un ordre chronologique : préhistoire et période Jomon *(salle 1)* ; périodes Yayoi et Kofun *(salle 2)* ; Antiquité : époques de Nara et de Heian *(salle 3)* ; Moyen Âge : époques de Kamakura et de Muromachi *(salle 4)* ; époque moderne, de l'ère Momoyama à l'époque d'Edo. Au rez-de-chaussée, l'espace interactif **Ajippa** invite les enfants à découvrir les cultures asiatiques.

NOS ADRESSES À FUKUOKA

TRANSPORTS

En avion

Aéroport de Fukuoka – À 2 stations de métro de la gare JR de Hakata *(5mn de trajet, 260 ¥)* par la Fukuoka Airport Line. De Tokyo, départ presque ttes les 20mn, entre 6h15 et 20h *(2h, env. 30 000 ¥)*.

En train

Gare de Hakata – De Tokyo, le plus rapide est le Shinkansen Nozomi *(4h45, 22 950 ¥)*, mais il ne fonctionne pas avec le Japan Rail Pass. On peut utiliser le JR Pass dans les Hikari & Sakura avec un changement à Shin-Osaka ou Okayama *(6h)*. Le **JR Kyushu Pass** permet de circuler sur tout le réseau JR de Kyushu durant 3 *(15 000 ¥)* ou 5 jours *(18 000 ¥)*.

HÉBERGEMENT

PREMIER PRIX

Wafu Ryokan Kashima Honkan
和風旅館・鹿島本館
3-11 Reisen-machi, Hakata-ku - ☎ (092) 291 0746 - 27 ch. à partir de 10 000 ¥. Élégant ryokan construit à l'époque Taisho (1912-1926). Cadre superbe, chambres japonaises et accueil très sympathique en anglais, le tout servi par des prix modestes. *O-furo.*

BUDGET MOYEN

Takakura Hotel Fukuoka
タカクラホテル福岡
2-7-21 Watanabe-dori, Chuo-ku - ☎ (092) 731 1661 - www.takakura-hotel.co.jp - 107 ch. Belles chambres. Service impeccable. Prix fixes pendant la Golden Week.

UNE FOLIE

Royal Park ロイヤルパーク
2-14-15 Hakataekimae, Hakata-ku - à 5mn à pied de la gare JR Hakata, West 13 Exit - ☎ (092) 414 1111 - www.rph-the.co.jp/fukuoka - 172 ch. 2 suites - 15 000/42 000 ¥, ☕ 1 782 ¥. Immeuble moderne bien situé, à côté de la gare mais dans une petite rue tranquille. Chambres et salles de bains de bonne taille.

Forza フォルツァ
4-16 Hakataeki Chuogai, Hakata-ku, à deux pas de la gare JR Hakata, sortie Chikko - ☎ 092 473 7111 - www.hotelforza.jp/hakata - 170 ch. - 14 000/30 000 ¥, ☕ 1 200 ¥. Contemporain et fonctionnel, cet hôtel a aussi plein d'attentions pour ses clients, comme la

machine à café à disposition dans le lobby lounge.

RESTAURATION

Fukuoka

Parmi les nombreuses adresses ouvertes tard dans la nuit, les plus populaires sont les *yatai*, échoppes de rue. Une centaine subsistent le long de la rivière Naka *(voir p. 541)*.

PREMIER PRIX

Maruyoshi まるよし
Kokutai-doro, Chuo-ku - (090) 3196 1920 - www.q-fukuoka.com/yatai-maruyoshi - tlj sf dim. et jour d'importantes intempéries 19h-3h - . Inaugurée il y a 30 ans, la maison sert une spécialité de *motsu-nabe*, soit des tripes bouillies avec des feuilles de *nira* (cive chinoise), du choux, de l'ail et du piment.

Canal City Hakata キャナルシティ博多
1-2-Sumiyoshi, Hataka-ku - www.canalcity.co.jp - 11h-23h - 700 à 5 000 ¥. Au dernier étage de ce temple consumériste, 8 restaurants servent des *ramen* (nouilles) issues des quatre coins du Japon *(à partir de 700 ¥ env.)*.

BUDGET MOYEN

Motsu Ryori Kawano もつ料理かわ乃・春吉本店
2-16-8 Haruyoshi, Chuo-ku - (092) 761 2926 - motsunabeya.com - 17h-0h - . Un établissement très années 1950 spécialiste de plats locaux traditionnels. La carte varie selon les saisons ; les tripes sont toujours d'actualité.

Shinshusoba Murata 信州そば むらた
2-9-1 Reisenmachi, Hakata-ku, M° Gion - (092) 291 0894 -11h30-21h - fermé 2e dim. du mois - menus déj. 2 800/3 800 ¥, carte 750/4 500 ¥; menus dîner 3 500/5 500 ¥, carte 750/4 500 ¥. Grand choix de préparations de *soba*, nouilles à base de sarrasin, à déguster chaudes ou froides.

POUR SE FAIRE PLAISIR

Sushi Yamanaka 寿司やま中
2-8-8 Watanabe-dori, Chuo-ku - (092) 731 7771 - www.sushi-yamanaka.jp - tlj sf dim. 11h30-22h - menus déj. 2 160/8 640 ¥, menus dîner 8 640/32 400 ¥. Près du métro Yakuin, ce bar à sushis mérite doublement le détour. D'abord pour sa lumineuse architecture intérieure, œuvre du célèbre Isozaki Arata. Ensuite pour la qualité de sa cuisine, à base des meilleurs poissons et fruits de mer frais du jour.

Yoshizuka Unagiya 吉塚うなぎ屋
2-8-27 Nakasu, Hakata-ku, à 7mn à pied au sud-ouest du M° Gion par Kokutai-dori - (092) 271 0700 - www.yoshizukaunagi.com - 11h-21h - fermé merc., mi-août, fin déc.-déb. janv. - menus déj. 724/8 316 ¥, carte 1 598/8 000 ¥; menus dîner 5 724/8 316 ¥, carte 1 598/8 000 ¥. Sur l'île de Nakasu, il vous faudra peut-être patienter un peu avant d'obtenir une table dans ce restaurant renommé pour ses plats à base d'anguille.

Dazaifu

BUDGET MOYEN

Ume-no-hana 梅の花
4-4-41 Zaifu - (0120) 28 7787 - www.umenohana.co.jp - 11h-16h30 (dernière commande 15h30), 16h30-22h (dernière commande 21h). Superbe restaurant traditionnel de tofu. Une adresse excellente à des prix très raisonnables. Le déjeuner à partir de 3 020 ¥ est un grand moment. Copieux et raffiné.

Saga 佐賀 et ses environs

236 398 habitants – préfecture de Saga

Située au nord de Kyushu, entre les préfectures de Fukuoka et de Nagasaki, Saga est connue dans tout le Japon depuis le 17e s. pour la qualité de sa production de céramique. Toujours très actifs, les centres historiques de Karatsu, Imari et tout particulièrement Arita, sont les plus importants car ils ont contribué de façon essentielle à élever au rang d'art cet artisanat venu de Corée et à le faire connaître internationalement. Comme ailleurs sur Kyushu, Saga est soumise à l'intense activité volcanique de l'île et dispose de plusieurs stations thermales réputées.

NOS ADRESSES PAGE 550
Hébergement, restauration, achats, activités, etc.

S'INFORMER

Saga Tourist Information Center – Dans la gare JR de Shin-Tosu sur la ligne JR Nagasaki - *9h-18h - infos en anglais.* Également **Saga Travel Call Center** – 24h/24 en anglais au *☎ 0952 20 1601 et application gratuite à télécharger sur http://saga-travelsupport.com/lp/.*

Karatsu Tourist Office – À l'intérieur de la gare - *☎ (095) 572 4963 - tlj 9h-18h.*

Imari Tourist Office – À l'intérieur de la gare de Imari - *☎ (095) 523 3479 - tlj 9h-18h.*

Arita Tourist Office – En face de la gare - *☎ (095) 542 4052 - tlj 9h-17h.*

SE REPÉRER

Carte de région p. 536, B1 – Saga se trouve à 78 km au sud-ouest de Fukuoka.

À NE PAS MANQUER

Une visite au village de Arita, avec ses boutiques et ses ateliers ; Okawachiyama ; le Kunchi Matsuri de Karatsu (automne).

ORGANISER SON TEMPS

Comptez une journée par ville et une autre pour ses alentours.

AVEC LES ENFANTS

Le château de Saga ; le Saga Prefectural Space & Science Museum.

Se promener

SAGA

Chef-lieu de la préfecture éponyme, Saga (240 000 hab.) se situe au bord de la mer d'Ariake. Prospérant durant toute l'époque d'Edo sous l'égide du clan Nabeshima, notamment grâce aux céramiques de Karatsu, Imari et Arita *(voir p. 548)*, la ville est officiellement établie en 1889 après la restauration Meiji. Tendre et savoureuse, la viande de bœuf de Saga est connue dans tout le pays.

Saga Castle History Museum 佐賀城本丸歴史館

À 10mn en bus de la gare JR Saga (porte 3), arrêt Sagajo-ato, ou 25mn à pied - www.sagajou.jp - 9h30-18h - gratuit.

Le château a été construit au début du 17e s. par le puissant clan Nabeshima, en lieu et place d'un village fortifié. De la construction initiale, seule la porte Sachi aux massives fondations de pierre a survécu. En 2004 a été entreprise la reconstruction du bâtiment principal tel qu'il fut édifié en 1838 : il demeure le plus grand château en bois reconstruit au Japon et un parfait exemple de l'architecture traditionnelle de la fin de l'époque d'Edo. C'est aujourd'hui le musée d'Histoire de la ville.

★★ Yoshinogari Historical Park 吉野ヶ里歴史公園
Ligne JR Nagasaki, arrêt Kanzaki ou Yoshinogari Koen, puis 15mn à pied - www.yoshinogari.jp/en/ - 9h-17h (juin-août : 18h) - 400 ¥.
Entre les 3e s. av. J.-C. et 3e s. ap. J.-C., les autochtones du nord de Kyushu, se mêlant aux migrants venus de Corée et de Chine, se fixent à proximité des premières cultures rizicoles. Au pied des verdoyantes collines Yoshinogari, à la suite de fouilles archéologiques, ont été reconstitués les éléments de cette culture nommée **Yayoi** : douves, grandes tours de guet, maisons à demi enterrées aux toits de chaume… Des objets et d'impressionnantes jarres-cercueils en argile sont présentés dans une belle scénographie.

★ KARATSU 唐津 ET LA PÉNINSULE DE HIGASHI MATSUURA A1

À 50 km au nord-ouest. De la gare JR Saga, ligne JR Karatsu (env. 1h10, 1 110 ¥). Office de tourisme dans la gare.
Cette ville de bord de mer (134 000 hab.) est célèbre dans tout le Japon pour ses **poteries**. Cuites à haute température, ces céramiques d'influence coréenne sont revêtues d'une couverte opaque, brun foncé ou noire, ou d'une glaçure blanche grattée de décors floraux. Très recherchées par les adeptes de la cérémonie du thé, elles atteignent souvent des prix astronomiques. En ville, de nombreux fours-ateliers permettent d'observer les artisans au travail.
★ Four de Nakazato Taroemon – *À 5mn à pied au sud-est de la gare JR - 9h-17h30 - gratuit.* Ce four à trois chambres brûlant depuis 14 générations, est sans doute le plus fameux. Il fonctionne encore une fois par mois pendant environ deux jours. Il comprend aussi une galerie-musée.
Château de Karatsu – *À 20mn à pied au nord de la gare - 9h-17h (dernière entrée 16h40) - 410 ¥.* Perché sur une butte dominant la mer, il fut érigé en 1602 par le *daimyo* Terasawa Hirotaka, un vassal de Toyotomi Hideyoshi. Démantelé durant l'ère Meiji, il a été reconstruit en 1966.
★ Ancienne résidence Takatori – *À 10mn à pied du château ou 20mn de la gare JR Karatsu - 9h30-17h - fermé lun. et 29-31 déc. - 510 ¥ réserv. obligatoire au ✆ 0955 75 0289.* Takatori Koreyoshi (1850-1927), magnat de l'industrie du charbon, a fait construire cette résidence de luxe de bord de mer dans un souci du détail impressionnant. Fabuleusement restaurée, elle témoigne du mode de vie de la haute bourgeoisie de l'ère Meiji : habitat scindé en deux parties dédiées aux propriétaires et aux invités, jardin zen, salon de thé, scène de théâtre nô… Du premier étage, on admire un magnifique jardin en harmonie parfaite avec la plage et les îles de la baie de Karatsu au loin.
Pinède Niji-no-Matsubara – *À 5mn à pied de la gare Higashi-Karatsu (ligne Karatsu) ou 2mn de la gare Niji-no-Mastubara (ligne Chikuhi).* En contrebas du mont Kagami *(voir ci-après)*, bordant la longue plage de Matsubara, « la pinède de l'arc-en-ciel » est une belle plantation de pins noirs établie au 17e s. D'environ 500 m de large et 5 km de long, d'une superficie de 240 ha, elle permet de freiner le vent et de stopper l'érosion des dunes par les marées.
★ Hikiyama Float Exhibition Hall – *À 10mn à pied de la gare de Karatsu sur les lignes JR Karatsu et Chikuhi - 9h-17h - fermé 1er mars et merc. de nov. et déc., 29-31 déc. - 300 ¥ (enf. 150 ¥).* Ce hall d'exposition permet d'admirer les chars participant au **festival Kunchi** organisé chaque automne par le sanctuaire

shinto voisin. Ces gigantesques embarcations sur roues, fabriquées à base de bois, d'argile, de chanvre, de papier et décorées de laque, pèsent de 2 à 5 t. Depuis 1819, les chars en forme de casques de samouraïs, lions, dragons, poissons… arpentent ainsi les rues de Karatsu, tirés par 14 équipes correspondant aux 14 anciens quartiers commerçants de la ville.

★ **Observatoire du mont Kagami** – *À 10mn en taxi de la gare JR Niji-no-Matsubara.* Entièrement recouvert d'azalées et de cerisiers au printemps, le mont Kagami s'élève à 284 m. À son sommet, une plateforme d'observation offre une somptueuse vue panoramique sur la baie de Karatsu.

Pour visiter les sites de la péninsule de Higashi-Matsuura décrits ci-dessous, il est plus facile de se déplacer en voiture.

Marché aux poissons de Yobuko – *À 40mn en bus de Karatsu par les bus Showa dir. Yobuko, puis rue piétonne Sakana Ichiba à 5mn à pied - 7h30-12h.* Pour ne rien manquer du spectacle de ce pittoresque marché populaire de calamars, poulpes et oursins, il est conseillé d'arriver tôt le matin. Après avoir été séchés sur d'étranges tourniquets le long des quais, les calamars sont vendus par lots accrochés à des filins. Dans les restaurants alentour, ils se dégustent vivants, découpés en sashimis.

★ **Château de Hizen Nagoya** – *À 40mn en bus de Karatsu par les bus Showa dir. Hado Misaki, arrêt Nagoya-jo Hakubutsukan Iriguchi, puis 5mn à pied - http://saga-museum.jp/nagoya/ - 9h-17h - fermé lun. et 29-31 déc. - gratuit.* Le château fut construit en 1591 sur ordre de Toyotomi Hideyoshi pour servir de base arrière à l'invasion – manquée – de la Corée et de la Chine ; il est alors abandonné et démantelé. Seuls subsistent les terrassements et les murs d'enceinte de l'immense structure originelle. Le musée tout proche propose une tablette numérique permettant de voir en virtuel la forteresse d'autrefois tout en se promenant sur le site. Depuis le plateau principal, vue panoramique sur la mer de Genkai.

★ **Rizières en terrasses d'Hamanoura** – *À 20mn en bus de Yobuko ou 45mn de Karatsu, arrêt Hamanoura/Genkai.* Ces rizières en terrasses, par leur position au creux d'une valleuse face à l'immensité de la mer, composent un paysage unique et très harmonieux. Depuis l'observatoire juste au-dessus, on peut admirer au printemps de mémorables couchers de soleil se reflétant sur les différents bassins étagés aux courbes superbes.

LES VILLES DE LA CÉRAMIQUE

À 35 km au sud de Karatsu (50mn en train par la ligne JR Chikuhi - 650 ¥).

Les villes d'**Imari**★ (伊万里) et **Arita**★ (有田) sont mondialement connues depuis le 17e s. pour leur savoir-faire en matière de céramique, un artisanat toujours vivant aujourd'hui *(voir encadré p. 548)*.

★★ **Okawachiyama** – *10mn en bus ou taxi de la gare JR Imari distante de 6 km, arrêt Imari-Arita Ware traditional Crafts Center à l'entrée du village.* Dans les hauteurs de la ville d'Imari, niché au creux de la montagne boisée et abrupte, ce village perpétue la tradition de la porcelaine à base de kaolin prélevé aux alentours. Après avoir franchi un pont décoré de céramiques blanche et bleu cobalt, on visite à pied les ruelles bordées de bâtisses anciennes équipées de **fours** toujours actifs, d'**ateliers**, de **galeries**. Les pièces d'exception produites ici depuis le 17e s. sont estampillées Iro-Nabeshima. Vous pourrez admirer la beauté des objets produits et la variété architecturale des maisons de marchands dont l'histoire traverse les époques Edo, Meiji, Taisho et Showa. Depuis le sanctuaire Tuzan et le monument dédié à Ri Sampei, le panorama sur le village ramassé dans une vallée légèrement encaissée est superbe.

★ **Kyushu Ceramic Museum** – *À Arita (25mn en train de Imari par la ligne Matsuura ou 40mn en train de Saga par la ligne JR Sasebo puis 10mn à pied) - 9h-17h - fermé lun., 29-31 déc. - gratuit.* Idéal pour s'initier aux différents styles de céramiques de Kyushu, ce musée préfectoral expose en détail les caractéristiques de chaque époque. Cinq salles présentent respectivement, l'histoire de la céramique locale, les premiers exemplaires de poterie Imari-yaki, des pièces de style Kakiemon et Kanbara, des chefs-d'œuvre du Hizen Kokaratsu et Nabeshima Ware, et surtout 1 000 pièces Arita-yaki de la collection Shibata datant de l'époque d'Edo.

★ **Four de Kakiemon** – *352 Nanzan - à 10mn en bus ou taxi de la gare JR Arita - 9h-17h - gratuit.* Les artisans de ce four utilisent depuis 15 générations les techniques de leur grand maître Kizaemon Sakaida (17e s.), et plus précisément l'ingénieux procédé *Akae* de décoration sur l'émail cru. La couleur de fond blanche varie d'une teinte franche à un ton cassé suivant la couleur de la terre utilisée. Les Occidentaux ont très tôt été séduits par la finesse et la qualité de ces décorations en émaux colorés. Deux halls d'exposition dont un dédié à la vente, remarquable jardin tout autour.

★ **China on the Park** – *À 10mn de la gare JR Arita par les bus Saihi en dir. de Sasebo, arrêt Haraake, puis 10mn à pied - www.fukagawa-seiji.co.jp - 9h- 17h30 - fermé 30 déc. et 1er janv. - gratuit.* Le prestigieux atelier Fukagawa Seiji crée, entre autres, les services de cérémonie de thé de la maison impériale. Sa galerie-musée, immense volume contemporain avec mezzanine-salon de thé, abrite de somptueuses pièces de fine porcelaine blanche transparente ainsi que des poteries savamment colorées et ouvragées, spécialités locales datant du 19e s. Possibilité de faire sa propre peinture sur céramique dans l'atelier attenant à la boutique.

★ **Four de Gen-Emon** – *2726 Maruo-hei, à 10mn en bus ou taxi de la gare JR Arita - 8h-17h30 - fermé dim. - gratuit.* Posé à flanc de colline, ce célèbre four alimenté avec des bûchettes de pin rouge fonctionne depuis 250 ans. Toutes les étapes de production des poteries de style contemporain sont encore effectuées à la main, chaque artisan excellant dans sa propre discipline, façonnage, peinture… La visite permet d'observer les ateliers en activité derrière une vitre et de découvrir l'intérieur d'un four. Après la première cuisson, le trait de dessin de cobalt noir devient bleu comme par magie.

LES ORIGINES DE LA PORCELAINE JAPONAISE

Suite aux campagnes d'invasion japonaise en Corée entre 1592 et 1598, de nombreux potiers et céramistes de talent furent ramenés de force au nord-est de Kyushu. Vers 1615, sur le site d'Izumiyama proche de Arita, l'un deux, Ri Sampei, découvre un gisement de kaolin de grande qualité. Très réfractaire, ce matériau permettra la production de porcelaines blanches, simples, à émaux bleus sous couverte et en céladons, connues sous le nom de ko-Imari. Les fours d'Okawachiyama, petit village secrètement gardé par le clan Nabeshima, se multiplient. Très prisées par la haute société urbaine japonaise et par les cours européennes, pour leur grande qualité, les céramiques Imari-yaki, Arita-yaki ou Hizen-yaki seront acheminées vers l'Europe jusqu'en 1757 via le port d'Imari, grâce aux navires de la Compagnie des Indes orientales hollandaises. De très belles pièces de cette époque sont visibles aujourd'hui dans des musées européens, comme le musée Ariana à Genève (Suisse) ou la collection de porcelaines du Zwinger à Dresde (Allemagne).

TAKEO ONSEN ET ALENTOUR

Takeo Onsen 武雄温泉

À 15 km à l'est de Arita (20mn en train par la ligne JR Sasebo - 280 ¥).

Au pied du mont Horai, la station thermale de Takeo attire les visiteurs depuis 1 300 ans grâce aux vertus de ses eaux chaudes alcalines, réputées pour rendre la peau douce. Les bâtiments de bains se trouvent regroupés au centre de la vieille ville derrière la **Romon**. Cette grande porte rouge coiffée d'un toit à auvent, édifiée en 1914 par Tatsuno Kingo l'architecte de la gare de Tokyo, a été récemment restaurée. Toujours ouvert au public, Tonosama-yu, le plus ancien des bains orné de marbre, était réservé aux seigneurs au 18e s.

★ Saga Prefectural Space & Science Museum

À 10mn en bus de la gare de Takeo-Onsen sur la ligne JR Sasebo - www.yume-ginga.jp - 9h30-18h - fermé lun. et 29-31 déc. - 510 ¥ (planétarium 510 ¥ en sus) ou planétarium seult 510 ¥ (enf. 200 ¥ chaque) ; ticket journée 910 ¥ (enf. 360 ¥).

La structure audacieuse de ce musée reproduit une base de lancement vers l'espace ; la fusée étant remplacée par un ascenseur central reliant 3 niveaux : l'un consacré aux expériences pour enfants, le 2e à la terre et à l'univers et le dernier aux différents écosystèmes de la région. Le planétarium est l'un des plus modernes au monde (sièges dynamiques, vision en 3D) et parmi les attractions remarquables, citons la machine à tremblement de terre, la boule gyroscopique d'entraînement des cosmonautes et le simulateur d'apesanteur.

★ Yutoku Inari jinja 祐徳稲荷神社

À 28 km au sud de Takeo Onsen - 30mn en train de Takeo-Onsen par les lignes JR Sasebo et Nagasaki avec changement à Hizen-Yamaguchi (560 ¥) puis 10mn en bus de la gare JR Hizen-Kashima, arrêt Yutoku Inari jinja-mae - www.yutoku-san.jp/en/- tlj - gratuit.

Dressé à flanc de colline sur d'imposants pilotis, Yutoku Inari jinja est le troisième plus grand sanctuaire shinto du pays dédié au dieu Inari, protecteur du riz. Il attire des milliers de visiteurs chaque année en quête de prospérité et de chance dans les affaires, notamment à l'occasion du jour de l'An. Son plus ancien bâtiment, consacré à un esprit protecteur du clan Nabeshima, a été érigé en 1688. Dans l'enceinte du bâtiment principal est vénéré Iwasaki-Sya, le dieu du mariage apportant bonheur et richesse aux nouveaux élus.

NOS ADRESSES À SAGA ET ALENTOURS

TRANSPORTS

De Hakata pour Saga, Ltd Exp. Kamome *(36mn, 2 450 ¥)*. De Saga vers Nagasaki, Ltd Exp. Kamome *(1h15mn, 3 880 ¥)*. De Hakata vers Arita, train ttes les h en JR Midori *(1h20, 2 750 ¥)*. De Arita, trains Matsuura pour Imari *(3/h, 30mn, 560 ¥)*. Pour Takeo Onsen *(15mn, 280 ¥)* et Nagasaki via Haiki, en Ltd Exp. Midori puis JR SeaSide Liner *(2h, 2 470 ¥)*.

HÉBERGEMENT

Karatsu

BUDGET MOYEN

Dai-ichi Riviere 第一リベール

1-9 Higashimachi - ✆ (095) 575 2000 - http://www.kugimoto.co.jp - 154 ch. - 8 800/13 000 ¥ - ☕ 800 ¥. Certaines chambres – et le onsen – de cet hôtel moderne situé sur les bords de la rivière Matsuura ont vue sur le château et la pinède Niji-no-Matsubara.

Takeo Onsen

UNE FOLIE

Ogiya 扇屋 *7399 Takeomachi - ✆ (095) 422 3188 - www.ougiya.com - 8 ch. - 16 350/39 030 ¥/pers. avec dîner.* Magnifique ryokan où vous apprécierez tout le raffinement de la tradition. Chambres japonaises ; certaines disposent d'un bain privé.

RESTAURATION

Karatsu et péninsule de Higashi Matsuura

BUDGET MOYEN

Yamashige 山茂
1674 Konyamachi - ✆ (095) 573 0201 - 11h30-14h, 16h30-22h - fermé dim. - menus déj. 1 620/6 480 ¥, carte 3 000/6 000 ¥ ; menus dîner 1 620/6 480 ¥, carte 3 000/6 000 ¥ - seat charge 324/432 ¥. À 2mn à pied de la gare JR, ce restaurant propose un grand choix de produits de la mer (notamment des sashimi de calamars) ou du bœuf de Saga.

Kabeshima かべしま
260-1 Yobukochokabeshimasugi - ✆ 0955 82 5187 - 11h-20h - menus 2 808/4 212 ¥, carte 1 500/4 000 ¥. Sur l'île de Kabe, en face de Yobuko, vous vous régalerez de sashimi et autres délices marins extra-frais en contemplant le paysage depuis la salle panoramique.

Arita

BUDGET MOYEN

Café Hestia
972-31 Hommachi Hei - ✆ (095) 525 9389 - tlj sf lun. 9h-17h30. Inspiré par son apprentissage aux quatre coins du monde, le chef a élaboré une carte au carrefour de l'Europe et de l'Asie tout en mettant l'accent sur les produits locaux (asperges) ainsi que les spécialités (go-Tofu). Logé dans le bureau d'informations de la ville, en face de la gare.

ACTIVITÉS

Grottes Nanatsugama – *40mn en bus de Karatsu par les bus Showa, puis se rendre à pied (5mn) à l'embarcadère Marinepal Yobuko des vedettes de croisière sur le port. Mars-nov. : 9h30-16h30, dép. ttes les h, 40mn - 1 500 ¥, enf. 750 ¥.* Les sept grottes de Nanatsugama se découvrent uniquement à l'occasion d'une croisière au départ du port de Yobuko.
De type orgues volcaniques, elles ont été façonnées et creusées durant des siècles par les vagues de la mer de Genkai. Par beau temps, le basalte noir des grottes contraste avec le vert lumineux du plateau herbeux présent en haut de la falaise. À marée haute, le bateau peut s'engouffrer sur 50 m environ sous la voûte de 3 m de l'une des cavités : un spectacle grandiose !

AGENDA

Foire de la céramique à Arita – *fin avr.-déb. mai.*

Saga International Balloon Fiesta – *fin oct.-déb. nov.* Compétition internationale accueillant une centaine de montgolfières venues du monde entier.

Festival Karatsu Kunchi – Du 2 au 4 nov., défilé dans la ville et sur la plage des 14 chars *(voir p. 546)*. Une grande fête populaire.

Nagasaki 長崎

★★

429 644 habitants – préfecture de Nagasaki

Nagasaki, le « long cap », s'enroule au fond d'une baie remarquable, sorte de fjord étroit encerclé de collines où s'accrochent d'anciennes maisons coloniales. Dès le 16e s., ce port naturel en eaux profondes attira galions portugais et jonques chinoises, jésuites en soutane et marchands aventuriers. Durant les deux siècles d'isolement (« sakoku ») du Japon, de 1641 à 1853, Nagasaki fut la seule fenêtre ouverte sur le monde extérieur. De cette histoire originale, sous les influences croisées de l'Orient et de l'Occident, la ville a gardé un charme discrètement cosmopolite et une forte minorité chrétienne, longtemps persécutée. Cible de la seconde bombe atomique, Nagasaki abrite, comme Hiroshima, son parc de la Paix où plane le souvenir poignant de cette tragédie. Un épisode douloureux qui n'a pas empêché la ville de renaître en une cité portuaire moderne et animée, portée par une construction navale (Mitsubishi) dynamique.

NOS ADRESSES PAGE 560
Hébergement, restauration, achats, activités, etc.

S'INFORMER

Office du tourisme de Nagasaki – *Dans le hall de la gare JR* A2 - *(095) 823 3631 - http://travel.at-nagasaki.jp/en/ - 8h-20h.*

Unzen Tourist Association – *Bureau d'information en face de la poste, 320 Unzen Obamacho - 0957 73 3434 - www.unzen.org/e_ver/ - 9h-17h.*

Shimabara City Office – *Bureau d'information à un pâté de maison à gauche en sortant de la gare de Shimabara, 537 Uenomachi - 0957 63 1111 - 8h30-17h15.*

SE REPÉRER

Carte de région p. 536, A2 - à 110 km au sud-ouest de Fukuoka, Nagasaki s'étire le long de la rivière Urakami et autour d'un port cerné de collines. Plusieurs lignes de tramway parcourent la ville depuis la gare. À 2,5 km au nord de la gare se situe le quartier d'Urakami et du parc de la Paix. À 1 km au sud, le quartier nocturne de Shian-bashi et celui de Chinatown puis, sur les collines, les villas coloniales du jardin Glover.

À NE PAS MANQUER

À Nagasaki, le musée de la Bombe atomique, la vue depuis le mont Inasa, un bol de nouilles *chanpon* à Chinatown, le jardin Glover. À proximité, une excursion dans la péninsule de Shimabara pour découvrir le mont Unzen.

ORGANISER SON TEMPS

Comptez deux jours sur place et une journée en plus pour explorer la péninsule de Shimabara. Du port, il est possible de gagner en ferry l'archipel d'Amakusa avant de rejoindre ensuite Kumamoto.

Se promener Plan de la ville p. 553

★ QUARTIER D'URAKAMI 浦上 A1

Lignes de tramway nos 1 ou 3, arrêt Matsuyamamachi.
Une volée de marches mène en haut de l'esplanade du **Heiwa-koen (parc de la Paix)** A1. Là, une colossale statue pointe le pan de ciel où le cataclysme nucléaire frappa, le 9 août 1945. Plus bas, une colonne en marbre noir indique l'hypocentre de l'explosion. Juste à côté, on peut voir les vestiges de l'ancienne **cathédrale d'Urakami (Urakami Cathedral)** A1, réduite à néant par la déflagration. Construite en 1895, elle était alors le principal lieu de culte catholique du Japon et la plus grande église d'Asie. L'édifice en brique rouge, flanqué de deux tours, a été rebâti en 1959 sur son site d'origine, environ 500 m au nord-est de l'hypocentre. D'anciennes statues encadrent le parvis, qui portent les traces noirâtres de la pluie radioactive. Au nord de la nouvelle cathédrale, la **maison du docteur Nagai Takashi** *(5mn à pied au nord du parc de la Paix - 9h-17h - 100 ¥)* abrite un petit musée à la mémoire de ce radiologue (1908-1951) qui se dévoua à soigner les irradiés avant de succomber d'une leucémie.

★★ Atomic Bomb Museum A1

3mn à pied au nord de la station de tramway Hamaguchi-machi ou 3mn au sud de la station Matsuyama-machi - mai-août 8h30-18h30 (7-9 août 19h30) ; reste de l'année 8h30-17h30 - 200 ¥. Émouvant et bien documenté, le musée présente des scènes du Nagasaki avant et après l'explosion pour que les visiteurs puissent se rendre compte des désastres causés par l'arme atomique et réfléchissent à la paix dans le monde et à la dénucléarisation. Les photos et documents tournés au lendemain de la catastrophe – cadavres, mourants ou blessés atrocement défigurés – frisent souvent l'insoutenable.

★ Mémorial national de la Paix

8h30-17h30 (mai-août : 8h30-18h30 ; 7-9 août : 8h30-20h) - gratuit.
Voisin du musée, ce bâtiment de verre scandé de piliers lumineux s'articule autour d'un bassin éclairé la nuit de 70 000 diodes lumineuses. Il sert de centre de documentation et présente des témoignages écrits ou vidéo des survivants. Il abrite également un cénotaphe devant lequel les habitants de Nagasaki prient la mémoire des disparus.

AUTOUR DE LA GARE

★ 26 Christians Martyrs Memorial 日本二十六聖人記念碑 A2

À 15mn à pied de la gare de Nagasaki - musée : 9h-17h - 500 ¥ ; parc : gratuit.
En haut de la colline Nishizaka a été élevé en 1962, un siècle après leur béatification par le pape Pie IX, un monument en hommage aux 26 chrétiens – 6 étrangers et 20 Japonais – contraints de marcher de Kyoto jusqu'à ce Golgotha japonais où ils furent crucifiés, le 5 février 1597. Derrière, un petit musée retrace (objets saints, reliques, etc.) l'histoire des « chrétiens cachés » de Nagasaki.

Nagasaki Museum of History and Culture 長崎歴史文化博物館 B2

À 5mn à pied au nord de l'arrêt Sakuramachi, ligne de tramway n° 3 - 8h30-19h (dernière entrée 18h30) - fermé le 3e mar. du mois - 600 ¥.
Ouvert en 2005, ce musée raconte, à travers de nombreux objets apportés par les navigateurs portugais, chinois et néerlandais, l'histoire de Nagasaki et de ses échanges avec l'étranger.

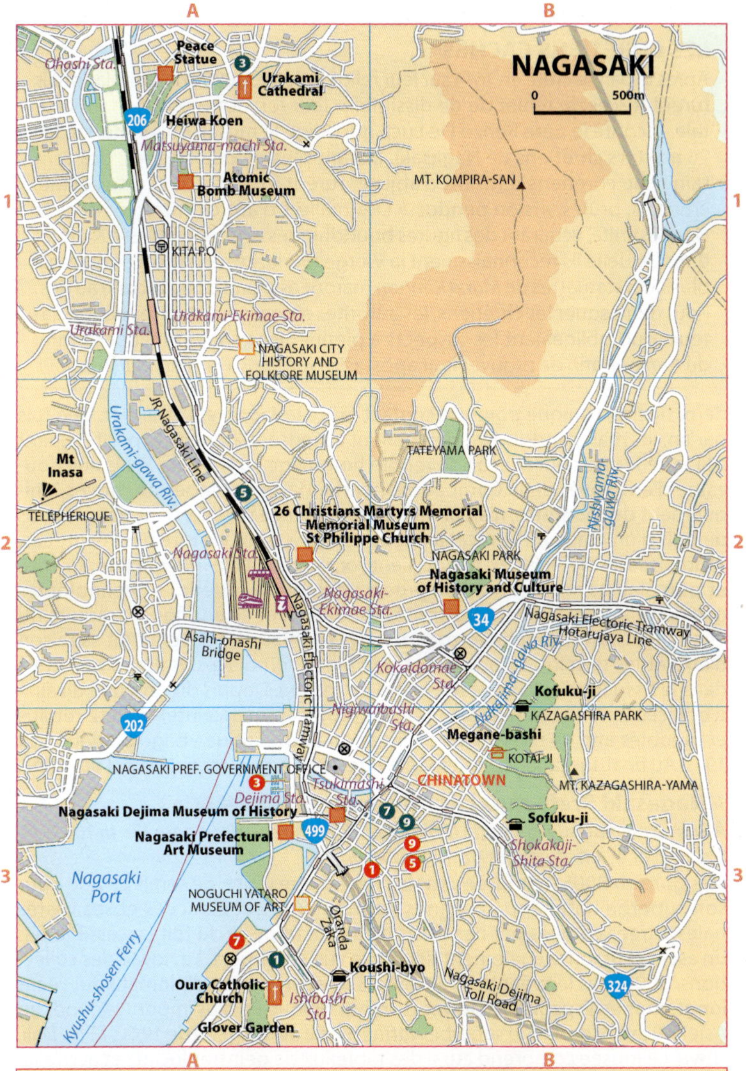

SE LOGER		SE RESTAURER	
ANA Crowne Plaza Nagasaki Gloverhill	1	Don	1
Centre catholique de Nagasaki	3	Nagasaki-koh	3
Nagasaki Washington Hotel	9	Ryotei Kagetsu	5
The Hotel Nagasaki BW Premier Collection	5	Shikairou	7
Victoria Inn	7	Yossou	9

AUTOUR DU PORT

★ Nagasaki Dejima Museum of History 出島 A3

Arrêt Dejima, ligne de tramway n° 1 - 8h30-19h - 600 ¥.

Petite île artificielle en forme d'éventail, construite en 1636 pour accueillir les Européens et éviter l'expansion du christianisme, Dejima fut, durant plus de

LES CHRÉTIENS CACHÉS

Après le ban décrété en 1614 sur leur religion, les 300 000 chrétiens japonais furent forcés de renier ou de dissimuler leur foi. « La répression fut brutale, raconte le père Renzo De Luca qui dirige le musée du Mémorial des 26 martyrs chrétiens de Nagasaki. Durant plus de deux siècles, des centaines de chrétiens refusant d'abjurer furent exécutés sur cette colline, crucifiés, brûlés vifs ou pendus. » Des milliers d'autres entrèrent dans la clandestinité, vénérant des figures bouddhiques comme la déesse Kannon dans laquelle ils reconnaissaient la Vierge Marie. Le musée conserve ainsi plusieurs statuettes de *Maria Kannon* marquées d'une croix discrète au dos. Pour démasquer les chrétiens, les autorités récompensaient les dénonciateurs puis obligeaient les suspects à piétiner les images bibliques (rituel du *fumie-e*) afin de prouver leur apostasie *(voir aussi l'île d'Amakusa p. 569).*

deux siècles, l'unique point de contact entre le Japon et l'étranger. Une fois par an, les marchands hollandais étaient autorisés à franchir le pont menant à la terre ferme pour aller à Edo rendre hommage au shogun. Seuls une douzaine d'employés de la Compagnie néerlandaise des Indes orientales, uniquement des hommes, résidaient en permanence sur l'île, dans des maisons de bois d'un étage où ils recevaient de temps à autre la visite de prostituées. Tandis que les Néerlandais négociaient l'or, l'argent, l'ivoire, les épices, soieries et porcelaines, les Japonais se préoccupaient d'acquérir les technologies occidentales en étudiant les traités médicaux et scientifiques traduits du néerlandais. Avec la réouverture du pays en 1859, l'enclave perdit sa raison d'être et les terrains autour furent peu à peu remblayés. Aujourd'hui, noyé dans le tissu urbain, le site est devenu un musée. Depuis dix ans, une dizaine d'édifices (entrepôts, maisons, temple protestant, enceinte) ont été rebâtis et meublés afin de redonner à Dejima son authentique visage du début du 19e s. Au final, un canal devrait même être creusé pour reconstituer l'île isolée.

★ Nagasaki Prefectural Art Museum 長崎県美術館 A3

À 3mn à pied au sud-ouest de Dejima ou 15mn au sud de la gare JR - tlj 10h-20h, fermé 2e et 4e lun. du mois - gratuit sf expo.

Inauguré en 2005, ce musée vaut la peine d'être visité, ne serait-ce que pour son superbe bâtiment aux lignes harmonieuses et élancées et ses vastes baies vitrées cernées par des plans d'eau. La terrasse du toit (accessible par un ascenseur) offre également une belle vue sur le port. Le noyau des collections, 500 toiles léguées par Yakichiro Suma, un ancien diplomate qui vécut longtemps en Espagne, est formé d'art hispanique (le plus important fonds en Asie) : Picasso (dont une superbe *Nature morte avec pigeon* de 1941), Miro, Dalí, Goya. Le musée comprend aussi des tableaux de peintres locaux et accueille souvent d'intéressantes expositions temporaires.

Chinatown 中華街 B3

Près de l'arrêt Tsukimachi, lignes 1 et 5.

Plus petite que celles de Yokohama ou de Kobe, la Chinatown de Nagasaki est néanmoins la plus ancienne du Japon. Quatre portes ornées de dragons multicolores balisent son territoire, qui s'étend en fait sur 200 m le long d'une rue commerçante où s'alignent des boutiques et restaurants fermant de bonne heure. L'allure modeste du quartier ne rend pas compte de l'influence des commerçants chinois et de leurs apports sur l'art, l'architecture et les traditions culinaires de la ville. Au 17e s., environ 10 000 des 60 000 habitants de Nagasaki étaient chinois et la communauté reste très dynamique. Profitez d'une halte repas pour goûter la spécialité locale, le *chanpon*, soupe de nouilles épaisses assorties de divers ingrédients (porc ou fruits de mer, choux, légumes).

L'île artificielle de Dejima, lieu de commerce entre Néerlandais et Japonais de 1641 à 1853.
F. Guiziou/hemis.fr

QUARTIER HANAMO-MACHI

★ Sofuku-ji 崇福寺 B3

Arrêt Shokakuji-shita, terminus des tramways n°s 1 et 3 - 8h-17h - 300 ¥.

Au bout de l'allée des temples, ce flamboyant édifice, rattaché lui aussi à la secte zen Obaku, fut édifié par la communauté chinoise de Nagasaki en 1629. Les marins chinois y vénéraient Masa, leur divinité protectrice, dont ils déposaient la statue durant leur escale. La seconde porte et le bâtiment principal sont classés Trésors nationaux.

Kofuku-ji 興福寺 B2/3

À 5mn à pied de l'arrêt Kokaido-mae, tramways n°s 3, 4 et 5 - 8h-17h - 300 ¥.

Dans le quartier de Teramachi, ce temple de style Ming fut fondé par un moine zen Obaku en 1620. On peut y boire un thé *matcha* assis face à son paisible jardin.

Megane Bashi 眼鏡橋 B3

Entre le temple Kofuku-ji et l'arrêt Nigiwaibashi (tramways 4 et 5).

Le « pont des lunettes », ainsi surnommé pour ses deux arches se reflétant dans l'eau de la rivière Nakashima, date de 1634. De style chinois, c'est le plus vieux pont en pierre du Japon.

AUTOUR DE ORANDA ZAKA オランダ坂 A3

À 5mn à pied de l'arrêt Shiminbyoin-mae, ligne 5.

À partir de 1859, les étrangers quittèrent Dejima pour s'installer dans ce quartier résidentiel dont les rues pavées en pente douce étaient surnommées les *Oranda Zaka* ou « pentes hollandaises » (à cette époque, tous les Européens étaient encore nommés « Hollandais » par les habitants de Nagasaki). Les banques et les commerces avaient leur siège en bas de la colline tandis que des maisons de style occidental, des écoles et des consulats s'accrochaient le long de la côte. Plusieurs résidences en bois du quartier ont été restaurées et accueillent de petits musées, dont le **musée de la Photographie** *(4mn à pied de l'arrêt de tramway Ishibashi - tlj sf lun. 9h-17h - 100 ¥)* qui expose une collection de clichés de Nagasaki de la fin du 19e et du début du 20e s.

★★ Glover Garden グラバー園 A3

5mn à pied depuis Ouratenshudo-shita, ligne de tramway n° 5 - 8h-18h (jusqu'à 21h durant la Golden Week et 22-25 déc. ; 19 juil.-9 oct. : 8h-21h30) - 610 ¥.

C'est sur cette colline dominant le port, à la limite sud de l'ancienne concession européenne, que résidait, au milieu du 19e s., la petite élite occidentale. Un musée en plein air a reconstitué neuf des élégantes villas coloniales de bardeaux et de pierre entourées de jardins. En dépit de la foule et d'une ambiance de « jardin enchanté » un peu mièvre, la minutie de la mise en scène, avec ses intérieurs meublés d'antiquités et de photos de famille, incite l'imagination à vagabonder. *Débutez la visite par le sommet de la colline que vous rejoindrez par un Escalator.*

Maison Walker – Né en Angleterre en 1851, le capitaine Robert N. Walker contribua au développement des transports maritimes japonais avant de fonder à Nagasaki, en 1898, la première fabrique de boissons gazeuses (limonade et cidre Banzai). Avec Thomas Glover, ils furent à l'origine des actuelles brasseries Kirin.

Maison Ringer – Plus opulente que la précédente, sur une ossature en pierre et non en bois, la maison de Frederic Ringer date de 1865. L'homme d'affaires britannique dirigeait diverses activités (exportation de thé, compagnie de gaz et d'électricité).

Maison Alt – Autre marchand de thé britannique, William Alt vécut trois ans dans cette majestueuse maison de 1864 exhibant un large porche et une belle véranda supportée par des colonnes de style toscan.

★ **Maison Glover** – La plus imposante, élevée en 1859, appartenait à Thomas Glover, aventurier écossais aux moustaches à la Bismarck, tour à tour marchand d'armes et industriel. Avec ses quatre ailes formant une croix, c'est la plus ancienne résidence de style européen en bois au Japon. Elle est surnommée la « maison de Madame Butterfly » car, dit-on, l'épouse de Glover, une ancienne geisha, aurait inspiré le récit dont fut tiré le fameux opéra de Puccini. Au-dessus de la maison s'élève une statue de la cantatrice japonaise Miura Tamaki (1884-1946) qui fut longtemps la prima donna de cet opéra. Par ailleurs, à la sortie du parc, un dernier bâtiment expose les chars et dragons utilisés lors du festival Kunchi à l'automne.

PAPILLON, CHRYSANTHÈME ET HORTENSIA

Durant l'ère Meiji, il était assez courant chez les hommes d'affaires expatriés de Nagasaki, européens ou américains, « d'épouser » une courtisane afin de s'assurer l'exclusivité de ses faveurs, en échange de quoi elle recevait logement et argent. Ce pacte provisoire, et par nature équivoque, est sans doute à l'origine du personnage fictif et romanesque de Madame Butterfly, qui se brûle de passion pour un officier américain qui, au final, l'abandonne. À l'opposé siège la figure cynique et vénale de *Madame Chrysanthème* de Pierre Loti, inspirée d'un personnage réel, la jeune Okane-san qui fut, le temps d'un printemps, l'épouse de l'écrivain et officier de marine de passage à Nagasaki. Autre compagne, celle du médecin et naturaliste allemand Philipp Franz von Siebold, qui séjourna six ans à Dejima dans les années 1820 : la douce et belle Otaki-san. De leur amour sincère naquit un enfant mais aussi, le nom de baptême d'une fleur que von Siebold découvrit au Japon : l'*Hydrangea otakusa* qui deviendra… notre actuel hortensia.

Une tradition d'ouverture

LE « SIÈCLE CHRÉTIEN »

L'arrivée de navires portugais et chinois marque la fondation de Nagasaki en 1571. Très vite, ce qui n'était qu'un hameau de pêcheurs devient un grouillant port marchand où affluent les produits importés de Chine et d'Europe : tabac, pain, vêtements, armes à feu. Certains ont d'ailleurs gardé leur nom d'origine portugaise comme les fameux gâteaux au miel de Nagasaki, les *kasutera* (castella). Dans le sillage de François Xavier, qui fait escale au Japon de 1549 à 1552, les pères jésuites fondent des centaines d'églises à Nagasaki et dans le sud de Kyushu. L'évangélisation s'accompagne de la diffusion de livres, d'échanges artistiques et de la sensibilisation à la médecine occidentale. Mais, très vite, les nuages s'amoncellent sur la mission. L'omniprésence des jésuites inquiète le shogun qui ordonne leur expulsion en 1587. Les persécutions contre les chrétiens s'enchaînent puis culminent lors de la **grande révolte de Shimabara** *(voir p. 559)* en 1637 où près de 40 000 rebelles sont massacrés. Dès lors, durant 250 ans, les chrétiens japonais devront pratiquer leur religion en secret, victimes d'inquisitions occasionnelles. De nos jours, la ville de Nagasaki compte environ 30 000 chrétiens. Un dossier pour l'inscription des sites chrétiens du nord de l'île (130 églises) sur la liste du Patrimoine mondial de l'Unesco est en attente de décision.

DEJIMA, UNE PORTE ENTREBÂILLÉE

Moins soucieux de prosélytisme que les Portugais, les Hollandais parviennent pourtant à continuer discrètement leurs affaires au Japon. En 1641, l'île artificielle de Dejima, dans la baie de Nagasaki, leur est attribuée pour servir de base à leur commerce. Cette enclave dans laquelle ils sont strictement confinés restera le seul point de contact du Japon avec le monde extérieur jusqu'en 1855. Ainsi, dès 1720, la censure qui frappait les livres néerlandais est levée et des centaines d'étudiants affluent à Nagasaki pour étudier les arts et les sciences d'Europe. Avec la restauration Meiji, la ville redevient un port cosmopolite en pleine croissance.

LA BOMBE ATOMIQUE

Durant la Seconde Guerre mondiale, Nagasaki forme l'un des pivots du complexe militaro-industriel japonais, abritant diverses usines de fabrication d'armes, de vaisseaux et d'avions. Elle n'est pourtant pas la cible prioritaire du B-29 américain qui, dans la nuit du 9 août 1945, trois jours après le bombardement de Hiroshima, s'envole de la base de Tinian. Mais, son objectif initial – le centre industriel de Kokura (aujourd'hui Kita-Kyushu) – étant caché par les nuages, il se replie sur Nagasaki. Lâchée à l'aveuglette à 11h02, la bombe explose à 580 m d'altitude non pas sur l'usine d'aciérie de Mitsubishi mais, cruelle ironie, sur la cathédrale d'Urakami où les fidèles en prière, suite à la restauration de la liberté de religion en 1873, célébraient cette foi venue de l'Occident pour laquelle leurs aïeux avaient donné leur vie. La bombe, *Fat Man*, composée de sept kilos de plutonium, cause 70 000 morts et autant d'irradiés qui décéderont par la suite. Dix fois plus puissante que *Little Boy* à Hiroshima, elle fut heureusement moins meurtrière car le relief vallonné de Nagasaki en atténua les ondes dévastatrices.

Koushi-Byo 孔子廟 A3

3mn à pied depuis Ouratenshudo-shita, ligne de tramway n° 5 - 8h30-17h(dernière entrée 16h30) - 600 ¥.

Au pied de la colline de Higashi-yamate, ce sanctuaire haut en couleur a été construit en 1893 par les Chinois de Nagasaki en l'honneur de Confucius. Les statues des 72 disciples du maître ont été offertes par la Chine, qui a financé la réhabilitation complète de l'édifice en 1980. Juste à côté se trouve un petit musée historique exposant des pièces prêtées par le Musée national chinois et le musée de la Cité interdite à Pékin.

Oura Catholic Church 大浦天主堂 A3

Juste devant le jardin Glover - 8h-18h (dernière entrée 15mn avant) - 600 ¥.

Cette église en bois de style néogothique, ornée de beaux vitraux, a été réalisée en 1865 par des charpentiers japonais sous la direction du père Petitjean. Prêtre français et premier évêque de Nagasaki, il contribua à rétablir les liens de l'église catholique avec les « chrétiens cachés ». L'église célèbre la mémoire des 26 martyrs de 1597.

★ Mont Inasa 稲佐山 A2

Accès par téléphérique (9h-22h - 720 ¥ l'aller), départ situé à 5mn à pied à l'ouest de l'arrêt de tramway Takaramachi (lignes 1 et 3), ou en bus direct de la gare JR (20mn, 150 ¥). Haut de 333 m, le sommet de cette colline dévoile une **vue★★** fabuleuse sur la baie de Nagasaki, magique le jour et particulièrement la nuit, quand brillent les lumières de la ville.

À proximité Carte de région p. 536, A2

★ LA PÉNINSULE DE SHIMABARA 島原半島

À 60 km au sud-est de Nagasaki, cette région offre un contraste bienvenu après un séjour citadin grâce aux paysages et aux eaux volcaniques du **parc national Unzen Amakusa** (1er parc national japonais créé en 1934) qui en recouvre une grande partie.

★ Unzen 雲仙

Accès en bus de Nagasaki (de l'aéroport ou de l'arrêt centre de soins médicaux de Nagasaki, 1h45) ou par la route 57.

Cela fait plus de trois siècles que cette station thermale, établie au pied d'un des cratères du mont Unzen, est appréciée pour les vertus thérapeutiques de ses eaux sulfureuses. Ces eaux bouillonnantes (jusqu'à 120°) qui jaillissent naturellement des entrailles de la terre avec force fumerolles et émanations de gaz occupent le centre de la ville. Comme à Beppu *(voir p. 588)*, on les appelle les « **enfers★** » *(jigoku)* mais nul châtiment ne menace plus les promeneurs en *yukata* qui déambulent sur le site tout au long de la journée *(voir encadré ci-contre)* ! On vient ici pour se détendre dans un des nombreux hôtels ou ryokan installés à proximité et admirer les changements de saison sur les reliefs volcaniques alentour.

Unzen, située à 700 m d'altitude, présente également l'avantage de connaître des étés aux températures modérées ce qui a séduit, de la fin du 19e s. à la Seconde Guerre mondiale, de nombreux Occidentaux vivant en Chine. Des hôtels de style occidental furent construits pour les accueillir. Même s'ils ont pratiquement tous disparu, à l'exception du Unzen Kanko Hotel *(voir Nos adresses p. 561)*, la ville a gardé de cette époque de nombreux bâtiments

« SOUS LA BANNIÈRE DE DIEU »
Si Toyotomi Hideyoshi décrète l'expulsion de tous les missionnaires chrétiens en 1587, c'est à partir des années 1610 avec Tokugawa Iemitsu que les persécutions deviennent radicales et systématiques. Tous les missionnaires sont tués ou forcés de quitter le pays, les Japonais convertis (on estime leur nombre à environ 300 000 à la fin du 16e s.) doivent abjurer ou sont martyrisés. En 1627, une trentaine de chrétiens sont ainsi jetés dans les « enfers » d'Unzen. En 1637, des milliers de paysans d'Amakusa et de Shimabara, anciens chrétiens pour la plupart, entrent en rébellion contre les seigneurs locaux qui les accablent d'impôts. Menés par le très jeune **Amakusa Shirô Tokisada** (16 ans), ils se retranchent dans le château de Hara situé dans le sud de la péninsule. Malgré une résistance acharnée de trois mois, l'armée envoyée par le shogun en vient à bout : 37 000 personnes sont massacrées, le christianisme japonais disparaît officiellement pendant deux siècles *(voir aussi p. 569)*.

inspirés de l'architecture européenne ou américaine, ce qui lui confère un certain charme. Elle a été également épargnée par le tourisme de masse qui s'est développé dans d'autres stations comme Beppu.

Mont Unzen 雲仙岳

À 7 km d'Unzen. Prenez la route 57 puis suivez les indications « Nita Pass ».

Le mont Unzen est un ensemble volcanique se composant de plusieurs cônes, dont les monts Myoken (1 333 m), Fugen (1 359 m) et Heisei Shinzan (1 486 m), ce dernier s'étant formé lors de la dernière – et terrible – éruption de 1991 *(voir ci-dessous)*.

Un téléphérique *(avr.-oct. : 8h30-17h25 ; nov.-mars : 8h30-17h - 1 260 ¥ AR - excursion à effectuer de préférence le matin av. la formation des brouillards)* au départ de Nita Pass à 1 070 m permet de gravir les pentes du mont Myoken. De la plate-forme d'observation se dévoile un superbe **panorama**★★ sur la péninsule, la mer d'Ariake, l'archipel d'Amakusa et le Heisei Shinzan. On peut également observer en contrebas le Unzen Golf Course, le premier terrain de golf public du Japon ouvert en 1913. Au printemps, les pentes du mont Myoken se couvrent d'azalées.

Shimabara 島原

Mt Unzen Disaster Memorial Hall – *1-1 Heiseimachi, 10mn de route depuis l'embarcadère des ferries - 9h-18h (dernière entrée 17h) - 1 000 ¥ - audioguide en anglais.* Complément intéressant à l'excursion sur le mont Unzen, ce musée propose une visite interactive dressant un panorama complet du volcanisme et des différents types de volcans au Japon. Il décrit également en détail la très violente éruption de 1991 qui a provoqué la mort de 43 personnes (dont le couple de vulcanologues français Katia et Maurice Krafft) et détruit plusieurs quartiers de la ville. La ville ainsi que l'ensemble de la péninsule font désormais partie des géoparcs de l'Unesco.

Château – Si le château original a été élevé au début du 17e s., le bâtiment actuel est une reconstruction des années 1960. Dans le donjon, le musée évoque la période chrétienne *(9h-17h30, dernière entrée 17h - 540 ¥)*.

★ **Buke-yashiki** – À 700 m du château, le quartier des samouraïs a conservé un caractère authentique, notamment la rue Shitanocho qui présente la particularité d'être traversée par un petit canal d'alimentation en eau. Trois résidences peuvent être visitées et plongent le visiteur dans l'ambiance de l'époque d'Edo.

NOS ADRESSES À NAGASAKI

INFORMATIONS UTILES

Banque/retrait – Juhachi Bank Honten, *1-11 Douzamachi* B3 *- tlj sf w.-end 9h-15h.*

Poste – *1-1 Ebisumachi* A2 *- lun.-vend. 9h-19h, sam. 9h-17h, dim. 9h-12h30.*

ARRIVER/PARTIR

En avion

De Tokyo – 17 vols/j pour Nagasaki *(1h40 de trajet, env. 35 000 ¥).* La compagnie Solaseed Air propose une formule à 10 500 ¥ pour les étrangers. Navettes régulières entre l'aéroport et le Ken-ei Bus Nagasaki Terminal *(50mn, 900 ¥).*

En train

De et pour Tokyo – Il faudra passer par Fukuoka-Hakata *(5h par le Shinkansen, 22 330 ¥).* Liaison **pour Fukuoka**-Hakata par le Limited Express Kamome *(2h de trajet, 4 710 ¥).* Pour Kumamoto, prenez le Limited Express Kamome, puis changez à Shin-tosu pour récupérer la ligne JR Kagoshima jusqu'à Kumamoto *(par le Shinkansen, 2h, 7 990 ¥).*

En bus

Ken-ei Bus Nagasaki Terminal – *En face de la gare JR* A2. Le bus est le moyen le moins cher et le plus simple pour circuler dans la région. Départs réguliers pour Kumamoto *(3h30 de trajet, 3 700 ¥)* et Beppu *(4h, 4 630 ¥).*

En bateau

Pour l'archipel d'Amakusa *(voir p. 569)*, bus n° 10 du terminal Kenei, devant la gare JR, jusqu'au port de Mogi *(30mn, 270 ¥)*, puis ferry jusqu'à Tomioka, au nord de l'île *(45mn, 2 000 ¥).*

SE DÉPLACER À NAGASAKI

En tramway – *6h20-23h - 120 ¥/ billet ou 500 ¥/j pour un pass.* Les lignes bleue (n° 1) et rouge (n° 3) relient en 30mn les 8 km séparant l'ouest (terminus d'Akasako) de l'est (terminus Hotarujaya pour la ligne n° 3, terminus Shokakuji-Shita pour la ligne n° 1). Les lignes jaune (n° 4) et verte (n° 5) circulent du nord au sud dans la partie est de la ville.

HÉBERGEMENT

Nagasaki

PREMIER PRIX

Centre catholique de Nagasaki 長崎カトリックセンターユースホステル *10-34 Uenomachi* A1 *- ✆ (095) 846 4246 - www.e-yh.net/nccyh/index2.htm - 19 ch., 2 dortoirs (16 lits) - (pas de CB) - 3 900 ¥/pers.* Transformé en partie en auberge de jeunesse, ce centre catholique impeccablement tenu hébergea Jean-Paul II en 1981.

BUDGET MOYEN

Victoria Inn – *6-24 Doza-machi* B3 *- ✆ (095) 828 1234 - www.victoria-inn.jp - 87 ch. 12 000 ¥.* Très bien situé et bien desservi, cet hôtel de style victorien au charme désuet dispose de chambres confortables et bien équipées.

POUR SE FAIRE PLAISIR

Nagasaki Washington Hotel 長崎ワシントンホテル *9-1 Shinchi-machi* B3 *- ✆ (095) 828 1211 - nagasaki.washington-hotels.jp - 300 ch.* Bonne adresse située à l'entrée de Chinatown.

The Hotel Nagasaki BW Premier Collection ザ・ホテル長崎BWプレミアコレクション *2-26 Takaramachi* A2 *- ✆ (095) 821 1111 - www.landowner.*

jp/hotel-nagasaki - 180 ch. 20 000 ¥. À proximité de la gare, l'hôtel se distingue par ses grands volumes et les belles vues sur la ville proposées depuis les baies vitrées des chambres et du restaurant.

UNE FOLIE

ANA Crowne Plaza Nagasaki Gloverhill
ANAクラウンプラザホテル長崎グラバーヒル *1-18 Minami-Yamate-machi A3 - ✆ (095) 818 6601 - www.ihg.com - 216 ch.* Situé au pied de la colline menant au jardin Glover, ce très bon hôtel possède aussi trois restaurants, japonais, français et chinois.

RESTAURATION

Nagasaki

PREMIER PRIX

Shikairou 四海楼
4-5 Matsugae-machi A3 - ✆ (095) 822 1296 - www.shikairou.com - 11h30-15h, 17h-21h (dernière commande 20h). Dans le quartier cossu du jardin Glover, la maison chinoise Shikairou capitalise depuis quatre générations le *chanpon*, un plat de nouilles, bon marché, destiné à l'origine aux étudiants chinois pauvres de Nagasaki.

BUDGET MOYEN

Yossou 吉宗（よっそう）本店
8-9 Hama-machi B3 - ✆ (095) 821 0001 - www.yossou.co.jp - tlj sf 2e mar. du mois 11h-21h (dernière commande 20h). Assis en tailleur dans les anciennes salles du 1er étage, commandez le fameux mushi-zushi, spécialité locale à base de morue et de riz.

Nagasaki-koh 長崎港
1-F Dejima wharf A3 - ✆ (095) 811 1877 - https://nagasakikou.com - tlj 11h- 22h. En bord de marina, sur un quai aménagé de terrasses faisant face à la mer, ce restaurant de poissons et autres produits frais de la mer voit le soleil se coucher derrière le mont Inasa. Idéal pour oublier l'agitation de la ville.

POUR SE FAIRE PLAISIR

Don 呑
2 F, 14-15 Douza-machi A-B3 - ✆ (095) 829 3788 - www.nagasaki-don.com - tlj sf mar. 18h-0h (dernière commande 21h30) - ▭. Cuisine variée à base de sashimis et de poissons grillés, jusqu'au *fugu*. Attention, on sert aussi de la baleine.

UNE FOLIE

Ryotei Kagetsu 料亭花月
2-1 Maruyama-machi B3 - ✆ (095) 822 0191 - www.ryoutei-kagetsu.co.jp/english - 12h-15h, 18h-22h (env.) sur réserv. Lieu historique, fréquenté notamment par le célèbre révolutionnaire Sakamoto Ryoma (1836-1867), aujourd'hui maison gastronomique. Somptueux jardin.

PETITE PAUSE

Setre Café – *2-28 Minami Yamatemachi - ✆ (095) 827 7777 - tlj sf jeu. 12h-17h.* À côté de Glover Garden, café de l'hôtel Setre Glover's House entièrement rénové à l'atmosphère jazzy. Apaisant.

PRENDRE UN VERRE

Unzen

Unzen Kanko Hotel
雲仙観光ホテル
320 Unzen, Obama-cho - ✆ (0957) 73 3263 - www.unzenkankohotel.com/english - 39 ch. C'est le seul hôtel qui subsiste de l'époque où Unzen était une villégiature estivale appréciée des Occidentaux vivant en Chine. Boiseries et tissus de style anglais lui confèrent un charme désuet que vous pourrez apprécier en prenant un verre au bar *(ouvert jusqu'à 23h).*

Kumamoto 熊本 ★ et mont Aso 阿蘇山 ★★

738 827 habitants (préfecture : 1,83 million) – préfecture de Kumamoto

Ville seigneuriale très prospère du temps des shoguns Tokugawa (1603-1867), Kumamoto s'est développée face à la baie de Shimabara, autour de son château en centre-ville. Perché sur une colline et entouré d'imposantes murailles, il fait partie des plus beaux châteaux reconstruits du Japon. Kumamoto mérite aussi une halte pour son superbe jardin de promenade Suizen-ji. Enfin, les alentours offrent de nombreuses possibilités d'excursions. Au sud, dans le plus ancien parc national du pays, l'archipel d'Amakusa et sa spectaculaire mosaïque d'îlots abritent les descendants des « chrétiens cachés » du Japon. Vision surprenante d'églises surgissant au fond de petites criques rocheuses comme sur le littoral breton… Au nord-est, le mont Aso, la plus grande caldeira du monde, évoque les paysages du Cantal et de l'Auvergne : vertes prairies, lacs, forêts, sources thermales, cratères fumants aux flancs parcourus de sentiers de randonnée.

NOS ADRESSES PAGE 571
Hébergement, restauration, achats, activités, etc.

S'INFORMER

Office du tourisme de Kumamoto – *Dans le hall de la gare JR de Kumamoto - ✆ (096) 352 3743 - www.manyou-kumamoto.jp/en/- 8h30-19h.*

Office du tourisme d'Amakusa – *Amakusa Treasure Islands Tourist Association - 15-7 Chuoshin-machi, Amakusa-shi (dans un immeuble près du bus center) - ✆ (096) 922 2243 - www.t-island.jp/en/ - 9h-18h.*

- SE REPÉRER – Carte de région p. 536, B2 Kumamoto est située à 110 km au sud de Fukuoka, 170 km au nord de Kagoshima et, en allant vers l'ouest, à 50 km d'Aso et 150 km de Beppu. Un tramway relie la gare JR et le centre-ville à 2,5 km au nord-est, où sont regroupés le château, la gare routière (Kotsu Center) et les principaux commerces.

À NE PAS MANQUER

Le château de Kumamoto, la caldeira du mont Aso, les villages chrétiens d'Amakusa, la danse Yokagura de Takachiho.

ORGANISER SON TEMPS

Prévoyez deux ou trois jours. Du mont Aso, vous pouvez poursuivre vers Yufuin et Beppu. D'Amakusa, on peut rejoindre Nagasaki. La location d'une voiture se révèle utile pour circuler dans la région.

AVEC LES ENFANTS

Une sortie en mer pour observer les dauphins à Amakusa, une balade à poney ou à cheval dans les prairies du mont Aso.

Se promener

★ Château de Kumamoto 熊本城

À 10mn en tramway de la gare JR de Kumamoto, arrêt Kumamoto Castle-City Hall. Suite au tremblement de terre d'avril 2016, le château a subi d'importants dommages et reste en grande partie fermé au public. Des espaces sont cependant

Les paysages spectaculaires du parc national d'Aso : le cratère du Naka-dake.
JTB PHOTO COMMUNICATI/JTB Photo Communications, Inc./age fotostock

ouverts progressivement suivant l'avancée des restaurations ; celle du donjon devrait être achevée en 2019.

Symbole de la ville, le château de Kumamoto s'élève sur une colline cernée de douves et de puissantes fortifications en pierre, réputées jadis imprenables. Érigée entre 1601 et 1607 sous la houlette du seigneur local Kiyomasa Kato, cette citadelle était alors un modèle d'ingénierie militaire, intégrant dans sa conception de nombreuses innovations en matière de défense : remparts raides et courbés en éventail *(mushagaeshi)* pour empêcher les assaillants de les gravir, mâchicoulis, meurtrières. Le dispositif ne comprenait pas moins de 49 tours et 29 portes. Le château fut toutefois assiégé et incendié en 1877, durant la révolte de Satsuma. Le donjon a été restauré en 1960, semblable à l'original mais sur une armature en béton. D'autres bâtiments ont aussi été reconstruits afin de redonner au château une partie de sa splendeur d'antan. Après avoir franchi le dédale des enceintes, on atteint la cour principale où s'élève le **donjon**, flanqué de deux tours plus petites. Ses salles d'exposition permettent d'admirer divers objets, armures de samouraïs, maquettes du château, manuscrits et peintures. À l'ouest du donjon, on aperçoit la tour de guet **Uto-Yagura**, seul élément restant du château d'origine.

LA RÉVOLTE DE SATSUMA

Menée par le guerrier **Saigo Takamori** en 1877, la révolte de Satsuma (Kagoshima) fut le dernier baroud d'honneur des samouraïs refusant la restauration Meiji. Bien qu'ayant participé au renversement du shogunat en 1868, Saigo Takamori et ses alliés refusèrent les réformes de modernisation du pays ayant pour conséquence la disparition de la féodalité et donc la perte de leur statut social et de leurs privilèges. Les mutins firent le siège de Kumamoto avant d'être taillés en charpie par la contre-attaque d'une armée impériale dix fois supérieure en nombre. Pour ne pas être capturé, Saigo se fit *seppuku*.

Traversez ensuite le parc du château (Ninomaru) vers l'ouest.

★ Kyu-Hosokawa Gyobu-tei 旧細川刑部邸

Endommagée par le tremblement de terre d'avril 2016, la résidence était encore fermée au moment de la rédaction de ce guide.

Vieille de trois siècles, cette résidence de style *shoin-zukuri* (inspiration chinoise typique des maisons de samouraïs de haut rang) fut la propriété de l'un des membres de la famille Hosokawa qui dirigea Kumamoto de 1632 jusqu'à l'ère Meiji. S'ouvrant par un porche monumental, elle est représentative des résidences aristocratiques d'autrefois.

★ Musée d'Art de la préfecture de Kumamoto 熊本県立美術館本館

Dans le parc du château - tlj sf lun. 9h30-17h15 (dernière entrée 16h45) - 270 ¥ (galerie Hosokawa : 210 ¥ ; billet combiné : 420 ¥).

Dans ce grand édifice en brique sont exposées des œuvres japonaises et occidentales de toutes les époques. On peut y voir des statues bouddhiques et des calligraphies anciennes ainsi que des estampes, gravures et aquarelles de Renoir, Gauguin ou Picasso. Une nouvelle galerie, dédiée à la **collection Hosokawa★**, présente par roulement une partie des trésors (calligraphies, peintures, poteries, armures) du musée Eisei Bunko de Tokyo, lequel conserve les biens hérités du clan Hosokawa.

Rebroussez ensuite chemin jusqu'à l'arrêt du tramway Shiyakusho-mae.

★★ Jardin Suizen-ji 水前寺公園

Près de l'arrêt de tramway Suizen-ji Koen-mae - mars-oct. : 7h30-18h ; nov.-fév. : 8h30-17h - 400 ¥.

Situé à l'écart du centre-ville, ce jardin créé en 1632 par Hosokawa Tadatoshi associe le style simple et dépouillé des jardins de thé de l'époque Momoyama à la composition plus ample et minutieuse des jardins de promenade d'Edo. Conçu pour la relaxation, il reproduit, sur une superficie d'environ 64 ha, les 53 paysages célèbres de l'ancienne route du Tokaido *(voir p. 141)*. Ici, un monticule de pelouse figure le mont Fuji, là, un étang rappelle le lac Biwa. Ses eaux très pures sont alimentées par une source souterraine du volcan Aso. Outre un sanctuaire shinto et un théâtre nô, le jardin comprend aussi un ravissant pavillon de thé où l'on peut savourer un thé vert. S'il n'a pas la célébrité de ceux d'Okayama, Mito ou Takamatsu, le Suizen-ji mérite de figurer parmi les plus beaux jardins du pays. On peut juste regretter qu'il soit privé de tout horizon naturel alentour, conséquence d'une urbanisation envahissante.

À proximité Carte de région p. 536

★★ MONT ASO 阿蘇山

À 50 km à l'ouest de Kumamoto (voir carte p. 567). Accès en train par la ligne JR Hohi (1h10 à 1h30 de trajet). Office de tourisme ✆ (0967) 34 0751 - 9h-18h, location de vélos et de voitures à la sortie de la gare d'Aso. De la gare, des bus réguliers desservent le musée du Volcan et le téléphérique qui monte au cratère du Nakadake (2/j, 35mn de trajet, 570 ¥ - à l'arrêt au moment de la rédaction de ce guide).

Occupant le centre de Kyushu, à mi-chemin entre Kumamoto et Beppu, le parc national du mont Aso s'étend autour de la gigantesque **caldeira** du volcan Aso formée suite à un effondrement voici 80 000 ans. Avec sa circonférence de 120 km, elle se classe parmi les plus grandes du monde. La ville d'Aso (30 000 habitants) campe au nord de cette vaste dépression dans laquelle vivent environ 100 000 personnes réparties en une dizaine de villages. Sur

Au pays du dieu Volcan

UN PAYS DE MONTAGNES ET DE FEU

Le volcanisme est constitutif du Japon. Le mont Fuji, symbole de pureté et d'éternité, est l'emblème parfait de ce pays au superbe palmarès : 60 volcans actifs et près de 10 % des volcans du monde y sont établis. Cette concentration est le résultat de la collision entre quatre plaques tectoniques : pacifique, asiatique, nord-américaine et philippine, collision qui fut à l'origine de l'apparition du Japon. Pas étonnant donc que le pays du Soleil levant soit une terre de montagnes et de feu. La ceinture de feu du Pacifique, qui traverse le Japon sur toute sa longueur, est d'abord visible à Kyushu, ensuite au niveau de la fosse Magna entre Toyama et la péninsule d'Izu, puis dans le Tohoku et enfin à Hokkaido.

UN TOURISME VOLCANIQUE

Au Japon, les volcans sont indissociables de l'industrie touristique. Que ce soit pour observer les fumerolles et les nuages de vapeur du Sakurajima (Kyushu), pour sentir les vents de soufre à Akan (Hokkaido) ou pour évoluer dans un paysage lunaire aux fumées toxiques au mont Aso (Kyushu), les Japonais se pressent sur les chemins qui mènent aux cratères du pays. C'est bien sûr sans compter les innombrables visiteurs, japonais et étrangers, qui affluent entre juillet et août sur les flancs du mont Fuji. Quant aux onsen, ces sources chaudes aux vertus médicinales, et aux ryokan, auberges traditionnelles qui accueillent les visiteurs, ils ne sont pas non plus étrangers au succès touristique des volcans. Beppu et ses huit enfers (Kyushu) ou encore la station thermale de Hakone (Kanto) illustrent parfaitement ce succès. Les volcans sont donc un commerce florissant !

DANGERS ET SURVEILLANCE

Au Japon, les volcans restent pourtant une source de danger permanent. Parmi les plus tristement célèbres, le Unzen (Kyushu), après le démantèlement d'un dôme de lave, libère en 1972 des coulées de boues sur la ville de Shimabara, tuant plus de 14 500 personnes. Le Sakurajima (Kyushu) laisse quant à lui s'écouler 3 milliards de tonnes de lave en 1914, ce qui a pour conséquence de combler le détroit séparant la montagne de la péninsule, la reliant ainsi au continent. C'est parce que beaucoup d'entre eux sont encore actifs, et dangereux, que les volcans japonais comptent aussi parmi les mieux étudiés au monde. Ce savoir est banalisé et partagé dans des centres sous forme ludique.
Aso Volcano Museum (p. 566), Mt Unzen Disaster Memorial Hall (p. 559).

LES DIVINITÉS DE LA MONTAGNE

Sous l'influence du shintoïsme, les montagnes et volcans japonais ont souvent été érigés en divinités. La plus vénérée de toutes est la déesse **Sengen**, dont le temple se dresse au sommet du mont Fuji. Jusqu'en 1872, il était même interdit aux femmes, considérées comme impures, d'aller sur le mont.

Lorsque vous gravirez les pentes d'un volcan, n'hésitez pas à vous arrêter devant l'un des nombreux temples ou autels et à faire une offrande à la divinité du coin, vous épargnant ainsi son courroux et toute mauvaise surprise de type volcanique.

ses pentes fertiles s'étendent de grasses prairies où paissent les troupeaux, des cultures en terrasses, des lacs, des forêts et des sources chaudes utilisées par les onsen. Le volcan se compose de cinq cônes : le Naka-dake (1 506 m, le seul qui soit actif), le Taka-dake (1 592 m, le plus élevé), le Neko-dake (1 408 m, reconnaissable à son pic escarpé), le Kishima-dake (1 270 m) et le Eboshi-dake (1 337 m). Ce volcan de type « gris » (qui crache brutalement des nuées ardentes de cendres et de scories) a connu près de 170 éruptions. La plus ancienne enregistrée remonte à 553. Plus proches de nous, celle de 1884, dont les cendres retombèrent sur Kumamoto, et celles de 1933 et 1957, également marquantes. Les plus récentes datent de 2005 et 2007. Le site reste donc dangereux : au cours des dernières décennies, de nombreux visiteurs ont été blessés, voire tués par des émanations gazeuses sulfurées ou par des retombées de roches ou débris.

Aso Volcano Museum 阿蘇火山博物館 B2

À 15 km au sud d'Aso par la route 111. Tlj sauf 4e mar. du mois - 9h-17h (dernière entrée 16h30) - 860 ¥.

À l'aide d'un court-métrage projeté sur grand écran, de photos, maquettes, animations et schémas, ce musée présente la géologie du volcan et la nature environnante. Des caméras placées à l'intérieur du cratère permettent de suivre son activité en direct.

Un plan des sentiers de randonnée autour du volcan est disponible au musée, et des volontaires peuvent vous servir de guides. Renseignez-vous à l'accueil.

★ **Plaine de Kusasenri** – Juste devant le musée s'étire cette verdoyante prairie digne d'une carte postale. À l'arrière, le mont Eboshi se mire dans un lac aux eaux limpides. Les enfants peuvent y faire une balade à dos de poney.

★ **Kome-zuka** – Sur la route en venant d'Aso, faites halte pour escalader *(10mn)* cet étonnant tertre herbu qui fait songer à un bol de riz renversé.

★★ Naka-dake Crater 阿蘇中岳東火口 B3

Accès fermé au moment de la rédaction de ce guide suite au tremblement de terre de 2016.

Une âcre odeur de soufre sature l'air tandis que vapeurs et fumerolles montent en permanence des parois de ce cratère actif. La vue est grandiose. Le fond du cratère, large de 600 m et profond de 160 m, est occupé par un lac acide vert foncé où la température est voisine de 320 °C. Autour, un panorama de roches noires s'étire à perte de vue. Des bunkers en béton sont aménagés afin de s'abriter en cas de danger. Du cratère partent plusieurs sentiers de randonnée, indiqués par des panneaux. L'excursion la plus intéressante consiste à prendre à droite le sentier qui monte au sommet du Taka-dake (1 592 m). De là-haut, on domine l'ensemble de la caldeira.

Aso-jinja 阿蘇神社 B1

Village d'Ichinomiya, 5 km au nord-est d'Aso. Accès par la gare JR de Miyaji.

Ce sanctuaire shinto dont l'origine remonte au début de notre ère est dédié aux 12 *kami* de la montagne Aso dont le plus important est Takeiwatatsu, petit-fils du mythique empereur Jinmu, fondateur du trône du Japon. C'est l'un des rares sanctuaires du pays ayant conservé son portail bouddhique à deux toits, qui date de 1850.

★★ Kurokawa Onsen 黒川温泉 C1 en dir.

À 30 km au nord-est d'Aso. Des bus reliant Kumamoto à Beppu font la liaison entre la gare d'Aso et Kurokawa Onsen (2/j, 1h, 1 200 ¥). Un bureau d'information sur le parking (0967) 44 0076 (9h-18h) délivre un plan et un pass (1 300 ¥) donnant accès à trois onsen au choix.

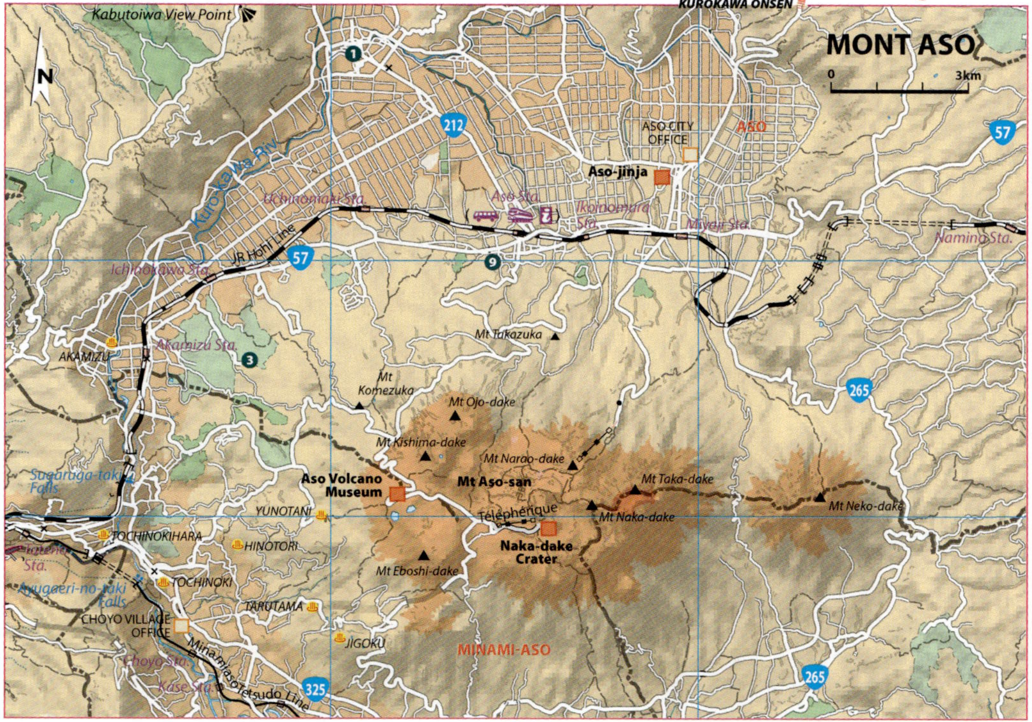

SE LOGER

Aso-no-yu........ 1

Grandvrio Hotel Aso Resort........ 3

Yasuragino-yado Shukubo Aso........ 9

À mi-chemin entre Kumamoto et Beppu, lovée au fond d'une vallée étroite, cette petite station thermale de 400 habitants s'étire en serpentin le long de la rivière Tanoharu. Extraordinairement bien préservée, elle constitue l'une des plus intimes et des plus charmantes stations thermales du pays. On n'y entend que le clapotis de la rivière, le bruissement du vent dans les feuillages, le chant des oiseaux et le clic-clac des *geta* (sandales en bois) des curistes en *yukata*. Près d'une trentaine d'onsen, qui servent aussi d'auberges, occupent le bord des rives. Tous disposent de bains chauds en plein air, dans les rochers de la rivière ou dans de petits bois.

TAKACHIHO 高千穂

À 80 km de Kumamoto (2h, 1h du mont Aso), 120 km de Miyazaki par la route 218 (3h) - sommet du Takachiho-yama : 1 574 m.
Rattaché à la préfecture de Miyazaki, Takachiho est cependant plus proche géographiquement de Kumamoto et du mont Aso.

Takachiho-jinja 高千穂神社

À côté de la gare routière de Miyako.
Un grand escalier, légèrement décentré par rapport au bâtiment principal pour qu'on ne présente pas son dos à l'autel en descendant, mène à ce sanctuaire shinto qui aurait été fondé il y a 1 800 ans. Protégé par des arbres centenaires, il dégage une profonde sérénité, seulement troublée à la nuit tombée par les spectateurs venant assister au Yokagura qui se donne pendant une partie de l'année dans le bâtiment voisin *(voir encadré ci-dessous)*.

Gorges de Takachiho, sur la rivière Gokase 高千穂峡

À 1 km à l'ouest du centre-ville ; en voiture prenez la route 218. La gorge est surplombée par un sentier de randonnée (boucle d'1 km - 30mn) balisé en anglais. On peut également l'approcher par la rivière, dans un bateau à rame (30mn - 2 000 ¥ - 3 pers. maxi par bateau - 8h30-17h ; 19 juil.-août : 7h30-18h).
La rivière Gokase se faufile à cet endroit entre de hautes coulées de basalte formées voici 120 000 ans lors d'une éruption du mont Aso. Au gré du sentier,

YOKAGURA, LA DANSE DES DIEUX

Chaque année de mi-novembre, après la récolte du riz, à mi-février et ce depuis des générations, les hommes de Takachiho dansent le Yokagura, un cycle de 33 danses masquées retraçant des épisodes de la mythologie shinto, et dont la représentation intégrale dure une nuit entière. Le reste de l'année, seules quatre danses sont représentées. Si ces vingt dernières années la renommée du Yokagura a dépassé les frontières du Japon, puisqu'il a été montré dans des festivals notamment en Europe, il constitue avant tout une expérience communautaire forte (450 hommes de toutes générations se relaient pour assurer les spectacles) et « un moyen, assure l'un des membres les plus anciens de la troupe, de sentir le contact avec les ancêtres, de les remercier pour la récolte et de demander leur protection pour celle à venir ». Comme si, dans le Japon du 21e s., le récit de « cet accord lentement négocié entre un Ciel bienveillant et sa postérité terrestre, et la filiation impériale ininterrompue qui en témoigne » (N. Bouvier) n'avait rien perdu de sa puissance.
Infos pratiques : de mi-fév. à mi-nov. : représentation tlj (1h) à 20h, Takachiho-jinja, 700 ¥ ; de mi-nov. à mi-fév., env. 20 représentations intégrales, se renseigner auprès de l'office de tourisme (✆ 0982 73 1213).

après l'étang sacré, on découvre des cascades – notamment la cascade Manai, la plus impressionnante –, des tourbillons, des amas de rochers, et à l'endroit le plus étroit, trois ponts superposés.

Kunimigaoka 国見ヶ丘

À 5mn en voiture à l'ouest du centre-ville, route 218.

Ce site, appelé littéralement la « mer de nuages », est particulièrement significatif au coucher du soleil quand les nuages s'accrochent aux pics accidentés qui entourent la ville. Le panorama★ est impressionnant ; par temps clair le regard peut porter jusqu'aux cratères du mont Aso.

Les trois grandes statues – très kitsch – évoquent une des versions de la mythologie shinto selon laquelle Ninigi-no-mikoto, petit-fils de la déesse Amaterasu O-mi kami, serait descendu sur terre à Takachiho *(voir aussi p. 568)*.

Ama-no-Iwato jinja 天岩戸神社

À 8 km à l'est du centre-ville (20mn en voiture ou en bus depuis le Takachiho Bus Center).

Ce sanctuaire a été bâti en surplomb de la rivière Gokase, à l'endroit où, selon la mythologie shinto, la déesse du soleil, **Amaterasu O-mi kami**, ancêtre du clan impérial, se serait enfermée dans une grotte pour punir son frère Suzano-no-mikoto, entraînant ainsi une nuit permanente. Les multiples tentatives des autres *kami* pour la faire sortir, finalement couronnées de succès, sont racontées dans le Yokagura *(voir encadré ci-contre)*.

Une fois franchi un grand *torii* de bois brut, une belle allée ombragée de grands arbres conduit au sanctuaire. À l'arrière du bâtiment principal *(accessible uniquement avec un officiant)*, un balcon permet de deviner la grotte d'Amaterasu, à flanc de falaise, de l'autre côté de la rivière. Dans le bâtiment plus ancien *(à gauche de l'entrée)* est abrité le miroir, symbole de la déesse.

On peut poursuivre la promenade en empruntant le chemin qui descend à la rivière. Après quelques minutes, on atteint le petit sanctuaire Ama-no-Yasukawara, installé au fond d'une grotte. Tout autour du sanctuaire et sur les bords de la rivière, la multitude de petits empilements de galets représentent autant de vœux laissés par les visiteurs.

★ ARCHIPEL D'AMAKUSA 天草諸島

À 75 km au sud-ouest de Kumamoto. Du Kotsu Center, des bus (2h30 - 2 240 ¥) relient Hondo, la ville principale de l'île Shimo-jima, également desservie par ferry du port Shin-ko de Kumamoto. Office de tourisme (9h-17h) et location de voiture à l'arrivée. Peu de bus circulent sur l'île.

Au sud de la péninsule de Shimabara, entre Nagasaki et Kumamoto, Amakusa-shoto compose un archipel d'une centaine d'îles dont la principale, très montagneuse et aux rivages découpés, est Shimo-jima (570 km²).

Historiquement, Amakusa fut l'un des principaux foyers d'implantation du **christianisme** introduit par les missionnaires portugais au Japon. En 1589, l'archipel comptait 30 églises, un important collège jésuite doté d'une imprimerie *(voir encadré p. 570)* et, sur une population totale de 30 000 habitants, pas moins de 23 000 convertis. Après l'interdiction du christianisme au début du 17e s., beaucoup abjurèrent cette foi. Des milliers d'autres périrent suppliciés. Certains continuèrent à prier secrètement devant de petites statues de la Vierge travesties en Kannon. On appela par la suite ces fidèles les « chrétiens cachés » *(voir encadré p. 552)*. À partir de 1873, avec le rétablissement de la liberté religieuse, de nombreux missionnaires français vinrent s'installer dans ces îles où ils reconstruisirent des églises afin de ranimer cette foi qui,

LA MISSION TENSHO

À Amakusa, à l'invitation d'un seigneur converti, les jésuites fondent un grand séminaire *(collegio)* dans lequel ils enseignent la théologie mais aussi les sciences et la musique. C'est au sein de cette institution que quatre jeunes garçons sont choisis pour être envoyés en délégation auprès du pape Grégoire XIII. En 1582, Martinão Hara, Julião Nakaura, Mancio Ito et Miguel Chijiwa s'embarquent pour un périple de plusieurs années en Europe, de Lisbonne à Rome. Mais à leur retour huit ans plus tard, le premier décret d'expulsion des missionnaires a été promulgué *(voir p. 557)*. Ils sont cependant tous les quatre ordonnés prêtres. Quelques années plus tard, les persécutions anti-chrétiennes étant devenues très virulentes, l'un d'entre eux, Julião Nakaura, connaît un destin tragique : arrêté en 1633, il est martyrisé à Nagasaki. Il fait partie des 188 chrétiens béatifiés par le pape Jean-Paul II en 2008.

La passionnante histoire de cette mission est retracée dans un petit musée, le Amakusa Collegio, qui expose des répliques d'objets ramenés par la mission : une presse à imprimer, qui permit aux missionnaires d'éditer notamment un dictionnaire portugais-japonais, et des instruments de musique *(175-13 Shirakikawachi, Kawaura-machi, Amakusa-shi - tlj sf lun. 9h30-18h - 200 ¥ - en japonais uniquement)*.

pendant deux siècles et demi, s'était perpétuée dans le secret des autels familiaux, sans prêtre ni sacrement. Aujourd'hui, près de 10 % des habitants de l'île sont catholiques (contre 1 % dans le reste du Japon).

★ Shimo-jima 下島

Sa capitale, **Hondo**, une petite ville de 40 000 habitants, se trouve sur la côte nord-est. Elle est reliée à Kumamoto par une série de cinq ponts assez spectaculaires qui enjambent les îles du détroit.

Port de Sakitsu – *Au sud-ouest de l'île, à 18 km de Hondo.* Au fond d'un fjord étroit, encerclé de petites montagnes, niche un village de pêcheurs aux modestes maisonnettes. À l'arrière, vision totalement surréaliste ici, apparaît le clocher d'une petite **église** au toit de tuiles grises. De facture néogothique, elle fut édifiée en 1928 par le père Halbout, des Missions étrangères de Paris. On se déchausse en entrant dans l'édifice dont le sol est revêtu de tatamis. Plus loin, une statue de la Vierge trône sur un cap rocheux à la sortie de la baie. Chaque matin, en prenant la mer, les pêcheurs implorent sa protection en se signant.

★ **Village d'Oe** – *À 5 km au nord de Sakitsu en suivant la côte.* Ici aussi les cloches sonnent le dimanche pour les fidèles. Sur une hauteur verdoyante dominant la mer s'élève une **église** toute blanche, au plafond en ogives décoré de fleurs aux couleurs fraîches. Elle fut construite et intégralement financée par le père Garnier en 1933, un curé bienveillant que les habitants avaient surnommé « Pater san » et dont ils vénèrent toujours la mémoire avec une affection profonde. En contrebas de l'église, près du cimetière, une statue de la Vierge de Lourdes se cache sous les bougainvilliers. Non loin, le **musée du Rosaire** *(tlj sf merc. 8h30-17h - 300 ¥)* présente les objets du culte marial des « chrétiens cachés » ainsi que des images pieuses qu'ils étaient alors contraints de fouler aux pieds en signe de renoncement à leur foi. Le musée retrace également la grande révolte de Shimabara, en 1637, lorsque 40 000 insurgés, chrétiens et paysans affamés, furent impitoyablement massacrés par les troupes du shogun *(voir encadré p. 559)*.

NOS ADRESSES À KUMAMOTO ET ALENTOUR

TRANSPORTS

Arriver/partir

En train – La ligne JR Hohi qui relie Kumamoto et Aso est partiellement fermée suite au tremblement de terre de 2016, plus d'infos sur www.jrkyushu.co.jp/english/train/oudan.html. De/vers Fukuoka-Hakata : *40mn, 5 130 ¥* en Shinkansen. De/vers Kagoshima-chuou en Shinkansen : *50mn, 6 940 ¥*. De/vers Nagasaki (*via* Shin-Tosu) : *2h15, 7 990 ¥*.

En bus – La gare routière Kotsu Center, *✆ (096) 361 5233*, se situe au centre-ville, près de l'arrêt de tramway Kumamotojo-mae *(15mn de trajet de la gare JR)*. Départs réguliers pour Nagasaki *(3h, 3 600 ¥)*, Aso *(1h30)*, Beppu *(3h40)*, Kagoshima *(3h30)* et Fukuoka *(2h)*.

En bateau – Le **port Shin-ko** est relié par un bus *(35mn)* au Kotsu Center. Ferries pour Shimabara *(7/j, 30mn, 1 000 ¥)*. Pour Amakusa, partir du **port de Misumi-ko** *(3/j, 1h, 2 200 ¥)* relié à la gare de Kumamoto par la ligne JR Misumi *(50mn)*.

Se déplacer

En voiture de location – Louer un véhicule à la journée est l'idéal pour explorer le mont Aso et l'archipel d'Amakusa. Réserv. à l'avance. À la gare d'Aso, Eki Rent a Car, *✆ (0967) 34 1120*. Au port de Hondo (sur Shimo-jima) Toyota Rent a Car, *✆ (0969) 23 0100*.

HÉBERGEMENT

Mont Aso

BUDGET MOYEN

Aso-no-yu 阿蘇乃湯
6 Ozato B1 - ✆ (0967) 32 1521 - www.asonoyu.com/english.html - 11 ch. Cadre rustique et soigné, chambres japonaises, *o-furo*.

POUR SE FAIRE PLAISIR

Yasuraginoyado Shukubo Aso
やすらぎの宿・宿房あそ
1076 Kurokawa, Aso-shi B1-2 - ✆ (0967) 34 0194 - www.aso.ne.jp/syukubou-aso - 12 ch. - [cartes non acceptées] - 24 000 ¥/pers. avec petit-déjeuner et dîner. Traditionnel et magnifique *minshuku* tenu par des hôtes adorables. *O-furo.*

Grandvrio Hotel Aso Resort
阿蘇リゾート・グランヴィリオホテル
Komezuka-onsen, Akamizu A2 - ✆ (0967) 35 2111 - www.aso-hotelresort.com - 180 ch. Bel et grand hôtel isolé dans un écrin de verdure au cœur de la caldeira.

Amakusa

BUDGET MOYEN

Amakusa Prince Hotel
天草プリンスホテル
92 Higashi-machi, Amakusa-shi - ✆ (0969) 22 5136 - www.amakusa-princehotel.jp - 28 ch. Près du port, un hôtel confortable et avenant.

POUR SE FAIRE PLAISIR

Gosoku no Kutsu 五足のくつ
2237 Shimoda-Kita, Amakusa-machi, Amakusa-shi - ✆ 0969 45 3633 - www.rikyu5.jp/gosoku_html_E - à 25 km de Hondo et à 12 km de Oe - à partir de 27 000 ¥/pers. avec dîner et petit-déjeuner. Accroché à flanc de colline, sur l'une des portions les mieux préservées de la côte ouest, cet établissement est un véritable havre de paix.
Les chambres sont aménagées dans des maisons de style japonais contemporain immergées dans la végétation. Vastes et raffinées, elles ont vue sur la mer et sur le jardin. Luxe, calme et volupté…

RESTAURATION

Kumamoto

BUDGET MOYEN

Ohako おはこ
13-2 Hanabata-cho - ✆ (096) 324 9290 - www.ohako.jp - 17h30-3h - ▭. Nourriture excellente à prix modestes. On peut goûter des spécialités de Kumamoto comme le *basashi* (carpaccio de cheval).

Suzunoya 鈴の屋
Ryukyu-ya Bldg, 2 F, 5-3 Ansei-machi - ✆ (096) 324 5717 - www.tofu-suzunoya.com - 11h-22h , lun. et dim. déj. seult (dernière commande 21h30) - ▭. Cadre traditionnel rehaussé d'une touche de modernité et cuisine japonaise variée.

Amakusa

BUDGET MOYEN

Yakko Sushi 奴寿司
76-1 Higashi-machi - ✆ (0969) 23 4055 - tlj sf lun. 12h-14h30, 17h30-21h - ▭. Dans ce bar à sushis, tout, du poisson au riz en passant par le *wasabi*, est de la meilleure qualité.

ACHATS

Kumamoto Prefectural Traditional Crafts Center – *3-35 Chibajo-machi - ✆ (096) 324 4930 - kumamoto-kougeikan.jp - 9h-17h - fermé lun.* Expo-vente d'une grande variété d'objets d'artisanat en bois, céramique ou bambou spécifiques à la région de Kumamoto.

ACTIVITÉS

Croisière en mer – Iruka Club, *port de Tsujishima (île de Tsuji-shima), sur la côte nord d'Amakusa (île de Shimo-jima) - ✆ (0969) 33 0198.* Plusieurs sorties par jour pour observer les dauphins de l'île.

Balade à cheval – *2305-1 Sanno, Ichinomiya-machi - ✆ (0967) 22 3861 - epr-r.com.* Courtes sorties équestres dans le parc du volcan.

Kagoshima 鹿児島

★

600 008 habitants - préfecture de Kagoshima

Ville la plus méridionale de Kyushu, charmante et ensoleillée, Kagoshima est souvent comparée à Naples avec laquelle elle est jumelée. Cernée d'un cirque de montagnes violettes, elle s'enroule autour d'une baie à la courbe profonde, sous l'ombre menaçante du volcan Sakurajima, le Vésuve local, torche sans cesse fumante qui crache régulièrement des panaches de cendres. Ancienne cité de samouraïs, elle fut longtemps le fief du clan Shimazu qui, loin d'Edo, gouvernait à sa guise la province de Satsuma (l'actuelle préfecture) et les îles Ryukyu (Okinawa). Venues des mers, les influences chinoises et coréennes ont également laissé leur empreinte dans la céramique et les traditions culinaires qui privilégient le porc noir et la patate douce. Le « shochu », alcool de patate douce, est d'ailleurs la spécialité du cru : la ville compte 120 distilleries ! Kagoshima fut aussi le premier point de contact du Japon avec le christianisme en la personne de François Xavier, arrivé sur l'île en 1549. Autre figure de l'histoire locale, le maréchal Saigo Takamori (1827-1877) qui, après avoir contribué à la restauration de l'empereur Meiji, vira casaque pour mener la révolte de Satsuma. La baie de Kagoshima se prolonge par la péninsule de Satsuma où niche Ibusuki, une station thermale qui doit sa popularité à ses délicieux bains de sable chaud.

NOS ADRESSES PAGE 578
Hébergement, restauration, achats, activités, etc.

S'INFORMER

Office du tourisme de Kagoshima – *Bureau central dans le hall de la gare de Kagoshima-chuo - ✆ (099) 253 2500 - www.kagoshima-yokanavi.jp/english/index.html - 8h-20h.*

Kagoshima Prefectural Visitors Bureau – *Kagoshima-ken Sangyo Kaikan, 9-1 Meizan-cho - ✆ (099) 223 5771 - www.kagoshima-kankou.com/for - lun.-vend. 8h30-17h15 - bureau pouvant organiser des visites en anglais.*

SE REPÉRER

Carte de région p. 536, A3 - À l'extrême sud de Kyushu, à 195 km de Kumamoto et 315 km de Fukuoka, Kagoshima s'étend le long d'une baie. Elle possède deux gares, Kagoshima, près du port, et Kagoshima-chuo, plus au sud, la station principale. Le centre-ville est situé entre les deux gares, autour de la galerie commerçante Tenmonkan-dori. Il est desservi par des bus et deux lignes de tramway.

À NE PAS MANQUER

Le volcan Sakurajima. Les bains de sable d'Ibusuki.

ORGANISER SON TEMPS

Comptez une journée pour la ville et une autre pour Chiran et Ibusuki ou pour le parc national de Kirishima Yaku. D'Ibusuki, des hydroglisseurs filent directement sur Yakushima.

AVEC LES ENFANTS

L'aquarium de Kagoshima. La plage d'Ibusuki.

Se promener

De la gare principale de Kagoshima-chuo, un bus touristique *(ttes les 30mn, 190 ¥ le trajet ou 600 ¥ le pass journalier)* fait le tour des curiosités de la ville.

★ Musée d'Art municipal de Kagoshima 鹿児島市立美術館

À 15mn en bus de la gare - tlj sf lun. 9h30-18h (dernière entrée 17h30) - 300 ¥.
Érigé sur les ruines de l'ancien château Tsurumaru, au pied de la colline Shiroyama, le musée abrite les collections d'art moderne de la ville. Il s'agit en majorité d'artistes japonais de la région, de la fin du 19e s. et du début du 20e s., inspirés par les grandes écoles occidentales de la même époque. Le peintre **Seiki Kuroda** (1856-1924) qui fit son apprentissage à Paris occupe ainsi une bonne place. Une autre salle rassemble un ensemble hétéroclite d'œuvres européennes, des impressionnistes aux années 1950 : Monet, Renoir, Cézanne, Ernst, Matisse, Picasso, Mondrian, Kandinsky, Fautrier. Un dernier ensemble est consacré aux arts décoratifs de Satsuma, des céramiques de l'époque Momoyama (fin du 16e s.) aux cristalleries de la fin du 19e s.

★ Reimeikan (Musée préfectoral de la Culture)
黎明館（鹿児島県歴史資料センター）

À 200 m à pied du précédent - tlj sf lun. 9h-18h (dernière entrée 17h30) - 310 ¥.
Posé lui aussi sur le site de l'ancien château dont on aperçoit encore les douves et quelques vestiges d'enceinte, ce musée retrace, sur trois étages, l'histoire de la région de la préhistoire jusqu'à la restauration de Meiji. Berceau de la civilisation Jomon voici dix mille ans, très tôt ouvert aux influences chinoises et occidentales, le sud de Kyushu formait un puissant fief féodal sous le contrôle du clan Shimazu, du 12e au 19e s.

★ Sengan-en 仙巌園（磯庭園）

À 3 km au nord-est du centre-ville - 35mn en bus de la gare - 8h30-17h30 - 1 000 ¥.
Appelé aussi Isotei-en, ce jardin fut dessiné en 1658 à la demande de Mitsuhisa Shimazu, le 19e seigneur du nom, qui y fit construire une villa. Agrémenté d'une végétation soignée (plantes tropicales et bambous) et d'une pièce d'eau, il offre une vue dégagée sur la baie avec le cône fumant du Sakurajima en toile de fond. Un panorama hélas dénaturé par la route et la voie ferrée qui passent juste devant.
À la sortie du parc, le musée **Shoko Shusei-kan** loge dans ce qui fut la première usine japonaise de style occidental. Fondée en 1855, cette grosse manufacture produisait de la cristallerie, des céramiques et des armes. Les objets présentés (céramiques, laques, rouleaux) sont issus des collections de la famille Shimazu. Derrière le bâtiment, on peut visiter les ateliers de soufflerie de cristal où des artisans sont à l'œuvre.

Dolphin Port ドルフィンポート

À 20mn en bus de la gare de Kagoshima-chuo ou 10mn à pied de la gare de Kagoshima.
Ce complexe commercial s'étend devant le port, le long de la « promenade des planches » où s'agglutinent restaurants et boutiques.
★ **Aquarium de Kagoshima** – *Sur le quai nord - (099) 226 2233 - http://ioworld.jp/english - - 9h30-18h (dernière entrée 17h) - 1 500 ¥ (enf. 750 ¥, -4 ans 350 ¥).*
Comptant parmi les plus grands du Japon, il permet de découvrir, sur plusieurs étages, la faune aquatique tropicale de Kagoshima et d'Okinawa dans un cadre instructif et distrayant. La visite se termine par un spectacle de dauphins dans un grand bassin qui ravira les enfants.

Bain de sable chaud sur la plage à Ibusuki.
Ch. Boisvieux/hemis.fr

★★ **Sakurajima** 桜島

Du terminal situé devant le quai nord, des ferries (ttes les 10/15mn, 15mn de trajet, 160 ¥) desservent la presqu'île. Bureau d'information (9h-17h) et location de vélos devant le débarcadère. Un service de bus (ttes les h) depuis le terminal des ferriesfait le tour de la presqu'île. Composé de trois pics culminant à 1 117 m d'altitude, au nord de la baie de Kagoshima, le Sakurajima est l'un des volcans les plus actifs du Japon. Son activité éruptive est intense et presque constante. En 1914, une éruption dramatique tua de nombreuses personnes. Le volcan cracha alors 3 milliards de tonnes de lave qui engloutirent les villages alentour et relièrent cette île de 80 km^2 à celle de Kyushu en comblant le détroit large de 400 m. Régulièrement, le cratère tousse et projette des tombereaux de cendres sur Kagoshima. Pour canaliser les coulées de lave, des canaux, digues et bassins ont été construits sur ses pentes tandis que des abris en béton armé servent de refuge en cas de projections de blocs. Son sol fertile permet néanmoins la culture des plus gros *daikon* (radis chinois) du Japon, de kumquats et de cédrats. Ses sources chaudes en font aussi un haut lieu du tourisme thermal.

★ **Yunohira** – Du port, une route *(2h de marche AR)* serpente entre les champs de lave et les forêts de pins jusqu'à ce magnifique belvédère sur le volcan et la baie.

À proximité Carte de région p. 536, A3

CHIRAN 知覧

À 34 km au sud. Bus régulier depuis la gare de Kagoshima-chuo (1h20 de trajet, 840 ¥). Entourée de collines boisées et de plantations de thé, cette bourgade paisible fut l'une des 113 cités fortifiées construites pour protéger les seigneurs féodaux de Satsuma, et aussi l'une des grandes bases des kamikazes durant la Seconde Guerre mondiale *(voir encadré p. 576)*.

LA « MAISON DES LUCIOLES »

C'est un petit bistrot du centre de Chiran. Son patron, Akihisa Torihama, l'a baptisé *Hotaru-kan*, la « maison des lucioles », et en a fait un petit musée car c'est ici que sa grand-mère, Tome-san, cuisinait un dernier repas aux jeunes kamikazes avant qu'ils ne partent s'exploser. Ils l'appelaient affectueusement *Okasan*, « maman ». Beaucoup lui confiaient en cachette une lettre pour leur fiancée ou leur famille, afin qu'elle échappe à la censure militaire. « Contrairement à la légende, ces jeunes n'étaient pas des patriotes exaltés partant la fleur au fusil, explique son petit-fils. Ils n'étaient même pas volontaires mais, soumis à la pression sociale et à celle de l'état-major, ils ne pouvaient refuser. Sachant la guerre perdue, ils jugeaient pourtant ce sacrifice vain et absurde. Loin de tout fanatisme, leurs lettres expriment leur tristesse d'avoir si peu vécu et leur douleur d'abandonner leurs proches. »

★ Bukeyashiki 武家屋敷

Près du centre-ville - 9h-17h - 500 ¥. Sept maisons de samouraïs datant de l'époque d'Edo (milieu du 18e s.) s'alignent dans une longue rue bordée par un muret de pierre. Dans une rigole coule un ruisseau où barbotent des carpes. Toutes les résidences possèdent de délicieux jardins secs qui utilisent avec talent le « décor emprunté » des monts environnants.

Musée de la Paix 知覧特攻平和会館

À 2 km à l'ouest de la ville. Le bus de Kagoshima dessert aussi le musée - 9h-17h (dernière entrée 16h30) - 500 ¥. Durant la bataille d'Okinawa, à la fin de la Seconde Guerre mondiale, la majorité des avions kamikazes japonais partaient de Chiran. Presque tous les pilotes étaient des adolescents âgés de 17 à 28 ans. Le musée glorifie la mémoire des 1 036 kamikazes (ou *tokkotai*, « unités d'attaques spéciales ») de Chiran qui se suicidèrent en jetant leurs chasseurs bourrés d'explosifs sur les navires américains. Des photos les montrent en tenue d'officier, un casque d'aviateur et des lunettes sur le front. Dans les vitrines sont exposés leurs poèmes, lettres et objets personnels.

De Chiran, des bus vont à Ibusuki ou à la gare de Kiire, d'où l'on rejoint Ibusuki en train.

★ IBUSUKI 指宿

À 50 km au sud. De la gare Kagoshima-chuo, ligne de train JR Ibusuki (1h, 1 000 ¥). Au bout de la péninsule de Satsuma, cette station thermale jouit d'un splendide cadre naturel : plages de sable blanc ou criques rocheuses serties de végétation tropicale avec, en toile de fond, le cône aux lignes pures du volcan **Kaimon-dake** évoquant celui du mont Fuji. Non loin, le vaste **lac Ikeda**, formé par l'effondrement d'une ancienne caldeira, laisse miroiter ses eaux limpides où abondent les anguilles.

★★ Ibusuki Sunamushi Onsen 指宿砂むし温泉

Sunamushi Kaikan. Devant la plage, à 20mn à pied de la gare - 8h30-12h, 13h-20h30 - 1 080 ¥. Ibusuki est célèbre pour ses bains de sable volcanique, réputés soigner les névralgies, rhumatismes et autres douleurs. Depuis trois siècles, les Japonais accourent s'y faire ensabler jusqu'au cou par des mamies adroites à manier la pelle *(voir photo p. 575)*. L'eau qui jaillit sous la plage infuse le sable d'une vapeur à 55 °C qui se charge de minéraux marins. La chaleur et la sudation accélèrent la circulation sanguine, favorisant l'élimination des toxines.

★ Musée Satsuma Denshokan 薩摩伝承館

Devant le grand hôtel Ibusuki Hakusuikan, à 5mn en taxi de la gare - 8h30-18h (dernière entrée 17h30) - 1 500 ¥. Ouvert en février 2007, ce somptueux bâtiment entouré d'eau reproduit l'architecture des temples d'époque de Heian, en particulier celle du Byodo-in d'Uji *(voir p. 263)*. Ses collections de porcelaines de Satsuma, près de 3 000 œuvres rassemblées par la famille du fondateur de l'établissement, sont uniques et retracent l'histoire de ces céramiques à l'ornementation luxueuse et colorée qui connurent leur heure de gloire à la fin du 19e s. lorsqu'elles étaient exportées vers l'Europe par cargaisons entières. Les salles du rez-de-chaussée exposent de grandioses vases *kirande* à décor polychrome et doré. Le premier étage présente des céramiques chinoises, notamment des chefs-d'œuvre de la porcelaine impériale de la dynastie des Song (960-1279).

KIRISHIMA KINKOWAN NATIONAL PARK

À 65 km au nord de Kagoshima. De la gare de Kagoshima prenez la Nippô Main Line jusqu'à Kirishima-jingu (50mn, 910 ¥), puis un premier bus jusqu'à l'hôtel Iwasaki (11/j, 20mn, 400 ¥) et un second (3/j, 1h, 590 ¥) pour arriver à Takachiho-Gawara, d'où vous pourrez entreprendre l'ascension du mont Takachiko.

Les amateurs de nature et de grands espaces apprécieront une escapade dans ce parc naturel dont le territoire recouvre la chaîne des **monts Kirishima**, d'origine volcanique. Une vingtaine de sommets, dépassant souvent les 1 000 m d'altitude, des lacs de cratères et des plateaux rivalisent pour proposer le paysage le plus superbe. Printemps et automne sont évidemment les saisons à privilégier tant pour la beauté de la végétation, en particulier les azalées, que pour les conditions météo. Plusieurs sentiers de randonnée balisés, de différents niveaux, sillonnent le parc qui a été le premier au Japon à être reconnu comme parc national en 1934 *(pour info sur les sentiers : Takachihogawara Visitor Center ✆ (099) 557 2505 - 9h-17h).*

Parmi les sommets du parc, le **mont Takachiho** (1 574 m) a une grande importance dans la mythologie shinto car c'est à cet endroit que Ninigi-no-mikoto, petit-fils de la déesse Amaterasu et donc ancêtre de l'empereur actuel, serait descendu sur terre en apportant le riz au Japon (une autre version désigne un autre Takachiho, un peu plus au nord de Kyushu, *voir p. 569*).

★ Kirishima-jingu

À 7 km au sud du mont Takachiho.

Le caractère sacré attaché au mont Takachiho explique la présence d'un sanctuaire shinto à proximité. Le premier sanctuaire fut érigé dès le 6e s. ; sa fondation est mentionnée dans les chroniques officielles les plus anciennes, le *Kojiki* et le *Nihon shoki* (8e s.). Le sanctuaire actuel date de l'époque d'Edo et fut financé par le 21e seigneur de Satsuma. Il est littéralement immergé dans une splendide végétation composée d'arbres centenaires – pins, érables, cèdres – dont certains sont considérés comme sacrés. Tout au long de l'année, dans le bâtiment principal *(honden)*, se tiennent de nombreuses cérémonies liées au riz qui rappellent le récit mythique ; ces cérémonies sont la plupart du temps interdites au public. Le batiment annexe *(kagura den)* est en revanche ouvert au grand public, pour diverses cérémonies.

NOS ADRESSES À KAGOSHIMA

TRANSPORTS

En avion – L'aéroport de Kagoshima, à 30 km au nord, est relié par bus à la gare de Kagoshima-chuo *(ttes les 15mn, 40mn de trajet, 1 250 ¥)*. Vols quotidiens pour Tokyo *(1h40, à partir de 19 500 ¥ avec Jet Star), la compagnie Solaseed Air propose une formule à 10 500 ¥ pour les étrangers)*, Naha *(1h30, env. 39 000 ¥ avec ANA)*, Solaseed Air - *10 500 ¥)*, Yakushima *(35mn, env. 26 900 ¥ A/R avec la JAL)*, Osaka, Nagoya, Séoul, Shanghai, Taipei et Hong Kong.

En train – Une ligne Shinkansen relie Kagoshima-chuo à Fukuoka-Hakata *(1h30, 10 450 ¥)*, Beppu *(via Kokura, 3h, 15 650 ¥)*, Kumamoto *(50mn, 6 940 ¥)*, Nagasaki *(via Shin-Tosu, 3h, 13 600 ¥)* et permet également de rejoindre Osaka, dans le Kansai *(4h, 21 900 ¥)*.

En bus – Les bus longue distance partent de l'Express Bus Center, devant la gare de Kagoshima-chuo. Départs réguliers pour Kumamoto *(3h30)*, Oita *(5h40)*, Fukuoka *(4h)* et Osaka *(11h40)*.

En bateau – Pour Yakushima, les hydroglisseurs, Toppy et Rocket, les plus pratiques, desservent l'île depuis Kagoshima *(6/j)*. Le trajet dure 2h à 2h30 et coûte 8 400 ¥. Plus lent, le ferry d'Orita Kisen quitte Kagoshima à 8h30. Il met 4h et coûte 4 900 ¥. Le ferry d'Iwasaki Corporation quitte Kagoshima à 18h. Il dessert l'île de Tanegashima et entre au port de Miyanoura à 7h le jour suivant *(13h, 3 600 ¥)*. Pour Okinawa, les ferries Marix Line *(1/j, 25h, 20 500 ¥ env.)* partent du port Shin-ko, plus au sud. Pour Osaka, Ferry Sunflower, *✆ (099) 473-8185, (1/j, 15h de traversée, de nuit, 13 400 ¥) part du port Shibushi (à l'est de la péninsule Osumi)*.

HÉBERGEMENT

Kagoshima

PREMIER PRIX

Little Asia Guest House
鹿児島リトルアジア
2-20-8 Nishida - ✆ (099) 251 8166 - www.cheaphotelasia.com - ⊠ - dortoir 1 500 ¥/pers., ch. 2 500 ¥/pers. Pension familiale pour jeunes voyageurs. Laverie, Internet gratuit, location de vélos et cuisine en libre-accès. Les propriétaires parlent anglais.

BUDGET MOYEN

Hôtel Nakahara Bessou
温泉ホテル中原別荘
15-19 Terukuni-cho - ✆ (099) 225 2800 - www.nakahara-bessou.co.jp - 55 ch. Bien situé, cet hôtel familial et confortable dispose de chambres japonaises ou occidentales avec salle de bains et, cerise sur le gâteau, d'un bel onsen.

POUR SE FAIRE PLAISIR

Castle Park Hotel
城山観光ホテル
41-1 Shinshoin-cho - ✆ (099) 224 2211 - www.shiroyama-g.co.jp - 365 ch.

Le plus bel hôtel de Kagoshima trône au sommet de la colline de Shiroyama, dominant la ville. De ses 4 restaurants, et du *rotenburo,* vue grandiose sur le volcan.

Ibusuki

UNE FOLIE

Ibusuki Hakusuikan Hotel 指宿白水館
12126-12 Higashikata, Chirin-no-Sato - ✆ (0993) 22 3131 - www.hakusuikan.co.jp - 205 ch. Un vrai village en bord de mer, avec des jardins, une piscine, des chambres (lits ou futons) luxueuses, cinq restaurants et surtout des bains grandioses, construits sur le modèle des bains de l'époque d'Edo.

RESTAURATION

Kagoshima

BUDGET MOYEN

Kumasotei 熊襲亭
6-10 Higasi-sengoku-cho - ✆ (099) 222 6356 - www.kumasotei.com/enjoy - 11h-14h30, 17h-22h (dernière commande 30mn av. la fermeture). Des salons privés en tatamis pour tester la cuisine traditionnelle de Kagoshima : *kibinago* (sashimis de petits poissons), *shabu-shabu* de porc, etc. Présentation raffinée. Carte en anglais.

Ajimori あぢもり
13-21 Sennichi-cho - ✆ (099) 224 7634 - www.adimori.com - tlj sf merc. 11h30-14h30 (dernière entrée 13h), 17h30-21h30 (dernière entrée 20h). Spécialité de cette table à l'ancienne : le *kurobuta*, porc noir cuisiné en *shabu-shabu* ou en *tonkatsu* (côtelettes panées).

Chiran

PREMIER PRIX

Taki-an 高城庵
6329 Chiran-cho-koori - ✆ (0993) 83 3186 - tiran.kashoren.or.jp/kaiin/takiann - 10h30-15h (dernière commande 14h30, midi seult) - ⊠. Au sein d'une demeure vieille de 257 ans, vous dégusterez, assis sur des tatamis, un bol de *soba* (nouilles de sarrasin) en admirant le jardin.

ACHATS

Kagoshima

Sakamoto Kurozu Jouhoukan Tsubobatake – *3075 Fukuyama, Fukuyama-cho - ✆ (0995) 54 7200 - www.tsubobatake.jp - 9h-17h.* C'est au début du 19e s., dans la région de Kagoshima, que fut mis au point le procédé de fabrication du vinaigre noir *(kurozu).* Trois ingrédients naturels (riz, eau et levure) fermentent sous haute surveillance dans des jarres en terre cuite, à l'extérieur, pendant six mois à cinq ans pour donner ce condiment hautement apprécié des gastronomes japonais. De la boutique/musée, on peut admirer les alignements de jarres, voir un film décrivant les différentes étapes de fabrication (en japonais uniquement), acheter divers types de produits et goûter à des recettes à base de vinaigre noir *(restaurant proposant des formules déjeuner à partir de 1 620 ¥, 10h-17h).*

Yakushima 屋久島

★★★

12 913 habitants – préfecture de Kagoshima

Cernée par l'écume des brisants coralliens, toujours noyée dans les brouillards, Yakushima incarne un éden végétal surgi du fond des âges. Sanctuaire de la biodiversité, elle est couverte d'une exceptionnelle forêt humide composée en majorité de sugi, cèdres japonais dont certains, des géants millénaires, figurent parmi les plus anciens arbres du monde. Inscrite au Patrimoine mondial de l'Unesco, cette île à l'aspect grandiose et chaotique fait se côtoyer les extrêmes : chaleur tropicale sur la côte et froid alpin en montagne, plages de sable blanc et pics enneigés l'hiver. De forme pentagonale, l'île est hérissée d'une cinquantaine de sommets de plus de 1 000 m. Son point culminant, le mont Miyanoura (1 935 m), est le plus haut de tout le Japon méridional. Relief escarpé et latitude tropicale s'associent pour donner des records de pluviosité : 4 m d'eau par an sur la côte et plus de 8 m dans l'intérieur montagneux. Ici, on dit qu'il pleut 35 jours par mois ! Mais cet inconvénient est largement compensé par l'incroyable exubérance de la flore et par les sortilèges d'une forêt touffue balisée de nombreux sentiers faisant de Yakushima un authentique paradis pour les randonneurs.

NOS ADRESSES PAGE 584
Hébergement, restauration, achats, activités, etc.

S'INFORMER

Office de tourisme – À Miyanoura, dans le terminal du port, *(0997) 42 1019 - www.yakushima-marche.com/en/ - 8h30-17h*. À Anbo, au centre du village, sur la route principale, *(0997) 46 2333 - 9h-17h30*. Autre bureau à la sortie de l'aéroport, à gauche, *(0997) 49 4010 - ouv. lors des arrivées d'avions*.

SE REPÉRER

Carte de région p. 536, A3 en dir. – À 60 km au sud de Kagoshima, l'île occupe une superficie de 500 km² pour une circonférence de 135 km. Sa population se concentre entre deux localités, Miyanoura, la ville principale au nord, et Anbo, à l'est. L'aéroport se situe à mi-chemin entre les deux. La majorité des bateaux accostent à Miyanoura. Une route fait le tour de l'île, passant par la bourgade d'Onoaida au sud.

À NE PAS MANQUER

La forêt de Mononoke. Les randonnées de Yakusugi Land ou, pour les plus courageux, celle du Jomon-sugi. La cascade Oko no taki.

ORGANISER SON TEMPS

Prévoyez deux ou trois jours sur place. Prenez de bonnes chaussures, des vêtements chauds, un parapluie et un imperméable pour la marche. Évitez de venir durant les vacances japonaises (hôtels complets, sentiers surpeuplés) et en juin-juillet (saison des pluies les plus intenses).

Découvrir

Les bus circulent sur l'île à une fréquence limitée. Si vous êtes pressé ou soucieux de votre confort, il est préférable de louer une voiture pour vous déplacer *(voir Nos adresses p. 584)*.

Forêt de Yakushima.
Tsuyoshi_Kaneko / iStock

Centre villageois de la culture et de l'environnement
屋久島環境文化村センター

À 5mn à pied du port de Miyanoura - tlj sf 3e mar. du mois 9h-17h (dernière entrée 16h30) - 520 ¥. Dans un bâtiment récent, ce centre d'information déroule un exposé pédagogique sur la géographie, l'histoire et la culture de Yakushima, qui permet d'en cerner les traits dominants. Un film Imax, projeté sur écran géant, vous embarque dans un survol vertigineux des montagnes de l'intérieur de l'île et de leurs forêts antédiluviennes. Le centre comprend un café-restaurant qui sert repas et petits-déjeuners occidentaux.

★ Shiratani Unsuikyo 白谷雲水峡

À 12 km au sud de Miyanoura (30mn en bus - 300 ¥). Perchée à 800 m d'altitude, cette vallée encaissée abrite une magnifique forêt humide de conifères, dont de nombreux cèdres *yakusugi*. Trois sentiers de randonnée *(1h, 1h40 et 3h)*, faciles et bien balisés, remontent le long de la rivière Shiratani et croisent en chemin quelques arbres exceptionnels comme le **Yayoi-sugi★**, un cèdre de 1 200 ans. Le parcours de 3h, le plus intéressant, franchit un pont suspendu, passe plusieurs gués devant lesquels coulent des torrents limpides puis débouche sur la **forêt de Mononoke★★**, baptisée ainsi en hommage au cinéaste Miyazaki Hayao *(voir p. 663)* qui s'en est inspiré pour son film *Princesse Mononoke*. Imaginez une clairière baignée d'un halo de brume, au sol recouvert d'un épais tapis vert sombre de mousses et de lichens, entourée de cèdres géants aux troncs pareils à des colonnes.

★ Nagata Inakahama 永田いなか浜

À 21 km à l'ouest de Miyanoura (35mn en bus). Près du hameau de Nagata, cette longue plage de sable blanc, qui invite à la baignade, est l'un des plus importants lieux de ponte au monde des **tortues caouannes**, une variété de tortues marines aujourd'hui menacée. De mai à août, elles sont près de 500 à venir, durant la nuit, nidifier sur cette plage qui fut aussi, dix ou vingt ans auparavant, leur lieu de naissance. Chaque femelle fait deux à trois passages

L'île de Princesse Mononoke

LES « ALPES DE L'OCÉAN »

Née d'un ancien volcan voici 14 millions d'années, Yakushima tranche par son imposant relief montagneux. L'île comprend plusieurs pics de plus de 1 800 m dont les Miyanoura-dake (1 935 m), Nagata-dake (1 886 m) et Okina-dake (1 860 m), les plus hauts sommets de Kyushu. Le sol est granitique et la topographie très accidentée. Les côtes prolongent ce visage tourmenté, notamment au sud-ouest où des falaises rocheuses plongent à pic dans la mer. Au nord et à l'est, les fonds sont davantage en pente douce, baignés par les eaux chaudes du courant Kuroshio abritant une grande variété de coraux et de poissons tropicaux.

UNE VÉGÉTATION ABONDANTE

90 % de la surface de l'île est couverte par une forêt primitive, dont s'est inspiré Miyazaki Hayao pour son film *Princesse Mononoke*. Si la côte jouit d'un climat subtropical proche de celui d'Okinawa, les sommets, coiffés de neige en hiver, enregistrent des températures dignes de Hokkaido. La végétation reflète ces écarts : près du littoral, elle est tropicale (mangroves, forêts ombrophiles de lauriers, camphriers, camélias, banians et ficus), pour devenir plus tempérée (forêts mixtes de chênes, mélèzes, érables, cyprès et cèdres) et enfin subalpine (rhododendrons, mousses et lichens) au fur et à mesure que l'on monte en altitude. Microcosme de tous les écosystèmes nippons, l'île arbore une flore luxuriante et étonnamment variée pour sa superficie : près de 1 900 espèces et sous-espèces de plantes et de fleurs, dont bon nombre, dans les montagnes, sont endémiques. L'acidité des sols et la forte humidité favorisent en outre la prolifération de fougères et épiphytes (lianes et mousses) qui couvrent les troncs et les branches des arbres.

DES CÈDRES MILLÉNAIRES

Entre 600 m et 1 600 m, la forêt tempérée chaude se caractérise par l'abondance des *cryptomeria japonica* ou cèdres du japon *(sugi)*, dont beaucoup de spécimens très anciens. Ici, les cèdres de plus de 1 000 ans d'âge sont appelés *yakusugi* par opposition aux plus jeunes, les *kosugi*. Ayant poussé sur un sol pauvre en nutriments, ils ont grandi lentement, assurant un bois dense et plus résistant que partout ailleurs. Vénérés dans les temps anciens, ces arbres ont fait l'objet d'une exploitation importante par le clan Shimazu. Pendant la l'époque d'Edo (1603-1868), on en tirait des bardeaux servant à recouvrir les toits des temples de Kyoto. En 1964, une grande partie de la forêt primitive a été placée sous la protection d'un parc national puis classée au Patrimoine mondial de l'Unesco en 1993.

À POILS ET À PLUMES

Yakushima est également intéressante pour sa faune, assez différente de celle du reste du Japon. Les forêts de l'île cachent d'importantes colonies de macaques à face rouge *(yaku-zaru)* et de petits daims sauvages *(yaku-shika)*, environ 3 000 individus pour chaque groupe. Parmi les 150 espèces d'oiseaux figurent notamment le rossignol *komadori* et le pigeon des bois japonais, classés tous deux « Monuments naturels ». L'île comprend enfin 15 espèces de reptiles (dont un serpent venimeux, le *mamushi*) et plusieurs centaines de variétés d'insectes.

par saison, enterrant chaque fois une centaine d'œufs gros comme des balles de ping-pong. Parmi les jeunes tortues qui éclosent, une portion infime parvient à échapper aux prédateurs. À Nagata, le petit musée **Umigame-kan** *(tlj sf mar. 9h-17h, dernière entrée 16h30) - fermé 14 oct.-9 mars, se renseigner au ✆ (0997) 49 6550 - 300 ¥)* fournit quelques informations sur les tortues marines.

★ La côte sud-ouest 南西海岸

À 42 km (1h de route) de Nagata à Yudomari. Le bus ne dessert pas la route forestière.

★★★ **Route forestière Seibu Rindoh** – Longeant d'abruptes falaises d'où dégringolent des torrents glacés, cette époustouflante mais étroite route en corniche traverse l'un des coins les plus sauvages de l'île. On y rencontre fréquemment des hardes de petits daims aux croupes cotonneuses et des groupes de singes affairés à s'épouiller ou à glaner les baies tombées sur la route. Évitez de les nourrir ou de les approcher de trop près, ils pourraient vous mordre ou vous griffer.

★★ **Cascade Oko no taki** – *À 26 km de Nagata, 35 km (1h en bus) d'Anbo.* Du parking, un sentier remonte le lit de la rivière jusqu'à une grande piscine naturelle couleur turquoise où se fracasse la masse liquide chutant de 88 m de haut, dans un grondement assourdissant. La cascade est classée parmi les cent plus belles du Japon.

Hirauchi Kaichu Onsen – *à 40mn en bus d'Anbo - 100 ¥. Apporter sa serviette.* Accessibles uniquement à marée basse, ces bassins gargouillants ont été taillés dans les rochers en bord de mer. La baignade est mixte, aussi les plus pudiques s'y rendront de nuit.

Musée du Yakusugi 屋久杉自然館

À 3 km d'Anbo, sur la route de Yakusugi Land - 9h-17h (dernière entrée 16h30) - fermé 1er mar. du mois - 600 ¥. Ce musée consacré au cèdre de Yakushima raconte la longue histoire de l'exploitation forestière de l'île, en particulier durant l'époque d'Edo. Des schémas détaillent comment les troncs coupés ou gisant à terre se régénèrent et donnent naissance à de nouveaux rejets. Une coupe d'un arbre vieux de 1 660 ans permet d'examiner ses cernes de croissance. Une annexe présente l'artisanat développé autour du cèdre.

★★ Yakusugi Land ヤクスギランド

À 16 km à l'ouest d'Anbo (40mn en bus - 300 ¥). Une route en épingle conduit à cette **réserve forestière** qui s'étage entre 1 000 et 1 300 m d'altitude. On y découvre une remarquable forêt de cèdres millénaires aux troncs noueux et trapus, mesurant de 5 à 9 m de circonférence. Exposés à des conditions de survie difficiles, la plupart ont développé un réseau inextricable de racines pour s'ancrer dans les fissures des rochers. Ici et là, on distingue des structures étonnantes d'arbres entremêlés, de branches entortillées, de troncs caverneux, de souches bourgeonnantes, bref tout un foisonnement de formes torturées sommeillant dans le clair-obscur des sous-bois. Quatre sentiers de promenade *(30mn à 2h30)* sillonnent la vallée, équipés de passerelles suspendues et d'escaliers en bois bien sécurisés. En chemin, on contemplera plusieurs *yakusugi* admirables dont le **Kigen-sugi**★★, vieux de 3 000 ans.

★★★ Randonnée du Jomon-sugi 縄文杉ルート

À 3 km avant Yakusugi Land, suivez l'embranchement à droite. Env. 10h de marche AR. Le bus arrive à 6h30 à Arakawa Tozanguchi, point de départ du sentier, et repasse à 17h. Du petit parking, le sentier enjambe un précipice puis, durant les deux premières heures, suit une ancienne voie de chemin de fer abandonnée. Après 50mn de marche surgit le **Kosugi Dani**, un ancien camp où vécurent quelque 500 bûcherons et leurs familles de 1920 à 1970. Le sentier s'enfonce dans la forêt profonde et passe devant un premier arbre marquant, le **Sandai-sugi**, né d'un rejet voici 500 ans. S'engage ensuite une montée raide et difficile. Une halte permet d'admirer le **Wilson Kabu**★, souche d'un arbre géant coupé en 1586 que perce un trou béant entre ses racines. Plus loin s'élèvent le grand **Daio-sugi**★, vieux de 3 000 ans, et le **Meoto-sugi**★, couple de cèdres enlacés comme des amants éternels. À 1 300 m d'altitude, on arrive enfin devant le **Jomon-sugi**★★, impressionnant colosse qui fait songer à une sculpture de pierre. La légende lui prête 7 200 ans mais il aurait en fait 2 600 ans.

NOS ADRESSES SUR YAKUSHIMA

TRANSPORTS

Pas de liaison entre Yakushima et Okinawa, il faut repasser par Kagoshima.

En avion – La compagnie JAC, filiale de la JAL, relie Kagoshima à Yakushima *(5/j, 35mn, 15 600 ¥ env.)*. L'aéroport est sur la côte nord-est, à mi-chemin entre Miyanoura et Anbo. Liaisons par taxi ou par bus.

En bateau – *Voir p. 578.*

SE DÉPLACER

En bus – Toutes les heures, un bus fait le tour de l'île dans les deux sens, entre le port de Miyanoura et Oko no taki *(1 870 ¥)*, en passant par l'aéroport, Anbo, Onoaida et Yudomari. Un autre relie le port de Miyanoura à Shiratani Unsuikyo *(550 ¥)*. Le troisième va de Miyanoura à Arakawa Tozanguchi en passant par Anbo et Yakusugi Land.

En taxi – Plusieurs compagnies opèrent sur l'île, dont Yakushima Kotsu Taxi, *✆ (0997) 46 2321 ou 42 0611*.

En voiture de location – Comptez entre 6 000 et 10 000 ¥/j pour un petit modèle. Les loueurs sont à l'aéroport. Suzuki Rent-A-Lease, *✆ (0120) 80 1772*. Matsubanda Rent-A-Car, *✆ (0997) 43 5000*.

HÉBERGEMENT

Téléphonez à l'avance pour réserver. On viendra vous chercher à votre arrivée.

Miyanoura

BUDGET MOYEN

Seaside Hotel Yakushima
シーサイドホテル屋久島
1208-9 Miyanoura - ✆ (0997) 42 0175 - www.ssh-yakushima.co.jp - 80 ch. Une adresse confortable et pratique, aux chambres spacieuses, occidentales ou japonaises, certaines avec vue sur mer. Piscine extérieure en été.

Lodge Yaedake Sanso
ロッジ八重岳山荘
2191 Miyanoura - ✆ (0997) 42 1551 - yaedake.jp/lodge/index.html - 8 cottages. Un lieu idyllique en pleine forêt, au bord d'une rivière où l'on peut nager et faire du kayak. Les chambres à tatamis (avec WC mais sans salle de bains) se répartissent dans de charmants cottages en bois et les repas, incluant des grillades, sont pris dans la salle commune.

Sud de l'île

POUR SE FAIRE PLAISIR

JR Hotel Yakushima
JRホテル屋久島
136-2 Onoaida - ✆ (0997) 47 2011 -

www.jrk-hotels.co.jp/en/Yakushima - 46 ch. Installé sur un site splendide face à l'océan, l'édifice de forme pentagonale possède des chambres occidentales élégantes et luxueuses, dont certaines offrent une vue fabuleuse. La meilleure adresse de l'île.

RESTAURATION

Le soir, ne comptez pas trop dîner ailleurs que dans votre lieu d'hébergement.

Miyanoura

PREMIER PRIX

Yakushima Kanko Center 屋久島観光センター

799 Miyanoura - ✆ (0997) 42 0091 - 8h-19h (déc.-fév. -18h). À l'étage, au-dessus d'une grande boutique de souvenirs et de matériel de camping-randonnée. Carte variée où figurent notamment de délicieux sashimis de daim.

Shiosai 潮騒

305-3 Miyanoura - ✆ (0997) 442 2721 - tlj sf jeu. 11h30-14h, 17h30-22h. Modeste bistrot servant une bonne cuisine traditionnelle, dont divers menus de sashimis. Spécialité de *saba-nabe* (fondue de maquereau).

Anbo

PREMIER PRIX

Chaya Hirano 茶屋ひらの

2617-3 Anbo - ✆ (0997) 46 2816 - www.goyakushima.com - 11h-15h, 18h-21h - sur réserv. Ravissant restaurant tout en bois de cèdre. Menu fixe déclinant petits plats de légumes, d'algues et sashimis de poisson frais.

Miyazaki 宮崎

401 156 habitants – préfecture de Miyazaki

Avec ses avenues bordées de palmiers, ses plages et son climat semi-tropical – la ville revendique le plus fort taux d'ensoleillement du pays –, Miyazaki attire de nombreux vacanciers japonais et coréens qui viennent y pratiquer sports aquatiques et golf. Miyazaki est également connue dans tout le Japon comme base d'entraînement hivernal pour des équipes sportives professionnelles, notamment la prestigieuse équipe de base-ball des Tokyo Yomiuri Giants.

NOS ADRESSES PAGE 587
Hébergement, restauration, achats, activités, etc.

S'INFORMER

Office de tourisme – Miyazaki Convention and Visitors Bureau, *Kiten Bldg, 3F, 1-10 Nishiki-machi - ✆ (0985) 26 6100 - www.kanko-miyazaki.jp - 8h30-17h45.* Il y a également un comptoir d'informations touristiques dans la gare JR de Miyazaki - *✆ (0985) 22 6469 - www.miyazaki-city.tourism.or.jp/en/ - 9h-18h.*

SE REPÉRER

Carte de région p. 536, B3 - Au sud-est de l'île de Kyushu, à 130 km de Kagoshima et 175 km de Kumamoto. Chef-lieu de la préfecture du même nom qui compte 1,6 million d'habitants.

À NE PAS MANQUER
Les sanctuaires shinto de la côte de Nichinan.

ORGANISER SON TEMPS
Comptez une journée.

Se promener

La ville et ses environs sont rattachés à des épisodes importants de la **mythologie shinto**. Les deux grands sanctuaires de la côte de Nichinan, bâtis dans un environnement naturel remarquable et préservé, conservent malgré le passage des siècles une indéniable dimension de mystère et méritent à eux seuls le détour.

★★ Aoshima jinja 青島神社

à 5 km au sud de Miyazaki par la route 377 – de la gare de Miyazaki prenez le bus jusqu'à l'arrêt Aoshima (50mn - 720 ¥) ou bien la JR Nichinan jusqu'à la gare d'Aoshima (30mn - 370 ¥) - un pont relie l'île à la côte.

Le sanctuaire est situé dans un site naturel unique : un îlot d'1,5 km de circonférence, formé par l'érosion il y a 10 ou 15 000 ans, et entouré d'étonnantes formations rocheuses, des orgues de basalte. On les surnomme « la planche à laver des géants » *(Oni-no-sentaku-ita).*

Immergé dans une magnifique forêt de palmiers et autres arbres centenaires, le sanctuaire est dédié aux divinités Hikohohodemi-no-mikoto et Toyotamahime *(voir Udo jingu ci-dessous).* Ceux qui souhaitent découvrir la mythologie shinto pourront visiter le petit **musée** attenant au sanctuaire dans lequel les principaux épisodes sont retracés à l'aide de mannequins et de panneaux explicatifs *(en anglais).* La dernière salle est consacrée à des « dieux » plus contemporains, les joueurs de base-ball des Tokyo Yomiuri Giants, qui viennent faire leurs vœux au sanctuaire à l'occasion de leur entraînement d'hiver à Miyazaki.

★ Udo jingu 鵜戸神宮

à 41 km au sud de Miyazaki par la route 220 – prenez le bus de la gare routière de Miyazaki jusqu'à l'arrêt Udo Jingu (85mn -1 470 ¥). Du parking, il faut monter les 700 marches de pierre qui mènent au sanctuaire.

Ce sanctuaire shinto consacré au culte impérial *(jingu)* a la particularité d'être situé à flanc de falaise, en bord de mer. Après avoir franchi deux portes puis deux ponts, on atteint l'entrée de la grotte dans laquelle a été construit le bâtiment principal *(honden)*, éclatant de couleurs et de décorations.

C'est dans ce lieu, selon la mythologie shinto, que la déesse Toyotamahime, fille du dieu de la mer et épouse de Hikohohodemi-no-mikoto (le petit-fils de Ninigi-no-mikoto *(voir p. 569)*, vint donner naissance à son fils. Bien qu'elle eût instamment demandé à son époux de ne pas assister à l'accouchement, celui-ci ne put s'empêcher d'entrer dans la grotte. Il découvrit alors que Toyotamahime avait repris son apparence initiale, celle d'un dragon d'eau *(wani)*. Incapable de supporter la découverte de son secret, elle repartit au pays de la mer en abandonnant son fils.

Derrière le *honden*, des protubérances dans la paroi rocheuse sont censées représenter les seins que la déesse laissa pour nourrir son fils car de l'eau en suinte à certaines périodes de l'année. Pour cette raison, cet endroit fait l'objet d'un culte particulier de la part des femmes enceintes, allaitant ou souhaitant avoir un enfant.

En contrebas de l'entrée de la grotte, un gros rocher dont la forme évoque celle d'une tortue se rapporte également au récit mythique. L'animal aurait transporté la déesse pour son accouchement et attendrait toujours son retour.

On peut acheter dans le sanctuaire de petits palets en terre cuite *(undama)* et les lancer (de la main gauche pour les hommes et de la main droite pour les femmes) en faisant un vœu ; si le palet atteint la partie du rocher délimitée par la corde, le vœu se réalisera. Hikonagisa-Takeugaya-Fukiaesu-no-mikoto, le fils de la déesse, est le père de Kamuyamato-Iwarebiko-no-mikoto, plus connu sous le nom de **Jinmu**, premier empereur du Japon *(voir encadré p. 627)*.

NOS ADRESSES À MIYAZAKI

TRANSPORTS

En avion – Vols JAL, ANA depuis Tokyo Haneda *(1h45mn, env. 47 000 ¥)* et Solaseed Air *(formule pour les étrangers 10 500 ¥)* ; depuis Osaka Itami avec Peach *(1h, env. 20 000 ¥)*. JAL, ANA et IBEX relient Miyazaki à Fukuoka *(45mn, env. 13 000 ¥)*. De l'aéroport vers Miyazaki : JR *(10mn -350 ¥)* ou bus *(30mn - 440 ¥)*.

En train – **De/vers Kagoshima** : La ligne JR Nippo-Honsen relie les gares de Kagoshima et Miyazaki *(2h10 - 4 230 ¥ en Ltd. Expr. Kirishima)* ; **de/vers Beppu** : Ltd. Expr. Nichirin *(ttes les h, 3h15 - 6 000 ¥)*.

HÉBERGEMENT

PREMIER PRIX

Youth Hostel Sunflower Miyazaki
ユースホステル・サンフラワー宮崎
1-3-10 Asahi - ☎ (0985) 24 5785 - www.mfkaikan.jp/en - 1 dortoir, 4 ch. - à partir de 3 888 ¥/pers. À 15mn à pied de la gare, cette agréable auberge de jeunesse propose des dortoirs spacieux à tatamis ou occidentaux, pour des prix raisonnables. Seul bémol : le couvre-feu à 22h. Petit-déjeuner japonais à réserver la veille *(500 ¥)*.

BUDGET MOYEN

Hôtel JAL City Miyazaki
ホテルJALシティ宮崎
4-2-30 Tachibanadori Nishi, Miyazaki-shi - ☎ (0985) 25 2580 - www.miyazaki-jalcity.co.jp - P - 210 ch. Business hotel dans le centre-ville, à 10mn à pied de la gare et à 20mn en taxi de l'aéroport.

Miyazaki Kanko Hotel
宮崎観光ホテル
1-1-1 Matsuyama, Miyazaki-shi - ☎ (0985) 27 1212 - www.miyakan-h.com/english - P - 348 ch. Au bord de la rivière Oyodo, cet hôtel moderne propose des onsen et des *rotenburo*, six restaurants, bar, salon de thé, boutiques et spa.

POUR SE FAIRE PLAISIR

Sheraton Grande Ocean Resort
シェラトン・グランデ・オーシャンリゾート
Hamayama, Yamasaki-cho - ☎ (0985) 21 1133 - www.sheratongrandeoceanresort.com/jp - P - 743 ch. Au sein du Phoenix Seagaia Resort et près du Phoenix Country Club, l'un des trois plus beaux terrains de golf du pays, ce grand hôtel propose des chambres japonaises et occidentales ainsi qu'une grande variété de services (centre de fitness avec piscine et spa, boutiques, restaurants, bars, *rotenburo*, etc.).

Beppu 別府

★

122 193 habitants – préfecture d'Oita

Eaux bouillonnantes, vapeurs et fumerolles : entre « enfers » et paradis, Beppu est l'une des stations thermales les plus prisées des Japonais. Ils sont 12 millions à y débarquer chaque année, en couple, en famille ou entre amis, pour savourer les plaisirs des bains dans les onsen qui jaillissent un peu partout. Alimentée par géothermie, la ville compte plus de 3 000 sources chaudes qui pompent 100 millions de litres d'eau par jour. Vue d'en haut, Beppu a d'ailleurs une drôle d'allure, avec ses panaches de fumées qui lui donnent un air de zone industrielle. Son principal atout, outre ses « enfers » (« jigoku ») spectaculaires, est de réunir des bains pour tous les goûts : de boue, de sable, en plein air, ferrugineux, argileux, carbonatés et brûlants à faire rougir un homard… Les vertus thérapeutiques des sources sont également importantes mais on ne vient pas ici pour une cure austère, bien au contraire. Une ambiance hédoniste règne, associant détente et mixité sociale. Beppu, hélas, n'a pas été épargnée par le tourisme de masse. Ses aménagements d'un kitsch outrancier lui ont valu le surnom de « Las Vegas des onsen ». Pour un charme plus rustique, choisir la station voisine de Yufuin.

NOS ADRESSES PAGE 591
Hébergement, restauration, achats, activités, etc.

S'INFORMER

Office de tourisme – *Sortie centrale (est) de la gare - ✆ (0977) 24 2838 - http://en.visit-oita.jp/ - 8h30-17h30.* Autre bureau pour les touristes étrangers à l'angle de Ekimae-dori et Ginza Arcade, *1-3-15 kitahama - 10h-16h - ✆ (0977) 23 1119.* Internet gratuit.

SE REPÉRER

Carte de région p. 536, B2 - Sur la côte nord-est de Kyushu, à 10 km au nord de la ville d'Oita où se situe l'aéroport, Beppu comprend huit quartiers qui ont chacun leurs établissements thermaux : Beppu proprement dit (autour de la gare), Kannawa, Myoban, Kankaiji, Hamawaki, Kamegawa, Horita et Shibaseki. Les principales curiosités sont à Beppu et à Kannawa, à 5 km au nord de la gare.

À NE PAS MANQUER

Takegawara Onsen et Hyotan Onsen à Beppu, Yufuin.

ORGANISER SON TEMPS

Prévoyez deux jours. Dormez de préférence à Yufuin. Si vous ne craignez pas la chaleur, préférez l'été, seule saison où Beppu ne soit pas assaillie de touristes.

Se promener

Beppu rassemble la plus large gamme de bains thermaux de tout le Japon. Les inconditionnels pourront facilement passer plusieurs journées à aller d'un bain à l'autre au gré de leurs envies. Il existe bon nombre de bains publics gratuits. Mieux vaut alors disposer de sa serviette, de son *yukata* et de son savon, car ils ne sont pas fournis.

L'enfer de l'étang de sang, Chi no ike jigoku.
Rita Ariyoshi / Pacific Stock / age fotostock

★★ Takegawara Onsen 竹瓦温泉

À 10mn à pied au sud-est de la gare - bain de sable chaud : 8h-22h30 - 1 030 ¥ - bain normal : 6h30-22h30 (dernière entrée 21h30) - 100 ¥ - fermé le 3e merc. du mois.

Cette vénérable institution, datant de l'ère Meiji (1879), a conservé sa magnifique architecture en bois qui transporte instantanément le visiteur dans une autre époque. L'intérieur, désuet à souhait, baigne dans une douce pénombre et reste épargné par tous les gadgets technologiques et autres fanfreluches qui fleurissent ailleurs. On s'y fait enterrer jusqu'au cou dans des bacs d'un sable noir et brûlant avant d'aller se rincer et faire trempette dans le bain chaud (très chaud même) aux eaux riches en fer.

★★★ Hyotan Onsen ひょうたん温泉

Quartier de Kannawa. De la gare, bus nº 20, arrêt Jigokubaru ou bus nº 24, arrêt Sunabaru - 9h-1h - 750 ¥ (560 ¥ après 18h).

Situé à 700 m à l'est de la station de bus principale de Kannawa, cet établissement se déploie dans un cadre verdoyant particulièrement enchanteur. Il comprend un bain de sable, un *rotenburo* (bain en plein air), un bain intérieur en forme de gourde *(hyotan)*, un sauna et une cascade d'eau pour les massages d'épaules. On peut également y déjeuner ou bien réserver un *rotenburo* familial pour un usage privatif.

★★ Kaihin Sunayu 海浜砂湯

En bord de mer, près de la gare de Beppu Daigaku ; depuis la gare de Beppu, bus nos 20, 26 ou 26A, arrêt Rukoshoen - mars-nov. : 8h30-18h ; déc.-fév. : 9h-17h (dernière entrée 1h av. la fermeture) - 1 030 ¥.

Au bord de la plage, ce bain de sable régulièrement chauffé par l'eau qui sourd du sol est l'un des plus populaires de Beppu. De souriantes grands-mères vous y enterrent vivant en vous couvrant jusqu'au cou de pelletées de sable brûlant. Le jeu consiste ensuite à rester à suer, immobile comme une momie, le plus longtemps possible.

★ Onsen Hoyo Land 別府温泉保養ランド
Quartier de Myoban. De la gare (sortie ouest), bus n°s 5, 9 ou 41 arrêt Konya Jigokumae (25mn) - 9h-20h - 1 100 ¥. Sous son allure décrépite, ce bâtiment cache plusieurs bains de boue fabuleux, dont un grand bassin mixte en plein air où, tel un hippopotame, il fait bon paresser. Le quartier abrite aussi des huttes en chaume *(yu-no-sato)* où sont fabriqués les sels de bain.

★ Jigoku Meguri 別府地獄めぐり
Quartier de Kannawa. De la gare de Beppu (sortie ouest), bus n°s 2, 5, 7, 9, ou 41 pour le terminal de bus de Kannawa (20mn) - 8h-17h - billet combiné pour 8 sites 2 000 ¥. Curiosité la plus impressionnante de la ville, les *jigoku* (les « enfers » dans la religion bouddhiste) sont une série de bassins et de puits crachant de l'eau, éructant des gaz ou hoquetant de la boue. Ils ont chacun leur spécificité mais certains ont été dénaturés en miniparcs d'attractions flanqués de statues grotesques et d'animaux en cage. Autant se limiter aux plus intéressants. Noyé dans la végétation, l'**Umi jigoku** (enfer de la Mer) forme une belle mare d'un profond bleu cobalt, dû à la présence de silice et de radium. L'eau y jaillit à 98 °C, ce qui permet d'y faire cuire des œufs. Le **Shiraike jigoku** (enfer de l'Étang blanc) exhibe une nappe laiteuse d'où s'élèvent des vapeurs soufrées et un rien fétides provenant des entrailles de la terre. À 3 km au nord *(5mn en bus, n°s 16 ou 2)*, deux autres enfers méritent la visite. Le **Chi no ike jigoku** (enfer de l'Étang rouge) arbore une couleur rouge sang due à sa forte teneur en oxyde de fer. Tout près, le **Tatsumaki jigoku** (enfer de la Tornade) est un puissant geyser qui jaillit vers le ciel toutes les 25mn avec une étonnante précision de métronome.

À proximité Carte de région p.536, B2

★★ Yufuin 由布院
À 30 km à l'ouest. De la gare JR Beppu, accès en train par la ligne JR Kyudai (1h15) ou bien en bus (1h - 900 ¥). Office de tourisme ☎ (0977) 85 4464 - 9h-19h et location de vélos à la sortie de la gare.
Très connue au Japon (4 millions de visiteurs par an) mais peu fréquentée par les touristes étrangers, cette station thermale est blottie dans un bassin verdoyant et encaissé au pied du majestueux mont Yufu-dake (1 584 m). Elle abrite une bonne douzaine d'onsen autour desquels se sont greffés une myriade de ryokan à taille humaine ayant chacun leurs bains chauds mais aussi restaurants, cafés, musées et galeries d'art de qualité. La nature est partout présente dans ce calme refuge, à commencer par le **lac Kinrin-ko** qui plante un paysage bucolique en plein centre et dont les eaux chaudes auréolent la ville, à l'aube, de brumes oniriques.
Gare de Yufuin – Conçue par l'architecte Isozaki Arata, la station est un petit bijou à l'ancienne. Cet écrin en bois foncé abrite une galerie d'art en libre accès tandis qu'au bout du quai, un *ashi-yu*, bain de pieds thermal, invite à se relaxer. De la gare, une **tsujibasya**, carriole tirée par des chevaux, permet aux familles de faire agréablement le tour de la ville *(circule du 2 mars à déb. janv. - ttes les 30mn - mars.-nov. : 9h-16h ; déc.-déb. janv. : 9h30-15h - durée : 50mn - 1 600 ¥/pers.).*

NOS ADRESSES À BEPPU

TRANSPORTS

En avion – L'aéroport d'Oita est relié par un bus à la gare JR de Beppu *(50mn, 1 500 ¥)*. Vols pour Tokyo *(1h30, env. 13 000 ¥ avec Jet Sat)*, avec Solaseed Air formule pour les étrangers à *10 500 ¥*.

En train – De/vers Fukuoka-Hakata, Ltd Exp. Sonic *(2h10, 5 570 ¥)*. Pour Nagasaki, Ltd Exp. Sonic jusqu'à Hakata, puis Ltd Exp. Kamome *(4h, 10 170 ¥)*. Pour Miyazaki, Ltd Express Nichirin *(3h15, 6 000 ¥)*.

Au moment de la rédaction de ce guide, la ligne JR Hohi qui relie Beppu, Kumamoto et Aso était partiellement fermée suite au tremblement de terre de 2016, plus d'infos sur www.jrkyushu.co.jp/english/train/oudan.html.

En bateau – Pour Osaka, Ferries Sunflower, *www.ferry-sunflower.co.jp, ✆ (0120) 56 3268 (1/j, 12h de traversée, de nuit)*. Pour Kobe, Sunflower *(1/j, 11h20 de traversée, de nuit)*.

HÉBERGEMENT

Beppu

PREMIER PRIX

Happy Neko
1 Kumi kita-ju - ✆ (0977) 75 8838 - www.happyneko.com - 3 ch. et 1 maison (suite room) - 4 500 ¥ (appartement) et 5 000 ¥ (suite room). Cette charmante pension de famille tenue par un Tchèque et sa femme japonaise propose une chambre traditionnelle et deux petits appartements. Le propriétaire, un homme adorable, vient vous chercher à la gare pour 600 ¥ AR. Il organise également une promenade de nuit gratuite jusqu'au château de Beppu, sur les hauteurs, et une excursion de 2h dans un onsen sauvage au sulfure pour 100 ¥/pers. La pension est très bien située, à 5-10mn à pied des huit enfers et des établissements d'onsen, ce qui compense l'absence de salle de bains.

BUDGET MOYEN

Yamada Besso 山田別荘
3-2-18 Kitahama - ✆ (0977) 24 2121 - www.yamadabessou.jp - 10 ch. Une belle maison familiale de caractère (chambres japonaises) comprenant un superbe *rotenburo* lové dans le jardin.

Ryokan Sennari 旅館千成
2-18 Noguchi-motomachi - ✆ (0977) 21 1550 - www.beppu-sennari.com/en - 8 ch. - ⊠. Dépaysement total à moins de 2mn de la gare. Service à la hauteur de ce vénérable ryokan où l'on jouit d'un beau jardin.

Yufuin

POUR SE FAIRE PLAISIR

Saigakukan 彩岳館
2378-1 Kawakami, Yufuin-cho - ✆ (0977) 44 5000 - www.saigakukan.co.jp - 24 ch. Lové dans un cadre splendide, cet agréable ryokan offre une vue imprenable sur le Yufu-dake depuis son *rotenburo*.

OKINAWA-HONTO
0
25 km
Zamami-jima ★★ Mérite un détour
Naha ★ Intéressant
Shikina-en À voir
A
B
1
2
EAST CHINA SEA
Iheyamae-jima
NAZE
Ie-jima
Nakijin-jo
Oku
498
Ogimi
Nakijin
Ocean Expo Park
Aguna-jima
Motobu
Ada
Minna-jima
Higashi
Nago
Onna
58
Ginoza
Cap Zampa
Ishikawa
Yomitan
Southeast Botanical Gardens
Kadena Air Base
Okinawa
Nakamura-ke
Zamami-jima
Shuri-jo
Nakagusuku-jo
PACIFIC OCEAN
Naha
Sefa-Utaki
Underground Naval HQ
Shikina-en
Itoman
Tokashiki-jima
Peace Memorial Park
N
HIRARA

YAEYAMA-SHOTO
0
25 km
KABIRA BAY ★★★ Vaut le voyage
Manta Ray Scramble ★★ Mérite un détour
Sukuji ★ Intéressant
Ishigaki À voir
A
B
1
2
EAST CHINA SEA
Ibaruma
HIRARA, NAHA, NAZE
Sukuji
Kabira
ISHIGAKI-JIMA
Hoshizuna no hama
Manta Ray Scramble
Tojin-baka
Shiraho
Uehara
Ishigaki
Urauchi-gawa
470
KABIRA BAY
Kohama-jima
Taketomi-jima
Amitori
Haimi
Kuro-shima
IRIOMOTE-JIMA
PACIFIC OCEAN
N
Okinokami-shima

L'archipel d'Okinawa 9

L'archipel d'Okinawa

DES ÎLES PARADISIAQUES ?

Appelé aussi îles Ryukyu, l'archipel d'Okinawa forme un arc d'une soixantaine d'îles qui s'égrènent sur plus de 1 000 km entre le sud de Kyushu et Taiwan, l'océan Pacifique et la mer de Chine. La plus grande, **Okinawa-honto**, est aussi le centre politique et économique de la préfecture avec Naha pour capitale. Elle concentre la majeure partie des attractions culturelles, plusieurs grands hôtels et des parcs de loisirs. Plus éloignées au sud, les **îles de Yaeyama** sont peu peuplées et mieux préservées : Ishigaki aux baies splendides ; Iriomote aux mangroves et aux jungles sauvages ; Taketomi et ses maisons de pierre endormies dans les champs de patates douces et de cannes à sucre. Paradis exotiques où tout chante sous l'appel des mers du Sud, ces îles enchantées offrent un dépaysement garanti. Sous un ciel azur, l'océan étale une nappe de soie émeraude et turquoise, les plages étincellent d'un sable blanc et fin, la végétation tropicale déborde de fleurs et, dans les fonds coralliens, des myriades de poissons (raies mantas, requins-baleines, etc.) aux couleurs arc-en-ciel batifolent. Un doux cocktail si parfait que la population, indolente et sereine, possède l'espérance de vie la plus longue au monde.

Ce cliché doré de douces vacances au soleil cache néanmoins une réalité moins idyllique. Okinawa qui, pendant des siècles, formait un royaume autonome doté d'un fort particularisme fut malheureusement le théâtre d'une des plus sanglantes batailles de la Seconde Guerre mondiale. Elle coûta la vie au tiers de la population et entraîna la destruction presque complète du patrimoine local. Rétrocédée au Japon en 1972, après un quart de siècle d'occupation, elle reste marquée par la présence des bases militaires américaines pesant d'un poids écrasant sur l'économie locale. L'île principale a également fait les frais d'un développement touristique et industriel mal contrôlé.

La culture autochtone, heureusement, n'a pas dit son dernier mot. Elle survit à travers le culte des ancêtres, les vieilles légendes, la langue, la gastronomie, l'artisanat des tissus et poteries, les danses au son des tambours et les chants langoureux au rythme des guitares *sanshin* en peau de *habu*, un serpent venimeux de l'île. Enfin, côté détente, les amateurs de farniente balnéaire ou de plongée sous-marine resteront sous le charme.

VISITER LA RÉGION

SE REPÉRER

À environ 1 600 km au sud-ouest de Tokyo, l'archipel d'Okinawa s'étire en plein cœur de l'océan Pacifique, entre la pointe sud de Kyushu et Taiwan. L'île principale, Okinawa-honto, abrite Naha, la capitale, et son aéroport international. Environ 300 km plus au sud se trouve le groupe des îles de Miyako puis 150 km plus loin, celui des îles Yaeyama dont Ishigaki-jima. Le climat, subtropical, affiche une température moyenne de 23 °C.

À NE PAS MANQUER

Ocean Expo Park, les îles Ishigaki, Taketomi et Iriomote. Pour la plongée, les îles Zamami, Ishigaki et Iriomote.

ORGANISER SON TEMPS

La meilleure saison court d'octobre à avril. Évitez la période des typhons entre juin et octobre et la haute saison des vacances japonaises (Nouvel An et Golden Week). Vous gagnerez du temps à prendre l'avion plutôt qu'un ferry pour rallier Okinawa et pour aller d'Okinawa-honto à Ishigaki-jima. Il est aussi possible de rejoindre Ishigaki-jima directement par avion depuis Honshu ou Kyushu. Sur place, un séjour de trois jours constitue une option minimale.

Okinawa-honto 沖縄本島

Île : 1 301 462 habitants – Naha : 319 449 habitants

Ancien centre du royaume des Ryukyu, l'île principale d'Okinawa a hélas perdu presque tout son patrimoine, rasé par les bombardements de la Seconde Guerre mondiale. Elle est aujourd'hui la plus occidentalisée des îles de l'archipel en raison de l'omniprésence des bases américaines dans sa partie centrale, quelque 45 000 GI's. Autour, les agglomérations assurent l'approvisionnement ou le repos des guerriers : drugstores, drive-in, pizzerias, bars, boîtes de nuit. Naha, la capitale en pleine croissance, évoque presque un petit Tokyo avec ses immeubles géants et disparates, sa vie nocturne animée et ses embouteillages. Caché à l'ombre des tours, le quartier des potiers de Tsuboya fait figure de rescapé d'un monde évanoui. Au sud, les ravages de la guerre ont laissé des cicatrices profondes. L'émouvant parc de la Paix permet de mesurer l'horreur des combats. Au nord, la péninsule de Motobu, site du remarquable Ocean Expo Park, conserve des paysages intacts et quelques charmantes îles.

NOS ADRESSES PAGE 602
Hébergement, restauration, achats, activités, etc.

S'INFORMER

Aéroport de Naha, *(098) 857 6884 - 9h-21h*. En ville, sur Kokusai-dori, Tenbusu Naha Bldg, *(098) 868 4887 - 9h-20h*.

SE REPÉRER

Carte de région p. 592 - L'île principale d'Okinawa s'étire sur 135 km du nord au sud sur une largeur allant de 5 à 20 km. Les avions atterrissent sur l'aéroport international de Naha, au sud-ouest, principale ville et plaque tournante des transports. Un monorail va de l'aéroport au centre-ville, situé autour de la grande avenue Kokusai-dori. Une voie express (Highway 330) traverse l'île de Naha à Nago, au nord, en passant par Okinawa City au centre.

À NE PAS MANQUER

À Naha, le quartier de Tsuboya, Kokusai-dori et Shuri-jo. Au sud, le parc-mémorial de la Paix. Au nord, Ocean Expo Park.

ORGANISER SON TEMPS

Si votre séjour à Okinawa est limité, ne perdez pas trop de temps sur Okinawa-honto et privilégiez plutôt les petites îles au sud, plus paisibles et mieux préservées. Trois jours devraient vous suffire à faire le tour des curiosités de l'île à condition de louer une voiture pour vous déplacer. Attention toutefois aux embouteillages qui paralysent le sud et le centre de l'île.

AVEC LES ENFANTS

L'aquarium et la plage d'Ocean Expo Park sont incontournables.

Se promener Carte de région p. 592

★ NAHA 那覇 A2

Capitale en plein boom, Naha ressemble de plus en plus à une mégalopole moderne, hérissée de tours et traversée par un monorail aérien dernier cri. Son centre a pour épine dorsale une longue artère très animée, **Kokusai-dori★**, réservée aux piétons le dimanche. Sur 1,6 km s'y déploient magasins de souvenirs, surplus militaires, restaurants, bars, hôtels et boutiques de laque traditionnelle. à l'est de la rue, face au grand magasin Mitsukoshi, s'ouvre le **marché couvert Makishi** *(10h-20h)* surnommé « la cuisine de Naha ». Ses étals, tenus par les *anmaa*, de vieilles dames alertes, exposent une multitude de poissons colorés, légumes, fruits exotiques et autres ingrédients typiques de la cuisine insulaire, dont la tête de porc et le serpent séché.

★ Quartier de Tsuboya 壺屋

À 5mn à pied au sud-est de Kokusai-dori, au bout de l'arcade marchande Heiwa-dori. Une ambiance paisible imprègne ce charmant quartier aux ruelles pavées, centre de production des **poteries** d'Okinawa depuis plus de trois siècles où s'alignent une série d'ateliers et de petites boutiques d'artisans. Traditionnellement, les potiers de Tsuboya produisaient de grandes jarres servant à stocker l'eau, l'*awamori*, alcool de riz local, ou la pâte de miso. Aujourd'hui, ils réalisent surtout de petites pièces destinées aux touristes : tasses à thé, coupes à saké et *shiisa*, un chien-lion que les habitants placent sur les toits en tuile pour protéger leurs maisons. Le quartier comprend un petit **musée de la Poterie** *(tlj sf lun. 10h-18h - 315 ¥)* qui expose l'histoire, les techniques et les différents styles de poteries, vernissées ou non.

★ Château de Shuri 首里城

À 3 km au nord-est de Kokusai-dori. Monorail jusqu'au terminus de Shuri, puis 15mn à pied, ou bus nos 1 ou 14 de Kokusai-dori (30mn) - été : 9h-20h ; hiver : 9h-18h - 820 ¥. Classé au Patrimoine mondial de l'Unesco, le site du Shuri-jo fut le siège, de 1429 à 1879, du royaume indépendant des Ryukyu avant son annexion par le Japon. L'ancien château se dressait sur une colline élevée d'où le regard plane sur la mer de Chine d'un côté, le Pacifique de l'autre. Il regroupait tout un ensemble de fortifications, palais, bâtiments et temples entourés de jardins en terrasse. Mâtiné d'influences chinoises et japonaises, il mariait d'élégants pavillons en bois aux piliers légers avec, tout autour, de puissantes murailles de pierre et un ensemble de bastions, tourelles et portes taillées en tunnel dans l'épaisseur du granit. Réduit en fumée par les bombardements de la guerre du Pacifique (l'état-major japonais avait eu la mauvaise idée d'y établir son quartier général souterrain), le château a été en partie reconstruit au début des années 1990 et des travaux de restauration sont toujours en cours. Les visiteurs passent d'abord par la belle porte **Shurei-mon★** de style chinois, relevée en 1958, dont l'effigie figure sur les billets de 2000 ¥. Après avoir traversé une série d'autres portes, dont l'impressionnante **Kankai-mon** en pierre, ils arrivent sur l'esplanade principale de l'**Una** où le roi organisait les grandes cérémonies. La place est encadrée par plusieurs pavillons dont le **Sei-den★**, hall principal à double toit et au large porche coloré.

Jardin royal Shikina-en 識名園

À 2 km à l'est. Bus nos 5 ou 14 (20mn) pour Shikina-en-mae - tlj sf merc. 9h-18h (oct.-mars 17h30), dernière entrée 30mn av. la fermeture - 400 ¥. Construits vers la fin du 18e s., ce jardin et sa villa servaient de résidence à la famille royale et à ses invités de marque, dont les ambassadeurs chinois. Détruit durant la guerre, il a été restauré en 1975. Son plan général s'inspire des jardins de promenade japonais avec un étang au centre. La villa, au toit de tuiles roses, est en revanche typique de l'architecture locale. Le petit pont en pierre reflète quant à lui le style chinois.

★ LE SUD A2

C'est dans la partie méridionale de l'île, durement frappée par les bombardements, que se déroula l'essentiel des combats de la terrible bataille d'Okinawa.

UNE SAINE CUISINE

Si Okinawa détient le record mondial de longévité (trois fois plus de centenaires qu'en France), c'est probablement dû à un régime alimentaire pauvre en graisses qui prévient le vieillissement, les maladies cardio-vasculaires et les cancers. Considérée comme une médecine par les insulaires, la cuisine d'Okinawa se compose surtout de riz, de dérivés du soja tel le tofu, de nombreux légumes et produits de la mer, dont les algues et le thé vert. Le plat local le plus consommé est le *chanpuru*, mélange de tofu, de *goya* (courge amère, très riche en vitamine C) et de viande sautée. L'*umibudo* ou « raisin de la mer » est une algue en forme de grappe de raisins miniature, au goût étrange. Le porc est aussi très présent, accommodé des pieds aux oreilles de mille façons, dont le *rafuti*, un ragoût mijoté au gingembre, avec du sucre, de la sauce de soja et de l'*awamori*, puissant alcool de riz local.

Elle abritait non seulement le quartier général souterrain de la marine mais aussi une multitude de grottes naturelles profondes qui servirent d'abris aux soldats japonais et aux civils, dont bon nombre se suicidèrent en masse plutôt que d'être faits prisonniers.

Underground Naval HQ (QG souterrain de la Marine japonaise) 旧海軍司令部壕

Ville de Tomigusuku, route 7, à 4 km au sud-ouest de Naha. Bus n° 105 pour Kaigungo Irigushi (25mn), puis 10mn à pied - 8h30-17h30 (17h oct.-juin) - 440 ¥.
La marine japonaise avait établi son quartier général sous la colline de l'ancien château de Tomigusuku, y creusant un vaste labyrinthe de couloirs et de salles souterraines. Devant l'imminence de la défaite, le vice-amiral Ota Minoru et ses 4 000 soldats se suicidèrent ici collectivement le 13 juin 1945. Sur certains murs, on aperçoit encore les traces laissées par les éclats de grenade.

★ Peace Memorial Park 平和祈念公園

Ville d'Itoman, route 331, à 22 km au sud de Naha. Bus n° 89 pour Itoman (40mn), puis bus n° 82 pour Heiwa kinendo irigushi (20mn) - 9h-17h - gratuit (expositions temporaires 300 ¥).
Offrant une vue paisible sur le sud de l'île, la colline de Mabuni fut le théâtre des ultimes combats de la bataille d'Okinawa. Aujourd'hui, un émouvant Mémorial pour la paix y est érigé, jalonné de plusieurs monuments à la mémoire des victimes. Alignées sur les pelouses, des stèles de marbre portent les noms des 238 429 hommes, japonais et américains, civils et militaires, tombés au cours de cet épisode tragique. Le **musée du Mémorial pour la paix★** *(tlj sf lun. 9h-17h30 - 310 ¥)* retrace les étapes de la bataille et rassemble des témoignages pathétiques de survivants. Si beaucoup d'insulaires périrent sous le déluge des bombes déversées par les Américains, nombre d'entre eux furent aussi victimes des soldats japonais.
Himeyuri Monument – *À 2,5 km à l'ouest du parc, sur la route 331 - 9h-17h30 - gratuit.* Cette stèle funéraire est dédiée à la mémoire d'un groupe de 219 lycéennes qui, après avoir servi d'infirmières auprès des soldats japonais, se suicidèrent avec leurs professeurs dans une cave afin de ne pas être capturées par les Américains.

★ Sefa-utaki 斎場御嶽

Village de Chinen, route 331, à env. 20 km au sud-est de Naha. Bus n° 38 de Naha (50mn) - 9h-18h - 200 ¥. Inscrit au Patrimoine mondial de l'Unesco, ce site sacré occupe une place prépondérante dans la religion native d'Okinawa. *Utaki*, dans le langage insulaire, désigne des lieux sacrés (bosquets, rochers, grottes, etc.) où les hommes échangent avec les dieux et leur font des offrandes, autant de passages supposés vers le monde invisible du *Nirai Kanai*, paradis utopique où vivent les dieux. Selon la mythologie, c'est à Sefa-utaki que descendit la déesse Amamikiyo qui donna naissance à l'archipel d'Okinawa. À partir du 15e s., ce fut le lieu de culte principal pour les rois des Ryukyu, qui venaient y célébrer le début des récoltes. Les rituels étaient dirigés par une grande prêtresse nommée Kikoe Ogimi, généralement sœur ou tante du roi. Une atmosphère singulière se dégage des immenses blocs de roche déchiquetés et des autels dispersés sous les frondaisons de la forêt tropicale. Au fond du site, un passage triangulaire entre deux parois donne accès à l'espace le plus sacré, face à l'île de Kudaka, île légendaire où s'établit le premier couple divin.

LE CENTRE A2

Lorsque l'on traverse la région centrale par la route 58, on mesure l'étendue des terrains (20 % de l'île) occupés par les bases et les camps militaires américains (Kadena, Kinser, Hoster, Lester...). D'un coté de la route, derrière des barbelés, des pistes d'aérodromes où vrombissent des F-18 Hornet et autres F-22 Raptor jouxtent les espaces verts de gazon tondu à flanc de colline où s'alignent des pavillons résidentiels propres pour les familles expatriées. De l'autre, la masse grise des logements locaux, entassés les uns contre les autres. Les villes alentour, telle Okinawa-City, exhibent un désespérant cortège de fast-foods, surplus militaires, boutiques vulgaires et bars louches. Plus au nord, complexes balnéaires et attractions touristiques mièvres et artificielles s'enchaînent.

Château de Nakagusuku 中城城跡

Ville de Kitanakagusuku, route 330, à 13 km au nord-est de Naha. Bus n° 23 pour Futenma (1h), puis taxi (10mn) - 8h30-17h (mai-sept. : 18h) - 400 ¥.

S'élevant fièrement sur une colline à 150 m au-dessus de la mer, ce château en ruines fut construit par le clan Aji au 14e s. puis agrandi par Gosamaru, un seigneur local, au 15e s., avant d'être finalement mis à bas par un seigneur rival, Awamari, en 1458. Les colossales murailles d'enceinte dont il ne reste qu'une partie donnent une idée de l'importance de l'édifice. Du sommet se découvre un beau panorama sur l'île.

Nakamura-ke 中村家

À 10mn à pied du château de Nakagusuku - 9h-17h30 - 500 ¥.

La demeure des Nakamura, importante famille de fermiers d'Okinawa, date du début du 18e s. Protégée des typhons par une rangée d'arbres, c'est la maison traditionnelle la mieux conservée de l'île avec ses épais murs en pierre calcaire, son toit en tuiles rouges orné d'un *shiisa* (chien-lion protecteur), sa porcherie en pierre et ses réserves à grain surélevées pour les mettre à l'abri des rongeurs.

★ LE NORD B1

Le Nord, partie la mieux préservée de l'île, est le domaine des grandes plages et des collines recouvertes de forêt subtropicale. L'essentiel des curiosités se concentre sur la verdoyante péninsule de Motobu et son collier d'îles.

Château de Nakijin 今帰仁城跡 B1

Route 115, 22 km au nord de Nago. De Nago, bus nos 65 ou 66 (1h) - 8h-18h (19h mai-août) - 400 ¥.

Au sommet d'une colline, les vestiges du château de Nakijin témoignent de ce qui fut au 14e s. la principale forteresse du Hokuzan, la province du Nord,

Danses et costumes traditionnels d'Okinawa.
Joe Carini / Pacific Stock / age fotostock

gouvernée par le clan des Aji, seigneurs locaux avant l'unification du royaume en 1429. Hormis le chemin de ronde, il ne reste pas grand-chose mais le site est appréciable pour ses cerisiers en fleurs vers la fin janvier et pour sa vue magnifique sur la mer.

★★ Ocean Expo Park 海洋博公園 B1

Route 114, à 18 km au nord de Nago. De Naha, bus express n° 111 pour Nago (1h40), puis bus n°s 65 ou 6 (1h) - http://oki-park.jp/kaiyohaku/en/ - ♿ - mars-sept. : 8h-19h30 ; oct.-fév. : 8h-18h - 1 850 ¥ (enf. 610 ¥, -6 ans gratuit).

En 1975 s'est déroulée l'Exposition universelle d'Okinawa sur le thème des océans. Un parc national a été construit sur le site de l'exposition avec, notamment, l'aquarium Okinawa Churaumi, l'un des plus grands et plus beaux du Japon, un jardin botanique, un musée de la Culture océanique, une grande plage, un restaurant et un village historique. Un petit bus électrique *(200 ¥)* dessert les différentes attractions du parc.

LE BERCEAU DU KARATÉ

Le karaté *(voir aussi p. 683)*, qui compte 50 millions d'adeptes, fut inventé dans l'ancien royaume des Ryukyu avant d'essaimer au Japon puis dans le monde entier. Le *te* (« main nue ») d'Okinawa était un art d'autodéfense qui se développa au 14e s. sous l'influence de la boxe chinoise, introduite dans l'archipel par les marchands et marins venus du continent. Au début du 17e s., lors de l'occupation de l'île par le clan Satsuma de Kyushu, les Okinawais eurent interdiction de porter des armes. Sans défense, ils se mirent alors à perfectionner leurs techniques de combat en cachette. à partir de 1904, le karaté commença à être enseigné dans les écoles d'Okinawa et émergea peu à peu de l'ombre. De nos jours, il se pratique dans les nombreux *dojo* (salles d'entraînement) de l'île. Des stages animés par un professeur français ont notamment lieu au *Kobudo International Center* du Murasaki-Mura, à Yomitan Village, ✆ *(098) 958 4974.*

★★ **Aquarium Okinawa Churaumi** – *8h30-20h (18h30 oct.-fév.), dernière entrée 1h av. la fermeture - 1 850 ¥.* Principal centre d'intérêt du parc, cet aquarium spectaculaire, le deuxième au monde après celui d'Atlanta aux États-Unis, met en scène la vie du courant marin Kuroshio qui baigne l'archipel. Le bassin central, qui comprend 7 500 m^3 d'eau (l'équivalent de trois piscines olympiques), permet d'assister, derrière un écran de verre épais de 60 cm, au fabuleux et gracieux ballet des requins-baleines, raies mantas et nombreux autres poissons. Des spectacles de dauphins ont également lieu à heures régulières.

Tropical Dream Center – *690 ¥.* Ce parc botanique rassemble sous une série de serres 2 000 espèces d'orchidées, de fleurs variées et de fruits tropicaux.

Oceanic Culture Museum – *170 ¥.* Moins visité que les autres attractions du parc, ce petit musée présente des objets (outils, masques, totems, instruments de musique, canoës) venus des îles de Polynésie, Mélanésie, Micronésie et Asie du Sud-Est.

★ **Emerald Beach** – Au nord du parc, la superbe plage « émeraude » étale sa baie frangée de sable fin. Très fréquentée par les familles le week-end, elle est pourvue de douches, casiers, transats et parasols et d'une surveillance pour la baignade.

★ Minna-jima 水納島 B1

Du port de Toguchi (à Motobu), 2 à 12 ferries/jour (20 juil.-20 sept. 8 à 12/j) - 15mn de trajet - 1 710 ¥ AR.

Facile d'accès, cette île microscopique de 4 km^2, en forme de croissant, peuplée de quelques familles de pêcheurs, est réputée pour sa belle **plage★** de sable fin (équipée de douches et vestiaires) sise juste devant le débarcadère. Au programme, farniente, jeux nautiques et plongée. Quelques échoppes servent des plats sur le pouce.

★ Ie-jima 伊江島 A-B1

Du port de Motobu, 4 à 10 ferries/jour (22, 23, 29, 30 avr. et 3-7 mai 10/j, 21 juil.-31 août 5/j) - 30mn - 1 370 ¥ AR. Location de vélos au débarcadère.

Pittoresque île de 23 km^2 au nord-ouest de la péninsule, Ie-jima est idéale à arpenter à vélo. Le nord est bordé de falaises rocheuses, le sud abrite une jolie plage tandis que l'intérieur est occupé par des cultures de canne à sucre, ananas et tabac (et abrite accessoirement un camp d'entraînement américain). Au centre de l'île, le **Gusuku-yama**, une butte de 72 m de hauteur, offre un point de vue splendide qui embrasse toute l'île. Fin avril, plus d'un million de nénuphars éclosent au nord.

LES ÎLES PROCHES A2

★★ Zamami-jima 座間味島

Du port de Tomari, à Naha, 2 à 4 ferries/jour (service rapide : 50mn, 5 970 ¥ AR ; service lent : 2h, 4 030 ¥ AR). *Bureau d'information - (098) 987 2277 - 9h-17h, location de vélos ou de scooters au port.* À 30 km au sud-ouest de Naha, dans l'archipel des Kerama, cette île paradisiaque baignée d'eaux turquoise recèle des plages superbes et des fonds coralliens grandioses. Elle est aussi très réputée pour l'observation des **baleines à bosse**. Des sorties en mer ont lieu le matin de janvier à mars *(2h30, 5 000 ¥)*. La **plage de Furuzamami★★**, à 15mn à pied à l'est du port, est bien équipée. On peut y louer masque et tuba pour le *snorkelling* (plongée libre). Des balades en kayaks de mer sont aussi organisées. Le village de Zamami (700 hab.) abrite plusieurs pensions pour ceux qui souhaitent y passer la nuit.

Des îles sous influence

LE ROYAUME DES RYUKYU

Du fait de sa position géographique, l'archipel d'Okinawa forme un foyer de civilisation autonome qui, pendant plusieurs siècles, servit de centre d'échanges entre l'Asie du Sud-Est, la Chine, la Corée et le Japon. Une culture originale s'y développa dès le 7e s., née du brassage de migrants d'origine chinoise, coréenne, malaise, japonaise et micronésienne. Vers le 10e s., l'île était partagée entre divers chefs militaires qui bâtirent une foule de petits fortins nommés *gusuku*, servant aussi de places religieuses. L'unification s'opère en 1429. Placé sous l'influence de l'Empire chinois auquel il versait un tribut, le royaume d'Okinawa connaît son âge d'or aux 15e et 16e s. avant d'être mis sous tutelle, en 1623, par le seigneur du clan de Satsuma (aujourd'hui Kagoshima), au sud de Kyushu *(voir p. 563)*. L'archipel réussit pourtant à maintenir ses relations commerciales avec la Chine jusqu'en 1879, date de son annexion définitive par le gouvernement japonais.

LA SECONDE GUERRE MONDIALE ET LA BATAILLE D'OKINAWA

Rares sont les conflits où les belligérants s'entre-tuent avec une telle férocité. La phase finale de la guerre du Pacifique débuta lorsque les divisions américaines abordèrent Okinawa, le 1er avril 1945. Les Japonais, inférieurs en nombre, s'étaient bien préparés en creusant un labyrinthe de galeries et de blockhaus souterrains. Attaques de kamikazes, déluge d'acier, nettoyage au lance-flammes, à la grenade et à la baïonnette : l'affrontement fut une boucherie effroyable. Les combats durèrent 82 jours et firent plus de 230 000 morts, dont 120 000 au sein de la population de l'île. Bombardés par les Américains, les Okinawaïens furent aussi maltraités par les soldats nippons, enrôlés de force comme auxiliaires dans les armées ou poussés à des « suicides collectifs » afin de ne pas tomber entre les mains des vainqueurs.

LE FARDEAU MILITAIRE

Si le reste du pays retrouve sa souveraineté en 1952, Okinawa reste sous le contrôle de l'armée américaine qui y installe des bases militaires. Elles serviront notamment lors des guerres de Corée et du Vietnam. En 1972, Okinawa est rétrocédée au Japon mais l'île principale continue d'abriter 75 % des troupes américaines au Japon, au grand dam des insulaires, qui se sentent traités comme des citoyens de seconde zone, incompris et méprisés des pouvoirs centraux. Cette question reste toujours d'actualité. L'argument principal des pro-bases américaines est économique et géopolitique : la base fournirait de nombreux emplois aux habitants de l'île, et protégerait Taiwan des visées de la Chine. Face à cela, les habitants déplorent le bruit et les risques causés par la base, située en plein cœur de Ginowan, ainsi que la hausse de la criminalité, et s'opposent à un éventuel déplacement de la base dans le nord de l'île, à Henoko, où vivent les *dugongs*, mammifères marins en voie de disparition.

LA PROMOTION DU TOURISME

Okinawa fait de gros efforts pour développer le tourisme dans la région, avec notamment la création d'un site Internet très complet disponible en neuf langues, dont le français : www.visitokinawa.jp/fr/.

NOS ADRESSES À OKINAWA-HONTO

TRANSPORTS

En avion

Aéroport de Naha – À 3 km au sud-ouest de la ville. Accès en monorail à Kencho-mae Sta. *(13mn, 260 ¥), en bus* (*10 mn, 230 ¥*) ou en taxi *(env. 800 ¥).*
Vols pour Tokyo *(2h20, environ 48 400 ¥)*, Osaka *(2h, environ 40 800 ¥)*, Kagoshima *(1h30, environ 31 000 ¥)* et la plupart des autres grandes villes. Vols aussi pour Séoul, Taipei, et Shanghai.

En ferry

Port de Naha-ko – Ferries pour Kagoshima *(1/j, 25h30, 14 610 ¥)*. Accès : 15mn à pied au nord de la station de bus Asahibashi.
Port de Naha-shin-ko – Ferries pour Osaka, Kobe *(env. 4/mois, 43h, 19 330 ¥)*. Accès : bus n° 101 *(25mn)* de la gare routière Asahibashi.
Port de Tomari-ko – Ferries pour les petites îles de Kume et Kerama. Accès : bus n°s 99 et 26 (*230 ¥*) de l'aéroport de Naha, n°s 23, 27 et 28 de la gare routière Asahibashi (arrêt Tomari Takahashi).

COMMENT CIRCULER

Dans Naha

Un monorail *(6h-23h30, 230 à 330 ¥)* traverse la ville, de l'aéroport au quartier de Shuri, et fait halte sur Kokusai-dori (arrêts de Kencho-mae et Makishi). Bus urbains (*nos 1 à 18) : 230 ¥ le trajet* et course en taxi 600 ¥ environ.

En bus

Gare routière Asahibashi – À une station de monorail au sud-est de Kokusai-dori. Bus pour les différentes régions de l'île.

En voiture de location

Locations de voiture à l'aéroport ou en ville, à partir de 6 000 ¥/jour.
Nippon Rent-A-Car, *✆ (098) 868 4554.*
Toyota Rent-A-Car, *✆ (098) 857 0100.*
Orix Rent-A-Car Naha Airport, *✆ (098) 859 3900 ou (098) 851 0543.*

En circuit organisé

Deux compagnies proposent des tours d'une journée des principaux sites culturels et touristiques. **Naha Bus**, *✆ (098) 868 3750, 4 circuits d'une durée de 8h à 10h, 4 800 ¥ à 7 200 ¥.* **Okinawa Bus**, *✆ (098) 861 0083, 3 circuits d'une durée de 4h à 10h, 4 000 ¥ à 5 500 ¥.*

HÉBERGEMENT

Naha

PREMIER PRIX

Tatsuya ryokan
民宿たつや旅館・那覇店
1-9-21 Tsuji - ✆ (098) 860 7422 - tatsuya.client.jp - 5 ch. à partir de 3 700 ¥/pers.
À 10mn à pied de la gare routière Asahibashi, à l'ouest de la ville, un *minshuku* (pension) familial sympa et pas cher. La patronne parle anglais. Internet et vélo gratuit.

BUDGET MOYEN

Hotel JAL City Naha
ホテルJALシティ那覇
1-3-70 Makishi - ✆ (098) 866 2580 - www.naha.jalcity.co.jp - 304 ch. à partir de 16 000 ¥. Sur Kokusai-dori, cet hôtel récent offre un confort moderne et douillet dans une ambiance asiatique très relaxante.

Région centre

POUR SE FAIRE PLAISIR

Rizzan Sea-Park Hotel Tancha-Bay
リザンシーパークホテル谷茶ベイ
1496 Tancha, Onna-son - ✆ (098) 964 6611 - www.rizzan.co.jp - 826 ch. En bord de plage, grand *resort* avec 2 piscines, 5 restaurants, un spa, des boutiques et même une chapelle pour les mariages.

Région nord

BUDGET MOYEN

Vintage Centurion Resort Okinawa Churaumi
センチュリオンホテルリゾート　ヴィンテージ沖縄美ら海
938 Ishikawa, Motobu-cho - ✆ (098) 048 3631 - www.centurion-hotel.com/okinawa-churaumi - 94 ch. à partir de 8 000 ¥/pers. Devant la plage d'Ocean Park Expo, un complexe hôtelier à prix abordables, avec piscine et activités nautiques.

Zamami-jima

BUDGET MOYEN

Joy Joy Village
ジョイジョイヴィレッジ
434-2 Zamami - ✆ (098) 987 2445 - keramajoyjoy.com/village.html - 6 ch. à partir de 5 400 ¥/pers. ☕ - sur réserv. (on vient vous chercher au port). Modeste mais conviviale petite pension. Réparties autour d'un jardinet, des chambres avec tatamis et ventilateur. Centre de plongée.

RESTAURATION

Région sud

PREMIER PRIX

Café Curcuma カフェくるくま
1190 Chinen, Nanjyo-shi - ✆ (098) 949 1189 - www.nakazen.co.jp/cafe - avr.-sept. 10h-20h (dernière commande 19h) ; oct.-mars 10h-19h (dernière commande 18h) :10h-18h (dernière commande 17h) - mar. seult. Au sud-est de l'île un restaurant asiatique très populaire. Délicieuses salades bio, currys de crevettes, porc au sésame ou poulet thaï. Beau jardin et vue magnifique.

Région nord

PREMIER PRIX

Pizza Café Kajinhou
ピザ喫茶花人逢
1153-2 Yamazato, Motobu-cho - ✆ (0980) 47 5537 - kajinhou.com - 11h30-19h (dernière commande 18h30) - fermé mar. et merc. Dans la montagne de la péninsule de Motobu, près du parc Mukashiran, cette ravissante maison traditionnelle avec jardin-terrasse profite d'une vue grandiose sur la mer. Pizzas, salades, jus de fruits et cafés de bonne qualité.

ACHATS

Naha

Kakuman Kokusai-dori-ten – *1-3-66 Makishi - ✆ (098) 867 3709 - www.kakuman.jp/en/index.html.* Sur Kokusai-dori, la plus vieille boutique de laques traditionnelles de l'île.

9

Ishigaki-jima 石垣島

★★

47 660 habitants

Porte d'entrée des Yaeyama, îles les plus méridionales du Japon, Ishigaki a tout de la carte postale paradisiaque : mer émeraude, fabuleux récifs coralliens, plages de sable blanc et culture de perles noires. À l'inverse d'Okinawa-honto, l'île a été assez peu touchée par les combats de 1945 et n'abrite aucune base américaine. Elle permet ainsi d'apprécier l'ancienne culture des Ryukyu : maisons en pierre, temples anciens, etc. Toute proche, la petite île de Taketomi vit au rythme lent des charrettes à buffles, des métiers à tisser, des filets qui sèchent au soleil et de l'eau tirée des puits. Autre sanctuaire à peine effleuré par la civilisation moderne, l'île d'Iriomote étire ses mangroves amazoniennes et ses plages de sable fin. Ses montagnes à la jungle inextricable abritent le yamaneko, une variété de chat léopard découverte en 1967 qu'on ne trouve nulle part ailleurs.

NOS ADRESSES PAGE 607
Hébergement, restauration, achats, activités, etc.

S'INFORMER

Office de tourisme – Bureau à l'aéroport, *(0980) 87 0468 - 7h30-21h*. En ville, bâtiment devant la bibliothèque, *(0980) 82 2809 - www.yaeyama.or.jp - lun.-vend. 8h30-17h30.*

SE REPÉRER

Carte de région p. 592 - À 450 km d'Okinawa-honto et 260 km de Taiwan, l'archipel des Yaeyama comprend 15 îles dont Ishigaki-jima, la principale, et Iriomote-jima, plus à l'ouest. La ville d'Ishigaki, avec son aéroport, est au sud-ouest d'Ishigaki-jima.

À NE PAS MANQUER

La baie de Kabira, la remontée de la rivière Uraushi.

ORGANISER SON TEMPS

Restez de préférence au moins trois jours.

AVEC LES ENFANTS

Une promenade en char à buffles à Iriomote ou à Taketomi.

Se promener Carte de région p. 592

Ville d'Ishigaki 石垣市内 B2

Unique concentré de civilisation moderne, la ville s'articule autour de son port et des deux galeries marchandes derrière l'artère principale. Tout se visite à pied.

Musée des Yaeyama – *Sur Yui Road, près de la poste - tlj sf lun. 9h-16h30 - 200 ¥.* Plusieurs salles y présentent une modeste collection de céramiques anciennes, pirogues, objets artisanaux et tissages traditionnels des habitants des îles.

Miyara Donchi – *à 10mn à pied au nord du port - tlj sf mar. 9h-17h - 200 ¥.* Édifiée en 1819, cette maison aristocratique servait de résidence au gouverneur des Yaeyama. Entourée d'un jardin, elle se caractérise par son toit pyramidal en tuiles rouges.

La baie de Kabira.
Aflo/hemis.fr

Torin-ji – *Sur Yui Road, 15mn à pied au nord-ouest du port - gratuit.* Ce temple bouddhiste de la secte Rinzai date de 1614. Notez les statues des rois-gardiens à l'entrée.

Tojin-baka – *À 6 km au nord-ouest de la ville, par la route côtière - gratuit.* Le cimetière abrite les tombes aux motifs colorés des travailleurs chinois qui trouvèrent refuge sur l'île en 1852 après s'être révoltés contre l'équipage du navire américain qui les transportait vers la Californie. Sur les 380 fuyards, 128 furent abattus ou se suicidèrent.

★★★ Baie de Kabira 川平湾 B2

À 20 km au nord. Bus (45mn, 720 ¥) du terminal situé dans la rue juste en face du port. Havre idyllique, cette splendide crique compte parmi les plus beaux paysages du Japon avec ses eaux merveilleusement translucides ourlées d'une plage de sable blanc et criblées d'un chapelet d'îlots au large. Ses récifs abritent la plus grande concentration de coraux du Japon, près de 215 variétés. C'est également un lieu réputé pour la culture de la perle noire. On ne peut pas vraiment s'y baigner mais des bateaux à fond de verre effectuent des balades *(30mn, 1 030 ¥)*.

★ **Plage de Sukuji** – *À 2 km à l'ouest de Kabira.* Formant un long croissant de sable doré et fin, la plage est équipée de douches, vestiaires et autres commodités.

★★ **Manta Ray Scramble** – À quelques minutes en bateau à l'ouest de la péninsule de Kabira, c'est le site de plongée le plus connu de la région (immenses raies mantas).

À proximité Carte de région

★★ Taketomi-jima 竹富島 B2

À 7 km au sud d'Ishigaki. Trois compagnies de ferries desservent l'île, départ ttes les 30mn (15mn, à partir de 600 ¥ AS). Location de vélos au village.

Île plate de 6 km^2, en forme d'ovale, Taketomi se parcourt facilement à pied ou à vélo. Au milieu de cette retraite paisible de 360 habitants, le village, bien préservé, est traversé de petites ruelles sableuses bordées de murets en pierre de corail. Ils protègent les jardins fleuris d'hibiscus et de bougainvilliers des maisons. Celles-ci, en bois ou en pierre, sont coiffées de longs toits de tuiles en terre cuite typiques d'Okinawa qu'ornent des *shiisa*, griffons de céramique naïfs et grimaçants qui ont pour fonction d'écarter les mauvais génies. Faites une halte au **Mingei-kan** *(9h-17h - gratuit)*, où sont fabriquées les ceintures *minsa* que les jeunes fiancées tissaient jadis pour leurs futurs époux. Plusieurs belles plages bordent l'île, notamment **Kaiji-hama★** au sud-ouest, au sable « étoilé » *(hoshisuna)* car formé des squelettes de microscopiques organismes aquatiques. Des balades en carriole à buffles *(30mn, 1 200 ¥, enf. 600 ¥)* sont aussi proposées.

★★ Iriomote-jima 西表島 A2

À 31 km au sud-ouest d'Ishigaki. Ferries ttes les heures les deux débarcadères de l'île : Ohara au sud (env. 12/j, 35-40mn, AS 1 800 ¥, AR 3 440 ¥) ou Uehara/Funaura au nord (6-7/j, 45mn, AS 2 360 ¥, AR 4 510 ¥, attention cette liaison peut être annulée en cas de mauvais temps, un bus est alors affrété à partir de Ohara). Bus, taxis et locations de voiture, de scooters ou de vélos sur place. Ligne de bus régulière entre Ohara et Uehara (4/j, pass 1 j/1 030 ¥). La route principale ne fait pas le tour de l'île (la moitié environ), aussi certains villages ne sont accessibles que par bateau.

Peuplée de 20 300 habitants pour une surface de 289 km^2, cette île montagneuse est l'une des dernières frontières sauvages du Japon, couverte à près de 90 % de denses jungles tropicales et de mangroves. Son littoral est en outre cerné de la plus grande barrière de corail du pays. Hormis de fabuleuses plages et sites de plongée, l'île possède de nombreux sentiers de randonnée et des rivières praticables en bateau ou kayak. Ce sanctuaire naturel conserve aussi une faune exotique, à l'image du chat sauvage d'Iriomote, espèce endémique dont il reste une centaine d'individus.

★ **Urauchi-gawa** – Des bateaux à moteur *(60mn, 1 800 ¥)* remontent sur 8 km la rivière principale de l'île, bordée de mangliers et de palétuviers à son embouchure. Une marche de 45mn conduit ensuite à une belle cascade où il est possible de se baigner.

★ **Hoshizuna no hama** – À la pointe nord-ouest de l'île, cette belle plage est réputée pour son sable « étoilé », constitué des débris osseux de protozoaires marins.

Yubu-jima – Sur la côte est, petite île égayée d'un jardin botanique. On y va pour le seul plaisir de traverser le gué à bord d'une charrette tirée par des buffles *(1 300 ¥)*.

NOS ADRESSES À ISHIGAKI-JIMA

TRANSPORTS

Arriver/Partir

En avion – Aéroport d'Ishigaki à 15 km au nord de la ville. Bus *(ttes les 15mn, 45mn de trajet, 540 ¥)* ou taxi. Vols quotidiens par JTA, ANA, RAC et Solaseed Air pour Naha, par JTA, ANA pour Tokyo *(3h, env. 67 900 ¥)*, et par JTA, ANA et RAC pour Miyako-jima.

Circuler

En individuel – De la gare routière devant le port, des bus desservent Kabira, Yonehara et Shiraho *(pass 1 j/1 000 ¥, 5 j/2 000 ¥)* Location de voitures (Nippon, Nissan, Orix) à l'aéroport et de scooters au centre-ville.

En circuit organisé – Nombreuses agences dans la gare maritime, dont **Hirata Kanko**, *✆ (0980) 88 8835 (7h30-18h30)*. Plusieurs tours pour découvrir Ishigaki, Taketomi et Iriomote.

HÉBERGEMENT

Ishigaki-jima

PREMIER PRIX

Guesthouse Rakutenya
民宿楽天屋
291 Okawa, Ishigaki-shi - ✆ (0980) 83 8713 - www3.big.or.jp/~erm8p3gi - 10 ch. 3 000 à 3 500 ¥/pers. - ⊠. Dans une jolie maison ancienne en bois. Pension rustique mais conviviale. Internet gratuit.

BUDGET MOYEN

Hotel East China Sea
ホテルイーストチャイナシー
2-8 Misaki-cho - ✆ (0980) 88 1155 - eastchinasea.jp - 79 ch. Dans une tour, un *business hotel* central et confortable. Étages supérieurs plus calmes.

Iriomote

POUR SE FAIRE PLAISIR

Nilaina Resort
ニライナリゾート
10-425 Uehara, Taketomi-cho - ✆ (0980) 85 6400 - www.nilaina.com - 3 ch. à partir de 8 100 ¥/pers. ☕ *(prix varie selon les saisons).* Chic, intime et discrètement intégré à la plage de Hoshizuna, l'hôtel comprend un centre de plongée et propose des sorties en canoë.

RESTAURATION

Ishigaki-jima

BUDGET MOYEN

Yamamoto やまもと
2-5-18 Hamasaki-cho, Ishigaki-shi - ✆ (0980) 83 5641 - à partir de 17h jusqu'à épuisement de la viande - fermé le merc. Face au Shin-ei-koen, idéal pour le bœuf d'Ishigaki, tendre à souhait, grillé à la braise.

COMPRENDRE LE JAPON

Forêt de bambous, Arashiyama.
J. Arnold/hemis.fr

Avant-propos

« Il faut apprendre à comprendre. » La formule de Lafcadio Hearn (1871-1904) – l'un des premiers Occidentaux à avoir écrit sur le Japon à la fin du 19e s. – est le meilleur conseil à donner au nouvel arrivant. Mais « apprendre à comprendre » suppose du temps. Une durée d'où sourd une connaissance qui s'acquiert moins dans les livres que par la fréquentation des lieux et des êtres. Un temps qui le plus souvent fait défaut au voyageur. Du moins, peut-il éviter deux pièges qui le guettent : les clichés et une apparente proximité par une modernité qui incite à penser qu'il suffit pour comprendre ce pays de plaquer nos références – oubliant qu'il vient d'une autre histoire.

Excepté pour la période de la guerre (et son cortège d'atrocités), l'approche du Japon a été largement culturaliste – revenant à épingler de supposés invariants. Une vision nourrie de quelques archétypes – le samouraï et la geisha, dont les ombres occultent l'image de l'homme et de la femme nippone – et d'idiosyncrasies occidentales sur un supposé « esprit japonais » évacuant l'histoire et sa complexité ainsi que les valeurs et les traditions d'autres couches sociales que celle du guerrier et de la courtisane. Selon les époques, nos représentations oscillent entre un Japon mièvre et minaudant et un autre brutal ou productiviste.

UNE MODERNITÉ DÉROUTANTE

Le second piège tient à la modernité de ce pays. *A priori*, il paraît proche : État de droit, infrastructures, modes de vie, valeurs démocratiques et libertés fondamentales… Rapidement, le voyageur découvrira que le Japon déroute par cette fausse proximité. Sa modernité est émule de celle de l'Occident mais elle ne peut se réduire à un simple décalque. Ainsi, la démocratie japonaise n'est-elle pas une importation américaine. L'occupation (1945-1952, *voir p. 639*) a permis une démocratisation mais les idées libérales – voire socialistes – avaient pris racine dans l'archipel dès la fin du 19e s. et la dérive militariste n'avait pas réduit à néant cette maturation de la pensée politique. C'est bien pourquoi les Japonais « épousèrent » si bien la défaite, pour paraphraser le titre d'un des livres les plus éclairants sur le redressement du Japon, *Embracing Defeat* de l'historien américain John Dower. En outre, en 1945, le Japon était en cendres mais il avait connu la puissance : en 1905, sa marine avait coulé la flotte russe. Un fait d'armes qui lui avait permis de prendre place parmi les grandes puissances moins d'un demi-siècle après la réforme de Meiji.
Le contact avec l'Occident fut l'accoucheur d'une proto-modernité forgée au cours des siècles précédents plus qu'il n'en fut l'unique agent. Lorsqu'il sort de son isolement au milieu du 19e s., le Japon est « en retard » politiquement et économiquement sur l'Europe mais il ne l'est pas du point de vue « civilisationnel ».

Kanda Matsuri à Tokyo.
TB Photo / UIG / Universal Images Group / Getty Images

En termes d'alphabétisation, de développement des villes et de culture urbaine – littérature populaire, embryon de journaux –, l'archipel a un niveau comparable à celui de l'Europe de l'époque. Avec un million d'habitants, Edo – ancien nom de Tokyo – est aussi peuplé que Londres. L'essor du commerce, des transports, des lettres de crédit et d'un artisanat ingénieux ont en outre donné naissance à un puissant capitalisme marchand. La modernisation nippone est ainsi le fruit d'une histoire cumulative dans laquelle se fécondent mutuellement l'héritage local et les apports étrangers. Ce que l'on range sous le terme de « tradition » (croyances, conceptions du temps, du travail, de la relation à autrui…) n'est pas à opposer à la modernité mais plutôt à penser comme un ferment de celle-ci. Aussi, s'il y a eu depuis la modernisation des poussées de réaffirmation de l'héritage culturel, le Japon n'a pas connu de véritable crise d'identité. S'il renonce à voir dans le Japonais un samouraï potentiel, dans la Japonaise une ménagère soumise attendant son mari « croisé de l'entreprise » ou dans la jeunesse autre chose que les « déjantés » de certains quartiers, le voyageur apprendra beaucoup de ce pays et notamment à décentrer ses problématiques et donc à les enrichir. Il verra également comment des questions communes aux pays avancés peuvent se poser en des termes différents dans un type de société singulière. La meilleure manière d'entrevoir cette altérité est de se laisser porter par la Ville.

LA VILLE PAS À PAS

Autant que par le monumental – l'héritage ou l'architecture moderne dont Tokyo est riche –, le Japon se découvre dans les miettes du quotidien. Le grand collage architectural de la capitale, son patchwork de styles et ses pastiches ne laissent pas indifférent l'amateur de déambulation urbaine. Mais, selon nos critères urbanistiques, les grandes villes japonaises sont « laides » par l'absence de cette

harmonie qui concourt à la beauté des cités européennes…
Même Kyoto. Ne pensez pas à Florence ! La beauté de Kyoto ne va pas vous assaillir. Elle se niche en archipel dans des temples, des jardins et certains quartiers coincés entre des grandes artères sans intérêt.
À Tokyo, plus encore, l'impression de confusion domine : cacophonie de hauteurs et de styles, poteaux électriques… L'héritage historique n'y est en outre pas aussi riche qu'à Kyoto, conséquence du séisme de 1923, des bombes incendiaires américaines et de la spéculation foncière des années 1980. Et pourtant, si l'on bifurque dans une petite rue entre les blocs d'immeubles, on tombe dans un tissu urbain fluide et amène. Inopinément, la temporalité a basculé : du temps pulsé de la Ville, on passe à celui, paisible, du village.
C'est de ces lacis de petites rues, de venelles sans issue parfois, que sourd ce qui fait le charme de la Ville japonaise et de Tokyo en particulier : un état d'esprit. Une urbanité qui doit moins à sa matérialité qu'à l'« être ensemble » de ses habitants. La voiture est ici une intruse, le piéton et le vélo y sont rois. Maisons individuelles, jardinets, petits commerces… Tout cela n'est pas d'une facture architecturale qui retient l'attention. Mais il règne dans ces « villages » urbains un vrai « bonheur de la rue ».
Où sont-ils ces « villages » ? Un peu partout. Dans les quartiers de Hongo, Ueno, Uguisudani, Yanaka… Dans ce que l'on appelait autrefois la « ville basse » *(shitamachi)*, celle du petit peuple. Mais cette double texture urbaine, cette constellation d'univers qui coexistent et s'emboîtent, se retrouve également dans les quartiers huppés où prévaut encore une certaine mixité sociale.
Dans les petites rues, se succèdent sur le pas des portes plantes vertes en pot, arbustes en fleurs, bambous… Parfois désuète mais abondante, cette verdure en pointillés donne une gaieté particulière à la rue. Et, paradoxalement en pleine ville, on sent le rapport particulier que les Japonais entretiennent à la nature. Un attachement élevé au rang d'une esthétique – qui ne les a pas empêchés de se livrer à un saccage de leur environnement au cours de la grande croissance économique (1960-1980).
Sensibles aux cycles naturels, les Japonais se plient à leurs effets : la fragilité de toute chose. Une conception du temps qui incite à vivre l'instant, à être disponible : un goût pour le présent et ses plaisirs qui s'exprime à la nuit tombée dans l'atmosphère bon enfant des myriades de bistrots et de petits bars. Un autre des charmes de Tokyo, et non des moindres pour les noctambules – qu'il s'agisse des hommes ou des femmes –, c'est la sécurité de ses nuits.
Philippe Pons

Le Japon aujourd'hui

Le Japon est souvent présenté comme le pays non occidental le plus proche, dans ses pratiques et ses institutions, des pays européens. Admiré pour l'excellence de ses produits et de ses services, sa créativité artistique, technologique et scientifique, craint aussi pour les pathologies de sa jeunesse, il apparaît à beaucoup comme un avenir possible de l'Occident. Proche ou à venir, il présente pourtant des originalités que l'on a un peu rapidement tendance à expliquer par son système religieux. À travers le portrait d'un jeune couple ou le bref tableau des religions au Japon, le voyageur est invité à regarder le Japon tel qu'il est : résolument moderne, à sa façon.

Les Japonais

Eiko referme doucement son téléphone portable. Taka vient de l'appeler : il dîne avec des clients pour la deuxième fois de la semaine. Elle n'a donc pas à préparer le repas du soir. Un bol de riz, quelques algues séchées sur le dessus, et un bol de soupe au miso lui suffiront amplement.

LE MONDE DES FEMMES

Eiko se réjouit. Elle va pouvoir échanger en toute tranquillité quelques SMS avec Mari-chan, amie de primaire partie se marier à quelques centaines de kilomètres de là, ou contacter Secchan, ancienne collègue de bureau et maman depuis peu. Elles gardent le contact, malgré la distance. Elles savent qu'elles se reverront souvent, et plus encore lorsque leurs enfants auront eux-mêmes des enfants : les amicales des anciens (du primaire, du collège, du lycée, du jazz band, des employées du grand magasin Y, etc.) créent un réseau actif et toujours accueillant. Elle aura encore le temps de ranger la cuisine en attendant qu'il rentre. Il lui arrive bien souvent de s'écrouler de sommeil sur la table du salon mais elle tient à l'attendre. Elle est comme la lampe qui reste allumée au-dessus de la porte jusqu'au retour du dernier membre de la maison.

LE MONDE DES HOMMES

Taka s'arrange pour manger deux à trois fois hors de chez lui le soir pour ne pas trop surcharger sa jeune épouse. Ses collègues le plaisantent pourtant comme il est d'usage : « Depuis que tu es marié, on ne te voit plus, impossible d'aller boire un verre ensemble après le travail. » « Tu as maigri, ta femme ne te nourrit pas bien ? » « Ah, c'est beau un jeune couple, collé-serré. Profitez-en. Ça ne durera pas, tu vas voir. Une femme mariée c'est redoutable ! Impossible de rien lui refuser. Allez, inutile de rester avec nous : rentre ! » Taka, lui, veut maintenir un bon équilibre entre son foyer et son travail qui nécessite ces joyeuses virées en bandes masculines et des journées de golf le week-end, environ deux fois par mois. Il ne peut pas moins : tout le monde le fait, cela permet de créer une ambiance de confiance entre collègues, d'échanger des informations, de prévenir les conflits. Et puis il ne faudrait pas que son mariage le prive de sa liberté (la plus grande crainte des célibataires masculins au Japon concernant le mariage).

LE FOYER ET SES CHOIX

Eiko goûte le calme de l'oisiveté. Une oisiveté relative certes : malgré les incitations des médias, les requêtes virulentes des femmes depuis les années 1980 et une variété grandissante de modèles de couples, un homme japonais participe en moyenne 26 minutes par jour aux tâches ménagères, une portion qui n'a pratiquement pas varié depuis quarante ans. Car, et bien que ce soit avec une mauvaise conscience plus vive que celle que connaissait son père, Taka veut dépendre entièrement de son épouse. C'est aussi une façon de lui dire qu'elle lui est essentielle : intérieur, nourriture (elle a décidé de corriger ses mauvaises habitudes de vieux garçon), vêtements, placements financiers, c'est elle qui décide tout. Jusqu'au montant de l'argent de poche qu'elle lui remet chaque mois, à partir de son salaire. Elle choisira de même l'école des enfants, leurs activités extra-scolaires, et plus tard, très probablement, la maison de retraite de leurs parents respectifs et l'emplacement de leur demeure éternelle.
Les tâches sont nombreuses donc, mais c'était le souhait d'Eiko. Comme la plupart de ses amies, elle a arrêté de travailler peu avant son mariage, suivant en cela le modèle de ses parents, ce modèle de la famille nucléaire qui a pris forme lors de la formidable réussite économique du Japon, entre les années 1950 et les années 1980. Un modèle qu'elle sait avoir le privilège de pouvoir adopter aujourd'hui : les salaires ne sont plus ce qu'ils étaient, la précarité est toujours plus présente, au Japon aussi. Les femmes sont donc de plus en plus forcées à poursuivre une activité rémunérée. Pourtant, 70 % des mères d'un enfant de moins de 6 ans ne travaillent pas. Comme ses amies, elle a été heureuse de ces années en entreprise après ses deux années d'études post-bac (un cursus réservé aux filles à

LA FAMILLE JAPONAISE

Avec 1,45 enfant par femme (2015), le taux de fécondité japonais est l'un des plus faibles du monde. Il devrait encore baisser : moins d'un million d'enfants sont nés en 2016. Un record depuis 1899, première date d'enregistrement des naissances. Pour la dixième année consécutive, le Japon est confronté au déclin naturel de sa population (200 000 Japonais en moins chaque année). Plusieurs facteurs sont mis en cause : recul du nombre de femmes en âge de procréer ; l'avortement légalisé dès 1948 ; un contexte socio-économique particulièrement âpre pour la femme qui doit troquer son statut de femme active et indépendante contre celui de mère dépendante, assujettie à la seule éducation de l'enfant. Par ailleurs le coût de la vie – crèches très onéreuses, logements exigus, loyers prohibitifs – hypothèque toute extension familiale. Et comme il est difficile de divorcer tout comme il est mal vu d'avoir des enfants hors mariage, le célibat sans enfant est pour les femmes actives le meilleur garant de leur liberté.

Au matin, salarymen et office ladies défilent dans les stations de métro.
Axiom/hemis.fr

son époque, les garçons entamant plutôt un cycle de quatre ans à l'université). La catégorie des femmes de 20 à 29 ans est d'ailleurs celle qui comprend la plus forte proportion de personnes satisfaites de leur vie présente (78 %, contre 67 % pour les hommes de la même tranche d'âge). Mais, après quatorze ans dans des postes à faible responsabilité, avec la très forte conscience que la progression au sein de sa société était quasiment réservée aux hommes, il lui tardait de passer à autre chose.

L'IMPORTANCE DU MARIAGE

Son dégoût de sa vie laborieuse de salariée corvéable à merci a d'ailleurs été l'un des éléments déclenchants de son désir de se marier. Non qu'elle refusât le mariage *a priori*. Bien au contraire. Comme 90 % des femmes japonaises de moins de 30 ans, et plus de 92 % des hommes, Eiko souhaitait se marier. Un jour. Comme tout le monde (le taux de personnes n'ayant jamais été mariées reste extrêmement faible, même s'il semble en augmentation). Mais, sans qu'elle puisse bien expliquer pourquoi – était-ce le plaisir de profiter de sa liberté de célibataire ? la difficulté de trouver un homme ayant l'envie forte de s'engager ? ou simplement qu'elle passait ses moments libres à dormir pour récupérer de ses horaires à rallonge ? (le droit du travail limite il est vrai les heures supplémentaires, mais qui pourrait interdire à un employé de rester volontairement sur son lieu de travail pour finir sa tâche…) –, elle avait doucement dépassé la trentaine, et l'âge moyen au premier mariage, pourtant l'un des plus tardifs au monde (28,2 ans pour les femmes, 30 ans pour les hommes). Elle avait connu des amours, bien sûr, depuis le lycée (comme 1/5 des jeunes Japonaises, le taux étant à peine supérieur chez les garçons), mais n'avait jamais vécu avec un homme jusqu'à présent (moins de 1 % des couples japonais vivent en dehors du cadre légal du mariage). Elle voulait se marier, connaître les joies et les responsabilités de l'épouse, et espérait un, peut-être deux enfants. Elle rêvait aussi de porter un jour une belle robe blanche. Bref, après un an de fréquentation, elle avait tout fait, mais sans un mot, pour que Taka la demande en mariage. Celui-ci avait fait preuve d'une timidité que l'on reproche beaucoup aux hommes japonais aujourd'hui. Il s'était débrouillé pour ne jamais déclarer ses sentiments, une scène dont les feuilletons télévisés raffolent pourtant, mais l'avait emmenée un samedi, par surprise, voir ses parents. À la fin du repas la maman avait dit : « Nous vous remercions de bien vouloir prendre soin de notre fils. » Et le mariage avait été décidé.

La cérémonie

Elle l'avait voulue en blanc, et dans une chapelle, comme plus de 60 % des couples japonais, « pour aller avec ma robe ». L'hôtel avait tout préparé, de la location du pasteur étranger (était-il d'ailleurs vraiment pasteur ?) au voyage de noces dans les îles du Pacifique, en passant par la réception (2h, 70 personnes), le spectacle son et lumière, la location des kimonos et des queues-de-pie pour ses parents, les cadeaux offerts aux invités. Ils avaient déboursé 3 millions de yens (20 000 euros) mais au moins tout avait été parfait. La vidéo (comprise dans le forfait) était là pour le prouver.

LES MARIAGES MIXTES

Sa sœur était venue d'Europe où elle résidait avec son mari, un étranger. Eiko n'avait pas été étonnée du choix de son aînée. À Bac+5, et avec une expérience internationale, celle-ci « faisait peur » à ses compatriotes masculins qui disaient craindre ne pas être à la hauteur. Ses parents avaient longtemps pensé qu'elle risquait fort – comme nombre de femmes très qualifiées désirant poursuivre une carrière, les « career women » – de rester célibataire. Au départ Eiko pensait ne jamais pouvoir communiquer avec cet homme trop grand, trop balourd. Son père également avait refusé de le rencontrer. Il avait fallu que sa sœur aînée renverse de colère la table basse du salon pour qu'un premier repas en commun fût organisé. Mais qu'allait-on pouvoir donner à manger à cet homme ? Et que mange un Occidental somme toute ? Certes Eiko avait visité l'Australie, Guam, la Corée, l'Italie, la France et l'Angleterre, et son école de jeunes filles était tenue par des sœurs catholiques. Certes son père avait plus d'une fois ramené à la maison une relation de travail, russe ou américaine, car sa société vendait sans faire de politique, mais on ne pouvait plus se contenter cette fois d'attendre patiemment la fin de la visite en souriant un peu nerveusement. Oui, la télévision était saturée de visages au long nez vantant pâtes instantanées, whisky japonais ou voitures allemandes, de stars aux grands yeux hantant les talk-shows nocturnes et qu'on invite pour rire de leurs remarques ingénues et de leur japonais claudiquant. Mais là, il s'agissait de faire vraiment connaissance. C'est donc avec une crainte mêlée de fatalisme qu'Eiko avait vu débarquer Steve et son sac à dos. Encore une spécialité des étrangers en voyage que ces gros sacs ! L'accoutumance fut progressive, et marquée de quiproquos. Aujourd'hui, elle le considère comme son grand frère et lui parle de tout dans un sabir qui les réjouit l'un et l'autre. Vivre à l'étranger reste pour elle une aberration (comment trouver en effet un pays où la notion de service rende la vie quotidienne plus aimable qu'au Japon !). Son attachement à une personne que le destin a mise sur sa route, contre toute attente, n'en est pas moins profondément sincère.

Religion

Une silhouette en uniforme d'écolière trottine au bout de la ruelle. Au carrefour, elle s'arrête un instant, joint les mains, s'incline doucement. Puis repart, les fanfreluches accrochées à son lourd cartable balançant au rythme de son pas tranquille. L'oratoire, coincé entre deux murs de béton, est si modeste que sans cette courte prière on aurait pu l'ignorer. Certes nous sommes à Kyoto, ville qui compte au moins autant de temples qu'il y a de jours dans l'année, Kyoto, qui s'enorgueillit d'être la capitale de la tradition japonaise. Mais la religiosité quotidienne que révèle ce tableau volé un après-midi d'été, cette religiosité qui imprègne les gestes, structure l'espace, organise les rapports sociaux, ne serait-elle pas le socle sur lequel se serait construite toute la société japonaise ?

UN FAIT RELIGIEUX PARADOXAL

Pour le visiteur venant d'Occident, il s'agit vite d'une évidence : sous le matérialisme de la modernité, dans sa modernité même, le Japon reste profondément spirituel. N'est-ce pas le pays d'où nous viennent les arts martiaux, la méditation zen, le haïku, dont on pressent, sans bien le comprendre, qu'il est comme un concentré de religieux dans des formes strictement définies louant le plus prosaïque ?
Pourtant, ce n'est pas comme cela que les Japonais se voient eux-mêmes. Toutes les enquêtes le confirment, **les Japonais ne sont pas religieux**, les Japonais ne s'intéressent pas à la religion, les Japonais se méfient des religions. Convictions encore plus fortes depuis qu'ils ont eu confirmation du caractère criminel de certains mouvements religieux : l'attentat au gaz sarin perpétré par la secte Aum dans le métro à Tokyo le 20 mars 1995 (12 morts, plus de 5 000 blessés), bien qu'exceptionnel, fut un choc énorme qui marqua un durcissement de l'opinion commune, puis de la loi, à l'égard des religions. Mais avant même cette affaire, plus de 80 % des Japonais disaient ne pas avoir confiance dans les organisations religieuses, à peine un dixième des parents considéraient que la religion était un aspect important de l'éducation, la religion n'arrivait finalement qu'en neuvième position sur les dix aspects « les plus importants dans la vie ».
Plus étonnant peut-être : seuls 10 % des Japonais disent croire en l'« autre monde ». Cela a une implication directe qui distingue le Japon de quelques grands pays occidentaux : on ne parle jamais de ses convictions religieuses ou de son appartenance à tel ou tel mouvement religieux. Pour peu qu'il prenne le temps de discuter avec un moine ou un prêtre, le touriste se rendra compte de leur immense solitude. Sans avoir développé cette tradition de l'athéisme militant qui caractérise la France depuis la Révolution, le Japon est en réalité profondément irréligieux.

Les chiffres officiels

Pourtant, pourtant encore, lorsque l'on se base sur le nombre d'adhérents annoncés par les différentes institutions religieuses, qui n'ont pas forcément intérêt à gonfler leurs chiffres (le fisc serait le premier à le leur faire regretter), on a comme un vertige. 112 millions de « shintoïstes », 93 millions de bouddhistes, 1,5 million de chrétiens de tout bord, 11,5 millions de personnes appartenant à d'autres religions encore (parmi lesquelles de grands

LES MATSURI

Le terme *matsuri* (fête en japonais) vient du verbe *matsuru*, qui signifie « respecter et invoquer les dieux ». Le *matsuri* a donc, à l'origine, un rôle essentiellement religieux. Il s'agit d'apaiser les *kami*, ces manifestations divines omniprésentes qui peuvent se rappeler violemment aux hommes (éruptions volcaniques, séismes, raz-de-marée). Pour assurer la survie d'une communauté par de bonnes récoltes, les *matsuri* vont soutenir les deux temps forts du cycle agricole : ensemencements, au printemps, et récoltes, à l'automne. Mais les *kami* étant exigeants, d'autres rites vont s'ajouter à ces deux moments : les Fêtes du feu du Nouvel An (Hi-no-Matsuri), période de purification indispensable pendant laquelle sont brûlées symboliquement les impuretés de l'année, et la Fête bouddhique des morts (Bon), qui se déroule dans tout le pays (juillet-août).

Fête essentiellement populaire, le *matsuri* va, au fil des siècles, annexer de nouvelles valeurs autour desquelles aime se fédérer une collectivité (quartier, ville, région, nation). C'est toujours un prétexte pour faire la fête dans la bonne humeur et aussi pour retrouver son *furusato* (village ou région d'origine).

Voir aussi Aoi Matsuri p. 248, Yamagasa Matsuri p. 540 et Awa Odori p. 509.

mouvements sectaires)… soit 218 millions de fidèles au Japon, 1,8 fois la population ! Le pays présente ainsi une population s'affirmant majoritairement sans religion mais doublement affiliée à ses institutions religieuses. Ce paradoxe réclame une explication. Un premier élément pourrait être l'ambiguïté des mots utilisés pour parler de religion *(voir encadré p. 622)*. Une seconde manière d'aborder les choses serait d'accepter que pratiques et convictions sont distinctes. À peine 40 % des Japonais affirment croire en Bouddha, et un peu moins encore (35 %) aux divinités du shinto (alors que les chiffres annoncent plus de fidèles shintoïstes que de bouddhistes). Dans leur pratique quotidienne toutefois, c'est massivement que les Japonais se retrouvent autour de mêmes gestes, dont l'explication la plus complète, élaborée par les religieux, est généralement ignorée des pratiquants eux-mêmes.

Des rituels sociaux à « religiosité diffuse »

Parmi ces « rituels sociaux à religiosité diffuse », notons la visite rendue à la tombe ancestrale à certaines dates fixes dans l'année, et en particulier lors de la Fête des morts, le Bon (le plus souvent autour du 15 août, même s'il existe des différences régionales). C'est l'occasion alors d'immenses migrations, comparables à nos week-ends de croisement de vacanciers entre juillet et août (éviter de prendre le Shinkansen à cette date !), mais aussi de nombreuses fêtes *(matsuri, voir encadré ci-dessus)* dans les villages et les quartiers des grandes villes. Pour les 60 % de Japonais qui profitent des congés de plein été pour aller saluer les mannes de leurs ancêtres (aucune pratique n'est plus « commune » que celle-ci), il s'agit avant tout d'un retour au pays natal, ponctué de rencontres bon enfant avec la famille et les anciens amis, de danses souvent préparées durant toute l'année, de repas bien arrosés, de friandises qui ont le goût de l'enfance, d'échanges de cadeaux, de grands feux et de petites lumières nostalgiques posées au gré de l'eau. Qui se soucie de l'origine indienne de la fête (l'histoire du rite), de son

fort caractère bouddhique (son inscription dans un système religieux), ou de ce qu'elle implique comme vision des morts et de l'au-delà (la cosmogonie sous-jacente) ?
Et encore ! L'exemple de la Fête des morts est extrême en ce que son caractère religieux est particulièrement présent. Une rapide énumération des grandes fêtes de l'année suffit à se convaincre que la vie japonaise s'organise autour de critères qui ne relèvent pas forcément de la religion. Les spécialistes ont proposé, pour décrire l'ensemble des rites disparates qui marquent le calendrier au Japon et ne peuvent se comprendre au sein d'un système existant, le terme de « religion commune ». Mais c'est tenter encore de construire un système cohérent. Les Japonais disent plus volontiers : « **Au Japon, on naît shinto, on se marie chrétien, on meurt bouddhiste** », rappelant de la sorte que les principales cérémonies organisées autour de la naissance ont lieu dans les sanctuaires shinto, que les deux tiers des mariages se passent dans des chapelles chrétiennes et que les rites funéraires sont systématiquement organisés par des moines bouddhistes.
Ce à quoi on pourrait ajouter que les relations sociales telles qu'on peut les constater dans le monde de l'entreprise ou à l'école se sont longtemps basées sur des principes confucéens, que l'organisation du temps (l'horoscope ou les almanachs) et de l'espace (la construction des maisons) est souvent structurée par un savoir « taoïste », et que le politique est géré par des principes démocratiques athées. Un doux mélange, qui a parfois suscité quelques tensions, et qui s'explique sans doute par un refus généralisé pour tout système exclusif, doublé d'une foi en l'efficacité du geste juste, effectué au bon moment et selon le bon protocole, indépendamment du système dans lequel il est né.

SHINTO ET BOUDDHISME

Ces deux mouvements religieux sont si inextricablement mêlés qu'il peut paraître arbitraire d'établir des distinctions de vocabulaire pour en parler. Pourtant certains usages sont maintenant bien établis, en japonais comme en français. Dans le cadre du shinto on parlera de « sanctuaire » (*jinja*, « pavillon des divinités », on en compte plus de 80 000), de « prêtre » ou « desservant » (*kan-nushi*, maître des divinités, près de 60 000 hommes), de « grand prêtre » (*guji*). Pour le bouddhisme, de « temple » (*o-tera*, environ 80 000), de « moine » (*o-bo-san*, presque 300 000 personnes, dont un peu moins de 100 000 femmes), de « supérieur » (*hoshi*, « maître de la loi »). Prêtres shinto et moines bouddhistes occupent leur fonction de façon héréditaire. Certains se targuent même d'être descendants de desservant à la 74e génération. Le shinto n'ayant pas développé un fort intérêt pour la méditation, il n'existe aucun monastère en son sein. Les nouveaux convertis désirant devenir prêtres (on constate une certaine augmentation de ce phénomène récemment) sont intégrés à l'administration des sanctuaires mais souvent cantonnés à des tâches subalternes (certains avouent que 80 % de leur temps est consacré... au balayage de la cour du sanctuaire). Le bouddhisme, lui, a mis au point toute une organisation d'institutions pour moines et nonnes. Il accueille par ailleurs un certain nombre de religieux non japonais dans son clergé (quelques centaines).

LES SHINTO

Le shinto, ou « voie des dieux », est souvent présenté comme la religion primitive, propre au Japon. On a compris, à la lecture du paragraphe précédent, qu'il serait erroné de le voir comme « la » religion japonaise puisque la pratique religieuse la plus commune au Japon est un joyeux bricolage. Mais pourquoi un pluriel à shinto ? Aujourd'hui, plus de 90 % des 81 500 sanctuaires référencés sur tout le pays appartiennent à la même Association des sanctuaires, les prêtres shinto sont tous formés dans l'une des deux facultés d'études shinto du pays, et les pratiques ne sont pas tellement différentes d'un sanctuaire à l'autre : il s'agit avant tout de vénérer une divinité locale qui a également un statut national, de la remercier pour les bienfaits qu'elle a accordés à la communauté, et lui soumettre des requêtes pour l'avenir. Mais il faut savoir que cette unité du shinto est somme toute assez récente, et finalement factice. Elle découle du grand mouvement d'harmonisation de la religion au Japon qui eut lieu à la fin du 19e s., lorsque les intellectuels et les politiques qui accompagnèrent la restauration du pouvoir impérial contre le pouvoir du shogun (1867) voulurent établir une religion d'État (un « shinto national », *kokka shinto*). Celle-ci paraissait en effet nécessaire à la constitution d'un état fort, capable de rivaliser avec les empires occidentaux dont le pouvoir semblait reposer sur un système religieux suprêmement cohérent. Ce mouvement s'évertua à séparer ce qui avant coexistait, fit disparaître des objets de culte dont il décida qu'ils relevaient de la superstition populaire et qu'ils choquaient la morale (objets phalliques notamment), regroupa les sanctuaires, démolit quelques temples, redistribua les rôles.
Le shinto se constitua comme la religion de tous les Japonais, apprise à l'école, poussant à la vénération de l'Empereur et à l'exaltation d'une tradition pure et unique, digne d'être un modèle pour tous les petits frères asiatiques (des sanctuaires furent ainsi construits dans les nouvelles colonies, à commencer par Taiwan). C'est la période noire du shinto, à laquelle les vainqueurs de la Seconde Guerre mondiale mirent fin en obligeant le gouvernement japonais à adopter, en 1946, une constitution fondée sur la séparation de l'État et du shinto et la liberté religieuse.
Malgré cette homogénéisation forcée sur près de soixante ans, le shinto est resté divers et regroupe des réalités issues de traditions et de couches sociales différentes. On distingue ainsi le « **shinto primitif** », sorte de grand sac dans lequel on fourre toutes les pratiques religieuses d'avant l'histoire (soit antérieures au 6e s.) que l'archéologie et quelques textes chinois nous laissent deviner ; le « **shinto folklorique** », qui serait composé des pratiques rurales toujours très vivantes jusqu'à l'entrée des années 1970, ponctuées par le rythme des saisons et soucieuses de la fécondité des sols, des fonds marins, et du ventre des femmes. Si l'on a souvent mis ces coutumes dans la droite filiation du shinto primitif (postulant en quelque sorte que les paysans étaient la version contemporaine des hommes préhistoriques), tout prouve qu'il y eut de grandes ruptures dans les systèmes de pensée au cours de la préhistoire puis de l'histoire japonaise et que l'on est face à des réalités religieuses très différentes ; le « **shinto des mythes** », qui lui s'intéresse à la représentation du monde et se dévoile dans

Dépôt de plaquette votive (ema) dans un sanctuaire shinto (Meiji Jingu, Tokyo).
L. Maisant/hemis.fr

la saga divine (Chronique des choses anciennes, *Kojiki*) écrite par certaines élites japonaises du 7e s., soucieuses de préserver un savoir menacé par l'introduction de la culture chinoise ; le « **shinto des écoles** », enseignements syncrétiques propres à un maître, qui se développèrent surtout entre le 15e et 19e s. ; le « **shinto des sanctuaires** », centré sur un culte lié à un grand bâtiment religieux (dès le 14e s., le Japon est sillonné de missionnaires vantant la force magique de la divinité vénérée dans leur sanctuaire) ; le **shinto propre aux rites impériaux** enfin.

On le voit, est shinto tout un ensemble d'éléments qui ne sont associés que parce qu'ils se sont développés, sur un même territoire, avant ou en réaction au bouddhisme, mais dont on aurait bien du mal à proposer une définition synthétique. L'étiquette s'applique toutefois aujourd'hui, et depuis plus d'un siècle, à une série de lieux, de rites et de réflexes que tout Japonais saisit comme particuliers à sa propre culture. Et qu'il sera enchanté de présenter à son hôte étranger comme autant de revendications de profondeur et de particularisme culturels.

Ce bref panorama historique étant tracé, il faut avouer que la découverte de ce shinto multiple est l'un des grands plaisirs du voyageur au Japon. Le shinto a laissé très peu de traces reconnaissables par l'histoire de l'art. On le goûte avant tout dans l'architecture de ses sanctuaires, la liberté offerte par les forêts comprises dans ses enceintes, le dynamisme bon enfant de ses fêtes.

LE BOUDDHISME

Le bouddhisme Mahāyāna (Grand Véhicule) arrive au Japon au 6e s. avec l'écriture, la divination, la science, et tout ce qui structure un état organisé selon un système de codes et l'existence d'une classe de lettrés. Il fut souvent à l'origine et accompagna toutes les découvertes, iconographiques, littéraires, philosophiques, effectuées au Japon depuis 14 siècles (quand il s'agit, pour

LES MOTS DES RELIGIONS

Bukkyo, le bouddhisme, est littéralement « l'enseignement *(kyo)* du Bouddha *(butsu)* ». Cette conception de la religion comme savoir qui se transmet d'un maître à un disciple se retrouve dans la désignation d'autres mouvements au Japon : « enseignement de l'homme de bien » (*jukyo*, confucianisme), « enseignement de la voie » (*dokyo*, taoïsme), « enseignement du Christ » (*kurisuto-kyo*, christianisme), etc. Le shinto connaît lui un traitement particulier puisque le terme qui s'est finalement imposé, à partir du 15e s., signifie la « voie (*to*, autre prononciation du *do* taoïste) des dieux » (*shin* ici, mais qui se prononce *kami* quand il est lu seul). On notera que cela n'est pas unique (on parle également de la « voie du yin et du yang », *on-myo-do*, et, depuis bien moins longtemps, de la « voie de la souplesse », *ju-do*, ou du « sabre », *ken-do)*.

les comprendre, de traduire les concepts occidentaux, au 19e s., c'est dans le vocabulaire bouddhique que l'on puisa). Se développant en différentes écoles, souvent concurrentes, multiforme, il mit tour à tour l'accent sur un enseignement ésotérique et une liturgie complexe (Tendai, Shingon), l'ascèse en montagne (bouddhisme syncrétique du Shugendo), le salut offert à tous, femmes y comprises (Terre pure), la méditation (écoles zen en premier lieu). Il infusa de la sorte sa vision du monde dans toute la société, des élites aristocratiques et guerrières au petit peuple et aux marchands, de la poésie de cour aux spectacles de rue. Étroitement surveillé par le pouvoir, qui n'hésitera jamais à démanteler des temples et à les faire reconstruire dans des quartiers facilement contrôlables, il constitua de fait un réseau étendu à l'ensemble du territoire et joua un rôle déterminant dans la constitution et la diffusion d'une culture nationale. Une grande partie du patrimoine national est ainsi aujourd'hui dans les greniers et les trésors des temples. Il n'est pourtant pas certain que cela reflète vraiment la place qu'occupe la pensée bouddhique dans les mentalités actuelles.

LES NOUVELLES RELIGIONS

La liberté de religion imposée par les Américains après-guerre permit l'éclosion d'une multitude d'organisations religieuses de toute taille. Plus de 180 000 groupes seraient ainsi reconnus juridiquement, un peu plus de 500 d'entre eux étant considérés comme de « nouvelles religions » (*shin-shukyo*, *shukyo* traduisant le terme « religion ») (un peu plus de 30 millions d'adeptes aujourd'hui ?). Certains ont un rayonnement international, et un siège parisien. C'est le cas de la **Soka Gakkai** par exemple, ou de **Tenri-kyo**, fondés il est vrai avant-guerre.

Les années 1970 ont vu émerger un nouveau type de nouvelles religions, sectes au prosélytisme plus actif encore, capables de recruter des milliers de personnes en un temps très court, et mettant l'accent sur l'expérience mystique et une vision apocalyptique exacerbée mélangeant allégrement quelques traditions religieuses jusqu'alors distinctes.

Celles-ci nourrissent le sentiment de défiance qu'entretiennent la majorité des Japonais à l'égard des « institutions religieuses ».

Jean-Michel Butel

Aspect de la jeunesse japonaise

Face à une pression sociale visant à intégrer les meilleures écoles et trouver un métier prestigieux pour les garçons ; faire des études honnêtes et fonder un foyer stable pour les filles, les jeunes Japonais tentent de trouver les chemins pour résister, s'émanciper, voire tout simplement s'extraire un temps d'un système trop rigide. Tout redevient alors possible : du code vestimentaire extrême à la bulle virtuelle qui permet de vivre sa vie derrière un écran, une console, voire les petites cases animées des mangas...

LE MARATHON SCOLAIRE

Toute la scolarité des jeunes Japonais est tendue vers un seul objectif, intégrer la meilleure université qui soit afin d'obtenir un emploi digne de ce nom. Pour mettre toutes les chances de leur côté, les parents n'hésitent pas à choisir les écoles, et ce, dès la maternelle. Pour ceux qui en ont les moyens, la solution passe par les écoles privées qui, contrairement aux publiques, ne sont pas dépendantes du lieu d'habitation. Mais, certaines familles vont jusqu'à déménager pour se retrouver à côté des meilleures écoles publiques. Ensuite, tout au long de leur cursus, les élèves seront suivis voire « coachés » par les familles, avec force cours du soir et extra-classes afin d'être prêts pour le jour J, le fameux concours d'entrée à l'université. Et ceux qui échouent une première fois n'hésitent pas à s'inscrire dans un cours privé pour tenter à nouveau leur chance. Une fois diplômés, un nouveau marathon commence : les entretiens pour intégrer l'entreprise la plus prestigieuse qui soit. Paradoxe des temps, les jeunes diplômés qui ne trouvent pas de poste (parfois 50 % d'une promotion) choisissent de refaire une année. On en arrive ainsi à des situations surréalistes où des étudiants ayant fini leur cursus se voient obligés de repayer un an d'étude à raison de 25 000 €, et ce, afin de rester dans le circuit et de pouvoir continuer à « se vendre ». Dans ce contexte, on ne sera pas surpris que l'esprit de compétition naisse très tôt. Soumis toute leur scolarité à une réelle pression psychologique, certains s'essoufflent et cherchent des ailleurs, matériels ou virtuels, pour colorer quelque peu leur quotidien.

QUAND LA MODE AFFICHE SA DIFFÉRENCE

Pour s'évader de l'univers scolaire où, à l'instar des esprits en devenir, on forge aussi les apparences à coup d'uniformes et de tenues soignées, dans la rue, certains se sont approprié des codes vestimentaires de plus en plus déjantés. Si cela reste une minorité souvent montrée du doigt par une jeunesse plus discrète et souvent conventionnelle, cela n'en permet pas moins d'observer toute une galerie de « looks » dans des lieux bien précis, comme le pont Harajuku, point de rencontre des adolescentes venues exhiber leurs tenues extravagantes *(voir p. 85)*. On citera entre autres styles les légions de lolitas, *Gothic Lolita* en jupon à dentelles et « sacs en cercueil », *Sweet Lolita*, enfantines et souriantes avec leurs manches bouffantes, couleurs pastel et chaussures Mary jane, *Industrial Lolita* façon punks japonaises, etc. On croisera peut-être encore quelques *Kogals* (ou *gals*), blondes platinées au teint mat, les *Ganguro* au teint encore plus mat et les *Ganjiro*, qui, à l'inverse, font tout pour garder le teint pâle. Dans un autre genre les *School gals* portent l'uniforme auquel elles ajoutent les fameuses *loose socks*, immenses chaussettes tombantes ; les *Fruits* ou *Decorer* exhibent vêtements de couleur croulant sous les accessoires, les *Gothic Nurse* affichent un look morbide, les *Pink Girls* sont en rose bonbon, etc. Les hommes ne sont pas en reste, du Gothic au branché, tels les Cyber, fans d'électronique qui arborent vêtements en latex avec extensions en plastique ou les *Koadana* (ou *Oji*) à l'allure de « prince » ou de jeune garçon. Syndrome de la mode, elle se fait, se défait, change en fonction des quartiers, des années, du moment de la journée et de bien des paramètres ; n'excluant pas ces jeunes Japonaises qui sortent en kimono et *yukata* (kimono plus léger en coton), n'excluant pas non plus la possibilité de voir un style disparaître complètement du jour au lendemain. L'ensemble n'en renvoie pas moins à un code vestimentaire précis, à la limite du clan, dessinant les fantasmes du moment jusqu'aux personnages que l'on rêve d'incarner à l'image des fans de Cosplay, référence à ceux qui achètent ou fabriquent leurs propres costumes (héros de manga, de jeux vidéo ou d'*anime*), une mode née aux états-Unis qui a pris un essor sans commune mesure au Japon. Ces jeunes ont également « leurs lieux » comme les ruelles d'Akihabara et le quartier de Nakano Broadway, où la galerie commerçante éponyme propose sur plusieurs étages tous les accessoires possibles et imaginables : calques d'*anime*, œuvres signées de *mangaka*, poupées à taille humaine et mille et une figurines et autres gadgets. Ils iront ensuite s'afficher dans les nombreuses foires, clubs et autres événements dédiés aux mangas et *anime* tels le Comiket ou le Wonder Festival.

UN MONDE SUPERFICIEL POUR ÉCHAPPER AU QUOTIDIEN ?

Temps à part au Japon, la parenthèse qu'offre la jeunesse a aussi donné prise à des modes enfantines qui renvoient toujours et encore à ce besoin de s'extraire d'une réalité souvent lourde à porter. Si l'on regarde du côté des filles, on sera impressionné par la kyrielle d'accessoires en tout genre qu'elles aiment à dénicher dans les magasins. Ces *goodies*, comme on les nomme, souvent roses ou flashy, peuvent être des porte-clés en forme d'animaux, des stickers colorés, des cœurs à accrocher, des personnages de manga miniatures, etc. Ainsi, l'immense magasin Animate à Ikebukuro, tout près du centre commercial « Sunshine City » (cela ne s'invente pas !), vend mille et un gadgets dont les produits Hello Kitty, petite chatte blanche au ruban sur la tête, les fameuses collections de « garage kits » (figurines représentant des héros de dessins animés) ou de « cells » (dessins sur celluloïds provenant de dessins animés culte). Autre passe-temps des jeunes Japonaises, le shopping actif et la fréquentation des *purikura*, cabines photo où l'on peut entrer avec ses amis et choisir décors, fonds et papiers spéciaux pour les images qui seront autocollantes. On pourrait aussi évoquer le phénomène Pokémon aujourd'hui passé de mode, les fameux *tamagochi*, ces animaux de compagnie virtuels démodés eux aussi, la fascination de certains pour les poupées et l'univers de Volks où l'on vous crée une poupée sur mesure avec un certificat de naissance et j'en passe comme les *Pet shops* ou la démarche chaloupée des jeunes filles aux pieds rentrés imitant les bébés, enfantillage pour attirer les garçons, tout comme ces voix haut perchées ou nasillardes. Si les modes évoluent, un constat demeure : ce besoin dès le plus jeune âge de se réfugier dans un cocon ouaté, forme de bulle rempart au monde exigeant qui s'esquisse.

UNE JEUNESSE ISOLÉE ET SOUVENT DÉSEMPARÉE

En grandissant, les jeunes Japonais ne se montrent guère plus curieux du monde qui les entoure. Habitués à être pris en main à l'école et dans les multiples clubs et associations qui fourmillent tout autour, ils s'intéressent peu au monde extérieur et lui préfèrent toujours et encore les tête-à-tête assidus avec un téléphone portable ou un manga, plus facile et plus superficiel… Paradoxe d'un monde où l'on n'a jamais autant communiqué pour dire si peu. Dans les colonnes de l'*Asahi Shimbun*, Toshihiko Miyagawa évoque l'incapacité de la jeunesse actuelle à exprimer ses sentiments, prisonnière d'un vocabulaire de plus en plus réduit et sujette à des comportements exacerbés au moindre incident. Très clairement, le manque de communication général isole tout un chacun et certains jeunes ont de plus en plus de mal à contrôler leurs émotions. Au sein des classes, les « têtes de turc » *(ijimerarekko)* sont légion. Exclus du groupe, ils subissent quotidiennement les brimades de leurs camarades. Difficile d'être soi au Japon. Ceux qui ont le malheur de penser ou de s'afficher différemment se trouvent facilement isolés et les représailles s'exercent sous forme de rackets, bagarres à un contre cinq, médisances. Régulièrement, la presse japonaise note une recrudescence de la violence au sein des écoles primaires, collèges et lycées. Quant aux préoccupations, elles restent très terre à terre. Pas de grands débats politiques. Peu sont ceux qui prennent la peine de lire un quotidien. La télévision joue plus son audimat sur les émissions de divertissement qui ont un franc succès quand les films n'emportent que peu d'adhésion. Certes, il existe aussi des jeunes Japonais engagés qui cherchent à se faire entendre mais cela reste une minorité, noyée dans la masse des accros de la consommation.

Geneviève Clastres

LE MONDE À PART DES OTAKU

Au sein de cette jeunesse friande de jeux et surfant volontiers dans des mondes parallèles, les *otaku* forment un clan à part, si l'on peut d'ailleurs parler de clan pour un phénomène né au début des années 1980, en réaction à une société bien pensante qui reprochait à ces jeunes, passionnés de mangas et de jeux vidéo, leur goût immodéré pour des passe-temps « frivoles ». Étymologiquement, le mot *otaku* symbolise cette volonté délibérée de ne pas tisser trop de liens sociaux avec son entourage. En japonais, ce terme est une forme de vouvoiement impersonnel, degré zéro du contact social, que les jeunes qui se réunissaient dans des conventions de mangas ou dans des concerts de chanteuses adolescentes utilisaient pour s'interpeller entre eux. Désenchantés par leur milieu, ils trouvent refuge de l'autre côté des écrans qui meublent leur quotidien (télévision, console de jeu, ordinateur) et se lient plus facilement d'amitié entre avatars virtuels qu'entre camarades de classe. Paradoxe des temps, s'il reste toujours nombre de jeunes coupés de leurs camarades et préférant les consoles aux échanges directs, certains ont développé de vrais talents créatifs et sont à présent des personnalités qui comptent, à l'instar de Tajiri Satoshi, ancien « gamer » qui a conçu les fameux Pokémon, série ayant engendré des ventes de plus de 25 milliards de dollars dans le monde entier. Il faut dire que cette sous-culture *otaku* est aujourd'hui largement disponible sur tous les continents grâce à Internet et dépasse les frontières de l'archipel nippon avec des millions d'adeptes envoûtés à leur tour par ces héros virtuels. En outre, le phénomène *otaku* est loin d'être uniquement masculin, les femmes ayant ancré leur quartier à Ikebukuro, Otome dori (littéralement, la rue des Vierges).

Étienne Barral

Histoire

Situé aux marges de l'océan Pacifique, par-delà l'Asie continentale, le Japon a une histoire placée sous le signe de l'insularité. L'archipel présente une forte cohésion malgré des siècles de tumultes et de profonds contrastes régionaux. Il n'a jamais été colonisé ni occupé, sauf pendant quelques années à l'issue de la Seconde Guerre mondiale. Cette civilisation des extrêmes, novatrice et pragmatique, s'est constamment nourrie des influences extérieures pour inventer sa propre modernité, désormais résolument ouverte sur le reste du monde.

Dates clés

- **10500-300 av. J.-C.** – Civilisation Jomon de chasseurs-cueilleurs sédentaires producteurs de poteries.
- **660 av. J.-C.** – Fondation mythique du Japon par l'empereur Jinmu descendant de la déesse Amaterasu.
- **300 av. J.-C. - 300 apr. J.-C.** – Civilisation Yayoi.
- **4e - 6e s.** – Civilisation des *kofun*, les tumulus funéraires.
- **592-710** – Époque d'Asuka. Introduction du bouddhisme. 1re Constitution.
- **710-794** – Époque de Nara. Mise en place des codes de loi.
- **794-1185** – Période de Heian. Fondation de l'école zen Rinzai par Eisai (12e s.).
- **1185-1333** – Époque de Kamakura.
- **1336-1573** – Époque de Muromachi. Début de l'anarchie féodale. Le jésuite François Xavier prêche le catholicisme (1549).
- **1573-1603** – Époque de Momoyama. Réunification du pays.
- **1603-1867** – Époque d'Edo ou époque Tokugawa. Apogée de l'ancien régime japonais. Interdiction du christianisme et fermeture du pays.
- **1853-1867** – Période du Bakumatsu. Fin du shogunat. L'escadre américaine du commodore Perry force le pays à s'ouvrir (1853).
- **1868** – Début de l'ère Meiji. Restauration du régime impérial.
- **1889** – Promulgation de la Constitution.
- **1894-1895** – Première guerre sino-japonaise.
- **1904-1905** – Guerre russo-japonaise. Victoire nippone en Mandchourie.
- **1910** – Le Japon annexe la Corée.
- **1912-1926** – Ère Taisho. Timides avancées démocratiques.
- **1914** – Le Japon entre en guerre contre l'Allemagne.
- **1919** – Traité de Versailles : le Japon récupère les positions allemandes dans le Pacifique et en Chine. Il adhère à la Société des Nations (SDN).
- **1923** – Grand tremblement de terre du Kanto. Plus de 100 000 victimes.
- **1926** – Début du règne de l'empereur Hirohito (ère Showa).
- **1931** – Occupation de la Mandchourie.
- **1945** – Bombes atomiques américaines larguées le 6 août sur Hiroshima puis le 9 août sur Nagasaki. Capitulation sans condition du Japon le 15 août, reddition le 2 septembre.
- **1945-1947** – Occupation par les troupes américaines.
- **1947** – Nouvelle Constitution.
- **1952** – Le Japon retrouve son indépendance.
- **1956** – Le Japon a un siège à l'ONU.
- **1964** – Premiers Jeux olympiques d'Asie à Tokyo. Le Shinkansen entre en service.

- **1972** – Les États-Unis d'Amérique restituent au Japon l'archipel d'Okinawa.
- **1989** – Décès de Hirohito. Le prince Akihito devient l'Empereur du Japon.
- **1995** – Tremblement de terre de Kobe. Attentat au gaz sarin à Tokyo.
- **2004** – Envoi de troupes en Irak.
- **2005** – Exposition universelle d'Aichi.
- **2006** – La princesse Kiko donne naissance au prince héritier Hisahito.
- **2009** – Après 44 ans de pouvoir quasi ininterrompu, le Parti libéral-démocrate (PLD), battu aux élections, cède le gouvernement au Parti démocrate de centre-gauche (PDJ). Yukio Hatoyama devient Premier ministre.
- **2010** – Yukio Hatoyama démissionne. Naoto Kan lui succède.
- **2011** – Le 11 mars, le Grand Séisme de l'Est du Japon, et surtout le gigantesque tsunami qui s'ensuit, font plus de 18 000 morts et disparus et provoquent la catastrophe nucléaire de la centrale Fukushima Dai-ichi. Près de 125 000 personnes sont déplacées. Rendu impopulaire pour sa gestion de cette crise, Naoto Kan démissionne fin août. Son ministre des Finances Yoshihiko Noda lui succède.
- **2012** – Le PLD remporte les élections législatives. Shinzo Abe devient Premier ministre. Il engage un programme de relance économique et promeut une réaffirmation nationale politique et militaire.
- **2013** – L'organisation des J.O. de 2020 est confiée à Tokyo. Crise avec la Chine autour des îles Senkaku.
- **2014** – Pour la première fois depuis 2011, malgré l'opposition de la population, la remise en service d'une centrale nucléaire est décidée. Abe Shinzo et le PLD remportent, faute d'opposition, les élections anticipées organisées en décembre, et se voient ainsi confortés dans la poursuite de leur politique économique baptisée « Abenomics ».
- **2016** – Fin 2016, le Japon a dégagé son premier excédent commercial depuis la tragédie de 2011, année du séisme ; mais la croissance reste atone. Le coût de la catastrophe de Fukushisma a été revu à la hausse : plus de 170 milliards d'euros - fourchette encore trop basse estiment certains, au regard de la complexité du démantèlement qui commence à peine ; auxquels s'ajoutent les 12 à 14 milliards d'euros prévus pour les J.O. de 2020 (soit six fois le budget initialement calculé).
- **2017** – Une législation spéciale autorise l'Empereur Akihito (83 ans) à abandonner sa charge, au profit de son fils, le prince héritier Naruhito, à la fin de l'année 2018 ou au début de 2019.

DES ORIGINES MYTHIQUES

La rédaction de la plus ancienne chronique du Japon, le *Kojiki,* achevé en 712, narre l'histoire officielle du Japon et ses origines mythologiques. Selon le mythe shinto, les représentants de la dynastie impériale fondatrice de l'unité japonaise sont les augustes descendants de la déesse solaire **Amaterasu**. La lumineuse Amaterasu serait l'ancêtre direct de **Jinmu**, premier Empereur du Japon. Le texte aborde la création du Ciel et de la Terre et la formation de l'archipel nippon, enfanté par un couple céleste, la déesse Izanami et son frère le dieu Izanagi. Il attribue ainsi à la dynastie impériale un caractère divin. Ce mythe sacralise la lignée et lui donne une légitimité politique.

Les grandes étapes

LA PRÉHISTOIRE

Figure du Japon des origines, la civilisation **Jomon** embrasse une période de onze mille ans d'histoire. Elle remonterait à 10 500 ans avant l'ère chrétienne avec l'apparition de la poterie et les premiers habitats réunis en villages. Cueillette, collecte, chasse, pêche et vannerie constituent les activités principales de cette société qui développa le troc et choisit une vie sédentaire. C'est néanmoins le bois, l'exploitation des arbres à laque et, en premier lieu, la poterie qui caractérisent cette culture néolithique.
Ainsi, avant même de désigner cette période, le terme Jomon, littéralement « motif de cordes », fait référence au style décoratif des premières poteries découvertes. Elles seraient les plus anciennes au monde. Jarres, statuettes, figurines essentiellement féminines dont certaines au ventre fécond renvoient à l'image des déesses mères et callipyges du néolithique occidental et témoignent du rôle des terres cuites aussi bien dans les pratiques rituelles que dans la vie quotidienne. En ce temps avant l'histoire, l'exubérance des formes et des motifs – différents selon les périodes et les régions – révèle de remarquables qualités plastiques.
Durant l'ère **Yayoi** (300 av. J.-C. - 300 apr. J.-C.), nom d'un site archéologique près de Tokyo, les premières pièces de céramiques montées au tour sont fabriquées. Cette période est également marquée par le développement de la riziculture irriguée et des techniques de production des cultures céréalières. En outre, le travail du bronze et partiellement celui du fer se généralisent.

LA CULTURE DES KOFUN (3e-7e S.)

Le terme *kofun* désigne « une sépulture antique » élevée pour les dignitaires dans laquelle mobilier, armes et parures accompagnent le défunt. À l'extérieur, des *haniwa* (poteries cylindriques et statuettes creuses en argile) gardent les monuments funéraires. L'ère des grands tumulus marque le début de la centralisation politique avec la constitution d'un État dans la région du Yamato. La société est alors érigée en clans *(uji)*. Ce puissant royaume, situé au sud de Nara, va fédérer presque tout le pays – à l'exception du Nord de l'archipel, fief des Aïnous –, créant une dynastie impériale dont l'autorité ne pourra être remise en cause car présentée comme d'essence divine *(voir encadré p. 627)*. À l'**époque de Yamato**, ce tout premier pouvoir central multiplie les alliances avec les seigneurs locaux de l'archipel et entretient des relations diplomatiques avec ses voisins continentaux.

LA PÉRIODE D'ASUKA (592-710)

La lignée des souverains, établie à Asuka dans le Yamato, engage le Japon dans la voie de la réforme. Elle se traduit par l'arrivée de populations coréennes et chinoises dans l'archipel, l'apport de nouvelles techniques venues du continent comme l'adoption des caractères chinois et la domestication de chevaux. Avec l'introduction du bouddhisme au 6e s., le Japon assimile la culture sino-indienne. L'impératrice Suiko (593-628) pose les bases d'une administration impériale inspirée du modèle chinois. Son neveu et héritier, le prince et régent Shotoku Taishi (574-622), proclame le bouddhisme religion d'État. Il fait construire des temples dédiés à l'Éveillé et promulgue une « Constitution en 17 articles ».

Détail d'une scène de combat entre les Minamoto et les Taira (12e s.).
DEA/A DAGLI ORTI/De Agostini Editore/age fotostock

Sous le règne de l'empereur Kotoku (645-654), des réformes administratives dites de **l'ère Taika** centralisent les pouvoirs à l'exemple de la dynastie Tang, plaçant paysans et terres cultivées sous l'autorité de la cour impériale. En 663, des soldats de l'empire du Yamato, partis en expédition contre les royaumes coréens de Koguryo et de Silla dans le cadre d'un pacte d'alliance avec le royaume coréen de Paekche, essuient une défaite.

L'ÉPOQUE DE NARA (710-794)

En 710, l'impératrice Genmei ordonne la construction d'une capitale permanente à Nara (**Heijo-kyo**), abandonnant ainsi l'usage de changer le lieu de la résidence impériale à la disparition de chaque souverain. Des codes administratifs et pénaux sont édictés, qui resteront en application pendant plus d'un millénaire. De grands maîtres coréens transmettent les techniques pour parfaire l'art de la céramique, du bronze, de la soie et de l'architecture. L'esprit du Japon renouvelle les thèmes esthétiques venus du continent, engendrant ainsi un art spécifiquement nippon. À la demande de l'impératrice Genmei sont rédigées les premières chroniques officielles, le *Kojiki* (« Chroniques des choses anciennes ») et le *Nihon shoki* (« Annales du Japon »). Elles seront suivies, à la fin de l'époque de Nara, par la parution du *Manyoshu*, (« Recueil des 10 000 feuilles »), la plus ancienne anthologie de poèmes japonais *(voir aussi p. 667)*. D'imposants monastères bouddhiques sont également édifiés (Horyu-ji, Kofuku-ji, Todai-ji).

L'ARISTOCRATIQUE PÉRIODE DE HEIAN (794-1185)

Fondée en 794, l'ancienne **Heian-kyo** (« capitale de la paix et de la tranquillité »), aujourd'hui **Kyoto**, devient le siège de la cour impériale au détriment de Nara, alors centre politique et religieux du pays. Ce transfert, ordonné par l'empereur Kanmu (737-806), a pour but d'échapper à la forte influence des écoles bouddhiques installées à Nara qui, au lieu de se consacrer à leur charge spirituelle, s'immiscent trop souvent dans le pouvoir temporel. Pendant plus de mille ans, la ville incarne le cœur du Japon. L'agglomération est tracée en damier sur le modèle de la capitale chinoise des Tang (Chang'an aujourd'hui Xian). Jusqu'en 1868, date à laquelle Kyoto est déchue du titre de capitale impériale au profit de Tokyo, elle ne cessera d'être un foyer spirituel et artistique.

Le Japon crée alors ses propres systèmes d'écriture (*hiragana* et *katakana*). C'est l'âge d'or de la littérature. L'influence des femmes prédomine, particulièrement dans le domaine des lettres. Avec *Le Dit du Genji (Genji monogatari)*, Murasaki Shikibu (978 ?-1016 ?), l'une des dames de compagnie de l'impératrice, signe la première œuvre de fiction japonaise narrant les aventures amoureuses d'un prince *(voir aussi p. 667)*. À cette même époque, la poétesse Sei Shonagon, autre dame de la cour, compose les *Notes de l'oreiller* ou *Notes de chevet (Makura no soshi)*, écrits intimes peignant la vie de ses contemporains.

Dans cette « Florence de l'Extrême-Orient », l'Empereur crée les *kanpaku*, grands chanceliers chargés des affaires du gouvernement. Ces derniers se substituent bientôt au pouvoir impérial et règnent en maîtres. Ce titre, presque dynastique, est réservé à la famille des **Fujiwara**, provoquant de nombreux conflits d'intérêt dans l'aristocratie. Les monastères, grands propriétaires fonciers, s'arment alors pour défendre leurs terres et leur statut.

L'ÉPOQUE DE KAMAKURA (1185-1333)

Une période de troubles s'ensuit. Loin des raffinements de la cour, sous l'égide de potentats locaux, des principautés s'instaurent. La loi du plus fort contribue au chaos général. Pendant des siècles, ces seigneurs locaux vont lutter les uns contre les autres et affaiblir le pouvoir central.

À l'époque de Kamakura (1185-1333), le pays devient le théâtre d'une succession de conflits militaires. Le puissant chef **Minamoto no Yoritomo** renverse le clan guerrier des Taira, assurant ainsi la suprématie de la famille Minamoto. L'Empereur, résidant à Kyoto, confère au vainqueur le titre de **shogun** (gouverneur militaire). Ce dernier s'installe à Kamakura, dans la préfecture actuelle de Kanagawa. Dans le même temps, de nouveaux courants bouddhiques apparaissent dont la méditative école zen. La **toute puissante caste militaire** appuie sa renommée sur le *bushido* (la Voie du samouraï), code chevaleresque d'honneur et de loyauté, marqué par les applications pratiques de l'enseignement du zen mais aussi par des préceptes néoconfucéens tels la fidélité au devoir et le respect du clan. La classe guerrière domine au détriment de la cour impériale qui perd de son pouvoir sur les affaires de l'État.

À la fin du 13e s., les Mongols poursuivent leur conquête de l'Asie. L'empereur Kubilaï, petit-fils de Gengis Khan, ordonne aux Japonais de se soumettre. Devant leur refus, le grand Empereur mongol propose sa protection. Après un ultimatum, un corps expéditionnaire est envoyé en 1274 mais l'attaque échoue. Une seconde invasion est lancée en 1281.

Une armada de plus de 100 000 hommes tente de prendre le Japon. Repoussée des côtes de Kyushu, la flotte mongole, prise dans un typhon, est détruite. Les Japonais donneront à ce souffle sauveur le nom de *kamikaze*, littéralement « vent divin ».

L'ÉPOQUE DE MUROMACHI (1336-1573)

Cette période instable, historiquement d'une complexité inextricable, synonyme de luttes intestines, débute en 1336 avec l'éphémère restauration du régime impérial initiée par l'empereur Go-Daigo. Ce dernier, qui avait tenté d'ébranler le régime de Kamakura, est soutenu par le puissant guerrier Ashikaga Taka-uji (1305-1358), issu d'une famille descendant directement des Minamoto. Taka-uji l'abandonne ensuite pour placer sur le trône un autre Empereur (Komyo), obtenant ainsi le titre de shogun en 1338. Il s'installe à Kyoto dans le quartier de Muromachi. Il y aura alors **deux cours impériales**, celle de Go-Daigo, dite du Sud (à Yoshino), et celle de Komyo, dite du Nord (à Kyoto). Une rivalité qui perdura près de soixante ans. Alors que les premiers commerçants portugais puis espagnols importent la poudre à canon, les missionnaires prêchent les saints évangiles. En 1549, le jésuite François Xavier introduit le **christianisme** dans l'archipel. Après une période de tolérance, le succès des religieux tourmente les militaires déjà occupés dans les provinces par d'incessantes guerres seigneuriales ou jacqueries et par la dissidence de l'école bouddhique Ikko, qui n'hésite pas à prendre les armes contre les seigneurs locaux.

L'ÉPOQUE D'AZUCHI-MOMOYAMA (1573-1603)

En cette période de transition, le général **Toyotomi Hideyoshi** (1536-1598) achève l'unification du pays initiée par **Oda Nobunaga** (1534-1582) et décide d'affirmer sa puissance en tentant de conquérir la péninsule coréenne et, au-delà, la Chine. En 1592 puis en 1597, il envoie à deux reprises un corps expéditionnaire en Corée. L'armée chinoise refoule les attaquants. Les Coréens se soulèvent contre les troupes d'occupation et refusent d'accepter la suzeraineté japonaise. Le conflit est finalement stoppé net par la mort de Hideyoshi, qui met un terme à cette hasardeuse conquête extérieure et provoque une crise de succession réglée par **Tokugawa Ieyasu** (1542-1616).

L'ÉPOQUE D'EDO (1603-1867)

Tandis que l'Empereur réside à Kyoto, les shoguns **Tokugawa** instaurent un pouvoir étatique centralisé et autoritaire à **Edo** (l'actuelle Tokyo), siège du gouvernement militaire. En éliminant ses rivaux, les partisans du clan rival Toyotomi, Tokugawa Ieyasu assoit sa puissance. Son clan régnera sans discontinuité pendant plus de 250 ans. Il détient le véritable pouvoir politique, réglemente la vie sociale. En 1613, la religion catholique est proscrite. Les chrétiens japonais sont persécutés, les missionnaires expulsés. Se sentant menacées par l'expansionnisme européen, les autorités **ferment le pays aux étrangers**, à l'exception des Chinois, des ambassades coréennes et des Hollandais du comptoir de la Compagnie des Indes orientales autorisés à commercer uniquement dans la rade de Nagasaki. Aucun Japonais ne peut voyager hors de l'empire. Le pays se replie sur lui-même mais ne supprime pas les échanges. Afin de contrôler les vassaux, les *daimyo* ont obligation de résider à Edo une année sur deux *(voir p. 64)*. C'est le prix à payer pour une ère de paix et de sécurité, synonyme d'**expansion urbaine** et d'un **formidable essor culturel**. Commerçants et artisans intensifient leurs activités. Des ouvrages scientifiques et de médecine européens commencent à être traduits. Les samouraïs, pour beaucoup au chômage, autrement dit « sans maître » *(ronin)* faute de conflits, perdent leur fonction et tentent de se révolter. L'archipel connaît une expansion démographique.

La poussée occidentale va néanmoins tout bouleverser. En 1853, une escadre de bateaux noirs, menée par le commodore Perry, mouille dans la baie d'Edo et force le pays à s'ouvrir. La menace des canonnières oblige le Japon à sortir de son isolement. Le shogunat est contraint de signer un traité d'amitié avec les Américains, suivi d'un traité commercial.

Les puissances russe, anglaise, française *(voir p. 635)* et hollandaise s'engouffrent dans la brèche.

Les autorités japonaises n'auront de cesse de vouloir abroger ces « **traités inégaux** » accordant aux étrangers des privilèges douaniers exorbitants (ils seront révisés à partir de 1895, après un long effort de la diplomatie japonaise). Ce coup de force engendre une réaction nationale, fatale pour le pouvoir séculaire des Tokugawa.

L'ÈRE MEIJI (1868-1912)

Contraint de s'ouvrir sous la pression des puissances occidentales, l'empire insulaire se modernise à marche forcée. La révolution industrielle, politique, sociale et culturelle balaie le pouvoir des shoguns. La **restauration du pouvoir impérial** consacre la disparition du régime des clans et des fiefs. La féodalité est abolie. Une **Constitution** est adoptée en 1889 qui, même si elle accorde l'omnipotence des pouvoirs à l'Empereur de droit divin, instaure un Parlement avec une Chambre des représentants élus. Le pouvoir impérial impose le shinto comme religion d'État et tente d'éradiquer le bouddhisme. Les seigneurs d'hier abandonnent leur statut pour mener une nouvelle bataille mais, cette fois, sur le terrain économique. Le yen devient monnaie nationale. En moins de trente ans, le Japon accède au rang des grandes puissances et entre dans le capitalisme avec pour mot d'ordre : « Plus de ressources et plus d'armée. »

L'ÈRE TAISHO (1912-1926)

Un relatif élan de démocratisation dans la vie politique et sociale s'amorce mais l'empire insulaire se sent à l'étroit. Après l'annexion de Formose (1895), aujourd'hui Taiwan, de la Corée (1910), le Japon, reconnu comme grande puissance par l'Occident, jouera l'expansion coloniale jusqu'à l'occupation de la Mandchourie (1931), au nord-est de la Chine, pour ses richesses minières et agricoles. Pour beaucoup de Japonais, l'ère Taisho apporte aussi des changements dans leur mode de vie avec la naissance d'une culture populaire et urbaine, l'ouverture de parcs de loisirs, l'essor du cinéma, de la radio et le dynamisme des maisons d'édition. Ce, jusqu'au terrible tremblement de terre de 1923 qui détruit en grande partie Tokyo *(voir p. 65)*.

L'ÈRE SHOWA (1926-1989)

En 1926, Hirohito monte sur le trône impérial. Dans les années 1930, les militaires prennent le contrôle du gouvernement. Ils rêvent d'un Japon maître de l'Asie. Critiqué sur la scène internationale, le Japon quitte la Société des Nations (SDN) en 1933 et s'allie quelques années plus tard avec les forces de l'Axe germano-italien, s'assurant de la neutralité de l'Union soviétique. Le **militarisme** et l'**ultranationalisme** entraînent l'oppression. La propagande justifie l'expansionnisme puis la **guerre du Pacifique**. Le 7 décembre 1941, le bombardement de Pearl Harbor déclenche la guerre avec les États-Unis. Les Japonais dominent l'Asie et le Pacifique mais la bataille de Midway, perdue contre les forces navales américaines en juin 1942, change le cours de la guerre. Après de massifs bombardements incendiaires au napalm sur Tokyo, le président américain, Harry Truman, décide d'utiliser l'arme atomique contre le Japon. La première bombe atomique explose le 6 août 1945 sur Hiroshima faisant 140 000 victimes. La seconde, trois jours plus tard, est larguée sur Nagasaki provoquant la mort de 70 000 civils. Cette tragédie reléguera au second plan les exactions de l'armée nippone en Asie.

L'occupation américaine

Le 15 août, l'Empereur annonce la capitulation. Après la reddition des forces japonaises, le 2 septembre 1945, le général MacArthur lance un ambitieux programme pour démocratiser le Japon. Pour la première fois, une force armée étrangère occupe le territoire national. En 1946, le tribunal militaire international pour l'Extrême-Orient ouvre le procès de Tokyo (l'équivalent du procès de Nuremberg) qui condamne deux ans plus tard 7 des 28 accusés à la peine capitale tout en innocentant l'Empereur. La **nouvelle Constitution**, ratifiée en 1947, le dépossède de ses fonctions de chef de l'État ainsi que de son statut de dieu vivant. Il ne peut donc gouverner. Épargné, il incarne le « symbole de l'État et l'unité du peuple » (art. 1). Son rôle se cantonne à la représentation.
Le pays connaît un formidable processus de **démocratisation**. C'est le temps des réformes agraires (redistribution des terres cultivées aux paysans qui les travaillent), de la liberté syndicale (vite freinée par la peur du communisme), de l'égalité des sexes, de l'allongement de la durée de la scolarité obligatoire, autant de facteurs qui scelleront les fondements d'une reconstruction suivie d'une croissance sans précédent. Mais c'est aussi une période où règne la misère, favorisant le marché noir et la montée en puissance des yakusas (mafia) avec l'indulgence voire le soutien d'hommes politiques. Néanmoins, malgré la pénurie, un vent de liberté souffle sur le monde de la pensée et de la création, à l'image des œuvres d'une génération d'écrivains engagés et de cinéastes, témoins et acteurs d'une société.
Désormais dans l'orbite américaine, le Japon joue également un rôle stratégique dans la zone Asie, notamment pendant la guerre de Corée qui éclate en 1950. Il retrouvera finalement son indépendance en 1952 suite au traité de paix de San Francisco (signé le 8 septembre 1951).

Après 1952

Bien que vaincu et ruiné, l'archipel devient, en deux décennies, une **puissance industrielle et commerciale** grâce à un modèle de développement reposant sur l'emploi à vie (notamment dans les grandes entreprises) et une volonté d'instaurer une réelle protection sociale pour le plus grand nombre. Le principe de loyauté, vertu chère à la pensée confucéenne, régit le monde des entreprises. En 1973, le choc pétrolier n'épargne pas le pays. L'exportation de produits manufacturés permet néanmoins au Japon de rebondir et de devenir la deuxième puissance économique mondiale.

L'ÈRE HEISEI (1989-)

Dans les années 1990, l'éclatement de la bulle financière annonce « une décennie perdue ». Après la haute croissance vient le temps des réformes et des nouvelles inégalités sociales. Le vieillissement de la population, l'un des taux de natalité

les plus faibles au monde, une politique d'immigration réduite, le manque de matières premières, la montée en puissance de la Chine, inquiètent les analystes. Le Japon doit **réinventer son modèle** pour surmonter la crise. Heureusement pour le pays, pendant ces années difficiles, les entrepreneurs ne cessent d'investir dans la recherche et le développement.
Autre enjeu majeur pour le pays, le rééquilibrage de sa politique étrangère vers ses voisins (Chine, Corée); le Japon ne pourra pas faire l'économie d'un retour critique sur ses responsabilités pendant la Seconde Guerre mondiale. Les débats autour des hommages rendus par l'ancien Premier ministre Koizumi aux âmes des soldats morts, y compris celles des criminels de guerre *(voir p. 58)*, montrent bien l'importance de cette question pour la société japonaise.
Dans le même temps, certains souhaitent modifier l'article 9 de la Constitution, stipulant la renonciation du Japon à la guerre.
En ce début du 21ᵉ s., le Japon est devenu le 2ᵉ exportateur mondial de biens culturels après les États-Unis. Avec ses mangas, dessins animés, jeux vidéo et sa J-Pop, le « cool Japan » séduit la planète. Pour les plus jeunes générations, le « rêve japonais » favorise les échanges culturels et économiques.
Jean-Luc Toula-Breysse

Les relations franco-japonaises

La **France et le Japon** ont célébré en 2008 le **150ᵉ anniversaire de l'établissement de leurs relations diplomatiques** : une courte histoire pour deux nations plus que millénaires; l'éloignement en est la principale raison.

LES PREMIERS CONTACTS

L'intérêt de la France pour le Japon se déclare au début du 14ᵉ s., lorsque le Vénitien **Marco Polo** présente ce pays pour la première fois à l'Europe, sous le nom de Zipangu, et sous un jour légendaire, « pays lointain au-delà des mers vers le soleil levant, pays aux richesses infinies, pays de l'or »! Un siècle plus tard le Japon est signalé sur les cartes en Europe sous le nom de Zipangri ou Cipango.
Le Japon découvre pour la première fois la France par le truchement de l'Espagnol **saint François Xavier** qui, pendant son séjour de deux ans à Hirado et à Yamaguchi (1549-1550), évoque sa vie d'étudiant à Paris. Le premier contact officiel entre les deux pays remonte au mois de mars 1585, lorsque quatre jeunes ambassadeurs chrétiens, envoyés à Rome par trois seigneurs de Kyushu auprès du pape Grégoire XIII *(voir p. 570)*, rencontrent le nonce apostolique envoyé du roi de France **Henri III**; celui-ci présente au chef de la délégation du Japon, **Mancio Ito**, une requête formelle d'invitation auprès du roi. Mais à son grand regret, il ne pourra y donner suite.
La deuxième ambassade chrétienne envoyée à Rome par le seigneur de Sendai, Date Masamune, est dirigée par **Hasekura Rokuemon Tsunenaga** *(voir p. 411)*. La délégation passe par l'Espagne, s'embarque, début octobre 1615, à Barcelone pour le Vatican, et longe les côtes de France lorsqu'une forte tempête l'oblige à se réfugier dans le port de St-Tropez. Ce sont les premiers Japonais à fouler le sol de France.
Malgré les persécutions qui sévissent contre les chrétiens dans tout le Japon, le premier Français arrive dans l'archipel des îles Ryukyu au sud du Japon, vingt-deux ans plus tard, en 1637. C'est

le père dominicain **Guillaume Courtet**, originaire de Sérignan (Hérault). Quelques jours après avoir débarqué sur une petite île, il est appréhendé, emmené à Kagoshima, puis à Nagasaki où il est emprisonné, soumis à de nombreuses tortures et enfin martyrisé le 29 septembre 1637.

LE JAPON SE FERME

À partir de 1640, le Japon des Tokugawa interdit le christianisme, chasse tous les étrangers excepté les Chinois et les Hollandais qui, eux, sont confinés sur l'îlot très surveillé de Dejima à Nagasaki et ce pour les deux siècles suivants. Mais grâce au commerce des Hollandais, l'Europe et la France en particulier s'enthousiasment pour des objets d'art venus de l'archipel. Cet engouement se poursuit pendant le Siècle des lumières, sous Louis XIV, Louis XV et Louis XVI ; les porcelaines *imari* sont recherchées, montées à la française, copiées et imitées, tandis que s'étend aussi le goût du thé. Diderot, Montesquieu et Voltaire se réfèrent au Japon pour critiquer les mœurs de leur temps.
Finalement, après plus de deux siècles d'interruption de tout contact direct, la France se décide à détacher la corvette *Alcmène* sous les ordres du commandant Fornier-Duplan. Elle entre en rade de Naha dans les îles Ryukyu le 20 avril 1844 avec à son bord le **père Forcade** de la société des Missions étrangères de Paris ; celui-ci est autorisé à séjourner plus d'un an sur cette île d'Okinawa à Tomari près de Naha, mais doit abandonner tout projet d'évangélisation.

OUVERTURE ET PREMIERS TRAITÉS

En 1854, le **commodore Perry** réussit à signer au nom des États-Unis un premier traité avec le Japon qui est contraint de s'ouvrir au monde. Un an plus tard, la guerre de Crimée pousse les flottes britannique et française à poursuivre la flotte russe jusqu'aux îles Kouriles. L'amiral Guérin avec trois navires s'arrête dans les ports de Nagasaki et de Hakodate. Il essaie d'engager des négociations afin de conclure un traité identique à celui signé par les États-Unis, mais les autorités japonaises refusent tout dialogue. Sur le chemin du retour vers la France, Guérin se contente de signer à Naha le **17 décembre 1855** une **convention d'amitié entre la France et le royaume des Ryukyu**. Les missionnaires Mounicou, Mermet-Cachon, Petitjean, Girard et Furet sont autorisés à séjourner sur l'île mais uniquement dans le cadre de l'étude de la langue japonaise.
En 1858, Napoléon III charge le baron Jean-Baptiste Louis Gros de négocier coûte que coûte un traité avec le Japon. Après les États-Unis, les Pays-Bas, la Grande-Bretagne et la Russie, la **France** est le cinquième et dernier pays à signer **le 9 octobre 1858 un traité de paix, d'amitié et de commerce** avec les représentants du pays du Soleil levant. Ces cinq traités signés la même année autorisent le commerce et le droit de résidence aux étrangers à Edo (Tokyo), Kanagawa (bientôt Yokohama), Nagasaki, Niigata et Hakodate. Le Japon va considérer à juste titre ces traités comme inégaux et revendiquera ses droits pendant quarante ans avant de pouvoir en faire accepter la révision. Le premier consul général de France au Japon, **Duchesne de Bellecourt**, arrive à Edo le 6 septembre 1859, assisté pour l'interprétariat par l'abbé Girard. La France n'a à l'égard du Japon aucune intention hégémonique voire impérialiste, en revanche sur le plan économique,

un besoin urgent l'oblige à rechercher un pays partenaire capable de l'approvisionner en un produit stratégique pour son commerce extérieur : la soie grège, ruinée alors dans l'Hexagone par les maladies *(voir p. 100)*.

En 1862, Napoléon III et Eugénie reçoivent en grande pompe la première ambassade japonaise en France (qui sera suivie par trois autres en 1864, 1865 et en 1867 pour l'Exposition universelle de Paris). Parmi l'importante délégation, l'un des interprètes, **Fukuzawa Yukichi**, se lie d'amitié avec **Léon de Rosny** qui, l'année suivante, inaugure à Paris le premier cours de japonais de l'École des langues orientales. Le deuxième représentant de la France au Japon, **Léon Roches**, arrive à son poste le 27 avril 1864 et engage une politique de rapprochement tous azimuts avec le gouvernement shogunal.

L'ÈRE DES ÉCHANGES

Dès 1865, sous l'impulsion du 14e shogun **Tokugawa Iemochi** et de **Léon Roches**, une relation d'interdépendance s'installe entre les deux pays. La France achète au Japon ses besoins en graines de vers à soie et en soie grège, soit plus de 50 % de la production totale de l'archipel. En contrepartie, le Japon va demander à la France de contribuer à la modernisation du pays en apportant ses compétences scientifiques, technologiques et industrielles. Ainsi, la France envoie une première mission militaire de l'armée de terre (artillerie, cavalerie et infanterie) dirigée par le **capitaine Chanoine**, pour moderniser l'armée du shogun.

En 1867 le Japon participe à l'Exposition universelle de Paris, il est représenté par **Tokugawa Akitake**, petit frère du 15e et dernier shogun Tokugawa Yoshinobu. Les deux pavillons japonais suscitent un immense intérêt en France et en Europe. Des artistes, subjugués par les estampes des maîtres de l'*ukiyo-e (voir p. 656)*, s'en inspirent pour créer le **japonisme**.

La mission militaire française au Japon ne reste que seize mois et doit repartir suite aux événements qui ont renversé le régime des Tokugawa et remis en place l'empereur Meiji en 1868. Plusieurs officiers, Jules Brunet et ses compagnons, nostalgiques des relations étroites nouées avec l'armée du shogun, participent dans le nord du Japon aux côtés de **Enomoto Takeaki** à la dernière résistance contre l'avancée des troupes impériales : c'est le célèbre épisode de la **République de Hakodate** *(voir p. 488)*. Les troupes formées par les Français se concentrent dans le fort à la Vauban de Hakodate, mais en nombre insuffisant, et doivent se rendre en juin 1868. Le nouveau gouvernement de Meiji proteste vivement auprès du ministre Maxime Outrey devant l'attitude ambiguë que la France montre dans ce conflit de politique intérieure.

MEIJI ET LA POURSUITE DE LA COOPÉRATION

Malgré ces protestations et la défaite de la France contre la Prusse, le gouvernement de Meiji continue dès 1871 à faire appel à son partenaire traditionnel. Les ingénieurs français poursuivent la construction de l'arsenal de Yokosuka *(voir p. 117)* jusqu'en 1876. Quant au gouvernement de Meiji, il conçoit son grand projet industriel avec la France : la grande filature moderne de Tomioka au nord de Tokyo *(voir p. 134)*. La France apporte également son savoir-faire dans le domaine minier avec **François Coignet** qui développe les mines d'Ikuno au nord de Kobe, dans le domaine de l'éclairage avec Henri Pélegrin qui installe les becs de gaz d'abord à Yokohama, puis à Tokyo en 1876. Elle apporte aussi son expertise dans l'organisation de l'administration. Puis, **Émile Bertin**, le grand ingénieur du génie maritime, vient apporter entre 1886 et 1890 à l'arsenal de Yokosuka ses dernières inventions et technologies. Il conçoit la marine moderne du Japon avec des navires légers et rapides qui gagneront les guerres contre la Chine en 1895 et dix ans plus tard contre la Russie. Enfin Bertin choisit deux nouveaux sites pour installer deux ports militaires, ceux de Kure *(voir p. 381)* et Sasebo. De nombreux élèves japonais qui ont suivi l'instruction des militaires ou professeurs français vont poursuivre leurs études en France. Ils sont suivis par de nombreux artistes qui viennent apprendre les techniques de la peinture occidentale.

En 1873, l'action entreprise par les missionnaires français après la révocation de l'édit d'interdiction du christianisme annonce une ère de tolérance ; **les pères Flaujac, de Rotz, la mère Mathilde**, pour n'en citer que trois, font vivre et grandir dans tout l'archipel des œuvres éducatives et charitables. De nombreuses églises sont construites, changeant quelquefois la physionomie des villages. Le **père Alphonse Heinrich** et quatre autres membres de la Société de Marie de Paris fondent en 1888 une école française à Tokyo, « l'Étoile du Matin ». Pendant l'ère Meiji, la France laisse de multiples empreintes dans les domaines de la littérature, de la musique, de l'art. Un nombre important de mots français se rapportant aux sciences, à la mode et à la cuisine passent dans le vocabulaire de la langue japonaise.

GUERRES ET PAIX

Le décollage économique accompli à grande vitesse dans les vingt premières années de l'ère Meiji, les questions diplomatiques reprennent le devant de la scène au moment de la promulgation en 1889 de la Constitution du **Grand Empire du Japon**, d'inspiration allemande. Après la guerre sino-japonaise, les grandes puissances s'alarment de l'avancée du Japon sur le continent asiatique. La Russie, en particulier, qui escomptait pousser ses intérêts jusqu'en Mandchourie, encourage la France et l'Allemagne à exiger du Japon de rendre la péninsule du Lia-tong à la Chine. Le Japon doit céder aux demandes de cette Intervention tripartite de 1895 (France, Allemagne et Russie) et reçoit en contrepartie une forte indemnité. Mais il considère cette intervention comme une insulte et laisse l'opinion publique démontrer son mécontentement à l'égard de ces trois pays. Les grandes puissances doivent accepter la nouvelle influence du Japon sur la scène internationale et, les unes après les autres, signent de nouveaux traités cette fois-ci égaux. La France signe le **nouveau traité de paix, d'amitié, de commerce et de navigation avec le Japon le 4 août 1896**. De nombreux Japonais vont émigrer en Indochine, et plus tard en Nouvelle-Calédonie, ce qui fait éclater en France une violente campagne de presse antijaponaise exaltant la menace japonaise sur l'Indochine où les extrémistes de droite soutiennent, dès le début du 20e s., le mouvement d'indépendance dirigé par le père de Ho Chi Minh.

Après sa victoire contre la Russie en 1905, le Japon entre dans les rangs des grandes puissances, mais, affaibli et ruiné par une guerre coûteuse, il recherche des aides financières pour amorcer sa reconstruction économique. Les dirigeants de l'époque, groupés

autour du Premier ministre francophone **Saionji Kinmochi**, cherchent à se rapprocher de la France qui accepte d'émettre le 12 mars 1907 sur la place de Paris un emprunt japonais 5 % or, s'élevant à 300 millions de francs. Ce dernier réchauffe les relations entre les deux pays et débouche sur la signature **le 10 juin 1907** de **l'entente franco-japonaise**. Elle comporte une clause secrète consacrant la souveraineté sur les possessions respectives en Asie et reconnaissant aux deux pays des intérêts spéciaux : à la France, dans la province du Yunnan et dans les provinces voisines du Tonkin, au Japon, dans le Fou-kien et dans les provinces voisines de Formose. Pour la France, cet accord complète son réseau d'alliances qui, en Europe et en Extrême-Orient, relie deux à deux la France, la Russie, la Grande-Bretagne et le Japon, réalisant en ces quatre puissances une quadruple entente.
En 1914, le Japon se range immédiatement aux côtés des Alliés et attaque les positions allemandes dans le Pacifique et en Chine, occupées en quelques semaines. En 1917, le Japon autorise à Tokyo l'émission de bons du Trésor français pour une somme de 50 millions de yens. Juste à la fin de la guerre, **Léon Barmont**, industriel de la soie établi au Japon depuis de nombreuses années, et plusieurs hommes d'affaires français du Japon, décident, avec en partie l'aide financière d'Air Liquide installé depuis 1907, de fonder la première chambre de commerce nationale au Japon, **la Chambre de commerce française du Japon**.
À la conférence de la paix de Paris en 1919, **Clemenceau** décide d'envoyer, aux frais de la France, une mission militaire aéronautique commandée par le colonel Faure à la tête de 60 pilotes et ingénieurs qui vont mettre en place pendant deux ans les fondements de l'industrie aéronautique japonaise.
En 1922, la **conférence de Washington**, réunie à l'initiative des États-Unis afin d'étudier la limitation des armements navals en Extrême-Orient, aboutit entre autres à un traité de garantie mutuelle à quatre, France, Japon, Grande-Bretagne et États-Unis. L'accord de 1907 est maintenu mais la clause secrète abolie, à la demande du Japon.
Dans le domaine culturel et scientifique, après la fondation de la Société franco-japonaise en 1909 à Tokyo, le vicomte **Shibusawa Eiichi** et **Paul Claudel** concrétisent en 1924 le projet de la **Maison franco-japonaise**, institution de recherches et d'échanges intellectuels entre les deux pays. Dans le domaine de l'enseignement, le Français **Joseph Cotte** crée en 1913 à Tokyo l'**Athénée français**, établissement de propagation des langue et civilisation françaises. Dans la région du Kansai, Paul Claudel et le sénateur industriel Inabata Katsutaro fondent en 1927 l'Institut franco-japonais du Kansai.
La crise financière de 1927 au Japon a des répercussions déplorables sur la situation des exportateurs français d'Indochine, entraînant une détérioration lente des relations.
En 1933, la France se joint à la démarche des États-Unis et de la Grande-Bretagne pour condamner le **coup de force du Japon en Mandchourie**, ce qui entraîne le départ du Japon de la Société des Nations. En 1936, le Japon et l'Allemagne signent le **pacte anti-Komintern** auquel l'Italie adhère l'année suivante, et qui se développe en une triple alliance pour constituer le bloc militaire de l'Axe en 1940. Les visées du Japon sur l'Indochine se précisent dès 1937 pendant la guerre que le Japon engage contre la Chine :

le gouvernement français est sollicité pour mettre fin au trafic d'armes qui emprunte la voie ferrée du Yunnan et qui ravitaille les troupes de Tchang Kaï-chek. En 1939, pour parer à l'expansion du Japon, la France occupe les îles Paracels situées au sud-est de l'île de Haïnan où débarquent peu après les troupes japonaises. Nommé en juillet 1940 par le gouvernement de Vichy, l'**amiral Decoux** (gouverneur général de l'Indochine), conscient qu'il ne peut opposer une résistance efficace, entre dans la voie des négociations et doit accepter dès septembre 1940 l'entrée des troupes japonaises en Indochine. Grâce à une convention militaire et un accord économique conclus en 1941, le Japon met la main sur l'économie indochinoise. En mars 1944, Decoux refuse de consentir à de nouvelles demandes des représentants japonais ; en août, l'Indochine française devient en réalité une province autonome de l'Empire nippon et, le 9 mars 1945, elle est définitivement annexée. Aussitôt après la **capitulation du Japon du 15 août 1945**, le Viet-Minh s'empare du pouvoir et proclame la République indépendante du Vietnam. Si le gouvernement de Vichy a entretenu des relations pendant presque toute la durée de la guerre avec le Japon en Indochine, la France libre lui a déclaré la guerre le 8 décembre 1941.

L'APRÈS-GUERRE

Les relations diplomatiques entre la France et le Japon sont officiellement rétablies lors de la signature du **traité de paix de San Francisco en 1951**. Un accord culturel franco-japonais est signé à Tokyo le 12 mai 1953. Les consultations bilatérales et les rencontres au sein des organismes internationaux, par leur régularité, permettent de recomposer une coopération dans les domaines économique, industriel et scientifique. Mais il faut attendre 1982 pour voir se réaliser la **première visite officielle** d'un président de la République française au Japon avec **François Mitterrand**, et 1994 pour celle d'un Empereur du Japon en France avec **Sa Majesté Akihito**.
De nos jours, sur le plan politique, les deux nations partagent les mêmes valeurs de démocratie et de respect du droit dans le monde, ce qui leur permet de poursuivre des actions communes sur la scène internationale. La France soutient la candidature du Japon au Conseil de sécurité des Nations unies. Sur le plan commercial, la France n'est que le 16e fournisseur du Japon et sa part de marché stagne à moins de 2 % depuis une dizaine d'années. Les échanges franco-japonais restent très faibles par rapport au volume total des échanges de chaque pays avec le reste du monde. En 2005, la France est devenue le deuxième pays investisseur au Japon derrière les États-Unis. Le grand public de l'archipel reste attaché à une France-musée culturelle, gastronomique et des grandes marques, et veut ignorer la France industrielle, celle des Airbus, du TGV, des grands investisseurs au Japon dans la finance, dans les assurances, dans l'industrie automobile avec l'alliance Renault-Nissan. Le rêve de France des Japonais se fige dans les clichés, alors que le rêve du Japon des Français se rapproche des réalités et se projette dans l'avenir.
Christian Polak

Administration et économie

Le Japon, façonné par une longue tradition monarchique et de strictes hiérarchies, avait bénéficié depuis l'après-guerre d'une remarquable stabilité politique avec, solidement ancrée au pouvoir, une majorité conservatrice issue du Parti libéral-démocrate. Au début des années 1990, l'éclatement de la bulle financière a mis fin à la période de forte croissance et a entraîné la recomposition de l'économie et de la vie politique et sociale. Plus récemment, la baisse de la population (depuis 2005), la crise économique mondiale (2008), le grand tremblement de terre et tsunami du Tohoku, et l'accident nucléaire de Fukushima (2011), et le niveau élevé d'endettement public sont de nouveaux défis auxquels le gouvernement du Premier ministre Abe a répondu en mettant en œuvre une politique économique et financière ambitieuse pour faire sortir le pays de la déflation.

Politique

LE SYSTÈME POLITIQUE

Le Japon dispose d'un système parlementaire proche de celui de la Grande-Bretagne avec un Parlement bicaméral. La **Constitution de 1946** est fondée sur le principe de la souveraineté populaire, de la séparation des pouvoirs et du pacifisme. L'article 9 affirme le renoncement à la guerre mais autorise l'entretien d'une armée de métier, dite d'autodéfense, forte de 250 000 soldats et très bien équipée. Confronté à l'attitude belliciste de la Corée du Nord et à la montée en puissance de la Chine, le gouvernement de Abe Shinzo a porté un premier coup à l'article 9. De nouvelles lois permettent depuis 2015 d'envoyer des troupes à l'étranger pour aider un allié agressé.

L'**Empereur** n'a plus aucun pouvoir politique, mais reste le symbole de l'État et de l'unité de la nation. Le pouvoir législatif appartient aux deux chambres de la **Diète**, élues au suffrage universel. Les 480 députés (Chambre des représentants) sont élus pour quatre ans, et les 250 sénateurs (Chambre des conseillers, sorte de Sénat) sont renouvelés pour moitié tous les trois ans. Les pouvoirs respectifs des deux chambres sont relativement plus équilibrés qu'en France. Le pouvoir exécutif est dévolu au Cabinet du **Premier ministre** qui est choisi parmi les membres de la Diète. Il dispose du droit de dissolution des assemblées, mais il est difficile de gouverner sans le contrôle politique des deux chambres. Le **pouvoir judiciaire** est contrôlé par une Cour suprême qui garantit son indépendance, veille au respect de la Constitution et assure le rôle de Cour de cassation vis-à-vis des tribunaux et cours d'appel. Les Japonais ont relativement peu recours à la justice et l'appareil judiciaire est peu développé. La peine de mort est en vigueur.

UNE ADMINISTRATION EN MUTATION

L'administration, constituée d'agences et de ministères, est un acteur central de l'État japonais.

Recrutement dans l'élite des universités, changement fréquent de poste, passage du public au privé *(amakudari)* et recherche permanente du consensus sont les bases de sa puissance. La police est contrôlée par l'Agence nationale de police (ANP). Une dense structure d'îlotage formée de postes de police *(koban)* assure une excellente sécurité de proximité des quartiers.

Économie

UNE PUISSANTE ÉCONOMIE

Le Japon est la troisième puissance économique du monde. En 2016, selon le FMI, le PIB du Japon s'élevait à 4,136 milliards d'US$ (France : 2,448 milliards) et son taux de chômage à 3,2 % (France : 10 %). Le pays a pourtant traversé récemment deux crises majeures, d'abord avec le choc pétrolier en 1973, puis avec l'éclatement de la « bulle spéculative » à partir des années 1990. Pour rétablir son économie et s'adapter à l'évolution mondiale, (en raison de sa forte dépendance aux exportations) l'État japonais a mis en œuvre une politique de taux d'intérêt très faibles et de financements de grands travaux publics au détriment de la dette publique (246,6 % du PIB en 2016 selon l'OCDE, soit la plus élevée du monde) détenue pour l'essentiel par les Japonais, protégeant ainsi le pays de toute attaque spéculative.

Les entreprises ont dû opérer des mutations radicales telles que la remise en question de l'emploi à vie, des restructurations et délocalisations industrielles hors du Japon et le recentrage sur les produits de haute technologie.

La nouvelle politique dite « Abenomics » visant a sortir le pays de la déflation comporte trois volets (politique des trois flèches) : **1.** Intervention de la banque du Japon pour monétiser la dette de l'État, ce qui s'est traduit par une forte baisse du yen. **2.** Intervention budgétaire de l'État, notamment pour la reconstruction et la revitalisation du Tohoku ravagé par le séisme de 2011. **3.** Réforme et ouverture de l'économie (donner une place égale aux femmes dans la société, développer des accords de partenariat économique avec les autres pays et dynamiser l'investissement local, etc.).

DÉPENDANCE ÉNERGÉTIQUE

L'archipel possède des eaux généreuses pour la pêche, l'irrigation des rizières et l'hydroélectricité. Il dispose en outre de bois en abondance pour la construction. Cependant il doit importer l'essentiel de ses

LES PARTIS POLITIQUES

Il existe un large éventail de partis politiques, depuis le Parti communiste (Kyosanto), jusqu'au Parti nationaliste (Kokuminto), en passant par le Komeito, parti de centre droit émanant de la puissante secte religieuse Soka Gakkai. Le véritable jeu politique s'est aujourd'hui organisé entre deux grandes formations : le **Parti libéral démocrate** (PLD, Jiminto), au pouvoir presque sans interruption depuis 1955 (à la tête duquel Abe Shinzo, l'actuel Premier ministre, a été nommé et ce désormais pour un mandat de 9 ans jusqu'en 2021) et le **Parti démocrate du Japon** (PDJ, Minshuto), créé en 1996 par la recomposition du Nouveau Parti du progrès (NPP) dissous et de factions du Parti socialiste (PSJD). Aujourd'hui, le cœur des débats politiques porte sur le renforcement du pouvoir exécutif du gouvernement, le déclin de la puissance de l'administration et une plus grande autonomie des régions.

matières premières et les énergies nécessaires à son développement. Avant la crise nucléaire de Fukushima, la part de l'énergie électrique issue du nucléaire était de 28 % (France : 75 %), mais depuis, ce taux a brutalement chuté. Pour répondre à une population hostile au nucléaire, le Japon révise sa politique énergétique : arrêt possible du nucléaire d'ici à 2030 (volonté moins affirmée depuis ces derniers semestres), accélération des énergies renouvelables et poursuite des efforts d'économie d'énergie à tous les niveaux de la société.

UNE CIVILISATION DU RIZ ET DE LA MER

L'exiguïté des terres arables, peu favorable à l'agriculture, a été compensée par une maîtrise ancestrale des techniques d'irrigation. Le riz est la base de l'alimentation. La **riziculture** occupe encore la moitié des surfaces cultivées dans les plaines côtières, le reste étant occupé par des cultures à haute valeur ajoutée (fleurs, fruits et légumes). Les parcelles agricoles sont très petites (1,3 ha en moyenne). Les 4 % d'actifs du secteur primaire (1 % du PIB) ne subsistent que grâce aux importantes subventions de l'État. L'île de Hokkaido, qui a fait l'objet d'un développement intense depuis le 19e s. *(voir p. 462)*, est la seule région qui offre les conditions d'une agriculture extensive.

Les **produits de la mer** tiennent une grande place dans l'alimentation des Japonais, les plus grands consommateurs de poissons au monde. Le Japon a développé une puissante pêche à la fois côtière mais aussi lointaine grâce à sa flotte de navires-usines. L'aquaculture est un secteur en plein essor. Cependant, **le Japon n'assure plus aujourd'hui que 39 % de ses besoins alimentaires**, ce qui représente une menace permanente pour le pays en cas de crise internationale.

UNE ÉCONOMIE MONDIALISÉE

L'industrie (27 % du PIB), qui arrive cependant après le **secteur des services** (72 % du PIB), est le point fort du Japon, leader mondial dans de nombreux domaines : construction navale, automobile, chimie, robotique, électronique, semi-conducteurs, télématique, bio-industries et nouveaux matériaux. **Troisième exportateur mondial** (12e fournisseur et 11e client de la France), le Japon vend presque exclusivement des produits manufacturés à haute valeur ajoutée et des produits culturels (mangas, *anime*, etc.), important en retour des produits à plus faible coût. L'économie japonaise bénéfice également de la forte croissance des pays d'Asie, en particulier la Chine dont le Japon est devenu un partenaire économique majeur. Grâce aux énormes excédents commerciaux accumulés, il a procédé à des investissements massifs à l'étranger, devenant ainsi une **grande puissance financière**. Aujourd'hui, il veut également s'appuyer sur sa **capacité à innover**. Orienté par le gouvernement sur les thèmes de la robotique, des nanotechnologies, des technologies de l'information et de l'environnement, l'effort de recherche du Japon représente 3,5 % du PIB (France : 2 %), dont 70 % est réalisé par le secteur privé. Le Japon n'en reste pas moins vulnérable et doit poursuivre ses efforts d'adaptation face aux fluctuations de l'économie mondiale, de sa dépendance énergétique, de la faiblesse de sa demande intérieure liée à une population en régression et de la réduction de la dette de l'État.

Bernard Delmas, Philippe Pataud Célérier

Architecture

L'architecture du Japon est depuis fort longtemps redevable de modèles importés. Si le royaume de Paekche (Corée) a joué un rôle central, notamment dans l'introduction de la nouvelle foi bouddhiste au 6e s. et des premiers temples associés, la Chine a donné l'impulsion de départ pour le tracé des villes et des palais. Ainsi, les capitales impériales de Fujiwara-kyo, Heijo-kyo et Heian-kyo (aujourd'hui Nara et Kyoto) répliquent le plan de Chang'an. De même, l'architecture des temples de la secte bouddhiste zen introduite au 12e s. s'inspire de modèles créés sous la dynastie Song. Mais, depuis au moins aussi longtemps, les Japonais se sont employés à gommer l'origine de ces emprunts, le plus souvent en les revisitant pour y retrouver l'essence même d'une culture indigène. Ce processus d'assimilation, bien connu pour l'industrie d'après-guerre, marque toute l'histoire culturelle du Japon et se caractérise par une alternance de vagues d'importation et de digestion. Au 20e s., ce mode d'appropriation a néanmoins largement perdu en intensité, laissant au gouvernement Meiji l'honneur d'avoir orchestré la dernière grande vague vers l'Europe et les États-Unis. Enfin, depuis la seconde moitié du 20e s., c'est désormais l'Ouest qui garde un œil sur un Japon qui a su produire une architecture moderne reconnue à l'échelle internationale.

Les grandes étapes

L'ARCHITECTURE D'AVANT L'OUVERTURE AU MONDE

Depuis au moins la **période Yayoi**, l'architecture japonaise recourt avec une grande ingéniosité au bois pour les deux principaux programmes qui traversent toute l'ère pré-Meiji : l'architecture religieuse et l'architecture résidentielle. Omniprésent, le bois fournit le matériau de base des temples bouddhiques, des complexes shinto, ou encore des maisons de l'élite comme du peuple. Pérennisant la présence d'un esprit *(kami)*, les **sanctuaires shinto** *(voir dessin p. 646)* répliquent dans l'espace l'isolement des bâtiments originels par une série d'enceintes précédées de hauts portiques *(torii)*. On pénètre la plus sacrée après s'être arrêté au pavillon d'ablution, placé en pendant à une scène pour les danses rituelles. L'ensemble se caractérise par la simplicité de ses lignes et de ses matériaux, les structures secondaires aux toits à double pente qui reposent sur une succession de poteaux ressemblant plutôt à des abris. Seul le sanctuaire proprement dit, placé sur pilotis, possède des cloisons. Les sanctuaires, qu'ils soient de style Nagare ou Hachiman, dérivent presque tous du prototype d'Ise, une simple pièce aux parois faites d'une superposition de rondins et dans laquelle on entrait par le petit côté. Le style Kasuga en diffère principalement par la toiture dont le prolongement en auvent s'explique par des raisons rituelles. Elle atteint un degré de complexité et de décoration inégalé quand on

honore, en plus des *kami*, les héros de la nation, comme Tokugawa Ieyasu au Tosho-gu de Nikko (17e s.).
L'**architecture bouddhique** se déploie quant à elle dans des complexes délimités par des enceintes percées de portes monumentales *(chu-mon)*. En plus de la ou des pagodes inspirées des stupas indiens, on y trouve le bâtiment principal *(kondo)* abritant l'image de Bouddha et une série de bâtiments annexes. Les temples bouddhiques *(voir dessin p. 647)* se distinguent des temples shinto par leurs toits aux bords relevés utilisant la tuile et le cuivre plutôt que le chaume et les écorces de cyprès, mais aussi par le recours à la laque colorée (même si certains temples shinto ont également pu faire usage de la couleur). Malgré les catastrophes naturelles, de très beaux exemples de temples bouddhiques sont conservés dans les anciennes capitales. À Nara, subsistent les *kondo* du Horyu-ji (670-714), doté d'une statue de Bouddha amenée par les bâtisseurs venant du royaume de Paekche, et du Toshodai-ji, caractéristique de la culture des Tang. À Kamakura, l'Engaku-ji est un bel exemple de l'architecture de la secte zen Rinzai (13e s.).
Si la villa impériale de Katsura atteste du raffinement du **style Sukiya** (variante du style Shoin qui s'étend de la période Momoyama jusqu'aux premières décennies de l'époque d'Edo), dans lequel de nombreuses constructions sans nécessité fonctionnelle sont associées à un vaste jardin, on peut voir au Nijo-jo de Kyoto un bel exemple du **style Shoin** (prisé des seigneurs féodaux). On y retrouve le vaste volume central, placé au cœur d'un dispositif de bâtiments indépendants reliés par des galeries, repris du **style Shinden** (propre aux résidences aristocratiques de l'époque de Heian), désormais subdivisé non plus par des paravents *(byobu)* mais par des panneaux qui coulissent *(fusuma)* sur des planchers que l'on a couverts depuis de panneaux de paille de riz (tatami) *(voir dessin p. 649)*.
La **maison Yoshimura** (maison rurale du 17e s., préfecture d'Osaka) donne, quant à elle, une idée des lieux de vie de la plus grande partie de la population.
Enfin, l'**architecture défensive** a, pour des raisons évidentes, remplacé le bois par des matériaux plus résistants : la pierre fournit celui des vastes soubassements surmontés de chemins de ronde et de donjons plus ou moins complexes (combinaison de pierre et de terre). Celui du château de Himeji *(voir dessin p. 648-649)* propose un bel exemple de donjons multiples.

NAISSANCE DE L'ARCHITECTURE MODERNE

La **restauration Meiji** constitue dans le domaine de l'architecture une rupture radicale, distinguant deux grandes périodes : avant et après l'introduction de l'Architecture, telle que définie en Occident. Le terme apparaît en 1894 sur la proposition d'**Ito Chuta**, l'un des premiers Japonais à avoir reçu une formation d'architecte. Outre le changement terminologique, cette révolution initie la diffusion d'une architecture en « dur » et l'apparition de nouveaux programmes. En moins de vingt ans, l'architecte britannique **Josiah Conder**, appointé par le gouvernement Meiji pour établir l'enseignement de l'architecture, livre avec ses élèves les bâtiments devant refléter le statut du nouvel État (bâtiments universitaires, ministères, musées…) dans une grande variété de formes : gare et Banque du Japon (Tokyo) de Tatsuno Kingo, Maison Iwasaki (Tokyo) de Conder, Monnaie de

Sanctuaire d'Itsukushima, île de Miyajima.
Aflo/hemis.fr

Thomas Waters (Osaka) ou encore les Musées nationaux de Kyoto et de Nara de Katayama Tokuma. Tous témoignent de cette reprise de tous les « néo » un temps à la mode en Europe.

Poursuivant son opération de **modernisation** durant le premier tiers du 20e s., le Japon se tourne vers le continent européen (**Frank Lloyd Wright**, appelé pour l'hôtel Imperial (1917-1922) partiellement conservé au Meiji-mura de Nagoya, étant l'exception) qui lui fournit techniques de construction et formes alors considérées comme le must du modernisme. À la différence des siècles précédents, il ne s'agit pas d'une importation organisée « par le haut », et passant par l'invitation de professionnels étrangers (**Charlotte Perriand** est encore officiellement conviée en 1941 pour redynamiser l'artisanat) ou de missions d'études. Au contraire, l'acclimatation du style international se fait de manière informelle, par le relais d'architectes européens momentanément installés au Japon (**Bruno Taut, Antonin Raymond**) ou de Japonais faisant le voyage inverse pour se former dans les agences et écoles à la pointe. Sur fond de nationalisme rampant, la modernité importée, entre autres, par **Maekawa Kunio** et **Sakakura Junzo**, deux anciens de chez Le Corbusier, est écartée durant les années 1930 des commandes publiques. Les tenants du pouvoir préfèrent des réalisations qui n'ont de moderne que le matériau et recréent une tradition de toutes pièces comme le Musée national de Tokyo de **Watanabe Jin** ou le théâtre Kabuki de **Okada Shin'ichiro**, caractéristiques du style dit « de la couronne impériale ». Quelques réalisations modernes ayant échappé à la destruction sont rassemblées au musée d'Architecture de plein air de Tokyo : maison personnelle de Maekawa Kunio, qui opère dans la foulée d'Antonin Raymond (chapelle St-Paul, Karuizawa) la transposition en bois de préceptes modernes, ou encore la maison Koide de **Horiguchi Sutemi**, qui marie toit de chaume et espaces de vie à l'occidentale.

ABC d'architecture

Temple shinto style Nagare/Honden

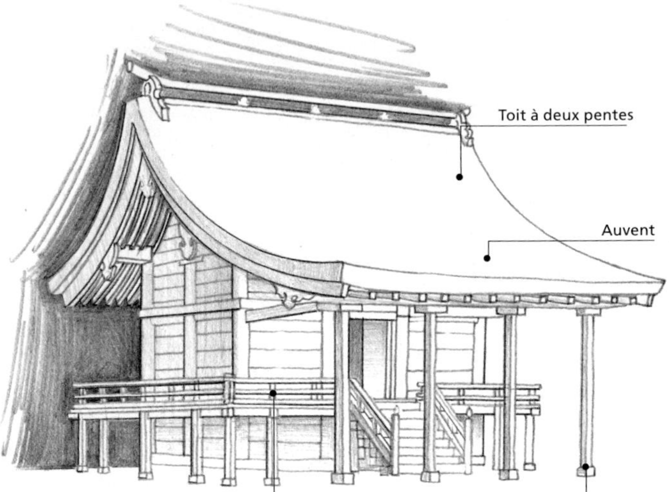

Complexe shinto

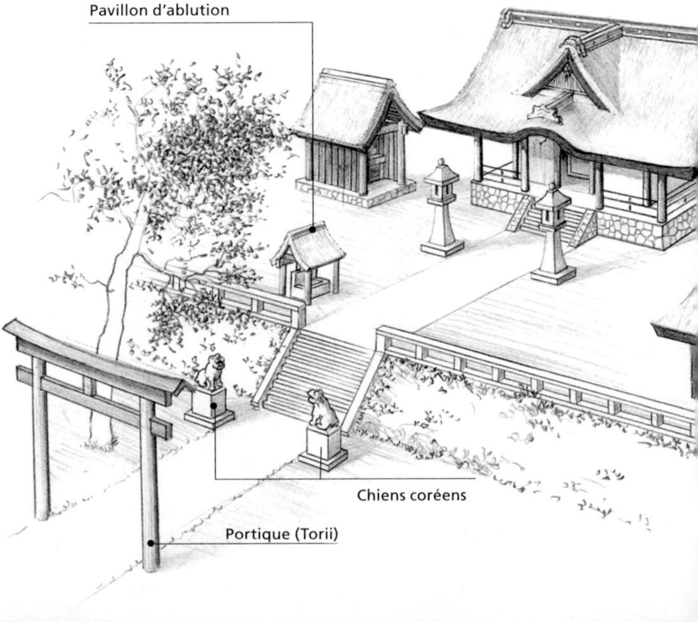

H. Choimet/MICHELIN

Temple bouddhique zen
Façade

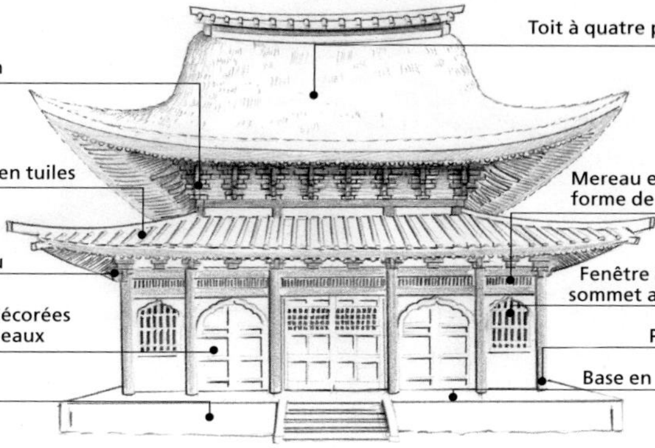

Coupe

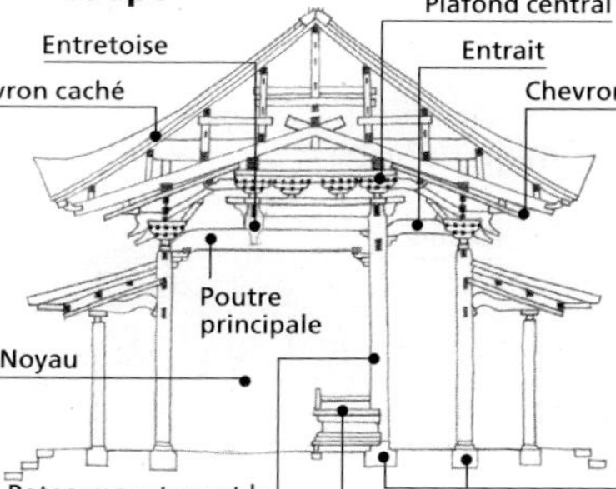

Pagode à cinq niveaux

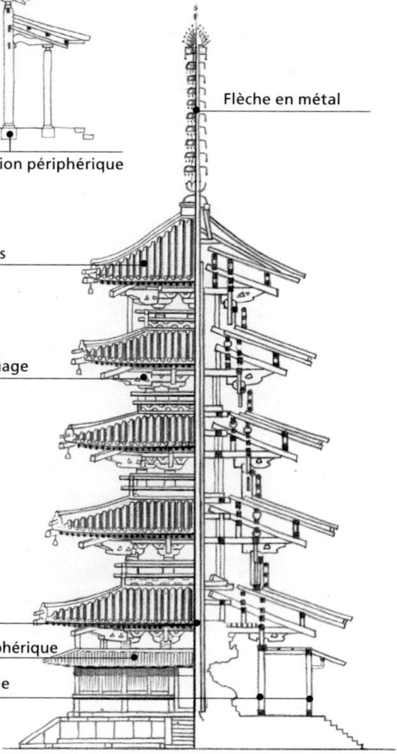

**Chaumière Eri (fin 17e s.)
préfecture de Kagawa (Shikoku)**

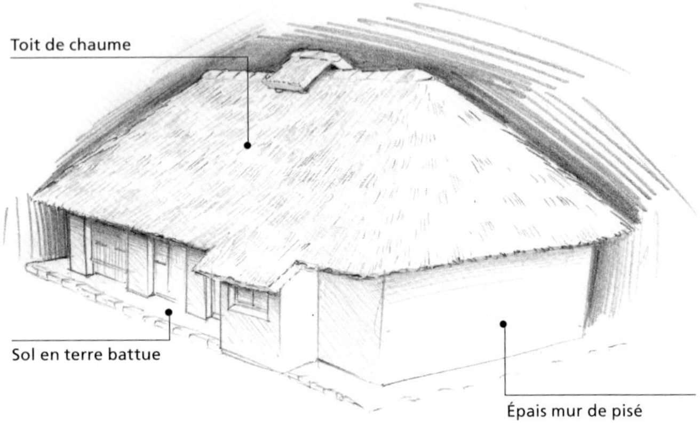

Château de Himeji (début 17e s.)

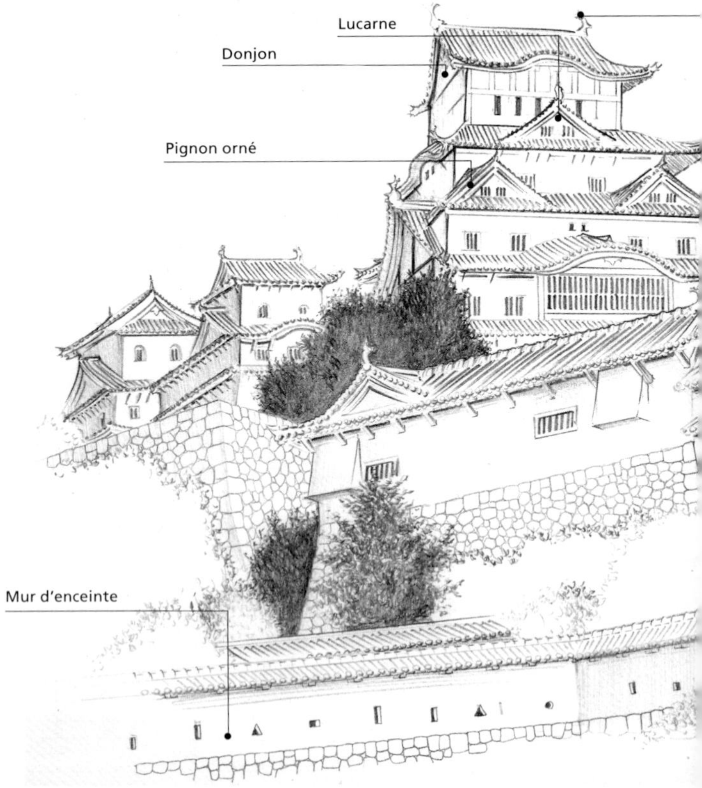

H. Choimet/MICHELIN

Intérieur de style Shoin (fin 16e s.)

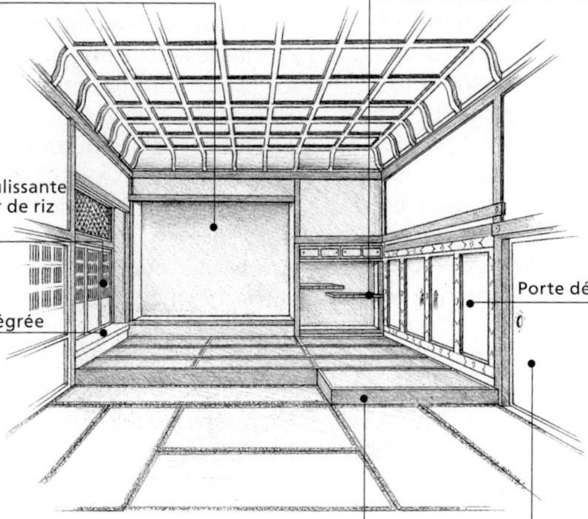

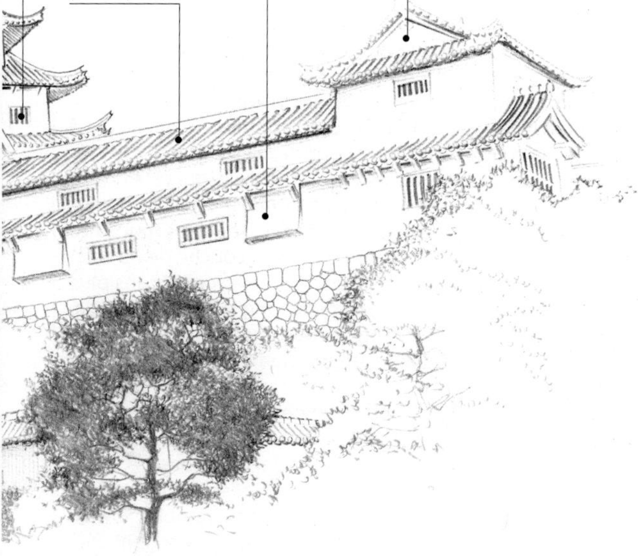

ÉCLOSION D'UNE ARCHITECTURE JAPONAISE MODERNE

Premier architecte occidental autorisé à bâtir durant l'occupation américaine, **Antonin Raymond** introduit à son retour au Japon force innovations développées aux États-Unis tandis qu'il propose de recourir aux *maruta* – des billes de bois utilisées pour les échafaudages – pour rebâtir les bâtiments détruits pendant les bombardements (Maison Inoue, Takasaki, église St-Alban, Tokyo). Peu coûteux, son système propose une alternative aux recherches de **Seike Kiyoshi** sur la préfabrication de l'espace domestique. L'architecte reste par ailleurs dans les mémoires pour sa passion du béton brut transmise à **Tange Kenzo** *via* Maekawa, un temps son collaborateur. Quelques-unes de ses réalisations sont visibles à Takasaki (Gunma Music Center), à Nagoya (université Nanzan) ou à Tokyo (église St-Anselme).

Tandis que l'architecture moderne gagne du terrain resurgit la question d'une architecture moderne japonaise. Amorcé avant la guerre, le débat tradition/modernité se poursuit autour de Tange Kenzo. Marqué par Le Corbusier (Centre pour la Paix, Hiroshima), l'architecte s'identifie aux Modernes, traduisant matériaux et systèmes constructifs dans des formes auxquelles il donne une puissance expressive rarement vue (stades de Yoyogi à Tokyo pour les JO de 1964). La rupture avec les figures tutélaires de l'architecture moderne revient à la génération des **Kurokawa Kisho, Kikutake Kiyonori, Isozaki Arata** et **Maki Fumihiko**, encore en formation quand Le Corbusier visite le Japon en 1955 (et livre les esquisses du musée d'Art occidental de Tokyo). C'est elle qui va, lors de la conférence internationale du Design de Tokyo (1960), attirer les projecteurs sur l'architecture japonaise avec des propositions

L'AÉROPORT DU KANSAI : UN EXPLOIT TECHNIQUE

Pour pallier les problèmes d'achat de terres et de bruit soulevés respectivement par les aéroports de Narita et d'Osaka, les Japonais ont l'idée inédite de construire l'aéroport international du Kansai… sur l'eau ! Vingt ans d'études sont nécessaires avant le début effectif des travaux en 1984, dans la baie d'Osaka. Un mur de protection est d'abord construit au fond de la mer sur tout le périmètre de la future île artificielle, renforcé à l'extérieur par des digues : l'eau de mer est ainsi séparée de l'eau qui se trouvera sous l'aéroport, et l'île protégée des typhons et autres catastrophes naturelles. 69 chambres d'acier sont alors ancrées dans le sol, dans l'enceinte des murs et, à l'abri des digues, la construction d'une couche de remblai de 30 m d'épaisseur – le futur sol de l'île – peut commencer. Six ans plus tard, en 1990, la construction de l'île, de 4 km de long sur 1 km de large, s'achève par une nouvelle prouesse : l'édification d'un pont de 3 km de long qui la relie à la côte. Survient alors un problème de taille : entre le début et la fin de la construction, le remblai s'est tassé de 8 m, un chiffre bien plus important que les estimations des experts. Pour compenser le tassement, les infrastructures de l'aéroport sont construites sur des pieux ajustables pouvant être rehaussés de plaques d'acier à leur base. À partir de 1994, des avions du monde entier viennent se poser sur l'unique piste d'atterrissage, ouverte 24h/24. Sa résistance sans faille au tremblement de terre de Kobe est une victoire pour les constructeurs, qui envisagent déjà d'élever une deuxième, puis une troisième piste d'atterrissage.

Architectures de Tokyo : du temple Senso-ji à la Tokyo Sky Tree.
Calle Montes/Photononstop

qui, au diapason des Anglais d'Archigram, rompent avec les conceptions usuelles de la ville et de l'architecture. Dans une cité nouvelle qui se construit désormais à côté de la ville ancienne, l'architecture est évolutive pour suivre les cycles de croissance et de décroissance urbaine. De ce mouvement, nommé **métabolisme** (nom du manifeste que cosignent plusieurs de ces architectes) et dont l'objectif est de renouveler la société par ses villes, on ne dispose que de rares réalisations : le siège de Shizuoka Press (Tange Kenzo) et l'immeuble-capsules Nakagin (Kurokawa Kisho) à Tokyo ou les hôtels Tokoen et Sado Grand Hotel (Kikutake Kiyonori) à Yonago et Sado. Ces ensembles donnent une bonne idée de l'adaptabilité souhaitée et de l'analogie faite avec l'arbre.

ÉCLECTISME, SCHIZOPHRÉNIE ET UBIQUITÉ

Au début des années 1970, **Isozaki Arata** et **Hara Hiroshi** remettent plus radicalement en cause la modernisation outrancière et la relation univoque du Japon avec l'Occident. Leurs œuvres marquées par le post-modernisme proposent des métaphores savantes d'époques et de lieux divers qui questionnent l'identité japonaise. Tandis qu'Isozaki marie allégrement des « collisions » (Ledoux, Michel-Ange et formes contemporaines au centre civique de Tsukuba), Hara édifie des « structures à couches multiples », des « atmosphères » influencées par ses recherches sur les communautés villageoises du monde entier (gare de Kyoto).

SUBLIMATION DE LA JAPONITÉ

Destruction violente de l'environnement, expansion chaotique des villes accompagnent la réussite économique des années 1960-1970. Deux maîtres de la maison individuelle, **Shinohara Kazuo** et **Ando Tadao**, tentent une refondation spirituelle par l'architecture domestique. Le premier d'abord, influencé par les *minka*, l'habitat vernaculaire traditionnel, se fait le chantre à la fin des années 1970 de la beauté du chaos urbain nippon. Ses maisons, pensées comme des œuvres d'art, subliment successivement tradition et « sauvagerie de l'architecture » contemporaine (maison à Uehara, Tokyo ; bâtiment du centenaire de l'Institut technologique de Tokyo). Le second, plus jeune, conçoit de simples parallélépipèdes de béton brut, introvertis, tournés vers des cours intérieures où l'homme communie avec un état de nature perdu. Véritables actes de « guérilla urbaine », elles refusent le contact avec un contexte jugé agressif (maison à Sumiyoshi, Osaka). Ses bâtiments publics restent aussi marqués par cette pensée de la résistance (église de la Lumière, Kobe ; boutiques Times, Kyoto). Une génération plus tard, la lecture est plus référencée. Dans les années 1990, **Kuma Kengo** (musée Hiroshige, Tochigi) et **Aoki Jun** (boutiques Vuitton, Tokyo) expérimentent de manière jubilatoire matières et techniques dans des esthétiques maniéristes, manifestes d'un nouveau japonisme. **Fujimori Terunobu** (musée Jinchokan Moriya, Chino), historien de l'architecture, dessine des bâtiments savamment anachroniques, odes à un passé idéalisé.

MATÉRIALITÉ, IMMATÉRIALITÉ

Durant les années 1980-1990, période de la « bulle » économique marquée par le rythme effréné de la spéculation et de la construction, de nouvelles générations d'architectes proposent d'autres lectures de la ville. **Takamatsu Shin** pense celle-ci comme une mer, à laquelle la seule réponse pertinente opposable est une architecture très extravertie (Kirin Plaza, Osaka). Dans cette même mer, **Yamamoto Riken** réalise des fragments rationnels qui accueillent des micro-communautés (université préfectorale, Saitama). En phase avec cette logique de l'affirmation identitaire, **Hasegawa Itsuko** recrée elle des paysages artificiels (centre culturel Shonandai, Fujisawa). **Ito Toyo** considère au contraire la ville comme une nouvelle nature immatérielle façonnée par les flux d'informations. Son architecture s'offre transparente, légère et éphémère (médiathèque, Sendai). Pour lui et sa cadette **Seijima Kazuyo**, le citadin est un nomade urbain, qui surfe dans cet environnement fluide (musée du 21e s., Kanazawa).

SOUS-CULTURE URBAINE

Dès le milieu des années 1990, d'autres talents apparaissent souvent marqués par un intérêt pour l'urbanité contemporaine et ses manifestations. Citons entre autres **Atelier Bow-wow, Ban Shigeru, Chiba Manabu, Coelacanth, Mikan, Nishizawa Taira, Takaharu** et **Tezuka Yui** dans le Kanto, **Abe Hitoshi** à Sendai, **Endo Shuhei** et **Miyamoto Yoshiaki** dans le Kansai, **Murakami Toru** et **Sanbuichi Hiroshi** à Hiroshima ou encore **Arima Hiroyuki** à Fukuoka.
Enfin, résultat de l'internationalisation croissante du Japon, ses architectes construisent de plus en plus fréquemment à l'étranger, tel **Ban Shigeru**, qui a réalisé l'antenne du centre Pompidou à Metz. De même, les **talents extérieurs** trouvent à s'exprimer dans l'archipel pour des bâtiments de prestige ou liés à la mode : Herzog et de Meuron (immeuble Prada, Tokyo), MVRDV (ensemble commercial Gyre, Tokyo), Jean Nouvel (immeuble Dentsu, Tokyo), Renzo Piano (aéroport du Kansai, Osaka), pour ne citer que les plus récents.
Christine Vendredi-Auzanneau
Manuel Tardits

Arts de l'image

« Terminus de la Route de la soie » selon la célèbre expression de René Grousset, le Japon a dû à sa position géographique particulière de constituer l'étape ultime des grands circuits de transmission des techniques et des formes d'expression venues des confins occidentaux, de l'Asie centrale et de la Chine. Parfois avidement recherchés pour eux-mêmes, ces apports multiples ont permis de former une synthèse originale et complexe, notamment dans le domaine des arts visuels : des premières représentations figurées au cinéma et au manga si populaires aujourd'hui, le Japon étonne toujours.

Peinture et sculpture

LA PRÉHISTOIRE

Attesté dès le paléolithique, le principe de représentation figurée donne lieu à des réalisations impressionnantes au néolithique ou **Jomon**. Cette période est en effet célèbre pour ses vases rituels spectaculaires et pour ses figurines en terre cuite, « déesses » probables d'un culte de la fécondité dont la richesse expressive étonne encore. Pendant le chalcolithique ou **Yayoi**, la venue depuis le continent de la métallurgie va de pair avec l'apparition de supports d'un type nouveau : les cloches de bronze rituelles qui présentent notamment des motifs animaliers ou des scènes empruntées à la vie quotidienne. L'époque protohistorique ou **Kofun** voit un phénomène inédit de centralisation du pouvoir politique, dont des tombes, parfois gigantesques, constituent le signe le plus visible. Destinées à accueillir après leur mort les chefs des grands clans, dont celui de la future famille impériale, elles présentent des chambres mortuaires parfois somptueusement décorées de fresques, un matériel funéraire abondant, ainsi que des figurines en terre cuite d'une grande inventivité plastique, disposées au-dessus ou autour des tumulus afin de protéger le maître des lieux.

L'ARRIVÉE DU BOUDDHISME

Si, dès l'époque Yayoi, de nombreux témoignages archéologiques et les premières sources textuelles attestent d'échanges entre le Japon et le continent, ce n'est qu'avec la constitution d'un État centralisé à la **fin du 6e s.**, concomitant à l'adoption du bouddhisme, que l'**influence chinoise** devient massive. Elle inspire l'ensemble du système administratif, l'institution impériale et bien des aspects de la culture de cour japonaise. Aussi bien dans l'architecture et l'organisation des monastères que dans la statuaire qui fleurit à partir de l'époque **Asuka**, l'**art bouddhique** témoigne de cette influence chinoise et aussi de l'influence coréenne. Parmi les réalisations de cette riche période, il faut signaler le Horyu-ji de Nara (7e s.), le plus ancien monastère conservé dans l'archipel, abritant notamment la triade en bronze doré du bouddha Shakyamuni,

exécutée en 623 par le sculpteur Tori. Tranchant avec le style hiératique et sévère de ce premier ensemble, la tendance de **l'époque Hakuho** vers la rondeur et la douceur du modelé connaît son apogée avec le bouddha Miroku du Chugu-ji de Nara, en bois laqué, dont la tendresse méditative constitue un moment inoubliable de l'art japonais.

Encore appelée **Tenpyo** en histoire de l'art, l'**époque de Nara** est caractérisée par l'emploi de nouvelles techniques. Ainsi, la laque sèche, extrêmement coûteuse, sera définitivement abandonnée aux siècles postérieurs. Elle donne néanmoins lieu à des réalisations spectaculaires comme le bodhisattva « Kannon aux mille mains » du Toshodai-ji, qui fait plus de 5 m de haut (2de moitié du 8e s.). Tout aussi typique, l'emploi de l'argile permet d'accentuer le modelé, comme on le voit dans les divinités gardiennes des portes du Horyu-ji (ajout de 711), dont l'imposante stature (3,80 m de haut), la férocité de l'expression et l'impressionnante musculature sont propres à éloigner du monastère les démons malfaisants. Sis dans l'enceinte du « Grand Temple de l'Est », le Todai-ji (751), dont la construction constitue l'événement religieux le plus important de l'époque de Nara, le bâtiment du Shoso-in abrite la collection constituée par l'empereur Shomu (701-756), riche de plus de 4 000 objets venus pour certains depuis Constantinople, la Perse, l'Inde et la Chine par la Route de la soie. Enfin, l'époque de Nara voit un début d'adaptation de l'écriture chinoise. Il mènera à l'invention du système de notation syllabique japonais deux siècles plus tard et à la naissance d'une tradition calligraphique longue de plus d'un millénaire.

L'ÂGE D'OR DE L'ART CLASSIQUE

À la fin du 8e s., la capitale impériale s'établit sur le site de Heian (Kyoto). Libérée de la tutelle culturelle de la Chine avec laquelle la cour rompt toute relation officielle en 894, la culture japonaise va, au cours des siècles suivants, s'éloigner peu à peu de son prestigieux modèle pour produire une synthèse tout à fait originale. Ce premier « âge d'or » de l'art japonais que constitue l'**époque de Heian** est de fait divisé en deux périodes. Jusqu'au milieu du 10e s., l'époque **Jogan** témoigne d'une influence encore prégnante de l'art chinois des Tang, avec des statues massives, puissantes et sévères. En revanche, la statuaire de l'époque **Fujiwara** est caractérisée par la douceur de l'expression et la légèreté du modelé. Spécifiquement japonaise,

« Cyprès » (16e s.) attribué à Kano Eitoku (Trésor national, Tokyo National Museum)..
Tokyo National Museum

cette tendance nouvelle trouvera son apogée avec le bouddha Amida du sculpteur **Jocho** (?-1057), abrité dans le monastère Byodo-in (1053) à Uji, près de Kyoto. L'époque de Heian est également très riche dans le domaine de la peinture, et il faut à cet égard signaler les œuvres réalisées dans le cadre du bouddhisme ésotérique, comme les mandalas. Mais c'est surtout l'apparition au 12e s. de la **peinture narrative profane** qui s'impose comme le phénomène le plus important de l'art pictural de cette époque. L'illustration du fameux *Dit du Genji* de Murasaki Shikibu *(Genji monogatari emaki)* en constitue certainement l'exemple le plus illustre. Enfin, à partir du 11e s., le climat d'inquiétude religieuse lié à l'arrivée de l'« ère terminale de la Loi bouddhique » (époque de décadence religieuse et spirituelle suite à l'extinction du Bouddha au terme de laquelle le Bouddha du futur doit apporter à tous le Salut universel) suscite de nombreuses pratiques de dévotion, dont la copie enluminée des textes canoniques *(sutra)* à laquelle on apporte le plus grand soin. Cette tendance décorative aboutira au cours du siècle suivant à la réalisation d'ensembles somptueux, comme le « *Sutra* du Lotus offert par le clan des Heike » au sanctuaire d'Itsukushima *(Heike nokyo)*.

L'ÉPOQUE MÉDIÉVALE

Pendant le **Moyen Âge**, un système bipolaire prévaut sur les plans politique, symbolique et culturel : si l'Empereur reste à Kyoto, le siège du gouvernement militaire s'installe successivement à Kamakura (1185-1333) et à Muromachi (1333-1573). Stimulés par ce nouveau pouvoir, des genres et des codes de représentation inédits font leur apparition. Il s'agit de concurrencer la cour impériale sur son terrain, celui des modèles culturels, tout en se démarquant de l'art courtois et de son esthétique formaliste. Influencé par le bouddhisme zen, cet art nouveau trouve son expression la plus emblématique dans le portrait individualisé. S'il prend naissance au sein de la cour, il est immédiatement adopté dans le monde des guerriers et adapté à ses idéaux propres : recherche de l'effet de réel et simplicité chromatique. C'est le cas du portrait présumé de Minamoto no Yoritomo (1147-1199), fondateur du shogunat de Kamakura. Attribuée à **Fujiwara no Takanobu** (1142-1205) mais datant plus vraisemblablement du 13e s., cette peinture est conservée au Jingo-ji et faisait l'admiration d'André Malraux. À la même époque, se développe le genre du portrait des moines zen, mais c'est surtout le renouvellement de la sculpture bouddhique par l'**école Kei** qui caractérise cette période dans le domaine de la statuaire. Il faut à cet égard citer l'œuvre du sculpteur **Unkei** (?-1223) et les portraits imaginaires de **Muchaku** et **Seshin**, deux moines indiens ayant vécu au 4e ou 5e s., conservés au Kofuku-ji de Nara (1212). On ne voit ici aucun effet d'idéalisation. Au contraire, il s'agit d'un type de représentation nouveau où la convention réaliste sert à traduire l'intensité intérieure et spirituelle. Dominée par un émiettement complet du pouvoir politique et des guerres incessantes, l'époque de **Muromachi** n'en est pas moins fort riche sur le plan artistique. On le doit aux **shoguns de la dynastie des Ashikaga**, grands mécènes qui collectionnent l'art chinois et encouragent la création picturale, également très développée au sein des monastères zen. Pendant cette période mouvementée, les fameux jardins secs font leur apparition, le Ryoan-ji de Kyoto constituant l'exemple le plus célèbre (fin du 15e s.). À la fin du 14e s., le shogun Ashikaga Yoshimitsu commande la construction du célèbre Pavillon d'or de Kyoto dans lequel s'exprime l'idéal esthétique de son temps. Un siècle plus tard, le shogun Ashikaga Yoshimasa fait édifier le Pavillon d'argent dont il appréciait le calme quand le pays était livré aux plus féroces guerres civiles. C'est également lui qui encourage le développement de ce nouveau rituel qu'est la cérémonie du thé, rituel social autant que spirituel et esthétique *(voir p. 690)*. Cette époque voit aussi un renouvellement de la peinture sous l'influence de la Chine des Song, notamment dans le domaine du paysage monochrome. Les œuvres importées depuis le continent donnent lieu à une réinterprétation japonaise féconde et à l'apparition de grands peintres, tels que **Sesshu** (1420-1506). Transposés dans l'aménagement intérieur des résidences et des monastères, ces nouveaux genres s'épanouissent tout particulièrement sur deux supports décoratifs de grand format : le paravent et la cloison coulissante. Naissent ainsi des ensembles monumentaux ayant pour thème des « paysages des quatre saisons » monochromes ou polychromes, des « paysages célèbres » et notamment des « vues de la capitale et de ses faubourgs », ou encore des classiques de la littérature japonaise. Parallèlement à l'émergence d'un premier art populaire, lointain ancêtre des mangas d'aujourd'hui, on constate enfin une première professionnalisation de la pratique picturale avec les **écoles de peinture Tosa et Kano**.

L'ÉPOQUE MODERNE APOGÉE DE L'ART POPULAIRE

Au début de la période moderne, la courte époque dite **Azuchi-Momoyama** voit l'apogée de la tendance décorative monumentale initiée à l'époque précédente, à la faveur de l'apparition de grandes personnalités artistiques telles que **Kano Eitoku** (1543-1590) et **Hasegawa Tohaku** (1539-1610). Puis, à l'**époque d'Edo**, la pacification du pays permet l'émergence d'une culture urbaine d'une richesse étonnante. De nouvelles expressions plastiques se développent simultanément à la constitution des bourgeoisies des villes. La classe des marchands aisés des régions centrales encourage l'éclosion de l'**école rinpa**, dont les grands représentants, **Hon'ami Koetsu** (1558-1637), **Tawaraya Sotatsu** (?-1643 ?), puis **Ogata Korin** (1658-1716) et son frère **Kenzan** (1663-1743), réinterprètent de façon révolutionnaire les thèmes de l'art de Heian. De leur côté, les petits bourgeois des nouvelles

villes favorisent la création d'un **art populaire** d'une belle vitalité reposant sur la technique de l'estampe. Bien connu en Occident, ce genre appelé *ukiyo-e* (« images du monde flottant ») se répartit en quatre groupes principaux : les portraits d'acteurs et de courtisanes, les paysages et les fameuses « images de printemps », qui combinent exaltation de l'amour charnel et ironie sociale. De très grands artistes s'illustreront dans ce mode d'expression : **Suzuki Harunobu** (actif 1756-1770), **Kitagawa Utamaro** (1753-1806), **Sharaku** (actif 1794-1795), **Katsushika Hokusai** (1760-1848) et **Ando Hiroshige** (1797-1858), pour ne citer que les plus célèbres. Enfin, par l'intermédiaire des marchands hollandais qui, à partir de 1641, sont les seuls Occidentaux tolérés sur le sol de l'archipel, l'art européen suscite l'intérêt de certains peintres, tel **Maruyama Okyo** (1733-1795), dont les expérimentations picturales annoncent l'entrée dans une nouvelle époque.
Claire-Akiko Brisset

MODERNISATION ET IDÉALISME

La fin de la domination des Tokugawa entraîne le déclin progressif de l'*ukiyo-e* et des arts populaires d'Edo. L'art bouddhique, privé de ses soutiens habituels, connaît lui aussi une période de désaffection.
La peinture à l'occidentale *(yoga)* se développe à partir de 1876 sous l'impulsion du gouvernement de Meiji. Pleine de fraîcheur, l'œuvre de **Takahashi Yuichi** est caractéristique de cette période d'apprentissage. Autour de 1900, **Asai Chu** et **Kuroda Seiki** rendent populaire un style inspiré du plein-airisme français. La sculpture commémorative en bronze fait son apparition dans l'espace public, transformant sensiblement la face des grandes villes.
En réaction à l'occidentalisation, le critique **Okakura Tenshin**, formé à la pensée esthétique moderne, impulse un souffle nouveau à la peinture japonaise en fusionnant les traditions locales et chinoises. Ainsi naît autour de 1890 le *nihonga* dont **Yokoyama Taikan** et **Hishida Shunso** sont les plus célèbres représentants.
La calligraphie, la céramique ou encore l'*ikebana* ont du mal à trouver leur place dans le nouveau système national de soutien aux arts.

LE 20e S.

Le temps des choix

Les années comprises entre 1912 et 1941 sont marquées par une succession de mouvements d'inspiration européenne : le post-impressionnisme avec **Yorozu Tetsugoro** et **Kishida Ryusei**, le dadaïsme avec le groupe **Mavo**, le réalisme prolétarien, le surréalisme avec **Koga Harue** et **Kitawaki Noboru**. En revanche, le cubisme et le constructivisme recueillent peu d'écho, preuve du caractère actif de l'assimilation japonaise.
Au cours des années 1930, de nombreuses formes artistiques, comme l'art des jardins, l'architecture ou l'*ikebana* avec **Teshigahara Sofu**, fondateur de l'**école Sogetsu**, se renouvellent en profondeur, réinventant la tradition japonaise dans un dialogue avec le modernisme.
De son côté, **Yanagi Soetsu** fait la promotion des arts populaires, ou *mingei*, et reformule les liens entre le bouddhisme et l'artisanat.

La guerre et ses traces

La Seconde Guerre mondiale est, sous le contrôle de l'État, une période d'intense activité artistique. Mais, tout en stimulant la création, la propagande et la censure lissent les différences. **Léonard Foujita**

FRANCE-JAPON : ALLERS ET RETOURS

Depuis 150 ans, la culture française et la culture japonaise s'influencent l'une l'autre de manière très féconde. Dans les années 1860, Van Gogh et Monet s'inspiraient de Hokusai et de Hiroshige ; vingt ans plus tard des artistes japonais venaient étudier la peinture à Paris. Cette émulation réciproque perdure et s'est concrétisée également, depuis une vingtaine d'années, par l'organisation conjointe de grandes expositions artistiques. Masayuki Inoue, responsable des affaires culturelles du journal *Nikkei*, est l'un des acteurs les plus impliqués dans ces échanges : « J'ai commencé en mettant sur pied un partenariat avec l'Opéra de Paris en 1991. Comme cette initiative de mécénat a été bien accueillie, elle a été suivie de divers projets au Japon : l'exposition des chefs-d'œuvre du Louvre en 1993 à l'occasion de son bicentenaire, suivie d'une série d'expositions en collaboration avec le musée d'Orsay (1996, 1999 et 2006) et le château de Versailles (2002, 2005). En 2008, dans le cadre du millénaire du *Dit du Genji*, j'ai collaboré à la nouvelle édition proposée en France par Diane de Selliers et j'ai soutenu la création de Kaïdin-Monique Le Houelleur, une artiste française, sur les traces de Matsuo Basho, le grand maître du haïku. »

Masayuki Inoue

réalise durant cette période de nombreux tableaux en éloge aux martyrs, dont certains sont saisis par les Américains en 1946.

Le souvenir du conflit restera longtemps vivace. À travers le pays sont érigées des milliers de stèles funéraires, statues pour la paix ou représentations du bodhisattva Kannon, incarnation de la compassion. Dans le domaine de la peinture, la série des *Scènes de l'explosion atomique* (1950-1982) des **époux Maruki** donne une forme plastique à la mémoire des drames de Hiroshima et Nagasaki.

Il faut attendre le milieu des années 1950 pour voir avec le **groupe Gutai** (Yoshihara Jiro, Shiraga Kazuo, Murakami Saburo…), mouvement pionnier en matière de performances actif dans la région d'Osaka, un art qui parvienne à s'affranchir du poids de l'histoire en malmenant la matière et les formes.

Vers une écologie

L'art abstrait fait l'objet au Japon dans les années 1950 d'un fort engouement. Toutefois, les œuvres d'**Okamoto Taro** ou **Saito Yoshishige** montrent que ses problématiques y sont davantage sociales ou formelles qu'expressionnistes.

Avec le peintre et graphiste **Yokoo Tadanori**, le courant pop redécouvre dans les années 1960 la culture d'Edo ; de leur côté, des groupes comme **High Red Center** (fondé en 1963) multiplient les performances critiquant la société de consommation et l'étouffement des corps. Né autour de 1970, le **mouvement Mono-ha** (Lee Ufan, Sekine Nobuo) contribue, à travers des installations en terre, bois et roche, à situer l'art au niveau d'une écologie.

Michael Lucken

L'ART CONTEMPORAIN

Après une période d'absorption d'influences et de modèles extérieurs, les années 1980 marquent le début du rayonnement des artistes nippons sur la scène internationale. Avec une étonnante liberté d'expression, l'art japonais opère un va-et-vient entre la culture traditionnelle et l'invention d'un nouveau langage. La frontière entre subculture et culture n'existe pas, comme le montre **Murakami Takashi** (1962) qui développe à la fois une œuvre inspirée des mangas ou de l'univers des *otaku*, et une multitude de produits dérivés.

Tradition et modernité

Kimono ou mode extravagante, architecture high-tech ou temple en bois : tradition et modernité cohabitent au quotidien dans les rues. Nombre d'artistes s'approprient cette tradition séculaire pour la réinventer, comme **Nakagawa Yukio** (1918) et **Suda Yoshihiro** (1969), qui renouvellent radicalement la pratique de l'*ikebana*. Les estampes de l'époque d'Edo inspirent les œuvres de **Yamaguchi Akira** (1969), avec leurs couleurs aquarellées et leur perspective étagée, ou encore celles de **Takano Aya** (1976), habitées d'adolescentes d'aujourd'hui souvent surprises dans des poses érotiques.

« Kawaii ! » Du mignon à l'inquiétant

Sensible au quotidien, l'engouement pour tout ce qui est *kawaii*, mignon et enfantin, apparaît aussi dans l'art et reflète une quête d'identité de la société japonaise contemporaine. Les fillettes des dessins de **Nara Yoshitomo** (1959-), à la mine boudeuse, offrent une représentation aigre-douce de l'enfance. Cette « inquiétante étrangeté » se retrouve dans les portraits de poupées de **Kato Mika** (1975-), dont la précision de la facture engendre un indéfinissable malaise. Réalisée par ordinateur,

OÙ VOIR DE L'ART CONTEMPORAIN AU JAPON ?

Si les musées du quartier de Roppongi comme le Mori Museum, le National Art Center, le 21_21 ou encore le MOT dans le quartier de Kiyosumi-Shirakawa – où sont aussi réunies les galeries parmi les plus dynamiques et novatrices de la ville – ont une programmation propre à satisfaire l'amateur d'art contemporain le plus exigeant, le Japon offre également de multiples possibilités pour goûter l'art d'aujourd'hui d'une manière différente. Le **musée du 21e s.**, créé par Seijima à Kanazawa, combine installations permanentes surprenantes (comme *La Piscine* de Leandro Erlich) et expositions temporaires pointues. Plusieurs **triennales** proposent une plongée dans l'art de notre temps : celle de Yokohama, d'une part, et celle, plus originale encore, d'**Etchigo-Tsumari**, un petit village de la région de Niigata qui accueille tous les trois ans une grande manifestation d'art contemporain. Conçue à l'occasion de l'édition 2006 de cette triennale, la *House of Light* de l'artiste américain James Turrell invite à vivre une expérience inoubliable au cœur de l'art contemporain. Espace de méditation inspiré de *L'Éloge de l'ombre* de Tanizaki Jun'ichiro et de l'architecture japonaise traditionnelle de la région, cette maison propose à qui y passe la nuit une perception inédite de la lumière et de l'espace, et offre une rencontre entre Orient et Occident, tradition et modernité. Autre expérience tout aussi magique, un séjour sur l'île-musée de **Nao-shima**, dans la mer Intérieure du Japon, restera sans doute parmi les souvenirs les plus forts *(voir p. 513)*. Ouverte au début des années 1990, la Fondation Benesse y propose une relation directe aux œuvres et la possibilité de séjourner parmi elles. D'importantes commandes passées à des artistes aussi différents que Kusama Yayoi ou Sugimoto Hiroshi cohabitent avec l'architecture d'Ando Tadao : un véritable enchantement… et l'expérience se poursuit dans les îles voisines dans le cadre de la **Setouchi Triennale** *(voir p. 514)*.

Hélène Kelmachter

l'œuvre d'**Aoshima Chiho** (1974), peuplée de jeunes filles ligotées ou mutilées, est tiraillée entre la séduction des couleurs chatoyantes et la violence de la représentation.

Une chronique du Japon d'aujourd'hui

Grande puissance qui a longtemps donné au monde l'image d'un pays à la technologie de pointe, le Japon a douloureusement vécu l'éclatement de la « bulle économique » dans les années 1990, ainsi que l'apparition du chômage et de la précarité. Teintée de provocation, l'œuvre d'**Aida Makoto** (1965) révèle les aspects les plus sombres du Japon ; son *Shinjuku Castle*, palais de carton pour les sans-abri, est le témoin de la crise économique, mais aussi l'expression de son goût de l'absurde. Inspirés des faits divers des journaux et des programmes de télévision, les installations et films d'animation de **Tabaimo** (1975) glissent d'une situation ordinaire à un événement énigmatique et troublant, et révèlent les problèmes sociaux et économiques du Japon d'aujourd'hui.

Réelle ou rêvée : la menace de la catastrophe

La génération de l'après-Seconde Guerre mondiale a grandi dans un contexte marqué à la fois par le développement des technologies et de la robotique, et par le souvenir de la bombe. Cette double évocation transparaît dans les œuvres de **Yanobe Kenji** (1965) : son *Radiation Suit,* costume avec douche incorporée contre les cendres radioactives, nous projette dans un monde de science-fiction hérité de la grande Exposition universelle d'Osaka de 1970. Une autre peur collective traverse l'art contemporain, celle des tremblements de terre qu'évoquent les visions apocalyptiques de Tokyo en ruines de **Motoda Hisaharu** (1973) ou encore les installations de **Kawamata Tadashi** (1953) qui, par ses projets éphémères et monumentaux, réalisés en bois dans un site en mutation ou voué à la disparition, réactive la mémoire d'un lieu.

La poétique de l'imaginaire

Figure de l'avant-garde japonaise de l'après-guerre, **Kusama Yayoi** (1928), connue pour son art obsessionnel et hallucinatoire, a marqué nombre de jeunes artistes qui développent dans son sillage une œuvre onirique. Recouvrant des objets de perles de verre, envahissant l'espace de gigantesques formes moléculaires de mousse polyuréthane, **Nawa Kohei** (1975) transcende le banal. Cette poétique du rêve se retrouve dans les œuvres de **Mori Mariko** (1967), qui combinent la technologie d'images en trois dimensions et des références au bouddhisme. Même rencontre de la technologie et de la philosophie japonaise chez **Miyajima Tatsuo** (1957) dont les compteurs digitaux égrènent le passage du temps et dessinent un paysage mathématique. À la croisée du design, de l'architecture et de l'installation, l'œuvre d'**Ichigami Junya** (1974) témoigne de l'originalité, de l'audace et du renouveau de la jeune génération des artistes japonais.

Hélène Kelmachter

Cinéma

En pleine ère Meiji, à la fin du 19e s., le Japon fait l'objet de nombreux documentaires tournés par des équipes américaines et européennes. Cette technologie fascine tout de suite les Japonais. Les premiers films de fiction sont tournés en 1898, adaptations de récits de fantômes : *Jizo bake (Jizo le fantôme)* et *Shinin no sosei (Résurrection d'un cadavre).*

Détail d'une estampe de Hokusai, de la série « Trente-six vues du mont Fuji ».
Buyenlarge/UIG/age fotostock

La première véritable star de cinéma apparaît dès 1909 : **Onoe Matsunosuke**, grand acteur de kabuki qui tourna dans plus de 1 000 courts-métrages entre 1909 et 1926. Mais, en raison des conditions climatiques (l'humidité) et du grand tremblement de terre de Tokyo en 1923, peu de ces films ont pu être conservés.

LES GRANDS MAÎTRES ET LE MONDE

Le cinéma japonais est indissociable de la notion d'auteur et d'art et d'essai. Les premiers maîtres, **Mizoguchi Kenji** (1898-1956) et **Ozu Yasujiro** (1903-1963), tournent déjà des œuvres majeures avant la Seconde Guerre mondiale, dont *Les Sœurs de Gion* (Mizoguchi, 1936) et *Une auberge à Tokyo* (Ozu, 1935). À partir des années 1950, le Japon s'impose sur la scène internationale avec l'arrivée d'un cadet, **Kurosawa Akira** (1910-1998), qui devient le premier cinéaste japonais à remporter un prix européen avec *Rashomon* (1950), récit d'un même crime selon les points de vue des principaux personnages. Le film obtient le Lion d'or à Venise, et fait de l'acteur **Mifune Toshiro** la première star du Japon à l'étranger. **Mizoguchi Kenji**, qui tourna à plus d'une reprise des sujets sur le sort de la femme japonaise, est également récompensé à Venise pour *Les Contes de la lune vague après la pluie* (1953), l'histoire d'un potier séduit par le fantôme d'une femme noble. Il obtient le Lion d'argent pour la splendeur de sa mise en scène. Ces cinéastes deviendront les fers de lance des revues *Cahiers du cinéma*, soutenant Mizoguchi, et *Positif*, qui défend Kurosawa, longtemps considéré comme le plus occidental des réalisateurs japonais malgré ses récits épiques de samouraïs nourris de John Ford et des grands auteurs russes.

Il faudra attendre quelques années après la mort d'**Ozu Yasujiro** pour que son œuvre soit diffusée et reconnue à l'étranger. Elle se distingue par ses récits modernes, à l'image du chef-d'œuvre *Voyage à Tokyo* (1953), portrait d'une veuve

sublime, Hara Setsuko, qui préserve son sens du devoir tandis que Tokyo se reconstruit autour d'elle.
Chacun de ces immenses réalisateurs est alors systématiquement lié à un grand studio : Daiei/Mizoguchi, Toho/Kurosawa, Shochiku/Ozu. Enfin, **Naruse Mikio** (1905-1969), dernier maître à être révélé, cinéaste moderne préoccupé par le rôle de la femme durant l'après-guerre, parcourra un chemin semblable à celui d'Ozu et signera le dernier chapitre des grandes actrices du Japon.

L'ÉCOLE DU GENRE/ L'ÉCOLE DE LA CHAIR

Le Japon compte deux studios de production qui se concentrent sur le cinéma de genre. **Toei** est spécialisé dans les films de yakusas (gangsters). Ceux de **Fukasaku Kinji** (1930-2003) et notamment sa série de *Combat sans code d'honneur* (1973-1974) sont les plus connus. Toei lance aussi le cinéma d'animation, et accueillera plusieurs piliers de l'*anime* (désigne la production d'animation en général, cinéma et télévision) tel qu'on le connaît aujourd'hui. Quant au studio **Nikkatsu**, il produira les films de **Suzuki Seijun** (1923-2017), cinéaste baroque qui sera congédié pour ses excès formalistes.
Fukasaku et Suzuki ont également influencé de nombreux cinéastes américains indépendants, de Jim Jarmusch à Quentin Tarantino. Rappelons par ailleurs que le studio **Toho** fascina le réalisateur Tim Burton, grand amateur du cinéma *kaiju* (film de monstres), qui lança la série *Godzilla*, incarnation science-fiction du traumatisme de l'arme atomique dont les meilleurs titres sont signés **Honda Ishiro** (1911-1993), grand ami de Kurosawa Akira.
On retiendra enfin de Nikkatsu la création d'un genre nommé « **roman porno** », une forme de cinéma érotique qui sauva le studio de la faillite, produisant trois cinéastes majeurs : **Konuma Masaru** (1937), **Kumashiro Tatsumi** (1927-1995) et **Tanaka Noboru** (1937-2006). Ce genre devint par la suite une « école de cinéma » pour plusieurs jeunes réalisateurs dont **Somai Shinji** (1948-2001) et **Kurosawa Kiyoshi** (1955), avant que ces derniers ne passent au cinéma traditionnel. Si le « roman porno » s'est éteint durant les années 1990, le cinéma dit *pinku* (cinéma érotique indépendant), dont le chef de file fut Wakamatsu Koji, occupe toujours une place importante dans la production contemporaine.

L'INDÉPENDANCE SUR TOUS LES FRONTS

Wakamatsu Koji (1936-2012) fait figure de pionnier du cinéma indépendant japonais en créant dès les années 1960 sa propre structure de production. Il inspire d'autres cinéastes sous contrat chez les grands studios, dont **Oshima Nagisa** (1932-2013) et **Yoshida Kiju** (1933) alors chez Shochiku, ou **Imamura Shohei** (1926-2006), un temps chez Nikkatsu. Avec **Shinoda Masahiro** (1931), ils composent la Nouvelle Vague nippone, qui s'impose sur le circuit international par la dimension politique et charnelle de son cinéma. Imamura Shohei obtient la Palme d'or à Cannes à deux reprises, pour *La Ballade de Narayama* (1983) et *L'Anguille* (1997). Oshima Nagisa rencontrera non seulement le succès à l'étranger, mais également auprès des producteurs, notamment pour *L'Empire des sens* (1976) et *Merry Christmas M. Lawrence* (1983) dans lequel on retrouve les musiciens David Bowie et Sakamoto Ryuichi. On y découvre également un autre talent qui ne tardera pas à faire parler de lui hors

du Japon, **Kitano Takeshi.**
En 1984, **Miyazaki Hayao** (1941) réalise *Nausicaä de la vallée du vent* et bouleverse alors le monde de l'animation. En compagnie d'un autre grand cinéaste, **Takahata Isao** (1935), qui tourna *Le Tombeau des lucioles* (1988), Miyazaki crée le studio Ghibli qui lui assure l'indépendance la plus complète. La réussite de cette structure encourage d'autres cinéastes d'animation à s'associer à des sociétés de production plus audacieuses. Citons l'autre virtuose du genre, **Oshii Mamoru** (1951), créateur de *Ghost in the Shell* (1995), et la société Production I.G., ou encore **Kon Satoshi** (1963-2010), qui signa *Paprika* (2006), et la société Madhouse. Ce dernier s'était fait remarquer dès *Perfect blue* (1999), film magistral et sous tension sur l'univers de la pop japonaise. Tous ces cinéastes ont été présentés à Berlin, Cannes et Venise.
En 1989, le cinéma japonais s'apprête à connaître un nouvel élan qui le resitue au premier plan de la production internationale. Deux réalisateurs désormais célèbres tournent leurs premiers longs-métrages : **Tsukamoto Shin'ya** (1960) lance la vague cyberpunk avec *Tetsuo*, tandis que le comédien Kitano Takeshi (1947) remplace Fukasaku Kinji pour *Violent Cop*. **Kitano** est par deux fois récompensé à Venise : *Hana-Bi* (1997), film policier, obtient le Lion d'or, et *Zatoichi* (2003), remake d'un titre culte des années 1960-1970, le Lion d'argent. Les années 1990 témoignent d'une richesse cinématographique retrouvée avec la venue de **Kurosawa Kiyoshi, Aoyama Shinji** (1964), **Kawase Naomi** (1969), **Kore-eda Hirokazu** (1962), **Miike Takashi** (1960), **Nakata Hideo** (1961), tous diffusés en France.
Enfin, en 2004, un jeune cinéaste, **Ishii Katsuhito** (1966), tourne *The Taste of Tea*, synthèse réussie de l'héritage narratif d'Ozu Yasujiro (les récits de famille) et de culture pop nippone contemporaine.
Le film lancera une autre vague de réalisations qui puisent à la fois dans les cultures régionales et traditionnelles du Japon mais aussi dans le manga et l'*anime*, à l'image de *Mémoires de Ma-tsuko*, de **Nakashima Tetsuya** (1959), prodige venu de la pub qui réconcilie le manga et la flamboyance des mélodrames de Douglas Sirk.
Stephen Sarrazin

Photographie

Le Japon est connu pour être le pays où l'on fabrique le plus grand nombre d'appareils photo. Si toutes les générations se livrent au quotidien à des prises de vue – notamment au moment des *sakura*, les cerisiers en fleurs –, les jeunes, quant à eux, passent des heures dans les cabines de *purikura*, Photomaton où toutes les extravagances créatives sont permises.

DE LA DÉCOUVERTE...

Le premier appareil de daguerréotype est importé au Japon en 1848 par un commerçant de Nagasaki. Les Hollandais seront les premiers à initier les futurs photographes japonais, notamment aux procédés chimiques.
Les changements sociaux et économiques de la restauration Meiji offrent de nombreux sujets aux photographes, tant locaux qu'étrangers. Le plus célèbre d'entre eux, **Felice Beato** (1825-1908), arrive au Japon en 1863 ; ses photographies d'aristocrates, de marchands ou de geishas sont souvent délicatement colorées par des maîtres de l'estampe. À la fin des années 1870, la photographie connaît un tel

succès que de nombreux studios professionnels s'ouvrent dans les grandes villes. Même la famille impériale pose devant l'objectif.

... AUX PREMIERS PHOTOGRAPHES

Véritables pionniers de la photographie au Japon et fondateurs, en 1924, de la Société photographique japonaise, les frères **Fukuhara Shinzo** (1883-1948) et **Roso** (1892-1946) sont connus pour leurs clichés de paysages et de fleurs, aux teintes sépia d'une infinie douceur. Dans les années 1920 et 1930, la curiosité pour les idées occidentales marquent les recherches photographiques qui s'inspirent des avant-gardes européennes, comme le surréalisme. À partir des années 1940, les photographes japonais mettent surtout leur talent au service de l'administration impériale, et se consacrent dans l'immédiat après-guerre à la presse et l'édition. Les théories américaines sur la photographie sont alors diffusées par **Ishimoto Yasuhiro** (1921-2012).

LES GRANDS MAÎTRES

Témoin des changements spectaculaires qui ont marqué le Japon de l'après-guerre, la revue photographique d'avant-garde « Provoke », qui en trois numéros bouscule les codes visuels jusqu'au fondement même de la pratique photographique et qui seront synthétisés en trois adjectifs : granuleux, flou, sans mise au point (*are, bure, boke*). Parmi ces regards novateurs Takuma Nakahira (1938-2015), Masahisa Fukase (1934-2012), Eikoe Hosoe (1933), Shomei Tomatsu (1930-2012) et bien sûr **Moriyama Daido** (1938) avec ses plans insolites au grain éclaté. À rebours des œuvres de son ami **Nobuyoshi Araki** (1940) dont les galeries de jeunes femmes aux poses érotiques dans des gestuelles entravées (scènes de *bondage*) composent des personnages aux corps apparemment policés. Autre grand maître du nu, **Shinoyama Kishin** (1940) offre quant à lui une stylisation des corps jusqu'à l'abstraction.

LA PHOTOGRAPHIE POUR ARRÊTER LE TEMPS

Pour **Sugimoto Hiroshi** (1948), la photographie est un acte de méditation proche de la religion zen. D'une extrême qualité plastique et d'une perfection classique, son œuvre, qui se décline sur un mode sériel, se construit autour des notions de temps, de durée et de silence. Défiant le passage du temps, **Hatakeyama Naoya** (1958) réalise des photographies d'explosions dans des carrières, donnant à voir à la fois l'énergie d'un mouvement et l'arrêt de l'instant. Méditation sur le merveilleux du monde et la fugacité du moment, **Kawauchi Rinko** (1972) capture les petits détails du quotidien et, par son regard porté sur les choses les plus ordinaires, leur confère beauté, poésie et émotion.

PHOTO D'IDENTITÉS

Créant une œuvre aussi étonnante qu'originale, **Morimura Yasumasa** (1951) utilise la photographie en hommage à la peinture : détournant les œuvres des maîtres de l'histoire de l'art occidental, il les recrée en substituant son propre visage à celui des personnages portraiturés. Dans son sillage, plusieurs jeunes photographes japonais travaillent sur le thème de l'identité, à travers des autoportraits ou des jeux sur l'image photographique. **Sawada Tomoko** (1977) se met en scène dans des photographies de classe où elle répète sa propre image à la place de celle de

chacune des élèves en uniforme, se métamorphose à l'infini dans la cabine d'un « Photomaton », ou, enfin, incarne des dizaines de jeunes femmes de milieux et d'âges différents. Photographiant des lieux à la fois familiers et irréels retravaillés par ordinateur, **Yanagi Miwa** (1967) donne l'image d'un monde inquiétant à force d'être trop parfait : artifice et réalité se côtoient dans cette représentation de la ville du 20e s.
Enfin, parmi les galeries japonaises spécialisées dans la photographie, on peut citer **Taka Ishii** et **Foil** à Tokyo, ou encore **MEM** à Osaka.
Hélène Kelmachter, Philippe Pataud Célérier

Manga

Véritable phénomène de librairie en France depuis la parution d'*Akira* d'**Otomo Katsuhiro** dans les années 1990, le manga existe au Japon depuis… le Moyen Âge ! C'est en effet pendant l'époque Muromachi (1336-1573) qu'apparaissent les premiers rouleaux peints associant des images et des textes calligraphiés à l'intérieur de l'espace pictural. Le mot lui-même, qui signifie dessin *(ga)* désordonné ou malhabile *(man)* ne sera inventé que beaucoup plus tard par **Katsushika Hokusai**, l'un des maîtres de l'estampe. Un musée lui est désormais consacré à Tokyo *(voir p.43)*. Il nomme ainsi la série de visages grimaçants qu'il publie de 1814 à 1834.

LES PREMIERS MANGAS

À la fin du 19e s., les caricaturistes occidentaux comme l'Anglais Charles Wirgman ou le Français Georges Ferdinand Bigot donnent pour ainsi dire l'idée aux Japonais de publier dans la presse des histoires dessinées. La toute première, très inspirée de l'esprit européen, est signée **Kitazawa Rakuten** et paraît en 1902 dans le supplément du dimanche du journal *Jiji Shinpo*. Elle reprend le thème de l'arroseur arrosé qui est aussi celui choisi par les frères Lumière pour leur tout premier film. Un signe sans doute car les codes de la bande dessinée à la japonaise emprunteront énormément au 7e art, tant au niveau du scénario que du découpage des histoires.

LA MANGA MODERNE

Durant l'entre-deux-guerres, les mangas deviennent très populaires au Japon et presque tous les journaux et magazines en publient. Mais, très vite, le régime militaire interdit toute caricature et utilise ce nouveau média pour diffuser sa propre propagande, notamment auprès de la jeunesse. Il faut alors

MANGAMANIA

Au Japon, on trouve des mangas spécialisés dans à peu près tous les domaines, allant de la guerre à la cuisine, du polar au porno, jusqu'à la science-fiction. Car la manga est aussi un produit de marketing ciblant les hommes ou les femmes par tranches d'âge. Ainsi, le genre *shojo*, destiné exclusivement aux jeunes filles, se divise en deux sous-genres principaux : « Magical Girl », dans lesquels les héroïnes utilisent des pouvoirs surnaturels pour combattre le Mal, et « Romance » où il s'agit généralement d'histoires de princes charmants. Pour les jeunes garçons, on distingue le genre *nekketsu*, littéralement « sang enfiévré », dont les personnages se dépassent au nom de l'amitié ou de valeurs comme la bravoure, la fidélité…, et le genre *pantsu*, légèrement érotique. Des versions pour adultes permettent aux éditeurs de « suivre » leurs lecteurs tout au long de leur vie.

attendre le début des années 1960 pour assister à un véritable renouveau des mangas, influencés cette fois, occupation oblige, par les *comic strips* américains.
Un artiste, en particulier, joue un rôle de tout premier plan dans cette renaissance, **Tezuka Osamu** (1928-1989). Médecin reconverti dans la BD, il invente presque à lui seul toutes les caractéristiques de la manga moderne : cadrages cinéma, grands yeux ronds des héros et des héroïnes, utilisation des onomatopées écrites dans des caractères qui se fondent avec le mouvement de l'action, etc.
Fan de Walt Disney (il aurait, dit-on, vu *Bambi* plus de 80 fois !), il est aussi à l'aise avec un crayon qu'avec une caméra et crée, en 1963, le premier vrai héros de la manga nippone : **Tetsuwan Atomu**, connu en France sous le nom d'**Astro Boy** (le petit robot au succès phénoménal tant à la télévision que dans les kiosques). Au cours de sa prolifique carrière, Tezuka publie près de 700 œuvres. Ce n'est pourtant qu'en 1990, un an après sa mort, que son statut d'artiste sera officiellement reconnu à l'occasion d'une grande rétrospective organisée au musée d'Art moderne de Tokyo.

LES ENFANTS DE TEZUKA

Aujourd'hui, les « enfants » de Tezuka se retrouvent autant dans la manga que dans le cinéma d'animation et leur chef de file actuel, **Miyazaki Hayao** (*Mon voisin Totoro, Princesse Mononoke*, etc.) se réclame même de lui. Côté manga, de nouveaux héros ont succédé à Astro Boy au cours des années 1970-1980. Les plus connus sont **Goldorak** pour les garçons et **Candy** pour les filles. Ils rencontrent un immense succès non seulement au Japon mais dans le monde entier.
Parallèlement, des auteurs de manga pour adultes comme **Otomo Katsuhiro** (*Akira*) ou **Taniguchi Jiro** (1947-2017), Prix du meilleur scénario à Angoulême en 2003 pour *Quartier lointain*) ont commencé à conquérir un public plus exigeant (notamment en France) qui considère les *mangaka* (dessinateurs de manga) comme des auteurs à part entière. *Au cœur de Fukushima* de Kazuto Tatsuta (Kana) est un formidable triptyque documentaire sur la vie des ouvriers du nucléaire. Mais c'est l'arrivée de **Dragon Ball**, de **Toriyama Akira**, en 1993, qui a véritablement lancé la « mangamania » dans le monde : 250 millions d'albums vendus en moins de dix ans.
Depuis 2006, la France, bien que, ou peut-être parce qu'elle respecte le sens de lecture original (de droite à gauche), est, avec plus de 10 millions d'albums vendus chaque année, le premier pays consommateur de mangas après le Japon.
Patrick Duval

Littérature et arts de la scène

Trop peu connue en Europe, la littérature japonaise a su montrer avec le renouveau des jeunes talents littéraires qu'elle n'était pas seulement figée dans une tradition séculaire. Côté scène, les acteurs de nô ou kabuki sont aujourd'hui encore des stars adulées dans tout le pays et la création musicale est à présent ouverte à toutes les influences.

Littérature

Écrits respectivement en 712 et 720 à la demande de la Cour, le *Kojiki* (Chronique des choses anciennes) et le *Nihon shoki* (Chronique du Japon) sont les œuvres littéraires japonaises les plus anciennes qui soient parvenues jusqu'à nous. C'est sur ces deux chroniques que se fonde la mythologie de la famille impériale présentée (jusqu'en 1945 !) comme descendant directement de la déesse du soleil Amaterasu *(voir p. 627)*. À cette époque, les règles de la poésie japonaise sont également établies, en particulier les *tanka*, couplets de 5, 7, 5 puis 7 et 7 pieds. Enfin, le *Manyoshu* (« Recueil des 10 000 feuilles ») constitue un ensemble de 4 500 poèmes écrits entre le 7e et le 8e s., offrant un passionnant témoignage sur la vie durant l'ère Nara. On y trouve aussi bien des réflexions sur la guerre, les mœurs que les drames personnels des habitants de l'archipel. Les auteurs, presque tous anonymes, sont issus de toutes les classes de la société.

LE PREMIER ROMAN

Il faut attendre la période de Heian pour voir apparaître une littérature authentiquement japonaise. En effet, jusqu'au 9e s., la langue nippone s'écrit exclusivement avec des caractères chinois, un système complexe auquel n'ont accès que quelques lettrés. L'invention, vers les années 900, des *kana*, syllabaire permettant d'écrire phonétiquement le japonais, va largement démocratiser la production littéraire, permettant notamment aux femmes d'exprimer leur talent. C'est ainsi qu'au début du 9e s., une courtisane du nom de **Murasaki Shikibu** va écrire le **Genji monogatari** *(Le Dit du Genji)* le premier vrai roman en langue japonaise. Il raconte avec une grande finesse la vie amoureuse du prince Genji, un personnage séduisant et cultivé mais relativement indifférent au malheur qu'il crée autour de lui. Ce récit, aujourd'hui encore considéré comme le chef-d'œuvre absolu de la littérature japonaise, a fêté son millième anniversaire en 2008, donnant lieu à diverses expositions et rééditions dans le monde entier.

LA LITTÉRATURE GUERRIÈRE DU MOYEN ÂGE

Au cours des siècles suivants, la production littéraire est marquée par un interminable affrontement entre deux clans rivaux, les Minamoto et les Taira. Ils donneront naissance à de très nombreuses chroniques guerrières, des œuvres le plus souvent orales, colportées de village en village par des moines aveugles, qui les « chantent » en s'accompagnant du *biwa*. Parmi elles, le *Heike monogatari* (Histoires de Hogen, de Heiji et des Heike), écrit vers 1220, est la plus célèbre. On y perçoit nettement, en arrière-plan des récits de bataille, la philosophie bouddhiste qui a peu à peu gagné tout le pays. Le sentiment de l'impermanence des choses *(mujo)*, en particulier, domine tous les autres.

LA LITTÉRATURE RAFFINÉE D'EDO

En 1603, l'avènement des shoguns Tokugawa met fin à une longue période de troubles. Durant près de trois siècles, le pays connaît une remarquable stabilité. De façon tout à fait logique, le thème de la guerre quitte alors progressivement la littérature pour laisser place à ceux de l'amour et des plaisirs du « monde flottant », également présents sur les estampes *(voir p. 657)*. **Ihara Saikaku** (1642-1693) est sans conteste le grand romancier du 17e s. Son style vif, ramassé, est dû en grande partie à sa maîtrise du haïku et, s'il commence sa carrière de romancier avec des *buke mono* (récits de guerre) ou des *chonin mono* (récits de marchands), il se rend vite compte que la demande est bien plus forte quand il écrit des *koshoku mono* (histoires d'amour) aux titres alléchants. *L'homme qui ne vécut que pour aimer* ou encore *Vie d'une amie de la volupté* feront ainsi d'énormes succès commerciaux…, les tout premiers de l'édition japonaise.

Le haïku

En cette période de paix où le Japon, fermé au monde extérieur, développe ses propres règles artistiques, la poésie, et notamment le haïku, soulève toutes les passions. Ce dernier est un court poème en trois vers de 5, 7 et 5 pieds qui, par sa brièveté même, évoque l'évanescence de toute chose. C'est dans cet art faussement simple que va exceller **Matsuo Basho** (1644-1694).

Né dans une famille de samouraïs, Basho, de son vrai nom Matsuo Munefusa, renonce vite aux armes pour se consacrer à la religion puis aux lettres. Ses poèmes procèdent toujours par suggestion, jamais par description. L'émotion naît de l'observation des choses les plus banales comme dans ce haïku célèbre :

Un vieil étang
Une grenouille saute
Bruit de l'eau

Deux concepts le guident lorsqu'il compose ses poèmes : le *wabi*, une notion évoquant la simplicité, la dissymétrie mais aussi une certaine mélancolie, et le *sabi*, qui comprend la recherche de la simplicité et le goût pour les choses que le temps a altérées. Tant en littérature que dans les autres arts, le *wabi-sabi* constituera par la suite le socle de toute l'esthétique nippone. Pour cela, Basho est probablement le poète auquel les Japonais demeurent le plus attachés.

Les grands romanciers du 18e s.

Au 18e s., des romanciers de grand talent émergent dont le chef de file est sans conteste **Ueda Akinari** (1734-1809). Son œuvre maîtresse, *Contes de pluie et de lune (Ugetsu monogatari)*, sera portée à l'écran par Mizoguchi Kenji.

MEIJI : LA RENCONTRE AVEC L'OCCIDENT

L'ouverture du Japon à la culture occidentale qui, paradoxalement, coïncide avec le retour au pouvoir de l'Empereur, va profondément influencer la littérature. On assiste à la naissance de plusieurs courants plus ou moins « importés » d'Europe comme le roman introspectif défendu par **Shiga Naoya** (1883-1925) ou le roman naturaliste, à la Zola, dont **Shimazaki Toson** (1872-1943) est sans doute le meilleur représentant. Les courtes nouvelles, façon Tchekhov, Edgar Poe ou Maupassant, connaissent également un grand succès auprès du public. **Akutagawa Ryunosuke** (1892-1927), en particulier, s'impose avec force dans ce genre. Sa nouvelle la plus connue, *Rashomon*, écrite en 1915, fournira au cinéaste Kurosawa Akira, le thème d'un de ses plus grands chefs-d'œuvre. Akutagawa laissera par ailleurs son nom à un prix littéraire remis chaque année, l'équivalent du Goncourt français.

Trois romanciers de l'ère Meiji ont connu la consécration internationale : **Natsume Soseki** (1867-1916), **Mori Ogai** (1862-1922) et **Nagai Kafu** (1879-1959). Les œuvres de Natsume Soseki (*Je suis un chat, Botchan*, etc.) abordent presque toutes le thème, très japonais, de la honte et de la culpabilité, le « héros » étant inéluctablement conduit au suicide (autre grand thème nippon). Le style de Mori Ogai est beaucoup plus austère encore, probablement marqué par le long séjour de l'auteur en Allemagne. On y sent le patriotisme naissant mais aussi une nette tendance à l'autodestruction. Nagai Kafu sera le seul à ne pas tomber dans ces excès, préférant situer l'action de ses romans (*Une histoire curieuse à l'est de la rivière, La Danseuse*, etc.) à l'époque d'Edo.

DE L'APRÈS-GUERRE À LA LITTÉRATURE MODERNE

Fortement marqués par la défaite militaire du Japon et souvent nostalgiques de la tradition héritée du *bushido* (la Voie des samouraïs), menacée selon eux par l'occidentalisation, de très grands écrivains s'imposent non seulement sur l'archipel mais aussi dans le monde entier. Le premier d'entre eux, **Dazai Osamu** (1909-1948), publie son chef-d'œuvre *Soleil couchant* en 1946. Viennent ensuite **Tanizaki Jun'ichiro** (1886-1965), dont le *Journal d'un vieux fou* ou *L'Éloge de l'ombre* font aujourd'hui partie des classiques ; **Kawabata Yasunari** (1899-1972), auteur, entre autres, des *Belles Endormies,* de *Pays de neige,* du *Grondement de la montagne* ou *La Danseuse d'Izu*, est le premier Japonais à avoir obtenu le prix Nobel de littérature (1968). Également **Inoue Yasushi** (1907-1991), *Le Fusil de Chasse, Les Chemins du désert*. Enfin, **Mishima Yukio** (1925-1970), La grande figure littéraire du 20e s., dont le talent exceptionnel est malheureusement trop souvent éclipsé par son suicide spectaculaire par *seppuku*.

Parmi les écrivains contemporains, la plus grande figure intellectuelle est sans conteste **Oe Kenzaburo** (1935). Son œuvre nobélisée en 1994 consacre une réflexion d'une grande exigence intellectuelle et morale qui interroge et interpelle l'histoire du Japon : *Le Jeu du siècle* (1967), *Notes de Hiroshima* (1965). Son œuvre est aussi profondément marquée par la naissance de son fils trisomique Hikari auquel il consacra plusieurs de ses écrits : *Une affaire personnelle, Dites-nous comment survivre à notre folie*, etc. Si **Murakami Haruki**, (1949) est aujourd'hui l'un des écrivains les plus singuliers et les plus connus (*Kafka sur le rivage*, 2002 ; *Autoportrait de l'auteur en coureur de fond*, 2007), une nouvelle génération émerge porteuse de talents très divers comme **Tawada Yoko** (1960), écrivaine, essayiste exigeante ; **Ito Seiko** (1961), artiste très éclectique doué d'un imaginaire corrosif (*Radio Imagination*, 2013) ; **Furukawa Hideo** (1966) avec son troublant essai post-Fukushima (*Ô chevaux, la lumière est pourtant innocente*, 2011), pose une voix singulière portée par une imagination baroque ; **Hirano Keiichiro** (1975) auteur de *Compléter les blancs* (2017) était jusqu'à ces dernières années le plus jeune lauréat jamais consacré par le très prestigieux prix Akutagawa (équivalent du prix Goncourt en France) pour son roman *L'Éclipse* (1998). Mais il a été détrôné par **Wataya Risa** (1984). La jeune femme âgée alors de 19 ans a reçu ce prix très courtisé pour son roman *Appel du pied*, journal intime d'une jeune fille qui n'arrive pas à s'intégrer dans sa classe. Son dernier roman *Pauvre chose* (2015), beaucoup plus abouti, montre une maturité très prometteuse.

Patrick Duval, Philippe Pataud Célérier

Arts de la scène

Au Japon, le théâtre classique n'est pas l'apanage du passé. Véritables stars dans leur pays, les détenteurs des traditions scéniques que sont le nô, le *kyogen*, le *bunraku* et le kabuki, perpétuent, au fil de lignées familiales, un esprit artistique résolument vivant. Leurs codes ont d'ailleurs nourri l'avant-garde, tel le *buto*, une danse post-moderne.

LE NÔ

Le nô, genre classique du théâtre japonais, composé de danse, de chant et de musique, se caractérise par son extrême retenue. Hiératique et aristocratique, il est représenté sur un plateau carré qui n'accueille aucun décor. Le personnage principal, le *shite* (« celui qui agit »), portant toujours un masque, et le personnage secondaire, le *waki* (« celui du côté »), à visage découvert, incarnent dans une esthétique allusive et poétique les aspirations humaines au carrefour des songes. Les acteurs, exclusivement masculins, sont accompagnés par un chœur et des musiciens. Le dramaturge **Zeami** (1363-1443) qui en codifia les règles et son père **Kan'ami** imposèrent ce genre tout en épure. Le répertoire aborde des histoires de fantômes et de démons, de guerriers, de femmes délaissées ou des drames épiques. L'art du nô fascina Paul Claudel *(voir encadré ci-dessous)*, Samuel Beckett, Jean-Louis Barrault comme aujourd'hui Ariane Mnouchkine et Robert Wilson. Le *kyogen* (littéralement « paroles folles »), lui aussi exclusivement masculin, est traditionnellement joué en intermède du nô. Contrepoint à l'intensité dramatique de ce dernier, ces pièces comiques rappellent nos farces médiévales et dénoncent par des saynètes satiriques les travers de la vie quotidienne.

LE NÔ VU PAR CLAUDEL

Le nô associe à la psalmodie et à la danse des protagonistes la présence d'un chœur prenant « le mot aux lèvres de l'acteur et le développant en une ample imagerie d'images et de sentences » (Claudel), tandis qu'un petit ensemble instrumental à base de percussions et de flûte assure un accompagnement ponctué de la profération gutturale d'étranges vocalisations modulées.

Spectacle de kabuki à Nagano.
Nagano Prefecture/JNTO

LE BUNRAKU

Le *bunraku*, théâtre de marionnettes, né au 17e s. dans la ville d'Osaka, concilie l'art de la manipulation à la narration. Épopées historiques, drames bourgeois et légendes constituent le répertoire. Trois manipulateurs actionnent à vue chaque marionnette de grande taille alors que le chœur, un récitant et des musiciens, accompagnent l'action dramatique. Le plus surprenant dans ce spectacle tient à la force des émotions portées par ces poupées en bois.

LE KABUKI

Autre spectaculaire divertissement scénique, le populaire kabuki, héritier des styles d'anciennes danses religieuses et populaires, est né à Kyoto, en 1603. Créé au début de l'époque d'Edo par **Okuni**, une prêtresse et danseuse, ce théâtre ne fut d'abord interprété que par des femmes. En 1629, elles sont évincées de la scène par les autorités jugeant leurs chorégraphies trop érotiques. Des adolescents alors les remplacent. Mais, les samouraïs s'amourachent des jeunes gens. Par décret, le pouvoir shogunal établit alors en l'an 1652 que seuls des acteurs d'un âge mûr pourront jouer des pièces de kabuki. Voilà pourquoi les rôles féminins sont encore tenus aujourd'hui par des hommes. Il s'agit des *onnagata* (littéralement *onna* signifie la femme et *gata* la forme), qui consacrent leur art à sublimer de manière troublante l'image féminine. Le savoir et les secrets se transmettent de père en fils, à défaut à un neveu ou à un fils adoptif. Les auteurs les plus renommés, dont **Chikamatsu** (1653-1724), le Shakespeare de l'empire insulaire, ont écrit des chefs-d'œuvre pour les acteurs de kabuki. Les arguments sont généralement empruntés au *bunraku*, au nô et au *kyogen*.
En mariant sans paradoxe le réalisme, l'illusion et la symbolique, l'ancêtre de la comédie musicale prend son essor dans la seconde moitié du 18e s. et révolutionne

alors le théâtre nippon. Dans une codification extrême, le maquillage et les costumes permettent d'identifier le personnage. Les trois idéogrammes qui forment en japonais le mot kabuki désignent le chant *(ka)*, la danse *(bu)* et la technique ou le jeu *(ki)*. Mais « kabuki » signifie également « extravagant », « être à la pointe de la mode ».

LE BUTO

Longtemps marginalisé dans l'archipel, le *buto*, bien que sous forte influence de l'expressionnisme allemand, des écrits d'Antonin Artaud et de Georges Bataille, puise son énergie dans le tréfonds d'un Japon séculaire revisité suite aux traumatismes de l'apocalypse nucléaire figeant Hiroshima et Nagasaki dans l'inconcevable. En jouant de l'érotisme et de la violence, du vide et du silence, l'initiateur de cette danse dite « des ténèbres », **Hijikita Tatsumi** (1926-1986), fit scandale lors de ses premières représentations à la fin des années 1950. Cette chorégraphie métaphorique qui, à travers la mémoire du corps, suit le chemin de l'âme sur les sentes de l'existence, fut révélée par **Ono Kazuo** et la compagnie **Sankai Juku** au public occidental.
Jean-Luc Toula-Breysse

Musique

Chaque automne, toute personne qui en fait la demande auprès de l'Agence de la Maison impériale a la possibilité d'assister dans l'enceinte du Palais de Tokyo à une représentation exceptionnellement ouverte au public de l'orchestre de *gagaku* de la Cour, destiné en temps normal aux obligations officielles et aux activités rituelles de l'institution impériale. Il s'agit d'une formation en quelque sorte « symphonique », puisque réunissant des groupes d'instruments à vent, à cordes et à percussion qui interprètent des musiques venues aux 8e et 9e s. de Chine et de Corée, et qui traduisent le raffinement extrême de la culture de cour du Japon à cette époque reculée. Les belles dames du *Dit du Genji*, le grand roman de l'an mil, étaient d'ailleurs toutes des musiciennes averties qui, fussent-elles cachées au regard de l'amant par un écran de bambou, savaient susciter sa passion par le seul son de leur cithare à 13 cordes, ou **koto**…

DE LA TRADITION…

Si la longue évolution de la musique japonaise est étroitement liée à celle de la société, elle ne se conçoit pas non plus sans un rapport à la parole et au théâtre. La culture féodale qui se substitue du 13e au 16e s. à la courtoisie de l'époque dite de Heian (794-1185), du nom ancien de Kyoto où résidait un Empereur désormais privé de pouvoir politique, va imposer un type de récitation épique accompagné au **luth à cinq cordes**, ou **biwa**. Ce dernier, qui n'est pas sans évoquer nos chansons de geste, sera colporté par des moines aveugles itinérants. C'est aussi l'aristocratie militaire qui parrainera la naissance et assurera le maintien jusqu'à la modernisation du pays d'un drame lyrique, le nô *(voir p. 670)*.
L'arrivée des Portugais, qui vont apporter au milieu du 16e s. la force des armes à feu et le pouvoir de l'argent issu du commerce, va contribuer à mettre fin à une longue période de guerres féodales. Le shogun Tokugawa, nouvel homme fort du pays, installe sa capitale à Edo, l'actuel Tokyo, et tandis que le Japon se ferme à l'étranger afin d'assurer la sécurité de la dynastie, la période de paix intérieure qui s'instaure pour quelque deux siècles et demi va générer une culture bourgeoise

qui aura cette fois pour centre le quartier de plaisir. C'est dans ce vaste ensemble, au cœur de la capitale militaire d'Edo et de la métropole commerciale d'Osaka, que va se développer le théâtre de marionnettes, ou *ningyo joruri*, fondé sur une récitation dramatique accompagnée au luth à trois cordes, ou **shamisen**. Dans le même temps, le théâtre d'acteurs, ou kabuki, apparaît. Il associe aux prestiges d'un spectacle jubilatoire toutes les formes de l'accompagnement musical, de la ponctuation atmosphérique en une sorte de bruitage naturaliste à la prise en charge poétique du récit par des formations vocales et instrumentales diverses où prédomine toutefois le *shamisen*. Cet instrument va également jouer au même moment un rôle essentiel dans le développement de la musique de salon, destinée à l'accompagnement chanté des danses exécutées par les geishas pour le plaisir de leur clientèle.

... À L'OUVERTURE

L'ouverture à laquelle le pays est contraint au milieu du 19e s., et l'imposition par les puissances occidentales de « traités inégaux » qui en résulte, fait prendre conscience au Japon du retard accumulé pendant la période de fermeture. Dans le système d'éducation à l'occidentale qui est alors adopté de façon volontariste, y compris pour les humanités et l'enseignement artistique, la musique traditionnelle ne trouve pas sa place. Elle ne constitue plus aujourd'hui qu'un secteur confidentiel face à une pratique et à une consommation largement démocratisées de la musique occidentale.

Disposant d'un vaste réseau d'auditoriums remarquablement performants sur le plan acoustique, le Japon actuel est une étape obligée dans le circuit des solistes et des grands orchestres internationaux, quand il ne s'agit pas de maisons d'opéra se déplaçant telles quelles. La richesse de l'offre en terme de concerts classiques à Tokyo est impressionnante. Les interprètes locaux de premier plan, souvent formés dans des conservatoires prestigieux comme la faculté de musique de l'Université nationale des arts ou le conservatoire *Toho Gakuen*, trustent les récompenses dans les compétitions internationales et s'exportent de mieux en mieux. Ainsi, des chefs et compositeurs, parmi lesquels on distinguera **Toru Takemitsu** (1930-1996), réussissent assez bien à imposer une écriture puisée aux deux traditions dont ils ont hérité. La pratique au niveau amateur s'appuie par ailleurs sur un taux d'alphabétisation musicale probablement sans équivalent dans le monde. Cela entraîne de curieux phénomènes de masse comme des exécutions de la *Neuvième Symphonie* de Beethoven mettant à contribution des milliers de choristes. Cet important développement de la pratique musicale va de pair avec une industrie florissante de la facture instrumentale, notamment dans le domaine du piano.

Michel Wasserman

Art de vivre

Un des grands bonheurs du séjour au Japon pour les voyageurs occidentaux est la découverte de l'incroyable esthétique qui imprègne tous les domaines de la vie quotidienne. Des jardins aux bains, en passant par l'artisanat ou la cérémonie du thé, cet art de vivre d'un extrême raffinement témoigne d'une tradition parfois millénaire mais jamais figée dans le passé. Comme en France, la gastronomie peut être considérée comme une véritable passion nationale.

Bains

Inhérent à la culture japonaise, le bain *(o-furo)* s'apparente à un moment de sérénité extrême en ces terres insulaires. Source de plaisir, non seulement il régénère, procure un sentiment de **bien-être** incommensurable mais il perpétue aussi une tradition immémoriale. Une histoire d'eau qui puise ses origines dans le culte **shinto**, religion animiste du Japon vénérant les éléments de la nature. Indispensables avant d'entrer dans le bain ou dans une source chaude, les ablutions lustrales, expression ancestrale de la **purification corporelle** dictée par les rites shintoïstes, rappellent l'importance de ne jamais souiller les eaux dispensées par les divinités. Ainsi, l'amour de la propreté prévaut.

LE PLAISIR DU BAIN

Autrefois, tous les bains étaient mixtes. Mais, depuis l'ère Meiji, période à laquelle l'empire insulaire s'est ouvert au monde occidental, le puritanisme anglo-américain a commencé à bouleverser les usages. Au cours de l'occupation militaire (1945-1952), suite à la défaite japonaise, l'état-major du général MacArthur décrète la séparation des sexes dans les bains, afin, selon la morale pudibonde des vainqueurs, de lutter contre l'archaïsme et la décadence. Certains propriétaires d'onsen ont alors l'idée de mettre une corde dans les bassins pour respecter la nouvelle réglementation… De nos jours, il est encore possible, dans certaines sources thermales, de réserver un espace privé pour se retrouver entre proches sans distinction de genre. En outre, dans les parties réservées aux hommes, des pères sont parfois accompagnés de leur petite fille. Cela ne heurte personne. L'intimité du nu abolit les frontières sociales. Les baigneurs n'en suivent pas moins un certain nombre de règles tacites de bonne éducation, comme de se déplacer hors des bassins avec une petite serviette sur le sexe et respecter autrui en ayant des gestes pudiques, sans oublier pour des raisons d'hygiène de ne jamais utiliser du savon dans les bassins et de nouer les cheveux s'ils sont longs.

SOURCES CHAUDES ET STATIONS THERMALES

Des plus petites et pittoresques aux plus fréquentées, les stations thermales attirent chaque année plus de 151 millions de personnes. Au bord de la mer,

Kurokawa Onsen (Kyushu), l'une des plus charmantes stations thermales du Japon.
J. Frumm/hemis.fr

à flanc de montagnes, en ville ou à la campagne, elles sont disséminées dans toutes les régions de l'archipel. Dans ce pays volcanique, les sources jaillissent çà et là des entrailles de la terre *(voir aussi p. 694)*. Le Japon regorge de sources chaudes dont certaines auraient des propriétés curatives reconnues. En 2006, le ministère de l'Environnement japonais a officiellement recensé 3 157 stations thermales et 28 154 sources. Pour obtenir l'appellation onsen (loi de 1948), la température de l'eau doit être supérieure à 25° à sa source ou contenir un des 19 minéraux définis par les autorités publiques.

À ciel ouvert, en pleine nature ou devant le mont Fuji, beaucoup de ryokan (auberge traditionnelle) mettent en avant le fait qu'ils possèdent leurs propres thermes, les onsen étant la destination favorite des touristes nippons. L'un des plus anciens et des plus réputés

LE RITUEL DES ONSEN

Dans les onsen (sources chaudes) des stations thermales, le rituel est le même que dans les *sento* (bains publics) des villes. Après avoir déposé au vestiaire son *yukata* (kimono de coton), chacun, muni d'une petite serviette, assis sur un petit tabouret, se lave soigneusement dans l'espace aménagé à cet effet avant de pénétrer dans l'eau de tous les ravissements. Car le bain au Japon ne sert pas à faire sa toilette. C'est l'occasion de se délasser, d'éliminer la fatigue et le stress, de partager un moment de détente. Les Japonais s'y retrouvent en famille, entre amis ou avec des collègues de travail pour converser paisiblement et même boire une bière ou un saké frais dans une eau brûlante. Claire ou sulfureuse, saline ou ferrugineuse, elle dépasse souvent les 40° et peut atteindre les 50°. Avant de goûter aux délices de cette expérience inoubliable, pour ne pas être surpris par la température élevée, il est conseillé de s'asperger au bord du bassin avant de s'immerger progressivement.

se situe au nord de Kobe : Arima Onsen *(voir p. 342)*. Là, déjà dans les temps héroïques du Japon féodal, le shogun Toyotomi Hideyoshi (1537-1598), en compagnie du prestigieux maître de thé Sen no Rikyu (1522-1591), venait se ressourcer. Plus près de nous, le célèbre auteur de *L'Éloge de l'ombre*, Tanizaki Jun'ichiro (1886-1965), y séjourna en villégiature. Quelles que soient les époques, jeunes et vieux n'ont jamais cessé de prendre du bon temps à Arima.
Plus qu'une institution, les onsen connaissent un engouement croissant, jusqu'à la gent animale qui semble tout autant apprécier les joies de la baignade. À Tokyo, un immense onsen/parc de loisirs accueille un bassin réservé aux chiens. Pour ragaillardir leurs chevaux de course, des propriétaires n'hésitent pas à leur offrir une cure thermale. Des légendes racontent même que des oiseaux blessés furent guéris grâce aux eaux bienfaisantes. Enfin, les macaques du Japon, eux aussi, aiment à se prélasser dans les sources chaudes, notamment en hiver à Fukushima. Indubitablement, le bonheur est dans le bain.
Jean-Luc Toula-Breysse

Jardins

La nature parle à l'âme japonaise. L'immodérée passion pour les jardins en témoigne. Étranger à la conception occidentale qui les considère comme un terrain de jeu qui révèle la toute-puissance de la main de l'homme, le jardinier, ici, respecte la sacralité du lieu. En ces terres, une pléiade d'esprits peuplent la nature. Et, selon les croyances shinto, la communion avec les énergies de l'univers tend à rendre harmonieuses les relations des êtres humains avec les éléments végétaux et minéraux. La réalisation des jardins reflète une éthique et une esthétique influencées par le shintoïsme, mais aussi par le taoïsme et le bouddhisme, les écoles amidiste et zen principalement.

L'ART DES JARDINS

Les maîtres jardiniers préfèrent suggérer que représenter. Ils invitent, au rythme des floraisons saisonnières et des variations de couleurs des feuillages, à découvrir le sens des formes et l'impermanence des choses. Veillant à l'équilibre du plein et du vide, ils pratiquent leur art en créant une impression de profondeur. Tels des peintres, ils recomposent la réalité du monde. Le râteau se substitue au pinceau.
D'inspiration chinoise et coréenne, l'art des jardins japonais apparaît dès le 6ᵉ s. et commence fortement à s'affirmer sous l'impulsion de l'aristocratie, à l'époque de Heian. Le manuel classique de l'art du jardin *(Sakutei-ki)*, rédigé vraisemblablement dans la seconde moitié du 11ᵉ s., constitue une précieuse source d'informations sur les règles de création.
Quels que soient les jardins, un grand nombre intègrent dans leur composition le paysage extérieur existant à l'arrière-plan, souvent visible par-delà un mur ou une haie. Le **style shakkei** ou **« paysage emprunté »** défie le principe de distinguer le dehors du dedans. À Kyoto, les jardins de la villa impériale de Katsura sont un exemple sublime de cette technique qui assimile des éléments lointains à l'espace clos proprement dit.
Le **jardin de paradis** s'apparente à une vision de la cosmologie bouddhique, à l'image de la Terre pure, le paradis d'Amida (nom japonais du Bouddha transcendantal Amitabha),

manifestation de la transmutation de la passion en pureté spirituelle. Ainsi, un étang parsemé d'îlots de quiétude ou entourant une île principale symbolise la nature intérieure de l'homme. Le domaine du temple Byodo-in, à Uji, en est un bel exemple.

Le **jardin de thé** *(chatei)* incite à la poésie. Aménagé autour d'un pavillon dédié à la cérémonie du thé *(voir p. 690)*, il met en lumière l'éloge de l'ombre, privilégiant des essences aux teintes sombres. De caractère rustique, cet espace végétal de petite dimension révèle un concept cher aux maîtres de thé : le *wabi* (principe esthétique et moral estimant la sobriété et la simplicité plus dignes que les valeurs de la vie mondaine). Souvent, ces jardins, tapissés de mousse et jalonnés d'un chemin de pierres menant les hôtes au pavillon, offrent à voir l'esprit des maîtres de thé qui excellaient aussi dans l'art du jardinage.

Le « **paysage sec** » *(kare-sansui)*, communément appelé **jardin zen**, marque une étape majeure dans l'évolution de la conception des jardins. Les adeptes du zen ont innové en saisissant par une figuration abstraite la quintessence de la nature. Une émotion esthétique poussée à son paroxysme. Pour soutenir la voie de l'éveil spirituel, les moines-jardiniers s'affranchissent de tout formalisme. Expression du dépouillement, leurs arrangements de roches et de sable suivent les principes de l'art zen : la sérénité, l'austérité, l'asymétrie, la simplicité, la subtilité, le naturel et la liberté.

Le premier du genre, situé à l'ouest de Kyoto, est attribué au moine **Muso Soseki** (1275-1351). Nichée dans la partie supérieure du jardin de Saiho-ji, temple des Parfums de l'Ouest, communément appelé Koke-dera (« temple des Mousses »), cette composition de rochers rappelle une cascade. Face à un modeste pavillon, elle plonge le promeneur dans une source de contemplation. Le plus célèbre des paysages secs, dessiné au 15e s., est le **jardin du temple Ryoan-ji** (« temple du Dragon en paix ») à Kyoto. Constitué d'une mer de sable blanc et de 15 pierres disposées de telle manière que le regard ne peut en embrasser que 14, il suscite de nombreuses interprétations. Pour certains, il évoque les vagues de l'océan entourant des îlots, d'autres y voient des sommets de montagnes flottant entre brume et nuages. Aucune sente ne parcourt les assemblages de pierre. Un modèle du genre conçu pour la méditation.

En vogue à l'époque d'Edo, le **jardin d'agrément**, au paysage végétal baigné d'eau, est un imposant espace de promenade savamment agencé. Au fil des pas, le visiteur découvre de nouveaux points de vue cachés auparavant. Des sentiers sillonnent des collines artificielles, des ponts enjambent des cours d'eau, des lanternes de pierre bornent le parcours. Il met généralement en scène des paysages célèbres du Japon et de la Chine, voire tirés d'œuvres littéraires. Les architectes-paysagistes de ces décors improbables s'ingénient comme des maîtres imagiers à sublimer la beauté de la nature.

Les plus réputés des jardins de prestige sont le **Kenroku-en**, à Kanazawa *(voir p. 209)*, comptant près de 12 000 arbres de 150 essences différentes, le **Koraku-en**, à Okayama *(voir p. 358)*, avec ses érables, cerisiers, bambous et abricotiers du Japon et le **Kairaku-en**, à Mito, très fréquenté au mois de mars pour la floraison de ses pruniers. Tous ont les attributs de la perfection : l'ampleur, la solennité, la sérénité, l'artificialité, la beauté décorative et l'abondance

des eaux. Ainsi, quel que soit son style, le jardin au Japon est une leçon de vie à ciel ouvert.
Jean-Luc Toula-Breysse

Artisanat

Quand on parle d'artisanat, on pense d'abord à l'art populaire, à cet art fait par et pour le peuple et auquel renvoie le terme *mingei*, néologisme composé de *minshu*, peuple, et de *kogei*, artisanat. La première des remarques porte sur la reconnaissance tardive des arts populaires au Japon. Il faut attendre les années 1920 pour que, sous l'influence du grand intellectuel **Yanagi Soetsu** (1889-1961), les arts populaires trouvent enfin leurs lettres de noblesse aux côtés de l'art aristocratique, le seul art digne alors d'attention au Japon. Soetsu, qui est à l'origine du mouvement *mingei,* va jusqu'à faire redécouvrir ces objets d'usage ordinaire dont la fonction quotidienne n'oblitère en rien la beauté.

ARTS DÉCO, ARTS POPULAIRES ?

La seconde observation, tributaire de la première, est que cette théorie rend inopérante la classique distinction entre arts décoratifs, beaux-arts et art populaire. Le beau peut être quotidien, fonctionnel, anonyme, et ce, quels que soient les matériaux d'origine… pas tout à fait cependant si l'on veut que ces artisans soient dépositaires d'une longue tradition de savoir-faire. Dans la société japonaise, les matériaux de prédilection sont le papier, la soie et le bois, mais aussi le métal, le bambou, le chanvre, la paille de riz, la terre… autant de matériaux qui reflètent d'abord le génie de la nature avant d'exprimer le talent de l'artiste. Il découle de ce terreau originel un grand respect de l'artisan à l'égard de la matière qui, déjà substantialisée (existant par elle-même) par son essence divine (n'est-ce pas dans la terre, les arbres et végétaux que résident les *kami* ?), s'adapte à la

LES TRÉSORS NATIONAUX VIVANTS OU NINGEN KOKUHO

Depuis toujours, les Japonais ont une admiration profonde pour les objets d'exception car ils représentent le summum de ce que le génie humain peut engendrer, et leur perfection permet de se rapprocher en quelque sorte du surnaturel, voire du divin. Il s'agit principalement d'objets amenés au Japon au cours des siècles (bol de thé chinois utilisé ensuite par des shoguns, etc.). De par leur histoire, leur qualité et leur rareté, ils ont été répertoriés comme « Trésors nationaux », s'ils sont uniques, ou comme « Bien culturel important », s'il n'en existe que très peu d'équivalents au Japon ou dans le monde. N'ayant pas de frontière marquée entre les choses animées et inanimées, les Japonais en sont naturellement arrivés à concéder les mêmes honneurs à des êtres humains d'exception (les *Ningen kokuho* ou Trésors nationaux vivants), considérés comme les meilleurs de leur catégorie et pouvant s'exprimer soit à travers les objets qu'ils créent, soit à travers les performances qu'ils donnent. Il existe actuellement au Japon 107 Trésors nationaux vivants : 38 individus et 11 groupes dans le domaine des performances (*gagaku*, nô, *bunraku*, kabuki, musique, etc.) et, dans les arts et manufactures (céramique, textile, laque, métal, bambou, poupées, papier, etc.), 44 individus et 14 groupes. En outre, l'Agence pour la culture *(Bunkacho)* a recensé 860 œuvres comme Trésors nationaux *(Kokuho)* et 9 402 œuvres comme Biens culturels importants *(Juyo bunkazai).*
Gilles Maucout

forme voulue par l'artiste pour devenir objet et presque offrande. L'*ikebana,* surnommé aussi la « voie des fleurs » ou arrangement floral, ne vise-t-il pas au travers de règles codifiées à rendre hommage à la nature ; surtout à montrer quel dialogue le pratiquant a noué avec les végétaux ?

ARTISTE OU ARTISAN ?

L'artiste est donc d'abord un artisan qui ne se pose jamais en rival de la nature mais comme son transcripteur. Si l'on prend le papier japonais, le *washi*, qui servit en tout premier lieu de support aux calligraphies bouddhiques, il ne le put que parce que sa pureté était digne de ces saintes écritures. Ce papier, tiré le plus souvent d'écorce de mûrier, n'est pas quelque chose que l'on fabrique mais « qu'on élève », précise Dominique Buisson dans *L'Artisanat du Japon* (Éd. Hermé, 2004), rappelant que « c'est dans l'humidité que ses fibres sont étuvées, (…) dans le froid des torrents qu'elles sont nettoyées, (…) sous le soleil hivernal qu'elles blanchissent ». Dès lors ce papier, qui au départ honorait les dieux puis les empereurs, comment pourrait-il aujourd'hui être maltraité ? Lanterne, ombrelle, fenêtre, éventail, le papier joue avec la lumière, les ombres, le vent. Ce n'est pas un hasard si les Japonais ont développé l'**origami**, l'art du pliage pour lequel toute paire de ciseaux est évidemment proscrite… Prohibés aussi les doigts fougueux… Les Japonais prennent le plus grand soin à déplier un papier d'emballage ; aussi minutieusement que celui qui l'avait plié. Une culture de gestes, ritualisée aussi bien pour l'artisan qui fabrique que pour le client qui consomme et rappelle et respecte le geste artisanal ayant façonné l'objet tout entier empreint de la personnalité de l'artisan.

MAÎTRISE ET FILIATION

Car chacun sait qu'il n'y a pas de maîtrise technique sans répétition comme il ne saurait y avoir d'artisan sans reproduction et transmission de ce savoir-faire qu'autorise, génération après génération, l'appartenance à une même lignée artisanale. En matière de **céramique**, et plus particulièrement de céramique du thé, des générations (au sein d'une même famille de potiers) se succèdent pour entretenir et améliorer une technique de cuisson. Ainsi pour les célèbres *raku*, bols en grès subissant une cuisson à basse température interrompue par un choc thermique, 14 générations se sont succédé jusqu'à nos jours. Il est vrai que la céramique japonaise, terre cuite ou grès essentiellement revêtue d'une couverte sur engobe, et dévolue exclusivement aux usages domestiques (récipients, vaisselle), n'a été annexée par les maîtres du thé qu'à partir de la fin du Haut Moyen Âge. Pour ces derniers, sophistication rimait alors avec une extrême simplicité, hommage rendu là encore à la terre nourricière. Moins fragile que la porcelaine, le **bois** est bien sûr l'un des matériaux les plus travaillés au Japon. L'abondance des forêts *(voir Nature p. 693)* où se nichent nombre de divinités le rend particulièrement précieux. Humidité oblige, la **laque** est devenue son pendant indispensable dès l'époque Nara. Outre son rôle protecteur, elle permet d'embellir les bois les plus précieux. La technique du *maki-e* (époque de Heian) combine par exemple saupoudrage d'or et d'argent sur une laque encore humide. Parmi les autres matériaux très populaires, on trouve le bambou et bien sûr la **soie** en lieu et place de ces fibres d'écorce de mûrier avec lesquelles étaient réalisés les plus anciens vêtements japonais. Apanage de l'aristocratie dès l'époque de Nara, la soie concentre les techniques les plus élaborées que ce soit au niveau du tissage ou de la teinture (le principe du *kasuri* par exemple est de teindre les fils avant tissage). Pourtant, aussi sophistiquées que soient ces techniques (dont témoignent kimonos, costumes de théâtre nô), la **pierre** est peut-être l'un des plus beaux manifestes de ces arts populaires qui se font presque sans artiste mais jamais sans nature. La pierre érodée, patinée par le temps, ne nécessite aucun coup de ciseau, seulement le regard de l'artisan pour montrer comment Dame Nature travaille en toute simplicité dans son jardin.

Philippe Pataud Célérier

Mode

DU KIMONO...

Le kimono possède près de mille ans d'**histoire**, reflétant les changements dans les styles de vie, la culture et les développements technologiques des textiles et de la production.
Il reste néanmoins connu pour son élégante simplicité de forme (six bandes des soies les plus fines, peintes à la main et cousues verticalement), sa flexibilité et le fait qu'il sied à toutes les tailles, non sans garder ses tissus sophistiqués et ses très riches dessins.
En dépit de sa longue histoire et de son rôle symbolique, ses ventes ont décliné dramatiquement après la Seconde Guerre mondiale.
Les femmes adoptent alors les vêtements occidentaux pour la vie quotidienne, réservant le costume traditionnel pour les grandes occasions, qu'elles soient culturelles comme le *hatsumode* (première visite de l'année au temple), la cérémonie des « 7 ans - 5 ans - 3 ans » le 15 novembre, où l'on va au temple avec les enfants habillés de kimonos colorés prier les dieux de les garder sains et saufs, la cérémonie de remise du diplôme de sortie de l'université, les mariages et le *seijin shiki*, la cérémonie de « passage à l'âge adulte » (20 ans), le 15 janvier.
Traditionnellement, **la coupe, les couleurs et la matière** varient selon l'occasion, la saison, l'âge, le sexe et le statut marital de la personne. Mais ce côté formel et cette appréciation limitée du kimono semblent se transformer avec l'apparition d'une forte demande de la part des 20-30 ans qui, après avoir été abreuvés de culture occidentale, « découvrent » avec ravissement leur culture traditionnelle et retournent vers ce vêtement avec intérêt et une décontraction que n'avaient pas leurs aînés. Cet intérêt se retrouve jusque dans la création de sites dédiés au plaisir et à la manière de porter le kimono, pour pallier l'ignorance de parents souvent très américanisés et pas toujours capables d'enseigner la façon de l'apprêter.
Pour répondre à cette demande, les **boutiques de kimonos** d'occasion et de « vintage » à prix cassés fleurissent dans les rues de Tokyo et Kyoto. On y rencontre autant d'étrangers que de Japonais. Car, de par sa coupe simplissime, le kimono peut être porté de façon très moderne. Et la **jeune génération** ne se gêne pas pour y ajouter des accessoires européens tels que colliers, boucles d'oreilles, sacs Chanel, Hermès ou Dior et parfois même… des talons hauts ! Certaines jeunes femmes vont jusqu'à le porter avec un jean ou des bottes, exercice de style très mal vu par les anciens pour lesquels cette interprétation moderne représente une cassure inacceptable avec la tradition.
Pour ceux-ci, le kimono ne se porte qu'avec des *tabi* (petites socquettes de tissu blanc) et des *geta* (socques

Geta décorées.
J. Arnold/hemis.fr

de bois) ou des *zori* (sandales de cuir). Quant au buste, il se doit d'être ceint d'un *obi* (ceinture de soie brochée) bien serré.

Ce **mélange de styles** traditionnels et contemporains se remarque particulièrement dans les quartiers à la mode de Harajuku et de Shibuya, la très chic avenue de Ginza restant quant à elle traditionnelle. Signe des temps, on trouve aussi le contraire : des vêtements et sacs occidentaux créés dans des tissus de kimono. Toutes ces tendances reflètent l'évolution du costume traditionnel et confirment que « l'esprit kimono » reste profondément ancré dans la culture japonaise.

… À LA « STREET FASHION »

À l'instar de leur attitude envers le kimono, les jeunes Japonaises font montre de beaucoup de créativité et flexibilité avec les vêtements occidentaux. Ainsi, alors que leurs mères et grands-mères ont suivi à la lettre les règles de l'élégance « à la française » quand il s'agissait de porter un tailleur, vêtement adopté par certaines en lieu et place du kimono, les filles et petites-filles prennent des libertés et inventent la fameuse « **street fashion** » dont les journalistes et créateurs étrangers sont si friands, piochant là des idées nouvelles pour leurs collections.

Dès les années 1970-1980, le célébrissime **Miyake Issey** (premier créateur japonais à marier le style japonais au style occidental en 1974) aide les jeunes femmes à prendre leur indépendance vis-à-vis de l'Occident. Dix ans plus tard, **Yamamoto Yoji** et **Kawakubo Rei** (Comme des Garçons), chacun dans leur style, remettent en question les idéaux occidentaux sur la forme du corps et la construction du vêtement, le sexisme de la société et l'utilisation de la couleur. Pour ces deux créateurs, un léger espace entre le corps et le tissu est la base de l'élégance. Ainsi, ils révolutionnent la mode, prônant des formes conceptuelles, les unis et couleurs sombres en lieu et place de la tendance « rose, volantée et fleurie », très en vogue dans les années 1960.

Ces dernières années, à rebours de cette tendance, la jeune génération, libérée de tout complexe aussi bien vis-à-vis de l'Occident que des précédentes générations, réadopte les couleurs, les volants et le côté sexy ! Une mode féminine et décidément japonaise est née.
À la base très influencées par les mangas, les jeunes filles veulent tout simplement des vêtements qui les rendent jolies. Au diable les concepts ! Le **style Lolita** émerge dans les rues de Tokyo avec toute une gamme de spécificités. « Gothic Lolitas », volants de dentelle noire, paupières et lèvres maquillées de noir ; « Punk Lolitas », mêmes froufrous mais ornés de chaînes et têtes de mort ; « Eros Lolitas », lingerie, corsets lacés, bottines ; « Hime Lolitas » (*Hime* pour princesse), tiares sur la tête, jupons à paniers ornés de roses.
Mais, phénomène très japonais, l'évolution est programmée. Vers 22 ans, on échange son sac *kawaii* *(voir p. 659)* contre un Chanel ; à 24, la jupe Armani fait son apparition ; à 26, la veste de tailleur et à 28, le tailleur pantalon.
Entre-temps, les femmes ont aussi appris à mélanger styles et provenances, confirmant jour après jour l'originalité des vêtements « made in Japan ». Ceux de **Mujirushi**, écologiques, ou d'**Uniqlo**, deux maisons désormais installées aussi à Paris, alliés à toute la cohorte des créateurs japonais, ont fait du Japon un creuset où la tradition la plus délicate se marie aux innovations technologiques les plus pointues. Ils répondent à la demande d'une population qui ne veut plus d'une mode pour tous mais de styles allant du plus extrême au plus sage, bouclant la boucle et la mission que s'était fixée le Japon à la fin de la guerre, pays alors totalement détruit, de s'émanciper sur tous les fronts.
Françoise Moréchand

Arts martiaux et sumo

Contrairement aux arts martiaux chinois, nés dans les villages pour se défendre contre d'éventuels attaquants, les techniques japonaises de combat sont très liées à l'histoire des samouraïs ou *bushi* dont ils furent longtemps le privilège exclusif. Lorsqu'il apparaît au 8e s., le mot samouraï se prononce encore *saburai* du verbe *saburau* : servir son maître. Cet idéal de fidélité à la hiérarchie appelé *bushido* (la Voie des samouraïs) restera celui de la classe guerrière jusqu'à sa disparition à la fin du 19e s.

L'ORIGINE DES ARTS MARTIAUX

C'est au cours de l'époque d'Edo que se développent les arts martiaux traditionnels japonais. Les sept principaux sont alors : le sabre *(kenjutsu)*, la lance *(sojutsu)*, l'arc *(kyujutsu)*, l'équitation *(bajutsu)*, le combat à main nue *(jujutsu)*, le canon *(hojutsu)* et la stratégie *(hyoho)*. Le sabre est alors considéré comme la plus noble des techniques et, sous les Tokugawa, les guerriers, qui constituent l'aristocratie de la société nippone, ont le droit de trancher la tête *(kirisute gomen)* de toute personne se trouvant sur leur chemin sans craindre la moindre punition.
Cette mentalité guerrière servira de socle idéologique au régime militaire des années 1930-1945, pour qui la pratique des arts martiaux est d'abord une façon de « servir l'Empereur » et de défendre la patrie. C'est sans doute à Okinawa, d'où est originaire le karaté, que cette conception s'est le plus dramatiquement illustrée, lorsqu'en 1945, les habitants, à court d'armes et de munitions, tentent de repousser à mains nues « l'envahisseur » américain.

LES RÈGLES DU SUMO

Les règles du sumo sont on ne peut plus simples : il s'agit de pousser son adversaire hors du *dohyo*, un cercle d'argile de 4,55 mètres de diamètre entouré d'une corde, ou de lui faire toucher le sol avec une autre partie du corps que la plante des pieds. Pour vaincre, il existe au total 70 techniques répertoriées mais, dans la réalité, seules une trentaine sont utilisées. La morphologie des lutteurs qui, pour résister à la poussée de l'adversaire, n'ont de cesse que d'engraisser au point de dépasser parfois les 200 kg, est l'un des paradoxes. Cela ne les empêche d'ailleurs nullement d'être à la fois souples et rapides comme l'éclair. Sur le ring, ils ne portent d'autre vêtement que le *mawashi*, une bande de tissu serrée autour de la taille et de l'entrejambe.

Après la défaite, la plupart des techniques de combat sont interdites par les forces d'occupation du général MacArthur. Il faut alors attendre 1949 pour que le judo, par exemple, soit à nouveau autorisé, non sans avoir été débarrassé de toute référence à la guerre et à la violence. La pratique des arts martiaux n'a alors plus rien à voir avec la domination d'une classe sociale sur les autres, encore moins avec le culte de l'Empereur. Il s'agit désormais de sports populaires permettant à l'individu quel qu'il soit de réaliser l'harmonie entre corps et esprit, l'accent étant mis sur la courtoisie et le respect de l'adversaire.

LA PRATIQUE

Pratiquer un art martial exige à la fois patience et humilité, l'apprentissage étant basé sur la répétition à l'infini des *kata* ou « formes », jusqu'à ce que l'on puisse les exécuter à la perfection. Des *dan* (niveaux), matérialisés le plus souvent par des ceintures de différentes couleurs, permettent de classer les pratiquants par niveaux. Ainsi transformés, plusieurs arts martiaux connaîtront une véritable renaissance, allant, pour certains d'entre eux (dont le judo), jusqu'à devenir disciplines olympiques.
Il existe des **dizaines d'arts martiaux** allant du *jo-jutsu* (maniement du bâton court) au *ju-jitsu* (combat à mains nues) en passant par le *tessen-jutsu* (art de l'éventail de guerre) ou le *yabusame* (tir à l'arc à cheval). Mais les plus pratiqués, tant au Japon que dans le reste du monde, sont le judo, le karaté et l'aïkido, dont les formes modernes ont à peine un siècle d'existence.

Le judo

Dérivé du *ju-jitsu*, le judo ou voie de la souplesse a été fondé par Kano Jigoro en 1882. Il se compose essentiellement de projections, de clés permettant d'immobiliser l'adversaire et d'étranglements. Il connaît un grand succès en France (plus de 541 000 adhérents en 2008) depuis les médailles d'or de David Douillet aux Jeux olympiques de 1996 et de 2000.

Le karaté

Le *karatedo* ou voie de la « main vide » est né en Chine au temple de Shaolin à la fin du 5e s. Mais c'est sur l'archipel des Ryukyu (Okinawa, *voir p. 599*) qu'il s'est essentiellement développé à partir du 15e s., en réponse à l'interdiction faite aux habitants de posséder une arme. Théorisé par Funakoshi Gichin, lui-même originaire d'Okinawa et fondateur de l'école Shotokan en 1938, le karaté moderne est basé sur des coups portés successivement avec le tranchant de la main et du pied.

L'aïkido

L'aïkido est l'un des arts martiaux les plus récents. Il a été mis au point entre 1930 et 1960 par Ueshiba Morihei, lui-même se basant sur les anciennes techniques du *ju-jitsu*. Contrairement aux deux disciplines précédentes, l'aïkido (ou voie de l'énergie vitale, le *ki*) ne repose pas sur l'attaque mais sur l'utilisation de la force de l'adversaire contre lui-même. Ne nécessitant pas une grande force physique, il est accessible aux femmes, de plus en plus nombreuses à le pratiquer.

LE SUMO

Le sumo n'est pas considéré comme un art martial et n'est pratiqué que par un très petit nombre de lutteurs *(rikishi)*. C'est pourtant, avec le base-ball, l'un des sports les plus populaires au Japon où les grands champions *(yokozuna)* sont adulés comme des stars de cinéma. Néanmoins, seuls les lutteurs exceptionnels atteignent ce niveau, et il est déjà extrêmement difficile de parvenir aux deux divisions supérieures (*juryo* et *makuuchi*) habilitées à disputer les tournois *(basho)* et à percevoir un salaire. Ces lutteurs, que l'on appelle *sekitori*, sont également les seuls à avoir le droit de porter le *O-icho-mage* : un chignon dont la forme évoque la feuille de gingko et que l'on coupe au cours d'une émouvante cérémonie à la fin de sa carrière. Quant aux **origines du sumo**, elles se confondent avec celles du Japon, à l'instar des nombreux rituels empruntés au shinto : lancer de sel purificateur avant chaque combat, costume des arbitres rappelant celui des prêtres, etc. Longtemps réservé aux seuls lutteurs japonais, le sumo s'est peu à peu ouvert aux étrangers. Dans les années 1980, les Hawaiiens sont les premiers à avoir enfoncé la brèche, le plus célèbre d'entre eux réussissant même l'exploit de devenir le premier étranger *yokozuna* de l'histoire du sumo. Actuellement, au-delà des lutteurs japonais, deux Mongols, **Asashoryu** et **Hakuho**, détiennent ce titre.

Patrick Duval

Gastronomie

UN ART DE VIVRE

Itadakimasu ! disent les Japonais lorsqu'ils se mettent à table, une expression trop souvent traduite par « bon appétit » mais qui signifie, en réalité : « je reçois avec humilité », formule de remerciement à l'attention de ceux qui ont contribué au repas. Elle s'adresse en premier lieu aux divinités (cette coutume vient du shintoïsme), puis aux animaux et végétaux (qui ont donné leur vie afin que je puisse me nourrir) et, enfin, au cuisinier ou à la cuisinière qui a assemblé tous ces éléments en un plat à la fois revigorant et appétissant. Dans certaines acceptions particulières, le mot *itadakimasu* a le sens encore plus précis de « Je prends votre honorable vie », rappelant l'expression « *inochi o itadakimasu* » qu'utilisaient les samouraïs autrefois lorsqu'ils tuaient un manant.
Aujourd'hui, si les Japonais continuent à prononcer cette formule trois fois par jour, la plupart n'ont pas conscience de son étymologie. Cela n'en révèle pas moins un rapport tout à fait spécial à la nourriture, avec une attention particulière portée aux produits et au travail que suppose un repas. Ainsi, contrairement à notre « bon appétit » entièrement centré sur le plaisir décomplexé de manger une grande quantité de nourriture, *itadakimasu* semble plutôt une excuse faite à la nature de devoir un peu l'amputer pour satisfaire un besoin naturel.

Vente de poissons cuits à la braise dans le quartier d'Arashiyama à Kyoto.
F. Guiziou/hemis.fr

Et de fait, la cuisine japonaise est avant tout une cuisine modeste, davantage tournée vers la tempérance, voire l'ascétisme, que vers l'orgie. Il suffit, pour s'en convaincre, de se reporter à la signification du mot *kaiseki*. Au départ simple pierre chaude que les moines appliquaient sur leur ventre pour calmer la sensation de faim, le *kaiseki* est ensuite devenu un repas léger servi avant la cérémonie du thé. Aujourd'hui, il représente la forme la plus sophistiquée de la cuisine nippone.
« La cuisine, disait Curnonsky, c'est quand les choses ont le goût de ce qu'elles sont. » Aucune définition ne saurait mieux convenir à la cuisine japonaise, pour qui il s'agit moins de donner du goût en ajoutant des sauces ou en les mélangeant à d'autres ingrédients, que de **faire ressortir la saveur** de chaque aliment par différents procédés culinaires. Autre gageure : utiliser au maximum tous les ingrédients afin de **limiter le gaspillage** des ressources. Enfin, il s'agit d'une **cuisine digeste** et **bien équilibrée** qui permet de vivre longtemps, préserve la santé, les Japonais détenant, depuis plus de vingt ans, le record mondial de **longévité**.

UNE LONGUE HISTOIRE

L'histoire de la cuisine japonaise remonte à l'époque Yayoi (3e s. av. J.-C. - 3e s. apr. J.-C.), période au cours de laquelle se répandent à la fois la culture du **riz**, le travail de la poterie, du bronze et enfin les techniques de conservation par séchage ou fermentation qui permettront la fabrication des **premiers sakés** *(voir p. 689)* et, plus tard, celle du **miso**.
Durant les périodes de Nara (8e s.) et de Heian (9e s. au 12e s.), le Japon subit l'influence de la Chine. Les premiers produits laitiers apparaissent, comme le **raku**, aliment aigre et liquide proche du fromage. Le vinaigre et le sel datent également de cette période. Au cours de l'époque Kamakura (13e et 14e s.), l'introduction du bouddhisme zen va être déterminante. La **cuisine shojin** (terme bouddhiste signifiant « s'éloigner des distractions, purifier son corps et s'entraîner avec

BOCUSE AU JAPON ? UNE HISTOIRE D'AMOUR…

Pour Paul Bocuse, « l'aventure japonaise » débute au début des années 1970 par une rencontre : « Un jour, j'ai vu arriver à l'Auberge un client élégamment vêtu d'un manteau anglais, portant un superbe appareil photo. Amoureux de la cuisine française, Tsuji Shizuo me parle de Raymond Oliver qu'il a rencontré à Paris et m'indique qu'il dirige une école à son nom dans son pays, me proposant de venir y faire une démonstration. Depuis cette première fois, je suis retourné régulièrement au Japon. »

Avec lui, quelques-uns des plus prestigieux chefs français feront le voyage : Alain Chapel, Pierre et Jean Troisgros, Louis Outhier.

Aujourd'hui, à Tokyo, initiées par Hiramatsu (étoilé à Paris en son restaurant éponyme), quatre brasseries (dans le National Art Center à Roppongi, à Ginza, à Minami-Azabu et à Tokyo Station) et un restaurant étoilé portent le nom de Paul Bocuse. « Ils ont tout compris, dit-il des cuisiniers japonais. Ils ont les produits dont nous avons favorisé l'apport et ils savent réaliser une remarquable cuisine avec de très belles assiettes… »

Jean-François Mesplède

ardeur ») se répand et constituera désormais l'un des socles de la cuisine japonaise. Les périodes de Muromachi et de Momoyama (autour du 14e s. et de la seconde moitié du 16e s.) voient quant à elles apparaître la **sauce soja**, le **sucre** et l'**algue konbu**, trois éléments qui se révéleront essentiels au « goût japonais ». Puis, grâce à une technique permettant de faire sécher la bonite *(katsuo boshi)*, le **dashi** est inventé. Ce bouillon constitue aujourd'hui encore l'une des bases de la gastronomie nippone.

À la même époque, les premiers contacts s'établissent avec la cuisine des *Nanban* (littéralement « barbares du Sud », désignant les Portugais). Ces derniers introduisent notamment la friture et seront à l'origine des **tempuras** (beignets). À la fin du 16e s., la cérémonie du thé (sous l'impulsion du maître Sen no Rikyu) atteint un tel degré de sophistication qu'une cuisine particulière, la **kaiseki ryori**, est conçue pour l'accompagner. Sous l'influence du bouddhisme (les moines sont alors essentiellement végétariens), la consommation de viande était (théoriquement) punie de mort.

Enfin, dès les débuts de l'ère Meiji (1868), de nombreux tabous alimentaires disparaissent. L'Empereur vante publiquement les bienfaits de la viande de bœuf. Sous l'influence occidentale, les produits et recettes se diversifient. Ils restent néanmoins bien séparés, les restaurants se spécialisant souvent dans un type de cuisine : sushi, porc pané, tempura, brochettes, etc.

TYPES DE CUISINES

Nabemono : la fondue japonaise

Le *sukiyaki* est la forme la plus connue de *nabemono* (marmite). Il s'agit de tranches de bœuf coupées très finement que l'on fait griller dans une sauce appelée *warishita*, mélange de *mirin*, saké, sauce soja et sucre. Chaque bouchée est ensuite plongée dans un œuf cru, puis dégustée en ajoutant des champignons *shiitake* et *enoki*, du chou chinois, des feuilles de chrysanthèmes, du tofu et, à la fin, de fines nouilles transparentes appelées *shirataki*. Le *shabu-shabu* est un autre type de préparation utilisant les mêmes ingrédients de base mais avec un bouillon différent.

Sashimi, sushi : le poisson cru

Le Japon étant entouré de mers, le poisson tient une place de premier plan dans l'alimentation nationale même si, aujourd'hui, la consommation de viande est devenue majoritaire. Cela n'a pas empêché le poisson cru de connaître un succès phénoménal à travers le monde. Une seule ville comme Paris comptait en 2008 plus de 800 « sushi bars ».

Traditionnellement, le poisson cru est d'abord débarrassé de ses arêtes puis préparé soit en sashimi – simple tranche que l'on trempe dans le *shoyu* (sauce soja) –, soit en *nigiri* – la tranche est posée sur une boulette de riz légèrement vinaigrée et sucrée –, soit encore en *maki sushi* – c'est-à-dire placé au centre d'un rouleau de riz qu'enveloppe une algue *nori*. Entre deux bouchées, on peut se « rincer la bouche » avec une ou deux lamelles de gingembre mariné dans du vinaigre.

Un assortiment de poisson cru *(moriawase)*, qu'il s'agisse de sashimi, de *nigiri* ou encore de *chirashi* (le poisson est disposé sur un lit de riz blanc), comprend en général un ou deux poissons rouges comme le thon ou la bonite, un ou deux poissons blancs comme le bar ou la daurade, une crevette cuite ou crue, de la seiche, du maquereau et de l'omelette japonaise. On peut en outre commander à la pièce des poissons ou coquillages de saison ou encore de l'oursin ou de l'anguille. La sélection varie en fonction de la saison mais aussi de l'appétit et du budget du client ! L'idéal est de choisir le menu *omakase*, c'est-à-dire le choix du chef qui a sélectionné les meilleurs produits le matin même. Sur le plateau, on trouve également une racine verte râpée, très relevée, appelée *wasabi*.

La cuisine des moines

La cuisine **shojin**, introduite au Japon à l'époque d'Edo, trouve son origine dans le zen (cuisine des moines) mais aussi dans la cuisine chinoise *fucha*, repas maigres des moines bouddhistes. Entièrement végétarienne, elle utilise uniquement des légumes, des algues, des poissons séchés ou encore du miso. Les préparations naturelles garantissent un bon équilibre diététique. Certains temples, à Kyoto notamment, ou à Kamakura, proposent aux visiteurs de passage d'en faire l'expérience.

Le **kaiseki** est une déclinaison de la cuisine shojin, adaptée, à la fin du 16e s., pour accompagner la cérémonie du thé. Elle comporte une succession de petits plats dont la beauté formelle atteint parfois le niveau d'une œuvre d'art. On la déguste dans des restaurants appelés *ryotei* ou dans des auberges traditionnelles (ryokan).

COMMANDER DANS UN SUSHI-YA

Anguille : anago (de mer) ou unagi (de rivière)
Bar : suzuki
Bonite : katsuo
Coquille Saint-Jacques : hotate
Crabe : kani
Crevette crue : nama ebi
Crevette : ebi
Daurade : taï
Maquereau : saba
Œufs de saumon : ikura
Omelette : tamago
Ormeau : awabi
Oursin : uni
Poulpe : tako
Sardine : iwashi
Seiche : ika
Thon gras : toro
Thon : maguro
Gingembre : gari
Sauce de soja : shoyu

KOSHU, UN CÉPAGE PUREMENT JAPONAIS

Japonais ne rime pas toujours avec saké, et les vignes du mont Fuji en sont la preuve. Célèbre pour sa production fruitière (kakis, pommes, raisins), la préfecture de Yamanashi, berceau viticole de l'archipel, est de plus en plus reconnue pour son *Koshu* (ancien nom de Yamanashi). Développé au Japon depuis le 8e s. (il serait arrivé du Caucase par les Routes de la soie), ce cépage n'est travaillé qu'à partir de 1877, date d'installation de la première société viticole dans la région. Ce raisin, produit dans la vallée de Katsunuma, au sud-est de Yamanashi, fournit aujourd'hui 25 % des vins japonais. Blanc sec, peu structuré, légèrement acidulé avec des arômes de citron, il est maintenant exporté en Europe. L'une des plus importantes sociétés viticoles (il y en a 90 aujourd'hui dans la préfecture de Yamanashi), la Grace Wine, lancée en 1923 et qui produit aujourd'hui 250 000 bouteilles par an, a vu son Grace Koshu salué par les meilleurs critiques. Pour toute information, consultez le site de l'association des amoureux du vin nippon : www.jp-wine.com/fr/index.html.

L'univers des nouilles

Originaires de Chine, les nouilles sont aujourd'hui l'un des plats les plus populaires de l'archipel, surtout chez les jeunes. Elles sont consommées à la maison ou au bureau sous forme de *cup-noodle* (nouilles déshydratées prêtes à l'emploi) mais connaissent aussi un grand succès dans les restaurants. Il en existe principalement trois sortes : les **soba**, à base de sarrasin, se consomment aussi bien chaudes que froides. Elles ont une valeur symbolique forte car *soba* signifie également « à côté » et il est d'usage d'en offrir un paquet à ses nouveaux voisins quand on emménage. Spécialité de l'île de Shikoku, les **udon** sont des pâtes de blé que l'on déguste en soupe accompagnées de bœuf ou de porc ou surmontées d'un beignet de crevette. Les **ramen**, enfin, sont également des nouilles de blé, plus fines que les *udon*, servies dans de grands bols de soupe ou sautées *(yakisoba)*, accompagnées de calamars et de légumes.

Tempura : les beignets

D'origine portugaise, ce plat est une déclinaison du beignet tel qu'on le confectionne autour de la Méditerranée. Trempés dans une pâte à base d'eau, d'œuf et de farine, les légumes, les crevettes ou le poisson sont ensuite jetés dans l'huile bouillante (soigneusement sélectionnée), tout l'art du cuisinier consistant à obtenir une enveloppe préservant le goût du produit et un cœur chaud. Les éléments sont préparés et servis un à un pour être savourés dans la minute qui suit la cuisson. Un menu tempura comprend plusieurs pièces que l'on peut déguster avec un peu de sel (auquel on mélange parfois de la poudre de *matcha*) ou légèrement trempées dans une sauce à base de soja et radis blanc râpé *(daikon)* ou encore avec un jus de citron. À la fin du repas, on propose en général un gros beignet composé de crevettes, de pétoncles et d'herbes, servi avec du riz accompagné d'un bouillon ou d'une soupe miso ou encore de thé.

La cuisine sur plaque chauffante

La cuisine sur plaque chauffante ou **teppan-yaki** est née aux États-Unis, d'où le surnom de « cow-boys » japonais donné parfois aux chefs spécialisés, d'autant qu'une chaîne très connue, Benihana, a rendu ce plat populaire en y ajoutant une dimension spectaculaire (le chef jongle avec la nourriture). Ici, le cuisinier se contente de griller, devant le client, des morceaux de bœuf, crevettes, coquilles Saint-Jacques ou légumes en les arrosant éventuellement de citron ou en les flambant (parfois au saké). Autre spécialité préparée sur plaque chauffante, l'**okonomi-yaki** est originaire de Hiroshima. *Okonomi* signifie « suivant votre goût » et *yaki* « grillé ». Il s'agit d'une crêpe à laquelle on ajoute au choix de la viande de bœuf, des légumes ou des fruits de mer. Une fois cuite des deux côtés, la crêpe est enduite d'une sauce brune et sucrée sur laquelle on ajoute des algues séchées ou quelques copeaux de bonite séchée.

Les panures

Le **tonkatsu**, porc pané, se révèle être l'interprétation nippone d'un plat occidental : la *cutlet* (côtelette) qui, prononcé à la japonaise, a d'abord donné *katsu-retsu* puis *ton* (porc) *katsu*. Introduit au Japon autour de 1890, ce plat est devenu très populaire à partir des années 1930. Filets ou faux-filets de porc sont plongés dans une pâte à base d'œuf, de farine et de chapelure puis frits dans l'huile. L'ensemble est servi avec une salade de chou finement haché, du riz blanc et assaisonné d'une sauce *tonkatsu* à base de sucre, vinaigre, condiments et bouillon de légumes, qui peut être douce *(amakuchi)* ou un peu plus forte *(karakuchi)*. Le porc et le riz peuvent également être mêlés dans un même bol avec un œuf et des oignons grillés (**katsudon**). Des variantes existent avec des crevettes (**ebifurai**) ou des huîtres (**kakifurai**).

Unagi : l'anguille grillée

Riche en protéines, en vitamine A et en calcium, l'anguille est un plat qui se consomme généralement l'été. Dans les restaurants spécialisés, reconnaissables à la lettre « う », les poissons sont livrés vivants. Le restaurateur les enfile sur de petites brochettes en bambou avant de les cuire à la braise ou à la vapeur, ou les deux successivement. Présentée sur un lit de riz blanc dans une boîte laquée, l'anguille est badigeonnée d'une sauce sucrée dont la recette (toujours secrète) varie d'une région, voire d'un établissement à

LE SAKÉ

Il n'est de repas au Japon qui ne soit associé au saké. Cet alcool blanc, qui voisine les 14 degrés et dont certains sommeliers prétendent qu'il égale les grands crus français, demeure le grand vecteur de la sociabilité japonaise. Il permet d'abolir, l'instant des festivités, les hiérarchies.

Souvent appelé « la boisson des dieux » par les japonais eux-mêmes, le saké est fabriqué à partir de riz, de *kaji-kin* (une enzyme), de levure et… d'eau, l'élément le plus déterminant. Chaque matin, aux aurores, Kazuhiko, grand maître du saké à Kanazawa (Alpes japonaises), goûte l'eau centenaire de la fontaine de la maison Fukumitsuya. Le secret d'un des meilleurs sakés au monde réside dans cette source pure. Apparu au Japon au 3e s., boisson populaire (les paysans transformaient en alcool leurs surplus de riz), le saké devient raffiné à la fin du 7e s. : un « saké impérial » est même élaboré. L'eau, le riz et la levure ne sont assemblés qu'une fois l'an, au cœur de l'hiver, pour que la magie de la fermentation opère.

Les meilleurs sakés sont servis frais. Ils s'accordent très bien avec les poissons crus, les tempuras, mais aussi la viande, comme le bœuf japonais Hida, très persillé, et repas de fête. Après achat, le saké doit être consommé dans le mois qui suit, et une semaine après ouverture.

UN BŒUF LÉGENDAIRE

Chouchouté, le bœuf de Kobe recevrait des séances régulières de massage au saké, écouterait du Mozart et verrait son eau agrémentée de bière : le célèbre bovidé n'a pas besoin de ces arguments promotionnels quelque peu fantaisistes. En réalité, des qualités génétiques exceptionnelles donnent à l'animal la capacité de stocker du gras non saturé, et du coup pauvre en cholestérol, dans, et non autour de ses tissus musculaires. D'où une viande incomparable, persillée, tendre comme du beurre et ample en bouche. D'où, aussi, le prix astronomique de cette viande marbrée (le prix du kilo dépasse allégrement les 10 000 ¥), réservée à l'élite des gastronomes. Côté élevage, la prise de poids du bœuf est contrôlée quotidiennement, l'exercice physique banni et sa quantité de nourriture, composée de foin et de céréales uniquement, minutieusement dosée selon son âge. Ne devient pas bœuf de Kobe qui veut, puisque les veaux, triés sur le volet, sont achetés à 9 ou 10 mois à des producteurs qui gèrent la qualité du patrimoine génétique. Si le label « bœuf de Kobe » est l'apanage de la région, des bœufs *wagyu*, ou bœufs japonais, issus de cette race sont élevés sur d'autres pâturages comme les îles Kyushu.

Si vous en avez l'occasion, goûtez aux sashimis de bœuf de Kobe, une expérience originale, ou plus classique, cuit sur plaque chauffante.

l'autre. Suivant les goûts, on peut y ajouter pour épicer un peu de *sansho*, les feuilles d'une plante séchées et broyées.

Les brochettes de poulet

Le **yakitori**, littéralement « oiseau grillé », est un mets japonais consistant en de petites brochettes de poulet grillées avec un glaçage à base de sauce soja mélangé de sucre et de *mirin*. On peut, ou non, y ajouter encore du sel ou de la sauce. Préparées devant le client, les brochettes sont servies au fur et à mesure et peuvent être assaisonnées de *shichimi-togarashi* (condiment composite de poivre de Cayenne, écorce d'orange séchée et cinq autres épices). Les premiers *yakitori* datent de l'ère Meiji, servis dans des échoppes de rue avec les rogatons des restaurants récupérés par les petits commerçants.
Plus tard, dans les années 1960, l'importation de poulet américain consacre le *yakitori* comme l'un des plats les plus populaires au Japon. Avec les sushis, il est aussi le plus exporté. Dans l'archipel, un menu *yakitori* comporte aussi des légumes et même, parfois, de la viande de bœuf ou de porc. Quant au riz, il est servi en fin de repas, grillé *(yaki onigiri)* et cerclé d'une algue *nori*.

Patrick Duval

Cérémonie du thé

À tort, la cérémonie du thé *(Cha no yu)* ou *Sa-do*, « voie du thé », est parfois perçue en Occident comme un simple passe-temps féminin, tout au plus une de ces activités culturelles auxquelles s'adonnent les geishas devant les touristes en mal d'exotisme…
Ce serait bien méconnaître cette activité, qui, au cours des siècles où s'est façonnée l'âme japonaise, a été au centre de toutes les attentions de la classe guerrière et dirigeante du pays.

ORIGINE ET CONTEXTE

Entre le 10e et le 14e s., la Chine rayonne intellectuellement et artistiquement sur le reste de l'Asie. Le bouddhisme, la calligraphie, la peinture, l'architecture, la poésie, la poterie, les bonsaïs, les arrangements floraux, sont adoptés

Cérémonie du thé.
AGE/Photononstop

par les classes aristocratiques japonaises. Le moine **Essai** (1141-1215) importe également de Chine la culture et le thé en feuilles broyées *(matcha)* qui permet d'éviter la somnolence lors des sessions de méditation dans les temples zen. Puis, le moine **Ikyu** (1394-1481) développe dans l'environnement japonais la coutume (déjà établie en Chine) de faire servir aux notables des bols de thé vert dans les grandes salles de temple. Les feuilles de thé sont broyées en fine poudre verte, déposées dans un bol (le *chawan*) sur lequel on verse de l'eau chaude, le tout étant mélangé à l'aide d'un petit fouet en bambou (le *chasen*). Dès lors, la cérémonie du thé devient l'apanage des classes dirigeantes et le restera jusqu'à la fin du 19e s. et la chute du régime féodal.

L'EMPRUNT AUX GUERRIERS ET AUX MOINES LETTRÉS

Entre le 14e s. et la fin du 19e s., la Chine et le Japon se ferment sur eux-mêmes et développent, chacun à leur manière, une culture dérivée des fondements du bouddhisme et du confucianisme. Au-delà du shintoïsme, religion ancestrale des Japonais, les samouraïs adoptent le bouddhisme zen pour les vertus morales qu'il diffuse. Le pavillon de thé devient ainsi le lieu sacré de la classe guerrière, encouragé en cela par les moines zen qui gravitent autour d'eux. Ainsi, on peut lire du général **Kawamori Yoshishige** : « Il défendit le château de Kishikawa et coupa personnellement 208 têtes… C'était aussi un excellent maître de thé… »
Plus tard, trois personnages importants rompent avec l'ère chinoise pour inscrire la cérémonie du thé dans l'esprit japonais. Ainsi, **Murata Shuko** (1422-1502) réduit les dimensions de la pièce et crée le style *soan* : 4 ou 5 tatamis où des objets de différentes origines cohabitent, dans un style purement japonais. La cérémonie du thé devient alors intimiste et sort du cadre hiérarchique conventionnel. Un siècle plus tard, **Takeno Joo** (1504-1555) revient aux

> **TETSUBIN ET KAMA**
> Le mot *tetsubin* désigne les bouilloires en alliage de fer qui servaient pendant la période féodale à faire chauffer l'eau du thé. On distingue la bouilloire proprement dite, munie d'une anse, qui se posait ou s'accrochait au-dessus du foyer, et la *kama*, bouilloire généralement ronde sans anse, mais munie de deux oreilles, qui servait exclusivement à faire chauffer l'eau dans les cérémonies du thé. En aucun cas ces ustensiles ne servent de théière, contrairement à l'usage qui en est fait en Europe. Au Japon, les théières sont principalement en porcelaine, même de nos jours.

fondamentaux du zen, et contribue à dépouiller l'espace et la matière. Enfin, **Sen no Rikyu** (1522-1591) fixe le contexte global de la cérémonie, incluant le passage des invités par le *roji* (jardin qui permet la transition du monde extérieur au monde pur du pavillon de thé) et la purification symbolique sur le *tsukubai* (bassin de pierre où l'on se rince les doigts et la bouche). Il détache également le pavillon de thé du bâtiment principal, obligeant les invités à ramper pour entrer (le *nijiriguchi* : petite ouverture qui oblige tout grand seigneur à la plus grande modestie…). L'esthétique du *wabi* (le dépouillement) est née. Elle marquera à tout jamais l'âme japonaise.

Le pavillon de thé

Alors que le pavillon de thé chinois (quatre piliers soutenant un toit) est largement ouvert sur le monde, le pavillon japonais est hermétiquement fermé sur lui-même, donnant, avec la fleur cueillie le matin *(chabana)*, la lumière tamisée sur les *shoji* et les seuls ustensiles qui vont servir à la cérémonie, l'impression d'un microcosme où le vide donne son sens même au plein. Dans ce cadre, le maître va pouvoir préparer le thé, les mouvements empreints d'une grande force, laissant transparaître le degré de maîtrise et de précision auquel il sera arrivé. Pour ce faire, le cerveau, le souffle et l'abdomen (le *hara*) doivent être parfaitement coordonnés dans un travail commun à toutes les pratiques des arts martiaux.

SENSIBILITÉ DE L'ÂME JAPONAISE

Harmonie, respect, pureté, et sérénité sont les quatre principes fondamentaux qui se dégagent de la cérémonie du thé. Toutefois, en développant le modeste pavillon, les samouraïs sont allés bien plus loin, forgeant pendant plus de quatre siècles ce qui deviendra la force du Japon : étude, concentration, pratique continue, perfection des gestes, sens du détail, détermination, abnégation. Autant de qualités que les Japonais sauront utiliser par la suite dans bien d'autres domaines… et hors du contexte de la cérémonie du thé.
Gilles Maucout

Nature

Géographie des contrastes, l'archipel nippon est en soi l'un des pays les plus singuliers au monde. Sans déterminisme exagéré, sa géographie a aussi modelé le caractère de ses habitants, obligés de vivre avec des contraintes environnementales particulièrement marquées.

UN GRAND PAYS MARIN

Le Japon forme un arc insulaire très étroit composé d'un peu plus de 3 500 îles et îlots. Indexé sur un axe nord-est, ce chapelet d'îles s'étire sur quelque 3 000 km entre le 45e et le 25e degré de latitude nord (Paris est à 48° de latitude nord). La surface terrestre de l'archipel reste modeste. Ses 378 000 km^2 sont à 95 % le monopole des quatre principales îles : Kyushu, Shikoku, Honshu et Hokkaido. Mais, si l'on prend en compte l'espace maritime – les zones économiques exclusives des 200 milles marins (370,4 km des côtes) – sur lequel le Japon exerce des droits souverains en matière économique, le pays totalise 4,5 millions de km^2. Avec 33 000 km de côtes, la superficie du Japon passe alors du 50e au 6e rang mondial. Pays marin, le Japon n'est pas pour autant « un pays de marins mais d'insulaires, nuance de taille qui permet de ne pas oublier la dimension terrestre, rurale, rizicole et citadine du pays » (*Japon*, Philippe Pelletier, La Documentation française, 2003).

71 % DE MONTAGNES

Entre ses deux pôles septentrional (Hokkaido) et méridional (Okinawa), le Japon décline une variété climatique et paysagère qui va de la mangrove pour la région subtropicale aux résineux pour son pendant subpolaire en passant par les innombrables feuillus (chênes, hêtres, cornouillers, magnolias, érables), résineux (cryptomères, cèdres) et cerisiers (famille *Rosaceae*) des zones tempérées de Honshu, la grande île centrale. L'impact maritime explique la forte pluviosité que connaît l'archipel

LE JAPON DE L'ENVERS ET LE JAPON DE L'ENDROIT

Bien que la partie centrale du Japon se situe en zone de climat tempéré, l'échine montagneuse qui le coupe en deux sur presque toute sa longueur achoppe sur des contrastes saisissants : l'hiver, des vents froids chargés d'humidité soufflent du nord-est et provoquent de fortes chutes de neige sur le versant de la mer du Japon appelé le « Japon de l'envers » *(Ura Nihon)*. C'est ce fameux « pays de neige », rude et rustique, qu'avait décrit Kawabata dans *Pays de Neige*. De l'autre côté des Alpes japonaises, la façade Pacifique ou « Japon de l'endroit » *(Omote Nihon)* est beaucoup plus ensoleillée en hiver mais pluvieuse en été. Des masses d'air tropical venues du sud-est remontent vers le nord, et provoquent en juin des pluies de mousson *(baiu)* accompagnées en septembre de cyclones tropicaux.

dont aucun lieu (exception faite de Hokkaido) n'est situé à plus de 100 kilomètres de la mer. Les deux tiers du territoire reçoivent annuellement plus de 1,50 m de pluie. La forêt occupe les trois quarts de l'espace terrestre japonais (186 espèces d'arbres, 4 500 variétés de plantes). Mais, si seulement 1/5 du territoire est habitable, c'est en raison des montagnes qui occupent plus de 70 % des terres de l'archipel. En fait les pentes supérieures à 15 % forment les trois quarts du pays.

DENSITÉ DES PLAINES

Les conséquences sont multiples. La première d'entre elles est que le Japon dispose de très peu de plaines (16 % du territoire) ; ces surfaces cultivables, riches, car bénéficiant des limons d'origine volcanique, se rétractent au fil du temps sous l'impact de sollicitations multiples (urbaines, industrielles…). Ainsi, la plaine du Kanto (région de Tokyo), la plus vaste du Japon (environ 15 000 km^2), accueille la plus grande conurbation du monde (30 millions d'habitants). Développement urbain, hyperindustrialisation grignotent progressivement ces plaines que l'on trouve le plus souvent (conséquence de l'orogénèse - phase d'apparition des reliefs et montagnes) en bordure des côtes.

L'ARCHIPEL DES RISQUES NATURELS

Car le Japon, derrière son abondance de montagnes, cache aussi une abondance de volcans (la montagne la plus élevée du pays, le célèbre mont Fuji, est en fait un volcan conoïde de 3 776 m de haut, en hibernation depuis le 18e s.). On compte plus de 260 volcans dont une petite centaine sont toujours en activité (10 % des volcans actifs dans le monde). Ce volcanisme a pour terreau une écorce terrestre agitée par la « ceinture de feu du Pacifique ». L'archipel, au confluent des plaques de l'Eurasie, de l'Amour, du Pacifique et des Philippines, subit quotidiennement ces forces tectoniques qui engendrent des séismes souvent dévastateurs. Les plus meurtriers ont fait 140 000 morts en 1923, près de 5 500 morts en 1995 à Kobe et plus de 18 000 morts et disparus en 2011 dus principalement au tsunami qui a suivi le Grand Séisme de l'Est du Japon.

UN MILIEU NATUREL INGRAT

Face à ce milieu naturel peu favorable, les Japonais ont apporté de multiples réponses : pour domestiquer les pentes inhospitalières, ils ont choisi la riziculture irriguée ; la parcellisation (propice au départ à l'emploi d'une population rurale surnuméraire). En l'absence de plaine, l'élevage a été condamné, épousant d'ailleurs à merveille les préceptes bouddhiques qui proscrivent l'abattage d'animaux. Pour échapper aux saisons lourdes et humides, ils ont privilégié des architectures légères faites de cloisons coulissantes qui permettent de profiter des courants d'air sans portes qui claquent ; face aux séismes ou aux intenses chutes de neige au nord, ils ont choisi le bois, matériau abondant il est vrai mais aussi plus flexible et moins lourd que la pierre, moins résistante au gel. Des volcans bouillonnants et menaçants, ils ont su tirer de ces sources d'eau chaude (onsen) une hygiène de vie, un instant de sérénité, un lieu de socialisation et d'osmose avec la nature. Et pour lutter contre le manque d'espaces utiles, ils ont multiplié les terre-pleins littoraux. En sens inverse face à ces trop-plein d'eau, ils ont mis au point de multiples techniques d'endiguement et d'écoulement des eaux, multiplié les barrages.

Towada-Hachimantai National Park, dans le nord du Tohoku.
JNTO

MAÎTRISE ET REVERS

Cette maîtrise « des temps » et de l'espace a bien sûr ses revers : les côtes sont bétonnées, souvent saccagées. La modernité urbaine a accéléré l'exode rural. Aujourd'hui, on assiste à la méga-polisation des trois quarts de la population japonaise. La région de Tokyo concentre à elle seule le quart de la population sur 2 % du territoire. Les techniques de plus en plus sophistiquées font parfois oublier les risques naturels. Les centrales nucléaires se sont multipliés, essentiellement le long du littoral en l'absence d'un réseau hydrographique conséquent pour refroidir les réacteurs, sous-estimant le risque sismique pourtant omniprésent.

De ces multiples périls qui de tout temps les ont menacés, les Japonais ont gardé un fonctionnement de groupe, une coordination collective asservie à un but obsessionnel d'efficacité qui estompe les aléas naturels par une culture de l'exactitude (le train arrive à 11h01 comme il est annoncé). Les Japonais restent par ailleurs toujours pétris de croyances animistes, car aussi sophistiqué que soit leur monde technologique, il ne sera jamais à la hauteur des désordres qui le conditionnent et les font espérer.

Philippe Pataud Célérier

ORGANISER SON VOYAGE

Le Shinkansen et le mont Fuji.
J. Arnold/hemis.fr

Types de séjour

NATURE ET LOISIRS	
Plaisirs ruraux, littoraux et insulaires	Matsushima, paysage inoubliable de la baie. L'île de Sado, sauvage et préservée. Les plages des îles Yaeyama (Iriomote et Taketomi-jima). Le littoral déchiqueté du San-in, de la côte Pacifique de Shikoku et de la péninsule d'Izu. La vie quotidienne des îles de la mer Intérieure et d'Amakusa. L'éden végétal de Yakushima. Dormir dans une pittoresque ferme *gassho-zukuri* à Ogimachi. Les vallées isolées de Shikoku. Les gorges d'Oirase dans le Tohoku.
Montagnes et volcans	Les volcans de Sakurajima, du mont Aso et, bien sûr le mont Fuji (attention, ascension possible en été seulement). Daisetsu-zan, toit de Hokkaido. Les Alpes japonaises autour de Nagano. Les vallées d'Iya et de Kiso. Le mont Haguro.
Onsen	Matsuyama où le vénérable Dogo Onsen bouillonne depuis 2 000 ans. Jigoku-dani et ses macaques, dans les Alpes japonaises ! Les onsen isolés du Tohoku (Zao, Ginzan et Nyuto). Et ceux de Hokkaido en hiver. Les touristiques Hakone et Beppu. Moins fréquentées et plus authentiques, Unzen (Kyushu) et surtout Kinosaki Onsen (mer du Japon).
Sports (rando, ski...)	Randonnées dans tous les parcs nationaux ! Suivre les pèlerins de Shikoku et du Kumano Kodo. Ski à Niseko (Hokkaido) et autour de Nagano. Vélo dans la plaine de Kibi, sur le parcours Shimanami Kaido, le long de la rivière Kamo et dans les îles de la mer Intérieure. Plongée dans les archipels du sud. Rencontre avec les ours de Shiretoko.
JAPON MODERNE ET BRANCHÉ	
Ambiances de jour, de nuit, J-pop	À Tokyo : Akihabara (jeux vidéos, mangas), Shibuya et Harajuku (mode, cosplay), Kabuki-cho (Shinjuku) la nuit. À Osaka : arpentez Dotonbori la nuit ; shopping à Nanba, Amerika Mura et Umeda. À Fukuoka : le quartier de Nakasu abrite 3 000 bars, restaurants et clubs ! Susukino est son équivalent à Sapporo. Suivre un match de base-ball. Profiter de l'ambiance autour des grandes gares, 24h/24. Parcourir le pays à travers les lieux qui ont inspiré mangas et *anime*.
Architecture et culture	Tokyo, pour une immersion dans le futur, rendez-vous à Shinjuku et Odaiba. Grimpez au sommet de la Tokyo Sky Tree. Yokohama et son front de mer futuriste (tours, terminal des ferries...). Nao-shima et les îles alentour, dans la mer Intérieure. Les musées dessinés par Ando Tadao. Le 21st Century Museum of Contemporary Art de Kanazawa. La médiathèque de Sendai. La programmation culturelle dans les grandes villes.

JAPON ÉTERNEL	
Temples et sanctuaires	Kyoto, 2 000 temples et sanctuaires… Le *torii* « flottant » de Miyajima. Nara et le Horyu-ji. Koya-san au parfum mystique où il faut absolument passer une nuit. Kamakura pour y flâner à pied ou à vélo. Mais aussi Nikko, Ise, Izumo-Taisha, le Zenko-ji de Nagano, le Yamadera à Yamagata, le Zuigan-ji de Matsushima ou le mont Haguro.
Monuments et cités préservés	Kyoto bien sûr. Kurashiki, Matsue et leurs quartiers anciens au bord de canaux. Les villages de la vallée de Kiso et de la région de Takayama. Les maisons de samouraïs de Hagi, de Tsuwano et de Kakunodate. Les châteaux de Himeji, Matsumoto, Kumamoto et Hirosaki. Les jardins de Takamatsu, Okayama et Kanazawa. L'émouvant Mémorial pour la Paix de Hiroshima.
Culture et traditions	Dormir dans un ryokan. Aller voir un tournoi de sumo. Les tambours de Kodo lors du Festival de la terre, sur l'île de Sado. Visiter une brasserie de saké. Assister à une représentation de théâtre nô ou kabuki. Faire une pause dans une maison de thé. Et tout le calendrier des *matsuri* !
Gastronomie	Découvrir les mille et une spécialités régionales. Les marchés aux poissons de Tsukuji (Tokyo), Naha, Hakodate ou Shimonoseki. Le bœuf de Kobe. Les huîtres de Miyajima. Un repas de cuisine *kaiseki* à Kyoto. Les pâtisseries et viennoiseries japonaises. Le thé vert de Uji. La cuisine végétarienne *shojin-ryori* à Haguro ou Koya-san. Les produits laitiers de Hokkaido. *Udon, ramen, soba*... toutes les pâtes et leurs utilisations variées à Takamatsu, Fukuoka, Onomichi... L'*okonomiyaki* de Hiroshima. Le « Gengis Khan » de Sapporo. Arpenter les *depachika* (rayons alimentaires des grands magasins).

Ambiance de la Takeshita-dori, Tokyo.

L. Vallecillos/age fotostock

Aller au Japon

En avion

LIGNES RÉGULIÈRES

La plupart des voyageurs optent pour un vol Paris-Tokyo, mais si vous souhaitez vous rendre dans le Kansai et l'ouest du Japon, il est plus judicieux de prendre un billet Paris-Osaka, dont le prix est similaire. Un vol direct Paris-Tokyo dure env. 12h. Le prix des billets varie beaucoup selon la compagnie et la saison. En temps normal, comptez autour de 1 100 € AR en vol direct ou 850 € avec escale. Mais on trouve aussi des promotions à moins de 700 € avec escale. Les meilleurs tarifs de vols secs s'obtiennent sur les sites Internet et par les voyagistes.

Vols directs

Air France - 49 av. de l'Opéra, 75002 Paris, ✆ 3654 (0,35 €/mn + prix appel), www.airfrance.fr. De Paris CDG, 1 vol quotidien pour Tokyo Narita (NRT), 1 ou 2 vols quotidiens pour Tokyo Haneda (HND), 1 vol certains jours pour Osaka.

Japan Airlines (JAL) - 4 r. de Ventadour, 75001 Paris, ✆ 0 810 747 700, www.fr.jal.com. De Paris, 1 vol quotidien pour Tokyo Narita, 1 vol quotidien pour Tokyo Haneda.

All Nippon Airways (ANA) - ✆ 08 05 54 24 67, www.ana.co.jp. De Paris, 1 vol quotidien pour Tokyo Haneda.

Côté bagages, en classe éco, certaines compagnies acceptent 46 kg en soute, d'autres seulement 23 kg. Renseignez-vous.

Vols avec escales

Aeroflot - ✆ 0805 98 0010, www.aeroflot.com. *Via* Moscou.

Alitalia - ✆ 0892 655 655, www.alitalia.com. *Via* Rome ou Milan.

Asiana - ✆ 01 81 80 09 40, eu.flyasiana.com. *Via* Séoul.

Austrian Airlines - ✆ 0820 816 816, www.austrian.com. *Via* Vienne.

British Airways - ✆ 0825 825 400, www.britishairways.com. *Via* Londres.

Cathay Pacific - ✆ 0805 542 941, www.cathaypacific.com. *Via* Hong-Kong.

Emirates - ✆ 01 57 32 49 99, www.emirates.com/fr. *Via* Dubai.

Etihad - ✆ 01 57 32 43 43, www.etihad.com. *Via* Abu Dhabi.

Finnair - ✆ 08 21 02 51 11, www.finnair.com. *Via* Helsinki.

KLM - ✆ 08 92 70 26 08 ou 09 69 36 86 05, www.klm.com. *Via* Amsterdam.

Korean Air - ✆ 08 00 91 60 00, www.koreanair.com. *Via* Séoul.

Lufthansa - ✆ 0892 231 690, www.lufthansa.com/fr. *Via* Francfort ou Munich.

Qatar Airways - ✆ 01 43 12 84 40, www.qatarairways.com/fr. *Via* Doha.

SAS - ✆ 0825 325 335 ou 01 85 14 82 03, www.flysas.com/fr. *Via* Copenhague.

Swiss - ✆ 08 92 23 25 01, www.swiss.com. *Via* Zurich.

Turkish Airlines - ✆ 0825 800 902, www.turkishairlines.com. *Via* Istanbul.

AÉROPORTS

Les vols pour Tokyo atterrissent à l'aéroport international de Narita (NRT) et de Haneda (HND) ; ceux pour Osaka à l'aéroport international du Kansai (KIX). Certaines compagnies, principalement asiatiques, desservent aussi les aéroports de Nagoya, Fukuoka, Naha (Okinawa) et Sapporo.

Avant de partir

Capitale : Tokyo
Superficie : 377 873 km^2
Population : 126,7 millions d'habitants
Monnaie : yen
Langue officielle : japonais

Quand partir ?

CHOISIR SA SAISON

Le **printemps** (mars-mai) et l'**automne** (sept.-nov.) sont les saisons les plus agréables pour visiter le Japon : températures douces et constantes, nature resplendissante. Le printemps est marqué par l'exubérante floraison des cerisiers, qui débute à Kyushu en mars puis remonte à travers Honshu courant avril. Durant l'automne, les forêts et jardins s'embrasent de couleurs d'or et de pourpre d'une grande beauté. Mais il faut compter avec des typhons fréquents.

La chaleur humide de l'été (mi-juin-fin août) est plus difficile à supporter et peut s'accompagner de pluies incessantes jusqu'à la mi-juillet. Mais la saison est idéale pour profiter du ciel bleu et des plages, faire des randonnées à Hokkaido ou dans les montagnes du centre de Honshu, et assister aux festivals et feux d'artifice qui ont lieu dans bien des régions. En hiver (déc.-fév.), à Hokkaido et sur les côtes de la mer du Japon, les déplacements peuvent se révéler compliqués en raison de la neige qui coupe parfois les routes et voies ferrées. Le froid n'est cependant pas si féroce, car souvent tempéré par de belles journées ensoleillées, propices au ski dans les stations de Hokkaido et des Alpes japonaises. De plus, certaines villes et régions (par exemple Kyoto avec sa campagne « Kyoto Winter Special ») proposent des promotions sur les séjours pendant la période hivernale.

Aux antipodes des frimas de Honshu, l'archipel d'Okinawa accueille les amateurs de plongée et de plage pour leur faire profiter de sa meilleure saison entre octobre et avril.

D'une façon générale, quelle que soit votre région de destination, prenez garde à la **haute saison** touristique, qui correspond aux vacances des Japonais. Durant les trois semaines du Nouvel An (29 déc.-3 janv.), de la Golden Week (29 avr.-5 mai) et du festival du Bon (autour du 15 août), les temples et sites les plus réputés sont envahis par une foule très dense. Trouver un billet de train ou d'avion, et un hôtel où se loger, devient problématique, d'autant plus que les prix augmentent alors considérablement.

VÊTEMENTS

Au printemps (mars-mai) et à l'automne (sept.-nov.), vestes légères et pull-overs. En été (juin-août), habits légers, amples et à manches courtes. En hiver (déc.-mars), manteaux, polaires ou pull-overs chauds, chaussettes épaisses. Le choix se module aussi selon la région visitée : au printemps, il fait encore froid à Sapporo et Sendai, doux à Tokyo,

Kyoto et Fukuoka, et déjà bien chaud sur Okinawa. Dans tous les cas, mieux vaut prévoir des vêtements chauds pour le soir et les régions de montagne. Emportez aussi un imperméable léger et des chaussures confortables et faciles à ôter car on se déchausse sans cesse. Quant au parapluie, vous en trouverez en vente à chaque coin de rue à partir de 300 ¥ et souvent gracieusement offert dans certains restaurants et hôtels.

AUTRES ACCESSOIRES

Une petite boussole se révèle précieuse pour s'orienter dans les grandes villes, en particulier à la sortie des stations de métro, des gares et dans les quartiers où ne figure pas d'indication en caractère romain. Une valise à roulettes vous épargnera une fatigue inutile, à coupler avec un petit sac à dos pour les promenades en journée.
Ne prenez pas une valise trop volumineuse : les espaces bagages dans les trains et les casiers des consignes automatiques des gares sont parfois réduits.
Prenez un adaptateur pour prises plates (très bon marché sur place) si vous utilisez un rasoir électrique ou un appareil photo numérique rechargeable, sachant que la tension du courant est 100 V, et que sa fréquence est de 50 Hz dans la partie est de l'archipel et 60 Hz dans l'ouest.
Emportez également quelques médicaments car les pharmaciens en délivrent peu sans ordonnance.
Les Japonais parlant très peu anglais, se munir d'un dictionnaire de poche en caractères latins peut s'avérer très utile. *Diko français/japonais*, J.-Y. Lamant & F. Takeuchi, Kotoba Éditions.

PRÉVISIONS MÉTÉO

Des bulletins météo sont diffusés par la télévision et les journaux. Par téléphone, en anglais, faites le ✆ **177** (pour les prévisions locales, composez l'indicatif de votre région, par exemple 03 pour Tokyo, puis le 177). Vous pouvez aussi consulter le site de la météo nationale japonaise, **www.jma.go.jp** (en anglais), regarder la météo sur une chaîne de télévision japonaise (cartes et logos sont les mêmes qu'en France) ou, pour une météo en français, la chaîne internationale TV5 Monde, **www.tv5monde.com.**

Décalage horaire

Par rapport à la France, le décalage est de +8h en hiver et de +7h en été.

Adresses utiles

OFFICES DE TOURISME

France - **Office national du tourisme japonais**, 4 r. de Ventadour, 6e étage, 75001 Paris, ✆ 01 42 96 20 29, www.tourisme-japon.fr. Tlj sf sam., dim. et j. fériés et 28 déc.-3 janv., renseignements 9h30-13h30, documentation en libre-service jusqu'à 17h30. Ce bureau couvre également la Belgique et la Suisse.
Bureau de la Promotion du Tourisme de la Ville de Tokyo en France - www.gotokyo.org/fr.
Canada - **Japan National Tourist Organization**, 481 University Avenue, Suite 306, Toronto, ON M5G 2E9 Canada, ✆ (416) 366 7140, www.ilovejapan.ca.

REPRÉSENTATIONS DIPLOMATIQUES

France - **Ambassade du Japon**, 7 av. Hoche, 75008 Paris, ✆ 01 48 88 62 00, www.fr.emb-japan.go.jp.
Service culturel et d'information de l'ambassade, 7 av. Hoche, 75008 Paris, ✆ 01 48 88 62 00 - lun.-vend. 9h30-13h, 14h30-17h.

Bureau consulaire à Lyon, 131 bd de Stalingrad, 69100 Villeurbanne, ✆ 04 37 47 55 00. **Consulat à Strasbourg**, Tour Europe, 20 pl. des Halles, 67000 Strasbourg, ✆ 03 88 52 85 00. **Consulat à Marseille**, 70 av. de Hambourg, 13008 Marseille, ✆ 04 91 16 81 81.

Belgique - Ambassade du Japon, section consulaire, Square de Meeûs 5-6, 1000 Bruxelles, ✆ 02 500 0580, www.be.emb-japan.go.jp.

Suisse - Ambassade du Japon, Engestrasse 53, Postfach 51, 3012 Bern, ✆ 031 300 22 22, www.ch.emb-japan.go.jp. **Consulat général du Japon**, 80-82, r. de Lausanne, 1202 Genève, ✆ 022 716 99 00 - www.geneve.ch.emb-japan.go.jp.

Luxembourg - Ambassade du Japon, 62 av. de la Faïencerie, L-1510 Luxembourg, ✆ 46 41 511, www.lu.emb-japan.go.jp.

Canada - Ambassade du Japon, 225 Sussex Drive, Ottawa, Ontario, K1N 9E6, ✆ (613) 241 8541, www.ca.emb-japan.go.jp. **Consulat à Montréal**, 600 de la Gauchetière Ouest, Suite 2120, Montréal, Québec, H3B 4L8, ✆ (514) 866 3429, www.montreal.ca.emb-japan.go.jp.

AGENCES DE VOYAGES SPÉCIALISÉES

Le JNTO propose sur son site une liste des agences portant le « label spécialiste Japon » en France.

Asia - 1 r. Dante, 75005 Paris, ✆ 01 44 41 50 10 ou 0825 897 602, www.asia.fr. Nombreux circuits individuels ou en groupe, séjours à la carte et vols secs.

Destination Japon - 11 r. Villedo, 75001 Paris, ✆ 01 42 96 09 32, www.destinationjapon.fr. Circuits, vols, JR Pass, réservation d'hôtels et de ryokan.

Votre Japon par HIS - 14 r. Gaillon, 75002 Paris, ✆ 01 53 05 34 03, www.votre-japon.fr. Propose des voyages sur-mesure. Organisation de A à Z : hébergements toutes catégories, vols internationaux à tarifs négociés, pass et transports selon l'itinéraire, guidage, activités, visites…

Jaltour - 4 r. de Ventadour, 75001 Paris, ✆ 01 44 55 15 30, www.jaltour.fr. L'agence de la compagnie JAL dispose d'un très grand choix de circuits.

JTB Global Business France - 29 r. du Louvre, 75002 Paris, ✆ 01 53 45 93 30, www.jtbglobalbusinessfrance.com. La filiale de l'agence japonaise JTB propose plusieurs circuits. On peut aussi y réserver des vols secs ou le JR Pass.

Nostalasie - 19 r. Damesme, 75013 Paris, ✆ 01 43 13 29 29, www.ann.fr. Voyages sur mesure.

La Route du Japon - 34 r. Robert-Giraudineau, 94300 Vincennes, ✆ 01 43 74 96 67, www.laroutedujapon.com. Un bon choix de séjours, circuits et excursions.

Visiteurs en Asie - ✆ 01 56 02 36 47, www.visiteurs.fr. Circuits pour individuels et groupes.

Vivre le Japon - 30 r. Ste-Anne, 75001 Paris, ✆ 01 42 61 60 83, www.vivrelejapon.com. Vols à prix négociés, JR Pass, hôtels, circuits, excursions, locations de voitures. Prestations fiables et prix compétitifs. Formule de location de maison à Tokyo, Kyoto, Kanazawa, Takayama, Hiroshima et Fukuoka.

GÉNÉRALISTES ET DISCOUNTERS

Directours - 9 r. de la Paix, 75002 Paris ✆ 01 45 62 62 62, www.directours.com. Voyages sur mesure, plusieurs circuits au Japon.

Easyvoyage - ✆ 0 899 700 320, www.easyvoyage.com. Dispose d'un utile moteur de comparaison des prix des vols.

Une histoire remarquable. Un patrimoine d'envergure mondiale.
Une découverte inoubliable.

La mine d'argent d'Iwami Ginzan.

La préfecture de Shimane

Le château de Matsue

Le grand sanctuaire d'Izumo

Le musée d'art Adachi

Les îles Oki et son géoparc

http://www.kankou-shimane.com/en/

Expedia - ✆ 0 805 540 737, www.expedia.fr. Vols secs, hôtels et séjours à prix compétitifs.
Go Voyages - ✆ 0 899 860 860, www.govoyages.com. Spécialistes des vols secs et formules vols + hôtels.
Jet Tours - ✆ 0892 680 220, www.jettours.fr. Des agences à Paris et dans toute la France.
Kuoni - ✆ 01 55 87 85 00 ou 82 50, www.kuoni.fr. Vols secs, séjours et circuits dans toutes les gammes de prix. Des agences dans toute la France.
Lastminute - ✆ 0892 68 61 00, www.fr.lastminute.com. Vols et séjours en promo de dernière minute sont proposés à l'achat en ligne.
Les Ateliers du Voyage - 54-56 av. Bosquet, 75007 Paris, ✆ 01 40 62 16 79, www.ateliersduvoyage.com. Circuits individuels ou en petits groupes à la découverte du Japon traditionnel, avec guide francophone.
Look Voyages - ✆ 01 45 15 15 15, www.look-voyages.fr. Vols, séjours et promotions de dernière minute.
Marco Vasco - 36 r. de Brunel, 75017 Paris, ✆ 01 73 14 22 97, www.marcovasco.fr. Circuits accompagnés ou en liberté, voyages sur mesure.
TUI - ✆ 0825 000 825. Circuits accompagnés ou individuels à travers le pays.
Thomas Cook - ✆ 0892 701 088 www.thomascook.fr. Vols, hôtels, promotions, location de voiture, etc.
Vacances Transat - ✆ 01 45 15 15 06 - www.vacancestransat.fr. Circuits accompagnés.
Voyageurs du Monde - 55 r. Ste-Anne, 75002 Paris, ✆ 01 42 86 16 00, www.voyageursdumonde.fr. Voyages à la carte et sur mesure. Circuits accompagnés. Accueil et conseils par des experts du Japon.

VOYAGES CULTURELS

Arts et Vie - 251 r. de Vaugirard, 75015 Paris, ✆ 01 40 43 20 21, www.artsetvie.com. Quatre circuits de 11j., 15 j. et 16 j.
Clio - 27 r. du Hameau, 75015 Paris, ✆ 01 53 68 82 82, www.clio.fr. Circuits culturels avec un conférencier.
Ikhar - 23 r. Danielle Casanova, 75001 Paris, ✆ 01 43 06 73 13, www.ikhar.com. Circuits à la carte en indiv. ou en groupe autour des arts et traditions du Japon.
Intermèdes - 10 r. de Mézières 75006 Paris, ✆ 01 45 61 90 90, www.intermedes.com. Plusieurs circuits accompagnés entre cultures, jardins et grands sites majeurs.

VOYAGES NATURE ET AVENTURE

Allibert - 37 bd Beaumarchais, 75003 Paris, ✆ 01 44 59 35 35 (ou 04 76 45 50 50), www.allibert-trekking.com. Ce voyagiste spécialisé dans le voyage à pied organise aussi des randonnées à ski au Japon. Au total, cinq voyages proposés.
Arvel - 31 cours É.-Zola, 69616 Villeurbanne, ✆ 04 72 44 95 50, www.arvel-voyages.com. Circuit accompagné de 16 j.
Comptoir des voyages - 2-18 r. St-Victor, 75005 Paris, ✆ 01 53 10 30 15, www.comptoir.fr. Nombreux circuits accompagnés de qualité.
Evaneos - ✆ 01 82 83 36 36, www.evaneos.com/japon. Circuits et voyages à monter en direct avec un réceptif japonais.
Nomade Aventure - ✆ 01 46 33 71 71, www.nomade-aventure.com. Circuits avec randonnées pédestres et découvertes culturelles.
Terres d'Aventure - 30 r. St-Augustin, 75002 Paris (et 15 agences en France, Suisse, Belgique), ✆ 01 70 82 90 00,

www.terdav.com. Plusieurs circuits accompagnés dont un de 21 j. sur les chemins de pèlerinage de Shikoku.

SITES INTERNET

www.tourisme-japon.fr (en français) et **www.jnto.go.jp** (en anglais) - Les sites généralistes de l'office national du tourisme japonais. **http://art.japan.travel/** - Site consacré à l'art, l'architecture et au design.

www.fr.emb-japan.go.jp - Le site de l'ambassade du Japon en France.

www.ambafrance-jp.org - Le site de l'ambassade de France au Japon.

www.institutfrancais.jp/fr - Le site de l'institut (culturel) français au Japon.

www.gotokyo.org/fr - Le site officiel de l'office du tourisme de la Ville de Tokyo.

www.jma.go.jp - La météo japonaise, avec lien en anglais pour les prévisions.

web-japan.org - Site de présentation du Japon émanant du ministère des Affaires étrangères japonais (pages intéressantes destinées aux enfants).

www.japan-guide.com (en anglais) - Guides de voyage très complet (surtout en anglais).

www.photojapan.com - Superbe site de photos sur le Japon.

www3.nhk.or.jp/nhkworld/ - Site de la radio japonaise NHK : bulletin quotidien d'infos en français.

www.lejapon.org - Site d'informations et de forums sur le Japon, en français.

http://zoomjapon.info - Site d'actualités sur le Japon, en français.

https://dozodomo.com - Portail d'informations sur le Japon, en français.

www.visitokinawa.jp/fr/ - Site d'informations touristiques sur Okinawa, en français.

www.japantimes.co.jp et **www.asahi.com/english** - L'information japonaise sur les sites de quotidiens locaux en anglais.

www.ideesjapon.com - Toutes les tendances et nouveautés liées au Japon.

www.manga-news.com, www.manga-sanctuary.com et www.animeland.com - Toute l'actualité manga et *anime*.

CENTRES CULTURELS, ASSOCIATIONS

Association culturelle franco-japonaise de Tenri - 8-12 r. Bertin-Poirée, 75001 Paris, ✆ 01 44 76 06 06, www.tenri-paris.com. Bibliothèque, vidéothèque, expositions, spectacles, cours de japonais, de calligraphie, d'*ikebana*.

Association Jipango - www.jipango.com. Soirées thématiques, ateliers.

Espace Japon - 12 r. de Nancy, 75010 Paris, ✆ 01 47 00 77 47, www.espacejapon.com. Expositions, cours de japonais, de calligraphie, d'origami, de cuisine, etc.

Maison de la culture du Japon - 101 bis quai Branly, 75015 Paris, ✆ 01 44 37 95 01, www.mcjp.fr. Bibliothèque, audiothèque, cinéma, expositions, concerts, spectacles et conférences, espace cuisine.

Maison du Japon - Cité universitaire internationale, 7 bd Jourdan, 75014 Paris, ✆ 01 44 16 12 12 , www.ciup.fr/maison-du-japon/. Inaugurée en 1929, elle possède de superbes peintures de Foujita et organise concerts, conférences, etc.

Maison des cultures du monde - 101 bd Raspail, 75006 Paris, ✆ 01 45 44 72 30, www.mcm.asso.fr. Spectacles, musique, théâtre traditionnel.

www.fr.emb-japan.go.jp, rubrique « Culture et éducation » et « Le Japon en France » pour les événements liés au Japon en France et la Liste complète des associations d'amitié franco-japonaises.

Formalités

PASSEPORT ET VISA

Un passeport valide est obligatoire pour entrer au Japon. Les citoyens français, belges et canadiens n'ont pas besoin de demander un visa pour un séjour inférieur à trois mois. Un visa de séjour temporaire, valable 90 jours, est automatiquement délivré à leur arrivée au Japon. Les citoyens suisses peuvent séjourner jusqu'à six mois. Toutefois, au-delà de 90 jours, ils doivent demander une carte d'immatriculation de résident étranger auprès de la mairie de leur lieu de résidence.

Pour raisons de sécurité, les formalités concernant tous les étrangers entrant au Japon impliquent qu'au moment du contrôle du passeport, les services d'immigration réalisent une photo et une prise d'empreinte digitale.

DOUANES

À condition d'être âgé de plus de 20 ans, vous pouvez importer sans payer de taxe 400 cigarettes ou 100 cigares, 3 bouteilles d'alcool de 76 cl, 60 ml de parfum et des cadeaux ou souvenirs dont la valeur totale n'excède pas 200 000 ¥ (env. 2 000 €). L'importation de devises étrangères en liquide ou chèques de voyage doit être déclarée aux douanes japonaises *(*www.customs.go.jp/english/*)* au-dessus de 1 million de yens (env. 10 000 €). De même auprès des douanes françaises *(*www. douane.gouv.fr*)*, à votre retour, même s'il s'agit de chèques au porteur. Quant à la valeur totale des souvenirs rapportés de l'étranger, elle ne bénéficie de la franchise douanière que jusqu'à 430 € (moins de 15 ans : 150 €).

VACCINATION

Aucun certificat de vaccination n'est requis.

ASSURANCES

Avant de vous assurer, vérifiez que vous n'êtes pas déjà couvert par une assurance assistance/rapatriement incluse dans le prix du billet. C'est souvent le cas si vous passez par un voyagiste ou si vous réglez à l'aide de certaines cartes bancaires. Quoi qu'il en soit, examinez les clauses de votre contrat pour en vérifier la nature et les éventuelles exclusions. Il se peut aussi que, sans le savoir, vous soyez déjà couvert par une assurance assistance/ rapatriement du type Inter Mutuelle Assistance IMA *(*http://ima.eu/fr/*)* liée à votre assurance mutuelle d'habitation. Sinon, souscrivez une police classique couvrant les frais d'annulation du voyage, de maladie sur place et de rapatriement en cas d'accident, et la perte ou le vol des bagages. Conservez sur vous les coordonnées de votre assureur et la référence de votre contrat.

Avi International - ✆ 01 44 63 51 00, www.avi-international.com.

Europ Assistance - ✆ 01 41 85 93 65, www.europ-assistance.fr.

Allianz Global Assistance - ✆ 01 42 99 82 82, www.allianz-voyage.fr.

PERMIS DE CONDUIRE

Voir Sur place de A à Z, p. 746.

Budget

Afin de vous aider à préparer votre voyage, vous trouverez ci-dessous à titre indicatif un tableau reprenant quatre catégories de budget journalier. Il n'inclut pas les billets d'avion ni le JR Pass. Les transports locaux coûtent cher, ainsi que la visite des temples, surtout si l'on veut en visiter plusieurs dans

鳥取

Dunes de sable de Tottori

Les dunes de sable de Tottori, les plus grandes du Japon, sont le résultat des vents et marées de plusieurs miliers d'années. Les motifs dessinés par le vent sur le sable donnent au paysage un aspect mystérieux.

Mont Daisen

Classée troisième des plus belles montagnes du Japon, le Mont Daisen se dévoile sous un nouvel angle à chaque saison permettant de profiter pleinement de sa flore, comme par exemple en automne lors du rougissement des feuilles. Propice aux activités d'extérieures (ski, cyclisme, ...).

TOTTORI

Région la moins peuplée du Japon, dôtée d'une nature abondante et de paysages insoupçonnés. La richesse des mers et montagnes donne naissance à des produits locaux dont le goût en fait sa fierté.

Temple Nageire-do du Mont Mitoku

Temple construit dans le creux d'une falaise du Mont Mitoku. Seuls les pélerins qui arpenteront des pentes ardues auront la chance de découvrir le temple surnommé "le plus dangereux trésor national du Japon"

Sources chaudes

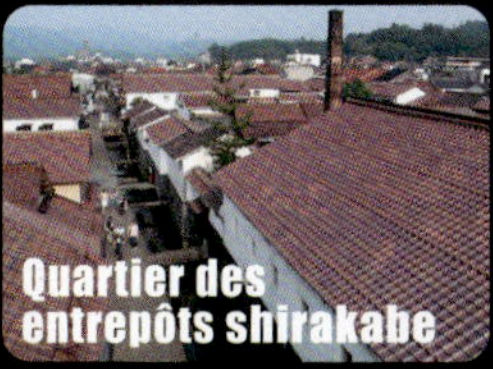

Quartier des entrepôts shirakabe

Musée du sable

Boeuf de Tottori

Poire japonaise

Crabe Matsuba

la journée. Bon à savoir, si vous voyagez seul et dormez en dortoir, dans un ryokan modeste ou même luxueux, ces budgets seront à peine plus élevés car la tarification y est par personne, à la différence de celle des hôtels dont la chambre ne sera que 20 à 30 % moins chère qu'à deux.

Attention, le coût de votre séjour sur place dépendra fortement du cours du yen, parfois assez fluctuant. De même, une augmentation envisagée de la TVA pourrait augmenter les tarifs des hôtels et restaurants.

Tarifs réduits

La **carte d'étudiant internationale** ISIC (International Student Identity Card), réservée aux collégiens, lycéens et étudiants, permet d'obtenir diverses réductions : entrées de musées, transports... Vous pouvez vous la procurer en ligne sur www.isic.fr (www.isic.org à l'international), ou auprès d'un revendeur (liste en ligne).

Pour les moins de 26 ans, étudiants ou non, la carte IYTC (International Youth Travel Card) offre le même genre d'avantages (mais un peu moins bien). Elle est disponible en ligne ou auprès de revendeurs sur www.isic.fr.

Les plus de 65 ans ont droit à des réductions dans les transports, les accès aux monuments, aux musées et aux spectacles.

Outre les pass de transports *(voir p. 740 et 742)*, ou téléphoniques à prix réduits *(voir p. 738)*, on pourra également réduire le coût du voyage en se rendant dans les *discount ticket shops* (« kinken shoppu »), présents autour des grandes gares et où l'on vend des tickets de train ou d'avion (ainsi que de spectacles) à prix bradés.

Téléphoner au Japon

De France, composez le 00 81 + indicatif régional sans le 0 initial + numéro.

Pour téléphoner au Japon au prix d'un appel local, composez auparavant le ☎ 0 821 15 90 90. Pour plus de détails, consultez le site www.telerabais.com.

Calculez votre budget quotidien

Le prix à la journée a été calculé **pour une personne**, sur la base d'un séjour pour deux en basse saison.

Mini budget avec hébergement en dortoir dans une auberge de jeunesse ou lit dans un *minshuku* ou *business hotel* basique, déplacements en transports en commun, un bol de nouilles ou un *bento* au déjeuner, un menu économique au dîner, deux visites de temples ou de musées : comptez 8 500 ¥/j. soit 65 €.

Petit budget avec hébergement dans un hôtel ou ryokan modeste, déplacements en transports en commun, menu économique au déjeuner, dîner dans un petit restaurant, quatre visites culturelles et un café : comptez 13 000 ¥/j. soit 100 €.

Budget moyen avec hébergement dans un hôtel ou ryokan confortable, transports en commun et taxi le soir, deux restaurants par jour, quatre visites culturelles, un achat, un café et une sortie dans un bar : comptez 20 000 ¥/j. soit 153 €.

Budget impérial avec hébergement dans des hôtels de luxe ou des ryokan très raffinés, déplacements en taxi ou voiture de location, repas dans des restaurants branchés ou gastronomiques : comptez autour de 35 000 ¥/j. soit 269 €.

Pour téléphoner du Japon, voir Sur place de A à Z, p. 738.

Se loger

Attention, aux périodes de fêtes et de vacances *(voir Choisir sa saison p. 702)* qui entraînent une hausse importante des tarifs et nécessitent une réservation longtemps à l'avance.

NOS PRIX

Pour vous aider dans votre choix, nous vous donnons une **fourchette de prix** : pour l'hébergement, les prix indiqués sont calculés pour **deux personnes sans les repas**, en haute saison ; pour les restaurants, les prix sont calculés sur la base d'un menu standard ou d'un repas à la carte constitué de deux plats (entrée et plat principal), mais n'incluent pas les boissons. Dans chaque encadré, les adresses sont classées en quatre catégories de prix pour répondre à toutes les attentes. *Voir le tableau des prix p. 712.*

Premier prix – Choisissez vos adresses parmi celles de la catégorie « Premier prix » : vous trouverez là des *minshuku (voir p. 715)*, des *business hotels* et, dans certaines régions, des auberges de jeunesse.

Prix moyen – Votre budget est un peu plus large. Piochez vos étapes dans les adresses « Budget moyen ». Dans cette catégorie, vous trouverez des ryokan, des hôtels de charme (donnant souvent le choix entre chambres occidentales ou japonaises), et de petits restaurants de spécialités.

Haut de gamme – Vous souhaitez vous faire plaisir, le temps d'un repas ou d'une nuit, vous aimez voyager dans des conditions très confortables ? Les catégories « Pour se faire plaisir » et « Une folie » sont pour vous… Vous goûterez au raffinement extrême de l'art de vivre japonais, dans des ryokan historiques ou dans des hôtels résolument contemporains : à vous de choisir ! À moins que vous ne préfériez casser votre tirelire pour un repas *kaiseki (voir p. 718)* dans un restaurant renommé.

En complément, vous pouvez consulter la sélection du **Guide Michelin** pour Tokyo, Kyoto et Osaka sur le site http://guide.michelin.co.jp/ (en anglais).

LES DIFFÉRENTS TYPES D'HÉBERGEMENTS

Campings

Bien développé au Japon, le camping est le mode d'hébergement le plus économique (compter 500 à 4 500 ¥/nuit ; certains sites sont gratuits), et aussi un excellent moyen pour visiter les parcs nationaux et régions de nature de Hokkaido, du Tohoku et d'Okinawa. Mais attention, le camping sauvage dans les parcs nationaux est strictement interdit.

Malheureusement, la majorité des 3 000 campings sont difficiles d'accès si on ne se déplace pas en voiture et ils n'ouvrent qu'en juillet-août. Ils sont alors pris d'assaut. L'équipement sur place est souvent limité, mieux vaut apporter sa tente et son matériel.

La brochure gratuite du JNTO, *Camping in Japan*, recense les principaux campings de l'archipel, avec une fiche descriptive des prix, installations et moyens d'accès. Elle est téléchargeable sur le site : www.jnto.go.jp/eng/location/rtg/pdf/pg-804.pdf. Informations en anglais sur le site de **Outdoor Japan**, www.outdoorjapan.com. Et si vous lisez le japonais, le site www.mapple.net/camp/ vous sera très utile.

Auberges de jeunesse

On compte près de 360 auberges de jeunesse au Japon, offrant des dortoirs – et parfois aussi quelques chambres individuelles – propres

NOS CATÉGORIES DE PRIX		
	Restauration	**Hébergement**
Premier prix	jusqu'à 1 500 ¥	jusqu'à 10 000 ¥
Budget moyen	1 500 à 3 000 ¥	10 000 à 20 000 ¥
Pour se faire plaisir	3 000 à 8 000 ¥	20 000 à 30 000 ¥
Une folie	plus de 8 000 ¥	plus de 30 000 ¥

et très bon marché. La nuit en dortoir tourne autour de 3 000 ¥, le petit-déjeuner coûte environ 500 ¥ et le dîner 1 000 ¥. L'attrait de ces auberges est très variable. Certaines campent dans des bâtiments loin des centres-ville, d'autres offrent des locaux pimpants ou un cadre champêtre idyllique. La plupart sont équipées d'une cuisine commune, de postes Internet et de machines à laver.

Il n'y a pas de limite d'âge pour être admis dans une auberge de jeunesse, mais les réglementations un peu strictes et l'ambiance de pensionnat scolaire peuvent ne pas plaire à tous. Il n'est pas non plus nécessaire d'être affilié à la Fédération des auberges de jeunesse, toutefois si vous pensez dormir souvent dans des auberges, prenez la carte d'adhérent avant votre départ, car les non-membres doivent payer un supplément de 1 000 ¥/nuit. Les prix indiqués dans ce guide sont ceux appliqués aux non-membres.

Le site de la **Japan Youth Hostel Association**, www.jyh.or.jp, recense toutes les auberges de jeunesse du Japon par région, avec pour chacune d'elles une fiche descriptive et la possibilité de réserver en ligne. Durant la haute saison et les vacances d'été, il est indispensable de réserver longtemps à l'avance. Le reste du temps, réservez au moins 2 j. avant.

Le JNTO publie également une *Japan Youth Hostel Map* gratuite, disponible dans les principaux offices de tourisme. En France, contactez la **Fédération unie des auberges de jeunesse**, 27 r. Pajol, 75018 Paris, ✆ 01 44 89 87 27, www.fuaj.org.

Aux auberges de jeunesse gérées par les gouvernements régionaux, s'ajoute un nombre de plus en plus important d'**auberges de jeunesse privées** qui, pour des tarifs identiques, s'avèrent souvent bien plus chaleureuses. Elles ne nécessitent pas l'achat de carte de membre.

Capsule hotels

Invention typiquement japonaise, paraissant sortie d'un univers de science-fiction, les *capsule hotels* se destinent avant tout à une clientèle masculine d'employés de bureaux qui, ayant raté leur dernier train, ou trop fatigués ou trop ivres pour rentrer vers leur lointaine banlieue, cherchent un **endroit pas cher** (à partir de 4 000 ¥/capsule) où passer la nuit. Situés à proximité des gares ou dans les quartiers des bars et des clubs, ces hôtels admettent rarement les femmes (sauf lorsqu'il existe un espace qui leur est réservé). Les capsules, superposées en rang le long de couloirs, évoquent de petites cabines de bateau. Mesurant 2 m de long sur 1 m de large et 80 cm de haut, ces boîtes individuelles contiennent juste un lit pour s'allonger, mais sont bien équipées (climatisation, télévision, radio, réveille-matin et lampe de chevet). Les *capsule hotels* sont pourvus de casiers fermant à clé, de distributeurs automatiques (rasoirs, boissons), d'une salle de

あんしんを羽ばたく力に――京急グループ
Ginza
Asakusa
Shinjuku
Bienvenue à Tokyo!
La ligne Keikyu offre une bonne accessibilité depuis l'aéroport de Haneda vers différentes directions.
Yokosuka
Yokohama
Miura
Hayama
Tokyo Sky Tree
Nous vous invitons vivement à emprunter la ligne Keikyu.
La ligne Keikyu permet également de se rendre vers Yokohama, Yokosuka et Miura.
La ligne Keisei, le métro municipal Toei et la ligne Keikyu sont directement connectées.
Vers l'aéroport de Narita
Tokyo Sky Tree 36min
Higashi-ginza 23min
Asakusa 32min
Ligne JR
Tokyo
Shimbashi
Shinjuku 30min
Shinagawa 11min
Ligne Toei
Ligne Shinkansen Tokaido
Vers Osaka-Kyoto
Ligne Keikyu
Misakiguchi 76min
Yokosuka-chuo 53min
Yokohama 23min
Aéroport Haneda
1000
KEIKYU
京急電鉄

bains commune et parfois d'un sauna. L'expérience peut être amusante, à condition de ne pas être claustrophobe. Le concept séduisant pourtant nombre de touristes étrangers, des *capsule hotels* nouvelle génération (plus grands et mixtes) se développent ces dernières années dans les grandes villes.

Love hotels

Autre curiosité née de l'imagination des Nippons, ces hôtels fripons accueillent des couples désireux de passer un moment en toute discrétion et anonymat. On les reconnaît à leurs façades parfois délirantes et kitsch. Les chambres, plutôt confortables, déclinent un choix varié de thématiques : jungle, science-fiction, maison de poupée, décor vénitien ou parisien… sans oublier miroirs au plafond, console pour la musique, jeux de lumières, préservatifs, vidéos payantes. Les chambres se prennent pour 2-3h durant la journée (env. 4 000 ¥) ou pour la nuit entière (env. 8 000 ¥). L'accueil y est d'une discrétion absolue et ces hôtels ne sont pas mal considérés. En voyage, ils peuvent offrir une solution de dépannage relativement bon marché pour la nuit.

Business hotels

Souvent situés aux abords des gares, ces hôtels de style occidental, appartenant ou non à une chaîne, sont conçus pour les voyageurs en déplacement professionnel et à budget réduit. Pour les touristes, ils ont l'avantage d'offrir un **bon confort à prix doux**. Les chambres ressemblent à celles des motels américains, mais en plus petit : lits jumeaux, salle de bains en plastique thermoformé, équipement sobre et purement fonctionnel. Malgré leur taille étroite, elles sont toujours propres et bien équipées (climatisation, télévision, bouilloire, petit réfrigérateur, sèche-cheveux, *yukata*, rasoir et brosse à dents, etc.). Dans les *business hotels* les plus économiques (6 000 à 10 000 ¥/ch. double), le service est réduit à son minimum grâce à de nombreux distributeurs automatiques. Des machines à laver et sèche-linge sont souvent mis à disposition.
La qualité du petit-déjeuner, compris ou non dans le prix, varie énormément d'un établissement à l'autre, du simple en-cas au copieux buffet japonais.
Les sites Internet des grandes chaînes de *business hotel* permettent de réserver des nuitées à l'avance et de visualiser les tarifs qui changent quotidiennement. On bénéficie par exemple d'importantes ristournes le dimanche soir. Ainsi sur www.toyoko-inn.com, www.superhoteljapan.com/en/, www.tokyuhotelsjapan.com, www.route-inn.co.jp, etc.

Hôtels à l'occidentale

Les grandes villes abritent quantité d'hôtels de style occidental appartenant à des chaînes japonaises (Nikko, JAL, Granvia…) ou internationales. Il s'agit en général d'établissements de grosse capacité (plus de 100 ch.), dotés de nombreuses infrastructures (parkings, restaurants, bars, boutiques). La plupart incluent aussi quelques chambres de style japonais, avec tatamis et futons, mais le gros du bataillon est constitué de chambres avec moquette et literie occidentale.
Le standing est très varié, allant de l'hôtel de catégorie moyenne (12 000 à 18 000 ¥/ch. double) au luxueux hôtel quatre étoiles (30 000 à 60 000 ¥/ch. double) où le personnel parle un anglais impeccable et où une taxe de 10 à 15 % est ajoutée pour le service, et les petits-déjeuners sont facturés de 1 000 à 2 500 ¥ (en formule buffet).

Les chambres doubles (un grand lit) sont souvent moins chères que les chambres twin (deux lits). Sachez également que les tarifs varient quotidiennement et que, par exemple, ils sont au plus bas pour la nuit du dimanche au lundi. Les réservations peuvent être effectuées à l'avance sur les sites Internet des établissements (ou le site général de la chaîne). Mais aussi *via* des sites tels www.rakuten.com ou www.japanican.com/en.

Minshuku 民宿

Répartis sur tout l'archipel, principalement dans les zones rurales, les *minshuku* sont des **maisons familiales** pratiquant une formule de *bed & breakfast* comparable à nos chambres d'hôtes. Comme dans les ryokan, les clients dorment dans des chambres japonaises à tatamis. Mais le confort et les prix sont plus modestes que dans les ryokan. Les chambres n'ont pas de salle de bains privée (on partage la salle de bains commune), les clients déroulent et rangent eux-mêmes leur futon et les serviettes sont parfois facturées en supplément. Les prix, comme dans tous les hébergements traditionnels japonais, sont par personne. En général, comptez 6 000 ¥ à 8 500 ¥ la nuit par pers. avec petit-déj. (japonais) et dîner.

Shukubo

Certains **temples** bouddhistes servent également d'auberges appelées *shukubo*, qui proposent le gîte et le couvert aux pèlerins de passage. Pour les touristes, c'est une fabuleuse occasion de côtoyer au plus intime la vie monastique du Japon, en participant aux prières du matin et aux séances de méditation zen. La plupart des temples servent en outre une délicieuse cuisine végétarienne *(shojin ryori)*. Koya-san, grande cité sacrée du Kansai, abrite les plus fameux *shukubo* du pays *(eng. shukubo.net/ - voir p. 309)*. Le prix moyen est d'environ 10 000 ¥/pers., repas inclus. Il est normalement possible de séjourner dans des *shukubo* en couple et/ou en famille (prix enfant : parfois 30 à 50 % de réduction), mais il est plus prudent de se renseigner au préalable auprès du temple en question.

Ryokan 旅館

Les ryokan sont les **auberges japonaises traditionnelles**, avec des chambres à tatamis et des repas japonais. Il existe toutes sortes de ryokan : classiques ou modernes, humbles et familiaux ou au contraire très luxueux. Mais tous partagent une atmosphère relaxante et un art de recevoir raffiné auquel il convient de faire honneur en respectant la sérénité du lieu. Il serait impensable de visiter le Japon sans dormir dans de tels endroits. Les chambres, qui s'ouvrent par des cloisons coulissantes, dévoilent un espace dépouillé : une table basse, quelques coussins et un *tokonoma*, alcôve décorée d'un bouquet de fleurs ou d'une calligraphie (il ne faut pas y marcher ni y poser ses valises). Un futon (matelas avec couette) y sera déroulé à même le sol pour la nuit, puis rangé le matin dans un placard par le personnel. Un *yukata* (kimono en coton léger) est fourni aux clients, qu'on peut porter pour se déplacer à l'intérieur du ryokan. Hormis dans les ryokan modestes, les chambres ont une salle de bains, mais il y a toujours aussi une salle commune, quelquefois somptueuse, pour le bain chaud *(o-furo)*, parfois alimenté par une source thermale (*voir p. 674*), dont l'accès est séparé pour chaque sexe. Certains ryokan permettent en outre de réserver l'*o-furo* quelques heures pour un usage privatif.

Les ryokan indiquent les prix par personne en incluant les repas, petit-déjeuner très copieux et dîner servi vers 18h dans une salle à manger et parfois en chambre. En général, il est difficile de prendre une chambre sans les repas. Comptez 6 000 ¥/pers. pour les ryokan les plus basiques, de 15 000 à 20 000 ¥ pour un ryokan de charme, de 30 000 à 80 000 ¥ pour les ryokan les plus haut de gamme. La **Japan Ryokan Association** dispose sur son site Internet d'une large liste de ryokan classés par région, avec leurs coordonnées : www.ryokan.or.jp (en français).

Hébergements de longue durée

Pour un long séjour au Japon, à condition de ne pas bouger, le plus économique consiste à louer une **gaijin house**, appelée aussi guesthouse. Il s'agit de studios ou d'appartements équipés, à Tokyo ou Kyoto, que les étrangers peuvent louer en totalité ou juste à la chambre (env. 50 000 ¥/mois), en partageant dans ce cas avec d'autres les parties communes. On peut dénicher des adresses sur Internet, dans les revues d'annonces comme **Tokyo Classified** ou par des agences comme **Sakura House** (www.sakura-house.com) et Vivre le Japon (www.vivrelejapon.com). Cette dernière agence propose aussi des séjours dans des maisons de location dans plusieurs grandes villes *(voir p. 704)*.

INFORMATIONS ET RÉSERVATIONS EN LIGNE

Hormis les sites déjà indiqués, voici d'autres liens utiles à consulter :

www.jnto.go.jp/ja-search/eng/index.php - Site de recherche d'hôtels et ryokan par région.

www.japaneseinngroup.com - Le réseau des Japanese Inn regroupe une centaine de petits ryokan et *minshuku* bon marché à travers le Japon.

www.ryokan.or.jp/lang/fr/ - Le site de la Japan Ryokan & Tourist Hotel Association, avec fiches détaillées des hôtels et ryokan par région.

www.j-hotel.or.jp - La Japan Hotel Association rassemble des hôtels de qualité.

www.japanhotel.net - Un grand choix d'hôtels et de ryokan de diverses catégories, classés par région et décrits par des fiches.

https://travel.rakuten.com/ - Rakuten Travel est la plus grosse agence de réservation d'hôtels en ligne du Japon, avec parfois des réductions sur le prix des chambres.

www.japanican.com/en - Réservation de nuitées avec réductions pour tous les types d'hébergement.

www.japaneseguesthouses.com - Le site présente près de 500 ryokan traditionnels au Japon classés par région, avec fiches descriptives.

www.toho.net/english/ - Le réseau Toho regroupe de petites auberges rurales, surtout à Hokkaido, qui pratiquent des prix très bas (autour de 5 000 ¥/pers.).

Se restaurer

Voir également Gastronomie p. 684.

OÙ SE RESTAURER

Les restaurants japonais disposent rarement d'un menu en anglais et d'un personnel anglophone. Mais on peut se tirer d'affaire en pointant du doigt les reproductions en cire des plats exposées en vitrine ou des menus en photos. Hormis dans les grandes villes, les repas sont d'ordinaire servis de 11h30 à 14h et de 18h à 20h30/21h. Beaucoup ouvrent néanmoins en continu. Partout, vous serez accueilli par un tonitruant *Irasshaimase !* (« bienvenue ») avant d'être placé à une table ou au comptoir.
La majorité des restaurants se spécialisent dans **un seul type de cuisine** : brochettes, nouilles,

sushis, etc. Beaucoup proposent à midi un menu *(teishoku)* à prix avantageux, alors que la carte du soir est souvent plus onéreuse.
Le service n'existe pas, hormis dans les grands restaurants où un supplément de 10 à 15 % peut être facturé. On paye en apportant sa note à la caisse avant de sortir.

RESTAURANTS SPÉCIALISÉS

Voir Glossaire p. 792.

AUTRES TYPES DE RESTAURANTS

Les **izakaya** sont des genres de bistrots ou de tavernes très populaires au Japon. Ils servent des petits plats et des en-cas tels que pickles, salades, sashimis et mets grillés *(robata)* pour accompagner bières et autres boissons. La plupart proposent, en soirée et sur demande, des **nomihoudai**. Ces forfaits « all you can drink » d'une à deux heures sont très prisés des hommes d'affaires et des étudiants en raison de leurs prix attractifs (autour de 2 500 ¥).
Les **shokudo** et **famiresu** *(family restaurant)* sont des restaurants à petits prix situés près des gares ou dans les sous-sols des grands immeubles. Ils proposent des plats variés, parfois occidentaux, et des menus *(teishoku)* très bon marché. Ils sont souvent ouverts 24h/24.
À l'opposé, les restaurants de **kaiseki ryori** sont les maîtres de la haute cuisine japonaise. Certains proposent des menus *kaiseki* à des prix abordables (de 5 000 à 8 000 ¥) pour les touristes, mais la meilleure cuisine *kaiseki* se déguste dans les *ryotei* de Kyoto, restaurants aux merveilleux jardins paysagers fréquentés par l'élite. Les prix peuvent alors être faramineux.
Les restaurants des **temples**, notamment à Kyoto, concoctent une cuisine végétarienne *(shojin ryori)*, souvent à base de tofu et de *yuba* (peau de lait de soja).
La cuisine **occidentale** est représentée dans les grandes villes par les inévitables fast-foods, mais surtout par une foule de restaurants italiens, français ou espagnols, souvent de très bonne qualité, notamment dans les grands hôtels.
On peut aussi choisir la cuisine étrangère **asiatique**, restaurants chinois, thaïs, indonésiens, vietnamiens mais aussi brésiliens, souvent bon marché, ou certains restaurants japonais proposant des plats fusion inspirés du Sud-Est asiatique.
Dans les **coffee shops** ou *kissaten*, vous pourrez prendre un petit-déjeuner occidental *(morning set)* composé de toasts, œufs au plat, salade et café, pour environ 800 ¥. Certains servent aussi des menus déjeuner pas chers (autour de 1 000 ¥), composés d'un plat, d'une salade, d'un bol de riz et d'une boisson.
Si vous disposez d'un budget très serré, prenez un *bento* (plateau repas) dans un *conbini*. Dans les rues commerçantes, le soir, des **yatai** (étals) proposent des plats *(ramen, takoyaki)* sur le pouce. Pensez aussi aux *shokudo* et *famiresu* évoqués plus haut. Des chaînes comme Yayoiken et Ootoya (menus japonais très variés) ou Yoshinoya et Sukiya (*gyudon* très bon marché), permettent de se restaurer à la mode locale et à moindre frais.
À Tokyo, Kyoto, Osaka ou Sapporo, certains restaurants de sushis, de *yakiniku* et de *kushikatsu* affichent parfois un attrayant menu « **All you can eat** ». La formule type permet de manger à volonté durant 90mn pour environ 2 500 ¥.

POURBOIRES

Voir Sur place de A à Z, p. 728.

Sur place de A à Z

Achats

Attention, les prix affichés dans les magasins se comprennent le plus souvent hors taxe.

HORAIRES

Boutiques - 10h-20h, tous les jours.
Grands magasins - 10h-19h30 (19h le dim.).
Certains commerces, dont les **conbini** (ou *convenience stores*, les **supérettes de quartier**), restent ouverts 24h/24, 7 j./7.

OÙ ACHETER

Grands magasins
Les grandes chaînes de *depato* comme Daimaru, Seibu, Takashimaya, Mitsukoshi ou Isetan offrent, sur plusieurs étages, un choix de produits d'une grande variété et de très bonne qualité que ce soit pour les vêtements et accessoires aux étages ou l'alimentation en sous-sol. Pratique pour faire ses achats lorsqu'on dispose de peu de temps. Le service est parfait, et le personnel parle parfois l'anglais. Les prix sont toutefois assez élevés.

Arcades commerçantes
Chaque ville (voire chaque quartier ou village) compte au moins une longue rue commerçante couverte. Souvent en centre-ville ou aux abords des gares, parfois en version souterraine, elles concentrent tous les types de commerce : grandes chaînes locales de vêtements, de chaussures ou d'accessoires, boutiques spécialisées, cafés. Tous les publics et tous les budgets y trouvent leur bonheur.

Conbini
Les *conbini*, ou *convenience stores*, sont présents à chaque coin de rue sous diverses enseignes : Lawson, Family Market, 7 Eleven entre autres. Ces supérettes de quartier sont ouvertes 24h/24 et rassemblent, sur une petite surface, un choix incroyable de produits, des caleçons à la nourriture en passant par les magazines, cosmétiques, piles, etc. Pratique pour les courses au quotidien ou pour les petites fringales.

100 Yens Shops
Disséminés un peu partout, notamment près des gares, dans les galeries commerçantes et les grandes surfaces, ces magasins de discount vendent toutes sortes d'articles au tarif unique de 100 ¥. Un très bon plan pour les petits souvenirs et cadeaux car on peut y trouver, au milieu de produits pour la maison et la vie de tous les jours, quantité d'objets typiques : baguettes, jouets, éventails, vaisselle, etc.

Boutiques spécialisées
Les principales villes abritent une pléiade de boutiques et d'ateliers spécialisés. C'est là que vous trouverez les meilleurs produits d'artisanat, les objets rares et insolites, à condition de consacrer un certain temps à la recherche. Les plus pressés opteront pour les grands centres d'artisanat pour touristes, comme l'Oriental Bazaar à Tokyo *(voir p. 88)* ou le Kyoto Antiques Center *(voir p. 284)*.

Marchés aux puces
Appelés *nomi-no-ichi* en japonais, les marchés aux puces se tiennent la plupart du temps le matin dans

l'enceinte des temples et sanctuaires, comme celui du Hanazono-jinja le dimanche à Tokyo *(voir p. 80)*. L'ambiance est animée, et on peut y dénicher des objets intéressants et des souvenirs pas trop chers.

DÉTAXE

Sur chaque achat, une taxe sur la consommation de 8 % (elle pourrait être augmentée à 10 %) est perçue, en principe incluse dans le prix affiché (mais pas obligatoirement). Toutefois, les voyageurs étrangers peuvent obtenir une détaxe au-delà de 5 000 ¥ d'achat. La taxe peut être soit retirée de la facture lors de l'achat, soit remboursée après avoir rempli un formulaire. Dans les deux cas, vous devrez présenter votre passeport. Cette détaxe s'applique notamment à l'habillement, l'électronique et le matériel photo mais également, depuis 2014, sur les produits courants (alimentation, cosmétiques, boissons). Des comptoirs duty free pour étrangers sont installés dans la plupart des grands magasins, et les boutiques hors taxes sont signalées par un logo « tax free » en anglais. Cependant, ces dernières pratiquent des prix souvent très exagérés. En réalité, n'importe quelle boutique d'électronique peut vous faire la détaxe si vous la demandez. Informations sur : tax-freeshop.jnto.go.jp/eng/shopping-guide.php
N'oubliez pas, enfin, que la détaxe au Japon ne vous exempte pas du paiement de la TVA française lors du passage en douane.

EXPÉDIER SES ACHATS

Si vous devez envoyer un colis par la poste, préférez le service rapide (**EMS**), qui prend env. 5 jours vers la France, plutôt que le service économique (SAL), qui met env. 6 semaines. De plus, le service EMS offre une meilleure assurance et la possibilité de suivre l'avancement de son envoi sur le site www.ems-post.jp.

Argent

MONNAIE

La monnaie japonaise est le yen (¥ / code international JPY / 円 en japonais). Il existe des billets de 1 000 ¥, 5 000 ¥ et 10 000 ¥. Les pièces sont de 1, 5, 10, 50, 100 ou 500 ¥.

CHANGE

À l'heure où nous publions ce guide, le taux de change est de 1 € soit environ 130 ¥. Attention, le cours est assez fluctuant.
Il peut être judicieux d'acheter auprès de votre banque ou dans un bureau de change une petite quantité de yens avant votre départ. Sur place, vous pourrez retirer des yens ou changer vos devises dans les banques, bureaux de change, postes principales, certains hôtels et grands magasins. N'hésitez pas à changer une somme importante pour ne pas vous trouver pris de court dans les zones rurales.

CHÈQUES DE VOYAGE

Leur usage est peu répandu au Japon et, hormis les grands hôtels, rares sont les commerçants qui les acceptent. Dans les grandes villes, les banques, bureaux de change, postes principales et grands hôtels pourront vous les changer (de préférence ceux libellés en dollars), mais il est plus simple et moins coûteux de prévoir des espèces. Le Japon est un pays où l'argent liquide est roi. C'est aussi l'un des pays les plus sûrs du monde.

CARTES DE CRÉDIT

Une carte de crédit internationale est très utile au Japon. La plus

Mer intérieure de Seto
TOKYO
KYOTO
KAGAWA
KAGAWA
http://www.my-kagawa.jp/eg/
Visiteurs de pays lointains, bienvenue en Kagawa!
Jadis, les relations entre le Japon et l'Occident se limitaient aux échanges technologiques et culturels. Aujourd'hui,
ce sont les voyageurs que Kagawa accueille à bras ouverts
Jardin Ritsurin-koen, Takamatsu
"Red Pumpkin" ©Yayoi Kusama, 2006
Naoshima Miyanoura Port Square
Photo/Daisuke Aochi
La Route des Anges,
Shodoshima
Kotohira-Gu, Kotohira

facilement acceptée est la Visa, suivie de la Mastercard. Les paiements par cartes, courants dans les grandes villes pour les hôtels, les restaurants et les magasins, sont plus rares dans les petits établissements et dans les campagnes, aussi il est plus prudent de toujours conserver une quantité suffisante de yens sur vous.

Retirer de l'argent

Les retraits d'argent avec une carte internationale sont possibles partout dans l'archipel, grâce au réseau des 24 000 **bureaux de poste** équipés de distributeurs automatiques (ATM). Tous les distributeurs de la **Citibank** et certains de la Sumitomo-Mitsui et de la Shinsei Bank acceptent aussi les cartes étrangères. Les distributeurs Citibank des grandes villes sont accessibles 24h/24, 7j/7, alors que ceux des postes ne marchent que jusqu'à 19h en semaine (ainsi que le samedi dans certaines grandes villes). Liste des ATM de la Citibank : www.findmyciti.com/jp. Attention, les distributeurs bancaires des autres banques japonaises n'acceptent pas les cartes étrangères, même s'ils ont le logo Visa. Si votre carte est refusée, n'insistez pas : au bout de trois tentatives, elle sera avalée.
Autre option : retirer des espèces avec une carte de crédit internationale (Visa ou Mastercard) dans les distributeurs automatiques des supérettes **7 Eleven** du Japon qui sont ouvertes 24h/24 (12 000 magasins dans le pays dont 1 500 à Tokyo), https://pkg.navitime.co.jp/sevenbank/?lang=en
Pensez à vérifiez le plafond de retrait auprès de votre banque et n'hésitez pas à demander un relèvement pour la durée du séjour. Renseignez-vous également sur le montant des frais bancaires qui seront prélevés sur chaque opération.
Sinon, partez avec une réserve suffisante en liquide.
En cas de perte ou de vol de votre carte au Japon :
Visa - ✆ 00531 11 1555 ou 01 20 133 163.
Mastercard - ✆ 00531 11 3886.
American Express - ✆ 01 47 77 72 00 ou 0120 779 656.

Banques

Les banques ouvrent du lundi au vendredi, de 9h à 15h. Les bureaux de change ont des horaires plus souples. Les distributeurs automatiques (ATM) des banques et des postes sont le plus souvent fermés le soir et le week-end.

Blanchisseries

On trouve des petites laveries *(coin laundry)* à peu près partout dans les villes, et des blanchisseries-teintureries dans les centres commerciaux. Sinon, les hôtels proposent en général un service de blanchisserie (plus ou moins coûteux selon le standing de l'établissement). Les auberges de jeunesse, ryokan et *business hotels* ont d'ordinaire des machines à laver en libre-service. Comptez dans ce cas 300 ¥ le lavage, 50 ¥ la lessive et 100 ¥ les 10mn de séchage.

Cigarettes

On les achète dans les *conbini* ou aux machines automatiques placées un peu partout dans les rues, magasins, bars et hôtels. Elles sont vendues sous des marques japonaises et américaines autour de 270-300 ¥/paquet. Les Japonais sont de gros fumeurs, et peu d'efforts sont faits pour diminuer la consommation. Depuis quelques années néanmoins, la loi s'est considérablement durcie afin de protéger les non-fumeurs dans les lieux publics. Les fumeurs

s'agglutinent donc désormais dans des espaces réservés autour des gares, dans la rue. À Tokyo, il est interdit de fumer dans les rues de certains quartiers. Un exemple suivi peu à peu par d'autres villes comme Kobe, Kyoto, Hiroshima… Quand c'est le cas, l'interdiction est très clairement signalée.
La cigarette électronique est peu répandue au Japon et les adeptes auront du mal à trouver des recharges sur place.

Courant électrique

La tension est de 100 V, et la fréquence de 50 ou 60 Hz. Vérifiez que votre rasoir électrique ou appareil photo numérique est équipé d'un transformateur interne ou externe supportant ces normes. Les prises électriques sont à deux broches plates, sur le modèle américain. Munissez-vous, si besoin, d'un adaptateur à prise. On en trouve dans des boutiques sur place (bon marché) ou – à défaut – en location à l'hôtel.

Courrier

La poste japonaise (JP - www.japanpost.jp) est performante, fiable et rapide. Aucun risque de voir se perdre un colis ou une lettre postée sur le territoire ou vers l'étranger. L'envoi d'une carte postale vers l'Europe ou le Canada coûte 70 ¥, celui d'une lettre 110 ¥. Les bureaux de poste se reconnaissent à leur logo, un T rouge-orange surmonté d'une barre horizontale (〒). Les postes fournissent boîtes et sacs pour l'envoi de colis.

Eau potable

Vous pouvez boire l'eau du robinet en toute sécurité partout au Japon. On trouve sinon de l'eau minérale dans les distributeurs, les *conbini* et autres magasins.

Horaires d'ouverture

BANQUES

Voir p. 722.

BUREAUX, ADMINISTRATION ET POSTES

Bureaux et administrations fonctionnent de 9h à 17h, sauf le week-end. Les postes ouvrent du lundi au vendredi de 9h à 17h pour les petits bureaux, de 9h à 19h en semaine et jusqu'à 15h le samedi pour les bureaux importants. Seules les postes centrales des grandes villes ont un guichet ouvert le dimanche.

MUSÉES, MONUMENTS ET SITES

Les musées ouvrent habituellement de 10h à 17h, sauf le lundi. Lorsque le lundi tombe un jour férié, ils ferment le mardi. Temples et châteaux ouvrent tous les jours, de 9h à 17h. Dans la plupart des cas, les dernières admissions s'arrêtent 30mn avant la fermeture. Beaucoup de sites sont fermés du 28 décembre au 3 janvier.

RESTAURANTS

Les restaurants ouvrent tous les jours. S'il existe des enseignes ouvertes 24h/24, la plupart le sont en général de 11h30 à 22h30. Le service est dans certains établissements interrompu entre 14h30 et 18h et s'arrête le soir après 22h. L'heure limite pour la dernière commande (20h30/21h) est souvent affichée, précédée des lettres LO (*last order*).

Internet

Le Japon est l'un des pays les plus en pointe pour les connexions haut débit, voire très haut débit, qui équipent nombre d'ordinateurs. Pour se connecter en wifi, il est possible de louer un **boîtier wifi**

pocket ou *wifi walker* sur lequel peuvent se connecter plusieurs appareils (ordinateurs portables, tablettes, smartphones). Disponible notamment chez Softbank et Pupuru à votre arrivée aux aéroports de Narita ou de Haneda. Il existe aussi des cartes SIM prépayées pour les données.
Autre solution pour se connecter, les « Free Spots » disponibles dans certains lieux publics.
Si vous n'avez pas votre ordinateur, vous pouvez recourir à une autre particularité géniale du pays : les **manga cafés**, ou *manga kissa*, des cybercafés ultraconfortables qui proposent des mangas et boissons à volonté ainsi que des box équipés pour surfer, regarder des DVD ou s'amuser à des jeux vidéo. Certains ont même des douches et canapés, si bien qu'on peut y passer la nuit. Ces cybercafés sont légion dans les grandes villes mais pas toujours faciles à trouver, car signalés en *kanji*. L'autre difficulté vient des claviers à touches *romaji/kana*. Les prix tournent autour de 500 ¥/h et il existe des forfaits de 3h, 5h (env. 1 000 ¥), voire la nuit complète.
On trouve désormais de nombreux accès Internet **gratuits** pour consulter ses mails : dans les auberges de jeunesse, ryokan, hôtels et bars (pour les clients) ; dans les bibliothèques municipales, les mairies, offices de tourisme, et dans les grands magasins d'informatique (Bic Camera, Yodobashi) sur les ordinateurs de démonstration.
La plupart des hôtels ont le **wifi** dans le hall de réception mais pas forcément dans les chambres car celles-ci sont pourvues de prises Ethernet. Si votre ordinateur n'a pas de port Ethernet, emportez un adaptateur.

Jours fériés

Quand un jour férié tombe un dimanche, le jour suivant est férié.

1er janvier : Jour de l'an
2e lundi de janvier : Jour de la majorité
11 février : Jour de la fondation du Japon
Autour du 21 mars : Équinoxe de printemps
29 avril : Fête de la nature
3 mai : Anniversaire de la Constitution
4 mai : Jour férié consécutif à l'anniversaire de la Constitution
5 mai : Fête des enfants
Cette suite de 4 jours fériés compose la Golden Week, qui correspond aux vacances des Japonais.
3e lundi de juillet : Jour de la mer
11 août : Jour de la montagne
3e lundi de septembre : Jour des personnes âgées
Autour du 23 septembre : Équinoxe d'automne
2e lundi d'octobre : Jour des sports
3 novembre : Jour de la culture
23 novembre : Fête du travail
23 décembre : Anniversaire de l'Empereur

Loisirs, jeux et vie nocturne

PARCS À THÈME

Les Japonais raffolent des parcs à thème, qui poussent sur leur territoire comme des champignons après la pluie. Parcs **historiques** reproduisant l'apparence des villages de l'époque des samouraïs ; parcs de **miniatures** qui évoquent tour à tour les monuments des capitales du monde, la Russie, les Pays-Bas, la Suisse ou l'Espagne ; parcs de **loisirs** tels Disneyland ou Sanrio Puroland à Tokyo, Fuji-Q Highland près du mont Fuji ; parcs **scientifiques** à l'image du Space World de Fukuoka ; parcs **aquatiques** tels le Hakkeijima Sea Paradise à Yokohama, etc. Autant de substituts à de vraies vacances

Le château d'Okayama

OKAYAMA CITY

Profitez d'une ville chargée d'histoire et de culture,
très connue pour ses fruits cultivés en climat tempéré.

Le jardin Korakuen d'Okayama

Okayama City Official Guide

https://okayama-kanko.net/sightseeing/

岡山市
OKAYAMA CITY

d'évasion que les citadins nippons peuvent rarement s'accorder.

ONSEN ET SUPER SENTO

L'archipel regorge de **sources chaudes d'origine volcanique**, où l'on se rend autant pour une cure de santé que pour le plaisir de se détendre *(voir « Bains », p. 674)*.
Il existe une infinie variété d'onsen, qui diffèrent selon la composition minérale et la couleur de leurs eaux, la taille, le nombre et la nature de leurs bassins, en bois ou en pierre, intérieurs ou extérieurs *(rotenburo)*. Les uns forment de petits ryokan paisibles, d'autres s'intègrent au sein de vastes complexes hôteliers. Une brochure gratuite du JNTO, *Japanese Hot Springs*, dresse la liste des 20 meilleurs onsen du pays, avec horaires, prix et accès.
Voir Usage des bains communs, p. 732.
Depuis quelques années se sont ouverts de **super sento**. Bien différents des bains publics de quartier *(sento)* et des charmants onsen, ces établissement offrent les plaisirs de l'eau chaude au sein des grandes villes. Plusieurs bassins parfois thématiques, jacuzzis, toboggans, saunas, mais aussi restaurants, salles de gym et de massages... les plus grands s'apparentent à de véritables parcs d'attractions. Les curieux pourront tester ceux de Tokyo : Oedo Onsen Monogatari *(voir p. 91)* ou LaQua près du Tokyo Dome *(www.laqua.jp)*.

SPECTACLES, CINÉMAS, CONCERTS

Malgré la barrière de la langue, assister à un spectacle classique japonais en vaut la peine. Des représentations de théâtre nô, de kabuki et de *bunraku* sont données régulièrement dans les grandes salles de Tokyo, Kyoto et Osaka *(voir Nos adresses de ces villes)*.

Pour l'opéra, la danse, les comédies musicales, les concerts et le cinéma, consultez les programmes publiés dans les magazines locaux comme *Metropolis* (www.metropolis.co.jp) à Tokyo. Des billets à tarifs réduits pour les spectacles (et aussi les trains et avions) sont proposés par les **discount ticket shops** *(kinken shoppu)*, petites boutiques présentes un peu partout dans les grandes villes, mais les vendeurs parlent rarement l'anglais.

PACHINKO

Industrie florissante, le *pachinko* suscite un engouement démentiel dans l'archipel, où les *pachinko parlors* (salles de jeux) font fureur. On les reconnaît à leurs escadrons de rabatteurs, lumières scintillantes, rangées de machines baignant dans un nuage de fumée et bruit assourdissant de cascades de billes métalliques. Le *pachinko* est un hybride de flipper et de machine à sous. On active la poignée en bas à droite, qui propulse une bille d'acier vers le haut, laquelle redescend à travers un parcours semé de clous, dont certaines issues sont gagnantes. La récompense ? Des billes supplémentaires, qu'on peut échanger, si on parvient à en amasser suffisamment, contre des lots *a priori* insignifiants. La loi interdit les jeux d'argent, mais, chance formidable, les lots peuvent être revendus dans une boutique juste à côté… Les vrais pros du *pachinko* y passent leurs journées, écumant les établissements.

KARAOKÉ

Si vous êtes invité à sortir un soir avec des Japonais, peu de chance d'échapper à un karaoké, institution bien plus appréciée que les virées en boîte. Symbole de la pop-culture japonaise, le karaoké fut inventé en 1971, et depuis, il a dépassé les frontières nippones pour conquérir le monde. Les salles de karaoké au Japon se composent d'une série de petits salons meublés de canapés et d'une télévision, que l'on réserve à l'heure ou à la nuit (env. 2 000 ¥ le forfait 0h-10h), et où on peut commander à boire et à manger. Leur catalogue comprend des titres par milliers, dont certains en anglais et parfois en français.

Médias

JOURNAUX ET MAGAZINES

La presse japonaise se distingue par les tirages colossaux de ses quotidiens : 12 millions pour le *Yomiuri Shimbun*, 8,2 millions pour l'*Asahi Shimbun*. Des versions en anglais de ces journaux, et aussi du *Japan Times*, sont vendues dans les librairies des grandes villes et les kiosques des gares. Vous pouvez aussi consulter leurs sites Web en anglais : www.asahi.com/ajw/ ou www.japantimes.co.jp. Côté magazines, près de 3 000 mensuels et hebdomadaires. Certaines librairies vendent des magazines étrangers, parfois français.

TÉLÉVISION ET RADIO

Même sans rien y comprendre, regarder la télévision japonaise est une expérience déroutante : rythme, sons, décors...
Les talk-shows thématiques et les émissions culinaires qui partent à la découverte des spécialités régionales occupent une grande partie des grilles de programmes.
Hormis les deux chaînes publiques de la NHK, il existe une flopée de chaînes commerciales (NTV, TBS, Fuji-TV, TV-Asahi, TV-Tokyo), déclinées en versions régionales ou spécialisées. Les programmes diffusés sont en japonais, hormis quelques films étrangers en VO le dimanche soir. Dans les grands hôtels, on reçoit les chaînes cryptées CNN, BBC ou BS1, laquelle diffuse des extraits du JT de France 2 le matin. Côté radios, InterFM (76.1) à Tokyo et FM Cocolo (76.5) au Kansai émettent en langue anglaise.

Musées, sites, visites et excursions

TARIFS

Les tarifs changent selon la nature et l'importance du lieu. L'entrée des temples varie de 200 à 800 ¥, celle des musées de 300 à 1 000 ¥, voire 1 500 ¥ pour des expositions temporaires.

RÉSERVATIONS

De rares mais exceptionnels sites nécessitent une réservation – de un jour à trois semaines. Ainsi à Tokyo, le Palais impérial *(voir p. 56)* et le musée Ghibli *(voir p. 96)* ; à Kyoto, le Palais impérial *(voir p. 242)*, les villas impériales Shugaku-in *(voir p. 248)* et Katsura *(voir p. 259)* ou encore le Temple des Mousses (Saiho-ji - *voir p. 260*), ou aussi le site de Kinza à Nao-shima *(voir p. 515)*.
N'oubliez pas également de réserver bien à l'avance si vous désirez assister à un tournoi de sumo ou à un match de la phase finale du championnat de base-ball.

EXCURSIONS ORGANISÉES

Plusieurs agences japonaises organisent des tours guidés à l'intention des étrangers. Les formules « package », incluant transports, hôtels, repas et visites, constituent souvent de bonnes affaires et permettent de visiter rapidement une ville ou une région. Il existe aussi des formules « free plan », plus souples, pour ceux qui ne désirent pas voyager en groupe.

JTB Sunrise Tours - ✆ (03) 5796 5454 à Tokyo, www.japanican.com/en/tour/. Cette agence solide et réputée propose un large éventail de tours de 2-3 j. ou plus pour visiter Tokyo, Nikko, Ise, Kyoto, Nara, Hiroshima, à des prix attrayants. Plus originaux, le Sumo Tour à Tokyo lors des tournois de sumo ou la visite de l'usine Toyota à Nagoya.
Nippon Travel Agency - www.ntainbound.com. Organise des tours individuels ou en groupe sur Tokyo, Kamakura, Koya-san, Hiroshima, et des promenades guidées à vélo à Kyoto.
Japan Holiday Tours - www.nbcw.co.jp/jht/. Grand choix de circuits dans Tokyo et ses environs, dans le Kansai et même vers Okinawa.

Nomenclature des rues

Dans les grandes villes, trouver une adresse est parfois une tâche ardue, y compris pour les habitants eux-mêmes, car la plupart des rues ne portent pas de nom. Pour compliquer les choses, les numéros des immeubles ne se suivent pas, mais sont attribués en fonction de la date de construction. À défaut d'indiquer la rue, les adresses comportent en général le secteur *(ku)*, le quartier (*cho* ou *machi*), accompagnés d'une série de trois chiffres qui indiquent le numéro de secteur, le numéro de pâté de maisons et le numéro d'immeuble. Soit, par exemple : Sony Building, 8 F, 3-6-2 Tenjin-cho, Chuo-ku. 8 F désigne l'étage *(floor)*, en fait ici le 7e étage, car le rez-de-chaussée est nommé 1 F.

Photographie

Les boutiques de développement *(minilabs)* pullulent et réalisent un travail rapide et de qualité. Des bornes automatiques permettent aussi de développer ses photos numériques en un clin d'œil. Les accessoires numériques (cartes mémoire, batteries) sont vendus à des prix défiant toute concurrence.

Pourboire

Donner un pourboire n'est pas dans les usages au Japon. C'est d'autant moins nécessaire que le service est ajouté automatiquement dans la note des principaux hôtels et ryokan, et dans les restaurants de luxe (10 à 15 %).

Santé

MALADIES

L'excellent niveau d'hygiène qui prévaut au Japon rend faible le risque de contracter des maladies. Des précautions s'imposent néanmoins pour éviter des désagréments : les moustiques étant nombreux, il est conseillé de se munir de répulsif.
Pour les médicaments voir p. 703.

SERVICES MÉDICAUX

Le pays dispose d'hôpitaux et de cliniques de bonne qualité (au moins dans les grandes villes), mais ils sont onéreux. Il est donc fortement recommandé de disposer d'une assurance couvrant les soins médicaux à l'étranger en cas de problème.
En cas d'**urgence** (pompiers ou ambulance), composez le ✆ 119.
Pour trouver des médecins francophones ou anglophones, vous pouvez contacter le centre d'informations médicales international **Amda** à Tokyo, ✆ (03) 5285 8088, http://eng.amda-imic.com/, ou à Osaka, ✆ (06) 4395 0555.
Une liste des médecins francophones ou anglophones au Japon, régulièrement tenue à jour,

Vous connaissez ?
知ってた?
10ans d'amitié
交流10周年
2009-2019
le Mont-Saint-Michel, Patrimoine Mondial en France
le sanctuaire de Miyajima, Patrimoine Mondial au Japon

figure sur le site de l'ambassade de France, www.ambafrance-jp.org, rubrique « Informations pratiques ». *Voir également « Avant de partir », p. 708.*

Savoir-vivre

PRINCIPES DE BASE

Les Japonais attachent une grande importance au respect de l'étiquette et des convenances, jugées essentielles, à leurs yeux, au maintien de relations sociales harmonieuses et paisibles. Le groupe prime sur l'individu, dictant à chacun l'attitude correcte à observer.

Au sein du groupe, l'accent est mis sur le respect des hiérarchies et sur le souci des autres : l'utilisation d'un langage honorifique, de politesse et d'humilité ; une tenue vestimentaire soignée ; la ponctualité absolue dans les rendez-vous ; le soin mis à ne pas exprimer ouvertement ses opinions et ses sentiments, à s'excuser de façon répétée en cas de problème, sont quelques-unes des règles du savoir-vivre nippon. Ne vous étonnez pas, donc, si lors de discussions avec des Japonais, vos interlocuteurs paraissent tenir des propos banals ou conformistes, ces derniers ne reflètent pas forcément leur pensée.

En fait, la politesse japonaise est un exercice subtil et extrêmement codifié. Ainsi, pour exprimer un refus, un Japonais ne dira jamais « non », ce qui serait terriblement grossier. À la place, il dira d'un air gêné : « Désolé, c'est difficile » ou « Je vais y réfléchir ». En public, les Japonais restent discrets et réprouvent les comportements ostentatoires comme crier fort, rire à gorge déployée ou, pour des couples, s'embrasser avec fougue. Pour un étranger, savoir adopter un comportement discret facilitera ses contacts avec les Japonais. Ces règles, toutefois, ne sont pas inflexibles, et il arrive souvent qu'elles soient transgressées, notamment lors de soirées bien arrosées.

LORS D'UNE RENCONTRE

Comment saluer

Il n'est pas d'usage chez les Japonais d'avoir un contact physique pour se saluer, comme se serrer la main ou se faire la bise. En guise de salut, il convient d'incliner le buste, plus ou moins bas et longtemps selon l'âge et la position hiérarchique de son interlocuteur, tout en gardant les bras tendus le long du corps, tendus vers l'avant pour les femmes. On pratique aussi la courbette pour exprimer un remerciement, s'excuser, demander un service ou une faveur, et pour se dire au revoir.

Noms et civilités

Au Japon, le nom de famille est traditionnellement indiqué avant le prénom, mais beaucoup de Japonais inversent cet ordre lorsqu'ils se présentent devant des étrangers. Mieux vaut donc vérifier ce qu'il en est. Les Japonais vous appelleront par votre nom de famille ou votre prénom, auquel ils ajouteront le terme *san*, équivalent de monsieur ou madame (mais n'utilisez pas ce terme pour vous présenter).

Le titre de *sensei* (maître) est réservé aux professeurs, docteurs et autres spécialistes.

Cartes de visite

Si vous venez au Japon pour affaires, vous devez impérativement emporter une grosse quantité de cartes de visite *(meishi)*, indispensables pour asseoir votre crédibilité. Pour donner et recevoir une carte de visite, utilisez de préférence les deux mains ou la main droite. Considérez la carte de votre interlocuteur comme le prolongement de sa personnalité. Prenez-la respectueusement, lisez-la attentivement, évitez de la plier ou de la glisser dans la poche arrière de votre pantalon.

Cadeaux

Les Japonais ont coutume de s'offrir de petits cadeaux lors des rencontres, visites, etc. Si vous êtes invité chez des gens, un cadeau sera nécessaire, généralement d'une valeur modeste, mais dont l'emballage doit être soigné. Vin, petits gâteaux ou chocolats feront l'affaire. Évitez d'apporter quatre cadeaux, car le chiffre 4 symbolise la mort pour les personnes superstitieuses. Donnez le cadeau des deux mains en expliquant (formule rituelle) que ce n'est pas grand-chose : « *Tsumaranai mono desu ga ... (dozo)* ».

Chaussures et intérieurs japonais

La règle est de ne pas contaminer les intérieurs propres avec la saleté provenant de l'extérieur. Avant de pénétrer dans une maison, un temple, un ryokan, un restaurant traditionnel voire une cabine d'essayage de magasin, vous devez donc toujours retirer vos chaussures, que vous laisserez dans un casier à l'entrée. Enfilez ensuite les pantoufles mises à votre disposition ou, s'il s'agit de tatamis, entrez directement en chaussettes. On ne marche jamais avec des pantoufles sur les tatamis, aussi n'oubliez pas de les enlever quand vous entrez dans la chambre d'un ryokan. Des chaussons particuliers sont réservés aux toilettes, qu'on enfile puis redépose en sortant. Les parapluies doivent aussi être laissés à l'entrée des maisons, temples, musées, hôtels et magasins, ou bien glissés dans un étui en plastique, afin de ne pas tremper les sols.

SE TENIR À TABLE

Avant le repas

Lorsque l'on prend un repas ou un thé sur des tatamis, l'idéal est de s'asseoir sur les genoux. Mais, même sur un coussin, la position est vite inconfortable. À défaut, les hommes s'installent en tailleur, les femmes jambes pliées sur le côté. Avant de débuter un repas, les invités disent : « *itadakimasu* » (« bon appétit »), et à la fin, « *gochisosama deshita* ! » (« c'était un vrai festin ! »). Si on vous tend une petite serviette chaude *(oshibori)* avant le repas, évitez de vous frotter la figure et la nuque avec, c'est en principe uniquement fait pour les mains.

Baguettes : tabous et interdits

Le maniement correct des baguettes requiert évidemment de l'expérience et une certaine dextérité. Néanmoins, il existe quelques impairs à ne pas commettre. Ainsi, on ne doit pas planter ses baguettes dans le riz et encore moins passer de la nourriture directement de ses baguettes aux baguettes d'un autre convive, cela évoque un rite funéraire. Évitez de pointer les baguettes sur une personne ou sur une chose, ou encore de jouer avec, c'est très mal vu. Les baguettes ne sont là que pour saisir la nourriture de son assiette ou de son plateau, on ne doit pas les utiliser pour se servir dans un plat commun (il y a d'autres baguettes, souvent plus longues, pour cela). Enfin, lorsque vous avez fini de manger, reposez vos baguettes sur le porte-baguettes, ou alignées sur la table, et non à l'intérieur de l'assiette ou du bol.

Autres bonnes et mauvaises manières

Se moucher ou renifler fort à table est considéré comme inconvenant,

en revanche vous pouvez tout à fait (c'est même conseillé) aspirer bruyamment votre bol de soupe ou vos nouilles en faisant « *sluurp* ».
Évitez d'arroser votre bol de riz de sauce au soja, le riz se mange blanc.
Lorsqu'on boit de l'alcool, l'usage veut que l'on se serve les uns les autres, et non pas directement soi-même. Pour trinquer, ne dites pas « *chin chin* » (en japonais, le mot désigne les parties génitales masculines), mais « *kampai* ! ».
Collection Regard sur le Japon Illustré, n° 12 Vie au Japon : ce petit guide sur le savoir-vivre japonais vous expliquera de façon amusante et illustrée comment éviter de commettre des impairs.

USAGE DES BAINS COMMUNS

Qu'il s'agisse des salles de bains communes des ryokan, **o-furo**, des bains publics de quartier, **sento**, des super sento ou des bains de sources chaudes, **onsen**, il convient de se déshabiller entièrement et de ranger ses affaires dans un casier du vestiaire avant d'entrer dans la pièce d'eau chauffée. Le port du maillot n'est pas autorisé, et risque même de provoquer des incidents. Les plus pudiques masqueront leur nudité avec la petite serviette fournie par l'établissement. En tout état de cause, les bains sont presque toujours divisés en deux parties, une pour chaque sexe. Mais prenez garde à ne pas vous tromper d'entrée (女 : femmes et 男 : hommes) ! Vous devez d'abord vous laver et vous rincer sous les douchettes à l'extérieur du bassin chaud avant d'y entrer. Ce dernier est fait pour se relaxer, il faut surtout ne pas y mettre du savon et le laisser propre. Ne videz jamais l'eau du bain en sortant, d'autres l'utiliseront après vous.

Sécurité

Si les agressions sont très rares, des vols peuvent cependant avoir lieu dans les quartiers très fréquentés des grandes villes, par exemple dans les gares. En cas de difficulté quelconque, ou simplement si vous êtes perdu et cherchez une adresse, le plus simple est de vous adresser à un **koban**, miniposte de police de proximité. On les reconnaît à leur petite lampe rouge sur la façade.

Séismes et catastrophes naturelles

L'archipel nippon est secoué chaque année par près de 5 000 phénomènes sismiques dont la plupart, à l'exception notable de très grands séismes comme celui de mars 2011, sont de faible intensité et sans gravité. Sur place, les bâtiments sont conçus pour supporter les secousses. En cas de tremblement de terre, éloignez-vous des fenêtres, meubles et objets susceptibles de se renverser, et abritez-vous sous une table solide ou sous l'encadrement d'une porte. À l'extérieur, cherchez un espace dégagé à l'écart des débris et objets dangereux (panneaux, lignes électriques) qui peuvent tomber des bâtiments. Ne cédez pas à la panique et suivez les consignes d'évacuation des responsables de la sécurité. La saison des **typhons** au Japon est comprise entre fin août et octobre. L'arrivée de ces dépressions violentes, mais sans risque si l'on reste à l'abri durant leur passage, est annoncée par des bulletins d'alerte sur les radios et télévisions. Leur passage peut engendrer l'arrêt des trains et la fermeture de certains sites et magasins. Des alertes sont aussi lancées pour les **raz-de-marée** (tsunamis), qui imposent de quitter immédiatement le bord de mer pour se réfugier sur un terrain en hauteur ou, à défaut, sur le toit d'un immeuble. Dans tous les cas, ne vous affolez pas et prenez si nécessaire contact avec l'ambassade ou le consulat.

Souvenirs

ARTISANAT, ANTIQUITÉS

Amulettes
À l'entrée des temples et sanctuaires, des boutiques et étals vendent de multiples talismans porte-bonheur qui peuvent faire l'objet de collections, notamment les *ema*, tablettes de bois votives des sanctuaires shinto.

Estampes
Les œuvres originales sont vendues dans des boutiques spécialisées *(voir Nos adresses Tokyo/quartier de Jinbocho p. 55 et Kyoto p. 284)*. Contrairement à une idée reçue, les prix ne sont pas forcément tous élevés, cela dépend de la qualité, de la rareté et de l'état de conservation de l'estampe. On peut très bien trouver de ravissantes *ukiyo-e* anciennes à moins de 15 000 ¥. Si votre budget est limité, des reproductions de bonne qualité sont aussi diffusées.

Laques, bois et bambou
Le choix est immense : objets fonctionnels (bols, baguettes, plateaux, peignes) ou décoratifs (statuettes, poupées, boîtes). Pour les objets de petite taille, faciles à transporter, les prix sont en majorité très abordables. Mais pour les laques les plus soignées ou les meubles en bois anciens, les sommes demandées peuvent être astronomiques.

Papier et calligraphie
Le papier japonais fait main *(washi)* est d'une qualité exceptionnelle, souvent moucheté ou rehaussé de couleurs vives et d'incrustations de pétales de fleurs. Il entre dans la fabrication de nombreux objets (carnets, boîtes, cahiers, mais aussi éventails et origamis). Les boutiques spécialisées dans les papiers vendent aussi des encens et du matériel pour la calligraphie : pinceaux, encre, pierre à encre. Autant d'idées de cadeaux.

Parapluies
En bambou et papier huilé, les parapluies traditionnels *(kasa)* forment des ombrelles très décoratives, en vente dans les magasins d'artisanat.

Poteries, céramiques
Le nombre de potiers au Japon est phénoménal. Bols, assiettes, coupes ou bouteilles se trouvent dans toutes les boutiques de poterie de village, dans les grands magasins et centres artisanaux des villes. Chaque région a son style et ses spécialités, en grès ou en porcelaine. Les plus beaux modèles de Bizen, d'Arita ou d'Imari peuvent atteindre des millions de yens. Dans les grands magasins, on déniche souvent des pièces à prix soldés ou des céramiques de qualité ordinaire et bon marché, constituant des cadeaux très typiques.

Poupées
Les poupées japonaises *(ningyo)* ne sont pas des jouets mais des objets de collection aux finitions parfois précieuses et sophistiquées, notamment celles de Kyoto et de Kyushu. Lors du Hina Matsuri (3 mars), on offre des poupées aux filles et lors de la Fête des enfants (5 mai), des poupées de samouraïs aux garçons. Toutes peuvent représenter d'intéressants souvenirs à rapporter.

Sabres
Anciens attributs des samouraïs, les mythiques sabres japonais

(katana) atteignent des prix faramineux, en raison du soin apporté à leur fabrication. À défaut d'un sabre authentique chez un antiquaire, vous trouverez des imitations de bonne qualité et à prix raisonnables dans les grands magasins.

AUTRES ACHATS

Produits alimentaires

Confiserie, gâteaux – On les achète non pas tant pour le contenu (les gâteaux aux haricots rouges sont d'un goût très particulier pour un palais occidental) que pour le contenant, des boîtes ravissantes et empaquetages colorés qui font de merveilleux souvenirs.
Saké – Comme pour les vins, il existe des centaines de sakés différents, dont certaines bouteilles aux étiquettes calligraphiées du plus bel effet. Les rayons d'alimentation des grands magasins ont en général leurs cavistes, qui sauront vous conseiller sur le choix d'un bon saké dans les limites de votre budget.
Thé – Au royaume de la cérémonie du thé et du thé vert, on songera naturellement à rapporter quelques sachets pour les amis. Vous pouvez aussi investir dans une théière, mais attention, les modèles en fonte sont lourds à transporter.

Matériel électronique et photographique

Les grands bazars d'électronique se concentrent dans certains quartiers comme Akihabara à Tokyo *(voir p. 50)* ou Den Den Town à Osaka, où les prix sont souvent avantageux. Les grandes chaînes comme Bic Camera ou Yodobashi proposent aussi un vaste choix, notamment pour les appareils photo et Caméscopes numériques, les montres, radios, lecteurs de DVD, baladeurs MP3. Autre avantage, on y trouve toutes les nouveautés et gadgets high-tech dernier cri. N'hésitez pas à demander si un discount peut vous être accordé, certains magasins consentent parfois des rabais de 10 %. Attention toutefois, avant d'acheter un produit, vérifiez bien sa compatibilité, en particulier au niveau des normes électriques et des logiciels, et assurez-vous qu'il inclut un mode d'emploi en version française ou anglaise. Prenez de préférence des modèles conçus pour l'exportation.

Musique et vidéos

Les grandes chaînes comme HMV, Towers Records ou Virgin Megastore disposent d'un bon choix de CD et de DVD étrangers à des prix légèrement inférieurs à ceux pratiqués en France, notamment pour les nouveautés. On trouve en outre quantité de boutiques pour les occasions. Seul souci sur les DVD, le menu de base est en japonais, et les versions et sous-titres disponibles n'incluent pas le français.

Cool Japan

Mode et accessoires *kawaii*, J-pop, produits dérivés des mangas, des *anime* et des jeux vidéos (T-shirt, figurines)... chaque ville compte un quartier ou quelques boutiques (dont celles de la chaîne Anime par exemple) qui attirent les amateurs locaux et étrangers. Difficile aussi de résister aux articles des magasins *Totoro* où figurent – sous toutes sortes de supports – tous les héros des studios Ghibli. Idem avec Hello Kitty, Kapibarasan, Pokémon et les innombrables mascottes qui peuplent l'univers japonais.

Vêtements, textiles

Les grands magasins vendent quantité de kimonos en soie de superbe qualité, mais à des prix inabordables. Mieux vaut se rabattre sur les boutiques d'occasion, où les modèles se négocient en général entre 5 000 et 20 000 ¥. Les *yukata* (kimonos en coton léger) neufs coûtent eux bien moins cher, autour de 4 000 ¥. Pour la mode moderne, des chaînes comme Uniqlo commercialisent des vêtements à prix modérés tandis que pléthore d'enseignes font et défont les modes locales et planétaires, et rendent fous les adeptes étrangers de shopping ! Les boutiques de fripes, du seconde main de vêtements *casual* de marque, sont de plus en plus nombreuses et permettent de faire de bonnes affaires. Les grandes marques de couture japonaise (Yamamoto, Miyake) sont en revanche très onéreuses. Mais des promotions ont lieu durant les **soldes**, généralement en janvier et juillet.

Sports (en spectateur)

ARTS MARTIAUX ET SUMO

Le judo, l'aïkido, le karaté, le kendo (sabre) et le kyudo (tir à l'arc japonais) sont des disciplines très pratiquées dans l'archipel. Le Japon est d'ailleurs mondialement réputé pour ses sports de combat. Il est facile d'assister à des compétitions et des démonstrations, plus difficile en revanche de participer à des entraînements. Les tournois de sumo, qui durent 15 j., ont lieu six fois par an : en janvier, mai et septembre à Tokyo ; en mars à Osaka ; en juillet à Nagoya et en novembre à Fukuoka. Il vaut mieux acheter les tickets à l'avance en se référant aux différents lieux de vente recensés sur le site www.sumo.or.jp/En/. À défaut d'assister en direct aux combats dans les arènes, vous pourrez suivre les retransmissions à la télévision. Une brochure du JNTO, intitulée *Traditional Sports* (www.jnto.go.jp/eng/location/rtg/pdf/pg-807.pdf), recense les dojos (salles d'entraînement) des différents arts martiaux à Tokyo. Elle donne aussi tous les détails sur les dates et lieux des tournois de sumo.

Voir aussi Arts martiaux et sumo p. 682.

BASE-BALL

Importé sous l'ère Meiji, ce sport américain, appelé ici *yakyu*, est de loin le plus populaire du Japon. Les championnats, qui se déroulent entre avril et octobre, voient s'affronter les six équipes respectives des deux ligues professionnelles, la **Central League** et la **Pacific League**. Les matchs sont retransmis en direct plusieurs fois par semaine à la télévision. Les championnats universitaires sont aussi très suivis. À Tokyo, le gigantesque Tokyo Dome, dans le jardin Koraku-en, accueille les rencontres de la célèbre équipe des Yomiuri Giants. Quant à « l'historique » Koshien, l'antre des Hanshin Tigers, situé entre Osaka et Kobe, il fait rêver tous les jeunes joueurs en accueillant les finales universitaires et scolaires.

Aller voir une rencontre de ligue professionnelle est une belle expérience. Les tickets s'achètent au stade ou à l'avance, aux bornes de réservation des chaînes de *conbini* Lawson ou 7 Eleven. Calendrier, résultats et informations sur : http://npb.jp/eng/.

Sports (activités)

GOLF

Quelque 17 millions de Japonais jouent au golf ! Malheureusement, le nombre de terrains étant limité (2 400 terrains tout de même), les *green fees* sont très élevés (env. 10 000 ¥). Reste sinon la possibilité de s'amuser en tapant la balle sur les practices urbains, terrains souvent montés sur plusieurs étages comme des parkings d'immeuble et enveloppés de filets de protection. Une liste complète des parcours de golf du Japon, avec description, prix et coordonnées, figure sur le site www.golf-in-japan.com.

RANDONNÉE

Plein de chemins de randonnée bien balisés sont accessibles dans les régions montagneuses et vallonnées de l'archipel, dévoilant des sites naturels de toute beauté. Les Alpes japonaises autour de Nagano et de Kamikochi, le pèlerinage des 88 temples de Shikoku, les parcs nationaux de Hokkaido, l'ascension du mont Fuji, les itinéraires autour de Kyoto, Nara ou Nikko… les possibilités sont innombrables, les chemins bien balisés et proches de campings, refuges ou temples où passer éventuellement la nuit.

Des suggestions d'itinéraires et des informations sont données sur les sites www.outdoorjapan.com ou japanhike.wordpress.com. Pour des descriptions d'itinéraires détaillées, procurez-vous les guides *Hiking in Japan* de Kodansha.

Évitez la randonnée durant la saison des pluies en raison des risques de glissements de terrain.

Voir aussi Voyages Nature et aventure p. 706.

SKI

Le Japon compte quantité de domaines skiables bien équipés en remontées mécaniques. Les stations de Hokkaido, du Tohoku, du centre et de l'ouest de Honshu sont les meilleurs choix pour les amateurs de poudreuse. Niseko, à Hokkaido, offre des descentes hors pair et une animation appréciable en soirée. Hakuba *(voir p. 194)*, près de Nagano, a accueilli nombre d'épreuves des JO d'hiver en 1998. Gala Yuzawa, près de Niigata, est à tout juste 1h30 en Shinkansen de Tokyo. Durant les vacances et week-ends d'hiver, les stations sont bondées, mieux vaut réserver son hébergement à l'avance. Les pistes de ski au Japon ne sont ni très pentues ni très longues comparées à celles des Alpes européennes, en revanche beaucoup d'hôtels disposent d'onsen (sources chaudes) bien agréables pour le réconfort après l'effort. Comptez par jour, en moyenne, 4 500 ¥/forfait pour les remontées et 5 000 ¥ la location de l'équipement complet. La brochure du JNTO intitulée *Skiing in Japan* détaille, pour les principales stations de Honshu et de Hokkaido, les moyens d'accès et les hébergements (www.jnto.go.jp/eng/location/rtg/pdf/pg-802.pdf). Vous trouverez plus d'informations sur le site www.snowjapan.com, véritable bible des skieurs et snowboardeurs au Japon. Pour organiser un séjour (package, hébergement, location etc.), voyez aussi le site www.skijapan.com.

SPORTS NAUTIQUES

La **plongée** se pratique principalement dans les îles tropicales d'Okinawa *(voir p. 593)*, riches de splendides récifs coralliens, et dans les eaux claires et tempérées des îles de la péninsule d'Izu, au sud de Tokyo. Les plus intrépides pourront aussi expérimenter, en plein hiver, la plongée sous glace dans la mer d'Okhotsk, à Hokkaido ! Si l'éventail des choix est large, les prix sont en revanche assez dissuasifs. Pour deux plongées, avec la location du bateau et du matériel, il en coûte facilement 20 000 ¥. Informations sur www.divejapan.com.

La **baignade** au bord des plages, *a contrario*, est totalement gratuite. Les plages de Chiba et Miura *(voir p. 117)* près de Tokyo,

celles entre Kobe et Himeji *(voir p. 347)* dans la région du Kansai, de Kamakura, de la péninsule d'Izu *(voir p. 152)*, et les superbes plages de sable blanc d'Okinawa *(voir p. 593)*, attirent beaucoup de monde durant l'été. Certaines recèlent d'excellents spots de **surf** et de **windsurf**. Mais, hormis à Okinawa et dans quelques sites préservés d'Izu, du sud de Shikoku et de Kyushu, le littoral japonais est rarement à la hauteur des espérances : mer polluée aux abords des agglomérations, plages bétonnées, méduses dès la mi-août… Pour des détails sur le surf et le windsurf, voyez sur les sites www.outdoorjapan.com et www.japansurf.com.

EXCURSIONS À VÉLO

Parcourir le Japon à **bicyclette,** est une possibilité envisageable à condition d'avoir du temps et une bonne forme physique, car les routes sont plutôt raides. Mieux vaut se munir d'un bon atlas routier afin de dénicher les petites routes secondaires, et posséder quelques notions de japonais pour déchiffrer les *kanji* des panneaux d'indication.
Les régions les plus propices aux excursions à vélo sont le centre et l'ouest de Honshu, les îles de la Mer intérieure, Hokkaido, Shikoku et le sud de Kyushu. Des parcours très bien conçus et passionnants ont ainsi été tracés pour les cyclistes dans la plaine de Kibi (*voir p. 361*) ou entre les îles entre Onomichi et Shikoku *(voir la Shimanami Kaido p. 368)*. Les villes de Kyoto, Kanazawa ou Hagi, les alentours de Tono dans le Tohoku, sont très agréables à parcourir.
Pour vous épargner la difficile sortie des grandes villes, utilisez le train. Pour pouvoir y placer son vélo, il faut l'emballer dans un sac spécial *(rinko baggu)*, vendu dans les magasins d'accessoires pour cycles. Pour plus de détails, voir sur les sites www.japancycling.org, www.kancycling.com et www.outdoorjapan.com.

Téléphone

TÉLÉPHONES PORTABLES

Le Japon est LE pays du portable *(keitai denwa)* ! Mais seuls les téléphones portables et smartphones européens 4G (ou 3G de la dernière génération) y fonctionnent. Tous les autres ne fonctionnent pas sur le réseau japonais, où les opérateurs n'utilisent pas la norme GSM.
Si votre appareil n'est pas compatible, vous n'avez aucun intérêt, par conséquent, à l'emporter. Ni même à en acheter un au Japon, vous ne pourriez pas l'utiliser à votre retour. Il est possible cependant de souscrire une **location** de portable pour la durée de votre séjour auprès de nombreux opérateurs. Vous pourrez y introduire votre carte SIM si celle-ci est compatible. La plupart des compagnies de location ont un comptoir aux aéroports de Narita et du Kansai, ou bien peuvent vous livrer directement l'appareil à votre hôtel après résevation en ligne. NTT Docomo, la plus grande société de téléphonie mobile japonaise, propose de nombreux services et produits de qualité. Avant de vous décider, vous pouvez comparer les offres (prix de location, frais d'appels) sur les sites suivants : www.nttdocomo.co.jp/english/service/world/roaming/, www.softbank-rental.jp/e/, www.cellularabroad.com, www.pupuru.com, www.rentafonejapan.com, http://biz.telecomsquare.co.jp/en/telecomsquare/.
Sachez enfin que ces compagnies proposent également des *wifi datacards* et des *wifi walker (voir p. 724)* pour utiliser smartphones, ordinateurs portables et tablettes

pour téléphoner (et surfer sur Internet) en toute liberté.

Si vous êtes possesseur d'un Iphone, louez pour 105 ¥/j une carte SIM avec numéro japonais aux comptoirs de Softbank des aéroports, en veillant à bien déconnecter l'accès à Internet dont les tarifs sont prohibitifs. Enfin, n'oubliez pas les autres modes de communication comme Skype, pour joindre vos proches. *Voir également Téléphoner au Japon p. 710.*

TÉLÉPHONES FIXES

Appeler vers la France

Des appels internationaux peuvent être émis en direct (avec des pièces de 100 ¥) depuis les téléphones publics portant la mention International & Domestic Card/ Coin Phone. Malheureusement, ils sont peu nombreux. On les trouve dans les halls des grands hôtels, les aéroports, les grandes gares et les centres-ville.

Pour joindre la France, composez le numéro de l'un des opérateurs suivants :

Japan Telecom - ✆ 0041
IDC - ✆ 0061
KDDI - ✆ 001
NTT - ✆ 0033

Faites alors le 010 33 (010 32 pour la Belgique, 010 41 pour la Suisse...), suivi du numéro du correspondant sans le 0 initial.

Les **prix** varient selon les opérateurs (env. 200-300 ¥/mn pour la France). Des tarifs réduits s'appliquent pour les appels passés après 19h en semaine et 20h le week-end. Après 23h, les prix diminuent d'env. 40 %.

Pour téléphoner vers la France, la solution la plus pratique et la plus économique, néanmoins, est d'utiliser une **carte téléphonique internationale prépayée**, comme la Primus Phonebank, la Brastel Smart Phonecard, la KDDI Super World Card ou la MCI World Com, qui s'achètent dans les *conbini*. Avec ces cartes, ou tickets imprimés, vous pouvez téléphoner de presque tous les téléphones publics.

Elles comportent un code secret au dos. Il suffit de composer le numéro de téléphone inscrit et (des instructions en anglais sont données), après le signal sonore, le code secret, puis le 33 pour la France, suivi du numéro. Dans le cas d'un téléphone public, il est nécessaire d'insérer de la monnaie (100 ou 200 ¥) pour avoir la communication.

Vous pouvez aussi utiliser des cartes téléphoniques vendues en France, telles la **carte France Télécom** (1 €/mn vers un poste fixe en France, débité sur la facture de son domicile) ou la **carte Switchback** (0,42 €/mn vers un poste fixe en France, carte à créditer avant le départ, voir www.switchback.fr). Mais les tarifs sont plus onéreux qu'avec les cartes téléphoniques japonaises (env. 34 ¥/mn soit 0,23 €/mn).

Appels locaux

Même si leur nombre a décru, on trouve des **téléphones publics** quasiment partout, de couleur verte ou grise. Ils acceptent les pièces de 10 ¥ et de 100 ¥ ainsi que les cartes prépayées. Un appel local coûte 10 ¥/mn. L'appareil, cependant, ne rend pas la monnaie sur les pièces de 100 ¥. Plutôt que de toujours chercher de la monnaie, optez pour une **carte prépayée**. Elles sont vendues pour une valeur de 500 ou 1 000 ¥ dans les kiosques des gares, les *conbini* et les distributeurs automatiques, et arborent souvent de jolis motifs.

Pour téléphoner à l'intérieur d'une même ville ou région, composez le numéro sans l'indicatif régional figurant entre parenthèses. Pour téléphoner d'une ville ou d'une région à l'autre, faites le numéro précédé de l'indicatif régional.

Nos gratuits - Les numéros qui commencent par 0120 sont gratuits.
Renseignements - Pour les renseignements nationaux, faites le 104.

Toilettes

Au Japon, des toilettes gratuites et le plus souvent très propres sont disposées partout : gares, métro, grands magasins, sites touristiques. Elles sont de deux types. Les plus fréquentes sur les lieux publics sont les toilettes traditionnelles, des cuvettes à la turque au-dessus desquelles on s'accroupit de face, dos à la porte. Des chaussons sont parfois posés devant la porte, qui doivent être utilisés pour entrer et retirés en sortant. Dans les hôtels et chez les particuliers, on trouve plus souvent des toilettes modernes à siège chauffant, très high-tech, pleines de boutons lumineux, de réglages sophistiqués et de fonctions avancées telles que bidet, jet d'eau chaude et ventilation pour rincer et sécher son séant, voire massage et fond sonore pour masquer les bruits gênants.

Transports

Le Japon possède sans doute le meilleur réseau de transports en commun du monde, dense, étendu et parfaitement organisé. Le réseau ferroviaire, à lui seul, couvre à peu près toutes les destinations possibles. La rapidité, la ponctualité et la fréquence des trains en font le moyen de transport à privilégier lors de vos déplacements dans l'archipel. Plus longs, les trajets en bus ou en bateau ne sont pourtant pas à négliger car ils permettent parfois de substantielles économies. L'avion est largement utilisé (la ligne Tokyo-Sapporo est l'une des plus fréquentées du monde) et est une bonne solution pour couvrir les longues distances entre les îles.

Lors de vos déplacements au Japon, ne manquez pas d'utiliser cette géniale invention japonaise : le service de livraison express des bagages, ou **takkyubin**. Vous leur confiez vos valises la veille et, pour environ 1 500 à 3 000 ¥/pièce, ils se chargent de vous les livrer le lendemain à l'hôtel ou au ryokan de votre nouvelle étape, quelle que soit la distance. Vous trouverez des bureaux de *takkyubin* dans les aéroports et dans la plupart des *conbini* (supérettes de quartier, type Lawson ou 7 Eleven). Vous pouvez aussi demander à la réception de votre hôtel de s'en occuper.

AVION

Le pays est quadrillé par un grand nombre d'aéroports régionaux et locaux.

Compagnies aériennes

Les compagnies **JAL** et **ANA** assurent l'essentiel des dessertes intérieures. Mais de nombreuses compagnies à bas coût sont également présentes et se livrent une concurrence féroce qui a fait beaucoup baisser les prix. Grâce aux rabais et promotions, certains vols sont désormais parfois moins chers que le même trajet en train Shinkansen. Tous disposent d'un site Internet de réservation en anglais.

Pass et tarifs réduits

Les compagnies JAL et ANA proposent toutes des **pass** intéressants. Les pass ANA Visit Japan et JAL Welcome to Japan permettent d'effectuer de deux à cinq trajets intérieurs au tarif unique de 13 000 ¥/trajet. Ils sont accessibles à tous et doivent être achetés à l'étranger à l'avance, auprès des compagnies ou bien des voyagistes spécialisés sur le Japon *(voir Avant de partir p. 704)*. Les deux compagnies proposent d'autres **pass**, dont le Oneworld Yokoso Japan (JAL) et le Star Alliance Japan

Airpass (ANA), un peu moins chers (env. 10 800 ¥/trajet), mais ils sont réservés à ceux qui empruntent les vols internationaux sur une des compagnies citées (Oneworld et Star Alliance) et ne sont pas valables durant certaines périodes de vacances, notamment à Noël et au Nouvel An. Les deux compagnies offrent de multiples autres formules de **réduction** sur les vols réservés à l'avance (de 25 à 70 % pour une réservation plus d'un mois à l'avance). Les compagnies à bas coût font elles aussi des réductions similaires, mais à des prix encore plus bas, leurs tarifs normaux étant en général inférieurs de 20 % à ceux de JAL et d'ANA.

JAL - ✆ 0570 025 071, www.jal.co.jp.

ANA - ✆ 0570 029 222, www.ana.co.jp.

Compagnies à bas coût :

Peach - ✆ (03) 4580 8181 ou (03) 6302 8991, www.flypeach.com. Au départ d'Osaka Kansai et Naha.

Skymark - ✆ 0570 039 283, www.skymark.co.jp. Nombreuses dessertes, principalement au départ de Tokyo Haneda et Kobe.

Air Do - ✆ 0120 057 333, www.airdo.jp. Vols de/vers les différentes villes de Hokkaido.

Jetstar Japan - ✆ 0570 550 538, www.jetstar.com/jp/en/.

Solaseed Air - ✆ 0570-037-283, www.skynetasia.co.jp.

IBEX - ✆ 0120 686 009, www.ibexair.co.jp.

Vanilla Air - ✆ 0570 6666 03, www.vanilla-air.com.

Starflyer - ✆ 0570 07 3200, www.starflyer.jp.

TRAIN

Rapides, fréquents, ponctuels, sûrs, propres et confortables, les trains japonais ont toutes les qualités. Environ 70 % du réseau ferroviaire est géré par la compagnie nationale **Japan Railways** (JR), divisée en six principaux réseaux : JR East, JR West, JR Hokkaido, JR Kyushu, JR Shikoku et JR Central. Les 30 % restant se partageant entre diverses compagnies privées, présentes dans les grandes zones urbaines, des régions reculées ou des lignes touristiques.

Trains, mode d'emploi

Les trains se divisent en plusieurs catégories, du plus rapide au plus lent :

Les **Shinkansen**, ou trains super-express, équivalents de nos TGV, opèrent des liaisons ultrarapides. Ils circulent notamment sur les lignes Tokaido (Tokyo à Osaka), Sanyo (Osaka à Fukuoka), Hokuriku (Tokyo-Nagano-Kanazawa), Joetsu (Tokyo à Niigata), Yamagata (Tokyo à Shinjo), Tohoku (Tokyo à Shin-Aomori), Akita (Tokyo à Akita), Kyushu (Fukuoka à Kagoshima). La ligne Hokuriku sera bientôt prolongée vers Fukui, Tsuruga (2025) et à terme Shin-Osaka. La ligne Hokkaido est ouverte entre Shin-Aomori et Shin-Hakodate depuis mars 2016 et devrait être prolongée jusqu'à Sapporo (2030). Un supplément (de 800 à 8 000 ¥ selon les trains, le plus cher étant le *Nozomi*) doit être ajouté au prix de base du billet. Ce dernier est fixe selon la distance. Que vous achetiez un billet un mois avant ou le jour même, que le trajet s'effectue en haute ou basse saison, en semaine ou le week-end, le tarif reste le même.

Les **Limited Express** (*tokkyu* ou *shinkaisoku*) sont des rapides qui s'arrêtent uniquement aux principales stations. Le supplément peut varier de 500 à 4 000 ¥ selon l'importance du trajet. Les **Express** *(kyuko)* ne s'arrêtent qu'à certaines gares et incluent aussi un supplément. Les **Rapid** *(kaisoku)* s'arrêtent un peu plus souvent que les express mais il n'y a pas de supplément à payer. Enfin les **Local** (*futsu* ou *kakueki-teisha*) font halte à toutes les stations.

Les trains Shinkansen et Limited Express comprennent des voitures normales *(ordinary)* et des compartiments verts *(green car)* de première classe, accessibles avec supplément. Un supplément doit être acquitté également pour les réservations de sièges, mais tous les trains comportent aussi des voitures aux sièges non réservés *(jiyu-seki)*. Les trains de nuit disposent en outre de voitures couchettes, elles aussi à supplément.

Si vous n'avez pas acheté un Pass (JR Pass, Suica ou autre, *voir Autres pass et réductions p. 744*), les billets de train s'achètent aux guichets des gares (dans ce cas, il est préférable d'écrire sur un papier, en anglais, les informations à communiquer au préposé) ou aux machines automatiques (pour les courts trajets). Si vous ne trouvez pas votre tarif sur le panneau des machines, prenez le moins cher. Il sera ensuite toujours possible de s'acquitter d'un supplément auprès du contrôleur à bord, sans frais ni pénalité.

À défaut, on paye la différence à la machine *fare adjustement* ou au guichet situés près des portillons de contrôle à la sortie des quais. Comme pour le métro ou le bus, vous devez conserver votre ticket jusqu'à la sortie de la gare d'arrivée.

Attention, les trains, toujours ponctuels, s'arrêtent très peu de temps dans les gares. Arrivez avec une bonne marge d'avance, le temps de trouver le quai de départ et de rejoindre le repère au sol qui indique la position de votre voiture.

La compagnie JR publie un très utile fascicule en anglais, **Railway Timetable**, dans lequel sont indiqués les horaires et les prix des principaux trajets. Vous en trouverez un exemplaire gratuit dans toutes les grandes gares.

Pour chercher et calculer un **itinéraire** en train (horaires, durée, prix), consultez les sites suivants : www.hyperdia.com/en ou https://world.jorudan.co.jp/mln/en/.

La ligne JR East propose un service d'information (hors réservation) : la **JR Infoline**, ✆ 050 2016 1603 (en anglais, de 10h à 18h) ou www.jreast.co.jp/e/customer_support/infoline.html.

Le Japan Rail Pass

Réservé aux visiteurs étrangers, le JR Pass est vraiment une bonne affaire (si vous prévoyez de nombreux déplacements), qui vous simplifiera la vie. Valable sur le réseau JR, hormis sur les trains Shinkansen *Nozomi* et *Mizuho*, il permet de voyager à volonté, sans avoir à prendre de ticket, durant une période de 7, 14 ou 21 j. Le JR Pass s'achète uniquement à l'étranger, auprès des voyagistes spécialisés *(voir Avant de partir p. 704)*. Au moment de l'achat, un bon de réservation vous est remis. Il faudra l'échanger contre le pass à votre arrivée au Japon, dans l'un des JR Travel Service Center présents dans toutes les grandes gares et les aéroports internationaux de Narita, de Haneda et du Kansai. Lors du retrait, vous inscrivez la date de début d'utilisation souhaitée. Inutile de démarrer le pass tout de suite si vous restez, par exemple, plusieurs jours à Tokyo. Une fois la date inscrite, elle ne pourra plus être changée.

L'achat du JR Pass est en général vite amorti. Par exemple, avec le JR Pass ordinaire de 7 j. (29 110 ¥/205 €), si vous faites un Tokyo-Kyoto AR en Shinkansen (27 200 ¥ environ avec réserv.) et le transfert AR entre Tokyo et l'aéroport de Narita en Narita Express (3 020 ¥ environ), vous rentabiliserez déjà votre pass.

Le JR Pass de 14 j. coûte 46 390 ¥ (320 €) et celui de 21 j. 59 350 ¥ (410 €). Les enfants de moins de

飛騨高山

HIDA-TAKAYAMA

http://www.hida.jp/french/

11 ans bénéficient d'un demi-tarif. Pour plus d'infos sur le JR Pass et les pass régionaux ci-après, consultez le site : www.japanrailpass.net.

Autres pass et réductions

Selon votre itinéraire, d'autres pass régionaux moins chers peuvent se révéler plus adaptés. Ils ont en outre l'avantage de s'acheter directement sur place.

Pour les voyageurs arrivant à Narita et prévoyant de circuler dans Tokyo et ses alentours proches (Yokohama), la JR East propose un pass **N'EX** *(voir p. 30)*. Elle propose également le **JR East Pass** valable sur tout le réseau du Kanto et Tohoku (sauf Shinkansen Tokaido) d'une validité de 5 j. durant 14 j. flexibles (20 000 ¥), le **JR Tokyo Wide Pass** et d'autres pass valables autour de Nikko et Kamakura (voir le site Internet qui suit). www.jreast.co.jp/e/.

La JR Central propose le **Takayama-Hokuriku Tourist Pass** (5 j., 14 000 ¥) qui permet de relier Nagoya à Osaka par le nord *via* Takayama et Kanazawa. http://english.jr-central.co.jp/.

La JR West (www.westjr.co.jp/english) propose trois types de pass : le **JR Kansai Area Pass** marche sur tout le réseau JR du Kansai pour une période de 1 (2 200 ¥) à 4 j. (6 300 ¥). Le **JR Kansai Wide Area Pass** couvre une zone plus large, incluant Kinosaki Onsen au nord, Wakayama au sud et Kurashiki à l'ouest (8 500 ¥/5 j.).

Très avantageux également pour qui voyage dans le Kansai, le **Kintetsu Rail Pass** (5 j. 3 800 ¥ à 5 000 ¥), sur les trains de cette compagnie privée (www.kintetsu.co.jp/foreign/english) qui opère dans la zone Osaka-Nara-Kyoto-Nagoya.

La JR West propose aussi le **JR Sanyo-San'in Area Pass** couvre la région d'Osaka et de la ligne Sanyo jusqu'à Fukuoka (Hakata) durant 7 j. (20 000 ¥).

Le **JR Hokkaido Pass** donne accès à tout le réseau JR de Hokkaido durant 3 j. (16 500 ¥), 5 j. (22 000 ¥), 7 j. (24 000 ¥) ou 4 j. flexibles (22 000 ¥). Le JR Hokkaido Free Pass permet lui d'emprunter tous les trains et bus durant 7 j. (26 230 ¥) excepté en haute saison. www2.jrhokkaido.co.jp/global/english/railpass/rail.html.

Le **JR Kyushu Pass** couvre tout le réseau JR de Kyushu durant 3 j. (15 000 ¥) ou 5 j. (18 000 ¥). www.jrkyushu.co.jp/english/.

Le **All Shikoku Rail Pass** couvre toute l'île de Shikoku, trains JR comme lignes privées pour une durée de 2 j. (7 900 ¥) à 5 j. (10 500 ¥). www.jr-shikoku.co.jp/global/en/.

Autres formules : le **JR Seishun Juhachi Kippu**, une carte en vente dans la plupart des gares qui donne droit à 5 j. de transports JR illimités pour seulement 11 850 ¥. Avantages : on peut l'utiliser à plusieurs personnes et à des jours différents. Inconvénients : il n'est valable que sur les trains locaux, rapides ou express (pas sur les Limited Express et Shinkansen), et seulement durant certaines périodes de l'année (20 fév.-31 mars, 1er juil.-31 août, 1er déc.-31 déc.).

Les compagnies **JR** proposent également un **billet découverte** (dénomination variable d'une année sur l'autre, se renseigner sur place) qui donne droit à une réduction d'environ 20 % sur un AR en train, bus ou ferry JR vers une région donnée (Kanto, Hokkaido, Kansai, Shikoku, Kyushu) et la libre circulation sur les trains JR de cette région durant 4 ou 5 j.

Les pass spécifiques à certaines villes ou régions – comme le Kansai Thru Pass *(voir p. 272)* – sont signalés dans la rubrique « Transports » de Nos adresses de chaque chapitre de « Découvrir le Japon ».

BUS

Souvent ignorés des touristes, les **bus longue distance** qui parcourent l'archipel offrent pourtant des tarifs très avantageux. Les **bus de nuit**, pour la plupart équipés de confortables sièges inclinables, permettent en outre d'économiser une nuit d'hôtel. Les trajets, en contrepartie, sont beaucoup plus longs qu'en train. Les places doivent se réserver à l'avance, dans les terminus routiers, dans les agences de voyages locales ou aux bornes (en japonais seulement) des *conbini*. Les bus JR peuvent aussi se réserver dans les guichets des gares. Les réservations par téléphone se font en japonais uniquement. Les billets de la compagnie Willer Express (http://willerexpress.com/en/) – la plus importante avec JR – peuvent être réservés en ligne.

www.bus.or.jp/en - Le site contient une base de données de quelque 1 500 lignes de bus longue distance, avec horaires, durée et prix des trajets. Indiquez la ville de départ et d'arrivée, puis cliquez sur le nom des (nombreuses) compagnies pour avoir le détail.

Méfiez-vous des tarifs promotionnels trop alléchants de certaines compagnies à bas prix, réputées peu sûres à la suite d'accidents tragiques.

Le Japan Bus Pass

Ce pass permet de voyager sur tout le réseau de bus longue distance Willer pendant 3 j. (12 500 ¥) ou 5 j. (15 000 ¥). Il est possible de réserver un maximum de 3 trajets par jour et les jours d'utilisation n'ont pas à être consécutifs. Le pass est valable 2 mois (non utilisable à certaines périodes comme la Golden Week et le début d'année). Informations, réservations et modèles d'itinéraires sur le site http://willerexpress.com/st/3/en/pc/buspass/.

BATEAU

Trajets décrits par région dans « Découvrir le Japon ».

Une armada de ferries relient entre elles les îles du Japon, notamment les plus petites, qui souvent ne peuvent être atteintes que par la mer. Même entre les grandes îles de Hokkaido, Honshu, Kyushu et Shikoku, pourtant reliées par des tunnels et des ponts, le bateau peut être une option intéressante, tant pour son faible coût que pour le plaisir d'observer les paysages côtiers. Les gros ferries opérant sur les longs trajets sont, en fait, de véritables paquebots pouvant embarquer passagers, véhicules et marchandises. Ils disposent à bord de nombreux services tels que restaurants, boutiques, salles de jeux et bains. Les billets les moins chers donnent accès à une salle commune en tatamis, où l'on peut installer son sac de couchage. Les lits des dortoirs de seconde classe coûtent un peu plus cher (de 20 à 40 % en plus). Les cabines de première classe valent environ le double du tarif de base. Pour réserver un billet on peut se rendre dans les gares maritimes. Mais mieux vaut passer par l'entremise de son hôtel, d'une agence de voyages ou de l'office de tourisme local, car le personnel des compagnies maritimes parle rarement l'anglais. La **Japan Long Distance Ferry Association** publie une brochure gratuite en anglais indiquant les horaires et les prix des lignes de ferries (disponible dans la plupart des offices de tourisme). Voyez aussi la page : www.japan-guide.com/e/e2355_01.html.

Les trajets en ferry ne sont pas inclus dans le JR Pass, à l'exception du ferry JR Miyajima, à côté de Hiroshima.

Le bateau au Japon est avant tout un moyen de transport et il existe pour l'instant peu de croisières touristiques, mis à part des tours de quelques heures. Quelques compagnies françaises proposent des parcours.

VOITURE

L'efficacité des transports en commun rend la location d'une voiture totalement inutile dans les principales villes, ou s'il s'agit simplement de parcourir les grands axes tels que Tokyo-Nagoya-Kyoto-Osaka-Hiroshima, très bien desservis par le train. En revanche, un véhicule se révèle bien pratique pour sillonner avec souplesse les campagnes, régions montagneuses et îles reculées, où les transports publics sont souvent limités. Ainsi le centre et l'est de Shikoku, le sud de Kyushu, les montagnes du Tohoku ou encore Hokkaido. Un conseil : faites plutôt le trajet en train jusqu'à la région que vous souhaitez visiter et ne louez une voiture qu'une fois sur place.

Réseau routier

Conduire au Japon ne pose pas de problème : les routes sont sûres et bien entretenues, les signalisations claires (sur les routes principales, la plupart des panneaux comportent une transcription en caractères latins) et les conducteurs japonais, assez prudents et respectueux.
Au Japon, on conduit à **gauche**. La vitesse est limitée à 30 ou 40 km/h en ville, 60 km/h sur les routes de campagne, 80-100 km/h sur les autoroutes et voies express.
Les autoroutes et voies express comportent des **péages** *(toll)* à tarif unique (2 000 ¥ pour un trajet, hors autoroutes à Tokyo).
En revanche, l'essence est moins chère qu'en France (env. 150 ¥/l).
Les stations-service (Esso, Jomo, etc.) sont nombreuses partout.
La **circulation** dans les grandes villes est souvent compliquée et embouteillée, aussi prenez soin de bien repérer à l'avance votre itinéraire, les noms des rues et numéros de routes à suivre. Le stationnement en ville est payant (parcmètres ou garages) et fort cher, mais les hôtels disposent de parkings gratuits (ou à prix réduits - 1 000 ¥) pour leurs clients.
Les conducteurs auront intérêt à se procurer un atlas routier bilingue.
Le plus complet est le *Japan Road Atlas* de Shobunsha, en vente sur place, en ligne ou à la librairie Junkudo à Paris (42 € environ).
Moins précis pour les routes, mais doté de nombreux plans des villes, des lignes de chemin de fer et de métro, le *Japan Atlas* de Kodansha a aussi l'avantage d'être moins cher.
Cependant toutes ces difficultées disparaîtront si vous choisissez une voiture dotée d'un GPS vocal en anglais (*voir p. 748*).
Si vous avez besoin d'un dépannage sur place, contactez la ligne d'urgence de la **Japan Automobile Federation** accessible 24h/24 en anglais au ✆ 0570 00 8139.

Permis de conduire

Le permis de conduire international délivré par les autorités françaises, belges et suisses n'est pas reconnu au Japon. Les citoyens français, belges et suisses qui désirent conduire au Japon doivent obligatoirement se munir de leur **permis national** accompagné d'une traduction en japonais. La traduction du permis s'obtient auprès de la Japan Automobile Federation (JAF), à son siège central à Tokyo ou bien dans l'une de ses antennes de province, présentes dans la plupart des grandes villes.
La traduction coûte 3 000 ¥, est valable 1 an, et se fait dans la journée si l'on se rend dans l'un des bureaux de la JAF. Par courrier (joindre 380 ¥ pour les frais postaux), comptez une semaine. La traduction peut aussi être effectuée par les consulats suisses et belges

pour les ressortissants de ces pays. Les citoyens canadiens, eux, n'ont besoin que d'un simple permis international.

Japan Automobile Federation - 2-2-17 Shiba, Minato-ku, Tokyo 105-8562, ☏ (03) 6833 9100. Liste des bureaux de province et explications détaillées sur le site www.jaf.or.jp/e.

Location

Groupées en majorité autour des gares et dans les aéroports, les agences de location pratiquent des formules à la demi-journée, journée ou semaine, le plus souvent avec kilométrage illimité et assurance incluse. Une franchise est néanmoins prévue en cas d'accident. Les loueurs facturent un supplément, calculé au kilomètre, pour les véhicules rendus à un autre lieu que celui du départ.

Les **prix** varient assez peu entre grandes ou petites agences. Cela dit, les compagnies internationales comme Avis, Hertz ou Budget sont en général plus chères que les loueurs nationaux tels Nissan Rent-A-Car, Toyota Rent-A-Car, Nippon Rent-A-Car, Eki Rent-A-Car ou Orix Rent-A-Car. Pour une voiture de catégorie économique, le prix par jour tourne autour de 7 000 ¥, et à la semaine aux environs de 50 000 ¥. Attention, les loueurs japonais disposent rarement de sites Web en anglais, et, dans la plupart des agences, le personnel ne parle pas anglais. Basée à Tokyo et habituée à traiter avec les voyageurs étrangers, la compagnie **ToCoo!**, (☏ (03) 5333 0246 - www2.tocoo.jp/en) propose des tarifs vraiment très bon marché à travers tout le Japon. On peut réserver en ligne sur son site en anglais. Vous pouvez cependant faciliter vos démarches en réservant votre location à partir de la France auprès de l'agence Vivre le Japon (☏ 01 42 61 60 83 - www.vivrelejapon.com).

Sièges enfants - La législation japonaise oblige les boutiques de location de voiture à proposer des sièges enfants, mais certaines n'en possèdent que très peu et il est conseillé de se renseigner au préalable sur leur disponibilité.

GPS - Si toutes les voitures japonaises sont équipées d'un GPS, très peu d'entre eux sont en anglais. Pensez à réserver à l'avance votre GPS anglophone si vous voulez être sûr d'en avoir un. La grande innovation du GPS japonais est de proposer de choisir sa destination par numéro de téléphone. Demandez au personnel de la boutique de vous expliquer le fonctionnement du GPS. Vous pouvez également coupler un GPS japonais, sur lequel les numéros de routes sont en chiffres romains, avec un bon atlas.

DEUX-ROUES

On trouve parfois de petits scooters 50 cm^3 à louer sur les sites touristiques, mais ils ne sont pas prévus pour faire de la route. Seuls quelques rares loueurs de voiture proposent aussi des motos de plus de 125 cm^3 à louer, mais les employés y parlent rarement l'anglais.

DANS LES VILLES

Métros et trains

Les grandes villes telles Tokyo, Yokohama, Kyoto, Osaka, Fukuoka ou Sapporo possèdent un réseau de métro, trains privés et parfois monorails indépendant du réseau JR. C'est souvent le moyen de transport urbain le plus rapide. Les billets s'achètent dans les distributeurs automatiques. Repérez, sur le schéma des lignes placé en hauteur, le prix indiqué sous le nom de votre destination. Pressez ensuite la touche du tarif correspondant sur la machine et insérez l'argent. Si vous ne trouvez pas votre tarif, prenez le billet le moins cher (à conserver jusqu'à la sortie de la station), vous ferez l'appoint à la sortie, à la machine *fare adjustment*, située près des portillons. Il existe aussi des pass de métro à la journée, avantageux si vous faites de multiples trajets.

Bus et tramways

Plusieurs lignes de tramway fonctionnent encore à Hiroshima, Matsuyama, Okayama et Nagasaki, appréciables pour la vue et la facilité d'utilisation. Le fonctionnement est le même que dans la plupart des bus : on entre par l'arrière (à Tokyo, par l'avant), et on prend un petit ticket à la machine portant le numéro de la zone de départ. À chaque arrêt, un panneau lumineux à l'avant du bus signale la somme à payer pour chaque zone, que l'on règle avant de descendre en versant sa monnaie dans la petite machine placée près du chauffeur. Il existe aussi des pass à la journée *(voir Hiroshima p. 383)*. Les bus de Tokyo et de Kyoto appliquent un tarif unique, quelle que soit la distance.

Taxis

Les taxis coûtent cher au Japon, mais on est parfois contraint de les emprunter, notamment après minuit, quand la plupart des trains et métros s'arrêtent, ou dans les petites villes, quand il n'y a pas de bus entre la gare et sa destination finale. Les grandes stations de taxis se trouvent près des gares. Les tarifs sont en général de 600-700 ¥ pour les deux premiers kilomètres, et ensuite de 100 ¥/500 m. Un supplément est appliqué la nuit ou pour les taxis commandés par téléphone. On repère les taxis libres à la lumière rouge derrière le pare-brise (vert signifie occupé). Ne touchez pas aux portières de la voiture : elles s'ouvrent et se ferment automatiquement. Les chauffeurs, en gants blancs et beau costume, parlent rarement l'anglais : le plus simple, pour indiquer une adresse, est de leur tendre une carte de visite, de montrer le **kanji** du lieu (comme ceux qui figurent dans ce guide) ou encore de pointer sa destination sur un plan. Le pourboire est inutile, le service est déjà inclus dans le prix.

Vélos

Beaucoup de Japonais se déplacent à vélo en ville, pour aller au bureau, à l'école ou faire les courses. Dans les villes touristiques, les locations de vélos sont très répandues. Le prix d'une location à la journée avoisine 1 000 ¥. À l'achat, une bicyclette neuve standard vaut autour de 10 000 ¥. Prenez garde à bien les attacher, des vols ont lieu. En théorie, les cyclistes sont censés rouler sur la chaussée et garer leur vélo dans les parkings prévus à cet effet. En pratique, tous circulent sur les trottoirs et stationnent à peu près n'importe où. La police tolère, mais une bicyclette mal garée est susceptible d'être enlevée et placée en fourrière. Une forte amende sera alors exigée pour la reprendre.

Urgences

Police - ✆ 110.
Pompiers ou ambulance - ✆ 119.
Japan Helpline - ✆ 0570 000 911, www.jhelp.com. Assistance gratuite, en anglais, 24h/24.

En famille

Le Japon est une destination idéale pour les enfants, qui allie sécurité et propreté. On trouve facilement des petits pots, du lait concentré et des couches dans les *depato (department stores)* et les *conbini* (magasins de proximité). Beaucoup de lieux publics, tels les grands magasins, les gares et les trains, disposent de locaux dotés de tables à langer. La plupart des hôtels possèdent des lits pour enfants, et certains proposent aussi un service de baby-sitting.

Les moins de 6 ans empruntent les transports gratuitement tandis que les 6-11 ans paient demi-tarif. Côté activités, outre la découverte de la nature, les attractions pour enfants sont légion : parcs à thème (tels Universal Studios à Osaka), magasins de jouets et jeux électroniques, zoos, aquariums…

Pour chaque région, nous avons sélectionné quelques sites ou activités susceptibles de plaire à vos enfants *(voir tableau ci-dessous)*. Vous les repérerez, dans la partie « Découvrir le Japon », grâce au pictogramme.

SITES OU ACTIVITÉS À FAIRE EN FAMILLE

Chapitre du guide	Nature	Musée	Loisirs
Tokyo	Le pont Harajuku et le parc de Yoyogi ; le parc Inokashira-koen ; un bains dans le Oedo Onsen Monogatari	La Tokyo Sky Tree et l'aquarium de la Sumida ; le musée Ghibli pour retrouver l'univers de Miyazaki Hayao ; le National Museum of Emerging Science and Innovation pour les férus de sciences et nouvelles technologies	Prendre le monorail Yurikamome pour se rendre à Odaiba et parcourir les Decks
Yokohama		Le navire-école *Nippon Maru*	Monter au sommet de la Landmark Tower (296 m)
Péninsule de Miura	Arpenter les sentiers de Arasaki Park ou Jogashima ; baignade sur la plage de Miura		
Nikko		L'allée des *jizo*	Assister au *Yabusame* (concours de tir à l'arc) les 17 et 18 mai
Mont Fuji		Le musée du Petit Prince ; l'ancien check-point de Hakone	Goûter aux joies du complexe thermal Tenzan Open-Air Spa

飛騨高山

HIDA-TAKAYAMA

http://www.hida.jp/french/

SITES OU ACTIVITÉS À FAIRE EN FAMILLE			
Chapitre du guide	**Nature**	**Musée**	**Loisirs**
Péninsule d'Izu	Promenades de Wakano-ura à Shimoda et de Chikurin no Komichi à Shuzenji		
Nagoya		L'aquarium ; le musée des Marionnettes Karakuri-kan ; les 65 bâtiments en plein air de l'ère Meiji du musée Meiji-mura	Le port de Nagoya abrite des attractions ludiques et pédagogiques
Ise-shima		L'aquarium de Toba	
Les Alpes japonaises	Le domaine skiable ; Nozawa Onsen		La Maison des Ninja Kids Village
Île de Sado			Un spectacle de marionnettes *bunya ningyo*
Kyoto	Descente de la rivière Hozu à Arashiyama	Kyoto International Manga Museum pour tout connaître sur le manga ; les lieux de tournage du Toei Studio Park	Se promener dans le quartier de Gion ; assister à un *odori* (spectacle de danse des geishas et *maiko*)
Nara	S'amuser à nourrir les daims du parc		
Osaka	Homeland for the Oriental White Stork à Toyooka (observation de cigognes)	L'aquarium	La grande roue et le parc d'attractions Universal Studios Japan ; Spa-World
Kobe	Baignade à la plage de Suma Beach	L'espace interactif Kawasaki au Kobe Maritime Museum ; le château de Himeji	Le robot géant Tetsujin 28-go
Côte de San-yo : Okayama		Musée des Jouets de Kurashiki	
Côte de San-yo : Hiroshima	Balade sur l'île de Miyajima	Pour les plus grands, le musée du Mémorial de la paix ; l'aquarium de Miyajima	
Côte de San-in	Les dunes de Tottori en chameau ou en charrette attelée ; les serres tropicales du Vogel Park à Matsue ; la réserve ornithologique de Yonago		Un tour en barque des douves du château de Matsue ; le train à vapeur de Tsuwano

SITES OU ACTIVITÉS À FAIRE EN FAMILLE			
Chapitre du guide	**Nature**	**Musée**	**Loisirs**
Sendai et ses environs	Balade en barque dans les gorges de Gembikei	L'aquarium de Sendai ; Ishinomori Manga Museum à Ishinomaki	
Akita et ses environs	Une traversée en bateau sur le lac Tazawa	Le quartier des samouraïs à Kakunodate	
Hirosaki	La forêt de Shirakami	Le complexe ludique de Neputa-mura	
Sapporo	Le Dai-ichi Takimoto-kan à Noboribetsu Onsen	Le Volcano Science Museum près du lac Toya	Le Festival de la neige en février
Parcs nationaux	Excursion sur le mont Asahi-dake ; longer les falaises du parc de Shiretoko en bateau ; balades autour des lacs du parc d'Akan		
Îles de la mer Intérieure	Baignade sur les plages de l'île de Nao-shima		
Matsuyama			Dogo Onsen : le petit train à vapeur « Botchan Ressha »
Vallée de l'Iya	Balade en bateau dans les gorges d'Oboke		
Kochi et la côte Pacifique	Détente sur la plage de Katsurahama ; sortie en mer pour observer les baleines	Le jardin botanique Makino à Kochi	
Fukuoka		Le musée Hakata Machiya et le Musée national de Kyushu à Dazaifu	La grande roue et le Robo-square de Momochi ; Canal City
Saga		Le château de Saga ; le Saga Prefectural Space & Science Museum	
Kumamoto et le mont Aso	Observer les dauphins à Amakusa ; une promenade à dos de poney dans les prairies du mont Aso		
Kagoshima	La plage d'Ibusuki	L'aquarium de Kagoshima	
Archipel d'Okinawa	Une promenade en char à buffles sur les îles de Iriomote-jima ou Taketomi-jima	Okinawa-honto : le jardin botanique du Sud-Est ; l'aquarium et les plages d'Ocean Expo Park	

Mémo

Agenda

Voir également « Matsuri », p. 618.

JANVIER

1er janvier - Au Japon. Shogatsu (Nouvel An). Célébration en famille et visite dans les temples ou sanctuaires pour avoir bonheur et santé toute l'année.
6 janvier - À Tokyo (Kanto). Dezomeshiki, la grande parade des pompiers.
9-11 janvier - À Osaka (Kansai). Fête d'Ebisu, le dieu de la chance et des affaires.
Mi-janvier - À Tokyo (Kanto). Premier tournoi de sumo, durant 15 jours.
2e lundi du mois - Seijin-no-hi : les jeunes de 20 ans célèbrent leur accession à la majorité dans l'année (fêtes, visite au temple,...).
14 janvier - À Sendai (Tohoku). Hachiman Matsuri : parade vers le sanctuaire Hachiman pour la nouvelle année.
3e ou 4e samedi du mois - À Nara (Kansai). Yamayaki, Fête du feu de l'herbe sur la colline Wakakusa.

FÉVRIER

Début février - À Sapporo (Hokkaido), Yuki Matsuri (Festival de la neige) durant 7 jours.
3 février - Au Japon. Setsubun, Fête du jeté de haricots, dans les temples.
3 février - À Nara (Kansai). Festival des lanternes au sanctuaire Kasuga. Il a aussi lieu les 14 et 15 août.
16-17 février - À Yokote (Akita). Bonten Matsuri.

MARS

1er-14 mars - À Nara (Kansai). Omizutori, Fête de l'eau au temple Todai-ji.
3 mars - Au Japon. Hina Matsuri, Fête des poupées pour les petites filles.
Mi-mars - À Osaka (Kansai). Deuxième tournoi de sumo, durant 15 jours.

AVRIL

Fin mars-début avril *(jours variables en fonction de la floraison des cerisiers)* - La fête du Hanami (littéralement « voir les fleurs »), est prétexte à des pique-niques et à de grandes réjouissances dans tous les parcs et jardins publics.
1er-30 avril - À Kyoto (Kansai). Miyako Odori, spectacles de danse des apprenties geishas.
8 avril - Au Japon. Hana Matsuri, Festival des fleurs dans les temples.
14-15 avril - À Takayama (Chubu). Sanno Matsuri. Défilé de *yatai* (chars géants) pour rendre hommage à Hie-jinja, divinité gardienne de la partie sud de la ville.
16-17 avril - À Nikko (Kanto). Yayoi Matsuri dans le sanctuaire Futarasan.

MAI

5 mai - Au Japon. Koi Nobori, Fête des enfants. On suspend des carpes en papier coloré.
11 mai - À Gifu (Chubu). Début de la pêche nocturne au cormoran qui dure jusqu'au 15 octobre.

15 mai - À Kyoto (Kansai). Aoi Matsuri. Grand défilé en costume d'époque de Heian.
Mi-mai - À Tokyo (Kanto). Troisième tournoi de sumo, durant 15 jours.
17-18 mai - À Nikko (Kanto). Festival du sanctuaire Tosho-gu. Parade spectaculaire.
3e week-end de mai - À Tokyo (Kanto). Sanja Matsuri, Festival du sanctuaire d'Asakusa.

JUIN

1er-2 juin - À Kyoto (Kansai). Théâtre nocturne de nô dans le sanctuaire Heian.

JUILLET

1er-15 juillet - À Fukuoka (Kyushu). Départ du sanctuaire Kushida du plus gros *matsuri* d'été de la ville, le Hakata Gion Yamagasa.
Mi-juillet - À Nagoya (Chubu). Quatrième tournoi de sumo, durant 15 jours.
14 juillet - À Nachi (Kansai). Himatsuri, Fête du feu dans le sanctuaire de Nachi.
16-17 juillet - À Kyoto (Kansai). Gion Matsuri, défilé de chars au sanctuaire Yasaka.

AOÛT

1er-15 août - À Hirosaki (Tohoku). Neputa Matsuri. Défilé de chars décorés de personnages et animaux en papier mâché.
6-8 août - À Sendai (Tohoku). Le Tanabata Matsuri célèbre l'été.
Mi-août - Au Japon. Le Bon, ou Fête des morts. Elle a lieu aussi à la mi-juillet.
Mi-août - Île de Sado. Earth Celebration (Fête de la Terre), festival mondialement connu autour du groupe Kodo (tambours traditionnels).
12-15 août - À Tokushima (Shikoku). Awa Odori.

SEPTEMBRE

Mi-septembre - À Tokyo (Kanto). 5e tournoi de sumo, durant 15 jours.
16 septembre - À Kamakura (Kanto). Tournoi de tir à l'arc équestre au sanctuaire Hachiman-gu.

Défilé du Gion Matsuri à Kyoto (juillet).
Aflo/hemis.fr

OCTOBRE

9-10 octobre - À Takayama (Chubu). Hachiman Matsuri. Défilé de *yatai* (chars géants) pour rendre hommage à Sakurayama, divinité gardienne de la partie nord de la ville.
Mi-octobre - À Nagoya (Chubu). Festival de la ville, avec procession en costumes féodaux.
17 octobre - À Nikko (Kanto). Festival d'automne du sanctuaire Tosho-gu.
22 octobre - À Kyoto (Kansai). Jidai Matsuri, défilé en costumes de diverses époques.

NOVEMBRE

3 novembre - Au Japon. Momijigari, « contemplation des érables rouges ».
15 novembre - Au Japon. Shichi-Go-San : fête des 7-5-3 ans. Les filles de 3 et 7 ans et les garçons de 5 ans sont conduits dans les sanctuaires et les temples pour attirer la chance.
Mi-novembre - À Fukuoka (Kyushu). Sixième tournoi de sumo, durant 15 jours.

DÉCEMBRE

15-18 décembre - À Nara (Kansai). On-Matsuri du Kasuga Taisha : procession de personnages en costumes.
31 décembre - À Kyoto (Kansai). Cérémonie du Okera Mairi au sanctuaire Yasaka-jinja (un feu sacré est allumé).

Bibliographie

Le site de la librairie japonaise Junkudo *(18 r. des Pyramides - 75001 Paris - www.junku.fr)* permet de se tenir au courant des nouveautés.

LE JAPON ET LES JAPONAIS

Civilisation et société

BARTHES Roland, *L'Empire des signes*, coll. Points Essai, Seuil, 2005. Classique de la sémiologie, fruit d'un voyage au Japon mené dans les années 1970.
BENEDICT Ruth, *Le Chrysanthème et le Sabre*, Picquier Poche, 1995. Une étude approfondie des coutumes japonaises, publiée en 1946 par une ethnologue travaillant pour les États-Unis.
BERQUE Augustin (sous la dir. de), *Dictionnaire de civilisation japonaise*, Hazan, 1994. Les arts, la littérature, la pensée, la société, la vie quotidienne, etc., illustrés et traités par les meilleurs spécialistes.
DELAY Nelly, *Le Japon éternel*, coll. Découvertes Histoire, Gallimard, 2001. La civilisation japonaise et ses arts à travers l'histoire. Petit résumé richement illustré.
FRÉDÉRIC Louis, *Le Japon, Dictionnaire et civilisation*, coll. Bouquins, Robert Laffont, 2002. Dictionnaire de référence très complet, avec pas moins de 20 000 articles sur la littérature, l'histoire, la géographie, l'architecture, les temples, etc.
PELLETIER Philippe, *Le Japon*, coll. Idées reçues, Le Cavalier Bleu, 2008. Petit ouvrage instructif qui passe au crible les principaux clichés et préjugés touchant le Japon. Du même auteur, *Atlas du Japon*, Autrement, 2012.
SABOURET Jean-François (sous la dir. de), *Japon, peuple et civilisation*, La Découverte Poche, 2004. Articles sur la géographie, l'histoire, les religions, la société et les arts du Japon écrits par une équipe de spécialistes universitaires.

Les Japonais

AZRA Jean-Luc, *Les Japonais sont-ils différents ?*, Connaissances et Savoirs, 2011. Une écriture limpide combinant sociologie et anthropologie, pour donner des clés simples à la compréhension du Japon au quotidien.

BARRAL Étienne, *Otaku, Les enfants du virtuel*, J'ai Lu, 2001. Enquête sur la jeune génération japonaise, dont la vie est entièrement consacrée au multimédia.
CHOËI Raphaêlle, ROVÉRO-CARREZ Julie, *Tokyo Sisters, dans l'intimité des femmes japonaises,* Autrement, 2010.
GOMARASCA Alessandro, *Poupées, robots : la culture pop japonaise*, Autrement, 2002. Voyage dans la vie quotidienne et l'imaginaire d'une jeunesse mutante.
GUILLAIN Robert, *Les Geishas*, Arléa Poche, 1997. Après 40 ans de journalisme en Asie, l'auteur fait revivre le monde des geishas avant-guerre.
JOLIVET Muriel, *Japon, La Crise des modèles*, Picquier, 2010. Une enquête passionnante sur la jeunesse japonaise.
JOLIVET Muriel, *Homo Japonicus*, Picquier Poche, 2002. Le Japon familier raconté par les hommes qui y vivent.
LÉVI-STRAUSS Claude, *L'Autre Face de la Lune*, Seuil, 2011. Les écrits sur le Japon de l'illustre anthropologue qui développa une fine connaissance de l'archipel à travers l'étude de ses mythes.
PONS Philippe et SOUYRI Pierre-François, *Le Japon des Japonais*, Liana Levi-Seuil, 2007. Par le correspondant du *Monde* et l'ancien directeur de la Maison franco-japonaise à Tokyo, un petit guide socio-culturel sur les mœurs et coutumes des Nippons.

Tokyo

PONS Philippe, *D'Edo à Tokyo. Mémoires et modernités*, Gallimard, 1998. Un livre incontournable pour comprendre l'évolution de la ville, d'Edo à Tokyo.
RICHIE Donald, *Tokyo, extravagante et humaine*, Autrement, 2000. Une flânerie inspirée à travers le labyrinthe des quartiers-villages de la capitale.

HISTOIRE

BOUISSOU Jean-Marie (sous la dir. de), *Le Japon contemporain*, Fayard-CERI, 2008. Vingt-trois spécialistes pour illustrer le Japon d'aujourd'hui.
CARON François, *Le Puissant Royaume du Japon*, éd. Chandeigne, 2003. Rédigés en 1636, les rapports du premier Français venu dans l'Archipel. Passionnants documents traduits, introduits et annotés par Jacques & Marianne Proust.
HERSEY John, *Hiroshima*, 10/18, 2005. En août 1946, le reporter américain rassemble les témoignages de six rescapés de l'horreur. En 1985, il a repris contact avec les victimes et raconte ce qu'elles sont devenues.
LUCKEN Michael, BAYARD-SAKAI Anne et LOZERAND Emmanuel, *Le Japon après la guerre,* Philippe Picquier, 2007. De LUCKEN Michael également, *Grenades et amertume, les peintres japonais à l'épreuve de la guerre 1935-1952*, Les Belles Lettres, 2005 ; *Les Japonais et la guerre 1937-1952*, Fayard, 2013.
QUENTIN Corinne, SAKAI Cécile (sous la dir. de), *L'Archipel des séismes*, Picquier Poche, 2011. Un passionnant recueil de textes d'auteurs japonais de divers horizons sur la catastrophe de 2011.
REISCHAUER Edwin O., *Histoire du Japon et des Japonais*, coll. Points Histoire, Seuil, 2014. En deux tomes, des origines à nos jours. Dernière édition réactualisée.
SOUYRI Pierre-François, *Nouvelle histoire du Japon*, Perrin, 2010. Une synthèse tenant compte des derniers développements de l'historiographie japonaise.
VIÉ Michel, *Histoire du Japon : des origines à Meiji*, coll. Que sais-je ?, PUF, 2014. Un bon condensé.

ART, CULTURE, RELIGION

BANU George, *L'acteur qui ne revient pas : journées de théâtre au Japon*, Gallimard - Folio, 1993 (rééd.).

BOUISSOU Jean-Marie (sous la dir.), *Esthétiques du quotidien au Japon*, IMF/Regards, 2014. Recueil d'articles de spécialistes sur l'art de vivre, l'artisanat, la cérémonie du thé, la mode, etc.
BOUQUILLARD Jocelyn, *Hokusai, Les trente-six vues du mont Fuji*, Seuil, 2007. Du même auteur et de MARQUET Christophe, *Manga-Hokusai*, Seuil, 2007.
BRINDEAU Véronique, *Louange des mousses*, Philippe Picquier 2012. Belle approche de la symbolique des mousses dans les jardins.
BUISSON Dominique, *L'Architecture sacrée au Japon*, ACR, 1989. Les temples et sanctuaires du Japon, leur style et architecture, illustrations à l'appui. Du même auteur, *L'Esprit du bambou*, Philippe Picquier, 2004. Un livre passionnant sur la symbolique et les usages de cette plante, présente dans le quotidien des Japonais depuis des siècles.
COLLECTIF, *Le Livre de la vraie Cuisine japonaise*, Chêne, 2012. Le best-seller des livres de cuisine au Japon.
COLSON Raphaël et RÉGNER Gaël, *Hayao Miyazaki, cartographie d'un univers*, Les Moutons électriques, 2010. Analyse de l'œuvre du maître de l'animation japonaise.
DELAY Nelly, *Soleil rouge : Chefs-d'œuvre de la peinture japonaise*, Phébus, 2007. Du même auteur, *L'Estampe japonaise*, Hazan, 2004. L'histoire des estampes des origines à nos jours.
FRANCK Bernard, *Dieux et bouddhas du Japon*, Odile Jacob, 2000. Reprise des cours donnés au Collège de France par un spécialiste des religions du Japon.
KEANE Marc Peter, *L'Art du jardin au Japon*, Philippe Picquier, 1999. Les principes et les techniques des jardins japonais, par un grand spécialiste.
MIZUKI Shigeru, *Dictionnaire des Yokai*, Pika, 2008. En deux tomes richement illustrés, tous les esprits, fantômes, monstres, démons, divinités mineures qui peuplent le folklore nippon.
MUSÉE DU QUAI BRANLY, *L'Esprit Mingei au Japon*, Musée du quai Branly-Actes Sud, 2008.
POLAK Christian, *Sabre et pinceau*, CCIFJ, 2005. Les Français au Japon entre 1872 et 1960. Ouvrage bilingue. Du même auteur, *Soie et lumières*, CCIFJ, 2002.
SHIMIZU Christine, *L'Art japonais*, Flammarion, 2008. Panorama complet des arts du Japon, de la préhistoire au 20e s., à un prix très abordable.
SYLVAIN Dominique, *Régals du Japon et d'ailleurs*, Nil, 2008. Entre littérature et cuisine.
TAKEUCHI Hisayuki, *Nouvelle cuisine japonaise*, Agnès Viénot, 2003.
TEMMAN Michel, *Kitano par Kitano*, Grasset, 2010.
TESSIER Max, *Le Cinéma japonais*, Armand Colin, 2008. Du même auteur, *Images du cinéma japonais*, Henri Veyrier, 1990.
TOULA-BREYSSE Jean-Luc, *Le Zen*, coll. Que sais-je ?, PUF, 2017.
UTAMARO, *Trois albums d'estampes : Paysage de neige ; La lune folle ; À marée basse*, Picquier, 2006.
WATTS Alan W., *Le Bouddhisme zen*, Payot, 1996. Rédigé par un Américain en 1960, l'ouvrage dresse une bonne présentation de cette philosophie de la vie.

ROMANS ET RÉCITS DE VOYAGE

BARICCO Alessandro, *Soie*, Folio Gallimard, 2001. Un court roman poétique et captivant, dont l'histoire se déroule entre la France et le Japon au 19e s.
BERNHEIM Nicole-Lise, *Saisons japonaises*, Petite Bibliothèque Payot, 2002. Une journaliste française raconte au jour le jour son immersion dans l'atmosphère unique du mont Koya. Un récit plein de saveur.

BOUVIER Nicolas, *Chronique japonaise*, Payot Poche, 2001. Magnifique récit de voyage au Japon par un des maîtres de l'écriture itinérante.

DOGEN, traduit par COURSIN Janine, *Instructions au cuisinier zen*, Gallimard, Le Cabinet des Lettrés, 1994.

GUIBERT, Emmanuel, *Japonais*, Futuropolis, 2009. Entre dessins et impressions de voyage, on entrevoit l'âme du Japon et des Japonais.

LEBLANC Claude, *Le Japon vu du train*, Ilyfunet Eds, 2014. Un guide insolite, au travers des plus beaux trajets en train dans l'archipel.

NOTHOMB Amélie, *Stupeurs et tremblements*, LGF Poche, 2001. Les déboires d'une *office lady* belge au sein d'une grande firme japonaise. Et le retour au Japon de l'auteure dans *La Nostalgie heureuse*, Albin Michel, 2013.

RICHIE Donald, *Les Honorables Visiteurs*, Le Rocher, 2006. Douze portraits pour retracer les expériences de touristes prestigieux (Yourcenar, Loti, etc.) au Japon depuis un siècle.

LITTÉRATURE JAPONAISE

Pour se tenir au courant de l'actualité ou trouver des idées de lecture : www.lalitteraturejaponaise.com.

Poésie, Haïkus

ATLAN Corinne et BIANI Zéno, *Haïkus du 20e siècle*, Poésie/Gallimard, 2007. Choix et traduction des auteurs.

BASHO Matsuo, *Friches*, Verdier Poche, 2006 ; *Journaux de voyage*, Verdier, 2016. Le poète Basho (1644-1694) est considéré comme le père du haïku, court poème sur l'évanescence du monde.

Romans

ABE Kobo, *La Femme des sables*, Stock, 2002. L'histoire d'un professeur qui se retrouve par hasard dans un petit village menacé d'être englouti par le sable.

ENDO Shusaku, *Silence*, Gallimard Folio, 2010. En 1614, deux prêtres portugais partent au Japon à la recherche d'un des leurs qui, sous la torture, aurait renié sa foi.

HASHIZUME Bun, *Le jour où le soleil est tombé… J'avais quatorze ans à Hiroshima*, Éditions du Cénacle de France, 2007.

IBUSE Masuji, *Pluie noire*, Folio Gallimard, 2004. Roman autour de la malédiction qui frappe les rescapés de Hiroshima. Il fut porté à l'écran par Imamura Shohei.

IKEZAWA Natsuki, *La Vie immobile, Tio du Pacifique*, Picquier Poche.

INOUE Yasushi, *Le Fusil de chasse*, LGF Poche, 1992. Un récit magnifique en trois lettres.

INOUE Yuki, *Mémoires d'une geisha*, Picquier Poche, 1999. Témoignage quasi documentaire sur l'apprentissage du dur métier de geisha au début du 20e s.

KAWABATA Yasunari, *Romans et nouvelles*, La Pochothèque, Albin Michel, 1997. Intègre la totalité des œuvres de Kawabata traduites en français, dont *Pays de neige, Les Belles Endormies, Nuée d'oiseaux blancs, Tristesse et Beauté, Kyoto.*

KOBAYASHI Takiji, *Le Bateau-usine*, Yago, 2009.

La plupart des romans de MISHIMA Yukio, *Le Pavillon d'or, Le Marin rejeté par la mer, Confessions d'un masque, Après le banquet*, etc., sont chez Folio Gallimard.

MURAKAMI Haruki, *Des Hommes sans femmes*, Belfond, 2017. La dernière œuvre d'un des écrivains culte japonais. La plupart de ses précédents ouvrages –*1Q84, Kafka sur le rivage, Chronique de l'oiseau à ressort*, etc. – sont disponibles en poche chez 10-18.

MURAKAMI Ryu, *Miso Soup*, Picquier Poche, 2003. Un roman au vitriol ayant pour décor le quartier interlope de Shinjuku à Tokyo. Du même auteur, et dans la même

collection, *Les Bébés de la consigne automatique*.
MURASAKI Shikibu, *Le Dit du Genji*, illustré par la peinture traditionnelle japonaise, trad. René Sieffert, La Petite Collection, Diane de Selliers, 2008. Une des plus grandes œuvres de la littérature écrite, il y a mille ans, par une noble dame japonaise.
NAGAI Kafu, *Du côté des saules et des fleurs*, Picquier Poche, 1994. Roman d'amour et de jalousies dans l'intimité des maisons de plaisir.
OE Kenzaburo, *Le Jeu du siècle*, Folio Gallimard, 2000. Un siècle d'histoire japonaise vue à travers l'aventure de deux frères qui regagnent leur village familial. Du même auteur, *M/T et l'Histoire des merveilles de la forêt* ou *Lettres aux années de nostalgie*.
OGAWA Ito, *Le Jardin Arc-en-Ciel*, Picquier 2016 ; *Le Restaurant de l'Amour retrouvé*, Picquier, 2013 ; *Le Ruban*, Picquier, 2014.
OGAWA Kunio, *Le Rivage d'une tentation*, Seuil, 2008.
OGAWA Yoko, *Petits Oiseaux*, 2014, *Hôtel Iris*, 2013, *La Marche de Mina*, 2008. *Les Paupières* et *La Bénédiction inattendue*, 2007... tous les romans de cet auteur née en 1962 sont publiés chez Actes Sud.
ÔOKA Shôhei, *Journal d'un prisonnier de guerre*, Belin, 2007.
SEI Shônagon, *Notes de chevet*, Gallimard, Coll. Connaissance de l'Orient, trad. A. Beaujard, 1985. Un chef d'œuvre de la littérature japonaise, rédigé par une dame de la cour impériale au 11e s.
SHIBA Ryotaro, *Le dernier shôgun*, Picquier Poche, 2017 ; *Hideyoshi, Seigneur Singe*, Picquier Poche, 2012.
SOSEKI Natsume, *La Porte*, Picquier Poche, 1997. Du même auteur, en poche : *Botchan, Le Voyageur, À travers la vitre, Je suis un chat*.
TANIZAKI Jun'ichiro, *Éloge de l'ombre*, POF, 1996. L'esthétique japonaise vue par un des maîtres de la littérature nippone. Du même auteur, en Folio Gallimard : *Journal d'un vieux fou, La Confession impudique*. Œuvre complète dans la Pléiade.
URABE Kenko, *Les Heures oisives*, Gallimard, 1987. Réflexions sur la Cour, la nature humaine, la religion, l'amour, etc., d'un moine érudit et poète du 14e s.
WATAYA Risa, *Install*, 2005. *Appel du pied*, 2006. *Trembler te va si bien*, 2013. Picquier.
YOSHIDA Shuichi, *Park Life*, 2007. *Parade*, 2010. Picquier.
YOSHIMOTO Banana, *Kitchen*, Folio Gallimard, 1996. Deux personnages livrés à leurs sentiments, suite au décès d'un proche, et cherchant un remède à la solitude.
YOSHIMURA Akira, *Naufrages, La Guerre des jours lointains, Le Convoi de l'eau, Le Grand Tremblement de terre du Kanto*. Tous les romans de ce grand écrivain de l'après-guerre sont publiés chez Actes Sud.

Polars

HIGASHINO Keigo, *Le Dévouement du Suspect X, La maison où je suis mort autrefois*, Babel Noir.
ISHIDA Ira, *Ikebukuro West Gate Park (3 volumes)*, Picquier Poche.
KIRINO Natsuo, *Out, Disparitions, Le Vrai Monde*, Points. L'auteur de polars japonais la plus traduite.
NAKAMURA Fuminori, *Pickpocket*, 2013. *Revolver*, 2015. *L'hiver dernier, je me suis séparé de toi*, 2017. Le nouveau prodige du polar nippon, Picquier.

JEUNESSE

CHAVOUET Florent, *Manabé-Shima*, Picquier, 2010. Le quotidien d'une petite île en dessins.
CLASTRES Geneviève, ill. GREEN Ilya & SILLORAY Florent, *Keiko à Tokyo*, Gallimard Jeunesse, 2010.
HEARN Lian, *Le Clan des Otori*, tous parus chez Gallimard Jeunesse et Folio, le dernier en 2008. Roman fleuve pour la jeunesse dans le Japon des samouraïs.

Boutique du quartier d'Akihabara.
M. Schilder/hemis.fr

IWAI Toshio, *La Maison aux 100 étages*, Picquier Jeunesse, 2012. Superbe album pour apprendre à compter avec poésie et finesse.

MANGA

Pour suivre l'actualité du manga : www.manga-news.com, www.manga-sanctuary.com ou www.animeland.fr. Rendez-vous également au salon Japan Expo (www.japan-expo-paris.com/fr/).

À propos du manga

FINET Nicolas, FERRAND Stéphanie, SEEGMAN Michel, *Dictionnaire encyclopédique de la bande dessinée japonaise*, Fleurus, 2008.

BOUISSOU Jean-Marie, *Manga - Histoire et univers de la bande dessinée japonaise*, Picquier Poche, 2012.

Shojo et Shonen

Côté *shojo* ou mangas pour les jeunes filles, voyez les grands classiques *Nana, Cat Street, Switch Girl!* ou *Fruit Basket*. Mais aussi, plus récemment *Kamakura Diary*.

Pour les garçons (*shonen manga*), au côté des interminables séries *One Piece, Naruto* ou *Fairy Tail* (ou encore l'indémodable *GTO*), citons un grand succès actuel au Japon, l'hilarant *Assassination Classroom*. Les séries *Silverspoon*, *Le Nouveau Tom Sawyer* et *Barakamon* (+ de 12 ans) ont pour cadre respectivement une région agricole de Hokkaido et, pour les deux derniers, de petites îles isolées, permettant d'en savoir plus sur le quotidien dans ces « autres » Japon. La série *Bakuman* raconte, elle, les dessous de la conception d'un manga.

Seinen

AGI Tadashi & OKIMOTO Shu, *Les Gouttes de Dieu*, Éditions Glénat, à partir de 2008. Série manga sur fond d'œnologie.

ASANO Inio, *Bonne nuit Punpun*, Kana, 2012-2014. Série. *Solanin*. Kana, 2006. Réalisme des décors urbains impressionnant, au service d'histoires étonnantes.

HIRATA Hiroshi, *L'Âme du kyudo*, Delcourt, 2007 (1970 au Japon).

ISAYAMA Hajime, *L'Attaque des Titans*, Pika, 2013. Captivant phénomène *fantasy.*
MASE Motoro, *Ikigami*, Kazé, 2005-2012. Que feriez-vous s'il vous restait 24h à vivre?
MORU Kaoru, *Bride Stories*, Ki-oon. Des dessins d'une précision époustouflante qui racontent l'Asie centrale de la fin du 19e s.
NAKAMURA Hikaru, *Les Vacances de Jésus & Bouddha*, Kurokawa. Série en cours. Une série humoristique (très) décalée…
NANANAN Kiriko, *Blue*, Casterman, 2004. Un graphisme superbe au service d'une belle histoire d'amitié.
SHOHEI Manabe, *Ushijima*, Kana. Série en cours. Une plongée dans les (très) noirs dessous de la société japonaise sur les traces d'un usurier.
SUMOTO Souichi, HYAKUTA Naoki, *Zéro pour l'éternité,* Delcourt. Série. L'enquête d'un jeune Japonais sur son grand-père mort en kamikaze.
TANIGUCHI Jirô, *Les Années douces, La Montagne magique, Seton, Au temps de Botchan, Quartier lointain,* etc. Tous les albums sont publiés par Casterman.
TEZUKA Osamu et URASAWA Naoki, *Pluto*, Kana, 2004. Thriller futuriste et captivant.
TOYODA Tetsuya, *Undercurrent* (Kana, 2008) et *Goggles* (Ki-oon, 2013). Tranches de vie touchantes.
YAMAZAKI Mari, *Thermae Romae*, Casterman, 2012. Série manga sur les liens entre bains japonais et romains.
YUKIMURA Makoto, *Planètes*, Panini Manga, 2004. Série. Un monument de la science-fiction.

PHOTOGRAPHIE

BARBERY Stéphane, *Un an à Kyoto*, Gallimard, 2009.
ESTÈBE Claude, DU CASTEL Didier et DAUDIER François, *Le Crépuscule des geishas*, Marval, 2002. Des mêmes auteurs, *Les Derniers Samouraïs*, Marval, 2001.
FOREST Philippe, *Araki enfin, l'Homme qui ne vécut que pour aimer*, Gallimard, 2008.
KEIICHI Takeuchi, OSAM Hiraki, FEUSTEL Marc et SAYAG Alain, *Japon : un autoportrait 1945-1964*, Flammarion, 2004.
MARTEL Xavier, *Japon 1945-1975. Un renouveau photographique*, Marval, 2003.
MIKI Akiko, ISSHIKI Yoshiko, SATO Tomoko, *Araki : moi, la vie, la mort*, Phaidon, 2007.
SANS Jérôme, *Araki*, Taschen, 2007.

Filmographie

Tous les titres cités existent en DVD. Pour suivre l'actualité du cinéma japonais, outre quelques-uns des sites d'associations cuturelles proposés p. 707, voyez aussi www.asiafilm.com.

RÉALISATEURS JAPONAIS

Animation

HOSODA Mamoru, *Le Garçon et la bête*, 2015. *Les Enfants loups, Ame et Yuki*, 2012. *Summer Wars*, 2009. *La Traversée du temps*, 2006.
KON Satoshi, *Paprika*, 2006. *Tokyo Godfathers*, 2003. *Millenium Actress*, 2002. *Perfect Blue*, 1997.
MIYAZAKI Hayao, *Le vent se lève*, 2013. *Ponyo sur la falaise*, 2009. *Le Château ambulant*, 2005. *Le Voyage de Chihiro*, 2002. *Princesse Mononoke*, 1997. *Porco Rosso*, 1995. *Mon voisin Totoro*, 1988. Grand maître du dessin animé nippon.
OKIURA Hiroyuki, *Lettre à Momo*, 2012. *Jin-Roh*, 1999.
OSHII Mamoru, *Ghost in the Shell*, 1995.
OTOMO Katsuhiro, *Steamboy*, 2004. *Metropolis*, 2001. *Memories*, 1995. *Akira*, 1988.
TAKAHATA Isao, *Le Conte de la Princesse Kaguya*, 2013. *Mes voisins les Yamada*, 1999. *Le Tombeau des lucioles*, 1988.

Films

FUKASAKU Kinji, *Battle Royale*, 2000.
IMAMURA Shohei, *L'Anguille*, 1997. *La Ballade de Narayama*, 1983.
ITAMI Juzo, *Tampopo*, 1987.
KAWASE Naomi, *Still the Water*, 2014. *La Forêt de Mogari*, 2007.
KITANO Takeshi, *Dolls*, 2003. *Aniki, mon frère*, 2000. *Kids Return*, 1997. *Hanna-Bi*, 1996. *Sonatine*, 1993.
KOBAYASHI Masaki, *Hara Kiri*, 1963. *La Condition de l'Homme*, 1959.
KOIZUMI Takashi, *Après la pluie*, 2000.
KORE EDA Hirozaku, *Tel Père, tel Fils*, 2013. *I Wish*, 2012. *Still Walking*, 2009. *Nobody Knows*, 2004.
KUROSAWA Akira, *Rhapsodie en août*, 1991. *Ran*, 1985. *Kagemusha*, 1980. *Dersou Ouzala*, 1975. *Les Bas-Fonds*, 1957. *Les Sept Samouraïs*, 1954.
KUROSAWA Kiyoshi, *Real*, 2013. *Shokuzai*, 2012. *Tokyo Sonata*, 2008.
MIZOGUCHI Kenji, *La Rue de la honte*, 1956. *Les Amants crucifiés*, 1954. *Les Contes de la lune vague après la pluie*, 1953. *Les Sœurs de Gion*, 1936.
NAKATA Hideo, *Ring*, 1998.
OSHIMA Nagisa, *Tabou*, 2000. *L'Empire des Sens*, 1976. *Contes cruels de la jeunesse*, 1960.
OZU Yasujiro, *Le Goût du saké*, 1978. *Voyage à Tokyo*, 1953.
TAKITA Yojira, *Departures*, 2010.
TESHIGARA Hiroshi, *Le Visage d'un autre*, 1966. *La Femme des sables*, 1963. *Le Traquenard*, 1962.
YOSHIDA Kiju, *La Source thermale d'Akitsu*, 1962. *Passion ardente*, 1967.

Discographie

MUSIQUE TRADITIONNELLE

Compilation de musique japonaise, 2 CD, Naïve, 2003.
L'Empire du Soleil-Levant, compilation de musique japonaise, Kailash, 2003.
TAMBA Akira, *La Musique classique du Japon* (livre + CD), POF, 2001.
Kodo, *Best of Kodo*, Columbia Tristar, 1995. Celèbre groupe de *taiko* (tambours).

MICHELIN INNOVE
SANS CESSE POUR
UNE MEILLEURE
MOBILITÉ
PLUS SÛRE,
PLUS ÉCONOME,
PLUS PROPRE
ET PLUS
CONNECTÉE.
MICHELIN
MICHELIN

Les pneus s'usent plus vite sur les petits trajets en ville...

?

VRAI !

La fréquence des freinages et des accélérations en ville use davantage vos pneus ! Dans les embouteillages, armez-vous de patience et conduisez en douceur.

La pression des pneus agit uniquement sur la sécurité...

?

FAUX !

Au-delà de la tenue de route et de la consommation de carburant, une sous pression de 0,5 Bar diminue de 8 000 km la durée de vie de vos pneus. Pensez à vérifier la pression environ une fois par mois, surtout avant un départ en vacances ou un long trajet.

Si vous êtes confrontés à des **conditions hivernales occasionnelles**, allant de la pluie soudaine, aux chutes de neige ou au verglas, vous pouvez opter pour **un seul type de pneu.**
?
VRAI !
Le pneu révolutionnaire ***MICHELIN CrossClimate*** vous garantit mobilité et praticité quels que soient les aléas climatiques. C'est le tout premier pneu été avec une certification hiver !

Équiper ma voiture avec **2 pneus hiver** me garantit une sécurité maximum...
?
FAUX !
En hiver, en dessous de 7°C notamment, pour une meilleure tenue de route, vos quatre pneus doivent être identiques et changés en même temps.
2 PNEUS HIVER SEULEMENT = la tenue de route de votre véhicule n'est pas optimale.
4 PNEUS HIVER = c'est le choix d'une **meilleure sécurité** dans les virages, en descente et en cas de freinage.
Si vous êtes régulièrement confrontés à la pluie, à la neige ou au verglas, optez pour un pneu de la gamme **MICHELIN Alpin**. Cette gamme vous offre confort et précision de conduite pour affronter les obstacles de l'hiver.
MICHELIN

MICHELIN S'ENGAGE

▶ MICHELIN EST LE **N°1 MONDIAL DES PNEUS ÉCONOMES EN ÉNERGIE** POUR LES VÉHICULES LÉGERS.

▶ POUR **SENSIBILISER LES PLUS JEUNES À LA SÉCURITÉ ROUTIÈRE,** MÊME EN DEUX-ROUES : DES ACTIONS DE TERRAIN ONT ÉTÉ ORGANISÉES DANS **16 PAYS** EN 2015.

QUIZZ

1 POURQUOI BIBENDUM, LE BONHOMME MICHELIN, EST BLANC ALORS QUE LE PNEU EST NOIR ?

Le personnage de Bibendum a été imaginé à partir d'une pile de pneus, en 1898, à une époque où le pneu était fabriqué avec du caoutchouc naturel, du coton et du soufre et où il est donc de couleur claire. Ce n'est qu'après la Première guerre mondiale que sa composition se complexifie et qu'apparaît le noir de carbone. Mais Bibendum, lui, restera blanc !

2 SAVEZ-VOUS DEPUIS QUAND LE GUIDE MICHELIN ACCOMPAGNE LES VOYAGEURS ?

Depuis 1900, il était dit alors que cet ouvrage paraissait avec le siècle, et qu'il durerait autant que lui. Et il fait encore référence aujourd'hui, avec de nouvelles éditions et la sélection sur le site MICHELIN Restaurants dans quelques pays.

3 DE QUAND DATE « BIB GOURMAND » DANS LE GUIDE MICHELIN ?

Cette appellation apparaît en 1997 mais dès 1954 le Guide MICHELIN signale les « repas soignés à prix modérés ». Aujourd'hui, on le retrouve sur le site et dans l'application mobile MICHELIN Restaurants.

Si vous voulez en savoir plus sur Michelin en vous amusant, visitez l'Aventure Michelin et sa boutique à Clermont-Ferrand, France :
www.laventuremichelin.com

Notes

Notes

Notes

Notes

Notes

INDEX GÉNÉRAL

Tokyo : villes, curiosités et régions touristiques.
Kano, Eitoku : noms historiques ou termes faisant l'objet d'une explication.
Les sites isolés (châteaux, temples, parcs naturels...) sont répertoriés à leur propre nom.

A

B

C

D

E

F

L

M

N

O

P

R

S

T

INDEX GÉNÉRAL

U

V

W

Y

Z

GLOSSAIRE

TERMES GÉNÉRAUX

Bakufu – Siège du gouvernement militaire des shoguns.
Bento – Panier-repas.
Bunraku – Théâtre traditionnel de marionnettes.
Bushido – « Voie des guerriers ».
Cha no yu ou **Sado** – Voie du thé.
Chigai-dana – Meubles à étagères.
Conbini – Supérette ouverte 24h/24.
Daimyo – Seigneur féodal.
Daruma – Porte-bonheur d'origine bouddhique représentant un personnage ovoïde et rondouillard plus connu sous le nom de Bodhidharma.
Dori – Rue.
Ema – Petits ex-voto en bois signifiant « image de cheval ».
Emaki – Rouleaux enluminés.
Fusuma – Portes et panneaux coulissants *(voir dessin p. 649)*.
Futon – Literie japonaise qui s'utilise à même le sol.
Gagaku – Musique de cour.
Geta – Socques traditionnelles en paulownia.
Haïku – Poème de 17 syllabes dont le maître fut Basho au 17e s.
Ikebana – Art floral.
Izakaya – Bar très fréquenté le soir où l'on peut manger et boire.
Jizo – Bodhisattva protecteur des enfants morts.
Jokamachi – Ville sous le château.
Kabuki – Théâtre traditionnel chanté et dansé.
Kami – Divinités shintoïstes.
Kare-sansui – Jardin sec.
Katana – Sabre japonais.
Kokyo – Palais impérial.
Machiya – Maison en bois, maison de ville typique du vieux Kyoto.
Maki-e – Laque avec incrustation de matières précieuses.
Matcha – Thé vert.
Matsuri – Festivals ou fêtes populaires souvent liés à une célébration religieuse.
Mikoshi – Sanctuaire portatif utilisé pour les processions lors des *matsuri*.
Minka – Maison rurale traditionnelle.
Minshuku – Chambre d'hôtes familiales.
Nagaya – Maison en longueur.
Nomiya – Échoppes traditionnelles de saké.
Obi – Ceinture de soie brochée.
Ochaya – Maison de thé des geishas.
O-furo – Bains communs des ryokan.
Okiya – Maison de geisha.
Omikuji – Petit papier se trouvant dans les sanctuaires.
Onsen – Bain thermal.
Origami – Art du pliage.
Ronin – Samouraï sans maître.
Ryotei – Restaurant gastronomique.
Saké – Alcool de riz fermenté.
Sakura – Cerisier en fleurs.
Sankin kotai – Système où le shogun imposait aux *daimyo* de résider à Kyoto pendant quelques mois.
Samouraï – Guerrier pendant l'époque féodale.
Sanctuaire – Lieu de culte shintoïste.
Senjafuda – Petits autocollants collés sur les piliers des sanctuaires, portant le nom des commerçants ou de leurs établissements, pour leur porter bonheur.
Sento – Bains publics appelés aussi *o-furo*.
Seppuku – Suicide par éventration.
Shamisen – Instrument de musique à cordes pincées.
Shikken – Régent des shoguns de Kamakura.
Shimenawa – Corde en paille de riz qui encercle les lieux sacrés où demeurent les esprits divins.
Shogun – Général ou chef de guerre.
Shukubo – Hôtellerie religieuse.

Stupa – Tour votive symbolisant le bouddhisme.
Sumi-e – « La voie de l'encre noire », peintures en noir et blanc.
Taiko – Tambour.
Tatami – Natte en paille de riz posée sur le sol des maisons.
Temple – Lieu de culte bouddhiste.
Tenno – Empereur du Japon.
Tokaido – Ancienne route reliant Edo (actuelle Tokyo) à Kyoto.
Tokonoma – Alcôve sacrée.
Torii – Portique marquant l'entrée du périmètre sacré d'un sanctuaire.
Tsuzumi – Petit tambour à main en forme de sablier.
Uchiwa – Éventail traditionnel en papier.
Ukai – Pêche aux cormorans.
Ukiyo-e – Estampes.
Wabi-sabi – Raffinement dans la simplicité.
Washi – Papier japonais traditionnel.
Yabusame – Concours de chevaliers-archers.
Yakusa – Membre de la mafia.
Yatai – Échoppes de rues qui servent des plats simples le soir.
Yukata – Kimono léger en coton.

GASTRONOMIE : RESTAURANTS SPÉCIALISÉS

Kare-ya – Petites gargotes servant du riz au curry *(kareraisu)* à prix imbattables, généralement situées dans ou près des gares.
Kushikatsu-ya – Restaurants de brochettes frites dans de l'huile bouillante.
Okonomiyaki-ya – Bistrots pas chers où l'on prépare sur une plaque de cuisson l'*okonomi-yaki* *(voir p. 689)*.
Ramen-ya – Ils servent des plats bon marché de *ramen (voir p. 688)*.
Soba-ya – Tables spécialisées dans les *soba* et *udon*, les nouilles japonaises *(voir p. 688)*.
Sukiyaki-ya – Restaurants chic et chers, car la bonne viande de bœuf est un luxe au Japon. Le *sukiyaki* est une cuisson sur plaque à base de viande et de légumes *(voir p. 686)*.
Sushi-ya – Restaurants de sushis et sashimis, souvent des bars où l'on s'assied au comptoir pour observer le chef cuisinier les préparer. Un bon restaurant de sushis peut coûter très cher, mais il en existe aussi une catégorie à bas prix très répandue, les *kaiten-zushi*, où les assiettes de sushis défilent sur un convoi tournant sur lequel on pioche ce que l'on désire. La couleur de l'assiette indique son prix.
Tempura-ya – Parfois très onéreux, ils cuisinent des assortiments de tempuras *(voir p. 688)*.
Tonkatsu-ya – Ils proposent des *tonkatsu (voir p. 689)* et des *korokke* (croquettes de pomme de terre).
Unagi-ya - Tables raffinées qui mitonnent de l'anguille *(unagi)* grillée.
Yakiniku-ya – Il s'agit des barbecues coréens, en général à prix modérés, où chacun fait griller à sa table des lamelles de viande marinée et des fruits de mer.
Yakitori-ya – On y mange des *yakitori*, brochettes de poulet.

Se débrouiller en japonais

Le japonais s'écrit en combinant des *kanji* (idéogrammes chinois) et deux alphabets, le *hiragana* et le *katakana* (pour les mots d'origine étrangère). Pour l'écriture en *romaji* (lettres romaines), on utilise une transcription phonétique simplifiée, sans accent. La prononciation est la même qu'en français, à quelques détails près. Les voyelles composées se prononcent chacune séparément. Ai se dit « aï ». Le u se prononce soit « ou » soit « eu » et s'entend à peine. Le e se dit « é ». La lettre g se prononce « gue ». Le j se dit « dj ». Le ch se prononce « tch ». Le r est roulé, très proche d'un « l ». Le s est doublé en « ss ». Le w se dit « oua ».

GLOSSAIRE DES TOPONYMES

-bashi ou **-hashi** pont
-chome quartier
-dake ou **-take** pic
-daki ou **-taki** cascade
-dani ou **-tani** vallée
-ken préfecture
-kita nord
-ko lac
-koen parc, jardin
-ku arrondissement
-dera ou **-tera** temple
-do salle d'un temple
-dori ou **-tori** rue
-en jardin
-gawa ou **-kawa** rivière, fleuve
-hama plage
-hanto péninsule
-higashi est
-in ou **-ji** temple
-iwa rocher
-jima ou **-shima** île
-jinja ou **-jingu** sanctuaire
-torii portique
-jo château
-kai mer
-kaigan côte
-machi commune
-minami sud
-minato port
-mon porte
-mura village
-nishi ouest
-onsen source thermale
-saka ou **-zaka** pente
-shi ville
-taisha sanctuaire
-to pagode
-torii portique
-ura ou **-wan** baie, crique
-yama montagne, mont
-zan ou **-san** mont

CONVERSATION DE BASE

Oui/non hai/iié
Bonjour (matin) ohayo gozaimasu
Bonjour (journée) konnichiwa
Bonsoir konban wa
Bonne nuit oyasumi nasai
Au revoir sayonara
Comment allez-vous ? ogenki desuka ?
Très bien, merci hai, genki desu
Merci (beaucoup) arigato (gozaimasu)/domo arigato
Non, merci iie, kekko desu
Il n'y a pas de quoi doitashimashite
Je vous en prie (entrez, servez-vous) dozo
Excusez-moi/pardon sumimasen/gomennasai
S'il vous plaît onegai shimasu
Enchanté hajime mashite
Quel est votre nom ? o namae wa nan desuka ?
Je m'appelle… watashi wa…desu
Quelle est votre nationalité ? nani jin desuka ?
Je suis français watashi wa furansu-jin desu

Parlez-vous anglais ?
eigo ga hanasemasuka ?
Je comprends/ne comprends pas
wakarimasu/wakarimasen
Pouvez-vous répéter ?
mo ichido itte kudasai ?
Comment dit-on… en japonais ?
nihongo de… wa nan to imasuka ?
Pouvez-vous l'écrire en anglais ?
eigo de kaite kudasai ?
Attendez un instant s'il vous plaît
chotto matte kudasai
J'aime…/je n'aime pas…
… ga suki desu/… ga kirai desu

S'ORIENTER

Droite/à droite migi/migi ni
Gauche/à gauche hidari/hidari ni
Tout droit masugu
Devant/derrière mae/ushiro
Je veux aller à… …ni ikitai desu
Où se trouve… ?
…wa doko desuka ?
Où est-ce ?/c'est ici
doko desuka ?/koko desu
Est-ce près ?/est-ce loin ?
chikai desuka ?/toi desuka ?
On peut y aller à pied ?
aruite wa ikemasuka ?
Pouvez-vous me faire un plan ?
chizu o kaite kudasai ?
Je suis perdu mayoimashita

L'ARGENT, LES ACHATS

Banque ginko
Pouvez-vous changer de l'argent ?
ryogae ga dekimasuka ?
Combien ça coûte ?
ikura desuka ?
Vous prenez les cartes de crédit ?
kurejito kado wa tsukaemasuka ?
Cher/bon marché takai/yasui
Avez-vous… ? wa arimasuka ?
Qu'est-ce que c'est ?
kore wa nan desuka ?
Puis-je essayer cet article ?
kite mite mo ii desuka ?
Petit/grand okii/chisai
Je prends ça kore o kudasai

À L'HÔTEL

Avez-vous une chambre libre ?
heya ga arimasuka ?
Je voudrais réserver une chambre
heya o yoyaku shitai desu
J'ai/je n'ai pas de réservation
y oyaku wa shimashita/shite imasen
Chambre simple/double/twin
shinguru/daburu/tsuin
Chambre japonaise/occidentale
washitsu/yoshitsu
Chambre avec salle de bains
ofuro tsuki no heya
Quel est le prix de la nuit ?
ippaku ikura desuka ?
Je resterai 1/2/3 nuits
ippaku/nihaku/sanpaku tomarimasu
Avez-vous un accès Internet ?
netto akusesu wa arimasuka ?
Puis-je laisser mes bagages ?
nimotsu o azukate mo ii desuka ?
Je quitte l'hôtel demain
asu shuppatsu shimasu
Appelez-moi un taxi s'il vous plaît
takushi o yonde kudasai
Clé/passeport/réception
kagi/pasupoto/furonto

AU RESTAURANT

Une table pour deux s'il vous plaît
futari onegaishimasu
Avez-vous un menu en anglais ?
eigo no menyu wa arimasuka ?
Donnez-moi… s'il vous plaît
… o kudasai
La même chose que mon voisin
tonari no hito to onaji mono o kudasai
Petit-déjeuner/déjeuner/dîner
choshoku/chushoku/yushoku
Chaud/froid atsui/tsumetai
J'ai faim/je n'ai plus faim
onaka ga sukimashita/onaka ga ippai
C'est bon oishii desu
Garçon, l'addition, s'il vous plaît !
sumimasen, okanjo onegaishimasu !

URGENCES/SANTÉ

J'ai mal à la tête/ventre/dents
atama/onaka/ha ga itai desu

Au secours! tasukete!
Appelez une ambulance kyukyusha o yonde kudasai
Appelez la police keisatsu o yonde kudasai
J'ai besoin d'un médecin isha ga hitsuyo desu
Où est l'hôpital le plus proche? byoin wa doko ni arimasuka?
J'ai perdu mon passeport pasupoto o nakushimashita
Ambassade taishi kan
Poste de police/pharmacie koban/kusuriya

LES TRANSPORTS

Avion/aéroport hikoki/kuko
Gare/train eki/densha
Métro/tramway chikatetsu/romen densha
Bateau fune, boto
Bus/arrêt de bus basu/basu-tei
Bicyclette/louer jitensha/chingashi-suru
Voiture/permis de conduire kuruma/unten-menkyo
Station de taxis takushi noriba
Arrêtez-vous ici s'il vous plaît koko de tomatte kudasai
Un billet pour… s'il vous plaît yuki no kippu o kudasai
Aller simple/aller retour katamichi kippu/ofuku kippu
Place réservée/non réservée chite seki/jiyu seki
Seconde classe/première classe nito/itto
Guichet/consigne kippu uriba/nimotsu azukarijo
À quelle heurepart le bus pour…? … iki no basu wa nanji ni demasuka?
À quelle heure arrive-t-on? nanji ni tsukimasuka?
Combien de temps faut-il? donogurai kakarimasuka?
Quel est le quai du train pour…? … yuki wa nan homu desuka?
Est-ce que c'est le train pour…? … yuki no densha wa kore desuka?
À quelle station sommes-nous? kono eki wa doko desuka?
Prévenez-moi quand on arrivera à… … ni tsuitara oshiete kudasai

LES CHIFFRES ET NUMÉRATIONS

0	zero, rei
1	ichi
2	ni
3	san
4	yon
5	go
6	roku
7	nana
8	hachi
9	kyu
10	ju
11	ju-ichi
100	hyaku
200	ni-hyaku
1 000	sen
10 000	ichi-man
100 000	ju-man
1 million	hyaku-man
1 personne	hitori
2 personnes	futari
3 personnes	sannin
4 personnes	yonin…

CARTES ET PLANS

CARTE GÉNÉRALE

Premier rabat de couverture

CARTES DES RÉGIONS

PLANS DE VILLES ET DE QUARTIERS

CARTES THÉMATIQUES

LÉGENDE DES CARTES ET PLANS

Curiosités et repères

- Itinéraire décrit, départ de la visite
- Église
- Mosquée
- Synagogue
- Monastère - Phare
- Fontaine
- Point de vue
- Château - Ruine ou site archéologique
- Barrage - Grotte
- Monument mégalithique
- Tour génoise - Moulin
- Temple - Vestiges gréco-romains
- Temple : bouddhique - hindou
- Autre lieu d'intérêt, sommet
- Distillerie
- Palais, villa, habitation
- Cimetière : chrétien - musulman - israélite
- Oliveraie - Orangeraie
- Mangrove
- Auberge de jeunesse
- Gravure rupestre
- Pierre runique
- Église en bois
- Église en bois debout
- Parc ou réserve national
- Bastide

Sports et loisirs

- Piscine : de plein air - couverte
- Plage - Stade
- Port de plaisance - Voile
- Plongée - Surf
- Refuge - Promenade à pied
- Randonnée équestre
- Golf - Base de loisirs
- Parc d'attractions
- Parc animalier, zoo
- Parc floral, arboretum
- Parc ornithologique, réserve d'oiseaux
- Planche à voile, kitesurf
- Pêche en mer ou sportive
- Canyoning, rafting
- Aire de camping - Auberge
- Arènes
- Base de loisirs, base nautique ou canoë-kayak
- Canoë-kayak
- Promenade en bateau

Informations pratiques

- Information touristique
- Parking - Parking - relais
- Gare : ferroviaire - routière
- Voie ferrée
- 1 Ligne de tramway
- Départ de fiacre
- M Métro - RER
- Station de métro (Calgary, ...) (Montréal)
- Téléphérique, télécabine
- Funiculaire, voie à crémaillère
- Chemin de fer touristique
- Transport de voitures et passagers
- Transport de passagers
- File d'attente
- Observatoire
- D Station-service - Magasin
- Poste - Téléphone
- @ Internet
- H Hôtel de ville
- B Banque, bureau de change
- J POL. Palais de justice - Police
- GNR Gendarmerie
- T M Théâtre - Musée
- U Université
- Musée de plein air
- Hôpital
- Marché couvert
- Aéroport
- P Parador, Pousada (Établissement hôtelier géré par l'État)
- A Chambre d'agriculture
- D Conseil provincial
- G Gouvernement du district, Délégation du Gouvernement Police cantonale
- L Gouvernement provincial (Landhaus)
- P Chef-lieu de province
- Station thermale
- Source thermale

Axes routiers, voirie

- Autoroute ou assimilée
- 1 Échangeur : complet - partiel
- Route
- Rue piétonne
- Escalier - Sentier, piste

Topographie, limites

- Volcan actif - Récif corallien
- Marais - Désert
- Frontière - Parc naturel

Comprendre les symboles utilisés dans le guide

LES ÉTOILES

★★★ **Vaut le voyage** ★★ **Mérite un détour** ★ **Intéressant**

HÔTELS ET RESTAURANTS

9 ch.	Nombre de chambres	(Wi-Fi)	Wi-Fi
(petit-déjeuner) 7,5 €	Prix du petit-déjeuner en sus	(piscine)	Piscine
50 € (petit-déjeuner)	Prix de la chambre double, petit-déjeuner compris	CC	Paiement par cartes de crédit
bc	Menu boisson comprise	(carte barrée)	Carte de crédit non acceptée
(climatisation)	Air conditionné dans les chambres	P	Parking réservé à la clientèle
(couverts)	Restaurant dans l'hôtel	Tram	Station de tramway la plus proche
(verre)	Établissement servant de l'alcool (à l'étranger)	M	Station de métro la plus proche

SYMBOLES DANS LE TEXTE

(famille)	À faire en famille	i	Organisme de tourisme
(approfondir)	Pour approfondir	(astuce)	Astuce, conseil
(pas)	Promenade à pied	(coup de cœur)	Adresse coup de cœur
(vélo)	Randonnée à vélo	A2 B	Repère sur le plan
(handicapés)	Facilité d'accès pour les handicapés		

NOTE AU LECTEUR

Michelin a apporté le plus grand soin à la rédaction de ce guide et à sa vérification. Toutefois, les informations pratiques (formalités administratives, prix, adresses, numéros de téléphone, adresses Internet, etc.) doivent être considérées comme des indications du fait de l'évolution constante de ces données.

Il n'est pas totalement exclu que certaines d'entre elles ne soient plus, à la date de parution du guide, tout à fait exactes ou exhaustives. N'hésitez pas à nous signaler toute omission ou inexactitude que vous pourriez constater, ainsi qu'à nous faire part de vos avis et suggestions sur les adresses contenues dans ce guide.

Avant d'entamer toute démarche, formalités administratives ou douanières notamment, vous êtes invité à vous renseigner auprès des organismes officiels. Ces informations ne sauraient, de ce fait, engager notre responsabilité.

Collection Le Guide Vert sous la responsabilité de Philippe Orain

Édition
Catherine Guégan, Émilie Vialettes

Rédaction
Comprendre le Japon : Ph. Pons (journaliste) ; J.-M. Butel (maître de conférences, INALCO) ; Ph. Pataud Célérier (journaliste) ; É. Barral (journaliste) ; Geneviève Clastres (journaliste) ; J.-L. Toula-Breysse (journaliste) ; Ch. Polak (historien) ; B. Delmas (Michelin Japon) ; Ch. Vendredi-Auzanneau (assistant professeur en histoire de l'architecture, Université Keio, Tokyo) ; M. Tardits (architecte, cabinet Mikan) ; C. Brisset (maître de conférences, Université Paris Diderot-Paris 7) ; M. Lucken (INALCO) ; M. Inoue (journaliste) ; H. Kelmachter (attachée culturelle, ambassade de France à Tokyo) ; S. Sarrazin (journaliste) ; P. Duval (journaliste) ; M. Wasserman (professeur à l'Université Ritsumeikan, Kyoto) ; F. Moréchand (journaliste styles de vie) ; J.-F. Mesplède (Michelin) ; G. Maucout (Michelin). Découvrir le Japon : Ph. Pataud Célérier (Tokyo et sa région, Kyoto, Tohoku et Hokkaido) ; J. Saglio (Kansai, Chugoku, Shikoku, Kyushu, Okinawa et Chubu) ; S. Guillot (Kyoto, Nara, Osaka) ; Ph. Orain (Hokkaido) ; M. Fonovich ; F. Sichet ; L. Crooson ; G. Battistella ; P. Bagot

Cartographie
Copyright 2015 Cartographic data Shobunsha/Michelin
Alain Robert, Marc Martinet, Theodor Cepraga, Thierry Lemasson

Remerciements
Ce guide a été réalisé grâce à la contribution précieuse de l'Office national du tourisme japonais. Akihiro Nishida, Mayuko Shimazaki, Sakiko Ishibashi, Takayasu Ito, Maria Gaspar, Pascal Grougon

Conception graphique
Christelle Le Déan

Régie publicitaire et partenariats
business solutions@tp.michelin.com
Le contenu des pages de publicité insérées dans ce guide n'engage que la responsabilité des annonceurs.

Contacts
Michelin
Guides Touristiques
27 cours de l'Ile Seguin, 92100 Boulogne Billancourt
Service consommateurs : tourisme@tp.michelin.com

Parution 2018

Michelin Travel Partner

Société par actions simplifiée au capital de 11 288 880 EUR
27 Cours de l'Ile Seguin - 92100 Boulogne Billancourt (France)
R.C.S. Nanterre 433 677 721

Dépôt légal : 09-2017 – ISSN 0293-9436

Compograveur : Michelin Travel Partner, Boulogne-Billancourt
Imprimeur : Geers Offset, Gent (Belgique)
Imprimé en Belgique : 08 2017

Usine certifiée 14001
Sur du papier issu de forêts gérées durablement (100 % PEFC)

LE GUIDE VERT

- **Découvrir le Japon :** 9 régions pour plonger au cœur de la destination.
- **Comprendre le Japon :** des thématiques culturelles pour enrichir son voyage.
- **Organiser son voyage :** les informations pratiques pour préparer son voyage et profiter de son séjour sur place.

Des sites touristiques classés par **étoiles** :

★★★ Vaut le voyage

★★ Mérite un détour

★ Intéressant

Pour chaque chapitre, consultez **nos adresses** répertoriées par catégories de prix :

	Hébergement*	Restauration
Premier prix	jusqu'à 10 000 ¥ (100 €)	jusqu'à 1 500 ¥ (15 €)
Budget moyen	de 10 000 à 20 000 ¥ (de 100 à 200 €)	de 1 500 à 3 000 ¥ (de 15 à 30 €)
Pour se faire plaisir	de 20 000 à 30 000 ¥ (de 200 à 300 €)	de 3 000 à 8 000 ¥ (de 30 à 80 €)
Une folie	plus de 30 000 ¥ (plus de 300 €)	plus de 8 000 ¥ (plus de 80 €)

*Prix d'une chambre double en haute saison